山东经济普查年鉴 2013

Shandong Economic Census Yearbook

第二产业卷|上

山东省第三次经济普查领导小组办公室　编

中国统计出版社
China Statistics Press

图书在版编目（CIP）数据

山东经济普查年鉴. 2013 / 山东省第三次经济普查领导小组办公室编. -- 北京 : 中国统计出版社, 2015.12
ISBN 978-7-5037-7708-0

Ⅰ. ①山… Ⅱ. ①山… Ⅲ. ①经济－普查－山东省－2013－年鉴 Ⅳ. ①F127.52-54

中国版本图书馆 CIP 数据核字(2015)第 284334 号

山东经济普查年鉴—2013/第二产业卷（上）

作　　者/山东省第三次经济普查领导小组办公室
责任编辑/赵淑焕　马　郁
封面设计/黄俊杰　李雪燕
出版发行/中国统计出版社
通信地址/北京市丰台区西三环南路甲 6 号　邮政编码/100073
电　　话/邮购（010）63376909　书店（010）68783171
网　　址/http://www.zgtjcbs.com/
印　　刷/河北天普润印刷厂
经　　销/新华书店
开　　本/880mm×1230mm　1/16
字　　数/740 千字
印　　张/23.5
版　　别/2015 年 12 月第 1 版
版　　次/2015 年 12 月第 1 次印刷
定　　价/780.00 元

本书附同版本 CD-ROM 一张，光盘内容以书面文字为准。
如有印装差错，由本社发行部调换。

编者说明

为便于社会各界共同分享山东省第三次经济普查的成果，更方便地开发利用普查资料，我们将经济普查资料编辑整理，汇编成《山东经济普查年鉴—2013》一书。全书共三卷四册，即综合卷、第二产业卷（上、下册）和第三产业卷，并随书配送同版本光盘一张。《综合卷》分四篇：第一篇为“综合篇”，第二篇为“小微企业篇”，第三篇为“文化及相关产业篇”，第四篇为“企业信息化和电子商务交易情况”。《第二产业卷》按内容分为上、下两册。上册两篇：第一篇为“工业企业生产经营及财务状况”，第二篇是“主要工业产品产量”。下册两篇：第一篇为“规模以上工业企业科技情况”，第二篇是“建筑业企业生产经营及财务状况”。《第三产业卷》分五篇：第一篇为“批发和零售业基本情况及财务状况”，第二篇为“住宿和餐饮业基本情况及财务状况”，第三篇为“房地产业生产经营及财务状况”，第四篇为“重点服务业企业财务状况”，第五篇为“行政事业、社团及其他单位财务状况”。为使读者能够更好地使用本资料，现对有关问题做如下说明：

一、山东省第三次经济普查的标准时点为2013年12月31日，时期资料为2013年度；

二、每卷后附有该卷详细的指标解释，使用时请仔细阅读；

三、综合卷中综合篇和小微企业篇汇总表，均不包括金融业、铁路运输业的数据；

四、本资料建筑业按法人单位注册地，其他行业按法人单位经营地进行汇总；

五、本资料对部分数据由于计量单位取舍不同或四舍五入而产生的差数均未作调整；

六、表中空格表示该项统计指标数值为零或无该项数据，“…”表示该项统计指标值太小无法显示，“#”表示其中的主要项。

我们希望此书的面世，能使社会各界对山东省第三次经济普查有一个全面概括的了解，更愿本书的内容，能为社会经济研究工作者提供有价值的参考。

山东省第三次经济普查资料是山东省经济普查工作者共同辛勤工作的成果，也是广大普查对象积极支持配合的结果。在此，我们向山东省所有普查工作者、普查对象以及参与和支持普查工作的人员致以崇高的敬意和衷心的感谢！

第二产业卷（上）　目录

第一篇　工业企业生产经营及财务状况

A. 行业部分

B. 地区部分

第二篇　主要工业产品产量

附录

第1篇

工业企业生产经营及财务状况

A. 行业部分

1-A-1　按行业分组的全部工业企业主要经济指标（大类行业）

单位：亿元

行　　业	企业单位数（个）	资产总计	实收资本	主营业务收入	主营业务税金及附加	从业人员（万人）
总　　计	**189359**	**93725.2**	**16744.8**	**141310.2**	**1700.0**	**1311.2**
煤炭开采和洗选业	630	5884.1	336.0	3869.1	46.1	60.3
石油和天然气开采业	47	1792.5	703.8	1320.9	242.1	11.7
黑色金属矿采选业	493	529.8	115.8	506.3	9.8	5.2
有色金属矿采选业	261	706.3	61.6	1002.1	4.6	6.1
非金属矿采选业	2127	400.8	102.7	644.4	10.9	9.3
开采辅助活动	99	173.9	13.0	209.0	2.5	3.4
其他采矿业	70	6.4	1.8	8.5	0.1	0.2
农副食品加工业	12753	5471.2	968.5	12211.2	70.1	109.5
食品制造业	4764	1513.5	357.2	2586.3	22.3	30.2
酒、饮料和精制茶制造业	2280	1049.6	231.1	1449.8	47.7	16.0
烟草制品业	54	318.5	85.3	324.1	145.3	1.6
纺织业	9108	4118.3	633.6	8890.8	49.8	100.5
纺织服装、服饰业	8392	1220.4	295.8	2516.5	25.4	62.0
皮革、毛皮、羽毛及其制品和制鞋业	2277	439.1	99.5	1143.7	9.6	18.8
木材加工和木、竹、藤、棕、草制品业	8002	821.3	215.8	2318.3	22.0	34.7
家具制造业	3250	484.4	120.2	957.8	9.9	14.4
造纸和纸制品业	3857	2429.7	348.5	2571.8	16.4	25.0
印刷和记录媒介复制业	5388	504.4	140.2	945.0	11.1	15.7
文教、工美、体育和娱乐用品制造业	6751	938.5	231.0	2184.2	21.9	37.6
石油加工及炼焦业	862	3720.2	616.5	7167.7	299.1	13.9
化学原料和化学制品制造业	11972	9366.9	1633.0	15215.8	101.2	83.9
医药制造业	1647	2431.8	368.3	3185.6	29.0	25.3
化学纤维制造业	415	242.4	64.1	251.5	1.4	3.0
橡胶和塑料制品业	10854	3397.5	547.8	5854.0	42.6	54.9
非金属矿物制品业	17843	4980.3	1118.7	8007.2	74.9	94.8
黑色金属冶炼和压延加工业	3158	5288.3	510.0	6254.8	23.0	39.0
有色金属冶炼和压延加工业	1487	3626.8	443.2	5776.8	14.6	18.7
金属制品业	12732	3247.8	742.4	5584.5	50.9	57.8
通用设备制造业	21543	4954.4	1099.3	8002.5	77.8	95.5
专用设备制造业	13267	3879.1	798.7	6122.6	53.8	65.4
汽车制造业	4869	4110.6	869.1	5829.1	58.9	47.5
铁路、船舶、航空航天和其他运输设备制造业	1732	1667.9	293.9	1495.9	10.8	14.8
电气机械和器材制造业	6581	4138.1	686.8	6359.1	43.5	48.3
计算机、通信和其他电子设备制造业	2622	2076.7	447.6	4569.8	16.5	39.4
仪器仪表制造业	1602	411.3	103.0	704.8	5.1	8.5
其他制造业	1496	134.9	43.1	200.2	2.6	4.3
废弃资源综合利用业	536	78.2	28.3	111.4	1.4	1.6
金属制品、机械和设备修理业	1139	74.7	25.0	90.8	1.8	2.8
电力、热力生产和供应业	1124	6180.6	1007.7	4451.9	19.2	22.0
燃气生产和供应业	453	362.3	95.8	271.5	2.3	2.6
水的生产和供应业	822	551.7	141.3	143.1	1.8	5.1

注：“全部工业企业”指规模以上工业企业和规模以下工业企业的总和。“规模以上工业企业”指年主营业务收入在2000万元及以上的工业企业。“规模以下工业企业”指年主营业务收入在2000万元以下的工业企业。

1-A-2 按注册类型分组的规模

分　组	企业单位数（个）	工业销售产值（当年价格）	出口交货值	资产总计	固定资产合计
总　计	**40467**	**128488.73**	**8283.11**	**81534.78**	**30512.77**
一、按登记注册类型分组					
内资企业	36102	110161.34	4325.10	70271.40	26565.36
国有企业	340	4245.65	43.78	3907.54	1174.95
中央企业	59	2317.59	6.11	2384.89	455.62
地方企业	281	1928.06	37.67	1522.65	719.33
集体企业	344	1735.06	74.07	1321.35	234.37
股份合作企业	88	150.06	6.46	67.30	29.33
联营企业	16	319.90	8.93	146.90	81.36
国有联营企业	2	292.90	8.91	134.56	77.88
集体联营企业	10	21.26		8.93	3.34
国有与集体联营企业	3	5.41	0.03	3.17	0.10
其他联营企业	1	0.32		0.24	0.03
有限责任公司	7980	36415.75	1443.59	31198.21	10918.52
国有独资公司	210	5159.33	271.23	8704.52	2435.57
其他有限责任公司	7770	31256.42	1172.36	22493.70	8482.94
股份有限公司	1004	11433.69	685.91	10605.80	4478.31
私营企业	25995	55252.76	2046.96	22791.46	9548.49
私营独资企业	2068	3542.65	73.14	817.30	421.82
私营合伙企业	105	189.30	1.07	41.64	22.02
私营有限责任公司	22860	48145.31	1718.59	20113.66	8435.18
私营股份有限公司	962	3375.50	254.16	1818.86	669.46
其他企业	335	608.48	15.40	232.83	100.04
港、澳、台商投资企业	1080	3968.85	780.32	2832.17	1113.24
合资经营企业(港或澳、台资)	597	2460.18	463.38	1711.92	660.90
合作经营企业(港或澳、台资)	22	59.01	5.72	25.56	13.00
港澳台商独资经营企业	444	1386.08	295.85	1000.95	399.48
港澳台商投资股份有限公司	16	60.59	14.00	88.44	35.86
其他港澳台商投资企业	1	2.99	1.36	5.30	4.01
外商投资企业	3285	14358.54	3177.69	8431.20	2834.17
中外合资经营企业	1275	6196.20	931.39	4257.73	1436.48
中外合作经营企业	57	630.78	193.26	326.53	86.31
外资企业	1892	6841.66	1904.71	3315.91	1143.85
外商投资股份有限公司	52	630.29	142.47	515.93	158.05
其他外商投资企业	9	59.60	5.86	15.10	9.47
二、在总计中:亏损企业	**2403**	**5778.78**	**537.01**	**7056.68**	**2697.84**
在总计中:国有控股企业	1199	20024.81	626.99	23668.11	9034.80
在总计中:轻工业	16253	40625.49	3811.07	21492.27	8145.51
重工业	24214	87863.24	4472.04	60042.50	22367.26
在总计中:大型企业	952	46942.60	4043.27	41048.12	15017.37
中型企业	4565	26622.90	2034.22	17219.86	6547.11
小型企业	34950	54923.23	2205.62	23266.79	8948.29

注：本表统计范围为规模以上工业企业(以下各表同)。“国有控股企业”即为原“国有及国有控股企业”(下同)。

以上工业企业主要经济指标

单位：亿元

固定资产原价	累计折旧	流动资产合计	应收账款	存货	产成品	负债合计	流动负债合计
52197.14	**24919.42**	**39010.28**	**6908.56**	**8975.97**	**3374.64**	**46142.11**	**33897.35**
43524.47	19896.25	32893.88	5239.69	7562.21	2887.05	40215.46	29138.54
1925.72	871.46	1163.18	135.44	300.06	76.40	2580.78	1110.92
734.93	322.86	574.23	59.97	211.51	37.46	1584.05	404.36
1190.79	548.60	588.95	75.48	88.54	38.94	996.73	706.56
456.57	235.03	931.49	126.36	133.93	90.93	880.35	704.12
51.95	24.73	29.48	5.54	7.28	2.78	23.17	13.93
133.99	53.01	42.32	9.58	18.03	6.40	98.06	84.35
128.65	50.80	36.37	7.73	15.85	5.38	92.79	80.15
4.74	1.73	4.78	1.17	1.84	0.86	4.28	3.39
0.54	0.44	0.97	0.59	0.22	0.04	0.85	0.67
0.06	0.03	0.20	0.09	0.12	0.11	0.14	0.14
17435.23	8021.19	15103.93	2116.76	3462.34	1208.45	19780.15	14180.90
3432.58	1268.05	3725.65	346.82	791.09	278.81	5869.49	3659.19
14002.65	6753.14	11378.28	1769.94	2671.26	929.64	13910.66	10521.71
8003.64	3803.42	4499.23	812.48	1028.81	390.97	5939.39	4551.73
15406.62	6841.10	11015.29	2011.22	2592.32	1101.87	10792.17	8403.32
710.23	313.14	313.95	60.45	68.08	39.55	252.11	154.44
41.35	20.13	15.39	2.75	3.84	1.29	14.75	9.46
13458.41	5904.65	9727.50	1739.64	2307.99	972.58	9605.00	7558.31
1196.64	603.18	958.45	208.38	212.40	88.46	920.30	681.11
110.76	46.32	108.96	22.32	19.44	9.25	121.39	89.26
1857.53	823.12	1465.18	341.46	356.59	150.26	1514.89	1230.12
1100.70	487.74	899.87	199.84	210.37	97.32	978.21	799.05
33.86	23.17	11.36	1.99	2.89	1.60	9.33	6.15
658.84	287.87	521.28	134.60	131.54	44.92	484.12	385.24
57.23	21.45	31.78	4.96	11.05	6.17	40.62	38.79
6.90	2.89	0.88	0.07	0.73	0.24	2.62	0.88
6815.13	4200.05	4651.22	1327.40	1057.17	337.34	4411.75	3528.69
2498.77	1203.43	2423.70	759.56	534.60	159.39	2310.85	1827.73
341.52	257.83	227.87	57.89	40.52	18.57	218.37	179.01
3706.89	2634.20	1811.40	487.29	437.84	140.16	1681.90	1364.96
255.10	100.99	183.08	20.85	43.43	18.72	196.99	155.27
12.85	3.60	5.18	1.81	0.78	0.50	3.65	1.72
4324.88	**1915.27**	**3458.79**	**573.77**	**1000.76**	**371.90**	**5495.85**	**4535.08**
14946.95	6675.40	8936.77	1561.67	2078.62	686.12	15245.17	10194.91
14107.89	6802.44	10766.18	1677.77	2839.96	1113.00	10905.31	8326.40
38089.24	18116.98	28244.10	5230.79	6136.01	2261.65	35236.79	25570.94
27301.91	13997.92	19670.12	3091.75	4673.41	1572.72	24718.83	18718.39
11181.38	5258.63	8754.51	1667.43	2092.68	842.59	10207.70	8118.33
13713.85	5662.87	10585.65	2149.37	2209.88	959.34	11215.57	7060.63

1-A-2 续表 1

分　组	应付账款	所有者权益合计	实收资本	国家资本	集体资本
总　　计	**7431.23**	**34465.68**	**12673.58**	**2230.53**	**360.77**
一、按登记注册类型分组					
内资企业	5945.72	29195.18	10006.24	2136.30	305.66
国有企业	280.14	914.82	382.14	293.74	3.45
中央企业	136.11	389.76	213.37	194.88	1.29
地方企业	144.02	525.07	168.77	98.87	2.16
集体企业	179.13	424.95	40.67	0.72	23.35
股份合作企业	4.39	44.02	15.86	0.15	1.71
联营企业	13.55	48.84	14.35	0.04	0.30
国有联营企业	13.12	41.77	9.78		
集体联营企业	0.33	4.66	2.50		0.27
国有与集体联营企业	0.08	2.32	2.07	0.04	0.03
其他联营企业	0.02	0.09			
有限责任公司	2875.63	11286.09	3845.94	772.07	163.68
国有独资公司	747.12	2834.37	728.97	410.60	3.83
其他有限责任公司	2128.51	8451.72	3116.97	361.47	159.85
股份有限公司	1096.31	4649.48	1918.46	1048.44	38.00
私营企业	1484.29	11719.82	3731.37	20.79	73.87
私营独资企业	35.55	544.45	203.27	0.36	1.67
私营合伙企业	1.53	24.41	6.50		0.02
私营有限责任公司	1339.95	10265.08	3245.58	19.94	67.01
私营股份有限公司	107.25	885.89	276.02	0.50	5.17
其他企业	12.29	107.15	57.46	0.34	1.30
港、澳、台商投资企业	281.81	1299.33	584.82	28.22	21.51
合资经营企业(港或澳、台资)	149.84	728.28	299.41	23.59	19.03
合作经营企业(港或澳、台资)	1.74	16.19	9.58	0.50	0.06
港澳台商独资经营企业	123.85	504.47	260.70	1.34	0.92
港澳台商投资股份有限公司	6.28	47.72	13.46	1.10	1.50
其他港澳台商投资企业	0.09	2.68	1.68	1.68	
外商投资企业	1203.69	3971.17	2082.51	66.01	33.60
中外合资经营企业	611.47	1921.02	977.80	50.63	26.90
中外合作经营企业	54.76	106.65	54.90	1.74	5.03
外资企业	498.45	1613.86	962.35	9.47	0.15
外商投资股份有限公司	38.68	318.20	86.45	4.17	1.52
其他外商投资企业	0.33	11.44	1.02		
二、在总计中:亏损企业	**964.98**	**1544.70**	**1556.88**	**422.76**	**39.90**
在总计中:国有控股企业	2640.97	7978.63	3614.54	2106.66	33.85
在总计中:轻工业	1720.71	10403.49	3367.74	186.97	94.18
重工业	5710.51	24062.20	9305.84	2043.56	266.60
在总计中:大型企业	4366.75	16243.92	4861.73	1681.87	134.18
中型企业	1624.69	6951.84	2925.77	362.37	95.35
小型企业	1439.79	11269.92	4886.08	186.30	131.24

单位：亿元

法人资本	个人资本	港澳台资本	外商资本	主营业务收入	主营业务成本	主营业务税金及附加	销售费用
4659.39	**3604.77**	**409.59**	**1400.90**	**132130.34**	**113897.96**	**1495.83**	**2431.54**
3847.01	3414.08	114.84	180.87	114052.12	98241.90	1379.59	1998.48
73.26	9.31	1.41	0.97	4569.06	3910.90	166.15	38.34
16.80	0.40			2987.56	2506.27	153.56	15.24
56.46	8.91	1.41	0.97	1581.50	1404.63	12.58	23.10
12.09	4.38	0.03	0.09	1935.40	1591.30	12.89	113.44
9.87	4.13			150.43	125.69	2.56	1.97
10.96	3.05			134.26	127.21	0.80	1.44
9.78				109.81	105.91	0.57	1.20
1.17	1.05			20.75	18.18	0.18	0.23
	1.99			3.35	2.82	0.06	0.01
				0.36	0.30		
1795.92	906.04	77.99	124.22	38901.52	33944.66	394.50	672.16
129.02	19.91	66.51	99.09	6434.54	5621.25	57.58	136.99
1666.90	886.13	11.48	25.13	32466.98	28323.40	336.92	535.17
474.51	310.04	22.49	24.97	12137.84	9920.16	407.37	249.34
1440.67	2157.47	12.91	25.28	55679.41	48150.53	391.83	912.96
65.17	135.71	0.23	0.13	3531.58	3068.17	30.01	51.14
3.08	3.39			191.51	167.61	1.85	2.58
1279.76	1854.52	6.98	16.99	48583.55	42011.45	334.04	780.30
92.65	163.84	5.70	8.16	3372.77	2903.29	25.93	78.94
29.73	19.67		5.34	544.19	471.45	3.48	8.82
157.72	50.09	246.11	81.18	3951.48	3366.26	22.64	112.51
115.02	29.83	78.79	33.16	2453.10	2048.03	15.63	84.82
7.09	0.54	1.27	0.11	61.01	48.48	0.56	1.95
33.59	13.87	163.57	47.41	1372.46	1213.16	6.30	24.05
2.02	5.85	2.48	0.49	61.52	53.57	0.12	1.63
				3.40	3.03	0.04	0.06
654.65	140.60	48.64	1138.85	14126.74	12289.81	93.59	320.55
450.36	98.00	21.87	330.03	6114.37	5230.30	53.55	133.45
28.12	2.05	0.48	17.48	572.85	503.06	1.86	12.62
130.37	24.23	25.68	772.29	6765.25	5993.61	30.69	132.82
45.78	16.28	0.61	18.09	615.21	508.48	7.23	41.32
0.04	0.04		0.95	59.06	54.36	0.26	0.34
494.68	**201.84**	**65.63**	**331.91**	**5602.72**	**5236.93**	**130.87**	**107.86**
1056.68	122.56	102.61	192.17	22140.91	18542.45	763.30	355.39
1350.29	1095.60	125.76	308.55	41569.69	35594.24	430.96	1086.44
3309.09	2509.17	283.82	892.35	90560.65	78303.72	1064.86	1345.10
1628.02	711.37	159.48	540.81	50057.62	42990.73	804.19	996.85
1163.96	801.56	104.37	398.16	26898.30	23371.83	261.67	502.40
1867.40	2091.84	145.74	461.93	55174.43	47535.40	429.96	932.29

1-A-2 续表 2

分组	管理费用	税金	财务费用	利息收入	利息支出
总计	**3642.26**	**269.20**	**1457.51**	**134.58**	**1337.30**
一、按登记注册类型分组					
内资企业	3076.75	230.28	1306.82	113.28	1192.10
国有企业	167.69	9.23	45.86	2.51	45.68
中央企业	56.51	3.14	21.44	1.24	20.67
地方企业	111.18	6.09	24.41	1.27	25.02
集体企业	78.69	9.33	10.85	2.66	8.42
股份合作企业	4.80	0.14	0.88	0.08	0.65
联营企业	5.59	0.27	1.82	0.72	3.93
国有联营企业	4.98	0.26	1.59	0.72	3.79
集体联营企业	0.45		0.21		0.13
国有与集体联营企业	0.14		0.02		0.01
其他联营企业	0.01				
有限责任公司	1146.02	78.15	598.93	65.83	597.42
国有独资公司	330.12	22.30	118.05	24.55	143.78
其他有限责任公司	815.90	55.85	480.88	41.28	453.63
股份有限公司	510.58	19.05	157.23	21.79	163.57
私营企业	1154.15	113.35	485.59	19.72	369.38
私营独资企业	62.62	9.17	21.23	0.29	14.16
私营合伙企业	2.66	0.11	1.34	0.02	0.92
私营有限责任公司	998.45	98.64	426.75	17.79	328.18
私营股份有限公司	90.42	5.43	36.27	1.61	26.11
其他企业	9.23	0.76	5.67	-0.03	3.06
港、澳、台商投资企业	140.62	10.67	44.71	5.66	38.39
合资经营企业(港或澳、台资)	84.75	5.05	31.38	4.65	27.52
合作经营企业(港或澳、台资)	3.62	0.50	0.73		0.50
港澳台商独资经营企业	48.56	4.87	10.82	0.81	8.84
港澳台商投资股份有限公司	3.55	0.21	1.71	0.20	1.44
其他港澳台商投资企业	0.14	0.03	0.08		0.08
外商投资企业	424.89	28.25	105.97	15.64	106.81
中外合资经营企业	177.00	12.81	60.04	9.21	61.06
中外合作经营企业	10.52	0.77	4.68	0.05	2.96
外资企业	217.24	13.82	35.57	5.34	36.83
外商投资股份有限公司	19.62	0.82	5.59	1.04	5.91
其他外商投资企业	0.52	0.02	0.09		0.05
二、在总计中:亏损企业	**311.56**	**17.11**	**134.85**	**7.36**	**128.39**
在总计中:国有控股企业	1008.00	51.45	328.73	48.85	367.35
在总计中:轻工业	1097.81	86.18	426.81	38.49	387.81
重工业	2544.44	183.02	1030.70	96.10	949.50
在总计中:大型企业	1562.18	93.36	691.38	95.57	733.38
中型企业	805.48	61.33	326.74	24.62	294.29
小型企业	1274.60	114.51	439.39	14.39	309.63

单位：亿元

投资收益（损失以"–"号记）	营业利润	利润总额	亏损企业亏损额	应交增值税	应交所得税	从业人员平均人数（万人）
-8.81	**8676.63**	**8715.36**	**279.35**	**3889.73**	**1158.03**	**948.23**
20.85	7460.28	7508.32	211.86	3389.59	987.89	798.94
4.91	238.80	239.29	18.78	154.54	23.63	24.50
2.78	194.04	189.41	2.23	98.21	12.53	6.93
2.13	44.76	49.88	16.55	56.33	11.10	17.57
0.23	133.41	144.00	1.19	45.80	22.04	10.66
0.11	12.66	12.88	0.07	5.41	1.16	1.41
0.31	-2.99	-2.38	4.09	3.02	0.17	3.01
0.31	-4.56	-3.96	4.07	1.95	0.09	2.78
	1.23	1.25		0.94	0.04	0.16
	0.29	0.29	0.01	0.12	0.04	0.07
	0.05	0.05				0.01
24.98	2025.58	2085.96	108.73	1114.97	326.68	286.02
21.84	236.69	253.95	29.25	207.30	62.87	62.71
3.15	1788.89	1832.01	79.48	907.68	263.80	223.32
17.72	911.01	918.68	41.25	431.65	128.42	81.00
-27.47	4099.01	4066.97	36.84	1618.31	480.76	387.87
-0.19	267.52	264.26	0.20	117.65	29.00	24.24
-0.41	13.30	13.30	0.02	4.92	2.26	1.28
-26.50	3597.41	3570.42	33.05	1398.19	422.89	339.63
-0.37	220.78	219.00	3.57	97.56	26.62	22.71
0.05	42.80	42.92	0.90	15.88	5.03	4.47
-1.15	284.71	287.83	14.09	125.04	50.37	34.14
-1.83	196.92	196.84	5.19	73.41	38.03	18.75
	3.50	3.57	0.31	2.34	0.49	0.63
0.01	82.54	84.33	8.24	48.00	11.54	13.51
0.66	1.69	3.03	0.35	1.13	0.31	1.10
	0.07	0.07		0.17		0.14
-28.51	931.64	919.21	53.40	375.10	119.78	115.15
-34.20	461.28	459.44	18.88	201.23	65.64	42.93
0.06	39.03	37.35	0.68	13.94	2.89	2.75
-3.94	377.45	369.39	33.80	145.54	45.18	63.59
9.57	50.39	49.55	0.05	12.83	5.96	5.63
	3.50	3.48		1.56	0.11	0.25
-14.28	**-301.58**	**-279.35**	**279.35**	**126.19**	**3.87**	**82.43**
55.75	1239.77	1273.04	127.66	853.01	206.12	161.65
-52.66	2699.97	2726.35	56.76	1200.75	392.22	372.17
43.85	5976.66	5989.01	222.58	2688.98	765.81	576.06
46.84	3076.42	3104.13	96.88	1415.52	468.92	333.38
-6.81	1631.35	1651.64	97.62	778.12	229.60	243.48
-48.84	3968.86	3959.59	84.85	1696.09	459.51	371.37

1-A-3 按行业分组的规模以上工业

行　业	企业单位数（个）	工业销售产值（当年价格）	出口交货值	资产总计	固定资产合计
总　计	**40467**	**128488.73**	**8283.11**	**81534.78**	**30512.77**
采矿业	**869**	**6027.86**	**2.98**	**9029.56**	**3595.59**
煤炭开采和洗选业	**265**	**2752.72**	**1.43**	**5759.97**	**1596.97**
烟煤和无烟煤开采洗选	257	2587.84	1.43	5652.47	1521.41
褐煤开采洗选	6	163.31		107.23	75.37
其他煤炭采选	2	1.57		0.26	0.19
石油和天然气开采业	**21**	**1233.05**		**1722.22**	**1414.15**
石油开采	18	1230.87		1720.94	1413.55
天然气开采	3	2.18		1.28	0.59
黑色金属矿采选业	**170**	**471.29**	**0.08**	**487.79**	**171.04**
铁矿采选	170	471.29	0.08	487.79	171.04
锰矿、铬矿采选					
其他黑色金属矿采选					
有色金属矿采选业	**88**	**868.32**	**0.15**	**678.76**	**245.50**
常用有色金属矿采选	6	6.93	0.15	6.94	2.64
铜矿采选	1	3.12	0.15	5.17	1.69
铅锌矿采选	1	0.23		0.13	
镍钴矿采选					
锡矿采选					
锑矿采选					
铝矿采选					
镁矿采选					
其他常用有色金属矿采选	4	3.58		1.64	0.95
贵金属矿采选	81	860.76		670.58	242.26
金矿采选	81	860.76		670.58	242.26
银矿采选					
其他贵金属矿采选					
稀有稀土金属矿采选	1	0.63		1.23	0.60
钨钼矿采选					
稀土金属矿采选	1	0.63		1.23	0.60
放射性金属矿采选					
其他稀有金属矿采选					
非金属矿采选业	**320**	**504.59**	**1.31**	**218.59**	**94.29**
土砂石开采	208	321.83	0.54	87.33	43.17
石灰石、石膏开采	79	153.89		41.00	22.03
建筑装饰用石开采	57	67.86	0.54	16.17	8.20
耐火土石开采	16	22.06		4.76	2.55
粘土及其他土砂石开采	56	78.03		25.39	10.39
化学矿开采	1	0.48		0.30	0.24
采盐	49	109.19		111.07	40.86
石棉及其他非金属矿采选	62	73.09	0.78	19.89	10.02
石棉、云母矿采选	1	0.82		0.44	0.03
石墨、滑石采选	18	23.00	0.78	6.35	3.58
宝石、玉石采选					
其他未列明非金属矿采选	43	49.26		13.10	6.41

企业主要经济指标(门、大、中、小类行业)

单位：亿元

固定资产原价	累计折旧	流动资产合计	应收账款	存货	产成品	负债合计	流动负债合计
52197.14	**24919.42**	**39010.28**	**6908.56**	**8975.97**	**3374.64**	**46142.11**	**33897.35**
6282.44	**2946.66**	**2969.02**	**316.41**	**456.98**	**186.02**	**5405.89**	**3288.62**
2390.29	**981.84**	**2178.86**	**184.12**	**322.41**	**124.93**	**3842.07**	**2056.78**
2322.17	949.91	2147.65	180.66	315.73	122.34	3763.49	2020.07
67.89	31.89	31.14	3.45	6.66	2.56	78.54	36.68
0.22	0.04	0.07	0.01	0.02	0.02	0.03	0.03
3088.24	**1676.54**	**216.93**	**48.65**	**19.69**	**9.07**	**730.89**	**552.77**
3087.27	1676.16	216.58	48.66	19.60	9.06	730.18	552.14
0.97	0.38	0.35		0.09	0.01	0.71	0.63
231.04	**77.02**	**181.23**	**19.46**	**20.79**	**10.86**	**238.86**	**197.01**
231.04	77.02	181.23	19.46	20.79	10.86	238.86	197.01
304.37	**102.76**	**241.19**	**9.32**	**70.94**	**31.16**	**387.14**	**316.89**
2.47	0.91	3.69	0.31	0.96	0.76	1.15	0.93
1.37	0.69	3.11	0.24	0.93	0.75	0.62	0.62
0.02	0.01	0.12				0.14	0.14
1.09	0.21	0.46	0.07	0.02	0.01	0.39	0.17
301.18	101.74	237.18	9.01	69.93	30.37	385.87	315.84
301.18	101.74	237.18	9.01	69.93	30.37	385.87	315.84
0.71	0.11	0.32		0.05	0.02	0.12	0.12
0.71	0.11	0.32		0.05	0.02	0.12	0.12
133.56	**46.13**	**90.78**	**15.21**	**13.87**	**9.83**	**92.93**	**52.12**
65.81	24.68	30.71	5.82	4.48	2.85	28.34	21.66
33.13	12.39	13.59	2.69	1.66	1.23	15.15	11.61
12.18	4.44	6.04	1.20	1.36	0.75	6.36	5.47
3.28	0.74	1.72	0.31	0.20	0.13	1.35	0.92
17.21	7.11	9.36	1.62	1.26	0.74	5.48	3.66
0.32	0.08	0.06	0.02	0.01		0.02	0.02
53.04	16.78	51.86	7.29	7.27	5.38	57.16	23.55
14.39	4.59	8.14	2.09	2.12	1.60	7.41	6.88
0.03	0.03	0.41	0.07	0.17	0.10	0.43	0.43
5.23	1.66	2.56	0.76	1.03	0.85	1.86	1.76
9.13	2.91	5.17	1.25	0.92	0.64	5.12	4.69

1-A-3 续表 1

行业	企业单位数（个）	工业销售产值（当年价格）	出口交货值	资产总计	固定资产合计
开采辅助活动	**3**	**194.19**		**160.52**	**72.47**
煤炭开采和洗选辅助活动					
石油和天然气开采辅助活动	3	194.19		160.52	72.47
其他开采辅助活动					
其他采矿业	**2**	**3.70**		**1.72**	**1.17**
制造业	**38940**	**117913.04**	**8280.13**	**66787.15**	**24303.52**
农副食品加工业	**4102**	**11391.00**	**1041.54**	**4852.30**	**1744.53**
谷物磨制	457	983.31	2.09	278.02	120.65
饲料加工	550	1356.74	18.35	363.01	121.41
植物油加工	390	1698.30	9.41	829.88	199.14
食用植物油加工	364	1645.50	8.53	799.36	195.69
非食用植物油加工	26	52.79	0.88	30.52	3.45
制糖业	9	93.75		70.18	14.43
屠宰及肉类加工	767	2732.13	89.84	1179.13	438.59
牲畜屠宰	165	503.32	22.68	241.11	67.13
禽类屠宰	365	1357.18	47.48	582.39	219.57
肉制品及副产品加工	237	871.63	19.68	355.63	151.89
水产品加工	493	1807.34	460.44	914.03	336.19
水产品冷冻加工	411	1573.01	432.29	805.08	288.81
鱼糜制品及水产品干腌制加工	39	126.26	19.82	54.60	24.29
水产饲料制造	16	42.31	0.84	17.37	9.51
鱼油提取及制品制造	4	8.27	0.66	4.20	1.85
其他水产品加工	23	57.49	6.83	32.78	11.72
蔬菜、水果和坚果加工	1076	1652.28	370.81	586.52	257.14
蔬菜加工	754	1160.44	279.69	410.36	182.67
水果和坚果加工	322	491.85	91.12	176.16	74.47
其他农副食品加工	360	1067.15	90.60	631.52	256.99
淀粉及淀粉制品制造	111	689.98	28.01	513.76	213.56
豆制品制造	56	71.94	10.33	29.46	11.68
蛋品加工	52	56.38		11.10	5.57
其他未列明农副食品加工	141	248.85	52.26	77.19	26.19
食品制造业	**1110**	**2338.57**	**194.83**	**1275.82**	**503.99**
焙烤食品制造	158	187.35	5.81	73.78	33.15
糕点、面包制造	61	51.28	1.89	27.84	13.21
饼干及其他焙烤食品制造	97	136.07	3.92	45.94	19.94
糖果、巧克力及蜜饯制造	99	126.36	9.31	37.52	16.05
糖果、巧克力制造	30	34.74	1.26	8.44	3.34
蜜饯制作	69	91.62	8.05	29.08	12.72
方便食品制造	116	170.66	7.75	66.97	32.03
米、面制品制造	47	52.09	0.24	18.31	8.20
速冻食品制造	38	42.83	5.26	15.43	8.37
方便面及其他方便食品制造	31	75.73	2.24	33.24	15.46
乳制品制造	72	294.62	2.32	158.10	60.08
罐头食品制造	110	166.65	27.96	75.07	36.19
肉、禽类罐头制造	7	7.92		0.96	0.20
水产品罐头制造	3	4.28	0.30	1.42	0.53
蔬菜、水果罐头制造	97	152.06	27.57	72.08	35.17
其他罐头食品制造	3	2.38	0.10	0.60	0.29

单位：亿元

固定资产原价	累计折旧	流动资产合计	应收账款	存货	产成品	负债合计	流动负债合计
133.65	**62.04**	**59.59**	**39.55**	**9.24**	**0.14**	**113.51**	**112.57**
133.65	62.04	59.59	39.55	9.24	0.14	113.51	112.57
1.29	**0.34**	**0.45**	**0.09**	**0.06**	**0.03**	**0.49**	**0.49**
41838.68	**20291.03**	**34917.70**	**6403.59**	**8432.49**	**3181.37**	**36820.50**	**28708.27**
4033.82	**2422.43**	**2559.05**	**329.61**	**788.78**	**328.25**	**2533.81**	**2045.65**
248.05	138.44	124.37	17.99	41.59	17.10	111.58	81.28
222.62	111.75	200.85	22.89	64.76	21.02	184.66	148.01
842.45	656.39	572.04	55.47	195.63	79.10	512.66	434.50
838.50	655.52	547.83	54.34	188.75	73.29	488.17	412.17
3.94	0.87	24.22	1.13	6.88	5.81	24.49	22.34
79.65	68.09	55.42	2.30	12.22	1.00	65.00	26.90
950.14	533.34	603.59	76.62	170.64	76.22	615.06	506.34
108.58	45.61	121.79	16.32	34.83	17.46	128.12	91.25
419.93	212.90	316.94	32.47	102.40	38.48	317.34	263.10
421.63	274.83	164.86	27.83	33.41	20.29	169.60	151.98
784.15	484.52	471.14	65.06	144.80	62.81	461.63	373.77
687.51	427.12	421.44	58.86	133.40	57.66	411.77	342.75
40.70	22.29	25.49	3.09	4.09	1.92	28.64	13.97
23.92	14.92	6.02	1.11	2.00	0.91	5.52	3.64
13.62	12.10	2.29	0.27	0.83	0.32	2.82	2.00
18.41	8.08	15.91	1.73	4.48	2.00	12.88	11.40
459.45	218.12	270.66	61.15	91.04	43.25	229.86	188.75
321.99	150.92	193.40	44.33	59.29	31.75	160.19	130.05
137.46	67.20	77.26	16.82	31.75	11.50	69.67	58.70
447.31	211.79	260.99	28.13	68.11	27.75	353.37	286.10
324.62	128.83	199.47	15.58	51.18	21.45	299.99	248.49
24.67	14.69	12.26	1.44	2.61	0.74	13.76	9.94
7.65	2.98	4.73	0.75	1.22	0.55	3.03	2.41
90.38	65.29	44.53	10.36	13.09	5.02	36.59	25.26
893.18	**427.88**	**628.22**	**98.53**	**142.04**	**57.74**	**603.91**	**439.10**
45.04	14.77	32.83	7.10	6.89	3.26	27.20	20.13
16.88	5.12	12.44	3.81	2.93	1.14	12.42	8.01
28.16	9.65	20.39	3.29	3.96	2.12	14.78	12.12
29.88	14.27	13.33	2.62	3.90	1.34	12.44	8.38
5.57	2.36	2.08	0.69	0.55	0.31	3.72	1.22
24.31	11.91	11.26	1.93	3.35	1.03	8.71	7.16
43.19	14.27	27.77	4.18	4.64	2.04	26.68	21.37
10.17	2.21	7.87	1.05	1.76	0.89	7.49	6.55
10.75	4.15	5.56	1.05	1.35	0.57	7.29	4.67
22.27	7.91	14.33	2.07	1.54	0.57	11.90	10.16
170.00	113.32	78.26	14.53	18.12	4.27	83.06	66.01
54.45	22.18	33.73	5.53	14.14	8.27	33.33	25.31
0.29	0.10	0.75	0.15	0.45	0.31	0.49	0.32
0.68	0.15	0.89	0.08	0.51	0.17	1.44	0.84
52.93	21.67	31.80	5.17	13.11	7.77	31.11	23.92
0.55	0.27	0.28	0.12	0.07	0.01	0.29	0.24

1-A-3 续表 2

行　业	企业单位数（个）	工业销售产值（当年价格）	出口交货值	资产总计	固定资产合计
调味品、发酵制品制造	176	339.25	36.85	259.40	116.99
味精制造	14	45.12	1.02	48.37	24.31
酱油、食醋及类似制品制造	53	92.57	0.55	50.79	20.89
其他调味品、发酵制品制造	109	201.56	35.28	160.24	71.78
其他食品制造	379	1053.69	104.84	604.98	209.51
营养食品制造	18	67.49	5.27	16.04	6.47
保健食品制造	36	50.60	0.01	17.37	5.45
冷冻饮品及食用冰制造	24	35.11	1.54	14.29	7.31
盐加工	11	25.98	0.22	22.56	14.68
食品及饲料添加剂制造	254	807.43	79.99	505.49	163.40
其他未列明食品制造	36	67.09	17.81	29.24	12.20
酒、饮料和精制茶制造业	**485**	**1313.05**	**48.32**	**892.97**	**318.03**
酒的制造	306	926.03	7.86	659.33	208.24
酒精制造	12	37.84		23.48	7.99
白酒制造	168	371.74	1.24	188.90	62.29
啤酒制造	53	298.40	3.17	273.77	67.17
黄酒制造	4	8.01		2.09	0.62
葡萄酒制造	58	202.43	3.45	168.66	68.99
其他酒制造	11	7.60		2.43	1.17
饮料制造	146	362.39	40.46	217.47	104.20
碳酸饮料制造	10	28.97		11.98	6.34
瓶(罐)装饮用水制造	47	51.04	0.31	25.75	12.32
果菜汁及果菜汁饮料制造	48	148.72	38.93	117.78	49.82
含乳饮料和植物蛋白饮料制造	28	100.43	1.22	42.51	23.28
固体饮料制造	4	9.84		1.71	1.61
茶饮料及其他饮料制造	9	23.38		17.75	10.83
精制茶加工	33	24.63		16.17	5.59
烟草制品业	**12**	**517.94**	**0.14**	**308.56**	**52.22**
烟叶复烤	3	3.10		8.00	6.17
卷烟制造	6	504.40	0.14	297.42	44.40
其他烟草制品制造	3	10.44		3.14	1.65
纺织业	**2823**	**8179.46**	**618.07**	**3689.38**	**1674.40**
棉纺织及印染精加工	1971	6409.42	334.83	2884.85	1340.23
棉纺纱加工	1323	5000.14	138.12	2196.64	1051.15
棉织造加工	531	1070.81	144.88	539.83	227.08
棉印染精加工	117	338.48	51.83	148.38	62.00
毛纺织及染整精加工	174	490.18	100.78	233.14	92.32
毛条和毛纱线加工	110	127.94	2.22	43.93	23.72
毛织造加工	51	337.67	95.81	170.61	61.96
毛染整精加工	13	24.57	2.75	18.61	6.64
麻纺织及染整精加工	13	43.48	5.58	11.38	3.62
麻纤维纺前加工和纺纱	9	23.36	0.37	3.22	0.97
麻织造加工	4	20.12	5.20	8.15	2.64
麻染整精加工					

单位：亿元

固定资产原价	累计折旧	流动资产合计	应收账款	存货	产成品	负债合计	流动负债合计
217.76	108.25	105.08	18.38	28.61	9.69	123.82	95.75
27.02	7.13	21.79	2.80	6.41	0.56	28.18	19.53
27.75	8.00	22.83	2.78	6.49	2.44	27.60	21.93
162.99	93.11	60.47	12.80	15.71	6.70	68.04	54.29
332.87	140.82	337.22	46.19	65.74	28.87	297.39	202.14
16.02	9.68	8.06	2.15	2.33	0.99	5.10	3.91
9.60	5.01	7.69	1.54	2.27	0.87	4.35	3.47
11.15	5.15	6.19	0.92	1.41	0.58	7.74	2.16
16.38	2.73	5.08	0.58	1.20	0.99	9.89	3.24
256.62	107.20	294.92	38.90	54.99	23.79	261.77	182.73
23.10	11.05	15.27	2.10	3.54	1.65	8.54	6.63
435.78	**150.47**	**397.10**	**42.93**	**139.19**	**50.93**	**380.67**	**321.14**
284.12	104.30	295.94	22.78	110.49	35.13	301.57	253.11
11.14	4.52	12.44	0.76	3.03	1.36	14.71	10.53
78.90	24.22	100.39	8.49	45.99	19.46	108.14	94.52
107.77	44.56	94.39	6.05	19.41	3.79	120.54	93.82
1.09	0.47	1.34	0.14	0.50	0.15	0.76	0.75
83.77	30.24	86.41	7.16	41.19	10.11	56.50	52.69
1.43	0.27	0.96	0.18	0.36	0.25	0.92	0.80
143.42	42.72	96.55	19.36	27.21	14.64	75.28	65.49
11.35	5.15	4.98	0.90	1.58	1.05	5.66	5.53
15.80	3.91	10.03	1.94	1.70	0.77	8.76	6.14
68.46	20.16	59.36	9.75	17.49	11.43	40.77	34.99
30.12	8.18	16.74	3.61	5.34	1.05	10.15	9.16
1.74	0.20	0.10	0.01	0.01	0.01	0.14	0.14
15.95	5.12	5.34	3.14	1.09	0.33	9.81	9.53
8.25	3.46	4.62	0.80	1.49	1.16	3.82	2.54
115.54	**64.55**	**189.20**	**11.72**	**136.66**	**3.54**	**92.12**	**89.15**
7.22	2.22	1.82	0.84	0.35	0.25	1.61	1.61
105.59	61.19	185.95	10.23	136.12	3.18	89.23	86.26
2.73	1.14	1.43	0.65	0.18	0.11	1.28	1.28
2527.64	**1079.29**	**1665.12**	**192.61**	**538.68**	**164.94**	**1886.16**	**1295.53**
2034.32	861.77	1290.00	138.14	434.04	127.62	1510.99	1008.17
1414.76	515.73	967.86	94.86	338.92	83.53	1200.20	763.16
469.79	254.50	248.80	31.88	75.81	35.70	234.86	177.78
149.77	91.54	73.35	11.40	19.30	8.39	75.94	67.23
111.46	47.82	110.39	13.24	27.60	10.33	97.53	65.34
44.58	22.93	16.58	3.18	4.63	2.38	16.50	12.61
55.44	19.69	86.11	9.06	20.57	6.93	71.68	44.95
11.44	5.20	7.71	1.00	2.40	1.02	9.35	7.78
5.92	2.42	5.74	2.29	1.65	0.40	4.88	2.73
1.53	0.62	0.92	0.13	0.31	0.04	1.53	0.34
4.39	1.80	4.82	2.16	1.34	0.36	3.35	2.39

1-A-3 续表 3

行　业	企业单位数（个）	工业销售产值（当年价格）	出口交货值	资产总计	固定资产合计
丝绢纺织及印染精加工	42	60.61	8.17	26.59	6.28
缫丝加工	27	37.54	1.53	19.76	4.37
绢纺和丝织加工	14	21.64	6.63	6.05	1.78
丝印染精加工	1	1.43		0.78	0.13
化纤织造及印染精加工	37	55.15	8.79	37.58	15.50
化纤织造加工	35	54.39	8.77	36.82	15.21
化纤织物染整精加工	2	0.76	0.02	0.76	0.29
针织或钩针编织物及其制品制造	155	256.61	37.23	103.81	48.86
针织或钩针编织物织造	98	191.02	34.39	84.04	37.27
针织或钩针编织物印染精加工	36	43.89	1.51	12.75	8.07
针织或钩针编织品制造	21	21.70	1.33	7.02	3.53
家用纺织制成品制造	250	476.68	110.15	231.35	83.87
床上用品制造	111	131.43	36.61	54.03	22.85
毛巾类制品制造	85	263.05	52.84	144.03	47.00
窗帘、布艺类产品制造	21	21.92	6.04	7.68	3.59
其他家用纺织制成品制造	33	60.28	14.67	25.62	10.44
非家用纺织制成品制造	181	387.34	12.54	160.68	83.72
非织造布制造	57	97.38	8.57	50.80	19.69
绳、索、缆制造	47	40.39	1.90	14.28	5.88
纺织带和帘子布制造	29	200.54	1.10	79.31	48.12
篷、帆布制造	23	26.72	0.56	5.42	2.73
其他非家用纺织制成品制造	25	22.31	0.42	10.87	7.29
纺织服装、服饰业	**1338**	**2107.94**	**485.01**	**895.64**	**379.18**
机织服装制造	918	1451.44	283.27	665.88	281.13
针织或钩针编织服装制造	337	566.50	191.92	194.64	83.45
服饰制造	83	90.00	9.82	35.12	14.60
皮革、毛皮、羽毛及其制品和制鞋业	**519**	**946.64**	**122.64**	**347.42**	**124.79**
皮革鞣制加工	92	258.45	15.51	86.73	27.36
皮革制品制造	155	246.53	51.85	111.39	30.57
皮革服装制造	31	79.78	13.19	57.40	8.94
皮箱、包(袋)制造	89	120.56	30.00	30.93	14.16
皮手套及皮装饰制品制造	15	15.30	0.46	6.82	2.74
其他皮革制品制造	20	30.89	8.21	16.24	4.73
毛皮鞣制及制品加工	59	90.64	8.98	30.83	15.38
毛皮鞣制加工	18	31.82	0.49	10.18	4.29
毛皮服装加工	22	18.73	4.15	5.24	1.48
其他毛皮制品加工	19	40.09	4.34	15.41	9.61
羽毛(绒)加工及制品制造	25	21.94	0.76	11.36	4.61
羽毛(绒)加工	12	11.84	0.40	6.68	2.52
羽毛(绒)制品加工	13	10.11	0.36	4.68	2.09
制鞋业	188	329.07	45.54	107.11	46.86
纺织面料鞋制造	60	85.76	3.00	23.07	9.74
皮鞋制造	81	164.79	30.37	48.29	20.62
塑料鞋制造	5	3.02	0.55	1.01	0.56
橡胶鞋制造	28	58.00	6.62	31.77	14.59
其他制鞋业	14	17.50	5.00	2.96	1.35

单位：亿元

固定资产原价	累计折旧	流动资产合计	应收账款	存货	产成品	负债合计	流动负债合计
14.12	9.41	16.98	1.92	5.20	1.95	15.59	14.27
6.27	2.61	13.31	1.14	2.93	0.91	12.18	11.19
7.37	6.44	3.31	0.76	2.00	1.02	3.11	2.82
0.48	0.35	0.36	0.01	0.27	0.02	0.30	0.26
28.32	14.41	15.55	3.83	3.36	1.56	14.19	13.68
27.70	14.09	15.11	3.72	3.22	1.49	13.82	13.31
0.62	0.33	0.44	0.11	0.15	0.07	0.37	0.37
69.50	25.82	45.30	7.85	15.34	4.66	46.29	31.04
54.74	21.91	38.58	6.47	13.89	3.99	39.69	25.86
10.39	2.67	3.84	1.00	0.84	0.41	3.64	2.77
4.37	1.24	2.88	0.38	0.62	0.26	2.96	2.42
156.59	81.36	113.16	13.12	37.32	10.11	135.72	112.71
34.26	13.97	21.57	4.76	7.24	2.05	27.26	20.91
100.52	59.17	78.40	5.82	27.25	7.11	88.93	77.13
4.80	1.45	2.82	0.69	0.85	0.19	4.36	4.04
17.00	6.77	10.37	1.84	1.98	0.75	15.16	10.63
107.41	36.27	67.98	12.21	14.17	8.32	60.97	47.59
30.62	12.31	24.90	5.29	4.32	1.75	21.79	17.18
7.41	2.08	7.07	1.42	1.28	0.94	4.81	3.13
55.54	13.41	30.61	4.09	7.27	4.87	28.16	23.65
8.48	6.40	2.41	0.71	0.66	0.36	2.07	1.38
5.35	2.07	3.00	0.71	0.64	0.41	4.14	2.25
641.76	**290.43**	**429.46**	**100.80**	**121.10**	**47.94**	**409.09**	**303.63**
454.14	193.16	322.00	73.00	83.09	38.84	299.62	212.04
166.23	90.27	89.61	20.97	33.61	7.70	94.09	79.10
21.39	6.99	17.84	6.82	4.40	1.40	15.38	12.49
236.45	**124.75**	**187.48**	**33.67**	**61.02**	**22.08**	**169.02**	**130.74**
70.12	44.22	53.74	8.98	16.57	6.18	45.15	35.67
49.42	24.59	64.64	10.67	23.02	7.01	59.15	47.19
14.87	7.69	36.55	5.90	10.80	4.94	29.58	26.41
25.49	13.76	13.95	2.45	5.35	1.18	16.67	11.14
2.86	0.77	3.90	0.85	2.04	0.26	2.26	1.06
6.21	2.37	10.24	1.46	4.83	0.63	10.64	8.59
16.81	2.49	13.62	2.18	3.45	1.33	15.01	6.67
5.06	0.80	5.60	0.72	1.65	0.28	4.62	3.83
1.88	0.44	3.42	0.60	1.12	0.63	2.06	1.52
9.86	1.25	4.60	0.86	0.68	0.41	8.34	1.32
5.08	0.78	6.17	1.25	1.72	0.56	3.60	3.53
2.72	0.44	3.75	0.84	1.14	0.48	1.81	1.77
2.36	0.34	2.43	0.41	0.58	0.07	1.79	1.77
95.03	52.68	49.31	10.60	16.26	7.00	46.12	37.68
18.83	9.33	9.16	1.81	2.98	1.36	9.68	7.61
47.84	30.71	23.84	6.03	9.67	3.60	21.83	19.62
0.52	0.09	0.24	0.03	0.06	0.06	0.19	0.13
25.47	11.40	14.69	2.30	3.21	1.86	13.36	9.58
2.36	1.14	1.38	0.42	0.34	0.12	1.07	0.74

1-A-3 续表 4

行 业	企业单位数（个）	工业销售产值（当年价格）	出口交货值	资产总计	固定资产合计
木材加工和木、竹、藤、棕、草制品业	**1390**	**1894.86**	**105.44**	**530.22**	**237.06**
木材加工	148	150.62	0.45	38.52	21.84
锯材加工	36	38.62	0.18	12.81	6.09
木片加工	68	71.37		16.82	10.96
单板加工	38	38.30		7.66	4.30
其他木材加工	6	2.33	0.26	1.23	0.48
人造板制造	942	1352.63	80.54	361.04	155.67
胶合板制造	792	1124.81	74.88	219.70	98.14
纤维板制造	60	117.13		87.86	35.02
刨花板制造	31	36.41	1.82	15.51	6.94
其他人造板制造	59	74.28	3.85	37.97	15.56
木制品制造	262	361.61	18.10	123.11	55.75
建筑用木料及木材组件加工	82	120.58	0.63	27.31	11.25
木门窗、楼梯制造	40	50.82	0.77	13.66	6.87
地板制造	54	71.92	0.89	29.37	11.83
木制容器制造	19	19.77	1.80	8.78	1.93
软木制品及其他木制品制造	67	98.52	14.01	43.99	23.86
竹、藤、棕、草等制品制造	38	30.00	6.34	7.54	3.80
竹制品制造	1	0.23		0.07	0.01
藤制品制造	4	3.95	1.11	1.21	0.46
棕制品制造	1	0.30		0.38	0.17
草及其他制品制造	32	25.52	5.23	5.88	3.17
家具制造业	**576**	**785.60**	**113.64**	**349.87**	**147.56**
木质家具制造	510	679.77	109.37	299.58	127.96
竹、藤家具制造	3	3.02	1.13	2.55	1.30
金属家具制造	25	28.53	2.07	7.83	2.83
塑料家具制造	4	2.28		2.00	0.52
其他家具制造	34	72.00	1.06	37.91	14.96
造纸和纸制品业	**767**	**2350.73**	**78.00**	**2237.29**	**977.31**
纸浆制造	8	30.90	0.04	30.50	10.67
木竹浆制造	4	12.52		9.98	7.58
非木竹浆制造	4	18.38	0.04	20.52	3.09
造纸	302	1690.35	69.49	1961.12	854.65
机制纸及纸板制造	241	1633.68	69.22	1924.04	843.62
手工纸制造	4	1.57		1.09	0.25
加工纸制造	57	55.10	0.27	35.99	10.78
纸制品制造	457	629.48	8.47	245.67	111.99
纸和纸板容器制造	286	415.75	4.15	166.46	77.22
其他纸制品制造	171	213.73	4.32	79.22	34.77
印刷和记录媒介复制业	**482**	**722.57**	**11.85**	**288.95**	**122.84**
印刷	462	695.21	9.65	272.30	116.73
书、报刊印刷	78	145.49		69.91	32.13
本册印制	29	63.89	3.29	16.82	8.56
包装装潢及其他印刷	355	485.84	6.36	185.57	76.04
装订及印刷相关服务	17	24.58		14.44	4.47
记录媒介复制	3	2.78	2.20	2.21	1.65

单位：亿元

固定资产原价	累计折旧	流动资产合计	应收账款	存货	产成品	负债合计	流动负债合计
491.36	**265.81**	**240.68**	**40.57**	**62.03**	**30.26**	**209.68**	**154.78**
34.11	12.93	12.97	4.20	3.58	2.41	9.16	7.07
10.04	4.26	5.21	2.29	1.57	1.06	4.03	3.13
15.47	4.69	4.11	0.96	1.04	0.71	2.76	2.15
7.95	3.82	2.91	0.86	0.89	0.62	2.13	1.55
0.64	0.16	0.74	0.08	0.07	0.02	0.23	0.23
346.66	199.72	168.45	25.88	43.43	21.86	151.91	106.75
266.52	175.11	102.51	19.38	26.98	13.63	75.42	57.33
51.49	17.43	44.86	3.04	10.02	5.70	53.69	29.88
7.46	1.41	7.30	1.36	2.82	1.18	6.86	5.52
21.18	5.76	13.78	2.09	3.61	1.34	15.94	14.02
105.92	52.12	56.26	9.36	14.63	5.71	45.73	38.87
38.41	28.34	12.70	2.96	3.72	1.82	10.01	7.26
15.32	8.56	5.63	0.97	1.48	0.71	4.86	3.84
15.47	3.99	14.46	1.25	2.12	1.34	11.07	10.13
2.40	0.62	5.52	1.33	1.05	0.35	4.20	3.35
34.31	10.61	17.96	2.86	6.26	1.48	15.59	14.29
4.68	1.05	3.00	1.14	0.40	0.28	2.88	2.09
0.01		0.06	0.04			0.06	0.06
0.69	0.23	0.74	0.06	0.03	0.02	0.50	0.48
0.25	0.08	0.21	0.14	0.05	0.04	0.20	
3.73	0.73	1.99	0.90	0.32	0.23	2.12	1.55
242.93	**106.45**	**165.81**	**28.31**	**44.45**	**17.86**	**162.70**	**121.18**
214.59	96.49	139.51	24.85	38.11	15.18	133.92	102.25
1.23	0.10	1.26	0.14	0.89	0.19	1.65	0.04
3.63	1.09	3.70	0.81	0.90	0.21	3.52	2.57
0.67	0.16	0.99	0.10	0.43	0.05	0.60	0.51
22.80	8.61	20.35	2.41	4.13	2.23	23.01	15.82
1407.74	**519.40**	**933.83**	**169.94**	**163.94**	**66.28**	**1325.18**	**930.87**
13.55	3.13	2.91	-5.02	0.77	0.27	10.79	8.31
8.89	1.56	1.29	-5.15	0.70	0.25	4.92	4.23
4.66	1.57	1.62	0.13	0.06	0.01	5.87	4.08
1222.02	443.70	819.61	147.06	137.67	54.77	1217.91	844.52
1207.27	439.62	797.42	142.39	134.68	53.52	1194.49	836.59
0.28	0.03	0.49	0.08	0.17	0.12	0.39	0.37
14.46	4.04	21.70	4.59	2.82	1.13	23.03	7.56
172.17	72.57	111.32	27.90	25.50	11.24	96.47	78.04
116.53	45.27	74.37	19.41	17.24	7.14	68.53	57.17
55.64	27.30	36.94	8.49	8.27	4.10	27.95	20.87
180.08	**69.11**	**130.01**	**33.40**	**28.42**	**11.53**	**128.67**	**101.79**
171.40	65.52	123.00	32.77	27.47	11.06	115.57	91.39
53.64	23.53	32.10	9.31	6.81	3.13	30.73	26.22
14.93	6.88	5.96	1.10	2.01	0.78	7.13	5.73
102.83	35.11	84.93	22.36	18.66	7.15	77.71	59.44
6.43	2.98	6.45	0.52	0.60	0.38	12.17	10.06
2.25	0.61	0.56	0.11	0.35	0.08	0.93	0.35

1-A-3 续表 5

行 业	企业单位数（个）	工业销售产值（当年价格）	出口交货值	资产总计	固定资产合计
文教、工美、体育和娱乐用品制造业	**1177**	**1837.97**	**435.34**	**649.31**	**263.65**
文教办公用品制造	58	84.10	13.71	33.73	13.14
文具制造	14	17.18	4.42	5.09	1.63
笔的制造	26	37.55	7.49	13.70	5.42
教学用模型及教具制造	9	16.26	0.04	5.80	2.62
墨水、墨汁制造	1	0.73		0.16	0.13
其他文教办公用品制造	8	12.38	1.76	8.98	3.34
乐器制造	30	49.90	7.69	18.02	4.00
中乐器制造	3	4.76		1.52	1.19
西乐器制造	18	32.67	6.83	14.14	1.86
电子乐器制造	5	9.79	0.85	2.11	0.87
其他乐器及零件制造	4	2.68		0.25	0.08
工艺美术品制造	825	1277.63	320.66	414.47	166.80
雕塑工艺品制造	59	111.00	6.15	30.75	15.91
金属工艺品制造	41	44.36	9.03	15.78	7.01
漆器工艺品制造	13	19.13	2.41	5.09	2.50
花画工艺品制造	30	31.50	20.28	6.88	3.83
天然植物纤维编织工艺品制造	254	300.33	121.88	58.71	30.06
抽纱刺绣工艺品制造	150	228.07	50.90	74.77	33.62
地毯、挂毯制造	66	139.27	30.70	95.80	33.51
珠宝首饰及有关物品制造	30	111.92	47.62	52.93	6.60
其他工艺美术品制造	182	292.05	31.69	73.77	33.76
体育用品制造	140	266.74	59.03	142.57	62.37
球类制造	9	9.66	2.14	4.63	1.99
体育器材及配件制造	33	80.49	1.18	52.10	24.54
训练健身器材制造	23	32.31	3.67	7.94	4.51
运动防护用具制造	14	14.62	3.20	4.55	1.65
其他体育用品制造	61	129.66	48.84	73.35	29.68
玩具制造	112	149.32	32.25	37.76	16.53
游艺器材及娱乐用品制造	12	10.28	2.00	2.77	0.82
露天游乐场所游乐设备制造	5	4.43	0.36	1.12	0.35
游艺用品及室内游艺器材制造	3	3.62	0.69	1.06	0.26
其他娱乐用品制造	4	2.23	0.95	0.59	0.21
石油加工及炼焦业	**320**	**6847.55**	**8.88**	**3515.08**	**1221.16**
化学原料和化学制品制造业	**3770**	**14385.03**	**474.03**	**8516.58**	**3360.90**
基础化学原料制造	800	3266.85	143.51	2453.31	1057.01
无机酸制造	55	87.69	0.27	49.42	29.43
无机碱制造	42	328.63	10.55	297.69	96.36
无机盐制造	88	213.77	3.96	118.21	47.93
有机化学原料制造	486	2371.36	125.64	1814.95	788.72
其他基础化学原料制造	129	265.39	3.09	173.05	94.57
肥料制造	346	1295.96	4.65	1056.10	412.45
氮肥制造	33	384.17	2.46	465.37	245.16
磷肥制造	5	13.71		13.87	4.11
钾肥制造	2	2.64		0.68	0.33
复混肥料制造	200	734.95	1.87	530.13	136.74
有机肥料及微生物肥料制造	95	147.29	0.32	42.85	24.11
其他肥料制造	11	13.20		3.19	1.99

单位：亿元

固定资产原价	累计折旧	流动资产合计	应收账款	存货	产成品	负债合计	流动负债合计
456.97	**209.45**	**336.19**	**69.49**	**92.69**	**37.56**	**291.92**	**239.87**
18.28	6.13	16.36	3.23	4.24	2.55	11.61	9.57
2.51	1.02	2.31	0.53	0.95	0.84	1.59	1.19
8.67	3.33	7.30	1.65	1.89	0.83	7.36	6.58
3.45	1.01	2.57	0.60	0.59	0.40	0.97	0.74
0.16	0.03	0.03		0.01		0.01	
3.49	0.75	4.16	0.45	0.81	0.48	1.67	1.07
5.45	2.43	12.07	0.86	5.23	0.64	3.33	2.42
1.15	0.45	0.32	0.11	0.09	0.05	0.53	0.50
2.97	1.42	10.61	0.43	4.89	0.37	1.90	1.06
1.21	0.48	1.00	0.30	0.24	0.22	0.79	0.77
0.13	0.08	0.13	0.02	0.02		0.11	0.10
304.86	146.07	217.04	46.26	61.27	23.61	185.97	154.10
33.70	18.18	12.95	2.07	3.24	1.32	7.63	4.84
9.24	2.76	6.89	2.01	2.04	0.72	7.19	3.99
3.04	0.72	2.56	0.99	0.36	0.21	1.61	1.45
11.34	8.13	2.94	0.54	0.41	0.20	2.03	1.39
56.51	26.68	26.36	8.59	4.87	2.34	20.08	15.55
75.49	44.21	35.35	6.95	11.38	4.30	33.91	27.49
48.31	15.83	52.21	6.68	17.39	7.45	47.39	38.78
8.59	2.63	44.97	10.82	12.69	2.85	38.32	36.56
58.64	26.94	32.81	7.62	8.89	4.21	27.80	24.05
105.26	46.89	72.09	15.53	17.16	8.99	73.61	60.25
4.64	2.65	2.31	0.34	1.06	0.66	3.38	1.38
30.58	6.18	26.23	4.50	6.35	3.81	25.34	20.71
11.36	7.18	3.34	0.50	0.55	0.24	2.33	2.05
8.11	6.79	2.82	0.71	1.65	0.27	1.79	1.23
50.58	24.09	37.39	9.49	7.54	4.00	40.77	34.88
21.57	7.20	16.82	3.28	4.26	1.59	15.46	11.70
1.55	0.73	1.80	0.32	0.53	0.18	1.94	1.82
0.65	0.30	0.65	0.15	0.10	0.03	0.60	0.60
0.58	0.32	0.77	0.14	0.17	0.05	0.86	0.85
0.32	0.11	0.38	0.04	0.25	0.11	0.48	0.37
2352.66	**1338.10**	**1982.63**	**173.35**	**669.37**	**229.53**	**2488.34**	**2107.40**
5680.37	**2654.30**	**3976.11**	**592.72**	**822.99**	**350.09**	**4932.73**	**3673.68**
1524.46	558.72	1076.61	163.33	172.70	72.05	1418.67	1001.25
37.26	9.10	16.80	2.79	4.22	1.99	24.35	19.82
180.54	88.08	149.00	22.47	26.07	13.85	176.88	143.45
88.84	45.18	55.12	10.87	9.43	6.05	43.02	26.73
1071.80	338.67	788.06	110.13	116.78	45.53	1111.06	761.29
146.02	77.68	67.62	17.07	16.20	4.63	63.37	49.97
789.29	403.73	492.67	43.55	133.40	46.17	702.86	538.04
420.65	192.17	165.66	23.18	38.34	12.92	346.82	274.57
4.01	0.93	8.22	0.63	0.88	0.34	7.39	7.38
0.42	0.09	0.25	0.04			0.28	0.28
329.21	199.97	301.13	17.40	90.13	30.94	332.99	243.88
32.77	10.20	16.26	2.10	3.85	1.86	14.17	10.96
2.22	0.36	1.14	0.20	0.21	0.10	1.21	0.97

1-A-3 续表 6

行 业	企业单位数（个）	工业销售产值（当年价格）	出口交货值	资产总计	固定资产合计
农药制造	157	535.45	20.05	207.13	67.61
化学农药制造	132	466.88	19.45	191.36	60.55
生物化学农药及微生物农药制造	25	68.57	0.60	15.76	7.07
涂料、油墨、颜料及类似产品制造	222	359.96	5.15	157.09	56.28
涂料制造	133	234.74	1.65	91.66	31.48
油墨及类似产品制造	12	4.70		2.57	0.96
颜料制造	26	50.54	1.12	25.12	6.21
染料制造	36	58.80	2.39	33.53	15.60
密封用填料及类似品制造	15	11.18		4.21	2.03
合成材料制造	561	2613.59	111.37	1663.02	689.98
初级形态塑料及合成树脂制造	328	1700.20	68.26	1102.68	481.84
合成橡胶制造	90	455.57	8.95	274.22	97.24
合成纤维单(聚合)体制造	21	157.50	9.96	140.21	57.34
其他合成材料制造	122	300.32	24.21	145.90	53.56
专用化学产品制造	1579	6077.59	172.14	2820.99	1014.13
化学试剂和助剂制造	627	2242.39	89.42	1080.66	380.58
专项化学用品制造	732	3425.02	74.78	1514.53	563.62
林产化学产品制造	6	7.73		2.42	0.94
信息化学品制造	38	107.84	3.29	78.71	22.80
环境污染处理专用药剂材料制造	39	39.15	1.72	19.77	5.13
动物胶制造	14	33.38		6.25	2.13
其他专用化学产品制造	123	222.08	2.93	118.65	38.92
炸药、火工及焰火产品制造	23	50.84	4.00	73.20	19.00
炸药及火工产品制造	11	32.02	4.00	70.21	16.81
焰火、鞭炮产品制造	12	18.82		2.99	2.19
日用化学产品制造	82	184.79	13.16	85.74	44.45
肥皂及合成洗涤剂制造	40	110.61	4.01	44.85	20.72
化妆品制造	10	16.33	0.73	6.34	1.57
口腔清洁用品制造	5	7.73	0.68	6.46	2.64
香料、香精制造	14	34.59	4.38	24.68	17.69
其他日用化学产品制造	13	15.53	3.35	3.41	1.83
医药制造业	**744**	**3139.91**	**214.22**	**2276.68**	**880.03**
化学药品原料药制造	168	727.93	89.38	524.69	225.55
化学药品制剂制造	108	603.22	13.74	504.88	148.85
中药饮片加工	45	103.97	3.49	31.87	21.13
中成药生产	92	324.66	6.68	284.83	101.48
兽用药品制造	78	142.31	7.43	46.16	18.66
生物药品制造	150	736.61	62.62	520.09	206.89
卫生材料及医药用品制造	103	501.21	30.88	364.16	157.46
化学纤维制造业	**83**	**223.80**	**14.85**	**203.72**	**84.70**
纤维素纤维原料及纤维制造	21	113.46	6.58	124.92	48.50
化纤浆粕制造	4	52.92	5.37	79.66	29.67
人造纤维(纤维素纤维)制造	17	60.54	1.21	45.26	18.83

单位：亿元

固定资产原价	累计折旧	流动资产合计	应收账款	存货	产成品	负债合计	流动负债合计
286.50	224.46	117.91	20.30	36.16	19.39	122.07	103.48
275.67	220.42	111.26	19.08	33.79	18.28	117.11	99.77
10.83	4.04	6.66	1.22	2.37	1.11	4.96	3.71
93.31	43.68	75.31	17.51	15.20	7.35	69.44	47.02
58.87	29.32	47.14	12.55	8.23	3.99	33.95	22.63
1.40	0.45	1.56	0.74	0.38	0.08	1.06	0.96
11.69	5.66	12.87	1.59	3.32	1.73	17.55	15.51
18.30	7.15	12.28	2.37	2.92	1.32	15.18	7.39
3.04	1.10	1.46	0.26	0.35	0.23	1.70	0.52
1273.96	662.07	711.45	112.29	135.69	51.49	1051.56	781.49
752.38	316.09	444.31	77.63	76.29	32.91	738.37	540.85
381.32	303.98	132.07	13.30	17.61	7.38	157.22	110.75
80.93	25.46	64.18	1.81	20.45	3.03	83.69	77.74
59.32	16.55	70.89	19.55	21.34	8.17	72.28	52.16
1634.18	736.59	1427.05	221.76	309.12	147.85	1479.25	1136.24
664.28	341.08	547.84	88.48	95.99	38.11	575.00	491.28
877.30	370.13	747.54	111.36	187.01	95.21	814.62	573.42
1.02	0.09	1.06	0.08	0.07	0.05	1.58	0.58
34.94	13.01	47.05	9.74	14.89	9.52	39.43	34.01
8.10	3.38	11.45	3.24	1.14	0.44	8.82	7.25
2.61	0.56	1.21	0.13	0.38	0.27	1.01	0.67
45.93	8.34	70.89	8.73	9.63	4.25	38.79	29.04
23.24	6.64	38.28	6.20	10.82	1.00	41.51	36.40
20.48	6.06	37.58	6.08	10.60	0.92	41.04	36.10
2.77	0.58	0.71	0.13	0.22	0.08	0.47	0.29
55.44	18.40	36.83	7.78	9.92	4.80	47.36	29.75
25.10	9.15	21.76	3.40	3.68	1.12	23.91	12.11
2.97	1.49	4.24	1.04	2.03	1.35	3.41	1.47
3.99	1.54	2.90	1.00	0.92	0.50	3.91	2.58
21.16	5.40	6.57	1.89	2.97	1.68	14.81	12.37
2.22	0.82	1.37	0.45	0.32	0.14	1.32	1.22
1387.17	**648.73**	**1099.38**	**197.98**	**209.40**	**108.03**	**902.41**	**681.16**
353.19	149.01	237.26	45.99	60.06	30.69	224.89	174.38
250.05	112.89	292.89	46.67	45.26	21.74	200.72	150.85
45.16	24.57	8.50	2.28	2.31	1.37	12.32	9.50
122.87	38.38	145.57	20.96	31.22	13.91	94.34	61.15
36.38	19.75	17.61	4.17	2.54	1.34	20.82	17.66
431.04	264.18	226.62	30.56	35.24	12.62	209.26	143.76
148.46	39.95	170.93	47.35	32.77	26.37	140.07	123.86
140.90	**71.98**	**88.69**	**10.17**	**23.63**	**11.16**	**127.46**	**107.57**
66.56	33.27	53.52	4.70	14.24	6.10	96.34	83.90
33.23	16.92	35.07	3.73	11.55	5.09	63.36	54.75
33.33	16.34	18.45	0.96	2.69	1.02	32.98	29.14

1-A-3 续表 7

行　业	企业单位数（个）	工业销售产值（当年价格）	出口交货值	资产总计	固定资产合计
合成纤维制造	62	110.34	8.27	78.80	36.20
锦纶纤维制造	8	19.91	4.61	13.93	6.76
涤纶纤维制造	30	45.98	1.15	23.88	9.94
腈纶纤维制造	4	1.94	0.09	1.35	0.92
维纶纤维制造					
丙纶纤维制造	5	4.85	0.22	3.07	1.72
氨纶纤维制造	3	22.19	2.20	27.87	12.42
其他合成纤维制造	12	15.47		8.70	4.45
橡胶和塑料制品业	**1853**	**5447.92**	**873.54**	**2885.90**	**1208.19**
橡胶制品业	570	3609.10	742.68	2108.66	888.19
轮胎制造	289	3108.64	721.42	1880.13	810.89
橡胶板、管、带制造	117	223.14	5.62	138.00	35.96
橡胶零件制造	58	67.69	1.40	25.25	9.25
再生橡胶制造	17	16.89	0.12	7.24	3.90
日用及医用橡胶制品制造	23	70.42	12.13	29.56	12.98
其他橡胶制品制造	66	122.32	1.99	28.48	15.21
塑料制品业	1283	1838.82	130.86	777.24	320.00
塑料薄膜制造	166	226.55	24.99	119.90	48.90
塑料板、管、型材制造	296	530.92	14.18	255.67	102.14
塑料丝、绳及编织品制造	296	454.39	44.96	154.89	62.69
泡沫塑料制造	63	103.46	0.41	33.05	17.21
塑料人造革、合成革制造	14	22.34	1.01	6.59	3.19
塑料包装箱及容器制造	147	168.46	6.75	60.10	26.49
日用塑料制品制造	90	93.65	23.04	47.10	22.11
塑料零件制造	49	63.68	0.94	27.65	9.94
其他塑料制品制造	162	175.38	14.58	72.28	27.35
非金属矿物制品业	**3902**	**6941.80**	**161.68**	**3994.98**	**1721.30**
水泥、石灰和石膏制造	380	963.28	1.54	849.48	394.63
水泥制造	303	872.11	1.54	810.75	377.19
石灰和石膏制造	77	91.18		38.72	17.43
石膏、水泥制品及类似制品制造	828	960.95	1.46	577.19	197.89
水泥制品制造	542	596.87	0.39	379.95	124.76
砼结构构件制造	97	100.90		72.89	28.89
石棉水泥制品制造	3	4.65		4.74	1.17
轻质建筑材料制造	150	229.11	0.81	101.70	37.26
其他水泥类似制品制造	36	29.42	0.26	17.91	5.81
砖瓦、石材等建筑材料制造	1223	2056.80	18.74	642.19	316.60
粘土砖瓦及建筑砌块制造	349	396.90	0.26	129.38	59.99
建筑陶瓷制品制造	233	633.88	3.21	146.76	92.46
建筑用石加工	313	576.85	10.76	119.03	73.75
防水建筑材料制造	161	281.42	2.33	116.72	45.67
隔热和隔音材料制造	75	72.24	0.04	26.85	12.61
其他建筑材料制造	92	95.51	2.13	103.46	32.11
玻璃制造	79	180.39	10.55	225.35	87.18
平板玻璃制造	15	58.42	6.85	161.65	59.54
其他玻璃制造	64	121.97	3.70	63.70	27.64

单位：亿元

固定资产原价	累计折旧	流动资产合计	应收账款	存货	产成品	负债合计	流动负债合计
74.34	38.71	35.16	5.48	9.39	5.06	31.13	23.67
15.04	8.39	6.29	2.01	1.99	1.27	4.80	3.74
19.72	10.12	10.47	1.68	2.50	1.68	12.85	10.25
1.18	0.26	0.43	0.07	0.12	0.11	0.28	0.14
2.02	0.30	1.13	0.38	0.48	0.06	1.99	1.11
27.56	15.16	13.05	0.49	3.47	1.65	7.19	5.93
8.82	4.47	3.80	0.85	0.83	0.31	4.00	2.49
1832.17	**724.90**	**1451.49**	**294.30**	**331.00**	**154.78**	**1528.52**	**1247.00**
1370.51	540.71	1084.28	208.87	246.54	115.33	1178.58	973.09
1242.95	485.04	953.01	173.78	225.60	105.63	1053.12	865.83
55.67	22.53	89.08	23.15	12.59	5.64	84.84	78.62
12.78	4.54	13.19	4.95	2.92	1.59	11.58	7.60
6.58	2.96	2.68	0.89	0.56	0.28	2.70	1.55
26.37	13.99	14.53	2.21	2.47	0.96	13.94	9.67
26.16	11.65	11.77	3.88	2.39	1.23	12.40	9.81
461.66	184.19	367.22	85.43	84.46	39.45	349.94	273.91
71.46	31.27	56.96	12.59	13.66	6.33	62.04	50.64
158.65	68.01	114.83	30.71	27.07	14.58	108.78	85.62
92.71	36.83	78.03	12.76	16.49	6.42	75.09	60.10
20.72	7.99	11.87	2.98	2.63	1.16	9.39	5.46
4.44	1.69	2.66	0.59	0.87	0.21	2.68	1.14
38.83	14.10	28.13	7.33	7.05	3.08	24.22	20.41
25.22	5.36	22.92	3.45	4.81	2.65	18.34	13.40
14.68	5.86	14.14	4.77	3.72	1.63	14.69	9.58
34.96	13.07	37.68	10.25	8.15	3.38	34.72	27.55
2599.29	**1014.41**	**1770.46**	**396.44**	**350.14**	**146.94**	**2015.53**	**1547.06**
589.25	211.23	373.64	61.00	55.43	16.96	444.61	330.19
566.39	205.48	356.94	50.54	53.91	16.07	428.25	316.63
22.86	5.74	16.71	10.45	1.52	0.89	16.36	13.56
287.28	103.18	311.91	112.94	49.25	16.42	300.89	239.85
175.55	60.24	220.99	89.16	34.72	10.82	200.92	158.46
48.95	21.45	39.41	16.18	5.03	1.84	39.62	30.66
1.66	0.54	1.97	0.31	0.68	0.16	2.24	2.03
53.15	18.30	39.08	4.15	6.41	2.87	48.17	40.12
7.97	2.64	10.46	3.14	2.41	0.73	9.95	8.57
514.72	220.44	258.51	58.38	59.83	26.71	237.46	171.38
75.34	20.50	50.00	14.57	9.84	4.93	45.02	34.16
183.54	95.98	44.95	8.84	19.79	6.86	53.78	32.16
132.63	62.85	37.56	7.45	10.28	5.47	28.10	17.30
65.78	24.77	54.46	15.36	10.88	5.40	46.48	31.27
14.77	3.26	11.49	3.18	2.74	1.12	11.96	8.36
42.67	13.07	60.05	8.97	6.29	2.92	52.13	48.13
128.07	47.75	86.79	7.37	17.11	10.64	129.07	95.67
89.12	33.01	57.11	2.31	12.94	8.52	95.73	78.44
38.95	14.73	29.68	5.06	4.17	2.12	33.33	17.23

1-A-3 续表 8

行业	企业单位数（个）	工业销售产值（当年价格）	出口交货值	资产总计	固定资产合计
玻璃制品制造	266	579.97	51.22	451.38	177.44
技术玻璃制品制造	80	247.33	23.28	201.49	80.31
光学玻璃制造	15	59.82	5.18	51.75	12.24
玻璃仪器制造	21	56.36	0.28	28.20	10.25
日用玻璃制品制造	43	80.96	13.40	47.21	23.46
玻璃包装容器制造	60	81.07	5.45	102.13	42.99
玻璃保温容器制造	5	1.96		4.27	1.22
制镜及类似品加工	10	10.51	0.93	6.98	2.41
其他玻璃制品制造	32	41.97	2.71	9.34	4.56
玻璃纤维和玻璃纤维增强塑料制品制造	371	678.37	19.90	453.49	271.90
玻璃纤维及制品制造	307	575.88	18.98	400.35	252.89
玻璃纤维增强塑料制品制造	64	102.48	0.92	53.14	19.01
陶瓷制品制造	219	482.17	21.49	246.00	89.60
卫生陶瓷制品制造	12	20.78	0.44	8.54	5.09
特种陶瓷制品制造	99	336.61	11.38	182.65	62.10
日用陶瓷制品制造	85	96.13	9.37	45.52	17.56
园林、陈设艺术及其他陶瓷制品制造	23	28.65	0.30	9.29	4.85
耐火材料制品制造	206	352.66	5.78	155.20	51.62
石棉制品制造	15	18.39	0.04	13.12	10.95
云母制品制造	3	1.62		0.80	0.32
耐火陶瓷制品及其他耐火材料制造	188	332.65	5.73	141.29	40.34
石墨及其他非金属矿物制品制造	330	687.21	31.01	394.71	134.45
石墨及碳素制品制造	179	441.08	22.30	252.11	84.25
其他非金属矿物制品制造	151	246.12	8.71	142.60	50.20
黑色金属冶炼和压延加工业	**783**	**5540.35**	**150.73**	**5095.06**	**1827.23**
炼铁	21	589.89	2.33	495.73	198.04
炼钢	16	719.63	10.09	551.41	209.76
黑色金属铸造	356	635.31	9.53	255.37	126.52
钢压延加工	373	3547.82	126.12	3753.64	1283.21
铁合金冶炼	17	47.69	2.66	38.91	9.70
有色金属冶炼和压延加工业	**445**	**5540.97**	**37.41**	**3434.78**	**1416.26**
常用有色金属冶炼	43	775.26		431.92	90.11
铜冶炼	9	661.02		365.64	76.49
铅锌冶炼	8	36.20		5.27	2.39
镍钴冶炼	3	8.01		36.76	5.01
锡冶炼					
锑冶炼					
铝冶炼	15	18.13		4.19	1.32
镁冶炼	4	10.47		4.30	2.28
其他常用有色金属冶炼	4	41.44		15.77	2.63
贵金属冶炼	10	584.40	1.18	194.62	48.72
金冶炼	10	584.40	1.18	194.62	48.72
银冶炼					
其他贵金属冶炼					
稀有稀土金属冶炼	8	16.60	0.08	8.57	2.08
钨钼冶炼	4	4.24	0.08	1.37	0.30
稀土金属冶炼	3	8.25		6.84	1.60
其他稀有金属冶炼	1	4.11		0.36	0.17

单位：亿元

固定资产原价	累计折旧	流动资产合计	应收账款	存货	产成品	负债合计	流动负债合计
273.64	110.80	197.45	31.32	45.05	21.61	272.03	215.66
122.70	46.65	71.05	8.80	11.80	6.87	107.58	86.91
35.88	24.60	31.54	6.79	3.87	2.33	35.01	30.49
17.06	6.98	14.70	2.17	1.57	0.73	15.42	13.04
31.29	9.36	19.29	4.68	5.55	3.28	22.21	19.08
55.59	19.55	51.21	6.64	20.54	7.32	81.85	59.12
1.57	0.44	1.68	0.17	0.63	0.42	3.10	1.02
2.95	0.56	4.31	0.89	0.33	0.26	2.92	2.76
6.60	2.65	3.66	1.18	0.76	0.41	3.93	3.25
352.34	117.01	147.45	35.31	29.09	12.90	188.20	128.53
313.70	95.09	118.49	27.18	24.53	11.06	162.36	109.33
38.64	21.92	28.96	8.13	4.56	1.84	25.83	19.19
178.95	96.44	101.84	24.73	26.39	13.94	102.23	71.30
11.32	6.41	2.91	0.90	1.34	0.95	4.84	3.83
129.70	72.61	75.53	20.51	17.39	8.59	68.52	45.78
30.53	14.69	19.22	2.74	6.55	3.75	24.97	18.69
7.39	2.73	4.17	0.57	1.11	0.64	3.90	3.00
78.07	30.68	68.92	23.16	16.48	9.13	76.56	59.43
11.41	1.32	1.72	0.58	0.52	0.21	2.76	1.89
0.41	0.15	0.26	0.01	0.15	0.02	0.24	
66.24	29.20	66.94	22.56	15.81	8.90	73.56	57.54
196.97	76.90	223.94	42.22	51.51	18.63	264.48	235.05
134.40	56.50	139.19	33.38	34.58	14.67	145.82	126.78
62.56	20.40	84.75	8.84	16.92	3.96	118.66	108.26
3474.94	**1939.84**	**2846.37**	**138.03**	**506.61**	**179.23**	**3636.28**	**2650.51**
254.24	79.93	225.96	22.94	53.67	19.19	316.62	289.19
302.14	112.69	321.03	10.81	79.11	22.15	418.15	379.54
197.31	76.79	103.80	21.90	22.96	11.35	113.67	81.04
2711.66	1669.58	2168.22	81.64	347.15	125.46	2759.95	1875.44
9.58	0.85	27.36	0.74	3.73	1.09	27.89	25.30
1966.78	**811.07**	**1796.82**	**203.38**	**531.17**	**86.01**	**1748.54**	**1500.59**
135.88	71.34	314.54	10.79	128.64	1.77	270.44	218.09
112.08	60.96	279.90	4.17	122.85	0.51	219.37	183.51
10.05	7.75	2.59	0.41	0.37	0.20	1.33	1.01
5.70	0.70	16.77	2.05	2.69		33.02	18.41
2.16	0.90	1.93	0.47	0.46	0.31	1.40	0.68
2.49	0.21	1.60	0.11	0.14	0.04	2.12	1.45
3.39	0.81	11.76	3.59	2.13	0.70	13.20	13.03
68.78	20.19	127.40	4.14	57.09	7.42	138.40	125.60
68.78	20.19	127.40	4.14	57.09	7.42	138.40	125.60
3.18	1.10	5.24	0.48	2.91	1.76	5.87	5.61
0.49	0.19	0.79	0.26	0.24	0.10	0.72	0.72
2.48	0.88	4.25	0.22	2.67	1.66	5.07	4.81
0.21	0.04	0.19	0.01			0.07	0.07

1-A-3 续表 9

行　业	企业单位数（个）	工业销售产值（当年价格）	出口交货值	资产总计	固定资产合计
有色金属合金制造	62	488.65	2.46	245.79	73.17
有色金属铸造	19	16.21	0.43	8.11	2.84
有色金属压延加工	303	3659.84	33.27	2545.78	1199.34
铜压延加工	55	1017.67	0.74	408.16	181.32
铝压延加工	175	2314.90	30.37	2023.09	983.97
贵金属压延加工	12	51.30		25.00	3.77
稀有稀土金属压延加工	38	164.83	2.11	64.46	22.83
其他有色金属压延加工	23	111.13	0.05	25.07	7.45
金属制品业	**2207**	**4953.87**	**278.78**	**2460.41**	**824.03**
结构性金属制品制造	582	1064.41	20.51	489.91	158.17
金属结构制造	437	890.32	19.46	427.96	130.25
金属门窗制造	145	174.09	1.04	61.95	27.92
金属工具制造	213	272.90	34.26	112.65	43.15
切削工具制造	51	76.41	8.01	45.44	17.24
手工具制造	78	74.11	16.13	31.19	10.04
农用及园林用金属工具制造	26	23.74	0.64	5.64	2.84
刀剪及类似日用金属工具制造	5	1.95	0.06	2.09	0.52
其他金属工具制造	53	96.69	9.41	28.29	12.51
集装箱及金属包装容器制造	159	325.10	53.34	196.27	59.86
集装箱制造	6	79.26	48.64	36.47	9.09
金属压力容器制造	78	130.85	3.19	106.86	25.39
金属包装容器制造	75	114.98	1.52	52.94	25.38
金属丝绳及其制品制造	73	310.93	8.43	227.35	103.48
建筑、安全用金属制品制造	155	295.69	42.26	137.36	36.98
建筑、家具用金属配件制造	66	135.38	7.74	47.98	13.72
建筑装饰及水暖管道零件制造	45	92.62	25.70	55.69	13.53
安全、消防用金属制品制造	17	19.13	3.03	7.84	3.72
其他建筑、安全用金属制品制造	27	48.55	5.79	25.86	6.00
金属表面处理及热处理加工	107	337.33	9.19	282.61	60.67
搪瓷制品制造	21	16.57	2.96	8.72	2.45
生产专用搪瓷制品制造	2	0.83		0.35	0.09
建筑装饰搪瓷制品制造					
搪瓷卫生洁具制造	4	2.42	1.34	2.06	0.33
搪瓷日用品及其他搪瓷制品制造	15	13.32	1.62	6.32	2.03
金属制日用品制造	105	218.70	13.79	73.17	24.38
金属制厨房用器具制造	24	89.51	3.73	35.49	9.63
金属制餐具和器皿制造	32	34.95	4.72	17.07	7.30
金属制卫生器具制造	5	4.12	1.38	2.97	0.86
其他金属制日用品制造	44	90.12	3.96	17.64	6.59
其他金属制品制造	792	2112.25	94.04	932.37	334.88
锻件及粉末冶金制品制造	642	1880.68	82.14	836.72	295.88
交通及公共管理用金属标牌制造	11	11.64		4.56	1.81
其他未列明金属制品制造					

单位：亿元

固定资产原价	累计折旧	流动资产合计	应收账款	存货	产成品	负债合计	流动负债合计
125.79	55.53	136.34	23.86	44.11	11.52	153.65	107.56
4.28	1.72	4.17	0.82	1.18	0.76	4.31	3.28
1628.88	661.20	1209.12	163.29	297.23	62.76	1175.87	1040.45
247.34	72.58	215.58	17.38	82.35	12.51	195.48	181.49
1298.71	537.88	923.11	134.78	192.79	42.85	921.12	804.61
5.22	1.49	20.16	1.41	9.05	0.28	13.53	12.93
67.74	46.36	39.27	6.20	9.67	4.76	35.04	32.72
9.88	2.89	11.00	3.52	3.37	2.35	10.70	8.70
1359.52	**601.39**	**1398.09**	**299.74**	**324.87**	**135.06**	**1306.96**	**1033.53**
234.31	90.91	267.17	75.87	67.78	25.62	235.82	171.92
199.23	78.41	237.97	68.85	59.97	22.58	209.13	151.88
35.09	12.50	29.20	7.01	7.82	3.05	26.69	20.05
65.14	25.83	57.99	14.57	16.82	7.57	47.92	35.98
25.08	8.92	23.80	4.09	7.15	2.74	21.03	16.77
13.86	5.15	17.05	4.47	5.73	3.20	14.04	10.31
3.38	0.74	2.26	0.40	0.60	0.14	1.67	1.19
0.44	0.09	0.87	0.46	0.06	0.02	0.81	0.73
22.38	10.93	14.01	5.15	3.26	1.47	10.37	6.98
86.28	31.42	115.18	32.53	33.01	8.23	107.65	95.46
16.51	7.46	23.61	10.53	7.03	1.64	18.08	17.77
31.96	9.25	66.87	14.86	19.19	4.74	63.43	58.32
37.81	14.71	24.70	7.14	6.79	1.86	26.15	19.38
160.99	60.16	112.16	21.35	19.55	10.02	125.64	89.88
58.98	25.19	74.18	15.19	14.40	6.08	46.42	41.36
27.01	14.94	24.25	4.72	5.12	2.44	20.05	17.73
20.60	7.31	39.03	7.11	5.35	2.07	11.96	11.41
4.48	1.47	3.38	0.42	1.27	0.37	2.20	1.56
6.89	1.46	7.52	2.94	2.67	1.21	12.21	10.66
79.05	27.27	198.37	7.89	39.06	19.91	218.93	195.76
3.68	1.26	5.60	0.69	1.85	0.49	5.59	5.35
0.11	0.02	0.25	0.07	0.18	0.08	0.31	0.31
0.64	0.31	1.32	0.14	0.37	0.03	1.56	1.56
2.93	0.93	4.03	0.47	1.30	0.39	3.72	3.47
105.65	83.72	41.23	7.33	10.99	2.15	33.61	29.85
86.46	77.45	23.56	3.76	6.50	0.63	19.62	18.83
8.27	1.97	8.08	1.60	2.71	0.82	6.98	5.47
0.81	0.41	1.93	0.35	0.36	0.06	1.37	1.23
10.11	3.89	7.66	1.63	1.42	0.64	5.65	4.32
565.45	255.63	526.21	124.32	121.40	54.98	485.36	367.96
501.19	225.12	479.16	113.21	108.53	49.84	430.07	336.26
1.96	0.51	1.86	0.34	0.22	0.04	1.73	1.14

1-A-3 续表 10

行　　业	企业单位数（个）	工业销售产值（当年价格）	出口交货值	资产总计	固定资产合计
通用设备制造业	**3368**	**7014.89**	**323.53**	**3996.37**	**1396.68**
锅炉及原动设备制造	340	1043.49	33.24	1155.91	328.24
锅炉及辅助设备制造	134	254.97	9.12	145.89	43.48
内燃机及配件制造	182	723.54	21.04	918.43	268.24
汽轮机及辅机制造	16	53.96	3.09	68.47	10.30
水轮机及辅机制造					
风能原动设备制造	5	9.11		22.28	5.61
其他原动设备制造	3	1.92		0.84	0.61
金属加工机械制造	670	1238.01	35.23	644.20	226.66
金属切削机床制造	115	251.53	4.88	151.80	56.80
金属成形机床制造	100	199.35	12.47	151.80	36.03
铸造机械制造	153	271.99	6.11	107.93	36.54
金属切割及焊接设备制造	41	60.01	3.42	22.23	8.65
机床附件制造	117	168.71	4.40	78.97	27.37
其他金属加工机械制造	144	286.41	3.94	131.46	61.27
物料搬运设备制造	200	465.59	11.04	222.56	92.54
轻小型起重设备制造	20	23.79	1.54	9.11	3.72
起重机制造	123	357.74	1.28	166.26	70.46
生产专用车辆制造	15	27.84	7.00	15.87	7.82
连续搬运设备制造	8	13.20		9.91	5.07
电梯、自动扶梯及升降机制造	27	34.03	0.39	11.50	3.95
其他物料搬运设备制造	7	9.00	0.82	9.91	1.53
泵、阀门、压缩机及类似机械制造	528	1282.49	63.00	659.70	235.40
泵及真空设备制造	93	146.07	4.86	88.36	41.28
气体压缩机械制造	76	421.82	25.60	226.67	52.51
阀门和旋塞制造	77	120.20	16.12	58.46	25.24
液压和气压动力机械及元件制造	282	594.40	16.42	286.20	116.37
轴承、齿轮和传动部件制造	541	840.68	24.90	327.52	148.06
轴承制造	420	659.04	18.33	227.30	104.10
齿轮及齿轮减、变速箱制造	103	160.95	2.55	72.65	29.10
其他传动部件制造	18	20.69	4.02	27.57	14.86
烘炉、风机、衡器、包装等设备制造	379	964.31	66.62	528.85	171.47
烘炉、熔炉及电炉制造	11	5.84	0.09	3.23	0.57
风机、风扇制造	68	129.11	2.53	73.92	24.39
气体、液体分离及纯净设备制造	96	259.73	8.78	100.66	35.97
制冷、空调设备制造	143	469.01	41.17	307.08	92.74
风动和电动工具制造	7	17.40	13.70	11.60	3.64
喷枪及类似器具制造	5	4.23	0.21	1.88	0.38
衡器制造	22	32.00	0.08	18.70	8.81
包装专用设备制造	27	46.99	0.06	11.77	4.97
文化、办公用机械制造	12	8.59	0.34	8.76	2.10
电影机械制造					
幻灯及投影设备制造	1	0.22	0.02	0.33	0.04
照相机及器材制造					
复印和胶印设备制造	3	1.54	0.12	4.07	1.43
计算器及货币专用设备制造	5	3.15	0.20	3.75	0.41
其他文化、办公用机械制造	3	3.69		0.61	0.21

单位：亿元

固定资产原价	累计折旧	流动资产合计	应收账款	存货	产成品	负债合计	流动负债合计
1932.12	**705.92**	**2073.64**	**499.09**	**506.83**	**206.56**	**1881.99**	**1492.14**
394.38	134.08	659.17	106.43	145.70	64.03	560.35	457.23
60.82	23.37	90.34	30.24	25.74	7.40	77.01	60.48
314.05	103.24	506.74	59.85	96.55	53.52	416.92	336.46
11.67	5.83	53.09	14.86	19.76	3.08	47.35	44.00
7.14	1.54	8.80	1.37	3.61	0.02	18.79	16.10
0.70	0.10	0.20	0.11	0.04	0.02	0.28	0.19
369.64	168.40	343.36	75.13	95.05	33.81	339.02	270.27
106.03	52.36	71.90	12.14	24.21	10.30	82.97	55.27
71.11	40.20	100.94	20.03	29.86	8.33	94.23	82.47
57.02	26.59	61.50	13.05	13.27	7.08	66.34	57.15
12.30	4.68	12.28	3.39	2.71	1.49	8.69	4.91
54.96	31.29	41.16	9.76	10.48	3.04	34.10	27.82
68.22	13.29	55.59	16.77	14.52	3.56	52.68	42.66
115.49	29.84	110.12	25.36	32.82	13.65	89.21	73.83
4.47	0.82	4.49	0.99	2.21	1.14	5.44	3.66
86.44	19.65	81.81	20.08	23.80	9.87	58.58	48.13
7.76	2.18	5.98	0.91	2.13	0.47	8.54	6.65
8.56	3.76	4.53	0.39	1.18	1.01	6.08	5.58
6.58	3.25	5.46	1.08	1.53	0.10	4.48	3.78
1.68	0.18	7.84	1.90	1.97	1.05	6.08	6.02
338.01	125.24	303.62	77.83	79.89	32.73	339.01	263.26
46.58	9.85	42.29	11.51	10.30	5.71	37.70	31.61
78.45	33.07	80.38	24.48	19.44	7.13	131.29	95.07
49.12	24.78	27.29	7.01	7.22	3.17	25.61	21.37
163.86	57.54	153.67	34.83	42.94	16.72	144.41	115.22
190.28	53.02	154.16	46.01	38.78	20.32	125.45	85.31
137.41	38.95	104.41	34.71	25.81	13.77	71.79	44.36
37.32	12.00	38.71	9.30	10.75	5.86	37.56	29.82
15.55	2.07	11.04	2.00	2.22	0.69	16.09	11.12
250.58	94.69	284.20	100.42	63.55	21.45	236.08	198.38
0.78	0.28	1.33	0.33	0.48	0.07	1.93	1.31
41.57	20.48	39.15	12.63	12.07	1.91	28.85	22.77
49.96	19.78	55.61	18.46	11.50	4.18	54.24	47.09
132.87	44.92	166.40	62.28	32.87	13.03	134.60	114.41
5.18	1.54	7.27	3.18	3.21	1.03	5.29	5.28
0.40	0.25	1.18	0.22	0.16	0.09	1.22	1.21
10.64	3.06	7.96	2.30	1.83	0.55	4.70	2.67
9.17	4.38	5.31	1.02	1.44	0.60	5.26	3.64
2.28	0.77	5.92	2.14	2.18	0.91	5.22	4.86
0.07	0.02	0.27		0.04	0.01	0.04	0.04
1.30	0.45	2.47	0.45	1.44	0.64	3.23	3.01
0.54	0.13	2.79	1.54	0.55	0.13	1.82	1.75
0.38	0.17	0.39	0.15	0.15	0.13	0.13	0.05

1-A-3 续表 11

行业	企业单位数（个）	工业销售产值（当年价格）	出口交货值	资产总计	固定资产合计
通用零部件制造	585	1038.19	86.05	395.85	169.09
金属密封件制造	169	533.40	59.53	179.00	77.87
紧固件制造	51	102.11	5.82	40.06	21.74
弹簧制造	35	55.85	14.71	20.02	6.96
机械零部件加工	227	223.99	3.31	114.38	45.21
其他通用零部件制造	103	122.85	2.67	42.39	17.32
其他通用设备制造业	113	133.53	3.13	53.03	23.11
专用设备制造业	**2190**	**5411.21**	**245.08**	**3005.64**	**925.01**
采矿、冶金、建筑专用设备制造	795	2662.39	120.06	1603.20	483.64
矿山机械制造	319	543.24	6.43	256.83	91.14
石油钻采专用设备制造	145	824.54	47.36	539.88	174.72
建筑工程用机械制造	204	933.93	58.02	662.21	161.46
海洋工程专用设备制造	9	162.43	2.32	68.86	28.21
建筑材料生产专用机械制造	95	141.25	2.67	57.56	22.63
冶金专用设备制造	23	57.00	3.26	17.86	5.49
化工、木材、非金属加工专用设备制造	306	487.30	25.45	250.85	82.13
炼油、化工生产专用设备制造	64	113.27	3.50	54.53	15.24
橡胶加工专用设备制造	24	48.13	6.53	52.80	9.45
塑料加工专用设备制造	29	62.53	1.94	25.09	15.71
木材加工机械制造	53	55.12	8.28	20.48	7.99
模具制造	116	163.31	4.07	81.36	27.37
其他非金属加工专用设备制造	20	44.93	1.13	16.58	6.37
食品、饮料、烟草及饲料生产专用设备制造	83	119.79	8.40	40.83	19.31
食品、酒、饮料及茶生产专用设备制造	30	36.00	5.80	13.13	6.14
农副食品加工专用设备制造	42	65.13	2.60	22.97	10.25
烟草生产专用设备制造	1	0.69		0.94	0.05
饲料生产专用设备制造	10	17.97		3.78	2.87
印刷、制药、日化及日用品生产专用设备制造	125	205.83	6.13	76.74	26.09
制浆和造纸专用设备制造	57	85.80	2.38	40.71	12.68
印刷专用设备制造	32	65.83	3.07	16.25	5.55
日用化工专用设备制造	3	2.50		0.32	0.19
制药专用设备制造	3	9.13	0.01	3.12	1.80
照明器具生产专用设备制造	4	2.08		0.89	0.24
玻璃、陶瓷和搪瓷制品生产专用设备制造	21	26.90	0.67	13.40	4.42
其他日用品生产专用设备制造	5	13.59		2.04	1.21
纺织、服装和皮革加工专用设备制造	133	298.89	8.49	102.01	46.44
纺织专用设备制造	125	244.16	7.96	90.62	40.45
皮革、毛皮及其制品加工专用设备制造					
缝制机械制造	6	46.58	0.53	9.51	4.82
洗涤机械制造	2	8.14		1.88	1.18
电子和电工机械专用设备制造	138	396.41	14.90	297.16	77.29
电工机械专用设备制造	24	22.44	0.30	8.55	3.45
电子工业专用设备制造	114	373.98	14.61	288.61	73.83
农、林、牧、渔专用机械制造	279	561.80	24.64	272.37	88.92
拖拉机制造	27	94.46	1.19	66.86	15.42
机械化农业及园艺机具制造	91	216.28	16.09	113.95	38.10
营林及木竹采伐机械制造	1	0.48		1.49	1.01

单位：亿元

固定资产原价	累计折旧	流动资产合计	应收账款	存货	产成品	负债合计	流动负债合计
237.57	88.14	186.88	58.28	42.93	17.36	167.70	123.66
113.99	47.59	86.05	30.23	21.72	9.31	66.59	45.24
29.93	9.38	15.46	3.67	3.72	1.50	13.60	10.35
14.35	7.58	10.34	2.00	2.41	0.96	12.09	9.36
56.50	16.95	58.59	17.52	11.85	4.20	60.12	46.60
22.80	6.63	16.44	4.87	3.24	1.39	15.29	12.11
33.90	11.76	26.21	7.49	5.94	2.30	19.96	15.34
1596.12	**795.06**	**1729.45**	**505.21**	**441.89**	**203.54**	**1556.90**	**1193.89**
891.31	453.05	990.03	332.79	245.30	118.37	853.39	660.50
116.23	33.93	145.47	46.67	35.37	16.77	123.77	97.83
389.51	236.46	328.90	109.86	74.64	30.19	263.66	184.55
302.65	153.95	444.09	149.17	118.74	67.04	407.82	330.86
44.52	16.68	29.38	15.65	5.24	0.37	18.57	17.10
31.58	10.41	32.35	8.21	8.06	2.33	28.34	23.27
6.83	1.62	9.83	3.22	3.25	1.67	11.23	6.89
126.88	54.51	133.10	34.88	41.10	19.21	139.96	118.40
24.87	10.16	27.86	6.87	6.68	1.20	24.34	21.61
13.13	4.29	39.22	13.92	14.76	11.73	42.02	40.83
19.98	9.03	8.09	1.20	2.60	0.73	9.53	5.61
9.63	2.93	10.31	1.14	4.00	1.76	12.88	10.87
50.66	25.79	41.27	10.03	10.30	2.93	44.42	33.70
8.60	2.31	6.34	1.71	2.75	0.86	6.76	5.79
38.97	20.95	15.90	3.71	4.76	1.89	15.42	11.33
15.97	10.20	5.86	1.41	1.88	0.92	5.60	4.84
15.64	6.29	8.23	2.07	2.27	0.91	8.21	4.93
0.11	0.06	0.90	0.15	0.50		0.28	0.28
7.25	4.40	0.91	0.09	0.11	0.06	1.33	1.28
43.03	19.66	39.30	8.90	13.59	3.94	36.11	29.69
20.78	9.60	18.81	4.41	5.33	1.75	21.46	18.22
8.32	3.08	10.38	2.06	4.34	1.23	7.48	6.36
0.20	0.03	0.13	0.01			0.10	0.05
2.63	0.96	1.19	0.51	0.25	0.18	0.36	0.30
0.29	0.05	0.58	0.24	0.09	0.02	0.56	0.21
5.17	1.52	7.62	1.62	3.52	0.72	5.76	4.42
5.64	4.42	0.60	0.06	0.06	0.04	0.39	0.13
58.13	26.03	49.49	9.82	13.84	5.49	40.30	31.07
49.37	23.23	44.36	8.83	12.64	4.62	39.16	30.09
6.84	2.03	4.59	0.95	1.17	0.84	0.96	0.82
1.91	0.77	0.54	0.04	0.03	0.03	0.19	0.16
159.89	109.12	157.77	36.85	23.44	6.40	115.20	66.97
4.11	0.89	3.96	1.07	0.74	0.33	3.87	2.55
155.78	108.23	153.81	35.79	22.70	6.06	111.33	64.41
134.35	54.12	150.10	30.72	51.96	30.56	168.42	137.06
23.46	11.42	42.99	10.63	14.03	6.81	44.13	41.77
51.15	15.33	63.65	10.68	23.71	15.74	77.94	63.14
0.55	0.47	0.48	0.04	0.33		0.37	0.26

1-A-3 续表 12

行　　业	企业单位数（个）	工业销售产值（当年价格）	出口交货值	资产总计	固定资产合计
畜牧机械制造	21	40.56	5.24	18.25	4.24
渔业机械制造	4	11.82		2.49	1.34
农林牧渔机械配件制造	122	179.80	1.90	57.95	24.91
棉花加工机械制造	3	5.99	0.22	9.10	2.44
其他农、林、牧、渔业机械制造	10	12.41		2.29	1.47
医疗仪器设备及器械制造	90	224.48	24.86	133.33	31.81
医疗诊断、监护及治疗设备制造	20	57.08	0.53	64.06	8.88
口腔科用设备及器具制造	3	2.36		2.86	2.59
医疗实验室及医用消毒设备和器具制造	7	24.63	0.03	8.02	2.19
医疗、外科及兽医用器械制造	33	100.32	24.09	37.83	11.45
机械治疗及病房护理设备制造	17	31.43	0.17	16.17	4.92
假肢、人工器官及植(介)入器械制造	1	0.54	0.03	0.77	0.28
其他医疗设备及器械制造	9	8.11		3.61	1.50
环保、社会公共服务及其他专用设备制造	241	454.34	12.16	229.14	69.38
环境保护专用设备制造	147	259.53	9.04	123.65	41.07
地质勘查专用设备制造	2	1.43		1.75	0.86
邮政专用机械及器材制造					
商业、饮食、服务专用设备制造	2	1.34		0.44	0.24
社会公共安全设备及器材制造	10	30.00		5.46	2.94
交通安全、管制及类似专用设备制造	17	58.73		14.14	4.48
水资源专用机械制造	19	40.68		18.67	8.55
其他专用设备制造	44	62.64	3.12	65.02	11.24
汽车制造业	**1301**	**5479.93**	**358.98**	**3741.01**	**1004.49**
汽车整车制造	58	2454.06	134.09	2256.79	489.72
改装汽车制造	120	498.61	17.02	316.89	82.99
低速载货汽车制造	5	137.64	0.68	52.39	7.16
电车制造	15	18.60	0.01	17.55	9.10
汽车车身、挂车制造	74	87.32	0.68	46.39	19.64
汽车零部件及配件制造	1029	2283.68	206.51	1051.00	395.88
铁路、船舶、航空航天和其他运输设备制造业	**377**	**1456.20**	**147.06**	**1314.40**	**359.81**
铁路运输设备制造	71	536.21	8.07	600.78	93.22
铁路机车车辆及动车组制造	8	390.93	3.76	430.75	62.59
窄轨机车车辆制造	2	0.55		0.22	0.07
铁路机车车辆配件制造	35	105.90	3.97	129.34	19.22
铁路专用设备及器材、配件制造	23	29.89	0.34	32.31	10.28
其他铁路运输设备制造	3	8.94		8.18	1.06
城市轨道交通设备制造					
船舶及相关装置制造	149	546.40	115.71	581.36	216.44
金属船舶制造	49	355.65	90.89	449.78	169.90
非金属船舶制造	9	9.27	1.13	4.18	1.44
娱乐船和运动船制造	14	12.07	1.79	6.17	1.81
船用配套设备制造	77	169.41	21.89	121.23	43.29
船舶改装与拆除					
航标器材及其他相关装置制造					
航空、航天器及设备制造	7	21.76	0.01	17.61	6.93
飞机制造	3	12.65	0.01	16.38	6.31

单位：亿元

固定资产原价	累计折旧	流动资产合计	应收账款	存货	产成品	负债合计	流动负债合计
11.01	6.80	6.88	1.66	1.81	0.76	12.75	4.74
2.09	0.80	0.79	0.06	0.10	0.08	0.11	0.08
37.29	14.21	29.34	6.18	8.84	4.07	28.11	23.05
3.09	0.73	5.49	1.32	3.02	3.02	4.63	3.83
5.72	4.37	0.48	0.14	0.12	0.07	0.39	0.19
34.02	9.33	79.62	17.10	20.04	9.15	69.56	53.70
10.41	3.57	41.62	10.59	11.81	4.82	32.74	30.70
2.63	0.18	0.23	0.06	0.09	0.06	2.15	0.20
2.61	0.58	5.36	1.47	1.34	0.73	3.59	3.07
9.81	2.93	23.84	3.21	4.42	2.44	22.39	14.49
6.50	1.65	6.22	1.37	1.92	0.88	5.58	3.08
0.31	0.07	0.48	0.03	0.05	0.02	0.30	0.20
1.76	0.35	1.87	0.38	0.41	0.20	2.80	1.96
109.54	48.29	114.15	30.43	27.85	8.54	118.54	85.17
67.83	31.81	62.19	17.39	10.88	4.00	60.10	42.19
1.07	0.42	0.64	0.13	0.14	0.02	1.08	1.17
0.29	0.06	0.18	0.06	0.05		0.07	0.06
3.49	0.55	1.78	0.39	0.59	0.16	1.39	0.98
4.82	0.52	6.87	0.61	0.23	0.10	4.78	3.82
9.69	2.18	8.51	2.47	3.96	0.22	10.74	10.02
22.36	12.75	33.98	9.38	12.00	4.03	40.38	26.92
1779.66	**905.64**	**2249.39**	**667.56**	**516.57**	**176.67**	**2292.14**	**1802.93**
814.55	411.05	1465.86	465.02	300.23	101.93	1507.27	1183.00
251.50	179.32	167.93	37.67	50.37	14.40	182.02	147.08
17.52	10.35	29.75		13.75	0.72	19.97	19.70
9.58	1.43	7.78	1.08	1.82	0.60	6.89	5.52
28.25	10.15	24.21	3.52	2.66	1.65	22.08	16.94
658.26	293.34	553.86	160.26	147.73	57.37	553.90	430.69
495.46	**168.67**	**812.92**	**222.79**	**211.81**	**48.82**	**906.37**	**778.86**
101.45	29.22	450.73	165.57	107.99	24.42	415.08	379.95
63.44	17.27	344.36	126.35	86.93	18.02	306.33	282.18
0.09	0.02	0.06	0.03	0.02	0.01	0.04	0.01
26.73	8.53	85.05	31.41	15.56	4.84	80.33	71.46
10.24	2.94	14.56	4.60	3.65	1.55	23.03	20.94
0.95	0.46	6.70	3.17	1.84		5.35	5.35
316.05	107.11	293.62	44.24	83.54	17.88	419.69	340.84
253.90	85.64	229.03	27.55	64.34	13.04	348.88	283.52
1.71	0.54	2.23	0.18	1.28	0.25	2.97	2.37
2.12	0.72	4.22	1.08	1.20	0.91	4.09	4.00
58.32	20.21	58.14	15.43	16.72	3.67	63.75	50.95
9.88	2.95	9.55	1.73	2.37	0.64	11.73	10.22
9.14	2.83	8.93	1.51	2.28	0.56	11.40	9.90

1-A-3 续表 13

行　业	企业单位数(个)	工业销售产值(当年价格)	出口交货值	资产总计	固定资产合计
航天器制造					
航空、航天相关设备制造	3	5.19		1.10	0.51
其他航空航天器制造	1	3.92		0.14	0.11
摩托车制造	42	83.82	11.25	47.31	18.54
摩托车整车制造	12	35.72	6.64	30.53	11.67
摩托车零部件及配件制造	30	48.10	4.61	16.78	6.87
自行车制造	62	152.62	5.96	41.97	16.56
脚踏自行车及残疾人座车制造	6	11.18	0.34	2.98	1.25
助动自行车制造	56	141.45	5.62	38.98	15.30
非公路休闲车及零配件制造	3	3.75		1.14	0.09
潜水救捞及其他未列明运输设备制造	43	111.63	6.06	24.22	8.03
潜水及水下救捞装备制造	2	0.78	0.05	0.66	0.51
其他未列明运输设备制造	41	110.85	6.01	23.56	7.52
电气机械和器材制造业	**1627**	**5871.68**	**302.79**	**3669.73**	**946.39**
电机制造	193	683.35	29.25	412.00	187.14
发电机及发电机组制造	65	303.22	3.86	242.42	117.50
电动机制造	91	267.90	18.73	125.74	54.70
微电机及其他电机制造	37	112.23	6.66	43.83	14.94
输配电及控制设备制造	610	1800.06	95.23	1002.36	272.63
变压器、整流器和电感器制造	177	730.93	18.67	403.44	102.62
电容器及其配套设备制造	18	70.70	12.20	30.82	8.83
配电开关控制设备制造	207	440.62	1.07	200.33	54.51
电力电子元器件制造	99	256.69	47.87	146.15	52.31
光伏设备及元器件制造	45	191.38	15.08	157.92	35.20
其他输配电及控制设备制造	64	109.74	0.34	63.70	19.17
电线、电缆、光缆及电工器材制造	306	1442.25	77.21	742.65	214.28
电线、电缆制造	242	1289.37	72.52	651.49	180.05
光纤、光缆制造	16	47.37	2.06	29.20	11.76
绝缘制品制造	34	56.84	0.30	48.89	17.82
其他电工器材制造	14	48.68	2.33	13.08	4.65
电池制造	91	205.34	7.46	105.38	28.01
锂离子电池制造	41	58.47	2.52	59.77	12.86
镍氢电池制造	12	32.42	3.22	11.19	1.80
其他电池制造	38	114.46	1.72	34.43	13.36
家用电力器具制造	125	1259.60	83.70	1163.05	130.81
家用制冷电器具制造	19	811.30	76.84	1011.21	94.22
家用空气调节器制造	18	92.21	0.92	25.25	7.51
家用通风电器具制造	1	2.27		0.19	0.02
家用厨房电器具制造	21	81.37	5.22	47.08	5.66
家用清洁卫生电器具制造	5	22.14		4.10	1.93
家用美容、保健电器具制造	2	2.25		0.72	0.43
家用电力器具专用配件制造	41	211.12	0.18	64.57	17.03
其他家用电力器具制造	18	36.94	0.54	9.94	4.01
非电力家用器具制造	136	239.71	1.68	115.85	66.05
燃气、太阳能及类似能源家用器具制造	129	231.98	1.68	112.55	64.93
其他非电力家用器具制造	7	7.73		3.31	1.12

单位：亿元

固定资产原价	累计折旧	流动资产合计	应收账款	存货	产成品	负债合计	流动负债合计
0.61	0.10	0.59	0.22	0.09	0.08	0.32	0.32
0.13	0.01	0.02					
35.29	17.98	21.84	3.81	6.41	3.29	26.50	20.01
21.17	10.42	13.83	1.67	3.68	1.66	19.12	15.58
14.12	7.56	8.01	2.14	2.73	1.62	7.38	4.44
20.42	5.59	22.91	4.41	4.41	1.72	23.00	20.29
2.63	1.39	1.43	0.34	0.33	0.23	0.55	0.41
17.79	4.21	21.48	4.07	4.07	1.50	22.45	19.88
0.67	0.59	0.28	0.09	0.05	0.04	0.27	0.23
11.70	5.23	14.00	2.93	7.04	0.84	10.09	7.32
0.64	0.12	0.14	-0.01	0.05	0.05	0.36	0.36
11.06	5.11	13.87	2.95	6.99	0.79	9.73	6.97
1516.83	**663.44**	**2285.22**	**593.40**	**401.77**	**199.18**	**2080.34**	**1700.87**
265.64	105.88	199.78	50.00	57.45	15.47	197.47	163.73
143.50	41.46	110.08	29.98	26.62	8.45	125.38	102.32
102.73	58.68	66.44	13.35	26.20	5.18	50.94	44.01
19.41	5.74	23.26	6.67	4.63	1.85	21.16	17.40
426.31	179.06	622.65	256.47	119.81	50.81	548.44	454.48
150.06	56.64	268.13	111.04	50.14	21.84	224.42	198.42
32.80	24.30	13.40	4.23	3.06	0.59	12.54	8.44
78.35	27.93	120.01	38.42	23.73	9.77	95.96	74.98
98.42	50.27	76.85	23.52	13.98	4.27	68.85	57.38
38.80	8.37	105.36	65.16	18.51	7.60	113.97	89.90
27.88	11.55	38.90	14.10	10.39	6.75	32.71	25.35
359.32	168.45	426.05	117.75	67.96	34.01	359.34	302.04
312.15	147.52	374.53	104.67	59.18	29.38	332.18	281.26
16.83	5.95	14.74	5.54	2.72	1.56	12.22	10.59
20.24	8.90	28.89	5.56	4.37	2.60	10.82	7.09
10.10	6.08	7.89	1.98	1.69	0.46	4.11	3.11
46.36	20.02	62.10	21.39	12.19	6.32	65.32	44.19
15.44	3.66	41.04	17.17	6.26	3.76	42.02	27.52
2.60	0.81	6.77	1.82	2.00	1.31	5.90	5.24
28.32	15.55	14.29	2.39	3.93	1.25	17.39	11.43
266.68	141.87	870.60	122.23	120.39	81.19	811.59	671.06
194.97	101.42	789.63	103.41	110.08	77.56	749.25	617.97
29.39	22.66	15.17	2.27	1.66	0.63	9.44	6.88
0.05	0.03	0.17	0.01	0.16	0.12	0.10	0.10
6.90	2.14	25.68	4.20	3.15	0.57	14.39	13.90
5.30	3.93	1.80	0.10	0.22	0.20	3.10	1.26
0.68	0.26	0.25	0.04	0.01		0.22	0.22
20.39	6.05	32.98	9.77	4.41	1.88	30.13	26.77
9.01	5.39	4.90	2.43	0.70	0.22	4.94	3.96
82.76	19.47	42.06	6.46	7.17	4.65	34.95	25.77
80.93	18.67	39.93	6.17	6.74	4.39	33.19	24.34
1.83	0.80	2.13	0.29	0.42	0.27	1.76	1.43

1-A-3 续表 14

行业	企业单位数（个）	工业销售产值（当年价格）	出口交货值	资产总计	固定资产合计
照明器具制造	95	146.74	6.58	81.55	33.55
电光源制造	16	25.54	1.53	11.99	5.08
照明灯具制造	70	106.16	4.93	62.67	26.67
灯用电器附件及其他照明器具制造	9	15.04	0.12	6.88	1.80
其他电气机械及器材制造	71	94.63	1.68	46.89	13.92
电气信号设备装置制造	16	31.18		8.45	3.52
其他未列明电气机械及器材制造	55	63.45	1.68	38.44	10.40
计算机、通信和其他电子设备制造业	**673**	**4369.62**	**1366.18**	**1920.48**	**464.68**
计算机制造	33	1790.57	536.51	539.96	89.19
计算机整机制造	7	1617.74	426.19	416.67	68.74
计算机零部件制造	9	14.85	8.84	7.61	1.68
计算机外围设备制造	10	122.32	100.98	85.26	15.97
其他计算机制造	7	35.66	0.50	30.42	2.80
通信设备制造	67	350.93	141.59	122.40	25.17
通信系统设备制造	37	65.05	8.77	32.27	9.15
通信终端设备制造	30	285.87	132.82	90.13	16.02
广播电视设备制造	32	171.65	89.44	168.41	64.20
广播电视节目制作及发射设备制造	2	1.19		0.49	0.10
广播电视接收设备及器材制造	14	139.20	87.32	155.08	60.61
应用电视设备及其他广播电视设备制造	16	31.27	2.12	12.84	3.49
雷达及配套设备制造					
视听设备制造	24	569.34	133.24	381.44	46.80
电视机制造	8	457.23	78.86	359.41	38.08
音响设备制造	10	45.53	2.46	6.76	3.02
影视录放设备制造	6	66.58	51.92	15.26	5.71
电子器件制造	123	420.80	208.58	203.75	75.77
电子真空器件制造	7	10.21	3.07	10.85	4.61
半导体分立器件制造	18	35.61	18.35	33.40	21.06
集成电路制造	14	28.58	1.65	16.37	4.73
光电子器件及其他电子器件制造	84	346.39	185.51	143.12	45.38
电子元件制造	351	985.75	240.46	447.46	152.80
电子元件及组件制造	334	911.83	228.42	401.97	134.76
印制电路板制造	17	73.92	12.03	45.48	18.04
其他电子设备制造	43	80.57	16.37	57.06	10.75
仪器仪表制造业	**331**	**644.00**	**42.11**	**322.48**	**74.68**
通用仪器仪表制造	210	409.47	6.67	215.00	47.90
工业自动控制系统装置制造	68	196.12	1.60	115.98	23.60
电工仪器仪表制造	33	58.24	2.30	45.61	10.59
绘图、计算及测量仪器制造	28	36.54	1.89	9.35	4.15
实验分析仪器制造	21	26.57	0.13	8.70	2.12
试验机制造	14	7.67	0.27	10.42	1.43
供应用仪表及其他通用仪器制造	46	84.34	0.48	24.94	6.01
专用仪器仪表制造	91	179.45	13.43	86.19	19.59
环境监测专用仪器仪表制造	14	18.20	5.30	11.36	2.12
运输设备及生产用计数仪表制造	24	59.58	1.30	15.05	6.72

单位：亿元

固定资产原价	累计折旧	流动资产合计	应收账款	存货	产成品	负债合计	流动负债合计
47.39	17.53	41.44	14.35	11.06	4.22	40.06	28.84
8.28	3.65	6.24	2.15	1.64	0.48	6.91	4.24
33.16	9.28	30.36	9.80	8.46	3.64	29.37	20.88
5.96	4.59	4.84	2.40	0.96	0.09	3.78	3.72
22.37	11.16	20.54	4.75	5.74	2.52	23.16	10.75
9.67	6.39	3.75	1.06	0.37	0.16	4.00	3.29
12.70	4.77	16.79	3.70	5.37	2.35	19.16	7.46
1828.29	**1390.64**	**1232.25**	**373.15**	**213.16**	**87.62**	**1022.83**	**853.11**
843.74	757.46	392.25	117.12	52.51	18.51	313.67	293.36
811.58	744.52	304.98	94.07	42.74	15.69	269.74	252.57
4.51	2.89	5.41	2.46	0.67	0.19	6.55	6.52
23.26	8.44	62.15	13.22	5.92	1.59	28.03	26.06
4.38	1.60	19.71	7.37	3.18	1.04	9.36	8.21
216.55	192.43	89.35	32.95	15.14	3.42	78.40	66.40
14.54	6.18	21.02	9.43	3.85	1.63	17.33	11.91
202.00	186.24	68.33	23.53	11.29	1.79	61.07	54.48
68.14	9.93	86.92	27.01	12.35	6.67	81.40	37.44
0.12	0.03	0.38	0.07	0.12	0.09	0.26	0.18
62.61	7.79	79.14	23.95	10.68	5.73	74.31	31.47
5.41	2.11	7.40	2.99	1.56	0.86	6.83	5.79
106.32	60.44	301.03	67.17	51.00	28.93	211.29	208.51
92.08	54.91	288.10	60.26	48.55	28.10	201.47	199.23
4.60	1.60	3.57	1.36	0.38	0.20	2.69	2.19
9.64	3.93	9.36	5.54	2.07	0.62	7.13	7.09
237.30	170.42	105.76	46.17	23.69	7.17	107.92	86.33
20.12	17.66	5.14	0.60	2.53	1.78	6.69	3.62
31.96	10.97	10.95	5.73	2.25	0.55	21.37	17.40
5.39	1.10	10.78	2.42	1.56	1.06	6.75	6.30
179.83	140.70	78.89	37.43	17.35	3.78	73.11	59.01
328.47	181.95	220.56	69.68	49.13	17.92	207.77	141.10
276.80	148.00	196.34	62.46	43.05	15.24	183.66	119.63
51.68	33.94	24.22	7.21	6.08	2.68	24.11	21.47
27.77	18.02	36.38	13.05	9.34	4.98	22.38	19.97
170.37	**104.28**	**203.45**	**71.96**	**39.09**	**14.34**	**146.82**	**124.09**
96.05	52.18	137.32	46.20	25.73	9.55	94.67	81.75
38.75	17.23	77.72	23.19	11.69	3.55	47.87	40.87
11.63	1.90	27.88	13.28	7.23	3.00	20.45	19.73
6.07	1.98	4.68	1.05	1.40	0.40	4.80	4.33
2.99	1.05	5.15	1.09	1.02	0.46	3.40	3.10
1.91	0.72	6.43	1.16	1.70	0.88	5.45	4.52
34.70	29.29	15.46	6.43	2.69	1.26	12.70	9.20
48.76	32.88	56.04	23.07	10.52	3.75	44.10	35.43
8.95	7.63	7.46	1.92	1.66	0.64	6.29	5.10
9.89	3.38	6.24	1.72	1.15	0.70	9.15	7.44

1-A-3 续表 15

行　业	企业单位数（个）	工业销售产值（当年价格）	出口交货值	资产总计	固定资产合计
导航、气象及海洋专用仪器制造	4	1.65		1.12	0.22
农林牧渔专用仪器仪表制造	2	1.30		0.30	0.03
地质勘探和地震专用仪器制造	6	32.17	0.42	21.55	3.48
教学专用仪器制造	7	6.76		2.05	0.46
核子及核辐射测量仪器制造					
电子测量仪器制造	19	43.68	5.83	21.87	4.62
其他专用仪器制造	15	16.11	0.59	12.89	1.95
钟表与计时仪器制造	9	7.94	1.30	9.14	2.02
光学仪器及眼镜制造	13	39.84	20.52	9.15	3.98
光学仪器制造	11	35.84	16.91	6.70	2.94
眼镜制造	2	4.00	3.62	2.45	1.04
其他仪器仪表制造业	8	7.31	0.19	3.00	1.20
其他制造业	**95**	**132.19**	**23.36**	**51.67**	**21.09**
废弃资源综合利用业	**67**	**83.89**	**0.25**	**48.04**	**15.55**
金属废料和碎屑加工处理	33	39.01	0.25	32.89	8.18
非金属废料和碎屑加工处理	34	44.87		15.15	7.36
金属制品、机械和设备修理业	**23**	**41.93**	**1.86**	**16.43**	**5.78**
金属制品修理	4	3.31		1.72	0.34
通用设备修理					
专用设备修理	5	8.44		3.78	1.11
铁路、船舶、航空航天等运输设备修理	5	17.85	1.86	8.90	3.74
铁路运输设备修理					
船舶修理	3	11.39	0.35	2.45	0.34
航空航天器修理	2	6.46	1.51	6.45	3.40
其他运输设备修理					
电气设备修理	2	1.72		0.20	0.05
仪器仪表修理					
其他机械和设备修理业	7	10.62		1.83	0.54
电力、热力、燃气及水生产和供应业	**658**	**4547.83**		**5718.06**	**2613.66**
电力、热力生产和供应业	**444**	**4221.19**		**5041.78**	**2292.49**
电力生产	231	1369.78		2665.43	1590.26
火力发电	142	1263.62		2232.00	1251.58
水力发电	1	4.06		22.63	19.18
核力发电					
风力发电	52	62.65		303.86	244.79
太阳能发电	4	3.38		5.20	3.70
其他电力生产	32	36.07		101.75	71.01
电力供应	121	2718.48		2007.17	494.32
热力生产和供应	92	132.93		369.18	207.91
燃气生产和供应业	**99**	**232.64**		**291.75**	**132.47**
水的生产和供应业	**115**	**94.00**		**384.53**	**188.69**
自来水生产和供应	74	66.97		305.45	147.52
污水处理及其再生利用	36	23.19		61.11	28.94
其他水的处理、利用与分配	5	3.85		17.97	12.24

单位：亿元

固定资产原价	累计折旧	流动资产合计	应收账款	存货	产成品	负债合计	流动负债合计
0.23	0.01	0.69	0.19	0.13	0.08	0.58	0.20
0.05	0.02	0.20	0.11	0.03	0.01	0.06	0.06
5.36	1.89	16.22	8.88	2.06	0.07	7.96	7.62
0.53	0.12	1.38	0.57	0.32	0.12	0.77	0.62
20.44	18.13	15.14	6.22	2.63	0.80	12.33	7.96
3.29	1.70	8.72	3.46	2.53	1.33	6.96	6.44
3.39	2.03	4.62	1.22	1.84	0.48	3.52	3.40
20.78	16.90	3.91	0.95	0.71	0.50	3.38	3.05
19.49	16.56	2.70	0.58	0.48	0.34	2.40	2.21
1.29	0.34	1.21	0.37	0.23	0.16	0.99	0.83
1.39	0.28	1.56	0.52	0.29	0.06	1.14	0.46
33.71	**13.75**	**24.69**	**6.26**	**5.89**	**2.15**	**23.87**	**15.73**
20.47	**6.02**	**24.52**	**3.48**	**5.46**	**2.02**	**23.76**	**20.14**
10.60	3.36	18.33	2.99	3.48	1.46	18.11	15.55
9.87	2.66	6.18	0.49	1.98	0.56	5.65	4.59
8.60	**2.85**	**9.96**	**3.01**	**1.82**	**0.70**	**5.80**	**4.55**
0.60	0.27	1.26	0.31	0.29	0.14	1.23	1.12
1.30	0.19	2.49	1.16	0.67	0.12	1.49	1.43
5.90	2.16	4.79	1.19	0.67	0.29	2.51	1.69
0.49	0.15	2.08	0.22	0.09	0.09	0.37	0.28
5.41	2.01	2.70	0.96	0.58	0.21	2.14	1.40
0.06	0.01	0.14		0.01	0.01	0.05	0.02
0.74	0.23	1.29	0.35	0.18	0.14	0.53	0.29
4076.01	**1681.73**	**1123.55**	**188.56**	**86.50**	**7.26**	**3915.72**	**1900.45**
3670.54	**1561.52**	**882.28**	**148.78**	**71.33**	**5.11**	**3533.19**	**1624.12**
2473.67	1010.58	489.95	128.81	50.73	3.22	1825.79	1140.36
2082.29	938.69	429.47	110.21	44.91	1.29	1553.55	1010.64
28.86	9.69	1.73	0.38	0.32	0.32	12.41	6.99
278.31	49.20	32.91	11.69	1.06	0.15	198.25	87.17
3.78	0.14	1.43	0.12	0.06	0.03	2.91	2.85
80.42	12.86	24.41	6.40	4.38	1.42	58.66	32.71
916.00	451.13	260.57	7.32	7.09	1.72	1429.87	283.09
280.87	99.81	131.76	12.65	13.51	0.18	277.53	200.67
157.63	**42.02**	**108.90**	**15.92**	**6.35**	**1.40**	**161.50**	**132.04**
247.85	**78.19**	**132.37**	**23.85**	**8.82**	**0.74**	**221.03**	**144.29**
198.86	68.57	108.45	17.07	7.66	0.57	184.37	127.48
35.96	8.83	19.43	4.84	0.94	0.13	24.78	13.08
13.02	0.79	4.48	1.94	0.22	0.04	11.88	3.74

1-A-3 续表 16

行业	应付账款	所有者权益合计	实收资本	国家资本	集体资本
总　计	**7431.23**	**34465.68**	**12673.58**	**2230.53**	**360.77**
采矿业	**696.22**	**3605.48**	**1188.15**	**934.49**	**17.80**
煤炭开采和洗选业	**395.63**	**1915.97**	**301.26**	**167.28**	**6.28**
烟煤和无烟煤开采洗选	388.54	1887.05	289.42	155.88	6.13
褐煤开采洗选	7.09	28.69	11.75	11.40	0.15
其他煤炭采选		0.23	0.09		
石油和天然气开采业	**148.09**	**982.68**	**690.17**	**684.53**	**0.20**
石油开采	147.99	982.11	689.67	684.53	
天然气开采	0.10	0.57	0.51		0.20
黑色金属矿采选业	**37.54**	**246.09**	**99.00**	**40.36**	**1.99**
铁矿采选	37.54	246.09	99.00	40.36	1.99
锰矿、铬矿采选					
其他黑色金属矿采选					
有色金属矿采选业	**51.89**	**291.39**	**53.11**	**32.08**	**6.22**
常用有色金属矿采选	0.29	5.79	1.41	0.30	
铜矿采选	0.27	4.55	0.30	0.30	
铅锌矿采选		-0.01	0.03		
镍钴矿采选					
锡矿采选					
锑矿采选					
铝矿采选					
镁矿采选					
其他常用有色金属矿采选	0.02	1.25	1.08		
贵金属矿采选	51.56	284.48	50.95	31.03	6.22
金矿采选	51.56	284.48	50.95	31.03	6.22
银矿采选					
其他贵金属矿采选					
稀有稀土金属矿采选	0.04	1.12	0.75	0.75	
钨钼矿采选					
稀土金属矿采选	0.04	1.12	0.75	0.75	
放射性金属矿采选					
其他稀有金属矿采选					
非金属矿采选业	**9.54**	**121.13**	**36.82**	**3.25**	**3.11**
土砂石开采	4.38	56.17	19.69	0.45	1.83
石灰石、石膏开采	2.10	25.85	9.89	0.45	1.21
建筑装饰用石开采	0.75	8.85	4.95		0.33
耐火土石开采	0.08	3.40	0.66		
粘土及其他土砂石开采	1.45	18.06	4.19		0.29
化学矿开采	0.02	0.27	0.05		
采盐	3.13	52.28	13.76	2.58	1.28
石棉及其他非金属矿采选	2.02	12.40	3.33	0.21	
石棉、云母矿采选	0.09	0.01	0.26		
石墨、滑石采选	0.63	4.49	0.60	0.09	
宝石、玉石采选					
其他未列明非金属矿采选	1.30	7.90	2.47	0.12	

单位：亿元

法人资本	个人资本	港澳台资本	外商资本	主营业务收入	主营业务成本	主营业务税金及附加	销售费用
4659.39	**3604.77**	**409.59**	**1400.90**	**132130.34**	**113897.96**	**1495.83**	**2431.54**
147.49	**81.26**	**3.38**	**3.73**	**7309.98**	**5627.67**	**307.88**	**80.68**
93.74	**28.38**	**3.17**	**2.40**	**3811.79**	**3179.34**	**44.80**	**47.28**
93.69	28.15	3.17	2.40	3646.30	3026.29	43.79	46.46
0.05	0.15			163.93	151.77	0.99	0.81
0.01	0.08			1.56	1.29	0.02	0.02
5.35	**0.10**			**1303.49**	**599.25**	**239.78**	**3.45**
5.09	0.05			1301.51	597.49	239.78	3.39
0.26	0.05			1.98	1.76	0.01	0.06
30.22	**26.44**			**479.88**	**377.61**	**9.20**	**5.76**
30.22	26.44			479.88	377.61	9.20	5.76
11.17	**3.10**		**0.55**	**988.20**	**855.72**	**4.20**	**6.38**
0.21	0.89		0.01	7.06	6.10	0.03	0.14
				3.15	2.69	0.01	0.09
	0.02		0.01	0.23	0.23		
0.21	0.87			3.68	3.18	0.02	0.05
10.95	2.21		0.54	980.50	849.33	4.12	6.23
10.95	2.21		0.54	980.50	849.33	4.12	6.23
				0.63	0.29	0.04	
				0.63	0.29	0.04	
6.92	**22.55**	**0.21**	**0.79**	**522.31**	**426.68**	**7.53**	**17.65**
4.63	12.60	0.01	0.18	327.26	271.78	3.23	7.85
1.42	6.82			155.39	128.88	1.44	3.83
1.87	2.57		0.18	68.75	57.59	0.75	1.65
0.13	0.52	0.01		27.93	23.48	0.42	0.55
1.21	2.69			75.19	61.83	0.63	1.82
	0.05			0.49	0.41		0.02
1.32	7.97		0.61	120.10	93.49	1.83	5.71
0.98	1.93	0.21		74.46	61.00	2.46	4.07
0.26				0.67	0.66	0.02	0.12
0.04	0.46			23.54	19.62	0.08	1.28
0.67	1.47	0.21		50.25	40.71	2.36	2.67

1-A-3 续表 17

行　业	应付账款	所有者权益合计	实收资本	国家资本	集体资本
开采辅助活动	**53.45**	**47.01**	**7.72**	**7.00**	
煤炭开采和洗选辅助活动					
石油和天然气开采辅助活动	53.45	47.01	7.72	7.00	
其他开采辅助活动					
其他采矿业	**0.08**	**1.23**	**0.06**		
制造业	**6426.88**	**29475.85**	**10559.52**	**838.75**	**320.97**
农副食品加工业	**341.99**	**2273.01**	**746.20**	**7.94**	**32.01**
谷物磨制	8.61	158.00	67.41	0.46	0.38
饲料加工	30.26	173.53	55.08	0.15	0.45
植物油加工	107.20	309.64	102.90	5.49	2.74
食用植物油加工	106.52	303.75	101.36	5.49	2.72
非食用植物油加工	0.68	5.89	1.54		0.02
制糖业	9.96	5.17	0.92		
屠宰及肉类加工	52.51	555.51	191.27	0.60	10.94
牲畜屠宰	10.33	111.71	43.66	0.44	2.61
禽类屠宰	22.15	259.59	86.09	0.15	0.42
肉制品及副产品加工	20.03	184.21	61.52	0.01	7.91
水产品加工	68.51	448.95	155.07	0.49	11.47
水产品冷冻加工	64.24	390.19	136.32	0.49	11.36
鱼糜制品及水产品干腌制加工	1.65	25.88	8.54		0.01
水产饲料制造	0.70	11.83	5.06		
鱼油提取及制品制造	0.45	1.32	0.55		
其他水产品加工	1.48	19.73	4.61		0.10
蔬菜、水果和坚果加工	32.82	347.55	102.36	0.51	0.85
蔬菜加工	19.34	244.18	69.90	0.45	0.74
水果和坚果加工	13.49	103.37	32.47	0.06	0.11
其他农副食品加工	32.12	274.66	71.19	0.26	5.17
淀粉及淀粉制品制造	26.21	211.19	45.43	0.20	4.77
豆制品制造	1.16	15.61	7.61		0.06
蛋品加工	0.40	7.88	3.79		0.10
其他未列明农副食品加工	4.35	39.98	14.36	0.06	0.23
食品制造业	**79.69**	**659.20**	**276.88**	**6.06**	**3.31**
焙烤食品制造	4.27	45.83	30.19	0.02	0.28
糕点、面包制造	1.22	15.32	11.45	0.02	
饼干及其他焙烤食品制造	3.05	30.51	18.75		0.28
糖果、巧克力及蜜饯制造	2.77	23.31	11.84	0.28	
糖果、巧克力制造	0.37	4.44	2.53		
蜜饯制作	2.39	18.87	9.31	0.28	
方便食品制造	5.68	39.50	17.50	0.04	0.20
米、面制品制造	1.74	10.67	5.69	0.04	
速冻食品制造	1.22	8.09	5.45		0.17
方便面及其他方便食品制造	2.72	20.74	6.36		0.04
乳制品制造	20.36	73.98	36.60	0.05	0.03
罐头食品制造	4.95	39.85	20.14	0.02	
肉、禽类罐头制造	0.15	0.46	0.15		
水产品罐头制造	0.31	-0.03	0.26		
蔬菜、水果罐头制造	4.38	39.09	19.40	0.02	
其他罐头食品制造	0.11	0.32	0.32		

单位：亿元

法人资本	个人资本	港澳台资本	外商资本	主营业务收入	主营业务成本	主营业务税金及附加	销售费用
0.08	**0.64**			**200.74**	**185.87**	**2.34**	**0.15**
0.08	0.64			200.74	185.87	2.34	0.15
0.01	**0.05**			**3.58**	**3.20**	**0.04**	**0.01**
4198.07	**3481.57**	**361.80**	**1350.72**	**120116.17**	**104116.04**	**1169.40**	**2333.11**
288.96	**294.96**	**19.10**	**103.23**	**11608.86**	**10324.89**	**57.69**	**189.75**
27.14	31.99	0.87	6.57	1022.11	890.23	8.61	15.66
28.21	21.09	0.49	4.70	1386.89	1253.86	5.79	24.13
31.70	45.82	6.07	11.08	1820.00	1664.52	6.46	26.52
30.53	45.46	6.07	11.08	1766.78	1617.52	6.17	26.09
1.16	0.36			53.23	47.00	0.29	0.43
0.26	0.66			88.58	82.78	2.70	0.80
91.64	61.20	5.02	21.88	2772.36	2472.09	12.35	48.24
22.99	15.27	0.82	1.54	519.59	460.87	2.22	7.57
48.43	31.93	2.35	2.81	1377.00	1234.45	6.92	21.76
20.22	14.00	1.85	17.53	875.77	776.77	3.21	18.91
51.32	54.83	1.50	35.46	1768.24	1558.28	10.28	22.12
45.55	44.59	1.33	32.99	1539.86	1357.77	8.76	19.23
1.29	5.16		2.08	124.87	110.08	0.69	1.19
0.87	4.12		0.07	39.64	33.79	0.36	0.84
0.52			0.03	8.33	6.63	0.09	0.32
3.09	0.96	0.17	0.29	55.55	50.01	0.39	0.55
36.43	41.67	4.25	18.65	1653.94	1438.55	6.92	31.11
26.99	29.11	2.72	9.89	1171.09	1020.09	4.73	21.81
9.44	12.57	1.53	8.76	482.86	418.46	2.18	9.30
22.27	37.70	0.91	4.88	1096.73	964.56	4.57	21.19
9.06	28.55	0.17	2.67	715.20	632.19	2.35	14.01
3.89	3.30	0.06	0.30	72.20	60.20	0.55	1.57
2.39	1.30			57.36	48.70	0.41	1.34
6.94	4.55	0.67	1.92	251.97	223.48	1.27	4.27
125.54	**75.11**	**8.63**	**58.23**	**2366.13**	**1979.44**	**17.21**	**73.21**
13.94	8.24	0.02	7.69	186.97	155.95	1.93	4.39
5.16	2.38		3.89	52.93	43.61	0.48	1.77
8.78	5.86	0.02	3.80	134.04	112.34	1.45	2.62
7.79	1.83	0.01	1.92	128.18	108.44	1.16	2.80
2.03	0.45		0.05	34.82	29.79	0.70	0.80
5.76	1.38	0.01	1.87	93.36	78.65	0.47	2.01
6.42	6.75	2.15	1.94	183.62	155.32	1.59	5.92
2.90	2.72		0.03	52.97	44.65	0.46	1.10
2.13	1.48	0.55	1.13	43.89	37.77	0.47	0.75
1.39	2.56	1.60	0.78	86.76	72.90	0.66	4.08
8.51	5.85		22.15	284.08	219.10	2.27	20.62
11.90	6.33	1.35	0.54	179.89	154.47	1.25	3.53
0.02	0.13			8.36	6.81	0.06	0.24
0.02	0.16		0.08	4.08	3.79	0.03	0.03
11.55	6.03	1.35	0.45	164.82	141.50	1.17	3.17
0.31	0.01		0.01	2.62	2.37		0.08

1-A-3 续表 18

行业	应付账款	所有者权益合计	实收资本	国家资本	集体资本
调味品、发酵制品制造	18.03	133.42	50.62	0.31	0.58
味精制造	4.31	20.19	6.35	0.31	0.08
酱油、食醋及类似制品制造	3.74	23.21	10.89		0.06
其他调味品、发酵制品制造	9.97	90.02	33.38		0.45
其他食品制造	23.63	303.31	110.00	5.34	2.21
营养食品制造	1.11	10.73	4.33		
保健食品制造	1.09	12.94	4.99		0.23
冷冻饮品及食用冰制造	0.15	6.37	2.86		
盐加工	1.04	12.43	4.28	1.09	
食品及饲料添加剂制造	18.57	240.71	86.77	4.25	1.96
其他未列明食品制造	1.67	20.13	6.78		0.03
酒、饮料和精制茶制造业	**64.96**	**496.54**	**164.82**	**12.41**	**5.50**
酒的制造	45.99	343.94	96.01	11.00	4.06
酒精制造	1.64	8.75	4.47	0.17	
白酒制造	13.24	78.91	32.83	1.35	2.06
啤酒制造	22.39	151.95	45.26	6.29	0.02
黄酒制造	0.09	1.33	0.14		
葡萄酒制造	8.51	101.54	12.62	3.18	1.98
其他酒制造	0.13	1.46	0.69		
饮料制造	18.42	140.34	64.87	1.41	1.44
碳酸饮料制造	1.22	5.81	4.33	0.51	0.05
瓶(罐)装饮用水制造	1.84	15.83	7.00	0.78	0.05
果菜汁及果菜汁饮料制造	7.68	76.84	40.91	0.12	1.34
含乳饮料和植物蛋白饮料制造	4.65	32.35	7.06		
固体饮料制造		1.57	0.23		
茶饮料及其他饮料制造	3.03	7.94	5.34		
精制茶加工	0.54	12.27	3.94		
烟草制品业	**29.13**	**216.44**	**79.04**	**77.52**	**0.15**
烟叶复烤	0.06	6.39	1.60	0.80	0.10
卷烟制造	28.72	208.19	76.72	76.72	
其他烟草制品制造	0.35	1.86	0.72		0.05
纺织业	**204.22**	**1776.36**	**492.89**	**9.36**	**13.48**
棉纺织及印染精加工	164.80	1351.83	369.48	8.61	12.43
棉纺纱加工	122.74	979.20	263.42	4.65	10.11
棉织造加工	25.34	300.65	89.13	3.95	1.75
棉印染精加工	16.71	71.98	16.93	0.02	0.57
毛纺织及染整精加工	9.01	134.21	40.00	0.18	0.12
毛条和毛纱线加工	1.88	26.47	12.06		0.04
毛织造加工	6.96	98.48	25.29	0.18	0.08
毛染整精加工	0.18	9.26	2.65		
麻纺织及染整精加工	0.13	6.49	3.28		0.06
麻纤维纺前加工和纺纱	0.13	1.69	1.98		
麻织造加工		4.80	1.30		0.06
麻染整精加工					

单位：亿元

法人资本	个人资本	港澳台资本	外商资本	主营业务收入	主营业务成本	主营业务税金及附加	销售费用
25.05	10.24	1.47	12.97	348.34	288.07	2.13	13.20
2.70	3.19	0.08		45.07	40.77	0.12	0.41
2.29	3.89	0.53	4.12	94.33	75.89	0.51	7.04
20.06	3.16	0.85	8.85	208.94	171.41	1.51	5.75
51.94	35.87	3.62	11.03	1055.04	898.09	6.88	22.75
1.85	0.95	0.07	1.45	68.90	57.88	0.29	1.37
1.01	3.73		0.02	52.02	37.24	0.61	3.83
0.53	2.33			36.30	31.50	0.27	0.57
2.20	0.99			26.61	22.30	0.38	0.88
43.16	26.95	3.33	7.12	801.64	688.18	5.02	14.88
3.18	0.92	0.22	2.43	69.58	60.99	0.31	1.21
62.47	**41.51**	**12.84**	**30.09**	**1360.65**	**1072.38**	**45.40**	**87.04**
32.26	28.78	6.48	13.43	977.42	749.57	43.58	71.57
2.21	2.09			38.05	34.30	0.29	0.48
10.87	17.97	0.33	0.25	378.67	293.90	22.99	14.97
16.69	4.89	5.80	11.57	297.21	226.88	14.02	35.14
0.12	0.02			9.76	7.40	0.24	0.69
2.14	3.47	0.35	1.51	245.79	180.31	5.95	20.04
0.24	0.35		0.11	7.94	6.78	0.09	0.25
28.67	10.33	6.36	16.66	358.46	302.98	1.61	14.63
	1.53	1.20	1.04	33.69	28.02	0.15	2.97
0.67	3.50		2.00	52.94	44.26	0.38	2.33
23.29	2.00	5.14	9.02	138.58	118.29	0.50	4.69
1.71	2.41	0.02	2.93	97.69	82.59	0.45	1.95
	0.23			9.71	8.47	0.07	0.05
3.00	0.67		1.67	25.86	21.34	0.05	2.63
1.54	2.40			24.77	19.83	0.21	0.84
1.34	**0.03**			**322.85**	**107.83**	**145.26**	**9.66**
0.70				3.10	1.39	0.05	0.22
				309.32	97.89	145.13	9.11
0.64	0.03			10.44	8.56	0.07	0.33
204.96	**188.39**	**19.87**	**50.83**	**8485.39**	**7548.98**	**41.88**	**80.26**
153.58	141.73	14.24	32.88	6662.77	5952.22	31.42	55.27
117.92	100.25	8.86	15.64	5189.96	4659.39	22.84	36.97
28.32	34.49	4.36	16.26	1116.69	974.25	6.74	15.38
7.34	6.99	1.03	0.98	356.13	318.58	1.84	2.93
26.22	7.16	1.19	5.13	529.75	462.52	2.47	6.83
8.29	3.38	0.25	0.10	132.14	112.92	1.11	2.83
16.65	2.66	0.94	4.79	368.85	326.29	1.22	3.59
1.28	1.13		0.25	28.76	23.31	0.14	0.40
1.38	0.11	0.42	1.31	41.72	35.82	0.95	0.44
0.57	0.11		1.31	24.41	20.21	0.90	0.24
0.82		0.42		17.31	15.61	0.05	0.19

1-A-3 续表 19

行业	应付账款	所有者权益合计	实收资本	国家资本	集体资本
丝绢纺织及印染精加工	1.44	10.83	3.63	0.01	0.25
缫丝加工	0.62	7.45	2.46	0.01	0.05
绢纺和丝织加工	0.81	2.90	1.00		0.20
丝印染精加工	0.01	0.48	0.17		
化纤织造及印染精加工	1.89	23.09	7.32	0.48	0.19
化纤织造加工	1.76	22.70	6.76	0.48	0.19
化纤织物染整精加工	0.13	0.39	0.55		
针织或钩针编织物及其制品制造	4.80	56.03	17.20	0.04	0.15
针织或钩针编织物织造	3.61	43.35	12.27	0.04	0.11
针织或钩针编织物印染精加工	0.71	8.77	3.97		0.04
针织或钩针编织品制造	0.48	3.91	0.96		
家用纺织制成品制造	16.93	94.54	29.71	0.01	0.30
床上用品制造	4.53	26.18	10.33	0.01	0.12
毛巾类制品制造	9.06	54.62	14.35		0.17
窗帘、布艺类产品制造	0.34	3.31	2.07		
其他家用纺织制成品制造	3.00	10.43	2.97		0.01
非家用纺织制成品制造	5.21	99.33	22.27	0.03	
非织造布制造	2.27	28.82	12.10	0.03	
绳、索、缆制造	0.57	9.46	3.91		
纺织带和帘子布制造	1.58	51.14	4.06		
篷、帆布制造	0.15	3.34	1.27		
其他非家用纺织制成品制造	0.64	6.57	0.92		
纺织服装、服饰业	**81.89**	**478.63**	**189.27**	**1.20**	**2.85**
机织服装制造	56.70	360.58	144.63	0.25	1.70
针织或钩针编织服装制造	22.55	98.92	32.26	0.96	1.08
服饰制造	2.64	19.13	12.37		0.06
皮革、毛皮、羽毛及其制品和制鞋业	**29.16**	**173.36**	**68.78**	**0.44**	**1.84**
皮革鞣制加工	5.65	41.44	14.55		0.54
皮革制品制造	9.85	50.50	24.41	0.01	0.19
皮革服装制造	3.25	27.45	11.36	0.01	0.19
皮箱、包(袋)制造	4.02	13.42	8.55		
皮手套及皮装饰制品制造	0.46	4.42	2.27		
其他皮革制品制造	2.12	5.20	2.22		
毛皮鞣制及制品加工	1.01	14.39	8.61	0.10	0.79
毛皮鞣制加工	0.54	5.54	2.66	0.10	
毛皮服装加工	0.39	2.86	2.46		
其他毛皮制品加工	0.08	5.99	3.49		0.79
羽毛(绒)加工及制品制造	0.56	7.67	3.05		0.12
羽毛(绒)加工	0.14	4.81	2.38		
羽毛(绒)制品加工	0.43	2.86	0.67		0.12
制鞋业	12.10	59.36	18.17	0.32	0.20
纺织面料鞋制造	2.88	13.01	5.49	0.23	
皮鞋制造	5.95	25.82	9.99		0.01
塑料鞋制造	0.01	0.83	0.14		
橡胶鞋制造	3.03	17.91	1.88	0.09	0.03
其他制鞋业	0.22	1.79	0.67		0.16

单位：亿元

法人资本	个人资本	港澳台资本	外商资本	主营业务收入	主营业务成本	主营业务税金及附加	销售费用
0.42	2.34		0.61	58.89	50.77	0.27	0.93
0.29	2.11			37.79	33.82	0.19	0.46
0.13	0.24		0.44	19.70	15.95	0.08	0.45
			0.17	1.41	1.00		0.02
2.99	2.09	0.11	1.46	56.73	50.10	0.36	1.13
2.53	2.09	0.02	1.46	55.68	49.26	0.36	1.01
0.46		0.10		1.05	0.84		0.12
6.06	5.42	1.85	3.68	253.26	222.12	1.43	3.37
4.74	2.03	1.76	3.59	186.17	164.32	1.05	2.63
1.20	2.60	0.05	0.09	44.63	38.41	0.25	0.48
0.12	0.79	0.05		22.45	19.39	0.13	0.26
6.35	19.09	1.19	2.78	487.44	433.00	2.34	6.60
3.24	5.11	1.15	0.69	129.22	113.80	0.93	1.97
1.53	12.38	0.01	0.24	277.33	248.27	0.84	3.56
0.49	0.94	0.02	0.62	20.65	19.28	0.20	0.25
1.08	0.65		1.22	60.23	51.65	0.38	0.81
7.97	10.43	0.86	2.98	394.83	342.44	2.64	5.70
5.07	3.82	0.68	2.50	99.76	85.86	0.50	1.92
0.50	3.03		0.38	40.17	34.54	0.17	0.83
1.55	2.34	0.17		203.70	178.39	1.39	1.83
0.60	0.64		0.03	27.02	23.15	0.32	0.54
0.24	0.60		0.08	24.18	20.50	0.26	0.58
89.29	**53.98**	**8.58**	**33.36**	**2095.87**	**1784.18**	**16.03**	**47.76**
77.41	38.22	6.22	20.83	1457.11	1228.65	11.21	39.78
9.28	10.17	2.31	8.46	547.13	477.29	4.00	5.99
2.59	5.60	0.05	4.08	91.63	78.24	0.81	1.99
24.54	**21.76**	**1.80**	**18.39**	**1037.47**	**905.31**	**7.24**	**17.46**
7.44	3.66	0.80	2.11	266.78	240.59	1.14	1.68
5.48	11.01	0.09	7.63	330.33	289.36	2.86	6.53
0.63	9.31	0.05	1.18	167.78	153.74	1.23	2.53
2.05	0.88	0.04	5.59	116.15	97.89	1.19	2.65
1.42	0.28		0.56	16.63	13.37	0.15	0.44
1.38	0.54		0.30	29.78	24.36	0.28	0.91
3.47	2.27		1.98	89.46	78.93	0.80	1.56
0.19	1.11		1.25	35.34	31.14	0.26	0.76
1.08	0.69		0.68	18.75	16.85	0.19	0.15
2.19	0.47		0.05	35.37	30.94	0.35	0.65
2.16	0.43	0.34		23.59	20.66	0.09	0.36
1.73	0.33	0.32		12.26	11.07	0.03	0.10
0.43	0.11	0.01		11.33	9.59	0.05	0.26
5.99	4.39	0.58	6.66	327.31	275.76	2.35	7.33
1.99	1.96	0.43	0.88	84.40	73.11	0.50	1.47
3.28	1.33	0.08	5.28	164.44	132.30	1.11	4.36
0.02	0.10		0.02	3.03	2.62	0.04	0.06
0.59	0.91	0.07	0.19	57.54	52.23	0.44	1.15
0.12	0.09		0.31	17.90	15.50	0.26	0.29

1-A-3 续表 20

行业	应付账款	所有者权益合计	实收资本	国家资本	集体资本
木材加工和木、竹、藤、棕、草制品业	**20.83**	**312.16**	**109.53**	**0.13**	**0.70**
木材加工	1.59	27.21	15.58	0.01	0.08
锯材加工	0.92	7.97	4.12	0.01	0.08
木片加工	0.41	12.83	7.83		
单板加工	0.23	5.42	3.18		
其他木材加工	0.02	1.00	0.45		
人造板制造	10.77	204.20	65.33	0.01	0.02
胶合板制造	7.44	140.36	42.83		0.02
纤维板制造	1.64	34.03	12.42	0.01	
刨花板制造	0.44	8.20	3.32		0.01
其他人造板制造	1.25	21.61	6.76		
木制品制造	7.92	76.21	26.85	0.11	0.60
建筑用木料及木材组件加工	2.22	17.23	6.84		0.03
木门窗、楼梯制造	0.95	8.62	2.40		
地板制造	0.49	18.12	4.85	0.02	
木制容器制造	1.03	4.18	1.73		0.03
软木制品及其他木制品制造	3.22	28.06	11.02	0.10	0.55
竹、藤、棕、草等制品制造	0.56	4.55	1.77		
竹制品制造	0.04	0.01	0.01		
藤制品制造	0.33	0.71	0.17		
棕制品制造		0.18	0.03		
草及其他制品制造	0.19	3.65	1.57		
家具制造业	**18.06**	**182.95**	**71.11**	**0.09**	**1.51**
木质家具制造	16.03	162.15	65.59	0.08	1.43
竹、藤家具制造	0.01	0.90	0.81		
金属家具制造	0.38	4.01	2.00	0.02	0.05
塑料家具制造	0.01	1.40	0.37		
其他家具制造	1.63	14.48	2.34		0.04
造纸和纸制品业	**180.34**	**903.41**	**288.48**	**4.94**	**5.84**
纸浆制造	1.57	19.29	1.98		
木竹浆制造	1.51	5.05	0.92		
非木竹浆制造	0.06	14.24	1.05		
造纸	163.52	740.14	231.57	4.18	4.19
机制纸及纸板制造	162.18	727.05	225.01	4.18	3.95
手工纸制造	0.15	0.52	0.27		
加工纸制造	1.19	12.57	6.29		0.23
纸制品制造	15.25	143.97	54.93	0.76	1.66
纸和纸板容器制造	11.42	96.21	37.19	0.39	1.51
其他纸制品制造	3.83	47.76	17.74	0.37	0.14
印刷和记录媒介复制业	**25.21**	**158.02**	**68.12**	**1.73**	**0.86**
印刷	24.53	154.54	65.52	1.53	0.86
书、报刊印刷	6.28	39.01	13.88	1.47	0.15
本册印制	1.27	9.65	4.90		0.01
包装装潢及其他印刷	16.99	105.88	46.74	0.06	0.70
装订及印刷相关服务	0.45	2.20	2.40	0.20	
记录媒介复制	0.22	1.28	0.20		

单位：亿元

法人资本	个人资本	港澳台资本	外商资本	主营业务收入	主营业务成本	主营业务税金及附加	销售费用
49.24	**55.68**	**0.30**	**3.48**	**1912.62**	**1665.98**	**13.21**	**31.59**
5.99	9.42	0.05	0.03	154.54	129.86	1.69	3.18
2.44	1.55	0.05		39.26	32.39	0.32	0.70
2.04	5.79			72.92	61.35	1.09	1.15
1.13	2.05			38.87	33.01	0.27	1.29
0.38	0.03		0.03	3.50	3.11	0.02	0.04
28.42	36.16	0.06	0.65	1372.53	1203.97	8.48	22.26
15.42	26.97	0.06	0.36	1140.64	1005.33	7.23	18.73
7.07	5.09		0.25	118.10	102.41	0.50	1.36
2.06	1.21		0.04	37.62	32.10	0.25	0.52
3.87	2.89			76.17	64.12	0.50	1.66
14.17	9.32	0.19	2.46	355.65	305.51	2.85	5.65
4.33	2.49			110.31	95.89	0.79	1.45
0.88	1.52			51.21	43.35	0.49	0.91
3.26	1.54		0.03	71.38	59.68	0.43	1.23
0.37	0.80		0.53	22.31	18.82	0.19	0.45
5.33	2.97	0.19	1.89	100.44	87.77	0.94	1.61
0.67	0.78		0.33	29.90	26.63	0.19	0.49
	0.01			0.23	0.22		
	0.17			3.77	3.25	0.06	0.09
	0.03			0.32	0.29		
0.67	0.57		0.33	25.58	22.87	0.13	0.40
32.78	**30.32**	**1.32**	**5.04**	**812.09**	**687.47**	**6.75**	**17.61**
31.34	27.11	1.16	4.47	699.14	587.62	6.06	16.07
0.67	0.14			3.61	2.93	0.05	0.13
0.55	0.71	0.10	0.54	25.93	21.32	0.37	0.43
0.01	0.36			10.17	9.83	0.02	0.02
0.20	2.01	0.07	0.03	73.23	65.77	0.26	0.96
113.31	**64.09**	**23.08**	**77.23**	**2410.09**	**2092.74**	**12.78**	**52.05**
1.79	0.19			31.16	23.54	0.27	0.69
0.78	0.14			13.03	11.33	0.11	0.35
1.01	0.05			18.13	12.21	0.16	0.35
90.23	42.60	17.93	72.45	1736.70	1519.94	6.43	38.97
85.37	41.47	17.87	72.17	1680.96	1471.37	6.05	37.72
0.10	0.11	0.06		1.28	1.13		0.02
4.76	1.02		0.27	54.45	47.44	0.38	1.23
21.29	21.30	5.15	4.78	642.23	549.26	6.08	12.39
16.36	14.09	0.90	3.95	426.88	366.83	3.91	7.88
4.93	7.21	4.25	0.83	215.35	182.43	2.17	4.51
24.14	**24.16**	**2.88**	**14.16**	**724.89**	**619.35**	**5.72**	**14.19**
23.82	22.07	2.88	14.16	697.17	596.49	5.60	13.42
7.77	3.95		0.53	148.99	133.54	0.93	1.59
1.94	2.49	0.01	0.46	64.03	54.00	0.30	0.82
14.12	15.64	2.87	13.17	484.15	408.94	4.38	11.01
0.31	1.89			24.45	20.00	0.10	0.73
	0.20			3.27	2.86	0.02	0.04

1-A-3 续表 21

行业	应付账款	所有者权益合计	实收资本	国家资本	集体资本
文教、工美、体育和娱乐用品制造业	**80.98**	**349.08**	**137.81**	**9.32**	**1.83**
文教办公用品制造	1.65	20.27	7.00	0.07	0.12
文具制造	0.56	3.46	1.04		0.08
笔的制造	0.89	6.34	1.94	0.07	0.04
教学用模型及教具制造	0.14	4.83	1.07		
墨水、墨汁制造		0.15	0.03		
其他文教办公用品制造	0.05	5.49	2.93		
乐器制造	0.63	14.12	10.51	9.04	0.20
中乐器制造	0.09	0.99	0.10		
西乐器制造	0.14	11.72	9.76	9.04	0.20
电子乐器制造	0.38	1.32	0.63		
其他乐器及零件制造	0.02	0.10	0.03		
工艺美术品制造	48.89	224.21	79.53	0.06	1.45
雕塑工艺品制造	1.08	23.06	8.39		0.30
金属工艺品制造	0.62	8.47	2.87		
漆器工艺品制造	0.06	3.48	1.22		
花画工艺品制造	0.16	4.81	2.83		
天然植物纤维编织工艺品制造	3.84	38.13	18.00	0.06	0.14
抽纱刺绣工艺品制造	5.02	40.37	11.34		0.57
地毯、挂毯制造	8.11	46.76	15.83		0.40
珠宝首饰及有关物品制造	24.66	13.97	8.62		
其他工艺美术品制造	5.35	45.16	10.44		0.03
体育用品制造	26.11	68.03	31.09	0.15	0.06
球类制造	0.73	1.25	1.37		
体育器材及配件制造	16.38	26.51	20.42		
训练健身器材制造	0.74	5.60	1.75	0.15	0.05
运动防护用具制造	0.23	2.48	1.98		
其他体育用品制造	8.03	32.18	5.57		0.01
玩具制造	2.99	21.62	8.91		0.01
游艺器材及娱乐用品制造	0.71	0.83	0.75		
露天游乐场所游乐设备制造	0.20	0.52	0.31		
游艺用品及室内游艺器材制造	0.33	0.20	0.08		
其他娱乐用品制造	0.18	0.10	0.36		
石油加工及炼焦业	**426.31**	**1008.28**	**515.08**	**159.12**	**8.57**
化学原料和化学制品制造业	**577.83**	**3525.24**	**1335.51**	**81.16**	**42.57**
基础化学原料制造	126.08	1022.36	412.55	29.08	6.24
无机酸制造	3.72	24.81	8.81		
无机碱制造	13.32	120.78	41.68	12.23	0.04
无机盐制造	6.42	73.13	49.19	3.01	0.61
有机化学原料制造	93.78	701.00	288.65	13.67	5.11
其他基础化学原料制造	8.84	102.64	24.23	0.17	0.48
肥料制造	69.16	350.09	117.54	19.54	1.31
氮肥制造	32.37	118.39	42.60	6.64	0.55
磷肥制造	0.46	6.48	0.49		
钾肥制造		0.41	0.21		
复混肥料制造	34.47	195.21	62.39	12.90	0.68
有机肥料及微生物肥料制造	1.75	27.63	11.41		0.08
其他肥料制造	0.11	1.98	0.46		

单位：亿元

法人资本	个人资本	港澳台资本	外商资本	主营业务收入	主营业务成本	主营业务税金及附加	销售费用
55.30	**43.81**	**5.79**	**21.61**	**1857.96**	**1585.79**	**15.13**	**40.60**
2.88	1.94	0.20	1.80	81.27	69.00	0.39	2.19
0.01	0.29		0.66	16.39	14.43	0.09	0.23
0.69	0.46	0.19	0.49	36.57	31.15	0.13	1.12
0.36	0.71			15.90	13.20	0.10	0.52
0.03				0.73	0.63	0.01	0.01
1.79	0.48		0.66	11.68	9.60	0.06	0.31
0.43	0.27	0.01	0.56	48.31	42.38	0.47	0.51
0.02	0.07		0.02	4.68	3.92	0.09	0.09
0.30	0.17	0.01	0.03	31.37	28.63	0.15	0.26
0.11			0.52	9.62	7.68	0.18	0.15
	0.03			2.64	2.14	0.05	
28.11	31.98	5.26	12.68	1301.36	1116.15	11.11	28.29
4.91	2.49		0.68	112.70	95.30	1.29	2.06
0.33	1.17		1.37	44.47	36.72	0.60	1.17
0.93	0.29			20.58	16.72	0.30	0.97
1.10	1.58	0.11	0.03	31.24	26.64	0.39	0.38
5.91	10.43	0.09	1.37	308.94	260.59	2.39	8.79
4.44	4.65	0.26	1.41	228.00	196.42	1.97	3.67
3.36	6.84	0.93	4.29	151.77	133.29	0.58	3.57
2.21	0.64	3.70	2.06	111.78	104.01	0.32	1.40
4.92	3.87	0.17	1.45	291.88	246.47	3.28	6.28
21.12	6.71	0.10	2.95	268.37	220.94	1.86	6.33
0.24	0.49	0.05	0.59	10.53	7.89	0.15	0.26
18.31	2.05		0.06	79.93	58.98	0.50	2.93
0.32	0.65	0.02	0.56	33.26	28.03	0.26	0.34
0.93	0.36	0.01	0.69	12.20	10.31	0.08	0.28
1.33	3.16	0.02	1.05	132.45	115.74	0.87	2.52
2.58	2.81	0.01	3.36	147.93	127.83	1.24	3.15
0.18	0.10	0.21	0.26	10.72	9.48	0.06	0.14
0.11	0.01	0.19		4.13	3.92	0.02	0.04
0.06		0.01		4.05	3.59	0.02	0.05
0.01	0.09		0.26	2.23	1.97	0.02	0.06
254.39	**89.62**	**1.52**	**1.86**	**7088.53**	**6335.62**	**297.69**	**42.40**
570.82	**507.24**	**28.22**	**105.49**	**14719.24**	**12828.25**	**90.71**	**223.48**
215.72	133.45	12.11	15.95	3338.45	2927.25	20.14	43.10
5.69	2.35	0.35	0.43	90.39	77.50	0.89	1.74
18.44	10.70	0.25	0.01	334.92	298.48	1.19	3.65
5.99	39.58			209.84	182.83	0.82	2.70
175.25	76.90	7.27	10.46	2433.07	2137.21	15.08	31.21
10.35	3.92	4.24	5.06	270.24	231.22	2.16	3.79
49.56	43.94	0.53	2.67	1436.28	1263.20	5.26	34.31
26.04	8.98		0.39	463.35	423.66	0.50	4.13
0.35	0.14			12.84	10.32	0.09	1.11
0.20	0.01			3.12	2.86	0.02	0.06
17.04	29.26	0.30	2.21	795.94	691.36	3.72	24.21
5.77	5.25	0.23	0.06	147.68	123.68	0.81	4.64
0.15	0.31			13.35	11.32	0.11	0.15

1-A-3 续表 22

行业	应付账款	所有者权益合计	实收资本	国家资本	集体资本
农药制造	16.73	84.54	39.92	1.13	2.20
化学农药制造	15.80	73.74	34.30	1.13	2.09
生物化学农药及微生物农药制造	0.93	10.80	5.62		0.11
涂料、油墨、颜料及类似产品制造	11.95	84.19	31.97	2.36	1.43
涂料制造	7.72	56.21	17.71	2.25	0.12
油墨及类似产品制造	0.36	1.51	0.95		
颜料制造	1.63	6.06	4.08	0.08	0.01
染料制造	2.08	18.02	8.07	0.03	1.30
密封用填料及类似品制造	0.16	2.40	1.16		
合成材料制造	139.35	605.16	227.92	6.85	9.76
初级形态塑料及合成树脂制造	82.41	363.35	128.92	6.33	2.52
合成橡胶制造	23.51	113.14	38.41	0.11	5.74
合成纤维单(聚合)体制造	15.91	56.01	32.38	0.40	
其他合成材料制造	17.52	72.66	28.21		1.49
专用化学产品制造	204.52	1310.82	475.37	22.04	21.42
化学试剂和助剂制造	54.69	498.76	172.95	10.64	4.79
专项化学用品制造	132.80	679.42	245.56	10.57	14.17
林产化学产品制造	0.22	0.69	0.95		
信息化学品制造	9.94	38.99	13.91	0.84	1.13
环境污染处理专用药剂材料制造	1.75	10.87	3.66		0.50
动物胶制造	0.20	5.24	1.01		
其他专用化学产品制造	4.92	76.84	37.32		0.82
炸药、火工及焰火产品制造	5.76	30.64	10.67	0.06	0.22
炸药及火工产品制造	5.69	28.20	9.84	0.06	0.22
焰火、鞭炮产品制造	0.07	2.43	0.83		
日用化学产品制造	4.30	37.44	19.57	0.11	
肥皂及合成洗涤剂制造	0.98	20.93	5.65		
化妆品制造	0.18	2.93	1.40	0.11	
口腔清洁用品制造	0.99	2.28	3.03		
香料、香精制造	1.90	9.22	8.79		
其他日用化学产品制造	0.25	2.08	0.70		
医药制造业	**116.11**	**1344.98**	**314.40**	**10.23**	**9.08**
化学药品原料药制造	34.45	287.29	82.02	5.48	3.06
化学药品制剂制造	22.22	302.02	60.05	1.01	1.97
中药饮片加工	2.11	19.37	8.95		0.10
中成药生产	11.97	181.53	41.03	2.16	0.87
兽用药品制造	1.68	25.07	14.18		0.24
生物药品制造	17.95	307.09	80.70	1.16	2.44
卫生材料及医药用品制造	25.72	222.61	27.47	0.42	0.40
化学纤维制造业	**21.90**	**76.13**	**43.02**	**0.49**	**0.49**
纤维素纤维原料及纤维制造	16.07	28.56	21.53		
化纤浆粕制造	12.63	16.30	7.51		
人造纤维(纤维素纤维)制造	3.44	12.26	14.02		

单位：亿元

法人资本	个人资本	港澳台资本	外商资本	主营业务收入	主营业务成本	主营业务税金及附加	销售费用
23.53	11.93	0.10	1.03	540.51	473.11	2.14	8.37
19.16	10.80	0.10	1.03	470.92	414.53	1.72	7.50
4.37	1.14			69.59	58.58	0.43	0.87
15.06	8.82	0.29	4.01	362.04	301.66	2.09	9.07
7.16	6.40	0.25	1.54	235.40	193.82	1.34	6.26
0.04	0.17	0.04	0.70	4.70	4.16	0.05	0.09
1.33	1.00		1.66	50.14	43.88	0.24	0.71
5.85	0.77		0.12	60.08	49.70	0.38	1.90
0.67	0.49			11.72	10.10	0.07	0.12
90.77	85.60	4.14	30.80	2719.96	2387.22	16.00	37.34
51.84	59.44	3.95	4.83	1817.70	1600.55	10.15	25.38
21.61	9.16	0.19	1.59	452.14	391.05	2.30	5.09
8.97	1.81		21.19	154.98	138.65	1.25	2.00
8.35	15.18		3.19	295.15	256.98	2.29	4.87
160.02	214.76	11.06	46.07	6074.49	5269.43	42.65	83.77
51.83	73.62	5.29	26.78	2235.69	1929.60	12.38	33.90
86.69	110.90	5.22	18.01	3424.83	3001.84	26.98	40.16
0.14	0.81			7.71	6.39	0.14	0.11
5.92	4.72	0.55	0.76	106.96	86.69	0.90	1.73
1.02	2.14			40.57	35.33	0.18	0.63
0.28	0.66		0.08	33.33	25.74	0.36	0.21
14.15	21.90		0.45	225.40	183.84	1.72	7.04
5.87	3.30		1.23	61.31	45.82	1.26	2.53
5.51	2.83		1.23	42.14	30.77	1.12	2.22
0.36	0.47			19.18	15.04	0.14	0.30
10.28	5.45		3.73	186.19	160.57	1.17	4.99
3.42	2.18		0.05	114.46	101.80	0.83	1.93
0.21	1.05		0.02	12.95	10.62	0.12	0.47
0.05	0.02		2.96	7.83	4.74	0.08	1.96
5.99	2.14		0.66	35.81	30.05	0.08	0.47
0.60	0.06		0.04	15.14	13.37	0.06	0.16
117.32	**126.85**	**3.49**	**47.43**	**3124.50**	**2350.77**	**27.73**	**222.34**
13.64	49.02	1.10	9.72	729.07	578.57	4.02	39.71
31.88	22.38	1.35	1.45	586.74	397.23	5.26	65.97
6.56	2.30			99.55	82.36	0.83	3.32
20.50	15.95		1.55	333.49	223.76	3.48	34.79
6.14	7.78		0.02	146.49	122.20	1.28	2.18
22.03	21.73	0.87	32.48	725.75	595.82	6.27	23.20
16.58	7.69	0.17	2.20	503.41	350.83	6.60	53.15
23.68	**11.82**	**2.09**	**4.45**	**231.21**	**204.39**	**1.01**	**4.06**
15.12	6.41			115.77	104.23	0.44	2.16
6.62	0.89			54.29	47.58	0.16	1.08
8.50	5.52			61.48	56.66	0.28	1.07

1-A-3 续表 23

行　业	应付账款	所有者权益合计	实收资本	国家资本	集体资本
合成纤维制造	5.83	47.57	21.48	0.49	0.49
锦纶纤维制造	0.64	9.13	7.65		
涤纶纤维制造	0.72	10.92	7.45		0.02
腈纶纤维制造	0.04	1.07	0.03		
维纶纤维制造					
丙纶纤维制造	0.41	1.08	1.25		
氨纶纤维制造	3.45	20.68	2.12	0.49	0.47
其他合成纤维制造	0.57	4.70	3.00		
橡胶和塑料制品业	**241.82**	**1343.86**	**365.59**	**11.10**	**13.40**
橡胶制品业	185.66	925.67	208.31	8.72	10.13
轮胎制造	168.63	825.20	165.63	8.60	9.02
橡胶板、管、带制造	6.76	52.03	20.62	0.11	0.69
橡胶零件制造	2.45	12.79	6.17	0.02	0.04
再生橡胶制造	0.35	4.53	2.11		0.06
日用及医用橡胶制品制造	5.02	15.37	6.61		0.30
其他橡胶制品制造	2.44	15.75	7.18		0.02
塑料制品业	56.16	418.19	157.28	2.37	3.28
塑料薄膜制造	10.99	57.33	29.13	1.68	1.00
塑料板、管、型材制造	14.19	142.65	54.40	0.30	1.33
塑料丝、绳及编织品制造	9.12	77.42	24.88	0.38	0.37
泡沫塑料制造	1.01	23.47	6.46		0.02
塑料人造革、合成革制造	0.36	3.81	1.54		
塑料包装箱及容器制造	4.82	35.36	15.24	0.02	0.14
日用塑料制品制造	3.42	28.57	5.45		0.13
塑料零件制造	4.64	12.57	5.94		0.15
其他塑料制品制造	7.62	37.01	14.23	0.01	0.14
非金属矿物制品业	**367.43**	**1934.42**	**780.20**	**61.31**	**24.74**
水泥、石灰和石膏制造	71.78	390.49	148.94	32.67	6.56
水泥制造	68.24	368.33	138.58	32.67	6.56
石灰和石膏制造	3.53	22.16	10.36		
石膏、水泥制品及类似制品制造	65.75	270.49	122.68	10.70	3.09
水泥制品制造	46.63	173.92	73.27	5.44	1.36
砼结构构件制造	12.25	32.98	23.97	3.95	0.91
石棉水泥制品制造	0.79	2.50	0.24		0.21
轻质建筑材料制造	4.30	53.22	20.04	1.30	0.27
其他水泥类似制品制造	1.78	7.88	5.16		0.35
砖瓦、石材等建筑材料制造	38.95	392.65	158.31	0.37	5.30
粘土砖瓦及建筑砌块制造	10.04	81.29	34.78	0.23	0.69
建筑陶瓷制品制造	6.05	90.23	31.64		2.06
建筑用石加工	3.67	90.06	43.21	0.09	0.28
防水建筑材料制造	9.14	65.21	23.19		1.77
隔热和隔音材料制造	1.21	14.76	8.95		0.10
其他建筑材料制造	8.83	51.09	16.54	0.05	0.40
玻璃制造	11.49	96.24	52.78		0.26
平板玻璃制造	8.90	65.90	41.77		
其他玻璃制造	2.59	30.34	11.00		0.26

单位：亿元

法人资本	个人资本	港澳台资本	外商资本	主营业务收入	主营业务成本	主营业务税金及附加	销售费用
8.56	5.41	2.09	4.45	115.44	100.16	0.57	1.91
3.75	0.08	1.32	2.50	21.89	18.95	0.07	0.30
2.54	4.74	0.15		46.95	41.20	0.29	0.43
	0.01		0.02	1.93	1.66	0.01	0.06
0.05	0.55		0.65	5.10	4.60	0.01	0.30
			1.16	23.79	20.17	0.10	0.49
2.21	0.04	0.63	0.12	15.79	13.58	0.09	0.33
132.54	**154.37**	**9.66**	**43.85**	**5362.13**	**4629.83**	**31.59**	**106.32**
69.39	87.92	4.09	28.07	3551.63	3066.71	19.43	76.19
57.31	67.64	1.22	21.84	3038.47	2629.23	15.35	66.87
5.84	10.12	0.11	3.75	228.70	193.67	1.81	5.33
3.17	2.57	0.01	0.36	68.33	60.17	0.49	1.23
0.70	1.35			17.50	14.40	0.14	0.65
1.16	0.97	2.58	1.60	73.31	62.83	0.22	0.57
1.21	5.27	0.16	0.52	125.31	106.40	1.42	1.54
63.15	66.45	5.57	15.78	1810.50	1563.12	12.16	30.14
6.67	10.43	1.63	7.73	223.65	195.53	1.22	3.48
25.64	25.36	1.07	0.70	514.97	442.41	3.37	8.99
8.51	12.41	0.85	1.70	455.64	391.48	3.10	6.95
3.63	2.34	0.10	0.35	102.39	86.38	0.52	2.03
1.14	0.25	0.15		23.85	19.92	0.12	0.34
6.48	6.00	1.12	1.49	165.79	144.01	1.34	2.37
1.99	2.21	0.07	1.04	94.35	82.69	0.48	1.99
2.68	2.17	0.10	0.84	60.48	52.37	0.61	1.44
6.40	5.27	0.49	1.93	169.37	148.32	1.40	2.54
275.68	**327.57**	**31.54**	**59.37**	**7054.20**	**5986.04**	**53.55**	**140.54**
46.64	36.32	8.67	18.09	980.68	834.08	7.14	17.81
44.12	29.06	8.67	17.50	889.41	756.73	6.04	15.73
2.51	7.26		0.59	91.27	77.36	1.11	2.08
47.54	55.16	3.03	3.16	966.76	808.99	8.97	25.44
28.77	36.48	0.18	1.03	598.41	501.23	5.81	16.70
7.63	9.00	2.45	0.03	106.00	89.72	0.88	3.05
	0.03			5.17	4.38	0.01	0.06
8.90	7.14	0.40	2.03	227.23	190.35	1.94	4.61
2.23	2.50		0.07	29.95	23.31	0.33	1.02
42.18	97.52	4.95	7.99	2030.07	1750.60	16.55	26.24
10.74	22.78	0.08	0.26	400.39	342.24	3.45	7.40
1.86	26.75	0.05	0.93	612.04	543.46	2.63	2.67
10.03	27.81	1.08	3.92	578.40	495.33	2.96	5.20
6.19	10.92	3.51	0.80	279.54	237.00	2.65	6.37
4.61	4.17	0.01	0.06	71.01	57.36	0.53	1.97
8.75	5.09	0.22	2.03	88.69	75.20	4.34	2.65
17.61	19.58	5.55	9.78	187.56	158.32	1.46	5.14
11.49	15.11	5.55	9.62	63.53	53.49	0.37	2.17
6.12	4.47		0.17	124.03	104.83	1.09	2.96

1-A-3 续表 24

行业	应付账款	所有者权益合计	实收资本	国家资本	集体资本
玻璃制品制造	49.61	177.35	58.22	0.09	1.49
技术玻璃制品制造	23.35	93.88	22.27	0.09	0.40
光学玻璃制造	4.21	16.17	7.29		0.03
玻璃仪器制造	0.82	12.77	3.20		
日用玻璃制品制造	4.33	24.80	9.20		
玻璃包装容器制造	15.49	19.10	10.95		1.02
玻璃保温容器制造	0.24	1.17	0.36		0.04
制镜及类似品加工	0.81	4.06	2.19		
其他玻璃制品制造	0.34	5.39	2.77		
玻璃纤维和玻璃纤维增强塑料制品制造	34.46	261.67	94.11	5.30	1.11
玻璃纤维及制品制造	29.73	235.30	80.38	5.30	1.11
玻璃纤维增强塑料制品制造	4.73	26.37	13.73		
陶瓷制品制造	20.30	141.27	62.17	6.08	3.72
卫生陶瓷制品制造	0.70	3.69	3.40		
特种陶瓷制品制造	17.92	112.47	49.80	5.90	1.10
日用陶瓷制品制造	1.54	19.71	7.81	0.18	2.60
园林、陈设艺术及其他陶瓷制品制造	0.14	5.39	1.16		0.02
耐火材料制品制造	17.47	77.32	22.72	5.10	1.89
石棉制品制造	0.24	10.36	0.77		
云母制品制造		0.50	0.30		
耐火陶瓷制品及其他耐火材料制造	17.23	66.46	21.65	5.10	1.89
石墨及其他非金属矿物制品制造	57.62	126.96	60.27	0.99	1.32
石墨及碳素制品制造	18.69	103.56	39.84	0.49	1.23
其他非金属矿物制品制造	38.93	23.40	20.43	0.50	0.08
黑色金属冶炼和压延加工业	**606.86**	**1445.56**	**435.27**	**78.64**	**24.37**
炼铁	43.87	178.99	30.87	5.93	16.82
炼钢	64.22	132.26	38.91	0.33	0.12
黑色金属铸造	15.75	137.38	45.30	0.37	3.70
钢压延加工	480.57	986.20	313.06	71.94	3.73
铁合金冶炼	2.45	10.72	7.12	0.06	
有色金属冶炼和压延加工业	**194.66**	**1667.11**	**396.58**	**50.88**	**11.75**
常用有色金属冶炼	8.91	159.32	46.86	0.16	0.03
铜冶炼	8.43	146.27	41.36		
铅锌冶炼	0.14	3.94	1.59	0.16	
镍钴冶炼	0.01	1.93	2.08		
锡冶炼					
锑冶炼					
铝冶炼	0.20	2.78	0.71		0.03
镁冶炼	1.09	1.84	0.56		
其他常用有色金属冶炼	-0.96	2.56	0.56		
贵金属冶炼	15.93	56.22	16.94	2.50	1.60
金冶炼	15.93	56.22	16.94	2.50	1.60
银冶炼					
其他贵金属冶炼					
稀有稀土金属冶炼	1.87	2.70	0.90		
钨钼冶炼	0.16	0.64	0.38		
稀土金属冶炼	1.71	1.77	0.51		
其他稀有金属冶炼		0.29	0.01		

单位：亿元

法人资本	个人资本	港澳台资本	外商资本	主营业务收入	主营业务成本	主营业务税金及附加	销售费用
28.41	20.56	1.58	6.10	589.79	493.12	4.39	17.64
13.62	6.18	0.88	1.10	250.02	206.98	1.89	7.72
1.67	1.72		3.88	63.48	55.70	0.18	2.11
2.08	1.11			54.92	47.90	0.48	0.71
5.77	2.62	0.31	0.50	82.37	66.96	0.68	2.52
3.09	6.47	0.01	0.36	85.28	70.22	0.58	3.55
0.26	0.05			1.92	1.47	0.02	0.18
0.86	1.07		0.26	10.06	8.42	0.15	0.32
1.06	1.33	0.37		41.75	35.48	0.42	0.52
41.30	43.75	2.13	0.52	696.15	587.75	5.77	15.19
36.97	34.36	2.13	0.51	588.70	497.33	5.20	13.02
4.33	9.39		0.01	107.45	90.42	0.57	2.17
28.34	15.05	5.33	3.65	490.24	403.27	3.19	10.09
0.26	0.25	2.25	0.64	20.75	16.53	0.13	0.44
25.87	11.14	2.81	2.97	344.35	279.67	2.19	7.03
1.75	2.97	0.26	0.04	97.01	83.26	0.70	2.21
0.46	0.69			28.14	23.81	0.17	0.42
3.86	9.19	0.13	2.55	361.66	303.28	2.51	6.72
0.24	0.53			18.82	16.37	0.09	0.21
0.14		0.04	0.12	1.45	1.06	0.02	0.01
3.48	8.66	0.09	2.43	341.39	285.85	2.41	6.50
19.80	30.46	0.18	7.53	751.28	646.62	3.56	16.27
13.94	20.34		3.83	450.46	376.10	2.34	12.72
5.86	10.11	0.18	3.69	300.82	270.52	1.22	3.54
188.74	**126.89**	**8.02**	**8.51**	**6052.91**	**5564.86**	**19.45**	**50.17**
0.95	6.99		0.17	596.67	549.30	2.00	2.37
31.20	7.26			835.53	731.80	1.22	3.94
22.06	17.67	0.20	1.30	646.13	556.13	5.50	12.23
133.52	88.91	7.82	7.04	3906.97	3663.70	10.53	31.22
1.00	6.06			67.60	63.94	0.20	0.41
228.07	**85.75**	**10.11**	**10.01**	**5683.33**	**5161.48**	**13.42**	**32.69**
38.81	3.04	4.21	0.62	895.66	839.92	1.06	2.34
35.78	1.02	4.21	0.36	774.36	732.66	0.65	0.84
0.67	0.76			37.94	34.44	0.19	0.08
2.00	0.08			9.05	7.98	0.02	0.20
0.21	0.48			18.03	15.27	0.15	0.14
0.15	0.16		0.25	10.50	9.60	0.04	0.09
	0.56			45.77	39.96	0.02	0.99
7.16	4.46		1.22	625.44	609.09	0.12	0.98
7.16	4.46		1.22	625.44	609.09	0.12	0.98
0.51	0.39			17.02	15.20	0.06	0.15
0.37	0.01			3.99	3.21	0.03	0.13
0.14	0.37			8.92	8.24	0.03	0.03
0.01				4.11	3.75		

1-A-3 续表 25

行　　业	应付账款	所有者权益合计	实收资本	国家资本	集体资本
有色金属合金制造	14.14	91.80	63.54	41.72	0.97
有色金属铸造	0.72	3.56	1.86		0.35
有色金属压延加工	153.10	1353.52	266.48	6.51	8.80
铜压延加工	22.95	211.68	41.84	5.57	1.88
铝压延加工	119.99	1087.05	202.86	0.48	5.41
贵金属压延加工	5.15	11.47	3.18		
稀有稀土金属压延加工	4.15	29.40	13.26	0.47	1.51
其他有色金属压延加工	0.85	13.92	5.35		
金属制品业	**174.81**	**1132.23**	**464.14**	**7.45**	**14.19**
结构性金属制品制造	39.59	248.07	118.34	2.54	2.68
金属结构制造	35.87	213.94	101.28	2.44	2.18
金属门窗制造	3.72	34.13	17.06	0.10	0.50
金属工具制造	7.82	63.44	23.16	0.78	0.74
切削工具制造	2.81	24.41	6.23	0.17	0.03
手工具制造	2.08	16.40	6.37		0.20
农用及园林用金属工具制造	0.36	3.97	2.64		
刀剪及类似日用金属工具制造	0.03	1.28	0.16		
其他金属工具制造	2.53	17.39	7.77	0.61	0.51
集装箱及金属包装容器制造	16.16	87.66	41.67		1.96
集装箱制造	6.13	18.26	10.17		0.63
金属压力容器制造	5.01	43.26	16.88		1.04
金属包装容器制造	5.02	26.14	14.61		0.30
金属丝绳及其制品制造	7.82	100.68	38.82		1.49
建筑、安全用金属制品制造	6.91	90.51	28.41		2.54
建筑、家具用金属配件制造	2.95	27.72	12.23		2.00
建筑装饰及水暖管道零件制造	1.98	43.56	8.38		0.01
安全、消防用金属制品制造	0.27	5.60	2.51		0.01
其他建筑、安全用金属制品制造	1.71	13.64	5.28		0.53
金属表面处理及热处理加工	11.46	60.32	36.90	0.32	0.50
搪瓷制品制造	0.11	3.14	1.32		0.03
生产专用搪瓷制品制造		0.04	0.04		
建筑装饰搪瓷制品制造					
搪瓷卫生洁具制造	-0.03	0.50	0.34		0.03
搪瓷日用品及其他搪瓷制品制造	0.13	2.60	0.94		
金属制日用品制造	2.39	39.13	14.50		0.52
金属制厨房用器具制造	0.37	15.88	5.38		0.51
金属制餐具和器皿制造	0.63	9.90	4.94		
金属制卫生器具制造	0.27	1.45	0.57		
其他金属制日用品制造	1.11	11.91	3.61		0.01
其他金属制品制造	82.56	439.28	161.02	3.80	3.72
锻件及粉末冶金制品制造	76.61	399.79	141.19	2.98	3.43
交通及公共管理用金属标牌制造	0.17	2.64	0.69		
其他未列明金属制品制造					

单位：亿元

法人资本	个人资本	港澳台资本	外商资本	主营业务收入	主营业务成本	主营业务税金及附加	销售费用
5.16	14.58		1.11	489.41	457.57	1.40	5.74
0.86	0.64			17.05	15.06	0.09	0.15
175.57	62.64	5.90	7.07	3638.75	3224.63	10.70	23.33
23.23	10.86		0.30	1024.79	940.25	2.20	3.65
148.49	45.44	2.44	0.61	2292.04	1999.87	5.70	16.99
1.62	1.21		0.35	52.99	49.68	0.13	0.62
1.65	3.87	0.84	4.93	159.49	138.97	0.95	1.04
0.57	1.27	2.63	0.88	109.45	95.87	1.72	1.03
164.49	**208.09**	**20.25**	**49.67**	**4952.11**	**4281.70**	**37.48**	**82.76**
58.21	52.56	1.23	1.12	1049.69	900.19	9.72	21.75
50.09	44.48	1.17	0.92	876.88	751.43	8.04	18.49
8.12	8.08	0.07	0.20	172.80	148.75	1.68	3.27
9.54	7.53	1.44	3.13	271.32	227.04	2.19	6.07
2.32	2.72		0.99	74.99	61.82	0.49	1.72
2.14	1.70	1.05	1.26	73.96	60.95	0.59	2.18
1.51	1.03	0.02	0.08	23.31	18.64	0.19	0.60
0.07	0.05		0.04	1.92	1.68	0.02	0.03
3.50	2.03	0.38	0.75	97.14	83.96	0.90	1.54
14.53	11.74	3.93	9.51	330.02	284.79	2.01	7.05
2.57	0.05	2.30	4.60	76.90	71.27	0.14	1.23
7.74	7.60		0.51	132.56	110.24	0.90	3.69
4.21	4.09	1.62	4.39	120.55	103.29	0.96	2.13
3.54	10.55	9.87	13.36	312.20	264.91	1.71	5.10
8.88	13.86	0.36	2.78	301.32	247.45	1.91	6.87
3.82	5.32	0.33	0.77	148.23	123.72	0.80	3.57
4.34	3.28	0.03	0.72	94.93	73.55	0.57	2.36
0.11	1.34		1.05	17.07	14.82	0.19	0.24
0.60	3.92		0.24	41.10	35.35	0.35	0.70
12.78	22.92	0.16	0.22	342.97	320.02	1.29	2.95
0.44	0.57		0.27	18.25	16.11	0.13	0.23
	0.03			0.86	0.79		
0.15	0.16			2.25	2.06	0.01	0.04
0.29	0.38		0.27	15.14	13.26	0.12	0.19
6.32	5.97	0.76	0.93	210.78	186.92	0.92	2.90
1.56	3.31	0.01		85.24	78.62	0.10	0.56
3.36	1.07		0.52	36.14	29.99	0.43	1.09
0.30	0.05	0.04	0.18	3.80	3.54	0.01	0.06
1.11	1.54	0.72	0.23	85.60	74.78	0.38	1.20
50.25	82.40	2.50	18.36	2115.56	1834.27	17.62	29.83
41.81	76.41	2.05	14.51	1886.87	1637.62	15.50	24.82
0.09	0.60			10.45	9.33	0.11	0.17

1-A-3 续表 26

行业	应付账款	所有者权益合计	实收资本	国家资本	集体资本
通用设备制造业	**374.21**	**2081.46**	**756.76**	**76.58**	**33.41**
锅炉及原动设备制造	134.93	592.84	144.41	43.35	13.98
锅炉及辅助设备制造	15.97	67.75	22.33	0.10	0.34
内燃机及配件制造	102.62	499.92	112.92	42.25	13.63
汽轮机及辅机制造	15.17	21.12	6.11		
水轮机及辅机制造					
风能原动设备制造	1.16	3.49	2.70	1.00	
其他原动设备制造	0.01	0.56	0.35		
金属加工机械制造	50.30	299.53	122.11	15.74	2.88
金属切削机床制造	8.12	68.67	32.04	6.15	0.61
金属成形机床制造	11.86	57.26	20.14	3.08	0.27
铸造机械制造	8.98	40.67	19.42		0.66
金属切割及焊接设备制造	1.32	13.50	3.57		0.01
机床附件制造	6.40	42.37	16.43	0.31	0.59
其他金属加工机械制造	13.62	77.06	30.50	6.21	0.75
物料搬运设备制造	15.21	131.73	70.68	1.26	2.37
轻小型起重设备制造	0.79	3.66	1.32		
起重机制造	9.22	106.10	56.95	1.26	2.37
生产专用车辆制造	2.79	7.33	2.28		
连续搬运设备制造	0.77	3.83	2.27		
电梯、自动扶梯及升降机制造	0.44	6.98	6.36		
其他物料搬运设备制造	1.21	3.83	1.50		
泵、阀门、压缩机及类似机械制造	64.47	315.40	113.49	7.09	0.85
泵及真空设备制造	7.41	50.60	14.44	0.18	0.47
气体压缩机械制造	25.95	93.91	28.53	3.07	0.06
阀门和旋塞制造	5.45	32.74	11.45	0.01	0.02
液压和气压动力机械及元件制造	25.66	138.15	59.07	3.84	0.30
轴承、齿轮和传动部件制造	19.66	194.75	74.09	0.55	1.71
轴承制造	9.83	150.16	52.53	0.03	0.51
齿轮及齿轮减、变速箱制造	7.13	33.17	10.81	0.52	0.77
其他传动部件制造	2.70	11.42	10.75		0.43
烘炉、风机、衡器、包装等设备制造	55.12	289.06	137.67	7.15	8.26
烘炉、熔炉及电炉制造	0.39	1.29	0.75		
风机、风扇制造	9.36	44.80	12.53	1.33	0.27
气体、液体分离及纯净设备制造	8.12	45.54	17.93	0.50	0.17
制冷、空调设备制造	33.85	170.05	96.60	4.51	7.42
风动和电动工具制造	2.05	6.31	4.25		0.21
喷枪及类似器具制造	0.11	0.66	0.28		
衡器制造	0.47	14.00	2.85	0.78	0.20
包装专用设备制造	0.77	6.42	2.48	0.03	
文化、办公用机械制造	1.69	3.54	1.79	0.24	
电影机械制造					
幻灯及投影设备制造	0.01	0.29	0.10		
照相机及器材制造					
复印和胶印设备制造	1.02	0.84	0.24		
计算器及货币专用设备制造	0.65	1.93	1.26	0.24	
其他文化、办公用机械制造		0.48	0.20		

单位：亿元

法人资本	个人资本	港澳台资本	外商资本	主营业务收入	主营业务成本	主营业务税金及附加	销售费用
246.67	**285.39**	**18.60**	**96.11**	**7068.52**	**5915.41**	**56.55**	**177.57**
43.68	32.25	0.60	10.55	1089.09	900.99	6.46	31.31
10.67	8.27	0.03	2.92	261.06	226.41	1.79	5.56
29.86	19.78	0.57	6.83	759.76	615.11	4.21	24.42
2.57	3.54			57.26	49.95	0.23	1.13
0.55	0.35		0.80	9.17	8.16	0.17	0.16
0.03	0.32			1.85	1.35	0.07	0.05
50.35	49.78	0.41	2.95	1230.03	1003.18	12.00	38.98
11.31	13.27	0.01	0.69	244.90	202.13	2.05	7.14
7.02	9.32	0.05	0.38	201.32	164.65	1.49	7.33
11.97	6.69		0.10	266.00	215.77	2.78	8.98
1.47	1.94	0.03	0.12	60.95	46.14	0.51	1.06
5.71	9.45		0.38	176.69	146.44	1.55	3.17
12.85	9.11	0.31	1.28	280.16	228.04	3.62	11.31
17.71	35.45	0.01	13.88	421.11	351.95	3.19	9.45
0.73	0.56	0.01	0.02	24.22	21.12	0.26	0.43
13.00	27.27		13.05	309.92	256.74	2.31	6.83
0.13	1.90		0.25	28.52	24.96	0.24	0.50
1.63	0.64			14.19	11.80	0.13	0.77
1.43	4.36		0.57	35.33	30.29	0.19	0.43
0.79	0.71			8.93	7.05	0.07	0.50
37.03	39.28	6.51	22.73	1311.70	1124.21	9.32	32.45
5.73	5.95		2.11	142.45	113.82	1.03	4.89
7.72	7.27	6.14	4.27	486.92	429.42	2.73	14.01
6.75	3.88	0.18	0.62	118.86	101.74	0.71	2.21
16.84	22.18	0.18	15.73	563.47	479.23	4.85	11.35
14.25	35.49	0.85	21.25	863.75	734.32	7.94	13.66
7.29	28.79	0.85	15.07	682.38	579.63	7.06	9.82
4.95	3.97		0.60	159.97	136.89	0.75	3.04
2.01	2.74		5.57	21.41	17.80	0.13	0.81
53.00	48.66	0.43	20.18	981.78	796.36	7.90	34.72
0.08	0.58	0.09		5.71	4.24	0.01	0.25
2.33	6.79		1.82	122.82	99.31	0.84	3.98
6.66	8.78		1.82	257.54	209.58	2.67	8.04
42.70	29.11	0.34	12.52	489.69	389.11	3.98	20.20
0.17	0.05		3.82	17.08	14.20	0.02	0.88
0.01	0.28			4.30	3.50	0.15	0.09
0.24	1.63			34.05	29.77	0.09	0.63
0.81	1.45		0.19	50.58	46.66	0.14	0.65
0.88	0.67			9.01	6.70	0.15	0.53
	0.10			0.23	0.10		0.05
	0.24			1.46	1.14	0.01	0.22
0.73	0.29			3.82	2.64	0.02	0.12
0.15	0.04			3.50	2.83	0.12	0.14

1-A-3 续表 27

行　　业	应付账款	所有者权益合计	实收资本	国家资本	集体资本
通用零部件制造	29.63	221.81	79.43	0.64	3.04
金属密封件制造	12.28	110.46	38.18	0.05	1.47
紧固件制造	1.87	26.02	6.98		0.03
弹簧制造	1.88	7.26	3.74	0.20	
机械零部件加工	10.79	52.69	21.40	0.39	1.52
其他通用零部件制造	2.80	25.39	9.14		0.02
其他通用设备制造业	3.20	32.79	13.08	0.57	0.32
专用设备制造业	**333.48**	**1415.94**	**507.69**	**18.60**	**13.53**
采矿、冶金、建筑专用设备制造	189.97	736.18	278.40	12.43	7.51
矿山机械制造	27.93	131.95	58.55	9.07	1.05
石油钻采专用设备制造	41.67	266.24	84.55	0.75	1.59
建筑工程用机械制造	101.11	252.80	90.35	0.86	4.87
海洋工程专用设备制造	12.93	50.27	32.50		
建筑材料生产专用机械制造	5.24	28.29	9.67	1.75	
冶金专用设备制造	1.09	6.63	2.78		
化工、木材、非金属加工专用设备制造	33.30	106.62	37.02	1.52	2.15
炼油、化工生产专用设备制造	4.25	28.48	12.63	1.00	0.48
橡胶加工专用设备制造	19.30	10.49	4.37		
塑料加工专用设备制造	0.33	15.56	2.06		0.22
木材加工机械制造	1.67	7.44	3.23	0.03	0.02
模具制造	6.12	35.02	13.05	0.49	1.37
其他非金属加工专用设备制造	1.64	9.64	1.67		0.06
食品、饮料、烟草及饲料生产专用设备制造	3.43	24.82	12.98	0.15	0.36
食品、酒、饮料及茶生产专用设备制造	1.19	7.36	4.18		0.36
农副食品加工专用设备制造	1.94	14.37	7.06	0.15	0.01
烟草生产专用设备制造	0.07	0.64	0.10		
饲料生产专用设备制造	0.23	2.46	1.65		
印刷、制药、日化及日用品生产专用设备制造	6.74	40.29	13.08	0.88	1.64
制浆和造纸专用设备制造	3.48	19.09	5.98		1.30
印刷专用设备制造	1.44	8.77	3.94	0.88	0.34
日用化工专用设备制造	0.01	0.22	0.20		
制药专用设备制造	0.02	2.76	0.56		
照明器具生产专用设备制造	0.04	0.33	0.36		
玻璃、陶瓷和搪瓷制品生产专用设备制造	1.68	7.64	1.36		
其他日用品生产专用设备制造	0.07	1.47	0.68		
纺织、服装和皮革加工专用设备制造	11.84	59.64	14.65		0.61
纺织专用设备制造	11.52	49.39	13.00		0.01
皮革、毛皮及其制品加工专用设备制造					
缝制机械制造	0.29	8.56	1.48		0.60
洗涤机械制造	0.02	1.69	0.17		
电子和电工机械专用设备制造	11.02	180.11	45.65	0.01	0.23
电工机械专用设备制造	0.62	4.39	2.31	0.01	
电子工业专用设备制造	10.40	175.71	43.33		0.23
农、林、牧、渔专用机械制造	47.63	96.60	41.14	2.83	0.58
拖拉机制造	12.50	16.38	10.01		0.38
机械化农业及园艺机具制造	22.98	35.58	18.47	2.83	0.20
营林及木竹采伐机械制造		1.12	0.01		

单位：亿元

				主营业务收入	主营业务成本	主营业务税金及附加	销售费用
法人资本	个人资本	港澳台资本	外商资本				
24.59	37.14	9.53	4.50	1028.01	885.11	8.57	13.97
14.29	13.00	7.29	2.08	527.00	452.38	5.54	6.15
1.67	5.03	0.10	0.15	99.70	87.19	0.43	1.29
0.81	1.38	0.95	0.40	55.64	47.23	0.16	1.02
5.58	11.08	1.18	1.65	226.35	196.92	1.56	3.22
2.23	6.65	0.01	0.22	119.30	101.40	0.88	2.29
5.19	6.67	0.27	0.07	134.05	112.59	1.01	2.48
188.75	**212.75**	**9.53**	**64.52**	**5429.37**	**4597.62**	**37.79**	**122.76**
93.72	118.59	6.21	39.93	2682.65	2280.84	14.40	62.19
13.40	33.98	0.32	0.74	528.66	444.03	3.45	11.44
18.50	52.97	5.82	4.90	820.89	695.04	5.05	13.88
25.31	25.25	0.04	34.02	970.43	827.17	4.24	32.62
30.91	1.58		0.01	163.76	141.40	0.40	0.38
3.64	4.00	0.01	0.26	136.75	115.96	1.04	3.28
1.96	0.80	0.02		62.16	57.24	0.22	0.59
14.68	15.26	0.21	3.20	479.23	406.73	2.90	8.05
3.72	7.43			107.21	88.93	0.56	1.95
1.75	0.30		2.32	50.12	42.76	0.55	0.79
0.87	0.95	0.01		68.15	56.58	0.20	1.45
1.98	1.15	0.01	0.03	53.19	45.23	0.46	0.86
5.29	4.87	0.18	0.85	158.15	135.54	0.93	2.17
1.06	0.56			42.42	37.68	0.20	0.83
6.74	4.96	0.32	0.45	116.52	98.38	1.23	2.67
1.52	1.95	0.32	0.03	36.09	30.80	0.27	0.69
4.15	2.32		0.42	62.15	52.28	0.74	1.35
0.10				0.69	0.40	0.01	0.03
0.96	0.69			17.59	14.90	0.21	0.61
3.59	5.29	0.28	1.40	202.43	167.95	2.03	4.72
1.32	2.45		0.90	82.69	70.35	0.46	1.61
1.35	1.05	0.28	0.05	65.94	53.22	1.14	2.07
0.20				2.51	2.15	0.01	0.02
0.04	0.52			10.10	8.26	0.02	0.22
0.11	0.25			2.07	1.18	0.09	0.09
0.20	0.71		0.45	25.14	20.83	0.18	0.54
0.37	0.31			13.97	11.96	0.13	0.18
4.73	5.93	0.22	3.18	293.62	250.82	4.70	4.85
4.69	5.45	0.22	2.64	239.04	200.57	4.54	4.69
0.03	0.32		0.53	46.06	42.79	0.16	0.16
0.01	0.15		0.01	8.52	7.47		0.01
30.73	9.84		4.84	395.58	335.62	4.52	5.64
1.71	0.59			23.74	20.48	0.26	0.43
29.01	9.25		4.84	371.84	315.13	4.26	5.21
11.49	19.70	1.61	4.93	581.73	494.07	2.63	17.88
4.78	3.12		1.73	100.84	87.17	0.19	1.70
3.98	8.14	0.68	2.65	231.24	193.20	1.06	11.39
	0.01			0.47	0.34		0.01

1-A-3 续表 28

行业	应付账款	所有者权益合计	实收资本	国家资本	集体资本
畜牧机械制造	1.64	5.45	2.01		
渔业机械制造		2.28	1.06		
农林牧渔机械配件制造	8.68	29.51	7.91		0.01
棉花加工机械制造	1.78	4.47	0.83		
其他农、林、牧、渔业机械制造	0.05	1.82	0.84		
医疗仪器设备及器械制造	14.80	62.72	26.35	0.58	0.03
医疗诊断、监护及治疗设备制造	11.22	30.75	8.02	0.58	
口腔科用设备及器具制造		0.71	0.24		
医疗实验室及医用消毒设备和器具制造	0.74	4.37	0.97		
医疗、外科及兽医用器械制造	1.61	15.15	5.87		0.03
机械治疗及病房护理设备制造	1.06	10.58	10.22		
假肢、人工器官及植(介)入器械制造	0.03	0.47	0.33		
其他医疗设备及器械制造	0.14	0.68	0.70		
环保、社会公共服务及其他专用设备制造	14.74	108.96	38.41	0.20	0.41
环境保护专用设备制造	7.64	62.62	23.19		0.10
地质勘查专用设备制造	0.02	0.67	0.30	0.20	
邮政专用机械及器材制造					
商业、饮食、服务专用设备制造	0.05	0.34	0.30		
社会公共安全设备及器材制造	0.26	4.01	0.72		
交通安全、管制及类似专用设备制造	0.32	9.23	2.75		
水资源专用机械制造	0.66	7.94	3.05		0.31
其他专用设备制造	5.80	24.16	8.10		
汽车制造业	**651.30**	**1433.16**	**742.16**	**30.49**	**12.47**
汽车整车制造	461.39	749.33	443.14	18.37	4.28
改装汽车制造	42.67	131.34	61.21	4.39	1.50
低速载货汽车制造	0.25	31.56	1.14		
电车制造	1.21	10.66	5.47		
汽车车身、挂车制造	2.60	24.24	9.88		0.08
汽车零部件及配件制造	143.17	486.03	221.32	7.73	6.61
铁路、船舶、航空航天和其他运输设备制造业	**226.68**	**402.37**	**239.57**	**92.82**	**6.40**
铁路运输设备制造	158.54	184.35	85.56	61.07	0.12
铁路机车车辆及动车组制造	117.54	123.28	64.25	56.98	
窄轨机车车辆制造		0.08	0.01		
铁路机车车辆配件制造	25.85	48.94	14.10	4.08	0.04
铁路专用设备及器材、配件制造	10.98	9.22	6.24		0.05
其他铁路运输设备制造	4.17	2.82	0.96	0.01	0.02
城市轨道交通设备制造					
船舶及相关装置制造	55.20	158.20	126.78	29.55	4.55
金属船舶制造	44.18	100.60	91.84	23.81	3.56
非金属船舶制造	0.41	1.18	0.96	0.33	0.27
娱乐船和运动船制造	0.67	1.99	0.67		
船用配套设备制造	9.93	54.43	33.31	5.41	0.73
船舶改装与拆除					
航标器材及其他相关装置制造					
航空、航天器及设备制造	0.94	5.89	3.45	0.38	1.47
飞机制造	0.87	4.98	2.78	0.38	1.47

单位：亿元

				主营业务收入	主营业务成本	主营业务税金及附加	销售费用
法人资本	个人资本	港澳台资本	外商资本				
0.13	0.96	0.93		35.80	29.08	0.20	1.48
0.19	0.87			12.93	11.38	0.01	0.01
1.62	5.72		0.56	181.81	157.87	1.06	2.72
0.67	0.16			5.93	4.06	0.02	0.48
0.12	0.72			12.73	10.98	0.08	0.10
10.25	9.47	0.15	5.87	226.11	188.49	1.17	6.97
5.16	1.71		0.57	77.28	59.98	0.31	3.97
	0.24			2.36	1.97	0.04	0.06
0.57	0.39			23.04	20.64	0.04	0.65
2.89	2.39	0.03	0.53	84.53	73.80	0.50	1.29
1.24	4.21		4.77	30.20	24.98	0.19	0.49
0.33				0.54	0.20	0.01	0.21
0.05	0.54	0.12		8.16	6.92	0.09	0.28
12.84	23.72	0.54	0.71	451.50	374.71	4.22	9.78
9.39	13.39	0.23	0.08	258.70	209.97	2.53	5.34
	0.10			2.44	2.05	0.01	0.07
0.30				1.17	0.94	0.01	0.03
0.34	0.39			29.96	27.26	0.20	0.23
0.08	2.67			60.55	53.54	0.78	0.44
0.68	1.98	0.08		34.76	27.94	0.27	1.95
2.05	5.18	0.23	0.64	63.93	53.00	0.42	1.72
323.85	**128.99**	**73.38**	**172.97**	**5523.43**	**4831.82**	**52.02**	**104.02**
207.77	15.14	66.46	131.13	2523.03	2235.91	34.84	51.59
39.18	15.53		0.61	497.08	437.10	5.09	9.05
0.02	1.12			138.21	124.20	0.08	1.87
1.49	3.76		0.22	18.68	15.79	0.06	0.65
3.19	6.56	0.05		87.67	75.25	0.88	2.05
72.20	86.88	6.87	41.01	2258.75	1943.57	11.07	38.80
64.86	**23.50**	**3.39**	**48.60**	**1396.35**	**1210.80**	**8.44**	**24.26**
16.73	5.26	0.60	1.78	474.84	386.91	3.33	11.65
6.33	0.10	0.33	0.50	321.58	261.53	1.89	7.90
	0.01			0.65	0.46	0.01	0.04
4.81	3.86	0.28	1.03	115.45	94.22	1.14	2.74
5.07	0.87		0.25	28.89	23.66	0.26	0.88
0.52	0.41			8.27	7.04	0.03	0.09
39.12	11.92	0.69	40.95	540.13	486.48	2.26	5.06
20.99	7.14		36.35	350.40	322.08	1.06	1.58
0.02	0.16		0.19	8.53	6.99	0.13	0.26
0.22	0.36		0.09	12.36	10.93	0.06	0.16
17.90	4.26	0.69	4.32	168.84	146.48	1.01	3.07
0.33	0.09	0.61	0.59	21.38	17.71	0.15	0.68
0.20		0.61	0.13	12.38	9.52	0.04	0.58

1-A-3 续表 29

行　业	应付账款	所有者权益合计	实收资本	国家资本	集体资本
航天器制造					
航空、航天相关设备制造	0.06	0.78	0.55		
其他航空航天器制造		0.13	0.13		
摩托车制造	6.50	20.30	11.07	1.82	
摩托车整车制造	5.29	11.30	6.38	1.73	
摩托车零部件及配件制造	1.22	8.99	4.69	0.09	
自行车制造	3.86	18.84	8.48		0.08
脚踏自行车及残疾人座车制造	0.09	2.37	1.65		
助动自行车制造	3.77	16.47	6.83		0.08
非公路休闲车及零配件制造	0.04	0.87	0.40		
潜水救捞及其他未列明运输设备制造	1.60	13.93	3.83		0.18
潜水及水下救捞装备制造	0.03	0.30	0.07		
其他未列明运输设备制造	1.57	13.63	3.76		0.18
电气机械和器材制造业	**461.74**	**1565.42**	**512.87**	**15.06**	**30.19**
电机制造	30.02	217.70	51.66	3.20	0.67
发电机及发电机组制造	16.85	116.74	29.93	3.20	0.62
电动机制造	7.44	74.60	14.42		0.06
微电机及其他电机制造	5.73	26.36	7.31		
输配电及控制设备制造	163.43	446.63	205.80	5.08	6.76
变压器、整流器和电感器制造	65.33	177.46	87.34	0.89	2.09
电容器及其配套设备制造	3.97	18.28	8.86		0.10
配电开关控制设备制造	23.61	100.77	49.23	3.27	3.11
电力电子元器件制造	13.03	76.28	19.14	0.92	0.17
光伏设备及元器件制造	48.24	43.93	28.54		
其他输配电及控制设备制造	9.25	29.90	12.69		1.29
电线、电缆、光缆及电工器材制造	40.81	366.42	128.28	2.17	17.79
电线、电缆制造	37.41	313.71	109.97	2.13	17.74
光纤、光缆制造	1.36	16.85	6.38		
绝缘制品制造	1.31	27.33	8.84	0.04	0.05
其他电工器材制造	0.74	8.53	3.09		
电池制造	9.11	39.64	18.02	1.10	0.01
锂离子电池制造	4.89	17.56	9.65		0.01
镍氢电池制造	1.62	5.26	3.08	1.00	
其他电池制造	2.60	16.82	5.28	0.10	
家用电力器具制造	197.10	351.21	39.90	3.01	4.45
家用制冷电器具制造	171.72	261.95	17.89	3.01	3.12
家用空气调节器制造	2.94	15.81	1.63		0.12
家用通风电器具制造	0.10	0.09	0.08		
家用厨房电器具制造	9.21	32.56	9.67		
家用清洁卫生电器具制造	0.04	1.00	0.76		
家用美容、保健电器具制造	-0.21	0.49	0.34		
家用电力器具专用配件制造	11.56	34.41	7.40		1.01
其他家用电力器具制造	1.74	4.90	2.13		0.20
非电力家用器具制造	8.68	79.95	41.56	0.28	0.11
燃气、太阳能及类似能源家用器具制造	8.59	78.53	40.99	0.28	0.11
其他非电力家用器具制造	0.09	1.42	0.57		

单位：亿元

法人资本	个人资本	港澳台资本	外商资本	主营业务收入	主营业务成本	主营业务税金及附加	销售费用
	0.09		0.46	4.95	4.54		0.10
0.13				4.05	3.65	0.11	
2.69	1.32	1.15	4.09	84.97	73.23	0.78	2.67
2.49	0.48		1.69	36.15	30.34	0.51	1.98
0.20	0.84	1.15	2.41	48.82	42.90	0.27	0.69
4.85	3.13		0.43	155.43	138.20	0.66	3.00
1.63	0.02			12.33	11.16	0.04	0.14
3.22	3.11		0.43	143.11	127.05	0.63	2.86
0.02	0.38			4.70	3.46	0.07	0.05
1.13	1.41	0.34	0.77	114.91	104.81	1.20	1.14
0.04	0.03			0.76	0.69	0.02	0.01
1.09	1.38	0.34	0.77	114.15	104.13	1.18	1.12
216.52	**196.58**	**13.39**	**40.98**	**6077.49**	**5146.41**	**37.16**	**209.61**
19.70	22.49	1.15	4.44	681.44	585.16	4.17	13.43
11.13	14.20	0.60	0.19	301.22	252.64	1.72	6.29
4.20	6.50	0.55	3.10	263.30	229.62	1.99	5.25
4.37	1.79		1.15	116.92	102.90	0.46	1.89
93.50	72.24	8.44	19.78	1812.34	1547.92	13.11	42.26
46.14	31.35	0.05	6.82	734.12	618.88	3.74	22.91
2.43	2.86		3.46	70.57	61.77	0.24	0.71
17.13	23.37	0.20	2.15	435.21	367.73	4.97	10.27
6.68	4.31	0.15	6.91	268.91	236.59	1.12	3.13
14.90	5.17	8.05	0.43	194.32	171.69	1.15	1.80
6.22	5.18			109.22	91.27	1.89	3.45
34.16	61.95	0.42	11.63	1418.91	1233.08	6.27	21.97
25.84	53.49	0.25	10.36	1268.05	1104.66	5.45	19.88
4.43	1.73		0.21	44.67	38.37	0.30	0.51
2.01	5.98	0.17	0.59	58.42	48.97	0.32	0.86
1.87	0.75		0.47	47.77	41.08	0.19	0.72
2.90	12.79	0.83	0.39	204.86	179.39	0.93	3.55
1.98	6.62	0.66	0.38	58.37	49.32	0.27	1.31
0.35	1.56	0.17		29.59	27.71	0.11	0.55
0.56	4.61		0.01	116.90	102.36	0.55	1.69
20.38	10.20		1.85	1476.83	1197.53	8.54	115.83
6.81	4.92		0.03	1028.76	813.48	6.06	105.63
0.35	1.16			94.66	66.30	0.48	3.52
	0.08			2.24	1.66	0.01	0.08
7.78	1.65		0.24	80.89	69.08	0.18	4.48
0.40	0.36			22.05	20.40	0.09	0.13
	0.34			2.21	2.10		0.03
4.86	1.22		0.30	205.77	188.16	1.51	1.52
0.17	0.47		1.28	40.24	36.34	0.20	0.45
33.94	6.78		0.45	244.63	203.12	2.32	7.69
33.94	6.22		0.45	236.54	196.46	2.22	7.58
	0.57			8.09	6.66	0.10	0.11

1-A-3 续表 30

行业	应付账款	所有者权益合计	实收资本	国家资本	集体资本
照明器具制造	9.84	40.26	17.87		0.14
电光源制造	1.09	4.80	4.29		
照明灯具制造	7.47	32.39	11.78		
灯用电器附件及其他照明器具制造	1.28	3.07	1.79		0.14
其他电气机械及器材制造	2.75	23.59	9.79	0.21	0.26
电气信号设备装置制造	1.11	4.44	2.30		0.25
其他未列明电气机械及器材制造	1.64	19.15	7.49	0.21	0.01
计算机、通信和其他电子设备制造业	**450.55**	**887.15**	**358.41**	**8.60**	**4.41**
计算机制造	156.15	225.98	44.53	1.60	0.83
计算机整机制造	139.43	146.90	21.13	1.60	
计算机零部件制造	1.89	1.07	1.35		0.17
计算机外围设备制造	12.08	57.23	16.44		0.66
其他计算机制造	2.75	20.78	5.62		
通信设备制造	45.36	43.43	18.10	0.23	0.90
通信系统设备制造	4.50	14.90	5.48	0.23	0.35
通信终端设备制造	40.86	28.53	12.62		0.55
广播电视设备制造	21.79	86.92	30.01		0.10
广播电视节目制作及发射设备制造	0.01	0.23	0.05		
广播电视接收设备及器材制造	19.20	80.77	26.86		0.10
应用电视设备及其他广播电视设备制造	2.58	5.92	3.11		
雷达及配套设备制造					
视听设备制造	114.21	169.25	47.52	0.42	0.54
电视机制造	106.56	157.22	42.95	0.42	
音响设备制造	1.51	4.07	2.14		0.04
影视录放设备制造	6.13	7.97	2.43		0.50
电子器件制造	47.87	95.01	59.70	3.54	1.54
电子真空器件制造	1.26	4.16	2.61		
半导体分立器件制造	4.04	12.04	14.79	0.27	
集成电路制造	0.96	9.62	5.76	2.00	1.00
光电子器件及其他电子器件制造	41.61	69.19	36.54	1.27	0.54
电子元件制造	57.22	233.75	149.35	1.82	0.48
电子元件及组件制造	52.85	212.44	132.29	0.94	0.47
印制电路板制造	4.38	21.32	17.06	0.88	0.01
其他电子设备制造	7.95	32.81	9.20	1.00	0.01
仪器仪表制造业	**36.13**	**172.57**	**68.98**	**4.63**	**1.17**
通用仪器仪表制造	23.47	118.95	44.25	4.31	0.81
工业自动控制系统装置制造	10.63	67.15	21.43	0.76	0.52
电工仪器仪表制造	8.28	24.79	10.05	2.59	
绘图、计算及测量仪器制造	0.42	4.54	2.91		0.14
实验分析仪器制造	0.60	5.27	1.54	0.02	0.02
试验机制造	0.67	4.97	2.27		0.11
供应用仪表及其他通用仪器制造	2.87	12.22	6.04	0.94	0.01
专用仪器仪表制造	11.50	40.96	17.64	0.19	0.17
环境监测专用仪器仪表制造	1.11	5.01	2.81	0.10	0.06
运输设备及生产用计数仪表制造	2.86	5.77	4.98		

单位：亿元

法人资本	个人资本	港澳台资本	外商资本	主营业务收入	主营业务成本	主营业务税金及附加	销售费用
6.37	7.70	2.54	1.10	147.48	123.79	1.11	2.99
2.03	2.21	0.01	0.04	25.60	22.01	0.09	0.58
4.08	5.07	2.53	0.10	106.28	90.16	0.92	1.88
0.26	0.42		0.96	15.60	11.63	0.10	0.53
5.58	2.41		1.33	90.99	76.42	0.71	1.90
1.82	0.24			30.59	25.42	0.40	0.64
3.76	2.18		1.33	60.40	50.99	0.32	1.26
102.16	**56.16**	**20.83**	**166.26**	**4455.78**	**3940.88**	**14.25**	**104.27**
5.32	11.68	0.14	24.97	1793.45	1618.30	2.61	30.44
2.75	0.18		16.60	1620.45	1475.25	1.34	22.99
0.05	0.65	0.14	0.35	15.52	14.09	0.04	0.22
1.20	6.55		8.02	122.41	103.79	0.93	5.29
1.32	4.30			35.07	25.17	0.30	1.94
4.50	2.74	1.23	8.51	350.31	315.40	0.91	4.07
2.20	1.96		0.75	65.09	52.76	0.60	1.37
2.30	0.78	1.23	7.77	285.22	262.64	0.31	2.70
22.37	5.13	1.40	1.01	157.84	126.49	1.01	3.55
0.05				1.19	0.84	0.01	0.02
21.63	2.87	1.40	0.86	127.42	100.29	0.91	2.37
0.69	2.26		0.15	29.23	25.36	0.09	1.15
27.16	7.13	5.95	6.33	701.98	604.86	2.34	45.58
25.81	6.36	5.95	4.42	600.50	509.90	2.16	44.54
1.25	0.76		0.09	42.67	41.33	0.04	0.22
0.10	0.01		1.82	58.82	53.64	0.14	0.82
13.97	4.39	8.23	28.02	407.73	364.44	1.62	4.14
0.65	0.45		1.51	9.50	8.42	0.04	0.28
1.99	0.27	2.24	10.02	37.77	34.62	0.23	0.38
1.45	0.75	0.04	0.53	28.87	24.88	0.22	0.30
9.89	2.92	5.95	15.96	331.60	296.51	1.13	3.17
27.48	23.06	3.79	92.72	956.71	839.23	5.15	13.18
25.89	21.90	2.50	80.58	886.07	777.08	4.88	12.58
1.58	1.16	1.29	12.14	70.64	62.16	0.27	0.60
1.36	2.03	0.10	4.70	87.77	72.16	0.62	3.30
18.43	**35.04**	**0.59**	**9.12**	**644.51**	**533.81**	**3.91**	**20.30**
9.70	24.42		5.01	402.37	335.94	2.18	13.11
2.47	16.09		1.59	191.39	160.21	1.02	6.92
3.49	2.40		1.57	57.30	44.63	0.36	2.91
0.06	1.33		1.38	36.42	29.46	0.17	0.82
0.63	0.68		0.19	26.59	22.24	0.19	0.82
1.40	0.76			7.79	5.83	0.05	0.40
1.64	3.16		0.28	82.89	73.57	0.39	1.24
6.45	8.53	0.03	2.27	183.46	148.01	1.29	5.92
1.17	1.48			18.32	14.66	0.09	0.85
0.59	2.87		1.52	58.98	49.52	0.42	1.30

1-A-3 续表 31

行业	应付账款	所有者权益合计	实收资本	国家资本	集体资本
导航、气象及海洋专用仪器制造	0.02	0.53	0.44		
农林牧渔专用仪器仪表制造	0.03	0.25	0.12		0.06
地质勘探和地震专用仪器制造	2.87	12.91	1.78		0.04
教学专用仪器制造	0.10	1.27	0.42		
核子及核辐射测量仪器制造					
电子测量仪器制造	2.93	9.30	4.97		
其他专用仪器制造	1.58	5.93	2.13	0.09	
钟表与计时仪器制造	0.20	5.48	2.44	0.13	0.15
光学仪器及眼镜制造	0.78	5.32	3.99		
光学仪器制造	0.62	3.86	2.74		
眼镜制造	0.15	1.46	1.25		
其他仪器仪表制造业	0.18	1.86	0.66		0.05
其他制造业	**3.70**	**26.62**	**12.99**	**0.30**	**0.18**
废弃资源综合利用业	**3.96**	**23.57**	**13.85**	**0.09**	**0.17**
金属废料和碎屑加工处理	3.51	14.30	9.61	0.09	
非金属废料和碎屑加工处理	0.45	9.27	4.24		0.17
金属制品、机械和设备修理业	**0.93**	**10.63**	**3.53**	**0.03**	
金属制品修理	0.13	0.49	0.27		
通用设备修理					
专用设备修理	0.20	2.29	0.78		
铁路、船舶、航空航天等运输设备修理	0.52	6.39	2.28	0.03	
铁路运输设备修理					
船舶修理	0.01	2.07	0.25		
航空航天器修理	0.51	4.32	2.03	0.03	
其他运输设备修理					
电气设备修理		0.15	0.03		
仪器仪表修理					
其他机械和设备修理业	0.08	1.30	0.17		
电力、热力、燃气及水生产和供应业	**308.13**	**1384.35**	**925.90**	**457.29**	**22.01**
电力、热力生产和供应业	**266.31**	**1092.74**	**784.26**	**389.04**	**16.02**
电力生产	137.18	833.31	670.71	320.07	9.31
火力发电	110.41	673.09	554.77	272.23	8.79
水力发电	0.12	10.21	7.67	7.67	
核力发电					
风力发电	21.81	104.64	75.31	38.54	0.32
太阳能发电	0.09	2.28	1.78		
其他电力生产	4.73	43.09	31.17	1.62	0.19
电力供应	90.47	169.23	54.74	46.29	1.73
热力生产和供应	38.66	90.20	58.81	22.68	4.99
燃气生产和供应业	**23.22**	**129.36**	**68.04**	**31.17**	**2.78**
水的生产和供应业	**18.60**	**162.25**	**73.61**	**37.07**	**3.20**
自来水生产和供应	16.16	119.90	49.58	34.56	3.12
污水处理及其再生利用	1.12	36.33	18.34	1.63	0.08
其他水的处理、利用与分配	1.32	6.02	5.69	0.88	

单位：亿元

法人资本	个人资本	港澳台资本	外商资本	主营业务收入	主营业务成本	主营业务税金及附加	销售费用
0.24	0.20			1.66	1.34	0.01	0.10
	0.06			1.63	1.46	0.01	0.03
0.05	1.52		0.17	35.51	28.33	0.16	0.40
0.03	0.39			7.15	5.72	0.07	0.21
3.36	1.03		0.59	45.15	35.66	0.41	2.29
1.01	1.00	0.03		15.06	11.33	0.14	0.75
0.86	0.74	0.56	0.01	9.09	6.92	0.15	0.74
0.93	1.24		1.82	42.28	36.94	0.21	0.23
0.93	1.14		0.67	39.07	34.16	0.21	0.18
	0.10		1.15	3.20	2.78	0.01	0.05
0.49	0.12			7.31	5.99	0.07	0.30
4.82	**4.12**	**0.06**	**3.51**	**134.29**	**116.38**	**1.19**	**2.71**
3.64	**6.52**	**2.94**	**0.18**	**85.91**	**74.44**	**0.85**	**1.41**
2.19	4.79	2.52	0.03	40.18	35.57	0.30	0.56
1.45	1.73	0.41	0.15	45.73	38.86	0.55	0.85
0.79	**0.52**		**2.19**	**37.52**	**31.20**	**0.30**	**0.24**
0.06	0.04		0.17	3.20	2.13	0.04	0.06
0.64	0.14			8.10	7.25	0.02	0.03
0.05	0.20		2.00	13.25	10.34	0.19	0.04
0.05	0.20			6.87	5.72	0.10	
			2.00	6.38	4.62	0.09	0.04
	0.03			1.72	1.57		0.01
0.04	0.11		0.02	11.25	9.91	0.05	0.09
313.82	**41.94**	**44.40**	**46.45**	**4704.19**	**4154.25**	**18.55**	**17.75**
285.36	**33.69**	**26.38**	**33.75**	**4364.69**	**3866.72**	**16.29**	**6.13**
253.30	29.07	26.38	32.57	1231.47	992.24	9.00	2.91
210.94	24.68	13.78	24.34	1129.25	922.86	8.22	1.55
				4.06	2.31	0.17	
18.74	2.52	10.87	4.31	59.49	37.13	0.39	1.03
1.37	0.41			3.24	1.64	0.03	0.07
22.25	1.45	1.73	3.93	35.44	28.30	0.20	0.26
6.09	0.64			2992.08	2733.19	6.57	2.37
25.97	3.98		1.18	141.14	141.29	0.71	0.86
14.19	**3.50**	**9.98**	**6.40**	**243.14**	**205.32**	**1.50**	**8.68**
14.27	**4.75**	**8.04**	**6.29**	**96.36**	**82.21**	**0.76**	**2.95**
5.98	1.86	1.55	2.50	67.04	61.10	0.60	2.34
7.34	2.48	6.49	0.32	25.13	18.25	0.10	0.57
0.94	0.40		3.47	4.19	2.87	0.05	0.03

1-A-3 续表 32

行　业	管理费用	税金	财务费用	利息收入	利息支出
总　计	**3642.26**	**269.20**	**1457.51**	**134.58**	**1337.30**
采矿业	**478.30**	**31.41**	**120.24**	**16.54**	**134.55**
煤炭开采和洗选业	**278.64**	**22.90**	**89.48**	**8.53**	**98.58**
烟煤和无烟煤开采洗选	270.51	22.64	86.17	8.51	95.17
褐煤开采洗选	8.10	0.27	3.30	0.02	3.41
其他煤炭采选	0.03		0.01		
石油和天然气开采业	**107.76**	**0.79**	**8.15**	**3.20**	**11.26**
石油开采	107.65	0.79	8.10	3.19	11.22
天然气开采	0.11		0.04	0.01	0.04
黑色金属矿采选业	**20.35**	**1.02**	**6.31**	**0.61**	**6.23**
铁矿采选	20.35	1.02	6.31	0.61	6.23
锰矿、铬矿采选					
其他黑色金属矿采选					
有色金属矿采选业	**41.65**	**3.28**	**8.69**	**3.80**	**11.98**
常用有色金属矿采选	0.37	0.01	0.05	0.01	0.03
铜矿采选	0.24	0.01			
铅锌矿采选	0.01		0.01		0.01
镍钴矿采选					
锡矿采选					
锑矿采选					
铝矿采选					
镁矿采选					
其他常用有色金属矿采选	0.12	0.01	0.04	0.01	0.02
贵金属矿采选	41.12	3.26	8.65	3.80	11.95
金矿采选	41.12	3.26	8.65	3.80	11.95
银矿采选					
其他贵金属矿采选					
稀有稀土金属矿采选	0.16	0.01			
钨钼矿采选					
稀土金属矿采选	0.16	0.01			
放射性金属矿采选					
其他稀有金属矿采选					
非金属矿采选业	**18.73**	**2.63**	**4.45**	**0.39**	**3.67**
土砂石开采	10.03	1.90	2.06	0.03	1.36
石灰石、石膏开采	5.41	1.31	0.65	0.02	0.58
建筑装饰用石开采	1.68	0.22	0.68	0.01	0.37
耐火土石开采	0.67	0.16	0.06		0.03
粘土及其他土砂石开采	2.28	0.20	0.67		0.39
化学矿开采	0.01				
采盐	5.89	0.18	2.18	0.35	2.14
石棉及其他非金属矿采选	2.81	0.55	0.20		0.16
石棉、云母矿采选	0.12				
石墨、滑石采选	1.21	0.27	0.03		0.02
宝石、玉石采选					
其他未列明非金属矿采选	1.47	0.28	0.17		0.14

单位：亿元

投资收益(损失以“–”号记)	营业利润	利润总额	亏损企业亏损额	应交增值税	应交所得税	从业人员平均人数(万人)
-8.81	**8676.63**	**8715.36**	**279.35**	**3889.73**	**1158.03**	**948.23**
31.64	**718.53**	**717.14**	**19.34**	**394.22**	**120.64**	**88.66**
25.58	**227.33**	**227.06**	**16.64**	**199.19**	**51.70**	**57.91**
25.58	228.05	226.76	16.53	195.57	51.49	56.07
	-0.91	0.10	0.11	3.54	0.16	1.82
	0.19	0.19		0.08	0.05	0.02
	320.54	**319.69**		**130.14**	**42.76**	**12.73**
	320.50	319.65		129.92	42.74	12.71
	0.03	0.04		0.22	0.02	0.02
1.96	**55.74**	**55.02**	**0.34**	**27.07**	**8.62**	**4.35**
1.96	55.74	55.02	0.34	27.07	8.62	4.35
4.28	**74.03**	**73.77**	**0.50**	**5.49**	**12.38**	**5.23**
	0.31	0.30	0.02	0.17	0.03	0.16
	0.09	0.09		0.04	0.02	0.11
	-0.02	-0.02	0.02			
	0.25	0.24		0.13		0.05
4.28	73.58	73.27	0.48	5.24	12.36	5.04
4.28	73.58	73.27	0.48	5.24	12.36	5.04
	0.14	0.19		0.08		0.03
	0.14	0.19		0.08		0.03
-0.28	**42.14**	**41.91**	**0.35**	**18.93**	**4.45**	**5.19**
-0.30	28.65	28.49	0.20	11.57	2.67	3.32
0.09	14.13	14.14	0.02	6.01	0.79	2.03
	5.91	5.92	0.17	1.67	0.79	0.51
-0.32	1.74	1.71		1.07	0.17	0.30
-0.07	6.87	6.72		2.82	0.92	0.48
	0.05	0.05				0.01
0.01	9.48	9.43		3.67	1.05	1.40
0.01	3.96	3.94	0.15	3.68	0.72	0.46
	-0.07	-0.06	0.06	0.06		0.03
	1.35	1.29		0.49	0.22	0.19
0.01	2.68	2.71	0.09	3.13	0.50	0.24

1-A-3 续表 33

行　　业	管理费用	税金	财务费用	利息收入	利息支出
开采辅助活动	**11.15**	**0.79**	**3.15**	**0.02**	**2.82**
煤炭开采和洗选辅助活动					
石油和天然气开采辅助活动	11.15	0.79	3.15	0.02	2.82
其他开采辅助活动					
其他采矿业	**0.02**		**0.01**		**0.01**
制造业	**3034.64**	**231.48**	**1231.93**	**114.44**	**1102.83**
农副食品加工业	**233.83**	**19.67**	**105.78**	**5.89**	**92.44**
谷物磨制	14.85	0.95	6.65	0.12	5.17
饲料加工	20.68	1.58	7.72	3.29	8.88
植物油加工	18.89	1.22	17.09	0.81	16.72
食用植物油加工	18.29	1.22	16.12	0.81	15.75
非食用植物油加工	0.60	0.01	0.98		0.97
制糖业	1.03	0.05	0.69		0.65
屠宰及肉类加工	47.70	4.06	23.10	0.48	20.46
牲畜屠宰	8.88	0.70	3.90	0.03	3.67
禽类屠宰	23.51	2.16	13.32	0.27	12.45
肉制品及副产品加工	15.31	1.20	5.88	0.18	4.34
水产品加工	66.96	3.95	21.19	0.48	17.13
水产品冷冻加工	62.07	3.67	19.07	0.48	15.31
鱼糜制品及水产品干腌制加工	1.50	0.06	1.11		0.95
水产饲料制造	1.94	0.14	0.32		0.28
鱼油提取及制品制造	0.43	0.01	0.16		0.16
其他水产品加工	1.02	0.06	0.53		0.43
蔬菜、水果和坚果加工	36.22	3.99	12.86	0.17	8.40
蔬菜加工	25.11	3.29	9.00	0.10	5.67
水果和坚果加工	11.11	0.70	3.86	0.07	2.74
其他农副食品加工	27.51	3.87	16.47	0.55	15.03
淀粉及淀粉制品制造	16.95	3.05	12.80	0.51	12.27
豆制品制造	2.16	0.12	0.87		0.80
蛋品加工	1.67	0.29	0.29		0.21
其他未列明农副食品加工	6.73	0.41	2.51	0.03	1.76
食品制造业	**64.29**	**4.62**	**23.39**	**1.34**	**20.43**
焙烤食品制造	5.04	0.42	1.18	0.19	0.74
糕点、面包制造	2.17	0.16	0.62	0.02	0.33
饼干及其他焙烤食品制造	2.87	0.25	0.56	0.17	0.41
糖果、巧克力及蜜饯制造	2.96	0.06	0.81		0.46
糖果、巧克力制造	0.67	0.01	0.27		0.21
蜜饯制作	2.28	0.05	0.54		0.25
方便食品制造	4.52	0.34	1.01	0.20	0.84
米、面制品制造	1.20	0.02	0.42	0.01	0.34
速冻食品制造	1.14	0.11	0.38		0.26
方便面及其他方便食品制造	2.17	0.21	0.22	0.19	0.24
乳制品制造	10.50	0.57	1.07	0.53	1.75
罐头食品制造	4.07	0.31	2.16	0.01	1.53
肉、禽类罐头制造	0.30	0.03	0.03		0.02
水产品罐头制造	0.05		0.03		
蔬菜、水果罐头制造	3.53	0.28	2.10	0.01	1.51
其他罐头食品制造	0.18				

单位：亿元

投资收益（损失以"-"号记）	营业利润	利润总额	亏损企业亏损额	应交增值税	应交所得税	从业人员平均人数（万人）
0.10	**-1.56**	**-0.61**	**1.50**	**13.31**	**0.69**	**3.21**
0.10	-1.56	-0.61	1.50	13.31	0.69	3.21
	0.30	**0.30**		**0.10**	**0.04**	**0.05**
-58.81	**7655.53**	**7683.83**	**238.53**	**3339.42**	**1000.50**	**835.92**
-44.05	**633.84**	**627.62**	**14.84**	**261.30**	**79.39**	**85.95**
-0.58	56.70	56.59	0.18	28.90	5.66	4.23
-1.18	67.90	67.75	0.62	20.23	7.54	7.72
-22.58	65.90	65.74	7.15	45.34	7.95	6.18
-22.64	62.12	61.96	7.15	43.61	7.51	5.95
0.06	3.78	3.78		1.73	0.44	0.23
-5.59	0.46	0.50		0.68	0.10	0.26
-4.97	144.61	139.63	4.26	49.99	12.87	27.55
0.07	32.90	29.95	0.56	8.29	2.29	4.21
-4.28	60.91	58.88	2.77	24.14	4.63	15.70
-0.76	50.80	50.79	0.93	17.56	5.94	7.64
-0.22	118.07	117.64	1.42	51.46	22.86	18.04
	102.54	102.35	1.23	46.15	21.13	15.47
-0.22	9.43	9.42	0.08	3.20	1.03	1.54
	2.79	2.79		1.02	0.56	0.30
	0.48	0.48	0.06	0.35	0.02	0.09
	2.83	2.60	0.05	0.74	0.12	0.64
-7.31	121.87	121.67	0.80	38.86	14.31	14.16
-6.60	88.30	88.18	0.46	28.72	10.79	9.80
-0.71	33.57	33.49	0.34	10.14	3.51	4.36
-1.63	58.33	58.10	0.41	25.84	8.11	7.81
-1.18	34.69	34.55	0.07	16.23	5.06	4.90
	4.42	4.39	0.01	2.23	0.54	0.72
	4.42	4.32		1.57	0.51	0.41
-0.46	14.81	14.83	0.32	5.81	2.00	1.77
-5.91	**174.77**	**177.36**	**2.31**	**71.93**	**24.47**	**20.43**
0.01	13.51	13.80	0.09	6.54	2.07	2.27
0.01	3.47	3.49	0.03	1.76	0.45	0.77
	10.04	10.31	0.05	4.79	1.62	1.50
	9.92	9.88		3.66	1.20	1.25
	2.50	2.49		0.98	0.34	0.29
	7.42	7.40		2.68	0.86	0.96
-0.04	12.31	12.44	0.16	6.10	1.56	1.75
	3.38	3.39		1.69	0.49	0.52
-0.05	2.88	2.85	0.14	1.06	0.34	0.51
0.01	6.04	6.20	0.01	3.35	0.73	0.72
-0.07	22.13	23.30	0.16	9.54	3.42	2.45
0.09	11.21	11.25	0.21	4.97	1.30	2.56
	0.67	0.67		0.24	0.13	0.04
	0.14	0.14		0.09	0.01	0.06
0.09	10.40	10.44	0.18	4.59	1.16	2.44
			0.03	0.05		0.02

1-A-3 续表 34

行　业	管理费用	税金	财务费用	利息收入	利息支出
调味品、发酵制品制造	11.97	1.01	4.67	0.05	4.00
味精制造	0.97	0.19	1.16	0.01	1.14
酱油、食醋及类似制品制造	4.08	0.47	0.67	0.02	0.51
其他调味品、发酵制品制造	6.92	0.36	2.84	0.02	2.35
其他食品制造	25.23	1.90	12.49	0.36	11.12
营养食品制造	1.23	0.14	0.15		0.12
保健食品制造	2.36	0.10	0.64	0.01	0.35
冷冻饮品及食用冰制造	0.83	0.05	0.20	0.03	0.20
盐加工	0.93	0.05	0.36	0.01	0.21
食品及饲料添加剂制造	18.41	1.46	10.62	0.31	9.78
其他未列明食品制造	1.48	0.10	0.53		0.46
酒、饮料和精制茶制造业	**40.08**	**3.01**	**9.90**	**1.93**	**9.69**
酒的制造	31.53	2.04	7.61	1.75	8.23
酒精制造	0.38	0.04	0.39	0.01	0.37
白酒制造	14.11	0.81	4.16	0.73	4.14
啤酒制造	10.69	0.77	1.65	0.93	2.41
黄酒制造	0.51	0.01	0.04	0.01	0.04
葡萄酒制造	5.68	0.39	1.32	0.07	1.24
其他酒制造	0.17		0.04		0.02
饮料制造	7.69	0.90	2.09	0.18	1.37
碳酸饮料制造	1.27	0.18	0.12		0.05
瓶(罐)装饮用水制造	1.38	0.08	0.33	0.06	0.29
果菜汁及果菜汁饮料制造	2.64	0.30	1.26	0.03	0.65
含乳饮料和植物蛋白饮料制造	1.72	0.12	0.26	0.01	0.20
固体饮料制造	0.31	0.14	0.07		0.07
茶饮料及其他饮料制造	0.38	0.08	0.04	0.08	0.11
精制茶加工	0.86	0.07	0.21		0.09
烟草制品业	**21.35**	**0.62**	**0.28**	**0.12**	**0.41**
烟叶复烤	0.78	0.04	0.01		0.01
卷烟制造	20.12	0.54	0.25	0.12	0.39
其他烟草制品制造	0.45	0.03	0.01		0.01
纺织业	**132.01**	**13.40**	**119.65**	**9.80**	**118.36**
棉纺织及印染精加工	92.81	10.41	101.48	9.01	103.37
棉纺纱加工	61.12	7.38	88.19	8.62	92.04
棉织造加工	23.84	2.02	10.22	0.23	9.09
棉印染精加工	7.84	1.01	3.07	0.16	2.25
毛纺织及染整精加工	9.28	0.47	6.14	0.34	5.74
毛条和毛纱线加工	3.34	0.10	1.02	0.03	0.50
毛织造加工	5.32	0.36	4.80	0.28	4.97
毛染整精加工	0.63	0.01	0.33	0.03	0.27
麻纺织及染整精加工	0.66	0.06	0.48		0.35
麻纤维纺前加工和纺纱	0.42	0.06	0.39		0.29
麻织造加工	0.24		0.09		0.06
麻染整精加工					

单位：亿元

投资收益（损失以“-”号记）	营业利润	利润总额	亏损企业亏损额	应交增值税	应交所得税	从业人员平均人数（万人）
-0.32	25.19	25.41	0.29	11.89	3.45	3.31
-0.34	2.19	2.31	0.05	1.39	0.41	0.60
0.09	6.32	6.43	0.12	3.10	0.74	1.05
-0.07	16.68	16.67	0.12	7.40	2.31	1.66
-5.58	80.51	81.28	1.40	29.24	11.46	6.85
	7.70	7.73		2.25	0.98	0.26
0.04	5.86	5.92		1.91	1.17	0.38
	2.69	2.69		0.93	0.43	0.41
	1.42	1.43		0.72	0.24	0.26
-5.62	58.46	59.10	1.38	21.85	8.06	4.96
	4.38	4.41	0.01	1.59	0.58	0.58
6.81	**115.71**	**118.06**	**2.88**	**49.41**	**19.07**	**12.04**
6.57	83.70	85.63	2.24	39.65	15.10	8.78
	2.04	1.99	0.01	1.20	0.39	0.30
0.22	26.52	27.78	0.21	13.65	3.70	4.29
6.36	21.88	22.35	1.67	14.55	4.13	3.17
	0.88	0.88		0.36	0.12	0.08
	31.79	32.03	0.36	9.54	6.66	0.87
	0.59	0.59		0.34	0.11	0.07
0.24	29.49	29.91	0.64	9.09	3.93	3.02
-0.08	1.54	1.44		0.96	0.13	0.28
	3.56	3.52	0.05	1.30	0.49	0.54
	11.28	11.53	0.37	2.85	0.82	0.84
0.03	10.68	11.00	0.22	3.06	1.97	1.06
	0.71	0.64		0.21	0.11	0.13
0.29	1.72	1.78		0.70	0.40	0.17
	2.51	2.51		0.67	0.04	0.25
-0.12	**39.23**	**38.51**	**0.22**	**33.78**	**9.00**	**1.32**
	0.92	0.92	0.15	0.35		0.17
0.52	37.92	37.21		33.11	9.00	1.08
-0.64	0.38	0.38	0.06	0.31		0.07
-15.16	**524.84**	**531.81**	**8.35**	**229.29**	**84.59**	**81.06**
2.75	397.68	406.24	7.30	176.50	69.48	61.48
1.73	301.47	309.87	4.86	135.10	56.63	43.62
1.12	72.70	72.66	1.69	31.08	10.72	14.00
-0.10	23.50	23.70	0.76	10.32	2.13	3.86
-16.58	43.15	42.44	0.20	16.68	6.16	5.54
0.03	9.58	9.65	0.10	5.81	1.72	1.62
-16.60	30.05	29.31	0.10	10.04	4.36	3.65
	3.52	3.48		0.83	0.08	0.27
	3.13	3.01	0.05	0.91	0.25	0.33
	2.06	2.06	0.05	0.70	0.21	0.11
	1.07	0.95		0.20	0.05	0.22

1-A-3 续表 35

行　　业	管理费用	税金	财务费用	利息收入	利息支出
丝绢纺织及印染精加工	2.13	0.21	0.89	0.02	0.61
缫丝加工	0.94	0.17	0.50	0.01	0.46
绢纺和丝织加工	1.06	0.03	0.36		0.12
丝印染精加工	0.13		0.02		0.03
化纤织造及印染精加工	1.87	0.09	0.96	0.01	0.82
化纤织造加工	1.78	0.08	0.95	0.01	0.82
化纤织物染整精加工	0.08		0.01		
针织或钩针编织物及其制品制造	7.49	0.49	1.89	0.31	1.79
针织或钩针编织物织造	5.81	0.37	1.54	0.31	1.58
针织或钩针编织物印染精加工	1.29	0.10	0.21		0.13
针织或钩针编织品制造	0.39	0.01	0.14		0.08
家用纺织制成品制造	11.69	1.23	4.59	0.08	3.53
床上用品制造	4.55	0.66	0.97	0.02	0.57
毛巾类制品制造	4.88	0.40	3.01	0.02	2.58
窗帘、布艺类产品制造	0.76	0.02	0.13	0.01	0.10
其他家用纺织制成品制造	1.49	0.16	0.48	0.03	0.28
非家用纺织制成品制造	6.08	0.45	3.23	0.03	2.15
非织造布制造	2.04	0.13	1.10	0.01	0.85
绳、索、缆制造	0.67	0.06	0.21	0.01	0.12
纺织带和帘子布制造	1.94	0.10	1.32		0.92
篷、帆布制造	0.60	0.02	0.33		0.13
其他非家用纺织制成品制造	0.84	0.15	0.26	0.01	0.13
纺织服装、服饰业	**84.73**	**5.94**	**15.63**	**0.64**	**11.06**
机织服装制造	57.17	3.60	11.31	0.46	8.01
针织或钩针编织服装制造	24.66	2.07	3.38	0.17	2.47
服饰制造	2.90	0.27	0.93	0.01	0.58
皮革、毛皮、羽毛及其制品和制鞋业	**30.08**	**2.29**	**7.56**	**0.13**	**5.96**
皮革鞣制加工	2.83	0.11	1.58		1.39
皮革制品制造	11.16	0.56	3.13	0.07	2.65
皮革服装制造	2.91	0.12	1.68	0.02	1.46
皮箱、包(袋)制造	5.91	0.25	0.70	0.03	0.49
皮手套及皮装饰制品制造	1.10	0.06	0.41	0.02	0.49
其他皮革制品制造	1.25	0.12	0.34		0.20
毛皮鞣制及制品加工	4.20	0.15	0.40	0.01	0.21
毛皮鞣制加工	0.68	0.05	0.18	0.01	0.14
毛皮服装加工	0.16	0.02	0.04		0.03
其他毛皮制品加工	3.36	0.08	0.17		0.04
羽毛(绒)加工及制品制造	0.41	0.04	0.25		0.19
羽毛(绒)加工	0.17	0.03	0.13		0.09
羽毛(绒)制品加工	0.24	0.01	0.12		0.10
制鞋业	11.48	1.44	2.21	0.04	1.52
纺织面料鞋制造	2.57	0.49	0.43		0.38
皮鞋制造	6.24	0.76	1.42	0.04	0.87
塑料鞋制造	0.05	0.01	0.02		0.01
橡胶鞋制造	1.52	0.05	0.22		0.16
其他制鞋业	1.10	0.13	0.11		0.10

单位：亿元

投资收益(损失以“-”号记)	营业利润	利润总额	亏损企业亏损额	应交增值税	应交所得税	从业人员平均人数(万人)
	2.99	2.94	0.10	1.48	0.18	0.84
	1.82	1.81	0.05	0.96	0.06	0.58
	0.99	1.00	0.05	0.48	0.09	0.26
	0.18	0.13		0.04	0.03	0.01
0.09	2.31	2.29	0.19	1.51	0.38	1.07
0.09	2.32	2.30	0.14	1.47	0.38	1.05
		-0.01	0.05	0.04		0.02
-0.32	14.87	14.63	0.13	6.90	1.87	2.70
-0.32	9.44	9.22	0.11	5.15	1.30	2.08
	4.18	4.16	0.02	1.33	0.44	0.39
	1.26	1.25		0.42	0.13	0.23
-0.14	28.60	28.18	0.26	12.15	3.25	6.56
-0.12	6.53	6.37	0.17	3.52	0.84	1.89
-0.02	15.13	15.06	0.08	6.10	1.91	3.70
	1.60	1.62	0.01	0.70	0.13	0.29
	5.33	5.13		1.83	0.36	0.68
-0.96	32.11	32.08	0.11	13.16	3.02	2.53
0.03	7.53	7.58	0.08	1.63	0.75	0.74
0.03	2.65	2.58	0.01	2.13	0.18	0.51
-0.85	18.49	18.51	0.03	7.91	1.78	0.73
-0.17	1.62	1.62		0.76	0.19	0.24
	1.81	1.79		0.73	0.13	0.32
-0.16	**139.00**	**138.44**	**3.14**	**61.24**	**20.72**	**37.76**
0.13	99.16	98.96	1.54	42.78	15.29	25.42
-0.28	33.94	33.62	1.46	15.56	4.86	10.62
-0.01	5.90	5.86	0.14	2.90	0.57	1.71
-0.98	**64.15**	**65.64**	**1.43**	**26.52**	**5.47**	**13.06**
-0.43	15.97	15.93	0.50	6.41	1.05	1.49
-0.24	16.49	16.95	0.64	7.12	1.57	3.99
	7.02	7.25	0.34	2.51	0.67	1.21
-0.25	6.83	7.06	0.21	3.27	0.72	2.21
	0.85	0.85	0.05	0.54	0.02	0.18
0.01	1.80	1.79	0.04	0.80	0.15	0.40
-0.25	5.77	5.86		3.00	0.67	0.62
	2.20	2.29		1.19	0.25	0.21
	1.27	1.27		0.37	0.22	0.18
-0.25	2.29	2.29		1.45	0.20	0.23
	1.83	1.81	0.07	0.68	0.32	0.31
	0.74	0.75	0.06	0.34	0.07	0.08
	1.09	1.06		0.34	0.25	0.22
-0.07	24.09	25.09	0.22	9.32	1.86	6.65
-0.02	5.73	5.67	0.07	2.30	0.62	1.40
-0.04	14.37	15.44	0.15	4.68	0.97	3.62
	0.24	0.24		0.01		0.05
	2.71	2.69		1.40	0.17	1.16
	1.05	1.05		0.92	0.10	0.42

1-A-3 续表 36

行　业	管理费用	税金	财务费用	利息收入	利息支出
木材加工和木、竹、藤、棕、草制品业	**31.42**	**3.87**	**14.16**	**0.25**	**9.23**
木材加工	2.67	0.18	1.14	0.02	0.58
锯材加工	0.59	0.06	0.27		0.07
木片加工	1.12	0.09	0.72	0.01	0.45
单板加工	0.84	0.02	0.13		0.05
其他木材加工	0.11	0.01	0.02		0.01
人造板制造	20.34	2.49	9.64	0.21	6.86
胶合板制造	15.52	2.13	6.46	0.02	4.07
纤维板制造	2.81	0.24	2.21	0.15	2.12
刨花板制造	0.57	0.03	0.28	0.02	0.20
其他人造板制造	1.44	0.08	0.69	0.02	0.47
木制品制造	7.90	1.14	3.14	0.02	1.72
建筑用木料及木材组件加工	2.02	0.49	0.65	0.01	0.42
木门窗、楼梯制造	1.75	0.20	0.51		0.28
地板制造	1.39	0.10	0.82	0.01	0.46
木制容器制造	0.44	0.01	0.13		0.05
软木制品及其他木制品制造	2.31	0.32	1.02		0.49
竹、藤、棕、草等制品制造	0.52	0.06	0.25		0.07
竹制品制造					
藤制品制造	0.09		0.08		0.01
棕制品制造			0.01		0.01
草及其他制品制造	0.42	0.06	0.17		0.06
家具制造业	**21.84**	**2.03**	**8.74**	**0.07**	**6.16**
木质家具制造	20.17	1.88	8.05	0.06	5.62
竹、藤家具制造	0.19		0.05		
金属家具制造	0.47	0.02	0.19	0.01	0.15
塑料家具制造	0.07		0.04		0.03
其他家具制造	0.94	0.13	0.40		0.36
造纸和纸制品业	**61.24**	**6.27**	**47.22**	**7.22**	**50.48**
纸浆制造	0.48	0.03	0.26	-0.01	0.26
木竹浆制造	0.42	0.02	0.22	-0.01	0.22
非木竹浆制造	0.07	0.01	0.04		0.04
造纸	43.33	3.57	42.58	7.11	46.75
机制纸及纸板制造	41.64	3.47	42.04	7.10	46.50
手工纸制造	0.03		0.01		0.02
加工纸制造	1.66	0.10	0.52	0.01	0.23
纸制品制造	17.42	2.67	4.38	0.13	3.47
纸和纸板容器制造	13.11	2.34	2.62	0.07	2.08
其他纸制品制造	4.31	0.32	1.75	0.06	1.39
印刷和记录媒介复制业	**27.50**	**2.00**	**4.60**	**0.24**	**3.41**
印刷	26.31	1.95	4.20	0.19	2.96
书、报刊印刷	3.63	0.35	0.80	0.03	0.64
本册印制	1.36	0.02	0.55	0.01	0.37
包装装潢及其他印刷	21.33	1.58	2.85	0.15	1.95
装订及印刷相关服务	1.15	0.05	0.39	0.06	0.44
记录媒介复制	0.03		0.01		0.01

单位：亿元

投资收益(损失以“–”号记)	营业利润	利润总额	亏损企业亏损额	应交增值税	应交所得税	从业人员平均人数(万人)
0.44	**142.48**	**142.86**	**1.01**	**51.42**	**17.90**	**18.67**
	13.30	13.13	0.04	5.02	1.31	1.33
	3.35	3.35	0.04	1.33	0.49	0.31
	7.11	6.93		2.81	0.66	0.63
	2.65	2.65		0.76	0.12	0.34
	0.19	0.19		0.11	0.04	0.05
0.41	99.50	100.02	0.95	35.11	12.94	13.68
-0.05	82.49	82.45	0.20	29.88	10.70	11.64
0.46	6.86	7.37	0.64	2.45	0.59	0.95
	3.21	3.24	0.09	0.70	0.64	0.33
	6.94	6.95	0.03	2.08	1.01	0.76
0.03	27.94	27.99	0.01	10.24	3.48	3.35
	9.04	9.03	0.01	3.05	1.13	0.86
	4.03	4.03		1.52	0.55	0.48
0.10	7.12	7.12		1.41	0.76	0.51
	1.34	1.33		0.41	0.16	0.23
-0.07	6.42	6.49		3.85	0.88	1.27
	1.74	1.72	0.01	1.06	0.17	0.31
	0.01	0.01				0.01
	0.22	0.22	0.01	0.12	0.01	0.03
						0.01
	1.51	1.49		0.94	0.16	0.27
-0.19	**59.86**	**58.89**	**1.25**	**28.38**	**6.79**	**8.29**
-0.19	53.73	52.75	1.20	25.51	6.02	7.35
	0.24	0.24		0.20	0.06	0.15
	1.92	1.91		0.84	0.16	0.24
	0.16	0.16	0.02	0.05		0.02
	3.82	3.83	0.03	1.78	0.54	0.53
-0.01	**138.98**	**134.55**	**2.88**	**63.76**	**22.28**	**18.59**
	1.39	1.39		1.17	0.05	0.16
	0.66	0.66		0.76	0.04	0.12
	0.73	0.73		0.41	0.01	0.04
0.17	86.94	82.89	2.39	42.83	15.01	12.71
0.17	84.32	80.31	1.91	41.51	14.69	12.04
	0.08	0.08		0.03	0.01	0.03
	2.54	2.50	0.47	1.29	0.31	0.63
-0.19	50.65	50.27	0.50	19.76	7.22	5.72
-0.19	31.13	30.97	0.32	13.50	4.21	3.75
	19.52	19.31	0.17	6.27	3.01	1.97
-0.89	**50.38**	**50.66**	**0.53**	**21.36**	**6.08**	**6.42**
-0.46	48.65	49.08	0.51	20.60	5.80	6.17
0.01	7.84	7.97	0.11	3.70	1.04	1.43
	6.72	6.72	0.04	1.10	0.45	0.49
-0.47	34.10	34.40	0.36	15.80	4.32	4.25
-0.43	1.43	1.28	0.02	0.63	0.22	0.21
	0.30	0.30		0.13	0.06	0.04

1-A-3 续表 37

行　业	管理费用	税金	财务费用	利息收入	利息支出
文教、工美、体育和娱乐用品制造业	**56.49**	**5.65**	**17.23**	**0.60**	**11.22**
文教办公用品制造	2.28	0.16	0.49	0.02	0.35
文具制造	0.49	0.01	0.09		0.03
笔的制造	1.28	0.14	0.25		0.18
教学用模型及教具制造	0.30	0.01	0.04	0.01	0.03
墨水、墨汁制造	0.01		0.01		0.01
其他文教办公用品制造	0.20	0.01	0.11		0.11
乐器制造	1.29	0.02	0.13		0.07
中乐器制造	0.14		0.02		
西乐器制造	0.61	0.01	0.07		0.05
电子乐器制造	0.54	0.01	0.03		0.01
其他乐器及零件制造	0.01				
工艺美术品制造	36.19	4.01	12.40	0.55	7.94
雕塑工艺品制造	2.41	0.33	0.78	0.03	0.52
金属工艺品制造	1.90	0.16	0.42		0.33
漆器工艺品制造	1.35	0.12	0.30		0.12
花画工艺品制造	0.53	0.04	0.37		0.30
天然植物纤维编织工艺品制造	8.41	0.87	3.26	0.15	1.11
抽纱刺绣工艺品制造	8.02	1.15	1.95	0.05	1.70
地毯、挂毯制造	4.79	0.31	1.81	0.24	1.40
珠宝首饰及有关物品制造	1.44	0.15	0.86	0.08	0.83
其他工艺美术品制造	7.34	0.88	2.65		1.64
体育用品制造	10.94	0.45	3.38	0.02	2.34
球类制造	0.46	0.01	0.16	0.01	0.17
体育器材及配件制造	3.11	0.04	0.56		0.47
训练健身器材制造	0.46	0.04	0.14		0.02
运动防护用具制造	0.61	0.03	0.36		0.31
其他体育用品制造	6.30	0.33	2.16		1.36
玩具制造	5.50	0.99	0.76	0.01	0.50
游艺器材及娱乐用品制造	0.29	0.01	0.07		0.01
露天游乐场所游乐设备制造	0.07	0.01	0.01		
游艺用品及室内游艺器材制造	0.13		0.02		0.01
其他娱乐用品制造	0.10		0.03		
石油加工及炼焦业	**115.85**	**6.00**	**75.08**	**5.31**	**71.22**
化学原料和化学制品制造业	**316.46**	**26.00**	**170.06**	**15.79**	**145.41**
基础化学原料制造	64.15	5.77	44.93	5.93	37.41
无机酸制造	2.85	0.25	1.07	0.02	0.68
无机碱制造	6.89	0.91	3.93	0.26	3.37
无机盐制造	4.26	0.36	1.25	0.03	0.77
有机化学原料制造	44.54	3.91	36.45	5.44	31.35
其他基础化学原料制造	5.61	0.34	2.23	0.17	1.24
肥料制造	40.52	2.71	24.55	2.79	24.96
氮肥制造	15.68	0.85	12.18	0.52	12.01
磷肥制造	0.24	0.01	0.29	0.05	0.09
钾肥制造	0.07	0.01			
复混肥料制造	19.98	1.55	9.24	2.22	10.20
有机肥料及微生物肥料制造	4.43	0.28	2.79	0.01	2.61
其他肥料制造	0.11	0.01	0.04		0.04

单位：亿元

投资收益（损失以“-”号记）	营业利润	利润总额	亏损企业亏损额	应交增值税	应交所得税	从业人员平均人数（万人）
0.29	**124.84**	**125.05**	**2.07**	**71.64**	**16.77**	**21.53**
	6.44	6.49	0.08	3.39	0.77	0.99
	1.19	1.21		0.59	0.10	0.20
	2.65	2.66	0.06	1.25	0.22	0.50
	1.27	1.29		1.22	0.23	0.12
	0.08	0.08		0.03		
	1.24	1.26	0.02	0.29	0.21	0.17
-0.05	2.51	2.49	0.10	2.11	0.28	0.72
	0.41	0.41		0.19	0.12	0.04
	1.29	1.30	0.10	1.49	0.09	0.56
-0.05	0.60	0.58		0.37	0.07	0.10
	0.21	0.21		0.06		0.02
-1.83	89.61	87.19	1.58	51.63	11.43	14.01
-0.96	9.26	9.40	0.13	3.83	1.04	0.98
-0.08	3.61	3.58	0.02	2.20	0.22	0.66
	1.14	1.14		1.01	0.21	0.23
	2.10	2.08		1.27	0.38	0.34
-0.11	21.64	21.61	0.01	13.16	3.45	2.35
-0.31	16.23	15.84	0.23	7.01	1.68	3.07
0.18	7.67	7.78	0.38	4.94	0.91	2.18
0.01	3.36	1.36	0.68	1.34	0.17	0.82
-0.55	24.58	24.39	0.12	16.86	3.36	3.38
2.53	16.37	19.07	0.26	8.97	2.56	2.98
	0.73	0.73	0.14	0.42	0.06	0.24
	6.81	6.81		3.13	1.53	0.56
	2.21	2.21		0.97	0.34	0.26
	0.61	0.61		0.33	0.11	0.23
2.53	6.00	8.71	0.12	4.12	0.52	1.68
	9.45	9.33	0.04	5.24	1.68	2.67
-0.37	0.47	0.47	0.02	0.31	0.05	0.17
-0.16	0.23	0.23		0.11	0.05	0.04
-0.21	0.19	0.19		0.18		0.05
	0.04	0.04	0.02	0.01		0.08
1.22	**224.03**	**214.96**	**27.40**	**201.01**	**27.82**	**12.44**
-4.74	**1018.84**	**1030.44**	**41.23**	**395.41**	**129.96**	**66.40**
1.20	208.18	213.70	16.63	88.47	21.36	13.75
-0.34	4.81	4.95	0.86	2.58	0.49	0.71
0.49	16.81	18.70	9.82	16.90	1.56	1.79
0.03	16.35	16.31	0.77	7.31	1.62	1.01
1.01	149.60	152.95	4.20	52.22	15.61	8.79
	20.61	20.80	0.97	9.46	2.08	1.45
0.06	74.83	74.89	6.96	14.42	10.18	9.82
0.35	14.90	13.88	6.36	3.12	3.43	3.75
	0.77	0.77		0.25		0.06
	0.11	0.11		0.04		0.02
-0.29	47.36	48.18	0.58	8.37	5.41	5.07
	10.69	10.95	0.02	2.41	1.21	0.86
	1.00	1.00		0.23	0.13	0.06

1-A-3 续表 38

行 业	管理费用	税金	财务费用	利息收入	利息支出
农药制造	17.38	0.99	3.71	0.88	4.03
化学农药制造	16.14	0.94	3.37	0.86	3.79
生物化学农药及微生物农药制造	1.24	0.04	0.34	0.02	0.23
涂料、油墨、颜料及类似产品制造	10.85	0.78	2.69	0.09	2.15
涂料制造	7.04	0.55	2.07	0.07	1.66
油墨及类似产品制造	0.14		0.03		0.03
颜料制造	1.38	0.06	0.19		0.16
染料制造	2.15	0.17	0.37	0.02	0.28
密封用填料及类似品制造	0.14	0.01	0.03		0.02
合成材料制造	61.67	5.59	31.18	1.84	24.86
初级形态塑料及合成树脂制造	39.54	3.77	18.21	1.35	16.77
合成橡胶制造	11.24	1.20	9.49	0.16	3.40
合成纤维单(聚合)体制造	3.15	0.14	0.68	0.23	2.78
其他合成材料制造	7.75	0.47	2.80	0.09	1.90
专用化学产品制造	112.74	9.43	60.17	4.18	49.61
化学试剂和助剂制造	47.27	3.77	20.91	1.19	15.91
专项化学用品制造	54.22	4.88	35.49	2.41	30.74
林产化学产品制造	0.17	0.01	0.04		0.04
信息化学品制造	3.90	0.43	1.72	0.25	1.31
环境污染处理专用药剂材料制造	1.07	0.07	0.34	0.01	0.25
动物胶制造	0.15	0.03	0.06		0.06
其他专用化学产品制造	5.95	0.23	1.61	0.33	1.30
炸药、火工及焰火产品制造	4.73	0.22	0.98	0.04	0.97
炸药及火工产品制造	4.35	0.21	0.85	0.04	0.84
焰火、鞭炮产品制造	0.38	0.01	0.13		0.12
日用化学产品制造	4.43	0.52	1.86	0.06	1.43
肥皂及合成洗涤剂制造	1.87	0.06	0.65	0.04	0.46
化妆品制造	0.45	0.01	0.12	0.01	0.06
口腔清洁用品制造	0.38	0.04	0.18		0.13
香料、香精制造	1.08	0.09	0.78	0.01	0.67
其他日用化学产品制造	0.65	0.31	0.12		0.11
医药制造业	**129.04**	**6.04**	**34.48**	**4.45**	**30.83**
化学药品原料药制造	29.89	1.31	9.72	3.04	9.61
化学药品制剂制造	34.06	1.37	5.68	0.56	4.55
中药饮片加工	2.87	0.13	1.11	0.03	0.89
中成药生产	14.54	0.61	2.82	-0.29	2.98
兽用药品制造	2.36	0.24	0.75		0.42
生物药品制造	21.00	0.79	8.14	0.53	7.82
卫生材料及医药用品制造	24.32	1.60	6.28	0.58	4.56
化学纤维制造业	**7.07**	**0.55**	**4.64**	**0.08**	**3.82**
纤维素纤维原料及纤维制造	3.69	0.35	3.54	0.07	3.23
化纤浆粕制造	2.21	0.16	2.52	0.08	2.29
人造纤维(纤维素纤维)制造	1.48	0.19	1.03	-0.01	0.94

单位：亿元

投资收益(损失以“–”号记)	营业利润	利润总额	亏损企业亏损额	应交增值税	应交所得税	从业人员平均人数(万人)
-0.15	35.37	35.41	0.96	12.75	2.69	2.98
-0.15	29.20	29.33	0.96	11.69	2.21	2.72
	6.18	6.08		1.06	0.47	0.26
-0.24	26.07	26.36	0.41	10.92	3.47	2.53
-0.24	18.13	18.38	0.05	7.31	2.31	1.42
	0.22	0.22		0.14	0.03	0.05
	2.74	2.73	0.33	1.24	0.40	0.33
	3.82	3.88	0.03	1.88	0.71	0.62
0.01	1.15	1.15		0.34	0.02	0.12
-0.80	186.20	188.69	5.17	80.56	21.41	11.16
-1.06	121.87	123.02	2.55	54.54	14.78	6.84
0.23	29.87	31.18	1.12	10.05	2.52	1.60
	15.60	15.53	0.76	8.93	1.63	0.64
0.03	18.87	18.95	0.73	7.04	2.49	2.07
-4.82	471.26	474.75	10.52	180.08	67.63	23.87
-2.21	182.95	185.44	1.54	63.51	28.42	8.65
-2.46	246.92	247.32	8.89	104.92	34.09	12.71
	0.54	0.54		0.31	0.04	0.07
0.01	12.06	12.35	0.05	2.43	0.55	0.66
	2.79	2.86	0.03	1.29	0.37	0.37
	4.24	4.24		0.82	0.16	0.14
-0.17	21.76	22.00	0.01	6.79	3.99	1.28
0.06	5.04	4.79	0.48	3.10	1.20	0.94
0.06	4.05	3.81	0.48	2.21	1.01	0.71
	0.98	0.98		0.89	0.19	0.23
-0.04	11.90	11.86	0.12	5.12	2.02	1.35
-0.04	7.04	6.98	0.09	3.78	1.47	0.76
	1.13	1.14		0.34	0.15	0.09
	0.47	0.45	0.02	0.27	0.01	0.08
	2.16	2.24		0.34	0.23	0.32
	1.09	1.06	0.02	0.38	0.17	0.11
4.64	**320.25**	**327.59**	**3.12**	**133.86**	**49.54**	**22.59**
1.04	58.99	62.63	0.62	25.14	9.33	6.09
0.63	72.65	73.79	1.23	33.75	12.83	4.56
	7.74	7.68		3.42	1.75	0.64
0.72	50.75	51.38	0.08	18.40	8.58	2.64
-0.15	16.52	16.33	0.06	3.77	2.62	0.85
1.81	57.31	57.84	1.06	31.45	7.85	3.46
0.60	56.29	57.94	0.07	17.92	6.58	4.35
0.30	**11.23**	**11.45**	**0.45**	**5.43**	**1.54**	**2.09**
	3.28	3.39		2.48	0.18	1.06
	0.79	0.80		1.07	0.09	0.39
	2.49	2.60		1.40	0.10	0.66

1-A-3 续表 39

行　　业	管理费用	税金	财务费用	利息收入	利息支出
合成纤维制造	3.38	0.20	1.10	0.01	0.59
锦纶纤维制造	0.54	0.03	0.20		0.14
涤纶纤维制造	0.72	0.04	0.47		0.33
腈纶纤维制造	0.10		0.02		0.02
维纶纤维制造					
丙纶纤维制造	0.05	0.01	0.08		0.02
氨纶纤维制造	1.49	0.07	0.10	0.01	0.01
其他合成纤维制造	0.48	0.05	0.23		0.08
橡胶和塑料制品业	**126.33**	**9.50**	**66.70**	**2.07**	**57.08**
橡胶制品业	83.98	5.75	51.40	1.77	46.59
轮胎制造	69.15	3.79	46.10	1.61	42.63
橡胶板、管、带制造	7.47	1.38	2.89	0.08	1.97
橡胶零件制造	1.62	0.08	0.44	0.04	0.28
再生橡胶制造	0.66	0.13	0.16	0.01	0.15
日用及医用橡胶制品制造	2.63	0.23	0.99	0.01	0.93
其他橡胶制品制造	2.46	0.14	0.82	0.03	0.63
塑料制品业	42.35	3.75	15.30	0.30	10.49
塑料薄膜制造	5.44	0.29	1.93	0.06	1.48
塑料板、管、型材制造	10.90	1.11	4.63	0.08	3.66
塑料丝、绳及编织品制造	9.55	1.13	4.15	0.08	2.60
泡沫塑料制造	2.38	0.19	0.51	0.01	0.21
塑料人造革、合成革制造	0.76	0.02	0.15		0.11
塑料包装箱及容器制造	4.75	0.23	0.82	-0.01	0.50
日用塑料制品制造	2.13	0.13	0.80	0.04	0.50
塑料零件制造	1.82	0.31	0.47	0.01	0.23
其他塑料制品制造	4.62	0.34	1.84	0.03	1.21
非金属矿物制品业	**177.93**	**15.50**	**76.62**	**4.39**	**62.95**
水泥、石灰和石膏制造	25.53	2.38	13.64	1.56	12.70
水泥制造	23.22	2.12	12.78	1.53	12.09
石灰和石膏制造	2.31	0.26	0.86	0.03	0.62
石膏、水泥制品及类似制品制造	33.26	2.83	9.49	0.35	7.15
水泥制品制造	21.70	1.43	5.50	0.17	4.12
砼结构构件制造	3.31	0.18	1.09	0.06	0.72
石棉水泥制品制造	0.13	0.03	0.04		0.03
轻质建筑材料制造	6.81	1.15	2.28	0.12	1.76
其他水泥类似制品制造	1.31	0.05	0.58		0.51
砖瓦、石材等建筑材料制造	33.83	2.22	12.12	0.40	8.03
粘土砖瓦及建筑砌块制造	8.14	0.74	2.99	0.07	2.04
建筑陶瓷制品制造	4.91	0.13	2.96	0.06	2.18
建筑用石加工	9.46	0.47	1.92	0.03	1.36
防水建筑材料制造	6.16	0.45	2.92	0.08	1.44
隔热和隔音材料制造	2.42	0.22	0.54		0.35
其他建筑材料制造	2.73	0.21	0.79	0.17	0.65
玻璃制造	5.88	0.60	5.15	0.32	4.89
平板玻璃制造	2.82	0.39	3.93	0.27	3.91
其他玻璃制造	3.06	0.22	1.22	0.05	0.98

单位：亿元

投资收益（损失以"–"号记）	营业利润	利润总额	亏损企业亏损额	应交增值税	应交所得税	从业人员平均人数（万人）
0.30	7.94	8.06	0.45	2.95	1.36	1.04
-0.01	1.69	1.66	0.40	0.30	0.48	0.20
	3.31	3.30		1.48	0.46	0.43
	0.09	0.09		0.02	0.01	0.05
	0.12	0.12		0.10	-0.01	0.03
0.65	1.65	1.81	0.05	0.58	0.34	0.17
-0.34	1.07	1.07	0.01	0.47	0.08	0.16
-1.28	**396.40**	**392.30**	**6.72**	**136.77**	**59.74**	**35.81**
0.27	265.29	262.39	3.32	82.04	43.36	20.21
0.25	227.36	224.43	3.09	66.26	38.16	15.66
0.02	16.84	16.83	0.04	6.79	2.76	1.66
0.01	4.06	4.09	0.10	2.45	0.49	0.66
	1.20	1.23	0.01	0.61	0.20	0.17
	5.62	5.57		1.13	0.48	0.83
	10.21	10.24	0.08	4.80	1.26	1.22
-1.55	131.12	129.91	3.40	54.72	16.38	15.60
-0.21	14.89	14.56	2.02	5.10	2.06	1.47
-0.45	39.84	40.00	0.48	15.05	5.20	3.57
-0.61	33.93	33.86	0.17	15.69	3.65	4.66
	9.61	9.42	0.06	3.52	1.47	0.60
	2.38	2.33	0.01	0.68	0.33	0.26
-0.29	11.03	10.98	0.21	4.13	1.59	1.62
	6.27	5.68	0.04	2.39	0.63	0.96
	3.08	3.14	0.08	2.14	0.41	0.76
	10.09	9.93	0.34	6.02	1.06	1.72
2.29	**562.05**	**574.11**	**11.85**	**274.81**	**65.79**	**58.95**
0.09	79.79	88.11	3.82	42.05	12.60	8.48
0.09	73.25	81.57	3.79	39.16	11.70	7.82
	6.54	6.55	0.04	2.89	0.90	0.67
0.63	76.62	77.86	0.99	31.67	11.16	8.34
-0.13	48.52	49.72	0.45	20.41	7.61	4.72
0.01	7.13	7.24	0.26	3.41	1.00	0.99
0.05	0.68	0.69		0.09	0.14	0.05
0.69	17.76	17.67	0.28	6.67	2.24	2.25
	2.53	2.53		1.10	0.16	0.32
-0.31	182.05	182.69	0.62	87.35	13.63	15.00
0.06	31.64	31.72	0.07	11.85	4.47	3.79
	55.26	55.28	0.08	26.54	2.13	4.50
-0.43	61.70	62.04	0.07	31.98	3.40	3.55
0.03	22.62	22.55	0.03	11.91	2.45	1.60
	5.03	5.21	0.01	2.15	0.54	0.69
0.03	5.80	5.88	0.34	2.92	0.64	0.88
-0.43	8.72	9.46	1.33	7.06	1.02	1.91
0.02	1.11	1.94	1.11	2.66	0.61	0.94
-0.45	7.62	7.52	0.22	4.41	0.41	0.98

1-A-3 续表 40

行　　业	管理费用	税金	财务费用	利息收入	利息支出
玻璃制品制造	18.00	1.88	8.99	0.93	8.34
技术玻璃制品制造	9.63	1.38	6.00	0.76	5.88
光学玻璃制造	1.32	0.06	0.39	0.11	0.44
玻璃仪器制造	0.65	0.04	0.30		0.26
日用玻璃制品制造	2.39	0.14	0.87	0.01	0.65
玻璃包装容器制造	3.01	0.19	1.05	0.04	0.87
玻璃保温容器制造	0.07				
制镜及类似品加工	0.39	0.04	0.17		0.14
其他玻璃制品制造	0.54	0.03	0.21		0.11
玻璃纤维和玻璃纤维增强塑料制品制造	16.82	0.91	10.77	0.12	9.59
玻璃纤维及制品制造	14.92	0.84	9.10	0.11	8.01
玻璃纤维增强塑料制品制造	1.90	0.07	1.67	0.01	1.58
陶瓷制品制造	16.70	1.86	4.34	0.10	3.70
卫生陶瓷制品制造	0.68	0.05	0.15		0.03
特种陶瓷制品制造	11.68	1.36	3.52	0.07	3.18
日用陶瓷制品制造	3.30	0.18	0.59	0.02	0.41
园林、陈设艺术及其他陶瓷制品制造	1.04	0.29	0.09		0.08
耐火材料制品制造	8.70	0.77	1.94	0.05	1.64
石棉制品制造	0.40	0.01	0.12		0.10
云母制品制造	0.11		0.07		0.07
耐火陶瓷制品及其他耐火材料制造	8.19	0.76	1.75	0.04	1.47
石墨及其他非金属矿物制品制造	19.22	2.04	10.18	0.56	6.91
石墨及碳素制品制造	14.40	1.35	6.69	0.27	5.37
其他非金属矿物制品制造	4.82	0.68	3.49	0.28	1.54
黑色金属冶炼和压延加工业	**101.11**	**8.98**	**84.57**	**11.60**	**90.00**
炼铁	6.97	0.54	15.78	0.32	16.11
炼钢	10.21	0.77	10.81	3.41	11.31
黑色金属铸造	17.31	2.52	4.35	0.22	3.40
钢压延加工	65.62	5.10	53.01	7.60	58.69
铁合金冶炼	0.99	0.04	0.62	0.04	0.48
有色金属冶炼和压延加工业	**57.68**	**4.84**	**71.88**	**6.59**	**62.11**
常用有色金属冶炼	5.65	0.65	15.69	1.37	17.25
铜冶炼	3.95	0.60	14.54	1.36	16.90
铅锌冶炼	0.16		0.08		0.02
镍钴冶炼	0.36		0.29		0.25
锡冶炼					
锑冶炼					
铝冶炼	0.29		0.06		0.03
镁冶炼	0.06		0.04		0.01
其他常用有色金属冶炼	0.83	0.04	0.68		0.04
贵金属冶炼	6.04	0.46	4.69	0.26	4.38
金冶炼	6.04	0.46	4.69	0.26	4.38
银冶炼					
其他贵金属冶炼					
稀有稀土金属冶炼	0.46	0.02	0.20	0.02	0.20
钨钼冶炼	0.14	0.01	0.03		0.02
稀土金属冶炼	0.32	0.02	0.17	0.02	0.17
其他稀有金属冶炼					

单位：亿元

投资收益（损失以“-”号记）	营业利润	利润总额	亏损企业亏损额	应交增值税	应交所得税	从业人员平均人数（万人）
0.80	39.82	40.66	1.31	20.43	5.37	6.48
0.32	14.77	15.31	0.94	9.59	2.18	2.04
0.28	3.76	3.77	0.20	1.03	0.63	0.41
0.19	4.99	5.08		1.86	0.35	0.35
	7.05	7.23	0.03	2.66	0.84	1.08
0.01	5.15	5.18	0.12	3.36	0.82	1.88
	0.18	0.18		0.11	0.01	0.13
	0.61	0.61		0.55	0.06	0.12
	3.30	3.29	0.02	1.27	0.48	0.48
-0.26	50.97	51.32	1.31	28.66	7.72	5.70
-0.30	41.39	41.78	1.31	25.47	6.95	4.94
0.04	9.57	9.54		3.18	0.77	0.76
1.68	42.71	42.74	1.00	20.48	5.44	5.37
	1.24	1.24	0.15	0.72	0.11	0.40
1.67	32.16	32.01	0.81	14.47	3.99	2.65
0.01	6.69	6.88	0.04	3.78	0.94	1.88
	2.61	2.61		1.50	0.40	0.43
0.02	30.93	31.07	0.68	15.80	3.37	3.11
	1.47	1.47	0.05	0.32	0.16	0.13
	0.19	0.18		0.03	0.04	0.01
0.02	29.28	29.41	0.63	15.45	3.18	2.97
0.08	50.43	50.21	0.76	21.32	5.46	4.56
0.06	33.80	33.57	0.43	13.84	3.94	3.03
0.01	16.63	16.64	0.32	7.48	1.52	1.53
2.38	**177.94**	**177.31**	**22.43**	**102.18**	**23.70**	**33.18**
0.19	22.13	22.20	1.63	19.20	2.57	3.13
-0.27	17.55	17.19	1.35	8.48	2.84	3.43
-1.44	45.18	44.98	0.09	17.39	5.67	4.91
3.89	91.44	91.04	19.08	56.23	12.56	21.31
0.01	1.64	1.90	0.28	0.88	0.06	0.39
0.26	**331.27**	**331.63**	**11.17**	**127.97**	**28.83**	**16.24**
0.12	28.09	28.56	0.37	53.96	1.18	1.09
0.12	19.52	20.00	0.05	50.29	0.01	0.68
	2.76	2.75		0.39	0.10	0.09
	0.21	0.21		0.60	0.03	0.08
	1.61	1.61	0.01	1.05	0.01	0.13
	0.67	0.67		0.14	0.12	0.04
	3.31	3.31	0.31	1.50	0.90	0.06
0.28	6.36	6.78	0.11	1.47	0.60	1.11
0.28	6.36	6.78	0.11	1.47	0.60	1.11
	0.60	0.69		0.33	0.13	0.10
	0.15	0.15		0.11	0.02	0.02
	0.09	0.18		0.21	0.01	0.08
	0.36	0.36		0.01	0.10	0.01

1-A-3 续表 41

行　业	管理费用	税金	财务费用	利息收入	利息支出
有色金属合金制造	6.42	0.43	4.23	0.58	4.07
有色金属铸造	0.27	0.03	0.14		0.08
有色金属压延加工	38.83	3.26	46.93	4.37	36.13
铜压延加工	4.66	0.70	9.13	0.78	8.78
铝压延加工	29.52	1.85	35.25	3.49	24.96
贵金属压延加工	1.81	0.32	0.51	0.02	0.45
稀有稀土金属压延加工	1.47	0.11	1.44	0.03	1.38
其他有色金属压延加工	1.37	0.28	0.59	0.04	0.57
金属制品业	**144.40**	**14.96**	**48.11**	**3.04**	**38.51**
结构性金属制品制造	25.73	1.62	10.27	0.71	7.41
金属结构制造	20.30	1.27	8.94	0.62	6.24
金属门窗制造	5.43	0.35	1.34	0.09	1.17
金属工具制造	9.01	0.56	2.90	0.09	1.66
切削工具制造	2.51	0.11	1.19	0.06	0.97
手工具制造	2.48	0.13	0.75	0.01	0.27
农用及园林用金属工具制造	0.62	0.01	0.29		0.02
刀剪及类似日用金属工具制造	0.03		0.02		0.01
其他金属工具制造	3.37	0.31	0.65	0.02	0.39
集装箱及金属包装容器制造	10.02	0.83	2.53	0.23	2.37
集装箱制造	2.00	0.30	0.08	0.08	0.37
金属压力容器制造	5.49	0.28	1.35	0.13	1.07
金属包装容器制造	2.54	0.25	1.10	0.02	0.93
金属丝绳及其制品制造	8.85	0.87	5.56	0.15	5.51
建筑、安全用金属制品制造	10.49	0.43	2.23	0.08	1.61
建筑、家具用金属配件制造	5.36	0.28	1.08	-0.04	0.79
建筑装饰及水暖管道零件制造	3.84	0.11	0.32	0.10	0.11
安全、消防用金属制品制造	0.42	0.01	0.17		0.08
其他建筑、安全用金属制品制造	0.87	0.04	0.67	0.03	0.63
金属表面处理及热处理加工	4.81	0.39	5.53	0.98	4.67
搪瓷制品制造	0.32	0.02	0.24		0.17
生产专用搪瓷制品制造	0.01		0.01		0.01
建筑装饰搪瓷制品制造					
搪瓷卫生洁具制造	0.07		0.02		
搪瓷日用品及其他搪瓷制品制造	0.24	0.02	0.22		0.16
金属制日用品制造	4.14	0.12	1.26	0.05	0.98
金属制厨房用器具制造	0.56	0.03	0.57	0.02	0.49
金属制餐具和器皿制造	1.69	0.04	0.32		0.23
金属制卫生器具制造	0.27	0.02	0.05		0.05
其他金属制日用品制造	1.63	0.04	0.32	0.02	0.21
其他金属制品制造	71.02	10.11	17.58	0.76	14.13
锻件及粉末冶金制品制造	63.94	9.69	15.50	0.71	12.54
交通及公共管理用金属标牌制造	0.18	0.03	0.05		0.03
其他未列明金属制品制造					

单位：亿元

投资收益（损失以“－”号记）	营业利润	利润总额	亏损企业亏损额	应交增值税	应交所得税	从业人员平均人数（万人）
0.04	10.23	9.78	7.63	10.20	2.29	2.22
	1.19	1.20		0.18	0.09	0.13
-0.19	284.80	284.62	3.06	61.82	24.54	11.58
0.01	62.89	62.03	0.62	20.30	7.76	1.12
0.20	201.45	202.39	0.86	34.96	13.99	9.27
-0.08	0.26	0.29	0.72	0.28	0.10	0.23
-0.32	14.14	13.95	0.30	3.44	1.73	0.68
	6.05	5.96	0.56	2.86	0.95	0.28
-4.19	**341.10**	**333.82**	**7.56**	**133.77**	**43.62**	**35.44**
-1.78	71.53	70.95	0.94	33.34	7.40	7.91
-1.59	59.13	58.82	0.94	28.19	5.75	6.28
-0.20	12.40	12.14		5.14	1.65	1.63
-0.48	19.44	19.39	0.29	8.25	1.99	3.14
-0.34	6.63	6.60	0.14	2.11	0.90	0.86
0.02	4.93	4.94	0.05	1.76	0.23	1.23
-0.16	1.69	1.70		1.18	0.17	0.19
	0.08	0.08		0.05	0.01	0.06
	6.12	6.08	0.10	3.15	0.67	0.79
-0.08	24.40	24.81	0.54	9.25	3.24	3.03
	6.67	6.63		2.37	0.26	0.59
-0.06	10.36	10.67	0.29	3.16	1.76	1.41
-0.02	7.37	7.52	0.25	3.72	1.21	1.03
0.18	25.61	25.73	1.15	4.57	5.93	1.55
0.02	28.85	27.85	0.15	9.53	4.07	2.80
0.03	9.98	9.89	0.10	4.03	1.42	1.21
-0.02	14.92	14.09	0.04	4.31	2.06	1.08
	1.08	1.07		0.29	0.15	0.18
	2.87	2.80	0.01	0.89	0.43	0.33
0.01	7.86	7.82	1.07	3.21	0.71	1.42
	1.11	1.11	0.02	0.66	0.14	0.39
	0.04	0.04		0.02		0.01
	0.05	0.05		0.13	0.01	0.05
	1.02	1.02	0.02	0.51	0.13	0.32
0.04	12.68	12.02	0.33	4.35	0.85	1.71
	4.85	4.20	0.10	1.12	0.06	0.32
0.04	2.61	2.61	0.07	1.03	0.21	0.71
	-0.08	-0.08	0.16	0.06	0.01	0.05
	5.31	5.29		2.14	0.57	0.64
-2.09	149.63	144.14	3.07	60.61	19.30	13.50
-2.09	135.83	130.32	2.67	54.19	17.00	11.49
	0.65	0.65		0.41	0.05	0.07

1-A-3 续表 42

行业	管理费用	税金	财务费用	利息收入	利息支出
通用设备制造业	**250.29**	**20.06**	**58.80**	**5.99**	**48.45**
锅炉及原动设备制造	55.41	2.43	8.06	3.45	9.54
锅炉及辅助设备制造	11.73	0.68	2.28	0.06	1.90
内燃机及配件制造	40.30	1.43	4.76	3.18	6.64
汽轮机及辅机制造	2.82	0.21	0.95	0.21	0.97
水轮机及辅机制造					
风能原动设备制造	0.51	0.12	0.03		0.02
其他原动设备制造	0.05		0.05		
金属加工机械制造	47.38	4.83	12.92	1.06	10.22
金属切削机床制造	11.15	1.06	2.95	0.09	2.44
金属成形机床制造	9.44	0.62	1.40	0.93	1.99
铸造机械制造	11.38	1.79	2.77	0.08	2.21
金属切割及焊接设备制造	1.63	0.05	0.32	0.01	0.19
机床附件制造	4.47	0.44	1.98	-0.06	1.38
其他金属加工机械制造	9.31	0.87	3.49	0.01	2.02
物料搬运设备制造	13.68	2.22	4.32	0.13	3.66
轻小型起重设备制造	0.73	0.07	0.21		0.18
起重机制造	10.55	2.09	3.46	0.09	3.01
生产专用车辆制造	0.47	0.03	0.23	0.03	0.14
连续搬运设备制造	0.54	0.01	0.14		0.11
电梯、自动扶梯及升降机制造	0.90		0.15		0.11
其他物料搬运设备制造	0.49	0.01	0.13		0.10
泵、阀门、压缩机及类似机械制造	49.72	4.53	11.23	0.57	8.78
泵及真空设备制造	6.07	0.74	1.54	0.03	1.22
气体压缩机械制造	20.04	0.56	3.84	0.31	3.17
阀门和旋塞制造	2.59	0.29	1.41	0.01	1.15
液压和气压动力机械及元件制造	21.02	2.93	4.43	0.22	3.24
轴承、齿轮和传动部件制造	19.25	1.13	5.42	0.21	2.95
轴承制造	12.67	0.68	3.79	0.19	1.70
齿轮及齿轮减、变速箱制造	5.37	0.41	1.18	0.02	0.91
其他传动部件制造	1.22	0.04	0.44		0.33
烘炉、风机、衡器、包装等设备制造	35.00	1.65	7.56	0.21	6.49
烘炉、熔炉及电炉制造	0.19	0.01	0.05		0.04
风机、风扇制造	3.70	0.14	0.44	0.03	0.42
气体、液体分离及纯净设备制造	8.48	0.53	2.70	0.04	2.39
制冷、空调设备制造	19.65	0.84	3.96	0.13	3.40
风动和电动工具制造	1.07	0.07	0.15		0.06
喷枪及类似器具制造	0.09		0.02		0.01
衡器制造	0.89	0.03	0.10	0.01	0.09
包装专用设备制造	0.92	0.03	0.15		0.07
文化、办公用机械制造	0.76	0.03	0.12	0.01	0.18
电影机械制造					
幻灯及投影设备制造	0.08				
照相机及器材制造					
复印和胶印设备制造	0.28	0.01	0.05		0.12
计算器及货币专用设备制造	0.30		0.03		0.03
其他文化、办公用机械制造	0.10	0.02	0.04		0.03

单位：亿元

投资收益（损失以“–”号记）	营业利润	利润总额	亏损企业亏损额	应交增值税	应交所得税	从业人员平均人数（万人）
-2.69	**529.86**	**529.71**	**15.53**	**238.59**	**66.28**	**59.13**
-1.50	84.76	87.24	2.49	33.74	11.58	10.41
-0.19	14.43	14.56	0.10	7.66	1.73	2.21
-1.18	66.96	69.05	2.30	24.45	9.47	7.64
	3.07	3.17	0.01	1.30	0.36	0.44
-0.13	0.12	0.28	0.08	0.26	0.01	0.07
	0.18	0.18		0.07	0.01	0.03
0.07	82.05	82.71	6.57	41.94	11.55	10.99
0.10	12.84	12.82	3.09	8.10	1.21	2.49
0.03	14.54	14.81	0.60	7.74	2.56	2.16
-0.15	18.33	18.47	0.27	9.25	2.25	2.13
-0.01	5.35	5.30		1.91	0.76	0.40
0.03	12.62	12.72	0.33	5.10	2.00	1.70
0.07	18.38	18.58	2.27	9.83	2.76	2.11
-0.65	34.26	33.81	0.42	14.97	5.06	3.60
	1.27	1.25		0.47	0.04	0.26
-0.65	27.32	26.82	0.33	11.95	4.27	2.66
	1.85	1.86		0.71	0.27	0.20
	0.83	0.84		0.59	0.17	0.13
	2.30	2.31	0.09	1.03	0.18	0.22
	0.69	0.74		0.22	0.11	0.13
-0.55	93.30	91.71	2.27	39.67	11.88	10.48
-0.35	12.63	12.72	0.25	5.53	2.43	1.50
0.06	30.18	28.75	0.33	12.49	2.45	2.30
	9.74	9.64	0.09	3.07	1.03	1.17
-0.26	40.74	40.60	1.60	18.58	5.97	5.52
-1.31	70.40	70.52	1.86	29.17	5.08	6.16
0.05	59.07	59.07	0.81	23.75	3.40	4.38
-1.37	10.44	10.54	0.55	4.16	1.49	1.51
	0.88	0.90	0.50	1.25	0.20	0.27
2.26	73.22	73.66	1.18	36.11	9.92	7.85
	0.42	0.43	0.05	0.24	0.01	0.08
-0.60	10.13	10.20	0.05	5.48	1.51	1.03
0.08	20.07	19.98	0.19	10.37	2.12	1.99
2.77	36.93	37.40	0.79	18.63	5.37	3.98
	1.03	1.00	0.06	0.08	0.20	0.16
	0.31	0.31		0.23	0.08	0.06
0.01	2.54	2.53		0.64	0.49	0.29
	1.79	1.81	0.03	0.45	0.15	0.27
	0.49	0.75	0.10	0.38	0.09	0.17
	-0.01	-0.01	0.01	0.02		0.01
	-0.29	-0.08	0.09	0.07		0.08
	0.50	0.56		0.16	0.05	0.05
	0.29	0.27		0.13	0.04	0.02

1–A–3 续表 43

行　业	管理费用	税金	财务费用	利息收入	利息支出
通用零部件制造	25.12	2.97	8.30	0.30	6.20
金属密封件制造	13.28	1.93	4.44	0.16	3.43
紧固件制造	1.82	0.21	0.93	0.07	0.73
弹簧制造	1.27	0.14	0.43		0.22
机械零部件加工	6.40	0.36	1.73	0.04	1.52
其他通用零部件制造	2.35	0.33	0.77	0.02	0.30
其他通用设备制造业	3.97	0.27	0.86	0.06	0.43
专用设备制造业	**168.63**	**13.46**	**43.59**	**2.17**	**37.25**
采矿、冶金、建筑专用设备制造	79.16	7.35	22.68	0.94	20.86
矿山机械制造	19.05	3.42	4.33	0.06	3.45
石油钻采专用设备制造	21.20	1.41	5.03	0.67	5.16
建筑工程用机械制造	31.12	1.89	11.42	0.09	10.99
海洋工程专用设备制造	2.40	0.15	0.30	0.03	0.09
建筑材料生产专用机械制造	4.26	0.44	1.32	0.09	1.09
冶金专用设备制造	1.13	0.04	0.28		0.09
化工、木材、非金属加工专用设备制造	15.91	1.65	5.09	0.14	3.72
炼油、化工生产专用设备制造	3.37	0.86	0.93	0.07	0.72
橡胶加工专用设备制造	3.00	0.10	0.85	0.03	0.69
塑料加工专用设备制造	1.60	0.04	0.70	0.02	0.60
木材加工机械制造	1.43	0.01	0.70		0.31
模具制造	5.47	0.59	1.73	0.02	1.28
其他非金属加工专用设备制造	1.04	0.05	0.18		0.13
食品、饮料、烟草及饲料生产专用设备制造	4.21	0.16	0.88	0.02	0.69
食品、酒、饮料及茶生产专用设备制造	1.68	0.03	0.25	0.01	0.19
农副食品加工专用设备制造	2.06	0.11	0.43		0.30
烟草生产专用设备制造	0.20				
饲料生产专用设备制造	0.28	0.02	0.21		0.19
印刷、制药、日化及日用品生产专用设备制造	8.02	0.61	1.05	0.03	0.89
制浆和造纸专用设备制造	2.98	0.26	0.55		0.49
印刷专用设备制造	3.26	0.16	0.20		0.15
日用化工专用设备制造	0.03		0.01		0.01
制药专用设备制造	0.27	0.01			
照明器具生产专用设备制造	0.08	0.01	0.11		0.11
玻璃、陶瓷和搪瓷制品生产专用设备制造	1.35	0.15	0.15	0.02	0.12
其他日用品生产专用设备制造	0.05	0.02	0.03		0.01
纺织、服装和皮革加工专用设备制造	10.50	0.98	1.71	0.15	0.83
纺织专用设备制造	9.23	0.96	1.72	0.13	0.81
皮革、毛皮及其制品加工专用设备制造					
缝制机械制造	1.24	0.02	-0.01	0.02	0.01
洗涤机械制造	0.03				
电子和电工机械专用设备制造	11.67	0.71	3.71	0.33	2.90
电工机械专用设备制造	1.23	0.08	0.23		0.19
电子工业专用设备制造	10.43	0.63	3.47	0.33	2.71
农、林、牧、渔专用机械制造	18.90	0.85	3.06	0.29	2.93
拖拉机制造	2.71	0.19	0.47	0.04	0.55
机械化农业及园艺机具制造	8.83	0.28	1.23	0.21	1.17
营林及木竹采伐机械制造	0.01				

单位：亿元

投资收益（损失以“–”号记）	营业利润	利润总额	亏损企业亏损额	应交增值税	应交所得税	从业人员平均人数（万人）
-0.74	80.36	78.38	0.57	37.61	9.86	8.17
-0.56	44.23	42.36	0.13	22.06	6.23	3.52
0.01	7.59	7.52		2.89	1.05	0.79
0.01	4.17	4.16	0.06	1.84	0.51	0.44
	15.00	14.97	0.18	6.88	1.33	2.47
-0.21	9.37	9.38	0.19	3.95	0.74	0.95
-0.26	11.04	10.93	0.08	5.00	1.26	1.30
3.59	**410.18**	**412.06**	**10.86**	**176.76**	**47.22**	**40.01**
3.68	201.33	199.96	7.70	92.55	22.11	16.08
0.09	42.41	41.80	0.38	17.89	5.11	5.36
3.33	75.96	73.90	0.56	22.21	10.12	4.06
0.48	60.41	61.42	6.61	31.61	4.66	4.82
0.21	11.56	11.81	0.14	15.61	1.55	0.36
-0.42	9.10	9.13	0.01	4.40	0.58	1.12
	1.89	1.89		0.82	0.09	0.37
-0.22	37.12	37.47	1.09	14.60	3.66	4.46
	9.49	9.63	0.01	4.21	1.16	0.88
-0.33	1.97	1.89	0.64	1.12	0.25	0.41
	7.24	7.24	0.02	2.15	0.18	0.58
	3.67	3.68	0.04	1.40	0.36	0.72
0.10	12.00	12.23	0.39	4.33	1.59	1.57
	2.76	2.81		1.39	0.12	0.30
0.04	8.49	8.45		4.55	1.48	1.20
	2.78	2.76		1.15	0.47	0.44
0.04	4.43	4.44		2.71	0.80	0.60
	0.06	0.06		0.05	0.01	0.02
	1.22	1.19		0.64	0.20	0.14
	16.34	16.18	0.29	6.76	1.78	1.76
	6.02	5.99	0.05	2.60	0.61	0.82
	5.74	5.58	0.24	2.23	0.53	0.46
	0.30	0.30		0.10	0.08	0.01
	1.35	1.37		0.11	0.27	0.06
	0.19	0.19		0.08		0.03
	1.88	1.89		1.12	0.21	0.34
	0.87	0.87		0.52	0.07	0.03
0.01	21.90	21.82	0.40	11.30	4.42	2.12
0.01	18.57	18.59	0.40	9.09	4.02	1.71
	2.26	2.21		1.80	0.15	0.38
	1.07	1.02		0.41	0.24	0.03
0.44	32.53	33.88	0.50	14.68	3.27	3.25
	1.67	1.63		0.80	0.12	0.24
0.44	30.86	32.25	0.50	13.88	3.15	3.01
-0.47	37.47	37.47	0.30	10.44	3.81	5.42
	5.21	5.51	0.18	1.44	0.50	0.92
0.05	11.61	11.70	0.11	3.06	0.82	2.57
	0.03	0.03		0.02		0.01

1-A-3 续表 44

行业	管理费用	税金	财务费用	利息收入	利息支出
畜牧机械制造	1.24	0.07	0.10	0.01	0.08
渔业机械制造	0.11		0.07		0.02
农林牧渔机械配件制造	4.83	0.24	1.09	0.02	0.98
棉花加工机械制造	0.77	0.03	0.06		0.11
其他农、林、牧、渔业机械制造	0.39	0.04	0.03		0.01
医疗仪器设备及器械制造	6.52	0.33	1.83	0.18	1.74
医疗诊断、监护及治疗设备制造	3.17	0.09	0.95	0.16	0.95
口腔科用设备及器具制造	0.11	0.01	0.01		0.01
医疗实验室及医用消毒设备和器具制造	0.49	0.04	0.07	-0.01	0.07
医疗、外科及兽医用器械制造	1.29	0.12	0.61	0.03	0.60
机械治疗及病房护理设备制造	0.93	0.07	0.05		0.10
假肢、人工器官及植(介)入器械制造	0.06		0.02		
其他医疗设备及器械制造	0.47	0.01	0.12		0.01
环保、社会公共服务及其他专用设备制造	13.73	0.81	3.57	0.09	2.70
环境保护专用设备制造	8.14	0.42	2.41	0.04	1.75
地质勘查专用设备制造	0.12	0.01			
邮政专用机械及器材制造					
商业、饮食、服务专用设备制造	0.04		0.01		
社会公共安全设备及器材制造	0.35	0.04	0.04		0.04
交通安全、管制及类似专用设备制造	0.48	0.02	0.22		0.09
水资源专用机械制造	1.56	0.12	0.14	0.05	0.15
其他专用设备制造	3.03	0.21	0.76	0.01	0.66
汽车制造业	**141.89**	**9.43**	**36.65**	**11.52**	**39.35**
汽车整车制造	59.86	4.69	12.65	10.19	19.10
改装汽车制造	13.85	0.75	4.67	0.27	4.09
低速载货汽车制造	5.37	0.17	0.53	0.28	0.75
电车制造	0.45	0.01	0.16		0.12
汽车车身、挂车制造	1.96	0.23	0.72		0.51
汽车零部件及配件制造	60.41	3.58	17.91	0.77	14.78
铁路、船舶、航空航天和其他运输设备制造业	**90.09**	**2.86**	**10.10**	**2.47**	**10.88**
铁路运输设备制造	62.07	1.10	0.13	2.09	2.08
铁路机车车辆及动车组制造	52.52	0.75	-1.58	2.00	0.71
窄轨机车车辆制造	0.07				
铁路机车车辆配件制造	7.43	0.25	1.29	0.08	1.17
铁路专用设备及器材、配件制造	1.63	0.09	0.37	0.01	0.14
其他铁路运输设备制造	0.42	0.01	0.06		0.06
城市轨道交通设备制造					
船舶及相关装置制造	16.03	1.20	7.56	0.15	6.67
金属船舶制造	9.44	0.82	5.85	0.12	5.21
非金属船舶制造	0.50	0.03	0.06		0.04
娱乐船和运动船制造	0.40	0.01	0.09	0.01	0.09
船用配套设备制造	5.70	0.35	1.55	0.02	1.33
船舶改装与拆除					
航标器材及其他相关装置制造					
航空、航天器及设备制造	0.97	0.02	0.39	0.04	0.38
飞机制造	0.89	0.02	0.36	0.04	0.35

单位：亿元

投资收益（损失以“-”号记）	营业利润	利润总额	亏损企业亏损额	应交增值税	应交所得税	从业人员平均人数（万人）
0.02	4.17	4.17		1.11	0.47	0.28
	1.41	1.36		0.03	0.34	0.04
-0.54	13.33	13.00		4.38	1.38	1.46
	0.58	0.58		0.12	0.09	0.06
	1.12	1.12		0.28	0.19	0.08
0.09	22.01	22.72	0.44	8.39	2.87	2.11
0.02	6.03	6.71		1.87	2.18	0.59
	0.15	0.15		0.05		0.01
	5.40	5.42		1.11	0.04	0.15
	6.71	6.74	0.15	3.91	0.46	1.01
0.06	3.44	3.41		1.16	0.16	0.23
	0.04	0.05		0.01	0.01	0.03
	0.24	0.24	0.29	0.27	0.01	0.09
0.03	32.98	34.10	0.13	13.49	3.83	3.62
0.01	19.31	20.16	0.04	8.34	2.35	2.03
	0.22	0.22		0.09	0.06	0.05
	0.06	0.06		0.05	0.02	0.08
	1.55	1.56		0.40	0.11	0.15
	3.29	3.26		1.26	0.15	0.20
	3.54	3.51		1.34	0.32	0.36
0.02	5.01	5.32	0.09	1.99	0.83	0.75
-5.34	**336.82**	**344.97**	**9.95**	**123.41**	**47.29**	**37.34**
-5.09	129.91	129.89	4.64	43.72	18.46	10.81
0.35	23.81	32.00	1.31	13.08	3.18	3.70
0.03	6.91	7.03		0.07	0.91	1.03
	1.34	1.36	0.12	0.41	0.17	0.22
-0.01	6.24	6.20	0.03	3.15	0.78	0.85
-0.63	168.60	168.49	3.84	62.98	23.79	20.72
-1.44	**85.62**	**88.61**	**12.09**	**44.63**	**13.57**	**11.19**
0.77	44.05	45.76	0.76	18.21	6.27	3.43
0.39	30.00	31.68		13.54	4.97	1.67
0.02	0.04	0.04		0.03		
0.28	11.65	11.71	0.11	3.36	1.09	1.26
	1.63	1.59	0.65	1.06	0.11	0.44
0.07	0.73	0.73		0.21	0.09	0.06
0.37	23.69	23.77	9.80	14.27	4.43	4.54
0.41	13.16	13.46	7.49	8.48	2.42	2.96
	0.49	0.56		0.76	0.14	0.13
	0.67	0.67	0.03	0.13	0.13	0.14
-0.04	9.37	9.08	2.28	4.90	1.74	1.31
	1.46	1.44	0.01	0.62	0.08	0.24
	0.98	0.96	0.01	0.31	0.04	0.19

1-A-3 续表 45

行业	管理费用	税金	财务费用	利息收入	利息支出
航天器制造					
航空、航天相关设备制造	0.08	0.01	0.02		0.02
其他航空航天器制造					
摩托车制造	5.84	0.20	0.39	0.13	0.37
摩托车整车制造	3.76	0.15	0.22	0.12	0.24
摩托车零部件及配件制造	2.07	0.05	0.16	0.02	0.13
自行车制造	3.34	0.24	0.99	0.03	0.84
脚踏自行车及残疾人座车制造	0.18	0.01	0.05		0.05
助动自行车制造	3.16	0.23	0.94	0.03	0.79
非公路休闲车及零配件制造	0.08				
潜水救捞及其他未列明运输设备制造	1.76	0.09	0.64	0.03	0.54
潜水及水下救捞装备制造	0.03		0.01		0.01
其他未列明运输设备制造	1.74	0.09	0.63	0.03	0.53
电气机械和器材制造业	**226.14**	**16.09**	**54.92**	**4.01**	**43.83**
电机制造	20.75	1.53	9.78	0.39	8.11
发电机及发电机组制造	9.52	0.84	4.15	0.29	3.44
电动机制造	7.60	0.60	4.35	0.10	4.10
微电机及其他电机制造	3.63	0.09	1.29		0.57
输配电及控制设备制造	76.53	2.94	19.67	0.43	15.87
变压器、整流器和电感器制造	43.82	0.72	8.28	0.15	7.03
电容器及其配套设备制造	1.84	0.09	1.50	0.09	1.40
配电开关控制设备制造	14.16	1.20	3.59	0.10	2.58
电力电子元器件制造	8.52	0.35	2.53	0.04	2.22
光伏设备及元器件制造	3.75	0.44	2.08	0.03	1.49
其他输配电及控制设备制造	4.44	0.13	1.70	0.03	1.16
电线、电缆、光缆及电工器材制造	32.57	2.83	15.20	0.31	11.73
电线、电缆制造	27.59	2.31	13.10	0.28	9.86
光纤、光缆制造	1.99	0.34	0.45	0.02	0.46
绝缘制品制造	2.07	0.18	0.45	0.01	0.33
其他电工器材制造	0.91	0.01	1.20		1.08
电池制造	6.04	0.75	1.79	0.06	1.47
锂离子电池制造	2.51	0.32	0.90	0.04	0.76
镍氢电池制造	0.51	0.02	0.20		0.13
其他电池制造	3.01	0.41	0.69	0.02	0.59
家用电力器具制造	76.77	6.39	4.53	2.65	3.57
家用制冷电器具制造	58.22	5.97	2.52	2.38	1.61
家用空气调节器制造	1.57	0.03	0.80	0.10	0.86
家用通风电器具制造	0.01				
家用厨房电器具制造	1.69	0.08	0.04	0.08	0.06
家用清洁卫生电器具制造	0.15	0.04	0.11		0.11
家用美容、保健电器具制造	0.05		0.02		0.02
家用电力器具专用配件制造	14.08	0.24	0.96	0.09	0.87
其他家用电力器具制造	0.99	0.04	0.08		0.05
非电力家用器具制造	6.50	0.76	1.94	0.04	1.63
燃气、太阳能及类似能源家用器具制造	6.18	0.73	1.90	0.04	1.59
其他非电力家用器具制造	0.32	0.03	0.04		0.04

单位：亿元

投资收益(损失以“-”号记)	营业利润	利润总额	亏损企业亏损额	应交增值税	应交所得税	从业人员平均人数(万人)
	0.21	0.21		0.18		0.04
	0.27	0.27		0.14	0.04	0.01
-0.42	1.82	2.52	1.24	2.05	0.44	1.26
-0.28	-0.99	-0.37	1.24	0.67	0.13	0.66
-0.14	2.82	2.90	0.01	1.38	0.31	0.59
-2.16	8.77	8.83	0.14	5.38	1.67	1.05
	0.51	0.51	0.01	0.57	0.04	0.08
-2.16	8.26	8.32	0.13	4.80	1.63	0.97
	0.73	0.73		0.34	0.10	0.03
	5.10	5.55	0.14	3.77	0.57	0.63
	0.01	0.01	0.04	0.07		0.04
	5.10	5.55	0.11	3.70	0.57	0.59
3.32	**375.50**	**377.13**	**8.42**	**155.33**	**48.92**	**37.61**
-1.00	41.47	41.58	1.16	21.38	6.00	4.61
-1.06	21.12	21.33	0.42	10.33	2.58	1.79
0.01	13.63	13.82	0.73	8.10	2.52	1.99
0.04	6.73	6.43	0.01	2.95	0.90	0.83
0.88	111.71	102.48	1.29	55.84	11.16	12.53
0.33	40.26	40.39	0.10	27.82	4.88	4.70
	3.06	3.31		2.52	0.49	0.56
0.02	29.09	28.84	0.46	12.48	2.48	2.81
0.54	19.85	16.10	0.33	6.38	2.08	2.60
-0.01	12.83	7.20	0.09	3.14	0.19	1.09
	6.63	6.64	0.30	3.50	1.05	0.78
-1.69	101.57	103.07	1.25	30.99	10.64	7.40
-1.69	89.84	91.23	1.19	26.30	8.90	5.96
	3.36	3.38		1.17	0.39	0.37
	5.13	5.18	0.05	2.00	0.83	0.68
	3.24	3.27		1.52	0.52	0.39
	9.39	8.60	4.24	5.30	1.16	2.40
	3.84	3.17	0.26	1.68	0.49	0.99
	1.36	1.37		0.46	0.18	0.33
	4.19	4.06	3.98	3.17	0.48	1.08
5.03	77.50	87.47	0.12	26.66	16.35	5.61
2.45	51.27	61.67	0.06	14.87	14.11	3.82
	5.46	5.13	0.06	1.22	0.34	0.29
	0.22	0.22		0.05		0.01
2.58	7.43	7.45		1.57	0.64	0.37
	1.16	1.16		0.43	0.31	0.16
	0.03	0.03		0.05		0.02
	9.74	9.64		6.79	0.43	0.59
	2.20	2.17		1.68	0.51	0.34
	15.56	15.80	0.17	7.65	1.75	2.40
	15.00	15.25	0.17	7.33	1.65	2.27
	0.56	0.55		0.32	0.10	0.14

1-A-3 续表 46

行　业	管理费用	税金	财务费用	利息收入	利息支出
照明器具制造	3.88	0.33	1.25	0.10	0.87
电光源制造	0.76	0.02	0.33	0.01	0.12
照明灯具制造	2.61	0.30	0.82	0.06	0.68
灯用电器附件及其他照明器具制造	0.51	0.01	0.10	0.03	0.07
其他电气机械及器材制造	3.10	0.57	0.75	0.03	0.59
电气信号设备装置制造	1.09	0.34	0.31		0.19
其他未列明电气机械及器材制造	2.01	0.23	0.43	0.03	0.40
计算机、通信和其他电子设备制造业	**140.37**	**5.46**	**14.58**	**6.26**	**17.00**
计算机制造	46.82	1.51	2.32	2.55	4.26
计算机整机制造	37.72	0.75	1.84	2.40	3.82
计算机零部件制造	0.43	0.01	0.18		0.13
计算机外围设备制造	4.91	0.47	0.15	0.11	0.15
其他计算机制造	3.76	0.28	0.14	0.02	0.16
通信设备制造	6.22	0.32	0.81	0.20	0.73
通信系统设备制造	2.86	0.15	0.62		0.33
通信终端设备制造	3.35	0.17	0.19	0.20	0.40
广播电视设备制造	9.96	0.33	2.39	0.19	2.22
广播电视节目制作及发射设备制造	0.03		0.02		0.01
广播电视接收设备及器材制造	8.81	0.26	2.30	0.16	2.17
应用电视设备及其他广播电视设备制造	1.12	0.07	0.07	0.04	0.04
雷达及配套设备制造					
视听设备制造	19.55	0.70	-1.81	2.18	0.63
电视机制造	16.90	0.63	-2.04	2.16	0.58
音响设备制造	2.09	0.01	0.06		0.04
影视录放设备制造	0.56	0.06	0.17	0.02	0.01
电子器件制造	10.21	0.74	1.83	0.14	1.98
电子真空器件制造	0.42	0.01	0.11		0.14
半导体分立器件制造	1.67	0.10	0.25		0.53
集成电路制造	1.20	0.01	0.10		0.09
光电子器件及其他电子器件制造	6.92	0.61	1.37	0.13	1.23
电子元件制造	41.95	1.61	8.48	0.98	6.74
电子元件及组件制造	39.20	1.48	7.38	0.96	5.82
印制电路板制造	2.76	0.14	1.10	0.02	0.92
其他电子设备制造	5.66	0.25	0.56	0.02	0.45
仪器仪表制造业	**28.19**	**1.66**	**4.95**	**0.45**	**4.18**
通用仪器仪表制造	15.92	1.12	2.63	0.43	2.42
工业自动控制系统装置制造	6.93	0.68	1.10	0.40	1.36
电工仪器仪表制造	3.29	0.19	0.54	0.02	0.23
绘图、计算及测量仪器制造	1.98	0.03	0.12	0.01	0.09
实验分析仪器制造	1.02	0.14	0.18		0.16
试验机制造	0.84	0.03	0.04	-0.02	0.03
供应用仪表及其他通用仪器制造	1.87	0.05	0.64	0.01	0.56
专用仪器仪表制造	9.74	0.49	1.60	0.01	1.20
环境监测专用仪器仪表制造	0.96	0.12	0.22	-0.01	0.15
运输设备及生产用计数仪表制造	1.61	0.10	0.64		0.48

单位：亿元

投资收益(损失以"-"号记)	营业利润	利润总额	亏损企业亏损额	应交增值税	应交所得税	从业人员平均人数(万人)
0.10	12.00	11.95	0.18	4.10	1.23	1.64
	1.55	1.56	0.14	0.67	0.22	0.37
0.06	9.46	9.39	0.04	2.87	0.96	1.17
0.04	0.99	0.99		0.55	0.05	0.10
	6.29	6.18	0.02	3.41	0.63	1.00
	1.99	1.88	0.01	1.25	0.11	0.26
	4.30	4.30	0.01	2.16	0.53	0.75
2.51	**255.74**	**255.47**	**7.85**	**89.29**	**23.82**	**34.19**
2.39	96.27	93.86	1.28	26.20	3.82	11.72
1.21	84.34	80.62		22.27	1.06	10.17
	0.50	0.50	0.01	0.28	0.11	0.24
1.16	9.57	10.26	1.27	2.76	2.39	0.96
0.02	1.85	2.48		0.88	0.26	0.34
-0.04	20.16	18.70	0.10	7.18	1.58	2.11
-0.04	5.44	5.53		2.47	0.92	0.62
	14.72	13.17	0.10	4.71	0.66	1.49
0.02	19.67	19.83	0.50	5.81	2.72	2.82
	0.17	0.17		0.03	0.03	0.03
	18.57	18.68	0.50	5.38	2.55	2.46
0.02	0.92	0.98		0.39	0.14	0.33
0.86	40.56	43.70	0.60	23.31	4.61	2.60
0.86	35.08	38.19	0.56	22.25	3.91	1.98
	1.94	1.94		0.81	0.14	0.25
	3.54	3.56	0.04	0.25	0.56	0.36
0.15	23.47	23.03	3.06	4.98	2.95	3.32
	0.27	0.26	0.14	0.21	0.01	0.29
-0.02	-0.08	-0.09	2.10	0.36	0.27	0.61
-0.06	2.11	2.34		1.02	0.23	0.15
0.23	21.17	20.53	0.82	3.40	2.44	2.27
-1.22	49.99	50.80	1.89	19.30	7.07	10.51
-1.22	45.78	46.65	1.88	17.74	6.87	9.68
	4.20	4.14		1.56	0.20	0.82
0.36	5.63	5.55	0.43	2.51	1.07	1.12
0.54	**52.03**	**53.60**	**0.65**	**21.51**	**7.48**	**5.76**
0.51	31.55	32.56	0.48	12.74	3.54	3.36
1.04	16.24	16.67	0.18	6.09	1.37	1.45
	4.70	5.07	0.23	1.32	0.71	0.50
	3.94	3.94	0.04	0.71	0.51	0.28
0.19	2.35	2.37		1.48	0.38	0.28
	0.65	0.67	0.03	0.32	0.06	0.19
-0.72	3.67	3.85		2.81	0.52	0.67
0.05	17.44	17.98	0.13	6.72	3.13	1.63
	1.41	1.51	0.01	0.76	0.34	0.18
	4.16	4.18	0.12	1.51	0.72	0.45

1-A-3 续表 47

行　业	管理费用	税金	财务费用	利息收入	利息支出
导航、气象及海洋专用仪器制造	0.08	0.01	0.02		0.01
农林牧渔专用仪器仪表制造	0.04				
地质勘探和地震专用仪器制造	0.97	0.02	0.12	-0.01	0.13
教学专用仪器制造	0.31	0.05	0.07		0.02
核子及核辐射测量仪器制造					
电子测量仪器制造	4.42	0.20	0.25		0.19
其他专用仪器制造	1.35	0.01	0.29	0.02	0.22
钟表与计时仪器制造	0.73	0.01	0.14		0.12
光学仪器及眼镜制造	1.47	0.02	0.54		0.41
光学仪器制造	1.22	0.01	0.51		0.40
眼镜制造	0.25	0.02	0.03		0.01
其他仪器仪表制造业	0.33	0.01	0.05	0.01	0.03
其他制造业	**3.07**	**0.36**	**0.99**	**0.03**	**0.52**
废弃资源综合利用业	**2.14**	**0.24**	**0.82**	**-0.02**	**0.44**
金属废料和碎屑加工处理	1.24	0.13	0.34	-0.02	0.16
非金属废料和碎屑加工处理	0.90	0.11	0.48		0.28
金属制品、机械和设备修理业	**3.11**	**0.12**	**0.27**	**0.01**	**0.15**
金属制品修理	0.72	0.01	0.06		0.06
通用设备修理					
专用设备修理	0.11	0.01	0.03		0.02
铁路、船舶、航空航天等运输设备修理	1.29	0.09	0.04	0.01	0.06
铁路运输设备修理					
船舶修理	0.10	0.04	0.03		0.03
航空航天器修理	1.19	0.05	0.01	0.01	0.03
其他运输设备修理					
电气设备修理	0.01		0.01		
仪器仪表修理					
其他机械和设备修理业	0.98	0.02	0.13		0.01
电力、热力、燃气及水生产和供应业	**129.31**	**6.31**	**105.34**	**3.60**	**99.92**
电力、热力生产和供应业	**105.27**	**5.20**	**99.32**	**2.73**	**94.19**
电力生产	30.18	3.65	72.72	1.85	68.92
火力发电	26.80	3.38	63.01	1.15	59.50
水力发电			-0.73	0.01	0.54
核力发电					
风力发电	2.09	0.18	8.20	0.52	7.33
太阳能发电	0.08	0.01	0.04	0.01	0.02
其他电力生产	1.20	0.07	2.21	0.16	1.52
电力供应	66.73	1.23	21.14	0.54	19.87
热力生产和供应	8.35	0.33	5.45	0.34	5.40
燃气生产和供应业	**11.87**	**0.46**	**2.48**	**0.61**	**2.58**
水的生产和供应业	**12.17**	**0.65**	**3.54**	**0.26**	**3.16**
自来水生产和供应	10.29	0.59	1.82	0.23	1.80
污水处理及其再生利用	1.69	0.05	0.92	0.01	0.58
其他水的处理、利用与分配	0.19	0.02	0.80	0.02	0.78

单位：亿元

投资收益（损失以“-”号记）	营业利润	利润总额	亏损企业亏损额	应交增值税	应交所得税	从业人员平均人数（万人）
	0.08	0.08		0.01	0.01	0.02
	0.10	0.10		0.05		0.01
	5.55	5.56		1.09	1.26	0.14
	0.68	0.74		0.41	0.06	0.05
	4.05	4.26	0.01	2.27	0.57	0.47
0.05	1.42	1.54		0.62	0.17	0.32
-0.03	0.23	0.25		0.31	0.02	0.33
	2.27	2.26	0.04	1.39	0.66	0.30
	2.21	2.21	0.04	1.38	0.66	0.18
	0.06	0.06		0.02		0.11
0.01	0.54	0.54		0.35	0.13	0.15
-0.32	**8.75**	**8.70**	**0.26**	**4.74**	**1.87**	**1.52**
0.07	**6.54**	**7.16**	**0.05**	**2.68**	**0.78**	**0.58**
0.05	2.61	3.25	0.05	1.05	0.35	0.26
0.03	3.93	3.92		1.63	0.43	0.33
	3.32	**3.39**	**0.03**	**1.23**	**0.17**	**0.34**
	0.18	0.19	0.03	0.15		0.03
	0.65	0.65		0.31	0.03	0.04
	1.48	1.65		0.45	0.14	0.22
	1.11	1.11		0.14	0.08	0.05
	0.36	0.54		0.31	0.06	0.17
	0.07	0.07		0.03		0.01
	0.93	0.82		0.28		0.05
18.36	**302.57**	**314.39**	**21.48**	**156.09**	**36.89**	**23.65**
15.39	**280.73**	**287.23**	**16.83**	**145.58**	**31.76**	**19.17**
12.83	142.52	146.71	6.25	68.60	26.89	8.52
12.82	125.61	127.99	5.41	63.58	24.45	7.99
	2.29	2.29		0.05	0.58	0.02
0.01	10.72	11.41	0.45	3.40	1.23	0.17
	0.33	0.34		0.13	0.01	0.02
	3.56	4.69	0.39	1.45	0.62	0.32
2.28	148.41	142.93	4.20	74.56	4.07	8.67
0.28	-10.20	-2.41	6.37	2.41	0.80	1.98
1.05	**22.04**	**22.67**	**0.51**	**7.04**	**4.34**	**1.77**
1.92	**-0.20**	**4.49**	**4.15**	**3.47**	**0.79**	**2.71**
0.21	-5.60	-1.20	4.14	2.82	0.27	2.16
1.53	5.07	5.37	0.01	0.51	0.51	0.32
0.18	0.34	0.32		0.14	0.01	0.23

1-A-4 按行业分组的规模以上国有

行业	企业单位数（个）	工业销售产值（当年价格）	出口交货值	资产总计	固定资产合计
总　计	**1199**	**20024.81**	**626.99**	**23668.11**	**9034.80**
采矿业	**133**	**4490.02**	**0.79**	**8129.36**	**3276.97**
煤炭开采和洗选业	**78**	**2336.40**	**0.47**	**5479.90**	**1534.01**
烟煤和无烟煤开采洗选	75	2175.22	0.47	5374.09	1459.02
褐煤开采洗选	3	161.18		105.81	74.99
其他煤炭采选					
石油和天然气开采业	**14**	**1214.26**		**1677.05**	**1398.29**
石油开采	13	1212.71		1676.20	1397.72
天然气开采	1	1.55		0.85	0.57
黑色金属矿采选业	**13**	**102.95**		**220.97**	**76.24**
铁矿采选	13	102.95		220.97	76.24
锰矿、铬矿采选					
其他黑色金属矿采选					
有色金属矿采选业	**19**	**633.62**	**0.15**	**584.14**	**192.07**
常用有色金属矿采选	1	3.12	0.15	5.17	1.69
贵金属矿采选	17	629.86		577.74	189.79
稀有稀土金属矿采选	1	0.63		1.23	0.60
非金属矿采选业	**8**	**12.14**	**0.17**	**12.00**	**4.99**
土砂石开采	1	0.66		0.31	0.24
化学矿开采					
采盐	4	8.53		9.19	4.17
石棉及其他非金属矿采选	3	2.94	0.17	2.49	0.58
开采辅助活动	**1**	**190.64**		**155.30**	**71.36**
煤炭开采和洗选辅助活动					
石油和天然气开采辅助活动	1	190.64		155.30	71.36
其他开采辅助活动					
其他采矿业					
制造业	**710**	**11458.59**	**626.20**	**10601.67**	**3586.55**
农副食品加工业	**37**	**244.23**	**25.78**	**122.65**	**30.99**
谷物磨制	10	36.53		18.15	6.55
饲料加工	5	4.08	1.53	1.28	0.38
植物油加工	4	146.14		77.91	16.62
制糖业					
屠宰及肉类加工	11	14.63		3.62	1.07
水产品加工	4	38.36	24.25	19.97	5.07
蔬菜、水果和坚果加工	2	4.04		1.47	1.21
其他农副食品加工	1	0.45		0.25	0.10
食品制造业	**19**	**69.86**	**0.23**	**32.52**	**12.25**
焙烤食品制造	2	0.89		0.68	0.18
糖果、巧克力及蜜饯制造					
方便食品制造	2	0.47		0.43	0.10
乳制品制造	3	16.19		6.51	4.17
罐头食品制造					
调味品、发酵制品制造					
其他食品制造	12	52.31	0.23	24.91	7.81
酒、饮料和精制茶制造业	**32**	**182.92**	**5.70**	**191.04**	**71.60**
酒的制造	28	175.31	4.47	183.56	69.47
饮料制造	4	7.60	1.23	7.48	2.13
精制茶加工					

控股工业企业主要经济指标(门、大、中类行业)

单位：亿元

固定资产原价	累计折旧	流动资产合计	应收账款	存货	产成品	负债合计	流动负债合计
14946.95	**6675.40**	**8936.77**	**1561.67**	**2078.62**	**686.12**	**15245.17**	**10194.91**
5824.86	**2770.84**	**2532.36**	**243.44**	**405.20**	**158.42**	**4976.44**	**2968.26**
2288.14	**936.63**	**2000.91**	**167.74**	**305.37**	**116.91**	**3680.90**	**1929.71**
2220.84	904.95	1970.57	164.54	298.85	114.40	3602.69	1893.30
67.30	31.68	30.34	3.21	6.52	2.51	78.21	36.40
3055.63	**1658.13**	**191.73**	**23.92**	**19.53**	**9.06**	**726.67**	**550.27**
3054.71	1657.78	191.53	23.88	19.52	9.05	726.07	549.67
0.93	0.36	0.20	0.04	0.01	0.01	0.60	0.60
112.46	**36.84**	**68.05**	**5.03**	**5.14**	**2.31**	**108.35**	**84.98**
112.46	36.84	68.05	5.03	5.14	2.31	108.35	84.98
227.93	**74.34**	**209.16**	**6.95**	**65.15**	**29.11**	**341.12**	**285.39**
1.37	0.69	3.11	0.24	0.93	0.75	0.62	0.62
225.84	73.54	205.74	6.71	64.18	28.34	340.39	284.66
0.71	0.11	0.32		0.05	0.02	0.12	0.12
7.66	**3.40**	**6.73**	**1.60**	**1.14**	**0.98**	**7.94**	**6.89**
0.36	0.12	0.08	0.04	0.02	0.01	0.14	0.14
6.06	2.61	5.00	1.37	0.75	0.61	6.04	5.00
1.24	0.66	1.66	0.19	0.38	0.35	1.76	1.76
133.04	**61.50**	**55.77**	**38.21**	**8.85**	**0.06**	**111.46**	**111.02**
133.04	61.50	55.77	38.21	8.85	0.06	111.46	111.02
5579.86	**2393.54**	**5534.50**	**1176.49**	**1606.55**	**523.91**	**6818.18**	**5651.15**
74.20	**50.15**	**77.51**	**5.95**	**21.76**	**8.20**	**76.73**	**62.35**
8.51	3.91	10.57	2.65	4.17	1.81	8.89	6.53
0.48	0.20	0.72	-0.03	0.48	0.20	0.96	0.94
54.53	42.04	49.66	1.51	7.96	1.55	51.04	41.25
1.52	0.59	2.44	0.17	0.46	0.21	3.07	1.41
7.65	3.20	13.71	1.65	8.32	4.30	12.21	11.66
1.42	0.21	0.26		0.24	0.04	0.55	0.55
0.10		0.15	0.01	0.12	0.09	0.01	0.01
24.45	**13.38**	**16.32**	**2.41**	**4.38**	**1.67**	**18.17**	**11.52**
0.54	0.37	0.48	0.18	0.03	0.01	0.18	0.14
0.13	0.04	0.28	0.04	0.07	0.01	0.34	0.34
5.44	1.51	0.94	-0.09	0.56	0.22	5.74	4.94
18.33	11.46	14.62	2.28	3.72	1.43	11.90	6.09
91.53	**34.91**	**100.66**	**5.79**	**47.53**	**14.38**	**83.44**	**73.46**
85.32	30.76	95.74	5.33	45.76	12.73	80.80	71.14
6.21	4.15	4.92	0.45	1.77	1.65	2.64	2.31

1-A-4 续表 1

行　业	企业单位数（个）	工业销售产值（当年价格）	出口交货值	资产总计	固定资产合计
烟草制品业	**11**	**517.01**	**0.14**	**308.49**	**52.18**
烟叶复烤	3	3.10		8.00	6.17
卷烟制造	6	504.40	0.14	297.42	44.40
其他烟草制品制造	2	9.51		3.07	1.61
纺织业	**14**	**83.99**	**36.83**	**114.16**	**30.08**
棉纺织及印染精加工	9	47.60	21.22	82.80	17.81
毛纺织及染整精加工	2	1.93	0.21	1.38	0.47
麻纺织及染整精加工					
丝绢纺织及印染精加工					
化纤织造及印染精加工					
针织或钩针编织物及其制品制造	2	33.64	15.40	29.73	11.80
家用纺织制成品制造	1	0.82		0.24	
非家用纺织制成品制造					
纺织服装、服饰业	**5**	**6.86**	**0.46**	**9.61**	**2.82**
机织服装制造	4	4.66	0.46	7.70	2.55
针织或钩针编织服装制造	1	2.20		1.90	0.26
服饰制造					
皮革、毛皮、羽毛及其制品和制鞋业	**4**	**7.35**	**0.18**	**3.70**	**0.76**
皮革鞣制加工					
皮革制品制造					
毛皮鞣制及制品加工	1	0.74	0.18	0.93	0.09
羽毛(绒)加工及制品制造					
制鞋业	3	6.61		2.78	0.67
木材加工和木、竹、藤、棕、草制品业	**6**	**19.70**		**11.07**	**4.88**
木材加工					
人造板制造	4	5.70		6.36	3.77
木制品制造	2	14.00		4.70	1.11
竹、藤、棕、草等制品制造					
家具制造业					
木质家具制造					
竹、藤家具制造					
金属家具制造					
塑料家具制造					
其他家具制造					
造纸和纸制品业	**15**	**204.33**	**20.99**	**490.14**	**134.85**
纸浆制造					
造纸	8	201.68	20.99	485.69	132.93
纸制品制造	7	2.65		4.44	1.92
印刷和记录媒介复制业	**15**	**16.14**		**21.91**	**9.23**
印刷	14	15.70		20.75	8.47
装订及印刷相关服务	1	0.43		1.16	0.75
记录媒介复制					
文教、工美、体育和娱乐用品制造业	**2**	**3.34**	**0.29**	**0.61**	**0.18**
文教办公用品制造					
乐器制造					
工艺美术品制造	1	0.29	0.29	0.29	0.01
体育用品制造	1	3.05		0.32	0.17
玩具制造					
游艺器材及娱乐用品制造					

单位：亿元

固定资产原价	累计折旧	流动资产合计	应收账款	存货	产成品	负债合计	流动负债合计
115.44	**64.49**	**189.17**	**11.72**	**136.65**	**3.54**	**92.08**	**89.11**
7.22	2.22	1.82	0.84	0.35	0.25	1.61	1.61
105.59	61.19	185.95	10.23	136.12	3.18	89.23	86.26
2.64	1.07	1.40	0.65	0.18	0.11	1.24	1.24
48.75	**21.03**	**64.50**	**8.73**	**23.21**	**13.72**	**82.20**	**69.10**
31.81	15.16	49.65	6.29	19.31	11.96	63.02	55.37
1.35	0.89	0.91	0.20	0.60	0.45	0.96	0.74
15.59	4.99	13.91	2.23	3.29	1.30	18.17	12.98
		0.03	0.01	0.01	0.01	0.04	
1.68	**0.58**	**6.64**	**1.25**	**1.40**	**0.24**	**6.80**	**6.65**
1.49	0.52	5.04	1.03	0.61	0.06	5.00	4.86
0.19	0.06	1.60	0.22	0.79	0.19	1.79	1.79
1.66	**0.91**	**2.69**	**0.55**	**1.54**	**0.86**	**2.68**	**2.68**
0.14	0.04	0.76	0.06	0.30	0.03	0.70	0.70
1.53	0.87	1.94	0.50	1.24	0.83	1.98	1.98
33.28	**28.62**	**5.91**	**0.97**	**1.88**	**0.74**	**11.30**	**3.71**
8.08	4.45	2.32	0.21	1.15	0.59	7.62	1.36
25.20	24.17	3.59	0.76	0.73	0.15	3.68	2.35
239.17	**111.46**	**246.99**	**59.26**	**20.50**	**9.03**	**321.72**	**226.08**
235.82	110.01	244.47	58.83	20.13	8.80	319.37	224.09
3.36	1.46	2.52	0.43	0.37	0.23	2.34	1.99
14.68	**6.95**	**11.17**	**4.54**	**2.25**	**1.23**	**10.43**	**9.73**
13.91	6.27	10.86	4.46	2.20	1.20	9.96	9.26
0.77	0.68	0.31	0.09	0.04	0.02	0.47	0.47
0.20	**0.02**	**0.39**	**0.09**	**0.04**	**0.02**	**0.29**	**0.23**
0.01		0.24	0.07	0.04	0.02	0.29	0.23
0.19	0.02	0.16	0.01				

1-A-4 续表 2

行　　业	企业单位数（个）	工业销售产值（当年价格）	出口交货值	资产总计	固定资产合计
石油加工及炼焦业	**20**	**2731.84**	**0.14**	**1012.87**	**481.88**
化学原料和化学制品制造业	**91**	**1298.79**	**114.07**	**1347.44**	**643.87**
基础化学原料制造	25	370.39	71.96	507.47	321.42
肥料制造	20	246.46		234.11	125.66
农药制造	4	17.41	2.78	16.86	5.95
涂料、油墨、颜料及类似产品制造	6	10.13	1.33	20.42	6.26
合成材料制造	11	125.88	31.99	296.82	93.29
专用化学产品制造	21	517.21	6.00	267.25	89.82
炸药、火工及焰火产品制造	2	5.73		3.56	1.36
日用化学产品制造	2	5.58		0.95	0.10
医药制造业	**24**	**213.87**	**29.09**	**246.18**	**80.09**
化学药品原料药制造	9	74.33	17.84	101.49	45.82
化学药品制剂制造	5	11.50		13.03	3.09
中药饮片加工	1	1.24	0.23	1.42	1.01
中成药生产	5	48.41	0.37	75.94	11.79
兽用药品制造					
生物药品制造	3	18.26	3.01	18.84	4.17
卫生材料及医药用品制造	1	60.13	7.64	35.45	14.22
化学纤维制造业	**3**	**40.25**	**3.42**	**56.19**	**25.54**
纤维素纤维原料及纤维制造	1	19.80	1.21	30.36	13.71
合成纤维制造	2	20.45	2.20	25.83	11.84
橡胶和塑料制品业	**21**	**105.70**	**28.52**	**146.92**	**38.84**
橡胶制品业	12	80.03	27.37	136.39	34.88
塑料制品业	9	25.67	1.15	10.52	3.96
非金属矿物制品业	**86**	**260.10**	**13.43**	**540.35**	**236.17**
水泥、石灰和石膏制造	34	136.93	0.14	265.59	129.25
石膏、水泥制品及类似制品制造	21	58.09	0.08	95.71	26.38
砖瓦、石材等建筑材料制造	6	6.61		4.95	2.51
玻璃制造	1	0.56		0.98	
玻璃制品制造					
玻璃纤维和玻璃纤维增强塑料制品制造	4	29.85	10.07	92.89	64.12
陶瓷制品制造	9	12.89	1.60	43.84	9.30
耐火材料制品制造	7	8.42	1.53	26.29	1.13
石墨及其他非金属矿物制品制造	4	6.76		10.09	3.48
黑色金属冶炼和压延加工业	**18**	**1084.06**	**39.75**	**1368.06**	**774.71**
炼铁	3	61.64		129.38	60.40
炼钢	1	164.49	10.09	167.88	50.05
黑色金属铸造	2	18.52		22.62	11.26
钢压延加工	12	839.42	29.66	1048.19	653.00
铁合金冶炼					
有色金属冶炼和压延加工业	**12**	**541.93**	**0.19**	**144.01**	**51.86**
常用有色金属冶炼	3	48.39		35.65	2.46
贵金属冶炼	3	421.84		34.00	11.51
稀有稀土金属冶炼					
有色金属合金制造	2	66.11		70.38	37.03
有色金属铸造					
有色金属压延加工	4	5.59	0.19	3.98	0.87

单位：亿元

固定资产原价	累计折旧	流动资产合计	应收账款	存货	产成品	负债合计	流动负债合计
905.39	**491.60**	**445.46**	**41.96**	**240.91**	**71.05**	**742.06**	**706.22**
907.19	**304.55**	**463.88**	**31.21**	**129.84**	**57.79**	**910.29**	**613.01**
453.22	142.17	116.15	7.03	16.30	6.30	259.65	179.31
200.96	85.52	82.58	5.59	28.55	5.18	191.45	163.94
9.48	3.54	9.19	1.16	1.15	0.67	10.81	9.63
6.91	4.39	9.42	1.64	1.86	0.76	14.45	9.14
110.47	33.14	108.11	10.45	13.30	5.82	209.21	117.91
123.21	34.32	136.38	4.87	68.10	38.85	222.52	131.88
1.80	0.44	1.20	0.26	0.21	0.05	2.05	1.06
1.14	1.04	0.85	0.20	0.38	0.16	0.15	0.14
126.27	**55.71**	**132.80**	**23.50**	**28.70**	**18.46**	**99.32**	**69.83**
76.89	37.92	44.19	9.90	12.50	6.90	59.94	35.97
4.49	1.40	6.89	0.42	0.89	0.34	2.24	1.71
1.55	0.54	0.41	0.14	0.18	0.10	0.36	0.36
18.07	6.92	52.57	4.88	7.86	5.30	14.48	9.75
3.71	1.58	9.47	2.69	2.25	1.48	12.32	12.05
21.56	7.34	19.27	5.47	5.02	4.35	9.98	9.98
52.63	**27.09**	**22.18**	**0.80**	**4.62**	**2.34**	**31.77**	**29.40**
26.58	12.88	10.50	0.19	1.81	0.75	25.70	25.30
26.05	14.21	11.68	0.62	2.81	1.59	6.07	4.10
66.46	**28.76**	**90.04**	**16.63**	**16.69**	**9.09**	**99.49**	**88.95**
56.70	22.66	83.77	15.54	15.45	8.44	93.17	84.29
9.76	6.10	6.27	1.09	1.24	0.65	6.32	4.67
296.16	**94.24**	**213.86**	**48.48**	**34.87**	**12.67**	**352.66**	**284.54**
182.79	54.78	105.96	19.63	13.55	2.84	174.47	147.82
33.93	9.25	47.51	12.50	5.17	1.49	66.22	57.28
4.18	1.74	1.63	0.13	0.63	0.18	1.40	1.17
		0.95	0.04	0.04	0.01	0.69	
54.56	19.40	24.68	6.76	5.14	2.75	66.58	41.89
11.18	3.48	11.54	3.07	3.67	2.00	16.80	11.28
4.14	3.02	15.27	4.63	3.22	2.16	21.08	21.07
5.37	2.57	6.31	1.72	3.46	1.25	5.43	4.02
1198.16	**481.01**	**444.32**	**18.65**	**169.61**	**36.61**	**1043.63**	**942.24**
58.56	14.13	42.08	2.02	23.73	5.57	98.60	96.59
80.80	37.15	102.34	2.05	26.36	2.92	136.12	131.05
19.05	7.89	5.45	1.42	2.41	1.45	18.50	18.50
1039.76	421.83	294.45	13.16	117.10	26.66	790.40	696.10
105.44	**53.59**	**80.03**	**4.10**	**56.76**	**3.68**	**99.29**	**80.25**
7.04	4.59	31.57	0.62	23.41	0.36	31.65	31.65
14.83	3.32	15.91		6.70		30.76	30.65
80.10	43.07	30.51	3.17	25.12	2.93	28.79	10.58
3.48	2.61	2.04	0.31	1.53	0.38	8.09	7.38

1-A-4 续表 3

行业	企业单位数（个）	工业销售产值（当年价格）	出口交货值	资产总计	固定资产合计
金属制品业	**35**	**103.30**	**2.77**	**76.98**	**19.04**
结构性金属制品制造	12	43.79	0.19	25.61	4.48
金属工具制造	3	6.70	0.18	3.60	0.32
集装箱及金属包装容器制造	4	3.89		5.63	2.38
金属丝绳及其制品制造					
建筑、安全用金属制品制造					
金属表面处理及热处理加工	1	0.68		0.77	0.32
搪瓷制品制造					
金属制日用品制造					
其他金属制品制造	15	48.24	2.41	41.38	11.55
通用设备制造业	**62**	**439.39**	**18.28**	**832.37**	**189.52**
锅炉及原动设备制造	12	295.81	3.04	591.62	140.98
金属加工机械制造	18	65.01	9.02	109.44	21.65
物料搬运设备制造	2	9.64		6.34	2.36
泵、阀门、压缩机及类似机械制造	13	23.65	0.95	41.12	11.64
轴承、齿轮和传动部件制造	3	7.91	1.22	4.31	1.57
烘炉、风机、衡器、包装等设备制造	7	30.30	4.03	63.52	6.69
文化、办公用机械制造	2	1.23	0.01	2.61	0.09
通用零部件制造	3	4.28		10.89	4.34
其他通用设备制造业	2	1.55		2.52	0.19
专用设备制造业	**40**	**363.31**	**28.66**	**395.97**	**87.96**
采矿、冶金、建筑专用设备制造	24	316.94	26.24	310.24	72.25
化工、木材、非金属加工专用设备制造	5	6.68	0.26	10.83	4.07
食品、饮料、烟草及饲料生产专用设备制造	1	0.69		0.94	0.05
印刷、制药、日化及日用品生产专用设备制造	2	2.00		3.19	1.07
纺织、服装和皮革加工专用设备制造	1	8.14	1.69	11.85	2.84
电子和电工机械专用设备制造	2	0.70	0.03	0.65	0.08
农、林、牧、渔专用机械制造	2	6.59		4.15	0.65
医疗仪器设备及器械制造	1	19.66	0.44	51.79	5.90
环保、社会公共服务及其他专用设备制造	2	1.91		2.33	1.06
汽车制造业	**44**	**1592.33**	**114.49**	**1839.40**	**337.31**
汽车整车制造	11	1466.18	101.37	1708.98	304.99
改装汽车制造	11	59.53	10.15	69.69	13.94
低速载货汽车制造					
电车制造					
汽车车身、挂车制造	1	0.26		0.44	0.22
汽车零部件及配件制造	21	66.36	2.97	60.28	18.15
铁路、船舶、航空航天和其他运输设备制造业	**34**	**438.28**	**17.28**	**552.77**	**145.70**
铁路运输设备制造	9	333.78	4.43	357.14	65.36
城市轨道交通设备制造					
船舶及相关装置制造	17	77.18	6.20	162.47	68.40
航空、航天器及设备制造	2	0.97	0.01	4.33	1.93
摩托车制造	5	22.08	6.64	27.11	9.49
自行车制造	1	4.27		1.72	0.53
非公路休闲车及零配件制造					
潜水救捞及其他未列明运输设备制造					

单位：亿元

固定资产原价	累计折旧	流动资产合计	应收账款	存货	产成品	负债合计	流动负债合计
30.65	**13.94**	**53.86**	**19.78**	**22.01**	**7.19**	**52.31**	**44.18**
7.07	2.92	20.91	8.41	7.63	2.32	18.47	12.06
0.52	0.20	3.26	2.16	0.87	0.32	2.00	1.99
4.09	1.86	3.13	0.33	2.63	0.16	4.44	4.40
0.42	0.12	0.32	0.17	0.13	0.02	0.67	0.67
18.56	8.84	26.24	8.72	10.74	4.36	26.74	25.06
243.71	**97.73**	**496.88**	**54.54**	**99.50**	**44.04**	**410.06**	**339.80**
157.82	53.93	343.51	23.38	50.27	30.61	254.26	202.08
43.07	24.87	74.41	11.93	28.89	4.81	76.54	68.83
6.54	4.18	3.82	0.14	0.84	0.72	6.02	6.02
15.78	6.35	28.83	6.43	6.91	2.71	25.98	23.21
3.99	2.46	2.66	0.73	1.33	0.77	1.59	1.17
10.62	4.56	32.90	9.33	9.15	3.50	35.13	28.45
0.18	0.09	2.19	1.40	0.39	0.05	1.50	1.50
5.33	1.04	6.30	0.37	0.93	0.52	7.44	7.44
0.39	0.25	2.26	0.82	0.79	0.35	1.60	1.10
121.96	**38.18**	**275.81**	**101.39**	**78.21**	**33.62**	**261.51**	**216.96**
102.74	31.72	218.83	89.10	59.62	28.42	210.56	169.08
5.29	1.42	6.14	1.24	2.64	0.14	8.17	7.57
0.11	0.06	0.90	0.15	0.50		0.28	0.28
1.35	0.49	1.93	0.24	0.86	0.28	1.38	1.38
4.81	1.97	8.50	0.92	2.61	0.37	9.03	7.94
0.08	0.01	0.48	0.12	0.14		0.36	0.34
1.00	0.35	3.32	1.30	1.37	0.38	3.45	2.50
6.00	1.90	34.89	8.11	10.32	3.94	27.17	26.82
0.60	0.27	0.82	0.22	0.16	0.08	1.11	1.04
530.85	**269.25**	**1235.33**	**438.41**	**262.35**	**83.67**	**1221.75**	**976.84**
481.55	249.74	1157.71	413.60	238.80	73.84	1132.45	903.77
19.51	6.47	41.74	13.29	12.69	5.27	50.94	41.76
0.33	0.11	0.18		0.18	0.06	0.36	0.36
29.45	12.92	35.69	11.52	10.69	4.50	38.01	30.94
170.82	**42.48**	**342.26**	**144.95**	**80.82**	**23.92**	**388.53**	**350.19**
66.01	16.90	256.39	125.62	48.95	20.64	240.57	228.00
82.23	14.67	70.36	17.28	27.08	1.34	127.45	105.21
2.77	0.84	1.94	0.09	1.23	0.48	1.98	1.88
19.03	9.81	12.63	1.55	3.34	1.44	17.59	14.27
0.78	0.25	0.94	0.40	0.22	0.03	0.95	0.83

1-A-4 续表 4

行　　业	企业单位数（个）	工业销售产值（当年价格）	出口交货值	资产总计	固定资产合计
电气机械和器材制造业	**31**	**209.66**	**26.25**	**239.14**	**51.29**
电机制造	3	21.90		50.16	17.95
输配电及控制设备制造	15	92.09	15.23	112.94	25.62
电线、电缆、光缆及电工器材制造	5	23.41	6.25	14.67	1.52
电池制造	3	1.93		3.00	0.40
家用电力器具制造	1	61.94	4.77	50.56	5.05
非电力家用器具制造	2	6.70		6.57	0.43
照明器具制造					
其他电气机械及器材制造	2	1.69		1.23	0.33
计算机、通信和其他电子设备制造业	**18**	**665.31**	**99.28**	**482.75**	**68.61**
计算机制造	3	269.86	22.05	130.32	34.84
通信设备制造					
广播电视设备制造					
雷达及配套设备制造					
视听设备制造	1	370.57	75.54	305.08	25.81
电子器件制造	8	7.13	0.33	10.59	2.38
电子元件制造	5	2.66	0.09	5.22	1.35
其他电子设备制造	1	15.08	1.28	31.54	4.22
仪器仪表制造业	**7**	**7.39**		**10.21**	**3.25**
通用仪器仪表制造	4	3.50		6.64	2.75
专用仪器仪表制造	2	2.55		1.92	0.10
钟表与计时仪器制造	1	1.34		1.65	0.39
光学仪器及眼镜制造					
其他仪器仪表制造业					
其他制造业	**2**	**4.01**		**2.88**	**0.50**
废弃资源综合利用业	**1**	**1.08**		**0.62**	**0.05**
金属废料和碎屑加工处理	1	1.08		0.62	0.05
非金属废料和碎屑加工处理					
金属制品、机械和设备修理业	**1**	**2.28**		**0.68**	**0.53**
金属制品修理					
通用设备修理					
专用设备修理					
铁路、船舶、航空航天等运输设备修理	1	2.28		0.68	0.53
电气设备修理					
仪器仪表修理					
其他机械和设备修理业					
电力、热力、燃气及水生产和供应业	**356**	**4076.20**		**4937.07**	**2171.28**
电力、热力生产和供应业	**280**	**3940.88**		**4532.05**	**1988.57**
电力生产	121	1141.62		2242.19	1328.41
电力供应	118	2709.49		2001.11	491.03
热力生产和供应	41	89.78		288.75	169.13
燃气生产和供应业	**21**	**92.04**		**133.05**	**52.35**
水的生产和供应业	**55**	**43.27**		**271.97**	**130.35**
自来水生产和供应	49	39.47		254.10	119.54
污水处理及其再生利用	5	3.60		17.10	10.81
其他水的处理、利用与分配	1	0.20		0.76	

单位：亿元

固定资产原价	累计折旧	流动资产合计	应收账款	存货	产成品	负债合计	流动负债合计
69.35	**24.58**	**148.19**	**52.96**	**39.32**	**18.37**	**149.11**	**126.03**
19.22	6.52	31.10	9.41	10.30	3.97	32.54	21.17
35.05	10.37	68.82	28.95	17.57	6.25	65.16	57.78
5.24	3.73	8.64	3.90	3.20	2.50	9.21	5.88
0.65	0.26	2.38	1.15	0.81	0.29	1.53	1.47
8.35	3.30	31.83	9.20	6.01	4.23	36.67	35.81
0.31	0.20	4.71	0.01	1.32	1.05	3.45	3.45
0.52	0.20	0.72	0.34	0.11	0.09	0.55	0.47
104.03	**36.49**	**358.67**	**73.52**	**78.91**	**46.86**	**243.58**	**221.40**
45.77	10.93	78.49	21.29	26.21	14.12	68.52	50.06
42.99	18.01	250.06	41.07	43.70	27.59	156.59	155.21
3.34	1.16	6.99	2.28	1.45	0.63	2.79	2.37
3.38	2.07	3.37	0.70	1.60	0.43	2.87	2.42
8.54	4.32	19.76	8.19	5.95	4.09	12.82	11.34
4.04	**1.25**	**6.12**	**2.76**	**1.76**	**0.79**	**4.68**	**4.39**
2.62	0.33	3.10	1.38	0.93	0.34	2.68	2.41
0.26	0.16	1.80	1.22	0.15	0.09	0.97	0.96
1.15	0.76	1.22	0.16	0.67	0.36	1.03	1.02
0.67	**0.18**	**2.16**	**1.42**	**0.34**		**1.95**	**1.94**
0.27	**0.22**	**0.56**	**0.11**	**0.12**	**0.08**	**0.26**	**0.26**
0.27	0.22	0.56	0.11	0.12	0.08	0.26	0.26
0.74	**0.21**	**0.15**	**0.06**	**0.07**	**0.06**	**0.10**	**0.10**
0.74	0.21	0.15	0.06	0.07	0.06	0.10	0.10
3542.23	**1511.02**	**869.91**	**141.74**	**66.88**	**3.78**	**3450.55**	**1575.51**
3296.64	**1429.83**	**724.23**	**120.91**	**58.71**	**3.29**	**3215.52**	**1411.22**
2164.17	906.02	369.87	103.52	40.35	1.55	1570.43	974.76
911.61	449.78	257.80	6.83	7.08	1.72	1425.45	281.27
220.86	74.03	96.56	10.57	11.28	0.03	219.63	155.19
70.02	**19.35**	**47.28**	**5.37**	**1.68**	**0.30**	**70.36**	**51.92**
175.56	**61.83**	**98.40**	**15.45**	**6.49**	**0.19**	**164.68**	**112.37**
162.14	58.72	93.19	13.86	6.27	0.19	157.73	107.38
13.42	3.11	4.45	1.59	0.22		6.78	4.99
		0.76				0.17	

1-A-4 续表 5

行　业	应付账款	所有者权益合计	实收资本	国家资本	集体资本
总　计	**2640.97**	**7978.63**	**3614.54**	**2106.66**	**33.85**
采矿业	**644.50**	**3143.16**	**1047.66**	**925.51**	**3.90**
煤炭开采和洗选业	**378.79**	**1798.01**	**261.32**	**166.69**	**3.70**
烟煤和无烟煤开采洗选	371.89	1770.41	249.92	155.29	3.70
褐煤开采洗选	6.90	27.60	11.40	11.40	
其他煤炭采选					
石油和天然气开采业	**147.05**	**941.73**	**685.53**	**680.43**	
石油开采	146.96	941.48	685.27	680.43	
天然气开采	0.09	0.25	0.26		
黑色金属矿采选业	**14.05**	**112.51**	**51.35**	**38.78**	**0.20**
铁矿采选	14.05	112.51	51.35	38.78	0.20
锰矿、铬矿采选					
其他黑色金属矿采选					
有色金属矿采选业	**49.76**	**243.02**	**40.09**	**31.61**	
常用有色金属矿采选	0.27	4.55	0.30	0.30	
贵金属矿采选	49.45	237.35	39.04	30.56	
稀有稀土金属矿采选	0.04	1.12	0.75	0.75	
非金属矿采选业	**1.71**	**4.06**	**2.38**	**1.00**	
土砂石开采	0.13	0.18	0.15		
化学矿开采					
采盐	1.13	3.15	1.60	0.79	
石棉及其他非金属矿采选	0.45	0.74	0.63	0.21	
开采辅助活动	**53.13**	**43.84**	**7.00**	**7.00**	
煤炭开采和洗选辅助活动					
石油和天然气开采辅助活动	53.13	43.84	7.00	7.00	
其他开采辅助活动					
其他采矿业					
制造业	**1748.83**	**3763.27**	**1843.68**	**743.98**	**24.29**
农副食品加工业	**16.88**	**45.90**	**12.51**	**6.28**	**0.09**
谷物磨制	0.81	9.26	3.14	0.45	0.03
饲料加工	0.07	0.31	0.20	0.12	
植物油加工	14.10	26.86	6.17	4.86	
制糖业					
屠宰及肉类加工	0.38	0.54	0.73	0.60	0.04
水产品加工	1.51	7.76	2.18	0.21	0.02
蔬菜、水果和坚果加工		0.92	0.04	0.04	
其他农副食品加工	0.01	0.24	0.05		
食品制造业	**4.33**	**14.35**	**8.34**	**4.80**	**0.03**
焙烤食品制造	0.07	0.49	0.31	0.02	
糖果、巧克力及蜜饯制造					
方便食品制造	0.02	0.08	0.05	0.04	
乳制品制造	2.42	0.77	1.63		0.03
罐头食品制造					
调味品、发酵制品制造					
其他食品制造	1.82	13.01	6.36	4.74	
酒、饮料和精制茶制造业	**12.11**	**98.38**	**26.32**	**6.10**	**1.29**
酒的制造	11.60	93.54	25.16	5.33	1.29
饮料制造	0.51	4.84	1.16	0.77	
精制茶加工					

单位：亿元

法人资本	个人资本	港澳台资本	外商资本	主营业务收入	主营业务成本	主营业务税金及附加	销售费用
1056.68	**122.56**	**102.61**	**192.17**	**22140.91**	**18542.45**	**763.30**	**355.39**
104.45	**8.47**	**3.00**	**2.32**	**5734.46**	**4331.59**	**283.67**	**49.38**
80.78	**4.82**	**3.00**	**2.32**	**3379.93**	**2806.37**	**40.53**	**40.23**
80.78	4.82	3.00	2.32	3218.11	2656.46	39.55	39.45
				161.82	149.91	0.98	0.78
5.10				**1284.70**	**592.58**	**235.99**	**3.37**
4.84				1283.33	591.26	235.99	3.37
0.26				1.37	1.33		0.01
8.77	**3.60**			**107.33**	**79.35**	**1.86**	**0.72**
8.77	3.60			107.33	79.35	1.86	0.72
8.48				**752.19**	**660.28**	**2.67**	**3.62**
				3.15	2.69	0.01	0.09
8.48				748.40	657.31	2.62	3.53
				0.63	0.29	0.04	
1.32	**0.05**			**13.14**	**9.46**	**0.30**	**1.35**
0.15				0.88	0.84		
0.77	0.04			8.79	6.59	0.21	0.62
0.40	0.02			3.47	2.04	0.09	0.74
				197.18	**183.54**	**2.31**	**0.08**
				197.18	183.54	2.31	0.08
752.48	**91.21**	**71.18**	**160.54**	**12176.26**	**10448.61**	**464.03**	**297.27**
2.96	**1.94**		**1.24**	**246.27**	**225.21**	**0.59**	**3.25**
0.89	0.81		0.97	37.03	32.21	0.15	1.33
	0.08			4.58	4.22		0.18
1.31				145.60	135.47	0.17	1.13
0.01			0.08	15.41	13.60	0.01	0.13
0.76	1.00		0.19	39.12	35.58	0.23	0.31
				4.08	3.82		0.12
	0.05			0.44	0.32	0.02	0.05
2.10	**0.96**	**0.07**	**0.38**	**73.20**	**61.06**	**0.42**	**3.36**
0.16			0.13	0.89	0.39	0.02	
	0.01			0.60	0.52		0.04
0.80	0.80			17.49	15.19	0.03	1.32
1.15	0.15	0.07	0.25	54.21	44.96	0.37	2.00
17.19	**0.52**		**1.22**	**222.65**	**156.99**	**11.65**	**22.40**
16.90	0.52		1.13	215.08	151.16	11.61	21.33
0.29			0.10	7.57	5.82	0.04	1.07

1-A-4 续表 6

行 业	应付账款	所有者权益合计	实收资本	国家资本	集体资本
烟草制品业	**29.12**	**216.41**	**79.04**	**77.52**	**0.15**
烟叶复烤	0.06	6.39	1.60	0.80	0.10
卷烟制造	28.72	208.19	76.72	76.72	
其他烟草制品制造	0.34	1.83	0.72		0.05
纺织业	**10.97**	**31.64**	**12.43**	**4.97**	**0.70**
棉纺织及印染精加工	9.46	19.46	11.93	4.91	0.61
毛纺织及染整精加工	0.08	0.42	0.13	0.02	
麻纺织及染整精加工					
丝绢纺织及印染精加工					
化纤织造及印染精加工					
针织或钩针编织物及其制品制造	1.42	11.56	0.37	0.04	0.08
家用纺织制成品制造		0.20	0.01		0.01
非家用纺织制成品制造					
纺织服装、服饰业	**1.46**	**2.81**	**0.31**		
机织服装制造	0.69	2.70	0.21		
针织或钩针编织服装制造	0.77	0.11	0.10		
服饰制造					
皮革、毛皮、羽毛及其制品和制鞋业	**1.11**	**1.02**	**0.43**	**0.10**	**0.03**
皮革鞣制加工					
皮革制品制造					
毛皮鞣制及制品加工	0.11	0.23	0.21	0.10	
羽毛(绒)加工及制品制造					
制鞋业	0.99	0.79	0.23		0.03
木材加工和木、竹、藤、棕、草制品业	**1.48**	**-0.23**	**2.15**	**0.01**	
木材加工					
人造板制造	0.11	-1.26	1.19	0.01	
木制品制造	1.37	1.03	0.95		
竹、藤、棕、草等制品制造					
家具制造业					
木质家具制造					
竹、藤家具制造					
金属家具制造					
塑料家具制造					
其他家具制造					
造纸和纸制品业	**43.01**	**167.53**	**51.27**	**4.52**	**0.27**
纸浆制造					
造纸	42.79	165.43	49.72	4.11	0.14
纸制品制造	0.22	2.10	1.55	0.41	0.13
印刷和记录媒介复制业	**2.82**	**11.46**	**7.16**	**1.32**	
印刷	2.64	10.77	6.96	1.12	
装订及印刷相关服务	0.18	0.69	0.20	0.20	
记录媒介复制					
文教、工美、体育和娱乐用品制造业	**0.07**	**0.33**	**0.17**		
文教办公用品制造					
乐器制造					
工艺美术品制造	0.07		0.05		
体育用品制造		0.32	0.12		
玩具制造					
游艺器材及娱乐用品制造					

单位：亿元

法人资本	个人资本	港澳台资本	外商资本	主营业务收入	主营业务成本	主营业务税金及附加	销售费用
1.34	**0.03**			**321.92**	**107.09**	**145.22**	**9.66**
0.70				3.10	1.39	0.05	0.22
				309.32	97.89	145.13	9.11
0.64	0.03			9.51	7.81	0.03	0.33
6.44	**0.32**			**95.44**	**88.26**	**0.21**	**1.43**
6.26	0.14			58.17	54.74	0.16	0.71
	0.11			1.93	1.63	0.01	0.16
0.18	0.07			33.63	30.39	0.02	0.55
				1.71	1.50	0.03	0.01
0.24	**0.05**	**0.03**		**6.74**	**6.07**	**0.06**	**0.10**
0.14	0.05	0.03		4.85	4.21	0.05	0.07
0.10				1.89	1.86	0.01	0.03
0.12	**0.18**			**7.39**	**6.51**	**0.10**	**0.19**
	0.10			0.75	0.69		
0.12	0.08			6.64	5.82	0.10	0.19
2.14				**10.87**	**9.79**	**0.12**	**0.17**
1.18				5.72	5.44	0.04	0.07
0.95				5.15	4.35	0.07	0.09
28.73	**8.51**	**0.55**	**8.69**	**230.56**	**202.21**	**0.69**	**7.09**
27.80	8.51	0.48	8.69	225.95	198.72	0.65	6.93
0.93		0.07		4.60	3.49	0.04	0.16
5.16	**0.31**		**0.38**	**15.05**	**12.32**	**0.09**	**0.21**
5.16	0.31		0.38	14.62	12.09	0.08	0.21
				0.43	0.24		
0.05	**0.12**			**3.39**	**2.48**		**0.04**
0.05				0.34	0.30		0.02
	0.12			3.05	2.18		0.01

1-A-4 续表 7

行　业	应付账款	所有者权益合计	实收资本	国家资本	集体资本
石油加工及炼焦业	**219.97**	**270.82**	**307.58**	**157.31**	**2.72**
化学原料和化学制品制造业	**104.59**	**436.97**	**139.95**	**62.65**	**0.17**
基础化学原料制造	24.14	247.83	45.90	24.44	0.03
肥料制造	14.07	42.66	39.36	18.40	0.10
农药制造	0.88	6.04	2.45	1.10	
涂料、油墨、颜料及类似产品制造	1.41	5.97	6.63	2.25	
合成材料制造	8.48	87.56	18.99	2.36	0.01
专用化学产品制造	55.25	44.60	26.07	13.99	
炸药、火工及焰火产品制造	0.29	1.51	0.24		0.04
日用化学产品制造	0.07	0.80	0.30	0.11	
医药制造业	**23.36**	**146.86**	**28.20**	**8.71**	**0.08**
化学药品原料药制造	9.96	41.55	11.13	5.16	
化学药品制剂制造	0.35	10.79	2.47	0.46	
中药饮片加工	0.19	1.06	0.54		
中成药生产	2.27	61.46	9.08	2.02	0.08
兽用药品制造					
生物药品制造	1.76	6.53	2.43	0.66	
卫生材料及医药用品制造	8.84	25.46	2.53	0.42	
化学纤维制造业	**4.82**	**24.42**	**9.85**	**0.49**	**0.47**
纤维素纤维原料及纤维制造	1.85	4.66	8.64		
合成纤维制造	2.96	19.76	1.21	0.49	0.47
橡胶和塑料制品业	**16.61**	**47.13**	**31.53**	**10.56**	**8.85**
橡胶制品业	16.18	42.92	27.99	8.61	8.85
塑料制品业	0.43	4.20	3.53	1.94	
非金属矿物制品业	**59.36**	**186.90**	**95.29**	**51.73**	**0.98**
水泥、石灰和石膏制造	23.39	90.90	42.36	30.12	0.38
石膏、水泥制品及类似制品制造	8.74	29.44	12.96	9.70	0.42
砖瓦、石材等建筑材料制造	0.21	3.55	1.89		
玻璃制造		0.29	0.13		0.13
玻璃制品制造					
玻璃纤维和玻璃纤维增强塑料制品制造	16.81	26.31	21.59	0.16	0.05
陶瓷制品制造	4.53	26.52	10.28	6.00	
耐火材料制品制造	4.96	5.21	4.79	4.78	
石墨及其他非金属矿物制品制造	0.72	4.67	1.28	0.97	
黑色金属冶炼和压延加工业	**282.69**	**323.44**	**186.19**	**77.85**	**0.82**
炼铁	15.53	30.77	6.73	5.93	0.70
炼钢	25.31	30.76	19.62	0.33	0.12
黑色金属铸造	4.50	4.11	4.90	0.30	
钢压延加工	237.36	257.79	154.94	71.28	
铁合金冶炼					
有色金属冶炼和压延加工业	**5.78**	**44.72**	**48.12**	**44.00**	**0.08**
常用有色金属冶炼	0.77	4.00	2.63	0.16	
贵金属冶炼	2.73	3.25	2.14	1.82	
稀有稀土金属冶炼					
有色金属合金制造	1.68	41.59	41.56	41.56	
有色金属铸造					
有色金属压延加工	0.60	-4.12	1.80	0.47	0.08

单位：亿元

法人资本	个人资本	港澳台资本	外商资本	主营业务收入	主营业务成本	主营业务税金及附加	销售费用
146.55	**1.00**			**2755.51**	**2381.79**	**248.24**	**7.27**
62.56	**10.45**	**0.25**	**3.88**	**1442.29**	**1311.36**	**8.48**	**18.47**
10.88	7.93	0.25	2.38	368.80	327.90	1.04	6.23
18.69	1.83		0.34	272.89	251.89	0.59	2.49
1.30	0.05			16.00	14.66	0.03	0.31
4.37	0.01			10.43	8.53	0.07	0.65
16.05	0.11		0.46	237.49	208.72	0.50	5.17
10.97	0.42		0.69	525.32	490.66	6.17	3.15
0.20				5.79	4.23	0.08	0.41
0.10	0.09			5.58	4.77	0.02	0.06
8.90	**10.38**		**0.13**	**217.19**	**141.23**	**2.10**	**27.31**
3.51	2.46			78.15	64.91	0.40	5.40
1.89	0.13			11.00	3.82	0.18	2.99
	0.54			1.24	0.98	0.01	0.10
1.81	5.08		0.10	51.35	20.78	0.57	10.57
1.69	0.06		0.03	16.97	9.18	0.14	4.27
	2.11			58.48	41.56	0.80	3.98
4.22	**4.67**			**41.20**	**38.38**	**0.18**	**0.93**
3.97	4.67			19.16	19.79	0.07	0.45
0.25				22.05	18.59	0.11	0.48
11.16	**0.36**	**0.05**	**0.54**	**89.26**	**78.96**	**0.37**	**3.27**
10.41	0.06	0.05		79.68	70.76	0.34	3.08
0.75	0.30		0.54	9.58	8.20	0.03	0.19
36.72	**5.10**		**0.76**	**262.67**	**207.02**	**2.19**	**12.07**
9.80	2.06			140.37	109.03	1.23	5.79
2.06	0.65		0.14	59.65	48.21	0.48	3.04
1.29			0.60	6.63	5.44	0.06	0.24
				0.56	0.45	0.01	
21.39				27.69	21.40	0.22	1.40
2.18	2.08		0.02	13.87	11.14	0.10	0.69
				7.74	6.20	0.05	0.65
	0.31			6.16	5.15	0.04	0.26
92.17	**15.36**			**1291.97**	**1231.65**	**3.57**	**6.09**
0.05	0.05			68.41	63.35	0.51	0.42
19.16				242.05	231.62	0.20	1.29
4.60				17.69	15.91	0.06	
68.35	15.31			963.81	920.77	2.80	4.38
3.13	**0.50**		**0.42**	**640.84**	**636.97**	**0.30**	**1.86**
2.47				115.64	113.55	0.01	0.03
0.20	0.12			456.77	454.42	0.01	0.25
				63.12	64.04	0.27	1.52
0.46	0.38		0.42	5.32	4.96	0.01	0.06

1-A-4 续表 8

行业	应付账款	所有者权益合计	实收资本	国家资本	集体资本
金属制品业	**17.09**	**24.38**	**15.98**	**5.11**	**0.27**
结构性金属制品制造	5.54	6.92	3.49	1.48	
金属工具制造	1.36	1.55	0.73	0.73	
集装箱及金属包装容器制造	0.88	1.18	1.59		0.22
金属丝绳及其制品制造					
建筑、安全用金属制品制造					
金属表面处理及热处理加工	0.05	0.09	0.54	0.32	
搪瓷制品制造					
金属制日用品制造					
其他金属制品制造	9.27	14.64	9.63	2.58	0.05
通用设备制造业	**99.82**	**419.62**	**106.15**	**68.82**	**0.47**
锅炉及原动设备制造	66.60	337.37	65.67	43.30	
金属加工机械制造	14.53	33.24	19.30	15.60	0.26
物料搬运设备制造	1.27	0.32	0.20		
泵、阀门、压缩机及类似机械制造	8.37	12.11	5.73	3.50	0.04
轴承、齿轮和传动部件制造	0.46	2.71	0.77	0.01	
烘炉、风机、衡器、包装等设备制造	7.41	28.38	12.97	5.63	
文化、办公用机械制造	0.56	1.11	0.60	0.24	
通用零部件制造	0.51	3.44	0.56	0.34	
其他通用设备制造业	0.12	0.92	0.36	0.19	0.17
专用设备制造业	**85.47**	**133.40**	**72.81**	**13.48**	**0.30**
采矿、冶金、建筑专用设备制造	65.37	98.94	63.08	10.94	
化工、木材、非金属加工专用设备制造	3.02	2.51	2.10	1.00	
食品、饮料、烟草及饲料生产专用设备制造	0.07	0.64	0.10		
印刷、制药、日化及日用品生产专用设备制造	0.33	1.82	0.76	0.66	
纺织、服装和皮革加工专用设备制造	5.16	2.82	1.14		
电子和电工机械专用设备制造	0.13	0.18	0.10	0.01	
农、林、牧、渔专用机械制造	1.24	0.69	0.29	0.09	0.20
医疗仪器设备及器械制造	10.04	24.58	4.94	0.58	
环保、社会公共服务及其他专用设备制造	0.12	1.21	0.30	0.20	0.10
汽车制造业	**409.27**	**615.39**	**391.50**	**27.45**	**1.31**
汽车整车制造	383.59	576.53	369.35	17.23	1.30
改装汽车制造	11.88	18.47	9.37	4.04	
低速载货汽车制造					
电车制造					
汽车车身、挂车制造	0.31	0.09	0.20		
汽车零部件及配件制造	13.48	20.30	12.59	6.18	0.01
铁路、船舶、航空航天和其他运输设备制造业	**150.42**	**163.11**	**113.84**	**88.38**	**3.37**
铁路运输设备制造	122.72	115.44	62.33	60.92	
城市轨道交通设备制造					
船舶及相关装置制造	21.92	35.02	44.34	25.36	3.37
航空、航天器及设备制造	0.05	2.36	0.70	0.38	
摩托车制造	5.26	9.52	5.90	1.73	
自行车制造	0.48	0.77	0.56		
非公路休闲车及零配件制造					
潜水救捞及其他未列明运输设备制造					

单位：亿元

法人资本	个人资本	港澳台资本	外商资本	主营业务收入	主营业务成本	主营业务税金及附加	销售费用
8.42	**1.23**	**0.14**	**0.81**	**108.62**	**97.46**	**0.54**	**1.65**
0.94	1.04	0.04		48.14	44.91	0.24	0.36
				7.85	7.02	0.03	0.14
1.37				3.37	3.05	0.03	0.02
			0.22	0.68	0.67		0.02
6.11	0.20	0.10	0.59	48.58	41.81	0.24	1.11
22.60	**7.65**	**0.23**	**6.39**	**476.31**	**357.77**	**3.33**	**25.00**
14.01	2.46		5.90	324.87	237.36	2.05	15.55
2.46	0.88	0.05	0.05	67.93	53.93	0.72	4.34
0.20				10.59	9.11	0.11	0.62
0.29	1.90			25.42	20.65	0.13	0.94
0.53	0.05	0.18		8.09	6.87	0.01	0.06
4.61	2.29		0.44	31.31	23.42	0.29	3.38
0.30	0.06			1.77	1.14	0.01	0.05
0.20	0.02			4.69	3.92	0.01	0.02
				1.63	1.36		0.04
57.49	**0.82**		**0.72**	**424.45**	**361.55**	**1.55**	**14.55**
51.39	0.60		0.15	356.48	306.50	1.28	10.96
1.10				6.95	5.51	0.03	0.09
0.10				0.69	0.40	0.01	0.03
	0.10			1.97	1.52	0.02	0.05
1.11	0.03			8.53	8.05	0.02	0.01
	0.09			0.70	0.61		0.02
				6.67	6.27	0.01	0.02
3.79			0.57	41.68	32.07	0.17	3.34
				0.76	0.62	0.01	0.02
169.00	**2.77**	**66.46**	**124.53**	**1685.54**	**1481.45**	**26.74**	**40.14**
159.03	0.95	66.46	124.38	1557.58	1369.50	26.26	36.27
4.30	0.89		0.14	59.86	53.20	0.17	2.29
0.19	0.01			0.37	0.35		0.01
5.47	0.93			67.73	58.40	0.30	1.58
16.83	**0.04**		**5.21**	**428.35**	**362.55**	**2.70**	**10.84**
1.42				320.59	262.15	2.09	8.37
12.17	0.04		3.40	80.23	76.78	0.12	0.94
0.20			0.13	0.99	0.63		0.05
2.49			1.69	22.07	18.64	0.47	1.44
0.56				4.46	4.35	0.01	0.04

1-A-4 续表 9

行业	应付账款	所有者权益合计	实收资本	国家资本	集体资本
电气机械和器材制造业	**38.78**	**89.98**	**35.18**	**11.53**	**0.01**
电机制造	6.01	17.62	3.70	3.20	
输配电及控制设备制造	14.70	47.78	14.91	1.90	
电线、电缆、光缆及电工器材制造	2.36	5.41	2.44	2.13	
电池制造	1.03	1.48	1.32	1.00	
家用电力器具制造	13.41	13.90	11.79	3.01	
非电力家用器具制造	1.09	3.12	0.60	0.28	0.01
照明器具制造					
其他电气机械及器材制造	0.19	0.68	0.41		
计算机、通信和其他电子设备制造业	**103.70**	**239.14**	**56.05**	**6.97**	**1.83**
计算机制造	15.42	61.81	12.37	1.60	0.83
通信设备制造					
广播电视设备制造					
雷达及配套设备制造					
视听设备制造	82.97	148.49	34.42		
电子器件制造	0.57	7.81	5.56	3.54	1.00
电子元件制造	0.60	2.32	2.55	0.83	
其他电子设备制造	4.14	18.72	1.16	1.00	
仪器仪表制造业	**2.56**	**5.53**	**4.36**	**3.01**	
通用仪器仪表制造	2.17	3.95	3.89	2.69	
专用仪器仪表制造	0.33	0.95	0.30	0.19	
钟表与计时仪器制造	0.06	0.62	0.17	0.13	
光学仪器及眼镜制造					
其他仪器仪表制造业					
其他制造业	**1.12**	**0.93**	**0.81**	**0.20**	
废弃资源综合利用业	**0.02**	**0.36**	**0.11**	**0.09**	
金属废料和碎屑加工处理	0.02	0.36	0.11	0.09	
非金属废料和碎屑加工处理					
金属制品、机械和设备修理业	**0.02**	**0.58**	**0.03**	**0.03**	
金属制品修理					
通用设备修理					
专用设备修理					
铁路、船舶、航空航天等运输设备修理	0.02	0.58	0.03	0.03	
电气设备修理					
仪器仪表修理					
其他机械和设备修理业					
电力、热力、燃气及水生产和供应业	**247.64**	**1072.20**	**723.20**	**437.17**	**5.67**
电力、热力生产和供应业	**227.29**	**902.80**	**648.14**	**381.74**	**5.38**
电力生产	107.30	666.49	551.22	312.77	3.62
电力供应	90.27	167.59	53.93	46.29	1.73
热力生产和供应	29.73	68.72	42.98	22.68	0.03
燃气生产和供应业	**8.88**	**62.26**	**32.53**	**20.78**	**0.22**
水的生产和供应业	**11.47**	**107.15**	**42.53**	**34.65**	**0.07**
自来水生产和供应	11.09	96.23	38.20	33.60	0.07
污水处理及其再生利用	0.38	10.33	3.75	0.46	
其他水的处理、利用与分配		0.59	0.59	0.59	

单位：亿元

				主营业务收入	主营业务成本	主营业务税金及附加	销售费用
法人资本	个人资本	港澳台资本	外商资本				
14.41	**5.75**	**3.39**	**0.10**	**238.54**	**200.56**	**0.81**	**11.50**
0.50				21.23	17.21	0.12	0.70
8.21	1.46	3.34		94.42	74.46	0.37	4.61
	0.27	0.05		24.28	20.77	0.15	0.59
0.32	0.01			1.96	1.55	0.01	0.05
4.97	3.81			89.02	80.32	0.14	4.60
	0.21		0.10	5.89	4.74	0.01	0.92
0.41				1.73	1.50	0.01	0.03
31.21	**12.07**		**3.97**	**825.25**	**670.30**	**3.66**	**67.73**
3.56	5.40		0.98	280.78	218.42	1.39	21.91
25.38	6.28		2.75	512.31	427.67	2.03	43.19
0.77			0.24	7.78	6.28	0.04	0.31
1.33	0.39			2.71	2.32	0.02	0.15
0.16				21.67	15.61	0.18	2.19
0.07	**0.14**		**1.14**	**7.36**	**5.07**	**0.05**	**0.54**
0.04	0.03		1.13	3.47	2.77	0.01	0.20
	0.11			2.51	1.27	0.03	0.27
0.03			0.01	1.38	1.03	0.01	0.08
0.61				**4.36**	**3.93**	**0.02**	**0.12**
			0.03	**1.08**	**0.91**	**0.01**	**0.02**
			0.03	1.08	0.91	0.01	0.02
				1.99	**1.73**	**0.03**	**0.01**
				1.99	1.73	0.03	0.01
199.74	**22.88**	**28.42**	**29.32**	**4230.19**	**3762.25**	**15.61**	**8.74**
189.61	**22.57**	**22.24**	**26.60**	**4091.03**	**3638.43**	**14.74**	**3.37**
164.04	21.95	22.24	26.60	1013.51	814.73	7.73	0.72
5.92				2982.38	2724.60	6.54	2.36
19.65	0.62			95.14	99.10	0.47	0.30
3.60	**0.21**	**5.49**	**2.23**	**94.91**	**82.54**	**0.42**	**3.36**
6.53	**0.10**	**0.70**	**0.48**	**44.25**	**41.29**	**0.45**	**2.01**
3.44	0.10	0.50	0.48	40.35	38.63	0.42	1.92
3.09		0.20		3.68	2.55	0.03	0.09
				0.22	0.10		

1-A-4 续表 10

行　　业	管理费用		财务费用		
		税金		利息收入	利息支出
总　　计	**1008.00**	**51.45**	**328.73**	**48.85**	**367.35**
采矿业	**422.08**	**23.76**	**104.19**	**14.89**	**120.21**
煤炭开采和洗选业	**259.02**	**20.27**	**85.85**	**7.88**	**95.39**
烟煤和无烟煤开采洗选	250.95	20.00	82.56	7.86	91.99
褐煤开采洗选	8.07	0.27	3.29	0.02	3.40
其他煤炭采选					
石油和天然气开采业	**106.75**	**0.78**	**8.07**	**3.19**	**11.23**
石油开采	106.74	0.78	8.04	3.19	11.20
天然气开采	0.01		0.03		0.03
黑色金属矿采选业	**10.75**	**0.37**	**1.79**	**0.41**	**2.12**
铁矿采选	10.75	0.37	1.79	0.41	2.12
锰矿、铬矿采选					
其他黑色金属矿采选					
有色金属矿采选业	**34.01**	**1.53**	**5.21**	**3.40**	**8.55**
常用有色金属矿采选	0.24	0.01			
贵金属矿采选	33.61	1.51	5.21	3.41	8.55
稀有稀土金属矿采选	0.16	0.01			
非金属矿采选业	**0.65**	**0.03**	**0.19**		**0.15**
土砂石开采	0.02				
化学矿开采					
采盐	0.47	0.02	0.17		0.15
石棉及其他非金属矿采选	0.16	0.01	0.02		
开采辅助活动	**10.89**	**0.78**	**3.08**	**0.02**	**2.76**
煤炭开采和洗选辅助活动					
石油和天然气开采辅助活动	10.89	0.78	3.08	0.02	2.76
其他开采辅助活动					
其他采矿业					
制造业	**477.11**	**22.41**	**133.56**	**30.80**	**158.38**
农副食品加工业	**3.80**	**0.20**	**3.32**	**0.05**	**3.17**
谷物磨制	1.13	0.03	0.57	0.01	0.47
饲料加工	0.12		0.01		
植物油加工	1.65	0.12	2.09	-0.01	2.10
制糖业					
屠宰及肉类加工	0.23	0.01	0.06	0.01	0.04
水产品加工	0.58	0.03	0.57	0.04	0.52
蔬菜、水果和坚果加工	0.10	0.01	0.03		0.03
其他农副食品加工					
食品制造业	**2.08**	**0.14**	**0.16**	**0.01**	**0.16**
焙烤食品制造	0.16				
糖果、巧克力及蜜饯制造					
方便食品制造	0.03				
乳制品制造	0.51	0.05			
罐头食品制造					
调味品、发酵制品制造					
其他食品制造	1.38	0.09	0.16	0.01	0.15
酒、饮料和精制茶制造业	**8.95**	**0.64**	**0.93**	**0.23**	**1.11**
酒的制造	8.64	0.63	0.91	0.17	1.10
饮料制造	0.30	0.01	0.02	0.06	0.01
精制茶加工					

单位：亿元

投资收益(损失以"-"号记)	营业利润	利润总额	亏损企业亏损额	应交增值税	应交所得税	从业人员平均人数(万人)
55.75	**1239.77**	**1273.04**	**127.66**	**853.01**	**206.12**	**161.65**
31.18	**573.42**	**573.18**	**15.70**	**332.87**	**101.15**	**71.80**
25.28	**200.99**	**201.15**	**13.75**	**178.44**	**47.11**	**50.72**
25.27	202.08	201.22	13.64	174.98	47.10	48.94
	-1.09	-0.07	0.11	3.46	0.01	1.78
	313.34	**312.48**		**128.19**	**40.85**	**12.61**
	313.35	312.49		128.02	40.85	12.61
	-0.01			0.18		0.01
1.71	**13.86**	**13.74**	**0.01**	**8.83**	**2.48**	**1.49**
1.71	13.86	13.74	0.01	8.83	2.48	1.49
4.20	**46.83**	**46.45**	**0.43**	**3.47**	**10.24**	**3.70**
	0.09	0.09		0.04	0.02	0.11
4.20	46.60	46.17	0.43	3.35	10.21	3.55
	0.14	0.19		0.08		0.03
	0.86	**0.85**		**0.77**	**0.10**	**0.14**
	0.02	0.02		0.02		0.01
	0.43	0.44		0.42	0.09	0.11
	0.40	0.40		0.33		0.03
	-2.46	**-1.50**	**1.50**	**13.18**	**0.38**	**3.15**
	-2.46	-1.50	1.50	13.18	0.38	3.15
8.43	**403.83**	**429.91**	**95.41**	**379.92**	**74.86**	**70.71**
-13.86	**8.39**	**8.52**	**1.67**	**1.65**	**1.65**	**1.26**
	1.87	1.97	0.04	0.45	0.01	0.28
	0.03	0.04		0.01	0.01	0.07
-13.83	3.06	3.13	1.50	0.24	1.19	0.25
	1.40	1.42	0.09	0.79		0.16
-0.03	1.92	1.87	0.04	0.14	0.43	0.48
	0.06	0.03		0.03		0.02
	0.05	0.05			0.01	
	5.60	**5.97**	**0.01**	**1.57**	**0.98**	**0.62**
	0.17	0.17		0.06	0.05	0.04
	0.01	0.01		0.01		0.04
	0.53	0.72		0.03	0.17	0.18
	4.89	5.07	0.01	1.47	0.75	0.36
0.18	**21.68**	**23.00**	**0.90**	**10.15**	**5.01**	**2.10**
0.18	21.36	22.67	0.79	9.83	5.02	1.99
	0.33	0.33	0.11	0.32	-0.01	0.11

1-A-4 续表 11

行业	管理费用	税金	财务费用	利息收入	利息支出
烟草制品业	**21.34**	**0.61**	**0.28**	**0.12**	**0.41**
烟叶复烤	0.78	0.04	0.01		0.01
卷烟制造	20.12	0.54	0.25	0.12	0.39
其他烟草制品制造	0.44	0.03	0.01		0.01
纺织业	**3.05**	**0.22**	**2.70**	**0.28**	**2.55**
棉纺织及印染精加工	2.05	0.11	1.95	0.06	1.66
毛纺织及染整精加工	0.06	0.01			
麻纺织及染整精加工					
丝绢纺织及印染精加工					
化纤织造及印染精加工					
针织或钩针编织物及其制品制造	0.94	0.11	0.75	0.22	0.89
家用纺织制成品制造	0.01				
非家用纺织制成品制造					
纺织服装、服饰业	**0.37**		**0.11**	**0.02**	**0.11**
机织服装制造	0.37		0.11	0.01	0.11
针织或钩针编织服装制造	0.01				
服饰制造					
皮革、毛皮、羽毛及其制品和制鞋业	**0.25**	**0.08**	**0.08**		**0.08**
皮革鞣制加工					
皮革制品制造					
毛皮鞣制及制品加工	0.01		0.03		0.03
羽毛(绒)加工及制品制造					
制鞋业	0.24	0.08	0.05		0.05
木材加工和木、竹、藤、棕、草制品业	**0.47**	**0.12**	**0.05**		**0.04**
木材加工					
人造板制造	0.18	0.03			
木制品制造	0.29	0.09	0.05		0.04
竹、藤、棕、草等制品制造					
家具制造业					
木质家具制造					
竹、藤家具制造					
金属家具制造					
塑料家具制造					
其他家具制造					
造纸和纸制品业	**8.45**	**0.53**	**8.48**	**5.00**	**14.09**
纸浆制造					
造纸	8.23	0.51	8.44	5.00	14.05
纸制品制造	0.22	0.02	0.04		0.04
印刷和记录媒介复制业	**1.76**	**0.05**	**0.18**	**0.01**	**0.18**
印刷	1.60	0.05	0.17	0.01	0.17
装订及印刷相关服务	0.16				
记录媒介复制					
文教、工美、体育和娱乐用品制造业	**0.01**		**0.01**		
文教办公用品制造					
乐器制造					
工艺美术品制造	0.01				
体育用品制造					
玩具制造					
游艺器材及娱乐用品制造					

单位：亿元

投资收益（损失以"–"号记）	营业利润	利润总额	亏损企业亏损额	应交增值税	应交所得税	从业人员平均人数（万人）
-0.12	**39.09**	**38.37**	**0.22**	**33.75**	**9.00**	**1.32**
	0.92	0.92	0.15	0.35		0.17
0.52	37.92	37.21		33.11	9.00	1.08
-0.64	0.24	0.24	0.06	0.29		0.07
0.76	**0.39**	**0.66**	**0.98**	**3.41**	**0.28**	**2.52**
0.72	-0.93	-0.69	0.96	2.56		1.81
	0.06	0.07	0.02	0.03		0.11
0.04	1.12	1.15		0.78	0.28	0.58
	0.14	0.14		0.05		0.01
	0.16	**0.18**	**0.02**	**0.24**		**0.33**
	0.16	0.18	0.02	0.20		0.26
				0.04		0.08
	0.27	**0.27**		**0.24**	**0.02**	**0.20**
	0.02	0.02				
	0.26	0.26		0.24	0.02	0.20
	0.37	**0.50**	**0.05**	**0.24**	**0.02**	**0.10**
	0.02	0.15	0.05	0.21	0.02	0.06
	0.35	0.35		0.03		0.04
4.09	**7.60**	**8.71**	**0.24**	**4.52**	**1.12**	**1.98**
4.09	7.39	8.49	0.22	4.29	1.10	1.84
	0.22	0.22	0.02	0.23	0.02	0.14
0.01	**1.08**	**1.20**	**0.09**	**0.66**	**0.49**	**0.46**
0.01	1.06	1.17	0.09	0.62	0.48	0.45
	0.03	0.03		0.04	0.01	0.01
	0.32	**0.32**		**0.03**	**0.03**	**0.01**
						0.01
	0.32	0.32		0.03	0.03	

1-A-4 续表 12

行　业	管理费用	税金	财务费用	利息收入	利息支出
石油加工及炼焦业	**71.23**	**2.31**	**20.99**	**1.45**	**22.54**
化学原料和化学制品制造业	**36.55**	**2.41**	**25.58**	**1.08**	**24.64**
基础化学原料制造	8.13	0.84	7.43	0.33	7.27
肥料制造	7.19	0.46	6.55	0.18	6.30
农药制造	0.39	0.02	0.13	0.02	0.14
涂料、油墨、颜料及类似产品制造	1.45	0.05	0.25	0.01	0.23
合成材料制造	11.25	0.65	3.69	0.17	3.33
专用化学产品制造	7.32	0.38	7.43	0.38	7.26
炸药、火工及焰火产品制造	0.66	0.01	0.11		0.11
日用化学产品制造	0.15				
医药制造业	**14.35**	**0.74**	**3.33**	**0.02**	**2.49**
化学药品原料药制造	4.98	0.40	1.67	0.20	1.58
化学药品制剂制造	0.63	0.04	0.33	0.03	0.01
中药饮片加工	0.09		0.01		0.01
中成药生产	4.71	0.16	-0.31	-0.49	0.22
兽用药品制造					
生物药品制造	1.96	0.03	0.19	0.02	0.18
卫生材料及医药用品制造	1.97	0.11	1.45	0.25	0.49
化学纤维制造业	**2.54**	**0.20**	**0.81**		**0.79**
纤维素纤维原料及纤维制造	1.05	0.13	0.81	-0.01	0.78
合成纤维制造	1.49	0.07		0.01	0.01
橡胶和塑料制品业	**4.69**	**0.28**	**1.50**	**0.25**	**1.46**
橡胶制品业	3.91	0.26	1.42	0.22	1.40
塑料制品业	0.78	0.02	0.07	0.03	0.05
非金属矿物制品业	**15.19**	**1.23**	**11.77**	**1.44**	**11.35**
水泥、石灰和石膏制造	6.69	0.59	5.64	1.28	5.53
石膏、水泥制品及类似制品制造	3.09	0.19	1.82	0.10	1.73
砖瓦、石材等建筑材料制造	0.34	0.03	0.12		0.11
玻璃制造	0.06		0.01		0.01
玻璃制品制造					
玻璃纤维和玻璃纤维增强塑料制品制造	2.29	0.22	3.21	0.05	3.01
陶瓷制品制造	1.16	0.14	0.55	0.01	0.53
耐火材料制品制造	0.83	0.05	0.29		0.28
石墨及其他非金属矿物制品制造	0.73	0.01	0.14		0.14
黑色金属冶炼和压延加工业	**36.81**	**2.48**	**25.61**	**3.22**	**32.20**
炼铁	2.05	0.17	3.81	0.23	3.99
炼钢	3.52	0.35	5.30	1.36	6.21
黑色金属铸造	0.81	0.03			
钢压延加工	30.43	1.93	16.50	1.63	22.00
铁合金冶炼					
有色金属冶炼和压延加工业	**4.37**	**0.30**	**2.68**	**0.21**	**2.63**
常用有色金属冶炼	0.76	0.06	1.09	0.18	0.97
贵金属冶炼	1.47	0.04	0.51	0.01	0.52
稀有稀土金属冶炼					
有色金属合金制造	1.18	0.14	0.99	0.02	1.07
有色金属铸造					
有色金属压延加工	0.97	0.05	0.10		0.07

单位：亿元

投资收益(损失以“-”号记)	营业利润	利润总额	亏损企业亏损额	应交增值税	应交所得税	从业人员平均人数(万人)
0.32	**17.36**	**19.30**	**19.69**	**118.74**	**2.54**	**4.19**
1.01	**36.41**	**39.70**	**18.70**	**21.47**	**9.20**	**6.76**
0.50	8.28	10.65	10.81	4.97	2.78	2.25
0.20	6.21	6.78	4.04	2.13	2.39	1.71
0.05	0.53	0.53		0.11	0.13	0.26
	-0.45	-0.13	0.29	0.42	0.03	0.20
0.25	9.23	9.51		2.19	1.67	1.14
	11.73	11.81	3.11	11.19	2.11	1.10
	0.29	-0.04	0.43	0.34	0.01	0.08
	0.58	0.58		0.13	0.09	0.02
1.09	**28.16**	**30.88**	**0.20**	**12.85**	**3.58**	**3.06**
0.57	-0.68	1.73	0.07	3.06	0.32	1.59
0.01	3.02	3.05	0.13	1.28	0.49	0.16
	0.06	0.06		0.06	0.01	0.03
0.50	15.10	15.28		4.92	2.44	0.54
0.01	1.96	2.05		0.77	0.32	0.16
	8.71	8.71		2.76		0.57
0.65	**1.57**	**1.79**	**0.13**	**1.06**	**0.34**	**0.66**
		0.07		0.44		0.49
0.65	1.57	1.73	0.13	0.62	0.34	0.16
0.01	**-0.39**	**-0.32**	**1.92**	**1.42**	**0.33**	**1.54**
0.01	-0.71	-0.42	1.51	1.23	0.21	1.34
	0.32	0.10	0.42	0.19	0.13	0.20
1.56	**17.65**	**25.50**	**1.31**	**12.96**	**5.19**	**3.96**
0.04	11.62	17.53	0.73	7.73	3.86	1.34
0.53	5.01	5.93		2.99	0.99	0.79
	0.59	0.57		0.34	0.12	0.05
	0.04	0.04		0.05		0.01
-0.25	-0.88	-0.14	0.20	0.64	0.06	0.68
1.22	1.28	1.57	0.08	0.42	0.14	0.40
	-0.23	-0.22	0.29	0.48		0.42
0.01	0.21	0.21		0.29	0.02	0.28
3.60	**-7.55**	**-9.36**	**18.46**	**20.59**	**2.28**	**11.65**
0.08	-0.59	-0.59	1.42	1.72	1.78	0.62
0.04	0.17	0.20		1.82	0.06	0.91
	1.13	1.15	0.01	0.41		0.34
3.48	-8.26	-10.12	17.04	16.64	0.43	9.78
0.64	**-6.58**	**-7.27**	**8.54**	**7.37**	**0.09**	**1.35**
	0.17	0.17		5.71	0.03	0.15
0.63	0.86	0.89	0.11	0.03	0.03	0.14
	-6.79	-7.52	7.54	1.52	0.01	0.83
	-0.82	-0.81	0.89	0.11	0.03	0.22

1-A-4 续表 13

行业	管理费用	税金	财务费用	利息收入	利息支出
金属制品业	**4.83**	**0.51**	**1.04**	**0.05**	**0.97**
结构性金属制品制造	0.89	0.07	0.40	0.01	0.40
金属工具制造	0.88	0.10			
集装箱及金属包装容器制造	0.23	0.03	0.05		0.04
金属丝绳及其制品制造					
建筑、安全用金属制品制造					
金属表面处理及热处理加工	0.03		0.02		
搪瓷制品制造					
金属制日用品制造					
其他金属制品制造	2.80	0.31	0.58	0.04	0.53
通用设备制造业	**40.99**	**1.46**	**1.00**	**3.89**	**4.39**
锅炉及原动设备制造	25.42	0.93	-0.27	2.91	2.45
金属加工机械制造	8.29	0.31	-0.08	0.88	0.79
物料搬运设备制造	0.39	0.02	0.09		0.07
泵、阀门、压缩机及类似机械制造	2.51	0.10	0.81	0.03	0.79
轴承、齿轮和传动部件制造	0.38	0.01	0.05	0.01	0.04
烘炉、风机、衡器、包装等设备制造	3.11	0.09	0.40	0.06	0.26
文化、办公用机械制造	0.22		0.02		0.02
通用零部件制造	0.60		-0.04		-0.04
其他通用设备制造业	0.06		0.01		0.01
专用设备制造业	**20.44**	**1.20**	**6.18**	**0.18**	**5.39**
采矿、冶金、建筑专用设备制造	16.03	1.02	5.55	0.06	4.68
化工、木材、非金属加工专用设备制造	0.62	0.05	0.11		0.11
食品、饮料、烟草及饲料生产专用设备制造	0.20				
印刷、制药、日化及日用品生产专用设备制造	0.28	0.01	0.03	0.01	0.03
纺织、服装和皮革加工专用设备制造	0.55	0.03	0.02	0.01	0.03
电子和电工机械专用设备制造	0.03		0.01		
农、林、牧、渔专用机械制造	0.17	0.02	0.07		0.07
医疗仪器设备及器械制造	2.47	0.07	0.40	0.10	0.47
环保、社会公共服务及其他专用设备制造	0.09	0.01			
汽车制造业	**48.79**	**3.63**	**10.92**	**9.68**	**17.91**
汽车整车制造	40.66	3.21	9.50	9.41	16.37
改装汽车制造	3.92	0.26	0.79	0.17	0.90
低速载货汽车制造					
电车制造					
汽车车身、挂车制造	0.02	0.01			
汽车零部件及配件制造	4.19	0.15	0.63	0.09	0.64
铁路、船舶、航空航天和其他运输设备制造业	**63.36**	**1.28**	**2.19**	**1.27**	**3.60**
铁路运输设备制造	55.18	0.72	-0.40	1.09	0.99
城市轨道交通设备制造					
船舶及相关装置制造	4.56	0.40	2.39	0.04	2.40
航空、航天器及设备制造	0.26		0.03		0.01
摩托车制造	3.21	0.14	0.18	0.12	0.20
自行车制造	0.15	0.02	-0.01	0.02	0.01
非公路休闲车及零配件制造					
潜水救捞及其他未列明运输设备制造					

单位：亿元

投资收益（损失以“–”号记）	营业利润	利润总额	亏损企业亏损额	应交增值税	应交所得税	从业人员平均人数（万人）
-1.16	**2.22**	**2.55**	**1.21**	**2.03**	**0.41**	**1.10**
	1.26	1.26	0.13	0.97	0.09	0.26
	0.24	0.24		0.18	0.03	0.07
		0.06		0.09	0.01	0.12
	-0.06	-0.06	0.06			0.01
-1.16	0.78	1.05	1.02	0.80	0.28	0.64
0.79	**51.49**	**53.76**	**7.12**	**20.72**	**8.20**	**6.16**
-1.21	45.76	47.34	1.63	15.29	6.35	2.93
-0.24	0.49	0.69	4.75	2.64	0.95	1.27
	0.28	0.28	0.24	0.51	0.15	0.13
-0.01	0.39	0.46	0.19	1.00	0.04	0.77
	0.77	0.73	0.19	0.05	0.20	0.15
2.26	3.14	3.55	0.12	1.06	0.48	0.66
	0.37	0.43		0.10	0.03	0.04
	0.13	0.13		0.02		0.11
	0.16	0.16		0.04		0.09
1.34	**17.70**	**19.85**	**2.30**	**23.60**	**3.20**	**2.94**
1.34	13.96	15.36	2.29	22.06	1.27	2.14
	0.14	0.20	0.01	0.19	0.04	0.15
	0.06	0.06		0.05	0.01	0.02
	-0.02	0.03		0.10		0.08
	-0.01			0.20	-0.01	0.09
	0.03	0.03		0.02	0.02	0.02
	0.15	0.14		0.05	0.04	0.11
	3.32	3.95		0.91	1.82	0.31
	0.07	0.07		0.03	0.01	0.03
2.39	**83.69**	**83.99**	**4.47**	**36.18**	**10.45**	**7.74**
2.39	81.22	80.37	3.40	32.84	10.25	5.91
	-0.53	0.60	0.74	1.19	-0.03	0.75
	-0.01	-0.01	0.01	0.01		0.02
	3.00	3.03	0.33	2.14	0.23	1.07
0.53	**20.58**	**21.23**	**6.94**	**12.92**	**3.71**	**3.07**
0.39	25.46	27.25		11.98	3.63	1.67
0.03	-3.23	-5.02	5.70	0.39	0.08	0.73
	0.02	0.02	0.01	0.06		0.05
0.10	-1.76	-1.15	1.24	0.40		0.57
	0.10	0.12		0.09		0.06

1-A-4 续表 14

行　业	管理费用	税金	财务费用	利息收入	利息支出
电气机械和器材制造业	**12.85**	**1.12**	**3.14**	**0.22**	**2.95**
电机制造	1.86	0.11	0.43	0.04	0.45
输配电及控制设备制造	6.70	0.62	1.76	0.06	1.56
电线、电缆、光缆及电工器材制造	0.89	0.09	0.43	0.01	0.41
电池制造	0.15		0.05		
家用电力器具制造	2.76	0.28	0.42	0.11	0.48
非电力家用器具制造	0.40	0.01	0.05		0.05
照明器具制造					
其他电气机械及器材制造	0.09				
计算机、通信和其他电子设备制造业	**48.07**	**0.61**	**0.45**	**2.14**	**3.13**
计算机制造	29.36	0.15	2.43	0.10	2.50
通信设备制造					
广播电视设备制造					
雷达及配套设备制造					
视听设备制造	14.54	0.39	-2.21	2.03	0.39
电子器件制造	0.95		-0.01	0.02	0.02
电子元件制造	0.20	0.01	0.09		0.08
其他电子设备制造	3.02	0.05	0.14		0.14
仪器仪表制造业	**1.22**	**0.03**	**0.03**	**0.01**	**0.02**
通用仪器仪表制造	0.37	0.03		0.01	0.01
专用仪器仪表制造	0.68		0.02		
钟表与计时仪器制造	0.16		0.01		0.01
光学仪器及眼镜制造					
其他仪器仪表制造业					
其他制造业	**0.17**	**0.02**	**0.02**		**0.02**
废弃资源综合利用业	**0.11**		**0.01**		**0.01**
金属废料和碎屑加工处理	0.11		0.01		0.01
非金属废料和碎屑加工处理					
金属制品、机械和设备修理业	**0.01**				
金属制品修理					
通用设备修理					
专用设备修理					
铁路、船舶、航空航天等运输设备修理	0.01				
电气设备修理					
仪器仪表修理					
其他机械和设备修理业					
电力、热力、燃气及水生产和供应业	**108.80**	**5.28**	**90.98**	**3.15**	**88.76**
电力、热力生产和供应业	**95.00**	**4.54**	**88.67**	**2.47**	**86.08**
电力生产	22.08	3.10	63.16	1.62	61.76
电力供应	66.69	1.23	20.92	0.54	19.68
热力生产和供应	6.22	0.22	4.59	0.30	4.64
燃气生产和供应业	**4.68**	**0.22**	**0.91**	**0.44**	**1.26**
水的生产和供应业	**9.13**	**0.52**	**1.39**	**0.24**	**1.42**
自来水生产和供应	8.66	0.51	1.24	0.22	1.32
污水处理及其再生利用	0.46	0.01	0.13	0.01	0.10
其他水的处理、利用与分配	0.01		0.02	0.02	

单位：亿元

投资收益(损失以“–”号记)	营业利润	利润总额	亏损企业亏损额	应交增值税	应交所得税	从业人员平均人数(万人)
1.27	**13.62**	**11.47**	**0.10**	**5.73**	**0.90**	**1.90**
	0.81	0.84		0.80	0.05	0.30
0.93	10.55	7.33		2.60	0.59	0.64
	1.11	1.16		0.91	0.02	0.18
	0.12	0.12		0.07	0.02	0.04
0.35	1.19	2.03		1.18	0.21	0.63
	-0.25	-0.10	0.10	0.07	0.01	0.10
	0.09	0.09		0.09		0.02
3.35	**42.24**	**48.22**	**0.14**	**25.31**	**5.66**	**3.50**
1.36	8.89	11.02		3.62	1.44	1.29
1.59	32.19	35.30		20.73	4.06	1.60
-0.02	0.37	0.78	0.03	0.07	0.03	0.10
0.05	-0.07	-0.03	0.11	0.08		0.17
0.36	0.85	1.16		0.82	0.13	0.35
	0.35	**0.57**		**0.33**	**0.09**	**0.19**
	0.09	0.30		0.04	0.02	0.07
	0.26	0.27		0.23	0.06	0.03
				0.06		0.09
	0.12	**0.12**		**0.07**		**0.02**
	0.02	**0.02**		**0.05**	**0.01**	**0.01**
	0.02	0.02		0.05	0.01	0.01
	0.21	**0.21**		**0.05**	**0.06**	**0.01**
	0.21	0.21		0.05	0.06	0.01
16.13	**262.51**	**269.96**	**16.55**	**140.22**	**30.11**	**19.14**
15.26	**260.58**	**263.42**	**12.13**	**135.75**	**28.21**	**16.43**
12.70	123.24	125.49	2.95	59.86	23.96	6.41
2.28	147.62	142.05	4.09	74.32	4.07	8.63
0.28	-10.28	-4.12	5.10	1.57	0.18	1.39
0.60	**8.66**	**8.87**	**0.39**	**2.27**	**1.67**	**0.74**
0.27	**-6.73**	**-2.33**	**4.03**	**2.19**	**0.23**	**1.97**
0.21	-7.23	-3.12	4.03	2.05	0.11	1.84
0.06	0.50	0.79		0.14	0.13	0.12
						0.01

1－A－5　按行业分组的规模以上

行　　业	企业单位数（个）	工业销售产值（当年价格）	出口交货值	资产总计	固定资产合计
总　　计	**25995**	**55252.76**	**2046.96**	**22791.46**	**9548.49**
采矿业	**449**	**845.61**	**1.16**	**329.45**	**142.38**
煤炭开采和洗选业	**114**	**262.98**	**0.62**	**101.55**	**31.06**
烟煤和无烟煤开采洗选	111	260.83	0.62	100.74	30.77
褐煤开采洗选	2	1.92		0.76	0.27
其他煤炭采选	1	0.23		0.06	0.01
石油和天然气开采业	**1**	**0.35**		**0.21**	**0.14**
石油开采	1	0.35		0.21	0.14
天然气开采					
黑色金属矿采选业	**99**	**202.87**		**83.99**	**44.29**
铁矿采选	99	202.87		83.99	44.29
锰矿、铬矿采选					
其他黑色金属矿采选					
有色金属矿采选业	**20**	**51.31**		**14.37**	**9.01**
常用有色金属矿采选					
贵金属矿采选	20	51.31		14.37	9.01
稀有稀土金属矿采选					
非金属矿采选业	**212**	**323.65**	**0.54**	**126.93**	**56.67**
土砂石开采	143	217.43	0.54	56.31	30.38
化学矿开采	1	0.48		0.30	0.24
采盐	19	46.90		57.39	18.67
石棉及其他非金属矿采选	49	58.85		12.93	7.38
开采辅助活动	**1**	**0.75**		**0.68**	**0.05**
煤炭开采和洗选辅助活动					
石油和天然气开采辅助活动	1	0.75		0.68	0.05
其他开采辅助活动					
其他采矿业	**2**	**3.70**		**1.72**	**1.17**
制造业	**25451**	**54308.79**	**2045.80**	**22316.63**	**9331.24**
农副食品加工业	**2666**	**5814.86**	**342.15**	**1987.80**	**798.89**
谷物磨制	334	691.25	1.32	168.95	81.16
饲料加工	350	770.48	2.36	177.74	71.11
植物油加工	297	745.13	2.70	328.32	81.49
制糖业	4	3.36		1.41	0.80
屠宰及肉类加工	556	1551.26	21.55	588.59	235.17
水产品加工	264	778.86	127.91	290.08	137.68
蔬菜、水果和坚果加工	643	910.12	153.59	297.43	134.60
其他农副食品加工	218	364.39	32.73	135.27	56.88
食品制造业	**690**	**1123.54**	**73.26**	**561.90**	**234.12**
焙烤食品制造	108	116.92	3.19	39.80	20.98
糖果、巧克力及蜜饯制造	64	78.98	0.66	21.56	9.29
方便食品制造	68	76.43	0.01	22.17	11.10
乳制品制造	39	81.73	1.55	29.95	14.16
罐头食品制造	73	106.45	17.30	44.46	23.15
调味品、发酵制品制造	111	183.90	14.35	139.00	67.40
其他食品制造	227	479.12	36.20	264.96	88.04
酒、饮料和精制茶制造业	**305**	**536.51**	**4.78**	**220.82**	**104.69**
酒的制造	189	361.02	0.22	142.68	68.36
饮料制造	90	155.71	4.56	65.97	32.47
精制茶加工	26	19.78		12.17	3.85

私营工业企业主要经济指标（门、大、中类行业）

单位：亿元

固定资产原价	累计折旧	流动资产合计	应收账款	存货	产成品	负债合计	流动负债合计
15406.62	**6841.10**	**11015.29**	**2011.22**	**2592.32**	**1101.87**	**10792.17**	**8403.32**
198.96	**70.72**	**129.73**	**22.66**	**25.25**	**15.09**	**126.87**	**78.07**
48.32	**20.70**	**49.18**	**8.50**	**8.11**	**5.42**	**44.08**	**24.80**
47.91	20.57	48.65	8.40	7.95	5.35	43.80	24.57
0.39	0.12	0.48	0.10	0.14	0.05	0.27	0.21
0.02		0.04	0.01	0.02	0.02	0.01	0.01
0.14	**0.01**	**0.07**	**0.02**	**0.04**		**0.06**	**0.06**
0.14	0.01	0.07	0.02	0.04		0.06	0.06
60.49	**21.05**	**26.61**	**5.27**	**6.34**	**3.79**	**33.59**	**30.19**
60.49	21.05	26.61	5.27	6.34	3.79	33.59	30.19
10.02	**3.80**	**4.77**	**0.89**	**2.30**	**0.28**	**3.15**	**1.20**
10.02	3.80	4.77	0.89	2.30	0.28	3.15	1.20
78.62	**24.81**	**48.02**	**7.48**	**8.40**	**5.56**	**44.97**	**21.31**
44.84	15.85	18.81	3.76	2.94	1.76	15.94	11.11
0.32	0.08	0.06	0.02	0.01		0.02	0.02
24.03	6.69	24.62	2.33	4.37	3.06	24.74	6.42
9.43	2.19	4.53	1.36	1.07	0.74	4.26	3.76
0.07	**0.02**	**0.63**	**0.41**			**0.52**	**0.02**
0.07	0.02	0.63	0.41			0.52	0.02
1.29	**0.34**	**0.45**	**0.09**	**0.06**	**0.03**	**0.49**	**0.49**
15122.97	**6747.19**	**10831.26**	**1981.26**	**2563.42**	**1085.90**	**10570.36**	**8256.10**
1442.95	**701.05**	**1019.41**	**146.91**	**346.85**	**129.92**	**871.86**	**712.37**
121.19	45.77	63.56	8.15	19.17	7.12	58.76	40.37
118.63	50.85	83.08	10.45	28.41	7.80	83.38	59.02
109.84	33.86	225.94	18.12	104.41	27.28	165.57	143.98
1.37	0.56	0.60	0.10	0.21	0.15	0.89	0.89
493.33	267.78	308.80	43.14	84.29	34.21	265.30	233.83
289.81	167.29	137.83	24.04	50.53	24.32	122.54	96.35
227.35	100.85	134.15	32.09	45.21	21.53	106.43	84.54
81.42	34.08	65.43	10.80	14.61	7.51	68.98	53.38
467.48	**252.20**	**257.29**	**35.80**	**53.70**	**26.90**	**253.19**	**160.92**
28.23	8.61	14.26	3.90	3.59	2.12	15.81	11.25
15.60	6.64	5.75	1.13	1.68	0.60	6.18	2.78
15.07	4.45	8.52	1.24	1.70	1.17	9.24	6.76
103.99	91.40	13.44	2.97	2.32	0.89	12.92	8.34
34.23	13.28	18.50	4.58	6.78	3.62	17.68	13.85
143.22	80.72	48.32	8.10	11.90	4.74	54.44	35.98
127.14	47.11	148.50	13.88	25.73	13.76	136.92	81.96
136.64	**40.37**	**86.48**	**11.15**	**26.65**	**12.80**	**84.31**	**68.34**
88.45	26.01	55.18	5.38	17.33	7.79	58.23	48.35
41.64	11.22	28.06	5.19	8.22	4.08	23.63	18.53
6.55	3.14	3.24	0.57	1.10	0.94	2.45	1.46

1-A-5 续表 1

行业	企业单位数（个）	工业销售产值（当年价格）	出口交货值	资产总计	固定资产合计
烟草制品业	**1**	**0.93**		**0.07**	**0.03**
烟叶复烤					
卷烟制造					
其他烟草制品制造	1	0.93		0.07	0.03
纺织业	**2096**	**3573.57**	**97.74**	**1165.57**	**548.51**
棉纺织及印染精加工	1563	2814.33	57.20	947.66	441.08
毛纺织及染整精加工	115	152.98	1.17	43.48	25.11
麻纺织及染整精加工	10	37.41	3.76	5.50	2.87
丝绢纺织及印染精加工	17	29.72	4.68	6.09	2.12
化纤织造及印染精加工	19	13.06	1.01	10.74	5.82
针织或钩针编织物及其制品制造	99	160.91	1.59	41.49	23.29
家用纺织制成品制造	145	176.13	26.15	47.86	20.21
非家用纺织制成品制造	128	189.03	2.19	62.75	28.01
纺织服装、服饰业	**792**	**1133.04**	**171.78**	**370.41**	**170.50**
机织服装制造	506	743.93	90.67	273.10	123.31
针织或钩针编织服装制造	236	337.41	78.91	82.23	39.14
服饰制造	50	51.70	2.19	15.08	8.06
皮革、毛皮、羽毛及其制品和制鞋业	**281**	**421.06**	**33.27**	**108.72**	**53.98**
皮革鞣制加工	41	88.81	10.46	23.67	11.22
皮革制品制造	67	96.53	11.29	27.71	11.06
毛皮鞣制及制品加工	42	66.37	4.95	17.33	8.30
羽毛(绒)加工及制品制造	15	10.82	0.36	4.04	2.21
制鞋业	116	158.53	6.20	35.96	21.19
木材加工和木、竹、藤、棕、草制品业	**1160**	**1573.07**	**65.08**	**407.05**	**197.16**
木材加工	125	127.26	0.19	33.69	19.61
人造板制造	803	1146.35	51.71	285.16	131.49
木制品制造	209	281.70	9.96	84.50	43.51
竹、藤、棕、草等制品制造	23	17.76	3.23	3.70	2.56
家具制造业	**424**	**522.01**	**62.17**	**188.86**	**90.23**
木质家具制造	379	470.51	62.17	175.22	84.31
竹、藤家具制造	2	1.86		0.29	0.11
金属家具制造	19	15.64		5.18	1.63
塑料家具制造	2	1.75		0.42	0.07
其他家具制造	22	32.26		7.74	4.12
造纸和纸制品业	**501**	**734.41**	**6.06**	**341.69**	**175.82**
纸浆制造	6	14.01	0.04	10.60	7.87
造纸	164	253.95	2.23	175.31	90.49
纸制品制造	331	466.44	3.79	155.78	77.46
印刷和记录媒介复制业	**329**	**491.47**	**3.28**	**154.71**	**74.99**
印刷	314	470.17	3.28	141.18	71.05
装订及印刷相关服务	14	21.10		13.04	3.64
记录媒介复制	1	0.20		0.50	0.30
文教、工美、体育和娱乐用品制造业	**723**	**1149.17**	**195.27**	**321.70**	**145.28**
文教办公用品制造	30	54.49	0.35	17.22	6.96
乐器制造	14	27.07	6.06	3.29	1.72
工艺美术品制造	541	840.80	175.87	217.32	94.78
体育用品制造	74	135.11	2.36	63.27	31.81
玩具制造	58	87.47	10.63	19.81	9.71
游艺器材及娱乐用品制造	6	4.24		0.79	0.30

单位：亿元

固定资产原价	累计折旧	流动资产合计	应收账款	存货	产成品	负债合计	流动负债合计
0.10	**0.07**	**0.03**		**0.01**		**0.03**	**0.03**
0.10	0.07	0.03		0.01		0.03	0.03
940.65	**427.91**	**523.96**	**81.59**	**133.75**	**54.10**	**475.42**	**327.50**
763.96	348.13	435.61	60.88	114.17	45.35	397.34	269.58
44.60	21.29	15.66	4.10	3.37	1.83	14.52	10.58
3.66	0.85	1.68	0.51	0.26	0.09	2.14	0.88
5.27	3.33	3.19	0.92	1.25	0.62	3.00	2.62
10.39	6.04	3.50	1.80	0.48	0.20	3.38	3.08
35.67	13.54	14.76	2.67	3.75	1.15	11.27	6.85
38.83	19.43	18.64	3.83	4.54	2.39	21.59	16.64
38.27	15.30	30.91	6.89	5.94	2.49	22.18	17.27
293.07	**132.65**	**158.90**	**32.60**	**45.21**	**17.29**	**148.31**	**106.13**
205.68	89.68	117.30	24.19	30.86	13.83	105.53	72.69
76.92	40.48	36.14	7.45	12.55	2.77	37.40	29.81
10.47	2.50	5.46	0.97	1.80	0.70	5.38	3.63
91.65	**43.27**	**48.75**	**9.74**	**14.62**	**6.89**	**46.90**	**32.36**
19.55	9.03	11.84	1.04	4.94	3.33	13.07	10.61
17.24	8.50	14.37	3.18	5.02	1.66	14.01	7.56
9.20	1.17	7.74	1.13	1.34	0.60	5.53	3.53
2.41	0.24	1.66	0.31	0.32	0.09	1.27	1.21
43.24	24.33	13.13	4.08	3.00	1.21	13.02	9.45
378.72	**191.66**	**172.12**	**29.91**	**44.86**	**22.00**	**150.39**	**117.61**
31.27	12.25	10.73	3.30	3.10	2.17	7.15	5.42
278.91	155.30	126.26	19.89	33.26	16.20	115.49	89.25
65.38	23.49	34.26	6.30	8.30	3.50	26.65	22.00
3.17	0.62	0.86	0.43	0.20	0.13	1.09	0.94
151.90	**67.45**	**82.45**	**12.31**	**20.98**	**9.42**	**71.73**	**51.89**
141.15	61.87	77.06	11.34	20.11	9.02	67.72	49.45
0.12	0.02	0.19	0.03	0.09	0.06	0.06	0.04
1.74	0.40	2.49	0.56	0.41	0.12	2.62	1.67
0.07		0.11	0.05	0.05	0.05	0.05	0.02
8.82	5.16	2.60	0.33	0.31	0.16	1.29	0.71
230.15	**81.36**	**130.26**	**19.27**	**30.59**	**14.98**	**150.88**	**115.57**
9.20	1.59	1.63	-5.02	0.77	0.27	5.23	4.53
99.40	28.62	66.43	11.51	16.54	7.93	83.46	62.39
121.55	51.15	62.20	12.79	13.28	6.79	62.19	48.65
105.67	**35.54**	**62.89**	**14.17**	**14.55**	**5.48**	**69.06**	**51.32**
99.63	33.09	56.65	13.68	13.92	5.08	57.14	41.70
5.58	2.29	6.04	0.42	0.56	0.36	11.63	9.52
0.46	0.16	0.20	0.08	0.07	0.05	0.29	0.10
236.74	**97.81**	**159.15**	**33.71**	**38.06**	**15.85**	**136.08**	**113.06**
8.14	1.75	7.70	1.44	1.84	1.24	4.21	3.25
1.99	0.99	0.57	0.11	0.18	0.13	0.74	0.17
165.87	74.85	111.53	24.94	26.19	9.14	93.93	79.54
46.64	15.45	30.98	5.70	7.83	4.52	29.58	23.82
13.61	4.59	7.98	1.49	1.95	0.81	7.13	5.81
0.48	0.17	0.39	0.03	0.07	0.01	0.49	0.48

1-A-5 续表 2

行业	企业单位数(个)	工业销售产值(当年价格)	出口交货值	资产总计	固定资产合计
石油加工及炼焦业	**196**	**1660.61**	**0.93**	**1063.40**	**294.92**
化学原料和化学制品制造业	**2393**	**6895.28**	**140.25**	**3178.71**	**1364.22**
基础化学原料制造	508	1501.10	25.31	786.66	300.18
肥料制造	214	508.28	3.82	358.34	165.07
农药制造	98	276.39	10.22	95.70	33.59
涂料、油墨、颜料及类似产品制造	153	236.23	0.31	83.14	34.75
合成材料制造	342	1304.74	21.93	668.54	325.83
专用化学产品制造	1016	2947.63	75.24	1135.98	480.75
炸药、火工及焰火产品制造	7	17.79		12.17	3.56
日用化学产品制造	55	103.12	3.41	38.16	20.48
医药制造业	**423**	**1187.28**	**24.15**	**571.65**	**252.75**
化学药品原料药制造	98	303.98	9.02	132.41	70.37
化学药品制剂制造	48	220.54	0.75	119.13	37.60
中药饮片加工	22	55.79	2.93	11.49	8.03
中成药生产	48	102.58		41.65	18.86
兽用药品制造	57	77.35		19.75	9.61
生物药品制造	82	264.86	5.76	183.75	80.83
卫生材料及医药用品制造	68	162.18	5.69	63.48	27.47
化学纤维制造业	**50**	**95.64**	**0.48**	**33.22**	**16.69**
纤维素纤维原料及纤维制造	14	42.51		13.64	4.76
合成纤维制造	36	53.13	0.48	19.58	11.93
橡胶和塑料制品业	**1231**	**3480.78**	**414.26**	**1615.14**	**676.85**
橡胶制品业	403	2294.64	380.68	1158.36	470.50
塑料制品业	828	1186.14	33.58	456.79	206.35
非金属矿物制品业	**2645**	**4203.76**	**36.86**	**1625.70**	**794.08**
水泥、石灰和石膏制造	205	354.33	0.10	158.41	89.52
石膏、水泥制品及类似制品制造	542	561.61	0.75	264.76	101.11
砖瓦、石材等建筑材料制造	893	1469.95	7.64	405.06	220.67
玻璃制造	51	101.30	0.27	45.13	19.52
玻璃制品制造	171	305.36	9.19	158.21	64.38
玻璃纤维和玻璃纤维增强塑料制品制造	298	498.36	4.58	250.35	168.38
陶瓷制品制造	135	252.95	3.13	72.38	32.31
耐火材料制品制造	142	249.79	2.03	80.89	32.43
石墨及其他非金属矿物制品制造	208	410.11	9.16	190.49	65.75
黑色金属冶炼和压延加工业	**539**	**1774.16**	**11.03**	**843.86**	**345.70**
炼铁	7	45.64	0.08	13.72	4.26
炼钢	11	254.28		209.50	80.59
黑色金属铸造	279	469.75	4.77	150.54	72.66
钢压延加工	232	971.34	6.19	439.10	181.00
铁合金冶炼	10	33.15		31.00	7.18
有色金属冶炼和压延加工业	**282**	**2442.86**	**28.06**	**1316.51**	**601.15**
常用有色金属冶炼	26	208.30		25.37	11.48
贵金属冶炼	2	34.15		18.17	1.26
稀有稀土金属冶炼	4	6.87		1.81	1.29
有色金属合金制造	35	140.26	1.78	43.80	10.72
有色金属铸造	11	11.17	0.20	6.27	2.45
有色金属压延加工	204	2042.11	26.09	1221.09	573.95

单位：亿元

固定资产原价	累计折旧	流动资产合计	应收账款	存货	产成品	负债合计	流动负债合计
484.21	**248.24**	**657.06**	**47.48**	**178.81**	**80.82**	**715.49**	**641.33**
2054.99	**881.29**	**1510.33**	**257.19**	**310.38**	**146.94**	**1704.47**	**1313.52**
436.65	191.60	417.61	60.98	81.57	38.35	432.14	328.37
287.98	133.23	152.48	26.92	31.83	18.20	212.61	150.60
109.32	80.04	53.05	10.41	15.64	9.64	48.68	39.00
56.29	23.59	34.43	8.32	8.01	3.92	33.36	20.96
453.62	170.94	282.51	58.12	55.01	25.81	428.12	348.24
682.41	272.05	551.03	89.21	114.41	49.93	526.67	413.74
4.42	0.87	3.41	0.39	0.44	0.08	5.53	4.43
24.30	8.98	15.82	2.82	3.47	1.01	17.38	8.17
453.15	**221.41**	**239.26**	**42.18**	**35.77**	**19.54**	**218.11**	**141.97**
83.81	17.01	47.47	8.91	7.14	4.39	42.31	36.97
96.05	61.44	64.81	8.13	9.71	5.69	66.24	37.36
21.97	14.29	3.30	0.99	1.18	0.79	5.05	3.55
29.72	12.71	14.18	5.37	3.67	1.24	15.64	11.45
15.93	6.93	7.20	2.31	1.61	0.73	6.48	4.24
165.57	95.30	72.78	10.17	7.52	4.23	60.46	32.40
40.09	13.75	29.52	6.32	4.95	2.47	21.93	16.00
29.83	**15.46**	**12.86**	**2.38**	**2.03**	**0.73**	**14.74**	**9.04**
6.44	3.48	7.24	0.88	1.03	0.24	7.05	3.92
23.39	11.97	5.62	1.50	1.00	0.49	7.69	5.12
1047.71	**438.08**	**823.48**	**150.02**	**165.28**	**89.03**	**805.97**	**666.04**
766.20	329.59	621.91	104.49	122.58	67.83	608.08	521.75
281.51	108.49	201.58	45.53	42.71	21.21	197.89	144.30
1247.68	**507.76**	**663.59**	**170.09**	**133.79**	**58.77**	**702.22**	**538.59**
124.99	42.42	58.23	17.75	10.04	5.05	70.11	55.42
153.44	60.65	134.26	52.60	21.46	6.65	132.94	100.62
375.14	168.96	145.51	35.09	39.22	18.85	133.51	95.13
27.02	10.18	20.69	4.03	2.31	0.99	18.01	7.43
111.61	50.76	71.85	10.44	10.70	6.66	81.58	71.65
234.81	70.98	67.99	16.69	13.32	6.14	56.83	35.25
86.44	55.05	29.70	5.48	9.53	4.86	29.35	19.47
46.87	17.86	30.49	12.01	5.82	3.52	32.07	20.64
87.36	30.89	104.87	16.00	21.39	6.04	147.81	132.98
529.70	**243.08**	**449.30**	**38.86**	**88.86**	**42.27**	**473.85**	**413.35**
4.76	0.95	3.57	1.27	0.58	0.29	9.54	9.41
111.92	40.38	124.30	3.29	22.37	10.17	152.57	138.56
114.77	45.62	67.58	13.93	13.18	6.89	59.17	47.38
291.01	155.53	231.80	20.30	50.34	24.52	231.80	197.71
7.25	0.60	22.05	0.06	2.39	0.41	20.76	20.29
952.49	**427.40**	**628.50**	**89.36**	**201.07**	**42.39**	**510.55**	**412.29**
20.27	9.30	12.27	2.50	2.79	1.04	6.71	3.89
4.25	2.99	15.50		0.78		9.07	9.05
1.58	0.28	0.45	0.03	0.07	0.01	1.14	0.91
14.64	5.26	25.86	10.22	5.82	2.66	20.61	15.57
3.84	1.68	3.19	0.78	1.03	0.70	3.09	2.29
907.92	407.89	571.23	75.83	190.57	37.99	469.92	380.58

1-A-5 续表 3

行　业	企业单位数（个）	工业销售产值（当年价格）	出口交货值	资产总计	固定资产合计
金属制品业	**1443**	**2955.77**	**55.75**	**1280.31**	**435.81**
结构性金属制品制造	410	788.15	12.33	272.82	98.58
金属工具制造	137	158.37	2.75	55.52	21.37
集装箱及金属包装容器制造	89	138.88	2.30	72.64	23.45
金属丝绳及其制品制造	49	140.90	0.17	58.04	21.82
建筑、安全用金属制品制造	99	169.86	7.50	45.52	16.52
金属表面处理及热处理加工	75	211.27	1.39	186.43	40.39
搪瓷制品制造	14	11.19	1.45	6.10	1.86
金属制日用品制造	66	98.95	0.91	35.62	11.47
其他金属制品制造	504	1238.18	26.96	547.63	200.35
通用设备制造业	**2284**	**4085.57**	**64.87**	**1442.36**	**665.07**
锅炉及原动设备制造	214	455.14	9.37	244.67	97.41
金属加工机械制造	457	813.81	9.51	243.96	125.11
物料搬运设备制造	133	298.83	4.99	114.58	54.08
泵、阀门、压缩机及类似机械制造	340	680.92	11.84	217.79	103.90
轴承、齿轮和传动部件制造	420	634.81	1.85	215.58	99.55
烘炉、风机、衡器、包装等设备制造	235	483.26	5.59	176.27	82.43
文化、办公用机械制造	6	4.73	0.32	3.65	0.82
通用零部件制造	397	609.69	20.21	191.47	86.34
其他通用设备制造业	82	104.37	1.19	34.39	15.43
专用设备制造业	**1452**	**2848.08**	**68.73**	**1177.15**	**491.34**
采矿、冶金、建筑专用设备制造	532	1203.02	31.85	618.56	267.22
化工、木材、非金属加工专用设备制造	206	362.88	10.86	119.88	47.39
食品、饮料、烟草及饲料生产专用设备制造	54	69.77	5.84	22.16	12.47
印刷、制药、日化及日用品生产专用设备制造	82	140.31	2.06	37.28	14.34
纺织、服装和皮革加工专用设备制造	105	218.12	3.63	52.60	32.56
电子和电工机械专用设备制造	82	168.75	1.17	46.68	20.55
农、林、牧、渔专用机械制造	186	252.57	1.25	102.29	39.74
医疗仪器设备及器械制造	54	105.58	2.97	40.67	15.16
环保、社会公共服务及其他专用设备制造	151	327.09	9.09	137.03	41.90
汽车制造业	**816**	**1797.91**	**84.12**	**788.15**	**255.00**
汽车整车制造	21	202.94		210.83	23.44
改装汽车制造	67	230.54	4.35	74.05	25.24
低速载货汽车制造	3	3.67		2.28	0.54
电车制造	12	15.50	0.01	13.85	8.02
汽车车身、挂车制造	56	73.11	0.68	31.55	10.39
汽车零部件及配件制造	657	1272.13	79.08	455.60	187.37
铁路、船舶、航空航天和其他运输设备制造业	**213**	**409.95**	**7.11**	**183.20**	**68.26**
铁路运输设备制造	31	53.25	0.71	47.63	13.27
城市轨道交通设备制造					
船舶及相关装置制造	78	202.24	4.45	95.13	36.10
航空、航天器及设备制造	3	4.93		0.50	0.19
摩托车制造	21	37.87		10.63	5.75
自行车制造	45	68.63	0.05	21.14	9.05
非公路休闲车及零配件制造	1	1.40		0.82	0.01
潜水救捞及其他未列明运输设备制造	34	41.62	1.90	7.36	3.89

单位：亿元

固定资产原价	累计折旧	流动资产合计	应收账款	存货	产成品	负债合计	流动负债合计
703.73	**310.06**	**712.51**	**130.00**	**150.33**	**64.07**	**683.47**	**534.02**
155.41	64.94	129.80	33.47	32.29	10.04	125.92	81.67
33.97	14.43	27.05	5.48	7.38	3.09	22.78	17.83
34.42	13.86	42.11	8.74	9.51	3.73	37.41	31.25
32.54	13.16	31.08	3.90	7.78	4.44	25.57	22.62
29.52	14.32	19.04	4.64	3.76	1.80	12.07	8.83
54.13	21.49	139.18	4.97	26.00	13.19	142.93	129.33
2.56	0.73	4.02	0.37	1.31	0.45	3.75	3.73
14.52	4.58	17.77	3.68	3.09	1.30	13.93	11.84
346.68	162.55	302.46	64.74	59.20	26.02	299.11	226.91
954.61	**346.65**	**628.34**	**161.00**	**153.94**	**65.74**	**577.11**	**433.24**
134.28	44.98	112.92	27.68	31.05	12.72	114.11	97.88
212.34	98.65	94.49	25.82	22.02	8.73	91.10	62.90
61.72	13.15	49.75	11.29	12.01	4.75	39.21	31.52
166.38	70.59	95.57	21.40	26.16	10.94	91.48	69.43
116.70	25.93	98.95	32.28	23.85	13.56	78.70	50.48
117.86	43.09	75.01	15.29	15.29	5.66	68.33	56.45
0.67	0.18	2.43	0.57	0.87	0.28	2.30	2.19
121.92	42.27	82.88	22.33	19.42	7.68	79.86	53.65
22.75	7.81	16.35	4.32	3.27	1.42	12.03	8.74
810.88	**381.78**	**553.03**	**145.44**	**140.40**	**51.86**	**512.49**	**352.68**
416.92	181.23	311.68	91.77	75.71	25.51	265.88	176.51
80.33	40.03	50.18	10.24	12.70	4.62	48.93	35.97
24.34	12.83	6.05	1.43	1.42	0.71	7.80	4.39
22.28	10.00	15.06	4.12	5.12	1.42	17.06	14.26
37.10	16.74	17.68	3.87	3.74	2.40	14.34	9.46
62.79	43.32	21.56	5.25	5.63	2.11	22.60	17.03
68.03	30.60	49.65	9.91	13.32	6.34	42.45	30.66
17.35	4.60	21.94	4.53	4.67	3.32	21.43	16.20
81.74	42.42	59.23	14.32	18.08	5.43	72.01	48.20
474.84	**240.66**	**424.93**	**82.44**	**87.65**	**42.33**	**441.35**	**370.69**
78.30	55.51	149.04	19.79	24.62	16.01	175.08	164.50
53.78	30.20	33.53	6.13	8.40	1.74	31.34	27.16
0.65	0.10	1.27	0.05	0.26	0.20	0.30	0.07
8.40	1.33	5.16	0.98	1.55	0.54	5.79	4.48
12.73	3.60	19.14	2.67	1.98	1.22	14.37	12.08
320.99	149.91	216.79	52.83	50.85	22.61	214.48	162.40
104.28	**43.90**	**100.20**	**17.10**	**11.10**	**4.41**	**107.35**	**79.52**
13.95	3.93	26.01	4.21	2.92	1.25	34.60	33.08
66.40	32.15	55.48	7.92	4.66	1.58	53.19	33.83
0.23	0.04	0.31	0.13	0.07	0.06	0.25	0.25
8.65	3.84	4.24	0.89	1.03	0.52	5.88	3.80
10.64	2.48	10.67	2.54	1.55	0.71	8.94	6.74
0.44	0.44	0.10	0.01	0.02	0.01	0.22	0.19
3.97	1.02	3.40	1.40	0.85	0.28	4.28	1.64

1-A-5 续表 4

行　　业	企业单位数(个)	工业销售产值(当年价格)	出口交货值	资产总计	固定资产合计
电气机械和器材制造业	**969**	**2479.46**	**26.46**	**984.96**	**349.15**
电机制造	125	283.92	8.00	118.34	47.78
输配电及控制设备制造	349	882.19	7.56	403.70	120.03
电线、电缆、光缆及电工器材制造	171	663.95	1.36	223.69	87.51
电池制造	54	128.24	0.11	61.89	16.10
家用电力器具制造	80	222.76	6.83	51.29	20.52
非电力家用器具制造	84	134.87	1.08	58.73	29.85
照明器具制造	57	91.18	1.53	36.35	17.76
其他电气机械及器材制造	49	72.35		30.95	9.59
计算机、通信和其他电子设备制造业	**246**	**411.97**	**15.14**	**198.57**	**66.31**
计算机制造	10	11.36	4.41	8.99	2.72
通信设备制造	25	32.69	1.01	11.94	4.12
广播电视设备制造	13	12.21		8.06	1.86
雷达及配套设备制造					
视听设备制造	5	8.18		1.49	0.83
电子器件制造	50	96.51	1.94	37.43	14.81
电子元件制造	124	227.13	7.61	124.54	39.63
其他电子设备制造	19	23.88	0.17	6.12	2.33
仪器仪表制造业	**193**	**360.77**	**7.47**	**124.47**	**36.87**
通用仪器仪表制造	127	249.05	4.77	79.84	23.95
专用仪器仪表制造	55	100.75	1.91	38.29	10.78
钟表与计时仪器制造	3	3.84	0.78	2.67	0.75
光学仪器及眼镜制造	3	2.56		2.25	0.72
其他仪器仪表制造业	5	4.57	0.01	1.42	0.67
其他制造业	**52**	**60.82**	**5.02**	**18.90**	**8.96**
废弃资源综合利用业	**45**	**64.91**	**0.25**	**35.01**	**12.60**
金属废料和碎屑加工处理	24	31.75	0.25	26.84	7.41
非金属废料和碎屑加工处理	21	33.17		8.17	5.19
金属制品、机械和设备修理业	**11**	**19.57**		**6.05**	**1.33**
金属制品修理	2	2.36		0.80	0.13
通用设备修理					
专用设备修理	4	8.13		2.51	0.65
铁路、船舶、航空航天等运输设备修理	2	6.81		2.12	0.32
电气设备修理	1	1.52		0.12	0.03
仪器仪表修理					
其他机械和设备修理业	2	0.75		0.50	0.19
电力、热力、燃气及水生产和供应业	**95**	**98.35**		**145.38**	**74.86**
电力、热力生产和供应业	**45**	**57.76**		**93.59**	**54.79**
电力生产	20	34.35		71.06	43.23
电力供应	2	8.03		2.45	0.83
热力生产和供应	23	15.38		20.09	10.72
燃气生产和供应业	**25**	**17.29**		**24.94**	**5.13**
水的生产和供应业	**25**	**23.30**		**26.85**	**14.94**
自来水生产和供应	7	9.64		14.67	7.80
污水处理及其再生利用	16	11.88		9.35	4.98
其他水的处理、利用与分配	2	1.79		2.83	2.16

单位：亿元

固定资产原价	累计折旧	流动资产合计	应收账款	存货	产成品	负债合计	流动负债合计
600.98	**287.47**	**522.69**	**163.71**	**95.36**	**43.34**	**472.68**	**359.06**
86.40	40.94	60.11	10.29	12.02	3.42	64.89	57.00
189.47	86.23	247.06	94.30	41.97	18.04	222.48	170.42
162.76	82.79	102.26	25.74	19.28	10.68	72.84	58.65
31.30	16.20	39.91	16.77	5.90	4.18	39.35	25.77
49.73	32.04	23.22	6.72	6.31	3.21	22.29	17.92
39.37	10.10	25.25	4.45	3.13	1.82	21.43	16.24
27.02	11.24	14.25	3.37	3.57	1.25	12.93	7.99
14.93	7.92	10.64	2.07	3.18	0.74	16.46	5.06
97.65	**36.60**	**106.87**	**27.10**	**19.54**	**9.13**	**87.85**	**65.12**
4.16	2.49	5.26	1.66	0.79	0.45	5.16	4.70
5.25	1.69	6.60	2.52	1.18	0.55	5.89	3.35
2.35	0.78	5.08	1.32	1.12	0.33	3.82	2.82
1.04	0.21	0.57	0.32	0.05	0.03	0.75	0.60
16.25	3.22	15.24	3.99	3.09	1.84	16.56	9.32
63.26	25.14	71.34	16.62	12.57	5.59	53.81	42.91
5.34	3.08	2.78	0.67	0.74	0.34	1.86	1.41
71.47	**38.07**	**69.46**	**23.87**	**13.70**	**6.07**	**57.83**	**47.67**
55.46	33.10	45.10	16.24	8.33	4.10	35.81	29.75
13.94	4.53	21.10	6.37	4.84	1.79	19.28	15.25
0.45	0.21	1.56	0.79	0.26		1.30	1.30
0.78	0.06	1.08	0.28	0.22	0.16	1.02	1.02
0.83	0.16	0.62	0.20	0.05	0.02	0.42	0.35
11.04	**2.83**	**6.26**	**1.36**	**1.56**	**0.96**	**5.26**	**3.24**
16.24	**4.70**	**16.46**	**3.07**	**3.37**	**1.53**	**19.23**	**15.83**
9.37	2.87	14.46	2.69	2.74	1.11	16.69	14.14
6.87	1.82	1.99	0.38	0.62	0.42	2.55	1.69
1.76	**0.43**	**4.45**	**1.43**	**0.67**	**0.33**	**2.18**	**1.78**
0.21	0.08	0.59	0.04	0.18	0.14	0.49	0.39
0.82	0.17	1.68	0.97	0.31	0.01	1.30	1.25
0.47	0.14	1.78	0.22	0.09	0.08	0.08	0.06
0.03		0.09				0.02	0.02
0.23	0.03	0.31	0.19	0.10	0.09	0.28	0.07
84.69	**23.19**	**54.30**	**7.30**	**3.65**	**0.89**	**94.93**	**69.16**
60.03	**17.60**	**30.04**	**3.03**	**1.82**	**0.25**	**60.64**	**39.34**
39.15	6.72	19.75	2.04	1.02	0.18	42.40	25.93
0.82	0.24	1.61	0.29			1.67	0.19
20.07	10.64	8.68	0.71	0.80	0.07	16.57	13.22
6.23	**1.67**	**15.11**	**0.95**	**0.48**	**0.25**	**20.34**	**17.54**
18.43	**3.92**	**9.16**	**3.31**	**1.36**	**0.38**	**13.96**	**12.28**
10.00	2.57	4.65	2.00	0.63	0.25	9.67	9.35
5.93	1.01	3.84	0.98	0.56	0.09	2.97	1.62
2.50	0.34	0.67	0.33	0.17	0.04	1.32	1.32

1-A-5 续表 5

行业	应付账款	所有者权益合计	实收资本	国家资本	集体资本
总　　计	**1484.29**	**11719.82**	**3731.37**	**20.79**	**73.87**
采矿业	**19.10**	**197.63**	**65.93**	**0.27**	**2.12**
煤炭开采和洗选业	**6.67**	**57.39**	**23.60**		**1.06**
烟煤和无烟煤开采洗选	6.55	56.85	23.53		1.06
褐煤开采洗选	0.12	0.48	0.06		
其他煤炭采选		0.05	0.01		
石油和天然气开采业	**0.06**	**0.14**	**0.05**		
石油开采	0.06	0.14	0.05		
天然气开采					
黑色金属矿采选业	**7.78**	**48.64**	**21.16**		
铁矿采选	7.78	48.64	21.16		
锰矿、铬矿采选					
其他黑色金属矿采选					
有色金属矿采选业	**0.08**	**11.22**	**2.42**		**0.07**
常用有色金属矿采选					
贵金属矿采选	0.08	11.22	2.42		0.07
稀有稀土金属矿采选					
非金属矿采选业	**4.41**	**78.86**	**18.56**	**0.27**	**0.99**
土砂石开采	2.38	37.95	13.37	0.27	0.89
化学矿开采	0.02	0.27	0.05		
采盐	0.69	32.05	3.97		0.10
石棉及其他非金属矿采选	1.33	8.59	1.18		
开采辅助活动	**0.02**	**0.15**	**0.08**		
煤炭开采和洗选辅助活动					
石油和天然气开采辅助活动	0.02	0.15	0.08		
其他开采辅助活动					
其他采矿业	**0.08**	**1.23**	**0.06**		
制造业	**1456.10**	**11472.12**	**3638.14**	**18.13**	**68.69**
农副食品加工业	**98.08**	**1081.77**	**316.41**	**0.67**	**9.99**
谷物磨制	4.74	102.72	42.88		0.18
饲料加工	16.20	90.27	29.41	0.02	0.22
植物油加工	9.75	157.28	42.09		0.64
制糖业	0.08	0.51	0.09		
屠宰及肉类加工	22.90	315.99	87.62		7.27
水产品加工	21.13	165.91	45.34	0.19	1.29
蔬菜、水果和坚果加工	16.00	184.02	49.29	0.47	0.39
其他农副食品加工	7.29	65.05	19.69		
食品制造业	**26.99**	**299.69**	**103.70**		**0.50**
焙烤食品制造	2.28	23.43	13.21		
糖果、巧克力及蜜饯制造	1.27	14.33	7.05		
方便食品制造	1.17	12.28	5.32		0.04
乳制品制造	1.36	16.38	5.46		
罐头食品制造	4.44	25.18	13.05		
调味品、发酵制品制造	8.11	82.66	25.24		0.03
其他食品制造	8.36	125.43	34.37		0.44
酒、饮料和精制茶制造业	**9.60**	**131.46**	**43.57**	**0.91**	**1.30**
酒的制造	6.15	80.76	28.45	0.90	1.22
饮料制造	2.93	41.06	12.13	0.01	0.09
精制茶加工	0.51	9.63	2.98		

单位：亿元

法人资本	个人资本	港澳台资本	外商资本	主营业务收入	主营业务成本	主营业务税金及附加	销售费用
1440.67	**2157.47**	**12.91**	**25.28**	**55679.41**	**48150.53**	**391.83**	**912.96**
18.71	**44.65**		**0.18**	**861.99**	**735.13**	**12.06**	**17.85**
4.76	**17.78**			**270.80**	**243.09**	**2.24**	**4.21**
4.75	17.72			268.66	241.22	2.22	4.19
	0.06			1.91	1.70	0.01	0.02
0.01				0.23	0.18		
	0.05			**0.35**	**0.24**		**0.03**
	0.05			0.35	0.24		0.03
9.08	**12.08**			**203.67**	**168.92**	**4.46**	**3.68**
9.08	12.08			203.67	168.92	4.46	3.68
1.51	**0.83**			**49.63**	**44.26**	**0.08**	**0.10**
1.51	0.83			49.63	44.26	0.08	0.10
3.27	**13.85**		**0.18**	**333.22**	**274.83**	**5.24**	**9.77**
2.95	9.08		0.18	219.51	182.66	2.34	5.07
	0.05			0.49	0.41		0.02
0.29	3.58			53.37	41.78	0.59	2.15
0.03	1.15			59.85	49.98	2.31	2.53
0.08				**0.75**	**0.58**		**0.06**
0.08				0.75	0.58		0.06
0.01	**0.05**			**3.58**	**3.20**	**0.04**	**0.01**
1406.46	**2106.46**	**12.91**	**25.11**	**54714.04**	**47330.97**	**378.95**	**893.22**
124.75	**174.46**	**1.97**	**4.58**	**5903.79**	**5183.68**	**35.60**	**102.50**
17.65	24.93	0.12		712.37	618.16	6.14	10.21
15.85	13.31	0.01		792.17	711.67	3.73	13.50
13.54	27.90	0.01		770.60	680.25	3.90	16.43
0.06	0.03			3.36	2.89	0.03	0.05
32.37	45.20	1.44	1.34	1565.61	1385.32	9.48	27.22
17.80	24.59	0.30	1.18	774.39	679.58	5.50	8.80
18.86	27.60	0.04	1.94	909.53	781.33	4.59	18.76
8.62	10.90	0.05	0.12	375.75	324.46	2.23	7.53
56.80	**46.25**		**0.14**	**1135.22**	**969.92**	**9.65**	**25.18**
7.36	5.83		0.01	118.28	101.42	1.20	2.49
5.71	1.29		0.05	80.39	66.72	0.99	2.16
2.50	2.78			77.06	64.90	0.78	1.70
1.82	3.64			81.77	71.18	0.98	1.99
8.24	4.80			115.29	98.88	0.70	2.35
18.73	6.48			190.17	156.75	1.46	5.28
12.44	21.42		0.08	472.27	410.08	3.54	9.22
15.56	**23.03**		**2.77**	**547.57**	**459.55**	**8.29**	**12.20**
11.29	14.28		0.77	374.56	313.18	7.27	7.89
3.03	7.01		2.00	153.05	130.57	0.86	3.61
1.24	1.74			19.96	15.79	0.17	0.70

1-A-5 续表 6

行业	应付账款	所有者权益合计	实收资本	国家资本	集体资本
烟草制品业	**0.01**	**0.03**			
烟叶复烤					
卷烟制造					
其他烟草制品制造	0.01	0.03			
纺织业	**44.82**	**673.05**	**212.89**	**0.19**	**1.90**
棉纺织及印染精加工	34.98	536.75	167.30	0.19	1.44
毛纺织及染整精加工	1.30	28.27	13.31		0.04
麻纺织及染整精加工	0.13	3.35	1.24		0.06
丝绢纺织及印染精加工	0.83	3.00	1.23		0.18
化纤织造及印染精加工	0.50	7.05	1.09		
针织或钩针编织物及其制品制造	1.43	28.97	7.36		0.07
家用纺织制成品制造	2.91	25.47	9.47		0.12
非家用纺织制成品制造	2.74	40.20	11.90		
纺织服装、服饰业	**20.24**	**217.33**	**76.55**	**0.12**	**1.18**
机织服装制造	17.42	164.00	57.44	0.12	0.17
针织或钩针编织服装制造	2.35	44.11	13.57		1.00
服饰制造	0.47	9.22	5.54		
皮革、毛皮、羽毛及其制品和制鞋业	**7.62**	**59.95**	**20.88**	**0.10**	
皮革鞣制加工	1.59	10.50	4.25		
皮革制品制造	3.00	13.13	4.50	0.01	
毛皮鞣制及制品加工	0.49	10.77	4.01		
羽毛(绒)加工及制品制造	0.23	2.75	1.19		
制鞋业	2.30	22.80	6.93	0.09	
木材加工和木、竹、藤、棕、草制品业	**13.97**	**249.48**	**85.83**	**0.10**	**0.07**
木材加工	1.15	24.47	14.32	0.01	
人造板制造	9.09	165.50	51.94		0.02
木制品制造	3.58	56.96	18.64	0.10	0.05
竹、藤、棕、草等制品制造	0.15	2.54	0.94		
家具制造业	**10.56**	**113.57**	**39.83**	**0.09**	**0.63**
木质家具制造	10.20	104.65	37.66	0.08	0.57
竹、藤家具制造	0.01	0.23	0.14		
金属家具制造	0.14	2.27	1.07	0.02	0.02
塑料家具制造	0.01	0.37	0.06		
其他家具制造	0.20	6.04	0.91		0.04
造纸和纸制品业	**20.94**	**184.93**	**52.12**		**1.54**
纸浆制造	1.57	5.37	0.98		
造纸	9.70	90.69	24.08		0.68
纸制品制造	9.67	88.87	27.06		0.86
印刷和记录媒介复制业	**8.70**	**84.15**	**29.86**	**0.02**	**0.13**
印刷	8.41	82.60	27.66	0.02	0.13
装订及印刷相关服务	0.26	1.33	2.18		
记录媒介复制	0.03	0.22	0.02		
文教、工美、体育和娱乐用品制造业	**53.10**	**180.42**	**69.28**	**0.15**	**0.54**
文教办公用品制造	0.37	11.20	1.94		
乐器制造	0.03	2.29	0.34		
工艺美术品制造	33.88	120.91	39.85		0.54
体育用品制造	16.88	33.51	22.59	0.15	
玩具制造	1.88	12.21	4.39		0.01
游艺器材及娱乐用品制造	0.07	0.30	0.17		

单位：亿元

				主营业务收入	主营业务成本	主营业务税金及附加	销售费用
法人资本	个人资本	港澳台资本	外商资本				
				0.93	**0.75**	**0.04**	
				0.93	0.75	0.04	
97.23	**113.47**	**0.08**	**0.01**	**3672.03**	**3208.22**	**24.74**	**43.81**
76.20	89.38	0.07		2905.95	2543.09	18.93	32.28
9.14	4.13			159.80	137.68	1.29	2.65
1.07	0.11			35.86	30.63	0.92	0.38
0.17	0.88			26.71	22.96	0.14	0.41
0.28	0.81			13.07	10.69	0.18	0.33
3.06	4.24			163.13	143.08	1.02	2.03
3.92	5.42			174.52	154.09	1.10	2.19
3.39	8.50			192.98	166.00	1.15	3.55
39.08	**35.72**	**0.12**	**0.34**	**1130.29**	**961.51**	**9.47**	**21.47**
30.48	26.40	0.09	0.18	754.13	638.19	6.39	16.89
6.23	6.14	0.03	0.16	323.55	279.39	2.47	3.36
2.37	3.17			52.61	43.93	0.61	1.23
12.37	**8.10**	**0.06**	**0.24**	**428.90**	**365.09**	**3.38**	**7.29**
3.46	0.79			89.50	78.97	0.52	1.17
2.72	1.61		0.17	97.82	82.54	0.75	1.88
1.86	2.08		0.07	71.49	62.44	0.75	1.28
0.83	0.36			11.80	9.99	0.07	0.18
3.50	3.26	0.06	0.01	158.30	131.15	1.30	2.78
37.77	**47.87**		**0.02**	**1598.48**	**1397.67**	**10.89**	**24.85**
5.46	8.85			132.06	111.43	1.40	2.56
20.44	31.48			1162.17	1023.61	7.20	17.87
11.27	7.22			286.41	246.73	2.19	4.10
0.60	0.32		0.02	17.84	15.90	0.09	0.31
18.40	**20.65**		**0.03**	**538.15**	**450.51**	**4.88**	**11.08**
18.03	18.95		0.03	485.91	406.91	4.55	10.35
	0.14			1.86	1.55	0.02	0.03
0.32	0.68			15.68	12.24	0.15	0.35
0.01	0.05			1.48	1.30	0.02	0.02
0.03	0.84			33.22	28.51	0.14	0.34
23.09	**27.49**			**762.23**	**657.72**	**6.68**	**14.46**
0.79	0.19			14.55	12.64	0.11	0.37
11.75	11.66			271.01	236.72	1.66	4.96
10.55	15.64			476.67	408.37	4.91	9.13
12.66	**16.86**			**494.03**	**417.35**	**4.25**	**9.90**
12.35	14.97			472.58	399.99	4.16	9.18
0.31	1.87			20.97	16.96	0.09	0.72
	0.02			0.47	0.40		
36.73	**30.97**	**0.10**	**0.63**	**1168.11**	**990.49**	**9.91**	**25.77**
0.45	1.42		0.08	53.77	45.62	0.23	1.47
0.06	0.21		0.01	26.68	24.39	0.31	0.10
15.48	23.61	0.10	0.12	856.29	733.28	7.57	17.99
18.84	3.60			137.83	106.36	1.01	4.08
1.83	2.00		0.40	89.24	76.97	0.77	2.09
0.07	0.10			4.30	3.87	0.03	0.04

1-A-5 续表 7

行 业	应付账款	所有者权益合计	实收资本	国家资本	集体资本
石油加工及炼焦业	**69.23**	**331.40**	**97.67**		**2.97**
化学原料和化学制品制造业	**205.52**	**1452.23**	**496.63**	**5.82**	**5.38**
基础化学原料制造	32.78	352.31	136.20	0.02	0.99
肥料制造	23.49	142.68	30.58	0.36	0.25
农药制造	5.96	46.74	16.24		0.48
涂料、油墨、颜料及类似产品制造	4.77	46.41	13.57	0.11	1.37
合成材料制造	68.99	238.51	73.42	2.75	0.74
专用化学产品制造	68.28	598.16	216.08	2.59	1.55
炸药、火工及焰火产品制造	0.18	6.65	2.44		
日用化学产品制造	1.08	20.77	8.11		
医药制造业	**21.96**	**336.55**	**108.19**	**0.17**	**0.44**
化学药品原料药制造	3.39	77.81	33.61	0.01	0.04
化学药品制剂制造	3.03	52.22	22.32	0.01	
中药饮片加工	0.66	6.37	3.14		
中成药生产	1.06	25.76	11.90		
兽用药品制造	1.12	13.10	5.57		
生物药品制造	8.43	120.50	16.65	0.15	
卫生材料及医药用品制造	4.28	40.78	15.00		0.40
化学纤维制造业	**2.70**	**18.46**	**13.80**		**0.01**
纤维素纤维原料及纤维制造	1.79	6.57	5.33		
合成纤维制造	0.91	11.89	8.47		
橡胶和塑料制品业	**110.36**	**799.27**	**172.12**	**0.14**	**0.91**
橡胶制品业	84.06	547.62	95.29	0.11	0.56
塑料制品业	26.30	251.65	76.83	0.03	0.34
非金属矿物制品业	**138.77**	**903.61**	**347.22**	**0.88**	**5.62**
水泥、石灰和石膏制造	14.44	87.82	33.08		1.13
石膏、水泥制品及类似制品制造	30.59	126.85	63.91	0.45	1.20
砖瓦、石材等建筑材料制造	22.26	263.46	108.89	0.14	0.65
玻璃制造	0.67	27.09	9.34		0.05
玻璃制品制造	9.97	76.79	27.52		0.07
玻璃纤维和玻璃纤维增强塑料制品制造	6.69	191.05	54.13	0.11	0.27
陶瓷制品制造	2.53	42.10	11.82		0.06
耐火材料制品制造	7.53	47.62	11.11	0.17	1.01
石墨及其他非金属矿物制品制造	44.09	40.83	27.43	0.01	1.19
黑色金属冶炼和压延加工业	**76.86**	**364.93**	**100.65**	**0.15**	**2.76**
炼铁	1.47	4.06	2.30		
炼钢	24.66	56.93	6.91		
黑色金属铸造	8.17	89.43	25.56	0.07	0.50
钢压延加工	42.53	204.56	59.42	0.08	2.26
铁合金冶炼	0.02	9.94	6.46		
有色金属冶炼和压延加工业	**52.85**	**793.56**	**91.73**	**0.28**	**6.69**
常用有色金属冶炼	1.80	18.32	3.76		
贵金属冶炼	2.44	9.10	1.03		
稀有稀土金属冶炼	0.29	0.67	0.15		
有色金属合金制造	1.49	23.18	8.10	0.16	0.03
有色金属铸造	0.29	3.18	1.64		0.35
有色金属压延加工	46.54	739.11	77.04	0.12	6.30

单位：亿元

法人资本	个人资本	港澳台资本	外商资本	主营业务收入	主营业务成本	主营业务税金及附加	销售费用
25.03	**69.67**			**1722.91**	**1528.57**	**12.67**	**14.67**
183.97	**294.93**	**3.35**	**3.18**	**6935.90**	**6005.43**	**43.47**	**104.66**
48.76	83.03	3.02	0.39	1501.90	1302.75	9.43	20.19
11.65	18.02	0.20	0.10	555.57	482.42	3.64	11.07
8.91	6.75	0.10		276.97	243.49	1.35	3.64
6.79	5.05	0.03	0.22	237.09	194.07	1.52	5.99
24.02	45.82		0.09	1315.26	1159.17	7.34	19.29
79.53	130.04		2.38	2927.20	2517.70	19.71	42.74
0.35	2.08			18.24	13.20	0.13	0.35
3.97	4.14			103.67	92.63	0.35	1.39
44.04	**62.74**	**0.19**	**0.60**	**1142.37**	**943.30**	**10.08**	**35.58**
4.66	28.90			301.45	253.23	1.75	4.76
8.98	13.15	0.18		210.29	164.30	1.86	15.61
2.20	0.94			54.32	45.78	0.44	0.94
4.59	6.71		0.60	101.18	82.36	1.17	3.58
2.78	2.79			78.01	66.33	0.59	1.44
10.45	6.03	0.02		256.59	211.29	2.94	6.89
10.38	4.22			140.54	120.00	1.33	2.35
8.38	**5.42**			**99.25**	**86.71**	**0.52**	**1.17**
4.44	0.88			43.72	38.28	0.20	0.57
3.93	4.53			55.53	48.43	0.31	0.60
59.42	**111.31**	**0.23**	**0.12**	**3462.35**	**3007.84**	**21.17**	**57.41**
27.41	66.89	0.20	0.11	2272.61	1984.10	13.32	38.67
32.01	44.41	0.02	0.01	1189.74	1023.73	7.84	18.74
116.58	**218.59**	**2.88**	**2.67**	**4273.19**	**3667.94**	**30.85**	**71.57**
10.16	21.65	0.14		368.00	318.78	3.23	5.39
29.79	32.47			563.77	475.40	4.98	14.82
29.62	76.32		2.15	1452.16	1252.78	9.46	17.30
5.39	3.91			102.93	87.43	0.99	2.20
13.46	13.97	0.02		309.24	262.32	2.58	6.82
15.33	38.32		0.10	510.91	435.83	4.16	10.99
3.18	5.86	2.69	0.03	251.52	216.46	1.73	3.09
1.98	7.91	0.03	0.01	256.05	215.50	1.67	3.83
7.68	18.18		0.38	458.61	403.45	2.03	7.12
31.50	**62.95**	**0.01**	**3.28**	**1838.10**	**1652.60**	**7.96**	**19.53**
0.37	1.94			45.65	38.41	0.56	0.24
1.45	5.46			254.28	235.52	0.51	1.94
10.29	14.68	0.01	0.01	479.54	415.83	3.15	9.13
18.47	35.34		3.27	1009.63	915.85	3.62	8.06
0.92	5.54			49.00	47.00	0.12	0.16
39.25	**44.40**		**1.11**	**2475.25**	**2191.16**	**8.80**	**20.23**
1.13	2.63			242.36	223.75	0.80	1.34
	1.03			34.15	30.21	0.01	0.05
0.01	0.14			7.08	6.23	0.02	0.02
1.89	5.08		0.94	140.21	126.28	0.75	1.36
0.86	0.43			11.82	10.44	0.02	0.11
35.36	35.10		0.17	2039.63	1794.24	7.20	17.34

1-A-5 续表 8

行业	应付账款	所有者权益合计	实收资本	国家资本	集体资本
金属制品业	**85.19**	**585.82**	**235.59**	**0.94**	**6.36**
结构性金属制品制造	18.03	143.09	68.47	0.89	0.62
金属工具制造	3.16	32.22	11.22	0.03	0.20
集装箱及金属包装容器制造	3.76	35.03	11.98		0.36
金属丝绳及其制品制造	0.51	31.49	7.79		1.40
建筑、安全用金属制品制造	1.99	33.14	11.44		0.98
金属表面处理及热处理加工	7.67	41.10	24.89		
搪瓷制品制造	0.12	2.35	0.78		
金属制日用品制造	1.17	21.55	9.06		0.51
其他金属制品制造	48.78	245.86	89.96	0.01	2.28
通用设备制造业	**86.48**	**847.38**	**311.39**	**2.32**	**12.51**
锅炉及原动设备制造	19.05	129.30	44.76		9.76
金属加工机械制造	14.00	150.72	56.82	0.14	0.90
物料搬运设备制造	5.44	73.79	38.68		0.02
泵、阀门、压缩机及类似机械制造	14.31	125.69	44.32	1.51	0.39
轴承、齿轮和传动部件制造	9.12	130.98	40.29	0.09	0.99
烘炉、风机、衡器、包装等设备制造	10.32	105.95	43.98		0.21
文化、办公用机械制造	0.49	1.35	0.68		
通用零部件制造	12.19	107.50	32.77	0.20	0.09
其他通用设备制造业	1.57	22.10	9.09	0.38	0.14
专用设备制造业	**65.15**	**641.31**	**182.85**	**2.97**	**2.47**
采矿、冶金、建筑专用设备制造	32.50	344.41	88.10	0.23	0.88
化工、木材、非金属加工专用设备制造	5.98	67.18	18.02	0.03	1.37
食品、饮料、烟草及饲料生产专用设备制造	1.18	14.19	9.08		0.01
印刷、制药、日化及日用品生产专用设备制造	2.31	19.91	5.60		
纺织、服装和皮革加工专用设备制造	2.53	37.07	5.84		0.01
电子和电工机械专用设备制造	2.27	23.19	9.25		
农、林、牧、渔专用机械制造	9.31	52.67	21.52	2.71	0.20
医疗仪器设备及器械制造	2.12	18.56	7.51		
环保、社会公共服务及其他专用设备制造	6.95	64.13	17.93		
汽车制造业	**76.02**	**339.22**	**120.99**	**0.02**	**2.40**
汽车整车制造	22.55	35.66	8.90		
改装汽车制造	7.44	41.92	14.47		0.02
低速载货汽车制造		1.12	0.12		
电车制造	0.77	8.06	3.40		
汽车车身、挂车制造	0.97	17.12	8.07		
汽车零部件及配件制造	44.30	235.34	86.03	0.02	2.37
铁路、船舶、航空航天和其他运输设备制造业	**19.51**	**74.47**	**26.44**	**0.18**	**0.12**
铁路运输设备制造	12.78	12.86	7.45		
城市轨道交通设备制造					
船舶及相关装置制造	4.16	41.49	11.95	0.18	0.12
航空、航天器及设备制造	0.04	0.25	0.21		
摩托车制造	0.27	4.32	1.00		
自行车制造	1.65	12.07	3.90		
非公路休闲车及零配件制造	0.03	0.60	0.38		
潜水救捞及其他未列明运输设备制造	0.57	2.88	1.56		

单位：亿元

法人资本	个人资本	港澳台资本	外商资本	主营业务收入	主营业务成本	主营业务税金及附加	销售费用
72.82	**154.12**	**0.13**	**1.22**	**2949.83**	**2545.57**	**23.37**	**47.78**
25.68	41.25		0.02	769.28	657.73	7.50	15.19
4.66	5.19		1.13	155.41	132.01	1.12	2.84
3.18	8.44			143.60	122.71	1.06	3.11
0.86	5.52			143.72	119.56	1.31	2.61
2.47	7.93		0.06	163.02	140.32	1.09	2.74
8.61	16.28			229.28	211.07	0.91	1.82
0.29	0.48			12.72	11.22	0.10	0.09
3.28	5.27			94.77	83.68	0.45	1.59
23.77	63.76	0.13	0.01	1238.04	1067.26	9.82	17.79
105.18	**189.86**	**0.42**	**1.10**	**4005.92**	**3392.72**	**33.25**	**76.35**
14.27	19.89	0.02	0.81	458.88	402.67	2.88	6.65
29.50	25.95	0.21	0.11	795.57	652.98	7.35	20.42
8.88	29.78			250.12	209.86	1.65	5.23
18.48	23.76	0.18		647.81	551.17	5.11	11.72
8.91	30.28		0.02	652.89	557.70	6.42	9.75
9.86	33.91			489.67	404.07	3.94	11.92
0.20	0.48			4.84	3.59	0.02	0.40
11.62	20.69	0.01	0.16	602.62	522.91	5.10	8.11
3.45	5.12			103.52	87.78	0.78	2.15
60.29	**112.58**	**2.72**	**1.83**	**2813.08**	**2395.95**	**20.20**	**49.40**
24.15	59.22	2.60	1.03	1188.33	1013.04	6.00	20.88
7.72	8.91			353.88	301.61	2.11	5.33
5.64	3.44			68.37	58.01	0.89	1.73
1.81	3.79			136.47	113.47	0.87	3.17
1.78	3.80		0.24	214.60	182.99	3.95	3.25
5.02	3.67		0.56	169.22	147.42	1.41	2.40
4.26	14.35			257.06	218.19	1.60	4.43
2.75	4.64	0.12		103.62	88.85	0.39	1.85
7.17	10.77			321.53	272.37	2.99	6.36
46.73	**71.07**	**0.06**	**0.71**	**1789.57**	**1559.37**	**12.80**	**27.32**
3.89	5.02			205.63	180.96	3.06	3.49
8.12	6.33			229.02	203.24	2.14	2.65
	0.12			4.65	4.13	0.04	0.04
0.50	2.90			15.72	13.33	0.06	0.51
1.94	6.11	0.02		73.15	63.15	0.70	1.47
32.29	50.60	0.04	0.71	1261.41	1094.56	6.80	19.17
12.25	**13.68**		**0.21**	**411.79**	**359.51**	**3.36**	**6.84**
5.73	1.70		0.01	50.58	42.09	0.57	1.34
4.14	7.31		0.20	204.16	182.02	1.22	2.25
0.13	0.09			4.82	4.38	0.11	
0.11	0.89			38.71	33.69	0.14	0.88
1.70	2.19			69.92	60.55	0.48	1.52
	0.38			2.39	1.82	0.04	0.02
0.43	1.12			41.20	34.95	0.80	0.82

1-A-5 续表 9

行　　业	应付账款	所有者权益合计	实收资本	国家资本	集体资本
电气机械和器材制造业	**96.47**	**502.36**	**199.45**	**0.90**	**1.94**
电机制造	8.43	53.05	19.69		0.42
输配电及控制设备制造	59.73	178.67	86.88	0.70	1.01
电线、电缆、光缆及电工器材制造	9.47	146.24	42.24		0.25
电池制造	3.63	22.12	8.12		
家用电力器具制造	5.36	28.82	8.60		0.12
非电力家用器具制造	6.78	36.79	21.59		
照明器具制造	2.07	22.23	7.63		0.14
其他电气机械及器材制造	1.02	14.44	4.71	0.20	
计算机、通信和其他电子设备制造业	**17.75**	**108.72**	**37.77**	**0.11**	**0.24**
计算机制造	1.14	3.59	2.07		
通信设备制造	1.42	5.69	2.97		
广播电视设备制造	0.98	4.18	2.61		0.10
雷达及配套设备制造					
视听设备制造	0.34	0.74	0.36		
电子器件制造	1.59	20.58	7.07		
电子元件制造	11.69	69.67	20.73	0.11	0.12
其他电子设备制造	0.59	4.26	1.95		0.01
仪器仪表制造业	**12.49**	**64.89**	**29.34**	**0.89**	**0.11**
通用仪器仪表制造	7.33	42.68	20.27	0.89	
专用仪器仪表制造	4.81	18.61	7.88		0.06
钟表与计时仪器制造	0.01	1.37	0.69		
光学仪器及眼镜制造	0.23	1.23	0.33		
其他仪器仪表制造业	0.11	1.00	0.17		0.05
其他制造业	**0.59**	**12.82**	**5.65**		
废弃资源综合利用业	**3.31**	**15.45**	**8.69**		
金属废料和碎屑加工处理	3.27	9.93	6.24		
非金属废料和碎屑加工处理	0.04	5.51	2.45		
金属制品、机械和设备修理业	**0.25**	**3.87**	**1.07**		
金属制品修理	0.02	0.31	0.05		
通用设备修理					
专用设备修理	0.19	1.20	0.76		
铁路、船舶、航空航天等运输设备修理	0.01	2.04	0.14		
电气设备修理		0.10	0.02		
仪器仪表修理					
其他机械和设备修理业	0.03	0.21	0.10		
电力、热力、燃气及水生产和供应业	**9.09**	**50.07**	**27.30**	**2.39**	**3.06**
电力、热力生产和供应业	**4.38**	**32.89**	**15.90**	**2.12**	**0.44**
电力生产	0.94	28.64	11.84	2.12	
电力供应	0.16	0.77	0.25		
热力生产和供应	3.28	3.47	3.81		0.44
燃气生产和供应业	**0.97**	**4.36**	**3.92**	**0.15**	
水的生产和供应业	**3.73**	**12.82**	**7.48**	**0.12**	**2.62**
自来水生产和供应	3.08	5.00	3.38	0.12	2.62
污水处理及其再生利用	0.61	6.38	3.11		
其他水的处理、利用与分配	0.04	1.44	1.00		

单位：亿元

法人资本	个人资本	港澳台资本	外商资本	主营业务收入	主营业务成本	主营业务税金及附加	销售费用
98.24	**97.85**	**0.26**	**0.26**	**2509.87**	**2167.12**	**15.99**	**42.63**
7.55	11.73			280.27	240.70	1.27	6.67
50.38	34.59	0.20		910.36	792.00	6.38	14.67
11.34	30.34	0.06	0.24	661.58	564.57	3.39	10.71
1.73	6.38			132.09	113.64	0.74	1.81
4.86	3.61			225.08	201.25	1.32	2.78
16.92	4.66			141.30	119.85	1.55	3.32
2.76	4.73			90.84	77.43	0.73	1.27
2.69	1.80		0.02	68.34	57.69	0.61	1.42
12.70	**24.33**	**0.35**	**0.04**	**405.24**	**342.34**	**2.78**	**7.97**
0.09	1.85	0.14		12.09	9.82	0.13	0.33
1.29	1.68			33.00	28.20	0.31	0.81
1.39	1.13			11.01	8.36	0.08	0.48
	0.36			8.22	7.69	0.02	0.03
4.87	2.20			90.11	77.62	0.51	0.90
4.61	15.67	0.21		224.94	188.28	1.46	4.95
0.45	1.46		0.04	25.87	22.37	0.28	0.47
8.45	**19.88**		**0.01**	**356.13**	**299.42**	**2.42**	**9.27**
5.47	13.91			244.60	207.82	1.39	6.58
2.83	4.98		0.01	100.45	82.51	0.87	2.22
0.05	0.64			3.85	2.90	0.11	0.28
0.03	0.30			2.59	2.17	0.02	0.07
0.07	0.05			4.64	4.02	0.03	0.12
3.31	**2.34**			**59.54**	**51.07**	**0.65**	**1.15**
3.24	**5.46**			**66.79**	**56.96**	**0.74**	**1.08**
2.00	4.24			32.25	28.44	0.23	0.47
1.24	1.21			34.54	28.53	0.51	0.61
0.65	**0.42**			**17.23**	**14.93**	**0.10**	**0.11**
0.01	0.04			2.25	1.46	0.02	0.05
0.64	0.13			7.86	7.05	0.02	0.03
	0.14			4.96	4.48	0.05	
	0.02			1.52	1.44		0.01
	0.10			0.64	0.50	0.01	0.02
15.49	**6.36**			**103.38**	**84.43**	**0.82**	**1.89**
11.71	**1.63**			**60.30**	**50.43**	**0.45**	**0.71**
9.20	0.53			35.69	27.59	0.30	0.58
0.17	0.08			8.13	7.26	0.03	0.01
2.35	1.01			16.48	15.58	0.12	0.13
2.24	**1.53**			**19.29**	**14.74**	**0.21**	**0.52**
1.54	**3.20**			**23.79**	**19.26**	**0.17**	**0.65**
0.11	0.53			8.94	7.33	0.05	0.16
0.83	2.27			12.75	10.15	0.06	0.46
0.60	0.40			2.11	1.77	0.05	0.03

1-A-5 续表 10

行　　业	管理费用	税金	财务费用	利息收入	利息支出
总　　计	**1154.15**	**113.35**	**485.59**	**19.72**	**369.38**
采矿业	**21.06**	**3.66**	**5.42**	**0.51**	**4.52**
煤炭开采和洗选业	**5.23**	**1.79**	**1.52**	**0.13**	**1.20**
烟煤和无烟煤开采洗选	5.21	1.79	1.51	0.13	1.20
褐煤开采洗选	0.02				
其他煤炭采选	0.01		0.01		
石油和天然气开采业	**0.03**				
石油开采	0.03				
天然气开采					
黑色金属矿采选业	**4.42**	**0.48**	**1.33**	**0.02**	**1.04**
铁矿采选	4.42	0.48	1.33	0.02	1.04
锰矿、铬矿采选					
其他黑色金属矿采选					
有色金属矿采选业	**0.48**	**0.02**	**0.10**		**0.02**
常用有色金属矿采选					
贵金属矿采选	0.48	0.02	0.10		0.02
稀有稀土金属矿采选					
非金属矿采选业	**10.85**	**1.37**	**2.45**	**0.36**	**2.25**
土砂石开采	6.46	0.92	1.19	0.03	0.94
化学矿开采	0.01				
采盐	2.56	0.06	1.12	0.33	1.18
石棉及其他非金属矿采选	1.82	0.39	0.14		0.13
开采辅助活动	**0.03**		**0.01**		
煤炭开采和洗选辅助活动					
石油和天然气开采辅助活动	0.03		0.01		
其他开采辅助活动					
其他采矿业	**0.02**		**0.01**		**0.01**
制造业	**1128.87**	**109.49**	**477.93**	**19.21**	**363.15**
农副食品加工业	**114.61**	**10.98**	**51.17**	**3.02**	**41.57**
谷物磨制	10.42	0.61	4.24	0.05	3.20
饲料加工	10.42	0.81	5.48	0.94	4.91
植物油加工	10.19	0.47	7.77	0.84	6.84
制糖业	0.11	0.02	0.03		0.02
屠宰及肉类加工	26.72	2.68	13.15	0.35	11.23
水产品加工	25.67	2.67	8.05	0.31	6.04
蔬菜、水果和坚果加工	20.59	2.15	7.69	0.12	5.20
其他农副食品加工	10.49	1.58	4.76	0.41	4.12
食品制造业	**25.73**	**2.19**	**10.60**	**0.02**	**8.21**
焙烤食品制造	2.62	0.30	0.97	0.01	0.56
糖果、巧克力及蜜饯制造	2.12	0.04	0.59		0.29
方便食品制造	1.59	0.16	0.59		0.45
乳制品制造	1.59	0.17	0.43	0.01	0.38
罐头食品制造	2.58	0.19	1.23	0.01	0.86
调味品、发酵制品制造	5.43	0.59	2.08	0.01	1.82
其他食品制造	9.80	0.74	4.70	-0.02	3.85
酒、饮料和精制茶制造业	**12.05**	**1.07**	**4.22**	**0.66**	**3.95**
酒的制造	7.92	0.53	3.00	0.65	3.05
饮料制造	3.37	0.47	1.07	0.01	0.83
精制茶加工	0.76	0.06	0.15		0.07

单位：亿元

投资收益（损失以"–"号记）	营业利润	利润总额	亏损企业亏损额	应交增值税	应交所得税	从业人员平均人数（万人）
-27.47	**4099.01**	**4066.97**	**36.84**	**1618.31**	**480.76**	**387.87**
-0.29	**65.18**	**63.52**	**0.77**	**30.11**	**7.29**	**6.52**
	15.14	**14.00**	**0.59**	**9.88**	**2.37**	**2.21**
	14.95	13.82	0.59	9.79	2.21	2.20
	0.16	0.16		0.07	0.15	0.01
	0.03	0.03		0.02		
	0.04	**0.04**		**0.01**		**0.01**
	0.04	0.04		0.01		0.01
	17.52	**17.33**	**0.18**	**8.42**	**1.68**	**1.25**
	17.52	17.33	0.18	8.42	1.68	1.25
0.01	**5.36**	**5.25**		**0.28**	**0.65**	**0.29**
0.01	5.36	5.25		0.28	0.65	0.29
-0.30	**26.74**	**26.51**		**11.41**	**2.55**	**2.71**
-0.32	19.34	19.24		7.23	1.75	1.75
	0.05	0.05				0.01
0.01	4.42	4.35		1.29	0.18	0.65
0.01	2.93	2.88		2.89	0.62	0.30
	0.08	**0.08**		**0.01**		
	0.08	0.08		0.01		
	0.30	**0.30**		**0.10**	**0.04**	**0.05**
-27.39	**4027.23**	**3995.48**	**35.41**	**1584.73**	**472.76**	**380.25**
-5.87	**373.81**	**371.43**	**2.37**	**144.66**	**47.57**	**42.77**
-0.61	42.44	42.13		21.75	4.22	2.89
-0.72	41.68	41.90	0.30	13.51	4.38	3.94
-2.12	45.29	45.53	0.65	17.95	5.90	4.06
	0.26	0.26		0.20	0.05	0.03
-1.06	90.36	88.65	0.67	32.79	9.67	14.79
-0.22	55.01	54.86	0.43	25.23	12.33	6.33
-1.17	73.06	72.61	0.25	22.98	8.38	7.74
0.03	25.71	25.49	0.07	10.25	2.62	2.99
-1.40	**79.42**	**79.52**	**0.16**	**33.78**	**9.87**	**9.84**
	7.95	7.98	0.02	3.45	1.04	1.22
	6.29	6.26		2.58	1.02	0.76
0.01	5.74	5.74		2.48	0.77	0.67
	5.28	5.27		2.60	0.25	0.85
0.09	6.53	6.44	0.05	3.22	0.82	1.69
	15.30	15.38	0.09	7.03	2.42	1.50
-1.50	32.33	32.44		12.41	3.54	3.15
-0.07	**46.62**	**46.43**	**0.54**	**17.32**	**6.84**	**4.74**
0.01	32.23	32.21	0.46	13.15	5.29	2.92
-0.07	12.29	12.13	0.07	3.61	1.50	1.64
	2.10	2.10		0.56	0.04	0.18

1-A-5 续表 11

行　业	管理费用	税金	财务费用	利息收入	利息支出
烟草制品业	**0.01**				
烟叶复烤					
卷烟制造					
其他烟草制品制造	0.01				
纺织业	**54.79**	**5.81**	**29.57**	**0.36**	**23.35**
棉纺织及印染精加工	38.50	4.23	23.64	0.31	19.64
毛纺织及染整精加工	3.10	0.15	1.05	0.02	0.58
麻纺织及染整精加工	0.50	0.05	0.43		0.31
丝绢纺织及印染精加工	1.18	0.16	0.39		0.10
化纤织造及印染精加工	0.40	0.02	0.12		0.07
针织或钩针编织物及其制品制造	3.54	0.17	0.79	0.02	0.61
家用纺织制成品制造	3.89	0.66	1.18		0.82
非家用纺织制成品制造	3.68	0.37	1.96	0.01	1.22
纺织服装、服饰业	**37.53**	**3.20**	**7.21**	**0.25**	**4.62**
机织服装制造	25.16	2.34	4.55	0.24	3.02
针织或钩针编织服装制造	10.38	0.78	1.86		1.14
服饰制造	1.99	0.08	0.80		0.46
皮革、毛皮、羽毛及其制品和制鞋业	**9.72**	**0.56**	**3.31**	**0.04**	**2.21**
皮革鞣制加工	1.53	0.03	0.65		0.49
皮革制品制造	3.19	0.17	1.16	0.03	0.88
毛皮鞣制及制品加工	1.19	0.13	0.30	0.01	0.14
羽毛(绒)加工及制品制造	0.21		0.11		0.10
制鞋业	3.59	0.22	1.09	0.01	0.60
木材加工和木、竹、藤、棕、草制品业	**24.53**	**3.02**	**11.33**	**0.20**	**7.46**
木材加工	2.18	0.16	0.89	0.01	0.45
人造板制造	16.57	2.20	7.86	0.17	5.54
木制品制造	5.44	0.61	2.45	0.01	1.43
竹、藤、棕、草等制品制造	0.34	0.05	0.13		0.04
家具制造业	**11.52**	**1.12**	**5.62**	**0.03**	**3.69**
木质家具制造	10.80	1.09	5.29	0.02	3.45
竹、藤家具制造	0.03		0.02		
金属家具制造	0.29	0.01	0.15	0.01	0.14
塑料家具制造	0.03		0.01		
其他家具制造	0.37	0.02	0.15		0.10
造纸和纸制品业	**19.28**	**3.07**	**6.61**	**0.11**	**5.46**
纸浆制造	0.46	0.02	0.25	-0.01	0.25
造纸	6.56	0.87	2.93	0.05	2.55
纸制品制造	12.26	2.18	3.43	0.06	2.66
印刷和记录媒介复制业	**14.00**	**1.25**	**3.28**	**0.16**	**2.45**
印刷	13.02	1.20	2.90	0.10	2.01
装订及印刷相关服务	0.98	0.05	0.39	0.06	0.44
记录媒介复制					
文教、工美、体育和娱乐用品制造业	**30.35**	**4.11**	**9.44**	**0.27**	**5.75**
文教办公用品制造	1.25	0.07	0.29	0.01	0.23
乐器制造	0.11	0.01	0.06		0.03
工艺美术品制造	20.65	2.94	7.39	0.25	4.56
体育用品制造	5.22	0.26	1.21		0.64
玩具制造	3.10	0.83	0.45		0.28
游艺器材及娱乐用品制造	0.02		0.03		

单位：亿元

投资收益（损失以"–"号记）	营业利润	利润总额	亏损企业亏损额	应交增值税	应交所得税	从业人员平均人数（万人）
	0.14	**0.14**		**0.03**		
	0.14	0.14		0.03		
-0.64	**264.02**	**261.91**	**2.41**	**105.96**	**35.36**	**36.60**
0.49	209.96	208.47	2.08	82.58	29.62	28.83
0.02	12.60	12.52	0.01	6.60	1.86	1.78
	2.84	2.84		0.78	0.21	0.17
	1.29	1.28	0.09	0.77	0.10	0.42
0.09	1.13	1.13	0.07	0.40	0.11	0.34
-0.36	10.43	10.21	0.01	4.90	1.09	1.30
-0.10	11.45	11.21	0.11	4.88	1.29	2.16
-0.79	14.31	14.25	0.04	5.04	1.09	1.62
-0.03	**83.07**	**82.71**	**0.25**	**34.72**	**8.51**	**17.37**
0.03	55.23	55.04	0.14	22.80	5.68	11.13
-0.05	23.99	23.80	0.09	9.77	2.53	5.33
-0.01	3.86	3.88	0.03	2.15	0.29	0.91
-0.35	**30.67**	**31.80**	**0.64**	**14.03**	**3.81**	**4.39**
0.04	4.88	4.86	0.37	2.67	0.72	0.49
-0.14	6.46	6.44	0.21	3.62	0.79	1.27
-0.25	5.20	5.30		2.72	0.65	0.44
	1.26	1.23		0.46	0.29	0.21
	12.86	13.97	0.06	4.57	1.35	1.98
0.20	**118.70**	**118.69**	**0.85**	**44.49**	**14.68**	**15.67**
	11.35	11.18	0.04	4.12	1.19	1.13
0.18	82.70	82.90	0.78	31.44	10.59	11.88
0.02	23.64	23.64	0.01	8.19	2.78	2.47
	1.00	0.98	0.01	0.74	0.12	0.19
-0.01	**44.20**	**43.18**	**0.72**	**21.61**	**5.01**	**5.31**
-0.01	39.68	38.71	0.72	19.67	4.48	4.90
	0.21	0.21		0.10	0.04	0.02
	1.32	1.31		0.61	0.13	0.11
	0.11	0.11		0.04		0.01
	2.89	2.84		1.19	0.35	0.27
0.13	**58.24**	**58.26**	**0.46**	**22.22**	**7.96**	**7.28**
	0.77	0.77		0.80	0.05	0.14
0.13	19.19	19.58	0.37	6.89	2.77	3.17
	38.28	37.91	0.09	14.52	5.14	3.97
-1.56	**37.86**	**37.76**	**0.12**	**13.62**	**4.19**	**3.91**
-1.13	36.63	36.69	0.10	13.14	4.06	3.71
-0.43	1.17	1.01	0.02	0.46	0.14	0.18
	0.06	0.06		0.02		0.02
-2.01	**86.59**	**84.20**	**0.18**	**48.93**	**12.20**	**11.04**
	4.61	4.59		2.34	0.63	0.42
	1.30	1.30		1.30	0.14	0.21
-1.82	64.13	61.85	0.12	36.68	8.68	7.81
-0.06	10.69	10.69	0.05	5.49	1.75	1.18
	5.64	5.53	0.02	2.97	0.98	1.39
-0.13	0.24	0.24		0.14	0.02	0.04

1-A-5 续表 12

行业	管理费用	税金	财务费用	利息收入	利息支出
石油加工及炼焦业	**20.76**	**1.13**	**19.30**	**1.46**	**16.24**
化学原料和化学制品制造业	**139.27**	**13.39**	**67.54**	**2.82**	**54.23**
基础化学原料制造	25.83	2.86	16.91	0.73	10.26
肥料制造	14.91	1.01	8.80	0.44	8.24
农药制造	10.63	0.29	1.74	0.13	1.78
涂料、油墨、颜料及类似产品制造	6.22	0.59	1.88	0.04	1.49
合成材料制造	25.41	2.50	11.28	0.64	10.58
专用化学产品制造	53.85	5.72	26.30	0.83	21.39
炸药、火工及焰火产品制造	0.68	0.01	0.18		0.18
日用化学产品制造	1.74	0.42	0.46	0.01	0.30
医药制造业	**26.08**	**1.43**	**10.67**	**0.37**	**8.08**
化学药品原料药制造	4.71	0.30	2.99	0.05	2.16
化学药品制剂制造	6.79	0.15	2.25	0.15	2.03
中药饮片加工	1.02	0.10	0.32	0.02	0.22
中成药生产	2.46	0.25	0.89		0.61
兽用药品制造	1.63	0.18	0.52		0.24
生物药品制造	6.79	0.22	2.50	0.12	2.23
卫生材料及医药用品制造	2.69	0.23	1.20	0.03	0.60
化学纤维制造业	**1.25**	**0.12**	**0.52**		**0.31**
纤维素纤维原料及纤维制造	0.38	0.04	0.21		0.17
合成纤维制造	0.87	0.08	0.31		0.15
橡胶和塑料制品业	**62.50**	**5.99**	**38.81**	**1.49**	**33.70**
橡胶制品业	38.00	3.51	29.14	1.11	26.69
塑料制品业	24.50	2.47	9.67	0.37	7.01
非金属矿物制品业	**86.71**	**9.34**	**30.41**	**0.94**	**21.92**
水泥、石灰和石膏制造	7.21	1.00	2.36	0.05	1.86
石膏、水泥制品及类似制品制造	16.17	1.88	4.63	0.09	3.28
砖瓦、石材等建筑材料制造	22.68	1.58	8.49	0.17	5.83
玻璃制造	2.19	0.17	0.90	0.02	0.60
玻璃制品制造	7.01	1.02	3.01	0.20	2.54
玻璃纤维和玻璃纤维增强塑料制品制造	10.91	0.44	3.97	0.03	3.49
陶瓷制品制造	5.89	1.16	1.19	0.05	0.88
耐火材料制品制造	4.68	0.56	0.88	0.02	0.69
石墨及其他非金属矿物制品制造	9.96	1.53	4.98	0.30	2.74
黑色金属冶炼和压延加工业	**26.85**	**2.86**	**16.85**	**1.34**	**13.71**
炼铁	0.37	0.01	0.11		0.10
炼钢	2.99	0.22	4.16	1.01	4.87
黑色金属铸造	12.39	1.78	3.05	0.13	2.30
钢压延加工	10.64	0.83	9.01	0.17	6.02
铁合金冶炼	0.46	0.02	0.52	0.03	0.41
有色金属冶炼和压延加工业	**29.19**	**2.14**	**23.45**	**1.42**	**14.60**
常用有色金属冶炼	1.28	0.07	0.21	0.01	0.12
贵金属冶炼	0.14	0.02	0.45	0.05	0.46
稀有稀土金属冶炼	0.05		0.05	0.01	0.04
有色金属合金制造	2.03	0.13	1.05	0.05	0.88
有色金属铸造	0.22	0.02	0.12		0.07
有色金属压延加工	25.46	1.91	21.57	1.31	13.02

单位：亿元

投资收益(损失以“－”号记)	营业利润	利润总额	亏损企业亏损额	应交增值税	应交所得税	从业人员平均人数(万人)
0.05	**130.24**	**123.12**	**2.94**	**26.58**	**15.43**	**3.05**
-3.60	**531.87**	**533.91**	**7.61**	**210.70**	**59.91**	**31.25**
0.03	119.18	120.70	2.11	52.78	9.65	5.96
-0.11	34.72	36.29	0.39	8.67	3.92	3.35
-0.06	18.32	18.40		6.09	1.81	1.47
-0.11	17.98	17.93	0.10	7.73	1.71	1.52
-1.24	91.08	90.63	0.75	41.83	10.45	5.35
-2.07	242.28	241.69	4.21	88.54	30.73	12.72
	1.48	1.50		0.97	0.24	0.21
-0.04	6.84	6.77	0.06	4.08	1.39	0.68
0.09	**94.33**	**95.70**	**0.70**	**43.29**	**10.64**	**6.54**
	28.90	28.85	0.06	7.19	3.67	1.26
	15.22	15.21	0.52	11.82	2.07	1.30
	4.03	4.02		2.26	0.88	0.27
0.07	10.32	10.35	0.01	3.89	1.14	0.67
-0.15	6.39	6.35	0.05	2.48	0.31	0.53
0.07	17.95	18.11	0.04	11.37	1.70	1.35
0.11	11.52	12.80	0.02	4.28	0.87	1.17
-0.35	**6.87**	**6.85**		**2.67**	**0.73**	**0.59**
	2.65	2.66		1.24	0.08	0.15
-0.35	4.22	4.18		1.42	0.65	0.44
-1.60	**272.05**	**268.28**	**0.71**	**98.70**	**38.63**	**20.12**
0.14	180.78	177.29	0.26	60.23	27.36	10.70
-1.73	91.27	90.99	0.45	38.47	11.27	9.42
0.07	**346.26**	**345.58**	**2.19**	**166.40**	**35.58**	**32.25**
0.01	28.20	28.43	0.24	14.50	3.11	3.52
0.06	41.06	41.03	0.52	18.34	4.89	4.80
-0.06	134.18	134.56	0.11	60.32	10.40	10.57
-0.45	6.90	6.85	0.19	3.99	0.34	0.71
0.52	23.99	23.88	0.35	10.95	2.84	3.17
-0.04	38.02	37.43	0.31	23.31	6.39	3.52
	21.35	21.07	0.28	11.30	2.70	2.02
	23.31	23.29	0.01	10.98	2.56	1.71
0.02	29.25	29.04	0.18	12.70	2.37	2.22
-1.55	**104.96**	**105.17**	**2.47**	**32.93**	**13.26**	**9.62**
	5.97	5.97		4.41	0.20	0.16
0.01	6.64	6.57	1.35	2.45	0.72	1.55
-1.36	33.23	33.16	0.05	11.85	4.35	3.37
-0.20	58.04	58.17	0.84	13.70	7.99	4.29
	1.09	1.29	0.22	0.52		0.25
-0.15	**190.27**	**189.21**	**0.91**	**39.38**	**12.70**	**8.45**
	12.26	12.26	0.07	4.74	1.14	0.42
	3.29	3.30		1.19	0.05	0.03
	0.53	0.51		0.10	0.10	0.03
	6.89	7.03	0.03	2.58	0.76	0.60
	0.96	0.97		0.12	0.08	0.10
-0.15	166.34	165.14	0.80	30.64	10.57	7.25

1-A-5 续表 13

行　业	管理费用	税金	财务费用	利息收入	利息支出
金属制品业	**69.29**	**6.14**	**28.06**	**1.12**	**20.87**
结构性金属制品制造	18.17	1.16	7.20	0.13	4.56
金属工具制造	3.89	0.25	1.98	0.03	1.10
集装箱及金属包装容器制造	3.30	0.17	1.53	0.04	1.22
金属丝绳及其制品制造	2.72	0.69	2.37	0.01	2.25
建筑、安全用金属制品制造	3.40	0.21	0.82		0.61
金属表面处理及热处理加工	2.50	0.22	3.58	0.35	2.82
搪瓷制品制造	0.13	0.02	0.21		0.16
金属制日用品制造	2.07	0.05	0.56		0.41
其他金属制品制造	33.12	3.37	9.81	0.56	7.75
通用设备制造业	**100.90**	**12.47**	**30.48**	**0.64**	**21.12**
锅炉及原动设备制造	10.67	0.86	4.12	0.07	3.07
金属加工机械制造	24.07	3.25	6.57	-0.03	4.30
物料搬运设备制造	7.77	1.73	2.43	0.07	2.13
泵、阀门、压缩机及类似机械制造	17.99	2.46	4.18	0.22	2.88
轴承、齿轮和传动部件制造	11.86	0.88	4.08	0.09	1.99
烘炉、风机、衡器、包装等设备制造	12.00	0.75	4.46	0.05	3.78
文化、办公用机械制造	0.36		0.02		0.08
通用零部件制造	13.37	2.34	3.95	0.15	2.65
其他通用设备制造业	2.82	0.21	0.67	0.01	0.24
专用设备制造业	**74.67**	**7.68**	**20.87**	**0.86**	**15.63**
采矿、冶金、建筑专用设备制造	32.20	4.04	8.96	0.48	7.59
化工、木材、非金属加工专用设备制造	9.68	1.25	3.32	0.10	2.31
食品、饮料、烟草及饲料生产专用设备制造	1.55	0.06	0.63		0.46
印刷、制药、日化及日用品生产专用设备制造	4.78	0.38	0.55	0.01	0.43
纺织、服装和皮革加工专用设备制造	6.54	0.50	1.30	0.08	0.47
电子和电工机械专用设备制造	4.07	0.46	1.21		0.51
农、林、牧、渔专用机械制造	6.65	0.43	1.73	0.08	1.40
医疗仪器设备及器械制造	1.73	0.15	0.90	0.05	0.81
环保、社会公共服务及其他专用设备制造	7.48	0.43	2.27	0.07	1.65
汽车制造业	**36.32**	**2.53**	**14.87**	**0.58**	**10.29**
汽车整车制造	4.00	0.40	2.04	0.25	1.77
改装汽车制造	3.54	0.19	1.17	0.01	0.82
低速载货汽车制造	0.04		0.03		0.03
电车制造	0.36	0.01	0.16		0.12
汽车车身、挂车制造	1.65	0.20	0.60		0.41
汽车零部件及配件制造	26.74	1.74	10.88	0.33	7.14
铁路、船舶、航空航天和其他运输设备制造业	**9.77**	**0.63**	**2.85**	**0.09**	**2.01**
铁路运输设备制造	2.32	0.15	0.74	0.07	0.49
城市轨道交通设备制造					
船舶及相关装置制造	3.49	0.27	1.20	0.01	0.81
航空、航天器及设备制造	0.01		0.02		0.02
摩托车制造	1.09	0.02	0.09		0.07
自行车制造	2.03	0.17	0.61		0.53
非公路休闲车及零配件制造	0.02				
潜水救捞及其他未列明运输设备制造	0.80	0.01	0.18	0.02	0.09

单位：亿元

投资收益（损失以“－”号记）	营业利润	利润总额	亏损企业亏损额	应交增值税	应交所得税	从业人员平均人数（万人）
-2.17	**208.45**	**206.52**	**2.12**	**79.23**	**25.61**	**19.41**
-1.78	56.00	55.44	0.38	25.14	5.60	5.20
-0.25	10.97	10.94		4.21	0.97	1.44
-0.06	10.21	10.39	0.18	3.96	1.34	1.38
	13.01	13.06		2.19	2.94	0.62
-0.13	12.57	12.20	0.01	4.61	1.66	1.15
0.01	6.25	6.09	0.58	1.90	0.60	0.86
	0.85	0.85		0.45	0.13	0.26
	5.11	5.10	0.03	2.04	0.50	0.91
0.05	93.49	92.46	0.93	34.74	11.86	7.58
-4.18	**295.98**	**294.96**	**1.71**	**137.57**	**33.20**	**30.38**
-0.51	25.95	26.19	0.09	11.27	3.11	3.95
-0.16	57.29	56.92	0.40	28.46	7.59	5.81
-0.65	20.37	19.93	0.08	9.66	3.19	2.00
-0.48	51.44	51.35	0.45	22.13	6.13	5.28
-1.37	53.81	53.74	0.15	20.92	4.06	4.06
-0.56	34.13	33.89	0.31	17.05	3.75	3.86
	0.13	0.22	0.03	0.11	0.02	0.07
-0.19	44.62	44.63	0.18	24.13	4.28	4.47
-0.26	8.24	8.10	0.01	3.83	1.08	0.89
1.92	**231.61**	**230.36**	**1.37**	**82.75**	**25.49**	**20.58**
2.28	101.43	100.33	1.15	32.91	11.10	7.94
0.10	29.65	30.22	0.05	10.95	2.53	2.80
	4.58	4.55		2.05	0.73	0.58
	10.82	10.58	0.05	3.98	1.18	0.95
0.01	17.59	17.37	0.01	8.96	3.48	1.19
0.01	11.59	11.49	0.07	4.90	1.27	1.38
-0.54	21.23	20.75	0.03	6.71	2.23	2.50
0.06	11.46	11.46		3.58	0.67	0.83
	23.26	23.61	0.01	8.70	2.29	2.41
-0.72	**126.11**	**122.17**	**1.76**	**48.50**	**16.92**	**12.93**
	10.06	6.50	0.64	3.18	1.30	0.99
-0.14	15.67	15.97	0.18	6.88	2.53	1.37
	0.37	0.37		0.05	0.02	0.03
	1.26	1.28		0.34	0.17	0.16
-0.01	5.34	5.32	0.03	2.70	0.63	0.66
-0.57	93.41	92.74	0.92	35.36	12.27	9.72
-0.69	**27.63**	**27.43**	**0.80**	**12.49**	**3.71**	**3.19**
0.02	2.89	2.82	0.65	1.84	0.24	0.63
-0.12	14.03	13.79	0.01	4.96	2.38	1.39
	0.29	0.29		0.15	0.04	0.03
-0.59	2.09	2.11	0.01	0.84	0.16	0.27
	4.77	4.81	0.13	2.19	0.79	0.61
	0.20	0.20		0.08	0.05	0.01
	3.36	3.41		2.43	0.05	0.26

1-A-5 续表 14

行业	管理费用		财务费用		
		税金		利息收入	利息支出
电气机械和器材制造业	**62.52**	**5.14**	**24.54**	**0.53**	**17.15**
电机制造	7.85	0.72	4.68	0.15	3.23
输配电及控制设备制造	24.78	1.45	9.21	0.17	6.66
电线、电缆、光缆及电工器材制造	11.55	1.12	6.30	0.07	3.89
电池制造	3.06	0.37	1.21	0.04	1.00
家用电力器具制造	8.12	0.38	0.71	0.02	0.53
非电力家用器具制造	3.47	0.46	1.20	0.02	1.05
照明器具制造	1.46	0.12	0.66	0.05	0.36
其他电气机械及器材制造	2.23	0.52	0.57	0.01	0.44
计算机、通信和其他电子设备制造业	**13.24**	**0.97**	**3.05**	**0.40**	**2.32**
计算机制造	0.55	0.01	0.20	0.01	0.15
通信设备制造	1.00	0.12	0.30		0.12
广播电视设备制造	0.48	0.01	0.11	0.02	0.07
雷达及配套设备制造					
视听设备制造	0.06	0.01	0.01		0.01
电子器件制造	1.75	0.13	0.50	0.01	0.41
电子元件制造	8.57	0.53	1.84	0.37	1.50
其他电子设备制造	0.83	0.17	0.09		0.05
仪器仪表制造业	**11.87**	**0.64**	**2.42**	**0.03**	**1.77**
通用仪器仪表制造	8.28	0.49	1.36	0.02	0.88
专用仪器仪表制造	3.06	0.13	0.98	0.01	0.82
钟表与计时仪器制造	0.29		0.06		0.06
光学仪器及眼镜制造	0.09		0.01		0.01
其他仪器仪表制造业	0.15	0.01	0.01		
其他制造业	**1.35**	**0.28**	**0.23**		**0.15**
废弃资源综合利用业	**1.40**	**0.19**	**0.55**	**0.01**	**0.28**
金属废料和碎屑加工处理	0.77	0.10	0.30	0.01	0.13
非金属废料和碎屑加工处理	0.63	0.09	0.26		0.15
金属制品、机械和设备修理业	**0.80**	**0.04**	**0.09**		**0.07**
金属制品修理	0.57		0.02		0.02
通用设备修理					
专用设备修理	0.10		0.03		0.01
铁路、船舶、航空航天等运输设备修理	0.10	0.04	0.03		0.03
电气设备修理	0.01				
仪器仪表修理					
其他机械和设备修理业	0.03				
电力、热力、燃气及水生产和供应业	**4.22**	**0.20**	**2.24**		**1.70**
电力、热力生产和供应业	**1.61**	**0.11**	**1.28**		**1.04**
电力生产	0.81	0.09	0.78		0.69
电力供应	0.04		0.04		0.01
热力生产和供应	0.77	0.02	0.45		0.35
燃气生产和供应业	**1.35**	**0.06**	**0.44**		**0.18**
水的生产和供应业	**1.26**	**0.03**	**0.52**		**0.48**
自来水生产和供应	0.61	0.01	0.23		0.21
污水处理及其再生利用	0.58	0.01	0.10		0.05
其他水的处理、利用与分配	0.08	0.01	0.20		0.21

单位：亿元

投资收益（损失以“-”号记）	营业利润	利润总额	亏损企业亏损额	应交增值税	应交所得税	从业人员平均人数（万人）
-1.58	**172.39**	**163.78**	**1.06**	**76.17**	**16.46**	**15.05**
	17.82	18.04	0.52	9.17	2.39	1.87
-0.08	53.81	46.82	0.41	29.04	4.96	5.08
-1.51	56.29	55.55	0.03	17.25	4.65	2.94
	10.89	10.19		3.86	0.82	1.13
	13.29	12.97	0.06	7.18	1.13	1.09
	8.60	8.74	0.05	4.23	1.11	1.36
	7.20	7.14		2.89	0.94	0.88
	4.48	4.33		2.55	0.47	0.70
-0.24	**26.17**	**26.84**	**0.13**	**10.28**	**3.17**	**4.34**
	0.97	0.99		0.27	0.17	0.28
	2.54	2.55		1.21	0.29	0.33
	0.65	0.64		0.32	0.12	0.19
	0.24	0.24		0.13	0.01	0.07
-0.02	7.05	7.18	0.01	1.92	0.39	0.86
-0.21	13.23	13.83	0.12	5.71	1.94	2.39
	1.49	1.42		0.72	0.25	0.22
-0.77	**28.29**	**28.86**	**0.18**	**10.86**	**4.07**	**2.41**
-0.77	18.12	18.56	0.11	7.96	2.33	1.57
	9.42	9.56	0.07	2.48	1.65	0.66
	0.18	0.18		0.12	0.01	0.07
	0.24	0.24		0.08	0.03	0.03
	0.33	0.33		0.21	0.06	0.09
-0.32	**4.13**	**4.11**	**0.01**	**2.23**	**0.64**	**0.65**
0.02	**5.14**	**5.48**	**0.02**	**2.11**	**0.52**	**0.41**
0.02	2.37	2.73	0.02	0.72	0.28	0.21
	2.77	2.75		1.38	0.24	0.20
	1.13	**1.13**	**0.02**	**0.55**	**0.10**	**0.10**
	0.13	0.13	0.02	0.12		0.01
	0.63	0.63		0.31	0.02	0.03
	0.24	0.24		0.05	0.08	0.04
	0.06	0.06		0.03		
	0.08	0.08		0.04		0.02
0.21	**6.60**	**7.97**	**0.66**	**3.48**	**0.71**	**1.09**
0.01	**3.08**	**4.40**	**0.62**	**2.14**	**0.53**	**0.50**
0.01	3.22	3.56	0.07	1.59	0.46	0.26
	0.76	0.75	0.12	0.24		0.02
	-0.90	0.08	0.44	0.31	0.06	0.22
0.02	**1.51**	**1.48**	**0.01**	**0.51**	**0.16**	**0.16**
0.18	**2.01**	**2.10**	**0.03**	**0.83**	**0.03**	**0.44**
	0.62	0.71	0.03	0.39	0.01	0.12
	1.23	1.23	0.01	0.31	0.03	0.10
0.18	0.15	0.15		0.12		0.22

1-A-6 按行业分组的规模以上外商投资和港澳台商

行业	企业单位数（个）	工业销售产值（当年价格）	出口交货值	资产总计	固定资产合计
总　计	**4365**	**18327.39**	**3958.01**	**11263.38**	**3947.41**
采矿业	**15**	**96.47**	**0.54**	**81.90**	**62.77**
煤炭开采和洗选业	**3**	**59.71**		**70.13**	**56.18**
烟煤和无烟煤开采洗选	3	59.71		70.13	56.18
褐煤开采洗选					
其他煤炭采选					
石油和天然气开采业					
石油开采					
天然气开采					
黑色金属矿采选业	**2**	**10.05**		**1.10**	**0.97**
铁矿采选	2	10.05		1.10	0.97
锰矿、铬矿采选					
其他黑色金属矿采选					
有色金属矿采选业	**5**	**2.37**		**1.86**	**0.82**
常用有色金属矿采选	1	0.23		0.13	
贵金属矿采选	4	2.13		1.73	0.82
稀有稀土金属矿采选					
非金属矿采选业	**5**	**24.34**	**0.54**	**8.81**	**4.79**
土砂石开采	2	2.49		0.49	0.10
化学矿开采					
采盐	1	16.96		6.98	4.15
石棉及其他非金属矿采选	2	4.90	0.54	1.35	0.54
开采辅助活动					
煤炭开采和洗选辅助活动					
石油和天然气开采辅助活动					
其他开采辅助活动					
其他采矿业					
制造业	**4254**	**17821.68**	**3957.46**	**10629.66**	**3494.26**
农副食品加工业	**565**	**2203.82**	**448.60**	**1015.49**	**297.34**
谷物磨制	16	54.91	0.77	29.25	9.28
饲料加工	42	138.26	13.95	62.52	15.50
植物油加工	15	512.44	5.05	235.17	30.93
制糖业					
屠宰及肉类加工	32	357.98	9.09	139.65	53.55
水产品加工	147	540.36	204.85	340.46	110.13
蔬菜、水果和坚果加工	258	420.05	181.47	151.53	57.24
其他农副食品加工	55	179.82	33.41	56.91	20.71
食品制造业	**150**	**569.77**	**90.20**	**367.69**	**124.95**
焙烤食品制造	19	30.53	1.31	22.39	7.12
糖果、巧克力及蜜饯制造	8	10.70	8.65	5.01	2.36
方便食品制造	16	47.08	7.03	25.82	12.20
乳制品制造	7	109.36	0.77	84.45	22.83
罐头食品制造	18	37.32	5.50	15.11	5.59
调味品、发酵制品制造	29	88.64	21.84	82.50	38.31
其他食品制造	53	246.13	45.11	132.41	36.53
酒、饮料和精制茶制造业	**55**	**391.77**	**37.84**	**338.52**	**99.44**
酒的制造	21	212.13	3.17	216.15	39.14
饮料制造	33	179.33	34.67	122.04	60.27
精制茶加工	1	0.31		0.33	0.03

投资工业企业主要经济指标(门、大、中类行业)

单位：亿元

固定资产原价	累计折旧	流动资产合计	应收账款	存货	产成品	负债合计	流动负债合计
8672.66	**5023.17**	**6116.39**	**1668.86**	**1413.76**	**487.59**	**5926.65**	**4758.81**
78.74	**26.71**	**16.98**	**8.16**	**2.09**	**2.03**	**44.39**	**31.22**
67.63	**22.09**	**13.47**	**7.33**	**1.58**	**1.58**	**39.85**	**27.83**
67.63	22.09	13.47	7.33	1.58	1.58	39.85	27.83
1.42	**0.45**	**0.13**	**0.08**	**0.05**	**0.04**	**0.43**	**0.43**
1.42	0.45	0.13	0.08	0.05	0.04	0.43	0.43
1.05	**0.31**	**0.97**	**0.07**	**0.14**	**0.14**	**0.82**	**0.82**
0.02	0.01	0.12				0.14	0.14
1.03	0.30	0.85	0.07	0.14	0.14	0.68	0.68
8.65	**3.87**	**2.41**	**0.68**	**0.32**	**0.27**	**3.29**	**2.14**
0.13	0.03	0.38	0.19	0.03	0.02	0.23	0.22
7.29	3.14	1.30	0.14			2.90	1.74
1.23	0.70	0.73	0.35	0.29	0.26	0.17	0.17
7970.84	**4753.65**	**5979.52**	**1629.93**	**1401.24**	**484.59**	**5634.17**	**4573.41**
1352.68	**1082.22**	**618.28**	**83.80**	**170.90**	**84.05**	**572.24**	**473.20**
13.35	4.17	18.15	2.89	9.27	4.15	13.50	8.38
39.12	25.72	44.00	6.19	7.65	1.69	32.86	28.77
598.94	568.67	191.77	23.36	54.42	31.87	175.34	147.93
227.13	175.57	67.90	5.17	17.23	10.84	75.06	70.08
247.72	151.84	191.32	22.66	47.76	20.81	172.26	133.25
121.92	68.42	75.49	18.71	25.49	10.19	70.90	55.13
104.49	87.83	29.64	4.82	9.09	4.50	32.31	29.65
209.91	**91.71**	**206.86**	**34.32**	**42.65**	**15.40**	**171.99**	**148.07**
10.30	3.88	13.14	2.30	1.86	0.60	6.81	5.76
3.77	1.43	2.18	0.50	0.77	0.33	1.06	0.93
18.09	7.17	12.57	1.74	1.34	0.49	9.37	8.07
32.72	10.30	50.99	7.78	11.41	2.03	42.98	37.10
11.39	6.39	8.52	0.47	3.92	2.56	8.31	5.75
51.19	15.33	36.30	8.08	9.02	3.80	47.44	39.90
82.45	47.21	83.17	13.44	14.32	5.60	56.02	50.55
150.41	**55.31**	**128.48**	**18.38**	**31.57**	**10.44**	**132.85**	**112.54**
67.31	31.50	75.52	6.17	17.77	3.54	90.46	73.99
83.00	23.71	52.67	12.16	13.65	6.87	42.20	38.55
0.10	0.10	0.29	0.05	0.15	0.03	0.19	

1-A-6 续表 1

行　　业	企业单位数（个）	工业销售产值（当年价格）	出口交货值	资产总计	固定资产合计
烟草制品业					
烟叶复烤					
卷烟制造					
其他烟草制品制造					
纺织业	**206**	**750.76**	**256.61**	**503.55**	**208.18**
棉纺织及印染精加工	78	294.78	98.32	264.73	120.97
毛纺织及染整精加工	21	285.78	93.75	150.35	54.30
麻纺织及染整精加工	3	6.07	1.82	5.88	0.75
丝绢纺织及印染精加工	4	7.68	1.86	2.57	0.95
化纤织造及印染精加工	6	10.32	1.98	6.21	1.74
针织或钩针编织物及其制品制造	30	43.85	18.79	20.94	8.78
家用纺织制成品制造	45	67.09	30.87	29.42	10.98
非家用纺织制成品制造	19	35.20	9.22	23.44	9.70
纺织服装、服饰业	**339**	**574.38**	**204.05**	**292.82**	**137.11**
机织服装制造	251	448.08	146.67	242.84	115.43
针织或钩针编织服装制造	69	98.90	49.76	38.95	16.44
服饰制造	19	27.40	7.62	11.03	5.24
皮革、毛皮、羽毛及其制品和制鞋业	**140**	**277.73**	**83.05**	**107.50**	**35.27**
皮革鞣制加工	7	67.95	4.97	31.09	8.85
皮革制品制造	82	125.79	37.27	35.14	13.81
毛皮鞣制及制品加工	5	8.48	3.84	5.98	1.83
羽毛(绒)加工及制品制造	5	3.95	0.40	4.83	1.53
制鞋业	41	71.56	36.57	30.46	9.26
木材加工和木、竹、藤、棕、草制品业	**47**	**98.20**	**31.57**	**46.00**	**11.49**
木材加工	4	3.90	0.26	0.89	0.37
人造板制造	18	64.60	23.68	31.21	5.90
木制品制造	15	22.49	5.61	11.49	4.80
竹、藤、棕、草等制品制造	10	7.21	2.00	2.41	0.42
家具制造业	**66**	**110.61**	**26.07**	**58.60**	**22.08**
木质家具制造	57	88.96	22.68	49.70	18.06
竹、藤家具制造	1	1.16	1.13	2.26	1.19
金属家具制造	2	9.65	1.26	1.22	0.62
塑料家具制造					
其他家具制造	6	10.85	1.00	5.41	2.21
造纸和纸制品业	**76**	**331.74**	**22.94**	**473.90**	**232.80**
纸浆制造					
造纸	31	246.56	18.31	420.37	215.54
纸制品制造	45	85.18	4.64	53.53	17.26
印刷和记录媒介复制业	**46**	**117.51**	**3.09**	**68.92**	**21.22**
印刷	46	117.51	3.09	68.92	21.22
装订及印刷相关服务					
记录媒介复制					
文教、工美、体育和娱乐用品制造业	**313**	**468.55**	**192.69**	**165.98**	**57.55**
文教办公用品制造	17	18.79	12.24	11.21	4.46
乐器制造	14	20.06	1.20	13.88	1.89
工艺美术品制造	195	286.47	114.60	98.21	31.77
体育用品制造	38	83.44	41.55	25.03	12.60
玩具制造	43	53.74	21.09	15.68	6.31
游艺器材及娱乐用品制造	6	6.04	2.00	1.98	0.52

单位：亿元

固定资产原价	累计折旧	流动资产合计	应收账款	存货	产成品	负债合计	流动负债合计
302.17	**128.37**	**233.33**	**30.22**	**69.57**	**25.81**	**206.97**	**151.76**
197.11	80.55	114.06	14.06	38.35	16.52	100.38	81.39
49.14	20.46	77.07	7.01	18.20	5.74	59.92	34.84
2.26	1.57	4.07	1.78	1.39	0.30	2.74	1.85
3.28	3.03	1.25	0.12	0.78	0.09	0.79	0.53
2.82	1.08	1.89	0.33	0.28	0.10	1.53	1.50
12.59	5.87	10.40	1.80	4.97	0.93	10.43	7.74
17.76	7.00	14.08	2.95	3.68	1.05	18.10	13.68
17.21	8.81	10.50	2.17	1.93	1.07	13.09	10.24
237.48	**108.41**	**133.83**	**31.76**	**35.52**	**13.23**	**125.93**	**76.03**
189.79	80.61	110.06	25.13	27.45	11.04	102.36	57.25
38.43	23.73	18.49	5.87	5.76	1.63	20.04	16.29
9.25	4.07	5.29	0.76	2.31	0.55	3.53	2.50
83.99	**51.92**	**61.08**	**12.88**	**23.34**	**6.33**	**56.07**	**48.50**
24.59	15.74	20.38	3.68	6.61	1.85	15.52	15.48
25.88	14.25	17.13	4.22	6.26	1.69	19.88	15.23
2.21	0.60	3.83	0.64	1.47	0.46	3.35	2.10
1.63	0.38	3.18	0.64	1.12	0.20	1.59	1.59
29.68	20.96	16.56	3.71	7.87	2.12	15.73	14.11
37.30	**25.97**	**31.39**	**3.97**	**6.40**	**3.17**	**19.28**	**10.70**
0.45	0.09	0.44	0.06	0.08	0.01	0.38	0.38
29.48	23.61	23.06	2.63	3.16	2.45	11.91	4.62
6.80	2.10	6.35	0.73	3.03	0.61	5.70	4.68
0.57	0.17	1.54	0.56	0.13	0.10	1.28	1.02
38.73	**17.60**	**30.85**	**9.52**	**9.75**	**2.98**	**30.12**	**24.53**
34.09	16.67	26.43	8.58	7.70	2.35	26.62	22.68
1.11	0.08	1.07	0.11	0.80	0.12	1.59	
1.06	0.44	0.59	0.07	0.36	0.07	0.47	0.47
2.47	0.41	2.75	0.76	0.89	0.44	1.44	1.38
316.76	**88.82**	**183.07**	**38.87**	**32.00**	**13.79**	**282.47**	**196.01**
288.87	74.70	150.04	27.66	23.48	10.94	261.97	178.06
27.89	14.11	33.03	11.22	8.52	2.86	20.50	17.96
35.62	**18.57**	**34.96**	**8.58**	**6.57**	**3.48**	**26.41**	**22.46**
35.62	18.57	34.96	8.58	6.57	3.48	26.41	22.46
132.74	**79.70**	**93.70**	**19.33**	**35.39**	**11.60**	**69.66**	**55.63**
7.40	3.23	5.71	1.37	1.80	1.08	4.35	3.34
2.55	0.92	11.04	0.67	4.78	0.35	2.31	1.98
78.93	49.42	56.56	13.43	22.27	8.04	43.93	37.64
35.47	23.10	11.63	1.95	3.94	1.23	10.31	6.28
7.32	2.47	7.35	1.61	2.14	0.72	7.30	5.05
1.07	0.55	1.42	0.29	0.45	0.18	1.45	1.34

1-A-6 续表 2

行 业	企业单位数（个）	工业销售产值（当年价格）	出口交货值	资产总计	固定资产合计
石油加工及炼焦业	**16**	**49.61**		**58.43**	**21.09**
化学原料和化学制品制造业	**274**	**1673.06**	**127.40**	**1116.84**	**360.83**
基础化学原料制造	48	493.98	28.88	318.24	128.05
肥料制造	25	101.39	0.83	70.84	28.89
农药制造	3	6.77	0.53	4.25	0.79
涂料、油墨、颜料及类似产品制造	21	42.30	2.64	21.46	7.74
合成材料制造	60	336.21	32.99	238.69	96.85
专用化学产品制造	108	647.69	59.36	445.01	89.20
炸药、火工及焰火产品制造	1	2.44		2.99	0.89
日用化学产品制造	8	42.29	2.18	15.35	8.43
医药制造业	**76**	**632.56**	**100.69**	**546.21**	**206.69**
化学药品原料药制造	17	169.54	43.90	180.81	66.24
化学药品制剂制造	10	121.86	1.81	79.12	25.67
中药饮片加工	4	17.75	0.33	9.69	8.70
中成药生产	8	81.65	0.69	99.07	44.89
兽用药品制造	2	8.70		1.12	0.30
生物药品制造	20	197.56	45.87	141.06	54.36
卫生材料及医药用品制造	15	35.50	8.09	35.35	6.53
化学纤维制造业	**11**	**35.97**	**6.68**	**56.01**	**22.75**
纤维素纤维原料及纤维制造	1	17.73	1.10	34.63	13.92
合成纤维制造	10	18.24	5.58	21.38	8.83
橡胶和塑料制品业	**205**	**637.54**	**217.83**	**447.94**	**177.96**
橡胶制品业	53	386.66	166.14	318.13	124.54
塑料制品业	152	250.88	51.69	129.82	53.42
非金属矿物制品业	**222**	**518.36**	**51.15**	**372.82**	**149.06**
水泥、石灰和石膏制造	19	79.12	0.53	146.08	47.42
石膏、水泥制品及类似制品制造	25	34.65		30.96	8.87
砖瓦、石材等建筑材料制造	71	190.04	6.75	53.29	30.75
玻璃制造	6	9.50	3.21	15.57	7.78
玻璃制品制造	29	76.72	20.69	43.76	19.18
玻璃纤维和玻璃纤维增强塑料制品制造	11	9.66	2.82	8.81	3.95
陶瓷制品制造	23	57.52	9.26	28.27	13.39
耐火材料制品制造	9	10.64	0.10	9.12	4.77
石墨及其他非金属矿物制品制造	29	50.51	7.80	36.96	12.93
黑色金属冶炼和压延加工业	**43**	**419.30**	**17.17**	**214.71**	**67.53**
炼铁	2	12.03		4.48	1.74
炼钢	1	144.39		58.10	8.24
黑色金属铸造	20	31.32	4.37	12.90	5.72
钢压延加工	19	228.89	10.15	138.99	51.67
铁合金冶炼	1	2.66	2.66	0.24	0.16
有色金属冶炼和压延加工业	**30**	**397.18**	**1.87**	**229.50**	**40.46**
常用有色金属冶炼	4	269.47		161.05	14.50
贵金属冶炼	1	5.30		3.93	0.52
稀有稀土金属冶炼					
有色金属合金制造	1	0.24		0.27	0.15
有色金属铸造	1	0.22		0.01	
有色金属压延加工	23	121.95	1.87	64.24	25.28

单位：亿元

固定资产原价	累计折旧	流动资产合计	应收账款	存货	产成品	负债合计	流动负债合计
23.71	**5.50**	**34.92**	**6.19**	**7.13**	**2.15**	**39.93**	**24.10**
573.75	**226.54**	**573.73**	**87.06**	**117.40**	**38.91**	**641.50**	**518.85**
202.57	75.82	140.65	18.38	25.88	9.95	163.27	107.66
44.66	16.17	37.52	2.98	11.12	4.38	46.19	38.99
1.12	0.33	2.92	1.21	0.88	0.27	1.97	1.87
14.79	7.23	13.49	4.91	1.80	0.92	7.55	6.17
141.99	52.78	114.77	19.93	32.65	6.31	145.52	122.56
155.92	70.74	257.16	37.47	43.47	16.38	268.69	236.67
1.70	0.81	1.70	0.58	0.35	0.09	0.43	0.43
11.00	2.65	5.52	1.60	1.25	0.61	7.87	4.51
402.26	**218.06**	**276.04**	**44.92**	**67.32**	**24.46**	**206.74**	**156.97**
132.22	69.75	86.98	16.29	25.12	11.54	72.62	59.74
36.20	13.83	35.68	5.81	9.19	3.14	36.84	26.51
13.56	4.86	0.99	0.13	0.11	0.10	1.55	0.96
41.76	7.06	47.04	7.41	11.57	4.19	37.27	23.47
9.24	8.93	0.77	0.08	0.07	0.03	0.71	0.67
159.59	110.27	79.63	12.13	17.06	3.73	46.65	36.31
9.70	3.36	24.96	3.08	4.20	1.73	11.10	9.31
34.35	**18.08**	**25.70**	**3.89**	**7.97**	**3.60**	**41.98**	**33.27**
15.90	8.44	14.53	0.94	4.34	1.95	32.69	24.83
18.45	9.64	11.17	2.95	3.63	1.64	9.28	8.44
270.58	**105.81**	**239.37**	**64.25**	**80.00**	**24.94**	**257.97**	**198.16**
181.67	66.66	172.20	49.28	61.84	18.10	203.52	152.29
88.91	39.15	67.17	14.97	18.16	6.83	54.45	45.87
248.88	**105.99**	**188.45**	**43.03**	**37.58**	**14.56**	**165.04**	**108.45**
81.10	34.51	80.73	6.39	8.33	1.65	62.91	25.33
16.43	7.92	20.55	12.59	1.63	0.53	14.75	12.95
56.10	26.66	18.89	4.99	6.13	1.86	13.99	9.07
14.49	7.16	5.18	0.66	3.17	2.19	6.09	5.55
24.97	7.15	21.91	7.85	5.50	3.45	24.77	19.80
7.85	3.90	3.56	1.10	1.16	0.68	5.23	5.17
22.16	10.21	12.44	3.20	4.22	1.69	12.58	9.80
6.98	2.31	3.76	0.98	1.87	0.24	5.80	5.05
18.80	6.17	21.43	5.28	5.57	2.27	18.91	15.72
114.34	**48.37**	**127.87**	**18.90**	**26.21**	**8.99**	**150.31**	**120.06**
3.57	1.94	2.66	0.36	1.11	0.52	3.24	3.17
10.88	2.64	49.86	4.22	2.61		66.85	63.42
11.08	6.20	6.82	1.70	2.28	0.88	4.46	3.20
88.65	37.57	68.45	12.59	20.18	7.58	75.60	50.27
0.15	0.01	0.07	0.03	0.03	0.02	0.17	
100.50	**64.93**	**174.89**	**10.45**	**50.71**	**3.40**	**131.71**	**101.14**
34.23	19.73	134.09	1.91	42.23	0.12	91.39	68.62
1.56	1.04	3.36	0.04	2.24	0.40	2.34	2.31
0.16	0.01	0.13	0.01	0.01		0.10	0.10
0.01		0.01		0.01	0.01	0.01	0.01
64.54	44.15	37.31	8.49	6.22	2.88	37.86	30.10

1-A-6 续表 3

行　　业	企业单位数（个）	工业销售产值（当年价格）	出口交货值	资产总计	固定资产合计
金属制品业	**223**	**759.34**	**140.26**	**368.77**	**143.36**
结构性金属制品制造	32	52.91	4.42	41.16	12.29
金属工具制造	28	37.00	18.14	23.37	12.13
集装箱及金属包装容器制造	18	105.54	50.90	61.65	18.62
金属丝绳及其制品制造	13	76.04	8.26	73.60	32.27
建筑、安全用金属制品制造	15	26.08	4.27	8.64	5.27
金属表面处理及热处理加工	4	15.46		11.38	3.14
搪瓷制品制造	2	0.89	0.17	0.62	0.11
金属制日用品制造	18	95.70	9.63	28.78	8.56
其他金属制品制造	93	349.72	44.46	119.58	50.96
通用设备制造业	**225**	**579.59**	**185.15**	**471.33**	**150.39**
锅炉及原动设备制造	20	89.63	11.67	56.66	14.45
金属加工机械制造	37	61.92	6.63	32.00	9.04
物料搬运设备制造	11	25.78	5.15	31.05	9.92
泵、阀门、压缩机及类似机械制造	50	111.78	42.74	117.09	44.78
轴承、齿轮和传动部件制造	17	37.91	21.25	44.20	20.06
烘炉、风机、衡器、包装等设备制造	42	138.70	42.84	119.29	20.86
文化、办公用机械制造					
通用零部件制造	43	110.77	54.25	68.73	30.57
其他通用设备制造业	5	3.09	0.62	2.29	0.70
专用设备制造业	**163**	**704.23**	**85.93**	**500.70**	**102.06**
采矿、冶金、建筑专用设备制造	48	509.76	53.49	371.95	62.11
化工、木材、非金属加工专用设备制造	32	33.11	12.78	35.14	8.18
食品、饮料、烟草及饲料生产专用设备制造	8	16.95	1.90	5.41	1.99
印刷、制药、日化及日用品生产专用设备制造	13	15.59	3.99	12.22	3.75
纺织、服装和皮革加工专用设备制造	7	10.88	0.81	7.28	3.49
电子和电工机械专用设备制造	19	65.72	1.62	27.78	12.94
农、林、牧、渔专用机械制造	16	33.33	10.28	19.37	6.18
医疗仪器设备及器械制造	9	7.68	0.53	13.48	1.73
环保、社会公共服务及其他专用设备制造	11	11.20	0.54	8.07	1.68
汽车制造业	**176**	**1372.62**	**149.08**	**921.87**	**268.82**
汽车整车制造	10	879.24	42.64	610.48	157.89
改装汽车制造	8	13.58	0.25	17.23	5.92
低速载货汽车制造					
电车制造	1	0.28		0.32	0.18
汽车车身、挂车制造	1	2.84		3.81	0.69
汽车零部件及配件制造	156	476.68	106.19	290.04	104.14
铁路、船舶、航空航天和其他运输设备制造业	**60**	**335.76**	**92.34**	**425.57**	**114.85**
铁路运输设备制造	13	112.84	2.90	165.22	9.29
城市轨道交通设备制造					
船舶及相关装置制造	25	165.39	76.38	220.01	93.05
航空、航天器及设备制造	4	16.83	0.01	17.11	6.74
摩托车制造	10	24.35	6.36	18.70	3.74
自行车制造	2	5.86	5.52	1.05	0.42
非公路休闲车及零配件制造					
潜水救捞及其他未列明运输设备制造	6	10.49	1.17	3.49	1.60

单位：亿元

固定资产原价	累计折旧	流动资产合计	应收账款	存货	产成品	负债合计	流动负债合计
300.44	**164.32**	**202.92**	**60.39**	**55.78**	**19.42**	**190.43**	**158.56**
23.13	11.15	26.66	8.19	8.96	4.46	20.98	19.26
17.34	6.80	9.86	2.97	3.52	1.46	10.02	7.56
29.18	10.84	35.72	14.30	10.64	2.36	32.51	30.27
56.16	24.06	37.94	10.80	7.38	3.00	43.08	31.60
9.17	4.07	3.29	0.76	1.45	0.31	4.44	4.11
4.40	1.28	7.55	0.53	1.39	0.28	10.41	9.07
0.25	0.13	0.44	0.14	0.08	0.03	0.21	0.21
86.17	78.47	19.92	2.65	6.75	0.53	16.30	15.26
74.65	27.50	61.55	20.06	15.61	6.99	52.48	41.22
230.23	**92.57**	**284.17**	**99.65**	**80.38**	**28.38**	**218.41**	**191.84**
22.40	10.00	39.30	8.50	11.94	6.46	33.02	29.79
12.91	4.39	22.29	8.59	5.35	1.64	15.24	11.44
12.50	2.96	16.99	5.95	7.05	3.68	15.80	15.44
68.85	27.88	62.65	19.05	18.63	5.68	53.72	48.80
32.31	13.45	21.47	6.22	6.64	1.62	14.90	12.88
36.29	17.28	85.49	38.48	21.34	5.57	63.21	55.64
43.56	15.80	34.40	12.46	9.21	3.62	21.84	17.42
1.41	0.82	1.58	0.40	0.22	0.11	0.68	0.43
278.36	**178.95**	**338.67**	**114.75**	**93.72**	**50.35**	**290.49**	**242.09**
215.70	154.58	270.02	94.62	69.68	43.67	229.33	195.84
14.87	6.88	21.55	6.55	6.59	0.83	17.34	14.16
6.12	4.24	2.59	0.62	1.17	0.27	2.88	2.27
6.21	2.53	7.55	1.61	3.16	0.62	5.10	3.99
5.86	2.93	3.38	0.81	1.93	1.08	2.15	1.32
18.02	5.15	9.97	2.19	3.46	1.02	10.71	6.50
7.25	1.48	11.00	3.93	4.22	1.58	12.63	9.38
2.09	0.49	6.63	1.49	2.43	0.74	5.82	4.43
2.25	0.67	5.98	2.92	1.08	0.53	4.51	4.19
484.87	**265.77**	**603.72**	**429.01**	**86.08**	**24.95**	**529.86**	**457.21**
301.65	185.25	423.70	368.50	26.67	5.65	365.66	325.21
9.50	3.64	8.89	1.99	2.36	0.96	11.62	9.67
0.24	0.07	0.14	0.02	0.02	0.02	0.11	0.04
2.36	1.88	3.12	0.62	0.14	0.13	3.03	3.03
171.13	74.94	167.87	57.88	56.91	18.20	149.45	119.26
179.38	**65.46**	**278.58**	**46.29**	**83.88**	**15.61**	**314.31**	**275.68**
14.11	5.22	146.70	29.05	50.18	1.49	120.14	101.40
140.93	48.34	111.10	13.79	27.20	11.35	172.61	157.70
9.65	2.91	9.23	1.60	2.30	0.58	11.48	9.98
11.54	7.82	9.46	1.20	3.16	1.84	8.30	4.88
0.99	0.58	0.59	0.11	0.27	0.10	0.31	0.31
2.16	0.59	1.51	0.53	0.77	0.25	1.46	1.42

1-A-6 续表 4

行 业	企业单位数（个）	工业销售产值（当年价格）	出口交货值	资产总计	固定资产合计
电气机械和器材制造业	**188**	**739.96**	**167.07**	**419.88**	**170.65**
电机制造	22	137.48	10.91	117.45	83.40
输配电及控制设备制造	74	248.04	69.50	127.96	46.21
电线、电缆、光缆及电工器材制造	45	202.01	70.22	83.47	23.49
电池制造	10	32.16	7.32	11.69	3.24
家用电力器具制造	14	85.00	4.03	46.23	5.23
非电力家用器具制造	8	13.63		9.33	2.25
照明器具制造	8	14.20	3.42	16.51	5.58
其他电气机械及器材制造	7	7.43	1.68	7.25	1.25
计算机、通信和其他电子设备制造业	**274**	**2912.24**	**1167.53**	**927.72**	**228.14**
计算机制造	11	1479.90	513.64	371.61	48.59
通信设备制造	20	281.74	139.20	80.94	15.19
广播电视设备制造	5	26.58	9.98	7.59	3.56
雷达及配套设备制造					
视听设备制造	16	179.01	57.68	69.41	19.35
电子器件制造	41	267.61	205.53	125.37	45.95
电子元件制造	167	646.72	226.91	256.19	91.89
其他电子设备制造	14	30.67	14.57	16.61	3.62
仪器仪表制造业	**39**	**122.11**	**33.38**	**82.65**	**13.63**
通用仪器仪表制造	17	46.93	0.98	53.78	7.34
专用仪器仪表制造	13	42.71	11.50	20.59	3.31
钟表与计时仪器制造	2	1.48	0.37	3.07	0.74
光学仪器及眼镜制造	7	30.99	20.52	5.22	2.24
其他仪器仪表制造业					
其他制造业	**16**	**25.36**	**15.67**	**15.26**	**4.52**
废弃资源综合利用业	**5**	**5.46**		**7.43**	**0.92**
金属废料和碎屑加工处理	2	2.41		3.31	0.07
非金属废料和碎屑加工处理	3	3.05		4.12	0.85
金属制品、机械和设备修理业	**5**	**6.60**	**1.51**	**7.05**	**3.12**
金属制品修理	2	0.95		0.91	0.20
通用设备修理					
专用设备修理					
铁路、船舶、航空航天等运输设备修理	1	4.18	1.51	5.78	2.87
电气设备修理					
仪器仪表修理					
其他机械和设备修理业	2	1.47		0.36	0.05
电力、热力、燃气及水生产和供应业	**96**	**409.24**		**551.82**	**390.38**
电力、热力生产和供应业	**42**	**257.28**		**352.99**	**289.93**
电力生产	40	252.68		348.97	287.27
电力供应					
热力生产和供应	2	4.59		4.01	2.65
燃气生产和供应业	**39**	**139.21**		**149.55**	**71.33**
水的生产和供应业	**15**	**12.75**		**49.28**	**29.12**
自来水生产和供应	6	5.94		16.45	9.42
污水处理及其再生利用	7	4.95		18.45	9.62
其他水的处理、利用与分配	2	1.86		14.38	10.08

单位：亿元

固定资产原价	累计折旧	流动资产合计	应收账款	存货	产成品	负债合计	流动负债合计
257.32	**110.08**	**203.17**	**68.42**	**42.48**	**15.11**	**174.61**	**150.83**
91.80	27.17	30.64	9.86	9.17	2.51	29.98	22.48
94.08	48.94	66.28	27.66	13.91	4.33	65.05	56.97
49.11	26.49	52.51	17.40	9.48	4.18	40.97	37.45
4.27	1.04	6.47	1.35	1.56	1.33	7.56	5.35
6.21	1.87	26.02	5.31	3.53	0.25	15.24	14.60
1.52	0.85	5.63	0.40	1.50	1.01	4.66	3.93
7.91	2.53	10.27	5.27	2.01	0.54	9.56	8.82
2.41	1.19	5.36	1.16	1.32	0.97	1.58	1.23
1504.00	**1285.50**	**591.68**	**217.11**	**84.96**	**16.27**	**538.20**	**473.76**
789.36	742.47	290.31	87.29	22.61	3.08	232.85	232.75
203.75	188.63	61.08	20.93	10.04	1.41	56.91	51.28
5.14	1.62	3.91	2.12	0.86	0.38	2.80	2.66
61.03	41.76	46.40	24.99	6.77	1.08	50.78	49.58
205.64	162.38	68.19	35.97	15.88	2.27	75.23	67.53
229.10	141.41	109.96	42.52	26.36	7.62	112.73	63.30
9.98	7.23	11.83	3.30	2.44	0.43	6.91	6.66
50.67	**38.06**	**60.77**	**20.30**	**10.90**	**1.91**	**32.95**	**30.95**
17.60	10.85	41.52	12.44	6.95	1.02	22.39	21.91
12.90	9.77	16.20	7.26	3.03	0.58	8.44	7.35
1.44	0.85	0.89	0.09	0.54	0.04	0.76	0.65
18.72	16.59	2.17	0.51	0.37	0.27	1.35	1.03
12.60	**8.29**	**9.97**	**2.30**	**3.00**	**0.75**	**10.08**	**7.10**
1.65	**0.73**	**5.57**	**0.15**	**1.44**	**0.38**	**2.84**	**2.84**
0.29	0.22	2.41	0.11	0.32	0.29	0.26	0.26
1.36	0.51	3.16	0.04	1.12	0.09	2.58	2.58
5.17	**2.05**	**3.53**	**1.24**	**0.64**	**0.15**	**2.85**	**2.11**
0.39	0.19	0.67	0.27	0.11		0.73	0.73
4.67	1.80	2.55	0.90	0.51	0.15	2.04	1.31
0.11	0.06	0.31	0.07	0.03	0.01	0.07	0.07
623.08	**242.81**	**119.89**	**30.77**	**10.43**	**0.98**	**248.08**	**154.18**
499.84	**212.75**	**45.97**	**15.94**	**6.74**	**0.02**	**140.32**	**75.53**
496.00	211.56	44.74	16.06	6.39	0.02	139.23	74.82
3.84	1.18	1.23	-0.12	0.35		1.09	0.70
85.92	**21.69**	**61.24**	**10.57**	**3.51**	**0.95**	**81.52**	**67.87**
37.32	**8.37**	**12.69**	**4.26**	**0.18**		**26.25**	**10.78**
13.19	3.92	4.98	0.71	0.08		7.75	4.50
13.61	3.99	4.65	1.94	0.05		8.10	3.86
10.53	0.45	3.06	1.61	0.05		10.39	2.42

1-A-6 续表 5

行 业	应付账款	所有者权益合计	实收资本	国家资本	集体资本
总 计	**1485.51**	**5270.51**	**2667.34**	**94.23**	**55.11**
采矿业	**5.04**	**37.51**	**15.96**	**2.01**	
煤炭开采和洗选业	**4.87**	**30.28**	**12.10**	**0.22**	
烟煤和无烟煤开采洗选	4.87	30.28	12.10	0.22	
褐煤开采洗选					
其他煤炭采选					
石油和天然气开采业					
石油开采					
天然气开采					
黑色金属矿采选业	**0.06**	**0.67**	**0.11**		
铁矿采选	0.06	0.67	0.11		
锰矿、铬矿采选					
其他黑色金属矿采选					
有色金属矿采选业	**0.03**	**1.04**	**0.84**		
常用有色金属矿采选		-0.01	0.03		
贵金属矿采选	0.03	1.05	0.81		
稀有稀土金属矿采选					
非金属矿采选业	**0.07**	**5.52**	**2.92**	**1.79**	
土砂石开采		0.26	0.14		
化学矿开采					
采盐	0.06	4.08	2.40	1.79	
石棉及其他非金属矿采选	0.01	1.18	0.37		
开采辅助活动					
煤炭开采和洗选辅助活动					
石油和天然气开采辅助活动					
其他开采辅助活动					
其他采矿业					
制造业	**1450.65**	**4931.80**	**2427.86**	**46.44**	**52.10**
农副食品加工业	**113.35**	**439.18**	**204.10**	**0.86**	**6.85**
谷物磨制	1.14	15.75	9.75	0.03	
饲料加工	2.63	29.60	9.77		0.06
植物油加工	61.07	59.84	30.17	0.54	0.45
制糖业					
屠宰及肉类加工	6.59	64.47	34.92		1.49
水产品加工	26.80	166.84	77.72	0.09	4.06
蔬菜、水果和坚果加工	12.06	79.21	31.62		0.27
其他农副食品加工	3.06	23.48	10.15	0.20	0.53
食品制造业	**33.70**	**194.60**	**90.11**	**0.02**	**1.97**
焙烤食品制造	1.23	15.53	12.49		0.01
糖果、巧克力及蜜饯制造	0.55	3.51	2.47		
方便食品制造	2.78	16.44	5.56		
乳制品制造	13.17	41.42	22.53		
罐头食品制造	-0.02	6.53	3.97	0.02	
调味品、发酵制品制造	7.78	35.06	18.96		0.53
其他食品制造	8.21	76.11	24.12		1.43
酒、饮料和精制茶制造业	**33.00**	**204.96**	**68.85**	**6.38**	**1.31**
酒的制造	19.44	125.17	30.48	5.87	
饮料制造	13.56	79.65	38.23	0.51	1.31
精制茶加工		0.14	0.14		

单位：亿元

法人资本	个人资本	港澳台资本	外商资本	主营业务收入	主营业务成本	主营业务税金及附加	销售费用
812.38	**190.69**	**294.75**	**1220.03**	**18078.22**	**15656.07**	**116.23**	**433.06**
9.24	**0.26**	**3.21**	**1.23**	**95.52**	**57.75**	**1.18**	**5.17**
8.80		**3.00**	**0.07**	**59.12**	**31.62**	**0.98**	**2.07**
8.80		3.00	0.07	59.12	31.62	0.98	2.07
0.10	**0.01**			**9.73**	**8.17**	**0.10**	**0.21**
0.10	0.01			9.73	8.17	0.10	0.21
0.09	**0.20**		**0.55**	**2.38**	**1.95**	**0.02**	**0.05**
	0.02		0.01	0.23	0.23		
0.09	0.19		0.54	2.14	1.72	0.02	0.05
0.25	**0.05**	**0.21**	**0.61**	**24.29**	**16.02**	**0.08**	**2.84**
0.13		0.01		2.45	1.94	0.01	
			0.61	16.96	10.72	0.06	2.22
0.12	0.05	0.21		4.88	3.36	0.01	0.61
702.81	**188.40**	**265.61**	**1172.35**	**17609.90**	**15306.16**	**112.37**	**422.83**
66.63	**27.67**	**16.85**	**85.23**	**2201.51**	**1989.04**	**6.86**	**35.45**
1.20	1.52	0.75	6.26	55.63	50.18	0.38	1.47
4.52	0.37	0.47	4.35	145.21	128.41	0.92	4.27
11.84	0.20	6.06	11.08	521.25	498.55	0.74	4.15
13.37	0.84	3.58	15.65	365.23	335.05	0.44	6.24
21.74	19.01	1.17	31.64	517.51	453.79	2.21	8.16
9.51	4.64	3.96	13.24	417.95	366.65	1.48	7.45
4.46	1.09	0.86	3.00	178.73	156.40	0.68	3.72
16.17	**7.35**	**8.27**	**56.33**	**578.27**	**458.74**	**4.47**	**29.33**
4.91	0.87	0.02	6.69	31.39	22.16	0.38	1.01
0.54	0.05	0.01	1.87	10.67	9.11	0.06	0.14
1.25	0.22	2.15	1.94	57.09	48.88	0.52	2.83
1.15			21.38	95.01	62.61	0.65	12.68
1.86	0.20	1.35	0.54	39.71	34.30	0.41	0.60
2.63	1.71	1.11	12.97	92.90	75.01	0.38	6.37
3.83	4.29	3.62	10.95	251.51	206.68	2.07	5.71
15.52	**5.91**	**12.51**	**27.22**	**385.67**	**301.98**	**10.61**	**43.40**
2.80	2.99	6.15	12.66	208.40	152.66	10.00	34.14
12.58	2.92	6.36	14.56	177.00	149.07	0.62	9.26
0.14				0.26	0.25		

1-A-6 续表 6

行　业	应付账款	所有者权益合计	实收资本	国家资本	集体资本
烟草制品业					
烟叶复烤					
卷烟制造					
其他烟草制品制造					
纺织业	**35.54**	**295.88**	**129.62**	**2.10**	**6.56**
棉纺织及印染精加工	22.30	163.93	82.11	1.92	6.46
毛纺织及染整精加工	6.43	90.34	22.76	0.16	0.04
麻纺织及染整精加工		3.14	2.04		
丝绢纺织及印染精加工	0.05	1.79	0.65		0.04
化纤织造及印染精加工	0.39	4.68	3.49		
针织或钩针编织物及其制品制造	1.25	10.38	7.61		
家用纺织制成品制造	3.83	11.28	4.69	0.01	0.02
非家用纺织制成品制造	1.28	10.35	6.27		
纺织服装、服饰业	**19.58**	**165.41**	**80.38**	**0.12**	**0.17**
机织服装制造	11.14	139.82	60.89		0.10
针织或钩针编织服装制造	7.07	18.20	13.70	0.12	0.07
服饰制造	1.37	7.39	5.78		
皮革、毛皮、羽毛及其制品和制鞋业	**13.10**	**49.46**	**29.20**	**0.23**	**0.54**
皮革鞣制加工	2.62	15.53	4.69		0.35
皮革制品制造	4.13	14.36	10.97		0.19
毛皮鞣制及制品加工	0.24	2.24	3.30		
羽毛(绒)加工及制品制造	0.30	3.18	1.40		
制鞋业	5.81	14.15	8.85	0.23	
木材加工和木、竹、藤、棕、草制品业	**2.16**	**26.69**	**7.58**		**0.61**
木材加工	0.02	0.51	0.29		0.08
人造板制造	0.41	19.30	2.81		
木制品制造	1.31	5.78	3.83		0.53
竹、藤、棕、草等制品制造	0.41	1.09	0.65		
家具制造业	**3.29**	**28.48**	**13.70**		**0.08**
木质家具制造	2.59	23.08	12.17		0.08
竹、藤家具制造		0.67	0.67		
金属家具制造	0.11	0.75	0.63		
塑料家具制造					
其他家具制造	0.59	3.97	0.22		
造纸和纸制品业	**50.93**	**191.13**	**115.17**	**0.04**	**0.25**
纸浆制造					
造纸	47.51	158.17	97.09		
纸制品制造	3.42	32.96	18.08	0.04	0.25
印刷和记录媒介复制业	**9.84**	**42.26**	**24.17**	**0.36**	**0.01**
印刷	9.84	42.26	24.17	0.36	0.01
装订及印刷相关服务					
记录媒介复制					
文教、工美、体育和娱乐用品制造业	**14.48**	**93.97**	**49.47**	**9.12**	**0.76**
文教办公用品制造	0.97	6.82	4.31	0.07	0.02
乐器制造	0.57	11.25	9.97	9.04	
工艺美术品制造	8.48	52.95	26.12	0.01	0.74
体育用品制造	2.79	14.06	4.61		
玩具制造	1.03	8.37	3.88		
游艺器材及娱乐用品制造	0.64	0.53	0.58		

单位：亿元

法人资本	个人资本	港澳台资本	外商资本	主营业务收入	主营业务成本	主营业务税金及附加	销售费用
41.63	**9.63**	**19.79**	**49.91**	**788.52**	**684.39**	**4.23**	**11.29**
19.55	8.04	14.17	31.97	300.40	254.15	2.40	4.98
15.48	0.76	1.19	5.13	318.01	281.12	0.91	3.13
0.31		0.42	1.31	5.86	5.19	0.03	0.06
			0.61	9.14	6.99	0.06	0.43
1.88	0.04	0.11	1.46	11.88	11.33	0.01	0.14
1.51	0.57	1.85	3.68	39.49	34.21	0.21	0.60
0.57	0.13	1.18	2.77	67.73	60.32	0.34	0.95
2.34	0.09	0.86	2.98	36.01	31.10	0.26	0.99
30.99	**8.03**	**8.18**	**32.88**	**560.92**	**475.41**	**3.58**	**15.43**
29.30	5.13	5.85	20.51	440.65	368.61	2.82	13.56
1.57	1.35	2.28	8.30	93.25	82.76	0.61	1.27
0.11	1.55	0.05	4.08	27.02	24.04	0.15	0.61
7.21	**1.59**	**1.60**	**18.03**	**274.54**	**240.96**	**2.26**	**4.94**
1.57		0.65	2.11	70.24	65.10	0.13	0.17
2.05	1.29	0.09	7.35	122.38	104.14	1.47	2.76
1.39			1.91	7.19	6.62	0.03	0.14
1.06		0.34		4.39	3.85	0.01	0.12
1.14	0.29	0.52	6.66	70.34	61.25	0.61	1.75
1.70	**1.51**	**0.30**	**3.46**	**100.26**	**83.77**	**0.89**	**2.30**
0.03	0.10	0.05	0.03	3.87	3.32	0.15	0.03
1.36	0.74	0.06	0.65	66.46	55.23	0.48	1.56
0.24	0.41	0.19	2.46	22.91	19.15	0.19	0.54
0.07	0.27		0.31	7.02	6.06	0.07	0.16
3.39	**4.00**	**1.22**	**5.01**	**108.79**	**92.46**	**0.73**	**3.16**
2.60	3.99	1.06	4.45	89.80	75.96	0.62	2.59
0.67				1.75	1.38	0.03	0.10
		0.10	0.54	7.09	6.62	0.01	0.02
0.12	0.01	0.07	0.03	10.15	8.49	0.08	0.45
22.96	**2.42**	**22.60**	**66.89**	**334.56**	**280.76**	**1.57**	**9.13**
15.76	1.75	17.45	62.14	249.62	207.07	1.05	7.34
7.20	0.67	5.15	4.76	84.94	73.70	0.52	1.80
4.40	**2.37**	**2.88**	**14.16**	**115.59**	**101.34**	**0.73**	**2.40**
4.40	2.37	2.88	14.16	115.59	101.34	0.73	2.40
11.42	**2.79**	**5.47**	**19.91**	**459.48**	**396.91**	**3.30**	**9.83**
2.21	0.16	0.16	1.69	17.53	14.92	0.09	0.57
0.37	0.03	0.01	0.52	18.86	15.62	0.12	0.38
7.09	1.69	4.98	11.60	284.96	244.17	2.25	6.59
1.13	0.51	0.10	2.87	81.10	72.96	0.41	1.22
0.51	0.40	0.01	2.96	50.62	43.64	0.38	0.96
0.11		0.21	0.26	6.42	5.61	0.03	0.11

1-A-6 续表 7

行　　业	应付账款	所有者权益合计	实收资本	国家资本	集体资本
石油加工及炼焦业	**6.58**	**18.50**	**6.93**	**0.05**	
化学原料和化学制品制造业	**88.91**	**464.33**	**227.73**	**12.88**	**2.04**
基础化学原料制造	13.76	152.83	68.07	9.80	0.45
肥料制造	6.36	24.59	12.52		0.10
农药制造	0.44	2.28	1.80		
涂料、油墨、颜料及类似产品制造	3.55	13.91	6.79		
合成材料制造	32.74	92.41	52.82	1.51	1.18
专用化学产品制造	30.49	168.26	80.63	1.56	0.31
炸药、火工及焰火产品制造	0.19	2.57	1.23		
日用化学产品制造	1.36	7.48	3.87		
医药制造业	**28.63**	**330.56**	**78.67**	**0.75**	**1.37**
化学药品原料药制造	10.10	107.98	18.72	0.25	0.08
化学药品制剂制造	5.95	42.28	3.48		0.56
中药饮片加工	0.50	8.14	2.71		
中成药生产	6.50	53.73	9.52	0.22	
兽用药品制造	0.03	0.31	0.12		0.06
生物药品制造	4.13	94.41	38.81	0.28	0.67
卫生材料及医药用品制造	1.42	23.72	5.32		
化学纤维制造业	**6.69**	**14.03**	**11.68**		
纤维素纤维原料及纤维制造	4.88	1.94	1.30		
合成纤维制造	1.81	12.10	10.38		
橡胶和塑料制品业	**36.50**	**188.78**	**86.71**	**1.96**	**0.14**
橡胶制品业	24.46	114.07	50.84		0.02
塑料制品业	12.04	74.72	35.87	1.96	0.13
非金属矿物制品业	**31.35**	**206.36**	**117.76**	**0.10**	**1.96**
水泥、石灰和石膏制造	8.91	83.17	34.06		0.61
石膏、水泥制品及类似制品制造	5.55	16.21	8.04		0.09
砖瓦、石材等建筑材料制造	1.87	38.82	19.78		1.23
玻璃制造	1.32	9.47	17.47		
玻璃制品制造	6.20	18.82	13.52	0.02	
玻璃纤维和玻璃纤维增强塑料制品制造	0.68	3.58	2.77		
陶瓷制品制造	1.92	15.38	8.27	0.08	0.02
耐火材料制品制造	1.88	3.31	3.13		
石墨及其他非金属矿物制品制造	3.01	17.61	10.70		
黑色金属冶炼和压延加工业	**10.85**	**64.05**	**35.68**		**1.39**
炼铁	0.76	1.24	0.65		
炼钢	2.16	-8.75	0.80		
黑色金属铸造	0.78	8.44	4.62		
钢压延加工	7.16	63.03	29.55		1.39
铁合金冶炼		0.07	0.07		
有色金属冶炼和压延加工业	**8.31**	**95.95**	**29.62**		**2.19**
常用有色金属冶炼	2.13	67.83	5.74		
贵金属冶炼	0.03	1.59	2.42		1.20
稀有稀土金属冶炼					
有色金属合金制造		0.17	0.17		
有色金属铸造			0.01		
有色金属压延加工	6.15	26.36	21.29		0.99

单位：亿元

法人资本	个人资本	港澳台资本	外商资本	主营业务收入	主营业务成本	主营业务税金及附加	销售费用
1.22	**2.37**	**1.52**	**1.76**	**54.37**	**46.77**	**0.33**	**2.00**
67.65	**21.70**	**22.04**	**101.42**	**1682.71**	**1483.29**	**10.23**	**33.31**
25.96	8.34	8.01	15.51	495.78	456.44	1.62	6.50
6.71	2.84	0.33	2.55	110.49	98.42	0.12	2.62
0.77			1.03	6.78	6.02		0.08
2.38	0.36	0.26	3.79	42.71	35.84	0.20	1.21
13.45	3.86	2.39	30.43	333.54	292.41	4.27	5.69
18.24	6.31	11.06	43.16	645.79	555.94	3.29	14.35
			1.23	2.24	1.16	0.04	0.20
0.14			3.73	45.38	37.04	0.69	2.65
18.95	**8.71**	**2.10**	**46.80**	**614.12**	**426.31**	**5.08**	**58.40**
2.37	5.37	0.93	9.72	158.40	111.27	0.96	15.99
1.27	0.05	0.15	1.45	115.34	68.65	1.31	16.58
2.67	0.04			16.11	12.27	0.22	0.80
7.57	0.77		0.95	83.22	43.29	0.94	15.87
	0.03		0.02	8.41	7.52	0.02	0.18
2.57	1.99	0.85	32.45	197.31	161.26	0.83	5.96
2.50	0.45	0.17	2.20	35.33	22.04	0.80	3.02
4.91	**0.23**	**2.09**	**4.45**	**36.37**	**31.86**	**0.06**	**0.97**
1.30				17.63	15.63		0.32
3.61	0.23	2.09	4.45	18.74	16.24	0.06	0.66
25.63	**6.77**	**8.83**	**43.38**	**614.43**	**521.02**	**3.31**	**17.76**
14.42	4.62	3.84	27.95	371.84	306.57	1.99	13.62
11.21	2.15	5.00	15.43	242.59	214.44	1.32	4.14
24.85	**9.93**	**28.61**	**52.31**	**519.67**	**437.48**	**3.07**	**13.39**
6.83		8.53	18.09	81.29	65.74	0.67	2.06
1.63	0.21	3.03	3.09	35.45	29.55	0.13	1.13
3.70	5.53	4.90	4.43	186.37	160.77	0.89	1.90
1.90	0.24	5.55	9.78	9.26	8.60	0.05	0.57
5.19	1.39	1.56	5.36	79.57	65.12	0.44	3.47
0.18	0.04	2.13	0.42	10.03	8.56	0.08	0.38
1.76	1.96	2.64	1.81	57.14	48.03	0.42	1.22
0.79	0.05	0.10	2.19	10.58	8.64	0.14	0.51
2.86	0.51	0.18	7.15	49.97	42.46	0.25	2.15
23.28	**2.57**	**3.21**	**5.23**	**396.87**	**365.53**	**0.78**	**4.28**
0.48			0.17	12.03	10.83	0.02	0.15
	0.80			113.52	109.38	0.01	0.03
2.80	0.33	0.19	1.29	31.58	25.01	0.17	1.51
19.93	1.44	3.02	3.77	237.19	218.53	0.52	2.39
0.07				2.54	1.79	0.05	0.20
9.95	**0.61**	**7.97**	**8.90**	**393.87**	**364.62**	**0.56**	**2.10**
0.91		4.21	0.62	271.36	255.51	0.14	0.25
			1.22	5.31	5.42	0.01	
			0.17	0.23	0.20		0.01
	0.01			0.22	0.09	0.01	0.01
9.04	0.60	3.76	6.90	116.75	103.40	0.41	1.83

1-A-6 续表 8

行　业	应付账款	所有者权益合计	实收资本	国家资本	集体资本
金属制品业	**34.54**	**173.95**	**106.52**	**1.37**	**1.69**
结构性金属制品制造	5.16	19.70	10.94	0.22	0.01
金属工具制造	1.68	13.26	6.94		
集装箱及金属包装容器制造	7.99	28.38	18.68		0.85
金属丝绳及其制品制造	4.78	30.49	25.55		0.09
建筑、安全用金属制品制造	0.89	4.19	3.09		0.01
金属表面处理及热处理加工	0.82	0.97	1.60	0.32	
搪瓷制品制造	0.02	0.41	0.37		
金属制日用品制造	0.94	12.32	3.87		
其他金属制品制造	12.26	64.23	35.48	0.83	0.74
通用设备制造业	**73.89**	**249.43**	**150.68**	**1.36**	**8.89**
锅炉及原动设备制造	13.43	23.41	11.80		
金属加工机械制造	6.05	16.67	9.07		
物料搬运设备制造	4.65	15.26	16.90		
泵、阀门、压缩机及类似机械制造	15.52	63.26	37.02	0.86	0.01
轴承、齿轮和传动部件制造	6.36	29.17	23.04		0.43
烘炉、风机、衡器、包装等设备制造	22.91	54.43	30.97	0.46	7.54
文化、办公用机械制造					
通用零部件制造	4.75	45.63	21.36	0.05	0.91
其他通用设备制造业	0.22	1.60	0.52		
专用设备制造业	**72.80**	**205.07**	**94.70**	**1.58**	**5.84**
采矿、冶金、建筑专用设备制造	57.38	138.62	55.86	0.87	5.04
化工、木材、非金属加工专用设备制造	3.80	17.53	10.16	0.49	0.19
食品、饮料、烟草及饲料生产专用设备制造	0.37	2.53	1.01		0.02
印刷、制药、日化及日用品生产专用设备制造	1.48	7.08	3.24	0.22	
纺织、服装和皮革加工专用设备制造	0.39	5.01	3.61		0.60
电子和电工机械专用设备制造	1.39	16.53	7.46		
农、林、牧、渔专用机械制造	4.60	6.73	5.24		
医疗仪器设备及器械制造	1.51	7.49	6.50		
环保、社会公共服务及其他专用设备制造	1.89	3.55	1.62		
汽车制造业	**328.95**	**388.78**	**252.65**	**0.20**	**2.12**
汽车整车制造	277.08	244.77	173.33		0.17
改装汽车制造	1.87	4.90	4.51		1.38
低速载货汽车制造					
电车制造		0.21	0.22		
汽车车身、挂车制造	1.20	0.78	0.10		0.08
汽车零部件及配件制造	48.80	138.13	74.49	0.20	0.49
铁路、船舶、航空航天和其他运输设备制造业	**35.32**	**110.82**	**76.37**	**0.62**	**1.77**
铁路运输设备制造	14.31	45.08	10.92	0.15	0.04
城市轨道交通设备制造					
船舶及相关装置制造	17.24	46.95	53.06		0.18
航空、航天器及设备制造	0.90	5.64	3.24	0.38	1.47
摩托车制造	2.30	10.39	7.05	0.09	
自行车制造	0.09	0.74	0.56		0.08
非公路休闲车及零配件制造					
潜水救捞及其他未列明运输设备制造	0.48	2.02	1.53		

单位：亿元

法人资本	个人资本	港澳台资本	外商资本	主营业务收入	主营业务成本	主营业务税金及附加	销售费用
25.66	**9.96**	**20.08**	**47.75**	**756.36**	**673.55**	**5.88**	**12.16**
3.63	4.75	1.23	1.10	52.12	44.30	0.45	1.84
3.14	0.40	1.40	2.00	37.15	32.08	0.31	0.90
4.38	0.02	3.93	9.51	104.02	95.06	0.25	1.80
2.22		9.87	13.36	73.73	67.24	0.27	1.27
0.39	0.32	0.36	2.02	23.68	19.23	0.16	0.59
0.90		0.16	0.22	16.17	15.77	0.01	0.04
0.10			0.27	0.88	0.79		0.03
2.04	0.14	0.76	0.93	91.21	82.79	0.28	0.93
8.87	4.34	2.36	18.34	357.41	316.30	4.15	4.76
29.55	**8.18**	**17.92**	**84.78**	**594.27**	**489.84**	**4.23**	**23.08**
5.93	1.51	0.58	3.78	89.34	78.54	0.32	3.03
5.01	1.16	0.19	2.71	61.75	49.65	0.55	2.18
1.30	1.90	0.01	13.69	34.39	30.20	0.03	0.81
6.32	0.77	6.33	22.73	118.30	97.40	1.08	3.57
0.53		0.85	21.23	36.66	31.44	0.26	1.14
6.28	0.28	0.17	16.24	139.29	110.20	0.90	9.90
3.99	2.56	9.52	4.34	111.21	89.47	1.09	2.42
0.18		0.27	0.07	3.33	2.95	0.01	0.04
13.93	**8.51**	**5.67**	**59.17**	**700.03**	**588.75**	**4.34**	**23.62**
5.11	3.00	3.61	38.24	503.18	424.66	1.90	18.79
2.16	3.91	0.21	3.20	35.47	29.20	0.21	1.14
0.24		0.32	0.43	15.32	13.01	0.12	0.20
0.70	0.63	0.28	1.40	16.28	12.68	0.15	0.81
	0.14		2.87	10.62	8.21	0.27	0.35
3.09	0.09		4.28	66.30	59.77	1.41	0.57
1.28	0.29	0.68	2.99	33.93	26.23	0.12	0.96
1.23	0.20	0.03	5.04	7.97	6.04	0.09	0.55
0.12	0.25	0.54	0.71	10.95	8.95	0.05	0.26
160.27	**10.83**	**6.26**	**72.97**	**1295.41**	**1107.48**	**25.05**	**20.30**
140.55			32.62	822.16	697.92	23.45	9.01
2.31	0.37		0.45	13.90	12.23	0.07	0.82
			0.22	0.28	0.27		
		0.03		2.84	2.62	0.02	0.04
17.42	10.46	6.23	39.68	456.23	394.44	1.50	10.43
21.15	**1.05**	**3.39**	**48.39**	**290.04**	**248.98**	**1.76**	**4.72**
8.33	0.03	0.60	1.77	69.20	54.36	0.52	1.47
10.48	0.96	0.69	40.75	163.82	146.33	0.45	1.47
0.20		0.61	0.59	16.55	13.32	0.04	0.68
1.72		1.15	4.09	23.69	20.34	0.47	1.03
0.05			0.43	5.86	5.29		0.01
0.37	0.06	0.34	0.77	10.91	9.34	0.28	0.07

1-A-6 续表 9

行 业	应付账款	所有者权益合计	实收资本	国家资本	集体资本
电气机械和器材制造业	**50.98**	**244.50**	**103.92**	**2.21**	**2.73**
电机制造	4.54	87.46	14.49		
输配电及控制设备制造	20.42	62.20	44.56	1.87	
电线、电缆、光缆及电工器材制造	8.55	42.45	23.11	0.16	2.73
电池制造	1.56	4.13	2.65		
家用电力器具制造	9.53	30.98	10.34		
非电力家用器具制造	1.10	4.67	0.98	0.18	0.01
照明器具制造	4.77	6.95	4.16		
其他电气机械及器材制造	0.50	5.67	3.61		
计算机、通信和其他电子设备制造业	**292.05**	**381.73**	**207.00**	**0.69**	**0.68**
计算机制造	137.82	138.76	24.42		0.17
通信设备制造	39.53	23.83	10.59		
广播电视设备制造	2.01	4.79	2.41		
雷达及配套设备制造					
视听设备制造	29.67	17.74	12.19	0.42	0.50
电子器件制造	42.61	50.14	39.81	0.27	
电子元件制造	37.40	138.65	112.35		0.02
其他电子设备制造	3.00	7.82	5.22		
仪器仪表制造业	**12.66**	**49.08**	**19.24**	**3.25**	
通用仪器仪表制造	8.74	31.39	11.44	3.25	
专用仪器仪表制造	3.64	12.11	3.80		
钟表与计时仪器制造	0.06	2.17	1.10		
光学仪器及眼镜制造	0.22	3.42	2.91		
其他仪器仪表制造业					
其他制造业	**1.72**	**5.06**	**4.03**	**0.10**	
废弃资源综合利用业	**0.36**	**4.59**	**3.37**	**0.09**	**0.17**
金属废料和碎屑加工处理	0.03	3.06	2.63	0.09	
非金属废料和碎屑加工处理	0.33	1.54	0.74		0.17
金属制品、机械和设备修理业	**0.60**	**4.20**	**2.24**		
金属制品修理	0.12	0.18	0.22		
通用设备修理					
专用设备修理					
铁路、船舶、航空航天等运输设备修理	0.48	3.74	2.00		
电气设备修理					
仪器仪表修理					
其他机械和设备修理业		0.28	0.02		
电力、热力、燃气及水生产和供应业	**29.81**	**301.20**	**223.52**	**45.78**	**3.01**
电力、热力生产和供应业	**11.92**	**211.33**	**172.24**	**32.24**	**0.47**
电力生产	11.68	208.40	170.97	32.24	0.39
电力供应					
热力生产和供应	0.24	2.93	1.26		0.08
燃气生产和供应业	**16.09**	**67.40**	**35.14**	**12.04**	**2.42**
水的生产和供应业	**1.81**	**22.47**	**16.15**	**1.50**	**0.12**
自来水生产和供应	0.48	8.13	5.80	0.74	0.12
污水处理及其再生利用	0.05	10.35	6.23	0.46	
其他水的处理、利用与分配	1.28	3.99	4.11	0.29	

单位：亿元

法人资本	个人资本	港澳台资本	外商资本	主营业务收入	主营业务成本	主营业务税金及附加	销售费用
29.89	**15.70**	**12.99**	**40.22**	**733.70**	**644.33**	**2.61**	**16.25**
3.73	5.26	1.15	4.35	139.39	121.34	0.68	2.14
7.67	7.00	8.24	19.78	260.66	229.66	0.91	4.03
7.27	1.22	0.23	11.35	186.61	164.60	0.46	3.08
0.29	1.13	0.83	0.39	28.12	25.91	0.07	0.68
8.04	0.76		1.55	83.66	73.52	0.35	4.54
0.13	0.21		0.45	12.74	10.34	0.05	1.02
0.52	0.06	2.53	1.04	15.14	12.96	0.05	0.67
2.24	0.06		1.31	7.37	6.01	0.03	0.09
20.02	**4.49**	**19.65**	**161.47**	**2854.24**	**2633.46**	**4.94**	**18.59**
0.10			24.15	1471.82	1370.74	0.86	6.36
0.85	0.02	1.23	8.50	282.27	260.33	0.21	2.11
		1.40	1.01	26.43	24.51	0.05	0.25
1.35	0.40	5.95	3.58	168.02	157.02	0.28	2.21
2.83	0.46	8.23	28.02	260.71	241.45	0.58	1.72
14.79	3.26	2.74	91.55	615.29	553.98	2.83	5.52
0.11	0.35	0.10	4.66	29.70	25.43	0.12	0.40
3.57	**3.42**	**0.59**	**8.41**	**124.93**	**102.20**	**0.64**	**4.84**
0.70	3.15		4.33	45.35	35.67	0.32	2.84
1.42	0.08	0.03	2.26	43.71	34.79	0.14	1.89
0.54		0.56		2.58	2.20	0.02	0.03
0.90	0.18		1.82	33.29	29.54	0.16	0.08
0.25	**0.12**	**0.06**	**3.51**	**27.17**	**24.56**	**0.19**	**0.28**
		2.94	**0.18**	**6.21**	**5.26**	**0.01**	**0.06**
		2.52	0.03	2.36	2.23	0.01	0.03
		0.41	0.15	3.85	3.03		0.04
0.05			**2.19**	**7.02**	**5.10**	**0.08**	**0.04**
0.05			0.17	0.95	0.67	0.02	0.01
			2.00	4.39	2.89	0.06	0.03
			0.02	1.68	1.54		
100.32	**2.03**	**25.93**	**46.45**	**372.80**	**292.15**	**2.68**	**5.06**
92.29	**1.96**	**11.52**	**33.75**	**214.78**	**159.22**	**1.83**	**0.74**
92.29	1.96	11.52	32.57	210.19	155.84	1.81	0.74
			1.18	4.59	3.38	0.01	
4.26	**0.06**	**9.95**	**6.40**	**145.62**	**124.27**	**0.80**	**4.31**
3.77	**0.01**	**4.46**	**6.29**	**12.40**	**8.67**	**0.05**	**0.01**
0.90		1.55	2.50	5.52	4.61	0.05	0.01
2.53	0.01	2.91	0.32	5.02	3.06		0.01
0.34			3.47	1.86	0.99		

1-A-6 续表 10

行　　业	管理费用	税金	财务费用	利息收入	利息支出
总　　计	**565.50**	**38.92**	**150.69**	**21.30**	**145.20**
采矿业	**7.10**	**0.28**	**3.33**	**0.09**	**1.89**
煤炭开采和洗选业	**4.93**	**0.12**	**2.82**	**0.08**	**1.38**
烟煤和无烟煤开采洗选	4.93	0.12	2.82	0.08	1.38
褐煤开采洗选					
其他煤炭采选					
石油和天然气开采业					
石油开采					
天然气开采					
黑色金属矿采选业	**0.07**	**0.01**	**0.01**		**0.01**
铁矿采选	0.07	0.01	0.01		0.01
锰矿、铬矿采选					
其他黑色金属矿采选					
有色金属矿采选业	**0.19**	**0.01**	**0.04**	**0.01**	**0.04**
常用有色金属矿采选	0.01		0.01		0.01
贵金属矿采选	0.18	0.01	0.02	0.01	0.03
稀有稀土金属矿采选					
非金属矿采选业	**1.92**	**0.15**	**0.46**		**0.46**
土砂石开采	0.04				
化学矿开采					
采盐	1.28	0.01	0.46		0.46
石棉及其他非金属矿采选	0.59	0.14			
开采辅助活动					
煤炭开采和洗选辅助活动					
石油和天然气开采辅助活动					
其他开采辅助活动					
其他采矿业					
制造业	**543.27**	**37.66**	**140.08**	**20.53**	**137.70**
农副食品加工业	**44.32**	**3.59**	**18.49**	**2.16**	**17.98**
谷物磨制	0.99	0.14	0.26	0.02	0.36
饲料加工	4.33	0.15	0.75	2.28	2.77
植物油加工	4.00	0.41	3.38	-0.32	4.12
制糖业					
屠宰及肉类加工	5.46	0.32	2.05	0.03	1.66
水产品加工	14.37	0.61	6.98	0.11	5.64
蔬菜、水果和坚果加工	10.62	1.21	2.85	0.02	1.65
其他农副食品加工	4.55	0.76	2.21	0.01	1.79
食品制造业	**20.65**	**1.19**	**5.73**	**1.06**	**5.73**
焙烤食品制造	1.39	0.07	0.04	0.16	0.06
糖果、巧克力及蜜饯制造	0.37	0.02	0.06		0.05
方便食品制造	1.95	0.09	0.06	0.17	0.08
乳制品制造	3.65	0.19		0.47	0.75
罐头食品制造	0.87	0.07	0.53		0.32
调味品、发酵制品制造	3.64	0.27	2.06	0.04	1.78
其他食品制造	8.79	0.48	2.98	0.22	2.68
酒、饮料和精制茶制造业	**11.87**	**0.83**	**1.53**	**0.92**	**1.78**
酒的制造	8.46	0.49	0.63	0.81	1.32
饮料制造	3.38	0.35	0.90	0.11	0.45
精制茶加工	0.02				

单位：亿元

投资收益(损失以“—”号记)	营业利润	利润总额	亏损企业亏损额	应交增值税	应交所得税	从业人员平均人数(万人)
-29.66	**1216.36**	**1207.04**	**67.49**	**500.14**	**170.14**	**149.29**
-0.23	**21.02**	**21.34**	**0.40**	**7.73**	**5.99**	**0.52**
	17.13	**17.35**	**0.38**	**6.86**	**5.36**	**0.17**
	17.13	17.35	0.38	6.86	5.36	0.17
-0.23	**1.18**	**1.18**		**0.23**	**0.02**	**0.04**
-0.23	1.18	1.18		0.23	0.02	0.04
	0.11	**0.22**	**0.02**		**0.01**	**0.07**
	-0.02	-0.02	0.02			
	0.14	0.24			0.01	0.07
	2.59	**2.59**		**0.63**	**0.60**	**0.24**
	0.06	0.06		0.02		0.03
	2.22	2.22		0.45	0.55	0.17
	0.31	0.30		0.15	0.05	0.04
-29.74	**1139.90**	**1131.94**	**66.32**	**473.84**	**151.76**	**146.18**
-7.94	**101.49**	**100.21**	**7.73**	**55.41**	**11.77**	**17.39**
0.03	2.18	2.27	0.01	0.62	0.29	0.24
-0.01	5.97	5.52	0.19	2.23	0.93	1.18
-6.78	3.16	2.60	4.55	20.51	-0.27	0.71
-0.06	15.36	15.41	1.66	4.97	1.11	3.06
0.01	36.85	36.78	0.73	14.47	5.02	7.00
-0.63	28.39	28.18	0.41	8.59	2.55	3.91
-0.52	9.57	9.46	0.17	4.01	2.13	1.30
-0.40	**53.67**	**54.89**	**1.59**	**20.37**	**8.17**	**4.72**
0.01	3.28	3.47	0.05	2.07	0.58	0.58
	0.93	0.93		0.27	0.05	0.14
-0.10	3.53	3.54	0.11	1.82	0.48	0.50
0.01	11.72	12.35		4.44	2.66	0.42
	3.02	3.02	0.10	1.31	0.28	0.61
-0.32	6.55	6.61	0.12	2.71	0.62	0.97
	24.63	24.97	1.20	7.75	3.49	1.51
6.55	**31.59**	**32.13**	**1.57**	**14.45**	**5.20**	**3.09**
6.23	15.83	15.79	1.21	9.82	3.00	2.00
0.31	15.75	16.33	0.36	4.61	2.20	1.07
	0.01	0.01		0.01		0.02

1-A-6 续表 11

行　业	管理费用		财务费用		
		税金		利息收入	利息支出
烟草制品业					
烟叶复烤					
卷烟制造					
其他烟草制品制造					
纺织业	**26.52**	**1.92**	**8.66**	**0.57**	**7.59**
棉纺织及印染精加工	15.09	1.37	2.97	0.18	2.13
毛纺织及染整精加工	4.73	0.24	4.29	0.27	4.49
麻纺织及染整精加工	0.16	0.01	0.05		0.04
丝绢纺织及印染精加工	0.49	0.02	0.12	0.01	0.12
化纤织造及印染精加工	0.16		0.09		0.05
针织或钩针编织物及其制品制造	2.10	0.14	0.25	0.07	0.24
家用纺织制成品制造	2.70	0.09	0.47	0.03	0.25
非家用纺织制成品制造	1.09	0.04	0.42	0.01	0.27
纺织服装、服饰业	**30.17**	**1.95**	**4.59**	**0.23**	**3.32**
机织服装制造	22.91	0.93	3.72	0.21	2.74
针织或钩针编织服装制造	6.56	0.87	0.76	0.01	0.49
服饰制造	0.70	0.15	0.11	0.01	0.09
皮革、毛皮、羽毛及其制品和制鞋业	**10.07**	**0.85**	**2.28**	**0.05**	**2.09**
皮革鞣制加工	0.65	0.01	0.54		0.74
皮革制品制造	5.77	0.27	1.09	0.04	0.86
毛皮鞣制及制品加工	0.13	0.01	0.04		0.02
羽毛(绒)加工及制品制造	0.15	0.04	0.10		0.08
制鞋业	3.38	0.52	0.51		0.39
木材加工和木、竹、藤、棕、草制品业	**2.58**	**0.30**	**1.20**	**0.03**	**0.93**
木材加工	0.05		0.03		0.02
人造板制造	1.38	0.14	0.85	0.02	0.77
木制品制造	1.00	0.14	0.21	0.01	0.12
竹、藤、棕、草等制品制造	0.15	0.01	0.11		0.02
家具制造业	**4.10**	**0.47**	**0.93**		**0.62**
木质家具制造	3.65	0.46	0.85		0.59
竹、藤家具制造	0.15		0.04		
金属家具制造	0.09		0.02		
塑料家具制造					
其他家具制造	0.21		0.04		0.03
造纸和纸制品业	**12.73**	**1.04**	**9.91**	**0.87**	**10.76**
纸浆制造					
造纸	9.55	0.85	9.45	0.84	10.31
纸制品制造	3.18	0.19	0.46	0.03	0.45
印刷和记录媒介复制业	**8.91**	**0.37**	**0.30**	**0.08**	**0.35**
印刷	8.91	0.37	0.30	0.08	0.35
装订及印刷相关服务					
记录媒介复制					
文教、工美、体育和娱乐用品制造业	**17.81**	**1.05**	**4.84**	**0.21**	**3.11**
文教办公用品制造	0.74	0.07	0.12	0.01	0.07
乐器制造	1.15	0.02	0.06		0.02
工艺美术品制造	10.92	0.70	3.29	0.18	1.99
体育用品制造	2.49	0.10	1.05	0.02	0.80
玩具制造	2.25	0.15	0.27		0.21
游艺器材及娱乐用品制造	0.27	0.01	0.04		0.01

单位：亿元

投资收益（损失以“－”号记）	营业利润	利润总额	亏损企业亏损额	应交增值税	应交所得税	从业人员平均人数（万人）
-16.67	**58.64**	**57.88**	**1.96**	**17.97**	**8.93**	**10.46**
0.17	22.72	23.02	1.51	5.69	3.53	5.63
-16.64	26.55	25.83	0.08	8.40	4.14	2.61
	0.29	0.17	0.05	0.13	0.05	0.16
	0.62	0.57		0.23	0.05	0.06
	0.21	0.21		0.08	0.03	0.09
	2.32	2.29	0.11	0.75	0.41	0.48
-0.02	3.78	3.59	0.16	1.98	0.37	1.03
-0.17	2.16	2.20	0.06	0.72	0.36	0.40
0.05	**33.52**	**33.24**	**2.51**	**15.13**	**8.06**	**12.00**
0.03	28.47	28.33	1.14	12.58	6.85	8.98
0.02	3.61	3.53	1.26	1.99	0.98	2.40
	1.45	1.38	0.11	0.56	0.23	0.62
-0.64	**13.93**	**13.86**	**0.60**	**6.11**	**1.20**	**5.94**
-0.47	3.67	3.73	0.08	1.08	0.29	0.35
-0.11	6.83	6.80	0.33	2.90	0.47	2.38
	0.18	0.18		0.03	0.01	0.09
	0.14	0.14	0.02	0.15	0.02	0.08
-0.07	3.12	3.01	0.16	1.96	0.40	3.03
0.01	**8.88**	**8.88**	**0.10**	**1.70**	**1.73**	**0.86**
	0.51	0.51		0.22	0.01	0.07
	6.25	6.25	0.10	0.70	1.38	0.45
0.01	1.65	1.65		0.50	0.30	0.29
	0.47	0.47		0.28	0.04	0.05
-0.18	**7.03**	**6.98**	**0.40**	**3.45**	**1.07**	**1.64**
-0.18	5.91	5.86	0.40	2.79	0.92	1.28
	0.03	0.03		0.09	0.02	0.13
	0.35	0.34		0.13		0.09
	0.74	0.74		0.44	0.14	0.13
-4.11	**18.29**	**19.33**	**0.59**	**10.12**	**3.83**	**2.36**
-3.92	12.27	13.21	0.19	7.88	2.44	1.46
-0.19	6.01	6.12	0.40	2.24	1.39	0.90
0.66	**6.18**	**6.28**	**0.29**	**3.34**	**0.57**	**0.91**
0.66	6.18	6.28	0.29	3.34	0.57	0.91
-0.48	**24.57**	**24.31**	**1.71**	**15.60**	**3.08**	**6.78**
	0.94	1.00	0.08	0.55	0.12	0.40
0.05	1.05	1.03	0.10	0.77	0.13	0.47
-0.19	16.05	15.72	1.30	10.62	1.77	3.80
	2.96	2.98	0.19	1.49	0.43	0.90
	3.36	3.35	0.02	2.01	0.59	1.09
-0.24	0.23	0.23	0.02	0.16	0.03	0.13

1-A-6 续表 12

行 业	管理费用	税金	财务费用	利息收入	利息支出
石油加工及炼焦业	**2.11**	**0.12**	**0.54**	**0.09**	**0.59**
化学原料和化学制品制造业	**43.00**	**2.56**	**16.02**	**3.05**	**16.88**
基础化学原料制造	9.29	0.35	4.49	1.50	5.56
肥料制造	3.35	0.31	1.51	0.05	1.37
农药制造	0.28	0.01	0.05		0.03
涂料、油墨、颜料及类似产品制造	1.14	0.04	0.08	0.01	0.05
合成材料制造	9.84	0.70	2.48	0.33	4.44
专用化学产品制造	17.54	1.08	7.13	1.14	5.19
炸药、火工及焰火产品制造	0.24	0.01	-0.01		
日用化学产品制造	1.32	0.06	0.30	0.03	0.24
医药制造业	**30.29**	**0.94**	**6.48**	**2.72**	**8.51**
化学药品原料药制造	10.52	0.43	2.83	2.07	4.70
化学药品制剂制造	5.05	0.21	0.78	0.04	0.68
中药饮片加工	0.67		0.45		0.45
中成药生产	4.17	0.03	1.59	0.07	1.60
兽用药品制造	0.10				
生物药品制造	7.55	0.20	0.62	0.23	0.99
卫生材料及医药用品制造	2.24	0.07	0.21	0.30	0.09
化学纤维制造业	**1.16**	**0.11**	**1.75**		**1.33**
纤维素纤维原料及纤维制造	0.39	0.07	1.27		1.10
合成纤维制造	0.78	0.04	0.48		0.23
橡胶和塑料制品业	**25.75**	**1.42**	**7.23**	**0.24**	**6.09**
橡胶制品业	16.84	0.84	5.43	0.20	4.88
塑料制品业	8.91	0.58	1.80	0.04	1.21
非金属矿物制品业	**16.67**	**1.22**	**4.84**	**0.24**	**4.21**
水泥、石灰和石膏制造	3.05	0.43	1.61	0.14	1.75
石膏、水泥制品及类似制品制造	1.36	0.07	0.25	0.04	0.30
砖瓦、石材等建筑材料制造	3.76	0.16	0.71	0.01	0.48
玻璃制造	0.62	0.10	0.17		0.14
玻璃制品制造	2.67	0.13	0.61	0.01	0.59
玻璃纤维和玻璃纤维增强塑料制品制造	0.61	0.04	0.22		0.20
陶瓷制品制造	2.07	0.14	0.37	0.04	0.25
耐火材料制品制造	0.73	0.06	0.27		0.18
石墨及其他非金属矿物制品制造	1.80	0.09	0.62		0.33
黑色金属冶炼和压延加工业	**5.05**	**0.50**	**3.11**	**0.38**	**1.83**
炼铁	0.22		0.09		
炼钢	0.36	0.06	1.22		
黑色金属铸造	1.78	0.32	0.17		0.11
钢压延加工	2.52	0.12	1.62	0.38	1.72
铁合金冶炼	0.16		0.02		
有色金属冶炼和压延加工业	**3.93**	**0.53**	**6.04**	**0.98**	**7.60**
常用有色金属冶炼	0.95	0.11	3.78	0.95	5.98
贵金属冶炼	0.16		0.14		
稀有稀土金属冶炼					
有色金属合金制造	0.01				
有色金属铸造	0.01				
有色金属压延加工	2.81	0.43	2.11	0.03	1.62

单位：亿元

投资收益（损失以“-”号记）	营业利润	利润总额	亏损企业亏损额	应交增值税	应交所得税	从业人员平均人数（万人）
0.24	**2.94**	**3.18**	**0.06**	**1.33**	**0.68**	**0.30**
-2.64	**98.74**	**100.68**	**4.94**	**45.60**	**17.51**	**6.78**
0.01	16.37	16.30	1.41	6.37	3.09	1.70
-0.30	4.64	5.13	0.04	0.71	0.73	0.83
	0.38	0.39		0.19	0.03	0.04
-0.13	4.05	4.01		1.36	0.84	0.27
	25.72	26.74	1.93	16.12	3.99	1.38
-2.22	43.91	44.45	1.55	19.91	8.25	2.20
	0.74	0.74		0.28	0.18	0.03
	2.94	2.93	0.02	0.67	0.38	0.34
0.10	**85.94**	**86.39**	**0.23**	**32.34**	**16.69**	**4.02**
0.04	16.88	17.47	0.05	7.69	1.35	1.48
	22.86	22.85		8.95	5.07	0.49
	1.57	1.57		0.38	0.49	0.19
	16.24	16.43	0.02	5.84	3.86	0.68
	0.59	0.44		0.13	0.08	0.03
0.04	21.26	21.06	0.12	6.81	4.64	0.74
0.03	6.53	6.57	0.05	2.54	1.20	0.42
	0.66	**0.67**	**0.32**	**0.29**	**0.14**	**0.36**
	0.05	0.06		0.17		0.12
	0.61	0.61	0.32	0.12	0.14	0.25
0.20	**42.60**	**41.88**	**3.38**	**13.76**	**5.78**	**5.81**
0.07	28.76	28.41	1.35	7.15	4.45	3.22
0.14	13.84	13.46	2.03	6.61	1.33	2.59
0.07	**40.51**	**40.99**	**5.34**	**22.79**	**5.26**	**4.84**
-0.09	7.77	8.41	2.10	4.00	2.28	0.73
	3.08	3.27	0.25	1.07	0.70	0.37
-0.25	18.81	18.82	0.08	9.85	0.54	1.11
	-0.80	-1.04	1.15	0.20	0.02	0.18
0.28	4.74	4.69	0.26	2.74	0.60	0.79
	-0.33	-0.33	0.80	0.38	-0.02	0.15
0.11	3.95	3.83	0.15	2.12	0.57	1.06
	0.37	0.38	0.25	0.54	0.13	0.08
0.02	2.94	2.97	0.30	1.90	0.43	0.38
0.07	**17.07**	**16.87**	**0.61**	**7.35**	**1.04**	**1.08**
	0.79	0.75	0.19	0.22	0.23	0.08
0.06	2.95	2.84		0.07		0.18
	2.55	2.48	0.03	0.95	0.40	0.32
0.01	10.61	10.63	0.38	5.96	0.36	0.50
	0.18	0.18		0.15	0.05	0.01
0.05	**16.71**	**16.52**	**0.72**	**26.52**	**0.36**	**0.63**
0.10	10.84	10.84		25.37		0.14
0.46	0.05	0.09		0.03		0.02
	0.01	0.01		0.01		
	0.01	0.01				0.01
-0.51	5.79	5.58	0.72	1.10	0.35	0.46

1-A-6 续表 13

行 业	管理费用	税金	财务费用	利息收入	利息支出
金属制品业	**38.56**	**6.25**	**5.36**	**0.50**	**5.09**
结构性金属制品制造	1.94	0.11	0.69	0.02	0.53
金属工具制造	1.29	0.15	0.42	0.04	0.32
集装箱及金属包装容器制造	2.82	0.34	0.35	0.11	0.55
金属丝绳及其制品制造	5.05	0.14	1.19	0.14	1.28
建筑、安全用金属制品制造	0.67	0.04	0.12		0.11
金属表面处理及热处理加工	0.16	0.02	0.26	0.08	0.29
搪瓷制品制造	0.06				
金属制日用品制造	1.53	0.06	0.55	0.04	0.49
其他金属制品制造	25.04	5.39	1.78	0.07	1.53
通用设备制造业	**36.87**	**1.79**	**4.07**	**0.15**	**3.08**
锅炉及原动设备制造	7.49	0.14	0.51	0.07	0.51
金属加工机械制造	2.97	0.46	0.35	0.02	0.13
物料搬运设备制造	2.25	0.11	0.32	0.05	0.25
泵、阀门、压缩机及类似机械制造	7.21	0.32	1.10	0.14	0.58
轴承、齿轮和传动部件制造	3.23	0.14	0.25	-0.01	0.26
烘炉、风机、衡器、包装等设备制造	9.39	0.39	0.18	-0.17	0.44
文化、办公用机械制造					
通用零部件制造	4.15	0.20	1.35	0.04	0.89
其他通用设备制造业	0.16	0.02	0.02		0.01
专用设备制造业	**22.59**	**1.34**	**5.88**	**0.28**	**6.34**
采矿、冶金、建筑专用设备制造	13.16	1.03	4.68	0.23	5.39
化工、木材、非金属加工专用设备制造	2.10	0.05	0.45	0.01	0.28
食品、饮料、烟草及饲料生产专用设备制造	1.16	0.02	0.07		0.07
印刷、制药、日化及日用品生产专用设备制造	1.44	0.11	0.09	0.02	0.09
纺织、服装和皮革加工专用设备制造	0.90	0.05	0.07		0.06
电子和电工机械专用设备制造	1.05	0.03	0.23		0.18
农、林、牧、渔专用机械制造	1.32	0.03	0.22		0.15
医疗仪器设备及器械制造	0.89	0.02	-0.05		0.02
环保、社会公共服务及其他专用设备制造	0.58	0.02	0.12	0.01	0.10
汽车制造业	**25.28**	**1.93**	**2.64**	**0.56**	**3.67**
汽车整车制造	7.81	1.11	0.26	0.42	0.24
改装汽车制造	0.89	0.09	0.47	0.01	0.38
低速载货汽车制造					
电车制造					
汽车车身、挂车制造	0.02		0.01		0.01
汽车零部件及配件制造	16.56	0.73	1.90	0.14	3.04
铁路、船舶、航空航天和其他运输设备制造业	**11.10**	**0.46**	**3.58**	**1.14**	**3.63**
铁路运输设备制造	3.15	0.15	-0.69	0.92	0.27
城市轨道交通设备制造					
船舶及相关装置制造	4.31	0.18	3.87	0.07	2.88
航空、航天器及设备制造	0.96	0.02	0.37	0.04	0.36
摩托车制造	2.19	0.08	-0.03	0.10	0.04
自行车制造	0.04		0.01		0.01
非公路休闲车及零配件制造					
潜水救捞及其他未列明运输设备制造	0.45	0.02	0.05	0.01	0.06

单位：亿元

投资收益（损失以“-”号记）	营业利润	利润总额	亏损企业亏损额	应交增值税	应交所得税	从业人员平均人数（万人）
-0.17	**40.09**	**39.30**	**3.15**	**21.04**	**3.82**	**5.56**
	2.50	2.49	0.19	1.53	0.32	0.54
	1.84	1.81	0.28	0.88	0.20	0.86
-0.02	8.17	8.31	0.20	3.23	0.72	0.82
0.18	0.52	0.59	1.13	1.70	0.20	0.58
	1.31	1.31		0.57	0.13	0.27
	-0.06	-0.06	0.10	0.13		0.06
			0.02	0.11		0.01
	5.25	4.60	0.25	1.48	0.16	0.54
-0.33	20.56	20.25	0.98	11.39	2.07	1.88
-0.44	**40.70**	**40.28**	**4.51**	**14.98**	**8.47**	**6.07**
0.06	2.52	2.56	0.69	1.49	0.61	0.65
-0.36	4.73	4.71	0.07	1.74	0.80	0.51
	0.85	0.83	0.09	0.15	0.05	0.23
0.03	8.68	8.20	1.38	2.75	1.97	1.47
0.05	0.63	0.66	1.44	1.59	0.28	0.52
-0.22	11.20	11.18	0.66	4.30	2.51	1.32
	12.03	12.07	0.13	2.86	2.22	1.29
	0.07	0.07	0.06	0.10	0.03	0.08
-0.07	**47.35**	**46.30**	**4.98**	**21.06**	**4.31**	**4.13**
-0.07	36.66	35.60	3.72	15.91	2.71	2.07
	2.41	2.26	0.13	0.53	0.46	0.49
	1.11	1.09		0.62	0.20	0.14
	1.05	1.08	0.12	0.50	0.18	0.28
	0.85	0.85	0.21	0.47	0.29	0.28
	2.98	3.05	0.43	1.56	0.05	0.41
	1.31	1.31	0.16	0.88	0.22	0.22
	0.31	0.32	0.15	0.24	0.04	0.13
0.01	0.66	0.74	0.07	0.35	0.16	0.12
-7.53	**118.88**	**117.78**	**2.66**	**31.89**	**13.76**	**6.98**
-7.49	86.01	81.15	0.47	21.43	8.58	1.57
	-0.56	2.96	0.04	0.42	0.21	0.26
						0.01
	0.13	0.13		0.16	0.03	0.02
-0.04	33.30	33.53	2.14	9.88	4.94	5.12
0.15	**21.94**	**22.30**	**6.36**	**11.81**	**2.94**	**3.01**
0.15	12.41	12.42	0.11	3.73	1.90	0.64
	6.99	7.22	5.60	6.34	0.60	1.53
	1.17	1.15	0.01	0.48	0.04	0.21
	0.12	0.23	0.53	0.73	0.14	0.47
	0.51	0.51		0.17	0.13	0.05
	0.75	0.78	0.11	0.38	0.13	0.10

1-A-6 续表 14

行　　业	管理费用		财务费用		
		税金		利息收入	利息支出
电气机械和器材制造业	**21.47**	**1.70**	**7.28**	**0.35**	**6.32**
电机制造	3.22	0.15	1.26	0.13	1.13
输配电及控制设备制造	7.79	0.67	2.89	0.06	2.41
电线、电缆、光缆及电工器材制造	5.13	0.44	2.40	0.02	2.05
电池制造	1.15	0.30	0.26	0.01	0.25
家用电力器具制造	2.42	0.07	0.16	0.10	0.20
非电力家用器具制造	0.56	0.02	0.10	0.02	0.09
照明器具制造	0.89	0.03	0.17	0.01	0.16
其他电气机械及器材制造	0.32	0.02	0.05	0.01	0.05
计算机、通信和其他电子设备制造业	**59.01**	**2.89**	**5.40**	**3.34**	**6.90**
计算机制造	13.16	1.08	-0.47	2.42	1.45
通信设备制造	3.42	0.16	0.14	0.19	0.46
广播电视设备制造	0.78	0.02	0.06		0.02
雷达及配套设备制造					
视听设备制造	4.65	0.29	0.33	0.13	0.17
电子器件制造	5.59	0.51	0.72	0.12	1.05
电子元件制造	30.03	0.82	4.38	0.46	3.52
其他电子设备制造	1.37	0.02	0.24	0.02	0.24
仪器仪表制造业	**8.20**	**0.25**	**0.82**	**0.33**	**0.96**
通用仪器仪表制造	2.59	0.12	0.15	0.34	0.45
专用仪器仪表制造	4.17	0.10	0.11	-0.01	0.08
钟表与计时仪器制造	0.16	0.01	0.06		0.05
光学仪器及眼镜制造	1.28	0.02	0.50		0.38
其他仪器仪表制造业					
其他制造业	**0.87**	**0.03**	**0.38**	**0.02**	**0.26**
废弃资源综合利用业	**0.29**	**0.02**	**0.12**	**-0.02**	**0.11**
金属废料和碎屑加工处理	0.14	0.01		-0.02	0.01
非金属废料和碎屑加工处理	0.15	0.01	0.12		0.09
金属制品、机械和设备修理业	**1.34**	**0.05**	**0.05**	**0.01**	**0.06**
金属制品修理	0.15	0.01	0.04		0.04
通用设备修理					
专用设备修理					
铁路、船舶、航空航天等运输设备修理	1.18	0.05	0.01	0.01	0.03
电气设备修理					
仪器仪表修理					
其他机械和设备修理业	0.02				
电力、热力、燃气及水生产和供应业	**15.13**	**0.97**	**7.28**	**0.69**	**5.61**
电力、热力生产和供应业	**7.29**	**0.68**	**5.76**	**0.13**	**3.68**
电力生产	7.25	0.67	5.73	0.11	3.66
电力供应					
热力生产和供应	0.03		0.03	0.01	0.02
燃气生产和供应业	**6.36**	**0.23**	**0.38**	**0.55**	**0.88**
水的生产和供应业	**1.48**	**0.06**	**1.15**	**0.01**	**1.05**
自来水生产和供应	0.92	0.04	0.15	0.01	0.07
污水处理及其再生利用	0.46	0.01	0.41	0.01	0.42
其他水的处理、利用与分配	0.10	0.02	0.58		0.56

单位：亿元

投资收益(损失以"–"号记)	营业利润	利润总额	亏损企业亏损额	应交增值税	应交所得税	从业人员平均人数(万人)
2.51	**43.92**	**44.34**	**2.23**	**12.23**	**4.72**	**6.68**
-0.16	11.11	10.93	0.35	1.90	1.55	0.78
-0.05	11.93	12.33	0.68	4.86	1.04	2.80
0.13	11.74	11.80	0.81	3.32	1.04	1.63
	0.90	0.88	0.24	0.33	0.11	0.44
2.58	5.88	5.89	0.03	1.12	0.62	0.48
	0.37	0.51	0.10	0.38	0.10	0.15
	1.08	1.07		0.12	0.18	0.27
	0.90	0.93	0.01	0.19	0.08	0.13
0.68	**151.15**	**142.93**	**7.35**	**41.37**	**10.28**	**21.73**
1.03	84.85	79.56	1.27	21.34	1.97	9.78
	14.43	12.80	0.10	4.71	0.79	1.45
	0.88	0.85	0.50	0.99	0.17	0.68
	7.68	7.71	0.60	1.92	0.45	0.88
0.19	10.60	9.50	3.04	1.33	2.09	1.94
-0.54	30.11	30.25	1.42	10.39	4.26	6.54
	2.60	2.25	0.43	0.69	0.55	0.45
0.15	**10.86**	**11.13**	**0.14**	**4.84**	**1.83**	**1.31**
0.19	4.19	4.45	0.10	1.85	0.47	0.49
	4.92	4.92		1.96	0.79	0.52
-0.03	0.03	0.06		0.07	0.01	0.08
	1.71	1.71	0.04	0.97	0.56	0.22
	1.09	**1.11**	**0.25**	**0.54**	**0.37**	**0.50**
0.06	**0.58**	**0.84**		**0.12**	**0.19**	**0.07**
0.03	0.04	0.29		0.06	0.07	0.01
0.03	0.55	0.55		0.06	0.12	0.06
	0.33	**0.46**	**0.01**	**0.33**	**0.01**	**0.19**
	0.06	0.06	0.01	0.03		0.02
	0.16	0.33		0.26		0.16
	0.12	0.07		0.04		0.01
0.31	**55.44**	**53.76**	**0.77**	**18.57**	**12.39**	**2.58**
	41.12	**38.56**	**0.23**	**13.77**	**8.87**	**1.39**
	39.98	37.41	0.23	13.66	8.62	1.36
	1.15	1.15		0.10	0.25	0.03
0.27	**13.01**	**13.50**	**0.44**	**4.48**	**3.10**	**0.98**
0.03	**1.30**	**1.69**	**0.09**	**0.32**	**0.42**	**0.22**
0.03	-0.04	0.37	0.09	0.29	0.16	0.15
	1.16	1.16		0.01	0.26	0.06
	0.19	0.17		0.02	0.01	0.01

1－A－7 按行业分组的规模以上大中型工业

行业	企业单位数（个）	工业销售产值（当年价格）	出口交货值	资产总计	固定资产合计
总计	**5517**	**73565.50**	**6077.49**	**58267.98**	**21564.47**
采矿业	**232**	**4932.67**	**1.04**	**8534.67**	**3381.49**
煤炭开采和洗选业	**117**	**2492.86**	**0.81**	**5661.84**	**1566.22**
烟煤和无烟煤开采洗选	113	2331.48	0.81	5555.37	1491.12
褐煤开采洗选	4	161.38		106.47	75.10
其他煤炭采选					
石油和天然气开采业	**3**	**1197.05**		**1668.92**	**1382.45**
石油开采	3	1197.05		1668.92	1382.45
天然气开采					
黑色金属矿采选业	**35**	**243.35**	**0.08**	**347.61**	**108.54**
铁矿采选	35	243.35	0.08	347.61	108.54
锰矿、铬矿采选					
其他黑色金属矿采选					
有色金属矿采选业	**28**	**679.53**	**0.15**	**630.22**	**220.78**
常用有色金属矿采选	1	3.12	0.15	5.17	1.69
贵金属矿采选	26	675.77		623.81	218.50
稀有稀土金属矿采选	1	0.63		1.23	0.60
非金属矿采选业	**46**	**123.85**		**64.99**	**30.23**
土砂石开采	34	72.54		19.31	10.10
化学矿开采					
采盐	12	51.30		45.67	20.13
石棉及其他非金属矿采选					
开采辅助活动	**2**	**193.44**		**159.84**	**72.42**
煤炭开采和洗选辅助活动					
石油和天然气开采辅助活动	2	193.44		159.84	72.42
其他开采辅助活动					
其他采矿业	**1**	**2.60**		**1.25**	**0.85**
制造业	**5066**	**66307.45**	**6076.45**	**46426.26**	**16223.13**
农副食品加工业	**522**	**5430.59**	**625.39**	**3069.17**	**1020.69**
谷物磨制	17	213.24		70.89	24.79
饲料加工	29	297.55	13.00	114.08	29.28
植物油加工	28	893.34	8.09	517.19	113.96
制糖业	2	88.24		67.19	13.00
屠宰及肉类加工	197	1913.67	78.63	930.06	326.98
水产品加工	129	1013.35	367.53	672.00	232.96
蔬菜、水果和坚果加工	77	384.77	123.99	189.67	76.61
其他农副食品加工	43	626.43	34.16	508.10	203.10
食品制造业	**138**	**970.77**	**102.82**	**666.46**	**234.07**
焙烤食品制造	15	29.32	0.89	23.49	6.33
糖果、巧克力及蜜饯制造	4	11.42	0.59	5.50	1.98
方便食品制造	13	49.49	2.55	29.48	11.46
乳制品制造	22	215.56	0.77	130.15	48.17
罐头食品制造	21	68.20	19.45	35.47	16.39
调味品、发酵制品制造	24	157.92	22.03	127.23	53.39
其他食品制造	39	438.85	56.55	315.14	96.34
酒、饮料和精制茶制造业	**91**	**744.74**	**35.97**	**612.73**	**193.24**
酒的制造	73	568.93	7.63	504.59	140.15
饮料制造	18	175.81	28.34	108.14	53.10
精制茶加工					

企业主要经济指标(门、大、中类行业)

单位：亿元

固定资产原价	累计折旧	流动资产合计	应收账款	存货	产成品	负债合计	流动负债合计
38483.29	**19256.55**	**28424.63**	**4759.18**	**6766.09**	**2415.31**	**34926.53**	**26836.72**
5971.94	**2828.56**	**2783.41**	**280.75**	**427.03**	**168.12**	**5195.86**	**3134.19**
2350.18	**968.93**	**2129.73**	**167.91**	**315.42**	**120.14**	**3793.45**	**2020.48**
2282.68	937.15	2099.08	164.56	308.90	117.63	3715.18	1984.01
67.50	31.77	30.65	3.35	6.52	2.51	78.27	36.47
3030.28	**1648.27**	**210.04**	**46.64**	**19.49**	**9.05**	**717.14**	**542.05**
3030.28	1648.27	210.04	46.64	19.49	9.05	717.14	542.05
147.97	**49.47**	**132.24**	**14.53**	**11.58**	**5.72**	**167.49**	**137.28**
147.97	49.47	132.24	14.53	11.58	5.72	167.49	137.28
265.29	**84.87**	**221.63**	**7.83**	**66.53**	**29.58**	**371.58**	**306.99**
1.37	0.69	3.11	0.24	0.93	0.75	0.62	0.62
263.21	84.07	218.21	7.59	65.55	28.81	370.84	306.25
0.71	0.11	0.32		0.05	0.02	0.12	0.12
43.49	**14.71**	**30.39**	**4.60**	**4.72**	**3.48**	**32.83**	**14.46**
14.27	4.31	6.74	1.14	0.62	0.38	6.24	5.80
29.21	10.40	23.65	3.47	4.10	3.10	26.60	8.66
133.58	**62.02**	**58.96**	**39.14**	**9.24**	**0.14**	**112.99**	**112.55**
133.58	62.02	58.96	39.14	9.24	0.14	112.99	112.55
1.15	**0.30**	**0.40**	**0.09**	**0.06**	**0.03**	**0.37**	**0.37**
29269.76	**14979.42**	**24969.40**	**4351.67**	**6274.30**	**2243.38**	**27444.24**	**22241.31**
2668.13	**1724.28**	**1688.80**	**183.08**	**529.43**	**208.44**	**1739.05**	**1431.17**
118.62	98.17	39.66	5.70	13.37	4.75	33.15	26.40
59.81	33.22	70.97	6.80	16.65	5.34	65.41	55.58
651.63	544.61	378.84	34.52	150.83	55.08	334.55	290.58
77.40	67.26	54.18	2.14	11.83	0.68	63.21	25.33
771.05	459.95	495.74	58.90	146.59	60.90	520.81	433.73
514.53	303.72	349.32	40.47	103.78	44.64	348.33	286.80
122.87	51.51	93.30	18.49	32.27	16.64	74.04	68.82
352.21	165.83	206.79	16.07	54.11	20.40	299.55	243.94
454.18	**238.32**	**361.13**	**59.43**	**73.88**	**25.98**	**338.34**	**245.58**
9.83	3.80	14.22	2.44	1.85	0.71	7.16	6.25
5.01	3.03	3.21	0.28	0.65	0.33	2.39	2.30
18.36	7.18	14.99	1.83	1.73	0.58	12.66	11.26
154.39	107.61	65.19	11.61	13.84	3.27	68.22	55.55
22.45	8.17	17.78	4.22	6.32	2.88	14.45	11.09
86.80	37.63	57.38	10.28	18.71	6.60	73.15	59.24
157.33	70.90	188.35	28.77	30.78	11.61	160.32	99.89
260.19	**92.22**	**278.95**	**23.04**	**102.17**	**32.53**	**272.81**	**233.89**
188.32	71.97	230.14	14.91	89.60	26.54	235.73	201.37
71.87	20.25	48.81	8.13	12.57	5.99	37.09	32.52

1-A-7 续表 1

行 业	企业单位数(个)	工业销售产值(当年价格)	出口交货值	资产总计	固定资产合计
烟草制品业	**4**	**321.74**		**277.36**	**45.67**
烟叶复烤	2	2.50		7.36	5.76
卷烟制造	1	310.81		268.64	38.93
其他烟草制品制造	1	8.43		1.36	0.98
纺织业	**426**	**5315.73**	**482.65**	**2781.50**	**1249.33**
棉纺织及印染精加工	320	4344.89	300.98	2264.52	1039.50
毛纺织及染整精加工	25	337.81	93.69	180.35	64.95
麻纺织及染整精加工	2	11.06	0.40	4.22	0.65
丝绢纺织及印染精加工	8	18.50	2.44	14.27	2.22
化纤织造及印染精加工	7	32.01	4.32	19.21	7.22
针织或钩针编织物及其制品制造	15	87.84	15.40	47.21	22.80
家用纺织制成品制造	33	249.17	59.67	165.20	61.10
非家用纺织制成品制造	16	234.45	5.75	86.51	50.87
纺织服装、服饰业	**302**	**1052.05**	**292.51**	**565.10**	**220.09**
机织服装制造	207	704.20	179.50	417.57	156.27
针织或钩针编织服装制造	76	306.37	106.57	133.25	56.68
服饰制造	19	41.48	6.44	14.29	7.14
皮革、毛皮、羽毛及其制品和制鞋业	**91**	**380.22**	**75.98**	**198.43**	**59.89**
皮革鞣制加工	14	119.82	10.68	58.13	15.60
皮革制品制造	33	90.69	29.18	72.20	16.41
毛皮鞣制及制品加工	2	6.80	0.30	3.04	1.43
羽毛(绒)加工及制品制造	2	1.69		0.76	0.15
制鞋业	40	161.21	35.82	64.30	26.31
木材加工和木、竹、藤、棕、草制品业	**98**	**371.86**	**40.70**	**157.23**	**59.12**
木材加工	1	0.96		0.07	0.07
人造板制造	77	308.66	35.05	122.55	42.49
木制品制造	18	57.08	5.65	33.91	15.94
竹、藤、棕、草等制品制造	2	5.15		0.70	0.62
家具制造业	**51**	**205.70**	**47.10**	**136.62**	**48.36**
木质家具制造	44	150.32	44.07	106.66	35.76
竹、藤家具制造	1	1.16	1.13	2.26	1.19
金属家具制造	2	9.65	1.26	1.22	0.62
塑料家具制造					
其他家具制造	4	44.58	0.63	26.47	10.79
造纸和纸制品业	**101**	**1487.82**	**67.57**	**1799.53**	**776.22**
纸浆制造	1	6.84		6.19	5.03
造纸	71	1361.26	65.57	1741.74	747.58
纸制品制造	29	119.72	2.00	51.59	23.61
印刷和记录媒介复制业	**30**	**115.23**	**3.46**	**84.47**	**35.00**
印刷	29	113.23	3.46	76.09	33.70
装订及印刷相关服务	1	2.00		8.38	1.30
记录媒介复制					
文教、工美、体育和娱乐用品制造业	**148**	**575.84**	**186.49**	**330.62**	**120.95**
文教办公用品制造	8	15.37	5.43	15.15	5.41
乐器制造	5	9.20	1.29	3.33	0.97
工艺美术品制造	91	392.03	127.68	203.59	68.52
体育用品制造	19	114.56	37.07	98.46	43.00
玩具制造	22	42.80	13.37	8.94	2.86
游艺器材及娱乐用品制造	3	1.88	1.65	1.15	0.19

单位：亿元

固定资产原价	累计折旧	流动资产合计	应收账款	存货	产成品	负债合计	流动负债合计
102.77	**58.30**	**177.01**	**10.85**	**136.43**	**3.40**	**81.81**	**79.70**
6.08	1.48	1.60	0.69	0.30	0.22	1.54	1.54
95.42	56.48	175.02	10.08	136.12	3.18	79.84	77.73
1.27	0.34	0.38	0.09			0.43	0.43
1825.63	**767.15**	**1280.23**	**118.34**	**429.58**	**119.65**	**1503.21**	**1028.83**
1519.38	628.12	1031.55	92.43	360.32	97.25	1252.18	830.68
71.39	33.67	90.58	8.34	22.48	7.43	78.47	51.27
1.84	1.24	3.14	1.57	0.90	0.21	2.17	1.84
4.12	2.71	9.76	0.74	1.75	0.48	9.92	9.52
14.26	7.08	9.31	1.73	2.37	1.11	8.05	7.74
30.54	9.41	19.48	3.34	5.11	1.91	23.40	17.46
113.46	59.18	82.11	6.30	28.93	6.47	101.58	87.40
70.64	25.73	34.29	3.89	7.72	4.79	27.44	22.92
389.39	**183.55**	**297.57**	**71.05**	**88.01**	**35.68**	**270.52**	**212.08**
258.04	109.94	229.23	55.10	58.58	29.46	198.83	149.91
119.93	69.26	62.29	14.92	26.80	5.39	66.37	59.05
11.42	4.35	6.04	1.03	2.63	0.84	5.32	3.12
119.29	**65.62**	**117.09**	**17.52**	**40.43**	**13.63**	**106.47**	**92.01**
44.06	29.16	38.51	5.71	12.22	4.24	31.98	27.04
23.35	10.07	43.78	5.16	15.49	4.60	42.11	35.81
1.62	0.29	1.49	0.22	0.66	0.02	1.92	1.72
0.17	0.08	0.59	0.19	0.37	0.01	0.71	0.71
50.09	26.02	32.72	6.24	11.70	4.77	29.76	26.74
145.95	**89.88**	**86.73**	**8.21**	**21.17**	**9.21**	**74.29**	**53.30**
0.08	0.02					0.01	0.01
117.50	77.76	69.30	7.03	16.45	8.07	59.43	39.97
27.65	12.00	17.34	1.16	4.70	1.13	14.80	13.27
0.72	0.10	0.08	0.02	0.02	0.01	0.06	0.06
87.89	**44.81**	**75.74**	**14.19**	**21.30**	**8.47**	**86.24**	**70.98**
70.09	39.18	59.58	12.84	17.22	6.66	66.09	56.46
1.11	0.08	1.07	0.11	0.80	0.12	1.59	
1.06	0.44	0.59	0.07	0.36	0.07	0.47	0.47
15.63	5.12	14.50	1.17	2.92	1.62	18.08	14.04
1127.10	**425.67**	**754.10**	**133.27**	**123.87**	**48.62**	**1138.21**	**791.87**
5.64	0.86	0.30	-5.21	0.54	0.10	3.49	3.28
1082.24	403.91	727.89	130.82	118.51	46.34	1117.57	773.23
39.23	20.90	25.91	7.66	4.82	2.19	17.15	15.36
60.63	**27.82**	**38.05**	**7.75**	**7.61**	**3.81**	**40.15**	**34.16**
59.33	27.64	34.19	7.76	7.30	3.64	29.57	25.57
1.30	0.17	3.86	-0.01	0.31	0.17	10.58	8.59
190.38	**75.26**	**186.85**	**36.38**	**53.96**	**23.31**	**172.08**	**147.04**
7.16	2.38	7.93	1.33	2.11	1.55	3.25	2.37
1.66	0.87	1.88	0.36	0.93	0.39	1.11	0.92
119.50	53.10	120.73	22.20	37.71	13.77	104.29	92.55
57.11	16.96	50.50	11.46	11.44	6.87	58.47	46.91
4.45	1.63	4.85	0.88	1.42	0.58	3.92	3.35
0.50	0.31	0.96	0.15	0.35	0.15	1.04	0.93

1-A-7 续表 2

行　　业	企业单位数（个）	工业销售产值（当年价格）	出口交货值	资产总计	固定资产合计
石油加工及炼焦业	**83**	**5924.34**	**8.31**	**3069.02**	**1039.51**
化学原料和化学制品制造业	**409**	**7661.19**	**353.54**	**5699.05**	**2251.64**
基础化学原料制造	75	1772.33	125.36	1688.73	747.57
肥料制造	52	887.35	2.46	901.77	348.06
农药制造	20	302.56	17.94	117.03	31.72
涂料、油墨、颜料及类似产品制造	18	90.45	2.26	54.35	20.21
合成材料制造	73	1406.70	91.68	1215.05	507.80
专用化学产品制造	155	3082.03	102.47	1611.02	554.89
炸药、火工及焰火产品制造	8	28.02	4.00	64.78	15.43
日用化学产品制造	8	91.74	7.37	46.33	25.97
医药制造业	**131**	**2055.37**	**164.18**	**1750.86**	**660.83**
化学药品原料药制造	31	492.14	80.05	394.22	161.01
化学药品制剂制造	28	467.19	11.47	398.38	109.96
中药饮片加工	2	17.08	0.23	10.96	9.66
中成药生产	22	188.51	6.00	233.39	74.85
兽用药品制造	2	47.85	7.43	16.69	4.15
生物药品制造	31	525.17	36.21	413.04	171.86
卫生材料及医药用品制造	15	317.41	22.79	284.20	129.34
化学纤维制造业	**11**	**116.69**	**14.37**	**155.51**	**66.40**
纤维素纤维原料及纤维制造	3	68.20	6.58	109.32	43.16
合成纤维制造	8	48.50	7.79	46.19	23.24
橡胶和塑料制品业	**195**	**3188.23**	**763.58**	**1975.17**	**833.95**
橡胶制品业	112	2841.61	715.18	1781.99	762.96
塑料制品业	83	346.61	48.40	193.17	70.99
非金属矿物制品业	**350**	**2032.46**	**98.56**	**2004.73**	**777.23**
水泥、石灰和石膏制造	69	506.30	0.67	542.41	250.94
石膏、水泥制品及类似制品制造	34	182.29	0.47	148.46	37.37
砖瓦、石材等建筑材料制造	65	316.82	3.66	149.28	58.84
玻璃制造	13	87.56	9.75	175.15	65.90
玻璃制品制造	56	284.34	36.26	330.24	121.72
玻璃纤维和玻璃纤维增强塑料制品制造	32	130.97	15.46	198.71	106.03
陶瓷制品制造	40	214.61	13.50	166.90	58.15
耐火材料制品制造	13	56.85	4.13	46.50	6.90
石墨及其他非金属矿物制品制造	28	252.72	14.66	247.08	71.37
黑色金属冶炼和压延加工业	**119**	**4203.58**	**133.60**	**3819.24**	**1619.01**
炼铁	12	565.41	2.26	486.50	193.58
炼钢	11	688.57	10.09	545.62	207.56
黑色金属铸造	25	113.88	1.82	86.34	37.34
钢压延加工	65	2803.47	119.44	2671.02	1173.70
铁合金冶炼	6	32.25		29.75	6.83
有色金属冶炼和压延加工业	**82**	**4606.15**	**23.91**	**3010.02**	**1289.59**
常用有色金属冶炼	5	656.68		380.24	76.84
贵金属冶炼	5	539.46	1.18	164.34	44.79
稀有稀土金属冶炼	1	6.46		5.67	0.56
有色金属合金制造	10	384.30	2.39	194.07	57.77
有色金属铸造					
有色金属压延加工	61	3019.25	20.34	2265.69	1109.62

单位：亿元

固定资产原价	累计折旧	流动资产合计	应收账款	存货	产成品	负债合计	流动负债合计
2156.38	**1274.43**	**1751.54**	**141.49**	**614.28**	**207.35**	**2266.91**	**1928.81**
4069.34	**1993.12**	**2676.09**	**338.09**	**556.08**	**230.35**	**3628.99**	**2743.34**
1106.32	394.50	743.22	109.24	106.20	43.96	1025.31	732.81
693.31	366.60	419.43	32.05	115.43	36.79	632.49	479.09
233.98	205.52	71.15	11.15	21.78	13.65	74.80	63.01
33.36	17.49	27.31	3.01	4.62	1.82	27.88	18.50
1004.23	545.84	504.43	67.84	89.92	32.36	834.32	634.77
944.15	445.63	858.17	106.41	202.33	98.59	968.41	759.59
17.90	4.80	34.14	5.18	10.23	0.82	40.19	35.26
36.10	12.73	18.23	3.22	5.57	2.37	25.59	20.31
1064.25	**525.92**	**857.30**	**158.27**	**161.25**	**84.85**	**703.65**	**544.41**
277.84	132.58	183.30	36.15	47.05	23.03	174.22	135.86
204.03	101.77	236.35	39.63	37.60	17.90	151.01	119.77
15.05	5.39	1.30	0.22	0.28	0.20	1.81	1.25
77.35	17.52	126.37	17.79	24.29	11.13	75.41	52.96
3.41	0.37	6.43	1.23	0.24	0.11	10.95	10.29
379.55	243.21	176.06	22.76	24.37	8.43	174.09	117.02
107.03	25.07	127.50	40.50	27.43	24.05	116.17	107.27
108.65	**55.61**	**64.68**	**7.13**	**18.30**	**8.97**	**100.17**	**89.85**
59.62	29.78	45.09	3.71	13.15	5.83	88.82	79.83
49.03	25.84	19.59	3.42	5.14	3.14	11.35	10.02
1295.81	**520.94**	**1007.93**	**186.72**	**233.98**	**105.97**	**1105.24**	**911.27**
1184.62	467.60	910.74	168.73	211.38	97.89	1007.74	831.01
111.19	53.34	97.19	17.99	22.60	8.08	97.50	80.26
1180.98	**475.78**	**946.10**	**163.45**	**189.41**	**75.71**	**1190.44**	**966.59**
392.01	146.52	234.85	32.30	36.52	9.38	282.10	210.14
53.32	16.14	88.67	15.65	15.04	6.47	82.52	73.09
82.88	30.28	82.42	15.33	17.02	4.94	71.33	64.31
99.27	36.90	63.79	3.00	12.75	8.27	104.41	84.07
197.73	86.65	147.28	21.05	34.43	15.63	215.44	174.70
113.87	39.72	78.71	20.48	15.93	7.72	136.85	96.05
119.84	67.03	69.12	18.93	16.83	8.05	67.37	48.98
16.35	9.45	26.85	10.72	6.91	4.22	31.31	30.16
105.71	43.09	154.43	25.99	33.99	11.02	199.10	185.09
3148.79	**1806.80**	**1850.16**	**94.12**	**435.55**	**144.60**	**2700.05**	**2442.34**
233.23	63.09	221.28	22.79	52.66	18.62	310.99	284.77
294.81	107.56	317.44	8.44	78.31	21.94	413.83	375.23
54.23	17.60	39.14	4.55	7.16	3.78	47.97	39.10
2559.56	1617.96	1250.30	57.75	294.39	99.64	1905.28	1723.67
6.95	0.59	22.01	0.59	3.04	0.63	21.98	19.56
1777.36	**729.75**	**1546.46**	**162.59**	**480.41**	**65.92**	**1482.92**	**1280.88**
111.11	59.64	289.19	4.30	122.61	0.37	236.99	201.45
60.42	15.75	102.51	4.08	51.89	6.37	120.07	107.31
1.22	0.66	4.17	0.21	2.63	1.66	4.13	4.10
107.62	50.91	106.81	18.19	39.27	9.57	126.07	86.65
1496.99	602.78	1043.78	135.80	264.01	47.95	995.65	881.36

1-A-7 续表 3

行　业	企业单位数（个）	工业销售产值（当年价格）	出口交货值	资产总计	固定资产合计
金属制品业	**244**	**1852.16**	**177.01**	**1294.55**	**422.94**
结构性金属制品制造	56	333.03	7.82	207.68	58.05
金属工具制造	18	69.72	25.09	47.15	17.21
集装箱及金属包装容器制造	19	133.32	51.09	95.87	20.72
金属丝绳及其制品制造	13	226.53	7.34	201.68	93.38
建筑、安全用金属制品制造	14	100.75	31.45	72.31	15.38
金属表面处理及热处理加工	6	98.66	9.19	102.27	28.70
搪瓷制品制造	3	3.18		2.99	0.55
金属制日用品制造	9	19.89	5.99	12.46	4.42
其他金属制品制造	106	867.06	39.03	552.14	184.54
通用设备制造业	**390**	**2829.68**	**228.40**	**2438.13**	**728.13**
锅炉及原动设备制造	61	650.61	23.03	968.79	239.83
金属加工机械制造	74	365.35	21.00	347.57	102.57
物料搬运设备制造	29	207.96	4.77	120.24	45.02
泵、阀门、压缩机及类似机械制造	82	629.32	41.04	400.92	119.18
轴承、齿轮和传动部件制造	33	135.95	12.79	84.66	39.67
烘炉、风机、衡器、包装等设备制造	54	490.52	58.57	336.13	96.66
文化、办公用机械制造	1	0.31		1.77	0.86
通用零部件制造	48	319.85	66.48	164.84	78.33
其他通用设备制造业	8	29.82	0.71	13.21	6.02
专用设备制造业	**244**	**2547.43**	**163.14**	**1889.17**	**468.97**
采矿、冶金、建筑专用设备制造	99	1546.83	95.27	1135.25	278.81
化工、木材、非金属加工专用设备制造	27	83.95	7.46	104.48	23.35
食品、饮料、烟草及饲料生产专用设备制造	9	29.98	0.66	11.89	4.34
印刷、制药、日化及日用品生产专用设备制造	10	41.64	3.31	24.11	7.18
纺织、服装和皮革加工专用设备制造	13	109.03	4.63	48.98	14.80
电子和电工机械专用设备制造	20	258.15	12.36	240.54	58.41
农、林、牧、渔专用机械制造	32	242.29	13.16	161.53	43.91
医疗仪器设备及器械制造	10	104.69	24.09	84.09	13.69
环保、社会公共服务及其他专用设备制造	24	130.87	2.20	78.29	24.49
汽车制造业	**224**	**3941.64**	**321.85**	**3077.41**	**725.17**
汽车整车制造	33	2360.24	133.76	2194.84	457.67
改装汽车制造	35	341.74	16.81	233.09	58.77
低速载货汽车制造	2	133.97	0.68	50.11	6.62
电车制造	2	2.59		4.28	0.79
汽车车身、挂车制造	2	19.20		3.65	2.34
汽车零部件及配件制造	150	1083.90	170.61	591.44	198.98
铁路、船舶、航空航天和其他运输设备制造业	**71**	**981.73**	**125.17**	**1078.91**	**273.41**
铁路运输设备制造	21	450.27	7.48	550.66	81.59
城市轨道交通设备制造					
船舶及相关装置制造	30	328.60	99.67	447.34	164.85
航空、航天器及设备制造	1	11.68		12.04	4.37
摩托车制造	10	39.99	9.23	31.88	11.82
自行车制造	7	93.34	5.86	23.86	8.50
非公路休闲车及零配件制造					
潜水救捞及其他未列明运输设备制造	2	57.85	2.93	13.13	2.28

单位：亿元

固定资产原价	累计折旧	流动资产合计	应收账款	存货	产成品	负债合计	流动负债合计
690.26	**293.42**	**771.20**	**169.54**	**185.48**	**76.69**	**735.07**	**597.41**
89.85	35.66	126.37	36.58	35.85	13.34	109.84	80.78
26.64	10.19	27.04	6.48	8.16	3.31	24.09	19.11
31.58	11.97	61.18	18.20	20.03	3.99	54.88	52.11
144.37	52.30	101.14	18.85	16.38	8.86	114.00	81.40
23.58	9.77	43.33	8.39	7.98	3.42	22.34	20.92
34.10	9.68	66.01	1.31	14.35	7.45	92.25	85.07
1.07	0.52	2.40	0.13	0.97	0.24	2.34	2.19
4.95	1.23	7.78	1.31	1.76	0.43	7.43	6.40
334.11	162.09	335.96	78.29	80.00	35.65	307.91	249.43
997.29	**378.70**	**1346.74**	**293.60**	**331.49**	**134.65**	**1233.74**	**1011.34**
286.53	103.60	583.80	85.81	126.99	56.89	477.87	398.28
159.07	69.19	203.62	38.21	62.02	19.75	215.80	179.86
58.96	16.43	66.28	15.11	20.09	8.13	47.05	41.66
171.80	66.28	175.05	48.92	47.93	20.11	223.91	171.32
56.47	21.23	42.30	8.60	12.73	7.04	40.57	31.77
142.69	53.69	192.35	72.11	42.17	14.55	155.26	134.06
0.92	0.32	0.91	0.04	0.73	0.45	1.36	1.14
112.83	45.85	75.73	22.86	17.72	7.36	67.70	51.09
8.03	2.11	6.71	1.93	1.11	0.37	4.21	2.16
943.51	**534.82**	**1203.92**	**367.75**	**312.54**	**152.51**	**1072.81**	**826.66**
629.33	372.98	768.26	269.40	195.34	97.41	653.59	507.08
36.61	14.44	66.41	18.99	22.25	13.66	73.37	67.27
8.08	4.06	5.97	1.05	1.92	0.94	4.58	4.48
10.28	3.49	14.88	3.19	6.50	1.18	11.30	10.21
22.53	8.16	30.76	6.30	9.17	3.28	25.74	19.63
118.69	83.97	130.25	28.62	16.21	4.09	89.65	47.45
60.27	20.40	96.59	19.98	37.45	24.51	123.65	103.58
10.79	2.88	56.90	11.48	13.81	6.39	47.01	38.59
46.93	24.43	33.91	8.74	9.89	1.06	43.92	28.36
1356.55	**736.53**	**1947.51**	**590.09**	**445.32**	**145.42**	**1997.52**	**1583.10**
769.53	395.02	1442.27	459.49	294.47	99.24	1478.48	1164.97
220.75	170.18	132.81	29.34	39.73	11.56	145.49	117.06
16.87	10.25	28.49	-0.05	13.49	0.52	19.67	19.63
0.83	0.04	3.48	0.49	0.76	0.21	2.52	2.52
3.05	0.71	1.31	0.22	0.11	0.09	0.84	0.34
345.51	160.33	339.16	100.60	96.75	33.81	350.50	278.58
376.81	**124.42**	**693.51**	**187.97**	**177.65**	**40.04**	**786.01**	**686.27**
89.92	25.51	414.98	149.57	100.22	22.54	389.65	360.00
238.21	75.47	233.67	31.30	63.70	13.58	346.46	283.01
6.36	1.99	6.99	1.42	1.04	0.08	9.42	8.02
25.93	14.54	14.14	2.13	4.36	2.43	19.74	15.47
10.87	3.55	14.61	2.55	2.97	1.15	16.19	15.31
5.52	3.36	9.12	1.00	5.36	0.25	4.55	4.46

1-A-7 续表 4

行 业	企业单位数（个）	工业销售产值（当年价格）	出口交货值	资产总计	固定资产合计
电气机械和器材制造业	**265**	**3511.62**	**259.37**	**2659.82**	**588.73**
电机制造	38	417.77	24.97	315.83	143.65
输配电及控制设备制造	98	1041.43	76.82	615.92	152.25
电线、电缆、光缆及电工器材制造	55	826.77	65.29	479.90	124.15
电池制造	20	130.23	3.88	60.43	14.97
家用电力器具制造	22	959.37	81.46	1094.43	101.87
非电力家用器具制造	13	72.33	1.37	62.23	38.76
照明器具制造	12	44.03	4.64	25.19	9.35
其他电气机械及器材制造	7	19.69	0.94	5.89	3.72
计算机、通信和其他电子设备制造业	**179**	**3592.48**	**1254.49**	**1628.29**	**369.56**
计算机制造	18	1780.01	534.04	532.27	87.13
通信设备制造	18	289.78	140.21	85.67	16.30
广播电视设备制造	8	140.21	89.44	155.45	60.87
雷达及配套设备制造					
视听设备制造	14	544.75	131.53	373.55	44.69
电子器件制造	24	278.29	193.09	130.01	49.61
电子元件制造	89	528.73	159.25	305.65	103.64
其他电子设备制造	8	30.70	6.92	45.68	7.31
仪器仪表制造业	**47**	**229.52**	**16.18**	**167.98**	**32.90**
通用仪器仪表制造	24	158.53	1.78	122.55	22.86
专用仪器仪表制造	14	52.19	4.98	35.92	6.42
钟表与计时仪器制造	4	3.14	0.51	4.95	1.17
光学仪器及眼镜制造	3	13.77	8.90	3.56	1.94
其他仪器仪表制造业	2	1.89		1.00	0.51
其他制造业	**17**	**45.55**	**8.65**	**15.77**	**8.33**
废弃资源综合利用业	**1**	**4.54**		**5.68**	**1.15**
金属废料和碎屑加工处理	1	4.54		5.68	1.15
非金属废料和碎屑加工处理					
金属制品、机械和设备修理业	**2**	**10.81**	**1.51**	**7.73**	**3.07**
金属制品修理					
通用设备修理					
专用设备修理					
铁路、船舶、航空航天等运输设备修理	2	10.81	1.51	7.73	3.07
电气设备修理					
仪器仪表修理					
其他机械和设备修理业					
电力、热力、燃气及水生产和供应业	**219**	**2325.38**		**3307.06**	**1959.85**
电力、热力生产和供应业	**177**	**2208.71**		**2910.37**	**1766.65**
电力生产	68	1052.19		2054.60	1163.28
电力供应	92	1088.63		646.08	473.61
热力生产和供应	17	67.90		209.68	129.75
燃气生产和供应业	**18**	**82.24**		**169.70**	**79.41**
水的生产和供应业	**24**	**34.43**		**226.99**	**113.79**
自来水生产和供应	22	32.48		214.60	104.83
污水处理及其再生利用	1	1.49		10.96	7.57
其他水的处理、利用与分配	1	0.47		1.43	1.40

单位：亿元

固定资产原价	累计折旧	流动资产合计	应收账款	存货	产成品	负债合计	流动负债合计
961.35	**417.74**	**1762.58**	**441.22**	**301.55**	**155.29**	**1638.53**	**1378.43**
199.77	71.93	156.77	38.09	45.85	12.14	158.48	132.91
217.96	80.81	403.14	186.24	81.19	34.34	369.25	319.07
236.26	123.52	285.81	78.81	43.67	22.45	249.51	215.12
30.11	15.87	39.40	15.59	6.75	4.18	40.77	30.26
210.07	108.47	839.56	114.49	116.42	79.12	788.80	654.14
47.16	8.87	21.93	2.87	2.30	1.58	15.98	13.48
16.31	7.21	14.32	4.76	4.78	1.28	14.59	13.21
3.72	1.06	1.65	0.37	0.58	0.20	1.17	0.23
1627.03	**1277.66**	**1073.52**	**323.61**	**179.10**	**73.49**	**898.10**	**759.85**
839.15	754.71	387.21	115.36	51.42	18.12	309.50	289.41
205.37	189.29	64.03	21.94	10.05	1.53	59.01	53.79
62.51	7.26	78.55	24.59	10.39	5.68	75.71	32.83
103.30	59.52	295.96	65.84	50.30	28.63	206.88	204.30
193.43	150.14	72.15	35.67	16.83	3.77	80.39	69.78
209.79	109.96	145.07	48.91	31.98	11.21	147.56	92.45
13.48	6.77	30.56	11.30	8.13	4.53	19.07	17.31
66.60	**35.92**	**113.80**	**39.94**	**20.67**	**7.34**	**70.31**	**63.20**
41.99	20.70	82.92	26.39	14.63	5.28	48.65	43.81
10.85	4.84	26.85	12.60	4.28	1.39	17.82	16.29
2.71	1.69	2.31	0.26	1.38	0.45	1.90	1.78
10.58	8.64	1.26	0.47	0.32	0.21	1.33	1.33
0.47	0.05	0.47	0.22	0.05	0.02	0.61	
10.84	**2.76**	**6.97**	**1.70**	**2.22**	**0.90**	**6.87**	**4.50**
1.55	**0.41**	**2.82**	**0.14**	**0.57**	**0.37**	**1.66**	**1.15**
1.55	0.41	2.82	0.14	0.57	0.37	1.66	1.15
4.89	**1.82**	**4.31**	**1.11**	**0.59**	**0.23**	**2.06**	**1.31**
4.89	1.82	4.31	1.11	0.59	0.23	2.06	1.31
3241.59	**1448.57**	**671.82**	**126.76**	**64.75**	**3.80**	**2286.43**	**1461.22**
2998.14	**1373.97**	**541.35**	**112.23**	**56.32**	**2.72**	**2060.99**	**1298.65**
1940.01	875.42	363.49	99.39	39.91	1.00	1421.34	914.35
878.62	433.18	112.53	6.00	6.60	1.72	483.92	268.14
179.51	65.37	65.33	6.84	9.81		155.73	116.16
95.76	**27.31**	**56.45**	**6.81**	**3.67**	**0.71**	**89.39**	**69.25**
147.69	**47.28**	**74.02**	**7.72**	**4.77**	**0.37**	**136.05**	**93.31**
136.88	45.44	71.02	6.88	4.58	0.37	130.90	89.17
9.21	1.64	2.97	0.83	0.18		4.32	3.31
1.60	0.21	0.03	0.01			0.83	0.83

1-A-7 续表 5

行业	应付账款	所有者权益合计	实收资本	国家资本	集体资本
总　计	**5991.44**	**23195.76**	**7787.50**	**2044.24**	**229.53**
采矿业	**652.38**	**3337.76**	**1092.31**	**929.42**	**10.53**
煤炭开采和洗选业	**381.37**	**1867.35**	**273.95**	**166.87**	**5.53**
烟煤和无烟煤开采洗选	374.40	1839.15	262.26	155.47	5.38
褐煤开采洗选	6.97	28.20	11.69	11.40	0.15
其他煤炭采选					
石油和天然气开采业	**141.90**	**951.77**	**684.19**	**682.55**	
石油开采	141.90	951.77	684.19	682.55	
天然气开采					
黑色金属矿采选业	**23.97**	**180.12**	**74.08**	**40.22**	**1.92**
铁矿采选	23.97	180.12	74.08	40.22	1.92
锰矿、铬矿采选					
其他黑色金属矿采选					
有色金属矿采选业	**49.67**	**258.64**	**41.47**	**30.74**	**2.14**
常用有色金属矿采选	0.27	4.55	0.30	0.30	
贵金属矿采选	49.36	252.97	40.42	29.69	2.14
稀有稀土金属矿采选	0.04	1.12	0.75	0.75	
非金属矿采选业	**1.96**	**32.15**	**10.96**	**2.05**	**0.94**
土砂石开采	0.38	13.08	4.54		0.59
化学矿开采					
采盐	1.58	19.08	6.42	2.05	0.35
石棉及其他非金属矿采选					
开采辅助活动	**53.43**	**46.86**	**7.64**	**7.00**	
煤炭开采和洗选辅助活动					
石油和天然气开采辅助活动	53.43	46.86	7.64	7.00	
其他开采辅助活动					
其他采矿业	**0.08**	**0.88**	**0.01**		
制造业	**5114.20**	**18844.14**	**6013.61**	**730.80**	**211.92**
农副食品加工业	**206.06**	**1323.68**	**377.59**	**3.46**	**25.34**
谷物磨制	1.82	37.66	11.31	0.21	0.03
饲料加工	9.12	48.71	8.71		
植物油加工	63.49	182.46	44.89	2.20	1.60
制糖业	9.87	3.96	0.45		
屠宰及肉类加工	40.53	407.13	132.78	0.15	8.85
水产品加工	46.77	322.18	109.28	0.27	10.04
蔬菜、水果和坚果加工	8.79	115.12	26.87	0.42	0.44
其他农副食品加工	25.68	206.45	43.31	0.20	4.39
食品制造业	**47.59**	**326.44**	**128.05**	**1.31**	**1.75**
焙烤食品制造	2.32	16.32	9.33		0.17
糖果、巧克力及蜜饯制造	0.58	3.11	1.47		
方便食品制造	3.11	16.82	5.44		
乳制品制造	17.51	61.60	29.28		0.03
罐头食品制造	3.13	19.81	4.64	0.02	
调味品、发酵制品制造	11.00	54.07	24.51	0.31	
其他食品制造	9.93	154.70	53.38	0.98	1.55
酒、饮料和精制茶制造业	**52.48**	**330.06**	**83.43**	**9.60**	**2.70**
酒的制造	40.10	259.04	61.53	8.32	2.65
饮料制造	12.38	71.03	21.90	1.28	0.05
精制茶加工					

单位：亿元

法人资本	个人资本	港澳台资本	外商资本	主营业务收入	主营业务成本	主营业务税金及附加	销售费用
2791.99	**1512.93**	**263.85**	**938.97**	**76955.91**	**66362.56**	**1065.86**	**1499.25**
119.03	**27.23**	**3.17**	**2.93**	**6197.60**	**4694.46**	**288.98**	**59.38**
86.73	**9.33**	**3.17**	**2.32**	**3546.08**	**2944.16**	**42.48**	**41.66**
86.69	9.24	3.17	2.32	3384.06	2794.09	41.50	40.87
0.05	0.09			162.02	150.07	0.98	0.79
1.65				**1266.92**	**578.94**	**234.58**	**2.99**
1.65				1266.92	578.94	234.58	2.99
21.12	**10.81**			**254.44**	**188.75**	**4.99**	**3.20**
21.12	10.81			254.44	188.75	4.99	3.20
7.97	**0.62**			**801.03**	**697.58**	**2.91**	**4.39**
				3.15	2.69	0.01	0.09
7.97	0.62			797.25	694.61	2.85	4.30
				0.63	0.29	0.04	
1.54	**5.81**		**0.61**	**126.68**	**97.50**	**1.66**	**7.05**
1.24	2.72			73.72	59.61	0.85	3.04
0.30	3.10		0.61	52.96	37.89	0.81	4.01
	0.64			**199.98**	**185.29**	**2.34**	**0.08**
	0.64			199.98	185.29	2.34	0.08
0.01				**2.47**	**2.23**	**0.03**	
2452.76	**1464.43**	**239.45**	**908.25**	**68414.18**	**59711.34**	**764.71**	**1428.75**
141.04	**123.54**	**10.93**	**73.28**	**5530.50**	**4991.27**	**22.58**	**90.83**
6.80	3.29		0.97	241.40	212.65	2.49	2.26
5.65	2.43	0.05	0.59	303.73	278.31	1.84	5.19
13.84	14.75	4.53	7.96	953.62	885.18	1.96	17.22
0.15	0.30			82.91	78.05	2.67	0.69
68.24	29.35	4.68	21.52	1935.95	1743.00	6.51	34.80
28.68	39.81	0.33	30.16	973.44	869.09	4.42	11.68
8.36	7.30	0.82	9.53	386.99	343.83	0.81	5.79
9.32	26.31	0.52	2.56	652.46	581.16	1.88	13.21
60.86	**25.31**	**4.80**	**34.01**	**967.36**	**796.82**	**4.40**	**38.79**
3.66	1.40		4.11	29.41	22.88	0.30	1.33
0.06	0.22		1.19	11.48	10.18	0.02	0.11
1.35	0.74	1.60	1.74	57.78	48.89	0.43	3.54
6.10	2.42		20.73	202.37	148.30	1.11	18.63
2.09	2.10		0.42	71.41	62.83	0.30	1.12
13.22	6.43	0.43	4.11	161.84	135.22	0.62	6.74
34.37	12.00	2.76	1.71	433.07	368.52	1.62	7.31
26.75	**16.05**	**10.78**	**17.54**	**780.51**	**593.21**	**34.92**	**69.40**
20.01	13.82	5.16	11.57	612.24	450.49	34.28	61.50
6.75	2.23	5.62	5.98	168.27	142.72	0.64	7.90

1-A-7 续表 6

行业	应付账款	所有者权益合计	实收资本	国家资本	集体资本
烟草制品业	**28.79**	**195.55**	**65.08**	**64.90**	**0.15**
烟叶复烤	0.06	5.82	0.90	0.80	0.10
卷烟制造	28.71	188.80	64.10	64.10	
其他烟草制品制造	0.02	0.93	0.08		0.05
纺织业	**156.81**	**1272.27**	**281.30**	**8.72**	**11.29**
棉纺织及印染精加工	133.99	1006.96	227.09	8.02	10.62
毛纺织及染整精加工	6.67	101.49	24.08	0.18	
麻纺织及染整精加工		2.05	0.48		0.06
丝绢纺织及印染精加工	0.44	4.36	1.55		0.12
化纤织造及印染精加工	1.18	10.95	2.21	0.48	0.19
针织或钩针编织物及其制品制造	2.13	23.82	2.49	0.04	0.11
家用纺织制成品制造	10.76	63.57	17.52		0.20
非家用纺织制成品制造	1.64	59.07	5.89		
纺织服装、服饰业	**61.40**	**292.56**	**95.42**	**1.08**	**1.59**
机织服装制造	42.33	217.11	68.82	0.13	1.53
针织或钩针编织服装制造	18.26	66.52	18.51	0.96	0.07
服饰制造	0.81	8.94	8.10		
皮革、毛皮、羽毛及其制品和制鞋业	**18.71**	**91.33**	**33.13**		**0.57**
皮革鞣制加工	3.11	26.12	5.89		0.54
皮革制品制造	5.76	29.77	14.84		
毛皮鞣制及制品加工	0.24	1.13	1.48		
羽毛(绒)加工及制品制造	0.34	0.04	0.08		
制鞋业	9.27	34.27	10.85		0.03
木材加工和木、竹、藤、棕、草制品业	**5.15**	**82.54**	**15.92**		**0.02**
木材加工	0.01	0.07	0.01		
人造板制造	1.88	62.73	8.82		0.02
木制品制造	3.24	19.10	6.88		
竹、藤、棕、草等制品制造	0.02	0.64	0.21		
家具制造业	**7.48**	**50.40**	**13.59**		**0.77**
木质家具制造	6.50	40.59	11.56		0.74
竹、藤家具制造		0.67	0.67		
金属家具制造	0.11	0.75	0.63		
塑料家具制造					
其他家具制造	0.87	8.38	0.72		0.03
造纸和纸制品业	**158.79**	**659.86**	**200.97**	**4.11**	**4.48**
纸浆制造	1.51	2.71	0.70		
造纸	154.82	622.72	186.34	4.11	3.57
纸制品制造	2.46	34.43	13.93		0.91
印刷和记录媒介复制业	**6.22**	**44.28**	**14.18**	**1.04**	
印刷	6.11	46.48	12.68	1.04	
装订及印刷相关服务	0.11	-2.20	1.50		
记录媒介复制					
文教、工美、体育和娱乐用品制造业	**58.46**	**155.50**	**55.38**	**0.30**	**0.91**
文教办公用品制造	0.62	10.10	4.44		
乐器制造	0.27	1.95	1.04	0.30	0.20
工艺美术品制造	34.81	98.64	28.01		0.71
体育用品制造	21.36	39.70	20.10		
玩具制造	0.90	5.01	1.46		
游艺器材及娱乐用品制造	0.51	0.11	0.33		

单位：亿元

法人资本	个人资本	港澳台资本	外商资本	主营业务收入	主营业务成本	主营业务税金及附加	销售费用
	0.03			**319.27**	**105.12**	**145.18**	**9.56**
				2.50	0.95	0.04	0.22
				308.34	97.26	145.11	9.08
	0.03			8.43	6.91	0.03	0.26
114.77	**91.42**	**15.16**	**33.95**	**5544.91**	**5000.34**	**18.77**	**39.42**
93.04	72.12	11.64	25.64	4524.65	4096.24	14.56	28.16
16.03	2.49	0.88	4.50	372.61	328.78	1.12	3.14
		0.42		10.44	9.38	0.04	0.14
0.02	1.41			18.28	15.95	0.08	0.26
0.42	1.11	0.02		33.42	29.19	0.20	0.58
0.78	0.43	1.12		88.07	81.36	0.25	0.82
2.00	12.69	1.08	1.54	261.34	233.23	0.93	3.71
2.47	1.17		2.26	236.11	206.21	1.58	2.62
40.70	**25.50**	**5.72**	**20.83**	**1051.43**	**887.68**	**6.25**	**30.38**
34.67	16.80	3.58	12.12	707.06	586.59	4.13	26.77
4.29	5.66	2.09	5.45	303.70	266.38	1.78	2.88
1.75	3.04	0.05	3.26	40.67	34.70	0.33	0.73
6.16	**11.62**	**0.72**	**14.05**	**467.34**	**416.21**	**2.69**	**8.73**
2.71	0.57	0.30	1.77	125.87	114.71	0.35	0.74
1.32	8.98		4.54	175.12	158.95	1.21	3.22
0.25			1.23	6.80	5.93	0.05	0.14
0.06		0.01		1.81	1.64		0.09
1.82	2.06	0.41	6.52	157.74	134.98	1.08	4.54
6.06	**7.80**	**0.19**	**1.86**	**374.30**	**328.73**	**1.39**	**5.61**
	0.01			1.00	0.75		0.06
3.06	5.49		0.25	311.64	275.10	1.09	4.51
2.79	2.30	0.19	1.61	56.70	48.43	0.27	0.99
0.20	0.01			4.95	4.45	0.03	0.05
4.80	**6.76**	**0.13**	**1.13**	**215.07**	**185.29**	**0.77**	**4.32**
4.03	6.19	0.02	0.59	159.98	134.18	0.66	3.65
0.67				1.75	1.38	0.03	0.10
		0.10	0.54	7.09	6.62	0.01	0.02
0.10	0.57	0.02		46.24	43.11	0.07	0.55
84.11	**31.73**	**8.39**	**68.14**	**1526.82**	**1332.83**	**4.82**	**34.97**
0.70				6.84	6.06	0.06	0.16
77.03	29.29	4.22	68.11	1401.04	1225.21	4.31	32.71
6.38	2.44	4.17	0.02	118.94	101.57	0.45	2.10
4.16	**6.06**	**2.04**	**0.88**	**113.39**	**97.95**	**0.74**	**2.50**
4.16	4.56	2.04	0.88	111.19	96.74	0.74	2.22
	1.50			2.20	1.21		0.29
28.32	**11.72**	**4.98**	**9.15**	**589.35**	**512.88**	**2.76**	**12.60**
2.03	0.95	0.09	1.37	14.12	10.98	0.07	0.74
0.21			0.33	8.84	7.28	0.04	0.22
7.85	8.31	4.82	6.33	405.67	361.55	1.63	7.33
17.53	2.16	0.06	0.35	115.38	94.06	0.68	3.12
0.65	0.31	0.01	0.50	43.03	37.05	0.32	1.08
0.05		0.01	0.26	2.31	1.96	0.02	0.09

1-A-7 续表 7

行业	应付账款	所有者权益合计	实收资本	国家资本	集体资本
石油加工及炼焦业	**409.94**	**792.92**	**441.73**	**154.37**	**7.36**
化学原料和化学制品制造业	**400.63**	**2063.22**	**659.41**	**69.37**	**27.12**
基础化学原料制造	84.72	663.35	228.09	24.94	1.99
肥料制造	55.72	269.00	84.56	18.89	0.57
农药制造	9.04	42.23	12.08	1.10	1.29
涂料、油墨、颜料及类似产品制造	2.91	26.43	10.79	2.17	
合成材料制造	113.19	377.48	123.23	3.45	8.21
专用化学产品制造	127.81	641.02	184.45	18.75	14.84
炸药、火工及焰火产品制造	5.50	23.62	8.51	0.06	0.22
日用化学产品制造	1.74	20.09	7.70		
医药制造业	**93.56**	**1036.22**	**191.10**	**7.65**	**5.54**
化学药品原料药制造	26.68	220.00	48.70	4.55	2.08
化学药品制剂制造	19.44	247.28	39.81		1.22
中药饮片加工	0.62	9.15	3.21		
中成药生产	10.29	149.39	22.84	2.02	0.27
兽用药品制造		5.74	4.64		
生物药品制造	13.51	237.24	60.42	0.66	1.97
卫生材料及医药用品制造	23.02	167.43	11.48	0.42	
化学纤维制造业	**18.25**	**55.33**	**28.16**	**0.49**	**0.47**
纤维素纤维原料及纤维制造	14.26	20.50	16.11		
合成纤维制造	3.99	34.84	12.05	0.49	0.47
橡胶和塑料制品业	**167.70**	**868.89**	**176.47**	**8.97**	**9.62**
橡胶制品业	154.77	773.34	150.45	8.60	9.13
塑料制品业	12.93	95.54	26.02	0.37	0.50
非金属矿物制品业	**221.40**	**795.08**	**306.82**	**49.10**	**9.79**
水泥、石灰和石膏制造	44.90	247.53	86.52	30.12	3.44
石膏、水泥制品及类似制品制造	11.54	65.77	17.81	6.16	0.42
砖瓦、石材等建筑材料制造	14.52	76.60	19.01		2.53
玻璃制造	10.35	70.73	32.87		
玻璃制品制造	39.97	113.80	32.18	0.07	1.10
玻璃纤维和玻璃纤维增强塑料制品制造	28.38	61.03	35.86	2.80	0.75
陶瓷制品制造	16.74	98.15	46.65	5.44	0.77
耐火材料制品制造	8.59	15.11	7.88	3.74	0.77
石墨及其他非金属矿物制品制造	46.41	46.36	28.05	0.77	
黑色金属冶炼和压延加工业	**582.82**	**1116.44**	**323.43**	**73.20**	**17.92**
炼铁	43.56	175.39	30.10	5.93	16.82
炼钢	63.89	130.79	38.44	0.33	0.12
黑色金属铸造	7.34	37.93	15.44	0.36	
钢压延加工	464.70	764.84	235.07	66.51	0.98
铁合金冶炼	3.33	7.49	4.39	0.06	
有色金属冶炼和压延加工业	**171.79**	**1512.08**	**316.44**	**49.81**	**6.88**
常用有色金属冶炼	8.34	143.25	38.08		
贵金属冶炼	11.60	44.27	12.59	2.50	0.20
稀有稀土金属冶炼	1.46	1.54	0.38		
有色金属合金制造	11.30	67.75	50.28	40.92	0.13
有色金属铸造					
有色金属压延加工	139.08	1255.27	215.10	6.39	6.56

单位：亿元

法人资本	个人资本	港澳台资本	外商资本	主营业务收入	主营业务成本	主营业务税金及附加	销售费用
228.22	**51.38**	**0.28**	**0.13**	**6158.91**	**5515.80**	**288.96**	**33.33**
292.58	**215.96**	**8.35**	**46.04**	**7941.95**	**7013.96**	**45.34**	**112.93**
119.46	73.48	4.05	4.17	1827.82	1615.50	13.12	23.48
35.18	28.53		1.38	1019.78	910.36	2.06	22.35
4.69	5.00			308.40	274.88	0.34	4.58
7.55	0.87		0.20	92.62	80.58	0.34	1.82
51.98	35.96	1.93	21.70	1517.68	1346.35	7.43	21.45
62.35	68.26	2.37	17.87	3041.35	2673.57	20.47	35.78
5.45	2.79			38.80	28.64	1.05	2.01
5.91	1.07		0.71	95.50	84.09	0.53	1.45
65.64	**75.83**	**2.13**	**34.30**	**2070.30**	**1482.27**	**18.13**	**196.33**
5.82	33.64	0.22	2.39	490.36	381.62	2.51	36.46
25.21	11.40	1.20	0.79	455.45	291.17	4.08	60.69
2.67	0.54			15.28	11.45	0.22	0.89
11.27	7.86		1.41	196.73	109.07	1.94	31.36
0.42	4.22			51.44	41.31	0.35	0.21
13.61	14.95	0.71	28.51	520.13	426.67	4.60	19.04
6.64	3.22		1.20	340.92	220.98	4.43	47.68
14.20	**9.01**	**1.47**	**2.52**	**120.21**	**106.97**	**0.43**	**2.43**
10.59	5.52			69.14	63.46	0.22	1.53
3.61	3.49	1.47	2.52	51.07	43.51	0.22	0.89
61.32	**65.37**	**3.60**	**27.59**	**3130.19**	**2708.78**	**14.23**	**67.00**
51.71	54.69	2.19	24.12	2781.85	2406.22	12.40	61.57
9.60	10.68	1.41	3.47	348.35	302.55	1.83	5.43
124.96	**79.62**	**19.44**	**23.92**	**2126.73**	**1777.20**	**13.56**	**52.99**
26.39	9.36	2.69	14.52	519.46	437.93	3.32	9.60
4.19	4.51	2.45	0.08	180.59	147.21	1.90	5.22
3.81	8.73	0.11	3.83	316.00	277.60	1.85	3.73
11.74	15.57	5.55		93.02	78.93	0.57	2.88
18.51	9.58	1.20	1.73	288.46	236.89	1.59	10.95
23.40	6.79	2.12		135.79	110.33	1.24	4.72
24.26	7.89	5.32	2.96	220.46	171.42	1.53	6.68
0.08	3.05		0.23	57.17	47.80	0.52	1.73
12.58	14.14		0.57	315.77	269.09	1.03	7.48
147.28	**74.19**	**4.92**	**5.92**	**4653.17**	**4330.28**	**10.98**	**27.98**
0.53	6.69		0.12	572.32	526.74	1.96	2.29
30.95	7.03			803.86	706.07	1.17	3.79
9.51	5.45		0.12	114.90	102.70	0.54	1.38
105.68	51.30	4.92	5.68	3125.90	2960.53	7.23	20.37
0.60	3.73			36.19	34.25	0.08	0.15
206.98	**48.81**	**2.05**	**1.91**	**4748.89**	**4324.52**	**8.20**	**24.67**
37.72			0.36	771.14	729.56	0.60	0.85
7.16	2.73			579.99	568.17	0.09	0.90
0.14	0.24			6.93	6.53	0.02	0.02
3.10	5.20		0.94	384.36	363.67	0.69	4.42
158.87	40.63	2.05	0.61	3006.48	2656.60	6.81	18.48

1-A-7 续表 8

行业	应付账款	所有者权益合计	实收资本	国家资本	集体资本
金属制品业	**106.84**	**554.64**	**207.70**	**2.58**	**5.12**
结构性金属制品制造	19.51	96.90	47.89	1.19	1.28
金属工具制造	4.64	23.04	7.64	0.52	0.03
集装箱及金属包装容器制造	10.31	40.84	17.11		0.79
金属丝绳及其制品制造	6.16	86.94	32.04		1.40
建筑、安全用金属制品制造	3.47	49.98	10.07		1.09
金属表面处理及热处理加工	2.15	10.02	7.02		
搪瓷制品制造	0.04	0.65	0.25		
金属制日用品制造	0.34	5.03	2.67		
其他金属制品制造	60.22	241.24	83.01	0.87	0.53
通用设备制造业	**269.96**	**1195.11**	**375.39**	**69.51**	**27.84**
锅炉及原动设备制造	123.89	490.54	108.49	41.03	13.79
金属加工机械制造	29.45	129.63	48.72	15.02	1.00
物料搬运设备制造	9.47	71.74	30.07		2.22
泵、阀门、压缩机及类似机械制造	44.70	173.86	54.38	6.37	0.22
轴承、齿轮和传动部件制造	7.09	43.61	14.93	0.09	0.76
烘炉、风机、衡器、包装等设备制造	41.32	179.60	86.58	6.49	7.46
文化、办公用机械制造	0.63	0.41	0.09		
通用零部件制造	12.94	96.95	30.55	0.39	2.23
其他通用设备制造业	0.45	8.77	1.57	0.13	0.17
专用设备制造业	**251.45**	**802.80**	**272.17**	**16.35**	**7.07**
采矿、冶金、建筑专用设备制造	155.75	471.11	182.73	11.31	5.25
化工、木材、非金属加工专用设备制造	22.33	29.85	12.12	1.00	0.86
食品、饮料、烟草及饲料生产专用设备制造	1.22	6.87	2.71		0.36
印刷、制药、日化及日用品生产专用设备制造	2.44	12.81	3.08	0.66	
纺织、服装和皮革加工专用设备制造	9.25	23.12	7.55		
电子和电工机械专用设备制造	6.24	150.57	28.60		0.23
农、林、牧、渔专用机械制造	38.90	37.57	18.75	2.80	0.25
医疗仪器设备及器械制造	11.51	36.80	8.45	0.58	0.03
环保、社会公共服务及其他专用设备制造	3.80	34.10	8.18		0.10
汽车制造业	**586.82**	**1074.01**	**584.34**	**28.37**	**9.52**
汽车整车制造	457.07	716.21	429.14	18.37	4.11
改装汽车制造	35.69	84.71	41.55	3.56	
低速载货汽车制造	0.25	30.44	1.02		
电车制造	0.57	1.75	1.11		
汽车车身、挂车制造	0.04	2.81	0.26		
汽车零部件及配件制造	93.21	238.09	111.26	6.44	5.41
铁路、船舶、航空航天和其他运输设备制造业	**205.03**	**291.27**	**180.40**	**86.66**	**1.92**
铁路运输设备制造	149.30	159.83	74.57	60.92	0.12
城市轨道交通设备制造					
船舶及相关装置制造	46.27	100.43	92.12	24.60	0.08
航空、航天器及设备制造	0.83	2.62	2.08		1.47
摩托车制造	5.43	12.14	6.87	1.14	
自行车制造	2.71	7.67	4.11		0.08
非公路休闲车及零配件制造					
潜水救捞及其他未列明运输设备制造	0.50	8.58	0.66		0.18

单位：亿元

法人资本	个人资本	港澳台资本	外商资本	主营业务收入	主营业务成本	主营业务税金及附加	销售费用
70.51	**85.27**	**15.08**	**29.13**	**1879.79**	**1618.99**	**10.18**	**34.96**
27.85	17.01	0.30	0.26	331.69	286.43	2.20	8.91
4.14	0.55	1.04	1.37	71.40	58.03	0.61	1.82
8.12	0.97	2.30	4.92	131.65	118.00	0.48	2.40
1.94	8.27	9.84	10.58	226.44	189.26	1.30	4.00
3.58	4.66	0.03	0.70	116.47	91.41	0.56	2.72
0.67	6.35			105.51	98.42	0.18	0.85
	0.25			3.33	2.82	0.01	0.04
1.65	0.39	0.57	0.06	21.16	18.30	0.12	0.70
22.56	46.82	0.98	11.24	872.13	756.29	4.71	13.53
118.45	**94.79**	**14.44**	**50.37**	**2924.76**	**2420.83**	**19.90**	**94.06**
28.69	14.97	0.39	9.64	693.89	557.33	3.64	25.58
17.51	14.65	0.10	0.45	368.04	303.26	2.82	11.85
2.96	12.33		12.56	188.65	156.53	1.31	4.48
14.09	18.67	6.15	8.88	676.21	589.63	4.24	19.95
2.84	4.62	0.18	6.44	139.46	120.60	0.52	2.70
42.67	18.39	0.25	11.33	504.19	388.39	4.64	25.38
	0.09			0.26	0.22		0.07
9.19	10.31	7.37	1.05	324.04	278.14	2.60	3.78
0.50	0.76		0.01	30.01	26.73	0.13	0.26
107.92	**94.69**	**6.05**	**40.09**	**2579.87**	**2193.51**	**12.63**	**71.97**
64.89	65.90	4.73	30.65	1583.61	1353.18	7.48	42.60
5.11	4.90	0.17	0.07	79.43	66.57	0.45	1.85
0.54	1.56	0.01	0.24	27.95	23.13	0.24	0.86
0.43	0.73		1.26	42.59	32.55	0.12	1.78
2.86	1.64	0.22	2.83	107.77	96.37	0.69	1.66
20.76	5.36		2.26	252.83	215.39	1.90	3.24
5.94	6.90	0.93	1.94	252.10	209.24	0.62	12.41
6.03	0.97		0.83	107.46	88.98	0.35	4.53
1.37	6.72			126.12	108.10	0.80	3.05
266.26	**64.84**	**70.30**	**145.05**	**3980.76**	**3496.30**	**41.57**	**81.23**
204.39	10.98	66.46	124.83	2427.29	2152.75	33.67	50.71
30.29	7.20		0.50	337.61	296.44	3.89	7.29
0.02	1.00			133.56	120.07	0.04	1.84
0.99	0.12			2.74	2.42		0.11
0.01	0.26			18.70	16.22	0.19	0.39
30.56	45.29	3.84	19.71	1060.87	908.41	3.79	20.90
37.82	**8.51**	**1.66**	**43.83**	**927.78**	**811.66**	**3.85**	**16.12**
8.63	3.63	0.25	1.02	393.01	321.02	2.43	10.14
23.60	4.19		39.65	328.87	303.34	0.58	2.13
		0.61		11.39	8.89	0.03	0.52
1.80	0.39	0.80	2.73	39.46	34.09	0.52	1.51
3.51	0.10		0.43	93.74	85.04	0.25	1.61
0.28	0.19			61.31	59.29	0.05	0.21

1-A-7 续表 9

行业	应付账款	所有者权益合计	实收资本	国家资本	集体资本
电气机械和器材制造业	**381.54**	**1019.18**	**271.10**	**10.56**	**22.95**
电机制造	18.95	157.34	30.03	3.20	0.05
输配电及控制设备制造	126.94	245.49	94.68	3.58	1.52
电线、电缆、光缆及电工器材制造	25.17	229.83	69.57	0.58	17.26
电池制造	4.97	19.66	7.67		
家用电力器具制造	192.31	305.63	29.61	3.01	4.11
非电力家用器具制造	7.09	46.15	31.14	0.18	0.01
照明器具制造	5.96	10.34	5.87		
其他电气机械及器材制造	0.14	4.73	2.54		
计算机、通信和其他电子设备制造业	**415.65**	**727.87**	**278.24**	**5.89**	**2.84**
计算机制造	155.36	222.51	42.68	1.60	0.83
通信设备制造	40.78	26.46	11.51		0.51
广播电视设备制造	20.42	79.74	25.79		
雷达及配套设备制造					
视听设备制造	112.27	165.80	46.37	0.42	0.50
电子器件制造	42.58	49.62	36.43	2.00	1.00
电子元件制造	37.14	157.12	109.31	0.88	
其他电子设备制造	7.09	26.62	6.15	1.00	
仪器仪表制造业	**21.16**	**96.13**	**30.30**	**3.38**	**0.34**
通用仪器仪表制造	14.12	73.40	20.22	3.25	0.23
专用仪器仪表制造	6.41	17.38	6.59		0.11
钟表与计时仪器制造	0.14	2.91	1.37	0.13	
光学仪器及眼镜制造	0.49	2.04	1.76		
其他仪器仪表制造业		0.39	0.37		
其他制造业	**0.95**	**8.80**	**2.74**		**0.05**
废弃资源综合利用业	**0.29**	**4.02**	**1.53**		
金属废料和碎屑加工处理	0.29	4.02	1.53		
非金属废料和碎屑加工处理					
金属制品、机械和设备修理业	**0.48**	**5.66**	**2.10**		
金属制品修理					
通用设备修理					
专用设备修理					
铁路、船舶、航空航天等运输设备修理	0.48	5.66	2.10		
电气设备修理					
仪器仪表修理					
其他机械和设备修理业					
电力、热力、燃气及水生产和供应业	**224.86**	**1013.86**	**681.58**	**384.02**	**7.08**
电力、热力生产和供应业	**205.60**	**843.64**	**601.50**	**327.53**	**5.60**
电力生产	97.95	628.76	520.36	265.15	3.67
电力供应	86.61	161.91	50.32	44.58	1.73
热力生产和供应	21.04	52.96	30.82	17.79	0.21
燃气生产和供应业	**11.46**	**79.76**	**44.87**	**29.00**	**0.48**
水的生产和供应业	**7.79**	**90.46**	**35.20**	**27.49**	**1.00**
自来水生产和供应	7.57	83.23	32.60	27.49	1.00
污水处理及其再生利用	0.23	6.64	2.00		
其他水的处理、利用与分配		0.60	0.60		

单位：亿元

法人资本	个人资本	港澳台资本	外商资本	主营业务收入	主营业务成本	主营业务税金及附加	销售费用
113.69	**87.59**	**11.70**	**24.60**	**3712.13**	**3144.14**	**20.57**	**163.20**
8.90	14.30	0.60	2.98	418.13	359.23	2.58	7.96
42.26	24.51	8.21	14.59	1054.49	907.18	7.07	26.64
13.91	33.00	0.19	4.63	799.31	703.59	2.48	11.66
0.57	6.78	0.17	0.14	129.11	114.44	0.37	2.26
15.08	5.78		1.62	1175.78	948.32	6.55	110.00
29.14	1.71		0.10	69.40	55.41	0.95	3.00
2.05	1.22	2.54	0.06	44.71	38.79	0.33	1.13
1.77	0.29		0.49	21.20	17.17	0.23	0.57
73.40	**34.29**	**13.56**	**148.26**	**3691.69**	**3281.93**	**9.26**	**92.02**
4.90	10.50	0.14	24.72	1782.51	1609.52	2.55	30.04
1.05	0.49	1.23	8.24	289.83	266.68	0.35	2.30
20.86	2.58	1.40	0.96	129.17	102.26	0.89	2.49
26.71	6.68	5.95	6.11	678.46	583.09	2.30	45.35
4.33	0.97	2.77	25.35	274.95	251.80	0.56	2.30
15.03	12.73	2.08	78.60	499.60	440.40	2.37	6.96
0.53	0.35		4.27	37.15	28.18	0.24	2.57
5.22	**15.05**	**0.56**	**5.76**	**225.12**	**182.95**	**1.11**	**8.97**
2.45	11.24		3.05	152.39	125.80	0.74	5.87
1.47	3.47		1.55	53.00	40.31	0.24	2.76
0.57	0.10	0.56	0.01	4.28	3.47	0.04	0.11
0.36	0.25		1.15	13.64	12.03	0.06	0.10
0.37				1.80	1.33	0.04	0.13
0.20	**0.43**	**0.03**	**2.03**	**48.00**	**41.88**	**0.39**	**1.37**
0.37	**1.16**			**4.54**	**3.82**	**0.02**	**0.05**
0.37	1.16			4.54	3.82	0.02	0.05
	0.10		**2.00**	**9.15**	**7.21**	**0.11**	**0.03**
	0.10		2.00	9.15	7.21	0.11	0.03
220.20	**21.27**	**21.23**	**27.78**	**2344.14**	**1956.76**	**12.17**	**11.12**
210.25	**21.22**	**13.61**	**23.29**	**2223.86**	**1850.89**	**11.40**	**3.31**
194.17	20.47	13.61	23.29	1032.81	838.67	7.73	0.76
4.02				1116.37	934.69	3.29	2.34
12.07	0.75			74.68	77.53	0.39	0.21
4.09	**0.05**	**7.25**	**4.00**	**84.91**	**72.23**	**0.40**	**5.98**
5.87		**0.36**	**0.48**	**35.36**	**33.65**	**0.37**	**1.83**
3.27		0.36	0.48	33.08	31.92	0.31	1.75
2.00				1.49	1.13	0.01	0.04
0.60				0.79	0.60	0.05	0.03

1-A-7 续表 10

行业	管理费用	税金	财务费用	利息收入	利息支出
总　　计	**2367.66**	**154.69**	**1018.12**	**120.19**	**1027.67**
采矿业	**450.80**	**27.45**	**112.55**	**16.31**	**128.67**
煤炭开采和洗选业	**272.86**	**21.62**	**87.66**	**8.41**	**97.19**
烟煤和无烟煤开采洗选	264.79	21.35	84.37	8.39	93.79
褐煤开采洗选	8.08	0.27	3.29	0.02	3.41
其他煤炭采选					
石油和天然气开采业	**105.76**	**0.76**	**7.98**	**3.19**	**11.14**
石油开采	105.76	0.76	7.98	3.19	11.14
天然气开采					
黑色金属矿采选业	**15.62**	**0.73**	**4.36**	**0.57**	**4.62**
铁矿采选	15.62	0.73	4.36	0.57	4.62
锰矿、铬矿采选					
其他黑色金属矿采选					
有色金属矿采选业	**37.66**	**2.05**	**7.21**	**3.79**	**10.83**
常用有色金属矿采选	0.24	0.01			
贵金属矿采选	37.26	2.03	7.21	3.79	10.83
稀有稀土金属矿采选	0.16	0.01			
非金属矿采选业	**7.76**	**1.51**	**2.20**	**0.33**	**2.07**
土砂石开采	3.95	1.40	0.63		0.43
化学矿开采					
采盐	3.81	0.11	1.57	0.33	1.64
石棉及其他非金属矿采选					
开采辅助活动	**11.12**	**0.79**	**3.14**	**0.02**	**2.82**
煤炭开采和洗选辅助活动					
石油和天然气开采辅助活动	11.12	0.79	3.14	0.02	2.82
其他开采辅助活动					
其他采矿业	**0.02**		**0.01**		**0.01**
制造业	**1811.62**	**122.51**	**829.43**	**101.65**	**824.92**
农副食品加工业	**125.82**	**10.97**	**60.45**	**4.21**	**59.22**
谷物磨制	2.16	0.17	1.34	0.02	1.31
饲料加工	4.30	0.13	2.63	2.31	4.36
植物油加工	9.82	0.87	9.55	0.89	10.79
制糖业	0.83	0.03	0.60		0.60
屠宰及肉类加工	33.28	2.86	17.59	0.31	16.50
水产品加工	48.31	2.40	12.79	0.15	11.00
蔬菜、水果和坚果加工	9.41	2.16	3.28	0.08	2.45
其他农副食品加工	17.73	2.35	12.67	0.45	12.20
食品制造业	**26.54**	**2.04**	**11.11**	**1.12**	**11.73**
焙烤食品制造	1.62	0.06	-0.08	0.18	0.04
糖果、巧克力及蜜饯制造	0.20	0.01	0.02		0.02
方便食品制造	1.08	0.10	0.06	0.20	0.22
乳制品制造	6.73	0.51	0.58	0.52	1.34
罐头食品制造	1.38	0.06	0.94		0.77
调味品、发酵制品制造	5.54	0.47	2.77	0.02	2.73
其他食品制造	9.98	0.82	6.81	0.20	6.60
酒、饮料和精制茶制造业	**24.93**	**1.67**	**5.35**	**1.67**	**6.63**
酒的制造	22.32	1.47	4.56	1.57	6.02
饮料制造	2.61	0.20	0.78	0.09	0.61
精制茶加工					

单位：亿元

投资收益(损失以“-”号记)	营业利润	利润总额	亏损企业亏损额	应交增值税	应交所得税	从业人员平均人数(万人)
40.03	**4707.77**	**4755.77**	**194.50**	**2193.64**	**698.52**	**576.86**
32.17	**620.79**	**620.38**	**17.88**	**355.88**	**108.92**	**79.84**
25.58	**211.36**	**212.17**	**15.85**	**189.96**	**49.21**	**54.03**
25.58	212.43	212.22	15.74	186.50	49.20	52.22
	-1.07	-0.05	0.11	3.47	0.01	1.81
	311.74	**310.89**		**127.17**	**40.82**	**12.57**
	311.74	310.89		127.17	40.82	12.57
2.18	**35.22**	**34.42**	**0.03**	**17.24**	**6.37**	**2.97**
2.18	35.22	34.42	0.03	17.24	6.37	2.97
4.28	**53.46**	**53.10**	**0.48**	**4.23**	**10.71**	**4.32**
	0.09	0.09		0.04	0.02	0.11
4.28	53.23	52.82	0.48	4.11	10.68	4.17
	0.14	0.19		0.08		0.03
0.03	**10.45**	**10.29**	**0.02**	**3.94**	**1.10**	**2.71**
0.02	5.19	5.14	0.02	2.06	0.37	1.80
0.01	5.26	5.15		1.88	0.73	0.92
0.10	**-1.63**	**-0.69**	**1.50**	**13.30**	**0.69**	**3.20**
0.10	-1.63	-0.69	1.50	13.30	0.69	3.20
	0.19	**0.19**		**0.05**	**0.03**	**0.05**
-6.16	**3885.79**	**3921.76**	**162.40**	**1737.20**	**560.49**	**480.45**
-17.60	**248.46**	**243.39**	**6.90**	**114.14**	**30.10**	**48.93**
-0.45	7.76	7.64	0.01	9.64	0.52	0.88
0.01	13.54	13.54	0.02	2.84	2.02	2.85
0.71	31.21	31.10	2.11	23.21	2.97	3.01
-5.59	0.04	0.04		0.43	0.02	0.20
-4.22	87.25	82.29	3.81	29.90	7.48	21.00
-0.01	56.41	56.51	0.60	27.05	9.54	12.23
-6.64	26.17	26.14	0.23	6.17	3.11	4.30
-1.42	26.07	26.13	0.12	14.89	4.45	4.47
-5.65	**71.55**	**74.08**	**0.16**	**28.01**	**11.16**	**9.84**
	2.85	3.13		1.26	0.74	0.87
	0.88	0.88		0.13		0.17
	3.73	3.89	0.12	1.60	0.56	0.74
-0.07	16.70	17.87		7.32	2.97	1.85
	4.27	4.39		1.46	0.48	1.37
0.09	10.08	10.38	0.04	3.72	1.84	1.72
-5.67	33.05	33.55		12.52	4.58	3.12
6.60	**66.33**	**68.26**	**1.68**	**32.76**	**13.03**	**7.62**
6.57	51.49	53.04	1.55	27.73	10.49	6.17
0.03	14.84	15.21	0.13	5.04	2.54	1.45

1-A-7 续表 11

行业	管理费用	税金	财务费用	利息收入	利息支出
烟草制品业	**20.22**	**0.53**	**0.24**	**0.11**	**0.36**
烟叶复烤	0.45	0.02	0.01		0.01
卷烟制造	19.49	0.49	0.22	0.11	0.34
其他烟草制品制造	0.28	0.02	0.01		0.01
纺织业	**75.79**	**8.16**	**97.23**	**9.51**	**102.37**
棉纺织及印染精加工	57.92	6.39	86.27	8.85	92.04
毛纺织及染整精加工	5.07	0.28	4.89	0.33	5.07
麻纺织及染整精加工	0.12		0.04		0.04
丝绢纺织及印染精加工	0.64	0.13	0.30		0.27
化纤织造及印染精加工	1.19	0.05	0.73	0.01	0.68
针织或钩针编织物及其制品制造	1.60	0.15	0.81	0.27	0.96
家用纺织制成品制造	6.67	0.98	2.65	0.05	2.22
非家用纺织制成品制造	2.58	0.18	1.54		1.08
纺织服装、服饰业	**47.00**	**3.37**	**8.05**	**0.49**	**6.40**
机织服装制造	30.55	1.99	6.21	0.31	4.78
针织或钩针编织服装制造	15.52	1.21	1.49	0.17	1.36
服饰制造	0.93	0.17	0.35	0.01	0.26
皮革、毛皮、羽毛及其制品和制鞋业	**13.15**	**1.31**	**3.48**	**0.05**	**3.17**
皮革鞣制加工	1.20	0.07	1.03		1.01
皮革制品制造	4.68	0.37	1.48	0.01	1.37
毛皮鞣制及制品加工	0.19	0.01	0.06		0.02
羽毛(绒)加工及制品制造	0.06	0.01	0.02		0.02
制鞋业	7.02	0.86	0.89	0.03	0.74
木材加工和木、竹、藤、棕、草制品业	**6.10**	**0.94**	**4.40**	**0.14**	**3.65**
木材加工	0.04	0.01			
人造板制造	4.24	0.68	3.66	0.13	3.39
木制品制造	1.76	0.25	0.70	0.01	0.26
竹、藤、棕、草等制品制造	0.05	0.01	0.04		
家具制造业	**7.85**	**0.74**	**2.91**	**0.04**	**2.50**
木质家具制造	7.11	0.63	2.62	0.04	2.27
竹、藤家具制造	0.15		0.04		
金属家具制造	0.09		0.02		
塑料家具制造					
其他家具制造	0.50	0.10	0.23		0.23
造纸和纸制品业	**38.11**	**3.07**	**39.45**	**7.04**	**44.78**
纸浆制造	0.23	0.02	0.21	-0.01	0.22
造纸	34.88	2.81	38.73	7.03	44.07
纸制品制造	3.00	0.25	0.52	0.02	0.49
印刷和记录媒介复制业	**5.43**	**0.40**	**1.04**	**0.13**	**1.22**
印刷	5.12	0.38	0.73	0.08	0.85
装订及印刷相关服务	0.31	0.01	0.31	0.06	0.37
记录媒介复制					
文教、工美、体育和娱乐用品制造业	**19.34**	**1.74**	**5.57**	**0.36**	**4.75**
文教办公用品制造	0.59	0.02	0.13	0.01	0.11
乐器制造	0.53		0.02		0.01
工艺美术品制造	10.25	1.08	3.68	0.33	3.17
体育用品制造	5.93	0.13	1.56	0.02	1.32
玩具制造	1.84	0.51	0.16		0.13
游艺器材及娱乐用品制造	0.20		0.03		0.01

单位：亿元

投资收益（损失以"–"号记）	营业利润	利润总额	亏损企业亏损额	应交增值税	应交所得税	从业人员平均人数（万人）
-0.59	**38.73**	**38.48**		**33.51**	**9.00**	**0.77**
	1.08	1.08		0.26		0.14
0.05	37.35	37.11		33.05	9.00	0.57
-0.64	0.30	0.30		0.19		0.05
-15.03	**316.93**	**325.93**	**5.58**	**135.70**	**58.07**	**53.33**
2.46	245.00	254.82	5.32	108.57	48.84	41.86
-16.64	31.06	30.35	0.07	9.80	4.47	3.82
	0.74	0.74		0.07	0.02	0.18
	0.72	0.73	0.04	0.53	0.04	0.36
	1.25	1.23	0.07	0.95	0.24	0.64
0.04	3.26	3.20	0.03	2.31	0.37	1.21
-0.04	14.04	14.01	0.05	5.32	2.05	4.26
-0.85	20.87	20.86		8.16	2.04	1.00
0.11	**69.23**	**69.17**	**1.45**	**28.38**	**12.68**	**23.51**
0.08	48.08	48.21	0.57	18.57	9.40	15.63
0.02	18.57	18.42	0.79	8.57	3.07	6.85
0.01	2.58	2.54	0.09	1.23	0.20	1.03
-0.64	**24.54**	**24.60**	**0.66**	**9.03**	**1.41**	**7.93**
-0.47	6.75	6.67	0.34	2.66	0.32	0.77
-0.10	6.92	7.15	0.12	1.94	0.73	2.34
	0.39	0.39		0.16		0.09
				0.02		0.11
-0.07	10.49	10.39	0.19	4.25	0.36	4.61
0.01	**27.56**	**27.62**	**0.17**	**8.16**	**3.57**	**4.47**
	0.05	0.05			0.01	0.03
	22.66	22.71	0.17	6.58	3.13	3.43
0.01	4.52	4.53		1.51	0.43	0.92
	0.33	0.33		0.06		0.09
	12.43	**12.40**	**0.78**	**4.32**	**1.87**	**2.83**
	10.29	10.24	0.77	3.31	1.42	2.37
	0.03	0.03		0.09	0.02	0.13
	0.35	0.34		0.13		0.09
	1.77	1.79		0.78	0.44	0.24
0.31	**77.13**	**74.45**	**0.79**	**37.26**	**13.89**	**10.32**
	0.18	0.18		0.43		0.07
0.32	67.13	64.33	0.72	34.09	12.33	8.94
-0.02	9.82	9.94	0.07	2.74	1.56	1.31
0.65	**7.28**	**7.40**	**0.12**	**3.45**	**0.71**	**1.63**
0.65	7.31	7.43	0.10	3.45	0.71	1.57
	-0.02	-0.02	0.02			0.06
2.74	**31.58**	**32.45**	**1.06**	**16.76**	**4.44**	**9.20**
	1.55	1.57		0.34	0.38	0.40
	0.36	0.37	0.10	0.24	0.05	0.30
0.20	20.73	18.85	0.90	10.79	1.90	5.79
2.53	6.34	9.06	0.03	3.94	1.39	1.48
	2.59	2.59	0.02	1.45	0.71	1.13
	0.01	0.01	0.02		0.01	0.10

1-A-7 续表 12

行 业	管理费用	税金	财务费用	利息收入	利息支出
石油加工及炼焦业	**102.55**	**5.17**	**68.25**	**5.13**	**66.19**
化学原料和化学制品制造业	**176.64**	**14.00**	**113.90**	**13.41**	**105.69**
基础化学原料制造	38.40	4.12	31.81	5.48	30.49
肥料制造	29.39	1.96	19.33	2.69	20.92
农药制造	11.47	0.25	1.65	0.83	2.05
涂料、油墨、颜料及类似产品制造	2.99	0.17	0.90	0.04	0.90
合成材料制造	37.34	3.11	22.51	1.45	18.37
专用化学产品制造	51.51	4.14	35.62	2.87	31.03
炸药、火工及焰火产品制造	3.94	0.21	0.92	0.04	0.91
日用化学产品制造	1.60	0.05	1.15	0.03	1.03
医药制造业	**98.29**	**3.86**	**26.25**	**3.65**	**24.85**
化学药品原料药制造	23.91	1.01	8.22	3.03	8.40
化学药品制剂制造	28.59	0.69	3.55	0.39	3.10
中药饮片加工	0.74		0.45		0.45
中成药生产	11.53	0.25	1.77	-0.30	2.19
兽用药品制造	0.24	0.02	0.29		0.10
生物药品制造	13.86	0.63	6.75	0.25	6.64
卫生材料及医药用品制造	19.41	1.27	5.22	0.28	3.97
化学纤维制造业	**5.39**	**0.41**	**3.62**	**0.08**	**3.32**
纤维素纤维原料及纤维制造	3.25	0.30	3.32	0.07	3.05
合成纤维制造	2.13	0.11	0.31	0.01	0.26
橡胶和塑料制品业	**74.98**	**5.27**	**48.93**	**1.45**	**45.01**
橡胶制品业	65.56	4.38	44.89	1.44	41.94
塑料制品业	9.42	0.90	4.03	0.01	3.07
非金属矿物制品业	**70.76**	**5.81**	**40.88**	**3.73**	**36.91**
水泥、石灰和石膏制造	13.88	1.11	8.76	1.46	8.55
石膏、水泥制品及类似制品制造	11.94	1.01	2.22	0.19	2.27
砖瓦、石材等建筑材料制造	4.81	0.34	1.54	0.20	1.18
玻璃制造	3.37	0.40	4.26	0.30	4.25
玻璃制品制造	11.29	0.96	6.76	0.84	6.49
玻璃纤维和玻璃纤维增强塑料制品制造	5.47	0.35	5.79	0.08	5.51
陶瓷制品制造	9.75	0.84	3.15	0.08	2.94
耐火材料制品制造	2.16	0.11	0.53	0.03	0.47
石墨及其他非金属矿物制品制造	8.10	0.68	7.85	0.55	5.25
黑色金属冶炼和压延加工业	**74.72**	**6.32**	**73.74**	**11.34**	**82.92**
炼铁	6.73	0.53	15.64	0.32	15.97
炼钢	10.01	0.76	10.74	3.41	11.25
黑色金属铸造	3.21	0.47	0.86	0.07	0.70
钢压延加工	54.21	4.52	46.04	7.50	54.58
铁合金冶炼	0.57	0.03	0.46	0.04	0.43
有色金属冶炼和压延加工业	**46.47**	**3.76**	**63.11**	**5.49**	**55.91**
常用有色金属冶炼	3.96	0.57	14.77	1.36	17.13
贵金属冶炼	5.56	0.44	3.92	0.21	3.77
稀有稀土金属冶炼	0.30	0.02	0.12	0.01	0.13
有色金属合金制造	4.79	0.28	3.31	0.57	3.59
有色金属铸造					
有色金属压延加工	31.86	2.45	40.99	3.34	31.30

单位：亿元

投资收益（损失以“–”号记）	营业利润	利润总额	亏损企业亏损额	应交增值税	应交所得税	从业人员平均人数（万人）
1.15	**152.88**	**143.59**	**25.95**	**177.91**	**17.94**	**10.52**
2.53	**489.43**	**502.14**	**28.80**	**183.91**	**72.48**	**36.20**
1.23	91.18	97.53	12.73	45.24	11.02	7.85
0.64	46.80	45.86	6.43	6.13	7.32	7.27
-0.09	18.40	18.42	0.10	5.70	0.43	1.59
	6.01	6.30	0.34	2.60	0.73	0.79
-0.14	92.13	95.71	1.94	41.44	10.73	6.42
0.81	226.38	230.04	6.81	79.26	40.34	10.87
0.06	2.95	2.70	0.43	1.81	0.84	0.71
0.02	5.57	5.57	0.03	1.74	1.07	0.71
3.88	**230.44**	**236.00**	**1.01**	**98.93**	**38.97**	**15.85**
1.04	37.58	40.56	0.04	19.05	6.68	4.65
0.62	65.08	66.26		28.45	11.68	3.55
	1.52	1.52		0.37	0.50	0.21
0.64	39.64	40.20	0.01	13.46	7.09	1.84
-0.15	8.77	8.77		0.79	2.11	0.12
1.73	37.47	37.79	0.94	25.31	5.76	2.27
	40.38	40.90	0.01	11.50	5.16	3.22
0.65	**4.39**	**4.58**	**0.28**	**2.16**	**0.92**	**1.37**
	0.40	0.47		1.19	0.09	0.88
0.65	3.98	4.10	0.28	0.97	0.84	0.49
0.33	**230.63**	**227.68**	**2.67**	**68.14**	**38.67**	**19.69**
0.23	209.35	206.20	2.43	58.09	35.80	15.46
0.10	21.28	21.48	0.24	10.05	2.86	4.23
2.70	**158.47**	**169.32**	**6.25**	**78.25**	**22.55**	**23.01**
0.06	46.98	54.10	2.17	25.66	7.89	4.89
0.54	19.57	20.50	0.09	5.30	3.83	1.71
	25.37	25.29	0.13	12.26	1.46	3.08
0.02	2.64	3.52	0.70	3.60	0.59	1.20
0.47	17.04	17.94	0.99	10.15	2.28	3.87
-0.26	7.82	8.69	1.05	3.94	1.39	2.23
1.68	18.73	18.85	0.92	8.10	2.63	3.17
0.02	1.56	1.69	0.07	2.48	0.36	1.01
0.17	18.75	18.75	0.13	6.75	2.13	1.85
5.10	**95.19**	**94.79**	**19.33**	**72.28**	**14.48**	**26.53**
0.19	20.81	20.90	1.63	18.72	2.25	3.02
-0.27	15.01	14.81	1.35	8.17	2.54	3.37
-0.08	6.06	6.07	0.01	3.00	0.53	1.40
5.25	52.28	51.92	16.29	41.81	9.16	18.47
	1.03	1.08	0.05	0.58		0.27
0.48	**277.05**	**278.13**	**9.84**	**109.31**	**24.46**	**12.68**
0.12	19.22	19.70		50.48		0.66
-0.18	2.74	3.10	0.11	0.23	0.55	1.01
	-0.06	0.04		0.14	0.01	0.06
0.04	4.44	3.85	7.57	8.23	1.83	1.69
0.50	250.71	251.44	2.17	50.23	22.08	9.27

1-A-7 续表 13

行业	管理费用	税金	财务费用	利息收入	利息支出
金属制品业	**58.59**	**4.70**	**24.09**	**2.32**	**22.37**
结构性金属制品制造	9.39	0.50	4.09	0.53	3.16
金属工具制造	3.59	0.19	1.16	0.07	0.74
集装箱及金属包装容器制造	4.08	0.42	0.55	0.14	0.81
金属丝绳及其制品制造	7.46	0.75	5.03	0.14	5.20
建筑、安全用金属制品制造	5.76	0.18	1.01	0.13	0.89
金属表面处理及热处理加工	1.60	0.13	1.75	0.64	2.10
搪瓷制品制造	0.05	0.01	0.13		0.12
金属制日用品制造	0.83	0.04	0.30	0.04	0.24
其他金属制品制造	25.85	2.48	10.08	0.63	9.11
通用设备制造业	**136.95**	**7.89**	**27.77**	**5.04**	**28.12**
锅炉及原动设备制造	45.57	1.56	4.50	3.32	6.85
金属加工机械制造	19.43	1.49	5.30	0.93	5.44
物料搬运设备制造	5.56	0.75	2.17	0.07	1.96
泵、阀门、压缩机及类似机械制造	30.58	2.55	6.24	0.30	5.44
轴承、齿轮和传动部件制造	5.12	0.30	1.24	0.14	0.92
烘炉、风机、衡器、包装等设备制造	22.20	0.84	4.64	0.14	4.35
文化、办公用机械制造	0.12	0.01	0.05		0.05
通用零部件制造	7.83	0.34	3.53	0.13	3.08
其他通用设备制造业	0.53	0.06	0.10		0.04
专用设备制造业	**86.28**	**5.68**	**22.82**	**1.62**	**22.53**
采矿、冶金、建筑专用设备制造	47.80	3.28	15.11	0.69	14.83
化工、木材、非金属加工专用设备制造	4.19	0.35	1.23	0.03	1.08
食品、饮料、烟草及饲料生产专用设备制造	1.04	0.04	0.32	0.01	0.32
印刷、制药、日化及日用品生产专用设备制造	2.99	0.05	0.28	0.02	0.29
纺织、服装和皮革加工专用设备制造	4.44	0.49	0.27	0.08	0.25
电子和电工机械专用设备制造	7.21	0.53	2.54	0.33	2.29
农、林、牧、渔专用机械制造	11.10	0.49	1.30	0.25	1.68
医疗仪器设备及器械制造	3.53	0.13	0.97	0.13	1.05
环保、社会公共服务及其他专用设备制造	3.98	0.32	0.79	0.08	0.74
汽车制造业	**107.32**	**7.09**	**25.79**	**11.35**	**32.04**
汽车整车制造	58.43	4.61	11.94	10.16	18.54
改装汽车制造	10.56	0.52	3.60	0.27	3.33
低速载货汽车制造	5.32	0.17	0.50	0.28	0.73
电车制造	0.08		0.06		0.06
汽车车身、挂车制造	0.37	0.02	0.22		0.15
汽车零部件及配件制造	32.56	1.77	9.47	0.64	9.22
铁路、船舶、航空航天和其他运输设备制造业	**75.92**	**2.02**	**6.84**	**2.39**	**8.37**
铁路运输设备制造	58.70	0.95	-0.57	2.08	1.51
城市轨道交通设备制造					
船舶及相关装置制造	10.71	0.77	6.13	0.11	5.52
航空、航天器及设备制造	0.64	0.02	0.34	0.04	0.34
摩托车制造	3.67	0.15	0.17	0.13	0.20
自行车制造	1.77	0.08	0.37	0.03	0.39
非公路休闲车及零配件制造					
潜水救捞及其他未列明运输设备制造	0.44	0.06	0.40		0.40

单位：亿元

投资收益（损失以“-”号记）	营业利润	利润总额	亏损企业亏损额	应交增值税	应交所得税	从业人员平均人数（万人）
-2.39	**135.89**	**131.07**	**3.78**	**42.96**	**23.08**	**16.30**
-1.13	19.57	19.30	0.29	8.92	2.18	2.87
-0.40	5.48	5.50	0.16	2.30	0.71	1.44
	10.03	10.27	0.10	3.35	1.10	1.48
0.18	21.50	21.55	0.82	2.52	5.45	1.06
0.15	15.79	15.00		4.58	2.70	1.50
	2.90	2.97		0.82	0.02	0.36
	0.29	0.29		0.07	0.07	0.14
	0.87	0.88	0.13	0.34	0.14	0.65
-1.19	59.45	55.32	2.28	20.06	10.71	6.80
-0.03	**210.78**	**210.76**	**10.39**	**92.75**	**31.33**	**29.69**
-1.13	58.41	60.67	2.18	21.14	8.85	7.67
-0.24	18.64	18.86	6.14	11.33	2.87	4.68
	17.51	17.37	0.24	6.84	3.01	1.85
-0.02	42.80	41.47	0.81	18.70	5.49	5.75
-1.13	7.40	7.51	0.47	3.15	1.15	1.81
3.04	37.79	38.37	0.25	21.22	5.30	4.49
	-0.19	-0.06	0.06	0.03		0.05
-0.56	26.13	24.31	0.22	9.70	4.32	3.07
	2.30	2.26		0.64	0.35	0.33
5.40	**183.88**	**186.07**	**7.28**	**85.77**	**20.35**	**19.75**
5.16	108.66	108.06	6.30	56.19	11.60	8.74
-0.33	4.71	5.19	0.55	1.60	0.67	1.42
0.04	2.43	2.40		1.44	0.56	0.49
	3.54	3.35		0.66	0.38	0.48
0.02	6.05	6.12	0.21	3.71	0.46	1.03
0.39	22.97	24.28	0.17	10.64	2.31	2.07
0.08	12.72	13.16	0.05	3.24	1.15	3.10
0.02	13.03	13.71		4.53	2.35	1.10
0.02	9.77	9.79		3.76	0.88	1.33
-4.75	**227.20**	**235.09**	**7.45**	**81.94**	**33.85**	**25.64**
-5.09	122.58	122.75	4.17	42.88	17.85	10.44
0.40	12.59	20.55	0.91	8.53	1.86	2.64
0.03	6.54	6.66		0.03	0.89	1.00
	0.06	0.06	0.12	0.04	0.05	0.07
	1.31	1.31		0.77		0.10
-0.09	84.11	83.76	2.26	29.69	13.21	11.41
-0.98	**51.08**	**54.58**	**10.98**	**29.14**	**8.36**	**7.88**
0.62	36.00	37.74	0.65	15.58	5.25	2.95
0.45	9.03	9.78	9.10	8.19	1.65	3.14
	0.96	0.94		0.25	0.04	0.14
0.10	-0.40	0.18	1.24	0.97	0.12	0.87
-2.16	4.56	4.64		3.21	0.99	0.49
	0.92	1.28		0.95	0.31	0.28

1-A-7 续表 14

行　业	管理费用	税金	财务费用	利息收入	利息支出
电气机械和器材制造业	**162.65**	**10.79**	**33.87**	**3.46**	**29.49**
电机制造	12.03	0.63	6.66	0.36	6.10
输配电及控制设备制造	55.99	1.87	11.97	0.23	10.43
电线、电缆、光缆及电工器材制造	18.74	0.97	9.01	0.26	7.89
电池制造	3.89	0.52	1.10	0.05	0.95
家用电力器具制造	67.64	6.08	3.36	2.54	2.58
非电力家用器具制造	1.71	0.18	1.04		0.94
照明器具制造	1.58	0.18	0.43	0.01	0.37
其他电气机械及器材制造	1.08	0.35	0.29	0.01	0.21
计算机、通信和其他电子设备制造业	**111.08**	**3.81**	**8.12**	**5.88**	**12.37**
计算机制造	46.15	1.51	2.20	2.54	4.16
通信设备制造	3.38	0.16	0.16	0.20	0.48
广播电视设备制造	8.90	0.29	2.20	0.18	2.09
雷达及配套设备制造					
视听设备制造	19.07	0.69	-1.88	2.16	0.56
电子器件制造	5.74	0.56	0.82	0.10	1.16
电子元件制造	23.89	0.54	4.45	0.69	3.75
其他电子设备制造	3.95	0.07	0.17	0.02	0.17
仪器仪表制造业	**10.08**	**0.62**	**1.61**	**0.41**	**1.77**
通用仪器仪表制造	6.05	0.40	0.59	0.40	0.92
专用仪器仪表制造	2.91	0.20	0.74	0.01	0.65
钟表与计时仪器制造	0.39	0.01	0.07		0.06
光学仪器及眼镜制造	0.64	0.01	0.19		0.13
其他仪器仪表制造业	0.09	0.01	0.02		0.01
其他制造业	**1.17**	**0.27**	**0.49**	**0.01**	**0.20**
废弃资源综合利用业	**0.25**	**0.03**	**0.04**		**0.04**
金属废料和碎屑加工处理	0.25	0.03	0.04		0.04
非金属废料和碎屑加工处理					
金属制品、机械和设备修理业	**1.25**	**0.09**	**0.04**	**0.01**	**0.06**
金属制品修理					
通用设备修理					
专用设备修理					
铁路、船舶、航空航天等运输设备修理	1.25	0.09	0.04	0.01	0.06
电气设备修理					
仪器仪表修理					
其他机械和设备修理业					
电力、热力、燃气及水生产和供应业	**105.23**	**4.73**	**76.14**	**2.23**	**74.09**
电力、热力生产和供应业	**93.49**	**4.32**	**73.48**	**1.52**	**70.86**
电力生产	22.57	2.92	59.29	1.06	56.50
电力供应	65.76	1.22	10.58	0.34	10.70
热力生产和供应	5.15	0.18	3.62	0.13	3.66
燃气生产和供应业	**4.89**	**0.17**	**1.25**	**0.52**	**1.66**
水的生产和供应业	**6.86**	**0.23**	**1.40**	**0.19**	**1.56**
自来水生产和供应	6.64	0.22	1.13	0.19	1.28
污水处理及其再生利用	0.18	0.01	0.08		0.07
其他水的处理、利用与分配	0.04		0.20		0.21

单位：亿元

投资收益（损失以“–”号记）	营业利润	利润总额	亏损企业亏损额	应交增值税	应交所得税	从业人员平均人数（万人）
5.27	**212.76**	**214.80**	**2.48**	**82.00**	**32.60**	**23.07**
-1.01	24.20	24.49	0.46	13.84	3.74	2.99
1.69	62.56	52.62	0.80	29.30	5.28	7.28
-1.02	50.60	52.79	0.78	13.08	7.18	4.70
	7.99	7.21	0.11	3.14	0.32	1.44
5.61	58.93	69.23	0.04	18.44	15.02	4.48
	4.20	4.25	0.14	2.34	0.30	1.16
	2.88	2.80	0.14	0.97	0.63	0.73
	1.40	1.40	0.01	0.88	0.12	0.29
3.19	**210.84**	**210.25**	**6.21**	**70.94**	**16.92**	**28.11**
2.41	95.47	92.96	1.27	25.73	3.67	11.51
	15.33	13.72	0.10	5.35	1.03	1.59
0.02	18.47	18.63	0.48	5.24	2.51	2.51
1.59	39.69	42.83	0.57	22.63	4.45	2.45
-0.07	12.84	11.99	2.63	1.37	1.83	2.31
-1.12	26.30	27.34	0.75	9.47	2.93	7.06
0.36	2.74	2.78	0.41	1.14	0.49	0.68
0.41	**19.49**	**20.52**	**0.33**	**7.35**	**2.53**	**2.71**
0.44	12.68	13.29	0.33	4.66	1.20	1.40
	5.99	6.39		2.15	1.06	0.85
-0.03	0.04	0.06		0.14	0.01	0.22
	0.64	0.63		0.30	0.20	0.16
	0.14	0.14		0.10	0.06	0.08
	2.94	**2.94**		**1.55**	**0.82**	**0.83**
0.02	**0.33**	**0.67**		**0.15**	**0.17**	**0.05**
0.02	0.33	0.67		0.15	0.17	0.05
	0.37	**0.55**		**0.30**	**0.07**	**0.19**
	0.37	0.55		0.30	0.07	0.19
14.02	**201.19**	**213.63**	**14.22**	**100.55**	**29.10**	**16.57**
13.15	**198.37**	**206.79**	**11.06**	**97.02**	**27.29**	**13.86**
12.72	121.63	122.86	3.37	60.11	23.30	6.10
0.21	84.76	87.36	3.98	35.50	3.93	6.57
0.23	-8.02	-3.43	3.72	1.40	0.06	1.19
0.42	**8.47**	**8.63**	**0.42**	**1.80**	**1.67**	**1.00**
0.44	**-5.65**	**-1.79**	**2.74**	**1.73**	**0.14**	**1.70**
0.20	-5.82	-2.19	2.74	1.57	0.05	1.43
0.06	0.12	0.35		0.05	0.09	0.08
0.18	0.05	0.05		0.12		0.20

B.地区部分

1-B-1　按地区分组的规模

地　区	企业单位数(个)	工业销售产值(当年价格)	出口交货值	资产总计	固定资产合计	固定资产原价
山东省	**40467**	**128488.73**	**8283.11**	**81534.78**	**30512.77**	**52197.14**
济南市	1902	4558.24	245.99	4689.84	1484.23	2171.64
青岛市	4917	15240.10	1999.89	8722.26	2459.72	3547.27
淄博市	3131	11008.15	367.64	5716.93	2094.51	3465.01
枣庄市	1507	3363.13	58.31	1946.71	924.81	1261.59
东营市	940	11894.22	466.43	7748.73	3751.30	6213.56
烟台市	2767	13738.79	1745.13	7252.50	2866.18	5901.87
潍坊市	4281	11456.63	841.43	7191.06	2896.63	5673.77
济宁市	1954	4987.15	271.95	6092.52	1850.92	2676.16
泰安市	1958	6102.21	116.61	3729.23	1372.05	1845.46
威海市	1631	5900.04	905.88	3605.28	1551.10	2959.19
日照市	596	2611.64	249.31	2457.46	741.51	2199.29
莱芜市	489	1570.69	55.53	1086.06	436.41	1211.33
临沂市	4137	8492.06	294.77	3878.41	1516.88	2790.74
德州市	3728	7622.41	170.92	3535.26	1732.28	2951.71
聊城市	2620	7430.67	107.68	4196.14	1460.03	1907.31
滨州市	1367	6804.89	213.26	4987.19	1972.05	2803.90
菏泽市	2538	5237.38	172.38	2428.37	1189.42	2126.65

续表

地　区	应付账款	所有者权益合计	实收资本	国家资本	集体资本	法人资本	个人资本
山东省	**7431.23**	**34465.68**	**12673.58**	**2230.53**	**360.77**	**4659.39**	**3604.77**
济南市	605.71	1801.04	893.42	202.64	17.64	276.36	164.74
青岛市	1385.66	3535.56	1760.93	165.04	28.03	825.76	215.94
淄博市	452.90	2587.15	897.29	218.06	44.43	248.55	324.43
枣庄市	146.07	894.84	271.20	56.67	17.46	85.97	77.26
东营市	566.13	3803.05	1229.00	710.82	29.49	190.39	275.50
烟台市	790.20	3477.91	903.52	111.76	55.89	250.59	236.80
潍坊市	762.55	2892.86	915.53	53.14	24.41	371.88	338.20
济宁市	468.24	2227.73	706.48	145.58	11.70	295.35	166.81
泰安市	306.99	1467.46	585.34	88.70	24.16	187.98	268.45
威海市	282.04	1890.71	551.90	49.22	30.30	210.62	120.22
日照市	369.86	711.47	310.81	32.22	4.21	109.63	74.33
莱芜市	120.25	368.75	213.95	116.44	6.15	38.92	40.18
临沂市	305.32	1698.83	663.59	38.05	30.62	226.16	284.48
德州市	158.68	2077.54	931.11	33.00	5.39	554.05	324.09
聊城市	200.44	1799.34	491.11	37.20	14.08	219.10	196.88
滨州市	342.62	1684.11	599.21	24.63	12.29	265.82	254.41
菏泽市	129.87	1128.04	563.82	17.60	4.54	302.25	223.21

以上工业企业主要经济指标

单位：亿元

累计折旧	流动资产合计	应收账款	存货	产成品	负债合计	流动负债合计
24919.42	**39010.28**	**6908.56**	**8975.97**	**3374.64**	**46142.11**	**33897.35**
851.80	2512.12	507.66	668.91	236.52	2874.11	2293.64
1360.23	5108.90	1402.29	1180.79	453.60	5144.73	4173.86
1607.94	2628.97	404.52	596.56	234.58	3102.74	2483.31
421.72	810.09	119.70	164.18	64.43	1043.24	824.03
2731.84	3435.63	490.44	823.52	300.47	3868.56	3012.44
3379.02	3590.11	834.76	978.13	317.62	3730.60	2997.99
3097.07	3474.88	598.28	843.43	354.66	4250.05	3353.79
1016.75	2736.06	473.73	458.22	209.43	3849.99	2373.77
592.90	1530.23	289.03	331.20	142.31	2246.18	1322.57
1600.28	1669.14	313.26	433.78	145.33	1703.32	1315.79
1636.12	1474.49	173.40	275.34	100.05	1740.13	1426.06
809.96	466.92	76.27	132.17	63.41	708.08	567.85
1384.17	1863.31	323.66	479.73	210.73	2129.95	1583.34
1311.56	1346.47	170.83	231.47	99.12	1376.64	877.81
602.39	2411.08	252.22	377.96	115.16	2358.31	1426.36
1167.82	2491.41	279.39	630.02	218.91	3286.79	2560.37
1069.96	1026.23	176.52	228.72	105.16	1285.01	919.29

单位：亿元

港澳台资本	外商资本	主营业务收入	主营业务成本	主营业务税金及附加	销售费用	管理费用	税金
409.59	**1400.90**	**132130.34**	**113897.96**	**1495.83**	**2431.54**	**3642.26**	**269.20**
89.76	142.27	4919.87	4176.91	71.65	169.13	250.75	11.46
68.97	456.98	14933.41	12648.08	252.75	507.07	798.07	58.11
21.93	39.89	10827.92	9433.88	129.56	123.87	248.42	21.74
11.64	22.20	3437.55	2960.20	27.77	79.03	141.60	29.27
13.69	9.12	11941.94	9851.09	311.71	110.66	263.53	13.37
44.40	204.09	13847.96	12142.25	57.34	202.17	305.48	23.71
44.57	83.33	11488.01	10044.57	60.72	236.72	311.80	20.77
11.92	75.12	5407.34	4625.29	35.58	96.65	206.32	14.95
3.58	12.46	6308.90	5319.70	68.26	100.92	192.23	18.54
14.91	126.33	6076.24	5320.80	39.03	131.70	192.28	9.23
10.24	80.18	2607.53	2396.09	14.35	34.83	57.93	4.99
0.71	11.56	1436.96	1304.56	4.61	17.79	34.61	2.68
16.09	68.19	8679.83	7533.33	50.63	172.21	159.85	9.87
1.01	12.45	7787.84	6360.34	88.53	166.46	136.95	8.84
9.28	14.56	7510.34	6636.94	40.11	96.05	108.62	5.53
22.96	13.11	7256.09	6617.14	36.58	71.53	107.73	7.82
10.47	5.75	5357.14	4565.37	57.22	105.68	104.45	7.60

1−B−2 按地区分组的国有

地　区	企业单位数(个)	工业销售产值(当年价格)	出口交货值	资产总计	固定资产合计	固定资产原价
山东省	**1199**	**20024.81**	**626.99**	**23668.11**	**9034.80**	**14946.95**
济南市	149	1894.27	118.62	2699.75	995.31	1460.48
青岛市	139	3242.69	143.56	2467.01	752.17	1079.77
淄博市	94	1590.59	29.87	1360.83	558.48	1053.91
枣庄市	64	608.87	7.15	1003.18	396.75	570.56
东营市	37	2217.82	59.54	2307.33	1743.95	3504.74
烟台市	126	2645.34	77.77	1936.12	801.66	1156.43
潍坊市	80	1587.98	27.21	1742.71	591.20	898.25
济宁市	124	1434.74	38.26	3568.23	970.64	1523.35
泰安市	71	976.35	10.09	1515.01	520.01	724.52
威海市	43	262.47	20.70	391.73	213.80	338.19
日照市	22	312.44	21.51	221.17	105.02	320.64
莱芜市	16	490.27	17.43	366.08	179.20	265.24
临沂市	55	427.02	2.73	393.18	250.23	378.00
德州市	53	683.11	7.10	512.53	284.40	494.13
聊城市	61	509.17	14.04	411.26	166.45	263.14
滨州市	29	412.34	31.40	262.84	129.22	197.39
菏泽市	32	259.00	0.02	238.35	163.52	227.55

1−B−2　续表

地　区	应付账款	所有者权益合计	实收资本	国家资本	集体资本	法人资本	个人资本
山东省	**2640.97**	**7978.63**	**3614.54**	**2106.66**	**33.85**	**1056.68**	**122.56**
济南市	375.98	851.59	518.53	191.39	2.55	134.42	19.12
青岛市	621.50	838.25	531.98	139.63	0.93	369.31	14.32
淄博市	136.40	598.86	277.16	213.57	2.17	48.32	11.71
枣庄市	87.49	389.49	109.92	52.78	12.16	39.66	1.37
东营市	262.02	1158.98	722.88	709.28	0.22	5.41	2.66
烟台市	240.00	730.76	218.52	98.89	5.04	76.73	4.43
潍坊市	218.22	640.18	171.08	46.98	1.79	80.45	24.30
济宁市	232.83	1107.94	224.89	141.46	1.81	75.01	1.86
泰安市	150.25	345.86	118.54	80.00	3.19	32.01	2.02
威海市	40.03	142.21	64.46	45.16	1.17	9.20	6.01
日照市	33.46	69.86	53.03	30.25		19.56	1.81
莱芜市	49.03	94.71	110.96	107.64	0.53	2.04	0.76
临沂市	33.39	80.68	63.87	32.26	0.63	30.10	0.68
德州市	34.93	197.64	97.70	28.69	0.30	63.41	3.60
聊城市	36.68	144.73	49.69	23.75	0.83	17.55	7.56
滨州市	34.22	70.83	34.18	22.16	0.08	8.74	1.08
菏泽市	16.84	96.74	61.81	12.99	0.44	44.75	0.44

控股工业企业主要经济指标

单位：亿元

累计折旧	流动资产合计	应收账款	存货	产成品	负债合计	流动负债合计
6675.40	**8936.77**	**1561.67**	**2078.62**	**686.12**	**15245.17**	**10194.91**
582.47	1313.29	184.09	414.50	123.06	1845.78	1424.18
423.99	1465.09	520.32	291.18	113.59	1625.22	1437.03
533.56	467.24	78.12	163.82	51.45	758.29	615.40
231.05	472.36	47.80	89.57	28.44	613.48	491.95
1770.90	435.33	64.81	100.33	46.41	1148.15	866.07
502.18	778.28	188.03	216.67	66.80	1196.48	896.16
387.78	787.78	90.37	143.77	57.16	1093.38	815.99
647.50	1357.02	158.93	188.30	85.00	2459.92	1288.23
246.85	506.14	63.46	104.25	37.04	1168.22	620.49
140.26	116.39	27.94	25.84	6.04	249.50	179.15
217.13	95.95	10.37	29.64	9.13	150.31	133.66
87.90	109.11	12.50	21.36	6.36	271.37	211.11
139.70	91.37	24.64	18.32	9.17	311.12	175.51
218.53	174.34	15.80	45.54	17.06	313.84	242.69
106.86	184.25	25.55	46.23	13.33	263.24	194.15
72.33	102.89	15.22	30.07	8.85	191.61	144.45
88.50	45.70	11.12	7.37	4.05	141.61	73.61

单位：亿元

港澳台资本	外商资本	主营业务收入	主营业务成本	主营业务税金及附加	销售费用	管理费用	税金
102.61	**192.17**	**22140.91**	**18542.45**	**763.30**	**355.39**	**1008.00**	**51.45**
70.73	100.30	2282.96	2015.31	47.89	67.55	128.38	5.52
0.83	6.96	3103.56	2646.85	124.35	87.12	157.70	4.79
0.52	0.87	1571.80	1364.22	74.93	26.59	77.14	5.57
	3.94	624.73	520.78	7.61	11.47	55.99	3.68
5.21	0.10	2202.48	1436.55	243.63	6.34	129.01	2.29
3.83	29.60	2837.24	2526.60	28.33	34.49	79.58	4.60
1.18	16.39	1413.51	1226.31	14.54	28.42	51.01	2.21
0.05	4.69	1700.36	1379.19	18.49	26.36	124.73	9.43
	1.31	1318.09	1145.98	15.78	16.77	80.62	6.56
	2.91	274.08	251.80	2.13	4.84	14.42	0.59
1.41		247.31	224.76	1.50	2.03	6.87	0.79
		196.49	176.79	1.40	2.07	13.14	0.86
0.20		459.36	264.80	1.67	4.95	12.44	0.55
	1.70	655.96	573.09	13.12	6.79	14.63	1.39
		439.38	374.21	2.02	15.14	16.52	0.90
2.12		354.86	314.84	14.09	2.36	10.04	0.73
3.07	0.11	183.28	138.94	2.40	3.02	14.16	0.28

1–B–3 按地区分组的集体

地 区	企业单位数（个）	工业销售产值（当年价格）	出口交货值	资产总计	固定资产合计	固定资产原价
山东省	**344**	**1735.06**	**74.07**	**1321.35**	**234.37**	**456.57**
济南市	30	36.18		19.39	4.84	6.24
青岛市	24	775.59	63.47	959.77	87.42	187.11
淄博市	87	249.03	0.39	70.02	24.65	43.42
枣庄市	17	24.56	0.34	5.80	2.53	3.82
东营市	6	51.90	8.12	50.60	18.86	27.98
烟台市	57	322.83	0.17	123.10	63.43	118.17
潍坊市	23	66.15		16.83	5.89	9.81
济宁市	14	21.57		19.44	3.87	4.68
泰安市	22	45.45		8.10	3.65	4.66
威海市	24	83.05	1.56	23.96	12.60	40.41
日照市	1	0.43		0.09	0.04	0.05
莱芜市	2	0.39		0.44	0.08	0.12
临沂市	13	15.37	0.03	6.04	1.84	3.25
德州市	9	13.96		3.77	2.24	2.64
聊城市	6	18.76		8.75	1.39	1.87
滨州市	4	6.15		4.24	0.62	1.82
菏泽市	5	3.69		1.03	0.41	0.51

1–B–3 续表

地 区	应付账款	所有者权益合计	实收资本	国家资本	集体资本	法人资本	个人资本
山东省	**179.13**	**424.95**	**40.67**	**0.72**	**23.35**	**12.09**	**4.38**
济南市	2.11	9.76	2.19	0.10	0.77	1.06	0.26
青岛市	155.26	248.75	4.39	0.04	3.93	0.25	0.13
淄博市	2.38	28.22	7.15	0.01	2.76	3.89	0.50
枣庄市	0.18	2.60	0.71		0.47	0.17	0.07
东营市	0.35	31.35	0.69		0.13	0.51	0.04
烟台市	5.09	64.34	9.50	0.46	8.56	0.18	0.29
潍坊市	1.39	8.20	2.72	0.11	1.39	0.16	1.07
济宁市	6.07	4.03	3.12		0.66	2.33	0.04
泰安市	0.81	4.17	1.53		0.19	0.59	0.74
威海市	2.49	16.22	5.38		3.75	1.11	0.52
日照市	0.05	-0.01					
莱芜市	0.11	0.13	0.04		0.04		
临沂市	1.00	2.84	1.07		0.13	0.85	0.09
德州市	0.20	2.35	1.25		0.28	0.44	0.54
聊城市	0.96	1.87	0.41		0.04	0.29	0.08
滨州市	0.50	-0.34	0.40		0.20	0.20	
菏泽市	0.17	0.47	0.12		0.05	0.07	

工业企业主要经济指标

单位：亿元

累计折旧	流动资产合计	应收账款	存货	产成品	负债合计	流动负债合计
235.03	**931.49**	**126.36**	**133.93**	**90.93**	**880.35**	**704.12**
1.98	9.73	2.07	2.90	1.32	9.61	6.10
100.03	757.07	93.57	101.49	72.59	710.56	579.84
19.26	39.17	5.23	5.30	1.38	39.04	31.54
1.45	2.78	0.22	0.27	0.20	3.20	2.90
15.09	31.53	1.26	2.64	1.17	8.98	7.46
58.83	42.70	8.38	9.34	6.85	56.81	40.79
3.96	9.48	2.96	1.50	0.91	8.33	4.95
1.09	14.34	7.00	4.18	2.50	15.28	11.95
1.22	3.02	0.58	0.81	0.48	3.92	1.95
28.04	8.94	1.25	2.86	2.11	7.64	5.70
0.02	0.04	0.01	0.02		0.10	0.10
0.05	0.28	0.19	0.01		0.30	0.29
1.42	3.55	1.43	1.00	0.65	3.19	3.16
0.59	1.35	0.47	0.31	0.02	1.42	1.37
0.65	3.37	0.22	0.57	0.42	6.88	3.58
1.24	3.60	1.40	0.53	0.27	4.57	2.21
0.11	0.55	0.12	0.19	0.04	0.51	0.23

单位：亿元

港澳台资本	外商资本	主营业务收入	主营业务成本	主营业务税金及附加	销售费用	管理费用	税金
0.03	**0.09**	**1935.40**	**1591.30**	**12.89**	**113.44**	**78.69**	**9.33**
		39.82	33.77	0.52	0.97	1.86	0.06
0.03		964.54	754.54	6.52	101.11	56.21	5.60
		251.96	220.97	1.92	2.29	3.63	0.50
		25.12	20.22	0.30	1.41	1.84	0.76
		51.20	43.76	0.10	0.79	0.75	0.03
		326.69	276.49	1.28	3.55	7.36	1.92
		69.07	61.74	0.43	0.55	1.31	0.13
	0.09	17.39	14.90	0.02	0.48	0.63	0.06
		42.41	35.60	0.51	0.45	1.00	0.12
		84.46	73.94	0.67	1.03	2.94	0.12
		0.34	0.32				
		0.39	0.36	0.02		0.01	0.01
		15.40	13.54	0.25	0.21	0.27	0.02
		13.34	10.54	0.26	0.28	0.55	
		19.92	17.85	0.04	0.22	0.21	
		9.31	9.08	0.02	0.08	0.09	
		4.05	3.70	0.03	0.03	0.04	

1-B-4 按地区分组的有限责任

地 区	企业单位数(个)	工业销售产值(当年价格)	出口交货值	资产总计	固定资产合计	固定资产原价
山东省	**7980**	**36415.75**	**1443.59**	**31198.21**	**10918.52**	**17435.23**
济南市	687	1959.70	140.35	2383.29	530.25	755.64
青岛市	650	3770.72	357.78	2453.76	818.87	1137.01
淄博市	695	2944.88	105.74	2077.89	721.80	1084.89
枣庄市	391	1088.45	17.64	1091.34	458.30	647.76
东营市	188	2649.57	53.13	1611.57	653.56	899.33
烟台市	302	2090.48	117.01	2017.30	772.82	996.34
潍坊市	594	2069.17	70.74	1620.89	677.32	1037.79
济宁市	395	1916.39	57.91	3829.33	1094.71	1643.08
泰安市	547	2221.38	23.65	2154.62	767.27	1037.68
威海市	250	1126.41	83.06	1042.77	438.25	692.53
日照市	249	1210.75	108.51	1407.79	318.92	960.02
莱芜市	179	1173.90	40.68	733.07	317.79	1016.79
临沂市	917	1977.49	47.15	1241.23	483.91	843.17
德州市	875	2004.53	23.55	1331.51	577.82	918.70
聊城市	357	2689.70	42.14	2653.66	802.80	1045.43
滨州市	456	4344.84	140.63	2896.06	1205.46	1739.64
菏泽市	248	1177.38	13.93	652.14	278.66	979.43

1-B-4 续表

地 区	应付账款	所有者权益合计	实收资本	国家资本	集体资本	法人资本	个人资本
山东省	**2875.63**	**11286.09**	**3845.94**	**772.07**	**163.68**	**1795.92**	**906.04**
济南市	225.73	878.68	433.53	99.44	12.92	110.82	47.01
青岛市	438.48	880.55	479.47	77.97	8.40	341.57	47.52
淄博市	194.68	838.79	228.59	31.58	19.04	78.13	98.71
枣庄市	94.18	483.21	111.18	39.76	8.22	40.94	20.75
东营市	184.97	708.93	195.65	17.62	13.75	91.93	71.82
烟台市	157.45	769.03	211.88	76.62	17.72	76.92	34.33
潍坊市	231.72	515.38	195.04	30.96	7.25	98.79	52.77
济宁市	248.18	1182.95	254.84	116.28	5.39	89.41	40.16
泰安市	222.37	676.06	264.92	66.45	19.13	88.62	89.79
威海市	79.61	490.64	135.37	42.01	8.92	55.44	26.80
日照市	213.85	364.14	79.31	8.14	1.73	26.37	36.54
莱芜市	90.39	218.62	118.74	73.56	3.94	24.09	16.90
临沂市	83.77	518.43	204.19	13.43	20.62	94.25	74.12
德州市	59.86	631.26	274.81	23.43	2.28	179.26	68.96
聊城市	146.68	913.94	216.90	26.29	9.26	135.13	43.97
滨州市	172.23	947.28	307.66	17.99	3.81	159.02	119.15
菏泽市	31.49	268.18	133.86	10.54	1.30	105.26	16.76

公司工业企业主要经济指标

单位：亿元

累计折旧	流动资产合计	应收账款	存货	产成品	负债合计	流动负债合计
8021.19	**15103.93**	**2116.76**	**3462.34**	**1208.45**	**19780.15**	**14180.90**
282.82	1471.87	270.34	397.36	135.11	1499.12	1156.12
421.95	1300.00	263.46	345.62	127.62	1569.04	1283.78
453.42	910.36	140.56	197.31	84.17	1232.28	1020.63
231.05	499.61	58.28	104.28	37.43	606.75	498.08
340.73	754.15	176.79	161.58	52.53	887.06	639.48
337.33	866.79	114.24	290.37	93.66	1236.53	905.93
480.34	774.72	118.41	246.58	85.00	1090.59	915.03
658.02	1494.56	170.26	228.48	103.11	2644.17	1413.87
330.47	851.43	162.04	175.42	61.48	1475.33	883.17
337.67	484.51	97.68	139.15	51.42	547.19	472.80
793.30	935.11	57.94	144.01	50.33	1042.88	924.36
725.80	308.24	36.92	92.46	45.13	509.85	445.69
385.32	593.30	96.97	144.65	57.89	699.99	523.66
374.80	537.25	64.98	98.17	44.72	685.51	475.72
349.96	1682.01	117.81	223.34	41.13	1731.79	938.29
773.86	1365.40	148.50	385.44	106.84	1942.98	1431.66
744.34	274.64	21.59	88.13	30.88	379.10	252.64

单位：亿元

港澳台资本	外商资本	主营业务收入	主营业务成本	主营业务税金及附加	销售费用	管理费用	税金
77.99	**124.22**	**38901.52**	**33944.66**	**394.50**	**672.16**	**1146.02**	**78.15**
67.49	95.84	2147.96	1797.08	16.75	92.31	126.39	5.54
0.47	3.54	3757.57	3205.01	134.58	96.10	173.06	8.28
0.63	0.51	3036.89	2686.91	17.44	36.29	76.36	5.83
	1.52	1197.11	1019.32	10.65	24.84	68.46	8.18
	0.52	2660.90	2297.25	41.30	21.32	45.22	2.76
0.27	6.03	2468.20	2173.59	11.29	42.66	85.07	5.60
5.08	0.19	2130.47	1895.84	15.57	34.03	57.44	4.08
	3.60	2404.89	2015.71	17.94	37.05	119.06	9.01
	0.95	2718.39	2265.77	26.36	44.86	106.87	7.18
0.88	1.32	1267.00	1040.37	10.18	65.09	55.79	2.89
	6.53	1259.26	1182.85	5.37	15.37	27.93	2.16
0.25		1113.92	1044.34	2.46	8.84	21.51	1.88
	1.77	2058.44	1856.96	10.29	29.21	34.35	2.08
0.12	0.75	2096.28	1691.28	32.33	52.62	41.72	3.49
2.02	0.24	2753.02	2460.12	8.78	27.00	35.05	2.49
0.78	0.91	4635.71	4258.94	11.82	32.27	54.73	4.92
		1195.52	1053.32	21.41	12.31	17.03	1.79

1-B-5 按地区分组的股份有限

地 区	企业单位数（个）	工业销售产值（当年价格）	出口交货值	资产总计	固定资产合计	固定资产原价	累计折旧	流动资产合计	应收账款
山东省	**1004**	**11433.69**	**685.91**	**10605.80**	**4478.31**	**8003.64**	**3803.42**	**4499.23**	**812.48**
济南市	69	429.25	36.51	791.15	441.56	709.59	306.50	272.48	41.16
青岛市	113	1099.29	86.12	949.25	184.95	235.36	87.29	603.72	201.50
淄博市	121	1553.96	32.47	838.31	307.07	663.81	377.96	393.98	59.89
枣庄市	24	47.77	2.11	67.89	28.36	32.97	10.56	28.31	6.29
东营市	26	2446.88	120.51	2469.93	1825.24	3556.52	1751.05	521.97	51.14
烟台市	62	804.13	12.12	348.95	139.00	229.34	102.87	182.02	33.90
潍坊市	106	1313.41	165.58	1685.27	501.78	789.65	345.54	919.89	132.26
济宁市	58	534.19	28.18	409.86	132.10	181.17	60.50	254.51	70.38
泰安市	49	257.89	9.17	225.93	60.93	93.32	36.89	126.85	29.50
威海市	62	467.93	109.66	401.09	154.99	256.44	118.42	190.51	39.94
日照市	30	151.98	19.08	168.38	68.95	85.03	23.38	83.22	14.52
莱芜市	14	95.97	4.40	97.28	35.37	47.78	14.55	32.36	5.54
临沂市	86	686.61	14.27	484.62	169.34	358.67	205.22	245.05	28.63
德州市	70	385.09	5.75	168.94	87.76	149.15	63.37	66.63	13.78
聊城市	61	297.59	13.58	229.10	92.22	125.91	38.76	114.47	11.18
滨州市	34	565.94	26.36	375.96	100.43	189.09	98.09	176.20	18.42
菏泽市	18	205.11	0.05	277.41	70.43	81.07	21.55	177.11	47.35

1-B-5 续表

地 区	个人资本	港澳台资本	外商资本	主营业务收入	主营业务成本	主营业务税金及附加	销售费用	管理费用	税金
山东省	**310.04**	**22.49**	**24.97**	**12137.84**	**9920.16**	**407.37**	**249.34**	**510.58**	**19.05**
济南市	37.77		0.23	958.12	845.58	39.63	9.29	36.74	1.66
青岛市	26.32	1.72	1.87	1025.96	879.24	6.59	33.39	102.75	3.01
淄博市	53.04	0.35	0.10	1531.85	1313.86	75.28	18.17	46.96	1.49
枣庄市	4.06	0.45		47.35	40.77	0.55	0.84	3.06	0.30
东营市	4.89			2518.28	1692.29	237.54	18.93	126.61	1.57
烟台市	7.35	1.74	1.63	843.56	762.32	3.00	10.13	17.11	1.30
潍坊市	53.33	4.16	14.59	1363.28	1127.76	10.75	50.79	65.00	2.93
济宁市	7.66		1.94	524.47	456.60	2.73	13.01	15.39	1.12
泰安市	12.24			247.97	207.05	1.90	6.72	9.92	0.60
威海市	17.68		2.46	457.61	384.06	2.41	14.20	20.89	1.34
日照市	3.29		1.73	154.20	133.00	0.81	2.51	4.36	0.36
莱芜市	2.80			74.98	47.20	0.37	3.29	2.40	0.11
临沂市	19.70	0.49	0.42	712.54	616.45	2.78	27.68	19.20	1.01
德州市	1.35			408.17	320.75	3.80	9.38	9.02	0.45
聊城市	12.60	0.13		309.47	253.35	1.29	13.26	8.31	0.42
滨州市	18.48			645.03	578.82	14.98	13.86	18.66	0.97
菏泽市	8.65			224.31	181.85	2.28	3.90	4.20	0.41

公司工业企业主要经济指标

单位：亿元

存货	产成品	负债合计	流动负债合计	应付账款	所有者权益合计	实收资本	国家资本	集体资本	法人资本
1028.81	**390.97**	**5939.39**	**4551.73**	**1096.31**	**4649.48**	**1918.46**	**1048.44**	**38.00**	**474.51**
100.23	27.04	522.00	461.68	209.56	268.78	135.08	30.33	1.70	65.04
150.21	59.00	573.05	506.06	169.75	377.26	123.99	45.85	1.58	46.65
135.46	43.97	398.67	328.29	66.50	437.85	232.93	147.97	6.74	24.74
5.46	1.27	39.23	30.61	4.48	28.58	18.14	0.67	6.79	6.17
92.75	32.80	1134.32	833.27	178.35	1335.61	709.09	686.62	3.82	13.76
61.65	17.10	210.16	195.38	43.60	138.75	35.96	9.43	6.48	9.33
153.44	79.50	940.69	683.24	175.75	738.38	183.68	7.55	2.90	101.15
60.26	27.07	233.55	182.54	43.95	176.10	68.02	1.03	1.20	56.19
35.39	12.94	138.02	106.41	15.77	87.17	30.05	11.97	0.23	5.62
49.53	21.97	193.84	148.31	52.86	207.21	44.43	1.73	1.37	21.17
27.37	10.50	95.16	81.10	8.33	71.67	35.39	22.25	0.26	7.86
3.80	1.96	53.98	17.23	3.57	43.30	22.29	17.45		2.04
74.19	23.58	293.72	207.69	50.17	189.43	58.57	17.38	2.11	18.46
12.45	4.87	59.03	45.05	12.33	109.44	60.94	0.75	0.39	58.45
19.65	9.70	112.50	100.30	7.41	113.26	26.69	4.48	0.01	9.47
33.96	13.82	245.49	161.95	33.37	128.90	33.07	1.57	2.22	10.80
9.32	3.88	255.92	177.28	12.18	21.38	26.43		0.19	17.59

单位：亿元

财务费用	利息收入	利息支出	投资收益（损失以"−"号记）	营业利润	利润总额	亏损企业亏损额	应交增值税	应交所得税	从业人员平均人数（万人）
157.23	**21.79**	**163.57**	**17.72**	**911.01**	**918.68**	**41.25**	**431.65**	**128.42**	**81.00**
12.46	0.35	13.24	6.78	24.04	22.49	1.12	24.37	2.92	6.36
9.92	1.71	10.10	-8.44	53.39	61.14	0.79	27.84	7.41	7.68
14.42	1.77	12.83	1.90	61.48	61.47	21.32	55.08	11.27	8.85
0.94	0.01	0.57	0.01	1.71	2.03	0.66	2.63	0.16	1.23
26.98	3.43	29.22	0.07	387.51	386.94	0.38	154.76	57.12	15.14
5.94	0.24	5.52	1.25	47.09	47.39	1.12	8.21	4.68	3.70
16.20	8.57	24.39	3.10	100.53	106.07	9.51	38.79	13.06	11.45
7.95	0.58	7.26	-2.96	28.91	26.89	2.98	16.74	4.13	3.42
5.28	0.28	5.21	2.03	16.62	16.89	0.19	6.85	2.31	3.02
6.24	0.99	5.31	1.13	35.28	34.67	1.39	11.99	5.75	4.66
4.67	0.16	3.52	-0.71	9.25	10.40	1.04	3.33	2.17	1.51
2.53	0.13	2.54	0.03	4.23	4.36	0.02	0.58	0.18	0.73
6.48	-0.34	7.02	0.64	40.39	39.62	0.11	16.26	6.47	5.47
4.29	0.19	3.55		31.25	24.56	0.19	18.89	3.10	2.25
3.30	-0.46	3.14	0.56	29.92	30.35	0.01	9.54	2.95	2.10
5.34	0.85	5.46	0.74	14.42	15.49	0.44	21.99	2.90	2.32
8.81	2.75	8.43		19.47	20.92		7.94	1.86	0.58

1-B-6 按地区分组的私营

地　区	企业单位数（个）	工业销售产值（当年价格）	出口交货值	资产总计	固定资产合计	固定资产原价	累计折旧	流动资产合计	应收账款
山东省	**25995**	**55252.76**	**2046.96**	**22791.46**	**9548.49**	**15406.62**	**6841.10**	**11015.29**	**2011.22**
济南市	872	1058.75	22.81	611.34	141.09	186.69	64.74	364.09	97.60
青岛市	2515	5001.61	381.36	1482.95	547.18	694.67	211.51	753.01	211.81
淄博市	1956	4569.52	71.73	1560.01	621.68	970.69	458.04	735.80	112.30
枣庄市	985	1868.28	18.37	448.07	263.16	350.71	102.65	144.25	36.90
东营市	655	5533.37	256.00	2986.42	1091.37	1429.55	484.02	1700.33	229.83
烟台市	1607	5338.72	276.95	2491.46	1144.43	1999.88	998.49	1153.24	233.51
潍坊市	3156	6451.41	369.34	2830.52	1298.32	3046.72	1870.81	1309.29	236.24
济宁市	1315	1598.78	44.12	1036.64	324.76	415.33	121.13	598.52	162.12
泰安市	1204	3071.78	69.47	1120.17	439.17	556.27	164.50	448.34	77.08
威海市	820	2446.13	120.63	1133.01	521.47	1026.10	559.56	521.15	81.78
日照市	204	410.41	24.12	273.18	83.81	205.90	131.31	166.06	31.63
莱芜市	259	200.68	7.47	169.31	52.96	99.78	51.08	95.85	26.33
临沂市	2805	4507.71	109.51	1289.61	542.74	907.20	411.36	606.88	123.05
德州市	2612	4560.84	84.86	1758.74	898.68	1525.15	673.16	652.15	79.45
聊城市	2067	3887.40	29.21	1081.41	457.60	585.53	158.59	510.25	104.78
滨州市	794	1428.76	28.80	1362.19	472.88	574.51	166.97	819.98	91.96
菏泽市	2169	3318.63	132.20	1156.45	647.17	831.93	213.19	436.10	74.86

1-B-6　续表

地　区	个人资本	港澳台资本	外商资本	主营业务收入	主营业务成本	主营业务税金及附加	销售费用	管理费用	税金
山东省	**2157.47**	**12.91**	**25.28**	**55679.41**	**48150.53**	**391.83**	**912.96**	**1154.15**	**113.35**
济南市	66.68	0.06		1031.35	851.99	8.12	34.54	41.45	1.99
青岛市	108.96	0.08	2.02	4870.97	4091.45	61.89	130.91	226.36	24.42
淄博市	138.05	0.21	4.06	4478.78	3874.46	27.40	41.56	71.90	10.24
枣庄市	49.46			1906.32	1650.81	14.43	44.69	56.88	18.89
东营市	193.25		1.58	5596.49	4805.90	27.49	59.52	73.41	7.44
烟台市	164.51	3.65	6.85	5303.19	4582.67	14.36	82.52	102.52	7.77
潍坊市	209.43	7.59	2.39	6586.32	5799.45	28.06	116.20	137.92	11.20
济宁市	113.07	0.26	2.77	1627.70	1428.02	8.86	33.06	35.44	1.98
泰安市	152.38	0.11	0.07	2876.02	2457.90	32.72	38.51	55.07	8.03
威海市	59.32	0.23	4.30	2504.57	2239.48	16.04	23.36	56.48	2.92
日照市	25.36	0.05		435.74	396.83	5.47	5.11	7.35	0.72
莱芜市	20.00			202.04	178.82	0.89	3.75	4.84	0.41
临沂市	170.37	0.14	1.04	4577.84	4067.10	31.45	73.93	68.41	5.00
德州市	245.44	0.20	0.11	4677.38	3840.26	48.58	93.46	72.08	4.03
聊城市	137.67		0.01	3969.67	3492.06	28.33	49.87	54.04	2.00
滨州市	110.20	0.33	0.03	1564.57	1407.57	8.18	19.65	23.46	1.44
菏泽市	193.32		0.05	3470.44	2985.74	29.57	62.32	66.53	4.87

工业企业主要经济指标

单位：亿元

存货	产成品	负债合计	流动负债合计	应付账款	所有者权益合计	实收资本	国家资本	集体资本	法人资本
2592.32	**1101.87**	**10792.17**	**8403.32**	**1484.29**	**11719.82**	**3731.37**	**20.79**	**73.87**	**1440.67**
77.87	40.42	363.99	309.48	75.41	241.36	120.39	0.65	1.36	51.64
176.49	79.52	746.27	550.98	130.99	718.73	288.99	2.47	1.06	174.21
139.92	62.90	806.82	619.41	107.99	742.54	222.41	0.14	8.17	71.77
33.85	17.26	161.11	118.07	18.26	280.97	70.97	0.37	0.98	20.15
444.98	169.84	1415.29	1215.82	143.57	1524.10	272.50	0.43	4.62	72.63
363.89	106.50	957.10	715.86	128.01	1513.01	256.44	2.88	12.99	65.56
337.74	139.51	1584.50	1303.57	248.62	1221.91	343.96	1.72	8.87	113.96
98.60	47.42	576.49	466.27	108.60	455.76	201.78	0.41	4.07	81.18
95.41	53.54	499.76	267.93	51.67	609.98	239.55	3.06	3.96	79.98
120.61	44.05	483.60	357.37	57.56	645.93	145.58	0.56	11.55	69.47
35.50	13.52	205.56	176.62	36.19	65.50	39.88		0.36	14.12
28.02	13.02	104.84	75.20	16.71	60.43	31.99	0.28	1.60	10.12
154.43	78.69	614.42	471.37	92.35	658.64	261.39	1.67	2.08	86.10
98.95	42.94	512.94	279.75	68.22	1182.83	489.43	2.94	2.10	238.59
110.12	57.04	395.78	302.10	27.66	660.11	207.30	0.26	4.11	65.25
177.24	86.56	888.94	803.81	112.06	466.64	200.09	0.11	3.98	85.44
98.70	49.14	474.75	369.73	60.41	671.39	338.72	2.85	2.01	140.50

单位：亿元

财务费用	利息收入	利息支出	投资收益(损失以"–"号记)	营业利润	利润总额	亏损企业亏损额	应交增值税	应交所得税	从业人员平均人数(万人)
485.59	**19.72**	**369.38**	**-27.47**	**4099.01**	**4066.97**	**36.84**	**1618.31**	**480.76**	**387.87**
8.95	0.34	6.66	0.47	76.35	73.31	2.23	36.30	8.54	9.79
46.46	2.36	24.64	-15.11	345.51	345.33	2.78	193.37	31.12	33.81
28.96	1.10	21.21	0.35	403.84	403.81	5.42	193.02	30.92	25.56
10.92	0.27	9.60	0.03	111.39	109.94	1.25	69.71	20.88	23.06
64.26	2.94	59.13	0.21	575.37	569.19	3.07	113.50	76.25	15.33
45.42	2.35	31.83	5.02	480.60	479.03	4.17	126.13	48.82	36.09
60.94	2.53	53.36	-19.07	385.81	380.00	3.05	127.91	54.63	47.50
16.24	0.43	12.99	-3.05	99.07	88.37	2.61	36.42	8.16	16.05
21.44	0.39	17.85	1.27	226.66	221.56	0.35	80.12	23.94	20.61
21.54	0.95	19.66	-0.08	134.49	134.53	0.65	76.57	24.96	19.62
3.77	0.20	3.07		20.62	19.62	0.27	10.90	1.96	3.86
4.22	0.17	2.32	0.03	7.22	6.83	1.22	1.88	0.44	2.69
26.97	0.89	17.76	0.14	259.41	260.14	1.20	92.65	25.42	39.57
37.02	0.65	30.49	-0.21	324.33	324.39	0.95	193.54	43.08	31.04
30.68	0.37	18.72	0.08	293.57	294.16	0.29	93.23	28.04	22.26
24.73	3.29	20.58	0.40	66.38	67.43	4.55	24.90	8.29	10.87
33.07	0.48	19.49	2.03	288.38	289.33	2.79	148.18	45.32	30.17

1-B-7 按地区分组的港澳台商

地 区	企业单位数（个）	工业销售产值（当年价格）	出口交货值	资产总计	固定资产合计	固定资产原价	累计折旧	流动资产合计	应收账款
山东省	**1080**	**3968.85**	**780.32**	**2832.17**	**1113.24**	**1857.53**	**823.12**	**1465.18**	**341.46**
济南市	50	110.62	5.58	170.11	64.25	94.47	32.96	86.49	12.74
青岛市	283	802.58	209.63	428.55	121.48	185.41	73.32	266.75	85.02
淄博市	76	265.18	20.36	154.07	54.60	93.66	42.49	82.63	13.92
枣庄市	32	91.25	8.55	90.12	46.74	58.23	12.97	34.53	6.85
东营市	18	327.46	19.03	198.18	47.45	119.35	73.15	140.21	17.76
烟台市	185	854.66	262.22	500.51	202.50	399.38	203.76	267.81	78.79
潍坊市	122	516.69	111.32	429.74	175.54	336.78	168.50	194.94	49.80
济宁市	43	80.46	22.38	80.03	35.64	46.68	12.41	35.11	8.77
泰安市	16	29.86	2.32	16.33	5.43	8.24	3.15	9.30	3.50
威海市	50	128.86	26.40	134.71	54.09	82.58	39.10	70.22	18.91
日照市	22	28.89	9.11	30.49	13.60	30.88	19.94	13.94	2.31
莱芜市	9	2.99	0.35	5.00	2.35	4.78	2.42	1.86	0.38
临沂市	81	266.53	60.83	135.90	40.29	80.63	41.41	84.48	9.50
德州市	30	52.11	6.59	38.69	15.46	29.90	15.26	19.25	2.96
聊城市	11	45.13	3.13	46.37	24.61	30.85	9.55	18.83	1.78
滨州市	24	169.47	11.38	204.73	129.18	162.04	48.11	56.58	10.88
菏泽市	28	196.11	1.15	168.65	80.03	93.67	24.63	82.24	17.60

1-B-7 续表

地 区				主营业务收入	主营业务成本	主营业务税金及附加	销售费用	管理费用	税金
	个人资本	港澳台资本	外商资本						
山东省	**50.09**	**246.11**	**81.18**	**3951.48**	**3366.26**	**22.64**	**112.51**	**140.62**	**10.67**
济南市	2.40	18.42	5.05	109.29	84.63	0.67	6.39	7.06	0.47
青岛市	2.74	54.99	19.67	816.24	719.14	6.14	19.18	46.43	4.21
淄博市	2.20	14.51	0.79	275.27	244.26	1.56	3.57	6.05	0.49
枣庄市	1.08	11.18	9.07	79.33	68.77	0.41	1.80	2.11	0.28
东营市	4.06	7.33	0.48	317.81	291.62	1.17	5.06	5.09	0.76
烟台市	7.07	36.16	5.87	823.40	703.63	2.51	17.64	24.18	1.52
潍坊市	9.12	24.73	10.29	529.56	446.02	1.96	17.20	20.30	1.17
济宁市	3.36	10.17	13.14	86.47	74.27	0.94	1.71	2.82	0.25
泰安市	1.42	0.86	0.06	29.92	25.23	0.31	0.29	0.64	0.14
威海市	0.42	13.11	6.13	123.00	98.58	0.92	5.54	7.34	0.20
日照市	0.53	7.08	1.47	27.92	24.49	0.09	0.83	0.97	0.03
莱芜市		0.42	0.01	3.28	2.88	0.10	0.09	0.20	0.03
临沂市	6.19	13.67	1.89	265.09	238.07	2.45	5.89	5.11	0.41
德州市	2.61	0.44	3.48	53.45	41.45	0.40	1.84	1.68	0.18
聊城市	0.13	7.13		43.99	39.94	0.11	0.59	0.87	0.10
滨州市	5.00	21.21	3.41	169.87	149.77	0.41	1.70	2.84	0.20
菏泽市	1.76	4.71	0.37	197.60	113.51	2.48	23.22	6.92	0.24

投资工业企业主要经济指标

单位：亿元

存货	产成品	负债合计	流动负债合计	应付账款	所有者权益合计	实收资本	国家资本	集体资本	法人资本
356.59	**150.26**	**1514.89**	**1230.12**	**281.81**	**1299.33**	**584.82**	**28.22**	**21.51**	**157.72**
13.53	4.34	71.94	40.83	13.58	97.53	43.08	4.72	0.38	12.11
78.34	23.72	222.52	188.47	64.50	199.66	117.84	2.66	9.40	28.38
18.81	5.49	93.76	75.20	13.85	59.96	29.70	1.53	3.88	6.78
8.05	3.66	57.84	44.08	9.06	31.69	22.94	0.45	0.85	0.29
29.99	12.81	153.53	145.02	8.24	40.61	17.02	2.27	0.29	2.58
56.56	29.84	263.69	232.18	60.48	235.23	87.26	6.12	3.06	28.99
47.43	25.94	247.75	193.76	44.14	181.61	68.32	1.30	1.75	21.14
9.02	5.16	38.22	29.32	6.61	41.26	31.96	2.05	0.26	2.97
2.80	0.74	7.72	6.09	1.67	8.62	3.58		0.07	1.18
18.35	4.27	63.79	52.81	12.76	70.77	38.42	0.79	0.05	17.92
4.69	2.12	17.36	12.87	2.29	12.22	11.19	0.05	0.90	1.16
0.47	0.11	5.86	4.94	0.08	-1.11	0.89			0.47
21.26	9.16	78.43	66.49	19.14	57.28	24.64	0.45	0.31	2.13
6.86	2.73	11.93	9.34	1.66	26.68	15.80	1.93	0.09	7.26
5.16	1.36	18.12	12.78	3.30	28.23	10.18	1.68	0.08	1.17
16.43	4.32	87.50	55.85	10.27	115.38	36.19	2.21	0.02	4.34
18.85	14.49	74.92	60.08	10.18	93.73	25.81		0.14	18.84

单位：亿元

财务费用	利息收入	利息支出	投资收益（损失以“—”号记）	营业利润	利润总额	亏损企业亏损额	应交增值税	应交所得税	从业人员平均人数（万人）
44.71	**5.66**	**38.39**	**-1.15**	**284.71**	**287.83**	**14.09**	**125.04**	**50.37**	**34.14**
0.63	0.47	0.54	0.62	11.18	12.08	0.83	5.00	2.56	1.70
5.19	2.27	5.15	-0.55	42.88	41.86	4.45	22.99	5.52	6.24
3.21	0.25	3.27	-0.72	16.02	16.16	1.28	6.34	0.91	2.06
1.75	0.08	1.73	0.04	3.73	3.86	1.12	1.91	0.99	1.42
3.32	0.55	1.78		14.19	12.78		8.08	1.21	0.76
7.84	0.43	6.66	0.10	69.73	70.01	1.58	16.82	9.59	7.30
9.00	0.88	8.27	-0.41	31.64	33.69	0.80	12.44	7.89	4.40
1.01	0.09	0.90	0.07	4.75	5.34	0.61	2.11	0.93	1.57
0.15		0.08	0.02	2.81	2.88	0.10	1.15	0.44	0.40
1.91	0.01	1.74	0.18	9.36	9.50	1.32	4.18	2.46	1.58
0.49		0.34	-0.53	0.99	1.00	0.41	0.29	0.07	0.60
0.09		0.07		-0.01	0.02	0.14	0.09		0.07
2.42	0.21	2.26	0.01	12.01	12.69	0.24	21.70	3.12	2.52
0.64	0.02	0.57		2.89	2.95	0.41	2.23	0.16	0.74
0.66	0.02	0.66		2.59	2.70	0.11	1.31	0.51	0.68
2.79	0.25	2.75	0.01	11.80	11.84	0.66	1.68	1.55	1.34
3.61	0.14	1.61		48.16	48.44	0.02	16.73	12.44	0.74

1–B–8　按地区分组的外商

地　区	企业单位数（个）	工业销售产值（当年价格）	出口交货值	资产总计	固定资产合计	固定资产原价	累计折旧	流动资产合计	应收账款
山东省	**3285**	**14358.54**	**3177.69**	**8431.20**	**2834.17**	**6815.13**	**4200.05**	**4651.22**	**1327.40**
济南市	126	335.69	26.98	275.55	77.44	118.16	46.04	159.11	40.81
青岛市	1268	3362.50	886.17	2223.27	609.88	971.07	408.09	1316.91	524.36
淄博市	126	1047.94	133.47	686.46	249.03	399.83	158.27	331.80	46.87
枣庄市	41	126.16	8.75	81.30	39.44	61.29	24.89	38.85	4.80
东营市	30	423.44	9.31	274.80	56.12	93.55	37.63	195.75	11.21
烟台市	516	4000.46	1076.12	1655.17	477.12	2041.52	1621.59	1034.18	355.84
潍坊市	249	627.62	119.97	434.26	163.53	318.22	163.77	235.73	53.31
济宁市	73	488.97	119.19	368.44	132.31	157.79	55.54	191.79	41.68
泰安市	61	183.42	10.96	102.28	36.51	50.77	16.59	54.14	12.80
威海市	402	1523.36	558.97	749.28	300.47	733.22	457.31	362.76	70.57
日照市	64	660.60	66.67	514.38	230.33	876.81	652.57	244.04	62.89
莱芜市	16	18.20	2.63	26.75	8.89	11.14	4.04	14.01	3.71
临沂市	141	690.63	58.60	537.95	159.34	405.08	259.95	296.28	58.79
德州市	66	363.71	50.17	167.74	105.87	237.27	135.53	51.48	7.75
聊城市	30	146.53	19.41	69.95	31.03	42.24	11.35	34.75	11.84
滨州市	35	156.25	6.07	93.42	34.16	84.61	55.78	51.99	6.96
菏泽市	40	134.22	24.23	57.87	26.72	36.11	10.65	29.06	8.29

1–B–8　续表

地　区	个人资本	港澳台资本	外商资本	主营业务收入	主营业务成本	主营业务税金及附加	销售费用	管理费用	税金
山东省	**140.60**	**48.64**	**1138.85**	**14126.74**	**12289.81**	**93.59**	**320.55**	**424.89**	**28.25**
济南市	5.68	3.78	41.12	344.43	277.92	3.86	16.50	16.96	0.73
青岛市	25.18	11.68	429.85	3222.71	2749.24	35.58	119.64	168.11	11.96
淄博市	26.81	6.24	33.85	1005.86	885.90	4.12	15.82	24.55	1.36
枣庄市	1.49	0.01	11.61	129.28	114.18	0.94	4.43	4.69	0.68
东营市	0.48	6.36	6.54	428.62	382.51	0.94	3.47	4.47	0.58
烟台市	22.36	2.57	183.39	3918.86	3492.36	24.39	45.12	63.58	5.39
潍坊市	12.26	3.02	54.08	636.23	552.51	2.87	17.07	22.54	1.10
济宁市	1.50	1.49	53.58	532.62	461.44	2.11	8.81	13.73	0.83
泰安市	5.85	2.61	11.38	176.53	142.74	1.25	6.73	5.84	0.32
威海市	15.41	0.69	111.12	1509.41	1338.29	7.95	21.98	44.85	1.57
日照市	6.82	1.70	69.61	654.51	588.82	1.74	10.17	13.37	1.14
莱芜市	0.06	0.04	9.93	18.39	16.34	0.07	1.54	0.97	0.10
临沂市	9.15	1.79	63.03	690.64	560.24	2.53	32.39	23.68	1.09
德州市	4.45	0.25	8.10	375.97	311.65	2.21	6.48	6.06	0.58
聊城市	0.58	0.01	14.31	121.78	106.58	0.70	3.36	3.37	0.15
滨州市	0.88	0.64	8.76	157.71	143.75	0.99	3.71	3.55	0.25
菏泽市	1.64	5.77	5.28	134.35	114.85	0.66	3.32	2.46	0.21

投资工业企业主要经济指标

单位：亿元

存货	产成品	负债合计	流动负债合计	应付账款	所有者权益合计	实收资本	国家资本	集体资本	法人资本
1057.17	**337.34**	**4411.75**	**3528.69**	**1203.69**	**3971.17**	**2082.51**	**66.01**	**33.60**	**654.65**
37.02	13.44	114.26	92.83	36.67	159.39	77.19	5.41	0.21	20.99
306.08	82.98	1174.51	944.40	394.23	1034.84	713.56	16.42	3.38	227.06
72.37	27.12	354.99	272.29	37.84	330.52	116.14	1.54	2.41	45.29
8.06	3.00	50.47	37.88	7.46	30.23	21.60	7.86		0.63
51.53	7.35	139.64	113.27	13.50	134.96	28.90	0.14	6.53	8.85
189.47	61.95	946.11	864.87	386.37	701.82	287.36	6.37	7.04	65.62
53.20	22.62	246.66	202.45	48.10	185.37	105.10	0.02	0.52	35.21
47.65	21.28	147.91	110.50	32.03	213.46	110.66	1.51	0.01	52.58
12.25	4.51	46.33	36.61	9.51	55.46	28.59	0.95	0.53	7.28
96.38	19.31	309.67	228.84	60.47	437.09	173.40	0.31	4.57	41.14
53.35	18.17	338.54	196.60	103.13	175.33	135.23		0.48	56.62
4.27	2.12	10.23	9.04	3.50	16.16	12.85	0.62		2.19
74.51	35.23	288.13	247.76	40.81	241.66	96.18	0.47	4.94	16.80
12.61	2.71	63.50	40.51	11.71	103.26	76.87	0.03	0.26	63.77
11.29	3.68	27.28	26.44	5.71	42.00	16.68	0.01	0.07	1.70
14.37	6.36	72.50	67.73	7.81	20.46	17.43	0.10	2.06	5.00
11.07	5.50	22.81	14.67	4.25	35.06	17.23		0.61	3.93

单位：亿元

财务费用	利息收入	利息支出	投资收益(损失以"-"号记)	营业利润	利润总额	亏损企业亏损额	应交增值税	应交所得税	从业人员平均人数(万人)
105.97	**15.64**	**106.81**	**-28.51**	**931.64**	**919.21**	**53.40**	**375.10**	**119.78**	**115.15**
0.98	0.58	1.38	3.43	30.33	32.35	2.13	11.66	6.48	3.41
15.31	3.81	17.45	3.13	208.54	206.10	16.11	103.24	23.43	34.59
9.01	1.73	8.09	0.44	65.62	65.62	2.69	26.35	10.23	6.41
1.98	0.08	1.89	0.24	3.36	3.85	1.60	4.25	1.45	2.12
6.96	1.09	7.43	0.10	30.53	30.84	0.33	30.97	2.83	0.77
12.16	3.14	13.43	0.64	287.29	274.40	8.88	77.12	18.01	25.69
7.33	0.55	7.08	-1.77	31.15	31.09	5.49	13.19	6.59	5.85
7.79	0.38	7.56	-18.49	38.17	37.78	1.74	12.75	6.43	4.55
1.15	0.29	1.12	0.04	14.65	18.26	1.26	5.29	2.34	1.78
16.83	0.47	15.36	1.06	79.10	78.11	4.90	33.60	17.58	15.00
8.86	0.81	10.04	-17.32	22.24	22.08	4.60	7.34	5.11	1.87
0.30	0.02	0.17		0.06	0.12	0.99	0.41	0.18	0.34
8.32	2.18	9.25	0.03	53.58	54.41	0.33	19.52	4.86	6.10
2.45	0.16	2.34	0.01	31.06	31.55	0.14	12.82	4.94	2.68
0.97		1.14	-0.04	7.57	7.62	0.76	4.52	2.49	1.09
2.19	0.27	1.91		2.78	2.80	1.39	2.91	0.46	1.18
1.26	0.02	0.51		11.96	12.03	0.08	4.15	2.94	1.42

1-B-9 按地区分组的大型

地　区	企业单位数（个）	工业销售产值（当年价格）	出口交货值	资产总计	固定资产合计	固定资产原价	累计折旧	流动资产合计	应收账款
山东省	**952**	**46942.60**	**4043.27**	**41048.12**	**15017.37**	**27301.91**	**13997.92**	**19670.12**	**3091.75**
济南市	42	1923.00	162.07	2655.12	917.61	1349.24	543.88	1368.49	182.33
青岛市	97	4340.30	741.95	3934.14	749.79	1177.17	507.60	2645.78	707.16
淄博市	75	3607.54	171.04	2667.80	907.94	1546.22	719.63	1227.47	124.70
枣庄市	18	456.94	13.26	805.05	301.67	441.04	182.89	396.08	37.36
东营市	54	6066.29	338.43	4588.11	2553.77	4711.19	2233.07	1765.40	210.11
烟台市	98	6491.07	1109.57	3967.29	1369.51	3323.44	2180.01	2063.47	479.16
潍坊市	108	4019.08	354.03	3669.15	1483.78	2658.29	1371.06	1771.51	246.95
济宁市	58	2652.84	197.77	4218.98	1207.38	1844.98	759.73	1742.35	238.70
泰安市	70	1799.09	29.50	2052.45	685.59	934.48	313.44	839.53	157.87
威海市	73	1692.66	390.29	1707.77	682.85	997.52	405.71	855.50	158.25
日照市	20	1270.46	148.78	1333.15	372.67	1256.08	1026.37	826.37	57.00
莱芜市	15	857.38	34.35	577.08	271.32	847.65	586.93	206.89	15.82
临沂市	73	2471.46	93.09	1472.85	551.61	1316.84	794.59	744.60	111.58
德州市	47	1302.13	22.86	1101.80	510.79	820.69	336.14	431.60	46.33
聊城市	39	2353.89	68.84	1863.39	781.37	982.42	319.73	956.27	105.75
滨州市	44	4097.19	152.12	2616.01	1139.78	1606.18	703.34	1156.27	125.03
菏泽市	18	1070.94	15.30	820.55	317.17	997.82	735.92	378.99	65.55

1-B-9　续表

地　区	个人资本	港澳台资本	外商资本	主营业务收入	主营业务成本	主营业务税金及附加	销售费用	管理费用	税金
山东省	**711.37**	**159.48**	**540.81**	**50057.62**	**42990.73**	**804.19**	**996.85**	**1562.18**	**93.36**
济南市	30.45	67.48	106.63	2437.54	2110.42	46.86	76.95	125.78	5.40
青岛市	43.05	14.21	84.35	4513.49	3840.27	60.49	239.10	248.16	13.27
淄博市	65.38	3.81	13.90	3644.28	3231.05	85.04	50.14	108.97	8.22
枣庄市	0.51	0.92	5.03	579.18	485.62	5.68	11.12	49.48	3.35
东营市	68.90	5.64	2.46	6142.98	4853.66	272.65	55.00	178.66	7.08
烟台市	75.63	11.39	97.81	6828.75	5985.65	35.77	109.78	154.19	7.64
潍坊市	97.74	15.57	32.35	4138.50	3655.81	24.59	84.19	124.65	7.54
济宁市	19.29	0.66	12.50	3215.92	2737.73	21.05	52.09	139.49	9.85
泰安市	44.61	0.08	1.00	2310.99	1940.76	22.52	38.70	111.57	8.76
威海市	43.83	8.01	54.35	1856.72	1572.40	13.18	81.19	67.81	3.89
日照市	8.49	0.37	50.92	1290.12	1206.62	5.21	12.47	24.13	2.03
莱芜市	4.99			782.12	736.32	1.83	4.08	18.71	1.56
临沂市	30.71	7.58	47.91	2569.61	2131.07	8.46	67.82	53.12	2.92
德州市	21.33		1.21	1386.09	1147.38	21.15	29.14	27.35	2.52
聊城市	36.13	3.24	2.71	2393.15	2138.84	5.14	26.99	28.03	2.39
滨州市	80.88	3.45	0.90	4407.62	4060.38	8.16	35.74	59.90	4.58
菏泽市	20.61	3.61	3.50	1092.67	929.80	19.95	13.28	20.57	1.67

工业企业主要经济指标

单位：亿元

存货	产成品	负债合计	流动负债合计	应付账款	所有者权益合计	实收资本	国家资本	集体资本	法人资本
4673.41	**1572.72**	**24718.83**	**18718.39**	**4366.75**	**16243.92**	**4861.73**	**1681.87**	**134.18**	**1628.02**
415.45	125.82	1739.46	1364.94	378.48	915.65	440.07	126.45	1.30	107.75
549.10	222.75	2484.27	2132.40	789.85	1445.49	559.76	87.17	11.04	319.94
305.42	111.95	1480.86	1257.37	241.11	1183.73	363.29	191.74	12.17	76.29
87.28	29.15	475.57	400.47	70.68	329.19	60.18	27.75	4.02	21.94
443.80	161.65	2400.82	1845.23	381.05	2176.25	819.12	690.94	15.75	35.43
578.84	171.13	2078.88	1686.94	501.62	1869.29	328.41	45.25	11.68	86.64
443.96	171.04	2254.42	1850.82	428.32	1412.75	355.23	29.67	13.09	166.80
267.06	118.78	2737.38	1472.69	284.70	1481.60	264.87	111.41	1.18	119.83
184.42	68.62	1489.89	861.92	212.49	560.85	154.34	46.06	18.21	44.38
188.72	71.38	902.02	779.20	158.90	803.02	215.25	29.82	13.26	65.97
114.07	32.43	1008.53	789.38	250.91	324.26	99.69	0.25		39.66
58.20	26.73	403.45	364.46	73.16	173.63	106.43	90.48	2.05	8.91
198.72	79.30	828.01	607.16	134.20	620.77	168.07	11.86	20.62	49.40
89.20	38.15	574.22	409.29	80.48	524.94	220.04	21.52	0.68	175.31
213.79	39.84	1011.74	895.56	128.92	844.63	169.94	19.65	3.10	105.11
336.75	81.65	1697.97	1225.42	177.34	914.92	219.84	11.55	5.71	111.35
57.13	19.19	573.24	390.06	36.85	243.62	131.86	10.52	0.31	93.32

单位：亿元

财务费用	利息收入	利息支出	投资收益(损失以"–"号记)	营业利润	利润总额	亏损企业亏损额	应交增值税	应交所得税	从业人员平均人数(万人)
691.38	**95.57**	**733.38**	**46.84**	**3076.42**	**3104.13**	**96.88**	**1415.52**	**468.92**	**333.38**
29.89	11.41	41.87	10.00	70.40	73.22	9.70	57.96	16.39	18.77
21.19	10.60	28.30	1.99	224.61	249.52	9.22	131.55	36.81	29.20
42.74	5.78	40.25	3.28	136.52	140.91	23.30	87.61	26.33	22.95
6.63	1.71	7.86	0.67	26.52	28.56	3.39	25.78	10.87	10.14
78.79	6.46	81.71	0.89	683.12	678.20	2.06	269.63	101.16	27.19
48.12	8.84	43.56	14.10	511.41	500.46	3.91	127.38	50.95	38.31
60.72	12.35	68.55	1.83	196.11	207.73	14.79	91.44	31.81	29.50
84.37	5.76	82.00	5.56	224.60	202.73	8.17	126.13	29.40	30.26
37.27	2.68	47.25	2.84	106.56	112.84	2.82	78.71	29.22	24.66
21.32	1.20	20.85	5.34	109.73	114.17	4.08	49.50	21.48	17.84
18.98	3.57	21.66	-17.06	33.96	34.36	0.83	16.00	6.05	5.94
15.19	2.31	19.87	0.12	2.03	2.85	9.33	9.44	2.20	7.46
26.56	3.84	29.89	1.43	200.23	204.32		74.86	13.65	20.16
24.04	1.27	22.01	0.76	86.90	79.68	0.58	43.10	11.51	10.14
37.61	1.94	36.59	1.35	158.06	160.77	0.59	68.21	21.48	13.88
89.88	12.09	100.92	1.66	172.83	183.19	3.78	76.05	38.01	21.87
30.23	3.03	22.99	0.46	76.34	76.30	0.34	38.25	9.17	3.69

1-B-10 按地区分组的中型

地　区	企业单位数（个）	工业销售产值（当年价格）	出口交货值	资产总计	固定资产合计	固定资产原价	累计折旧	流动资产合计	应收账款
山东省	**4565**	**26622.90**	**2034.22**	**17219.86**	**6547.11**	**11181.38**	**5258.63**	**8754.51**	**1667.43**
济南市	199	870.39	45.64	1018.66	301.46	454.85	184.33	552.95	145.61
青岛市	599	3565.05	596.17	2213.91	756.48	1084.09	398.62	1139.68	307.17
淄博市	319	1774.17	100.96	1279.96	454.29	732.98	332.12	630.92	123.13
枣庄市	301	816.43	25.53	548.78	257.02	345.92	109.81	226.64	50.37
东营市	137	2741.04	109.33	1465.10	442.28	631.91	245.47	901.65	128.68
烟台市	464	3005.95	344.85	1666.45	693.17	1210.97	570.81	829.68	181.68
潍坊市	436	2297.38	255.56	1469.45	542.59	1292.51	800.77	797.09	139.66
济宁市	212	833.02	45.65	923.80	351.75	496.57	178.95	473.21	103.19
泰安市	213	1301.26	63.03	653.08	251.76	370.18	134.45	318.14	56.07
威海市	364	2016.61	224.83	1058.76	506.76	944.40	469.75	429.62	79.73
日照市	110	631.98	34.80	641.60	229.42	608.16	398.03	354.89	63.44
莱芜市	45	223.87	3.20	207.66	82.39	197.43	128.47	84.98	14.19
临沂市	419	1640.55	31.25	954.40	375.74	577.42	234.87	464.47	64.65
德州市	260	1450.44	67.13	744.68	339.99	792.46	480.43	326.60	54.19
聊城市	161	1067.39	23.33	537.54	221.62	333.10	125.84	271.69	48.99
滨州市	150	1371.35	35.56	1205.60	453.40	727.24	318.20	656.05	65.50
菏泽市	176	1016.01	27.40	630.43	287.00	381.18	147.70	296.25	41.18

1-B-10 续表

地　区	个人资本	港澳台资本	外商资本	主营业务收入	主营业务成本	主营业务税金及附加	销售费用	管理费用	税金
山东省	**801.56**	**104.37**	**398.16**	**26898.30**	**23371.83**	**261.67**	**502.40**	**805.48**	**61.33**
济南市	37.35	12.90	13.87	886.46	718.19	9.66	40.34	56.51	2.85
青岛市	43.94	19.97	158.83	3475.31	2940.76	101.21	91.38	218.13	14.75
淄博市	73.81	9.27	8.84	1816.47	1565.32	12.82	27.54	48.84	3.21
枣庄市	19.57	4.75	14.73	814.86	693.61	7.05	18.75	34.07	7.60
东营市	83.03	1.76	1.25	2774.53	2414.50	14.60	22.48	39.22	4.22
烟台市	55.03	17.08	50.28	2968.85	2625.95	8.90	43.49	69.43	5.41
潍坊市	79.85	12.42	18.33	2344.88	2040.39	10.79	53.68	68.16	4.23
济宁市	28.70	3.57	33.28	828.43	718.75	4.90	16.70	32.91	2.66
泰安市	92.96	3.09	3.89	1208.43	1038.05	10.44	19.57	28.12	3.26
威海市	35.26	2.35	34.45	2047.30	1870.55	11.74	21.22	50.46	2.53
日照市	28.05	1.01	15.33	668.97	607.08	6.37	10.95	17.95	1.89
莱芜市	8.54		6.39	227.75	205.81	0.79	3.89	7.03	0.38
临沂市	67.50	2.02	11.92	1695.29	1511.22	10.95	27.00	36.83	2.53
德州市	41.63	0.31	9.60	1499.03	1199.78	15.23	39.10	32.12	1.81
聊城市	23.78	5.23	8.62	1102.98	994.34	5.90	12.82	20.57	0.85
滨州市	43.16	3.42	7.32	1513.32	1376.74	20.62	17.55	24.41	1.70
菏泽市	39.40	5.20	1.23	1025.44	850.80	9.72	35.94	20.70	1.46

工业企业主要经济指标

单位：亿元

存货	产成品	负债合计	流动负债合计	应付账款	所有者权益合计	实收资本	国家资本	集体资本	法人资本
2092.68	**842.59**	**10207.70**	**8118.33**	**1624.69**	**6951.84**	**2925.77**	**362.37**	**95.35**	**1163.96**
120.02	56.70	597.81	500.43	112.49	418.05	187.78	43.43	3.63	76.61
301.95	102.59	1368.01	1100.97	331.43	838.34	497.64	46.47	5.13	223.30
138.80	60.34	772.44	622.81	106.21	504.96	188.85	19.34	14.68	62.92
32.97	14.25	350.11	251.14	48.64	197.38	107.98	24.73	9.90	34.31
220.17	74.45	775.25	647.57	93.75	678.22	154.14	2.78	8.37	56.95
225.99	77.64	925.54	748.40	165.60	734.53	270.28	44.21	20.76	82.92
183.04	84.88	900.87	742.41	171.41	562.31	206.96	9.19	4.29	82.88
87.52	42.10	630.23	511.43	98.22	292.92	176.38	25.67	4.13	81.04
70.66	35.04	342.94	250.50	50.12	308.51	163.39	24.31	0.67	38.47
114.52	34.46	455.37	329.50	71.73	599.96	145.14	14.86	11.34	46.88
95.32	34.99	434.93	384.93	56.70	203.70	110.60	28.19	1.64	36.37
25.97	14.61	132.63	74.72	16.63	74.68	45.75	23.19	1.15	6.48
117.60	48.43	626.63	466.55	70.68	323.39	158.01	23.56	2.95	50.05
56.24	22.34	342.99	219.78	41.47	397.37	171.88	10.13	2.15	108.07
64.41	23.33	313.23	255.11	36.01	221.29	85.55	11.60	1.60	34.72
150.65	70.56	879.38	746.52	103.07	325.47	122.28	7.29	1.48	59.62
86.83	45.89	359.33	265.57	50.52	270.78	133.15	3.44	1.49	82.38

单位：亿元

财务费用	利息收入	利息支出	投资收益(损失以“–”号记)	营业利润	利润总额	亏损企业亏损额	应交增值税	应交所得税	从业人员平均人数(万人)
326.74	**24.62**	**294.29**	**-6.81**	**1631.35**	**1651.64**	**97.62**	**778.12**	**229.60**	**243.48**
14.01	1.74	12.72	6.20	58.81	59.50	11.26	32.69	10.76	11.25
34.80	5.08	32.23	-5.38	189.78	192.87	15.75	143.51	16.61	32.33
27.40	1.39	24.38	1.56	128.41	132.26	9.66	72.56	17.19	16.83
11.34	0.99	10.70	0.12	40.03	42.12	5.87	31.87	7.42	16.26
32.05	1.85	28.17	0.56	259.44	253.27	1.76	50.82	32.79	6.97
28.63	2.01	26.80	1.24	197.05	197.46	12.49	53.51	28.81	24.31
30.18	1.99	28.15	-5.51	129.95	133.25	4.38	50.22	20.98	22.26
18.71	1.20	17.30	-8.85	32.28	34.12	8.62	23.48	5.80	12.13
11.04	0.47	9.19	1.81	97.76	99.60	2.21	47.15	14.05	11.68
18.39	0.53	15.99	-0.10	91.79	92.18	3.67	52.90	13.89	20.15
9.34	1.06	9.49	0.57	25.58	25.76	5.84	11.98	5.08	5.99
5.27	0.08	4.36	0.08	4.76	4.68	2.19	3.34	1.02	2.52
19.26	1.26	17.00	0.30	80.05	80.48	2.08	36.74	11.67	21.34
17.35	1.30	15.62	0.45	90.20	92.40	2.43	66.46	9.82	13.35
13.19	0.48	12.50	-0.11	57.11	58.05	2.65	25.19	7.96	8.26
22.36	2.96	21.37	0.19	50.15	52.21	4.63	35.18	7.04	8.25
13.40	0.23	8.31	0.07	98.19	101.45	2.13	40.55	18.72	9.59

1-B-11　按地区分组的小型

地　区	企业单位数（个）	工业销售产值（当年价格）	出口交货值	资产总计	固定资产合计	固定资产原价	累计折旧	流动资产合计	应收账款
山东省	**34950**	**54923.23**	**2205.62**	**23266.79**	**8948.29**	**13713.85**	**5662.87**	**10585.65**	**2149.37**
济南市	1661	1764.84	38.28	1016.06	265.16	367.54	123.59	590.68	179.72
青岛市	4221	7334.74	661.77	2574.20	953.45	1286.01	454.01	1323.45	387.96
淄博市	2737	5626.44	95.64	1769.17	732.29	1185.82	556.19	770.58	156.69
枣庄市	1188	2089.76	19.52	592.89	366.12	474.63	129.02	187.38	31.97
东营市	749	3086.88	18.67	1695.51	755.25	870.46	253.30	768.58	151.65
烟台市	2205	4241.76	290.71	1618.76	803.51	1367.47	628.20	696.96	173.92
潍坊市	3737	5140.17	231.85	2052.46	870.25	1722.97	925.24	906.27	211.67
济宁市	1684	1501.29	28.52	949.75	291.79	334.61	78.07	520.51	131.84
泰安市	1675	3001.86	24.08	1023.71	434.70	540.80	145.01	372.56	75.09
威海市	1194	2190.78	290.76	838.75	361.49	1017.28	724.82	384.01	75.27
日照市	466	709.20	65.73	482.71	139.41	335.05	211.72	293.22	52.96
莱芜市	429	489.44	17.97	301.32	82.71	166.25	94.56	175.05	46.27
临沂市	3645	4380.05	170.43	1451.16	589.53	896.47	354.70	654.24	147.43
德州市	3421	4869.84	80.92	1688.78	881.50	1338.55	494.99	588.27	70.30
聊城市	2420	4009.39	15.51	1795.20	457.04	591.79	156.82	1183.11	97.48
滨州市	1173	1336.35	25.57	1165.59	378.86	470.49	146.29	679.10	88.86
菏泽市	2344	3150.43	129.67	977.40	585.24	747.65	186.34	350.99	69.79

1-B-11　续表

地　区	个人资本	港澳台资本	外商资本	主营业务收入	主营业务成本	主营业务税金及附加	销售费用	管理费用	税金
山东省	**2091.84**	**145.74**	**461.93**	**55174.43**	**47535.40**	**429.96**	**932.29**	**1274.60**	**114.51**
济南市	96.94	9.38	21.77	1625.86	1348.30	15.14	51.84	68.47	3.22
青岛市	128.95	34.79	213.81	6944.61	5867.05	91.05	176.59	331.78	30.09
淄博市	185.23	8.86	17.16	5367.17	4637.50	31.70	46.18	90.60	10.31
枣庄市	57.19	5.97	2.44	2043.50	1780.97	15.05	49.15	58.06	18.32
东营市	123.56	6.29	5.41	3024.44	2582.93	24.47	33.19	45.66	2.08
烟台市	106.14	15.92	56.00	4050.36	3530.65	12.67	48.90	81.85	10.67
潍坊市	160.60	16.57	32.66	5004.64	4348.37	25.34	98.85	118.98	9.00
济宁市	118.82	7.69	29.35	1362.99	1168.81	9.64	27.85	33.92	2.45
泰安市	130.89	0.41	7.57	2789.48	2340.88	35.30	42.65	52.54	6.52
威海市	41.13	4.55	37.52	2172.21	1877.84	14.11	29.28	74.01	2.81
日照市	37.78	8.86	13.93	648.44	582.39	2.77	11.40	15.84	1.07
莱芜市	26.65	0.71	5.18	427.09	362.43	1.99	9.82	8.88	0.74
临沂市	186.28	6.49	8.36	4414.93	3891.05	31.22	77.38	69.90	4.42
德州市	261.13	0.70	1.64	4902.73	4013.18	52.15	98.23	77.48	4.52
聊城市	136.98	0.81	3.23	4014.21	3503.76	29.07	56.25	60.01	2.29
滨州市	130.37	16.09	4.90	1335.15	1180.03	7.80	18.25	23.42	1.54
菏泽市	163.20	1.66	1.02	3239.03	2784.77	27.55	56.46	63.19	4.47

工业企业主要经济指标

单位：亿元

存货	产成品	负债合计	流动负债合计	应付账款	所有者权益合计	实收资本	国家资本	集体资本	法人资本
2209.88	**959.34**	**11215.57**	**7060.63**	**1439.79**	**11269.92**	**4886.08**	**186.30**	**131.24**	**1867.40**
133.43	54.00	536.83	428.28	114.75	467.34	265.56	32.76	12.71	92.00
329.74	128.27	1292.45	940.49	264.38	1251.73	703.54	31.40	11.87	282.52
152.34	62.29	849.43	603.12	105.58	898.45	345.15	6.98	17.58	109.34
43.93	21.03	217.56	172.42	26.75	368.27	103.04	4.19	3.54	29.72
159.55	64.37	692.49	519.64	91.33	948.58	255.74	17.10	5.37	98.01
173.30	68.85	726.18	562.65	122.97	874.09	304.83	22.30	23.45	81.03
216.43	98.75	1094.77	760.55	162.82	917.80	353.34	14.28	7.03	122.20
103.63	48.54	482.38	389.65	85.32	453.21	265.23	8.50	6.39	94.48
76.12	38.66	413.35	210.16	44.38	598.10	267.61	18.33	5.28	105.12
130.54	39.48	345.93	207.08	51.41	487.74	191.52	4.54	5.70	97.77
65.96	32.63	296.68	251.76	62.24	183.51	100.52	3.78	2.58	33.60
48.00	22.07	172.00	128.67	30.46	120.43	61.78	2.77	2.94	23.53
163.41	83.01	675.31	509.63	100.44	754.67	337.51	2.63	7.05	126.71
86.02	38.64	459.44	248.74	36.73	1155.23	539.19	1.35	2.56	270.67
99.76	51.98	1033.34	275.70	35.52	733.42	235.62	5.95	9.38	79.26
142.62	66.70	709.45	588.43	62.21	443.71	257.08	5.79	5.09	94.85
84.76	40.08	352.44	263.65	42.50	613.64	298.80	3.64	2.73	126.55

单位：亿元

财务费用	利息收入	利息支出	投资收益（损失以“-”号记）	营业利润	利润总额	亏损企业亏损额	应交增值税	应交所得税	从业人员平均人数（万人）
439.39	**14.39**	**309.63**	**-48.84**	**3968.86**	**3959.59**	**84.85**	**1696.09**	**459.51**	**371.37**
12.05	0.40	7.79	1.40	115.79	117.30	6.07	51.79	14.91	15.37
54.83	2.75	31.50	-13.03	453.09	453.29	22.12	248.95	47.14	47.86
32.76	1.70	21.31	0.39	488.71	488.38	8.68	225.73	41.81	28.12
15.02	0.53	12.88	0.08	116.40	115.20	2.85	77.76	23.80	21.63
25.98	0.57	21.64	0.19	307.47	308.27	4.20	90.09	40.08	8.63
32.60	0.87	24.54	-1.55	347.65	347.62	9.27	103.87	31.34	29.61
41.47	1.95	32.94	-17.12	309.57	306.14	5.53	103.91	42.75	35.95
14.14	0.40	9.97	-4.31	91.21	92.17	2.52	32.03	9.03	15.86
15.93	0.71	11.97	1.25	241.53	240.08	2.31	89.76	20.30	16.88
28.33	0.99	25.82	0.11	138.89	138.52	2.82	66.00	34.59	16.21
9.27	0.37	7.48	-21.67	20.59	20.24	6.23	10.70	2.80	5.25
5.64	0.22	3.65	0.07	19.90	19.74	2.60	3.29	1.54	3.61
26.16	0.78	16.34	0.22	262.99	264.84	1.43	94.04	24.34	36.83
35.42	0.36	23.84	0.33	346.88	346.63	1.28	200.57	47.68	30.11
32.12	0.39	19.99	0.11	305.77	305.99	0.59	95.64	29.16	20.80
20.48	0.89	14.29	0.82	67.05	67.82	4.62	23.35	6.66	11.36
27.26	0.30	15.09	2.44	274.62	274.82	1.72	141.16	41.57	27.29

1−B−12　按地区分组的

地　区	工业销售产值(当年价格)	出口交货值	资产总计	固定资产合计	固定资产原价	累计折旧	流动资产合计	应收账款	存货
山东省	**6027.86**	**2.98**	**9029.56**	**3595.59**	**6282.44**	**2946.66**	**2969.02**	**316.41**	**456.98**
济南市	55.41	0.54	78.36	26.34	47.79	22.62	43.70	29.55	1.30
青岛市	44.45	0.71	8.84	3.68	5.51	1.95	3.70	0.86	1.34
淄博市	430.12		579.59	140.72	254.20	121.19	193.32	22.44	22.29
枣庄市	560.50	0.39	738.26	242.40	358.74	156.80	385.67	34.87	72.62
东营市	1405.56		1832.88	1460.08	3162.16	1704.31	252.71	56.76	30.01
烟台市	1053.66	0.06	785.05	324.57	373.19	131.75	284.01	13.52	76.62
潍坊市	108.53		97.44	37.30	57.14	20.07	43.65	8.59	10.48
济宁市	878.19	1.04	2973.04	681.52	1073.85	465.57	1101.75	72.69	122.77
泰安市	857.53		1336.37	378.83	553.06	188.86	486.39	48.97	90.64
威海市	27.43		28.23	11.23	25.62	15.22	3.37	0.91	0.96
日照市	13.25		17.50	1.95	2.62	0.99	10.24	0.61	2.02
莱芜市	82.97	0.08	127.06	45.72	80.00	40.04	51.88	7.61	7.61
临沂市	390.09		218.42	111.79	139.13	34.87	61.38	10.17	11.16
德州市	6.70		13.68	10.41	13.52	3.11	0.45	0.05	0.22
聊城市									
滨州市	9.74	0.15	30.47	8.40	6.21	2.07	19.09	1.77	2.42
菏泽市	103.75		164.37	110.65	129.70	37.25	27.70	7.04	4.52

1−B−12　续表

地　区	港澳台资本	外商资本	主营业务收入	主营业务成本	主营业务税金及附加	销售费用	管理费用	税金
山东省	**3.38**	**3.73**	**7309.98**	**5627.67**	**307.88**	**80.68**	**478.30**	**31.41**
济南市	0.01		54.93	38.52	3.17	0.45	4.64	0.14
青岛市			45.04	34.42	0.59	2.59	2.74	0.40
淄博市		0.01	527.95	441.60	7.24	7.05	28.17	3.15
枣庄市		1.52	680.81	564.09	7.99	13.39	55.89	5.92
东营市			1482.33	780.02	235.38	4.50	118.88	1.60
烟台市		1.32	1176.98	1032.82	4.97	10.19	47.42	3.59
潍坊市	0.17		119.88	98.84	2.97	2.12	4.08	0.34
济宁市			1288.96	1018.31	15.71	12.54	105.29	8.19
泰安市		0.81	1294.15	1120.47	17.04	14.57	74.91	6.21
威海市			26.87	16.31	0.28	0.48	2.74	0.11
日照市			12.19	10.01	0.14	0.38	1.29	0.02
莱芜市		0.07	87.08	68.14	1.39	1.03	10.87	0.38
临沂市	0.21		393.20	324.23	9.06	8.44	12.28	0.91
德州市			7.05	4.92	0.09	0.26	1.23	0.26
聊城市								
滨州市			10.56	8.28	0.21	0.35	0.84	0.01
菏泽市	3.00		102.01	66.71	1.64	2.35	7.04	0.18

采矿业主要经济指标

单位：亿元

产成品	负债合计	流动负债合计	应付账款	所有者权益合计	实收资本	国家资本	集体资本	法人资本	个人资本
186.02	**5405.89**	**3288.62**	**696.22**	**3605.48**	**1188.15**	**934.49**	**17.80**	**147.49**	**81.26**
0.68	24.42	22.00	2.38	53.47	11.66	6.43	0.11	4.54	0.58
1.12	2.95	1.99	0.34	4.78	0.88	0.09		0.51	0.28
11.68	276.93	224.22	53.36	302.35	31.71	8.47	1.54	11.99	9.70
21.80	392.77	322.94	61.11	343.87	39.79	21.98	0.97	9.56	5.76
10.02	843.35	665.78	200.49	988.93	690.17	686.83	0.20	1.80	1.34
33.12	473.32	363.99	59.32	311.49	51.48	34.46	6.65	5.53	3.52
4.35	54.81	23.79	4.68	32.98	11.03	0.60	0.77	3.05	6.45
53.87	1991.39	928.98	149.97	981.50	114.90	77.71	1.02	22.96	13.21
31.47	1025.99	517.98	128.38	309.37	74.15	39.31	2.38	24.89	6.76
0.18	9.01	4.14	0.56	19.22	9.64	8.75		0.60	0.29
1.62	10.00	9.59		7.50	4.52			2.91	1.61
3.26	73.15	57.43	11.29	53.75	35.65	27.02	2.78	2.96	2.82
6.74	109.80	82.88	17.92	105.75	55.25	14.09	0.82	18.44	21.69
0.09	10.48	7.10	0.81	3.19	3.35			0.25	3.10
1.99	19.80	14.78	1.15	10.67	4.38	0.30	0.50	0.01	3.57
4.02	87.71	41.03	4.46	76.66	49.60	8.43	0.07	37.50	0.60

单位：亿元

财务费用	利息收入	利息支出	投资收益(损失以"—"号记)	营业利润	利润总额	亏损企业亏损额	应交增值税	应交所得税	从业人员平均人数(万人)
120.24	**16.54**	**134.55**	**31.64**	**718.53**	**717.14**	**19.34**	**394.22**	**120.64**	**88.66**
0.83	0.01	0.37	0.01	7.11	7.31	2.01	4.32	2.17	1.14
0.28		0.05	-0.61	3.70	3.60		1.28	0.26	0.29
1.94	1.41	3.10	2.15	46.91	46.68	1.22	25.47	9.84	5.43
4.60	1.48	5.65	0.45	38.71	39.36	1.21	34.19	12.22	12.48
11.67	3.21	14.49	0.10	307.61	307.59	1.50	140.55	40.30	16.00
11.68	3.92	15.18	4.26	75.33	76.12	0.83	9.91	12.79	6.99
1.31	0.43	1.40	0.05	8.70	8.70		2.67	0.85	1.10
53.50	4.37	52.18	22.67	121.08	113.61	6.34	86.23	15.11	20.66
22.93	1.42	33.21	1.78	48.56	53.71	2.68	52.80	15.01	14.44
1.05	0.05	1.06		2.56	2.41		0.60	0.56	0.43
0.10	0.10	0.19	0.03	1.22	1.25	0.06	0.23	0.17	0.15
1.89	0.01	1.36	0.05	3.59	3.15	3.15	6.24	1.29	2.47
3.25	0.03	3.07	0.25	32.37	32.06	0.16	17.93	3.51	5.49
0.52		0.12		-0.18	0.12		0.84	0.03	0.20
0.53		0.20		0.32	0.38	0.17	0.46	0.08	0.30
4.16	0.12	2.62	0.46	20.94	21.07		10.51	6.44	1.09

1-B-13 按地区分组的煤炭开采和

地 区	工业销售产值(当年价格)	出口交货值	资产总计	固定资产合计	固定资产原价	累计折旧	流动资产合计	应收账款	存货
山东省	**2752.72**	**1.43**	**5759.97**	**1596.97**	**2390.29**	**981.84**	**2178.86**	**184.12**	**322.41**
济南市	8.18		22.47	12.39	18.70	6.67	6.69	0.51	0.66
青岛市									
淄博市	303.74		394.12	99.78	188.90	91.18	117.22	12.67	19.02
枣庄市	501.23	0.39	722.40	235.42	349.08	154.02	380.03	33.54	71.71
东营市									
烟台市	161.60		109.80	76.26	68.90	32.01	32.34	4.16	6.69
潍坊市	12.32		12.88	1.19	3.10	1.99	11.20	0.91	4.91
济宁市	874.34	1.04	2965.78	675.65	1067.33	464.41	1100.69	72.66	122.61
泰安市	735.26		1303.96	361.79	527.86	178.94	478.32	47.56	89.00
威海市									
日照市									
莱芜市	26.90		27.42	11.61	20.51	10.90	11.96	3.15	1.69
临沂市	17.90		20.28	1.82	3.08	1.45	9.43	1.11	0.99
德州市	5.17		13.04	10.00	13.02	3.02	0.23		0.08
聊城市									
滨州市	2.33		3.46	0.41	0.10		3.04	0.82	0.53
菏泽市	103.75		164.37	110.65	129.70	37.25	27.70	7.04	4.52

1-B-13 续表

地 区	港澳台资本	外商资本	主营业务收入	主营业务成本	主营业务税金及附加	销售费用	管理费用	税金
山东省	**3.17**	**2.40**	**3811.79**	**3179.34**	**44.80**	**47.28**	**278.64**	**22.90**
济南市			8.20	6.97	0.15	0.06	2.62	0.08
青岛市								
淄博市			396.16	350.61	2.96	5.84	22.19	3.02
枣庄市		1.52	620.24	514.49	7.41	11.14	52.82	4.49
东营市								
烟台市			163.38	151.42	0.98	0.79	8.25	0.27
潍坊市	0.17		12.62	11.46	0.12	0.25	0.67	
济宁市			1285.13	1015.92	15.59	12.50	104.92	8.17
泰安市		0.81	1172.14	1016.50	15.27	13.50	73.82	6.18
威海市								
日照市								
莱芜市		0.07	29.23	26.44	0.39	0.55	4.28	0.15
临沂市			15.20	13.17	0.22	0.14	0.88	0.10
德州市			5.45	3.80	0.08	0.16	1.12	0.25
聊城市								
滨州市			2.03	1.85			0.02	
菏泽市	3.00		102.01	66.71	1.64	2.35	7.04	0.18

洗选业主要经济指标

单位：亿元

产成品	负债合计	流动负债合计		所有者权益合计	实收资本				
			应付账款			国家资本	集体资本	法人资本	个人资本
124.93	**3842.07**	**2056.78**	**395.63**	**1915.97**	**301.26**	**167.28**	**6.28**	**93.74**	**28.38**
0.29	14.42	13.22	0.60	8.05	4.20	1.37	0.01	2.78	0.03
10.05	212.77	168.42	43.12	181.15	8.86	6.85	0.70	0.80	0.51
21.23	387.36	318.95	60.05	334.42	36.08	21.98	0.67	7.42	4.49
2.67	80.21	38.41	7.66	29.58	13.49	11.40	0.15	1.85	0.09
0.21	8.89	6.93	2.28	3.98	1.69			1.02	0.50
53.75	1986.76	924.39	145.51	978.88	112.78	76.96	1.02	21.78	13.02
30.32	1012.76	507.03	127.24	290.40	64.68	39.04	2.35	19.48	3.00
1.11	26.12	22.44	3.38	1.14	4.50	1.24	1.03	0.30	1.85
0.74	11.71	5.99	0.08	8.57	2.08		0.28	0.82	0.99
0.08	10.37	7.00	0.72	2.66	3.00				3.00
0.45	2.98	2.98	0.52	0.48	0.30				0.30
4.02	87.71	41.03	4.46	76.66	49.60	8.43	0.07	37.50	0.60

单位：亿元

财务费用			投资收益(损失以“—”号记)	营业利润	利润总额	亏损企业亏损额	应交增值税	应交所得税	从业人员平均人数(万人)
	利息收入	利息支出							
89.48	**8.53**	**98.58**	**25.58**	**227.33**	**227.06**	**16.64**	**199.19**	**51.70**	**57.91**
0.58	0.01	0.17	0.01	-2.06	-1.91	2.01	0.75		0.78
-0.10	1.11	1.06	0.02	17.73	17.52	1.20	14.45	3.89	4.34
4.36	1.48	5.47	0.45	35.12	35.77	1.21	32.12	11.68	11.34
3.25		3.42		-1.19	-0.17	0.23	3.47	0.01	1.81
-0.01	0.07	0.06	0.04	0.19	0.18		0.48	0.03	0.22
53.25	4.37	52.03	22.66	120.48	112.96	6.34	85.66	15.01	20.57
22.49	1.41	32.87	1.69	38.21	43.31	2.68	48.11	14.46	13.75
0.88	0.03	0.33		-2.97	-2.85	2.97	2.00		1.22
-0.04	-0.06	0.14	0.24	1.16	1.16		0.87	0.17	2.60
0.51		0.41		-0.30			0.76		0.17
0.15				0.01	0.01		0.01		0.01
4.16	0.12	2.62	0.46	20.94	21.07		10.51	6.44	1.09

1-B-14 按地区分组的石油和

地 区	工业销售产值（当年价格）	出口交货值	资产总计	固定资产合计	固定资产原价	累计折旧	流动资产合计	应收账款	存货
山东省	**1233.05**		**1722.22**	**1414.15**	**3088.24**	**1676.54**	**216.93**	**48.65**	**19.69**
济南市	17.63		39.19	10.82	24.28	13.90	28.29	27.50	0.01
青岛市									
淄博市	18.52		25.73	15.19	28.39	14.41	3.19	2.86	0.04
枣庄市									
东营市	1186.97		1641.11	1380.32	3019.27	1639.47	182.13	15.85	19.50
烟台市									
潍坊市	7.20		14.53	6.82	15.19	8.37	2.74	2.37	0.01
济宁市									
泰安市	1.55		0.85	0.57	0.93	0.36	0.20	0.04	0.01
威海市									
日照市									
莱芜市									
临沂市									
德州市	0.78		0.33	0.16	0.18	0.02	0.17	0.02	0.12
聊城市									
滨州市	0.40		0.48	0.27			0.21	0.02	
菏泽市									

1-B-14 续表

地 区	港澳台资本	外商资本	主营业务收入	主营业务成本	主营业务税金及附加	销售费用	管理费用	税金
山东省			**1303.49**	**599.25**	**239.78**	**3.45**	**107.76**	**0.79**
济南市			17.63	7.33	2.72		0.93	0.03
青岛市								
淄博市			19.31	11.15	2.74	0.70	0.59	0.01
枣庄市								
东营市			1256.79	575.43	232.78	2.64	105.76	0.76
烟台市								
潍坊市			7.20	3.21	1.52		0.29	
济宁市								
泰安市			1.37	1.33		0.01	0.01	
威海市								
日照市								
莱芜市								
临沂市								
德州市			0.79	0.56	0.01	0.08	0.09	
聊城市								
滨州市			0.40	0.23		0.03	0.09	
菏泽市								

天然气开采业主要经济指标

单位：亿元

产成品	负债合计	流动负债合计	应付账款	所有者权益合计	实收资本	国家资本	集体资本	法人资本	个人资本
9.07	**730.89**	**552.77**	**148.09**	**982.68**	**690.17**	**684.53**	**0.20**	**5.35**	**0.10**
	3.58	2.74	0.48	35.54	4.88	4.88			
0.02	3.60	2.22	1.20	22.14	3.38			3.38	
9.03	721.56	546.70	145.76	919.55	680.89	679.05	0.20	1.65	
0.01	1.47	0.41	0.49	4.48	0.65	0.60		0.05	
0.01	0.60	0.60	0.09	0.25	0.26			0.26	
0.01	0.07	0.07	0.06	0.26	0.10				0.10
	0.02	0.02		0.46	0.01			0.01	

单位：亿元

财务费用	利息收入	利息支出	投资收益（损失以"—"号记）	营业利润	利润总额	亏损企业亏损额	应交增值税	应交所得税	从业人员平均人数（万人）
8.15	**3.20**	**11.26**		**320.54**	**319.69**		**130.14**	**42.76**	**12.73**
0.03				6.62	6.63		2.53	1.67	0.11
0.06		0.07		4.41	4.39		1.46	1.27	0.06
7.97	3.19	11.15		307.27	306.42		125.92	39.53	12.50
0.04				2.13	2.13			0.25	0.03
0.03		0.03		-0.01			0.18		0.01
0.01		0.01		0.08	0.08		0.04	0.02	0.02
				0.05	0.05		0.02	0.01	

1-B-15 按地区分组的黑色

地 区	工业销售产值（当年价格）	出口交货值	资产总计	固定资产合计	固定资产原价	累计折旧	流动资产合计	应收账款	存货
山东省	**471.29**	**0.08**	**487.79**	**171.04**	**231.04**	**77.02**	**181.23**	**19.46**	**20.79**
济南市	5.28		8.48	0.77	1.99	1.23	5.98	0.74	0.30
青岛市	16.67		2.39	1.11	1.60	0.49	0.86	0.15	0.24
淄博市	63.16		143.79	19.58	24.35	8.98	66.91	6.32	2.84
枣庄市	17.43		6.29	2.34	3.60	1.36	1.53	0.63	0.48
东营市									
烟台市	5.61		28.62	7.53	10.14	3.01	17.46	0.20	0.98
潍坊市	16.42		19.26	7.31	8.38	1.13	2.35	0.16	0.70
济宁市	2.76		5.86	5.17	5.68	1.03	0.69	0.01	0.11
泰安市	42.05		18.09	9.17	13.91	5.90	3.15	0.35	0.22
威海市	0.27		0.49	0.33	0.22	0.10	0.08	0.02	0.03
日照市	7.89		8.69	1.20	1.37	0.45	5.85	0.44	1.53
莱芜市	56.06	0.08	99.65	34.11	59.49	29.14	39.92	4.46	5.92
临沂市	237.69		146.19	82.42	100.30	24.20	36.45	5.99	7.44
德州市									
聊城市									
滨州市									
菏泽市									

1-B-15 续表

地 区	港澳台资本	外商资本	主营业务收入	主营业务成本	主营业务税金及附加	销售费用	管理费用	税金
山东省			**479.88**	**377.61**	**9.20**	**5.76**	**20.35**	**1.02**
济南市			7.97	6.67	0.06	0.13	0.82	0.02
青岛市			16.68	13.44	0.20	0.50	0.66	0.03
淄博市			61.41	35.51	1.29	0.30	4.54	0.07
枣庄市			18.02	14.86	0.17	0.24	0.26	0.05
东营市								
烟台市			5.92	4.32	0.09	0.02	0.67	0.03
潍坊市			17.09	13.81	0.27	0.26	0.56	0.15
济宁市			2.71	1.74	0.07	0.02	0.19	0.02
泰安市			41.17	35.02	0.59	0.15	0.16	
威海市			0.25	0.20			0.02	
日照市			7.89	6.74	0.09	0.21	0.16	
莱芜市			57.85	41.69	1.00	0.48	6.59	0.23
临沂市			242.91	203.60	5.36	3.44	5.72	0.41
德州市								
聊城市								
滨州市								
菏泽市								

金属矿采选业主要经济指标

单位：亿元

产成品	负债合计	流动负债合计	应付账款	所有者权益合计	实收资本	国家资本	集体资本	法人资本	个人资本
10.86	**238.86**	**197.01**	**37.54**	**246.09**	**99.00**	**40.36**	**1.99**	**30.22**	**26.44**
0.20	4.80	4.52	0.59	3.68	1.59			1.46	0.13
0.21	0.93	0.53	0.09	1.14	0.49			0.37	0.12
1.32	54.96	50.53	8.15	88.72	18.27	1.62	0.03	7.80	8.83
0.31	2.37	1.11	0.68	3.54	1.84			0.88	0.96
0.43	14.68	14.48	0.40	13.94	0.49	0.19	0.02		0.28
0.61	12.94	10.47	0.52	6.32	1.43			1.32	0.11
0.09	4.43	4.43	4.42	1.42	1.29			1.18	0.11
0.14	7.95	7.41		10.14	3.22			3.03	0.19
0.03	0.18			0.31	0.08				0.08
1.33	6.40	6.40	0.01	2.29	3.27			2.27	1.00
2.15	47.03	34.99	7.91	52.62	31.15	25.78	1.74	2.66	0.97
4.04	82.19	62.14	14.77	61.96	35.87	12.77	0.20	9.25	13.65

单位：亿元

财务费用	利息收入	利息支出	投资收益（损失以“—”号记）	营业利润	利润总额	亏损企业亏损额	应交增值税	应交所得税	从业人员平均人数（万人）
6.31	**0.61**	**6.23**	**1.96**	**55.74**	**55.02**	**0.34**	**27.07**	**8.62**	**4.35**
0.16		0.16		0.24	0.29		0.31	0.07	0.06
0.04		0.02	-0.23	1.86	1.86		0.36	0.10	0.11
1.84	0.29	1.90	2.13	19.58	19.61		6.34	4.48	0.74
0.03		0.02		1.24	1.24		0.55	0.18	0.24
-0.23	0.26	0.02		1.12	1.10	0.02	0.57	0.26	0.17
0.46		0.46		1.34	1.34		0.72	0.31	0.10
0.25		0.14		0.38	0.38		0.47	0.07	0.03
0.11		0.10		3.11	3.13		1.74	0.04	0.20
							0.01		0.02
0.17	0.01	0.17		0.51	0.51		0.01		0.03
1.01	-0.02	1.03	0.05	6.57	5.99	0.18	4.24	1.29	1.25
2.48	0.06	2.20		19.80	19.56	0.14	11.73	1.82	1.40

1-B-16 按地区分组的有色

地 区	工业销售产值(当年价格)	出口交货值	资产总计						
				固定资产合计	固定资产原价	累计折旧	流动资产合计		
								应收账款	存货
山东省	**868.32**	**0.15**	**678.76**	**245.50**	**304.37**	**102.76**	**241.19**	**9.32**	**70.94**
济南市									
青岛市									
淄博市	0.23		0.13		0.02	0.01	0.12		
枣庄市									
东营市									
烟台市	824.20		622.31	225.80	270.83	87.25	227.40	8.12	67.97
潍坊市	3.72		0.47	0.21	0.41	0.21	0.17	0.07	0.07
济宁市	0.63		1.23	0.60	0.71	0.11	0.32		0.05
泰安市									
威海市	18.59		24.02	8.54	19.13	11.21	2.01	0.39	0.77
日照市	2.92		7.70	0.22	0.56	0.34	3.80	0.04	0.23
莱芜市									
临沂市	14.90		17.72	8.44	11.34	2.94	4.26	0.46	0.92
德州市									
聊城市									
滨州市	3.12	0.15	5.17	1.69	1.37	0.69	3.11	0.24	0.93
菏泽市									

1-B-16 续表

地 区			主营业务收入	主营业务成本	主营业务税金及附加	销售费用	管理费用	
	港澳台资本	外商资本						税金
山东省		**0.55**	**988.20**	**855.72**	**4.20**	**6.38**	**41.65**	**3.28**
济南市								
青岛市								
淄博市		0.01	0.23	0.23			0.01	
枣庄市								
东营市								
烟台市		0.54	945.31	829.14	3.76	5.66	35.79	3.08
潍坊市			3.67	3.44	0.01	0.02	0.03	
济宁市			0.63	0.29	0.04		0.16	0.01
泰安市								
威海市			18.03	8.55	0.22	0.44	2.43	0.11
日照市			2.03	1.10	0.02	0.04	0.97	0.02
莱芜市								
临沂市			15.14	10.28	0.13	0.12	2.02	0.05
德州市								
聊城市								
滨州市			3.15	2.69	0.01	0.09	0.24	0.01
菏泽市								

金属矿采选业主要经济指标

单位：亿元

产成品	负债合计	流动负债合计	应付账款	所有者权益合计	实收资本	国家资本	集体资本	法人资本	个人资本
31.16	**387.14**	**316.89**	**51.89**	**291.39**	**53.11**	**32.08**	**6.22**	**11.17**	**3.10**
	0.14	0.14		-0.01	0.03				0.02
29.26	370.61	305.12	50.70	251.48	32.83	21.07	6.22	3.51	1.50
0.04	0.21	0.21		0.26	0.03			0.03	
0.02	0.12	0.12	0.04	1.12	0.75	0.75			
0.08	7.46	2.82	0.33	16.56	9.13	8.75		0.28	0.10
0.19	2.77	2.69	-0.16	4.93	0.77			0.16	0.61
0.82	5.21	5.17	0.71	12.50	9.27	1.20		7.20	0.87
0.75	0.62	0.62	0.27	4.55	0.30	0.30			

单位：亿元

财务费用	利息收入	利息支出	投资收益（损失以“-”号记）	营业利润	利润总额	亏损企业亏损额	应交增值税	应交所得税	从业人员平均人数（万人）
8.69	**3.80**	**11.98**	**4.28**	**74.03**	**73.77**	**0.50**	**5.49**	**12.38**	**5.23**
0.01		0.01		-0.02	-0.02	0.02			
7.78	3.65	10.94	4.25	68.47	68.31	0.48	4.51	11.24	4.42
0.01		0.01		0.16	0.16		0.06	0.01	0.05
				0.14	0.19		0.08		0.03
0.94	0.05	0.97		2.00	1.85		0.36	0.43	0.22
-0.08	0.09	0.01	0.03	0.73	0.74		0.14	0.17	0.07
0.03	0.03	0.04		2.47	2.44		0.30	0.51	0.32
				0.09	0.09		0.04	0.02	0.11

1-B-17 按地区分组的非金属矿

地 区	工业销售产值(当年价格)	出口交货值	资产总计	固定资产合计	固定资产原价	累计折旧	流动资产合计	应收账款	存货
山东省	**504.59**	**1.31**	**218.59**	**94.29**	**133.56**	**46.13**	**90.78**	**15.21**	**13.87**
济南市	24.32	0.54	8.22	2.36	2.81	0.82	2.73	0.80	0.34
青岛市	27.78	0.71	6.46	2.58	3.91	1.46	2.84	0.71	1.10
淄博市	43.36		15.36	5.84	12.40	6.57	5.82	0.60	0.39
枣庄市	41.84		9.57	4.64	6.06	1.42	4.11	0.70	0.43
东营市	24.39		31.25	7.29	9.24	2.80	10.99	1.36	1.27
烟台市	62.25	0.06	24.32	14.99	23.32	9.47	6.80	1.05	0.98
潍坊市	68.86		50.30	21.76	30.06	8.36	27.18	5.09	4.80
济宁市	0.46		0.16	0.10	0.13	0.02	0.06	0.01	0.01
泰安市	78.66		13.47	7.30	10.36	3.66	4.72	1.03	1.41
威海市	5.98		2.47	1.50	5.12	3.62	0.88	0.41	0.10
日照市	2.43		1.11	0.52	0.69	0.19	0.58	0.12	0.26
莱芜市									
临沂市	119.61		34.24	19.11	24.41	6.28	11.25	2.61	1.81
德州市	0.76		0.32	0.26	0.32	0.06	0.06	0.03	0.02
聊城市									
滨州市	3.89		21.36	6.04	4.74	1.38	12.74	0.69	0.96
菏泽市									

1-B-17 续表

地 区	港澳台资本	外商资本	主营业务收入	主营业务成本	主营业务税金及附加	销售费用	管理费用	税金
山东省	**0.21**	**0.79**	**522.31**	**426.68**	**7.53**	**17.65**	**18.73**	**2.63**
济南市	0.01		21.13	17.55	0.23	0.26	0.27	0.01
青岛市			28.36	20.98	0.38	2.09	2.08	0.37
淄博市			49.74	43.12	0.24	0.21	0.84	0.05
枣庄市			42.54	34.73	0.42	2.00	2.81	1.37
东营市			24.80	18.71	0.25	1.71	1.97	0.05
烟台市		0.79	62.38	47.94	0.13	3.71	2.71	0.20
潍坊市			79.30	66.92	1.05	1.59	2.53	0.19
济宁市			0.48	0.35	0.02	0.01	0.02	
泰安市			79.47	67.63	1.19	0.91	0.92	0.04
威海市			6.12	5.32	0.03	0.03	0.27	
日照市			2.27	2.16	0.03	0.13	0.15	
莱芜市								
临沂市	0.21		119.95	97.17	3.36	4.74	3.65	0.34
德州市			0.81	0.56	0.01	0.02	0.02	
聊城市								
滨州市			4.97	3.51	0.20	0.23	0.49	
菏泽市								

采选业主要经济指标

单位：亿元

产成品	负债合计	流动负债合计	应付账款	所有者权益合计	实收资本	国家资本	集体资本	法人资本	个人资本
9.83	**92.93**	**52.12**	**9.54**	**121.13**	**36.82**	**3.25**	**3.11**	**6.92**	**22.55**
0.18	1.62	1.51	0.71	6.20	0.99	0.18	0.10	0.29	0.42
0.91	2.02	1.46	0.25	3.64	0.39	0.09		0.14	0.16
0.29	5.34	2.79	0.89	10.01	1.11		0.81	0.01	0.29
0.26	3.05	2.88	0.38	5.91	1.87		0.30	1.27	0.31
0.85	8.28	6.51	1.28	22.36	1.55	0.79		0.07	0.69
0.76	7.82	5.98	0.56	16.49	4.67	1.79	0.26	0.18	1.65
3.48	31.29	5.76	1.38	17.94	7.24		0.77	0.63	5.84
0.01	0.08	0.05		0.08	0.08				0.08
1.00	4.68	2.94	1.04	8.58	5.99	0.27	0.03	2.13	3.56
0.04	1.00	0.95	0.16	1.47	0.40			0.31	0.10
0.10	0.83	0.50	0.15	0.29	0.48			0.48	
1.14	10.69	9.58	2.35	22.72	8.03	0.12	0.34	1.18	6.18
	0.04	0.03	0.03	0.28	0.25			0.25	
0.80	16.18	11.17	0.35	5.17	3.77		0.50		3.27

单位：亿元

财务费用	利息收入	利息支出	投资收益(损失以"–"号记)	营业利润	利润总额	亏损企业亏损额	应交增值税	应交所得税	从业人员平均人数(万人)
4.45	**0.39**	**3.67**	**-0.28**	**42.14**	**41.91**	**0.35**	**18.93**	**4.45**	**5.19**
0.06		0.04		2.31	2.31		0.73	0.44	0.19
0.24		0.03	-0.39	1.84	1.74		0.91	0.16	0.18
0.12		0.05		5.10	5.07		3.16	0.19	0.27
0.21		0.16		2.35	2.35		1.52	0.35	0.91
0.54		0.52		1.90	1.78		1.32	0.07	0.29
0.89	0.01	0.80		6.93	6.89	0.09	1.37	1.29	0.58
0.81	0.36	0.87	0.01	4.88	4.89		1.40	0.24	0.70
				0.08	0.08		0.01	0.02	0.03
0.30	0.01	0.21	0.09	7.26	7.27		2.77	0.51	0.48
0.10		0.09		0.36	0.37		0.17	0.11	0.14
0.01		0.01		-0.02	-0.01	0.06	0.08		0.05
0.79		0.69	0.01	8.94	8.90	0.03	5.03	1.02	1.17
				0.04	0.04		0.04	0.01	0.01
0.38		0.20		0.17	0.23	0.17	0.39	0.05	0.17

1-B-18 按地区分类的开采

地　区	工业销售产值(当年价格)	出口交货值	资产总计	固定资产合计	固定资产原价	累计折旧	流动资产合计	应收账款	存货
山东省	**194.19**		**160.52**	**72.47**	**133.65**	**62.04**	**59.59**	**39.55**	**9.24**
济南市									
青岛市									
淄博市									
枣庄市									
东营市	194.19		160.52	72.47	133.65	62.04	59.59	39.55	9.24
烟台市									
潍坊市									
济宁市									
泰安市									
威海市									
日照市									
莱芜市									
临沂市									
德州市									
聊城市									
滨州市									
菏泽市									

1-B-18 续表

地　区	港澳台资本	外商资本	主营业务收入	主营业务成本	主营业务税金及附加	销售费用	管理费用	税金
山东省			**200.74**	**185.87**	**2.34**	**0.15**	**11.15**	**0.79**
济南市								
青岛市								
淄博市								
枣庄市								
东营市			200.74	185.87	2.34	0.15	11.15	0.79
烟台市								
潍坊市								
济宁市								
泰安市								
威海市								
日照市								
莱芜市								
临沂市								
德州市								
聊城市								
滨州市								
菏泽市								

辅助活动主要经济指标

单位：亿元

产成品	负债合计	流动负债合计	应付账款	所有者权益合计	实收资本	国家资本	集体资本	法人资本	个人资本
0.14	**113.51**	**112.57**	**53.45**	**47.01**	**7.72**	**7.00**		**0.08**	**0.64**
0.14	113.51	112.57	53.45	47.01	7.72	7.00		0.08	0.64

单位：亿元

财务费用	利息收入	利息支出	投资收益（损失以“–”号记）	营业利润	利润总额	亏损企业亏损额	应交增值税	应交所得税	从业人员平均人数（万人）
3.15	**0.02**	**2.82**	**0.10**	**-1.56**	**-0.61**	**1.50**	**13.31**	**0.69**	**3.21**
3.15	0.02	2.82	0.10	-1.56	-0.61	1.50	13.31	0.69	3.21

1-B-19 按地区分组的其他

地 区	工业销售产值(当年价格)	出口交货值	资产总计	固定资产合计	固定资产原价	累计折旧	流动资产合计	应收账款	存货
山东省	**3.70**		**1.72**	**1.17**	**1.29**	**0.34**	**0.45**	**0.09**	**0.06**
济南市									
青岛市									
淄博市	1.11		0.47	0.32	0.14	0.04	0.06		
枣庄市									
东营市									
烟台市									
潍坊市									
济宁市									
泰安市									
威海市	2.60		1.25	0.85	1.15	0.30	0.40	0.09	0.06
日照市									
莱芜市									
临沂市									
德州市									
聊城市									
滨州市									
菏泽市									

1-B-19 续表

地 区	港澳台资本	外商资本	主营业务收入	主营业务成本	主营业务税金及附加	销售费用	管理费用	税金
山东省			**3.58**	**3.20**	**0.04**	**0.01**	**0.02**	
济南市								
青岛市								
淄博市			1.11	0.97	0.01			
枣庄市								
东营市								
烟台市								
潍坊市								
济宁市								
泰安市								
威海市			2.47	2.23	0.03		0.02	
日照市								
莱芜市								
临沂市								
德州市								
聊城市								
滨州市								
菏泽市								

采矿业主要经济指标

单位：亿元

产成品	负债合计	流动负债合计	应付账款	所有者权益合计	实收资本	国家资本	集体资本	法人资本	个人资本
0.03	**0.49**	**0.49**	**0.08**	**1.23**	**0.06**			**0.01**	**0.05**
	0.12	0.12		0.35	0.05				0.05
0.03	0.37	0.37	0.08	0.88	0.01			0.01	

单位：亿元

财务费用	利息收入	利息支出	投资收益（损失以“–”号记）	营业利润	利润总额	亏损企业亏损额	应交增值税	应交所得税	从业人员平均人数（万人）
0.01		**0.01**		**0.30**	**0.30**		**0.10**	**0.04**	**0.05**
0.01				0.11	0.11		0.05	0.01	
0.01		0.01		0.19	0.19		0.05	0.03	0.05

1-B-20 按地区分组的

地 区	工业销售产值(当年价格)	出口交货值	资产总计	固定资产合计	固定资产原价	累计折旧	流动资产合计	应收账款	存货
山东省	**117913.04**	**8280.13**	**66787.15**	**24303.52**	**41838.68**	**20291.03**	**34917.70**	**6403.59**	**8432.49**
济南市	4216.95	245.45	4292.94	1265.70	1865.26	736.50	2376.32	466.07	661.88
青岛市	14742.81	1999.17	8247.08	2159.49	3095.45	1180.74	4974.73	1375.20	1167.11
淄博市	10222.26	367.64	4836.02	1774.52	2916.26	1365.31	2348.31	363.95	566.11
枣庄市	2696.03	57.92	1138.56	629.87	836.91	241.69	410.14	80.25	89.94
东营市	10303.14	466.43	5795.22	2195.98	2935.63	1005.13	3168.02	428.96	792.86
烟台市	12239.87	1745.07	6062.86	2255.21	5099.79	3090.17	3211.28	794.15	891.41
潍坊市	10931.25	841.43	6744.51	2680.08	5322.43	2948.48	3350.54	576.16	827.07
济宁市	3705.87	270.91	2809.93	955.89	1274.61	426.70	1566.00	387.64	330.50
泰安市	5081.79	116.61	2266.98	905.98	1160.28	352.97	1018.15	235.30	238.38
威海市	5686.67	905.88	3296.58	1344.65	2625.94	1456.62	1603.85	300.50	421.29
日照市	2446.93	249.31	2332.16	661.82	2061.89	1573.26	1440.49	165.26	271.96
莱芜市	1385.67	55.44	888.95	357.69	1090.87	755.74	403.76	66.84	123.92
临沂市	7807.92	294.77	3411.80	1219.27	2362.76	1238.49	1768.87	304.80	466.60
德州市	7355.48	170.92	3400.06	1639.16	2769.02	1215.71	1318.41	169.17	226.77
聊城市	7205.49	107.68	4063.62	1378.55	1774.90	545.03	2372.18	245.83	373.91
滨州市	6630.43	213.11	4791.88	1854.63	2663.28	1122.61	2439.25	271.51	623.69
菏泽市	4943.67	172.38	2139.36	986.11	1887.98	979.38	972.39	161.93	222.97

1-B-20 续表

地 区			主营业务收入	主营业务成本	主营业务税金及附加	销售费用	管理费用	税金
	港澳台资本	外商资本						
山东省	**361.80**	**1350.72**	**120116.17**	**104116.04**	**1169.40**	**2333.11**	**3034.64**	**231.48**
济南市	81.82	141.79	4727.56	3985.78	67.68	165.16	235.36	10.83
青岛市	66.41	453.03	14619.40	12367.01	250.92	500.93	771.09	56.88
淄博市	20.27	39.60	10091.61	8808.37	121.16	115.02	208.11	17.00
枣庄市	10.59	20.68	2723.49	2367.95	19.48	65.16	84.20	23.26
东营市	11.82	8.67	10370.79	8998.05	75.89	105.84	137.93	11.73
烟台市	40.95	201.10	12391.35	10870.51	51.15	190.85	249.75	19.68
潍坊市	39.61	79.13	11125.78	9731.80	56.31	233.77	298.99	20.19
济宁市	11.92	69.42	3906.07	3425.27	18.50	82.51	95.37	6.56
泰安市	3.42	11.65	4920.05	4115.16	50.34	85.85	109.66	12.10
威海市	13.63	124.00	5860.91	5110.16	37.43	129.75	184.20	8.89
日照市	7.63	80.18	2516.88	2320.95	13.69	34.23	52.54	4.33
莱芜市	0.71	11.49	1324.17	1213.37	3.05	16.70	22.90	2.19
临沂市	14.83	68.19	7985.20	7078.77	40.97	163.14	141.56	8.78
德州市	1.01	11.20	7598.53	6206.01	87.23	165.09	129.29	8.28
聊城市	8.88	12.95	7369.47	6507.95	39.52	95.89	102.27	5.37
滨州市	20.84	11.91	7139.29	6513.68	36.03	71.05	101.48	7.59
菏泽市	7.47	5.72	5137.29	4398.00	54.94	103.07	90.44	7.35

制造业主要经济指标

单位：亿元

产成品	负债合计	流动负债合计	应付账款	所有者权益合计	实收资本	国家资本	集体资本	法人资本	个人资本
3181.37	**36820.50**	**28708.27**	**6426.88**	**29475.85**	**10559.52**	**838.75**	**320.97**	**4198.07**	**3481.57**
235.74	2630.77	2144.05	587.58	1648.58	809.91	153.80	13.11	256.80	162.59
452.12	4832.44	3971.13	1343.74	3374.03	1689.46	122.74	26.67	805.88	214.53
222.71	2597.49	2092.70	370.62	2214.78	795.89	186.55	37.53	201.22	310.71
42.16	596.99	464.67	78.23	534.69	218.31	31.18	15.29	70.04	70.52
290.31	2947.04	2306.75	352.78	2771.80	512.41	8.45	29.29	182.54	271.63
284.04	3006.73	2470.55	703.30	3013.54	769.22	39.21	42.89	213.28	231.79
350.04	3953.62	3208.21	727.89	2753.44	844.82	21.80	21.91	352.34	330.03
154.84	1672.50	1306.93	303.36	1122.94	491.25	19.13	10.42	227.35	153.01
110.46	1121.83	730.89	168.65	1130.41	477.89	21.63	21.65	158.10	261.44
143.38	1505.24	1178.68	251.42	1780.12	497.09	9.52	30.29	199.69	119.67
98.12	1671.31	1370.19	356.41	656.82	265.15	8.74	4.21	93.08	71.30
60.15	591.47	502.69	107.78	288.40	155.19	66.91	3.07	35.66	37.36
203.66	1810.01	1401.38	268.40	1555.76	575.48	9.11	29.23	194.01	260.11
98.90	1310.34	837.96	150.48	2009.14	878.15	27.97	5.39	511.02	320.43
115.08	2250.88	1357.05	188.12	1774.23	463.89	28.75	14.08	203.95	195.28
215.69	3127.64	2457.60	325.54	1648.70	561.26	13.22	11.79	247.78	249.72
100.81	1114.38	829.11	113.86	1009.65	490.05	5.93	4.15	245.34	221.44

单位：亿元

财务费用	利息收入	利息支出	投资收益（损失以“–”号记）	营业利润	利润总额	亏损企业亏损额	应交增值税	应交所得税	从业人员平均人数（万人）
1231.93	**114.44**	**1102.83**	**-58.81**	**7655.53**	**7683.83**	**238.53**	**3339.42**	**1000.50**	**835.92**
49.78	12.85	56.35	17.47	229.25	234.27	23.48	130.28	38.45	42.51
102.66	18.14	84.27	-16.30	859.13	878.39	42.09	514.24	98.04	106.89
93.67	7.24	75.81	2.54	701.31	706.52	37.54	352.54	73.83	60.03
26.53	1.75	24.01	0.43	142.73	144.15	10.17	98.78	29.68	34.70
122.69	5.65	114.55	1.52	934.76	924.24	6.39	267.31	132.69	26.40
88.26	7.09	71.24	9.08	957.94	944.48	22.78	264.60	92.84	83.15
124.75	15.65	122.55	-22.54	612.52	620.72	23.92	233.72	92.90	84.71
56.11	2.88	49.76	-30.62	209.41	196.90	12.73	84.59	25.84	35.64
39.58	2.36	32.85	3.92	393.18	393.72	3.41	158.06	47.48	37.67
62.54	2.59	57.26	5.37	326.82	330.99	9.55	160.38	65.04	52.60
35.37	4.88	36.43	-38.20	68.70	68.84	12.75	34.15	12.18	16.56
22.97	2.61	25.28	0.19	21.89	22.78	10.97	9.55	3.23	10.78
64.05	5.80	55.61	0.98	431.21	437.36	2.93	179.86	43.38	71.30
74.37	2.89	59.09	0.86	506.09	500.38	3.13	299.92	64.85	52.14
78.76	2.65	65.15	1.29	517.11	520.91	2.99	184.20	57.88	41.76
126.20	15.88	130.44	2.66	287.40	300.12	10.06	130.80	50.91	40.26
63.43	3.41	41.84	2.51	418.74	421.94	3.65	203.39	62.29	38.24

1–B–21 按地区分组的农副

地 区	工业销售产值（当年价格）	出口交货值	资产总计	固定资产合计	固定资产原价	累计折旧	流动资产合计	应收账款	存货
山东省	**11391.00**	**1041.54**	**4852.30**	**1744.53**	**4033.82**	**2422.43**	**2559.05**	**329.61**	**788.78**
济南市	98.45	0.07	29.52	8.74	13.66	5.47	16.31	4.34	5.82
青岛市	1313.41	374.87	502.50	165.89	229.41	81.45	269.95	57.82	85.60
淄博市	119.57	1.57	42.68	18.26	22.22	8.31	18.10	3.14	6.07
枣庄市	161.84	5.92	39.43	21.44	34.65	14.14	14.23	3.09	4.87
东营市	357.27	2.32	125.50	45.00	52.35	12.19	63.94	11.08	16.86
烟台市	1207.71	203.42	658.38	203.30	377.38	190.21	406.82	57.42	174.45
潍坊市	1169.41	100.37	515.57	192.55	495.12	308.77	278.24	36.43	87.85
济宁市	349.02	13.25	146.71	43.34	47.40	12.12	90.98	13.10	23.27
泰安市	393.24	17.79	88.94	46.52	55.22	15.24	32.53	4.42	9.99
威海市	1190.39	147.26	552.66	236.18	655.11	446.09	254.38	25.96	67.59
日照市	676.31	60.97	331.44	66.16	738.04	677.75	232.88	21.13	60.97
莱芜市	55.98	14.59	29.63	7.82	43.30	36.94	19.23	5.74	6.47
临沂市	1430.80	50.68	410.39	141.38	377.64	242.40	227.61	23.89	70.04
德州市	969.70	6.89	334.90	144.77	258.96	124.00	135.37	12.14	24.43
聊城市	690.05	12.01	255.60	103.84	133.28	35.76	118.44	13.11	31.30
滨州市	796.43	10.59	641.20	235.56	381.00	155.16	302.96	27.30	80.52
菏泽市	411.44	18.98	147.22	63.79	119.07	56.46	77.10	9.50	32.70

1–B–21 续表

地 区	港澳台资本	外商资本	主营业务收入	主营业务成本	主营业务税金及附加	销售费用	管理费用	税金
山东省	**19.10**	**103.23**	**11608.86**	**10324.89**	**57.69**	**189.75**	**233.83**	**19.67**
济南市		0.27	97.81	84.46	0.48	2.95	3.15	0.12
青岛市	4.37	28.39	1263.10	1119.32	6.95	29.25	64.85	5.95
淄博市	0.01		124.97	107.91	1.06	1.03	1.85	0.16
枣庄市		0.20	163.89	143.96	1.20	3.71	4.96	1.29
东营市		0.03	360.73	318.91	2.10	4.20	4.88	0.78
烟台市	1.72	17.35	1208.73	1057.76	2.68	28.52	27.44	2.78
潍坊市	4.91	4.92	1188.44	1069.00	2.58	24.07	24.08	1.75
济宁市		3.29	354.12	315.55	1.07	6.03	4.75	0.32
泰安市		0.35	383.63	330.82	4.08	3.68	4.80	0.46
威海市	0.81	16.62	1226.48	1076.73	8.02	12.60	30.03	2.21
日照市	0.91	14.13	699.35	664.87	4.09	5.93	7.18	0.50
莱芜市	0.25	0.02	55.96	50.64	0.13	1.49	0.89	0.07
临沂市	5.15	15.54	1433.72	1313.76	4.05	19.13	15.25	1.00
德州市	0.12	1.69	1027.34	852.13	10.72	18.93	12.54	0.64
聊城市	0.33		712.94	644.75	3.17	7.76	7.79	0.48
滨州市		0.19	872.24	794.30	2.73	12.53	12.05	0.77
菏泽市	0.52	0.25	435.39	380.02	2.58	7.95	7.33	0.39

食品加工业主要经济指标

单位：亿元

产成品	负债合计	流动负债合计	应付账款	所有者权益合计	实收资本	国家资本	集体资本	法人资本	个人资本
328.25	**2533.81**	**2045.65**	**341.99**	**2273.01**	**746.20**	**7.94**	**32.01**	**288.96**	**294.96**
2.82	14.72	12.16	3.26	14.57	3.47		0.04	1.66	1.50
43.37	294.34	242.99	47.02	204.67	83.12	0.07	1.05	33.58	15.66
2.49	21.36	13.30	1.50	21.15	5.47	0.21	0.31	1.24	3.70
1.98	17.58	16.36	3.93	21.38	5.88	0.01	0.01	1.94	3.73
6.39	48.40	40.62	3.59	75.20	14.23	0.42	1.74	2.59	9.44
56.71	346.93	298.71	40.18	307.09	78.10	0.90	6.21	29.02	22.90
30.41	291.27	260.99	24.79	218.53	67.31	0.07	7.83	30.68	18.90
12.41	76.49	68.26	8.53	69.36	25.78	0.22	0.23	8.74	13.29
4.41	31.00	16.81	3.10	56.99	24.51		1.17	9.00	13.99
27.39	229.44	181.24	38.94	320.95	100.79	0.21	10.55	40.56	32.03
26.27	245.82	183.28	82.48	84.99	45.80	3.42	0.39	13.80	13.15
1.48	17.25	12.12	1.91	11.86	4.53	0.04		1.55	2.67
35.72	190.52	165.72	32.21	217.15	62.58	0.17	0.70	14.64	26.38
12.28	143.66	77.45	10.26	177.19	86.17	0.07	1.29	46.23	36.77
10.63	111.48	71.53	5.40	139.02	39.71	1.78	0.10	21.70	15.81
33.18	390.18	331.07	26.61	250.67	63.09		0.36	18.60	43.95
20.32	63.37	53.04	8.29	82.22	35.66	0.34	0.04	13.42	21.09

单位：亿元

财务费用	利息收入	利息支出	投资收益(损失以“–”号记)	营业利润	利润总额	亏损企业亏损额	应交增值税	应交所得税	从业人员平均人数(万人)
105.78	**5.89**	**92.44**	**-44.05**	**633.84**	**627.62**	**14.84**	**261.30**	**79.39**	**85.95**
0.47	0.03	0.31		5.49	5.71	0.16	2.98	0.49	0.82
12.19	3.21	11.28	-11.29	66.14	64.43	1.35	26.29	5.71	11.41
1.94	0.07	1.57		10.70	10.83	0.04	1.90	0.35	0.93
1.52		1.33	0.01	8.38	8.28	0.15	5.68	1.46	1.94
2.08	0.07	1.84	0.02	28.97	29.07	0.32	8.02	2.57	1.34
12.22	0.28	11.21	-0.80	80.01	80.27	1.97	21.35	7.92	11.44
11.84	0.17	10.57	-4.99	50.98	50.38	2.23	15.40	7.43	9.24
3.84	0.13	3.33	-1.08	21.94	21.54	0.09	6.83	1.28	2.94
1.81	0.04	1.47		30.61	30.18	0.19	8.93	2.89	2.51
13.22	0.42	12.06	0.02	82.40	82.12	0.15	44.24	21.58	10.76
6.99	0.42	6.77	-25.82	4.82	3.18	6.41	4.46	0.20	2.97
0.84	0.03	0.49	0.03	1.98	1.98	0.02	0.30	0.08	0.57
7.10	0.20	5.16		69.33	69.90	0.36	39.19	7.42	11.77
6.64	0.09	4.77	-0.31	66.24	63.10	0.53	39.87	8.29	6.14
5.58	0.18	4.82	0.09	41.37	41.73	0.21	11.97	3.59	4.12
13.98	0.50	13.46	0.08	31.13	31.52	0.53	11.08	3.86	4.32
3.52	0.04	2.00		33.34	33.39	0.13	12.78	4.26	2.72

1-B-22　按地区分组的食品

地　区	工业销售产值(当年价格)	出口交货值	资产总计	固定资产合计	固定资产原价	累计折旧	流动资产合计	应收账款	存货
山东省	**2338.57**	**194.83**	**1275.82**	**503.99**	**893.18**	**427.88**	**628.22**	**98.53**	**142.04**
济南市	104.51	0.28	68.02	23.72	34.43	12.26	36.06	7.10	8.36
青岛市	287.48	54.80	172.19	51.65	69.54	24.08	103.23	18.66	23.20
淄博市	54.39	10.85	57.85	16.64	25.17	8.90	26.99	4.51	3.89
枣庄市	71.92	3.80	17.84	9.88	13.69	4.42	5.07	0.83	1.81
东营市	68.42	0.06	37.90	7.04	8.62	3.14	24.90	1.30	7.98
烟台市	164.39	13.58	59.47	27.91	48.60	21.38	27.83	4.48	10.36
潍坊市	261.44	57.09	125.15	51.30	117.68	69.30	60.07	11.60	15.81
济宁市	176.31	2.36	170.23	49.51	61.74	19.70	100.65	12.51	12.34
泰安市	109.29	0.02	41.96	22.27	28.10	6.67	14.61	2.47	2.40
威海市	95.68	7.52	59.95	29.95	50.84	23.15	26.97	5.03	6.55
日照市	34.67	13.96	31.97	10.52	17.49	7.54	16.34	4.04	7.07
莱芜市	6.09		7.83	3.82	3.52	0.66	3.73	0.69	1.67
临沂市	173.98	9.12	56.37	25.58	40.73	16.82	23.36	5.63	5.13
德州市	281.37	1.55	172.19	90.70	259.64	171.18	57.99	9.24	11.76
聊城市	216.92	3.18	77.17	29.85	43.25	15.04	38.69	4.60	10.62
滨州市	121.83	13.47	83.47	31.26	40.35	15.60	49.08	4.16	8.26
菏泽市	109.89	3.18	36.26	22.38	29.78	8.04	12.63	1.69	4.85

1-B-22　续表

地　区	港澳台资本	外商资本	主营业务收入	主营业务成本	主营业务税金及附加	销售费用	管理费用	税金
山东省	**8.63**	**58.23**	**2366.13**	**1979.44**	**17.21**	**73.21**	**64.29**	**4.62**
济南市		5.13	105.18	81.54	0.94	5.93	4.11	0.20
青岛市	3.53	32.36	291.72	226.04	3.67	20.15	16.15	0.75
淄博市	0.12	0.50	54.99	44.53	0.42	2.46	2.26	0.05
枣庄市			74.25	64.17	0.50	1.81	2.02	0.68
东营市			69.23	61.97	0.56	0.44	0.59	0.01
烟台市	1.35	5.41	160.91	137.26	0.52	5.66	3.46	0.28
潍坊市	3.07	4.97	273.80	229.04	1.52	8.49	9.15	0.63
济宁市		1.55	162.39	145.47	0.34	2.38	2.55	0.51
泰安市		0.27	107.13	87.95	0.89	3.19	1.63	0.25
威海市	0.35	2.30	96.87	87.58	0.42	0.99	2.12	0.08
日照市		2.25	34.65	28.65	0.10	0.78	1.39	0.07
莱芜市			6.12	4.64		0.33	0.22	0.02
临沂市			177.94	157.19	1.92	3.00	3.28	0.19
德州市		2.38	286.00	219.17	2.92	7.10	6.42	0.16
聊城市	0.08	0.81	222.74	192.92	1.24	5.83	4.60	0.44
滨州市	0.03	0.01	126.95	113.74	0.41	1.73	1.21	0.07
菏泽市	0.09	0.30	115.25	97.58	0.84	2.92	3.14	0.21

制造业主要经济指标

单位：亿元

产成品	负债合计	流动负债合计	应付账款	所有者权益合计	实收资本	国家资本	集体资本	法人资本	个人资本
57.74	**603.91**	**439.10**	**79.69**	**659.20**	**276.88**	**6.06**	**3.31**	**125.54**	**75.11**
2.49	30.60	24.60	9.32	36.98	12.31	0.02	0.04	4.95	2.17
6.31	84.79	69.53	16.95	87.08	54.14		0.72	13.94	3.59
2.00	28.86	26.27	2.31	28.92	6.86		1.39	1.77	3.08
0.52	6.50	4.68	0.74	10.97	3.60			0.94	2.65
6.19	25.51	17.99	1.17	12.36	3.22			0.17	3.06
4.32	24.88	22.29	4.97	34.43	12.32		0.50	2.45	2.60
7.70	69.46	58.55	9.91	54.24	21.92	0.51		4.28	9.10
4.24	103.16	51.23	5.94	67.01	42.12	0.92	0.01	32.46	7.18
1.82	18.68	11.17	2.68	22.42	6.83	0.58	0.01	2.51	3.46
2.10	15.59	11.14	1.91	43.24	7.51	0.05	0.03	3.83	0.94
2.16	15.82	9.82	3.36	16.11	4.61		0.26	1.39	0.70
1.22	3.63	2.60	0.02	4.20	0.61			0.43	0.18
3.34	21.28	12.07	4.86	34.47	19.14	0.04		11.13	7.97
5.51	58.08	37.07	6.38	109.01	40.91			27.26	11.27
2.15	33.29	25.41	4.41	43.06	15.42	3.06	0.30	6.31	4.87
2.31	49.87	42.23	2.73	32.92	12.06	0.89	0.01	3.24	7.89
3.37	13.91	12.44	2.02	21.77	13.30		0.03	8.49	4.39

单位：亿元

财务费用	利息收入	利息支出	投资收益(损失以"—"号记)	营业利润	利润总额	亏损企业亏损额	应交增值税	应交所得税	从业人员平均人数(万人)
23.39	**1.34**	**20.43**	**-5.91**	**174.77**	**177.36**	**2.31**	**71.93**	**24.47**	**20.43**
0.01	0.36	0.26	0.07	11.66	12.65	0.05	3.58	2.58	1.37
2.22	0.47	2.18	-0.17	22.62	22.76	1.27	10.93	2.95	2.14
1.20	0.18	1.14		3.86	3.98	0.16	2.23	0.29	0.78
0.50		0.47	0.01	4.54	4.52		3.17	0.87	0.84
0.65		0.59		5.05	5.01	0.01	1.70	0.49	0.21
0.74	0.03	0.58	0.09	13.79	13.95	0.19	3.35	1.78	1.25
3.85	0.03	3.41		21.63	21.98	0.26	6.61	3.47	2.58
3.34	-0.07	3.21	-6.00	8.37	8.61	0.11	2.59	1.32	1.47
0.42		0.25		8.91	9.02		4.05	0.70	0.73
0.72	0.03	0.69	-0.08	4.68	4.71	0.15	1.92	0.41	0.92
0.43	0.10	0.55		3.45	3.61		0.51	0.60	0.35
0.23		0.23		0.69	0.79			0.20	0.05
1.30	0.04	1.03	0.03	9.68	9.66		3.65	1.25	2.22
2.90	0.13	2.05	0.04	23.17	23.39		13.37	3.94	1.97
1.95	0.02	1.64		15.98	16.13		7.03	1.71	1.40
1.66	0.01	1.48		7.30	7.25	0.01	2.44	0.44	0.83
1.27	0.01	0.68	0.09	9.41	9.35	0.09	4.80	1.48	1.33

1-B-23 按地区分组的酒、饮料和

地 区	工业销售产值（当年价格）	出口交货值	资产总计	固定资产合计	固定资产原价	累计折旧	流动资产合计	应收账款	存货
山东省	**1313.05**	**48.32**	**892.97**	**318.03**	**435.78**	**150.47**	**397.10**	**42.93**	**139.19**
济南市	101.40		55.87	28.69	39.74	11.58	23.59	4.10	8.93
青岛市	241.42	5.65	213.43	35.88	59.67	27.60	71.90	9.43	13.47
淄博市	52.50		26.52	7.32	9.64	3.43	16.61	1.11	6.46
枣庄市	46.57		19.17	12.62	15.40	3.93	4.71	0.73	1.60
东营市	70.76		15.32	7.98	9.86	2.42	6.32	0.50	2.20
烟台市	275.78	34.60	221.43	95.72	119.21	40.49	110.58	11.06	48.35
潍坊市	72.25	0.15	48.18	17.57	29.74	12.75	24.58	2.63	12.44
济宁市	17.57	0.05	23.40	9.93	15.94	6.64	8.75	0.56	4.83
泰安市	39.25		30.58	10.00	15.92	5.93	14.52	1.18	3.68
威海市	37.66	2.42	21.09	8.49	14.04	6.93	9.17	0.74	3.09
日照市	23.19	1.40	32.22	5.28	6.83	1.86	21.32	1.98	5.61
莱芜市	10.59		14.67	5.09	8.41	3.56	6.84	1.16	1.58
临沂市	84.82		47.22	17.52	22.52	6.76	24.66	2.00	8.10
德州市	125.42		52.00	26.46	33.40	8.06	22.38	1.81	5.18
聊城市	40.75		24.52	10.88	13.79	3.47	8.45	1.08	3.78
滨州市	15.14	0.02	14.98	5.84	6.84	1.79	7.89	0.73	3.83
菏泽市	57.98	4.04	32.39	12.78	14.83	3.26	14.83	2.12	6.05

1-B-23 续表

地 区	港澳台资本	外商资本	主营业务收入	主营业务成本	主营业务税金及附加	销售费用	管理费用	税金
山东省	**12.84**	**30.09**	**1360.65**	**1072.38**	**45.40**	**87.04**	**40.08**	**3.01**
济南市	1.20	2.76	97.05	78.26	1.96	5.17	2.66	0.19
青岛市	0.35	9.21	238.43	178.83	6.88	36.06	9.16	0.46
淄博市	1.10	0.28	52.64	38.49	4.88	1.90	1.92	0.09
枣庄市		0.08	46.49	39.00	1.22	1.13	1.53	0.39
东营市			72.24	57.54	2.93	1.71	2.03	0.01
烟台市	0.51	3.20	310.36	238.62	6.01	20.22	6.77	0.47
潍坊市	0.66	0.84	73.19	58.93	3.36	4.06	2.92	0.29
济宁市		3.10	20.29	14.79	1.74	1.71	1.76	0.11
泰安市	2.51	0.25	38.82	31.56	1.54	1.67	1.39	0.15
威海市		0.10	38.15	33.67	1.25	0.29	0.93	0.05
日照市		1.32	25.10	20.85	1.01	0.47	1.09	0.18
莱芜市	0.31	4.73	10.53	8.91	0.38	1.49	0.34	0.08
临沂市	1.78	1.29	88.55	72.29	2.72	4.38	3.02	0.20
德州市	0.02		130.83	105.57	3.93	3.00	2.01	0.13
聊城市		0.89	42.99	35.07	1.93	1.04	0.79	0.04
滨州市		2.05	14.86	8.90	1.38	1.82	0.82	0.08
菏泽市	4.40		60.12	51.10	2.28	0.93	0.96	0.08

精制茶制造业主要经济指标

单位：亿元

产成品	负债合计	流动负债合计	应付账款	所有者权益合计	实收资本	国家资本	集体资本	法人资本	个人资本
50.93	**380.67**	**321.14**	**64.96**	**496.54**	**164.82**	**12.41**	**5.50**	**62.47**	**41.51**
2.65	20.80	18.75	8.04	35.07	15.22	0.34	0.07	8.95	1.91
5.90	82.98	65.39	20.11	130.19	22.68	5.23	0.17	3.45	4.27
0.85	10.18	8.59	1.36	16.21	4.31		1.40	0.44	1.09
0.38	8.89	5.62	1.17	9.79	3.14	0.61		0.61	1.84
0.36	2.33	1.82	0.28	12.99	4.10			2.76	1.34
14.76	77.95	69.94	8.98	132.90	24.66	4.58	1.05	9.62	5.71
5.55	29.68	27.04	4.21	17.15	9.97	0.71		1.98	5.78
1.45	13.20	12.42	2.23	10.21	10.14	0.08	0.08	6.05	0.83
1.27	14.35	11.64	1.84	15.51	11.29	0.12	1.33	5.21	1.87
1.98	9.62	7.94	0.46	11.46	2.37	0.06		1.31	0.90
3.51	22.45	18.45	3.66	9.73	8.11	0.36		4.87	1.56
0.09	8.74	8.14	2.09	5.93	5.49		0.05	0.20	0.20
4.10	29.25	24.77	3.36	17.48	10.10	0.30		2.98	3.75
2.44	17.41	13.23	1.29	34.24	16.02		0.01	9.40	6.59
0.91	9.59	6.94	0.79	14.31	2.93	0.01	0.54	0.86	0.63
1.71	8.00	7.94	0.46	6.93	4.97		0.01	1.40	1.53
3.03	15.23	12.52	4.64	16.43	9.32		0.81	2.39	1.73

单位：亿元

财务费用	利息收入	利息支出	投资收益（损失以“-”号记）	营业利润	利润总额	亏损企业亏损额	应交增值税	应交所得税	从业人员平均人数（万人）
9.90	**1.93**	**9.69**	**6.81**	**115.71**	**118.06**	**2.88**	**49.41**	**19.07**	**12.04**
0.30	-0.02	0.28	0.04	9.44	9.84		3.84	2.52	1.19
0.61	0.89	1.25	6.28	19.99	20.08	0.05	10.23	3.17	1.72
0.76	0.01	0.73		4.74	4.89	0.09	1.85	0.92	0.37
0.32		0.29		2.60	2.60	0.02	1.59	0.46	0.75
0.46		0.26		7.56	7.56		2.49	0.14	0.22
1.98	0.10	1.71		36.60	36.85	1.04	10.09	6.83	1.32
0.60	0.06	0.57	0.22	3.51	3.75	0.01	2.02	0.45	0.90
0.14	0.03	0.17		0.17	0.50	0.42	0.86	0.06	0.74
0.33	0.02	0.30	0.15	3.22	3.61		1.93	0.59	0.50
0.31	0.01	0.25		1.69	1.75	0.11	1.20	0.18	0.35
0.50	0.14	0.48	0.11	1.19	1.38	0.21	0.52	0.14	0.44
0.16	0.01	0.14		0.19	0.22	0.14	0.32	0.09	0.08
0.85	0.10	0.77		5.22	5.24	0.09	2.82	0.59	1.13
1.57	0.01	1.24		10.61	10.60	0.20	5.31	1.38	1.18
0.41	0.01	0.27		3.32	3.32	0.15	0.99	0.48	0.35
0.27	0.56	0.79		1.27	1.28	0.32	0.56	0.28	0.23
0.34	0.01	0.18		4.40	4.58	0.04	2.78	0.77	0.58

1-B-24 按地区分组的烟草

地 区	工业销售产值(当年价格)	出口交货值	资产总计	固定资产合计	固定资产原价	累计折旧	流动资产合计	应收账款	存货
山东省	**517.94**	**0.14**	**308.56**	**52.22**	**115.54**	**64.55**	**189.20**	**11.72**	**136.66**
济南市	0.72		28.78	5.46	10.17	4.71	10.93	0.15	
青岛市	115.07	0.11							
淄博市									
枣庄市	14.40								
东营市									
烟台市									
潍坊市	74.60	0.03	7.34	5.31	6.45	2.37	2.03	0.86	0.31
济宁市									
泰安市									
威海市									
日照市									
莱芜市									
临沂市	2.34		3.80	2.51	3.51	1.00	1.22	0.64	0.23
德州市									
聊城市									
滨州市									
菏泽市									

1-B-24 续表

地 区	港澳台资本	外商资本	主营业务收入	主营业务成本	主营业务税金及附加	销售费用	管理费用	税金
山东省			**322.85**	**107.83**	**145.26**	**9.66**	**21.35**	**0.62**
济南市			0.97	0.63	0.02	0.03	0.63	0.05
青岛市								
淄博市								
枣庄市								
东营市								
烟台市								
潍坊市			11.19	8.08	0.08	0.44	1.01	0.06
济宁市								
泰安市								
威海市								
日照市								
莱芜市								
临沂市			2.34	1.87	0.05	0.11	0.22	0.01
德州市								
聊城市								
滨州市								
菏泽市								

制品业主要经济指标

单位：亿元

产成品	负债合计	流动负债合计	应付账款	所有者权益合计	实收资本	国家资本	集体资本	法人资本	个人资本
3.54	**92.12**	**89.15**	**29.13**	**216.44**	**79.04**	**77.52**	**0.15**	**1.34**	**0.03**
	9.39	8.54	0.01	19.39	12.62	12.62			
0.25	0.71	0.71	0.08	6.63	1.58	0.80	0.05	0.70	0.03
0.11	2.18	2.18	0.33	1.62	0.74		0.10	0.64	

单位：亿元

财务费用	利息收入	利息支出	投资收益（损失以“–”号记）	营业利润	利润总额	亏损企业亏损额	应交增值税	应交所得税	从业人员平均人数（万人）
0.28	**0.12**	**0.41**	**-0.12**	**39.23**	**38.51**	**0.22**	**33.78**	**9.00**	**1.32**
0.03	0.01	0.04	0.47	0.57	0.10		0.06		0.19
									0.14
									0.06
0.01		0.01	-0.64	1.22	1.22	0.15	0.49		0.31
0.02		0.02		0.08	0.08	0.06	0.17		0.05

1-B-25　按地区分组的

地　区	工业销售产值(当年价格)	出口交货值	资产总计	固定资产合计	固定资产原价	累计折旧	流动资产合计	应收账款	存货
山东省	**8179.46**	**618.07**	**3689.38**	**1674.40**	**2527.64**	**1079.29**	**1665.12**	**192.61**	**538.68**
济南市	79.00	16.57	54.98	17.21	23.77	8.93	31.07	3.53	9.97
青岛市	303.34	62.02	103.59	46.12	65.07	22.22	48.33	9.90	12.72
淄博市	246.99	73.59	180.78	68.22	126.76	61.86	79.94	8.75	27.55
枣庄市	119.94	6.84	38.88	21.07	29.42	9.33	11.22	2.83	3.06
东营市	589.05	8.71	312.23	133.06	159.61	33.11	160.68	20.50	34.81
烟台市	205.11	20.57	69.45	35.27	93.56	62.11	21.55	5.70	5.09
潍坊市	991.87	73.01	384.17	201.18	475.54	289.67	149.39	22.42	58.18
济宁市	494.60	93.19	278.85	116.38	115.16	34.11	137.23	14.88	30.25
泰安市	294.46	9.84	125.95	38.22	55.54	19.18	62.22	8.76	16.26
威海市	196.26	24.92	109.02	56.74	80.96	30.24	43.88	4.73	14.53
日照市	28.04	3.54	20.51	6.29	10.97	5.58	11.81	1.18	5.14
莱芜市	43.73	4.91	33.10	10.45	23.72	13.30	17.42	2.33	3.92
临沂市	238.20	32.32	103.83	36.56	63.98	29.60	57.11	8.65	17.86
德州市	554.78	11.15	258.21	93.21	153.80	65.59	127.69	15.01	32.73
聊城市	763.63	35.52	228.44	96.74	136.84	45.71	117.19	14.33	32.96
滨州市	2513.67	131.03	1195.36	584.75	763.79	307.44	520.64	36.73	214.53
菏泽市	516.79	10.35	192.04	112.93	149.16	41.32	67.74	12.38	19.11

1-B-25　续表

地　区	港澳台资本	外商资本	主营业务收入	主营业务成本	主营业务税金及附加	销售费用	管理费用	税金
山东省	**19.87**	**50.83**	**8485.39**	**7548.98**	**41.88**	**80.26**	**132.01**	**13.40**
济南市	2.28	0.54	79.78	71.55	0.43	1.10	2.16	0.12
青岛市	1.07	15.07	303.24	261.45	3.07	6.50	16.74	2.47
淄博市	4.45	6.86	254.01	215.07	1.48	2.67	9.11	0.58
枣庄市			123.13	106.45	0.89	3.16	4.42	1.47
东营市	0.31	1.00	603.38	509.21	5.69	6.09	7.07	1.15
烟台市	0.08	0.15	222.93	201.99	0.28	0.69	1.52	0.09
潍坊市	2.90	1.42	1030.87	907.98	5.92	12.38	16.53	1.13
济宁市	2.97	11.55	530.15	470.60	2.31	3.70	6.45	0.53
泰安市	0.42	0.01	292.12	254.95	3.16	3.33	4.86	0.48
威海市	0.96	4.32	193.33	173.50	1.08	1.88	6.97	0.25
日照市			27.53	25.85	0.09	0.19	0.89	0.08
莱芜市			47.19	42.96	0.05	0.38	0.81	0.15
临沂市	0.16	3.11	242.31	212.94	1.24	4.49	5.94	0.28
德州市	0.25	3.59	573.54	481.70	5.12	8.13	7.76	0.85
聊城市	1.22	0.01	783.25	707.20	3.96	7.96	8.16	0.48
滨州市	2.08	3.20	2626.22	2426.92	2.58	8.77	22.77	2.71
菏泽市	0.70		552.41	478.64	4.54	8.85	9.84	0.56

纺织业主要经济指标

单位：亿元

产成品	负债合计	流动负债合计	应付账款	所有者权益合计	实收资本	国家资本	集体资本	法人资本	个人资本
164.94	**1886.16**	**1295.53**	**204.22**	**1776.36**	**492.89**	**9.36**	**13.48**	**204.96**	**188.39**
5.37	31.94	27.54	5.46	22.83	8.47	0.23	0.55	3.69	1.18
4.57	58.21	45.52	12.76	44.45	29.95	0.13	0.03	10.33	3.31
14.22	66.25	53.87	12.74	112.94	38.34	0.29	0.39	13.87	12.48
1.80	18.43	16.26	2.42	20.14	4.20	0.57		1.23	2.41
13.08	157.65	100.61	23.48	154.61	26.90	0.13	6.12	6.82	12.51
2.91	25.18	18.27	2.44	44.06	2.65	0.04	0.28	0.90	1.20
19.73	186.03	141.87	23.17	196.05	48.02	0.51	0.25	14.79	28.15
14.15	129.50	96.48	18.44	149.33	42.98	0.17	1.05	21.16	6.08
7.67	65.32	34.07	3.68	58.19	26.57	0.60	0.87	9.01	15.66
3.52	37.92	26.10	2.68	70.86	21.92		0.09	14.16	2.38
2.64	14.20	10.46	1.40	6.30	3.58	0.06	0.51	1.18	1.84
3.06	11.62	6.01	0.78	21.44	2.97			1.85	1.11
6.78	62.23	50.14	5.85	39.49	16.20			3.23	9.70
14.65	123.63	97.39	22.58	126.66	65.58	3.69	0.40	41.49	16.17
14.71	88.28	73.75	5.05	134.03	33.98	2.87	0.07	12.95	16.87
28.30	730.65	438.26	53.59	463.68	60.95	0.02	1.78	19.90	27.98
7.78	79.11	58.94	7.72	111.29	59.62	0.05	1.09	28.40	29.38

单位：亿元

财务费用	利息收入	利息支出	投资收益（损失以“—”号记）	营业利润	利润总额	亏损企业亏损额	应交增值税	应交所得税	从业人员平均人数（万人）
119.65	**9.80**	**118.36**	**-15.16**	**524.84**	**531.81**	**8.35**	**229.29**	**84.59**	**81.06**
1.42	0.01	1.02	0.03	3.35	3.56	0.24	2.30	0.46	1.09
1.77	0.07	1.03	-1.09	18.99	18.52	0.82	10.24	1.59	2.95
2.12	0.05	1.92	0.31	21.94	22.38	0.65	7.22	1.79	4.67
0.68	0.02	0.54		6.27	6.32	0.52	4.15	1.11	2.22
10.02	0.13	8.52	0.02	66.29	66.31	0.60	11.33	8.38	2.10
0.76	0.03	0.26		17.55	17.60	0.11	2.60	1.19	1.84
9.51	0.11	8.22	-0.43	62.66	60.82	1.18	26.32	9.24	11.56
5.80	0.35	5.84	-16.54	41.78	41.44	0.40	16.32	5.76	4.59
2.65	0.11	2.38	0.38	19.29	19.09	0.37	9.18	2.32	3.76
1.66	0.05	1.48	0.04	7.49	7.32	0.09	5.62	0.70	2.43
0.37	0.03	0.36	-0.20	0.32	0.33	0.07	0.53	0.02	0.72
1.11		1.12	0.08	1.85	1.87	0.02	0.36	0.30	0.60
2.33	0.20	1.85		13.78	14.02	0.08	5.00	1.76	3.42
6.16	0.03	5.45	0.83	34.64	34.55	1.01	22.49	6.27	6.36
5.83	0.33	4.81		47.44	47.66	0.42	22.77	6.45	8.54
62.52	8.22	69.91	1.04	116.29	125.12	1.00	60.09	29.24	16.67
4.94	0.07	3.66	0.37	44.90	44.91	0.77	22.75	8.03	7.52

1-B-26 按地区分组的纺织服装、

地 区	工业销售产值（当年价格）	出口交货值	资产总计	固定资产合计	固定资产原价	累计折旧	流动资产合计	应收账款	存货
山东省	**2107.94**	**485.01**	**895.64**	**379.18**	**641.76**	**290.43**	**429.46**	**100.80**	**121.10**
济南市	24.54	2.87	18.66	10.60	11.41	3.82	7.24	2.06	2.19
青岛市	583.48	172.77	258.77	81.41	134.67	61.89	142.64	38.83	40.61
淄博市	60.07	12.17	29.41	8.98	11.93	4.47	17.71	3.10	3.81
枣庄市	162.91	10.04	32.23	15.98	23.13	8.61	11.63	2.23	2.47
东营市	3.18	0.23	8.26	0.15	0.26	0.10	7.20	5.11	0.44
烟台市	234.67	105.45	94.97	47.65	102.83	56.91	42.32	6.74	13.71
潍坊市	294.49	91.49	152.34	78.77	162.62	85.31	66.14	11.68	19.32
济宁市	42.67	3.31	15.42	8.83	9.54	1.15	5.62	1.47	1.11
泰安市	130.63	9.26	45.13	16.34	18.79	3.91	18.88	4.39	6.42
威海市	159.41	49.23	92.80	25.36	61.45	41.13	57.66	16.10	18.17
日照市	13.90	5.80	9.33	2.48	3.86	1.51	6.28	1.06	0.95
莱芜市	2.07	0.58	0.99	0.23	0.22	0.02	0.52	0.09	0.17
临沂市	110.40	7.79	27.54	14.56	22.32	8.29	11.57	2.55	4.71
德州市	110.44	6.94	50.55	34.66	40.21	5.77	12.03	2.21	1.98
聊城市	65.25	2.28	12.11	6.80	8.54	2.08	4.51	0.61	0.94
滨州市	17.04	1.24	15.20	6.67	7.55	1.60	7.83	1.18	1.76
菏泽市	92.78	3.55	31.95	19.70	22.42	3.84	9.68	1.39	2.35

1-B-26 续表

地 区	港澳台资本	外商资本	主营业务收入	主营业务成本	主营业务税金及附加	销售费用	管理费用	税金
山东省	**8.58**	**33.36**	**2095.87**	**1784.18**	**16.03**	**47.76**	**84.73**	**5.94**
济南市	3.08	1.71	25.52	21.57	0.12	0.37	1.86	0.03
青岛市	2.65	21.26	574.98	495.36	5.55	11.25	43.49	3.05
淄博市		0.25	63.31	55.05	0.49	0.89	1.43	0.31
枣庄市		1.64	163.32	140.21	1.35	4.05	3.59	0.86
东营市		0.04	3.27	2.83		0.02	0.11	0.02
烟台市	0.65	4.91	210.69	183.64	0.59	3.82	4.90	0.25
潍坊市	0.37	0.80	297.76	246.47	1.17	10.94	10.59	0.70
济宁市	0.06		43.99	36.87	0.45	0.56	0.88	0.06
泰安市		0.09	133.00	108.47	1.77	3.70	3.06	0.14
威海市	1.06	2.48	152.92	131.58	0.78	5.07	7.23	0.12
日照市			13.67	11.76	0.14	0.35	0.66	0.02
莱芜市			2.63	2.31		0.03	0.06	
临沂市	0.12	0.09	109.69	97.48	0.88	1.20	1.29	0.07
德州市		0.05	114.69	89.58	1.31	2.60	1.93	0.14
聊城市			68.00	59.74	0.56	0.78	1.27	0.04
滨州市	0.60	0.02	17.72	15.40	0.09	0.26	0.32	0.03
菏泽市		0.04	100.70	85.86	0.78	1.86	2.06	0.09

服饰业主要经济指标

单位：亿元

产成品	负债合计	流动负债合计		所有者权益合计	实收资本				
			应付账款			国家资本	集体资本	法人资本	个人资本
47.94	**409.09**	**303.63**	**81.89**	**478.63**	**189.27**	**1.20**	**2.85**	**89.29**	**53.98**
0.30	7.84	4.86	1.12	10.80	6.16			0.72	0.65
13.47	128.19	101.88	34.26	128.98	55.55	1.08	0.68	22.36	7.52
1.53	17.56	14.47	2.23	11.72	4.29		0.68	1.49	1.87
1.22	14.42	10.41	2.11	17.35	5.52		0.01	1.76	2.11
0.28	6.65	6.48	0.78	1.55	0.75		0.06		0.65
3.36	32.15	27.27	3.47	62.07	11.82	0.10	0.03	2.63	3.51
11.93	72.07	35.34	12.32	79.04	16.30	0.02	0.97	6.09	8.04
0.61	5.79	5.40	2.43	9.60	7.19			5.79	1.35
1.96	21.86	15.75	3.24	22.77	8.52		0.15	3.42	4.86
7.65	55.77	48.86	14.37	37.02	18.98		0.04	13.68	1.72
0.41	4.61	4.33	0.63	4.58	0.90			0.23	0.67
0.09	0.50	0.49		0.50	0.05				0.05
2.57	10.16	5.14	1.69	17.29	9.11		0.06	4.01	4.83
0.78	8.04	5.09	0.61	40.94	28.25			21.44	6.77
0.36	3.27	2.32	0.44	8.64	3.02		0.16	1.35	1.51
0.64	8.60	7.54	1.75	6.53	4.24			1.06	2.56
0.78	11.60	8.01	0.46	19.26	8.60			3.28	5.29

单位：亿元

财务费用			投资收益（损失以“－”号记）	营业利润	利润总额	亏损企业亏损额	应交增值税	应交所得税	从业人员平均人数（万人）
	利息收入	利息支出							
15.63	**0.64**	**11.06**	**-0.16**	**139.00**	**138.44**	**3.14**	**61.24**	**20.72**	**37.76**
0.08		0.05		1.43	1.52	0.04	0.66	0.26	0.71
4.14	0.28	2.97	-0.03	35.82	35.47	1.52	18.83	3.43	10.44
0.61	0.02	0.41		4.20	4.23	0.19	1.59	0.32	1.02
0.63		0.49		9.93	9.77	0.40	5.38	1.31	3.28
0.01		0.01		0.28	0.28		0.03	0.02	0.04
1.24	0.04	0.70		16.54	16.47	0.51	4.36	3.05	4.43
2.41	0.23	1.89	0.01	21.49	21.38	0.09	7.58	6.10	4.39
0.32		0.10		3.08	3.11	0.03	0.96	0.26	1.52
0.97	0.02	0.49	0.09	9.92	9.91	0.11	5.05	1.49	2.14
2.27	0.02	1.94		5.32	5.36	0.18	2.78	1.25	2.86
0.16	0.02	0.14	-0.26	0.56	0.56	0.01	0.40	0.08	0.52
0.02		0.02		0.19	0.19		0.07		0.06
0.46	0.03	0.36		6.32	6.33		2.22	0.72	1.86
0.81	-0.09	0.56	0.02	8.48	8.47		4.78	1.06	1.50
0.30		0.22		4.98	4.98		1.88	0.46	0.76
0.19	0.03	0.18		1.55	1.52	0.06	0.48	0.05	0.48
0.99	0.04	0.53		8.90	8.90		4.21	0.86	1.74

1-B-27 按地区分组的皮革、毛皮、

地 区	工业销售产值（当年价格）	出口交货值	资产总计	固定资产合计	固定资产原价	累计折旧	流动资产合计	应收账款	存货
山东省	**946.64**	**122.64**	**347.42**	**124.79**	**236.45**	**124.75**	**187.48**	**33.67**	**61.02**
济南市	6.53	1.74	2.78	0.54	0.65	0.18	2.12	0.35	0.99
青岛市	285.18	69.44	93.99	34.14	53.11	22.92	48.35	10.28	18.07
淄博市	39.11	5.52	36.18	9.36	14.19	5.38	23.13	3.83	10.81
枣庄市	9.64		2.29	1.50	1.13	0.12	0.78	0.14	0.13
东营市	9.09		1.49	0.10	0.28	0.19	0.96	0.37	0.54
烟台市	35.79	9.43	11.28	4.55	16.04	11.65	5.40	2.02	1.86
潍坊市	70.72	9.41	18.07	10.06	36.19	28.14	6.89	2.16	1.89
济宁市	5.23		1.56	0.19	0.24	0.05	1.08	0.29	0.50
泰安市	23.70		6.29	4.02	4.96	0.99	1.79	0.31	0.53
威海市	86.87	9.92	87.16	25.16	37.91	17.22	51.70	5.65	16.69
日照市	0.34		0.14	0.09	0.11	0.02	0.05	0.01	
莱芜市	0.59		0.64	0.07	0.08	0.01	0.57	0.33	0.22
临沂市	103.32	7.26	20.34	6.36	9.74	3.78	11.63	2.86	3.20
德州市	35.50	9.16	16.24	9.62	13.62	4.02	5.76	0.91	1.24
聊城市	38.32	0.62	3.99	1.92	2.57	0.65	1.38	0.22	0.47
滨州市	139.04	0.13	30.13	8.82	36.49	28.27	19.63	3.17	2.32
菏泽市	57.68		14.85	8.30	9.14	1.17	6.26	0.77	1.54

1-B-27 续表

地 区	港澳台资本	外商资本	主营业务收入	主营业务成本	主营业务税金及附加	销售费用	管理费用	税金
山东省	**1.80**	**18.39**	**1037.47**	**905.31**	**7.24**	**17.46**	**30.08**	**2.29**
济南市	0.01	0.04	6.58	5.41	0.20	0.20	0.42	0.01
青岛市	0.21	15.69	271.72	228.36	2.43	7.86	16.85	1.42
淄博市	0.15		43.32	38.19	0.13	0.44	1.13	0.18
枣庄市		0.01	9.58	7.87	0.31	0.62	0.27	0.09
东营市			9.26	4.60	0.03	0.38	0.38	
烟台市	0.20	0.03	35.26	32.15	0.05	0.13	0.36	0.01
潍坊市	0.11	0.08	75.06	63.11	0.39	1.10	1.21	0.10
济宁市	0.31		5.49	4.67	0.04	0.07	0.27	0.01
泰安市			20.86	17.70	0.35	0.21	0.21	0.02
威海市	0.21	0.97	176.94	161.49	1.14	2.53	4.38	0.24
日照市			0.34	0.24		0.02	0.03	
莱芜市			0.60	0.55		0.02	0.02	
临沂市		0.12	103.45	92.51	0.53	1.52	1.86	0.11
德州市		1.23	35.52	29.73	0.47	0.67	0.39	0.04
聊城市			38.75	35.01	0.22	0.30	0.67	0.01
滨州市	0.59	0.17	142.77	130.69	0.44	0.30	0.64	0.01
菏泽市		0.05	61.96	53.01	0.50	1.08	0.98	0.04

羽毛及其制品和制鞋业主要经济指标

单位：亿元

产成品	负债合计	流动负债合计	应付账款	所有者权益合计	实收资本	国家资本	集体资本	法人资本	个人资本
22.08	**169.02**	**130.74**	**29.16**	**173.36**	**68.78**	**0.44**	**1.84**	**24.54**	**21.76**
0.22	1.82	1.68	0.36	0.93	0.46			0.11	0.29
7.63	50.04	35.24	13.79	40.89	24.43	0.33	0.98	5.79	1.42
3.52	21.30	19.37	1.59	14.87	2.87		0.35	1.45	0.93
0.10	0.80	0.53	0.06	1.48	0.38			0.07	0.31
0.14	0.76	0.34	0.30	0.18	0.18			0.18	
0.57	6.76	6.66	2.53	4.16	1.28			0.35	0.70
0.77	7.12	5.02	1.33	10.79	2.39			1.37	0.83
0.29	0.68	0.68	0.40	0.80	0.61		0.14	0.06	0.10
0.36	2.00	0.89	0.16	4.02	2.15			1.46	0.70
4.34	37.39	30.62	3.38	49.77	12.32	0.11	0.01	2.55	8.48
	0.07	0.04	0.03	0.07	0.07			0.07	
	0.16	0.16	0.12	0.48	0.06				0.05
1.67	12.34	9.99	2.42	7.77	3.27		0.06	0.70	2.40
0.22	4.29	3.12	0.62	11.74	4.88			2.17	1.48
0.33	0.96	0.96	0.09	3.03	1.12			0.62	0.50
1.20	19.09	12.45	1.41	11.00	8.02		0.19	5.15	1.92
0.71	3.43	3.00	0.57	11.36	4.28		0.12	2.45	1.66

单位：亿元

财务费用	利息收入	利息支出	投资收益（损失以“–”号记）	营业利润	利润总额	亏损企业亏损额	应交增值税	应交所得税	从业人员平均人数（万人）
7.56	**0.13**	**5.96**	**-0.98**	**64.15**	**65.64**	**1.43**	**26.52**	**5.47**	**13.06**
0.06		0.02		0.06	0.28	0.07	0.10	0.05	0.19
1.72	0.05	1.08	-1.03	18.38	18.35	0.26	8.92	1.18	5.88
0.79		0.68		2.92	2.96	0.39	0.94	0.12	0.50
0.04		0.04		0.49	0.50		0.38	0.03	0.48
0.36		0.17		1.68	3.02		0.23		0.02
0.26	0.02	0.26		2.32	2.33	0.26	0.35	0.14	0.43
0.54		0.39		5.08	4.83	0.06	1.90	0.75	0.83
0.11		0.09		0.31	0.31		0.07	0.02	0.23
0.06		0.05		1.71	1.70		0.74	0.07	0.26
1.51	0.03	1.62	0.01	6.91	7.04	0.08	2.49	0.73	1.06
0.02	0.01	0.03		0.02	0.02		0.01		0.03
0.02				-0.01	-0.01	0.04	0.03		0.02
0.61		0.44		5.52	5.49	0.09	2.12	0.50	1.48
0.18		0.12		2.08	2.09		1.37	0.26	0.21
0.27		0.23	0.04	2.30	2.30		1.30	0.22	0.14
0.63		0.49		8.49	8.53	0.18	2.69	0.28	0.70
0.38	0.01	0.26		5.89	5.89		2.88	1.10	0.60

1-B-28 按地区分组的木材加工和木、

地 区	工业销售产值(当年价格)	出口交货值	资产总计	固定资产合计	固定资产原价	累计折旧	流动资产合计	应收账款	存货
山东省	**1894.86**	**105.44**	**530.22**	**237.06**	**491.36**	**265.81**	**240.68**	**40.57**	**62.03**
济南市	13.53		5.49	1.53	1.91	0.45	2.35	0.98	0.79
青岛市	61.29	4.67	17.66	7.95	9.89	2.39	7.93	1.99	2.04
淄博市	31.66	4.38	8.77	2.89	3.54	0.82	3.78	1.00	1.07
枣庄市	62.55		13.94	9.14	12.05	3.80	4.14	0.45	1.86
东营市	46.53		33.02	10.09	14.81	5.53	22.14	1.63	3.28
烟台市	19.02	1.58	8.81	3.70	8.53	4.91	5.01	0.66	1.50
潍坊市	75.12	15.13	34.81	13.56	33.22	20.12	17.98	2.62	4.36
济宁市	38.99	2.67	26.82	8.24	10.37	2.48	14.68	2.82	3.66
泰安市	57.12		13.30	5.82	6.80	1.36	3.89	0.65	0.85
威海市	6.15	0.26	2.32	1.21	1.57	0.58	1.09	0.03	0.38
日照市	18.16	0.66	10.84	1.84	28.33	26.51	6.20	1.01	1.88
莱芜市									
临沂市	812.89	38.47	137.71	58.21	209.31	156.22	66.80	14.30	20.95
德州市	77.49		49.00	26.59	37.76	11.63	19.49	1.62	3.08
聊城市	235.97		60.53	20.90	24.34	4.54	29.90	3.16	8.20
滨州市	16.22	0.56	17.37	8.86	11.04	2.25	6.49	1.36	1.83
菏泽市	322.17	37.07	89.83	56.52	77.89	22.21	28.81	6.29	6.29

1-B-28 续表

地 区	港澳台资本	外商资本	主营业务收入	主营业务成本	主营业务税金及附加	销售费用	管理费用	税金
山东省	**0.30**	**3.48**	**1912.62**	**1665.98**	**13.21**	**31.59**	**31.42**	**3.87**
济南市			14.43	12.36	0.17	0.30	0.35	
青岛市		0.04	60.93	50.53	0.80	1.28	2.24	0.12
淄博市			32.23	26.69	0.16	0.22	0.41	0.11
枣庄市			63.45	54.56	0.52	1.56	2.62	1.10
东营市		0.25	49.42	39.48	0.12	0.63	1.02	0.07
烟台市	0.05	0.78	20.60	17.71	0.04	0.18	0.33	0.01
潍坊市	0.19		75.99	66.39	0.29	1.15	1.05	0.08
济宁市			41.87	37.52	0.30	0.47	0.70	0.07
泰安市			55.86	46.86	0.93	1.01	1.01	0.05
威海市		0.03	10.48	8.83	0.08	0.18	0.38	0.01
日照市		1.61	5.92	4.88	0.08	0.12	0.29	0.07
莱芜市								
临沂市	0.03	0.73	809.29	713.85	3.98	16.80	11.56	0.95
德州市			78.06	63.68	1.08	0.87	1.04	0.07
聊城市		0.03	234.01	208.98	0.93	1.61	2.16	0.12
滨州市			16.25	13.44	0.08	0.41	0.71	0.01
菏泽市	0.03	0.01	343.83	300.24	3.63	4.79	5.55	1.03

竹、藤、棕、草制品业主要经济指标

单位：亿元

产成品	负债合计	流动负债合计	应付账款	所有者权益合计	实收资本	国家资本	集体资本	法人资本	个人资本
30.26	**209.68**	**154.78**	**20.83**	**312.16**	**109.53**	**0.13**	**0.70**	**49.24**	**55.68**
0.35	2.77	1.99	0.16	2.66	0.88			0.09	0.79
0.98	9.31	7.79	2.04	8.32	4.70	0.01		3.58	1.08
0.40	3.08	0.80	0.13	5.41	0.72		0.03	0.44	0.26
1.02	3.51	2.58	0.58	10.05	1.58			0.11	1.47
1.88	18.33	6.17	0.50	14.68	1.53	0.01		1.05	0.22
0.54	4.84	4.80	1.07	3.97	1.67		0.08		0.76
1.81	16.02	11.49	1.98	18.74	4.29			1.57	2.53
1.79	18.50	17.91	1.44	8.19	6.11		0.03	2.38	3.70
0.37	2.98	0.53	0.12	9.87	4.64			3.49	1.15
0.04	1.01	0.43	0.02	1.31	0.17			0.14	
0.34	4.67	4.02	1.69	6.16	3.13			1.08	0.44
11.11	46.36	37.33	5.56	88.89	24.05	0.02	0.02	5.20	18.06
1.41	18.91	7.88	0.28	29.48	9.13		0.02	4.73	4.38
4.66	26.56	24.66	1.59	32.45	12.33			7.21	5.08
0.57	6.85	5.91	0.31	10.49	4.06			3.38	0.68
3.00	25.97	20.51	3.37	61.48	30.54	0.10	0.54	14.78	15.09

单位：亿元

财务费用	利息收入	利息支出	投资收益(损失以"–"号记)	营业利润	利润总额	亏损企业亏损额	应交增值税	应交所得税	从业人员平均人数(万人)
14.16	**0.25**	**9.23**	**0.44**	**142.48**	**142.86**	**1.01**	**51.42**	**17.90**	**18.67**
0.19		0.04		1.15	1.15		0.46	0.12	0.12
0.80		0.21	-0.21	5.00	4.78	0.04	2.52	0.30	0.57
0.14		0.10		3.68	3.74		0.49	0.14	0.22
0.34		0.30		3.77	3.68		2.34	0.68	0.84
0.32	0.03	0.30		7.11	7.20		0.94	0.45	0.21
0.14		0.13		2.27	2.20	0.01	0.44	0.53	0.18
0.64		0.46	0.01	5.58	5.50	0.23	2.00	0.99	0.80
0.58	0.01	0.41	0.03	1.78	1.92	0.33	0.69	0.25	0.58
0.29		0.21	0.29	4.60	4.60		1.31	0.52	0.38
0.12		0.12		0.83	0.76		0.17	0.08	0.09
0.08	0.01	0.05		0.54	0.54		0.06		0.10
4.55	0.01	2.33	0.03	53.64	53.90	0.11	16.77	5.26	8.54
1.67	0.12	1.55		5.72	5.81		3.10	0.43	0.65
1.48	0.01	1.31		18.67	18.84	0.01	4.50	2.73	1.36
0.48	0.02	0.24	0.29	1.16	1.18	0.02	0.37	0.18	0.20
2.36	0.02	1.43		26.99	27.06	0.25	15.26	5.23	3.82

1-B-29 按地区分组的家具

地 区	工业销售产值(当年价格)	出口交货值	资产总计	固定资产合计	固定资产原价	累计折旧	流动资产合计	应收账款	存货
山东省	**785.60**	**113.64**	**349.87**	**147.56**	**242.93**	**106.45**	**165.81**	**28.31**	**44.45**
济南市	8.93	0.23	7.45	1.20	1.30	0.26	5.64	0.74	2.58
青岛市	178.67	41.73	71.89	22.71	29.78	8.30	40.09	10.11	12.38
淄博市	47.18	0.04	30.86	12.20	17.90	5.90	17.46	1.82	3.90
枣庄市	16.95		5.55	3.38	4.07	0.81	1.84	0.23	0.56
东营市	11.27	4.12	13.52	2.45	3.43	1.25	8.09	2.23	4.10
烟台市	47.53	1.34	12.35	6.50	10.93	4.76	4.96	0.85	1.42
潍坊市	96.21	23.83	29.13	14.96	55.28	41.83	12.03	1.83	4.15
济宁市	5.23	0.23	4.82	0.92	1.24	0.48	3.87	0.21	0.51
泰安市	14.22		5.56	3.38	3.45	0.52	1.55	0.16	0.22
威海市	19.46	4.49	8.69	4.93	6.75	2.05	3.63	0.50	0.99
日照市	15.62	3.29	23.77	5.67	17.00	13.83	13.39	1.55	1.78
莱芜市	0.74		2.01	0.69	0.79	0.11	1.30	0.18	0.55
临沂市	42.70	2.75	17.10	9.32	10.37	1.93	6.77	2.07	1.75
德州市	145.16	1.32	54.95	25.44	37.69	12.94	22.31	1.14	1.93
聊城市	10.61		4.13	1.84	4.31	2.48	1.13	0.24	0.27
滨州市	31.45	4.26	32.83	16.22	17.63	3.49	13.47	2.67	4.57
菏泽市	93.67	26.00	25.26	15.75	21.00	5.49	8.26	1.77	2.80

1-B-29 续表

地 区	港澳台资本	外商资本	主营业务收入	主营业务成本	主营业务税金及附加	销售费用	管理费用	税金
山东省	**1.32**	**5.04**	**812.09**	**687.47**	**6.75**	**17.61**	**21.84**	**2.03**
济南市			8.82	7.05	0.04	0.17	0.38	0.01
青岛市	0.43	3.49	181.12	150.35	2.16	5.68	8.91	0.66
淄博市			49.38	45.69	0.16	0.38	0.86	0.11
枣庄市			17.16	14.44	0.17	0.48	0.67	0.29
东营市			12.30	9.23	0.07	0.23	0.23	0.01
烟台市	0.11	0.17	45.39	40.40	0.10	0.53	0.30	
潍坊市	0.02	0.56	99.79	83.94	0.43	2.85	3.15	0.36
济宁市			4.78	4.14	0.06	0.03	0.04	
泰安市			14.07	11.12	0.20	0.32	0.52	0.05
威海市		0.32	21.13	18.71	0.13	0.23	0.73	0.02
日照市		0.44	15.30	13.59	0.01	0.25	0.49	0.18
莱芜市			9.24	9.06	0.02	0.06	0.07	
临沂市	0.05		43.57	36.93	0.30	1.17	0.82	0.08
德州市		0.01	147.87	123.79	1.67	2.44	1.70	0.05
聊城市			10.59	9.08	0.05	0.09	0.07	
滨州市			31.87	25.63	0.31	0.52	0.51	0.02
菏泽市	0.72	0.05	99.71	84.33	0.88	2.19	2.37	0.18

制造业主要经济指标

单位：亿元

产成品	负债合计	流动负债合计	应付账款	所有者权益合计	实收资本	国家资本	集体资本	法人资本	个人资本
17.86	**162.70**	**121.18**	**18.06**	**182.95**	**71.11**	**0.09**	**1.51**	**32.78**	**30.32**
0.81	4.48	1.78	0.66	2.93	1.34			0.38	0.96
3.14	45.86	34.29	4.81	24.51	13.11	0.02	0.32	5.65	3.20
1.92	21.45	17.29	0.78	9.33	2.49		0.03	1.09	1.36
0.09	0.97	0.87	0.11	4.49	1.23			0.69	0.54
1.19	6.47	5.60	0.89	7.04	1.78			0.60	1.18
0.67	3.84	2.61	0.69	8.33	0.78			0.07	0.42
2.27	15.66	12.25	4.17	13.13	4.86			1.23	3.06
0.29	2.11	0.28	0.10	2.71	0.71			0.08	0.63
0.11	2.16	2.01	0.52	3.40	1.30			0.89	0.41
0.33	2.81	1.50	0.11	5.88	0.85	0.08		0.17	0.28
0.51	14.32	13.43	0.53	9.46	2.77			0.61	1.72
0.20	1.65	0.88	0.01	0.36	0.61			0.38	0.23
0.69	6.89	5.56	0.94	10.11	3.15		0.51	0.84	1.75
1.46	8.62	4.80	1.51	44.55	17.64		0.11	10.81	6.67
0.10	0.92	0.82	0.05	3.18	2.12			1.74	0.38
2.81	16.85	11.62	1.33	16.02	6.07		0.54	4.29	1.24
1.28	7.66	5.61	0.82	17.53	10.31			3.25	6.29

单位：亿元

财务费用	利息收入	利息支出	投资收益(损失以"–"号记)	营业利润	利润总额	亏损企业亏损额	应交增值税	应交所得税	从业人员平均人数(万人)
8.74	**0.07**	**6.16**	**-0.19**	**59.86**	**58.89**	**1.25**	**28.38**	**6.79**	**8.29**
0.08		0.03		0.54	0.54		0.37	0.03	0.14
2.62	0.01	1.33	-0.67	12.63	12.62	0.53	7.07	0.61	1.89
0.38		0.31		1.90	1.97	0.01	0.77	0.23	0.43
0.09		0.08		1.36	1.32		0.73	0.22	0.25
0.24		0.21		1.62	1.62		0.10	0.01	0.14
0.10		0.10		4.01	3.93	0.01	1.31	0.60	0.40
1.21		0.95		8.02	7.97		2.83	1.46	0.96
0.02		0.03		0.39	0.39		0.11	0.04	0.09
0.15	0.01	0.09		1.62	1.05		0.42	0.16	0.11
0.10		0.09		1.21	1.21	0.02	0.32	0.11	0.22
0.71	0.03	0.69		0.24	0.23	0.13	0.07	0.02	0.34
0.03						0.02	0.02		0.03
0.38		0.31		3.03	3.03		0.88	0.16	0.46
0.94		0.71		11.32	11.32		6.86	1.73	1.09
0.04		0.02		1.10	1.10		0.32	0.17	0.07
0.91		0.82	0.02	1.88	1.86	0.53	0.77	0.35	0.60
0.76	0.01	0.38	0.46	9.00	8.73		5.44	0.89	1.06

1−B−30 按地区分组的造纸和

地 区	工业销售产值(当年价格)	出口交货值	资产总计	固定资产合计	固定资产原价	累计折旧	流动资产合计	应收账款	存货
山东省	**2350.73**	**78.00**	**2237.29**	**977.31**	**1407.74**	**519.40**	**933.83**	**169.94**	**163.94**
济南市	21.99	0.12	11.44	3.72	5.31	1.65	6.32	1.32	2.24
青岛市	138.22	5.88	55.76	20.63	29.28	10.55	32.60	8.47	8.63
淄博市	229.32	3.03	222.61	95.30	130.34	46.37	99.25	14.17	23.66
枣庄市	108.11	2.18	71.43	39.92	52.02	13.81	23.02	3.92	5.39
东营市	148.01	2.42	165.16	105.94	171.42	87.74	41.67	9.21	6.39
烟台市	120.98	1.53	43.47	22.15	40.47	19.19	16.61	4.03	4.01
潍坊市	341.55	24.15	658.72	193.23	307.49	124.56	328.76	69.18	31.53
济宁市	441.16	26.23	331.51	141.09	193.50	58.95	155.21	25.46	36.17
泰安市	89.42		30.29	19.27	13.00	3.11	8.41	1.81	1.54
威海市	66.43	0.93	28.06	13.80	32.81	22.00	12.79	2.46	3.80
日照市	86.43	9.83	195.29	111.08	152.83	42.29	62.99	10.76	9.83
莱芜市	4.35	0.45	15.73	9.26	10.51	1.27	3.83	1.45	1.58
临沂市	111.90		43.22	17.42	28.30	11.48	18.25	3.23	2.83
德州市	154.42		96.22	40.01	68.03	28.53	32.06	5.51	9.47
聊城市	192.47	1.21	163.86	79.28	96.00	31.17	56.00	3.84	10.52
滨州市	52.34		81.12	51.56	63.50	14.16	28.46	4.15	4.49
菏泽市	43.64	0.04	23.41	13.64	12.91	2.56	7.59	0.96	1.85

1−B−30 续表

地 区	港澳台资本	外商资本	主营业务收入	主营业务成本	主营业务税金及附加	销售费用	管理费用	税金
山东省	**23.08**	**77.23**	**2410.09**	**2092.74**	**12.78**	**52.05**	**61.24**	**6.27**
济南市	0.03		22.23	19.00	0.14	0.67	1.24	0.09
青岛市	1.36	3.99	134.02	117.43	1.72	2.92	7.64	1.46
淄博市			231.69	202.67	0.89	4.20	5.52	0.37
枣庄市	3.16	3.47	110.04	93.96	0.87	2.95	3.56	1.26
东营市		2.60	147.72	129.07	0.21	2.97	2.89	0.10
烟台市	0.34	0.67	117.45	103.70	0.43	1.26	1.87	0.18
潍坊市	1.21	18.55	369.37	320.98	1.29	12.29	12.13	0.82
济宁市	0.23		442.61	399.52	1.10	9.35	6.12	0.59
泰安市			88.05	77.25	0.80	1.48	1.23	0.02
威海市		0.61	66.76	58.43	0.40	0.79	1.90	0.07
日照市		45.71	90.87	72.21	0.38	1.96	6.16	0.50
莱芜市		1.62	4.90	4.33	0.01	0.09	0.31	0.01
临沂市			113.18	97.64	1.67	2.57	1.74	0.16
德州市			154.88	127.24	0.92	3.95	3.31	0.33
聊城市	3.74		192.55	164.17	1.24	3.01	3.35	0.15
滨州市	12.94		76.39	64.55	0.32	0.71	1.07	0.07
菏泽市	0.07		47.37	40.59	0.41	0.87	1.20	0.08

纸制品业主要经济指标

单位：亿元

产成品	负债合计	流动负债合计	应付账款	所有者权益合计	实收资本	国家资本	集体资本	法人资本	个人资本
66.28	**1325.18**	**930.87**	**180.34**	**903.41**	**288.48**	**4.94**	**5.84**	**113.31**	**64.09**
0.72	7.34	6.07	0.65	4.04	2.88	0.03	0.04	0.37	2.42
3.05	26.65	21.27	5.65	27.82	13.78	0.23	0.14	5.56	2.49
8.00	128.03	92.46	18.50	94.35	15.48		1.01	10.33	4.14
2.75	39.52	31.59	9.55	31.76	10.44	0.83		0.66	2.31
2.50	99.73	62.95	11.84	65.43	17.11		0.90	7.90	5.71
2.10	18.05	15.81	3.01	25.34	5.36	0.38	0.22	1.65	2.09
14.74	440.82	316.63	51.64	216.80	74.61	3.01	0.71	40.34	10.80
13.07	226.51	158.11	26.23	104.96	22.32		0.45	18.85	2.79
0.96	11.36	6.68	1.74	17.75	4.51		0.23	0.83	3.46
1.82	10.63	5.50	1.57	17.43	5.75		0.79	3.10	1.25
4.08	132.27	66.97	31.16	63.00	52.63	0.03	0.12	5.77	1.01
0.54	12.30	6.88	2.45	3.43	2.64			0.17	0.85
1.60	20.91	18.88	2.46	21.41	7.45		0.08	3.85	3.52
4.25	39.08	30.30	5.91	53.54	15.37		0.89	9.53	4.95
2.45	79.27	64.00	4.61	84.59	14.78	0.42	0.13	2.45	8.04
2.54	20.75	19.08	2.08	60.37	18.47			0.79	4.74
1.11	11.97	7.68	1.29	11.39	4.90		0.13	1.18	3.52

单位：亿元

财务费用	利息收入	利息支出	投资收益(损失以“–”号记)	营业利润	利润总额	亏损企业亏损额	应交增值税	应交所得税	从业人员平均人数(万人)
47.22	**7.22**	**50.48**	**-0.01**	**138.98**	**134.55**	**2.88**	**63.76**	**22.28**	**18.59**
0.13		0.09		1.20	1.20	0.02	0.69	0.15	0.35
0.93	0.05	0.74	-0.40	7.50	7.47	0.13	5.04	0.97	1.10
6.57	0.80	6.25	0.03	12.03	11.95	0.61	6.66	1.56	1.82
1.55		1.37		6.69	6.71	0.02	3.83	1.45	1.56
1.55	0.01	1.41		12.04	12.09		7.25	2.27	0.73
0.48		0.39		9.78	9.66	0.29	2.95	1.16	1.19
11.74	5.72	18.19	4.04	15.00	16.07	0.48	8.76	2.52	2.25
9.98	0.44	8.84	0.09	16.00	10.82	0.13	4.68	2.82	1.95
0.47	0.02	0.43		7.31	7.32	0.01	1.87	1.03	0.51
0.64	0.01	0.60	-0.02	3.55	3.46	0.01	1.49	0.76	0.79
5.10	0.04	5.28	-3.91	2.65	3.31	0.07	3.24	0.45	0.45
0.50	0.01	0.46		-0.32	-0.31	0.40	0.14		0.25
1.01	0.01	0.66		6.85	6.84	0.01	3.16	0.71	1.02
1.57	0.04	1.41	0.01	8.69	9.08	0.27	4.82	0.65	1.44
3.23	0.01	3.12	0.02	17.78	17.64		6.19	3.52	1.98
1.11	0.06	0.78	0.12	8.58	7.59	0.44	1.07	1.77	0.52
0.66		0.47		3.65	3.66	0.01	1.92	0.48	0.68

1−B−31 按地区分组的印刷和

地区	工业销售产值(当年价格)	出口交货值	资产总计	固定资产合计	固定资产原价	累计折旧	流动资产合计	应收账款	存货
山东省	**722.57**	**11.85**	**288.95**	**122.84**	**180.08**	**69.11**	**130.01**	**33.40**	**28.42**
济南市	33.57	0.14	50.28	16.76	24.07	8.65	24.40	6.48	4.05
青岛市	230.07	4.13	74.79	24.69	37.91	15.80	36.81	10.20	7.63
淄博市	47.80		27.54	11.78	16.06	4.96	14.19	3.20	3.92
枣庄市	25.21		4.01	2.59	3.31	0.78	1.17	0.23	0.20
东营市	38.87		5.84	1.98	1.92	0.06	2.15	0.58	0.49
烟台市	39.49	3.48	15.29	7.40	17.20	10.19	7.29	2.93	1.67
潍坊市	68.86		19.61	10.40	19.12	9.03	8.29	2.22	2.07
济宁市	15.23		9.82	4.04	5.26	1.44	4.96	1.47	1.37
泰安市	32.20		11.09	5.58	6.39	1.96	3.01	0.39	0.38
威海市	36.72		14.65	10.18	17.68	7.95	4.09	0.24	0.47
日照市	2.65	1.90	3.48	1.07	1.34	0.26	1.74	0.36	0.68
莱芜市	6.95		4.56	1.24	1.78	0.55	3.00	0.67	0.65
临沂市	36.20		9.90	4.03	5.84	2.02	4.56	1.12	1.23
德州市	31.22	2.20	10.78	6.68	8.34	1.92	3.11	0.46	0.56
聊城市	43.56		9.20	4.34	5.82	1.63	3.65	0.87	0.60
滨州市	7.20		11.50	6.11	3.00	0.74	5.19	1.66	1.74
菏泽市	26.77		6.60	3.97	5.06	1.16	2.40	0.33	0.71

1−B−31 续表

地区	港澳台资本	外商资本	主营业务收入	主营业务成本	主营业务税金及附加	销售费用	管理费用	税金
山东省	**2.88**	**14.16**	**724.89**	**619.35**	**5.72**	**14.19**	**27.50**	**2.00**
济南市	1.36	0.43	32.57	26.09	0.16	1.29	2.57	0.11
青岛市	1.50	10.76	229.40	195.71	2.41	4.19	13.51	0.87
淄博市			48.02	39.95	0.49	0.91	1.33	0.22
枣庄市			25.62	22.37	0.20	0.52	0.82	0.30
东营市			39.07	34.03	0.03	0.15	0.21	0.01
烟台市	0.01	0.14	39.61	34.64	0.16	0.34	1.14	0.02
潍坊市		0.03	69.25	56.74	0.29	2.20	2.94	0.23
济宁市			15.70	14.03	0.07	0.14	0.33	0.02
泰安市			29.73	25.02	0.34	0.67	0.59	0.04
威海市			35.70	33.61	0.13	0.20	0.36	0.06
日照市			2.80	2.31	0.01	0.06	0.09	
莱芜市			6.16	5.74	0.01	0.10	0.12	0.01
临沂市			35.99	30.42	0.46	1.35	0.95	0.02
德州市	0.01		33.12	27.71	0.35	0.49	0.55	0.01
聊城市			46.76	40.38	0.27	1.00	1.27	0.04
滨州市		2.80	7.78	6.57	0.05	0.23	0.31	0.02
菏泽市			27.61	24.03	0.26	0.35	0.41	0.02

记录媒介复制业主要经济指标

单位：亿元

产成品	负债合计	流动负债合计	应付账款	所有者权益合计	实收资本	国家资本	集体资本	法人资本	个人资本
11.53	**128.67**	**101.79**	**25.21**	**158.02**	**68.12**	**1.73**	**0.86**	**24.14**	**24.16**
1.72	27.46	22.86	4.44	22.71	12.86	0.75	0.08	6.23	4.01
3.23	29.16	23.92	8.75	45.39	23.79	0.58	0.60	6.84	3.32
1.41	16.27	13.34	0.49	11.14	2.71		0.06	0.89	1.75
0.12	1.02	0.53	0.25	2.83	0.59			0.15	0.44
0.28	2.83	1.69	0.71	3.01	0.97				0.97
0.82	6.81	6.26	2.97	8.48	2.64	0.15	0.01	1.18	1.15
1.14	8.41	6.84	2.01	11.16	3.22		0.10	1.45	1.64
0.22	5.15	4.65	1.10	4.66	1.82	0.01		0.58	1.23
0.35	4.59	2.76	0.33	6.45	2.24			0.79	1.45
0.19	1.50	0.57	0.15	13.14	1.57			0.58	0.99
0.15	1.65	1.65	0.30	1.83	0.40				0.40
0.02	1.69	1.50	0.39	2.56	1.22			1.07	0.15
0.83	5.62	4.22	0.80	3.75	1.85	0.25		0.80	0.80
0.18	2.70	1.54	0.50	8.06	3.88			1.84	2.03
0.34	5.06	1.79	0.18	4.00	2.48			0.96	1.52
0.31	6.46	6.43	1.74	4.58	3.80			0.10	0.90
0.24	2.27	1.24	0.12	4.27	2.09			0.68	1.42

单位：亿元

财务费用	利息收入	利息支出	投资收益（损失以“–”号记）	营业利润	利润总额	亏损企业亏损额	应交增值税	应交所得税	从业人员平均人数（万人）
4.60	**0.24**	**3.41**	**-0.89**	**50.38**	**50.66**	**0.53**	**21.36**	**6.08**	**6.42**
0.60	0.10	0.51	0.65	2.66	2.81	0.08	1.04	0.59	0.67
0.82	0.09	0.50	0.01	13.67	13.86	0.16	7.51	1.33	1.39
0.70	0.03	0.64		4.48	4.49		1.41	0.42	0.59
0.07		0.07		1.55	1.50		0.97	0.38	0.39
0.11		0.11		4.42	4.43		1.31	0.13	0.11
0.19	0.01	0.14		3.23	3.23	0.03	0.89	0.60	0.54
0.43		0.38	-1.41	4.79	4.62	0.06	1.51	0.73	0.55
0.18	0.01	0.13	0.01	0.97	0.95	0.01	0.26	0.07	0.22
0.11		0.10		2.14	2.16		0.75	0.11	0.24
0.06		0.06		1.30	1.29		1.01	0.11	0.26
0.08		0.08		0.26	0.26		0.07	0.04	0.07
0.10		0.04		0.13	0.13		0.08		0.10
0.40		0.31		2.46	2.58		0.79	0.28	0.38
0.09		0.07	-0.16	2.40	2.40		1.54	0.40	0.27
0.43		0.13		3.01	3.02	0.01	1.04	0.39	0.21
0.11		0.05		0.50	0.51	0.17	0.35	0.10	0.13
0.12		0.10		2.44	2.44		0.82	0.39	0.28

1-B-32　按地区分组的文教、工美、体育和

地　区	工业销售产值(当年价格)	出口交货值	资产总计	固定资产合计	固定资产原价	累计折旧	流动资产合计	应收账款	存货
山东省	**1837.97**	**435.34**	**649.31**	**263.65**	**456.97**	**209.45**	**336.19**	**69.49**	**92.69**
济南市	15.45	1.02	4.72	1.05	1.68	0.66	3.18	0.70	0.99
青岛市	499.10	120.46	144.44	55.09	81.43	30.95	79.95	18.28	22.06
淄博市	43.50	7.19	21.16	8.99	25.99	17.67	9.54	2.23	4.36
枣庄市	92.12	4.31	15.00	8.43	10.34	2.19	5.30	0.84	1.11
东营市	9.43		2.47	0.60	1.05	0.46	1.31	0.89	0.22
烟台市	66.62	13.05	18.67	11.25	17.09	6.09	5.60	0.97	1.78
潍坊市	179.99	77.83	59.64	10.38	46.94	37.10	47.47	8.76	13.05
济宁市	20.56	8.36	10.25	3.40	4.18	1.08	6.18	1.31	1.92
泰安市	14.18	0.86	7.09	1.34	1.71	0.55	2.02	0.43	0.55
威海市	223.06	75.81	150.90	61.42	117.33	61.31	74.14	13.68	18.78
日照市	19.00	6.81	15.17	6.20	8.91	2.88	7.53	1.48	1.91
莱芜市	3.81	0.50	2.90	1.38	1.50	0.24	1.31	0.46	0.43
临沂市	165.49	60.00	31.63	12.04	30.77	19.05	17.35	4.91	3.35
德州市	167.72	18.57	78.39	38.02	52.44	16.81	35.81	5.61	8.10
聊城市	37.16	11.89	9.61	3.11	3.36	0.28	5.94	0.12	4.86
滨州市	41.04	2.34	25.20	9.31	12.05	3.44	13.71	1.85	4.63
菏泽市	239.76	26.35	52.06	31.62	40.19	8.69	19.85	6.98	4.59

1-B-32　续表

地　区	港澳台资本	外商资本	主营业务收入	主营业务成本	主营业务税金及附加	销售费用	管理费用	税金
山东省	**5.79**	**21.61**	**1857.96**	**1585.79**	**15.13**	**40.60**	**56.49**	**5.65**
济南市		0.04	15.23	12.36	0.14	0.44	0.48	0.02
青岛市	5.07	12.19	489.98	412.74	5.57	12.71	22.55	2.62
淄博市	0.02		43.27	35.50	0.12	1.24	1.36	0.08
枣庄市	0.01	0.08	94.56	82.10	0.69	2.24	3.36	1.08
东营市			9.46	8.88	0.04	0.03	0.07	
烟台市	0.03	0.26	67.00	58.86	0.31	1.05	1.49	0.31
潍坊市	0.15	0.25	181.27	166.40	0.35	1.86	2.16	0.26
济宁市	0.01	0.21	21.02	17.64	0.20	0.66	0.52	0.08
泰安市			12.46	10.46	0.09	0.13	0.29	0.02
威海市	0.19	4.83	231.00	203.94	1.14	3.44	8.62	0.29
日照市		0.89	19.16	16.87	0.07	0.54	0.58	0.08
莱芜市			3.87	3.36	0.04	0.13	0.13	0.01
临沂市	0.13	0.81	165.21	141.10	0.98	3.96	2.78	0.16
德州市	0.10	0.02	172.25	134.12	1.66	4.02	3.65	0.10
聊城市		0.09	37.97	35.18	0.08	0.19	0.26	
滨州市		0.81	42.82	35.12	1.35	0.88	0.95	0.07
菏泽市	0.09	1.15	251.43	211.16	2.29	7.07	7.26	0.47

娱乐用品制造业主要经济指标

单位：亿元

产成品	负债合计	流动负债合计	应付账款	所有者权益合计	实收资本	国家资本	集体资本	法人资本	个人资本
37.56	**291.92**	**239.87**	**80.98**	**349.08**	**137.81**	**9.32**	**1.83**	**55.30**	**43.81**
0.49	2.81	2.32	0.39	1.80	0.96	0.07		0.47	0.38
8.13	58.62	45.50	11.06	83.44	42.73	9.04		11.44	5.00
2.02	10.67	7.72	1.80	10.14	4.05		0.30	1.58	2.14
0.77	4.03	3.16	0.49	10.69	2.32			0.81	1.42
0.12	1.19	0.95	0.07	1.28	0.46				0.46
1.04	4.62	3.46	0.70	13.58	3.68		0.88	0.21	2.30
2.53	43.09	42.00	25.14	16.05	3.95		0.03	0.98	2.54
0.91	4.16	3.68	1.00	6.00	3.60			1.61	1.77
0.40	2.12	1.31	0.41	4.84	0.58			0.10	0.48
8.31	71.64	55.93	11.98	79.19	14.94		0.03	5.06	4.67
0.93	10.35	8.40	1.02	4.81	1.81		0.05	0.15	0.72
0.09	1.61	1.54	0.57	1.26	0.72			0.35	0.37
1.57	15.42	11.21	2.57	15.92	6.39	0.06	0.01	0.86	4.52
4.51	30.23	23.29	16.79	44.87	26.38	0.15		19.85	6.27
1.56	1.16	1.14	0.17	8.45	0.56		0.07	0.10	0.31
1.75	14.00	12.84	3.40	10.96	7.74		0.33	5.75	0.84
2.43	16.20	15.42	3.42	35.80	16.96		0.13	5.98	9.62

单位：亿元

财务费用	利息收入	利息支出	投资收益(损失以"–"号记)	营业利润	利润总额	亏损企业亏损额	应交增值税	应交所得税	从业人员平均人数(万人)
17.23	**0.60**	**11.22**	**0.29**	**124.84**	**125.05**	**2.07**	**71.64**	**16.77**	**21.53**
0.15		0.06		1.04	1.04	0.01	0.51	0.09	0.26
4.33	0.06	2.17	-2.22	35.03	34.83	1.36	19.00	2.92	5.56
0.27	0.01	0.21	0.01	3.84	3.89		1.75	0.48	0.59
0.21		0.21		5.51	5.42		3.36	1.44	1.69
0.05		0.05		0.39	0.39		0.98	0.07	0.06
0.53		0.43		4.77	4.71	0.03	2.24	0.21	0.80
1.16	0.12	1.28	-0.32	8.22	6.07	0.05	3.13	1.05	1.38
0.15		0.10	0.01	1.45	1.48	0.02	0.82	0.09	0.68
0.20		0.14		1.04	1.04		0.46		0.12
3.03	0.09	2.72	2.71	10.71	13.38	0.30	5.52	1.49	3.04
0.69		0.48		0.58	0.54	0.17	0.27	0.09	0.28
0.11		0.09		0.11	0.12	0.01	0.01	0.01	0.12
1.17	0.12	0.65	0.01	11.85	11.86	0.03	5.31	1.28	1.89
1.36		1.26		14.19	14.17		6.62	2.68	1.34
0.22		0.19		2.02	2.02		1.90	0.02	0.26
0.60	0.16	0.37		3.64	3.66	0.10	1.47	0.16	0.70
3.01	0.05	0.83	0.09	20.46	20.43		18.30	4.68	2.76

1–B–33 按地区分组的石油加工

地 区	工业销售产值（当年价格）	出口交货值	资产总计	固定资产合计	固定资产原价	累计折旧	流动资产合计	应收账款	存货
山东省	**6847.55**	**8.88**	**3515.08**	**1221.16**	**2352.66**	**1338.10**	**1982.63**	**173.35**	**669.37**
济南市	276.97	0.37	78.46	43.79	73.30	35.23	30.06	7.23	17.60
青岛市	964.42		290.38	146.89	199.57	69.88	117.34	15.74	70.20
淄博市	1356.37		518.00	174.82	415.66	263.76	317.44	14.78	92.25
枣庄市	68.87		60.99	26.97	36.89	11.75	28.22	3.80	7.41
东营市	1955.03	6.11	1020.02	326.67	434.82	172.73	609.75	49.65	201.61
烟台市	2.22		5.23	1.68	1.80	0.56	3.19	0.12	0.79
潍坊市	647.71	2.06	405.26	166.42	176.98	59.64	192.35	16.52	79.83
济宁市	104.48		82.13	33.49	89.58	56.26	43.65	5.16	12.24
泰安市	50.67		30.67	10.09	15.67	7.29	17.78	1.98	4.00
威海市	2.27		1.13	0.42	0.31	0.16	0.71	0.11	0.43
日照市	115.41		154.84	48.59	255.63	211.10	104.01	6.64	43.36
莱芜市	0.72		1.43	0.95	0.96	0.02	0.36	0.28	0.07
临沂市	124.95		58.45	28.02	36.12	12.89	24.81	2.55	7.26
德州市	186.72		87.07	40.32	53.06	13.04	36.34	8.14	12.10
聊城市	26.88		16.98	4.40	10.20	5.81	12.30	0.93	2.03
滨州市	525.31		432.20	83.66	122.78	42.87	307.48	36.07	66.88
菏泽市	438.53	0.35	271.86	83.99	429.33	375.12	136.85	3.66	51.29

1–B–33 续表

地 区	港澳台资本	外商资本	主营业务收入	主营业务成本	主营业务税金及附加	销售费用	管理费用	税金
山东省	**1.52**	**1.86**	**7088.53**	**6335.62**	**297.69**	**42.40**	**115.85**	**6.00**
济南市	0.08		277.69	232.31	37.34	0.61	5.25	0.31
青岛市	0.28		920.07	742.76	112.48	1.17	31.53	0.47
淄博市		0.09	1354.46	1249.47	68.00	4.84	27.29	0.53
枣庄市		0.04	74.06	66.60	0.20	2.55	1.78	0.18
东营市			1972.63	1761.83	25.99	11.14	20.92	1.59
烟台市		0.67	2.42	2.04	0.02	0.11	0.19	
潍坊市	0.78	1.05	667.70	616.39	6.56	5.67	11.58	0.98
济宁市			161.70	152.45	0.27	2.70	1.83	0.18
泰安市			44.31	38.51	0.20	0.42	0.41	0.04
威海市			1.78	1.37	0.02	0.03	0.18	0.01
日照市	0.37		156.94	148.05	3.97	0.84	1.90	0.26
莱芜市			0.89	0.87			0.01	
临沂市			117.63	107.59	0.55	1.16	1.16	0.13
德州市			225.13	196.66	11.31	2.39	2.39	0.07
聊城市			27.00	25.21	0.08	0.23	0.34	0.04
滨州市			617.84	574.51	15.48	4.91	5.51	0.77
菏泽市			466.28	419.00	15.20	3.64	3.60	0.44

及炼焦业主要经济指标

单位：亿元

产成品	负债合计	流动负债合计	应付账款	所有者权益合计	实收资本	国家资本	集体资本	法人资本	个人资本
229.53	**2488.34**	**2107.40**	**426.31**	**1008.28**	**515.08**	**159.12**	**8.57**	**254.39**	**89.62**
7.23	49.78	49.67	9.67	28.67	40.26	31.19		7.99	0.99
25.47	234.87	221.61	82.27	55.49	130.54			130.16	0.10
32.98	351.77	318.39	66.91	166.23	120.37	99.35	2.69	1.41	16.83
4.48	44.29	37.24	8.01	16.70	7.41	3.87	2.34	0.54	0.62
60.73	582.90	416.83	63.00	420.62	71.06	0.18	1.57	30.87	38.43
	4.11	3.23	0.07	1.12	1.23			0.06	0.50
20.99	331.55	300.87	98.76	73.08	17.88	3.44		10.31	2.29
7.65	66.62	57.71	13.05	15.47	7.17	0.90	0.90	4.32	1.04
1.67	13.70	1.64	0.44	16.97	5.51			3.66	1.85
0.05	0.49			0.64	0.13				0.13
12.74	145.86	144.46	-0.39	8.98	16.56	2.44		5.82	7.93
	0.49	0.49	0.25	0.94	0.14			0.03	0.11
2.38	29.08	26.20	2.44	28.99	21.77		0.66	13.96	7.15
3.77	41.56	33.16	6.21	45.18	27.51	15.96		9.24	2.32
0.48	10.44	5.48	0.60	6.42	0.96		0.20	0.74	0.03
36.27	401.86	347.98	58.67	29.94	14.31	0.20	0.21	6.45	7.45
12.64	178.97	142.45	16.34	92.85	32.28	1.58		28.84	1.86

单位：亿元

财务费用	利息收入	利息支出	投资收益(损失以"－"号记)	营业利润	利润总额	亏损企业亏损额	应交增值税	应交所得税	从业人员平均人数(万人)
75.08	**5.31**	**71.22**	**1.22**	**224.03**	**214.96**	**27.40**	**201.01**	**27.82**	**12.44**
1.35	0.05	1.37		1.27	1.22		7.22	0.10	0.35
4.53	0.15	5.94	0.08	14.31	14.65	3.55	59.66	0.03	0.35
7.25	0.33	5.10	0.34	-1.33	-1.05	15.13	22.92	1.83	3.25
0.97	0.12	0.77	0.24	1.74	1.75	0.18	1.96	0.46	0.56
22.10	1.04	20.49	0.08	141.64	135.33	1.23	51.90	18.33	2.64
0.05				0.01	0.05		0.11	0.01	0.03
11.78	1.50	12.59	0.24	16.68	16.94	2.35	15.28	2.18	1.30
2.32	0.13	2.08		2.65	2.88	1.40	2.28	0.82	0.53
0.60	0.01	0.58		3.76	3.75		1.16	0.50	0.22
0.03		0.03		0.09	0.09		0.09	0.02	0.02
4.18	0.19	2.24	0.10	-1.97	-1.63	2.91	0.18	-0.01	0.28
							0.02		0.01
0.39	0.10	0.09		5.02	5.09		1.57	0.85	0.42
3.12	-0.01	2.52		13.59	6.73		3.49	1.31	0.66
0.10	0.01	0.06	0.02	1.08	1.14		0.28	0.23	0.13
6.98	1.59	7.99	0.13	9.86	12.35	0.26	19.16	1.19	0.92
9.32	0.09	9.36		15.65	15.65	0.38	13.75	-0.01	0.79

1-B-34 按地区分组的化学原料和

地　区	工业销售产值(当年价格)	出口交货值	资产总计	固定资产合计	固定资产原价	累计折旧	流动资产合计	应收账款	存货
山东省	**14385.03**	**474.03**	**8516.58**	**3360.90**	**5680.37**	**2654.30**	**3976.11**	**592.72**	**822.99**
济南市	335.20	11.43	287.08	80.18	111.14	43.31	142.34	26.10	33.02
青岛市	620.20	74.36	432.62	144.38	221.35	93.74	215.91	44.34	53.42
淄博市	2864.11	59.83	1178.51	425.94	638.64	280.97	536.47	78.77	98.33
枣庄市	359.22	3.07	214.05	143.85	193.18	62.08	59.79	9.04	11.94
东营市	2846.97	64.59	1635.31	665.46	880.14	293.70	820.34	98.59	197.68
烟台市	736.37	65.09	500.23	173.69	272.19	108.88	212.70	33.44	38.19
潍坊市	1643.20	52.26	1057.31	516.97	916.19	447.11	466.54	79.07	101.86
济宁市	178.38	0.87	189.77	52.47	63.23	15.82	104.59	24.80	17.04
泰安市	564.26	27.57	375.69	161.16	213.07	59.68	160.94	33.30	24.79
威海市	193.19	23.87	108.14	44.37	72.04	36.30	49.78	10.46	15.14
日照市	164.49	2.38	148.23	54.85	86.91	41.24	77.23	15.47	11.98
莱芜市	81.28	6.59	39.20	16.01	97.91	84.62	17.52	4.03	5.22
临沂市	726.23	12.54	626.93	161.44	372.35	225.58	328.64	28.11	90.08
德州市	836.75	22.50	473.74	234.33	317.34	92.91	172.13	10.39	24.60
聊城市	516.74	7.45	214.29	101.17	167.87	68.98	70.60	9.15	18.21
滨州市	600.85	20.39	458.22	171.38	514.06	350.91	240.24	25.42	53.15
菏泽市	1117.59	19.21	577.26	213.24	542.79	348.46	300.36	62.24	28.34

1-B-34 续表

地　区	港澳台资本	外商资本	主营业务收入	主营业务成本	主营业务税金及附加	销售费用	管理费用	税金
山东省	**28.22**	**105.49**	**14719.24**	**12828.25**	**90.71**	**223.48**	**316.46**	**26.00**
济南市	0.93	1.99	347.53	294.08	3.69	10.30	15.23	0.62
青岛市	4.90	38.25	617.56	522.20	6.06	19.71	35.32	3.25
淄博市	2.13	8.50	2841.71	2494.78	13.77	23.78	44.56	2.67
枣庄市	0.45	4.24	357.06	314.60	1.75	8.30	12.46	2.26
东营市	3.18	2.36	2846.31	2500.43	16.44	22.53	31.56	2.39
烟台市	1.66	3.72	842.27	724.57	2.57	13.94	23.36	2.58
潍坊市	9.30	12.04	1689.06	1497.87	9.26	29.79	42.95	3.63
济宁市	0.07	5.38	193.74	162.04	0.96	5.71	6.93	0.33
泰安市		0.15	561.97	476.68	5.42	8.41	15.12	1.32
威海市		3.66	194.44	168.49	1.14	3.75	7.79	0.29
日照市	1.70	2.30	162.84	151.94	0.44	1.65	2.41	0.07
莱芜市		4.45	85.52	79.77	0.14	1.66	1.91	0.07
临沂市	3.71	12.95	807.64	708.23	3.29	23.97	20.54	1.69
德州市		0.21	869.66	726.42	8.10	17.20	15.03	1.55
聊城市			530.07	465.25	2.69	7.83	8.83	0.39
滨州市	0.15	1.72	639.82	573.47	6.12	7.77	14.54	0.83
菏泽市	0.03	3.57	1132.05	967.45	8.87	17.15	17.92	2.06

化学制品制造业主要经济指标

单位：亿元

产成品	负债合计	流动负债合计	应付账款	所有者权益合计	实收资本	国家资本	集体资本	法人资本	个人资本
350.09	**4932.73**	**3673.68**	**577.83**	**3525.24**	**1335.51**	**81.16**	**42.57**	**570.82**	**507.24**
15.18	212.52	168.60	27.90	73.72	34.55	4.70	1.76	11.22	13.95
17.67	249.08	202.81	50.85	182.28	111.96	7.18	1.95	41.43	18.25
39.92	605.48	469.25	77.97	566.70	229.51	18.31	13.16	78.52	108.88
4.43	154.28	113.09	16.61	58.97	57.74	9.40	0.77	33.43	9.44
93.02	829.57	650.41	108.09	790.72	157.60	4.95	12.34	79.62	55.16
15.83	264.85	168.09	27.17	231.28	39.02	5.94	3.93	11.63	12.14
45.83	651.68	537.08	66.55	400.82	137.67	1.27	1.37	59.67	54.02
8.66	121.94	84.68	16.07	60.40	42.02	0.90	1.58	17.40	16.69
15.48	219.41	140.12	15.02	155.12	65.76	4.11	0.84	8.20	52.46
4.50	49.23	27.89	4.84	58.91	19.54		0.70	10.75	4.43
2.94	119.14	98.46	39.50	29.09	13.85	0.04		4.74	5.07
2.38	23.87	22.52	3.85	14.94	11.39	1.56		4.20	1.18
30.01	380.56	278.59	30.84	244.08	106.86	0.42	0.61	51.07	38.11
8.23	221.70	132.57	24.44	244.70	98.46	1.07	0.20	57.02	39.97
6.62	119.61	93.43	10.18	93.89	33.26	7.60	1.81	11.06	12.79
23.84	310.17	222.64	34.23	146.43	67.86	10.82	1.56	28.74	24.87
15.56	399.63	263.44	23.71	173.20	108.47	2.90		62.13	39.83

单位：亿元

财务费用	利息收入	利息支出	投资收益（损失以“–”号记）	营业利润	利润总额	亏损企业亏损额	应交增值税	应交所得税	从业人员平均人数（万人）
170.06	**15.79**	**145.41**	**-4.74**	**1018.84**	**1030.44**	**41.23**	**395.41**	**129.96**	**66.40**
5.96	0.36	5.83	0.01	19.28	17.21	3.97	9.25	2.64	2.58
6.47	0.56	6.50	-0.48	39.17	41.50	1.04	22.82	5.72	4.07
21.09	3.61	16.24	1.16	231.86	230.99	5.34	102.70	24.67	9.98
8.76	0.36	8.19	0.01	11.08	12.30	5.88	15.23	3.47	3.23
26.14	1.33	22.55	0.77	246.87	245.07	2.59	76.92	33.64	5.04
7.27	0.65	6.47	0.50	70.96	70.96	1.07	15.80	10.78	4.17
21.63	1.13	19.27	-5.33	66.84	73.89	10.61	27.33	10.88	8.91
4.01	0.25	3.39	-4.08	10.13	10.29	2.83	4.71	1.10	2.02
7.70	0.21	6.82	0.09	44.62	44.89	0.31	12.80	4.76	3.39
2.81	0.03	2.33		8.46	8.70	0.88	4.68	1.78	1.39
1.42	0.09	1.37	0.16	6.88	7.54	0.80	6.24	1.16	0.63
0.99	0.04	0.81		0.96	0.94	0.74	0.61	0.04	0.41
7.75	1.97	9.55	0.26	43.50	42.52	0.73	8.90	4.08	6.23
11.66	1.19	10.66	0.29	57.73	58.73	0.26	28.63	9.31	4.97
6.72	0.06	6.16	0.24	38.59	38.70	1.29	9.61	3.27	2.45
7.92	1.16	7.59	0.76	27.34	29.07	2.23	9.78	2.58	3.13
21.76	2.78	11.69	0.90	94.57	97.13	0.67	39.37	10.08	3.80

1-B-35 按地区分组的医药

地 区	工业销售产值(当年价格)	出口交货值	资产总计	固定资产合计	固定资产原价	累计折旧	流动资产合计	应收账款	存货
山东省	**3139.91**	**214.22**	**2276.68**	**880.03**	**1387.17**	**648.73**	**1099.38**	**197.98**	**209.40**
济南市	150.65	13.45	220.89	45.00	66.29	26.56	137.68	20.00	20.96
青岛市	105.38	20.69	88.25	28.10	38.03	12.95	46.63	11.03	5.97
淄博市	328.27	50.68	218.70	92.52	161.26	79.83	97.12	17.78	24.48
枣庄市	26.26		10.24	5.10	6.18	1.56	3.89	0.78	1.01
东营市	125.17	9.22	69.42	36.53	43.20	9.90	24.31	3.57	2.21
烟台市	159.06	12.69	137.85	48.31	54.79	24.50	65.15	16.20	9.56
潍坊市	258.88	29.27	192.67	87.63	141.20	67.28	94.36	21.17	19.34
济宁市	110.32	22.10	137.48	49.64	81.38	33.91	68.32	14.93	17.97
泰安市	96.45	4.50	45.22	10.31	14.83	7.67	20.55	2.32	5.66
威海市	295.77	3.39	281.49	123.15	113.25	36.35	131.17	38.53	25.43
日照市	8.61	3.35	11.82	3.72	5.05	1.49	7.01	0.69	3.20
莱芜市	0.23		0.36	0.12	0.07	0.01	0.24	0.09	0.06
临沂市	324.48	6.89	271.37	105.47	173.51	84.70	137.95	19.47	35.88
德州市	563.60	25.48	261.94	111.93	313.70	215.41	101.74	9.25	8.34
聊城市	73.84	2.18	94.41	26.14	37.34	12.33	57.05	6.78	8.63
滨州市	93.97	0.08	51.44	25.17	36.58	12.55	22.01	4.82	5.72
菏泽市	418.97	10.23	183.12	81.19	100.50	21.71	84.20	10.57	14.98

1-B-35 续表

地 区	港澳台资本	外商资本	主营业务收入	主营业务成本	主营业务税金及附加	销售费用	管理费用	税金
山东省	**3.49**	**47.43**	**3124.50**	**2350.77**	**27.73**	**222.34**	**129.04**	**6.04**
济南市	1.86	0.35	156.94	97.15	1.41	17.53	15.47	0.42
青岛市	0.03	3.78	99.62	66.47	1.36	9.35	7.53	0.39
淄博市		1.69	325.08	261.62	2.03	15.31	12.78	0.50
枣庄市	0.63	0.10	26.94	22.72	0.14	0.38	0.88	0.13
东营市			128.72	106.36	1.07	1.16	1.47	0.06
烟台市	0.30	2.86	154.74	112.01	1.10	17.36	7.88	0.29
潍坊市	0.22	1.31	268.98	229.21	1.04	7.18	7.92	0.63
济宁市	0.25	6.32	108.04	85.93	0.67	7.11	7.12	0.43
泰安市		1.66	82.39	67.00	0.56	1.95	2.24	0.10
威海市		0.95	319.15	191.10	4.51	56.14	23.15	1.21
日照市		0.10	8.54	7.46	0.05	0.37	0.75	0.04
莱芜市			0.23	0.18			0.01	
临沂市	0.19	20.65	320.93	225.41	2.62	33.97	18.90	0.68
德州市		0.43	557.28	460.02	5.80	10.76	5.37	0.54
聊城市		7.22	81.36	46.42	0.81	11.16	5.91	0.14
滨州市			78.07	60.32	0.64	5.69	4.62	0.07
菏泽市		0.02	407.48	311.38	3.93	26.91	7.03	0.43

制造业主要经济指标

单位：亿元

产成品	负债合计	流动负债合计	应付账款	所有者权益合计	实收资本	国家资本	集体资本	法人资本	个人资本
108.03	**902.41**	**681.16**	**116.11**	**1344.98**	**314.40**	**10.23**	**9.08**	**117.32**	**126.85**
8.91	80.49	74.22	12.34	140.25	29.49	0.83	0.72	16.43	9.30
2.73	33.35	23.59	2.40	54.15	20.28	0.24	0.06	9.82	6.34
12.20	102.07	74.73	22.60	115.16	20.08	3.67	1.27	3.42	10.03
0.25	3.50	3.11	0.69	6.73	1.84	0.08		0.38	0.64
1.16	19.22	17.10	1.24	38.02	9.68	1.52		2.73	5.43
4.69	63.87	37.96	4.22	73.22	20.27	0.01	2.46	7.97	6.66
9.42	86.94	77.15	11.59	104.08	21.15	0.19	0.35	6.30	12.78
10.44	65.16	47.06	12.65	72.13	23.36	0.65	2.65	9.77	3.72
1.78	10.92	8.07	1.71	34.30	7.51	0.28		2.55	3.03
20.81	108.89	96.08	13.99	172.60	15.14		0.13	10.88	3.18
2.35	8.29	7.96	1.90	3.53	1.67		0.80	0.39	0.38
0.03	0.05	0.05		0.31	0.10				0.10
14.33	115.85	90.96	15.98	147.21	34.30	0.22		7.22	6.03
3.50	91.81	32.39	0.94	166.81	29.30	0.65	0.17	13.08	14.96
5.60	21.21	15.73	2.91	72.94	17.00	1.87	0.47	1.10	6.34
3.19	26.44	20.02	7.34	24.99	12.19	0.01		2.60	9.58
6.64	64.36	55.00	3.61	118.56	51.04			22.67	28.35

单位：亿元

财务费用	利息收入	利息支出	投资收益（损失以“–”号记）	营业利润	利润总额	亏损企业亏损额	应交增值税	应交所得税	从业人员平均人数（万人）
34.48	**4.45**	**30.83**	**4.64**	**320.25**	**327.59**	**3.12**	**133.86**	**49.54**	**22.59**
1.18	0.28	1.03	2.46	27.16	28.42	0.64	7.86	4.27	1.69
1.17	0.05	0.53	0.14	12.65	12.73	0.08	4.83	1.42	1.00
5.03	0.85	2.84	0.03	27.95	29.75	0.10	16.01	4.32	3.08
0.14		0.10		2.35	2.32		0.95	0.27	0.31
0.43		0.35		17.82	17.85	0.01	2.95	2.97	0.48
1.74	0.13	1.10	0.07	14.75	14.91	0.90	7.63	1.74	1.42
3.46	0.45	2.85	0.02	19.34	19.03	0.12	5.14	2.90	1.71
1.75	0.28	1.73	0.55	5.65	7.36	0.01	3.79	1.06	1.88
0.14	0.23	0.30	0.07	9.84	9.66	0.07	3.84	1.26	0.55
4.76	0.38	4.45	0.01	39.15	39.37	0.05	11.84	6.78	2.72
0.14		0.06		-0.23	-0.17	0.44	0.16	0.01	0.17
0.01		0.01							
4.89	2.03	6.54	0.49	31.38	32.19		14.54	3.12	2.64
5.37	0.09	5.20	0.02	33.63	33.65	0.01	26.07	1.27	1.97
-0.23	-0.57	0.51	0.50	18.23	18.57	0.05	6.01	4.55	0.76
0.55	0.01	0.32	0.05	6.44	7.66	0.05	4.02	1.34	0.57
3.96	0.24	2.89	0.52	54.13	54.30	0.60	18.23	12.26	1.63

1-B-36 按地区分组的化学纤维

地 区	工业销售产值（当年价格）	出口交货值	资产总计	固定资产合计	固定资产原价	累计折旧	流动资产合计	应收账款	存货
山东省	**223.80**	**14.85**	**203.72**	**84.70**	**140.90**	**71.98**	**88.69**	**10.17**	**23.63**
济南市	2.59		2.60	0.80	1.12	0.31	1.77	0.21	1.14
青岛市	14.33	1.45	12.71	3.70	9.53	5.92	7.86	2.38	2.12
淄博市	21.91	0.22	5.84	1.22	3.64	2.62	3.57	0.65	0.85
枣庄市									
东营市	2.29		4.71	2.11	2.32	0.22	1.19	0.10	0.39
烟台市	38.34	6.25	34.13	17.70	39.40	21.75	14.05	1.16	4.00
潍坊市	68.22	5.48	87.55	33.22	48.91	23.78	37.23	3.11	9.55
济宁市	0.21		0.12	0.01	0.03	0.02	0.11	0.04	0.07
泰安市	2.97		0.60	0.29	0.33	0.06	0.31	0.05	0.06
威海市	2.78	0.35	2.53	1.73	2.21	0.50	0.79	0.11	0.21
日照市									
莱芜市									
临沂市	12.20		5.73	3.58	5.04	1.47	1.83	0.87	0.52
德州市	11.33		2.16	1.47	2.39	1.51	0.70	0.21	0.09
聊城市	7.57		0.80	0.31	1.13	0.84	0.38	0.08	0.02
滨州市	19.93	1.10	38.47	14.84	16.92	8.58	17.09	0.94	4.39
菏泽市	19.14		5.77	3.75	7.94	4.39	1.81	0.27	0.23

1-B-36 续表

地 区	港澳台资本	外商资本	主营业务收入	主营业务成本	主营业务税金及附加	销售费用	管理费用	税金
山东省	**2.09**	**4.45**	**231.21**	**204.39**	**1.01**	**4.06**	**7.07**	**0.55**
济南市	0.63		3.13	2.60		0.04	0.13	0.01
青岛市	0.15	4.31	14.79	12.97	0.11	0.65	0.58	0.05
淄博市			21.94	18.66	0.07	0.07	0.21	
枣庄市								
东营市			2.29	2.09		0.01	0.03	
烟台市	1.32	0.12	40.26	34.04	0.14	0.66	1.69	0.09
潍坊市			70.24	65.59	0.23	1.27	3.05	0.28
济宁市			0.21	0.20			0.01	
泰安市			3.00	2.64	0.01	0.06	0.04	
威海市		0.02	3.13	2.75	0.02	0.06	0.12	
日照市								
莱芜市								
临沂市			12.51	11.17	0.11	0.17	0.22	
德州市			12.91	10.69	0.09	0.30	0.11	
聊城市			7.44	6.70	0.03	0.06	0.08	0.01
滨州市			19.95	17.66	0.01	0.38	0.43	0.08
菏泽市			19.42	16.64	0.18	0.34	0.36	0.02

制造业主要经济指标

单位：亿元

产成品	负债合计	流动负债合计	应付账款	所有者权益合计	实收资本	国家资本	集体资本	法人资本	个人资本
11.16	**127.46**	**107.57**	**21.90**	**76.13**	**43.02**	**0.49**	**0.49**	**23.68**	11.82
0.98	1.25	1.24	0.25	1.34	0.73				0.10
0.74	7.46	6.76	1.44	5.25	4.95			0.22	0.27
0.18	4.09	0.93	0.40	1.65	0.59		0.02	0.29	0.27
0.06	2.58	1.22	0.06	2.13	1.88			1.60	0.28
2.39	7.11	5.92	3.09	27.02	5.82	0.49	0.47	3.42	
4.07	63.95	60.46	10.46	23.60	20.92			14.97	5.95
0.07	0.09	0.09	0.08	0.03	0.02				0.02
0.04	0.34	0.34	0.02	0.26	0.16			0.16	
0.19	0.68	0.50	0.10	1.85	0.21			0.01	0.18
0.26	1.35	1.32	1.00	4.38	3.87			0.26	3.61
0.04	1.13	0.08	0.01	1.04	0.33			0.33	
0.01	0.10	0.08		0.69	0.11			0.05	0.06
2.00	35.41	27.09	4.90	3.07	1.41			1.39	0.02
0.12	1.92	1.53	0.07	3.84	2.03			0.97	1.06

单位：亿元

财务费用	利息收入	利息支出	投资收益（损失以“–”号记）	营业利润	利润总额	亏损企业亏损额	应交增值税	应交所得税	从业人员平均人数（万人）
4.64	**0.08**	**3.82**	**0.30**	**11.23**	**11.45**	**0.45**	**5.43**	**1.54**	**2.09**
0.05		0.02		0.31	0.31		0.03	0.03	0.02
0.51		0.16	-0.34	0.23	0.23	0.32	0.37	0.03	0.12
0.12		0.03		1.53	1.54	0.13	1.16	0.02	0.11
0.13		0.13		0.15	0.15		0.13	0.02	0.03
0.03	0.01	0.06	0.65	3.68	3.80		0.71	0.72	0.32
2.16	0.07	2.05		0.89	0.97		1.14	0.22	0.90
									0.01
				0.25	0.25		0.05	0.06	0.02
0.03		0.02		0.15	0.15		0.06	0.02	0.10
0.05		0.01		0.62	0.62		0.18	0.04	0.09
0.09		0.09	-0.01	0.96	0.96		0.39	0.03	0.03
0.02		0.01		0.55	0.55		0.26	0.04	0.03
1.28		1.11		0.20	0.23		0.23		0.15
0.17		0.12		1.71	1.71		0.72	0.31	0.18

1-B-37　按地区分组的橡胶和塑料

地　区	工业销售产值(当年价格)	出口交货值	资产总计	固定资产合计	固定资产原价	累计折旧	流动资产合计	应收账款	存货
山东省	**5447.92**	**873.54**	**2885.90**	**1208.19**	**1832.17**	**724.90**	**1451.49**	**294.30**	**331.00**
济南市	74.49	2.02	35.12	8.76	14.55	6.50	22.41	8.77	5.14
青岛市	889.03	187.79	404.57	142.01	207.15	74.46	222.52	59.95	47.31
淄博市	233.42	28.14	121.23	47.64	57.50	22.95	57.81	11.99	13.54
枣庄市	129.97	8.33	80.32	39.68	49.70	11.37	27.71	5.82	9.94
东营市	1358.57	331.47	851.85	381.36	448.21	95.14	449.54	63.78	94.89
烟台市	469.15	90.35	218.81	98.93	162.62	69.18	103.42	33.90	24.52
潍坊市	487.97	46.90	240.32	101.41	284.53	192.98	120.99	27.54	33.73
济宁市	366.58	19.93	237.34	91.43	152.67	63.30	120.88	19.28	8.59
泰安市	200.03	7.84	74.38	34.59	38.25	11.19	25.96	5.34	5.66
威海市	500.06	117.54	260.15	108.81	212.03	116.52	134.50	21.54	56.08
日照市	46.24	18.08	30.93	10.89	12.05	2.61	18.51	4.47	5.63
莱芜市	13.20	3.80	14.69	4.72	17.42	12.70	8.87	1.65	2.13
临沂市	189.85	4.97	107.12	42.41	52.27	12.08	46.51	10.21	7.35
德州市	228.74	3.63	90.74	43.38	62.83	20.39	37.01	10.35	5.84
聊城市	166.11		74.19	28.97	31.95	8.03	36.72	5.54	6.05
滨州市	16.24		14.96	3.56	4.43	0.93	9.86	2.34	1.53
菏泽市	78.30	2.75	29.21	19.63	24.01	4.58	8.27	1.82	3.09

1-B-37　续表

地　区	港澳台资本	外商资本	主营业务收入	主营业务成本	主营业务税金及附加	销售费用	管理费用	税金
山东省	**9.66**	**43.85**	**5362.13**	**4629.83**	**31.59**	**106.32**	**126.33**	**9.50**
济南市	0.02	0.37	76.82	64.29	0.53	2.07	2.53	0.13
青岛市	4.32	23.50	839.00	734.59	10.17	19.84	30.55	2.88
淄博市	0.57	0.37	230.88	199.88	1.56	2.09	4.42	0.27
枣庄市			134.74	119.89	0.76	2.76	3.28	1.02
东营市	0.63	0.08	1364.11	1133.80	5.21	28.27	27.40	1.84
烟台市	3.30	1.15	458.52	391.48	1.25	7.78	12.29	0.82
潍坊市	0.12	9.45	496.15	438.44	2.28	8.53	9.25	0.50
济宁市	0.04		366.74	333.29	0.45	9.98	8.16	0.12
泰安市	0.13		172.88	145.43	1.60	3.11	3.41	0.27
威海市	0.23	7.89	477.08	425.68	2.30	8.47	11.37	0.72
日照市		0.09	48.33	43.27	0.22	0.89	1.07	0.13
莱芜市			13.31	11.65	0.05	0.20	0.29	0.01
临沂市	0.04		190.68	170.47	1.27	2.19	2.55	0.13
德州市	0.27	0.02	227.86	187.33	1.88	5.98	5.19	0.25
聊城市		0.93	168.56	146.15	1.39	2.60	2.72	0.12
滨州市			17.69	15.73	0.08	0.29	0.40	0.02
菏泽市			78.77	68.46	0.60	1.29	1.46	0.26

制品制造业主要经济指标

单位：亿元

产成品	负债合计	流动负债合计	应付账款	所有者权益合计	实收资本	国家资本	集体资本	法人资本	个人资本
154.78	**1528.52**	**1247.00**	**241.82**	**1343.86**	**365.59**	**11.10**	**13.40**	**132.54**	**154.37**
2.89	17.53	15.18	4.37	17.48	8.62		1.05	3.21	3.97
23.70	238.65	189.32	48.19	163.79	78.49	6.04	0.78	25.58	18.27
5.15	59.90	44.94	10.21	61.02	22.50	0.27	0.36	8.66	12.26
5.20	40.93	35.65	4.98	39.12	20.11	4.22	9.09	1.28	5.52
48.91	408.71	346.49	41.66	440.33	59.48	0.28		13.46	45.04
14.39	120.98	101.78	10.94	97.18	23.87		0.34	12.82	6.27
19.16	147.84	124.92	41.95	91.07	36.42	0.21	0.90	10.99	14.75
4.41	145.75	144.64	3.15	91.32	12.47	0.05	0.44	4.10	7.85
3.79	36.07	22.19	4.82	37.72	9.17	0.03	0.10	2.77	6.14
10.72	138.78	91.82	36.59	121.38	22.42		0.02	11.74	2.55
3.49	15.37	12.89	2.24	15.54	5.60		0.07	2.61	2.83
1.51	6.67	6.66	1.60	7.83	1.35			0.51	0.84
3.13	54.04	40.59	15.41	52.54	15.14		0.02	6.98	8.10
1.93	39.31	22.60	9.03	47.96	23.75		0.03	15.39	7.37
3.96	40.64	33.77	4.75	33.00	12.99	0.01	0.07	6.14	5.83
1.16	8.01	7.08	0.91	6.85	5.12		0.10	1.74	3.28
1.28	9.34	6.49	1.01	19.73	8.10		0.03	4.58	3.49

单位：亿元

财务费用	利息收入	利息支出	投资收益（损失以“–”号记）	营业利润	利润总额	亏损企业亏损额	应交增值税	应交所得税	从业人员平均人数（万人）
66.70	**2.07**	**57.08**	**-1.28**	**396.40**	**392.30**	**6.72**	**136.77**	**59.74**	**35.81**
0.50	0.03	0.40		5.31	5.16	0.38	2.73	1.17	0.60
7.61	0.74	6.08	-0.61	48.26	48.85	3.22	39.36	5.56	6.42
1.99	0.03	1.21	0.02	19.38	19.53	0.72	6.34	2.42	2.00
1.17	0.02	0.97	0.02	6.10	6.08	0.31	4.22	1.38	1.64
28.68	0.56	27.65	0.11	144.94	145.21	0.14	19.87	28.54	5.52
5.11	0.13	4.29	0.08	40.81	40.32	0.36	12.89	5.47	3.26
5.95	0.22	4.89	-1.20	25.89	25.71	1.02	9.80	4.01	3.65
3.64	0.11	3.41		15.03	11.10	0.25	6.35	0.30	1.37
1.56	0.05	1.25	0.10	14.52	14.42		5.12	1.24	1.27
3.45	0.11	2.36	0.15	26.63	26.81	0.18	8.53	3.84	3.46
0.78		0.58		2.96	2.47		0.76	0.26	0.66
0.36	0.05	0.28		0.70	0.73	0.03	0.15	0.01	0.25
1.28	0.08	0.88	0.02	10.21	10.21	0.04	4.46	0.98	1.80
1.95	-0.12	1.12	0.03	15.56	15.58	0.01	8.75	2.61	1.68
1.89	0.06	1.19		13.02	13.01		4.44	1.26	1.16
0.23		0.19		0.66	0.65	0.06	0.48	0.10	0.22
0.55	0.01	0.32		6.43	6.44		2.53	0.60	0.84

1-B-38 按地区分组的非金属

地区	工业销售产值(当年价格)	出口交货值	资产总计	固定资产合计	固定资产原价	累计折旧	流动资产合计	应收账款	存货
山东省	**6941.80**	**161.68**	**3994.98**	**1721.30**	**2599.29**	**1014.41**	**1770.46**	**396.44**	**350.14**
济南市	284.04	19.77	265.11	59.98	103.82	47.58	173.52	49.33	22.90
青岛市	553.64	28.91	283.93	100.26	143.30	52.41	159.80	52.68	41.55
淄博市	1643.18	39.03	704.98	260.77	523.42	278.85	263.11	54.91	59.43
枣庄市	374.35	2.31	231.42	127.88	171.95	46.92	84.99	9.77	11.94
东营市	294.45	1.05	171.22	75.70	81.35	14.88	82.03	21.84	13.73
烟台市	513.50	11.17	190.48	109.22	205.78	100.35	73.12	18.01	16.73
潍坊市	339.52	18.49	208.83	81.34	181.52	104.63	99.50	24.62	17.24
济宁市	233.42	5.26	241.02	101.19	126.90	38.55	109.54	27.29	20.14
泰安市	460.94	10.64	273.80	123.19	134.77	39.80	97.77	18.23	18.84
威海市	193.93	10.00	148.66	74.50	114.00	47.22	61.71	13.49	15.69
日照市	102.62	0.63	150.27	51.55	68.20	20.50	88.60	7.37	7.92
莱芜市	55.12	0.26	45.17	17.26	25.74	8.74	24.84	11.40	5.89
临沂市	663.25	7.49	354.23	178.32	218.82	57.53	141.86	33.82	36.01
德州市	646.08	5.86	377.77	212.31	304.74	100.54	136.17	21.18	22.10
聊城市	177.78		68.14	25.63	35.90	11.42	33.92	7.70	7.73
滨州市	115.20	0.48	142.04	34.72	43.70	14.62	94.84	12.84	20.69
菏泽市	290.78	0.34	137.93	87.49	115.38	29.89	45.14	11.93	11.62

1-B-38 续表

地区	港澳台资本	外商资本	主营业务收入	主营业务成本	主营业务税金及附加	销售费用	管理费用	税金
山东省	**31.54**	**59.37**	**7054.20**	**5986.04**	**53.55**	**140.54**	**177.93**	**15.50**
济南市	1.80	1.91	278.43	224.65	2.16	10.61	11.78	0.96
青岛市	5.67	21.66	538.70	454.70	7.78	17.14	26.29	1.66
淄博市	5.46	3.57	1626.48	1393.71	9.50	21.69	32.47	3.03
枣庄市	5.11	5.23	383.69	328.66	3.28	9.26	12.39	3.89
东营市		0.32	298.30	244.77	2.97	3.63	4.74	0.16
烟台市	4.79	8.03	513.10	439.17	1.61	4.70	8.35	0.63
潍坊市	1.55	3.10	344.24	289.85	1.78	10.00	9.48	0.67
济宁市	0.01	0.21	252.42	208.82	1.78	6.28	7.07	0.63
泰安市		2.02	458.38	377.42	5.95	9.16	10.58	0.74
威海市	1.28	6.88	202.59	175.67	1.22	3.38	6.75	0.32
日照市	3.44	6.31	100.32	85.71	0.77	3.96	3.97	0.31
莱芜市	0.04		54.24	45.99	0.36	1.75	2.42	0.22
临沂市	1.59	0.02	668.67	590.50	4.33	11.10	12.00	0.82
德州市		0.10	681.28	554.14	6.49	18.39	17.13	0.72
聊城市			182.01	158.30	0.79	1.96	2.69	0.10
滨州市			169.20	153.70	0.42	2.47	2.69	0.28
菏泽市	0.80		302.16	260.28	2.36	5.05	7.14	0.35

矿制品业主要经济指标

单位：亿元

产成品	负债合计	流动负债合计	应付账款	所有者权益合计	实收资本	国家资本	集体资本	法人资本	个人资本
146.94	**2015.53**	**1547.06**	**367.43**	**1934.42**	**780.20**	**61.31**	**24.74**	**275.68**	**327.57**
9.19	173.73	140.29	35.00	89.20	37.03	0.54	0.38	19.61	12.79
12.48	176.68	134.54	46.59	104.87	68.38	1.08	3.09	20.21	16.68
32.30	311.31	225.19	47.79	386.85	120.36	13.97	7.42	25.38	64.57
4.43	113.76	94.95	13.71	116.59	39.58	6.81	1.86	12.37	8.19
4.91	60.68	50.47	15.59	108.98	14.90	0.44	0.34	6.97	6.83
7.25	82.83	62.94	13.25	105.91	47.84	3.54	1.98	4.56	24.94
7.98	100.56	59.89	16.68	103.31	34.20	3.00	0.35	11.93	14.27
8.14	148.21	124.56	25.89	92.06	49.98	12.44	0.53	20.80	15.99
9.51	142.45	89.93	19.42	130.51	55.95	6.57	0.81	33.37	13.18
7.93	67.98	45.69	13.88	80.54	23.55	0.16	0.23	4.87	10.13
2.69	92.73	84.45	10.94	57.45	25.60	2.40	0.46	5.65	7.34
2.45	26.27	23.82	10.08	18.66	7.49	1.33	0.50	3.83	1.79
13.98	165.39	128.96	29.05	173.80	72.88	6.29	3.96	23.76	37.26
10.01	122.21	97.67	16.78	250.14	122.50	2.34	1.67	57.52	60.87
2.07	33.11	21.83	4.77	34.35	10.23	0.34	0.16	3.77	5.96
6.39	134.09	120.10	41.33	7.57	18.35	0.06	0.13	7.54	10.62
5.22	63.53	41.78	6.67	73.64	31.38		0.89	13.54	16.15

单位：亿元

财务费用	利息收入	利息支出	投资收益(损失以"–"号记)	营业利润	利润总额	亏损企业亏损额	应交增值税	应交所得税	从业人员平均人数(万人)
76.62	**4.39**	**62.95**	**2.29**	**562.05**	**574.11**	**11.85**	**274.81**	**65.79**	**58.95**
5.23	0.43	3.59	0.73	20.87	21.21	1.30	10.67	3.35	2.73
4.23	0.11	2.89	-0.47	37.18	37.35	1.78	18.58	4.47	3.76
12.95	0.38	10.91	1.52	148.24	149.04	2.14	77.63	10.49	12.15
3.99	0.98	3.70	0.09	22.59	23.73	2.08	14.83	4.95	5.15
2.51	0.01	2.35	0.04	38.01	38.21	0.47	8.82	6.34	1.06
3.12	0.09	2.71	0.05	56.44	57.18	1.12	28.45	3.67	3.29
4.25	0.12	3.20	-0.65	26.00	26.51	0.04	9.90	4.21	2.76
5.48	0.22	4.92	0.06	19.21	21.36	0.26	7.85	2.75	2.91
6.02	0.25	4.68	0.85	37.78	39.03	0.23	15.85	3.99	3.67
3.08	0.71	3.33	-0.02	12.33	13.04	0.31	8.49	2.14	1.86
1.64	0.27	1.48		4.63	4.85	0.91	3.28	0.58	0.98
0.53	0.01	0.42		3.13	3.37	0.06	2.11	0.71	0.99
6.00	0.15	4.96	0.01	42.17	43.46	0.15	16.81	4.05	7.34
8.52	0.35	7.16		48.97	50.82	0.29	32.84	8.97	5.37
1.49	0.01	1.31	0.03	15.30	15.54	0.06	4.70	1.39	1.15
4.17	0.27	2.45	0.03	5.42	5.57	0.56	1.91	0.54	1.07
3.41	0.02	2.89		23.77	23.84	0.09	12.11	3.16	2.72

1-B-39 按地区分组的黑色金属冶炼及

地区	工业销售产值(当年价格)	出口交货值	资产总计	固定资产合计	固定资产原价	累计折旧	流动资产合计	应收账款	存货
山东省	**5540.35**	**150.73**	**5095.06**	**1827.23**	**3474.94**	**1939.84**	**2846.37**	**138.03**	**506.61**
济南市	365.67	9.13	686.07	451.35	720.67	305.83	182.47	12.09	86.53
青岛市	465.98	21.07	265.67	80.66	144.03	73.26	152.40	14.99	40.86
淄博市	654.68	0.74	476.64	178.60	198.13	47.43	248.90	22.59	50.92
枣庄市	33.21		9.87	6.85	9.53	2.76	2.92	0.59	0.45
东营市	28.13	0.50	21.96	6.44	7.67	1.29	13.37	1.43	2.33
烟台市	185.05	11.32	137.92	61.90	119.25	60.20	61.36	8.07	22.50
潍坊市	480.90	9.85	341.89	162.54	329.21	217.03	154.75	13.45	61.75
济宁市	22.96	0.31	12.08	3.66	4.84	1.26	7.46	1.23	1.74
泰安市	177.81	0.18	144.81	74.37	102.57	33.44	66.05	4.30	36.93
威海市	116.23	0.34	44.85	26.02	49.76	25.29	16.89	2.11	4.99
日照市	419.16	66.01	753.12	147.49	448.44	431.11	527.67	17.03	39.62
莱芜市	870.54	18.43	482.00	222.03	785.68	573.10	179.46	6.02	61.74
临沂市	770.04	4.48	387.72	139.13	200.80	63.87	209.66	15.06	34.01
德州市	274.21		162.92	97.85	166.23	68.57	52.60	1.78	12.55
聊城市	527.59	7.47	955.34	91.31	107.66	25.43	841.76	11.71	22.76
滨州市	137.52	0.88	206.23	73.92	76.26	8.78	125.98	4.78	26.12
菏泽市	10.67		5.97	3.10	4.21	1.19	2.67	0.80	0.82

1-B-39 续表

地区	港澳台资本	外商资本	主营业务收入	主营业务成本	主营业务税金及附加	销售费用	管理费用	税金
山东省	**8.02**	**8.51**	**6052.91**	**5564.86**	**19.45**	**50.17**	**101.11**	**8.98**
济南市		0.20	716.37	682.34	2.37	3.56	25.11	1.12
青岛市	2.28	1.21	540.65	492.63	2.22	10.39	12.99	2.06
淄博市	0.08	4.78	632.78	571.89	2.26	2.27	6.84	0.41
枣庄市			34.02	29.25	0.19	0.91	1.18	0.52
东营市	0.53	0.23	30.49	26.36	0.07	0.68	0.57	0.01
烟台市	0.14	1.99	188.92	171.77	0.36	3.47	3.73	0.38
潍坊市	4.80	0.08	500.52	464.00	1.58	4.41	7.42	0.44
济宁市	0.20		24.88	22.32	0.11	0.22	0.31	0.05
泰安市			246.46	171.26	0.67	0.96	4.42	0.27
威海市		0.01	125.46	112.10	0.96	1.26	3.18	0.10
日照市			438.41	424.27	1.03	4.19	6.74	0.85
莱芜市			788.38	758.10	0.75	2.93	8.93	1.06
临沂市		0.01	815.65	771.84	1.57	2.61	6.13	0.64
德州市			275.28	236.55	2.76	7.30	6.86	0.45
聊城市			545.12	488.82	2.07	4.55	4.65	0.42
滨州市		0.01	139.28	132.76	0.40	0.28	1.78	0.15
菏泽市			10.23	8.61	0.08	0.17	0.27	0.04

压延加工业主要经济指标

单位：亿元

产成品	负债合计	流动负债合计	应付账款	所有者权益合计	实收资本	国家资本	集体资本	法人资本	个人资本
179.23	**3636.28**	**2650.51**	**606.86**	**1445.56**	**435.27**	**78.64**	**24.37**	**188.74**	**126.89**
19.31	501.15	436.94	203.96	184.91	84.23	0.36	0.08	62.59	21.00
8.22	188.45	160.83	31.84	75.82	49.49	1.82	0.12	42.63	1.43
18.95	315.20	290.90	25.41	160.98	25.57	5.89	2.35	2.91	9.56
0.35	2.14	1.84	0.53	7.70	0.81			0.05	0.76
0.69	12.33	11.06	0.52	9.64	4.63			1.62	2.25
10.05	88.06	66.72	9.66	49.50	20.42	3.78	1.03	6.39	7.09
16.42	211.64	196.87	58.35	129.63	25.91	0.08		7.89	13.07
0.95	6.43	5.46	0.85	5.64	2.74			0.73	1.81
15.30	74.73	59.90	10.67	70.09	17.41	2.87		11.17	3.37
1.34	14.53	8.26	1.68	30.32	5.21	0.04	0.05	1.73	3.39
13.92	593.28	550.37	130.35	159.83	8.77			8.56	0.21
31.14	367.82	325.95	62.31	109.16	80.92	63.74		7.17	10.01
13.83	246.04	204.00	39.28	140.50	39.46	0.06	15.00	8.13	16.25
3.33	100.60	85.64	0.10	61.39	20.67			13.52	7.05
11.63	762.77	112.23	8.27	189.40	33.85		3.21	9.10	21.54
13.67	147.54	132.07	22.96	58.67	13.73		2.53	4.33	6.87
0.12	3.59	1.47	0.13	2.38	1.45			0.21	1.24

单位：亿元

财务费用	利息收入	利息支出	投资收益（损失以“–”号记）	营业利润	利润总额	亏损企业亏损额	应交增值税	应交所得税	从业人员平均人数（万人）
84.57	**11.60**	**90.00**	**2.38**	**177.94**	**177.31**	**22.43**	**102.18**	**23.70**	**33.18**
10.47	1.02	14.11	4.88	1.49	-0.55	4.13	13.09	0.54	6.85
6.16	1.57	7.05	-0.92	14.18	14.12	0.18	11.65	1.55	2.02
11.09	0.25	10.27	-0.41	41.03	40.90	1.47	13.37	5.10	2.60
0.37	0.06	0.30		2.12	2.12		1.32	0.40	0.30
0.48	0.01	0.28		2.88	2.87	0.23	0.14	0.55	0.11
3.47	0.13	2.68	-1.67	4.32	4.23	5.36	1.91	1.26	1.13
5.49	0.29	4.78	-0.47	15.53	16.36		8.20	3.19	3.11
0.27	0.01	0.23		1.63	1.63		0.50	0.17	0.25
0.61	1.04	0.71	0.09	10.32	10.12	0.14	4.14	2.25	0.92
0.70	0.02	0.67		6.79	6.70		3.25	1.00	0.89
8.26	2.81	11.14	0.83	7.26	6.91		5.41	0.88	1.67
14.93	2.26	18.65	0.05	-3.88	-3.09	9.10	3.42	0.49	4.91
11.37	0.28	10.37	0.01	21.66	22.09	0.22	15.97	2.50	4.20
2.37	0.73	0.67		15.33	15.67		9.44	1.09	1.15
4.13	0.12	2.95		36.09	36.03		8.85	2.42	2.05
4.26	1.03	5.08		0.34	0.36	1.58	1.23	0.23	0.94
0.13		0.06		0.85	0.85		0.30	0.09	0.09

1-B-40 按地区分组的有色金属

地 区	工业销售产值(当年价格)	出口交货值	资产总计	固定资产合计	固定资产原价	累计折旧	流动资产合计	应收账款	存货
山东省	**5540.97**	**37.41**	**3434.78**	**1416.26**	**1966.78**	**811.07**	**1796.82**	**203.38**	**531.17**
济南市	17.26	0.68	6.07	1.28	2.98	1.81	4.19	1.06	2.02
青岛市	126.76	5.51	58.11	24.29	32.91	9.29	24.80	6.17	4.99
淄博市	224.87	13.87	170.16	68.31	122.69	57.14	92.04	13.05	37.52
枣庄市	21.57	0.23	6.04	3.37	3.48	0.63	2.11	0.11	0.50
东营市	886.55	0.59	329.89	46.38	118.29	72.14	271.65	2.56	105.56
烟台市	1764.56	10.66	1000.59	433.93	730.92	356.43	501.53	55.66	197.09
潍坊市	163.32	0.48	79.92	25.36	57.14	39.73	50.26	8.61	11.70
济宁市	11.80	0.05	14.07	4.99	6.67	1.71	7.38	2.05	1.07
泰安市	35.21		6.56	1.76	3.21	1.55	2.93	1.05	0.58
威海市	21.18		17.43	9.16	6.47	1.29	7.23	0.43	0.75
日照市	8.56		2.51	0.34	0.46	0.11	2.12	0.10	0.58
莱芜市	0.78		0.26	0.10	0.10	0.02	0.16	0.03	0.04
临沂市	424.44		94.11	32.33	82.58	52.46	42.93	7.73	13.70
德州市	68.53	0.08	18.05	6.38	9.93	4.26	4.48	0.73	0.48
聊城市	1296.03	0.71	1140.43	503.33	616.80	196.87	597.51	76.62	120.61
滨州市	427.12	4.54	447.05	242.33	161.51	13.23	155.41	22.63	27.86
菏泽市	42.43		43.53	12.62	10.64	2.42	30.08	4.79	6.11

1-B-40 续表

地 区	港澳台资本	外商资本	主营业务收入	主营业务成本	主营业务税金及附加	销售费用	管理费用	税金
山东省	**10.11**	**10.01**	**5683.33**	**5161.48**	**13.42**	**32.69**	**57.68**	**4.84**
济南市			17.24	16.03	0.07	0.10	1.30	0.05
青岛市	1.65	4.46	128.09	115.39	1.17	1.24	2.65	0.26
淄博市	5.34	0.69	213.68	196.08	0.77	2.20	3.53	0.32
枣庄市			21.52	17.78	0.32	1.00	0.99	0.37
东营市		0.36	888.55	820.29	0.48	1.99	2.92	0.48
烟台市		2.53	1859.92	1674.01	3.24	12.94	25.40	1.44
潍坊市			167.93	151.96	0.97	1.69	3.52	0.23
济宁市	0.95	1.22	12.98	11.74	0.11	0.17	0.52	0.03
泰安市			39.49	33.03	0.55	0.28	0.61	0.09
威海市		0.10	21.38	19.59	0.12	0.10	0.19	
日照市			9.72	9.01	0.01	0.13	0.04	
莱芜市			0.88	0.86		0.01	0.01	
临沂市	0.03	0.37	448.00	417.02	1.21	2.09	3.09	0.10
德州市	0.12		67.78	53.64	0.99	1.26	0.69	0.08
聊城市	2.02		1311.69	1182.43	2.84	2.90	7.99	0.88
滨州市			423.11	394.67	0.43	3.96	3.43	0.44
菏泽市		0.28	51.35	47.96	0.12	0.63	0.79	0.08

冶炼及压延加工业主要经济指标

单位：亿元

产成品	负债合计	流动负债合计	应付账款	所有者权益合计	实收资本	国家资本	集体资本	法人资本	个人资本
86.01	**1748.54**	**1500.59**	**194.66**	**1667.11**	**396.58**	**50.88**	**11.75**	**228.07**	**85.75**
1.29	8.21	8.03	0.57	-2.39	0.65		0.34	0.09	0.21
3.03	35.74	31.70	2.74	21.11	13.28	2.00	0.20	3.78	1.19
7.12	101.88	75.55	3.97	68.18	57.42	41.23	0.95	2.54	6.68
0.24	2.63	2.20	0.19	3.08	0.76			0.18	0.58
2.62	189.03	178.13	6.91	140.86	7.41			1.29	5.76
31.14	384.30	299.25	42.02	607.78	37.08	0.81	8.37	14.52	10.85
6.31	55.01	48.41	4.34	24.35	10.17			1.62	8.55
0.55	5.72	4.00	0.50	8.32	6.21	0.80		0.65	2.60
0.50	3.15	0.65	0.23	3.42	1.29			0.31	0.97
0.31	5.25	2.81	0.64	12.17	7.55		0.60	6.53	0.32
0.44	1.71	1.54	0.74	0.80	0.08				0.08
0.03	0.22	0.22	-0.11	0.04	0.07				0.07
4.29	53.65	36.53	7.74	38.85	11.19	0.12		3.63	7.03
0.29	4.20	2.19	0.26	13.81	4.71		0.03	3.25	1.31
12.62	649.57	596.67	93.92	489.83	113.41	5.92	1.20	86.54	17.73
12.04	210.37	178.47	13.10	231.23	120.46			102.20	18.25
3.20	37.88	34.24	16.90	5.66	4.87		0.07	0.95	3.58

单位：亿元

财务费用	利息收入	利息支出	投资收益（损失以"–"号记）	营业利润	利润总额	亏损企业亏损额	应交增值税	应交所得税	从业人员平均人数（万人）
71.88	**6.59**	**62.11**	**0.26**	**331.27**	**331.63**	**11.17**	**127.97**	**28.83**	**16.24**
0.14		0.13	0.01	-0.24	-0.22	0.79	0.22	0.08	0.24
1.26	0.08	0.92		5.79	5.91	0.38	3.51	0.31	0.55
3.45	0.07	2.80	-0.73	5.59	5.01	7.90	5.76	0.68	1.46
0.12		0.12		1.25	1.25		0.70	0.09	0.26
10.09	1.82	12.48	0.10	51.66	51.09		37.36	3.42	0.43
19.01	0.98	11.05	0.26	127.48	127.54	0.77	20.22	8.52	5.51
2.54	0.95	2.23		5.98	5.80		1.72	0.81	1.19
0.10		0.08		0.34	0.34	0.35	0.19	0.05	0.17
0.39		0.36		2.51	2.53		0.86	0.13	0.28
0.07		0.04		1.29	1.29		0.11	0.03	0.23
0.06		0.07		0.77	0.77	0.02	0.40	0.20	0.04
0.01		0.01		-0.01	-0.01	0.01	0.01		0.01
2.02	0.04	1.47	0.01	18.30	18.00	0.09	8.72	1.39	1.32
0.34		0.12		4.60	4.60		2.72	0.36	0.29
27.73	1.98	25.88	0.56	87.88	89.46		40.53	9.69	2.36
3.84	0.70	3.87	0.05	16.94	17.10	0.29	3.86	2.69	1.68
0.71	-0.04	0.49		1.13	1.17	0.56	1.07	0.36	0.21

1-B-41 按地区分组的金属

地 区	工业销售产值(当年价格)		资产总计						
		出口交货值		固定资产合计	固定资产原价	累计折旧	流动资产合计		
								应收账款	存货
山东省	**4953.87**	**278.78**	**2460.41**	**824.03**	**1359.52**	**601.39**	**1398.09**	**299.74**	**324.87**
济南市	326.39	27.40	185.47	40.04	54.58	17.24	119.33	37.78	27.78
青岛市	1083.40	135.72	384.64	135.53	178.38	56.17	212.19	68.10	55.50
淄博市	246.88	4.50	87.79	36.37	51.95	18.82	39.81	9.20	8.89
枣庄市	87.41	4.05	36.94	20.07	25.58	5.98	13.30	3.69	4.26
东营市	370.43	10.74	283.77	99.26	142.13	48.14	176.24	23.90	30.29
烟台市	491.17	13.08	194.06	80.38	217.99	145.26	99.10	21.69	31.77
潍坊市	382.43	5.36	191.00	73.96	222.59	151.62	98.92	25.53	26.01
济宁市	195.20	13.25	113.91	31.52	41.67	13.28	75.43	24.08	20.23
泰安市	323.08	0.53	142.22	43.06	53.50	15.36	74.45	9.21	10.93
威海市	157.52	14.87	96.80	37.07	66.43	32.79	49.32	10.56	11.26
日照市	51.76	9.01	42.52	10.57	26.29	16.93	20.56	3.88	5.73
莱芜市	47.53	2.17	58.31	15.59	20.25	5.29	31.80	8.13	12.23
临沂市	255.72	10.98	98.35	34.78	54.67	22.19	50.64	12.45	11.28
德州市	301.66	4.25	102.47	51.66	69.51	21.12	36.77	5.41	5.11
聊城市	197.44	7.33	71.57	27.81	35.22	7.67	35.00	7.88	10.96
滨州市	366.36	14.23	345.58	72.69	82.49	20.16	254.64	25.73	49.46
菏泽市	69.48	1.29	25.01	13.65	16.27	3.38	10.59	2.52	3.18

1-B-41 续表

地 区			主营业务收入	主营业务成本	主营业务税金及附加	销售费用	管理费用	
	港澳台资本	外商资本						税金
山东省	**20.25**	**49.67**	**4952.11**	**4281.70**	**37.48**	**82.76**	**144.40**	**14.96**
济南市	0.21	3.16	322.68	265.03	2.76	6.97	11.13	0.63
青岛市	6.72	21.92	1075.22	926.02	14.30	23.99	63.72	8.35
淄博市			231.84	198.78	1.62	2.66	4.19	0.27
枣庄市	0.92	5.60	87.65	77.44	0.52	2.32	2.19	0.55
东营市	0.57		377.27	310.42	2.24	6.21	6.83	1.04
烟台市	1.02	2.07	482.92	430.59	0.98	4.76	7.33	0.97
潍坊市	0.23	0.53	378.40	332.06	1.52	7.08	8.83	0.51
济宁市	0.63	5.75	199.15	179.07	0.79	2.31	4.69	0.30
泰安市	0.08	0.22	306.81	262.49	3.28	3.46	4.90	0.74
威海市	7.61	8.23	172.10	148.09	0.97	2.38	8.38	0.25
日照市	0.73	0.10	47.29	43.12	0.14	0.67	0.85	0.04
莱芜市		0.08	48.50	41.32	0.25	0.78	1.09	0.10
临沂市	0.03	1.18	256.89	226.90	1.46	4.33	4.20	0.32
德州市		0.72	300.39	238.57	3.13	7.74	6.97	0.29
聊城市	1.36		199.09	170.98	1.73	3.51	3.39	0.09
滨州市	0.16	0.11	394.15	369.18	1.13	2.54	4.46	0.45
菏泽市			71.75	61.65	0.67	1.04	1.24	0.06

制品业主要经济指标

单位：亿元

产成品	负债合计	流动负债合计	应付账款	所有者权益合计	实收资本	国家资本	集体资本	法人资本	个人资本
135.06	**1306.96**	**1033.53**	**174.81**	**1132.23**	**464.14**	**7.45**	**14.19**	**164.49**	**208.09**
11.60	86.17	71.87	19.77	97.00	36.99	2.57	2.47	10.94	17.64
20.59	177.67	138.18	28.85	202.93	101.18	2.88	0.87	52.98	15.82
3.26	47.92	30.68	4.68	39.70	13.47	0.18	0.26	6.75	6.27
1.96	21.06	13.72	2.52	15.94	8.90		0.05	0.66	1.67
13.79	145.61	120.45	15.02	137.02	23.91		2.12	5.83	15.40
9.61	88.68	79.99	17.24	104.23	44.76	1.14	0.70	7.15	32.69
12.32	112.96	86.15	22.47	77.58	23.60		1.40	6.37	15.06
8.21	57.72	50.87	20.32	55.29	22.11	0.13	0.19	9.72	5.68
3.69	75.23	30.68	2.14	66.06	23.75	0.32	0.88	6.56	15.68
3.81	42.70	30.82	3.02	54.09	24.88	0.12	1.25	4.90	2.77
2.67	24.01	22.26	2.34	18.39	7.21		0.02	1.27	5.11
6.62	37.89	24.68	2.60	19.67	8.90	0.03	1.64	2.88	4.27
4.72	51.81	37.86	6.10	45.71	19.28		0.04	4.74	13.30
2.90	30.47	19.69	4.24	68.88	30.53	0.04	0.09	17.75	11.93
4.40	29.18	23.51	3.86	40.80	17.87	0.03	1.21	6.47	8.80
23.66	266.10	243.38	17.71	75.83	49.30		1.01	17.13	30.89
1.25	11.78	8.74	1.94	13.11	7.50			2.38	5.12

单位：亿元

财务费用			投资收益(损失以“-”号记)	营业利润	利润总额	亏损企业亏损额	应交增值税	应交所得税	从业人员平均人数(万人)
	利息收入	利息支出							
48.11	**3.04**	**38.51**	**-4.19**	**341.10**	**333.82**	**7.56**	**133.77**	**43.62**	**35.44**
2.55	0.07	2.01	0.03	32.57	31.05	0.49	14.33	4.22	3.10
9.04	0.93	5.11	-2.56	66.93	66.59	1.32	38.18	4.79	6.62
2.56	-0.03	2.30	0.01	18.18	18.21	0.68	8.80	1.60	1.48
0.77	0.08	0.86		4.08	4.01	0.28	2.64	0.82	0.96
6.42	0.20	6.31		44.69	44.89	0.34	5.15	10.75	1.50
3.07	0.26	2.38	0.21	37.49	36.66	0.52	9.93	4.41	3.29
3.37	0.17	2.98	-0.19	22.82	22.57	0.09	7.97	2.57	2.98
2.03	0.08	2.06	-1.87	11.23	7.51	1.53	4.43	1.50	1.56
1.73	0.04	1.40	0.19	25.64	24.72	0.29	7.91	3.42	1.95
1.84	0.02	1.68	0.12	7.38	7.20	0.81	4.59	1.27	1.78
1.02	0.03	0.90		1.18	1.34	0.08	0.37	0.26	0.61
0.93	0.06	0.70		4.01	3.57	0.12	0.56	0.49	0.64
1.57	0.06	1.15	0.03	13.69	13.91	0.01	4.45	1.20	2.47
2.41	0.03	1.61		19.70	20.07	0.02	12.44	2.86	2.08
1.89	0.06	1.43	-0.20	16.02	16.05		5.05	1.86	1.26
6.31	0.98	5.30	0.05	9.07	9.06	0.98	3.63	0.59	2.55
0.61	0.01	0.32		6.43	6.41		3.35	1.03	0.63

1-B-42 按地区分组的通用设备

地 区	工业销售产值（当年价格）	出口交货值	资产总计	固定资产合计	固定资产原价	累计折旧	流动资产合计	应收账款	存货
山东省	**7014.89**	**323.53**	**3996.37**	**1396.68**	**1932.12**	**705.92**	**2073.64**	**499.09**	**506.83**
济南市	386.20	16.54	386.25	107.05	133.02	50.18	234.53	62.46	70.56
青岛市	969.94	111.65	461.13	141.60	188.45	64.62	244.71	78.54	72.49
淄博市	688.77	9.39	252.36	89.64	133.07	58.21	134.00	36.51	30.01
枣庄市	215.91	2.50	68.85	35.48	46.65	12.50	28.81	4.64	7.92
东营市	216.40	1.74	158.87	97.84	96.75	13.87	56.57	14.68	7.17
烟台市	570.73	57.51	352.97	123.96	199.40	88.62	186.50	61.90	51.91
潍坊市	868.18	31.02	807.15	209.69	339.58	163.45	469.84	50.57	75.19
济宁市	206.57	23.93	189.98	64.56	78.10	21.81	100.83	34.06	22.95
泰安市	620.49	9.49	214.64	90.47	124.08	42.28	107.17	29.15	30.94
威海市	337.76	15.77	296.65	116.79	171.19	64.51	136.44	29.18	49.08
日照市	61.75	6.99	47.50	11.01	15.28	5.33	31.40	8.54	8.97
莱芜市	26.13	0.39	27.21	6.46	7.88	2.08	18.23	4.37	4.21
临沂市	258.22	8.21	121.69	50.04	59.89	14.25	61.67	16.99	19.24
德州市	586.03	25.58	209.14	104.98	162.72	62.15	89.02	23.95	15.11
聊城市	702.29	1.08	214.17	92.16	105.78	20.60	102.37	31.41	25.53
滨州市	168.90	1.54	139.13	26.57	31.46	9.75	52.40	8.95	11.84
菏泽市	130.63	0.19	48.69	28.38	38.82	11.72	19.13	3.20	3.71

1-B-42 续表

地 区	港澳台资本	外商资本	主营业务收入	主营业务成本	主营业务税金及附加	销售费用	管理费用	税金
山东省	**18.60**	**96.11**	**7068.52**	**5915.41**	**56.55**	**177.57**	**250.29**	**20.06**
济南市		8.28	387.96	306.92	3.15	20.94	26.91	1.18
青岛市	8.63	32.91	942.70	779.36	11.90	29.13	47.40	3.65
淄博市	0.02	5.46	645.07	548.81	4.84	8.03	20.37	3.93
枣庄市			219.65	191.61	1.21	5.23	6.54	1.91
东营市		0.21	222.18	185.64	1.95	1.83	3.98	0.11
烟台市	8.49	17.43	563.83	478.41	2.48	14.08	18.81	1.28
潍坊市	0.75	8.99	904.88	741.16	4.10	28.07	40.93	1.79
济宁市	0.28	19.30	219.35	181.43	1.86	5.06	9.59	0.53
泰安市	0.10	0.53	538.14	455.79	5.69	10.29	13.66	3.17
威海市	0.08	2.25	336.69	289.16	2.24	6.47	12.39	0.53
日照市	0.13	0.07	61.46	54.28	0.27	0.91	2.26	0.19
莱芜市			26.65	23.20	0.12	0.55	0.79	0.07
临沂市		0.17	261.52	229.54	1.86	4.26	6.37	0.35
德州市	0.12	0.21	602.00	467.87	6.10	19.96	12.17	0.51
聊城市			735.14	633.05	7.15	10.52	11.69	0.54
滨州市		0.30	252.70	220.10	0.43	10.03	13.61	0.14
菏泽市			148.61	129.09	1.20	2.21	2.83	0.18

制造业主要经济指标

单位：亿元

产成品	负债合计	流动负债合计	应付账款	所有者权益合计	实收资本	国家资本	集体资本	法人资本	个人资本
206.56	**1881.99**	**1492.14**	**374.21**	**2081.46**	**756.76**	**76.58**	**33.41**	**246.67**	**285.39**
21.17	215.54	187.61	45.16	170.26	98.48	57.08	1.02	8.23	23.88
23.52	231.70	163.81	60.20	225.57	119.24	2.39	7.67	49.39	18.26
11.44	146.61	124.98	20.91	102.59	36.37	0.42	0.64	16.45	13.39
4.12	27.43	17.15	2.63	41.11	9.33	0.20	0.41	2.12	6.60
2.42	51.17	38.71	9.07	106.37	12.82		1.86	3.96	6.79
21.55	152.80	138.02	40.50	197.94	70.61	2.39	1.72	26.71	13.88
44.91	387.64	320.28	89.25	417.37	75.95	7.18	3.83	28.28	26.92
10.44	103.77	87.12	24.53	85.20	51.70	0.39	0.26	13.27	18.21
11.47	103.90	75.09	18.73	110.52	56.15	0.42	0.49	14.02	40.59
14.13	116.19	88.18	22.02	178.24	40.67	1.05	11.58	11.21	14.51
4.00	22.20	16.80	3.51	23.81	6.78		1.28	2.36	2.95
1.55	17.82	16.64	3.02	9.15	4.89			1.89	3.00
7.92	72.69	46.30	8.33	48.00	21.96	0.09	1.22	5.67	14.81
8.14	59.84	40.97	8.25	147.30	82.89	0.89	0.19	41.13	40.35
11.92	66.54	43.44	8.15	137.11	40.57	3.00	0.96	9.37	27.24
5.44	89.90	74.54	6.40	48.83	13.91	1.10		4.51	8.00
2.41	16.24	12.51	3.56	32.10	14.43		0.28	8.11	6.04

单位：亿元

财务费用	利息收入	利息支出	投资收益(损失以“–”号记)	营业利润	利润总额	亏损企业亏损额	应交增值税	应交所得税	从业人员平均人数(万人)
58.80	**5.99**	**48.45**	**-2.69**	**529.86**	**529.71**	**15.53**	**238.59**	**66.28**	**59.13**
1.96	1.09	2.05	0.53	24.65	25.74	7.43	16.00	4.33	4.90
8.89	0.35	5.37	-1.22	69.36	69.55	1.78	36.42	7.53	7.07
5.10	0.22	4.14	0.13	54.91	55.52	1.24	32.34	6.89	4.62
1.28	0.02	1.12	0.03	13.10	13.02		8.34	2.51	2.35
2.41	0.02	2.04	0.27	23.82	21.80	0.04	6.79	4.07	0.72
3.86	0.27	3.10	3.19	50.76	50.89	1.14	14.78	6.96	5.80
5.15	3.01	7.27	-4.54	82.05	82.52	1.13	26.51	11.20	7.51
3.37	0.20	3.05	-0.34	11.90	12.63	1.04	4.61	1.70	3.38
4.40	0.12	3.48	0.12	45.51	44.69	0.15	19.94	5.77	4.52
3.00	0.10	2.72	-0.02	18.69	19.17	0.63	10.01	3.73	3.04
0.95	0.02	0.83	-0.90	2.98	3.09	0.01	1.18	0.49	0.83
0.46	0.01	0.37		1.33	1.32	0.02	0.17	0.06	0.38
2.16	0.19	1.49		13.79	14.10	0.14	5.87	0.87	2.99
5.98	0.12	4.52	0.06	41.69	41.79	0.04	25.46	3.76	4.38
5.40	0.09	3.00		57.34	57.30	0.11	22.54	3.27	4.06
3.08	0.16	2.81	0.02	6.02	4.60	0.63	1.82	1.03	1.13
1.35	0.01	1.08		11.96	11.96		5.79	2.12	1.45

1-B-43 按地区分组的专用设备

地区	工业销售产值（当年价格）	出口交货值	资产总计	固定资产合计	固定资产原价	累计折旧	流动资产合计	应收账款	存货
山东省	**5411.21**	**245.08**	**3005.64**	**925.01**	**1596.12**	**795.06**	**1729.45**	**505.21**	**441.89**
济南市	130.92	4.49	102.88	19.77	24.13	7.63	63.28	19.04	20.78
青岛市	810.39	46.77	460.04	123.59	152.49	48.96	262.06	89.39	75.48
淄博市	396.80	31.95	192.73	59.46	74.01	24.01	107.48	24.89	27.55
枣庄市	161.11	0.03	50.04	27.50	33.90	7.45	19.87	2.79	3.95
东营市	542.11	16.63	296.55	86.69	165.96	92.02	179.68	55.00	34.58
烟台市	706.76	39.41	425.68	135.40	262.39	149.79	234.97	73.60	60.40
潍坊市	697.89	31.35	437.82	167.60	335.67	186.76	240.73	53.00	77.27
济宁市	236.08	29.59	250.86	58.75	76.88	21.93	181.49	70.12	43.82
泰安市	343.47	1.47	123.95	50.87	68.31	18.96	60.29	17.82	12.45
威海市	297.58	10.59	112.23	52.12	102.84	55.53	48.62	5.41	13.69
日照市	25.83	1.24	32.90	7.55	7.00	1.92	22.58	4.41	2.42
莱芜市	17.65	0.31	18.49	4.53	5.28	1.23	11.65	4.54	3.62
临沂市	345.65	21.59	224.46	46.45	68.84	24.92	164.34	62.13	47.44
德州市	322.38	1.80	175.59	49.74	129.92	97.14	77.29	5.77	7.01
聊城市	237.97	1.48	51.71	16.78	19.17	3.18	29.48	6.75	5.60
滨州市	63.79		32.07	7.67	57.48	51.48	19.17	8.78	4.01
菏泽市	74.83	6.38	17.64	10.53	11.84	2.18	6.48	1.74	1.81

1-B-43 续表

地区	港澳台资本	外商资本	主营业务收入	主营业务成本	主营业务税金及附加	销售费用	管理费用	税金
山东省	**9.53**	**64.52**	**5429.37**	**4597.62**	**37.79**	**122.76**	**168.63**	**13.46**
济南市	0.21	0.26	125.34	100.46	0.99	4.73	8.30	0.49
青岛市	2.45	16.91	788.32	650.43	10.70	19.73	38.70	2.47
淄博市	0.05	2.66	379.66	317.23	2.40	8.09	11.80	1.33
枣庄市			160.08	138.65	1.05	3.52	5.86	1.64
东营市	3.26	0.60	534.99	453.49	3.84	8.41	12.22	1.05
烟台市	0.12	13.82	699.64	585.89	2.18	15.49	17.91	1.72
潍坊市	2.72	6.24	719.37	613.45	2.58	25.87	27.30	1.47
济宁市	0.28	6.85	282.94	243.69	1.17	9.54	13.57	0.94
泰安市		4.26	323.34	271.89	3.01	5.21	7.72	1.24
威海市	0.25	0.93	298.99	274.14	1.30	2.28	5.58	0.15
日照市		1.02	25.59	22.92	0.11	0.39	1.42	0.06
莱芜市	0.08		18.23	15.28	0.22	0.48	1.18	0.11
临沂市	0.12	10.96	362.65	307.36	1.96	8.88	7.18	0.34
德州市		0.01	321.33	258.05	3.58	6.07	4.29	0.22
聊城市			249.63	221.36	1.96	2.24	3.09	0.11
滨州市			64.15	57.92	0.11	0.90	1.42	0.06
菏泽市			75.11	65.41	0.63	0.93	1.08	0.08

制造业主要经济指标

单位：亿元

产成品	负债合计	流动负债合计	应付账款	所有者权益合计	实收资本	国家资本	集体资本	法人资本	个人资本
203.54	**1556.90**	**1193.89**	**333.48**	**1415.94**	**507.69**	**18.60**	**13.53**	**188.75**	**212.75**
10.14	48.85	43.76	12.02	53.15	22.84	1.18	0.62	7.80	12.78
35.05	236.61	185.87	66.48	221.16	102.38	1.49	1.01	62.32	18.19
10.46	100.92	82.11	22.02	91.10	24.42	1.40	1.49	11.40	7.42
1.78	18.41	17.33	2.09	31.37	11.19	4.39	0.05	2.49	4.27
20.92	143.20	113.27	25.55	142.08	46.58	0.52	1.85	6.67	33.68
18.22	194.83	122.93	29.12	229.81	52.75	0.52	0.50	7.53	30.26
35.24	254.12	227.62	55.09	181.64	57.25		0.70	9.86	37.74
19.97	170.60	132.13	51.07	80.08	41.39	0.88	0.88	19.60	12.90
4.86	57.88	32.42	8.39	65.19	36.18	4.17	0.12	6.37	21.25
5.67	52.05	38.85	6.20	60.07	12.67	0.22	0.92	6.40	3.96
1.09	18.79	17.16	2.94	13.76	5.85			0.65	4.18
2.14	11.94	11.21	5.68	6.55	3.85			2.44	1.34
28.28	138.93	107.74	35.27	84.43	34.71	0.04	5.06	9.94	8.59
3.04	61.36	20.20	1.31	104.77	37.83	3.05	0.10	28.96	5.71
2.30	22.31	19.11	4.62	27.58	7.91	0.09	0.23	2.03	5.56
3.20	20.95	19.23	5.17	10.94	3.02			0.97	2.05
1.17	5.14	2.94	0.47	12.27	6.86	0.66		3.32	2.88

单位：亿元

财务费用	利息收入	利息支出	投资收益(损失以"–"号记)	营业利润	利润总额	亏损企业亏损额	应交增值税	应交所得税	从业人员平均人数(万人)
43.59	**2.17**	**37.25**	**3.59**	**410.18**	**412.06**	**10.86**	**176.76**	**47.22**	**40.01**
1.00	0.06	0.90	0.03	9.07	9.63	0.24	3.34	1.29	1.76
6.50	-0.09	4.49	0.34	68.61	70.23	1.99	40.32	7.76	5.02
2.30	0.20	2.29	0.05	34.50	35.67	0.04	16.31	4.40	3.33
1.09	0.07	0.94		9.12	8.96	0.09	5.70	1.73	1.83
3.62	0.31	3.53		55.33	53.62	0.20	15.96	7.23	2.13
5.31	0.17	5.23	4.41	74.12	73.51	0.75	20.45	6.35	4.58
6.00	0.76	5.77	-2.58	41.17	41.78	3.19	15.14	5.74	6.24
4.84	0.44	3.58	1.20	8.90	9.62	2.16	6.39	2.35	2.36
2.02	0.02	1.59	0.01	27.45	26.84	0.93	12.74	2.84	2.75
2.17	0.03	1.80		12.63	12.63	0.72	8.43	1.26	1.91
0.18	0.06	0.23	0.04	0.62	0.65	0.28	0.65	0.17	0.34
0.27		0.20		0.56	0.61	0.10	0.45	0.10	0.41
3.80	0.09	3.33		21.48	21.70	0.04	7.32	2.11	2.99
2.42		1.91	0.04	21.09	21.03	0.13	13.47	1.29	2.27
1.21	0.03	0.85		16.22	16.23		6.75	1.29	1.16
0.39	0.03	0.39		3.45	3.42		0.43	0.61	0.35
0.47		0.21	0.06	5.86	5.93		2.91	0.70	0.58

1-B-44 按地区分组的汽车

地 区	工业销售产值(当年价格)	出口交货值	资产总计	固定资产合计	固定资产原价	累计折旧	流动资产合计	应收账款	存货
山东省	**5479.93**	**358.98**	**3741.01**	**1004.49**	**1779.66**	**905.64**	**2249.39**	**667.56**	**516.57**
济南市	599.93	81.22	1104.67	169.48	221.02	75.10	718.42	65.85	209.22
青岛市	681.85	50.02	660.59	117.89	150.02	55.83	478.11	286.81	69.11
淄博市	93.47	3.55	46.50	15.73	22.54	9.10	27.84	7.26	6.59
枣庄市	20.58		6.61	4.37	5.14	1.35	1.90	0.16	0.48
东营市	89.98	1.75	74.22	19.71	42.72	25.05	45.14	9.57	8.81
烟台市	1214.41	149.43	573.20	228.26	465.25	285.65	302.20	157.21	64.02
潍坊市	587.95	2.23	241.56	104.57	275.29	173.61	113.61	14.48	25.04
济宁市	160.09	2.11	90.14	30.50	31.28	6.18	51.78	8.92	16.12
泰安市	380.36	11.08	131.45	46.61	59.41	14.04	47.34	12.02	19.20
威海市	97.31	6.51	188.15	26.09	43.85	19.33	134.83	24.18	13.09
日照市	457.00	31.16	218.94	79.91	99.72	24.91	119.25	40.65	33.53
莱芜市	58.79	1.84	29.46	10.81	10.26	2.65	14.60	3.76	5.10
临沂市	107.82	0.88	42.51	14.09	148.40	137.93	26.16	6.01	7.08
德州市	235.60	4.49	82.75	56.10	93.18	37.62	24.43	3.40	3.32
聊城市	591.06	12.59	183.80	55.92	81.30	30.47	104.70	19.57	28.72
滨州市	30.80	0.12	44.35	11.32	14.78	4.29	30.29	6.45	4.73
菏泽市	72.93	0.01	22.11	13.12	15.50	2.53	8.78	1.27	2.40

1-B-44 续表

地 区	港澳台资本	外商资本	主营业务收入	主营业务成本	主营业务税金及附加	销售费用	管理费用	税金
山东省	**73.38**	**172.97**	**5523.43**	**4831.82**	**52.02**	**104.02**	**141.89**	**9.43**
济南市	66.97	98.52	739.16	656.73	3.98	24.05	31.52	2.25
青岛市	3.43	22.43	627.42	544.28	7.59	18.85	20.52	0.67
淄博市	0.01		92.54	80.45	0.41	1.89	3.00	0.58
枣庄市			20.36	18.12	0.27	0.48	0.24	0.06
东营市			94.97	82.34	0.39	1.25	1.68	0.09
烟台市	1.24	40.45	1198.57	1039.49	20.72	10.61	24.35	1.78
潍坊市	0.08	0.85	574.39	509.26	4.30	10.47	16.14	1.25
济宁市	0.02	3.93	165.07	145.53	0.90	2.61	3.23	0.32
泰安市	0.17	0.54	348.05	289.81	4.15	4.22	6.07	0.68
威海市	0.55	2.55	97.88	84.26	1.85	2.75	4.08	0.29
日照市	0.30	2.65	454.85	409.91	0.47	8.10	9.80	0.49
莱芜市		0.45	59.76	53.71	0.05	0.35	0.76	0.04
临沂市			107.84	92.67	0.58	3.50	3.53	0.09
德州市			240.60	195.97	3.50	4.04	3.36	0.21
聊城市	0.01	0.06	588.12	532.20	2.09	9.09	10.89	0.54
滨州市	0.61	0.53	31.21	25.93	0.10	0.89	1.26	0.07
菏泽市			82.65	71.17	0.67	0.86	1.46	0.02

制造业主要经济指标

单位：亿元

产成品	负债合计	流动负债合计	应付账款	所有者权益合计	实收资本	国家资本	集体资本	法人资本	个人资本
176.67	**2292.14**	**1802.93**	**651.30**	**1433.16**	**742.16**	**30.49**	**12.47**	**323.85**	**128.99**
66.86	760.14	546.39	94.70	341.79	218.28	16.25	1.33	30.12	5.09
21.63	389.37	347.12	228.16	270.63	169.64	2.73	1.68	131.23	8.15
2.20	27.22	23.75	7.64	19.26	5.15			1.03	4.11
0.27	2.48	0.72	0.13	4.08	1.83			1.36	0.47
4.05	41.01	33.92	4.28	32.38	12.52			0.57	11.95
22.39	339.26	305.17	167.72	231.73	114.94	7.75	3.64	40.21	21.64
11.65	154.46	103.90	37.08	84.85	47.44	0.11	0.90	35.90	9.60
8.57	48.48	43.10	9.39	40.35	24.44	0.13	0.17	8.67	11.52
10.94	61.60	43.83	23.32	69.07	34.85	0.84	0.36	15.15	17.79
4.54	148.35	136.05	16.98	39.80	14.19		0.16	6.85	4.09
5.71	127.99	69.01	30.43	89.99	35.00		0.01	27.89	4.15
1.94	12.34	10.17	3.93	16.82	4.95			1.40	3.10
2.57	19.74	14.05	4.67	21.17	6.77	0.92		2.82	3.03
1.57	26.89	11.96	1.77	55.35	18.84			7.48	11.36
8.85	90.74	78.79	16.96	91.63	15.48	1.75	2.66	5.37	5.64
2.13	35.10	30.69	3.32	9.25	8.28	0.02	1.56	2.15	3.41
0.80	6.97	4.29	0.82	15.03	9.55			5.66	3.90

单位：亿元

财务费用	利息收入	利息支出	投资收益(损失以“–”号记)	营业利润	利润总额	亏损企业亏损额	应交增值税	应交所得税	从业人员平均人数(万人)
36.65	**11.52**	**39.35**	**-5.34**	**336.82**	**344.97**	**9.95**	**123.41**	**47.29**	**37.34**
9.61	8.53	16.27	2.95	15.21	15.73	0.54	12.46	4.29	4.59
3.52	0.99	3.75	-0.01	37.26	38.47	5.36	18.06	3.04	4.40
0.66	0.02	0.55		6.00	5.88	0.10	3.26	1.00	0.75
0.09		0.08		1.11	1.11		0.60	0.36	0.22
1.06	0.01	0.86		8.12	8.18		0.84	0.94	0.56
6.38	0.33	4.51	0.05	100.04	95.54	1.20	30.21	11.94	7.48
2.13	0.25	2.24	-0.59	32.41	35.20	0.25	12.63	4.27	3.39
1.26	0.09	1.15	-0.71	8.29	8.49	1.02	4.30	1.04	1.37
1.77	0.07	1.24	0.41	36.69	39.60	0.52	13.63	4.48	2.17
1.02	0.29	1.07	0.12	4.06	5.43	0.04	2.61	0.63	1.20
0.89	0.57	1.89	-7.61	25.14	25.17	0.15	2.92	5.95	3.25
0.35	0.03	0.26		4.62	4.66	0.06	0.18	0.44	0.38
0.39	0.02	0.25	0.02	4.08	6.84	0.62	1.94	0.26	1.02
2.08	0.03	1.73		14.06	14.11	0.07	8.76	1.18	1.14
3.94	0.19	2.19	0.03	29.60	30.25		6.76	6.15	4.20
1.12	0.09	1.10		2.24	2.24	0.02	0.49	0.12	0.46
0.39		0.21		7.90	8.05		3.76	1.20	0.76

1-B-45 按地区分组的铁路、船舶、航空航天和

地区	工业销售产值(当年价格)	出口交货值	资产总计	固定资产合计	固定资产原价	累计折旧	流动资产合计	应收账款	存货
山东省	**1456.20**	**147.06**	**1314.40**	**359.81**	**495.46**	**168.67**	**812.92**	**222.79**	**211.81**
济南市	96.18	9.59	98.36	26.49	43.29	17.18	46.26	20.91	12.96
青岛市	685.02	39.63	726.03	136.47	157.09	41.98	518.24	170.14	137.33
淄博市	10.63	1.38	8.63	2.17	3.00	1.16	4.73	1.68	1.37
枣庄市	13.07		1.57	1.11	1.64	0.85	0.26	0.02	0.01
东营市									
烟台市	176.62	46.65	176.34	66.65	90.77	24.95	97.01	9.94	19.23
潍坊市	82.16	0.20	17.90	8.40	11.43	3.51	9.05	0.73	1.72
济宁市	27.11	0.03	12.84	3.67	4.75	1.43	7.83	1.47	1.88
泰安市	20.54		6.81	2.71	3.16	1.02	3.94	0.24	0.25
威海市	229.40	41.18	200.52	87.60	149.75	68.71	89.75	11.91	25.19
日照市	2.72	0.05	10.18	1.77	2.09	0.32	6.97	0.06	4.65
莱芜市	0.50		0.44	0.13	0.15	0.02	0.31	0.08	0.12
临沂市	27.39	0.02	10.17	2.60	3.18	0.66	6.39	2.50	1.21
德州市	35.62	8.06	16.22	6.93	7.78	2.56	8.62	0.74	1.91
聊城市	17.61	0.05	2.47	1.05	1.62	0.58	1.22	0.20	0.33
滨州市	13.02	0.18	20.42	7.70	10.74	3.04	11.20	1.81	3.46
菏泽市	18.60	0.03	5.51	4.36	5.01	0.69	1.15	0.36	0.19

1-B-45 续表

地区	港澳台资本	外商资本	主营业务收入	主营业务成本	主营业务税金及附加	销售费用	管理费用	税金
山东省	**3.39**	**48.60**	**1396.35**	**1210.80**	**8.44**	**24.26**	**90.09**	**2.86**
济南市	1.15	1.92	95.70	80.67	1.26	2.55	7.90	0.45
青岛市	1.64	8.62	629.47	531.17	4.44	13.85	66.30	1.28
淄博市			11.26	9.08	0.06	0.27	0.64	0.03
枣庄市			12.82	11.60	0.11	0.13	0.24	0.08
东营市								
烟台市		22.05	180.90	164.22	0.17	0.32	3.02	0.10
潍坊市			81.96	72.97	0.10	1.84	1.48	0.05
济宁市			28.39	24.96	0.22	0.50	0.80	0.04
泰安市			20.75	18.14	0.32	0.23	0.50	
威海市		15.90	215.04	195.99	1.08	2.00	5.30	0.62
日照市		0.11	1.67	1.45		0.02	0.17	
莱芜市			0.50	0.36	0.01	0.02	0.02	
临沂市			27.59	23.93	0.15	0.45	1.17	0.05
德州市			39.55	34.05	0.23	0.68	0.84	0.10
聊城市			18.41	16.17	0.09	0.18	0.21	0.01
滨州市	0.61		13.14	10.26	0.04	0.58	0.85	0.02
菏泽市			19.19	15.79	0.16	0.62	0.64	0.01

其他运输设备制造业主要经济指标

单位：亿元

产成品	负债合计	流动负债合计	应付账款	所有者权益合计	实收资本	国家资本	集体资本	法人资本	个人资本
48.82	**906.37**	**778.86**	**226.68**	**402.37**	**239.57**	**92.82**	**6.40**	**64.86**	**23.50**
2.89	64.13	55.99	23.91	34.08	21.85	11.93		5.12	1.72
27.63	499.77	436.11	168.02	224.14	120.84	73.47	0.48	30.28	6.35
0.77	4.82	3.40	0.74	3.81	1.35		0.08	0.43	0.84
0.01	0.25	0.05	0.01	1.32	0.38			0.10	0.28
11.66	138.31	112.94	14.92	37.93	33.93	0.07	3.03	6.24	2.55
0.64	13.17	11.77	0.77	4.60	1.77			1.21	0.56
1.04	6.77	4.58	1.43	5.89	4.29	0.17	0.06	1.22	2.84
0.03	2.29	2.08	0.27	4.43	1.42	0.68		0.41	0.34
1.57	139.79	122.85	12.13	58.25	41.42	6.50	1.10	13.96	3.96
0.04	8.98	6.77	0.06	1.20	0.83			0.63	0.10
0.04	0.25	0.25	0.12	0.19	0.08			0.03	0.05
0.44	5.54	3.70	1.44	4.52	2.46			2.04	0.41
1.14	6.11	4.24	0.95	9.81	3.38		0.18	2.20	1.00
0.24	0.79	0.66	0.13	1.67	0.39			0.09	0.31
0.53	14.31	12.59	1.64	6.12	4.08		1.47	0.20	1.80
0.14	1.08	0.88	0.14	4.43	1.10			0.70	0.40

单位：亿元

财务费用	利息收入	利息支出	投资收益（损失以"—"号记）	营业利润	利润总额	亏损企业亏损额	应交增值税	应交所得税	从业人员平均人数（万人）
10.10	**2.47**	**10.88**	**-1.44**	**85.62**	**88.61**	**12.09**	**44.63**	**13.57**	**11.19**
0.85	0.15	0.84	0.17	1.33	2.10	1.86	2.68	0.62	1.23
1.87	2.20	3.93	0.72	46.30	46.40	5.84	22.83	6.79	4.80
0.16		0.11		1.07	1.28	0.04	0.31	0.05	0.16
0.07		0.07		0.55	0.50		0.39	0.01	0.15
3.08	0.04	2.33		10.88	10.76	3.82	4.36	0.51	1.25
0.37		0.36	-0.59	4.61	4.62	0.13	3.05	0.96	0.31
0.20	0.01	0.20	-2.15	1.20	1.21		0.56	0.15	0.37
0.05	0.01	0.06	0.02	1.36	1.44		0.39	0.19	0.14
2.12	0.01	2.05	0.41	10.49	12.39	0.24	6.34	3.53	1.71
				0.04	0.04	0.05	0.02	0.01	0.04
				0.09	0.09				0.01
0.14	0.02	0.10		1.67	1.75		0.76	0.23	0.32
0.37		0.20		1.80	1.83	0.07	1.44	0.22	0.28
0.10		0.10		1.64	1.64	0.04	0.44	0.12	0.10
0.40	0.04	0.37		1.00	1.00		0.27	0.04	0.19
0.32		0.16		1.58	1.58	0.01	0.79	0.14	0.12

1-B-46　按地区分组的电气机械和

地　区	工业销售产值（当年价格）	出口交货值	资产总计	固定资产合计	固定资产原价	累计折旧	流动资产合计	应收账款	存货
山东省	**5871.68**	**302.79**	**3669.73**	**946.39**	**1516.83**	**663.44**	**2285.22**	**593.40**	**401.77**
济南市	259.24	7.34	265.88	40.62	55.22	21.53	185.28	57.84	43.29
青岛市	1582.98	126.01	1378.79	180.08	294.38	134.55	998.95	164.12	159.72
淄博市	365.43	2.53	130.08	46.21	83.64	42.27	70.08	17.68	15.43
枣庄市	190.89	0.33	79.55	30.99	39.15	9.45	43.63	21.95	4.60
东营市	204.56	4.20	138.35	33.81	43.14	18.02	86.17	23.56	14.36
烟台市	655.75	79.89	207.31	82.49	176.43	100.75	103.35	33.17	20.58
潍坊市	251.57	16.05	124.97	52.15	110.16	60.59	61.96	21.26	13.50
济宁市	206.03	2.15	177.22	29.65	35.06	9.48	134.06	71.67	25.29
泰安市	484.72	5.51	248.97	73.33	106.28	38.14	152.12	71.09	23.51
威海市	478.60	46.21	190.10	83.67	188.38	112.39	86.29	25.97	20.99
日照市	32.84		29.78	9.25	10.94	1.96	19.06	7.90	4.37
莱芜市	66.64	0.44	45.14	15.55	21.51	7.82	27.80	6.34	5.03
临沂市	187.69	7.23	69.58	21.56	42.11	22.44	39.88	10.88	11.61
德州市	260.56	4.03	128.10	64.99	82.35	18.80	53.21	9.20	5.25
聊城市	246.14	0.27	112.20	36.48	41.06	7.79	58.19	17.91	10.72
滨州市	261.36	0.56	244.83	104.01	132.56	42.66	109.78	21.16	12.85
菏泽市	136.71	0.02	98.90	41.54	54.47	14.80	55.42	11.70	10.67

1-B-46　续表

地　区	港澳台资本	外商资本	主营业务收入	主营业务成本	主营业务税金及附加	销售费用	管理费用	税金
山东省	**13.39**	**40.98**	**6077.49**	**5146.41**	**37.16**	**209.61**	**226.14**	**16.09**
济南市		4.88	264.02	220.66	0.82	12.77	11.57	0.53
青岛市	0.03	13.49	1759.36	1447.68	13.71	122.75	113.71	7.75
淄博市		2.53	361.08	311.26	2.62	3.66	6.26	0.74
枣庄市			195.11	171.38	1.03	4.08	5.69	1.08
东营市	3.34	0.60	202.45	168.59	3.10	1.73	3.40	0.66
烟台市	3.48	6.28	650.84	572.84	1.44	7.45	16.09	1.21
潍坊市	4.71	0.31	252.19	220.47	1.01	4.75	6.91	0.49
济宁市	0.69	0.73	208.76	180.89	1.31	3.66	5.13	0.29
泰安市		1.31	487.35	407.09	3.66	17.18	18.58	1.62
威海市	0.01	7.83	499.42	452.14	1.87	4.57	13.13	0.30
日照市		0.06	34.05	29.60	0.11	0.60	0.78	0.08
莱芜市	0.03	0.13	67.71	40.00	0.28	3.69	2.22	0.11
临沂市	0.17	0.18	183.12	160.05	0.88	4.05	4.24	0.14
德州市		0.03	273.32	210.58	2.27	7.05	5.05	0.57
聊城市	0.13	2.63	247.92	209.67	1.71	7.43	6.49	0.14
滨州市	0.80		264.33	238.09	0.51	1.34	4.11	0.29
菏泽市		0.01	126.47	105.42	0.82	2.84	2.79	0.08

器材设备制造业主要经济指标

单位：亿元

产成品	负债合计	流动负债合计	应付账款	所有者权益合计	实收资本	国家资本	集体资本	法人资本	个人资本
199.18	**2080.34**	**1700.87**	**461.74**	**1565.42**	**512.87**	**15.06**	**30.19**	**216.52**	**196.58**
20.40	136.35	121.94	35.69	128.04	55.67	4.58	1.07	36.45	8.69
91.64	930.21	757.45	205.50	451.74	80.44	3.77	3.38	38.87	20.90
5.91	56.67	46.48	13.79	72.72	22.21	1.25	0.48	4.22	13.74
2.73	41.41	29.54	3.32	37.62	14.13		0.60	3.74	9.80
4.02	82.29	74.89	15.14	45.81	15.15		0.35	4.66	6.20
9.25	96.41	76.86	22.20	109.06	34.68	3.79	5.04	7.70	8.38
6.31	72.90	59.90	15.92	50.72	26.14		2.00	6.60	12.53
13.73	122.08	91.74	50.71	54.31	29.90	0.04	0.74	18.36	9.34
10.51	134.16	114.37	44.01	113.38	56.21	0.04	14.29	14.94	25.63
5.02	62.34	46.43	13.80	127.18	29.71	0.92	0.97	17.23	2.59
2.34	13.09	7.86	2.00	16.62	9.59		0.05	1.50	7.99
2.99	18.15	14.21	5.11	26.88	9.36	0.20		5.11	3.88
5.53	35.90	27.73	6.34	32.21	13.47	0.10	0.95	2.03	10.03
2.31	38.41	26.91	7.65	84.66	52.61	0.06	0.02	43.73	8.77
5.64	39.99	36.42	6.09	71.14	25.83		0.24	4.44	18.40
5.65	142.73	115.93	9.60	101.87	26.22	0.01	0.01	1.26	24.13
5.21	57.25	52.21	4.87	41.46	11.55	0.30		5.67	5.57

单位：亿元

财务费用	利息收入	利息支出	投资收益（损失以“－”号记）	营业利润	利润总额	亏损企业亏损额	应交增值税	应交所得税	从业人员平均人数（万人）
54.92	**4.01**	**43.83**	**3.32**	**375.50**	**377.13**	**8.42**	**155.33**	**48.92**	**37.61**
2.07	0.24	2.03	3.37	18.57	19.03	0.54	6.15	2.05	1.85
9.20	2.64	5.17	0.43	84.38	97.22	4.68	37.94	17.29	8.26
2.70	0.08	1.73	0.04	28.07	28.55	0.29	13.52	2.15	2.12
1.31	0.01	1.24		10.33	10.26	0.16	6.76	2.23	2.02
2.65	0.09	1.95	0.02	19.10	18.63	0.20	5.21	0.41	0.83
6.12	0.17	5.39	1.19	49.45	47.99	0.59	17.08	3.15	3.11
2.05	0.03	1.81	-2.61	13.41	13.00	0.17	4.82	1.61	1.70
2.04	0.12	1.35		13.92	7.56	0.21	3.50	0.45	1.82
4.96	0.02	4.37	0.03	32.54	32.11	0.07	21.59	6.16	3.73
8.12	0.07	7.87	0.79	22.21	18.72	0.50	11.71	3.57	3.88
0.36		0.35		2.31	2.30		0.88	0.34	0.29
0.84	0.11	0.85	0.04	5.04	5.04	0.08	0.47	0.12	0.40
1.41	0.07	0.99	0.04	10.68	10.75	0.04	3.53	1.45	2.00
2.69		2.00		19.29	19.30	0.22	10.77	2.03	2.30
3.82	0.07	2.33	-0.05	19.24	19.35	0.62	5.83	1.81	1.34
2.86	0.25	3.04	0.03	14.49	14.66		1.63	2.80	1.08
1.71	0.01	1.36		12.47	12.65	0.05	3.96	1.32	0.88

1-B-47　按地区分组的计算机、通讯和

地　区	工业销售产值(当年价格)		资产总计						
		出口交货值		固定资产合计	固定资产原价	累计折旧	流动资产合计		
								应收账款	存货
山东省	**4369.62**	**1366.18**	**1920.48**	**464.68**	**1828.29**	**1390.64**	**1232.25**	**373.15**	**213.16**
济南市	345.61	16.90	178.20	40.04	56.88	17.14	111.55	34.25	34.07
青岛市	819.51	211.54	537.45	86.10	149.18	68.89	369.61	87.90	72.22
淄博市	82.65	3.10	27.61	10.39	16.40	6.85	14.98	2.85	2.41
枣庄市	42.84	1.69	10.62	4.23	6.17	1.95	5.44	0.88	1.90
东营市									
烟台市	2023.68	740.44	604.45	115.20	1227.78	1115.75	434.53	156.76	53.30
潍坊市	220.95	112.20	227.44	78.65	86.81	18.02	122.89	41.00	17.84
济宁市	27.83	1.67	36.05	12.70	15.51	3.26	20.17	7.63	4.86
泰安市	49.90	0.03	11.76	2.89	3.11	0.52	2.32	0.72	0.31
威海市	539.04	263.25	191.54	72.80	193.70	123.70	102.52	28.63	14.91
日照市	23.78	2.24	21.05	5.71	21.14	17.65	14.23	3.15	4.02
莱芜市	3.82	0.18	8.86	2.55	2.84	0.48	5.46	0.90	0.56
临沂市	39.32	0.65	15.81	8.53	11.16	2.97	6.55	1.77	2.03
德州市	92.76	6.92	22.44	11.84	18.81	7.29	9.03	2.30	1.71
聊城市	7.22		3.14	1.26	2.12	0.86	1.81	0.75	0.39
滨州市	35.11	5.36	18.52	7.90	12.14	4.54	9.59	3.50	1.84
菏泽市	15.60		5.54	3.87	4.54	0.77	1.57	0.15	0.80

1-B-47　续表

地　区			主营业务收入	主营业务成本	主营业务税金及附加	销售费用	管理费用	
	港澳台资本	外商资本						税金
山东省	**20.83**	**166.26**	**4455.78**	**3940.88**	**14.25**	**104.27**	**140.37**	**5.46**
济南市		5.44	354.74	278.54	1.79	26.08	34.99	0.47
青岛市	3.70	79.78	925.10	803.53	4.55	49.25	40.68	1.45
淄博市	0.21	1.35	84.34	72.00	0.62	0.98	1.63	0.09
枣庄市			43.61	37.42	0.23	0.74	1.02	0.17
东营市								
烟台市	7.52	43.19	2002.85	1850.35	1.21	9.66	24.97	1.78
潍坊市	0.73	1.73	209.57	165.97	1.14	4.22	13.12	0.51
济宁市	4.93	0.01	26.87	21.49	0.10	1.31	1.63	0.08
泰安市			42.75	37.57	0.42	0.50	0.43	0.01
威海市	0.03	33.16	541.19	487.05	2.74	7.13	16.37	0.62
日照市	0.05	1.04	24.41	20.62	0.10	0.66	1.39	0.02
莱芜市			4.65	2.33	0.18	0.09	0.17	0.02
临沂市	1.40	0.01	40.10	34.64	0.23	0.39	1.02	0.02
德州市		0.51	97.65	78.47	0.38	2.32	1.88	0.16
聊城市		0.05	8.50	7.44	0.03	0.07	0.08	0.02
滨州市	2.24		35.29	31.06	0.38	0.77	0.86	0.05
菏泽市	0.04		14.15	12.39	0.14	0.09	0.16	0.01

其他电子设备制造业主要经济指标

单位：亿元

产成品	负债合计	流动负债合计	应付账款	所有者权益合计	实收资本	国家资本	集体资本	法人资本	个人资本
87.62	**1022.83**	**853.11**	**450.55**	**887.15**	**358.41**	**8.60**	**4.41**	**102.16**	**56.16**
16.84	86.47	65.52	20.48	91.34	28.76	5.65	1.34	6.60	9.74
34.98	287.64	236.38	130.11	243.39	129.89		0.61	36.50	9.31
1.16	11.91	9.64	1.45	15.58	5.67	0.13	0.38	1.34	2.27
0.83	5.01	2.82	1.14	5.61	3.07		0.05	1.66	1.36
12.82	389.89	376.70	218.59	213.78	63.35	1.99	0.07	5.26	5.32
7.91	109.52	59.80	35.33	117.82	45.49	0.70	0.10	34.41	7.82
2.29	16.01	8.80	5.54	20.04	8.36	0.14	0.05	0.80	2.43
0.24	2.80	1.63	0.09	8.92	2.00			0.97	1.03
4.05	74.73	64.86	29.25	115.92	46.87		0.85	4.46	8.36
2.64	10.39	8.86	3.25	10.66	3.22		0.21	1.35	0.58
0.40	4.43	2.08	0.21	3.50	1.61		0.75	0.16	0.70
1.15	8.07	4.33	0.61	7.74	4.12			1.82	0.89
0.65	5.19	4.04	1.66	16.91	5.92			3.43	1.98
0.21	1.25	0.27	0.02	1.49	0.76			0.71	
0.90	8.23	6.50	2.54	10.21	7.40			2.41	2.76
0.54	1.28	0.87	0.28	4.24	1.94			0.29	1.61

单位：亿元

财务费用	利息收入	利息支出	投资收益（损失以"—"号记）	营业利润	利润总额	亏损企业亏损额	应交增值税	应交所得税	从业人员平均人数（万人）
14.58	**6.26**	**17.00**	**2.51**	**255.74**	**255.47**	**7.85**	**89.29**	**23.82**	**34.19**
2.74		2.70	1.02	10.30	13.57	0.04	5.47	1.62	2.04
-1.37	2.66	1.16	0.45	46.40	48.77	2.81	28.94	6.06	5.57
1.46	0.08	1.20	0.02	6.71	6.80	0.09	3.26	0.80	0.65
0.19		0.18		2.82	2.84	0.08	1.46	0.57	0.59
1.55	2.91	3.39	0.57	116.81	108.97	0.57	27.33	2.43	13.63
3.53	0.25	3.01	-0.17	27.33	27.75	0.01	5.59	3.33	2.86
0.27	0.03	0.25	0.20	2.08	2.86	0.14	0.57	0.38	0.50
0.11		0.03	-0.03	2.63	2.73		0.75	0.05	0.29
4.49	0.14	4.12	1.16	25.27	25.73	4.05	9.04	6.60	5.02
0.25	0.03	0.29	-0.74	1.50	1.53	0.03	0.90	0.26	0.46
0.09		0.08		0.46	0.45	0.01	0.03	0.07	0.06
0.20		0.12	0.03	2.70	2.75		1.96	0.12	0.83
0.68	0.14	0.20		6.50	6.49		2.69	1.03	1.02
0.04		0.03		0.81	0.81	0.02	0.22	0.01	0.05
0.29	0.02	0.24		2.08	2.09		0.46	0.28	0.37
0.05		0.02		1.33	1.34		0.61	0.22	0.26

1-B-48 按地区分组的仪器仪表

地 区	工业销售产值(当年价格)	出口交货值	资产总计	固定资产合计	固定资产原价	累计折旧	流动资产合计	应收账款	存货
山东省	**644.00**	**42.11**	**322.48**	**74.68**	**170.37**	**104.28**	**203.45**	**71.96**	**39.09**
济南市	44.59	0.60	41.88	7.90	8.67	2.17	28.61	9.83	5.79
青岛市	91.47	10.99	67.72	13.72	17.46	5.15	46.58	24.38	8.85
淄博市	25.33	0.39	10.19	3.66	5.53	2.93	5.70	2.42	0.81
枣庄市	24.61		4.36	2.59	3.70	1.80	1.15	0.21	0.20
东营市	22.67		15.75	2.90	3.89	1.15	11.07	6.34	1.56
烟台市	100.43	3.08	75.77	10.01	18.44	8.89	56.65	16.05	10.47
潍坊市	41.37	0.76	25.85	8.96	15.97	7.79	13.70	2.56	3.63
济宁市	7.80		3.47	0.70	0.70	0.21	2.42	0.69	0.36
泰安市	62.49		25.00	6.44	8.38	2.18	13.84	3.40	1.27
威海市	89.95	23.92	23.96	5.15	55.33	51.08	11.00	2.36	2.89
日照市	7.84		3.40	1.92	16.97	16.05	0.75	0.33	0.18
莱芜市	0.92		1.06	0.15	0.25	0.12	0.89	0.33	0.17
临沂市	20.83		7.00	2.13	4.48	2.47	4.41	2.13	1.25
德州市	21.23		2.58	0.98	1.22	0.24	1.07	0.04	0.03
聊城市	61.07	0.35	7.80	4.71	5.97	1.31	2.87	0.42	0.94
滨州市	1.12		3.11	0.82	0.89	0.07	1.20	0.05	0.28
菏泽市	20.29	2.02	3.58	1.93	2.51	0.68	1.53	0.41	0.41

1-B-48 续表

地 区			主营业务收入	主营业务成本	主营业务税金及附加	销售费用	管理费用	税金
	港澳台资本	外商资本						
山东省	**0.59**	**9.12**	**644.51**	**533.81**	**3.91**	**20.30**	**28.19**	**1.66**
济南市		1.56	44.02	32.30	0.36	3.45	4.52	0.17
青岛市		4.88	92.80	71.45	0.69	5.17	7.81	0.38
淄博市	0.56		27.82	23.20	0.29	0.78	0.90	0.02
枣庄市			25.35	21.56	0.12	0.55	0.94	0.28
东营市			23.38	18.89	0.08	0.10	0.61	0.08
烟台市		1.68	97.52	79.66	0.45	4.82	4.24	0.10
潍坊市			41.01	34.84	0.12	0.78	1.83	0.32
济宁市		0.02	8.07	7.01	0.03	0.15	0.34	0.01
泰安市			59.83	50.93	0.61	0.97	1.20	0.09
威海市		0.73	91.31	82.58	0.40	0.71	2.19	0.04
日照市			7.76	7.29	0.01	0.18	0.15	0.09
莱芜市			0.95	0.84	0.01	0.01	0.04	0.01
临沂市			20.67	17.42	0.10	0.25	0.29	0.03
德州市			20.60	16.51	0.20	0.31	0.07	0.01
聊城市		0.24	61.54	50.34	0.28	1.84	2.72	0.03
滨州市	0.03		1.22	1.07	0.01	0.01	0.06	
菏泽市			20.66	17.93	0.15	0.22	0.28	0.01

制造业主要经济指标

单位：亿元

产成品	负债合计	流动负债合计	应付账款	所有者权益合计	实收资本	国家资本	集体资本	法人资本	个人资本
14.34	**146.82**	**124.09**	**36.13**	**172.57**	**68.98**	**4.63**	**1.17**	**18.43**	**35.04**
2.47	22.48	20.41	7.10	19.39	11.16	2.77	0.11	2.60	4.11
2.23	29.77	26.97	9.38	37.81	14.74	0.94	0.07	5.28	3.58
0.32	4.41	4.20	0.67	5.65	3.05			1.77	0.72
0.10	1.70	1.23	0.22	2.67	0.76		0.05	0.05	0.66
0.57	7.54	7.27	2.83	7.22	2.77		0.04		2.73
3.98	32.61	30.73	9.50	43.15	8.61	0.82	0.37	2.15	3.59
1.72	17.48	12.81	2.40	8.23	2.86		0.06	0.48	2.32
0.16	1.39	0.78	0.26	2.05	0.88	0.10		0.03	0.72
0.81	6.11	4.35	1.56	18.69	9.81			0.48	9.33
0.85	9.00	7.53	0.69	14.01	5.11		0.18	2.88	1.32
0.05	3.27	0.49	0.33	0.13	0.74			0.53	0.22
0.10	0.37	0.31	0.12	0.69	0.35				0.35
0.53	3.81	1.72	0.53	3.16	2.22			0.75	1.47
0.02	1.06	0.71		1.34	1.08			0.45	0.63
0.25	2.35	1.97	0.07	5.17	3.29		0.29	0.67	2.09
0.02	1.59	1.09	-0.03	1.53	0.90			0.05	0.82
0.15	1.90	1.54	0.49	1.68	0.64			0.26	0.39

单位：亿元

财务费用	利息收入	利息支出	投资收益（损失以“-”号记）	营业利润	利润总额	亏损企业亏损额	应交增值税	应交所得税	从业人员平均人数（万人）
4.95	**0.45**	**4.18**	**0.54**	**52.03**	**53.60**	**0.65**	**21.51**	**7.48**	**5.76**
0.48	0.04	0.30	0.02	2.96	3.51	0.40	1.71	0.41	0.68
0.50		0.26	-0.77	9.10	9.45	0.01	3.09	1.33	1.14
0.27		0.14		2.13	2.39	0.01	1.39	0.52	0.30
0.09		0.08		1.52	1.49		0.91	0.33	0.28
0.06	0.01	0.06	0.11	3.77	3.78		0.41	0.91	0.13
0.28	0.32	0.55	0.19	8.23	8.52	0.16	2.61	0.67	0.96
0.92		0.87		2.57	2.67		0.62	0.45	0.33
0.03				0.53	0.53		0.26	0.04	0.08
0.05	0.08	0.09	1.03	6.67	6.62	0.02	2.13	0.32	0.49
1.09	0.01	0.97	-0.03	4.25	4.35	0.06	3.53	1.26	0.50
0.10		0.10		0.02	0.02	0.01	0.64		0.05
0.02				0.02	0.02		0.01		0.01
0.24		0.22		1.27	1.26		0.35	0.02	0.27
0.04		0.04		1.26	1.26		0.76	0.12	0.10
0.67		0.39		5.68	5.68		1.70	0.71	0.26
0.03		0.03		0.06	0.04		0.02	0.01	0.02
0.07		0.07		2.01	2.01		1.35	0.35	0.15

1-B-49 按地区分组的其他

地　区	工业销售产值(当年价格)	出口交货值	资产总计	固定资产合计	固定资产原价	累计折旧	流动资产合计	应收账款	存货
山东省	**132.19**	**23.36**	**51.67**	**21.09**	**33.71**	**13.75**	**24.69**	**6.26**	**5.89**
济南市	0.89		1.28	0.12	0.17	0.05	0.89	0.09	0.14
青岛市	21.26	10.17	13.97	4.61	6.48	2.09	8.86	3.75	2.63
淄博市	9.08		1.21	0.96	1.25	0.30	0.19	0.03	0.13
枣庄市	31.52	2.31	5.86	3.06	4.22	1.20	2.48	0.45	0.27
东营市	0.22		0.24	0.12	0.12	0.01	0.08	0.06	0.01
烟台市	0.46		0.45	0.40	0.43	0.11	0.05	0.02	0.02
潍坊市	12.32	4.94	4.22	1.87	3.82	2.04	1.89	0.48	0.91
济宁市	1.97		1.14	0.49	0.21	0.05	0.62	0.03	0.07
泰安市	10.71		4.27	1.11	1.47	0.36	0.97	0.14	0.20
威海市	9.20	5.30	2.82	1.48	7.48	6.16	1.03	0.17	0.35
日照市									
莱芜市	0.87		0.58	0.09	0.14	0.07	0.34	0.09	0.23
临沂市	10.08	0.44	2.82	1.68	1.98	0.42	0.94	0.21	0.24
德州市	16.75	0.19	5.88	3.71	4.36	0.71	1.61	0.33	0.26
聊城市	1.12		0.22	0.04	0.04		0.08	0.02	0.02
滨州市	1.08		2.91	0.26	0.27	0.04	2.02	0.11	0.24
菏泽市	4.65		3.79	1.11	1.27	0.16	2.66	0.29	0.17

1-B-49　续表

地　区			主营业务收入	主营业务成本	主营业务税金及附加	销售费用	管理费用	
	港澳台资本	外商资本						税金
山东省	**0.06**	**3.51**	**134.29**	**116.38**	**1.19**	**2.71**	**3.07**	**0.36**
济南市			1.57	1.34	0.03	0.03	0.04	
青岛市		2.15	22.79	19.46	0.28	0.59	0.86	0.02
淄博市			9.08	8.08	0.05	0.06	0.04	
枣庄市	0.03		32.49	29.14	0.36	0.61	0.63	0.28
东营市			0.22	0.19		0.02	0.01	
烟台市			0.44	0.42				
潍坊市	0.03	1.03	13.00	11.10	0.03	0.29	0.35	0.01
济宁市			1.98	1.55	0.07	0.04	0.03	
泰安市			8.40	7.32	0.08	0.05	0.17	0.02
威海市		0.34	8.58	7.44	0.05	0.05	0.32	
日照市								
莱芜市			0.53	0.48		0.01	0.01	
临沂市			10.54	9.86	0.05	0.04	0.10	0.01
德州市			18.03	14.21	0.16	0.84	0.40	0.01
聊城市			1.18	0.98	0.02	0.02	0.01	
滨州市			0.86	0.67		0.07	0.06	
菏泽市			4.61	4.13	0.01	0.01	0.02	

制造业主要经济指标

单位：亿元

产成品	负债合计	流动负债合计	应付账款	所有者权益合计	实收资本	国家资本	集体资本	法人资本	个人资本
2.15	**23.87**	**15.73**	**3.70**	**26.62**	**12.99**	**0.30**	**0.18**	**4.82**	**4.12**
0.11	0.52	0.49	0.02	0.39	0.42			0.06	0.35
0.68	8.97	8.37	3.02	5.00	4.38			2.16	0.08
	0.16	0.12		1.05	0.08		0.05		0.04
0.22	1.68	1.18	0.02	4.08	1.00	0.20		0.68	0.10
0.01	0.15	0.15	0.02	0.08	0.10				0.10
0.01	0.04	0.04		0.41	0.20				0.20
0.30	1.77	1.51	0.11	2.32	1.50			0.04	0.40
0.05	0.16	0.14	0.02	0.98	0.67			0.11	0.56
0.15	0.67			3.58	1.63			0.30	1.32
0.11	0.84	0.18		1.87	0.49			0.14	0.01
0.01	0.52	0.04	0.04	0.07	0.18		0.13		0.05
0.10	1.56	1.10	0.13	1.26	0.49			0.22	0.27
0.17	1.96	0.24	0.14	3.71	1.28			0.90	0.38
	0.01			0.08	0.04				0.04
0.15	2.54	1.92	0.02	0.30	0.40	0.10		0.20	0.10
0.09	2.32	0.24	0.16	1.44	0.12				0.12

单位：亿元

财务费用	利息收入	利息支出	投资收益（损失以“–”号记）	营业利润	利润总额	亏损企业亏损额	应交增值税	应交所得税	从业人员平均人数（万人）
0.99	**0.03**	**0.52**	**-0.32**	**8.75**	**8.70**	**0.26**	**4.74**	**1.87**	**1.52**
0.01				0.08	0.08		0.01		0.01
0.27	0.03	0.13		1.14	1.15	0.25	0.54	0.14	0.38
0.01				0.84	0.84		0.40	0.27	0.04
0.10		0.08		1.67	1.67		1.10	0.67	0.51
				-0.01	-0.01	0.01			
				0.02	0.02				0.01
0.06		0.05	-0.36	0.81	0.78		0.31	0.16	0.12
0.02		0.01		0.23	0.23		0.03	0.02	0.05
0.01		0.01	0.03	0.70	0.66		0.46	0.16	0.05
0.10		0.08		0.60	0.60		0.28	0.11	0.05
0.01				0.01	0.01				0.02
0.04		0.04		0.51	0.51		0.29	0.02	0.07
0.30		0.05		1.67	1.67		1.13	0.17	0.16
				0.15	0.15			0.01	
0.01								0.06	0.02
0.05		0.05		0.36	0.36		0.18	0.07	0.03

1-B-50 按地区分组的废弃资源

地 区	工业销售产值(当年价格)	出口交货值	资产总计	固定资产合计	固定资产原价	累计折旧	流动资产合计	应收账款	存货
山东省	**83.89**	**0.25**	**48.04**	**15.55**	**20.47**	**6.02**	**24.52**	**3.48**	**5.46**
济南市	2.62		1.85	0.29	0.76	0.48	1.54	0.31	0.42
青岛市	6.36		8.44	2.88	4.89	2.01	4.01	0.41	0.60
淄博市	0.76		0.13	0.04	0.04	0.02	0.09	0.01	0.03
枣庄市	2.50		1.46	0.79	0.64	0.12	0.57	0.02	0.09
东营市	7.07		0.59	0.29	0.87	0.58	0.24	0.03	0.08
烟台市	14.54		13.82	1.69	2.33	0.68	8.42	0.40	2.11
潍坊市	0.21		0.16	0.07	0.04		0.09	0.05	0.03
济宁市	0.98		0.83	0.56	0.56	0.01	0.19	0.10	0.08
泰安市									
威海市									
日照市									
莱芜市	5.63		3.87	0.39	0.39	0.09	3.31	1.53	0.25
临沂市	6.73		4.72	1.20	1.53	0.32	2.81	0.06	1.02
德州市	13.43	0.25	5.79	3.62	4.59	1.00	1.39	0.14	0.14
聊城市	10.73		2.29	1.38	1.38	0.04	0.63	0.21	0.18
滨州市	1.37		2.00	1.13	0.97	0.18	0.70	0.18	0.15
菏泽市	10.96		2.08	1.23	1.47	0.50	0.54	0.03	0.30

1-B-50 续表

地 区	港澳台资本	外商资本	主营业务收入	主营业务成本	主营业务税金及附加	销售费用	管理费用	税金
山东省	**2.94**	**0.18**	**85.91**	**74.44**	**0.85**	**1.41**	**2.14**	**0.24**
济南市		0.03	3.26	2.80	0.02	0.06	0.37	0.02
青岛市		0.15	6.81	5.94	0.08	0.20	0.31	0.01
淄博市			0.76	0.68				
枣庄市	0.28		2.85	2.44	0.05	0.09	0.07	0.03
东营市			7.16	6.24	0.28	0.02	0.05	
烟台市	2.52		14.76	12.83	0.05	0.30	0.57	0.10
潍坊市			0.21	0.16			0.03	
济宁市			0.98	0.88		0.03	0.01	
泰安市								
威海市								
日照市								
莱芜市			5.52	5.51		0.05	0.02	
临沂市	0.13		7.31	6.18	0.02	0.06	0.15	0.01
德州市			13.56	11.67	0.09	0.30	0.19	
聊城市			10.78	9.08	0.10	0.08	0.07	
滨州市			1.38	1.32	0.01	0.01	0.04	
菏泽市			10.56	8.69	0.14	0.20	0.26	0.07

综合利用业主要经济指标

单位：亿元

产成品	负债合计	流动负债合计	应付账款	所有者权益合计	实收资本	国家资本	集体资本	法人资本	个人资本
2.02	**23.76**	**20.14**	**3.96**	**23.57**	**13.85**	**0.09**	**0.17**	**3.64**	**6.52**
0.10	1.20	1.20	0.26	0.64	0.22	0.09		0.11	
0.11	6.64	4.90	0.32	1.80	0.95			0.40	0.40
0.03	0.04			0.09	0.10			0.10	
0.02	0.36	0.27	0.04	1.08	0.61				0.33
0.02	0.06	0.05		0.53	0.07			0.01	0.06
1.01	5.76	5.21	2.10	8.06	4.88			0.87	1.49
0.01	0.09	0.09	0.02	0.07	0.06			0.06	
0.08	0.33	0.33		0.51	0.14			0.02	0.13
0.01	3.02	3.02	0.62	0.85	0.61				0.61
0.14	2.84	2.49	0.20	1.88	0.49		0.17	0.08	0.12
0.06	1.68	1.37	0.03	4.01	2.34			0.90	1.12
0.09	0.29	0.21	0.05	1.89	1.37			0.06	1.31
0.12	0.97	0.95	0.31	0.93	0.85			0.27	0.58
0.23	0.47	0.05		1.22	1.15			0.77	0.38

单位：亿元

财务费用	利息收入	利息支出	投资收益(损失以“-”号记)	营业利润	利润总额	亏损企业亏损额	应交增值税	应交所得税	从业人员平均人数(万人)
0.82	**-0.02**	**0.44**	**0.07**	**6.54**	**7.16**	**0.05**	**2.68**	**0.78**	**0.58**
0.02		0.02		-0.01	0.01	0.02	0.13	0.01	0.03
0.10				0.46	0.46		0.07	0.05	0.08
				0.07	0.07		0.03		
0.07		0.01	0.03	0.14	0.14		0.06	0.01	0.05
0.01		0.01		0.54	0.54		0.47	0.04	0.03
0.18	-0.02	0.07	0.05	0.83	1.42	0.02	0.22	0.23	0.11
				0.01	0.01				
0.01		0.01		0.07	0.07		0.02		0.01
0.05		0.05		-0.01		0.01	0.02		0.01
0.18		0.14		0.71	0.71		0.17	0.14	0.06
0.09		0.07		1.10	1.10		0.56	0.14	0.10
0.08		0.01		1.37	1.37		0.24	0.06	0.05
				0.01	0.02		0.01		0.02
0.03		0.03		1.23	1.23		0.68	0.09	0.03

1-B-51　按地区分组的金属制品、

地　区	工业销售产值(当年价格)	出口交货值	资产总计	固定资产合计	固定资产原价	累计折旧	流动资产合计	应收账款	存货
山东省	**41.93**	**1.86**	**16.43**	**5.78**	**8.60**	**2.85**	**9.96**	**3.01**	**1.82**
济南市	8.90	1.51	6.87	3.53	5.57	2.04	2.99	1.07	0.65
青岛市	14.18	0.35	3.05	0.55	1.01	0.45	2.37	0.40	0.38
淄博市	3.56		0.37	0.13	0.14		0.24	0.04	0.05
枣庄市									
东营市	0.66		1.79	0.33	0.45	0.12	1.28	0.89	0.26
烟台市									
潍坊市									
济宁市	1.48		0.10	0.05	0.04	0.01	0.05	0.01	0.02
泰安市									
威海市	6.81		2.12	0.32	0.47	0.14	1.78	0.22	0.09
日照市									
莱芜市	0.43		0.35	0.18	0.19	0.01	0.18	0.15	0.02
临沂市									
德州市	0.30		1.27	0.46	0.48	0.02	0.81	0.19	0.36
聊城市	5.60		0.50	0.22	0.27	0.05	0.28	0.03	
滨州市									
菏泽市									

1-B-51　续表

地　区	港澳台资本	外商资本	主营业务收入	主营业务成本	主营业务税金及附加	销售费用	管理费用	税金
山东省		**2.19**	**37.52**	**31.20**	**0.30**	**0.24**	**3.11**	**0.12**
济南市		2.01	8.81	6.61	0.13	0.09	1.29	0.07
青岛市		0.19	12.26	9.86	0.10	0.08	1.58	0.01
淄博市			3.32	2.95		0.01	0.01	
枣庄市								
东营市			0.67	0.58			0.05	
烟台市								
潍坊市								
济宁市			1.38	1.18		0.02	0.02	
泰安市								
威海市			4.96	4.48	0.05		0.10	0.04
日照市								
莱芜市			0.52	0.42			0.04	
临沂市								
德州市			0.24	0.19		0.01	0.01	
聊城市			5.35	4.92	0.02	0.03	0.02	
滨州市								
菏泽市								

机械和设备修理业主要经济指标

单位：亿元

产成品	负债合计	流动负债合计	应付账款	所有者权益合计	实收资本	国家资本	集体资本	法人资本	个人资本
0.70	**5.80**	**4.55**	**0.93**	**10.63**	**3.53**	**0.03**		**0.79**	**0.52**
0.23	2.29	1.53	0.55	4.58	2.07	0.03		0.02	0.01
0.25	1.69	1.47	0.16	1.36	0.43			0.10	0.14
0.01	0.08			0.29	0.04				0.04
	1.12	1.12	0.18	0.67	0.62			0.62	
0.01	0.03	0.03		0.07	0.03			0.03	
0.08	0.08	0.06	0.01	2.04	0.14				0.14
0.01	0.20	0.04		0.15	0.08			0.02	0.06
0.10	0.19	0.19	0.01	1.08	0.02				0.02
	0.11	0.10		0.39	0.12				0.12

单位：亿元

财务费用	利息收入	利息支出	投资收益（损失以"–"号记）	营业利润	利润总额	亏损企业亏损额	应交增值税	应交所得税	从业人员平均人数（万人）
0.27	**0.01**	**0.15**		**3.32**	**3.39**	**0.03**	**1.23**	**0.17**	**0.34**
0.12	0.01	0.03		0.50	0.67	0.02	0.33	0.06	0.18
0.06		0.06		1.67	1.57	0.01	0.47		0.06
0.01				0.30	0.30		0.24		0.01
0.01				0.02	0.02		0.01	0.01	0.01
0.02		0.01		0.16	0.16		0.03		0.01
0.03		0.03		0.24	0.24		0.05	0.08	0.04
				0.06	0.06			0.01	0.01
				0.03	0.03				0.01
0.01		0.01		0.34	0.34		0.09	0.01	0.01

1-B-52 按地区分组的电力、燃气和

地　区	工业销售产值（当年价格）	出口交货值	资产总计	固定资产合计	固定资产原价	累计折旧	流动资产合计	应收账款	存货
山东省	**4547.83**		**5718.06**	**2613.66**	**4076.01**	**1681.73**	**1123.55**	**188.56**	**86.50**
济南市	285.88		318.54	192.19	258.59	92.68	92.11	12.04	5.72
青岛市	452.84		466.33	296.54	446.31	177.55	130.47	26.23	12.34
淄博市	355.76		301.31	179.27	294.55	121.44	87.34	18.13	8.15
枣庄市	106.61		69.89	52.54	65.94	23.23	14.28	4.58	1.62
东营市	185.53		120.63	95.24	115.77	22.39	14.89	4.72	0.65
烟台市	445.26		404.59	286.40	428.90	157.10	94.83	27.09	10.10
潍坊市	416.85		349.11	179.25	294.20	128.52	80.69	13.52	5.88
济宁市	403.10		309.55	213.51	327.71	124.48	68.31	13.40	4.95
泰安市	162.88		125.89	87.25	132.12	51.07	25.69	4.76	2.17
威海市	185.94		280.47	195.21	307.64	128.44	61.92	11.84	11.53
日照市	151.46		107.80	77.74	134.78	61.86	23.77	7.54	1.36
莱芜市	102.05		70.05	33.00	40.47	14.18	11.27	1.82	0.64
临沂市	294.04		248.19	185.82	288.85	110.80	33.06	8.70	1.97
德州市	260.22		121.53	82.71	169.17	92.75	27.60	1.61	4.48
聊城市	225.18		132.52	81.48	132.41	57.35	38.90	6.39	4.04
滨州市	164.72		164.84	109.02	134.41	43.14	33.07	6.11	3.91
菏泽市	189.95		124.64	92.66	108.97	53.33	26.14	7.55	1.23

1-B-52 续表

地　区	港澳台资本	外商资本	主营业务收入	主营业务成本	主营业务税金及附加	销售费用	管理费用	税金
山东省	**44.40**	**46.45**	**4704.19**	**4154.25**	**18.55**	**17.75**	**129.31**	**6.31**
济南市	7.93	0.48	167.38	152.61	0.81	3.52	10.76	0.50
青岛市	2.56	3.95	268.98	246.65	1.24	3.55	24.24	0.83
淄博市	1.66	0.28	208.36	183.91	1.17	1.80	12.14	1.59
枣庄市	1.05		33.26	28.16	0.30	0.48	1.50	0.10
东营市	1.87	0.45	88.83	73.02	0.45	0.32	6.73	0.05
烟台市	3.45	1.67	279.63	238.92	1.22	1.13	8.31	0.44
潍坊市	4.79	4.21	242.35	213.94	1.43	0.83	8.72	0.24
济宁市		5.71	212.31	181.70	1.37	1.61	5.66	0.20
泰安市	0.16		94.70	84.06	0.88	0.50	7.65	0.23
威海市	1.29	2.33	188.45	194.33	1.32	1.46	5.35	0.23
日照市	2.61		78.45	65.14	0.52	0.22	4.10	0.64
莱芜市			25.71	23.06	0.17	0.06	0.84	0.11
临沂市	1.05		301.42	130.34	0.59	0.63	6.01	0.18
德州市		1.25	182.26	149.40	1.21	1.11	6.43	0.31
聊城市	0.40	1.61	140.87	128.99	0.59	0.16	6.35	0.16
滨州市	2.12	1.20	106.25	95.18	0.33	0.13	5.42	0.22
菏泽市		0.03	117.84	100.66	0.64	0.25	6.98	0.06

水的生产和供应业主要经济指标

单位：亿元

产成品	负债合计	流动负债合计	应付账款	所有者权益合计	实收资本	国家资本	集体资本	法人资本	个人资本
7.26	**3915.72**	**1900.45**	**308.13**	**1384.35**	**925.90**	**457.29**	**22.01**	**313.82**	**41.94**
0.10	218.92	127.59	15.75	98.99	71.84	42.41	4.42	15.03	1.57
0.36	309.34	200.74	41.58	156.74	70.60	42.21	1.36	19.38	1.14
0.20	228.32	166.38	28.92	70.01	69.69	23.04	5.36	35.34	4.02
0.47	53.48	36.42	6.73	16.28	13.10	3.50	1.20	6.36	0.98
0.14	78.17	39.92	12.86	42.32	26.43	15.54		6.05	2.52
0.46	250.55	163.44	27.58	152.89	82.82	38.09	6.35	31.79	1.48
0.27	241.63	121.79	29.98	106.44	59.68	30.74	1.73	16.50	1.72
0.71	186.10	137.86	14.92	123.28	100.33	48.73	0.26	45.04	0.59
0.38	98.36	73.70	9.96	27.69	33.30	27.75	0.14	4.99	0.26
1.77	189.07	132.96	30.05	91.37	45.17	30.95	0.01	10.34	0.26
0.31	58.82	46.28	13.45	47.14	41.14	23.48		13.64	1.41
	43.46	7.73	1.17	26.59	23.11	22.51	0.30	0.30	
0.33	210.14	99.08	19.00	37.32	32.86	14.85	0.58	13.71	2.68
0.13	55.82	32.76	7.39	65.21	49.62	5.03		42.78	0.57
0.08	107.43	69.31	12.32	25.10	27.22	8.46		15.16	1.60
1.22	139.36	87.99	15.94	24.73	33.57	11.10		18.03	1.12
0.33	82.92	49.15	11.55	41.72	24.17	3.23	0.32	19.41	1.17

单位：亿元

财务费用	利息收入	利息支出	投资收益(损失以"–"号记)	营业利润	利润总额	亏损企业亏损额	应交增值税	应交所得税	从业人员平均人数(万人)
105.34	**3.60**	**99.92**	**18.36**	**302.57**	**314.39**	**21.48**	**156.09**	**36.89**	**23.65**
5.34	0.69	5.66	0.14	8.64	8.45	1.54	7.84	1.44	1.73
7.88	0.29	7.71	0.50	4.65	13.69	5.00	8.49	2.26	2.22
7.29	0.22	7.04	0.54	5.42	8.34	2.89	7.89	1.66	2.44
1.87	0.01	1.77		1.52	2.36	0.73	2.45	0.20	0.85
2.47	0.03	2.48	0.01	7.65	7.90	0.13	2.68	1.04	0.41
9.41	0.71	8.48	0.46	22.84	24.93	2.06	10.25	5.47	2.09
6.31	0.20	5.69	1.69	14.41	17.70	0.78	9.18	1.80	1.91
7.61	0.12	7.34	0.36	17.60	18.51	0.23	10.82	3.28	1.94
1.74	0.08	2.35	0.21	4.10	5.09	1.25	4.76	1.08	1.11
4.46	0.08	4.33	-0.03	11.03	11.47	1.02	7.43	4.35	1.18
2.10	0.03	2.01		10.20	10.26	0.10	4.29	1.57	0.48
1.25		1.25	0.03	1.20	1.35		0.28	0.25	0.34
4.68	0.05	4.56	0.71	79.69	80.22	0.42	7.85	2.77	1.54
1.92	0.03	1.95	0.02	18.07	18.20	1.16	9.37	4.12	1.27
4.15	0.15	3.94	0.06	3.83	3.89	0.83	4.84	0.72	1.18
6.00	0.06	5.94	0.01	2.31	2.72	2.80	3.32	0.72	0.93
3.30	0.04	1.93		9.48	9.55	0.54	6.06	0.73	1.24

1-B-53 按地区分组的电力、热力

地区	工业销售产值（当年价格）	出口交货值	资产总计	固定资产合计	固定资产原价	累计折旧	流动资产合计	应收账款	存货
山东省	**4221.19**		**5041.78**	**2292.49**	**3670.54**	**1561.52**	**882.28**	**148.78**	**71.33**
济南市	252.85		207.02	151.99	205.01	77.86	42.28	6.85	4.45
青岛市	388.70		300.64	205.78	332.48	149.36	84.60	16.02	9.69
淄博市	305.50		224.95	155.78	257.59	106.44	53.24	14.48	6.29
枣庄市	102.40		58.68	47.37	59.23	20.97	9.22	3.89	0.79
东营市	181.41		114.34	91.66	111.41	21.59	13.09	4.38	0.54
烟台市	406.70		343.71	254.13	381.44	140.46	71.33	17.71	7.74
潍坊市	395.85		287.54	152.60	262.07	120.16	57.73	12.23	4.62
济宁市	389.09		269.34	195.21	305.35	119.24	56.60	11.07	4.22
泰安市	150.47		107.68	80.13	125.12	48.33	17.79	3.49	2.09
威海市	170.97		237.32	164.78	279.31	121.46	51.04	10.73	9.07
日照市	150.25		100.63	75.37	130.45	59.78	20.04	7.43	1.35
莱芜市	93.85		57.72	22.40	30.75	8.34	9.87	1.72	0.58
临沂市	278.25		231.20	176.04	275.72	107.17	27.51	6.91	1.20
德州市	237.43		105.55	74.61	159.01	89.78	20.56	1.05	4.21
聊城市	213.22		120.43	77.22	126.92	55.69	33.06	5.42	3.94
滨州市	158.85		155.19	103.14	126.93	40.46	29.90	5.83	3.82
菏泽市	185.86		117.68	90.45	106.52	53.00	25.19	7.06	1.01

1-B-53 续表

地区	港澳台资本	外商资本	主营业务收入	主营业务成本	主营业务税金及附加	销售费用	管理费用	税金
山东省	**26.38**	**33.75**	**4364.69**	**3866.72**	**16.29**	**6.13**	**105.27**	**5.20**
济南市			131.78	121.70	0.62	1.43	7.97	0.37
青岛市	1.33		209.42	191.22	0.93	0.18	19.16	0.67
淄博市	0.13		156.17	137.99	0.93	0.57	9.73	1.52
枣庄市			28.11	24.59	0.25	0.03	0.58	0.08
东营市	1.87		84.80	70.20	0.43	0.10	6.36	0.03
烟台市	3.39	0.47	239.43	205.42	0.90	0.24	5.97	0.19
潍坊市	0.04	2.02	219.67	196.77	1.28	0.15	6.84	0.17
济宁市		3.86	197.67	171.10	1.24	0.94	4.01	0.17
泰安市	0.16		79.88	71.28	0.74	0.40	6.50	0.07
威海市	1.29	1.83	170.92	178.49	1.14	0.96	4.85	0.21
日照市	2.61		77.11	64.16	0.51	0.22	3.70	0.64
莱芜市			16.05	14.39	0.14		0.41	0.11
临沂市			285.58	117.06	0.48	0.39	5.26	0.14
德州市			158.60	130.91	0.95	0.37	5.30	0.25
聊城市		1.15	128.30	119.65	0.53	0.02	4.68	0.10
滨州市	2.12	1.10	100.80	90.77	0.30	0.03	4.99	0.21
菏泽市		0.03	113.27	96.85	0.59	0.10	6.82	0.06

生产和供应业主要经济指标

单位：亿元

产成品	负债合计	流动负债合计	应付账款	所有者权益合计	实收资本	国家资本	集体资本	法人资本	个人资本
5.11	**3533.19**	**1624.12**	**266.31**	**1092.74**	**784.26**	**389.04**	**16.02**	**285.36**	**33.69**
0.02	154.95	90.40	12.26	52.07	44.82	28.47	4.32	11.70	0.34
0.04	210.77	137.95	28.62	89.83	40.87	23.68	1.36	14.41	0.08
0.06	177.59	120.33	21.70	44.38	59.00	19.51	5.14	30.83	3.39
0.09	46.39	30.36	5.91	12.28	9.63	1.19	1.20	6.36	0.88
0.09	75.37	38.59	12.49	38.84	23.78	15.37		4.43	2.12
0.15	218.35	138.31	24.48	124.30	66.20	28.22	1.58	31.64	0.91
0.17	210.83	98.43	27.02	76.71	45.40	28.05	1.73	12.60	0.96
0.56	168.13	124.70	13.03	101.04	90.21	45.48		40.43	0.44
0.38	83.66	61.68	9.43	24.17	31.79	26.76	0.07	4.58	0.21
1.64	165.20	114.59	26.64	72.12	40.83	27.15	0.01	10.28	0.26
0.31	53.79	41.38	13.24	45.00	40.67	23.01		13.64	1.41
	42.24	6.58	0.90	15.48	17.75	17.45		0.30	
0.06	200.46	92.13	17.52	30.02	29.21	13.94	0.30	13.32	1.65
0.03	48.63	28.20	7.09	56.42	45.02	3.36		41.66	
0.06	100.24	62.81	11.60	20.19	23.69	7.91		13.59	1.05
1.19	132.34	82.33	13.97	22.14	31.63	10.58		17.33	0.50
0.27	80.43	48.00	11.43	37.25	22.50	3.23	0.32	18.26	0.66

单位：亿元

财务费用	利息收入	利息支出	投资收益(损失以“—”号记)	营业利润	利润总额	亏损企业亏损额	应交增值税	应交所得税	从业人员平均人数(万人)
99.32	**2.73**	**94.19**	**15.39**	**280.73**	**287.23**	**16.83**	**145.58**	**31.76**	**19.17**
4.88	0.19	4.72	0.05	6.21	5.48	0.95	6.71	0.57	1.18
5.71	0.22	5.77	0.26	4.87	10.91	3.21	6.84	1.83	1.55
6.40	0.13	6.14	0.14	3.07	5.96	1.72	6.60	0.98	1.84
1.86	0.01	1.76		1.23	2.01	0.48	2.31	0.05	0.56
2.37	0.04	2.37	0.01	7.09	7.31	0.13	2.56	0.96	0.35
8.75	0.67	7.85	0.46	20.27	22.13	1.60	8.33	4.79	1.69
5.44	0.12	5.18	0.01	10.02	13.13	0.74	8.55	1.44	1.58
7.47	0.06	7.18		15.49	16.02	0.18	10.43	2.81	1.56
1.57	0.05	2.27		3.30	4.10	1.22	3.85	0.96	0.91
4.41	0.09	4.30	-0.01	10.08	10.38	0.91	7.13	4.20	0.92
2.09	0.03	2.00		10.24	10.29	0.07	4.22	1.58	0.39
1.24		1.24	0.03	0.38	0.37		0.23		0.27
4.57	0.04	4.46	0.71	78.62	78.81	0.33	7.55	2.49	1.37
1.79	0.01	1.80	0.02	16.13	16.29	1.16	8.57	3.81	1.07
3.98	0.14	3.80	0.06	2.96	3.10	0.83	4.51	0.61	1.06
5.96	0.06	5.92	0.01	1.73	2.00	2.77	3.08	0.57	0.84
3.29	0.04	1.91		9.09	9.16	0.54	5.82	0.70	1.19

1-B-54　按地区分组的燃气

地　区	工业销售产值（当年价格）	出口交货值	资产总计	固定资产合计	固定资产原价	累计折旧	流动资产合计	应收账款	存货
山东省	**232.64**		**291.75**	**132.47**	**157.63**	**42.02**	**108.90**	**15.92**	**6.35**
济南市	21.21		49.48	17.45	21.07	4.91	24.09	1.81	0.59
青岛市	48.16		84.71	40.39	46.69	9.46	23.59	5.39	0.92
淄博市	39.76		26.74	8.75	12.29	3.86	13.45	2.32	1.34
枣庄市	3.37		6.25	3.10	2.87	0.49	3.15	0.24	0.49
东营市	1.55		1.66	0.62	0.66	0.04	0.70	0.04	0.10
烟台市	30.27		25.29	16.56	23.82	7.51	7.15	1.84	0.51
潍坊市	12.33		23.53	10.03	11.79	2.70	9.30	0.52	0.81
济宁市	9.13		10.41	3.47	5.11	1.82	4.13	0.74	0.35
泰安市	10.91		9.18	1.42	1.51	0.17	4.93	0.90	0.01
威海市	3.33		9.15	5.92	5.25	1.20	2.84	0.41	0.13
日照市									
莱芜市	8.20		12.33	10.60	9.72	5.84	1.41	0.11	0.06
临沂市	10.70		6.60	3.81	4.27	0.66	2.19	0.19	0.52
德州市	20.65		11.06	5.22	7.40	2.20	5.22	0.38	0.23
聊城市	8.54		9.79	2.62	2.99	0.78	5.37	0.93	0.10
滨州市	3.86		3.70	2.01	1.57	0.26	1.16	0.08	0.08
菏泽市	0.68		1.88	0.50	0.61	0.12	0.24	0.03	0.10

1-B-54　续表

地　区	港澳台资本	外商资本	主营业务收入	主营业务成本	主营业务税金及附加	销售费用	管理费用	税金
山东省	**9.98**	**6.40**	**243.14**	**205.32**	**1.50**	**8.68**	**11.87**	**0.46**
济南市	5.32		24.25	20.16	0.10	1.55	1.48	0.04
青岛市	0.74	0.48	45.42	40.13	0.21	2.85	3.16	0.08
淄博市	1.47	0.28	41.14	37.19	0.13	0.85	1.19	0.04
枣庄市	1.05		4.32	2.95	0.04	0.36	0.43	0.01
东营市		0.45	1.55	1.11	0.01	0.05	0.09	
烟台市	0.06	1.20	32.48	27.06	0.26	0.61	1.01	0.09
潍坊市	0.74	0.05	12.89	10.03	0.11	0.50	0.86	0.02
济宁市		1.64	9.63	7.08	0.10	0.53	0.76	0.02
泰安市			12.94	11.31	0.12	0.08	0.67	0.03
威海市		0.50	3.24	2.71	0.02	0.34	0.15	
日照市								
莱芜市			9.66	8.67	0.03	0.06	0.43	0.01
临沂市	0.21		11.02	9.49	0.08	0.08	0.22	0.01
德州市		1.25	21.54	16.95	0.25	0.61	0.80	0.04
聊城市	0.40	0.46	9.14	7.27	0.03	0.13	0.45	0.06
滨州市		0.10	3.26	2.66	0.01	0.04	0.15	
菏泽市			0.68	0.56	0.01	0.02	0.03	

生产和供应业主要经济指标

单位：亿元

产成品	负债合计	流动负债合计	应付账款	所有者权益合计	实收资本	国家资本	集体资本	法人资本	个人资本
1.40	**161.50**	**132.04**	**23.22**	**129.36**	**68.04**	**31.17**	**2.78**	**14.19**	**3.50**
0.06	23.78	13.31	2.08	25.05	13.32	4.78	0.06	2.43	0.73
0.20	49.78	39.77	6.34	34.93	17.91	12.12		4.52	0.07
0.10	19.99	18.30	5.85	6.74	5.21	1.80	0.22	1.33	0.11
0.37	3.15	2.61	0.50	2.98	2.40	1.25			0.10
0.05	0.66	0.66	0.32	1.00	0.70			0.25	
0.08	13.99	11.91	1.86	11.22	4.83	0.90	1.95	0.15	0.57
0.10	13.98	13.46	2.15	9.55	3.84	0.20		2.55	0.30
0.06	3.58	3.34	0.70	6.83	4.89	2.70	0.26	0.30	
	7.26	6.97	0.50	1.92	0.82	0.59		0.18	0.05
0.07	6.58	5.88	0.96	2.57	1.03	0.50		0.04	
	1.22	1.15	0.28	11.11	5.36	5.06	0.30		
0.18	2.77	2.15	0.26	3.83	1.12	0.21		0.10	0.60
0.08	4.26	3.16	0.29	6.80	3.67	1.07		1.07	0.28
0.02	6.41	5.94	0.71	3.38	1.98			0.57	0.55
0.02	2.36	2.36	0.30	1.30	0.85			0.70	0.05
0.01	1.72	1.07	0.12	0.16	0.10				0.10

单位：亿元

财务费用	利息收入	利息支出	投资收益（损失以“–”号记）	营业利润	利润总额	亏损企业亏损额	应交增值税	应交所得税	从业人员平均人数（万人）
2.48	**0.61**	**2.58**	**1.05**	**22.04**	**22.67**	**0.51**	**7.04**	**4.34**	**1.77**
-0.24	0.35	0.09	0.06	2.79	2.91	0.06	0.69	0.74	0.28
1.17	0.08	1.15	0.05	3.86	3.78	0.03	1.03	0.35	0.30
0.36	0.06	0.42	0.22	1.96	1.99	0.36	0.66	0.55	0.17
	-0.01			0.51	0.54	0.06	0.09	0.15	0.11
-0.01	-0.01			0.30	0.30		0.04	0.08	0.01
0.44	0.02	0.39		3.09	3.09		1.66	0.67	0.15
0.38	0.06	0.27	0.22	1.71	1.70		0.50	0.22	0.16
-0.05	0.05		0.29	1.73	1.63		0.21	0.34	0.16
0.11			0.21	0.81	0.99		0.82	0.12	0.05
0.04	-0.01	0.03		0.53	0.58		0.11	0.14	0.05
0.01		0.01		0.82	0.98		0.06	0.25	0.06
0.03		0.03		0.78	1.08		0.21	0.18	0.05
0.07	0.02	0.09		1.79	1.78		0.72	0.30	0.11
0.14	0.01	0.10		0.78	0.74		0.13	0.11	0.04
0.01		0.01		0.52	0.51		0.11	0.13	0.05
				0.07	0.07		0.03	0.01	0.01

1-B-55 按地区分组的水的

地　区	工业销售产值（当年价格）	出口交货值	资产总计	固定资产合计	固定资产原价	累计折旧	流动资产合计	应收账款	存货
山东省	**94.00**		**384.53**	**188.69**	**247.85**	**78.19**	**132.37**	**23.85**	**8.82**
济南市	11.82		62.04	22.75	32.51	9.90	25.74	3.38	0.67
青岛市	15.98		80.98	50.38	67.14	18.73	22.29	4.81	1.73
淄博市	10.50		49.63	14.74	24.67	11.13	20.65	1.33	0.52
枣庄市	0.85		4.97	2.07	3.84	1.77	1.91	0.45	0.34
东营市	2.57		4.63	2.96	3.70	0.76	1.11	0.29	0.02
烟台市	8.29		35.59	15.71	23.64	9.13	16.35	7.54	1.85
潍坊市	8.66		38.04	16.61	20.34	5.67	13.65	0.78	0.46
济宁市	4.87		29.80	14.83	17.25	3.42	7.58	1.58	0.38
泰安市	1.50		9.03	5.70	5.49	2.56	2.97	0.37	0.07
威海市	11.65		34.00	24.51	23.08	5.78	8.03	0.71	2.33
日照市	1.21		7.18	2.37	4.34	2.09	3.72	0.11	0.02
莱芜市									
临沂市	5.10		10.39	5.97	8.85	2.97	3.36	1.60	0.26
德州市	2.15		4.92	2.87	2.75	0.77	1.82	0.18	0.03
聊城市	3.42		2.31	1.64	2.50	0.89	0.47	0.04	0.01
滨州市	2.01		5.96	3.87	5.91	2.42	2.02	0.20	0.01
菏泽市	3.41		5.08	1.71	1.84	0.21	0.71	0.46	0.12

1-B-55　续表

地　区	港澳台资本	外商资本	主营业务收入	主营业务成本	主营业务税金及附加	销售费用	管理费用	税金
山东省	**8.04**	**6.29**	**96.36**	**82.21**	**0.76**	**2.95**	**12.17**	**0.65**
济南市	2.61	0.48	11.35	10.75	0.09	0.53	1.31	0.09
青岛市	0.50	3.47	14.14	15.30	0.09	0.51	1.93	0.08
淄博市	0.07		11.05	8.74	0.11	0.37	1.22	0.03
枣庄市			0.83	0.62	0.01	0.08	0.49	0.01
东营市			2.48	1.71	0.01	0.17	0.28	0.01
烟台市			7.72	6.44	0.06	0.28	1.32	0.17
潍坊市	4.02	2.14	9.79	7.14	0.04	0.18	1.02	0.05
济宁市		0.20	5.01	3.53	0.03	0.14	0.89	0.01
泰安市			1.88	1.47	0.01	0.02	0.48	0.13
威海市			14.30	13.14	0.16	0.16	0.35	0.02
日照市			1.34	0.98	0.01	0.01	0.40	
莱芜市								
临沂市	0.84		4.82	3.78	0.04	0.16	0.53	0.02
德州市			2.13	1.55	0.01	0.13	0.33	0.02
聊城市			3.42	2.07	0.03		1.21	0.01
滨州市			2.19	1.76	0.02	0.06	0.27	0.01
菏泽市			3.90	3.24	0.04	0.14	0.13	

生产和供应业主要经济指标

单位：亿元

产成品	负债合计	流动负债合计	应付账款	所有者权益合计	实收资本	国家资本	集体资本	法人资本	个人资本
0.74	**221.03**	**144.29**	**18.60**	**162.25**	**73.61**	**37.07**	**3.20**	**14.27**	**4.75**
0.02	40.18	23.88	1.41	21.86	13.70	9.16	0.04	0.90	0.51
0.12	48.80	23.03	6.62	31.98	11.82	6.40		0.45	1.00
0.04	30.74	27.75	1.37	18.89	5.49	1.73		3.17	0.52
0.01	3.95	3.44	0.32	1.02	1.07	1.07			
	2.14	0.67	0.05	2.49	1.94	0.17		1.37	0.40
0.23	18.22	13.23	1.24	17.37	11.79	8.97	2.82		
0.01	16.82	9.90	0.81	20.18	10.44	2.49		1.34	0.46
0.09	14.39	9.81	1.18	15.42	5.22	0.56		4.31	0.16
	7.44	5.05	0.03	1.59	0.68	0.40	0.07	0.22	
0.07	17.30	12.49	2.46	16.68	3.32	3.30		0.02	
	5.04	4.90	0.21	2.14	0.47	0.47			
0.10	6.91	4.79	1.22	3.48	2.54	0.70	0.27	0.29	0.43
0.01	2.93	1.40		1.99	0.93	0.60		0.05	0.29
	0.78	0.56		1.53	1.55	0.55		1.00	
0.01	4.65	3.30	1.67	1.30	1.09	0.52			0.57
0.05	0.76	0.08		4.32	1.57			1.16	0.41

单位：亿元

财务费用	利息收入	利息支出	投资收益（损失以“–”号记）	营业利润	利润总额	亏损企业亏损额	应交增值税	应交所得税	从业人员平均人数（万人）
3.54	**0.26**	**3.16**	**1.92**	**-0.20**	**4.49**	**4.15**	**3.47**	**0.79**	**2.71**
0.70	0.15	0.85	0.03	-0.37	0.06	0.53	0.45	0.13	0.27
1.00	-0.01	0.80	0.20	-4.08	-1.00	1.77	0.63	0.08	0.36
0.52	0.02	0.48	0.19	0.38	0.38	0.82	0.63	0.13	0.43
0.02	0.01	0.01		-0.23	-0.19	0.19	0.04		0.18
0.11		0.11		0.26	0.29		0.09	0.01	0.05
0.22	0.02	0.24		-0.53	-0.30	0.46	0.26	0.01	0.25
0.49	0.02	0.24	1.47	2.68	2.87	0.04	0.14	0.14	0.17
0.19	0.01	0.16	0.06	0.38	0.87	0.05	0.17	0.14	0.22
0.06	0.03	0.08				0.03	0.08		0.15
0.02	0.01	0.01	-0.02	0.43	0.51	0.11	0.19		0.21
0.01		0.01		-0.04	-0.03	0.03	0.07		0.08
0.08	0.01	0.08		0.29	0.33	0.08	0.10	0.10	0.11
0.06		0.06		0.15	0.13		0.07	0.01	0.08
0.03		0.03		0.09	0.05		0.21		0.07
0.02		0.01		0.06	0.20	0.04	0.13	0.02	0.04
0.02		0.02		0.33	0.33	0.01	0.21	0.03	0.04

第2篇

主要工业产品产量

2-1　2013年全国工业主要产品产量

产品名称	计量单位	产品产量
铁矿石原矿	万吨	148636.41
铜金属含量	万吨	179.74
铅金属含量	万吨	313.49
锌金属含量	万吨	526.01
锡金属含量	万吨	13.85
锑金属含量	万吨	11.94
钨精矿折合量(折三氧化钨65%)	吨	141716.86
钼精矿折合量(折纯钼45%)	吨	277289.64
硫铁矿石(折含硫35%)	万吨	1703.99
磷矿石(折含五氧化二磷30%)	万吨	11139.40
原盐	万吨	7367.60
大米	万吨	11798.60
饲料	万吨	24869.55
#配合饲料	万吨	13112.68
混合饲料	万吨	5888.35
精制食用植物油	万吨	5590.55
成品糖	万吨	1592.76
鲜、冷藏肉	万吨	3325.66
冷冻水产品	万吨	751.51
糖果	万吨	265.58
速冻米面食品	万吨	567.87
方便面	万吨	986.31
乳制品	万吨	2636.87
#液体乳	万吨	2353.52
罐头	万吨	1163.62
酱油	万吨	752.58
冷冻饮品	万吨	299.54
发酵酒精(折96度，商品量)	万千升	899.15
饮料酒	万千升	6558.26
#白酒(折65度，商品量)	万千升	1189.01
啤酒	万千升	4982.79
葡萄酒	万千升	114.46
软饮料	万吨	15661.76
#碳酸型饮料(汽水)	万吨	1760.49
包装饮用水	万吨	6574.15
果汁和蔬菜汁类饮料	万吨	2446.67
精制茶	万吨	198.02
卷烟	亿支	25603.86
纱	万吨	3200.00
布	亿米	897.59
#色织布(含牛仔布)	亿米	24.90
#1.棉布	亿米	398.81
2.棉混纺布	亿米	123.04
3.化学纤维短纤布	亿米	176.46
印染布	亿米	577.84
绒线(俗称毛线)	万吨	37.93
毛机织物(呢绒)	万米	49423.89
无纺布(无纺织物)	万吨	301.71
帘子布	万吨	88.22
服装	万件	2765864.27
#1.针织服装	万件	1326548.33
2.梭织服装	万件	1439315.94
#羽绒服装	万件	30805.79
衬衫	万件	112692.53

2-1 续表 1

产品名称	计量单位	产品产量
轻革	万平方米	54000.52
皮革服装	万件	6651.38
皮革鞋靴	万双	452369.42
人造板	万立方米	27149.33
#胶合板	万立方米	15221.15
纤维板	万立方米	6459.47
刨花板	万立方米	1563.09
人造板表面装饰板	万平方米	26549.45
实木木地板	万平方米	8723.80
复合木地板	万平方米	46910.56
家具	万件	66833.02
#木质家具	万件	22303.82
金属家具	万件	34169.17
软体家具	万件	4479.23
纸浆(原生浆及废纸浆)	万吨	1610.88
机制纸及纸板(外购原纸加工除外)	万吨	11323.06
#未涂布印刷书写用纸	万吨	785.14
#新闻纸	万吨	364.50
箱纸板	万吨	1081.61
纸制品	万吨	5685.97
#瓦楞纸箱	万吨	3161.77
硫酸(折100%)	万吨	8154.49
盐酸(氯化氢，含量31%)	万吨	899.28
浓硝酸(折100%)	万吨	269.19
烧碱(折100%)	万吨	2927.44
#离子膜法烧碱(折100%)	万吨	2260.74
纯碱(碳酸钠)	万吨	2431.63
碳化钙(电石，折300升/千克)	万吨	2287.52
乙烯	万吨	1599.31
纯苯	万吨	728.55
精甲醇	万吨	2988.64
冰乙酸(冰醋酸)	万吨	454.21
合成氨(无水氨)	万吨	5739.00
农用氮、磷、钾化学肥料(折纯)	万吨	7026.18
#1.氮肥(折含氮100%)	万吨	4832.61
#尿素(折含氮100%)	万吨	3294.49
2.磷肥(折五氧化二磷100%)	万吨	1673.08
3.钾肥(折氯化钾100%)	万吨	520.48
磷酸一铵(实物量)	万吨	1774.66
磷酸二铵(实物量)	万吨	1746.49
化学农药原药(折有效成分100%)	万吨	303.14
初级形态塑料	万吨	6293.03
#聚丙烯树脂	万吨	1166.85
聚氯乙烯树脂	万吨	1410.17
合成橡胶	万吨	480.64
合成纤维单体	万吨	2133.45
合成纤维聚合物	万吨	1726.70
#聚酯	万吨	1198.44
单晶硅	万千克	3524.59
多晶硅	万千克	12753.18
合成洗涤剂	万吨	1094.27
#合成洗衣粉	万吨	424.62

2–1　续表 2

产品名称	计量单位	产品产量
化学药品原药	万吨	263.30
中成药	万吨	272.05
化学纤维用浆粕	万吨	188.97
化学纤维	万吨	4160.28
#合成纤维	万吨	3735.56
#锦纶纤维	万吨	215.12
涤纶纤维	万吨	3237.03
腈纶纤维	万吨	69.74
维纶纤维	万吨	10.09
丙纶纤维	万吨	25.50
氨纶纤维	万吨	39.29
橡胶轮胎外胎	万条	110440.12
#子午线轮胎外胎	万条	54960.35
塑料制品	万吨	6938.65
#塑料薄膜	万吨	1079.15
#农用薄膜	万吨	176.47
日用塑料制品	万吨	490.47
硅酸盐水泥熟料	万吨	137146.40
#窑外分解窑水泥熟料	万吨	121686.40
水泥	万吨	241923.89
商品混凝土	万立方米	133040.47
水泥混凝土压力管	千米	12161.53
水泥混凝土电杆	万根	1060.35
预应力混凝土桩	万米	32038.06
瓷质砖	万平方米	701372.21
炻瓷砖	万平方米	52513.21
细炻砖	万平方米	24728.27
炻质砖	万平方米	51977.28
陶质砖	万平方米	195064.57
天然大理石建筑板材	万平方米	21929.01
天然花岗石建筑板材	万平方米	49486.82
沥青和改性沥青防水卷材	万平方米	67142.80
平板玻璃	万重量箱	79285.80
钢化玻璃	万平方米	33620.55
夹层玻璃	万平方米	7375.93
中空玻璃	万平方米	6913.18
纤维增强塑料制品	万吨	265.78
耐火材料制品	万吨	11060.85
石墨及炭素制品	万吨	3017.84
生铁	万吨	71149.88
粗钢	万吨	81313.89
铸铁件	万吨	3629.79
铸钢件	万吨	1255.10
钢材	万吨	108200.54
#铁道用钢材	万吨	610.26
#轻轨	万吨	140.13
重轨	万吨	428.20
大型型钢	万吨	1282.61
中小型型钢	万吨	5723.80
棒材	万吨	7789.95
钢筋	万吨	20774.38
线材(盘条)	万吨	15001.38
特厚板	万吨	619.24

2-1 续表 3

产品名称	计量单位	产品产量
厚钢板	万吨	2499.95
中板	万吨	3602.39
热轧薄板	万吨	1057.61
冷轧薄板	万吨	3231.60
中厚宽钢带	万吨	12192.53
热轧薄宽钢带	万吨	5444.56
冷轧薄宽钢带	万吨	3977.09
热轧窄钢带	万吨	5925.40
冷轧窄钢带	万吨	1144.16
镀层板(带)	万吨	4514.46
涂层板(带)	万吨	740.41
电工钢板(带)	万吨	826.76
无缝钢管	万吨	3192.83
焊接钢管	万吨	5319.62
铁合金	万吨	3709.57
十种有色金属	万吨	4412.13
#精炼铜(电解铜)	万吨	664.45
铅	万吨	438.64
锌	万吨	537.00
镍	万吨	28.75
锡	万吨	16.40
锑品	万吨	25.67
原铝(电解铝)	万吨	2543.81
镁	万吨	77.13
海绵钛	万吨	11.63
氧化铝	万吨	4774.96
铝合金	万吨	488.23
铜材	万吨	1485.66
铝材	万吨	4027.54
金属切削工具	万件	796330.17
金属集装箱	万立方米	10095.21
钢绞线	万吨	521.95
锻件	万吨	968.18
粉末冶金零件	万吨	125.89
电站锅炉	蒸发量吨	471623.70
工业锅炉	蒸发量吨	523386.97
发动机	万千瓦	193670.93
#汽车用发动机	万千瓦	159193.50
电站用汽轮机	万千瓦	6922.20
电站水轮机	万千瓦	813.85
金属切削机床	万台	87.55
#数控金属切削机床	万台	21.70
金属成形机床	万台	24.04
#数控金属成形机床(数控锻压设备)	台	30783.00
电焊机	万台	687.11
起重机	万吨	990.30
电动车辆(电动叉车)	万台	18.72
内燃叉车	万台	22.12
泵	万台	9981.31
#真空泵	万台	694.58
气体压缩机	万台	29339.50
#制冷设备用压缩机	万台	28572.38

2-1　续表 4

产品名称	计量单位	产品产量
阀门	万吨	987.11
液压元件	万件	18969.94
气动元件	万件	37553.99
滚动轴承	亿套	157.32
齿轮	万吨	253.07
工业电炉	台	22337.00
风机	万台	1708.60
#鼓风机	万台	32.53
电动手提式工具	万台	24609.89
包装专用设备	台	90039.00
照相机	万台	4690.89
#数码照相机	万台	3620.14
复印和胶版印制设备	万台	698.20
金属紧固件	万吨	706.31
弹簧	万吨	137.23
减速机	万台	596.80
石油钻井设备	台套	263250.00
挖掘、铲土运输机械	台	445363.00
#挖掘机	台	142832.00
压实机械	台	44291.00
水泥专用设备	吨	907159.09
混凝土机械	台	538151.00
金属冶炼设备	吨	1154728.40
金属轧制设备	吨	635859.51
炼油、化工生产专用设备	万吨	207.17
模具	万套	1388.39
印刷专用设备	吨	148675.07
大中型拖拉机	台	665626.00
小型拖拉机	万台	184.86
收获机械	台	887501.00
收获后处理机械	台	455279.00
棉花加工机械	台	22630.00
环境污染防治专用设备	台(套)	535731.00
#大气污染防治设备	台	190847.00
水质污染防治设备	台(套)	194245.00
固体废弃物处理设备	台	64966.00
噪音与振动控制设备	台	1680.00
汽车	万辆	2212.09
#基本型乘用车(轿车)	万辆	1210.43
多功能乘用车(MPV)	万辆	133.79
运动型多用途乘用车(SUV)	万辆	298.73
客车	万辆	162.09
载货汽车	万辆	321.50
改装汽车	万辆	135.07
低速载货汽车	万辆	207.10
铁路机车	辆	1351.00
动车组	辆	1605.00
铁路客车	辆	3631.00
铁路货车	辆	51921.00
民用钢质船舶	万载重吨	4658.03
摩托车整车	万辆	2527.10
两轮脚踏自行车	万辆	7545.25
电动自行车	万辆	2762.54
发电机组(发电设备)	万千瓦	14197.66

2-1 续表 5

产品名称	计量单位	产品产量
#水轮发电机组	万千瓦	2492.01
汽轮发电机组	万千瓦	7985.00
风力发电机组	万千瓦	2110.03
交流电动机	万千瓦	27900.94
变压器	万千伏安	157294.27
高压开关板	面	2094112.00
低压开关板	万面	1622.10
通信及电子网络用电缆	万对千米	4731.48
电力电缆	万千米	4573.66
光缆	万芯千米	24404.10
绝缘制品	吨	1747932.14
原电池及原电池组(非扣式)	亿只	405.42
家用电冰箱(家用冷冻冷藏箱)	万台	9255.74
家用冷柜(家用冷冻箱)	万台	2157.06
房间空气调节器	万台	13069.30
家用电风扇	万台	15875.50
家用吸排油烟机	万台	2783.55
电饭锅	万个	21730.79
家用电热烘烤器具	万个	18055.83
微波炉	万台	7277.64
家用洗衣机	万台	7300.53
家用电热水器	万台	2789.41
家用吸尘器	万台	8981.07
家用燃气灶具	万台	3153.18
家用燃气热水器	万台	1167.01
太阳能热水器	万平方米	1767.22
微型计算机设备	万台	35348.41
#笔记本计算机	万台	24041.53
显示器	万台	13631.16
打印机	万台	7418.98
硬盘存储器	万台	17440.96
程控交换机	万线	2698.53
电话单机	万部	12519.67
传真机	万部	172.08
移动通信手持机(手机)	万台	152343.90
彩色电视机	万台	12745.21
#液晶(LCD)电视机	万台	12234.46
等离子(PDP)电视机	万台	197.92
组合音响	万台	12527.94
半导体存储器播放器(含MP3、MP4)	万个	2968.62
数字激光音、视盘机	万台	19628.03
电视接收机顶盒	万台	11772.08
半导体分立器件	亿只	4905.17
集成电路	亿块	903.46
工业自动调节仪表与控制系统	万台(套)	4707.12
电工仪器仪表	万台	15532.24
分析仪器及装置	万台(套)	115.59
试验机	万台	11.51
环境监测专用仪器仪表	万台	37.99
汽车仪器仪表	万台	4942.87
表	万只	18354.82
眼镜成镜	万副	63911.26

2-2　2013年全省工业主要产品产量

产品名称	计量单位	产品产量
铁矿石原矿	吨	26024458.3
铁矿石成品矿	吨	7168651.1
铁精矿	吨	182852.0
铜金属含量	吨	5327.5
镍金属含量	吨	525616.3
稀有稀土金属矿	吨	1797.8
石灰石	吨	19399188.7
水泥用石灰石	吨	737542.0
石膏	吨	2349485.0
建筑用天然石料	立方米	5242129.0
天然大理石荒料	立方米	30201.0
天然花岗石荒料	立方米	50899.0
高岭土(瓷土)	吨	1221105.0
膨润土	吨	56629.0
砂石	吨	5337975.0
石英砂	吨	1028350.0
化学矿	吨	751695.4
硫铁矿石(折含硫35%)	吨	270735.4
原盐	吨	20387773.7
天然石墨	吨	17284.0
滑石粉	吨	1464123.0
小麦粉	吨	21975109.8
大米	吨	545846.5
饲料	吨	33376336.2
配合饲料	吨	14906011.8
混合饲料	吨	5955695.4
宠物食品	吨	56973.4
饲料添加剂	吨	696240.3
食用植物油	吨	10926153.0
精制食用植物油	吨	6067436.4
加工糖	吨	1600.0
鲜、冷藏肉	吨	8730798.6
冻肉	吨	425111.6
熟肉制品	吨	371808.7
冷冻水产品	吨	1418119.7
冷冻蔬菜	吨	1614668.5
淀粉及淀粉制品	吨	6945541.5
豆腐及豆制品	吨	316933.8
糕点	吨	122131.8
面包	吨	67011.1
饼干	吨	193625.9
膨化食品	吨	55140.0
焙烤松脆食品	吨	23151.0
糖果	吨	53106.9
速冻食品	吨	268870.5
速冻米面食品	吨	58460.0
方便面	吨	434313.4
乳制品	吨	2712057.1
液体乳	吨	2455946.3
灭菌乳	吨	895298.9

2-2 续表 1

产品名称	计量单位	产品产量
巴氏杀菌乳	吨	585569.4
酸牛乳	吨	176807.0
其他液体乳	吨	652593.6
固体及半固体乳制品	吨	141215.8
乳粉	吨	29113.8
炼乳	吨	53162.0
罐头	吨	1063821.2
味精(谷氨酸钠)	吨	472906.0
酱油	吨	534010.8
醋及醋代用品	吨	76393.1
食醋	吨	48014.0
复合调味品	吨	303572.6
鸡精	吨	3702.0
营养、保健食品	吨	447701.0
蜂蜜营养制品	吨	1359.0
冷冻饮品	吨	270892.0
冰淇淋	吨	3150.0
食用盐	吨	55594.0
食品添加剂	吨	1418878.8
发酵酒精(折96度，商品量)	千升	202933.1
变性燃料乙醇	千升	13689.0
饮料酒	千升	8531846.1
白酒(折65度，商品量)	千升	1035650.0
啤酒	千升	6775892.5
黄酒	千升	19609.0
葡萄酒	千升	370798.4
果酒及配制酒	千升	6516.0
白兰地	千升	36427.0
软饮料	吨	6521634.6
碳酸型饮料(汽水)	吨	785858.3
果汁和蔬菜汁类饮料	吨	1023540.2
蛋白饮料	吨	541969.9
含乳饮料	吨	24574.0
植物蛋白饮料	吨	517395.9
包装饮用水	吨	2054416.0
茶饮料	吨	9403.0
固体饮料	吨	8251.0
精制茶	吨	4271.0
卷烟	万支	14201379.0
一类烟	万支	691421.0
二类烟	万支	433027.0
三类烟	万支	9694902.0
四类烟	万支	1857800.0
五类烟	万支	1524229.0
雪茄烟	万支	470.5
纱	吨	8499986.4
棉纱	吨	7910415.9
棉混纺纱	吨	348481.9
化学纤维纱	吨	234072.2
棉线	吨	7582.2
布	万米	1266493.7

2-2　续表 2

产品名称	计量单位	产品产量
其中：棉布	万米	1058763.7
棉混纺布	万米	152292.3
化学纤维短纤布	万米	55437.6
其中：色织布(含牛仔布)	万米	32561.0
印染布	万米	255104.0
漂白布	万米	29387.4
染色布	万米	121321.0
印花布	万米	104395.6
毛条	吨	10014.0
毛纱	吨	15717.0
绒线(俗称毛线)	吨	48593.0
毛机织物(呢绒)	万米	11894.7
亚麻纱	吨	105.0
亚麻布(含亚麻≥55%)	万米	3301.1
蚕丝	吨	5182.7
绢纺丝	吨	97.3
蚕丝及交织机织物	万米	1837.3
蚕丝及交织机织物(含蚕丝≥50%)	万米	1439.2
化纤长丝机织物	万米	8016.8
人造纤维长丝机织物	万米	113.0
床褥单	万条	2919.2
枕套	万件	3049.1
被罩	万个	1201.0
床罩	万个	1933.3
毯子	条	403646.0
羽绒被	万条	35.8
棉被	万条	414.6
蚕丝被	万条	353.2
毛巾被	万条	245.7
毛巾	万条	20684.1
帐篷	万顶	100035.4
纤维纺制线、绳、索、缆	吨	15881.0
帘子布	吨	307950.0
无纺布(无纺织物)	吨	448205.8
针织袜	万双	3158.2
针织手套	万双	2785.0
领带	万条	65.6
服装	万件	1087584.0
针织服装	万件	984886.9
针织运动类服装	万件	9936.9
梭织服装	万件	98707.5
羽绒服装	万件	1888.7
西服套装	万件	4399.8
衬衫	万件	5681.2
运动服类服装	万件	234.8
皮革服装	万件	112.7
毛皮服装	万件	9.4
天然毛皮服装	万件	9.4
鞋	万双	23689.1
皮革鞋靴	万双	16004.6
纺织面鞋	万双	2813.7
胶鞋	万双	4870.8

2-2 续表 3

产品名称	计量单位	产品产量
帽子	万个	2093.5
成品革	平方米	65561612.4
轻革	平方米	33987790.2
衣箱、提箱及类似容器	万个	4719.1
手提包(袋)、背包	万个	38421.1
人造板	立方米	50419522.2
胶合板	立方米	43459942.0
纤维板	立方米	5866948.0
刨花板	立方米	899848.2
细木工板	立方米	41383.0
人造板表面装饰板	平方米	28871504.0
实木木地板	平方米	1530717.1
复合木地板	平方米	23526413.5
家具	件	41166347.8
木质家具	件	22092960.0
金属家具	件	766810.0
软体家具	件	1570542.0
纸浆(原生浆及废纸浆)	吨	5559632.5
废纸纸浆	吨	374646.0
机制纸及纸板(外购原纸加工除外)	吨	20230083.9
未涂布印刷书写用纸	吨	2260660.2
新闻纸	吨	1646404.0
涂布类印刷用纸	吨	222851.5
卫生用纸原纸	吨	99084.0
包装用纸及纸板	吨	448686.0
包装纸	吨	7718.0
箱纸板	吨	426781.8
纸制品	吨	4102189.6
瓦楞纸箱	吨	2136200.5
卫生用纸制品	吨	126816.0
单色印刷品	令	4596009.3
多色印刷品	对开色令	59218860.8
本册	万本	14575.0
圆珠笔	万支	19982.8
记号笔	万支	7500.0
墨水	吨	700.0
室内训练健身器材	台	895066.0
中乐器	把(件)	21016.0
西乐器	把	90083.0
电子乐器	台	79166.0
硫酸(折100%)	吨	6390400.8
浓硝酸(折100%)	吨	587243.4
盐酸(氯化氢，含量31%)	吨	848022.6
过氧化氢(双氧水)	吨	1592358.0
烧碱(折100%)	吨	6545061.4
离子膜法烧碱(折100%)	吨	5073214.3
纯碱(碳酸钠)	吨	3932650.3
氢氧化钾(苛性钾)	吨	9600.0
磷酸一铵(实物量)	吨	599487.6
磷酸二铵(实物量)	吨	274028.0

2-2　续表 4

产品名称	计量单位	产品产量
碳化钙(电石，折300升/千克)	吨	29345.0
碳化硅	吨	99559.0
己烷	吨	28997.0
乙烯	吨	757400.0
丙烯	吨	459615.5
纯苯	吨	702844.9
精甲醇	吨	4472974.1
冰乙酸(冰醋酸)	吨	812389.7
甲醚	吨	7425.0
甲醛	吨	1963839.4
丙酮	吨	108788.0
硫磺	吨	54363.0
稀土化合物	千克	3484648.0
合成氨(无水氨)	吨	6850192.0
农用氮、磷、钾化学肥料(折纯)	吨	7945113.2
氮肥(折含氮100%)	吨	6795740.2
尿素(折含氮100%)	吨	4911307.9
磷肥(折五氧化二磷100%)	吨	887642.0
钾肥(折氯化钾100%)	吨	261731.0
复合肥、复混合肥	吨	4284545.6
化学农药原药(折有效成分100%)	吨	1221406.8
杀虫剂(杀螨剂)原药	吨	28776.9
杀菌剂原药	吨	4028.2
除草剂原药	吨	783337.3
涂料	吨	933995.9
建筑涂料	吨	10198.0
油墨	吨	11520.0
颜料	吨	205073.5
有机颜料	吨	5670.5
染料	吨	42637.0
初级形态塑料	吨	4724118.3
低密度聚乙烯树脂(LDPE)	吨	179095.0
高密度聚乙烯树脂(HDPE)	吨	270469.0
线型低密度聚乙烯树脂(LLDPE)	吨	181166.0
超高分子量聚乙烯(UHMW)	吨	2605.6
聚丙烯树脂	吨	660514.0
聚苯乙烯树脂	吨	19604.0
聚氯乙烯树脂	吨	702603.0
合成橡胶	吨	587936.5
合成纤维单体	吨	115972.4
丙烯腈	吨	106493.0
合成纤维聚合物	吨	224305.6
聚酯	吨	154.0
化学试剂	吨	4829611.3
催化剂	吨	280133.3
橡胶助剂	吨	471829.5
塑料助剂	吨	225809.2
炸药	吨	151554.0
感光胶片	万平方米	338.0
单晶硅	千克	355018.0
多晶硅	千克	1406756.0

2–2 续表 5

产品名称	计量单位	产品产量
单晶硅片	千片	6941.0
多晶硅片	千片	37594.0
肥(香)皂	吨	9514.8
合成洗涤剂	吨	699805.8
合成洗衣粉	吨	480995.8
液体洗涤剂	吨	2287.0
表面活性剂	吨	1260321.8
牙膏(折65克标准支)	万支	2559.5
香料	吨	17915.7
香精	吨	4630.0
食品用香精	吨	1236.0
化学药品原药	吨	522240.1
抗菌素(抗感染药)	吨	78998.3
消化系统用药	吨	1998.7
解热镇痛药	吨	45029.0
维生素类	吨	48446.8
中枢神经系统用药	吨	4166.4
抗肿瘤药	吨	80892.2
心血管系统用药	吨	2078.8
呼吸系统用药	吨	422.0
麻醉用药	吨	167.6
生化药(酶及辅酶)	吨	3773.8
消毒防腐及创伤外科用药	吨	3497.0
制剂用辅料及附加剂	吨	241597.4
中成药	吨	148206.0
兽用药品	吨	988809.5
化学纤维用浆粕	吨	262043.0
化学纤维	吨	718919.2
人造纤维(纤维素纤维)	吨	239161.0
粘胶短纤维	吨	232226.0
粘胶纤维长丝	吨	6195.0
合成纤维	吨	357617.2
锦纶纤维	吨	32735.2
涤纶纤维	吨	193260.0
涤纶短纤维	吨	1360.0
涤纶长丝	吨	8841.0
腈纶纤维	吨	55072.0
维纶纤维	吨	5756.0
丙纶纤维	吨	5134.0
橡胶轮胎外胎	条	392355253.0
其中：汽车橡胶轮胎外胎	条	250486762.0
专用车辆橡胶轮胎外胎	条	22705748.0
摩托车橡胶轮胎外胎	条	44342777.0
非机动车橡胶轮胎外胎	条	50698349.0
其中：子午线轮胎外胎	条	245820274.0
汽车子午线轮胎外胎	条	136210800.0
专用车辆子午线轮胎外胎	条	1442133.0
塑料制品	吨	5049375.9
塑料薄膜	吨	816711.0
农用薄膜	吨	298628.9

2-2　续表 6

产品名称	计量单位	产品产量
泡沫塑料	吨	24625.0
塑料人造革、合成革	吨	43262.7
日用塑料制品	吨	128939.0
硅酸盐水泥熟料	吨	93157843.4
窑外分解窑水泥熟料	吨	62404043.5
水泥	吨	166276698.9
强度等级42.5水泥(含R型)	吨	35777564.7
强度等级52.5水泥(含R型)	吨	1380216.3
石灰	吨	8883635.0
熟石膏	吨	253960.0
商品混凝土	立方米	72456985.3
水泥混凝土排水管	千米	22011.9
钢筋混凝土排水管	千米	56.0
水泥混凝土压力管	千米	1211.0
钢筋混凝土井管、烟道管，相关钢筋混凝土	千米	4500.0
水泥混凝土电杆	根	1039657.0
预应力混凝土桩	米	10269143.0
混凝土轨枕及铁道用混凝土制品	根	211078.0
水泥混凝土预制构件	立方米	2877790.7
石膏板	万平方米	88665.1
砖	万块	3785397.9
烧结粘土砖	万块	13098.7
瓦	万片	428878.5
瓷质砖	平方米	676407924.0
炻瓷砖	平方米	40528978.0
细炻砖	平方米	1316772.0
炻质砖	平方米	6370990.0
陶质砖	平方米	150680789.8
天然大理石建筑板材	平方米	8457888.4
天然花岗石建筑板材	平方米	26713023.2
建筑防水卷材及制品	平方米	296417135.1
沥青和改性沥青防水卷材	平方米	254097511.1
隔热、隔音人造矿物材料及其制品	吨	754321.5
平板玻璃	重量箱	82796152.8
钢化玻璃	平方米	19668140.7
夹层玻璃	平方米	1565737.0
中空玻璃	平方米	9330559.9
玻璃包装容器	吨	3782412.9
日用玻璃制品	吨	1147527.5
玻璃保温容器	万个	4120.4
玻璃纤维纱	吨	1426511.1
玻璃纤维布	米	117267182.0
纤维增强塑料制品	吨	63013.2
卫生陶瓷制品	件	1960418.0
日用陶瓷制品	件	665359597.0
石棉制品	吨	127453.0
耐火材料制品	吨	3186652.8
石墨及炭素制品	吨	4191716.8
生铁	吨	65862013.2
粗钢	吨	63804680.4
钢材	吨	81488955.0

2-2 续表 7

产品名称	计量单位	产品产量
大型型钢	吨	4402987.0
中小型型钢	吨	6846677.6
棒材	吨	7074981.1
钢筋	吨	13729564.0
线材(盘条)	吨	9814694.6
特厚板	吨	1005266.0
厚钢板	吨	1633810.2
中板	吨	1782421.0
冷轧薄板	吨	4404745.8
中厚宽钢带	吨	13220987.0
热轧薄宽钢带	吨	582532.0
冷轧薄宽钢带	吨	1235547.0
热轧窄钢带	吨	1720371.0
冷轧窄钢带	吨	205587.0
镀层板(带)	吨	1493323.4
涂层板(带)	吨	1163026.3
无缝钢管	吨	7147635.7
焊接钢管	吨	3014767.7
其他钢材	吨	1010030.8
用外购钢材再加工生产钢材	吨	3469325.3
用外购国产钢材再加工生产钢材	吨	3637611.3
铁合金	吨	1247472.0
锰硅合金(折合含锰硅量合计82%)	吨	6912.0
氧化铝	吨	11825300.7
十种有色金属	吨	3077400.0
精炼铜(电解铜)	吨	981787.3
原铝(电解铝)	吨	2095612.7
黄金	千克	312200.2
白银(银锭)	千克	751104.2
稀有金属	千克	174320.0
钨	千克	174320.0
单一稀土金属	千克	3744102.2
铝合金	吨	512452.3
铜材	吨	598646.4
铜盘条(电工用铜线坯)	吨	10123.0
铝材	吨	9013881.0
铅材	吨	64765.0
镍材	吨	968.0
钢结构	吨	2227417.2
金属门窗及类似制品	吨	787720.9
金属制门及其框架、门槛	吨	15141.8
金属制窗及窗框	吨	2952.0
金属切削工具	万件	469822.6
通用手工具	万把	1036739.0
日常用刀	万把	300.0
金属集装箱	立方米	4683558.0
金属压力容器	吨	908259.7
金属包装容器	吨	209078.4
金属丝	吨	262638.3
钢丝	吨	158741.0

2-2　续表 8

产品名称	计量单位	产品产量
钢丝绳	吨	367292.6
钢绞线	吨	68811.0
金属紧固件	吨	469012.1
弹簧	吨	349602.8
锁具	万把	13760.1
保险箱、柜、库门及钱箱	个	40707.0
搪瓷制品	吨	250056.4
不锈钢日用制品	吨	20790.3
焊条	吨	280757.9
钢铁铰接链(工业链条)	吨	100357.5
船用推进器	吨	245030.0
电站锅炉	蒸发量吨	20034.1
工业锅炉	蒸发量吨	41726.9
锅炉用辅助设备及装置	台	33438.0
发动机	千瓦	230611201.8
汽车用发动机	千瓦	194184486.0
汽车用汽油发动机	千瓦	88362944.0
汽车用柴油发动机	千瓦	96427542.0
其他汽车用发动机	千瓦	9394000.0
发动机	台	2613595.0
汽车用发动机	台	1705139.0
汽车用汽油发动机	台	1118150.0
汽车用柴油发动机	台	546392.0
其他汽车用发动机	台	40597.0
汽轮机	千瓦	439008.0
电站用汽轮机	千瓦	439000.0
工业用汽轮机	千瓦	8.0
太阳能源原动机	千瓦	20000.0
金属切削机床	台	150304.0
数控金属切削机床	台	29115.0
金属成形机床	台	13509.0
数控金属成形机床(数控锻压设备)	台	3201.0
金属非切削、成形加工机械	台	389785.0
机床数控装置	套	3176.0
电焊机	台	101610.0
起重机	吨	1325532.6
桥式起重机	吨	33599.0
门式起重机(龙门起重机)	吨	15912.0
塔式起重机	吨	114007.0
流动式起重机	吨	11328.0
起重机	台	63814.6
桥式起重机	台	1602.0
门式起重机(龙门起重机)	台	1011.0
塔式起重机	台	4227.0
流动式起重机	台	811.0
工业车辆	台	22204.0
电动车辆(电动叉车)	台	12783.0
内燃叉车	台	6736.0
连续搬运设备	吨	131599.0
输送机械(输送机和提升机)	吨	131394.0
给料机械	吨	205.0

2-2 续表 9

产品名称	计量单位	产品产量
连续搬运设备	台	8720.0
输送机械(输送机和提升机)	台	8418.0
给料机械	台	302.0
电梯、自动扶梯及升降机	台	14602.0
电梯	台	1145.0
乘客电梯	台	244.0
连续运载乘客输送机	台	249.0
自动扶梯	台	16.0
升降机	台	13208.0
施工升降机	台	1994.0
机械式停车设备	台(套)	184263.0
泵	台	900114.0
真空泵	台	35689.0
气体压缩机	台	4892181.0
制冷设备用压缩机	台	4832984.0
冰箱压缩机	台	4831309.0
非制冷设备用压缩机	台	59197.0
往复式压缩机	台	2.0
阀门	吨	365971.1
液压元件	件	14213897.0
气动元件	件	3715060.0
真空应用设备	台	2984.0
真空干燥设备	台	2984.0
滚动轴承	万套	171618.0
球轴承	万套	35.0
滚子轴承	万套	234.0
齿轮传动轴	万套	608.0
齿轮	吨	457015.9
齿轮传动装置(齿轮箱)	台(套)	2164406.0
减速机	台	119978.0
变速器(机、箱)	台	6500.0
离合器	万件	78.0
联轴器	万件	7699287.0
金属密封件	万件	46301.6
机械密封件	万件	35426.0
工业电炉	台	502.0
风机	台	328583.0
鼓风机	台	41803.0
气体分离及液化设备	台	452503.0
利用温度变化加工机械	台	2270.0
干燥、分散、混合设备及类似设备	台	14.0
热交换装置	台	794.0
加热设备	台	1380.0
冷却设备	台	82.0
液体过滤、净化机械	台	19891.0
压滤机	台	5552.0
发动机燃油、进气过滤器	台	6371169.0
离心机	台	1730.0
工商用制冷、空调设备	台(套)	570550.0

2-2　续表 10

产品名称	计量单位	产品产量
工商用制冷设备	台(套)	256779.0
工商用冷藏、冷冻柜及类似设备	台(套)	97331.0
中央空调冷水/热泵机组	台(套)	99782.0
工商用空调设备	台(套)	116658.0
车用空调设备	台(套)	115001.0
风动手提工具	台	101785.0
电动手提式工具	台	207412.0
喷涂机	台	300.0
包装专用设备	台	6131.0
衡器(秤)	台	165064.0
铸铁件	吨	1816637.9
铸钢件	吨	720932.5
锻件	吨	3774912.7
粉末冶金零件	吨	183518.8
矿山专用设备	台	352348.8
矿物破碎机械	台	210.0
石油钻探、开采专用设备	台(套)	14183075.4
石油钻井设备	台(套)	170417.0
采油设备	台(套)	20701.0
建筑工程用机械	台	136560.0
挖掘、铲土运输机械	台	115481.0
挖掘机	台	27998.0
平地机	台	77.0
装载机	台	67131.0
压实机械	台	2071.0
机动压路机	台	535.0
工程钻机	台	1039.0
公共工程用机械	台	428.0
筑路机械	台	428.0
混凝土机械	台	15386.0
混凝土搅拌车	台	341.0
建筑材料及制品专用生产机械	吨	81123.0
水泥专用设备	吨	62418.0
平板玻璃制造及深加工机械	吨	288.0
烧结类制砖生产机械	吨	1474.0
建筑材料及制品专用生产机械	台	4387.0
水泥专用设备	台	3339.0
平板玻璃制造及深加工机械	台	96.0
烧结类制砖生产机械	台	67.0
冶金专用设备	吨	98483.5
金属冶炼设备	吨	62116.5
炼焦设备	吨	27888.2
炼铁设备	吨	1730.0
炼钢设备	吨	32498.2
铸造机械	吨	22985.0
冶金专用设备	台	35609.0
金属冶炼设备	台	3199.0
炼焦设备	台	483.0
炼铁设备	台	86.0
炼钢设备	台	2630.0

2-2 续表 11

产品名称	计量单位	产品产量
铸造机械	台	19183.0
炼油、化工生产专用设备	台	61400.8
炼油、化工生产专用设备	吨	127775.6
橡胶加工专用设备	台	760.0
塑料加工专用设备	台	8864.0
注塑机	台	60.0
挤塑机	台	115.0
吹塑机	台	6.0
塑料加工专用设备	吨	14390.0
注塑机	吨	59.0
挤塑机	吨	115.0
吹塑机	吨	180.0
木材加工、处理机械	台	169718.0
木工机床	台	7157.0
模具	套	714341.0
食品制造机械	台	163798.0
酒及饮料加工机械	台	772.0
烟草加工机械	台	21.0
农产品加工专用设备	台	60243.0
制浆和造纸专用设备	台	7654.4
印刷专用设备	吨	389.0
印刷机设备	吨	190.0
装订机械	吨	199.0
印刷专用设备	台	152.0
印刷机设备	台	1.0
装订机械	台	151.0
制药专用设备	台	2094.0
照明器具生产专用设备	台	1731062.0
纺织专用设备	台	23352.0
纺织纤维梳理机	台	8860.0
细纱机	台	394.0
电工机械专用设备	台	11213.0
电线、电缆专用生产机械	台	5653.0
电子工业专用设备	台	69163.0
金属处理机械	台	5.0
拖拉机	台	938749.0
大型拖拉机	台	34337.0
中型拖拉机	台	146385.0
小型拖拉机	台	758027.0
机械化农业及园艺机具	台	1701943.0
土壤耕整机械	台	25.0
耕地机械	台	25.0
种植施肥机械	台	10846.0
播种机械	台	23.0
栽植机械	台	10823.0
水稻插秧机	台	10823.0
收获机械	台	103498.0
谷物收获机械	台	30315.0
玉米收获机械	台	27601.0

2-2　续表 12

产品名称	计量单位	产品产量
收获后处理机械	台	11094.0
畜牧机械	台	920919.0
农产品初加工机械	台	40052.0
棉花加工机械	台	3604.0
医疗仪器设备及器械	台	2306826.0
一次性注射器	万支	119381.0
静脉采血针	万支	200.0
环境污染防治专用设备	台(套)	70833.0
大气污染防治设备	台(套)	48475.0
水质污染防治设备	台(套)	15250.0
固体废弃物处理设备	台(套)	7108.0
地质勘查专用设备	台	292903.0
灭火器	台	2492427.0
工业机器人	套	450.0
动车组	辆	664.0
铁路客车	辆	442.0
铁路货车	辆	3979.0
汽车	辆	1130064.0
基本型乘用车(轿车)	辆	599029.0
轿车，1升＜排量≤1.6升	辆	571385.0
轿车，1.6升＜排量≤2.0升	辆	17720.0
轿车，2.0升＜排量≤2.5升	辆	9924.0
运动型多用途乘用车(SUV)	辆	111654.0
客车	辆	12357.0
大型客车(车长＞10米)	辆	5584.0
中型客车(7米＜车长≤10米)	辆	2825.0
轻型客车(车长≤7米)	辆	3948.0
载货汽车	辆	407024.0
重型载货车	辆	166219.0
中型载货车	辆	23476.0
轻型载货车	辆	199898.0
微型载货车	辆	17431.0
改装汽车	辆	159810.0
改装载货汽车	辆	761.0
低速载货汽车	辆	2005144.0
三轮载货汽车	辆	1786514.0
摩托车整车	辆	538219.0
两轮摩托车	辆	449692.0
三轮摩托车	辆	88527.0
两轮脚踏自行车	辆	210560.0
电动自行车	辆	5620039.0
民用钢质船舶	载重吨	1503133.0
钢质机动货船	载重吨	1166952.0
散货船	载重吨	494387.0
全集装箱船	载重吨	85768.0
滚装船	载重吨	2600.0
钢质机动非货船	载重吨	333730.0
客船	载重吨	96250.0
渔船	载重吨	88069.0
民用钢质船舶	艘	726.5
钢质机动货船	艘	410.5

2-2 续表 13

产品名称	计量单位	产品产量
散货船	艘	6.0
全集装箱船	艘	3.0
滚装船	艘	1.0
钢质机动非货船	艘	316.0
客船	艘	4.0
渔船	艘	197.0
船舶修理	载重吨	487613.0
发电机组(发电设备)	千瓦	9637144.0
汽轮发电机组	千瓦	8735300.0
风力发电机组	千瓦	874700.0
内燃发电机组	千瓦	1842022.0
发电机组(发电设备)	台(套)	642847.0
汽轮发电机组	台(套)	197.0
风力发电机组	台(套)	629078.0
内燃发电机组	台(套)	77469.0
电动机	千瓦	33892251.0
直流电动机	千瓦	664393.0
交流电动机	千瓦	23987406.0
交直流两用电动机	千瓦	532629.0
变压器	千伏安	214016081.0
电力变压器	千伏安	132809935.0
电力变压器，额定容量≥8000kVA	千伏安	127329932.0
电力变压器，额定容量≥8000kVA，电压≥500kV	千伏安	83524749.0
电力变压器，额定容量≥8000kVA，220kVA≤电压<500kVA	千伏安	34369326.0
电力变压器，额定容量≥8000kVA，110kVA≤电压<220kVA	千伏安	9435857.0
电力变压器，5000kVA<额定容量<8000kV	千伏安	822196.0
电力变压器，额定容量≤5000kVA	千伏安	4657807.0
换流变压器	千伏安	1.0
干式变压器	千伏安	8184091.0
变压器	台	2318403.0
电力变压器	台	37956.0
电力变压器，额定容量≥8000kVA	台	28462.0
电力变压器，额定容量≥8000kVA，电压≥500kV	台	27425.0
电力变压器，额定容量≥8000kVA，220kVA≤电压<500kVA	台	242.0
电力变压器，额定容量≥8000kVA，110kVA≤电压<220kVA	台	795.0
电力变压器，5000kVA<额定容量<8000kV	台	219.0
电力变压器，额定容量≤5000kVA	台	9275.0
换流变压器	台	1.0
干式变压器	台	5341.0
互感器	台	106920.0
电力电容器	千乏	16848421.0
高压开关设备(11万伏以上)	台	18916.0
全封闭组合电器(GIS)	台	6043.0
全封闭组合电器(GIS)，550kV(含330kV)及以上	台	6043.0
隔离开关	台	12253.0
配电或电器控制设备	台(套、面)	801362.0
高压电路开关、保护电器装置	台(套、面)	46192.0
低压开关、保护控制装置	台(套、面)	406827.0
电路连接装置	台(套、面)	180660.0
电力控制或电力分配装置	台(套、面)	167683.0

2-2　续表 14

产品名称	计量单位	产品产量
高压开关板	面	131015.0
低压开关板	面	25521.0
安全、自动化监控设备	台(套)	11147.0
裸电线	吨	12374.6
裸铜线	吨	1310.0
裸铝线	吨	234.0
绝缘电线	吨	646441.8
通信及电子网络用电缆	对千米	833108.5
电力电缆	千米	2374242.1
光纤	千米	302800.0
光缆	芯千米	7033342.9
绝缘制品	吨	84763.4
原电池及原电池组(非扣式)	万只	266585.8
蓄电池	千伏安时	128956702.0
铅酸蓄电池	千伏安时	17863984.0
用于启动活塞发动机铅酸蓄电池	千伏安时	223847.0
电动自行车用铅酸蓄电池	千伏安时	123250.0
碱性蓄电池	千伏安时	66789.0
锂离子电池	千伏安时	107780900.0
蓄电池	只(自然只)	146192303.0
铅酸蓄电池	只(自然只)	16010217.0
用于启动活塞发动机铅酸蓄电池	只(自然只)	2248570.0
电动自行车用铅酸蓄电池	只(自然只)	102708.0
碱性蓄电池	只(自然只)	18636001.0
锂离子电池	只(自然只)	109119613.0
物理电池	千瓦	114958.0
太阳能电池(光伏电池)	千瓦	114958.0
物理电池	只(自然只)	417248.0
太阳能电池(光伏电池)	只(自然只)	417248.0
家用电冰箱(家用冷冻冷藏箱)	台	5251770.0
家用冷柜(家用冷冻箱)	台	5996611.0
房间空气调节器	台	6372085.0
家用吸排油烟机	台	1593612.0
电饭锅	个	1264922.0
家用电热烘烤器具	个	461545.0
微波炉	台	1213707.0
家用食品加工电动器具	台	18940535.0
家用洗衣机	台	6513650.0
家用电热水器	台	3583515.0
家用燃气用具	台	822345.0
家用燃气灶具	台	75300.0
太阳能热水器	平方米	3765761.0
电光源	万只	85471.0
白炽灯泡	万只	11822.8
荧光灯	万只	452.8
灯具及照明装置	套(台、个)	31509832.0
户外照明用灯具及装置	套(台、个)	58672.0
车辆专用照明、信号及其装置	套(台、个)	11919624.0
程控交换机	线	308884.0
电话单机	部	3209772.0

2-2 续表 15

产品名称	计量单位	产品产量
移动通信基站设备	信道	13095150.0
移动通信手持机(手机)	台	50967365.0
电子计算机整机	台	394724.0
微型计算机设备	台	223124.0
服务器	台	170934.0
显示器	台	1092438.0
打印机	台	6512166.0
硬盘存储器	台	534120.0
半导体分立器件	万只	1218613.0
光电子器件	万只(片、套)	2277656.1
液晶显示屏	万片	12500.0
发光二极管(LED管)	万只	2076524.3
集成电路	万块	46745.6
电子元件	万只	108654331.2
电声器件	万只	8494.0
传感器	万只	289.1
印制电路板	平方米	1371533.0
彩色电视机	台	16189177.0
液晶(LCD)电视机	台	13106634.0
等离子(PDP)电视机	台	163612.0
电视接收机顶盒	台	25000.0
工业自动调节仪表与控制系统	台(套)	102789.0
工业自动控制系统	台(套)	89.0
工业仪表	台(套)	2849715.0
温度测量仪表	台	80081.0
流量测量仪表	台(个)	2762363.0
水表	个	2386516.0
物位、液位测量仪表	台	4873.0
显示仪表、记录仪	台	1478.0
执行器	台	920.0
电工仪器仪表	台	1091873.0
量仪	台	132338.0
分析仪器及装置	台(套)	3125.0
试验机	台	10307.0
环境监测专用仪器仪表	台	9775.0
汽车仪器仪表	台	1359859.0
钟	只	2904395.0
表	只	2293486.0
光学仪器	台(个)	78355.6
眼镜成镜	副	2282781.0
电影放映机	台	728.0
复印和胶版印制设备	台	3002.0
机制地毯、挂毯	平方米	42704045.6
人发制假发	个	6427882.0
拉链	万米	15256.6
打火机	万个	27055.0
熔炼用废铁	吨	265692.0
自来水生产量	万立方米	220025.5
自来水供应量	万立方米	6297.7

2-3　2013年全省规模以上工业主要产品生产能力

产品名称	计量单位	2013年
天然原油	吨	27496644
卷烟	万支	18232000
原油加工能力	吨	122910500
焦炭	吨	54050000
烧碱(折100%)	吨	7437195
碳化钙(电石，折 300升／千克)	吨	37500
农用氮、磷、钾化学肥料总计(折纯)	吨	10503297
初级形态塑料	吨	5861402
化学纤维	吨	1054586
水泥	吨	235267032
平板玻璃	重量箱	90599100
粗钢	吨	80935887
钢材	吨	104308585
原铝(电解铝)	吨	2446000
金属切削机床	台	173727
汽车	辆	2103000
其中：基本型乘用车(轿车)	辆	744000
家用电冰箱	台	6310000
房间空气调节器	台	9400000
微型计算机设备	台	272000
移动通信手持机(手机)	台	64110000
彩色电视机	台	17220000
发电设备容量总计	万千瓦	6597
其中：火电设备容量	万千瓦	6290
水电设备容量	万千瓦	100
风电设备容量	万千瓦	199

附　录

主要指标解释

工业主要统计指标解释

工业销售产值（当年价格）　指以货币形式表现的，工业企业在报告期内销售的本企业生产的工业产品或提供工业性劳务价值的总价值量。工业销售产值包括的内容为：

（1）销售成品价值：指企业在报告期内实际销售（包括本期生产和非本期生产）的全部成品、半成品的总价值，即按报告期产品的实际销售数量乘以不含增值税（销项税额）的产品实际销售平均单价计算。销售成品价值中包括企业生产的自制设备及提供给本企业在建工程、其他非工业部门和生活福利部门等单位使用的成品价值，但不包括用订货者来料加工，并且只收取加工费的成品（半成品）价值。

（2）对外加工费收入：指企业在报告期内完成的对外承接的工业品加工（包括用定货者来料加工的产品）的加工费收入；对外工业品修理作业可收取的加工费收入和对内非工业部门提供的加工修理、设备安装等收入。对外加工费收入按不含增值税（销项税额）的价格计算。

对于以对外加工生产为主，对外加工费收入所占比重较大的企业，如果对外加工费收入出现跨报告期支付的情况，为保证总产值生产口径计算的准确性，则应将对外加工费收入按实际情况调整，记录本报告期应实际收取的对外加工费收入。

出口交货值　指工业企业交给外贸部门或自营（委托）出口（包括销往香港、澳门、台湾），用外汇价格结算的产品价值，以及外商来样、来料加工、来件装配和补偿贸易等生产的产品价值。在计算出口交货值时，要把外汇价格按交易时的汇率折成人民币计算。

资产总计　指企业过去的交易或者事项形成的、由企业拥有或者控制的、预期会给企业带来经济利益的资源。资产一般按流动性（资产的变现或耗用时间长短）分为流动资产和非流动资产。其中流动资产可分为货币资金、交易性金融资产、应收票据、应收账款、预付款项、其他应收款、存货等；非流动资产可分为长期股权投资、固定资产、无形资产及其他非流动资产等。根据会计“资产负债表”中“资产总计”项目的期末余额数填报。

执行 2006 年《企业会计准则》的企业：资产总计=流动资产合计+非流动资产合计；未执行 2006 年《企业会计准则》企业的资产包括流动资产、长期投资、固定资产、无形资产和其他资产等。

流动资产合计　资产满足以下条件之一应归为流动资产：（1）预计在一个正常营业周期中变现、出售或耗用，主要包括存货、应收账款等；（2）主要为交易目的而持有；（3）预计在资产负债表日起一年内（含一年）变现；（4）自资产负债日起一年内，交换其他资产或清偿负债的能力不受限制的现金或现金等价物。包括货币资金、应收票据、应收账款、存货等项目。根据会计“资产负债表”中“流动资产合计”项目的期末余额数填报。

应收账款　指企业因销售商品、提供劳务等经营活动，应向购货单位或接受劳务单位收取的款项，主要包括企业销售商品或提供劳务等应向有关债务人收取的价款及代购货单位垫付的包装费、运杂费等。根据会计“资产负债表”中“应收账款”项目的期末余额数填报。

存货　指企业在日常活动中持有以备出售的产成品或商品、处在生产过程中的在产品、在生产过程或提供劳务过程中耗用的材料或物料等，通常包括原材料、在产品、半成品、产成品、商品以及周转材料等。根据会计“资产负债表”中“存货”项目的期末余额数填报。其中：“年初存货”根据会计“资产负债表”中“存货”项目的年初余额数填报。注意：“存货”具有实物形态，不属于无形资产，由于企业持有存货的最终目的是为了出售，所以房地产开发企业（单位）购置的土地、尚未销售的商品房等均计入“存货”。

产成品　指工业企业已经完成全部生产过程并验收入库，可以按照合同规定的条件送交订货单位，或者可以作为商品对外销售的产品。根据会计“产成品”科目的借方余额填报。

固定资产合计　指企业为生产商品、提供劳务、出租或经营管理而持有的，使用寿命超过一个会计年度的有形资产。包括使用期限超过一年的房屋、建筑物、机器、机械、运输工具以及其他与生产、经营有关的设备、器具、工具等。固定资产合计是时点指标，表示固定资产经过扣减折旧、减值准备等后的期末余额。执行 2006 年《企业会计准则》的企业，根据会计“资产负债表”中“固定资产”项目的期末余额数填报。

固定资产原价　指固定资产的成本，包括企业在购置、自行建造、安装、改建、扩建、技术改造某项固定资产时所发生的全部支出总额。根据会计“固定资产”科目的期末借方余额填报。

固定资产折旧　指企业在固定资产的使用寿命内，按照确定的方法对应计折旧额进行系统分摊。

累计折旧　指企业在报告期末提取的历年固定资产折旧累计数。根据会计“累计折旧”科目的期末贷方余额填报。

负债合计　指企业过去的交易或者事项形成的，预期会导致经济利益流出企业的现时义务。负债一般按偿还期长短分为流动负债和非流动负债。根据会计“资产负债表”中“负债合计”项目的期末余额数填报。

执行 2006 年《企业会计准则》的企业：负债合计=流动负债合计+非流动负债合计；未执行 2006 年《企业会计准则》企业的负债包括流动负债和长期负债。

流动负债合计 负债满足下列条件之一的应归为流动负债：(1) 预计在一个正常营业周期中清偿；(2) 主要为交易目的而持有；(3) 自资产负债表日起一年内到期应予清偿；(4) 企业无权自主地将清偿推迟至资产负债表日后一年以上。包括短期借款、应付票据、应付账款、应付职工薪酬、应交税费等项目。根据会计"资产负债表"中"流动负债合计"项目的期末余额数填报。

应付账款 指企业因购买材料、商品和接受劳务供应等经营活动应支付的款项。根据会计"资产负债表"中"应付账款"项目的期末余额数填报。

所有者权益合计 指企业资产扣除负债后由所有者享有的剩余权益。公司的所有者权益又称股东权益。包括实收资本、资本公积、盈余公积、未分配利润等。根据会计"资产负债表"中"所有者权益合计"项目的期末余额数填报。

实收资本 指企业各投资者实际投入的资本（或股本）总额，包括货币、实物、无形资产等各种形式的投入。实收资本按投资主体可分为国家资本、集体资本、法人资本、个人资本、港澳台资本和外商资本。根据会计"资产负债表"中"所有者权益"项下"实收资本"的期末余额数填报。

国家资本 指有权代表国家投资的政府部门或机构、直属事业单位对企业形成的资本金。根据会计"实收资本"科目计算填报。

集体资本 指由本企业职工等自然人集体投资或各种机构对企业进行扶持形成的集体性质的资本金。根据会计"实收资本"科目计算填报。

法人资本 指法人以其依法可支配的资产投入企业形成的资本金。根据会计"实收资本"科目计算填报。

个人资本 指自然人实际投入企业的资本金。根据会计"实收资本"科目计算填报。

港澳台资本 指我国香港、澳门和台湾地区投资者实际投入企业的资本金。根据会计"实收资本"科目计算填报。

外商资本 指外国投资者实际投入企业的资本金。根据会计"实收资本"科目计算填报。

营业收入 指企业经营主要业务和其他业务所确认的收入总额。营业收入合计包括"主营业务收入"和"其他业务收入"。根据会计"利润表"中"营业收入"项目的本期金额数填报。

主营业务收入 指企业确认的销售商品、提供劳务等主营业务的收入。根据会计"主营业务收入"科目的期末贷方余额（结转前）填报。执行 2006 年《企业会计准则》的企业，如未设置该科目，以"营业收入"代替填报。

营业成本 指企业经营主要业务和其他业务所发生的成本总额。包括企业（单位）在报告期内从事销售商品、提供劳务等日常活动发生的各种耗费。包括"主营业务成本"和"其他业务成本"。根据会计"利润表"中"营业成本"项目的本期金额数填报。

主营业务成本 指企业经营主要业务所发生的成本总额。根据会计"主营业务成本"科目的期末借方余额（结转前）填报。执行 2006 年《企业会计准则》的企业，如未设置该科目，以"营业成本"代替填报。

营业税金及附加 指企业因从事生产经营活动按税法规定缴纳的应从经营收入中抵扣的税金和附加，包括营业税、消费税、城市维护建设税、教育费附加等。根据会计"利润表"中"营业税金及附加"项目的本期金额数填报。

主营业务税金及附加 指企业经营主要业务应负担的营业税、消费税、城市维护建设税、教育费附加等。根据会计"主营业务税金及附加"科目的期末借方余额（结转前）填报。执行 2006 年《企业会计准则》的企业，如未设置该科目，以"营业税金及附加"代替填报。

销售费用 指企业在销售商品和材料、提供劳务的过程中发生的各种费用，包括保险费、包装费、展览费和广告费、商品维修费、预计产品质量保证损失、运输费、装卸费等以及为销售本企业商品而专设的销售机构（含销售网点、售后服务网点等）的职工薪酬、业务费、折旧费等经营费用。建筑业企业销售费用指企业从事施工生产活动过程中发生的各项费用，包括应由企业负担的运输费、装卸费、包装费、保险费、维修费、展览费、差旅费、广告费和其他经费。房地产企业销售费用指企业在从事主要经营业务过程中所发生的各项销售费用，包括转让、销售、结算和出租开发产品等。根据会计"利润表"中"销售费用"项目的本期金额数填报。未执行 2006 年《企业会计准则》的企业，根据会计"利润表"中"营业费用（或经营费用）"项目的本期金额数填报。

管理费用 指企业为组织和管理企业生产经营所发生的费用，包括企业在筹建期间内发生的开办费、董事会和行政管理部门在企业经营管理中发生的，或者应当由企业统一负担的公司经费等。根据会计"利润表"中"管理费用"项目的本期金额数填报。

税金 指企业按照规定从管理费用中支付的房产税、印花税、车船使用税和土地使用税。根据"管理费用明细账"中"管理费用——税金"的期末借方余额（结转前）分析填报。

财务费用 指企业为筹集生产经营所需资金等而发生的筹资费用，包括企业生产经营期间发生的利息支出（减利息收入）、汇兑损失（减汇兑收益）以及相关的手续费等。根据会计"利润表"中"财务费用"项目的本期金额数填报。

利息收入 指非金融企业存款业务所确认的利息金额。根据企业"财务费用明细账"中"财务费用——利息收入"科目的本期发生额填报。如果企业没有设置该科目，此处可填"0"。

利息支出 指企业短期借款利息、长期借款利息、应付票据利息、票据贴现利息、应付债券利息、长期应付引进国外设备款利息等利息支出。根据企业"财务费用明细账"中"财务费用——利息支出"科目的本期发生额填报。如果企业没有单独设立"利息收入"科目，应填报利息支出减去银行存款等的利息收入后的净额。

投资收益 指企业确认的投资收益或投资损失，反映企业以各种方式对外投资所取得的收益。根据会计"利润表"

中“投资收益”项目的本期金额数填报。如为投资损失以“－”号记。

营业利润 指企业从事生产经营活动所取得的利润。执行2006年《企业会计准则》的企业，营业利润为营业收入减去营业成本、营业税金及附加、销售费用、管理费用、财务费用、资产减值损失，再加上公允价值变动收益和投资收益。未执行2006年《企业会计准则》的企业，营业利润为主营业务收入减去主营业务成本、主营业务税金及附加，加上其他业务利润后，再减去销售费用、管理费用、财务费用后的金额。根据会计“利润表”中“营业利润”项目的本期金额数填报。

营业外收入 指企业发生的与经营业务无直接关系的各项收入，包括非流动资产处置利得、非货币性资产交换利得、债务重组利得、政府补助、盘盈利得、捐赠利得等。根据会计“利润表”中“营业外收入”项目的本期金额数填报；未执行2006年《企业会计准则》的企业，“营业外收入”中不含“补贴收入”。

补贴收入 指企业实际收到的补贴收入，包括实际收到的先征后返的增值税；企业按销量或工作量等，依据国家规定的补助定额计算并按期给予的定额补贴。执行2006年《企业会计准则》的企业，根据会计 “营业外收入——补贴收入” 科目的期末贷方余额（结转前）填报；未执行2006年《企业会计准则》的企业，根据会计“补贴收入”科目的期末贷方余额（结转前）填报。

营业外支出 指企业发生的与经营业务无直接关系的各项支出，包括非流动资产处置损失、非货币性资产交换损失、债务重组损失、公益性捐赠支出、非常损失、盘亏损失等。根据会计“利润表”中“营业外支出”项目的本期金额数填报。

利润总额 指企业在一定会计期间的经营成果，是生产经营过程中各种收入扣除各种耗费后的盈余，反映企业在报告期内实现的盈亏总额。根据会计“利润表”中“利润总额”项目的本期金额数填报。执行2006年《企业会计准则》的企业，利润总额为营业利润加上营业外收入，减去营业外支出后的金额；未执行2006年《企业会计准则》的企业，利润总额为营业利润加上投资收益、补贴收入、营业外收入，再减去营业外支出后的金额。

应付职工薪酬 指企业为获得职工提供的服务而给予各种形式的报酬以及其他相关支出。包括职工工资、奖金、津贴和补贴，职工福利费，医疗保险费、养老保险费、失业保险费、工伤保险费和生育保险费等社会保险费，住房公积金，工会经费和职工教育经费，非货币性福利，因解除与职工的劳动关系给予的补偿，其他与获得职工提供的服务相关的支出。执行2006年《企业会计准则》的企业，根据会计科目“应付职工薪酬”的本年贷方累计发生额填报，未执行2006年《企业会计准则》的企业，应将本年上述职工薪酬包含的科目归并填报。

应交增值税 指企业按税法规定，从事货物销售或提供加工、修理修配劳务等增加货物价值的活动本期应交纳的税金，不含期初未抵扣税额。根据会计相关科目贷方累计发生额，按下述公式计算填报：

应交增值税=销项税额－（进项税额－进项税额转出）－出口抵减内销产品应纳税额－减免税款+出口退税

应交所得税 指企业按税法规定，应从生产经营等活动的所得中缴纳的税金。执行2006年《企业会计准则》的企业，根据会计“利润表”中“所得税费用”项目的本期金额数填报；未执行2006年《企业会计准则》的企业，根据会计“利润表”中 “所得税”项目的本期金额数填报。

从事工业生产活动的从业人员平均人数 指报告期企业平均实际拥有的、从事工业生产活动的人员数，包括企业的正式人员、劳务派遣人员和其他临时人员。具体包括参与加工、组装、维修、保养等直接生产活动的人员；包括对外安装本企业产品、保管、清洁、销售、管理等与生产行为直接相关活动的人员；对于不属于企业工业生产活动，如利用本单位的车辆、仓储等设施进行的运输、仓库活动，但主要为本企业工业生产活动提供服务的人员，也视为从事工业生产活动人员。不包括在本企业领取工资、股息、红利未参加工业生产活动的人员；不包括医疗、教育等为企业提供社会性服务活动的人员；不包括参加本企业建筑施工但所从事的工作与本企业工业生产活动基本无关的人员。

产品产量 指工业企业在报告期内生产的并符合产品质量要求的实物数量，包括商品量和自用量两部分。

（1）产品生产量计算应遵循的原则

①产品质量标准：产品必须符合规定的质量标准或订货合同规定的技术条件，才可统计生产量。工业产品质量标准一律按国家标准或部颁标准执行。没有国家标准或部颁标准的产品，应按企业主管机关的标准或订货合同规定的技术条件执行，不得擅自更改标准或降低标准，不合格的产品不能计算生产量。

②统计时间：产品生产量反映的是报告期内的工业生产成果，凡报告期内生产的产品都应计算在内，即截止报告期最后一天检验合格并办理了入库手续的产品，其中规定要求包装的产品必须包装好才能计算其生产量。至于报告期最后一天以哪一个班次作为截止计算产量的班次则由企业主管机关规定，并应与会计核算的结算时间一致。结算时间一经确定，就要严格执行，不得随意提前或移后。

③准确度量：准确度量是计算产品产量的重要一环，企业应配备必要的计量设备，对产量进行实际度量，不得随意估算，对确有困难不得不推算的某些产品，一定要按照主管部门规定的推算方法计算，使之尽量接近实际。

（2）产品生产量包括的内容

①企业各车间（主要车间、辅助车间、附属品车间及副产品车间）用自备原材料生产的全部产品产量，不论是要销售的商品量还是本企业的自用量，均应统计生产量。

②凡用订货者来料加工生产的产品，并且加工企业只收取加工费的，如果订货者是境内非工业企业和境外企业，其产品生产量由加工企业统计；如果订货者是境内工业企业，产品生产量由委托企业（即发包企业）统计，加工企业（即

承包企业）不统计。

③经正式鉴定合格的新产品、自产自用的生产设备、未正式投入生产以前试生产的合格品以及基本建设附产的合格品，都应包括在产品生产量中。

④用进口原材料或关键零件生产的产品，或用进口整套散装零件及用进口组装件加工、装配的产品，不论是在国内销售还是外商经销，生产量均统计在国内同种产品生产量中。

⑤在我国国土范围内的外商投资和港、澳、台商投资工业企业生产的产品，其生产量全部统计在国内同种产品生产量中。

区分来料加工与自备原材料生产的依据同工业总产值中的规定。

（3）工业产品生产量不应包括的内容

①在生产工业产品的同时，产生的下脚余料或废料，如冶金工业的氧化铁、汤道、中心注管、钢材切头、切尾，机械工业的切屑，木材工业的锯末，粮食加工工业的糠、麸，酿酒工业的酒糟等，一般做下脚料出售，不应统计为产品生产量。

②投入生产过程中的原材料没有完全消耗掉，而加以回收、提浓，再供本企业自用的，如机械工业回收的润滑油，合成洗涤剂厂回收的盐酸、硫酸等都不计算产品生产量。

③企业从外购进的工业品，未经本企业任何加工的，不得作为本企业的产品生产量统计。

④某些产品在检验产品质量时，需做破坏性试验（如试验灯泡的使用寿命，手电池的间歇放电时间等），这些用作试验的产品，不计算在产品生产量中。

生产能力　一般指产品的综合生产能力，但也有些产品指其主要设备的能力。在填报时分为两种情况：

（1）产品生产能力：指在一个企业范围内生产某种产品的综合平衡能力，是生产某种产品的全部设备（包括主要生产设备、辅助生产设备、起重运输设备、动力设备及有关的厂房和生产用建筑物等）在原材料、燃料动力供应充分，劳动力配备合理，设备正常运转的条件下，报告期内可能达到的生产量。企业在具体填报时，可以区分以下三种情况：第一种是原有设计能力未经重大技术改造的用设计能力填报；经过技术改造后，有技术改造后设计能力的，填报技术改造后的设计能力。第二种是原有设计能力已不能反映实际情况，有核定能力的，按核定能力填报。第三种是既没有设计能力也没有核定能力，或原设计能力（或核定能力）已与实际生产水平相差很大，按查定能力填报。

（2）设备能力：指某种设备的单位时间内可能生产的产品数量，也就是说，某种设备在单位时间内的工作量，即一般所称的设备效率，或设备生产率，它不考虑与其他设备的平衡问题。

企业在具体填报时，还要注意以下几点：

（1）以生产能力表的产品为基准填报。以水泥生产设备为例，如果企业的设备既能生产水泥，也能生产水泥熟料，而报告期企业只生产熟料，没有生产水泥，则企业不能填报水泥的生产能力。

（2）停产企业要继续填报生产能力。

（3）破产企业不需填报生产能力。

生产能力利用率　指报告期内主要产品产量与相应的生产能力之比。

山东经济普查年鉴 2013

Shandong Economic Census Yearbook

综｜合｜卷

山东省第三次经济普查领导小组办公室　编

中国统计出版社
China Statistics Press

图书在版编目（CIP）数据

山东经济普查年鉴. 2013 / 山东省第三次经济普查领导小组办公室编. -- 北京 ：中国统计出版社, 2015.12
ISBN 978-7-5037-7708-0

Ⅰ. ①山… Ⅱ. ①山… Ⅲ. ①经济－普查－山东省－2013－年鉴 Ⅳ. ①F127.52-54

中国版本图书馆 CIP 数据核字(2015)第 284334 号

山东经济普查年鉴—2013/综合卷

作　　者/山东省第三次经济普查领导小组办公室
责任编辑/赵淑焕　马　郁
封面设计/黄俊杰　李雪燕
出版发行/中国统计出版社
通信地址/北京市丰台区西三环南路甲 6 号　邮政编码/100073
电　　话/邮购（010）63376909　书店（010）68783171
网　　址/http://www.zgtjcbs.com/
印　　刷/河北天普润印刷厂
经　　销/新华书店
开　　本/880mm×1230mm　1/16
字　　数/780 千字
印　　张/25
版　　别/2015 年 12 月第 1 版
版　　次/2015 年 12 月第 1 次印刷
定　　价/780.00 元

本书附同版本 CD-ROM 一张，光盘内容以书面文字为准。
如有印装差错，由本社发行部调换。

编者说明

为便于社会各界共同分享山东省第三次经济普查的成果，更方便地开发利用普查资料，我们将经济普查资料编辑整理，汇编成《山东经济普查年鉴—2013》一书。全书共三卷四册，即综合卷、第二产业卷（上、下册）和第三产业卷，并随书配送同版本光盘一张。《综合卷》分四篇：第一篇为“综合篇”，第二篇为“小微企业篇”，第三篇为“文化及相关产业篇”，第四篇为“企业信息化和电子商务交易情况”。《第二产业卷》按内容分为上、下两册。上册两篇：第一篇为“工业企业生产经营及财务状况”，第二篇是“主要工业产品产量”。下册两篇：第一篇为“规模以上工业企业科技情况”，第二篇是“建筑业企业生产经营及财务状况”。《第三产业卷》分五篇：第一篇为“批发和零售业基本情况及财务状况”，第二篇为“住宿和餐饮业基本情况及财务状况”，第三篇为“房地产业生产经营及财务状况”，第四篇为“重点服务业企业财务状况”，第五篇为“行政事业、社团及其他单位财务状况”。为使读者能够更好地使用本资料，现对有关问题做如下说明：

一、山东省第三次经济普查的标准时点为2013年12月31日，时期资料为2013年度；

二、每卷后附有该卷详细的指标解释，使用时请仔细阅读；

三、综合卷中综合篇和小微企业篇汇总表，均不包括金融业、铁路运输业的数据；

四、本资料建筑业按法人单位注册地，其他行业按法人单位经营地进行汇总；

五、本资料对部分数据由于计量单位取舍不同或四舍五入而产生的差数均未作调整；

六、表中空格表示该项统计指标数值为零或无该项数据，“…”表示该项统计指标值太小无法显示，“#”表示其中的主要项。

我们希望此书的面世，能使社会各界对山东省第三次经济普查有一个全面概括的了解，更愿本书的内容，能为社会经济研究工作者提供有价值的参考。

山东省第三次经济普查资料是山东省经济普查工作者共同辛勤工作的成果，也是广大普查对象积极支持配合的结果。在此，我们向山东省所有普查工作者、普查对象以及参与和支持普查工作的人员致以崇高的敬意和衷心的感谢！

综合卷　目录

第一篇　综合篇

第二篇　小微企业篇

第三篇　文化及相关产业篇

第四篇　企业信息化和电子商务交易情况

附录

第 1 篇

综合篇

1-01 按地区、行业(门类)

地 区	法人单位数(个)	农、林、牧、渔业	采矿业	制造业	电力、热力、燃气及水生产和供应业	建筑业	批发和零售业	交通运输、仓储和邮政业	住宿和餐饮业
山东省	**823846**	**12933**	**3727**	**183233**	**2399**	**29959**	**236208**	**21632**	**12168**
济南市	83762	329	209	11406	164	3238	32093	1383	1109
青岛市	144827	460	146	33399	254	6481	52523	5614	1688
淄博市	45603	207	206	12889	162	1172	13102	924	554
枣庄市	27589	326	291	5494	83	787	9911	578	454
东营市	16962	707	57	2963	81	696	4248	380	164
烟台市	77902	610	752	18392	191	3915	20828	2038	1280
潍坊市	75126	428	255	20233	251	2795	21679	1534	990
济宁市	59945	2555	329	11187	203	1635	16405	1822	1036
泰安市	43269	806	356	8183	149	1417	12711	917	923
威海市	30501	328	101	8169	110	1795	6290	748	479
日照市	19016	445	225	3748	62	753	3410	692	331
莱芜市	13166	14	153	2666	42	673	4944	270	113
临沂市	52906	1491	568	12721	160	1153	11437	1385	714
德州市	39559	1128	8	9172	145	778	10568	879	816
聊城市	31293	1267		9022	89	603	4734	672	301
滨州市	25619	1509	48	5693	140	725	4506	502	202
菏泽市	36801	323	23	7896	113	1343	6819	1294	1014

分组的法人单位数

信息传输、软件和信息技术服务业	房地产业	租赁和商务服务业	科学研究和技术服务业	水利、环境和公共设施管理业	居民服务、修理和其他服务业	教育	卫生和社会工作	文化、体育和娱乐业	公共管理、社会保障和社会组织
10079	**21817**	**49918**	**40571**	**5026**	**11903**	**24364**	**18574**	**11542**	**127793**
2867	2503	8848	3585	371	1301	2470	1415	1177	9294
2981	3431	12103	5025	960	2708	3471	1799	1752	10032
454	1240	2065	1002	256	516	1186	2580	643	6445
148	572	1130	670	153	451	1071	647	314	4509
220	481	985	1178	300	299	573	243	415	2972
919	2522	4610	3027	408	1023	2157	3034	1172	11024
682	2505	4832	3690	495	783	1917	976	799	10282
292	1337	3571	1694	301	977	2575	1655	983	11388
346	1059	2490	2595	296	724	1345	591	591	7770
319	1648	1534	918	427	535	665	715	831	4889
81	368	498	1972	144	304	591	781	197	4414
78	226	479	653	95	158	356	289	136	1821
229	1118	1633	4953	287	824	2032	888	669	10644
140	762	1254	3002	116	462	1154	1125	511	7539
130	534	1493	2740	132	258	604	414	502	7798
78	688	875	880	156	223	644	639	325	7786
115	823	1518	2987	129	357	1553	783	525	9186

1-02 按地区、行业(门类)

地 区	从 业 人员数 (人)	农、林、牧、渔业	采矿业	制造业	电力、热力、燃气及水生产和供应业	建筑业	批发和零售业	交通运输、仓储和邮政业	住宿和餐饮业
山东省	**28466234**	**233204**	**961649**	**11853450**	**296611**	**3436993**	**3462048**	**897102**	**409661**
济南市	2460608	4621	17563	621476	30327	487695	348926	79680	55692
青岛市	3696395	8716	5634	1732115	27269	301746	571596	151649	60167
淄博市	1719373	2737	57540	735866	27484	348401	157380	38442	19382
枣庄市	1317099	6133	131876	490484	10688	167697	213388	29083	12798
东营市	912234	12713	149150	309297	5823	107137	73958	18454	12674
烟台市	2576969	9529	89008	1208202	25515	274038	304680	84117	40298
潍坊市	2533383	6487	15348	1148217	24351	280885	345547	65570	32216
济宁市	2060253	53441	218736	659390	25816	223857	271449	66147	29879
泰安市	1643845	12682	149762	513955	14934	305068	219676	33216	24039
威海市	1299822	7911	6991	717381	15384	132228	123971	27765	17951
日照市	687042	7245	5977	261212	6297	95943	64653	46784	8649
莱芜市	389976	72	29150	148394	4230	59421	52340	8892	3341
临沂市	2102268	30298	62584	930093	18939	229593	183444	74901	21329
德州市	1545888	27920	3521	713579	17317	106458	228123	52530	26153
聊城市	1134397	21520		567307	13950	75027	83872	46255	13220
滨州市	952981	17264	5312	517043	12623	75190	72708	21976	8912
菏泽市	1433701	3915	13497	579439	15664	166609	146337	51641	22961

分组的法人单位从业人数

信息传输、软件和信息技术服务业	房地产业	租赁和商务服务业	科学研究和技术服务业	水利、环境和公共设施管理业	居民服务、修理和其他服务业	教育	卫生和社会工作	文化、体育和娱乐业	公共管理、社会保障和社会组织
279868	**584811**	**771928**	**745868**	**170890**	**171935**	**1279695**	**701399**	**171658**	**2037464**
125763	81564	109714	73613	15484	17339	125193	74625	25647	165686
41054	81570	137501	88376	24589	30809	146358	73428	26821	186997
12035	25838	44276	22928	7340	7270	64434	37055	8968	101997
4902	19225	20730	19816	5752	8553	50991	28810	4628	91545
6470	14684	61694	30461	9290	4182	30313	13839	4503	47592
18548	64170	66684	45466	19285	13478	94400	54832	14970	149749
16771	57053	67934	71563	20474	10862	116358	60532	14202	179013
7491	39313	65122	29824	9732	14426	110727	54773	12631	167499
12100	34529	42835	47514	8152	13291	57866	35230	9391	109605
5833	42800	27717	27734	10045	10263	36921	25840	7675	55412
2946	12841	10723	37780	5607	4044	32623	18888	3204	61626
1261	7334	5120	8641	2152	2323	14137	9900	1357	31911
7146	29507	28759	80749	11839	11121	126379	62347	9090	184150
4844	21861	26181	61854	3024	11351	61891	33521	8965	136795
4166	15487	21368	33210	7261	3446	60997	37810	6655	122846
3534	15722	13393	16297	2788	3388	48940	27809	4108	85974
5004	21313	22177	50042	8076	5789	101167	52160	8843	159067

1-03 按地区分组的法人单位数、

地区	法人单位				
	单位数(个)	单产业法人	多产业法人	从业人员数(人)	#女性
山东省	**823846**	**797481**	**26365**	**28466234**	**9911281**
济南市	83762	81212	2550	2460608	806889
青岛市	144827	141043	3784	3696395	1375750
淄博市	45603	43695	1908	1719373	538216
枣庄市	27589	26941	648	1317099	460695
东营市	16962	16273	689	912234	299007
烟台市	77902	76365	1537	2576969	886574
潍坊市	75126	73394	1732	2533383	921026
济宁市	59945	58076	1869	2060253	679895
泰安市	43269	41514	1755	1643845	504365
威海市	30501	29765	736	1299822	495399
日照市	19016	18496	520	687042	223825
莱芜市	13166	12463	703	389976	122080
临沂市	52906	51266	1640	2102268	718958
德州市	39559	36104	3455	1545888	550371
聊城市	31293	29787	1506	1134397	416023
滨州市	25619	24882	737	952981	350269
菏泽市	36801	36205	596	1433701	561939

产业活动单位数及从业人员数

产业活动单位				
单位数（个）	#多产业法人所属的产业活动单位数	从业人员数（人）	单产业法人所属的从业人员数	多产业法人所属的从业人员数
961073	**163592**	**28062601**	**23055119**	**5007482**
95305	14093	2415127	1691655	723472
159668	18625	3702045	3245647	456398
52459	8764	1685288	1121182	564106
32774	5833	1282383	1117152	165231
20285	4012	831515	549135	282380
86202	9837	2511650	2257338	254312
89010	15616	2563145	2140775	422370
69051	10975	1970977	1622991	347986
51428	9914	1541025	1290233	250792
34129	4364	1293662	1147867	145795
22958	4462	690528	602401	88127
15193	2730	387163	309876	77287
66907	15641	2075492	1728382	347110
52182	16078	1557666	1226397	331269
40136	10349	1151481	976312	175169
30103	5221	965205	738406	226799
43283	7078	1438249	1289370	148879

1-04 按地区、机构类型分组的

地区	法人单位数（个）	企业	事业	机关	社会团体	民办非企业	基金会	居委会	村委会	其他组织机构
山东省	**823846**	**614846**	**41331**	**12425**	**15548**	**15495**	**77**	**7452**	**73506**	**43166**
济南市	83762	67834	3248	930	1703	1506	18	566	4875	3082
青岛市	144827	126615	3425	875	1204	2866	19	1262	5463	3098
淄博市	45603	34548	2255	774	788	1028	3	446	3107	2654
枣庄市	27589	20682	2084	512	701	237	2	373	2113	885
东营市	16962	11896	871	374	350	332	4	152	1771	1212
烟台市	77902	59613	4282	1123	941	1683	6	610	6154	3490
潍坊市	75126	57696	2796	966	991	1158	3	839	6244	4433
济宁市	59945	41534	5082	1107	1334	831	2	286	6232	3537
泰安市	43269	31660	2374	642	2326	294	2	177	3570	2224
威海市	30501	23662	1619	529	547	796	3	397	2521	427
日照市	19016	11464	1207	423	391	1730	1	135	2900	765
莱芜市	13166	10169	622	166	266	201	1	49	1021	671
临沂市	52906	33744	2188	905	1753	1289	2	539	6608	5878
德州市	39559	27895	2218	800	557	365	2	576	4605	2541
聊城市	31293	19042	1449	602	602	226	5	396	5586	3385
滨州市	25619	14654	2273	696	638	311	4	355	4949	1739
菏泽市	36801	22138	3338	1001	456	642		294	5787	3145

法人单位数及从业人员数

从业人员数（人）	企业	事业单位	机关	社会团体	民办非企业单位	基金会	居委会	村委会	其他组织机构
28466234	**23816141**	**2243803**	**851291**	**181431**	**265586**	**471**	**86132**	**459767**	**561612**
2460608	2031795	234352	75821	21260	29625	124	6026	26445	35160
3696395	3231616	223121	81960	11018	39555	77	20941	42298	45809
1719373	1494996	112304	39035	10738	15950	8	5357	17918	23067
1317099	1127278	90404	45480	9240	9314	19	2421	15352	17591
912234	795175	50893	24315	4548	5892	11	997	7140	23263
2576969	2247315	161961	50597	8337	21909	35	7682	49874	29259
2533383	2119910	208903	71501	11294	24274	5	8499	39994	49003
2060253	1676478	191436	68897	17588	16539	46	3857	32276	53136
1643845	1416504	102599	33330	24642	5574	35	2183	24794	34184
1299822	1173003	68720	20556	6750	9218	20	2733	11902	6920
687042	534758	61727	22679	7496	28056	2	1825	17703	12796
389976	329797	29525	13647	2210	1802	5	611	6182	6197
2102268	1647572	197925	79430	22379	22508	25	8295	42728	81406
1545888	1281948	117377	52782	6962	8877	7	6526	35595	35814
1134397	868138	122053	47890	7617	5975	36	3890	36847	41951
952981	768990	93363	39537	4155	5379	16	2170	21174	18197
1433701	1070868	177140	83834	5197	15139		2119	31545	47859

1-05 按地区、开业(成立)

地区	法人单位数(个)	1949年及以前	1950-1977年	1978-1991年	1992-1995年	1996年	1997年	1998年	1999年	2000年	2001年
山东省	**823846**	**5538**	**20034**	**80040**	**18466**	**5904**	**5953**	**10743**	**10473**	**16420**	**22261**
济南市	83762	264	1445	6262	1755	623	623	1008	1072	1578	1936
青岛市	144827	356	1548	6691	3366	1019	1034	2007	2045	2849	3853
淄博市	45603	127	1086	4401	1386	408	423	843	925	1097	1444
枣庄市	27589	105	519	2782	500	206	194	315	315	559	1380
东营市	16962	115	377	1858	344	92	97	257	151	302	447
烟台市	77902	595	2371	8387	2297	673	768	1444	1492	1984	2664
潍坊市	75126	954	1567	5568	1263	464	429	616	750	1042	1550
济宁市	59945	559	2334	6760	1244	419	370	666	625	1012	1162
泰安市	43269	122	916	5293	1035	392	255	645	556	1292	1789
威海市	30501	631	842	2317	1053	257	256	454	567	704	948
日照市	19016	86	476	3478	583	163	125	240	189	354	418
莱芜市	13166	49	200	1211	359	86	116	115	85	213	251
临沂市	52906	339	1403	6334	1002	303	303	530	494	787	1020
德州市	39559	205	1119	3905	643	298	235	581	389	1104	841
聊城市	31293	574	1478	5081	363	117	136	199	231	367	563
滨州市	25619	359	1006	4532	556	151	183	205	181	319	542
菏泽市	36801	98	1347	5180	717	233	406	618	406	857	1453

时间分组的法人单位数

2002年	2003年	2004年	2005年	2006年	2007年	2008年	2009年	2010年	2011年	2012年	2013年
22327	**27592**	**27920**	**31879**	**37664**	**36355**	**45320**	**61218**	**76153**	**82141**	**83652**	**95793**
2193	2604	2634	3084	3948	4145	4705	6310	7667	9110	10075	10721
3963	5197	5546	6219	7403	7352	8151	11312	14706	16600	16820	16790
1657	2171	1975	2185	2540	2154	2430	3051	3592	3964	3941	3803
764	846	867	1060	1256	1160	1793	2283	2468	2733	2161	3323
514	600	702	664	782	738	848	1128	1509	1690	1937	1810
2638	3395	2824	3215	3390	3318	4371	5301	6362	6617	6702	7094
1740	2585	2490	2658	3166	3192	4231	5716	7689	8182	8014	11260
1481	1384	1580	1812	2317	2347	2894	3581	5288	6315	6325	9470
1630	1600	1416	1991	2230	1914	2701	3565	4132	3742	3097	2956
997	1114	1094	1377	1564	1407	1668	2146	2645	2648	2780	3032
440	566	688	794	866	677	914	1504	1548	1519	1556	1832
324	427	513	602	740	845	845	1182	1358	1217	1276	1152
1231	1510	2031	1924	2124	1808	3155	3742	4726	4953	5497	7690
847	1033	1075	1240	1350	1469	1765	4028	3959	3876	3992	5605
601	748	780	913	1117	1128	1490	1887	2811	2974	3622	4113
466	771	662	756	1019	1135	1289	1814	2204	2679	2667	2123
841	1041	1043	1385	1852	1566	2070	2668	3489	3322	3190	3019

1-06 按地区、开业(成立)时间

地 区	从 业 人员数 (人)	1949年及以前	1950-1977年	1978-1991年	1992-1995年	1996年	1997年	1998年	1999年	2000年	2001年
山东省	**28466234**	**394362**	**2246298**	**2773700**	**1832872**	**409738**	**436372**	**980726**	**676092**	**1000247**	**1189654**
济南市	2460608	62910	232504	364447	165680	53065	44177	68447	78835	152804	76379
青岛市	3696395	71848	176081	302387	232322	72668	63758	119903	99144	116267	139680
淄博市	1719373	16628	172417	154591	224087	30596	29390	57980	52859	85955	67724
枣庄市	1317099	8166	77889	117028	49124	10613	15925	82588	34261	45522	64160
东营市	912234	2340	42099	91115	64541	15333	17661	27204	20307	27230	34163
烟台市	2576969	40835	118848	270718	244674	51943	42109	155369	93530	84970	123260
潍坊市	2533383	48902	181592	243688	153215	36135	25999	56817	44787	75239	138886
济宁市	2060253	29815	284877	182268	98883	17714	46386	52051	27129	46763	88222
泰安市	1643845	9526	228489	177708	85616	17886	16069	39387	39587	68749	72473
威海市	1299822	13567	77353	146648	118398	16477	25700	33542	36728	49000	63349
日照市	687042	7753	36824	70182	50488	7893	10132	11226	13043	18570	27054
莱芜市	389976	1057	67338	27686	18095	7234	5248	6897	4267	15103	18380
临沂市	2102268	19636	175217	221444	162251	16026	31230	60465	47189	48680	59437
德州市	1545888	21331	86083	98509	34519	21400	23192	48414	30351	53266	57672
聊城市	1134397	17805	131400	97804	56581	6756	13067	20484	21155	34061	40388
滨州市	952981	10023	61478	69155	29529	16708	14669	111320	11423	26431	51274
菏泽市	1433701	12220	95809	138322	44869	11291	11660	28632	21497	51637	67153

分组的法人单位从业人员数

2002年	2003年	2004年	2005年	2006年	2007年	2008年	2009年	2010年	2011年	2012年	2013年
1166290	**1312795**	**1289760**	**1265564**	**1422385**	**1175662**	**1310593**	**1452434**	**1675267**	**1518773**	**1548229**	**1388421**
81322	84633	87555	86407	88160	76216	99006	105661	120013	103641	139095	89651
166443	155177	174408	184192	185992	163700	180389	200170	247650	234050	226111	184055
87861	97298	100099	74131	96430	58898	57078	59749	57823	47118	57315	33346
47647	46137	46299	60005	62476	64166	85319	89761	83115	74752	68357	83789
33912	40574	54912	33134	153174	30425	32455	36378	37586	33675	64655	19361
114567	148626	114965	111822	113123	104531	99656	112415	127868	107198	103214	92728
107930	130928	126200	121139	113895	105493	106474	126175	147019	140147	127175	175548
69026	59855	72250	67853	75566	90853	104347	95291	133287	139452	127872	150493
79147	72607	72461	74762	75296	66680	83956	84319	92761	74172	62784	49410
67308	66994	66092	62533	59486	50243	52545	51871	69357	59317	58045	55269
32113	64857	38420	35977	38750	21530	30290	33977	34007	31239	34579	38138
16851	17131	15534	30703	23317	18548	11855	17299	19542	16320	20052	11519
77829	94770	105225	88252	93330	89872	116942	117614	139795	122346	112862	101856
58889	72801	65341	62152	70180	71334	66992	121858	121311	111881	115421	132991
43210	49614	42572	64455	46540	48060	60581	55759	74162	66387	75119	68437
35863	51116	45131	38620	38966	45510	43241	48088	57699	66900	50902	28935
46372	59677	62296	69427	87704	69603	79467	96049	112272	90178	104671	72895

1-07 按地区、登记注册类型

地区	法人单位数(个)	内资	国有	集体	股份合作	联营	国有联营
山东省	**823846**	**811799**	**64672**	**21746**	**2477**	**670**	**103**
济南市	83762	83126	5935	1556	343	64	13
青岛市	144827	139640	5492	1983	616	104	25
淄博市	45603	45234	3532	1487	187	49	7
枣庄市	27589	27472	3168	1180	36	34	3
东营市	16962	16854	1433	153	55	12	4
烟台市	77902	75697	6513	2419	162	69	9
潍坊市	75126	74328	4427	2107	239	46	7
济宁市	59945	59691	7049	2208	125	43	6
泰安市	43269	43104	3578	1323	80	34	3
威海市	30501	29329	2586	816	134	29	5
日照市	19016	18836	1883	1672	92	25	4
莱芜市	13166	13109	951	260	38	26	1
临沂市	52906	52562	3763	1212	98	40	5
德州市	39559	39398	3627	1984	61	34	3
聊城市	31293	31215	2481	471	107	24	1
滨州市	25619	25502	3506	447	59	15	2
菏泽市	36801	36702	4748	468	45	22	5

分组的法人单位数

			有限责任公司			股份有限公司	私营	
集体联营	国有与集体联营	其他联营		国有独资	其他有限责任公司			私营独资
315	**74**	**178**	**81109**	**1045**	**80064**	**7004**	**501222**	**160445**
15	10	26	12163	172	11991	800	52029	10509
38	14	27	16090	182	15908	1017	101363	18739
28	5	9	3422	35	3387	508	28732	8668
19	6	6	2535	37	2498	160	15953	8322
5		3	1842	27	1815	235	10008	1234
33	12	15	4345	77	4268	434	50569	15036
19	4	16	10311	48	10263	811	45139	12790
17	3	17	3577	74	3503	364	36429	14668
16	4	11	3033	53	2980	282	27246	10634
18	3	3	3239	50	3189	558	17264	6823
7	4	10	2621	33	2588	313	7103	3501
16	2	7	2877	21	2856	105	6983	2219
14	2	19	4633	54	4579	470	30101	15486
28		3	3462	89	3373	271	21266	12899
19		4	2083	45	2038	321	17630	6892
10	2	1	3725	29	3696	202	10886	3483
13	3	1	1151	19	1132	153	22521	8542

1-07 续表

地　区	私营合伙	私营有限责任公司	私营股份有限公司	其他	港、澳、台商投资	港澳台商合资经营	港澳台商合作经营
山东省	**32186**	**298550**	**10041**	**132899**	**2971**	**1318**	**95**
济南市	2701	37698	1121	10236	236	91	14
青岛市	2936	78083	1605	12975	981	339	36
淄博市	771	18579	714	7317	147	95	3
枣庄市	400	6730	501	4406	56	20	
东营市	1124	7246	404	3116	39	23	
烟台市	1663	32897	973	11186	594	312	15
潍坊市	3060	28322	967	11248	260	124	8
济宁市	2681	18451	629	9896	97	46	3
泰安市	1937	14193	482	7528	51	24	3
威海市	580	9237	624	4703	144	75	7
日照市	539	2807	256	5127	55	27	1
莱芜市	617	4050	97	1869	23	8	
临沂市	4687	9505	423	12245	129	65	1
德州市	961	7104	302	8693	48	16	3
聊城市	2576	7865	297	8098	24	9	
滨州市	1387	5821	195	6662	48	24	
菏泽市	3566	9962	451	7594	39	20	1

港澳台商独资	港澳台商投资股份有限公司	其他港澳台商投资	外商投资企业	中外合资经营	中外合作经营	外资企业	外商投资股份有限公司	其他外商投资
1458	**69**	**31**	**9076**	**2899**	**189**	**5664**	**162**	**162**
125	3	3	400	184	10	190	3	13
582	13	11	4206	874	81	3161	45	45
45	3	1	222	131	5	75	7	4
32	2	2	61	24	1	28	8	
12	3	1	69	43	2	22	1	1
251	11	5	1611	653	28	882	32	16
120	7	1	538	251	11	225	11	40
41	7		157	86	4	60	3	4
22	2		114	60	3	43	6	2
56	5	1	1028	250	20	708	25	25
25	1	1	125	60	4	56	3	2
14	1		34	16	3	12	3	
60	3		215	109	3	93	5	5
25	4		113	57	4	45	3	4
11	1	3	54	27	2	25		
20	2	2	69	45	5	14	5	
17	1		60	29	3	25	2	1

1-08 按地区、登记注册类型

地 区	从 业 人员数 (人)	内资	国有	集体	股份合作	联营	国有联营
山东省	**28466234**	**26594031**	**4011168**	**758114**	**85179**	**49659**	**30962**
济南市	2460608	2345797	502498	51036	9214	28252	26973
青岛市	3696395	3150241	410502	63482	16204	2076	1199
淄博市	1719373	1625325	207250	41319	6220	969	69
枣庄市	1317099	1278162	179215	63570	2299	1324	110
东营市	912234	894802	131451	9488	1798	1374	30
烟台市	2576969	2196916	268497	72554	4459	1999	475
潍坊市	2533383	2403908	325608	59027	7722	1051	77
济宁市	2060253	1985964	337275	73468	9564	1391	481
泰安市	1643845	1616415	179435	84398	2350	2018	847
威海市	1299822	1097353	113013	31743	5549	907	159
日照市	687042	656692	111814	36197	4358	3469	24
莱芜市	389976	383794	55899	6847	945	491	4
临沂市	2102268	1999536	323430	53766	6644	780	104
德州市	1545888	1508379	212443	51081	2283	1159	25
聊城市	1134397	1113505	200224	16630	2335	429	3
滨州市	952981	927761	153271	18832	1660	318	20
菏泽市	1433701	1409481	299343	24676	1575	1652	362

分组的法人单位从业人员数

集体联营	国有与集体联营	其他联营	有限责任公司	国有独资	其他有限责任公司	股份有限公司	私营	私营独资
12674	**2318**	**3705**	**6104439**	**844534**	**5259905**	**1454202**	**12745429**	**2870553**
469	141	669	755929	136378	619551	174399	718804	142017
417	197	263	615545	72628	542917	143794	1745692	275516
671	118	111	436205	49298	386907	204507	655267	113275
957	95	162	324913	75919	248994	30314	615312	193650
666		678	216444	2829	213615	154304	346994	12806
706	656	162	349380	80618	268762	59936	1331789	265095
731	69	174	455163	10793	444370	167466	1271220	192115
506	89	315	486912	165114	321798	62095	920369	256304
922	95	154	399799	108769	291030	67783	796542	212116
624	79	45	227501	10583	216918	75491	598351	158947
2832	371	242	194409	6680	187729	37717	217630	72013
143	247	97	159109	32772	126337	14866	129277	24467
218	32	426	454907	33849	421058	118359	897769	260354
1040		94	290657	22957	267700	40589	805030	306738
366		60	234796	16538	218258	41104	538452	123094
203	70	25	358227	3643	354584	36411	315215	56256
1203	59	28	144543	15166	129377	25067	841716	205790

1-08 续表

地 区	私营合伙	私营有限责任公司	私营股份有限公司	其他	港、澳、台商投资	港澳台商合资经营	港澳台商合作经营
山东省	**495724**	**8890046**	**489106**	**1385841**	**491644**	**241813**	**13884**
济南市	31539	521374	23874	105665	64269	18766	2025
青岛市	42974	1369162	58040	152946	98911	44722	2484
淄博市	8949	498789	34254	73588	25640	16719	338
枣庄市	8961	390748	21953	61215	16555	7162	
东营市	20740	297421	16027	32949	8611	5424	
烟台市	22404	986455	57835	108302	91482	52040	605
潍坊市	39926	992309	46870	116651	58788	38111	338
济宁市	46820	586503	30742	94890	20943	10251	9
泰安市	31210	514354	38862	84090	4654	1843	341
威海市	16529	392852	30023	44798	23327	12389	814
日照市	11806	123127	10684	51098	8058	2874	800
莱芜市	7172	92900	4738	16360	2128	665	
临沂市	68467	532873	36075	143881	32371	16107	5200
德州市	20461	447228	30603	105137	7842	2051	840
聊城市	31165	368023	16170	79535	6830	1475	
滨州市	17356	232736	8867	43827	12474	6210	
菏泽市	69245	543192	23489	70909	8761	5004	90

港澳台商独资	港澳台商投资股份有限公司	其他港澳台商投资	外商投资企业	中外合资经营	中外合作经营	外资企业	外商投资股份有限公司	其他外商投资
218609	**14952**	**2386**	**1380559**	**514091**	**36483**	**761495**	**62474**	**6016**
42143	1314	21	50542	29437	3257	16600	1049	199
50557	788	360	447243	109248	9726	310829	16375	1065
8412	157	14	68408	28760	2134	16254	21112	148
8919	12	462	22382	8604	54	11880	1844	
2669	499	19	8821	7290	8	1414	79	30
37209	1589	39	288571	97387	3147	180176	7245	616
14265	6072	2	70687	35829	3420	29672	1133	633
8718	1965		53346	40075	160	11638	1400	73
2425	45		22776	12018	1799	4307	4302	350
10048	56	20	179142	56994	6334	109892	3529	2393
4357	22	5	22292	12044	626	9416	116	90
1460	3		4054	1475	107	2396	76	
10903	161		70361	32560	3443	32007	2164	187
4448	503		29667	16697	1102	11107	554	207
3933	1	1421	14062	8151	936	4975		
5424	817	23	12746	9657	141	1550	1398	
2719	948		15459	7865	89	7382	98	25

1-09 按行业(中类)分组的法人单位数、

行业	代码	法人单位 单位数(个)	单产业法人	多产业法人
总　计		**823846**	**797481**	**26365**
农、林、牧、渔业	**A**	**12933**	**12882**	**51**
农业	01	12		12
谷物种植	011	2		2
豆类、油料和薯类种植	012	1		1
棉、麻、糖、烟草种植	013	1		1
蔬菜、食用菌及园艺作物种植	014	4		4
水果种植	015	1		1
坚果、含油果、香料和饮料作物种植	016	1		1
中药材种植	017	1		1
其他农业	019	1		1
林业	02	2		2
林木育种和育苗	021			
造林和更新	022	1		1
森林经营和管护	023	1		1
木材和竹材采运	024			
林产品采集	025			
畜牧业	03	8		8
牲畜饲养	031	1		1
家禽饲养	032	6		6
狩猎和捕捉动物	033			
其他畜牧业	039	1		1
渔业	04	5		5
水产养殖	041	3		3
水产捕捞	042	2		2
农、林、牧、渔服务业	05	12906	12882	24
农业服务业	051	8928	8914	14
林业服务业	052	558	557	1
畜牧服务业	053	2704	2697	7
渔业服务业	054	716	714	2
采矿业	**B**	**3727**	**3659**	**68**
煤炭开采和洗选业	06	630	591	39
烟煤和无烟煤开采洗选	061	590	551	39
褐煤开采洗选	062	21	21	
其他煤炭采选	069	19	19	
石油和天然气开采业	07	47	44	3
石油开采	071	38	35	3
天然气开采	072	9	9	
黑色金属矿采选业	08	493	486	7
铁矿采选	081	473	466	7
锰矿、铬矿采选	082	4	4	
其他黑色金属矿采选	089	16	16	
有色金属矿采选业	09	261	255	6
常用有色金属矿采选	091	65	64	1
贵金属矿采选	092	189	184	5
稀有稀土金属矿采选	093	7	7	

产业活动单位数及从业人员数

		产业活动单位					
从业人员数（人）	#女性	单位数（个）	#多产业法人所属的产业活动单位数	从业人员数（人）	单产业法人所属的从业人员数	多产业法人所属的从业人员数	代码
28466234	**9911281**	**961073**	**163592**	**28062601**	**23055119**	**5007482**	
233204	**81191**	**13215**	**333**	**229683**	**225491**	**4192**	**A**
2261	664						01
279	51						011
549	171						012
1009	259						013
251	126						014
5	2						015
27	14						016
120	35						017
21	6						019
641	245						02
							021
151	35						022
490	210						023
							024
							025
3007	1044						03
44	13						031
2921	1027						032
							033
42	4						039
553	97						04
55	23						041
498	74						042
226742	79141	13215	333	229683	225491	4192	05
159425	53875	9141	227	160444	158920	1524	051
11105	4692	575	18	11265	11090	175	052
41047	15872	2770	73	41580	40369	1211	053
15165	4702	729	15	16394	15112	1282	054
961649	**192829**	**3895**	**236**	**710494**	**407489**	**303005**	**B**
603118	108213	685	94	398354	210999	187355	06
583709	105243	643	92	378690	191590	187100	061
18548	2824	21		18548	18548		062
861	146	21	2	1116	861	255	069
116639	43522	64	20	90737	8456	82281	07
115888	43255	55	20	89986	7705	82281	071
751	267	9		751	751		072
52352	8457	499	13	48690	39682	9008	08
51919	8393	479	13	48257	39249	9008	081
50	5	4		50	50		082
383	59	16		383	383		089
60678	13174	286	31	59392	55203	4189	09
2879	721	65	1	2899	2869	30	091
57385	12371	214	30	56079	51920	4159	092
414	82	7		414	414		093

1-09 续表 1

行　业	代码	法人单位		
		单位数(个)	单产业法人	多产业法人
非金属矿采选业	10	2127	2119	8
土砂石开采	101	1587	1583	4
化学矿开采	102	7	7	
采盐	103	221	217	4
石棉及其他非金属矿采选	109	312	312	
开采辅助活动	11	99	95	4
煤炭开采和洗选辅助活动	111	17	17	
石油和天然气开采辅助活动	112	34	31	3
其他开采辅助活动	119	48	47	1
其他采矿业	12	70	69	1
其他采矿业	120	70	69	1
制造业	**C**	**183233**	**180648**	**2585**
农副食品加工业	13	12753	12517	236
谷物磨制	131	1300	1270	30
饲料加工	132	1402	1383	19
植物油加工	133	1019	962	57
制糖业	134	43	43	
屠宰及肉类加工	135	2301	2239	62
水产品加工	136	1969	1938	31
蔬菜、水果和坚果加工	137	3228	3211	17
其他农副食品加工	139	1491	1471	20
食品制造业	14	4764	4652	112
焙烤食品制造	141	1026	1005	21
糖果、巧克力及蜜饯制造	142	520	517	3
方便食品制造	143	691	681	10
乳制品制造	144	196	184	12
罐头食品制造	145	380	377	3
调味品、发酵制品制造	146	694	660	34
其他食品制造	149	1257	1228	29
酒、饮料和精制茶制造业	15	2280	2214	66
酒的制造	151	1145	1100	45
饮料制造	152	905	889	16
精制茶加工	153	230	225	5
烟草制品业	16	54	53	1
烟叶复烤	161	7	7	
卷烟制造	162	8	7	1
其他烟草制品制造	169	39	39	
纺织业	17	9108	8959	149
棉纺织及印染精加工	171	4853	4753	100
毛纺织及染整精加工	172	529	520	9
麻纺织及染整精加工	173	71	69	2
丝绢纺织及印染精加工	174	144	140	4
化纤织造及印染精加工	175	268	264	4
针织或钩针编织物及其制品制造	176	774	768	6
家用纺织制成品制造	177	1278	1262	16
非家用纺织制成品制造	178	1191	1183	8

		产业活动单位					
从业人员数（人）	#女性	单位数（个）	#多产业法人所属的产业活动单位数	从业人员数（人）	单产业法人所属的从业人员数	多产业法人所属的从业人员数	代码
93011	12698	2179	60	92678	88638	4040	10
62708	7841	1619	36	62861	61814	1047	101
188	37	7		188	188		102
20141	3462	241	24	19655	16662	2993	103
9974	1358	312		9974	9974		109
34196	6523	110	15	18965	2904	16061	11
408	106	19	2	587	408	179	111
32544	6294	42	11	17130	1612	15518	112
1244	123	49	2	1248	884	364	119
1655	242	72	3	1678	1607	71	12
1655	242	72	3	1678	1607	71	120
11853450	**4462955**	**185104**	**4456**	**11545369**	**10477235**	**1068134**	**C**
1095272	493681	12936	419	1061830	955649	106181	13
59900	20004	1305	35	59578	54827	4751	131
97407	25560	1425	42	99734	87973	11761	132
75502	22534	1029	67	64236	55968	8268	133
3417	1393	43		3417	3417		134
326664	168403	2398	159	317431	263789	53642	135
230588	107954	1983	45	215980	207512	8468	136
193959	100496	3243	32	193198	189704	3494	137
107835	47337	1510	39	108256	92459	15797	139
302261	137443	4828	176	297931	271683	26248	14
46212	24134	1044	39	47923	43386	4537	141
22762	11222	519	2	22623	22217	406	142
32576	16861	698	17	32910	31013	1897	143
28637	12173	200	16	27852	20144	7708	144
34450	18640	381	4	34625	33950	675	145
46235	18577	709	49	44756	37325	7431	146
91389	35836	1277	49	87242	83648	3594	149
160253	61983	2321	107	159865	127800	32065	15
110658	43104	1160	60	111393	83355	28038	151
43398	15964	929	40	42284	38527	3757	152
6197	2915	232	7	6188	5918	270	153
15576	5053	57	4	17397	15408	1989	16
3022	1498	10	3	4843	3022	1821	161
11459	3110	8	1	11459	11291	168	162
1095	445	39		1095	1095		169
1005425	581856	9170	211	952114	802701	149413	17
710867	408335	4876	123	687474	550879	136595	171
70278	39672	530	10	44695	43085	1610	172
4493	2975	71	2	4445	4065	380	173
11063	7442	152	12	10905	10480	425	174
17622	11680	273	9	17611	15658	1953	175
47531	28244	779	11	45915	41160	4755	176
92806	58209	1290	28	90583	88390	2193	177
50765	25299	1199	16	50486	48984	1502	178

1-09 续表 2

行　业	代码	法人单位		
		单位数(个)	单产业法人	多产业法人
纺织服装、服饰业	18	8392	8318	74
机织服装制造	181	5292	5233	59
针织或钩针编织服装制造	182	1634	1626	8
服饰制造	183	1466	1459	7
皮革、毛皮、羽毛及其制品和制鞋业	19	2277	2254	23
皮革鞣制加工	191	208	205	3
皮革制品制造	192	801	796	5
毛皮鞣制及制品加工	193	265	264	1
羽毛(绒)加工及制品制造	194	102	102	
制鞋业	195	901	887	14
木材加工和木、竹、藤、棕、草制品业	20	8002	7972	30
木材加工	201	3035	3029	6
人造板制造	202	3270	3256	14
木制品制造	203	1453	1446	7
竹、藤、棕、草等制品制造	204	244	241	3
家具制造业	21	3250	3188	62
木质家具制造	211	2626	2570	56
竹、藤家具制造	212	29	29	
金属家具制造	213	244	243	1
塑料家具制造	214	75	75	
其他家具制造	219	276	271	5
造纸和纸制品业	22	3857	3819	38
纸浆制造	221	39	39	
造纸	222	1293	1269	24
纸制品制造	223	2525	2511	14
印刷和记录媒介复制业	23	5388	5357	31
印刷	231	4978	4949	29
装订及印刷相关服务	232	391	390	1
记录媒介复制	233	19	18	1
文教、工美、体育和娱乐用品制造业	24	6751	6683	68
文教办公用品制造	241	321	317	4
乐器制造	242	149	149	
工艺美术品制造	243	4822	4782	40
体育用品制造	244	897	875	22
玩具制造	245	502	500	2
游艺器材及娱乐用品制造	246	60	60	
石油加工及炼焦	25	862	825	37
化学原料和化学制品制造业	26	11972	11662	310
基础化学原料制造	261	2114	2071	43
肥料制造	262	1688	1664	24
农药制造	263	346	325	21
涂料、油墨、颜料及类似产品制造	264	1472	1455	17
合成材料制造	265	1301	1261	40
专用化学产品制造	266	4336	4190	146
炸药、火工及焰火产品制造	267	80	71	9
日用化学产品制造	268	635	625	10
医药制造业	27	1647	1584	63
化学药品原料药制造	271	318	302	16

从业人员数（人）	#女性	产业活动单位 单位数（个）	#多产业法人所属的产业活动单位数	从业人员数（人）	单产业法人所属的从业人员数	多产业法人所属的从业人员数	代码
619963	432015	8476	158	627878	579343	48535	18
406210	285956	5352	119	408927	367583	41344	181
154535	106963	1645	19	156528	152917	3611	182
59218	39096	1479	20	62423	58843	3580	183
187574	105172	2295	41	186861	181083	5778	19
18615	6646	209	4	18621	17902	719	191
60334	34884	804	8	60374	60222	152	192
12600	7482	267	3	12722	12486	236	193
5872	3708	102		5872	5872		194
90153	52452	913	26	89272	84601	4671	195
347059	148181	8031	59	348805	344277	4528	20
68322	27123	3044	15	68397	67894	503	201
211783	94049	3276	20	213242	209960	3282	202
58649	22535	1464	18	58866	58263	603	203
8305	4474	247	6	8300	8160	140	204
143914	49146	3274	86	143429	137216	6213	21
123327	42146	2641	71	122616	117432	5184	211
1748	649	29		1748	1748		212
7115	1998	249	6	7272	7084	188	213
1699	645	75		1699	1699		214
10025	3708	280	9	10094	9253	841	219
249899	95192	3874	55	232281	201040	31241	22
2398	859	39		2398	2398		221
148043	51170	1301	32	130528	101022	29506	222
99458	43163	2534	23	99355	97620	1735	223
156843	66383	5452	95	157671	149879	7792	23
148271	62432	5032	83	148770	141928	6842	231
7912	3642	400	10	8231	7304	927	232
660	309	20	2	670	647	23	233
375529	218056	6830	147	371964	355304	16660	24
15832	7444	324	7	15853	14900	953	241
9703	4737	150	1	9721	9703	18	242
253953	148060	4885	103	250804	239138	11666	243
51646	26254	906	31	51302	47447	3855	244
41522	30495	504	4	41407	41243	164	245
2873	1066	61	1	2877	2873	4	246
138545	36038	878	53	133708	91941	41767	25
839338	235244	12092	430	819931	724406	95525	26
165025	43292	2167	96	169359	138058	31301	261
125891	35423	1702	38	118240	108505	9735	262
34196	9090	352	27	31811	28923	2888	263
48380	13265	1482	27	48314	46258	2056	264
128628	38828	1309	48	123565	109763	13802	265
296659	76893	4360	170	289657	256881	32776	266
14450	6928	83	12	14689	12706	1983	267
26109	11525	637	12	24296	23312	984	268
252512	111529	1676	92	249512	221713	27799	27
66284	25445	335	33	68524	57335	11189	271

1-09 续表 3

行业	代码	法人单位		
		单位数(个)	单产业法人	多产业法人
化学药品制剂制造	272	202	187	15
中药饮片加工	273	97	95	2
中成药生产	274	159	148	11
兽用药品制造	275	211	209	2
生物药品制造	276	376	366	10
卫生材料及医药用品制造	277	284	277	7
化学纤维制造业	28	415	415	
纤维素纤维原料及纤维制造	281	131	131	
合成纤维制造	282	284	284	
橡胶和塑料制品业	29	10854	10722	132
橡胶制品业	291	2731	2662	69
塑料制品业	292	8123	8060	63
非金属矿物制品业	30	17843	17516	327
水泥、石灰和石膏制造	301	1145	1125	20
石膏、水泥制品及类似制品制造	302	3586	3526	60
砖瓦、石材等建筑材料制造	303	7931	7848	83
玻璃制造	304	226	220	6
玻璃制品制造	305	942	924	18
玻璃纤维和玻璃纤维增强塑料制品制造	306	981	901	80
陶瓷制品制造	307	673	642	31
耐火材料制品制造	308	1015	1000	15
石墨及其他非金属矿物制品制造	309	1344	1330	14
黑色金属冶炼和压延加工业	31	3158	3123	35
炼铁	311	100	95	5
炼钢	312	91	90	1
黑色金属铸造	313	1495	1485	10
钢压延加工	314	1289	1270	19
铁合金冶炼	315	183	183	
有色金属冶炼和压延加工业	32	1487	1469	18
常用有色金属冶炼	321	222	218	4
贵金属冶炼	322	39	38	1
稀有稀土金属冶炼	323	30	29	1
有色金属合金制造	324	161	159	2
有色金属铸造	325	223	223	
有色金属压延加工	326	812	802	10
金属制品业	33	12732	12620	112
结构性金属制品制造	331	5100	5061	39
金属工具制造	332	1626	1613	13
集装箱及金属包装容器制造	333	584	578	6
金属丝绳及其制品制造	334	376	373	3
建筑、安全用金属制品制造	335	1114	1106	8
金属表面处理及热处理加工	336	466	465	1
搪瓷制品制造	337	122	122	
金属制日用品制造	338	745	728	17
其他金属制品制造	339	2599	2574	25
通用设备制造业	34	21543	21332	211
锅炉及原动设备制造	341	1280	1262	18

从业人员数（人）	#女性	产业活动单位 单位数（个）	#多产业法人所属的产业活动单位数	从业人员数（人）	单产业法人所属的从业人员数	多产业法人所属的从业人员数	代码
47901	23689	204	17	45006	39136	5870	272
8367	3276	96	1	8201	8200	1	273
29617	14906	162	14	28633	26006	2627	274
11436	4772	215	6	11633	11301	332	275
40386	14661	376	10	39767	38111	1656	276
48521	24780	288	11	47748	41624	6124	277
30309	12687	418	3	30526	30309	217	28
13309	4962	133	2	13409	13309	100	281
17000	7725	285	1	17117	17000	117	282
548854	196419	10923	201	524101	467757	56344	29
252551	73760	2757	95	226875	179340	47535	291
296303	122659	8166	106	297226	288417	8809	292
948180	252026	18147	631	935943	858659	77284	30
108838	21771	1176	51	104595	95678	8917	301
149417	32346	3670	144	151020	138223	12797	302
332031	77806	8106	258	333864	320212	13652	303
23837	7447	229	9	24592	21809	2783	304
83681	31370	955	31	81777	76169	5608	305
71181	29393	964	63	65051	56022	9029	306
66486	24706	680	38	63572	50541	13031	307
47763	12677	1018	18	46422	39932	6490	308
64946	14510	1349	19	65050	60073	4977	309
389710	78062	3182	59	323762	247068	76694	31
33351	7796	104	9	40593	11175	29418	311
36485	7178	98	8	54991	36464	18527	312
75678	15320	1497	12	75766	72999	2767	313
237061	45940	1300	30	145277	119295	25982	314
7135	1828	183		7135	7135		315
187283	48131	1506	37	158683	138799	19884	32
14772	3499	230	12	21055	14367	6688	321
11841	2370	40	2	10106	3758	6348	322
1551	342	29		970	970		323
22922	5384	161	2	16524	15835	689	324
5686	1314	225	2	5911	5686	225	325
130511	35222	821	19	104117	98183	5934	326
577885	147470	12833	213	577572	550477	27095	33
173025	39540	5153	92	174298	166798	7500	331
60179	18342	1631	18	60152	58791	1361	332
40042	9449	592	14	41741	36733	5008	333
21670	5309	379	6	21169	19496	1673	334
46830	14233	1130	24	47124	44411	2713	335
24126	5568	469	4	24437	24116	321	336
5866	2240	126	4	6030	5866	164	337
30787	10451	745	17	30448	28695	1753	338
175360	42338	2608	34	172173	165571	6602	339
955338	234689	21666	334	945236	881818	63418	34
126249	26282	1286	24	118132	108849	9283	341

1-09 续表 4

行业	代码	法人单位		
		单位数(个)	单产业法人	多产业法人
金属加工机械制造	342	5217	5191	26
物料搬运设备制造	343	926	903	23
泵、阀门、压缩机及类似机械制造	344	2157	2117	40
轴承、齿轮和传动部件制造	345	2327	2320	7
烘炉、风机、衡器、包装等设备制造	346	1690	1632	58
文化、办公用机械制造	347	124	122	2
通用零部件制造	348	6631	6600	31
其他通用设备制造业	349	1191	1185	6
专用设备制造业	35	13267	13133	134
采矿、冶金、建筑专用设备制造	351	3760	3715	45
化工、木材、非金属加工专用设备制造	352	2511	2495	16
食品、饮料、烟草及饲料生产专用设备制造	353	531	527	4
印刷、制药、日化及日用品生产专用设备制造	354	744	737	7
纺织、服装和皮革加工专用设备制造	355	913	900	13
电子和电工机械专用设备制造	356	960	951	9
农、林、牧、渔专用机械制造	357	1625	1612	13
医疗仪器设备及器械制造	358	475	464	11
环保、社会公共服务及其他专用设备制造	359	1748	1732	16
汽车制造业	36	4869	4808	61
汽车整车制造	361	109	100	9
改装汽车制造	362	191	184	7
低速载货汽车制造	363	18	17	1
电车制造	364	97	95	2
汽车车身、挂车制造	365	275	274	1
汽车零部件及配件制造	366	4179	4138	41
铁路、船舶、航空航天和其他运输设备制造业	37	1732	1706	26
铁路运输设备制造	371	211	207	4
城市轨道交通设备制造	372	12	12	
船舶及相关装置制造	373	722	705	17
航空、航天器及设备制造	374	26	25	1
摩托车制造	375	138	136	2
自行车制造	376	251	250	1
非公路休闲车及零配件制造	377	27	27	
潜水救捞及其他未列明运输设备制造	379	345	344	1
电气机械和器材制造业	38	6581	6449	132
电机制造	381	795	776	19
输配电及控制设备制造	382	2380	2340	40
电线、电缆、光缆及电工器材制造	383	1060	1023	37
电池制造	384	249	238	11
家用电力器具制造	385	563	557	6
非电力家用器具制造	386	526	522	4
照明器具制造	387	434	426	8
其他电气机械及器材制造	389	574	567	7
计算机、通信和其他电子设备制造业	39	2622	2579	43
计算机制造	391	165	162	3
通信设备制造	392	230	225	5
广播电视设备制造	393	116	113	3

		产业活动单位					
从业人员数（人）	#女性	单位数（个）	#多产业法人所属的产业活动单位数	从业人员数（人）	单产业法人所属的从业人员数	多产业法人所属的从业人员数	代码
208291	51047	5245	54	206995	195322	11673	342
53561	9115	938	35	53760	50443	3317	343
136953	32885	2170	53	137330	125416	11914	344
93897	28346	2337	17	97882	92765	5117	345
107234	26871	1716	84	103348	89883	13465	346
3871	1158	125	3	3865	3829	36	347
193424	51495	6654	54	191771	184117	7654	348
31858	7490	1195	10	32153	31194	959	349
653652	165512	13373	240	652958	609891	43067	35
235805	52785	3809	94	235254	212614	22640	351
95971	24944	2525	30	96848	93964	2884	352
20470	5680	533	6	20411	19648	763	353
27545	6902	748	11	27507	25744	1763	354
46005	13021	912	12	45835	45126	709	355
49518	15873	965	14	49390	47113	2277	356
81640	18425	1633	21	80509	78374	2135	357
30358	11407	478	14	30551	22278	8273	358
66340	16475	1770	38	66653	65030	1623	359
475374	116938	4931	123	456885	418910	37975	36
110082	21347	118	18	86028	65208	20820	361
38996	7247	193	9	39063	36881	2182	362
11082	1604	18	1	11082	10722	360	363
4268	1064	97	2	4185	3810	375	364
16554	2721	277	3	16609	16534	75	365
294392	82955	4228	90	299918	285755	14163	366
148321	33143	1755	49	139556	126949	12607	37
40638	7983	214	7	31402	29969	1433	371
582	157	12		582	582		372
61523	11343	736	31	61013	54015	6998	373
2853	461	26	1	2831	2825	6	374
15432	4870	142	6	15719	14731	988	375
15263	5254	252	2	15614	15227	387	376
848	295	28	1	1213	848	365	377
11182	2780	345	1	11182	8752	2430	379
482530	161664	6639	190	477209	444502	32707	38
56705	16225	804	28	56159	51517	4642	381
166672	57863	2397	57	164504	155061	9443	382
90899	32315	1074	51	90541	79030	11511	383
30403	10941	250	12	27572	24524	3048	384
59858	19332	573	16	60469	59420	1049	385
32271	8525	526	4	32291	31900	391	386
25069	10341	437	11	25119	23020	2099	387
20653	6122	578	11	20554	20030	524	389
394116	181189	2655	76	388769	377537	11232	39
115421	30212	169	7	115573	114359	1214	391
25994	13946	235	10	26227	25098	1129	392
30496	20856	116	3	30255	27156	3099	393

1-09 续表 5

行　业	代码	法人单位		
		单位数(个)	单产业法人	多产业法人
雷达及配套设备制造	394	6	6	
视听设备制造	395	84	83	1
电子器件制造	396	386	381	5
电子元件制造	397	1112	1094	18
其他电子设备制造	399	523	515	8
仪器仪表制造业	40	1602	1574	28
通用仪器仪表制造	401	948	936	12
专用仪器仪表制造	402	379	371	8
钟表与计时仪器制造	403	67	63	4
光学仪器及眼镜制造	404	40	36	4
其他仪器仪表制造业	409	168	168	
其他制造业	41	1496	1489	7
废弃资源综合利用业	42	536	531	5
金属废料和碎屑加工处理	421	289	287	2
非金属废料和碎屑加工处理	422	247	244	3
金属制品、机械和设备修理业	43	1139	1125	14
金属制品修理	431	72	71	1
通用设备修理	432	147	146	1
专用设备修理	433	129	128	1
铁路、船舶、航空航天等运输设备修理	434	431	425	6
电气设备修理	435	87	86	1
仪器仪表修理	436	9	9	
其他机械和设备修理业	439	264	260	4
电力、热力、燃气及水生产和供应业	**D**	**2399**	**2237**	**162**
电力、热力生产和供应业	44	1124	1036	88
电力生产	441	509	497	12
电力供应	442	213	148	65
热力生产和供应	443	402	391	11
燃气生产和供应业	45	453	420	33
燃气生产和供应业	450	453	420	33
水的生产和供应业	46	822	781	41
自来水生产和供应	461	450	413	37
污水处理及其再生利用	462	337	335	2
其他水的处理、利用与分配	469	35	33	2
建筑业	**E**	**29959**	**29056**	**903**
房屋建筑业	47	7438	7023	415
房屋建筑业	470	7438	7023	415
土木工程建筑业	48	5256	5035	221
铁路、道路、隧道和桥梁工程建筑	481	1956	1865	91
水利和内河港口工程建筑	482	485	444	41
海洋工程建筑	483	41	41	
工矿工程建筑	484	274	257	17
架线和管道工程建筑	485	631	598	33
其他土木工程建筑	489	1869	1830	39
建筑安装业	49	6116	6006	110
电气安装	491	1121	1089	32
管道和设备安装	492	1766	1741	25
其他建筑安装业	499	3229	3176	53

		产业活动单位					
从业人员数（人）	#女性	单位数（个）	#多产业法人所属的产业活动单位数	从业人员数（人）	单产业法人所属的从业人员数	多产业法人所属的从业人员数	代码
60	22	6		60	60		394
29453	15063	87	4	29728	28948	780	395
41293	20030	392	11	41489	40518	971	396
126832	70972	1122	28	124459	121254	3205	397
24567	10088	528	13	20978	20144	834	399
84789	29500	1626	52	82829	80741	2088	40
47433	14333	958	22	46178	45330	848	401
23068	8497	386	15	22833	21941	892	402
5134	2593	72	9	4867	4614	253	403
3950	2073	39	3	3718	3652	66	404
5204	2004	171	3	5233	5204	29	409
43397	18170	1517	28	43584	42530	1054	41
15848	4525	559	28	16782	15459	1323	42
7672	1914	296	9	7910	7542	368	421
8176	2611	263	19	8872	7917	955	422
27901	5858	1184	59	29797	26386	3411	43
1464	436	74	3	1449	1440	9	431
2232	497	153	7	2290	2173	117	432
2995	939	135	7	2730	2301	429	433
14267	2051	453	28	16128	14052	2076	434
1660	367	90	4	1853	1238	615	435
93	42	9		93	93		436
5190	1526	270	10	5254	5089	165	439
296611	**79327**	**3364**	**1127**	**299646**	**206545**	**93101**	**D**
219769	54679	1983	947	222976	151231	71745	44
96429	24778	536	39	93281	79610	13671	441
89338	21023	1021	873	92089	43912	48177	442
34002	8878	426	35	37606	27709	9897	443
25603	7567	492	72	24232	17064	7168	45
25603	7567	492	72	24232	17064	7168	450
51239	17081	889	108	52438	38250	14188	46
37947	13576	507	94	38977	25234	13743	461
10405	3208	346	11	10552	10317	235	462
2887	297	36	3	2909	2699	210	469
3436993	**390157**	**32630**	**3574**	**3143906**	**2359830**	**784076**	**E**
2346509	227368	8440	1417	2084055	1534245	549810	47
2346509	227368	8440	1417	2084055	1534245	549810	470
567100	75471	5690	655	519183	382908	136275	48
273933	34270	2142	277	250279	183561	66718	481
70184	8783	528	84	63828	42870	20958	482
1261	215	47	6	1320	1261	59	483
77385	11127	286	29	65584	52619	12965	484
73029	9398	667	69	62945	42963	19982	485
71308	11678	2020	190	75227	59634	15593	489
238874	36335	6659	653	245128	192453	52675	49
45992	7186	1180	91	46269	39825	6444	491
73422	11115	1882	141	74179	59193	14986	492
119460	18034	3597	421	124680	93435	31245	499

1-09 续表 6

行 业	代码	法人单位		
		单位数（个）	单产业法人	多产业法人
建筑装饰和其他建筑业	50	11149	10992	157
建筑装饰业	501	8036	7930	106
工程准备活动	502	848	836	12
提供施工设备服务	503	421	413	8
其他未列明建筑业	509	1844	1813	31
批发和零售业	**F**	**236208**	**232419**	**3789**
批发业	51	156291	154616	1675
农、林、牧产品批发	511	13326	13233	93
食品、饮料及烟草制品批发	512	23640	23409	231
纺织、服装及家庭用品批发	513	15336	15180	156
文化、体育用品及器材批发	514	5191	5121	70
医药及医疗器材批发	515	4137	4024	113
矿产品、建材及化工产品批发	516	46448	45898	550
机械设备、五金产品及电子产品批发	517	33544	33214	330
贸易经纪与代理	518	4013	3993	20
其他批发业	519	10656	10544	112
零售业	52	79917	77803	2114
综合零售	521	9587	9054	533
食品、饮料及烟草制品专门零售	522	8810	8652	158
纺织、服装及日用品专门零售	523	7826	7652	174
文化、体育用品及器材专门零售	524	4655	4546	109
医药及医疗器材专门零售	525	7760	7333	427
汽车、摩托车、燃料及零配件专门零售	526	12058	11721	337
家用电器及电子产品专门零售	527	9718	9509	209
五金、家具及室内装饰材料专门零售	528	11956	11862	94
货摊、无店铺及其他零售业	529	7547	7474	73
交通运输、仓储和邮政业	**G**	**21632**	**21179**	**453**
道路运输业	54	11019	10817	202
城市公共交通运输	541	500	463	37
公路旅客运输	542	296	256	40
道路货物运输	543	9667	9563	104
道路运输辅助活动	544	556	535	21
水上运输业	55	825	802	23
水上旅客运输	551	84	81	3
水上货物运输	552	418	413	5
水上运输辅助活动	553	323	308	15
航空运输业	56	97	94	3
航空客货运输	561	44	43	1
通用航空服务	562	19	17	2
航空运输辅助活动	563	34	34	
管道运输业	57	40	35	5
管道运输业	570	40	35	5
装卸搬运和运输代理业	58	5772	5636	136
装卸搬运	581	809	801	8
运输代理业	582	4963	4835	128

		产业活动单位					
从业人员数（人）	#女性	单位数（个）	#多产业法人所属的产业活动单位数	从业人员数（人）	单产业法人所属的从业人员数	多产业法人所属的从业人员数	代码
284510	50983	11841	849	295540	250224	45316	50
193784	36778	8498	568	200380	164278	36102	501
23330	3605	891	55	24011	22214	1797	502
12527	1660	452	39	13279	12049	1230	503
54869	8940	2000	187	57870	51683	6187	509
3462048	**1476142**	**266043**	**33624**	**3554245**	**3061571**	**492674**	**F**
2153059	809515	165324	10708	2169565	2020959	148606	51
235418	88783	13690	457	236958	231442	5516	511
447017	176666	24538	1129	452032	403658	48374	512
191474	95500	15761	581	196026	183514	12512	513
68853	30070	5356	235	63237	57407	5830	514
62244	28348	4559	535	61756	52052	9704	515
628337	208703	51588	5690	630816	588560	42256	516
356766	123856	34406	1192	361117	345374	15743	517
51215	18959	4121	128	52207	50570	1637	518
111735	38630	11305	761	115416	108382	7034	519
1308989	666627	100719	22916	1384680	1040612	344068	52
384177	246252	14499	5445	402999	230730	172269	521
108646	48116	10380	1728	117598	100996	16602	522
103617	60828	8931	1279	107019	89737	17282	523
55115	27145	5179	633	58687	47474	11213	524
93221	52838	15435	8102	106025	57673	48352	525
225123	87974	15365	3644	242996	195614	47382	526
115261	53972	10438	929	119296	100364	18932	527
142112	61016	12367	505	144549	139514	5035	528
81717	28486	8125	651	85511	78510	7001	529
897102	**220998**	**25740**	**4561**	**907053**	**664117**	**242936**	**G**
539936	116578	11985	1168	541516	414480	127036	54
93551	28198	602	139	86953	48716	38237	541
69926	23353	413	157	51122	20056	31066	542
345144	54228	10155	592	352041	322247	29794	543
31315	10799	815	280	51400	23461	27939	544
96803	16147	887	85	57718	45523	12195	55
3994	843	88	7	3964	2746	1218	551
26697	4781	454	41	28747	26300	2447	552
66112	10523	345	37	25007	16477	8530	553
18077	6798	131	37	19189	16594	2595	56
9096	3658	65	22	10240	9036	1204	561
2699	970	23	6	1305	1276	29	562
6282	2170	43	9	7644	6282	1362	563
4077	910	53	18	9606	3658	5948	57
4077	910	53	18	9606	3658	5948	570
103249	30699	6615	979	123667	92380	31287	58
34780	6476	852	51	45415	34551	10864	581
68469	24223	5763	928	78252	57829	20423	582

1-09 续表 7

行　业	代码	法人单位		
		单位数（个）	单产业法人	多产业法人
仓储业	59	3162	3130	32
谷物、棉花等农产品仓储	591	1300	1290	10
其他仓储业	599	1862	1840	22
邮政业	60	717	665	52
邮政基本服务	601	59	39	20
快递服务	602	658	626	32
住宿和餐饮业	H	**12168**	**11793**	**375**
住宿业	61	3687	3579	108
旅游饭店	611	1340	1288	52
一般旅馆	612	2049	2002	47
其他住宿业	619	298	289	9
餐饮业	62	8481	8214	267
正餐服务	621	6860	6665	195
快餐服务	622	970	914	56
饮料及冷饮服务	623	109	105	4
其他餐饮业	629	542	530	12
信息传输、软件和信息技术服务业	I	**10079**	**9891**	**188**
电信、广播电视和卫星传输服务	63	586	497	89
电信	631	415	337	78
广播电视传输服务	632	165	154	11
卫星传输服务	633	6	6	
互联网和相关服务	64	1581	1564	17
互联网接入及相关服务	641	204	200	4
互联网信息服务	642	1109	1099	10
其他互联网服务	649	268	265	3
软件和信息技术服务业	65	7912	7830	82
软件开发	651	4416	4376	40
信息系统集成服务	652	784	774	10
信息技术咨询服务	653	1506	1488	18
数据处理和存储服务	654	175	174	1
集成电路设计	655	112	109	3
其他信息技术服务业	659	919	909	10
房地产业	K	**21817**	**20942**	**875**
房地产业	70	21817	20942	875
房地产开发经营	701	9463	9004	459
物业管理	702	7294	7088	206
房地产中介服务	703	3625	3456	169
自有房地产经营活动	704	670	640	30
其他房地产业	709	765	754	11
租赁和商务服务业	L	**49918**	**49069**	**849**
租赁业	71	3441	3417	24
机械设备租赁	711	3304	3282	22
文化及日用品出租	712	137	135	2
商务服务业	72	46477	45652	825
企业管理服务	721	7689	7547	142

		产业活动单位					
从业人员数（人）	#女性	单位数（个）	#多产业法人所属的产业活动单位数	从业人员数（人）	单产业法人所属的从业人员数	多产业法人所属的从业人员数	代码
82572	27091	3318	188	89572	79917	9655	59
30552	9729	1375	85	32413	29745	2668	591
52020	17362	1943	103	57159	50172	6987	599
52388	22775	2751	2086	65785	11565	54220	60
31316	15792	1805	1766	38382	552	37830	601
21072	6983	946	320	27403	11013	16390	602
409661	**228967**	**15995**	**4202**	**459724**	**367026**	**92698**	**H**
158643	89434	4225	646	169727	144794	24933	61
107591	59638	1496	208	112890	98537	14353	611
44606	26271	2368	366	49236	40527	8709	612
6446	3525	361	72	7601	5730	1871	619
251018	139533	11770	3556	289997	222232	67765	62
217550	120274	8489	1824	236704	198691	38013	621
21715	12854	2180	1266	37283	13599	23684	622
1288	667	195	90	2095	1053	1042	623
10465	5738	906	376	13915	8889	5026	629
279868	**114567**	**15209**	**5318**	**323198**	**175174**	**148024**	**I**
133007	58972	4934	4437	165477	47702	117775	63
125910	56264	4442	4105	150207	43222	106985	631
6990	2660	466	312	14497	4373	10124	632
107	48	26	20	773	107	666	633
18120	7423	1942	378	26060	15786	10274	64
2711	1106	321	121	5962	2119	3843	641
12953	5445	1309	210	14830	11295	3535	642
2456	872	312	47	5268	2372	2896	649
128741	48172	8333	503	131661	111686	19975	65
67284	23228	4575	199	68827	62734	6093	651
14869	5065	833	59	15996	12092	3904	652
20141	7984	1616	128	22665	17061	5604	653
4251	2535	196	22	4397	4250	147	654
3293	1147	118	9	3002	2444	558	655
18903	8213	995	86	16774	13105	3669	659
584811	**225971**	**23768**	**2826**	**611777**	**521083**	**90694**	**K**
584811	225971	23768	2826	611777	521083	90694	70
265844	84629	10104	1100	266722	242382	24340	701
241636	108667	7814	726	261320	210436	50884	702
44946	20199	4307	851	48996	38504	10492	703
18036	7420	727	87	19499	15702	3797	704
14349	5056	816	62	15240	14059	1181	709
771928	**283138**	**54171**	**5102**	**817437**	**663240**	**154197**	**L**
47444	12163	3553	136	52196	46454	5742	71
46075	11635	3410	128	50801	45096	5705	711
1369	528	143	8	1395	1358	37	712
724484	270975	50618	4966	765241	616786	148455	72
177942	72106	8739	1192	186494	118493	68001	721

1-09 续表 8

行业	代码	法人单位		
		单位数（个）	单产业法人	多产业法人
法律服务	722	2022	2008	14
咨询与调查	723	12629	12457	172
广告业	724	8816	8745	71
知识产权服务	725	353	347	6
人力资源服务	726	3242	3189	53
旅行社及相关服务	727	2628	2427	201
安全保护服务	728	411	390	21
其他商务服务业	729	8687	8542	145
科学研究和技术服务业	**M**	**40571**	**40144**	**427**
研究和试验发展	73	2108	2081	27
自然科学研究和试验发展	731	225	220	5
工程和技术研究和试验发展	732	858	847	11
农业科学研究和试验发展	733	481	474	7
医学研究和试验发展	734	404	402	2
社会人文科学研究	735	140	138	2
专业技术服务业	74	9740	9392	348
气象服务	741	162	155	7
地震服务	742	65	65	
海洋服务	743	70	68	2
测绘服务	744	349	337	12
质检技术服务	745	899	880	19
环境与生态监测	746	248	244	4
地质勘查	747	279	267	12
工程技术	748	3938	3704	234
其他专业技术服务业	749	3730	3672	58
科技推广和应用服务业	75	28723	28671	52
技术推广服务	751	26528	26483	45
科技中介服务	752	805	802	3
其他科技推广和应用服务业	759	1390	1386	4
水利、环境和公共设施管理业	**N**	**5026**	**4927**	**99**
水利管理业	76	685	661	24
防洪除涝设施管理	761	218	209	9
水资源管理	762	111	109	2
天然水收集与分配	763	60	58	2
水文服务	764	76	73	3
其他水利管理业	769	220	212	8
生态保护和环境治理业	77	656	649	7
生态保护	771	340	339	1
环境治理业	772	316	310	6
公共设施管理业	78	3685	3617	68
市政设施管理	781	407	400	7
环境卫生管理	782	277	272	5
城乡市容管理	783	149	147	2
绿化管理	784	1892	1853	39
公园和游览景区管理	785	960	945	15

		产业活动单位					
从业人员数（人）	#女性	单位数（个）	#多产业法人所属的产业活动单位数	从业人员数（人）	单产业法人所属的从业人员数	多产业法人所属的从业人员数	代码
22832	8170	2262	254	24201	22236	1965	722
131540	53887	13378	921	142977	122317	20660	723
75731	31079	9086	341	78120	72814	5306	724
2737	1267	388	41	3235	2678	557	725
84700	25548	3433	244	84995	80846	4149	726
38801	19811	3347	920	41463	32705	8758	727
46493	4398	465	75	52859	37341	15518	728
143708	54709	9520	978	150897	127356	23541	729
745868	**250259**	**43555**	**3411**	**796011**	**709589**	**86422**	**M**
36578	12954	2440	359	55764	34186	21578	73
5003	1750	233	13	4942	4515	427	731
15385	4733	1123	276	33763	14395	19368	732
7983	2680	516	42	8519	7393	1126	733
6196	3027	418	16	6465	6139	326	734
2011	764	150	12	2075	1744	331	735
223076	67640	11382	1990	240048	192535	47513	74
2201	820	178	23	2161	1929	232	741
1175	426	78	13	2142	1175	967	742
2403	795	75	7	2407	2312	95	743
6650	2199	377	40	6857	5942	915	744
25379	9160	1014	134	26646	24100	2546	745
4700	1812	273	29	5064	4519	545	746
13661	2891	316	49	17551	11810	5741	747
112940	31375	4624	920	116594	89498	27096	748
53967	18162	4447	775	60626	51250	9376	749
486214	169665	29733	1062	500199	482868	17331	75
437063	152063	27414	931	450212	433818	16394	751
20016	8070	833	31	20333	19985	348	752
29135	9532	1486	100	29654	29065	589	759
170890	**64748**	**5608**	**681**	**176876**	**159072**	**17804**	**N**
17178	4620	937	276	19160	14708	4452	76
5942	1460	317	108	6719	4913	1806	761
2776	783	152	43	3753	2699	1054	762
1871	429	66	8	1920	1777	143	763
1513	499	95	22	1571	1336	235	764
5076	1449	307	95	5197	3983	1214	769
12384	3831	710	61	12847	12023	824	77
4730	1489	375	36	4969	4669	300	771
7654	2342	335	25	7878	7354	524	772
141328	56297	3961	344	144869	132341	12528	78
13458	3978	458	58	15367	13057	2310	781
30173	13970	320	48	31110	26529	4581	782
5022	1784	185	38	5620	4893	727	783
49787	18313	1995	142	50068	47354	2714	784
42888	18252	1003	58	42704	40508	2196	785

1-09 续表 9

行业	代码	法人单位		
		单位数(个)	单产业法人	多产业法人
居民服务、修理和其他服务业	O	**11903**	**11762**	**141**
居民服务业	79	4279	4204	75
家庭服务	791	628	619	9
托儿所服务	792	84	83	1
洗染服务	793	126	112	14
理发及美容服务	794	363	341	22
洗浴服务	795	283	281	2
保健服务	796	203	199	4
婚姻服务	797	509	506	3
殡葬服务	798	308	306	2
其他居民服务业	799	1775	1757	18
机动车、电子产品和日用产品修理业	80	5121	5072	49
汽车、摩托车修理与维护	801	3800	3762	38
计算机和办公设备维修	802	496	492	4
家用电器修理	803	507	501	6
其他日用产品修理业	809	318	317	1
其他服务业	81	2503	2486	17
清洁服务	811	1004	1000	4
其他未列明服务业	819	1499	1486	13
教育	P	**24364**	**22316**	**2048**
教育	82	24364	22316	2048
学前教育	821	7348	7154	194
初等教育	822	6647	5437	1210
中等教育	823	3712	3252	460
高等教育	824	318	275	43
特殊教育	825	274	263	11
技能培训、教育辅助及其他教育	829	6065	5935	130
卫生和社会工作	Q	**18574**	**17278**	**1296**
卫生	83	16350	15072	1278
医院	831	1824	1595	229
社区医疗与卫生院	832	8047	7104	943
门诊部(所)	833	5182	5119	63
计划生育技术服务活动	834	446	442	4
妇幼保健院(所、站)	835	146	140	6
专科疾病防治院(所、站)	836	171	160	11
疾病预防控制中心	837	256	242	14
其他卫生活动	839	278	270	8
社会工作	84	2224	2206	18
提供住宿社会工作	841	1975	1959	16
不提供住宿社会工作	842	249	247	2
文化、体育和娱乐业	R	**11542**	**11416**	**126**
新闻和出版业	85	354	341	13
新闻业	851	61	60	1
出版业	852	293	281	12
广播、电视、电影和影视录音制作业	86	861	806	55
广播	861	125	111	14
电视	862	125	107	18

从业人员数（人）	#女性	产业活动单位 单位数（个）	#多产业法人所属的产业活动单位数	从业人员数（人）	单产业法人所属的从业人员数	多产业法人所属的从业人员数	代码
171935	**67187**	**14814**	**3052**	**197167**	**165837**	**31330**	O
63049	30116	6702	2498	78630	60365	18265	79
12567	8631	660	41	12751	11947	804	791
1209	837	85	2	1215	949	266	792
1693	915	195	83	2222	1367	855	793
4247	2638	451	110	4943	3427	1516	794
6399	3178	300	19	6707	6281	426	795
2655	1498	217	18	2839	2545	294	796
4655	2356	549	43	4821	4603	218	797
6070	1624	318	12	6194	5996	198	798
23554	8439	3927	2170	36938	23250	13688	799
64402	16650	5450	378	70269	61755	8514	80
49197	12181	4025	263	55242	48032	7210	801
5504	1761	541	49	5912	5436	476	802
6185	1842	537	36	5205	4813	392	803
3516	866	347	30	3910	3474	436	809
44484	20421	2662	176	48268	43717	4551	81
22934	12740	1025	25	24029	22560	1469	811
21550	7681	1637	151	24239	21157	3082	819
1279695	**675968**	**37359**	**15043**	**1335615**	**943059**	**392556**	P
1279695	675968	37359	15043	1335615	943059	392556	82
118434	98444	12903	5749	158813	107107	51706	821
367059	201454	12347	6910	402989	226203	176786	822
520633	254253	4055	803	507068	419649	87419	823
126254	57014	397	122	125742	63387	62355	824
8506	4551	287	24	8568	8064	504	825
138809	60252	7370	1435	132435	118649	13786	829
701399	**411632**	**50616**	**33338**	**751893**	**447764**	**304129**	Q
669563	394459	47997	32925	717619	416464	301155	83
399567	256690	2039	444	393762	275723	118039	831
180403	86759	13150	6046	144755	65019	79736	832
34780	17605	30013	24894	112980	26459	86521	833
10229	6051	1545	1103	19820	10110	9710	834
17191	13125	159	19	17394	14828	2566	835
4504	2432	201	41	4692	3779	913	836
13747	6643	307	65	14051	12296	1755	837
9142	5154	583	313	10165	8250	1915	839
31836	17173	2619	413	34274	31300	2974	84
29475	16154	2326	367	31666	28976	2690	841
2361	1019	293	46	2608	2324	284	842
171658	**72222**	**13021**	**1605**	**180264**	**153572**	**26692**	R
18539	8097	415	74	18845	11908	6937	85
1246	499	93	33	3299	1211	2088	851
17293	7598	322	41	15546	10697	4849	852
42950	18098	1185	379	46122	33568	12554	86
12921	5280	248	137	13190	10771	2419	861
15492	6449	254	147	17137	10791	6346	862

1-09 续表 10

行 业	代码	法人单位		
		单位数（个）	单产业法人	多产业法人
电影和影视节目制作	863	225	220	5
电影和影视节目发行	864	37	33	4
电影放映	865	310	296	14
录音制作	866	39	39	
文化艺术业	87	2814	2800	14
文艺创作与表演	871	603	600	3
艺术表演场馆	872	137	137	
图书馆与档案馆	873	302	299	3
文物及非物质文化遗产保护	874	195	192	3
博物馆	875	210	208	2
烈士陵园、纪念馆	876	114	113	1
群众文化活动	877	492	491	1
其他文化艺术业	879	761	760	1
体育	88	771	756	15
体育组织	881	187	182	5
体育场馆	882	86	85	1
休闲健身活动	883	408	399	9
其他体育	889	90	90	
娱乐业	89	6742	6713	29
室内娱乐活动	891	6303	6279	24
游乐园	892	76	75	1
彩票活动	893	30	29	1
文化、娱乐、体育经纪代理	894	109	108	1
其他娱乐业	899	224	222	2
公共管理、社会保障和社会组织	**S**	**127793**	**115863**	**11930**
中国共产党机关	90	1014	864	150
中国共产党机关	900	1014	864	150
国家机构	91	28702	24083	4619
国家权力机构	911	448	345	103
国家行政机构	912	27137	22858	4279
人民法院和人民检察院	913	430	249	181
其他国家机构	919	687	631	56
人民政协、民主党派	92	314	278	36
人民政协	921	204	169	35
民主党派	922	110	109	1
社会保障	93	516	509	7
社会保障	930	516	509	7
群众团体、社会团体和其他成员组织	94	16289	16137	152
群众团体	941	1718	1627	91
社会团体	942	13754	13700	54
基金会	943	76	76	
宗教组织	944	741	734	7
基层群众自治组织	95	80958	73992	6966
社区自治组织	951	7452	6835	617
村民自治组织	952	73506	67157	6349

		产业活动单位					
从业人员数（人）	#女性	单位数（个）	#多产业法人所属的产业活动单位数	从业人员数（人）	单产业法人所属的从业人员数	多产业法人所属的从业人员数	代码
5506	2217	233	13	5686	3720	1966	863
2375	967	43	10	2482	2317	165	864
6389	3065	367	71	7173	5702	1471	865
267	120	40	1	454	267	187	866
41750	19473	3567	767	44897	41239	3658	87
13005	6573	631	31	13280	12890	390	871
3104	1426	151	14	3269	3104	165	872
4561	2481	345	46	4876	4516	360	873
2912	1282	228	36	3064	2848	216	874
3363	1428	219	11	3457	3131	326	875
1609	559	134	21	1724	1589	135	876
6191	2950	1011	520	7947	6176	1771	877
7005	2774	848	88	7280	6985	295	879
14845	6140	827	71	15130	13903	1227	88
3341	1038	189	7	3249	3011	238	881
2240	789	92	7	2155	2111	44	882
8164	3979	450	51	8606	7681	925	883
1100	334	96	6	1120	1100	20	889
53574	20414	7027	314	55270	52954	2316	89
41574	15525	6566	287	43134	41025	2109	891
4324	2236	79	4	4344	4312	32	892
3061	789	35	6	3097	3043	54	893
844	384	114	6	892	818	74	894
3771	1480	233	11	3803	3756	47	899
2037464	**613023**	**156966**	**41103**	**2022243**	**1347425**	**674818**	S
27866	6673	1409	545	28204	20914	7290	90
27866	6673	1409	545	28204	20914	7290	900
1258935	388105	54307	30224	1255259	659296	595963	91
22415	5677	665	320	19351	12790	6561	911
1160940	360727	51234	28376	1156060	602092	553968	912
45657	13453	1127	878	45366	19875	25491	913
29923	8248	1281	650	34482	24539	9943	919
7343	1649	388	110	7241	5811	1430	92
6026	1152	278	109	5932	4524	1408	921
1317	497	110	1	1309	1287	22	922
7855	3272	1058	549	10705	7093	3612	93
7855	3272	1058	549	10705	7093	3612	930
189566	66921	18401	2264	201605	186901	14704	94
23775	9002	2575	948	26542	22197	4345	941
156661	53242	14936	1236	164449	155895	8554	942
468	157	76		468	468		943
8662	4520	814	80	10146	8341	1805	944
545899	146403	81403	7411	519229	467410	51819	95
86132	34256	7427	592	81891	73992	7899	951
459767	112147	73976	6819	437338	393418	43920	952

1–10 按行业(中类)、开业(成立)

行业	代码	法人单位数(个)	1949年及以前	1950–1977年	1978–1991年
总计		**823846**	**5538**	**20034**	**80040**
农、林、牧、渔业	**A**	**12933**	**4**	**43**	**103**
农业	01	12		1	
谷物种植	011	2		1	
豆类、油料和薯类种植	012	1			
棉、麻、糖、烟草种植	013	1			
蔬菜、食用菌及园艺作物种植	014	4			
水果种植	015	1			
坚果、含油果、香料和饮料作物种植	016	1			
中药材种植	017	1			
其他农业	019	1			
林业	02	2		1	
林木育种和育苗	021				
造林和更新	022	1		1	
森林经营和管护	023	1			
木材和竹材采运	024				
林产品采集	025				
畜牧业	03	8			
牲畜饲养	031	1			
家禽饲养	032	6			
狩猎和捕捉动物	033				
其他畜牧业	039	1			
渔业	04	5		1	1
水产养殖	041	3			1
水产捕捞	042	2		1	
农、林、牧、渔服务业	05	12906	4	40	102
农业服务业	051	8928	2	17	74
林业服务业	052	558	2	15	15
畜牧服务业	053	2704		6	9
渔业服务业	054	716		2	4
采矿业	**B**	**3727**	**2**	**44**	**175**
煤炭开采和洗选业	06	630		22	30
烟煤和无烟煤开采洗选	061	590		22	26
褐煤开采洗选	062	21			4
其他煤炭采选	069	19			
石油和天然气开采业	07	47			1
石油开采	071	38			1
天然气开采	072	9			
黑色金属矿采选业	08	493	2	3	10
铁矿采选	081	473	2	3	10
锰矿、铬矿采选	082	4			
其他黑色金属矿采选	089	16			
有色金属矿采选业	09	261		10	38
常用有色金属矿采选	091	65			3
贵金属矿采选	092	189		10	35
稀有稀土金属矿采选	093	7			
非金属矿采选业	10	2127		9	95
土砂石开采	101	1587		1	27
化学矿开采	102	7			
采盐	103	221		8	52
石棉及其他非金属矿采选	109	312			16

时间分组的法人单位数

1992—1995年	1996年	1997年	1998年	1999年	2000年	2001年	2002年	代码
18466	**5904**	**5953**	**10743**	**10473**	**16420**	**22261**	**22327**	
45	**5**	**16**	**31**	**21**	**79**	**95**	**84**	A
2			1					01
								011
1								012
1								013
			1					014
								015
								016
								017
								019
		1						02
								021
								022
		1						023
								024
								025
		1						03
								031
		1						032
								033
								039
						1		04
								041
						1		042
43	5	14	30	21	79	94	84	05
18	3	8	15	13	49	56	51	051
5	1		3	2	3	9	2	052
6	1	5	9	3	20	25	21	053
14		1	3	3	7	4	10	054
146	**37**	**32**	**79**	**84**	**119**	**152**	**127**	B
23	9	9	21	20	15	26	28	06
22	7	9	21	20	15	25	27	061
1	1						1	062
	1					1		069
8		3		1	2	1	4	07
8		3		1	2	1	2	071
							2	072
9	2	1	6	5	8	35	12	08
9	2	1	5	5	8	34	12	081
			1					082
						1		089
21	5	2	3	14	7	7	7	09
1		1			3	1	5	091
20	5	1	3	14	4	5	1	092
						1	1	093
83	20	17	47	42	83	79	68	10
41	12	10	28	31	64	52	52	101
						1		102
35	4	2	6	3	6	5	5	103
7	4	5	13	8	13	21	11	109

1-10 续表 1

行业	代码	法人单位数(个)	1949年及以前	1950-1977年	1978-1991年
开采辅助活动	11	99			1
煤炭开采和洗选辅助活动	111	17			
石油和天然气开采辅助活动	112	34			1
其他开采辅助活动	119	48			
其他采矿业	12	70			
其他采矿业	120	70			
制造业	**C**	**183233**	**51**	**656**	**3202**
农副食品加工业	13	12753	2	46	255
谷物磨制	131	1300	1	15	33
饲料加工	132	1402			11
植物油加工	133	1019		4	16
制糖业	134	43			
屠宰及肉类加工	135	2301	1	11	61
水产品加工	136	1969		9	59
蔬菜、水果和坚果加工	137	3228		3	36
其他农副食品加工	139	1491		4	39
食品制造业	14	4764	1	21	77
焙烤食品制造	141	1026		8	13
糖果、巧克力及蜜饯制造	142	520			5
方便食品制造	143	691		2	12
乳制品制造	144	196			5
罐头食品制造	145	380			4
调味品、发酵制品制造	146	694	1	10	24
其他食品制造	149	1257		1	14
酒、饮料和精制茶制造业	15	2280	10	16	55
酒的制造	151	1145	10	15	38
饮料制造	152	905			14
精制茶加工	153	230		1	3
烟草制品业	16	54	1	1	
烟叶复烤	161	7			
卷烟制造	162	8	1	1	
其他烟草制品制造	169	39			
纺织业	17	9108		31	166
棉纺织及印染精加工	171	4853		17	92
毛纺织及染整精加工	172	529			9
麻纺织及染整精加工	173	71			1
丝绢纺织及印染精加工	174	144		6	9
化纤织造及印染精加工	175	268		1	4
针织或钩针编织物及其制品制造	176	774		3	12
家用纺织制成品制造	177	1278		3	25
非家用纺织制成品制造	178	1191		1	14
纺织服装、服饰业	18	8392	1	11	88
机织服装制造	181	5292	1	6	54
针织或钩针编织服装制造	182	1634		3	13
服饰制造	183	1466		2	21
皮革、毛皮、羽毛及其制品和制鞋业	19	2277	1	8	32
皮革鞣制加工	191	208		2	4
皮革制品制造	192	801		2	8
毛皮鞣制及制品加工	193	265			5
羽毛(绒)加工及制品制造	194	102			3
制鞋业	195	901	1	4	12

1992–1995年	1996年	1997年	1998年	1999年	2000年	2001年	2002年	代码
1	1			1	3	1	6	11
				1			2	111
1	1				1			112
					2	1	4	119
1			2	1	1	3	2	12
1			2	1	1	3	2	120
4261	**1603**	**1709**	**3221**	**3542**	**5221**	**6438**	**7321**	C
358	113	132	262	301	434	558	602	13
47	8	18	57	44	51	68	62	131
17	12	10	25	34	52	40	53	132
18	3	7	14	13	36	56	48	133
2	1		1	1	1	2	3	134
46	18	19	38	36	48	83	108	135
105	30	25	48	67	69	105	110	136
70	25	39	56	82	123	142	147	137
53	16	14	23	24	54	62	71	139
139	69	60	100	105	173	165	238	14
27	18	6	13	9	34	33	33	141
23	14	14	24	15	25	18	44	142
12	15	6	16	15	25	28	22	143
5		5	2	3	12	7	17	144
11	2	6	9	9	16	12	23	145
16	10	11	18	26	16	25	33	146
45	10	12	18	28	45	42	66	149
87	23	34	71	81	85	105	117	15
60	17	25	43	52	53	57	53	151
23	5	7	19	24	29	42	54	152
4	1	2	9	5	3	6	10	153
3						3	1	16
						2		161
3								162
						1	1	169
140	65	90	147	179	324	344	418	17
67	27	45	75	84	182	187	243	171
10	3	6	13	12	24	24	23	172
2		4	2		4	1	3	173
5		1	3	4	2	4	5	174
6	3	7	5	8	8	9	11	175
11	4	4	9	19	20	40	30	176
21	13	12	14	29	44	46	60	177
18	15	11	26	23	40	33	43	178
134	57	57	96	131	246	250	339	18
83	34	35	48	79	142	137	207	181
27	10	14	31	32	74	77	97	182
24	13	8	17	20	30	36	35	183
62	23	29	30	44	73	77	97	19
1	3	3	2	2	10	5	9	191
25	4	10	9	20	23	22	36	192
4	5	3	4	3	10	8	15	193
1				1	1	2	4	194
31	11	13	15	18	29	40	33	195

1-10 续表 2

行业	代码	法人单位数（个）	1949年及以前	1950-1977年	1978-1991年
木材加工和木、竹、藤、棕、草制品业	20	8002	1	4	82
木材加工	201	3035	1	1	27
人造板制造	202	3270			34
木制品制造	203	1453		1	15
竹、藤、棕、草等制品制造	204	244		2	6
家具制造业	21	3250		4	40
木质家具制造	211	2626		3	28
竹、藤家具制造	212	29			
金属家具制造	213	244			5
塑料家具制造	214	75			2
其他家具制造	219	276		1	5
造纸和纸制品业	22	3857		15	84
纸浆制造	221	39			2
造纸	222	1293		11	34
纸制品制造	223	2525		4	48
印刷和记录媒介复制业	23	5388	4	21	189
印刷	231	4978	4	19	167
装订及印刷相关服务	232	391		2	20
记录媒介复制	233	19			2
文教、工美、体育和娱乐用品制造业	24	6751		15	76
文教办公用品制造	241	321		1	11
乐器制造	242	149			1
工艺美术品制造	243	4822		14	53
体育用品制造	244	897			6
玩具制造	245	502			4
游艺器材及娱乐用品制造	246	60			1
石油加工及炼焦	25	862		8	14
化学原料和化学制品制造业	26	11972	4	59	222
基础化学原料制造	261	2114	2	14	45
肥料制造	262	1688		11	5
农药制造	263	346		3	6
涂料、油墨、颜料及类似产品制造	264	1472	1	3	28
合成材料制造	265	1301	1	5	25
专用化学产品制造	266	4336		13	85
炸药、火工及焰火产品制造	267	80		8	13
日用化学产品制造	268	635		2	15
医药制造业	27	1647	2	16	29
化学药品原料药制造	271	318	1	3	7
化学药品制剂制造	272	202		7	4
中药饮片加工	273	97			2
中成药生产	274	159	1	4	2
兽用药品制造	275	211		1	1
生物药品制造	276	376			3
卫生材料及医药用品制造	277	284		1	10
化学纤维制造业	28	415		1	5
纤维素纤维原料及纤维制造	281	131		1	2
合成纤维制造	282	284			3
橡胶和塑料制品业	29	10854	1	17	199
橡胶制品业	291	2731	1	8	59
塑料制品业	292	8123		9	140

								代码
1992–1995年	1996年	1997年	1998年	1999年	2000年	2001年	2002年	
65	30	28	70	80	163	172	190	20
15	7	6	33	26	35	57	50	201
27	11	15	17	29	85	72	98	202
16	10	6	16	18	31	32	37	203
7	2	1	4	7	12	11	5	204
78	20	33	47	53	94	113	109	21
64	17	25	34	44	74	93	83	211
1	1	1				1	3	212
2	1	3	6	5	9	8	9	213
2	1	2	2		1	2	2	214
9		2	5	4	10	9	12	219
97	34	44	77	94	117	149	181	22
1		1			4	1	3	221
37	14	17	23	37	33	52	57	222
59	20	26	54	57	80	96	121	223
209	84	95	140	130	172	214	215	23
202	74	84	130	122	152	200	197	231
7	9	11	10	6	20	11	18	232
	1			2		3		233
151	54	44	110	122	186	286	294	24
13	3	2	7	9	11	10	17	241
2	2	1	2		3	5	10	242
103	34	31	77	88	136	226	216	243
19	10	7	12	16	25	22	36	244
14	5	3	10	9	10	21	11	245
			2		1	2	4	246
24	5	7	15	12	26	26	31	25
341	104	134	291	306	376	500	583	26
61	18	15	52	61	75	85	108	261
25	11	8	26	22	31	66	76	262
13	1	3	15	11	22	21	23	263
45	15	26	37	57	51	68	68	264
46	9	22	29	30	40	54	69	265
135	42	55	111	114	142	181	213	266
2	1	1	5		3	2		267
14	7	4	16	11	12	23	26	268
58	20	29	34	31	53	73	78	27
9	1	2	8	2	9	8	13	271
15	3	5	4	3	5	11	12	272
2	2	2	1			2	6	273
14	1	2	4	2	5	12	11	274
4	3	6	4	5	9	9	10	275
9	4	7	7	12	14	18	17	276
5	6	5	6	7	11	13	9	277
10	6	3	9	7	12	12	10	28
3		1	1	3	4	3	2	281
7	6	2	8	4	8	9	8	282
268	114	89	247	239	341	430	443	29
82	42	24	54	70	99	122	105	291
186	72	65	193	169	242	308	338	292

1-10 续表 3

行 业	代码	法人单位数（个）	1949年及以前	1950-1977年	1978-1991年
非金属矿物制品业	30	17843	1	94	462
水泥、石灰和石膏制造	301	1145		25	55
石膏、水泥制品及类似制品制造	302	3586		6	72
砖瓦、石材等建筑材料制造	303	7931		33	240
玻璃制造	304	226			3
玻璃制品制造	305	942		6	17
玻璃纤维和玻璃纤维增强塑料制品制造	306	981			8
陶瓷制品制造	307	673		6	8
耐火材料制品制造	308	1015	1	14	32
石墨及其他非金属矿物制品制造	309	1344		4	27
黑色金属冶炼和压延加工业	31	3158		15	82
炼铁	311	100		2	1
炼钢	312	91		1	3
黑色金属铸造	313	1495		3	50
钢压延加工	314	1289		7	21
铁合金冶炼	315	183		2	7
有色金属冶炼和压延加工业	32	1487		6	30
常用有色金属冶炼	321	222		1	2
贵金属冶炼	322	39		1	2
稀有稀土金属冶炼	323	30			
有色金属合金制造	324	161		2	6
有色金属铸造	325	223			7
有色金属压延加工	326	812		2	13
金属制品业	33	12732	2	27	169
结构性金属制品制造	331	5100		4	40
金属工具制造	332	1626		3	27
集装箱及金属包装容器制造	333	584		2	11
金属丝绳及其制品制造	334	376		2	3
建筑、安全用金属制品制造	335	1114	1	3	21
金属表面处理及热处理加工	336	466		1	11
搪瓷制品制造	337	122			1
金属制日用品制造	338	745			4
其他金属制品制造	339	2599	1	12	51
通用设备制造业	34	21543	13	76	336
锅炉及原动设备制造	341	1280	2	20	21
金属加工机械制造	342	5217	5	13	79
物料搬运设备制造	343	926		3	12
泵、阀门、压缩机及类似机械制造	344	2157	2	11	46
轴承、齿轮和传动部件制造	345	2327		10	27
烘炉、风机、衡器、包装等设备制造	346	1690	1	7	28
文化、办公用机械制造	347	124			2
通用零部件制造	348	6631	2	9	107
其他通用设备制造业	349	1191	1	3	14
专用设备制造业	35	13267		50	195
采矿、冶金、建筑专用设备制造	351	3760		21	53
化工、木材、非金属加工专用设备制造	352	2511		2	49
食品、饮料、烟草及饲料生产专用设备制造	353	531		1	10
印刷、制药、日化及日用品生产专用设备制造	354	744		7	12
纺织、服装和皮革加工专用设备制造	355	913		2	13
电子和电工机械专用设备制造	356	960		3	9
农、林、牧、渔专用机械制造	357	1625		8	29
医疗仪器设备及器械制造	358	475		2	3
环保、社会公共服务及其他专用设备制造	359	1748		4	17

1992—1995年	1996年	1997年	1998年	1999年	2000年	2001年	2002年	代码
418	163	141	315	359	518	608	727	30
27	13	11	37	26	37	35	40	301
69	29	22	41	44	76	109	135	302
187	66	54	121	156	234	275	319	303
5	1	4	3	5	6	5	13	304
23	10	4	11	24	32	34	32	305
25	10	14	23	19	36	27	33	306
17	3	6	15	12	26	31	28	307
36	9	9	24	35	35	37	53	308
29	22	17	40	38	36	55	74	309
110	37	29	49	61	84	107	133	31
7	2	2	1		5	4	6	311
2			2	3	3	4	5	312
57	20	19	28	48	45	61	74	313
33	12	8	15	10	25	32	40	314
11	3		3		6	6	8	315
52	14	17	21	39	28	58	46	32
3		1	2	5	8	13	9	321
2		1		3	1	2		322
3			1	1	1	1		323
8	2	4	1	4	2	5	2	324
10	5	2	2	7	4	8	6	325
26	7	9	15	19	12	29	29	326
261	107	114	202	261	327	396	491	33
88	48	38	65	89	114	152	199	331
36	6	16	27	39	52	48	61	332
11	4	8	13	16	24	18	24	333
9	3	3	3	7	3	14	13	334
25	5	15	11	19	26	36	39	335
3	3	2	12	11	9	10	20	336
3	3	2	3	3	2	3	1	337
16	8	9	12	17	26	29	21	338
70	27	21	56	60	71	86	113	339
475	190	192	352	366	533	676	758	34
31	18	18	31	29	28	51	61	341
92	46	32	81	78	127	144	154	342
16	10	8	11	5	21	34	43	343
58	24	30	58	56	67	87	105	344
70	9	14	25	21	60	69	73	345
51	24	22	40	34	45	59	60	346
	1			3	2	5	6	347
144	50	60	92	115	162	195	219	348
13	8	8	14	25	21	32	37	349
253	101	96	223	211	367	428	488	35
70	33	25	65	46	90	130	120	351
53	20	18	39	47	85	84	102	352
9	5	5	7	6	15	18	18	353
26	8	10	17	20	22	33	36	354
20	8	11	15	23	40	32	37	355
16	4	8	10	12	22	24	30	356
27	9	8	24	27	36	37	54	357
5	3	2	13	7	13	24	30	358
27	11	9	33	23	44	46	61	359

1-10 续表 4

行业	代码	法人单位数(个)	1949年及以前	1950-1977年	1978-1991年
汽车制造业	36	4869	2	22	51
汽车整车制造	361	109	1	4	2
改装汽车制造	362	191	1	4	7
低速载货汽车制造	363	18			2
电车制造	364	97			
汽车车身、挂车制造	365	275			2
汽车零部件及配件制造	366	4179		14	38
铁路、船舶、航空航天和其他运输设备制造业	37	1732	3	13	27
铁路运输设备制造	371	211		2	6
城市轨道交通设备制造	372	12			1
船舶及相关装置制造	373	722	3	8	13
航空、航天器及设备制造	374	26			
摩托车制造	375	138		3	4
自行车制造	376	251			2
非公路休闲车及零配件制造	377	27			
潜水救捞及其他未列明运输设备制造	379	345			1
电气机械和器材制造业	38	6581	1	32	135
电机制造	381	795		9	16
输配电及控制设备制造	382	2380	1	12	57
电线、电缆、光缆及电工器材制造	383	1060			37
电池制造	384	249		3	1
家用电力器具制造	385	563		4	9
非电力家用器具制造	386	526		1	2
照明器具制造	387	434		2	9
其他电气机械及器材制造	389	574		1	4
计算机、通信和其他电子设备制造业	39	2622		10	15
计算机制造	391	165		1	2
通信设备制造	392	230		1	1
广播电视设备制造	393	116		1	
雷达及配套设备制造	394	6			
视听设备制造	395	84			1
电子器件制造	396	386			2
电子元件制造	397	1112		4	8
其他电子设备制造	399	523		3	1
仪器仪表制造业	40	1602	1	9	29
通用仪器仪表制造	401	948	1	5	16
专用仪器仪表制造	402	379		2	3
钟表与计时仪器制造	403	67		1	5
光学仪器及眼镜制造	404	40			1
其他仪器仪表制造业	409	168		1	4
其他制造业	41	1496		3	31
废弃资源综合利用业	42	536		1	9
金属废料和碎屑加工处理	421	289		1	3
非金属废料和碎屑加工处理	422	247			6
金属制品、机械和设备修理业	43	1139		4	18
金属制品修理	431	72			1
通用设备修理	432	147			
专用设备修理	433	129		2	1
铁路、船舶、航空航天等运输设备修理	434	431		2	9
电气设备修理	435	87			1
仪器仪表修理	436	9			
其他机械和设备修理业	439	264			6

1992-1995年	1996年	1997年	1998年	1999年	2000年	2001年	2002年	代码
94	38	41	51	51	97	142	170	36
4	1	4			4	2	2	361
8	5		7	3	5	6	15	362
2	1				1			363
1					1	3		364
1		1		3	1	4	7	365
78	31	36	44	45	85	127	146	366
35	14	13	25	21	35	37	44	37
6	3	2	5	9	10	11	14	371
2							1	372
17	5	7	10	6	13	8	12	373
			1				1	374
6	5	2	5	4	3	1	8	375
3		1	3	1	2	6	4	376
1				1		1	1	377
	1	1	1		7	10	3	379
158	50	74	123	131	187	223	253	38
16	3	6	12	19	28	38	35	381
56	18	24	38	43	69	81	112	382
39	9	21	21	33	40	32	36	383
7	5	5	6	6	7	8	4	384
19	9	8	19	13	10	20	22	385
7	1	5	5	5	15	14	15	386
6	4	1	9	3	10	10	12	387
8	1	4	13	9	8	20	17	389
58	30	30	42	36	61	111	98	39
5	2		4		4	9	2	391
3	3	3	8	8	8	10	13	392
3	2	1	1	2	1	4	6	393
								394
3	3	2	1	1	3	3	7	395
9	1	7	5	7	7	19	13	396
25	13	13	17	13	30	53	46	397
10	6	4	6	5	8	13	11	399
57	16	26	35	43	38	77	72	40
33	8	18	26	25	24	40	44	401
16	5	5	7	7	5	21	17	402
2	2	2	1	4	1	6	3	403
3	1				2	1	4	404
3		1	1	7	6	9	4	409
42	10	10	20	24	35	52	50	41
3	2	7	6	9	12	9	9	42
		4	3	6	8	5	5	421
3	2	3	3	3	4	4	4	422
21	10	11	11	15	24	37	36	43
	1	2	1		4	4	5	431
6	1	2	3	3	5	5	9	432
3	2			1	1	5	5	433
9	4	4	3	7	6	10	7	434
3		1	1	2	2	5	3	435
			1					436
	2	2	2	2	6	8	7	439

1-10 续表 5

行业	代码	法人单位数（个）	1949年及以前	1950—1977年	1978—1991年
电力、热力、燃气及水生产和供应业	D	**2399**	**4**	**130**	**141**
电力、热力生产和供应业	44	1124	2	97	68
电力生产	441	509	1	11	23
电力供应	442	213	1	85	29
热力生产和供应	443	402		1	16
燃气生产和供应业	45	453		1	13
燃气生产和供应业	450	453		1	13
水的生产和供应业	46	822	2	32	60
自来水生产和供应	461	450	2	31	58
污水处理及其再生利用	462	337		1	2
其他水的处理、利用与分配	469	35			
建筑业	E	**29959**	**8**	**432**	**1021**
房屋建筑业	47	7438	8	353	675
房屋建筑业	470	7438	8	353	675
土木工程建筑业	48	5256		58	182
铁路、道路、隧道和桥梁工程建筑	481	1956		13	74
水利和内河港口工程建筑	482	485		25	45
海洋工程建筑	483	41			
工矿工程建筑	484	274		8	15
架线和管道工程建筑	485	631		4	23
其他土木工程建筑	489	1869		8	25
建筑安装业	49	6116		12	83
电气安装	491	1121		1	13
管道和设备安装	492	1766		5	33
其他建筑安装业	499	3229		6	37
建筑装饰和其他建筑业	50	11149		9	81
建筑装饰业	501	8036		4	58
工程准备活动	502	848		3	9
提供施工设备服务	503	421			4
其他未列明建筑业	509	1844		2	10
批发和零售业	F	**236208**	**73**	**693**	**2223**
批发业	51	156291	22	247	1156
农、林、牧产品批发	511	13326	4	40	177
食品、饮料及烟草制品批发	512	23640	8	39	222
纺织、服装及家庭用品批发	513	15336		11	86
文化、体育用品及器材批发	514	5191		9	27
医药及医疗器材批发	515	4137		7	16
矿产品、建材及化工产品批发	516	46448	9	115	397
机械设备、五金产品及电子产品批发	517	33544		15	128
贸易经纪与代理	518	4013		5	25
其他批发业	519	10656	1	6	78
零售业	52	79917	51	446	1067
综合零售	521	9587	39	317	456
食品、饮料及烟草制品专门零售	522	8810	2	24	121
纺织、服装及日用品专门零售	523	7826	3	16	52
文化、体育用品及器材专门零售	524	4655	2	16	62
医药及医疗器材专门零售	525	7760	1	31	34
汽车、摩托车、燃料及零配件专门零售	526	12058		12	132
家用电器及电子产品专门零售	527	9718	1	3	30
五金、家具及室内装饰材料专门零售	528	11956		15	87
货摊、无店铺及其他零售业	529	7547	3	12	93

1992–1995年	1996年	1997年	1998年	1999年	2000年	2001年	2002年	代码
79	**28**	**19**	**23**	**23**	**45**	**65**	**98**	D
44	20	12	10	12	10	36	39	44
13	8	8	7	4	7	14	18	441
16	7	1	2	2		5	6	442
15	5	3	1	6	3	17	15	443
9	1	3	5	4	12	16	22	45
9	1	3	5	4	12	16	22	450
26	7	4	8	7	23	13	37	46
24	7	4	5	2	18	10	16	461
2			3	4	5	2	17	462
				1		1	4	469
1103	**256**	**303**	**525**	**564**	**673**	**982**	**1052**	E
483	94	110	231	181	244	342	334	47
483	94	110	231	181	244	342	334	470
201	33	41	77	94	116	176	185	48
70	15	18	26	35	50	78	87	481
41	3	3	11	9	18	12	17	482
2					2	2		483
20	2	3	6	8	10	17	10	484
27	4	3	11	8	12	28	20	485
41	9	14	23	34	24	39	51	489
160	43	48	79	96	113	181	191	49
37	9	16	17	20	21	49	40	491
58	17	9	18	30	39	55	59	492
65	17	23	44	46	53	77	92	499
259	86	104	138	193	200	283	342	50
194	69	93	99	152	142	197	237	501
24	5	3	7	15	18	25	20	502
8	2	1	1	4	10	9	14	503
33	10	7	31	22	30	52	71	509
2614	**1160**	**1352**	**2565**	**2560**	**3851**	**5243**	**5674**	F
1493	689	857	1527	1604	2403	3191	3537	51
98	49	44	104	77	154	210	216	511
172	70	108	168	192	304	368	405	512
135	62	87	145	150	232	305	309	513
48	27	23	53	54	74	95	107	514
28	11	25	34	29	47	83	116	515
546	245	285	502	552	801	1068	1238	516
307	164	214	400	394	576	715	812	517
46	14	22	28	28	41	83	76	518
113	47	49	93	128	174	264	258	519
1121	471	495	1038	956	1448	2052	2137	52
189	77	54	140	125	184	294	263	521
73	36	52	69	85	129	151	170	522
83	37	45	73	72	114	167	177	523
78	27	29	53	50	62	102	110	524
37	19	18	61	43	132	165	241	525
290	133	136	233	225	338	423	439	526
82	39	46	115	126	167	256	233	527
145	60	59	161	148	182	294	262	528
144	43	56	133	82	140	200	242	529

1-10 续表 6

行 业	代码	法 人 单位数 (个)	1949年及以前	1950-1977年	1978-1991年
交通运输、仓储和邮政业	G	**21632**	**9**	**108**	**305**
道路运输业	54	11019	5	69	158
城市公共交通运输	541	500		10	25
公路旅客运输	542	296	3	15	18
道路货物运输	543	9667	2	27	83
道路运输辅助活动	544	556		17	32
水上运输业	55	825	3	7	23
水上旅客运输	551	84			3
水上货物运输	552	418		5	8
水上运输辅助活动	553	323	3	2	12
航空运输业	56	97			3
航空客货运输	561	44			
通用航空服务	562	19			1
航空运输辅助活动	563	34			2
管道运输业	57	40			1
管道运输业	570	40			1
装卸搬运和运输代理业	58	5772		8	43
装卸搬运	581	809		4	27
运输代理业	582	4963		4	16
仓储业	59	3162	1	23	70
谷物、棉花等农产品仓储	591	1300		20	37
其他仓储业	599	1862	1	3	33
邮政业	60	717		1	7
邮政基本服务	601	59		1	6
快递服务	602	658			1
住宿和餐饮业	H	**12168**	**8**	**71**	**316**
住宿业	61	3687	2	37	194
旅游饭店	611	1340	1	17	94
一般旅馆	612	2049	1	18	81
其他住宿业	619	298		2	19
餐饮业	62	8481	6	34	122
正餐服务	621	6860	3	28	91
快餐服务	622	970	2	4	17
饮料及冷饮服务	623	109			
其他餐饮业	629	542	1	2	14
信息传输、软件和信息技术服务业	I	**10079**	**1**	**13**	**36**
电信、广播电视和卫星传输服务	63	586		11	14
电信	631	415			3
广播电视传输服务	632	165		11	11
卫星传输服务	633	6			
互联网和相关服务	64	1581	1		2
互联网接入及相关服务	641	204			
互联网信息服务	642	1109	1		2
其他互联网服务	649	268			
软件和信息技术服务业	65	7912		2	20
软件开发	651	4416			6
信息系统集成服务	652	784			3
信息技术咨询服务	653	1506		1	5
数据处理和存储服务	654	175			1
集成电路设计	655	112			
其他信息技术服务业	659	919		1	5

1992–1995年	1996年	1997年	1998年	1999年	2000年	2001年	2002年	代码
339	**123**	**133**	**261**	**231**	**304**	**499**	**478**	G
141	57	59	128	102	157	256	228	54
26	15	19	37	19	16	26	28	541
18	5	5	21	11	16	19	14	542
70	29	31	53	61	109	187	175	543
27	8	4	17	11	16	24	11	544
36	9	13	14	16	11	24	27	55
6	2		3	3		2	6	551
16	5	5	4	8	5	12	13	552
14	2	8	7	5	6	10	8	553
4	3		1	1	6	5	1	56
3			1	1	2	2	1	561
								562
1	3				4	3		563
1					1		1	57
1					1		1	570
80	26	30	45	52	68	112	112	58
24	6	7	12	6	12	12	14	581
56	20	23	33	46	56	100	98	582
72	26	27	50	47	54	88	98	59
28	11	12	31	23	27	45	36	591
44	15	15	19	24	27	43	62	599
5	2	4	23	13	7	14	11	60
3	1	3	17	5	2	2	2	601
2	1	1	6	8	5	12	9	602
275	**95**	**92**	**160**	**157**	**236**	**286**	**303**	H
149	39	41	69	56	88	81	83	61
83	21	22	25	22	42	31	32	611
56	12	18	38	28	40	45	47	612
10	6	1	6	6	6	5	4	619
126	56	51	91	101	148	205	220	62
109	51	45	79	84	129	178	186	621
10	4	4	4	11	10	16	20	622
							3	623
7	1	2	8	6	9	11	11	629
70	**26**	**27**	**64**	**107**	**145**	**213**	**227**	I
15	4	1	5	24	24	45	20	63
8	3	1	2	18	16	33	14	631
7	1		3	6	8	12	6	632
								633
6	1		11	12	16	25	34	64
				2	1	3	4	641
5	1		6	8	14	17	24	642
1			5	2	1	5	6	649
49	21	26	48	71	105	143	173	65
20	12	14	25	42	57	93	98	651
3	2	4	8	3	14	13	22	652
13	3	5	3	12	18	16	25	653
	1			4	1	3	2	654
1	1	2	2	2	3	3	1	655
12	2	1	10	8	12	15	25	659

1-10 续表 7

行　业	代码	法人单位数（个）	1949年及以前	1950-1977年	1978-1991年
房地产业	K	**21817**	**4**	**38**	**233**
房地产业	70	21817	4	38	233
房地产开发经营	701	9463	2	3	111
物业管理	702	7294		3	30
房地产中介服务	703	3625		1	9
自有房地产经营活动	704	670	2	24	71
其他房地产业	709	765		7	12
租赁和商务服务业	L	**49918**	**14**	**152**	**775**
租赁业	71	3441		1	21
机械设备租赁	711	3304		1	21
文化及日用品出租	712	137			
商务服务业	72	46477	14	151	754
企业管理服务	721	7689	8	117	240
法律服务	722	2022	3	6	192
咨询与调查	723	12629	1	5	59
广告业	724	8816		1	18
知识产权服务	725	353			1
人力资源服务	726	3242		1	46
旅行社及相关服务	727	2628		1	25
安全保护服务	728	411			25
其他商务服务业	729	8687	2	20	148
科学研究和技术服务业	M	**40571**	**22**	**352**	**804**
研究和试验发展	73	2108	1	48	84
自然科学研究和试验发展	731	225		10	9
工程和技术研究和试验发展	732	858	1	10	25
农业科学研究和试验发展	733	481		19	21
医学研究和试验发展	734	404		5	5
社会人文科学研究	735	140		4	24
专业技术服务业	74	9740	11	196	435
气象服务	741	162	1	36	8
地震服务	742	65		10	8
海洋服务	743	70	1	4	4
测绘服务	744	349		1	13
质检技术服务	745	899	2	23	66
环境与生态监测	746	248	1	4	31
地质勘查	747	279		12	16
工程技术	748	3938	1	22	149
其他专业技术服务业	749	3730	5	84	140
科技推广和应用服务业	75	28723	10	108	285
技术推广服务	751	26528	10	95	252
科技中介服务	752	805		3	12
其他科技推广和应用服务业	759	1390		10	21
水利、环境和公共设施管理业	N	**5026**	**13**	**176**	**289**
水利管理业	76	685	2	118	107
防洪除涝设施管理	761	218	2	50	46
水资源管理	762	111		12	10
天然水收集与分配	763	60		17	6
水文服务	764	76		9	10
其他水利管理业	769	220		30	35

1992—1995年	1996年	1997年	1998年	1999年	2000年	2001年	2002年	代码
751	**116**	**150**	**337**	**290**	**485**	**712**	**784**	**K**
751	116	150	337	290	485	712	784	70
512	57	72	167	131	254	381	391	701
101	28	48	110	111	159	197	254	702
35	11	12	27	22	37	89	88	703
75	18	12	25	21	19	26	32	704
28	2	6	8	5	16	19	19	709
873	**239**	**264**	**438**	**603**	**957**	**1022**	**1047**	**L**
50	10	16	16	28	47	57	75	71
47	10	16	14	28	47	56	74	711
3			2			1	1	712
823	229	248	422	575	910	965	972	72
235	52	33	50	56	92	118	107	721
152	27	34	45	74	72	107	65	722
73	21	39	72	151	279	199	222	723
80	36	63	100	102	139	162	210	724
5	1	1	1	2	2	7	9	725
44	21	13	24	31	43	67	73	726
58	15	16	47	73	103	150	79	727
28	7	5	5	3	10	10	11	728
148	49	44	78	83	170	145	196	729
569	**175**	**149**	**314**	**234**	**355**	**658**	**659**	**M**
46	13	16	18	15	25	48	51	73
6	1	1	2	1	2	5	4	731
16	5	6	4	4	8	19	16	732
12	4	3	7	4	6	10	15	733
5	1	3	4	4	7	9	14	734
7	2	3	1	2	2	5	2	735
353	111	89	159	126	179	323	364	74
4	2	1		1	4	11	11	741
2	6	2	2	1	3	2	1	742
5		2	1		2	1	1	743
10	2	1	6	4	11	11	27	744
31	13	9	10	10	13	27	33	745
6	5	1	4		3	11	2	746
13	2	5	9	4	3	7	10	747
190	50	44	84	69	80	149	175	748
92	31	24	43	37	60	104	104	749
170	51	44	137	93	151	287	244	75
160	45	38	126	80	137	259	223	751
1	4	2	3	6	3	13	14	752
9	2	4	8	7	11	15	7	759
162	**43**	**44**	**62**	**79**	**118**	**151**	**171**	**N**
45	12	12	13	10	15	18	18	76
16	2	8	3	2	6	4	3	761
4		2		4	1	3	1	762
2			1		1	4	2	763
6	2		2		2	1	3	764
17	8	2	7	4	5	6	9	769

1-10 续表 8

行　业	代码	法人单位数(个)	1949年及以前	1950-1977年	1978-1991年
生态保护和环境治理业	77	656	4	21	46
生态保护	771	340	4	20	36
环境治理业	772	316		1	10
公共设施管理业	78	3685	7	37	136
市政设施管理	781	407		4	30
环境卫生管理	782	277	2	5	17
城乡市容管理	783	149		1	3
绿化管理	784	1892	2	12	35
公园和游览景区管理	785	960	3	15	51
居民服务、修理和其他服务业	**O**	**11903**	**5**	**93**	**230**
居民服务业	79	4279	3	80	104
家庭服务	791	628			4
托儿所服务	792	84			2
洗染服务	793	126			4
理发及美容服务	794	363			6
洗浴服务	795	283		5	9
保健服务	796	203		1	2
婚姻服务	797	509	1	1	4
殡葬服务	798	308		61	28
其他居民服务业	799	1775	2	12	45
机动车、电子产品和日用产品修理业	80	5121	1	9	105
汽车、摩托车修理与维护	801	3800	1	6	89
计算机和办公设备维修	802	496		2	5
家用电器修理	803	507			4
其他日用产品修理业	809	318		1	7
其他服务业	81	2503	1	4	21
清洁服务	811	1004			
其他未列明服务业	819	1499	1	4	21
教育	**P**	**24364**	**550**	**3076**	**4396**
教育	82	24364	550	3076	4396
学前教育	821	7348	13	229	946
初等教育	822	6647	423	1541	1854
中等教育	823	3712	73	1102	1027
高等教育	824	318	8	60	78
特殊教育	825	274	5	10	60
技能培训、教育辅助及其他教育	829	6065	28	134	431
卫生和社会工作	**Q**	**18574**	**177**	**2700**	**2896**
卫生	83	16350	168	2657	2415
医院	831	1824	103	271	238
社区医疗与卫生院	832	8047	36	1703	1297
门诊部(所)	833	5182	25	471	628
计划生育技术服务活动	834	446	2	15	157
妇幼保健院(所、站)	835	146		82	19
专科疾病防治院(所、站)	836	171	1	34	43
疾病预防控制中心	837	256		61	20
其他卫生活动	839	278	1	20	13
社会工作	84	2224	9	43	481
提供住宿社会工作	841	1975	9	34	447
不提供住宿社会工作	842	249		9	34

1992—1995年	1996年	1997年	1998年	1999年	2000年	2001年	2002年	代码
23	2	4	6	21	32	32	35	77
19	2	4	3	17	28	24	28	771
4			3	4	4	8	7	772
94	29	28	43	48	71	101	118	78
18	13	4	3	7	13	14	16	781
13	4	2	8	5	5	3	7	782
4	2	1	3	4		3	7	783
33	7	15	18	18	35	48	60	784
26	3	6	11	14	18	33	28	785
232	**80**	**95**	**157**	**175**	**255**	**290**	**281**	**O**
90	31	43	58	66	108	110	105	79
1	1		4	1	6	14	12	791
1	1		4	1	4	3	3	792
2		2	1	6	4	1	2	793
4	1	4	2	13	11	10	13	794
5	1	3	4	9	8	9	9	795
1		1	2	2	3	5	2	796
10	3	8	5	9	8	12	8	797
21	3	6	9	5	5	13	11	798
45	21	19	27	20	59	43	45	799
116	40	45	78	93	111	138	125	80
96	29	33	64	77	80	103	97	801
5	4	1	2	9	14	15	11	802
6	3	5	8	3	11	16	9	803
9	4	6	4	4	6	4	8	809
26	9	7	21	16	36	42	51	81
4	1	4	5	4	10	11	14	811
22	8	3	16	12	26	31	37	819
1240	**367**	**335**	**408**	**360**	**654**	**791**	**686**	**P**
1240	367	335	408	360	654	791	686	82
267	75	91	146	132	284	274	304	821
498	173	118	123	82	157	225	128	822
236	63	56	57	67	81	107	68	823
17	4	6	6	4	9	11	12	824
34	9	3	4	5		5	6	825
188	43	61	72	70	123	169	168	829
782	**270**	**180**	**390**	**334**	**605**	**623**	**535**	**Q**
689	247	163	356	303	552	542	479	83
76	10	10	32	26	47	36	55	831
314	125	74	146	127	248	256	187	832
224	93	66	160	138	230	202	201	833
28	6	4	2	6	14	29	14	834
9	3	2	2	1	2	3	2	835
4	3	1	4		3	2	8	836
14	1	3	4	2	3	10	3	837
20	6	3	6	3	5	4	9	839
93	23	17	34	31	53	81	56	84
81	20	16	33	30	48	73	53	841
12	3	1	1	1	5	8	3	842

1-10 续表 9

行业	代码	法人单位数（个）	1949年及以前	1950-1977年	1978-1991年
文化、体育和娱乐业	R	**11542**	**39**	**369**	**618**
新闻和出版业	85	354	5	11	65
新闻业	851	61	1	3	6
出版业	852	293	4	8	59
广播、电视、电影和影视录音制作业	86	861	4	60	132
广播	861	125		21	25
电视	862	125	1	16	23
电影和影视节目制作	863	225		4	7
电影和影视节目发行	864	37	1	4	5
电影放映	865	310	2	15	72
录音制作	866	39			
文化艺术业	87	2814	30	293	380
文艺创作与表演	871	603	3	53	32
艺术表演场馆	872	137	4	40	35
图书馆与档案馆	873	302	5	76	112
文物及非物质文化遗产保护	874	195	3	10	44
博物馆	875	210	1	12	39
烈士陵园、纪念馆	876	114	5	28	20
群众文化活动	877	492	8	66	58
其他文化艺术业	879	761	1	8	40
体育	88	771		5	26
体育组织	881	187		2	7
体育场馆	882	86		2	13
休闲健身活动	883	408		1	5
其他体育	889	90			1
娱乐业	89	6742			15
室内娱乐活动	891	6303			7
游乐园	892	76			1
彩票活动	893	30			2
文化、娱乐、体育经纪代理	894	109			
其他娱乐业	899	224			5
公共管理、社会保障和社会组织	S	**127793**	**4554**	**10888**	**62277**
中国共产党机关	90	1014	78	172	367
中国共产党机关	900	1014	78	172	367
国家机构	91	28702	579	2419	6605
国家权力机构	911	448	10	68	211
国家行政机构	912	27137	538	2165	6104
人民法院和人民检察院	913	430	18	128	132
其他国家机构	919	687	13	58	158
人民政协、民主党派	92	314	8	42	152
人民政协	921	204	7	29	113
民主党派	922	110	1	13	39
社会保障	93	516		9	66
社会保障	930	516		9	66
群众团体、社会团体和其他成员组织	94	16289	128	335	2109
群众团体	941	1718	74	183	372
社会团体	942	13754	15	118	1528
基金会	943	76			4
宗教组织	944	741	39	34	205
基层群众自治组织	95	80958	3761	7911	52978
社区自治组织	951	7452	240	323	1520
村民自治组织	952	73506	3521	7588	51458

1992—1995年	1996年	1997年	1998年	1999年	2000年	2001年	2002年	代码
227	**73**	**68**	**79**	**87**	**186**	**254**	**347**	R
22	7	6	6	9	10	13	11	85
8	2	1				2	2	851
14	5	5	6	9	10	11	9	852
32	6	7	7	6	9	23	26	86
6	1	2	2	2	6	2	10	861
8	5	1	3	2	2	5	5	862
8		2		2	1	11	5	863
3			2				1	864
7		1				5	4	865
		1					1	866
132	32	33	35	25	37	46	43	87
19	4	4	7	5	2	11	9	871
10		2	4	1	2	2	3	872
35	11	8	2	5	3	4	5	873
13	5	7	3	2	6	3	1	874
10	2	3	5	3	6	5	5	875
11		2	1	3	2	1		876
28	6	2	9	2	8	10	11	877
6	4	5	4	4	8	10	9	879
19	6	9	6	8	14	25	22	88
6		1	2	3	8	12	6	881
7	2	4		2	3	2	2	882
4	3	3	3	3	3	8	13	883
2	1	1	1			3	1	889
22	22	13	25	39	116	147	245	89
10	16	9	21	29	103	133	235	891
1	1	1	1	1	3	3	1	892
4	3	1	2		4	3		893
1			1	1		3	2	894
6	2	2		8	6	5	7	899
4698	**1208**	**985**	**1629**	**1022**	**2132**	**3787**	**2453**	S
74	13	9	11	4	16	53	47	90
74	13	9	11	4	16	53	47	900
2563	647	518	657	529	801	1510	1341	91
36	3	2	5	6	7	17	9	911
2405	609	503	620	510	759	1450	1293	912
42	4	1	16	2	10	8	11	913
80	31	12	16	11	25	35	28	919
25	5	7	3	2	12	10	8	92
14	2		2		6	4	4	921
11	3	7	1	2	6	6	4	922
77	7	8	13	5	13	22	37	93
77	7	8	13	5	13	22	37	930
863	195	120	266	200	356	444	413	94
150	26	14	30	54	32	76	36	941
597	148	99	214	129	304	346	366	942
3	1	1	2	1	2			943
113	20	6	20	16	18	22	11	944
1096	341	323	679	282	934	1748	607	95
259	135	74	209	91	250	473	414	951
837	206	249	470	191	684	1275	193	952

1-10 续表 10

行　　业	代码	2003年	2004年	2005年	2006年
总　　计		**27592**	**27920**	**31879**	**37664**
农、林、牧、渔业	A	**126**	**115**	**280**	**154**
农业	01				1
谷物种植	011				
豆类、油料和薯类种植	012				
棉、麻、糖、烟草种植	013				
蔬菜、食用菌及园艺作物种植	014				1
水果种植	015				
坚果、含油果、香料和饮料作物种植	016				
中药材种植	017				
其他农业	019				
林业	02				
林木育种和育苗	021				
造林和更新	022				
森林经营和管护	023				
木材和竹材采运	024				
林产品采集	025				
畜牧业	03			1	1
牲畜饲养	031				
家禽饲养	032				1
狩猎和捕捉动物	033				
其他畜牧业	039			1	
渔业	04		1	1	
水产养殖	041		1	1	
水产捕捞	042				
农、林、牧、渔服务业	05	126	114	278	152
农业服务业	051	79	59	86	88
林业服务业	052	5	5	6	6
畜牧服务业	053	27	24	32	36
渔业服务业	054	15	26	154	22
采矿业	B	**179**	**212**	**243**	**279**
煤炭开采和洗选业	06	31	52	38	53
烟煤和无烟煤开采洗选	061	29	48	36	50
褐煤开采洗选	062	1	2		2
其他煤炭采选	069	1	2	2	1
石油和天然气开采业	07	2	2	4	1
石油开采	071	2	2	4	1
天然气开采	072				
黑色金属矿采选业	08	27	38	33	47
铁矿采选	081	27	37	31	43
锰矿、铬矿采选	082			1	
其他黑色金属矿采选	089		1	1	4
有色金属矿采选业	09	14	10	14	19
常用有色金属矿采选	091	4	3	1	6
贵金属矿采选	092	10	7	12	12
稀有稀土金属矿采选	093			1	1
非金属矿采选业	10	102	102	149	145
土砂石开采	101	77	71	106	107
化学矿开采	102		1		1
采盐	103	4	11	23	15
石棉及其他非金属矿采选	109	21	19	20	22

2007年	2008年	2009年	2010年	2011年	2012年	2013年	代码
36355	**45320**	**61218**	**76153**	**82141**	**83652**	**95793**	
257	**892**	**1582**	**1784**	**1914**	**2045**	**3258**	A
1	1	2	1	1		1	01
			1				011
							012
							013
				1		1	014
	1						015
		1					016
		1					017
1							019
							02
							021
							022
							023
							024
							025
3	1	1					03
	1						031
3		1					032
							033
							039
							04
							041
							042
253	890	1579	1783	1913	2045	3257	05
144	552	1041	1173	1373	1450	2577	051
16	29	42	52	88	95	157	052
78	266	458	466	383	417	412	053
15	43	38	92	69	83	111	054
223	**309**	**322**	**338**	**262**	**216**	**147**	B
41	37	58	54	27	24	12	06
38	35	56	47	25	21	11	061
2	1	1	3	2			062
1	1	1	4		3	1	069
5	3	2	2	2	2	2	07
4	1	1	2	2		1	071
1	2	1			2	1	072
41	71	33	39	26	23	22	08
41	69	33	38	22	22	19	081
				1		1	082
	2		1	3	1	2	089
11	12	17	15	18	13	4	09
6	7	2	6	7	7	2	091
4	5	14	9	10	6	2	092
1		1		1			093
117	171	199	208	169	130	92	10
90	149	161	175	144	110	79	101
		2	1	1			102
4	5	9	8	9	6	1	103
23	17	27	24	15	14	12	109

1-10 续表 11

行　业	代码	2003年	2004年	2005年	2006年
开采辅助活动	11	3	3	4	9
煤炭开采和洗选辅助活动	111	1	2	1	1
石油和天然气开采辅助活动	112		1	2	5
其他开采辅助活动	119	2		1	3
其他采矿业	12		5	1	5
其他采矿业	120		5	1	5
制造业	**C**	**9823**	**9542**	**10734**	**12746**
农副食品加工业	13	711	814	788	883
谷物磨制	131	74	74	79	94
饲料加工	132	61	56	91	93
植物油加工	133	87	162	61	68
制糖业	134	2	2	1	3
屠宰及肉类加工	135	99	136	137	145
水产品加工	136	108	95	129	110
蔬菜、水果和坚果加工	137	195	224	220	285
其他农副食品加工	139	85	65	70	85
食品制造业	14	259	243	260	318
焙烤食品制造	141	48	43	48	51
糖果、巧克力及蜜饯制造	142	37	41	26	43
方便食品制造	143	27	25	26	39
乳制品制造	144	20	12	14	16
罐头食品制造	145	26	30	36	29
调味品、发酵制品制造	146	36	29	30	47
其他食品制造	149	65	63	80	93
酒、饮料和精制茶制造业	15	132	122	134	147
酒的制造	151	65	62	76	74
饮料制造	152	54	50	51	56
精制茶加工	153	13	10	7	17
烟草制品业	16	1	1	3	8
烟叶复烤	161	1	1		1
卷烟制造	162				1
其他烟草制品制造	169			3	6
纺织业	17	593	541	675	715
棉纺织及印染精加工	171	362	292	401	416
毛纺织及染整精加工	172	25	49	38	40
麻纺织及染整精加工	173	6	8	5	4
丝绢纺织及印染精加工	174	13	9	14	16
化纤织造及印染精加工	175	19	12	16	14
针织或钩针编织物及其制品制造	176	48	38	61	66
家用纺织制成品制造	177	66	87	82	85
非家用纺织制成品制造	178	54	46	58	74
纺织服装、服饰业	18	392	375	467	516
机织服装制造	181	252	246	292	339
针织或钩针编织服装制造	182	85	86	112	108
服饰制造	183	55	43	63	69
皮革、毛皮、羽毛及其制品和制鞋业	19	104	103	147	147
皮革鞣制加工	191	10	10	37	18
皮革制品制造	192	46	46	47	47
毛皮鞣制及制品加工	193	13	10	10	19
羽毛(绒)加工及制品制造	194	5	5	6	7
制鞋业	195	30	32	47	56

2007年	2008年	2009年	2010年	2011年	2012年	2013年	代码
4	8	9	7	10	18	10	11
1	5			2	1		111
	2	2	5	2	6	5	112
3	1	7	2	6	11	5	119
4	7	4	13	10	6	5	12
4	7	4	13	10	6	5	120
11385	**12101**	**14540**	**17251**	**16435**	**16114**	**15337**	**C**
804	876	895	971	951	1052	945	13
96	62	82	67	81	88	99	131
71	93	135	154	121	134	139	132
45	75	70	72	66	51	47	133
1	7	2	6	1	2	5	134
166	211	177	170	206	223	162	135
83	101	105	138	135	177	161	136
241	232	213	243	206	242	204	137
101	95	111	121	135	135	128	139
286	313	347	327	335	491	437	14
53	66	90	75	90	130	138	141
34	25	24	18	19	39	32	142
41	38	51	62	57	88	84	143
14	18	7	11	7	15	6	144
23	29	20	13	27	31	24	145
48	41	54	56	47	54	62	146
73	96	101	92	88	134	91	149
125	139	156	135	162	197	147	15
53	66	70	66	73	70	47	151
58	51	62	50	70	102	84	152
14	22	24	19	19	25	16	153
	13	2	3	13		1	16
		1		1			161
		1	1				162
	13		2	12		1	169
603	539	642	847	676	647	726	17
328	281	303	389	322	338	402	171
23	31	34	41	44	34	46	172
2	7	6	7	2	4	3	173
9	7	8	11	8	3	7	174
10	16	17	32	21	25	24	175
54	45	67	63	61	66	53	176
101	94	99	114	101	82	100	177
76	58	108	190	117	95	91	178
488	475	632	821	874	890	1052	18
326	288	385	549	576	551	662	181
89	99	128	133	130	130	156	182
73	88	119	139	168	209	234	183
115	125	173	255	194	190	248	19
12	15	12	10	15	14	14	191
42	43	55	78	72	77	89	192
13	14	19	21	26	21	42	193
10	2	5	15	10	10	15	194
38	51	82	131	71	68	88	195

1-10 续表 12

行　业	代码	2003年	2004年	2005年	2006年
木材加工和木、竹、藤、棕、草制品业	20	313	344	473	722
木材加工	201	70	80	203	300
人造板制造	202	162	201	192	282
木制品制造	203	60	48	66	123
竹、藤、棕、草等制品制造	204	21	15	12	17
家具制造业	21	171	145	177	239
木质家具制造	211	151	116	147	195
竹、藤家具制造	212	2			
金属家具制造	213	5	12	12	16
塑料家具制造	214	4	4	5	6
其他家具制造	219	9	13	13	22
造纸和纸制品业	22	208	203	227	245
纸浆制造	221	3	6	2	
造纸	222	64	66	81	84
纸制品制造	223	141	131	144	161
印刷和记录媒介复制业	23	296	319	354	402
印刷	231	272	286	330	374
装订及印刷相关服务	232	24	31	24	26
记录媒介复制	233		2		2
文教、工美、体育和娱乐用品制造业	24	356	366	402	513
文教办公用品制造	241	16	14	19	18
乐器制造	242	10	9	14	8
工艺美术品制造	243	238	267	282	389
体育用品制造	244	58	56	51	54
玩具制造	245	31	18	33	41
游艺器材及娱乐用品制造	246	3	2	3	3
石油加工及炼焦	25	46	49	53	58
化学原料和化学制品制造业	26	739	755	784	902
基础化学原料制造	261	135	148	147	199
肥料制造	262	90	109	115	118
农药制造	263	21	18	19	18
涂料、油墨、颜料及类似产品制造	264	93	105	93	92
合成材料制造	265	89	75	77	90
专用化学产品制造	266	272	263	298	333
炸药、火工及焰火产品制造	267	2	5	2	5
日用化学产品制造	268	37	32	33	47
医药制造业	27	97	102	104	114
化学药品原料药制造	271	19	27	22	28
化学药品制剂制造	272	16	12	11	12
中药饮片加工	273	4	7	9	8
中成药生产	274	12	11	8	6
兽用药品制造	275	11	14	16	14
生物药品制造	276	16	15	24	24
卫生材料及医药用品制造	277	19	16	14	22
化学纤维制造业	28	26	18	28	36
纤维素纤维原料及纤维制造	281	10	8	9	11
合成纤维制造	282	16	10	19	25
橡胶和塑料制品业	29	576	570	622	808
橡胶制品业	291	130	150	151	209
塑料制品业	292	446	420	471	599

2007年	2008年	2009年	2010年	2011年	2012年	2013年	代码
637	599	702	787	676	734	1130	20
279	236	236	264	269	260	580	201
262	242	318	327	242	272	382	202
89	109	129	171	148	178	150	203
7	12	19	25	17	24	18	204
194	203	257	320	312	320	321	21
162	154	206	248	240	259	283	211
2	2	2	2	3	6	3	212
15	18	22	33	35	14	14	213
3	6	6	5	6	14	2	214
12	23	21	32	28	27	19	219
253	260	298	366	301	342	262	22
2	1	3	4	2	3	1	221
74	89	90	119	105	119	87	222
177	170	205	243	194	220	174	223
293	291	401	493	393	372	301	23
266	263	371	452	368	359	286	231
26	26	28	41	24	13	14	232
1	2	2		1		1	233
416	414	553	608	588	657	540	24
19	21	32	22	29	25	22	241
6	5	9	13	20	18	11	242
290	296	400	435	399	465	383	243
60	61	68	82	82	90	82	244
38	29	34	52	52	49	38	245
3	2	10	4	6	10	4	246
59	56	68	77	71	82	75	25
749	795	965	916	894	859	694	26
133	133	144	136	169	127	107	261
91	119	166	154	158	165	122	262
17	27	23	21	28	25	11	263
100	83	125	116	77	103	86	264
73	93	95	121	102	83	73	265
289	293	350	308	299	292	248	266
8	4	4	3	7	4	1	267
38	43	58	57	54	60	46	268
95	95	118	128	116	127	128	27
24	13	26	29	28	23	16	271
10	11	12	14	15	14	6	272
5	5	6	5	7	13	11	273
5	7	7	13	8	13	11	274
15	14	15	20	12	16	12	275
21	31	30	23	31	31	39	276
15	14	22	24	15	17	33	277
25	19	33	40	43	35	37	28
5	4	5	19	19	10	11	281
20	15	28	21	24	25	26	282
723	704	892	996	934	863	778	29
157	195	207	238	203	228	197	291
566	509	685	758	731	635	581	292

1-10 续表 13

行业	代码	2003年	2004年	2005年	2006年
非金属矿物制品业	30	1131	805	954	1168
水泥、石灰和石膏制造	301	72	57	61	64
石膏、水泥制品及类似制品制造	302	152	124	197	252
砖瓦、石材等建筑材料制造	303	616	351	406	487
玻璃制造	304	9	8	14	22
玻璃制品制造	305	52	37	42	70
玻璃纤维和玻璃纤维增强塑料制品制造	306	48	66	53	60
陶瓷制品制造	307	47	39	38	55
耐火材料制品制造	308	64	61	65	76
石墨及其他非金属矿物制品制造	309	71	62	78	82
黑色金属冶炼和压延加工业	31	226	189	219	197
炼铁	311	10	4	6	2
炼钢	312	9	9	3	5
黑色金属铸造	313	108	89	121	112
钢压延加工	314	79	71	75	68
铁合金冶炼	315	20	16	14	10
有色金属冶炼和压延加工业	32	76	96	82	105
常用有色金属冶炼	321	15	14	15	15
贵金属冶炼	322	1	4	1	2
稀有稀土金属冶炼	323		3	3	4
有色金属合金制造	324	3	8	7	9
有色金属铸造	325	14	13	17	9
有色金属压延加工	326	43	54	39	66
金属制品业	33	690	620	709	892
结构性金属制品制造	331	272	232	271	330
金属工具制造	332	82	63	97	129
集装箱及金属包装容器制造	333	31	36	30	37
金属丝绳及其制品制造	334	21	17	8	26
建筑、安全用金属制品制造	335	68	59	68	72
金属表面处理及热处理加工	336	27	29	30	33
搪瓷制品制造	337	6	5	9	11
金属制日用品制造	338	43	40	46	51
其他金属制品制造	339	140	139	150	203
通用设备制造业	34	995	1046	1208	1451
锅炉及原动设备制造	341	65	70	74	77
金属加工机械制造	342	245	235	311	356
物料搬运设备制造	343	35	44	34	55
泵、阀门、压缩机及类似机械制造	344	131	125	128	141
轴承、齿轮和传动部件制造	345	91	112	128	164
烘炉、风机、衡器、包装等设备制造	346	77	92	95	103
文化、办公用机械制造	347	3	7	9	7
通用零部件制造	348	305	316	370	492
其他通用设备制造业	349	43	45	59	56
专用设备制造业	35	619	648	763	879
采矿、冶金、建筑专用设备制造	351	159	203	212	277
化工、木材、非金属加工专用设备制造	352	119	122	169	175
食品、饮料、烟草及饲料生产专用设备制造	353	20	27	29	26
印刷、制药、日化及日用品生产专用设备制造	354	39	34	38	49
纺织、服装和皮革加工专用设备制造	355	48	48	58	75
电子和电工机械专用设备制造	356	42	38	51	59
农、林、牧、渔专用机械制造	357	77	84	97	96
医疗仪器设备及器械制造	358	36	20	28	27
环保、社会公共服务及其他专用设备制造	359	79	72	81	95

2007年	2008年	2009年	2010年	2011年	2012年	2013年	代码
1009	1162	1335	1697	1745	1496	1535	30
64	64	88	111	94	89	75	301
189	222	270	434	442	402	299	302
438	502	565	707	749	639	786	303
15	13	16	24	26	15	19	304
64	68	82	86	88	86	74	305
62	75	86	95	97	67	77	306
49	50	51	57	65	32	38	307
58	65	68	80	56	67	70	308
70	103	109	103	128	99	97	309
210	254	265	278	256	205	152	31
7	7	10	7	12	5		311
4	3	8	9	6	7	5	312
104	113	110	114	88	74	57	313
88	111	125	138	133	113	85	314
7	20	12	10	17	6	5	315
104	118	110	141	123	106	115	32
18	10	10	22	24	20	15	321
4	6	2	2	2	3		322
2	3	2	2	1	3		323
10	13	13	17	16	16	13	324
17	16	20	11	17	18	20	325
53	70	63	87	63	46	67	326
824	865	1049	1310	1220	1148	1048	33
313	342	433	579	491	502	498	331
101	119	134	170	149	133	134	332
34	41	42	55	59	53	35	333
18	25	41	56	34	32	38	334
74	68	76	80	128	119	101	335
41	44	39	57	33	32	19	336
3	10	17	7	15	7	11	337
49	51	49	63	77	81	53	338
191	165	218	243	234	189	159	339
1329	1500	1787	2236	2244	2063	1717	34
59	84	118	121	115	101	86	341
334	409	444	549	558	495	430	342
58	56	71	111	99	90	110	343
130	152	168	188	175	150	125	344
123	134	178	237	261	299	222	345
85	115	141	143	155	181	132	346
7	8	9	19	15	13	8	347
466	456	552	735	697	584	503	348
67	86	106	133	169	150	101	349
776	875	1082	1406	1334	1241	1232	35
255	267	312	411	381	341	289	351
151	163	204	258	229	225	197	352
21	35	56	57	54	63	49	353
42	36	60	68	58	55	74	354
41	40	52	89	105	87	69	355
52	83	67	103	110	91	126	356
89	103	145	183	169	156	167	357
21	23	32	50	37	59	40	358
104	125	154	187	191	164	221	359

1-10 续表 14

行　业	代码	2003年	2004年	2005年	2006年
汽车制造业	36	255	257	279	301
汽车整车制造	361	9	3	8	6
改装汽车制造	362	6	13	13	8
低速载货汽车制造	363	1		2	
电车制造	364	2	4	2	3
汽车车身、挂车制造	365	8	21	10	11
汽车零部件及配件制造	366	229	216	244	273
铁路、船舶、航空航天和其他运输设备制造业	37	67	80	85	115
铁路运输设备制造	371	9	13	15	13
城市轨道交通设备制造	372				1
船舶及相关装置制造	373	22	25	34	49
航空、航天器及设备制造	374		3	1	1
摩托车制造	375	9	12	11	8
自行车制造	376	9	14	13	18
非公路休闲车及零配件制造	377	2	1	1	
潜水救捞及其他未列明运输设备制造	379	16	12	10	25
电气机械和器材制造业	38	361	359	351	393
电机制造	381	44	49	45	52
输配电及控制设备制造	382	153	156	126	148
电线、电缆、光缆及电工器材制造	383	60	58	50	68
电池制造	384	9	15	16	13
家用电力器具制造	385	29	19	35	34
非电力家用器具制造	386	8	20	35	22
照明器具制造	387	18	12	19	18
其他电气机械及器材制造	389	40	30	25	38
计算机、通信和其他电子设备制造业	39	142	139	152	166
计算机制造	391	8	12	9	10
通信设备制造	392	12	11	17	7
广播电视设备制造	393	6	3	6	9
雷达及配套设备制造	394	1	1	1	
视听设备制造	395	6	3	5	1
电子器件制造	396	20	18	15	22
电子元件制造	397	64	69	70	86
其他电子设备制造	399	25	22	29	31
仪器仪表制造业	40	97	85	61	106
通用仪器仪表制造	401	60	55	36	62
专用仪器仪表制造	402	20	15	16	26
钟表与计时仪器制造	403	5	4	3	3
光学仪器及眼镜制造	404	3	4	2	5
其他仪器仪表制造业	409	9	7	4	10
其他制造业	41	76	71	90	97
废弃资源综合利用业	42	30	28	34	37
金属废料和碎屑加工处理	421	19	17	22	18
非金属废料和碎屑加工处理	422	11	11	12	19
金属制品、机械和设备修理业	43	38	49	49	66
金属制品修理	431	5	2	1	7
通用设备修理	432	7	7	5	7
专用设备修理	433	6	10	8	9
铁路、船舶、航空航天等运输设备修理	434	10	14	15	22
电气设备修理	435	4	5	5	5
仪器仪表修理	436		1	1	2
其他机械和设备修理业	439	6	10	14	14

2007年	2008年	2009年	2010年	2011年	2012年	2013年	代码
319	343	430	566	462	481	417	36
9	3	9	6	10	8	14	361
9	21	5	12	13	24	6	362
	1	2	3	1	1	1	363
7	2	8	10	13	18	23	364
39	25	47	49	21	18	7	365
255	291	359	486	404	412	366	366
117	117	177	187	189	180	151	37
11	15	13	18	13	15	8	371
		1	1	2	2	1	372
51	48	91	84	80	80	56	373
1	1	3	5	4	1	4	374
12	4	12	7	5	9	8	375
15	21	21	22	22	36	38	376
		5	3	4	3	4	377
27	28	31	47	59	34	32	379
402	456	578	619	616	553	526	38
42	56	69	89	63	56	48	381
130	166	210	218	198	192	172	382
69	56	83	89	93	76	90	383
15	18	24	21	25	26	15	384
42	39	40	46	51	38	57	385
37	52	70	55	57	49	51	386
32	38	48	49	37	53	44	387
35	31	34	52	92	63	49	389
171	179	191	296	235	247	213	39
7	11	12	20	15	15	17	391
16	14	16	24	24	20	11	392
8	8	8	8	17	17	5	393
			1		2		394
8	8	5	8	4	9	3	395
28	31	33	42	42	32	33	396
75	79	73	113	77	84	100	397
29	28	44	80	56	68	44	399
86	108	139	133	148	125	111	40
53	61	87	75	87	66	66	401
20	32	29	36	35	36	26	402
1	4	2	4	7	5	2	403
1	2	3	1	2	2	3	404
11	9	18	17	17	16	14	409
94	93	133	139	124	173	129	41
30	60	49	36	68	56	41	42
20	34	32	21	40	16	15	421
10	26	17	15	28	40	26	422
49	55	81	117	138	182	128	43
2	1	3	9	3	16	5	431
10	9	13	8	11	14	22	432
8	6	8	14	17	10	13	433
12	21	29	52	50	93	52	434
3		5	10	13	14	5	435
		1		2	1		436
14	18	22	24	42	34	31	439

1-10 续表 15

行业	代码	2003年	2004年	2005年	2006年
电力、热力、燃气及水生产和供应业	D	**118**	**102**	**126**	**133**
电力、热力生产和供应业	44	56	49	52	57
电力生产	441	33	21	19	24
电力供应	442	1	9	5	4
热力生产和供应	443	22	19	28	29
燃气生产和供应业	45	18	30	22	23
燃气生产和供应业	450	18	30	22	23
水的生产和供应业	46	44	23	52	53
自来水生产和供应	461	28	12	29	22
污水处理及其再生利用	462	15	9	21	29
其他水的处理、利用与分配	469	1	2	2	2
建筑业	E	**1167**	**1108**	**1241**	**1461**
房屋建筑业	47	290	281	322	379
房屋建筑业	470	290	281	322	379
土木工程建筑业	48	229	221	216	235
铁路、道路、隧道和桥梁工程建筑	481	94	95	90	88
水利和内河港口工程建筑	482	19	16	15	19
海洋工程建筑	483	1	3	1	1
工矿工程建筑	484	19	15	15	14
架线和管道工程建筑	485	31	29	21	38
其他土木工程建筑	489	65	63	74	75
建筑安装业	49	242	238	265	339
电气安装	491	56	50	41	68
管道和设备安装	492	76	66	76	93
其他建筑安装业	499	110	122	148	178
建筑装饰和其他建筑业	50	406	368	438	508
建筑装饰业	501	288	261	281	327
工程准备活动	502	35	34	49	62
提供施工设备服务	503	14	8	23	22
其他未列明建筑业	509	69	65	85	97
批发和零售业	F	**7386**	**7210**	**8499**	**10716**
批发业	51	4811	4787	5658	7218
农、林、牧产品批发	511	249	267	318	400
食品、饮料及烟草制品批发	512	427	439	544	747
纺织、服装及家庭用品批发	513	510	444	565	701
文化、体育用品及器材批发	514	137	160	184	233
医药及医疗器材批发	515	137	139	235	232
矿产品、建材及化工产品批发	516	1712	1610	1916	2374
机械设备、五金产品及电子产品批发	517	1136	1209	1284	1734
贸易经纪与代理	518	119	136	180	241
其他批发业	519	384	383	432	556
零售业	52	2575	2423	2841	3498
综合零售	521	271	206	286	362
食品、饮料及烟草制品专门零售	522	200	191	263	330
纺织、服装及日用品专门零售	523	214	190	248	337
文化、体育用品及器材专门零售	524	120	142	170	188
医药及医疗器材专门零售	525	311	252	341	348
汽车、摩托车、燃料及零配件专门零售	526	537	473	536	583
家用电器及电子产品专门零售	527	300	359	349	492
五金、家具及室内装饰材料专门零售	528	359	350	393	535
货摊、无店铺及其他零售业	529	263	260	255	323

2007年	2008年	2009年	2010年	2011年	2012年	2013年	代码
122	**141**	**168**	**216**	**191**	**216**	**211**	D
49	56	68	96	92	101	98	44
24	21	38	51	52	56	56	441
3	3	6	8	4	12	4	442
22	32	24	37	36	33	38	443
22	32	38	43	44	46	49	45
22	32	38	43	44	46	49	450
51	53	62	77	55	69	64	46
22	26	33	31	27	22	21	461
27	25	26	44	27	40	38	462
2	2	3	2	1	7	5	469
1312	**1552**	**2188**	**2772**	**3251**	**3299**	**3689**	E
315	329	388	463	511	468	637	47
315	329	388	463	511	468	637	470
208	271	350	484	556	667	656	48
72	102	149	181	173	229	217	481
20	21	26	35	41	48	41	482
1	1	5	3	7	6	6	483
13	24	13	12	21	14	15	484
21	30	34	66	59	84	78	485
81	93	123	187	255	286	299	489
315	355	506	613	766	705	766	49
56	69	92	102	127	122	115	491
104	111	155	166	200	179	217	492
155	175	259	345	439	404	434	499
474	597	944	1212	1418	1459	1630	50
341	415	664	862	1015	1082	1255	501
36	51	70	87	94	90	111	502
17	30	41	49	49	51	64	503
80	101	169	214	260	236	200	509
10853	**13970**	**20642**	**26373**	**31141**	**31771**	**39639**	F
7419	9602	14159	18035	21158	21401	25317	51
480	825	1449	1580	1668	1940	2977	511
852	1627	2256	2732	3397	3638	4925	512
687	861	1266	1756	2244	2198	2582	513
222	287	435	534	768	797	917	514
201	202	319	455	515	629	677	515
2481	2851	4183	5582	6045	5479	6457	516
1706	1983	2927	3701	4473	4782	4884	517
193	297	364	482	553	565	515	518
597	669	960	1213	1495	1373	1383	519
3434	4368	6483	8338	9983	10370	14322	52
276	399	629	795	1041	964	2220	521
349	564	728	948	1131	1439	1755	522
305	381	561	763	1084	1024	1880	523
177	246	348	475	673	708	817	524
326	554	795	990	952	1021	1088	525
603	575	980	1223	1303	1397	1487	526
490	575	902	1085	1278	1241	1549	527
565	655	899	1298	1592	1589	2308	528
343	419	641	761	929	987	1218	529

1-10 续表 16

行业	代码	2003年	2004年	2005年	2006年
交通运输、仓储和邮政业	G	**646**	**860**	**968**	**1105**
道路运输业	54	246	357	375	458
城市公共交通运输	541	23	31	21	26
公路旅客运输	542	9	8	6	17
道路货物运输	543	196	302	325	389
道路运输辅助活动	544	18	16	23	26
水上运输业	55	50	57	53	48
水上旅客运输	551	3	6	3	6
水上货物运输	552	29	39	29	25
水上运输辅助活动	553	18	12	21	17
航空运输业	56	4	3	7	7
航空客货运输	561	2	1	5	2
通用航空服务	562		2	1	2
航空运输辅助活动	563	2		1	3
管道运输业	57	2	2	2	1
管道运输业	570	2	2	2	1
装卸搬运和运输代理业	58	189	314	359	375
装卸搬运	581	19	27	32	34
运输代理业	582	170	287	327	341
仓储业	59	146	115	158	198
谷物、棉花等农产品仓储	591	52	47	56	89
其他仓储业	599	94	68	102	109
邮政业	60	9	12	14	18
邮政基本服务	601			3	1
快递服务	602	9	12	11	17
住宿和餐饮业	H	**390**	**358**	**502**	**617**
住宿业	61	112	111	159	201
旅游饭店	611	41	48	66	77
一般旅馆	612	67	59	77	107
其他住宿业	619	4	4	16	17
餐饮业	62	278	247	343	416
正餐服务	621	222	205	292	355
快餐服务	622	36	29	34	37
饮料及冷饮服务	623	2	5	5	4
其他餐饮业	629	18	8	12	20
信息传输、软件和信息技术服务业	I	**335**	**375**	**330**	**490**
电信、广播电视和卫星传输服务	63	39	24	18	21
电信	631	34	20	13	17
广播电视传输服务	632	4	3	5	3
卫星传输服务	633	1	1		1
互联网和相关服务	64	67	81	64	104
互联网接入及相关服务	641	8	12	4	12
互联网信息服务	642	46	56	52	75
其他互联网服务	649	13	13	8	17
软件和信息技术服务业	65	229	270	248	365
软件开发	651	128	160	144	212
信息系统集成服务	652	29	25	38	42
信息技术咨询服务	653	29	47	34	57
数据处理和存储服务	654	6	8	3	9
集成电路设计	655	7	1	3	7
其他信息技术服务业	659	30	29	26	38

2007年	2008年	2009年	2010年	2011年	2012年	2013年	代码
1171	**1496**	**1918**	**2390**	**2626**	**2585**	**3077**	G
529	770	995	1209	1476	1509	1735	54
24	19	25	28	35	27	20	541
7	18	16	22	15	15	18	542
465	706	923	1116	1387	1403	1628	543
33	27	31	43	39	64	69	544
52	63	65	66	73	61	54	55
6	3	5	11	6	7	3	551
27	41	36	29	27	33	22	552
19	19	24	26	40	21	29	553
4	4	4	11	9	8	12	56
2	3	2	5	5	2	5	561
1		1	5	1	2	3	562
1	1	1	1	3	4	4	563
2	4	6	5	4	4	4	57
2	4	6	5	4	4	4	570
372	398	487	585	665	646	806	58
50	49	63	82	108	73	148	581
322	349	424	503	557	573	658	582
186	214	240	375	319	283	372	59
68	98	102	164	141	93	120	591
118	116	138	211	178	190	252	599
26	43	121	139	80	74	94	60
	3	1	4	3		2	601
26	40	120	135	77	74	92	602
634	**748**	**885**	**1124**	**1267**	**1572**	**2072**	H
192	230	258	352	419	435	379	61
77	96	97	108	120	113	107	611
105	118	142	209	265	287	229	612
10	16	19	35	34	35	43	619
442	518	627	772	848	1137	1693	62
374	435	530	640	659	881	1284	621
39	47	58	81	115	162	230	622
8	10	7	9	15	15	26	623
21	26	32	42	59	79	153	629
504	**577**	**825**	**1020**	**1314**	**1485**	**1895**	I
30	46	41	40	43	67	54	63
26	36	32	31	30	41	37	631
4	10	9	9	12	26	15	632
				1		2	633
104	94	105	165	192	220	277	64
12	17	14	23	25	32	35	641
79	64	74	115	136	150	184	642
13	13	17	27	31	38	58	649
370	437	679	815	1079	1198	1564	65
218	238	381	453	597	693	825	651
32	51	52	70	103	125	145	652
51	82	136	169	212	222	366	653
11	14	14	10	24	22	42	654
4	6	10	13	18	11	17	655
54	46	86	100	125	125	169	659

1-10 续表 17

行业	代码	2003年	2004年	2005年	2006年
房地产业	K	**953**	**923**	**1076**	**1172**
房地产业	70	953	923	1076	1172
房地产开发经营	701	468	414	533	580
物业管理	702	312	315	367	377
房地产中介服务	703	111	141	127	166
自有房地产经营活动	704	36	29	24	18
其他房地产业	709	26	24	25	31
租赁和商务服务业	L	**1348**	**1448**	**1622**	**2075**
租赁业	71	66	79	108	129
机械设备租赁	711	62	76	103	121
文化及日用品出租	712	4	3	5	8
商务服务业	72	1282	1369	1514	1946
企业管理服务	721	161	118	165	199
法律服务	722	76	128	63	74
咨询与调查	723	257	304	375	523
广告业	724	281	284	289	390
知识产权服务	725	23	15	17	16
人力资源服务	726	97	89	124	204
旅行社及相关服务	727	115	158	142	159
安全保护服务	728	14	20	19	18
其他商务服务业	729	258	253	320	363
科学研究和技术服务业	M	**653**	**681**	**865**	**1108**
研究和试验发展	73	61	59	64	69
自然科学研究和试验发展	731	6	6	9	6
工程和技术研究和试验发展	732	23	23	18	24
农业科学研究和试验发展	733	15	13	19	17
医学研究和试验发展	734	13	15	15	19
社会人文科学研究	735	4	2	3	3
专业技术服务业	74	370	387	437	476
气象服务	741	10	13	2	11
地震服务	742	4	3	1	1
海洋服务	743	1	1	5	2
测绘服务	744	30	29	19	17
质检技术服务	745	31	33	54	54
环境与生态监测	746	7	2	8	8
地质勘查	747	11	11	18	13
工程技术	748	182	182	210	206
其他专业技术服务业	749	94	113	120	164
科技推广和应用服务业	75	222	235	364	563
技术推广服务	751	186	211	331	499
科技中介服务	752	14	13	10	22
其他科技推广和应用服务业	759	22	11	23	42
水利、环境和公共设施管理业	N	**187**	**186**	**185**	**238**
水利管理业	76	19	24	21	17
防洪除涝设施管理	761	10	7	6	4
水资源管理	762	3	2	2	6
天然水收集与分配	763	2	4	3	1
水文服务	764	2	5	2	1
其他水利管理业	769	2	6	8	5

2007年	2008年	2009年	2010年	2011年	2012年	2013年	代码
1289	**1313**	**1791**	**2601**	**2314**	**2139**	**2346**	K
1289	1313	1791	2601	2314	2139	2346	70
636	550	828	1198	902	631	642	701
418	494	585	817	822	827	919	702
180	188	290	427	461	558	645	703
16	33	29	40	41	35	44	704
39	48	59	119	88	88	96	709
2077	**2782**	**3994**	**5711**	**6563**	**6991**	**8923**	L
118	145	335	485	512	487	656	71
109	142	327	468	484	470	628	711
9	3	8	17	28	17	28	712
1959	2637	3659	5226	6051	6504	8267	72
308	454	559	1237	1131	1025	1224	721
80	81	205	151	154	128	105	722
487	725	915	1173	1674	1965	3110	723
380	501	730	950	1164	1336	1600	724
18	12	28	37	48	65	45	725
158	232	286	308	390	489	502	726
151	125	178	253	261	245	274	727
17	22	27	24	50	47	49	728
360	485	731	1093	1179	1204	1358	729
1286	**2999**	**4483**	**5428**	**5076**	**6211**	**7490**	M
62	119	153	212	251	340	353	73
10	14	14	24	29	34	32	731
20	47	60	89	108	151	181	732
16	27	38	47	55	67	66	733
12	23	29	36	51	70	64	734
4	8	12	16	8	18	10	735
488	491	717	841	988	1060	1139	74
4	7	5	11	9	7	4	741
3	3	2	2	4	1	4	742
1	1	1	4	8	15	10	743
21	8	21	38	29	28	23	744
55	50	71	83	77	73	81	745
6	11	30	27	28	33	20	746
11	15	23	18	37	25	16	747
203	197	251	295	391	370	438	748
184	199	313	363	405	508	543	749
736	2389	3613	4375	3837	4811	5998	75
664	2207	3360	4081	3568	4477	5519	751
37	106	99	129	114	117	83	752
35	76	154	165	155	217	396	759
240	**269**	**348**	**414**	**495**	**540**	**616**	N
25	28	35	24	43	37	42	76
7	4	8	6	9	10	5	761
4	7	11	8	9	9	13	762
	3	4	2	5	1	2	763
1	4	1	5	6	6	8	764
13	10	11	3	14	11	14	769

1-10 续表 18

行业	代码	2003年	2004年	2005年	2006年
生态保护和环境治理业	77	28	18	23	46
生态保护	771	14	2	4	27
环境治理业	772	14	16	19	19
公共设施管理业	78	140	144	141	175
市政设施管理	781	13	13	8	16
环境卫生管理	782	10	8	14	8
城乡市容管理	783	8	4	8	6
绿化管理	784	74	86	77	98
公园和游览景区管理	785	35	33	34	47
居民服务、修理和其他服务业	**O**	**394**	**371**	**418**	**557**
居民服务业	79	140	134	162	200
家庭服务	791	14	16	20	19
托儿所服务	792	7	6	6	4
洗染服务	793	5	7	7	6
理发及美容服务	794	10	16	13	18
洗浴服务	795	17	13	10	20
保健服务	796	8	6	11	12
婚姻服务	797	13	12	12	18
殡葬服务	798	11	12	11	8
其他居民服务业	799	55	46	72	95
机动车、电子产品和日用产品修理业	80	188	176	180	248
汽车、摩托车修理与维护	801	141	125	129	184
计算机和办公设备维修	802	17	25	19	25
家用电器修理	803	21	13	20	28
其他日用产品修理业	809	9	13	12	11
其他服务业	81	66	61	76	109
清洁服务	811	25	23	37	42
其他未列明服务业	819	41	38	39	67
教育	**P**	**765**	**728**	**865**	**1021**
教育	82	765	728	865	1021
学前教育	821	325	295	353	417
初等教育	822	115	119	127	123
中等教育	823	87	55	67	58
高等教育	824	11	15	16	11
特殊教育	825	14	5	9	8
技能培训、教育辅助及其他教育	829	213	239	293	404
卫生和社会工作	**Q**	**579**	**496**	**690**	**634**
卫生	83	517	444	602	528
医院	831	72	77	94	72
社区医疗与卫生院	832	210	210	269	210
门诊部(所)	833	214	121	196	183
计划生育技术服务活动	834	5	5	9	12
妇幼保健院(所、站)	835	1	1	2	2
专科疾病防治院(所、站)	836	6	4	2	7
疾病预防控制中心	837	5	15	16	19
其他卫生活动	839	4	11	14	23
社会工作	84	62	52	88	106
提供住宿社会工作	841	53	47	76	86
不提供住宿社会工作	842	9	5	12	20

2007年	2008年	2009年	2010年	2011年	2012年	2013年	代码
48	40	37	33	55	43	59	77
28	19	12	9	17	8	15	771
20	21	25	24	38	35	44	772
167	201	276	357	397	460	515	78
19	17	30	33	36	45	55	781
12	16	21	29	26	30	32	782
7	4	13	29	12	21	9	783
80	104	128	182	228	261	291	784
49	60	84	84	95	103	128	785
521	**675**	**934**	**1203**	**1467**	**1588**	**1882**	O
186	241	303	371	508	489	747	79
18	39	46	73	92	97	151	791
5	5	11	12	5	2	2	792
9	8	5	12	13	16	16	793
13	16	22	27	52	45	67	794
14	20	26	19	30	27	25	795
11	7	14	24	25	34	32	796
17	19	39	43	69	79	119	797
11	17	13	10	23	11	19	798
88	110	127	151	199	178	316	799
215	300	412	521	596	681	743	80
158	215	311	381	429	518	534	801
24	32	48	51	59	59	69	802
16	28	37	59	74	61	85	803
17	25	16	30	34	43	55	809
120	134	219	311	363	418	392	81
56	53	97	113	154	164	187	811
64	81	122	198	209	254	205	819
770	**1066**	**1160**	**1282**	**1269**	**1446**	**1129**	P
770	1066	1160	1282	1269	1446	1129	82
329	455	493	563	485	523	349	821
108	163	138	134	103	124	71	822
50	88	72	83	74	79	62	823
7	4	8	11	9	6	5	824
7	8	6	17	23	19	17	825
269	348	443	474	575	695	625	829
628	**973**	**1056**	**1182**	**1075**	**1012**	**757**	Q
524	834	933	1067	949	862	519	83
54	64	80	98	109	100	100	831
241	423	431	498	424	427	191	832
167	298	385	404	353	250	173	833
9	9	9	22	27	46	16	834
4	3	2	1		3	2	835
5	7	5	9	5	8	10	836
30	13	7	9	7	10	4	837
14	17	14	26	24	18	23	839
104	139	123	115	126	150	238	84
86	125	112	104	109	131	202	841
18	14	11	11	17	19	36	842

1-10 续表 19

行业	代码	2003年	2004年	2005年	2006年
文化、体育和娱乐业	R	**608**	**457**	**621**	**744**
新闻和出版业	85	14	15	13	12
新闻业	851	3	6	2	2
出版业	852	11	9	11	10
广播、电视、电影和影视录音制作业	86	12	12	21	19
广播	861	3	2		3
电视	862	1	1	4	2
电影和影视节目制作	863	3	5	9	5
电影和影视节目发行	864	1		2	2
电影放映	865	4	2	5	6
录音制作	866		2	1	1
文化艺术业	87	49	70	64	86
文艺创作与表演	871	15	10	14	23
艺术表演场馆	872	1	1	1	5
图书馆与档案馆	873	3	3	3	4
文物及非物质文化遗产保护	874	4	8	4	5
博物馆	875	4	7	6	9
烈士陵园、纪念馆	876	1	5	3	1
群众文化活动	877	6	8	9	17
其他文化艺术业	879	15	28	24	22
体育	88	30	27	30	40
体育组织	881	11	7	9	9
体育场馆	882	2		4	4
休闲健身活动	883	16	18	12	23
其他体育	889	1	2	5	4
娱乐业	89	503	333	493	587
室内娱乐活动	891	492	319	472	575
游乐园	892		2	6	1
彩票活动	893	1			
文化、娱乐、体育经纪代理	894		3	1	2
其他娱乐业	899	10	9	14	9
公共管理、社会保障和社会组织	S	**1935**	**2748**	**2614**	**2414**
中国共产党机关	90	13	12	13	15
中国共产党机关	900	13	12	13	15
国家机构	91	854	796	948	811
国家权力机构	911	6	8	2	11
国家行政机构	912	829	772	920	777
人民法院和人民检察院	913	4	4	7	7
其他国家机构	919	15	12	19	16
人民政协、民主党派	92	3	7	4	4
人民政协	921	2	3	3	4
民主党派	922	1	4	1	
社会保障	93	26	23	23	19
社会保障	930	26	23	23	19
群众团体、社会团体和其他成员组织	94	520	546	800	874
群众团体	941	39	35	52	46
社会团体	942	464	489	724	787
基金会	943	2	3	3	4
宗教组织	944	15	19	21	37
基层群众自治组织	95	519	1364	826	691
社区自治组织	951	270	653	279	268
村民自治组织	952	249	711	547	423

2007年	2008年	2009年	2010年	2011年	2012年	2013年	代码
773	**669**	**855**	**1119**	**1077**	**1179**	**1093**	R
8	18	19	16	24	22	28	85
		5	3	7	2	6	851
8	18	14	13	17	20	22	852
24	36	48	97	85	104	91	86
3	2	3	16	4	9	3	861
2	2	8	17	6	5	6	862
10	11	18	23	28	32	41	863
1	3	1	3	1	4	3	864
7	15	12	35	38	48	32	865
1	3	6	3	8	6	6	866
70	92	134	222	201	385	355	87
19	25	38	56	52	119	83	871
3		4	4	3	9	3	872
3	1	2	3	6	5	3	873
4	8	3	13	5	23	21	874
7	5	13	12	19	25	12	875
3	3	11		2	7	5	876
12	16	10	56	19	70	61	877
19	34	53	78	95	127	167	879
51	53	63	69	86	104	78	88
13	14	9	10	20	24	14	881
3	4	7	6	10	6	3	882
32	29	37	44	45	59	47	883
3	6	10	9	11	15	14	889
620	470	591	715	681	564	541	89
603	440	552	664	631	513	479	891
1	8	7	11	7	4	16	892
1	4	2	1		1	1	893
3	8	7	17	17	21	22	894
12	10	23	22	26	25	23	899
2310	**2788**	**3527**	**3945**	**4404**	**3243**	**2232**	S
9	7	12	49	9	17	14	90
9	7	12	49	9	17	14	900
937	869	750	1568	1145	1172	683	91
3	8	4	14	7	4	7	911
908	845	728	1518	1107	1128	649	912
3	3	2	4	7	12	5	913
23	13	16	32	24	28	22	919
4	3	1	3	5		6	92
4	1	1	2			3	921
	2		1	5		3	922
19	21	17	27	32	34	18	93
19	21	17	27	32	34	18	930
705	1037	1043	1262	1402	1465	1206	94
34	90	74	73	83	82	63	941
644	911	950	1162	1287	1358	1114	942
8	4	3	7	4	12	12	943
19	32	16	20	28	13	17	944
636	851	1704	1036	1811	555	305	95
209	332	628	252	264	153	156	951
427	519	1076	784	1547	402	149	952

1-11 按行业(中类)、开业(成立)

行业	代码	从业人员数(人)	1949年及以前	1950-1977年	1978-1991年
总　计		**28466234**	**394362**	**2246298**	**2773700**
农、林、牧、渔业	A	**233204**	**138**	**1668**	**1493**
农业	01	2261		241	
谷物种植	011	279		241	
豆类、油料和薯类种植	012	549			
棉、麻、糖、烟草种植	013	1009			
蔬菜、食用菌及园艺作物种植	014	251			
水果种植	015	5			
坚果、含油果、香料和饮料作物种植	016	27			
中药材种植	017	120			
其他农业	019	21			
林业	02	641		151	
林木育种和育苗	021				
造林和更新	022	151		151	
森林经营和管护	023	490			
木材和竹材采运	024				
林产品采集	025				
畜牧业	03	3007			
牲畜饲养	031	44			
家禽饲养	032	2921			
狩猎和捕捉动物	033				
其他畜牧业	039	42			
渔业	04	553		431	11
水产养殖	041	55			11
水产捕捞	042	498		431	
农、林、牧、渔服务业	05	226742	138	845	1482
农业服务业	051	159425	126	382	1098
林业服务业	052	11105	12	358	225
畜牧服务业	053	41047		77	114
渔业服务业	054	15165		28	45
采矿业	B	**961649**	**3191**	**280811**	**58112**
煤炭开采和洗选业	06	603118		262348	33461
烟煤和无烟煤开采洗选	061	583709		262348	15744
褐煤开采洗选	062	18548			17717
其他煤炭采选	069	861			
石油和天然气开采业	07	116639			557
石油开采	071	115888			557
天然气开采	072	751			
黑色金属矿采选业	08	52352	3191	7768	4708
铁矿采选	081	51919	3191	7768	4708
锰矿、铬矿采选	082	50			
其他黑色金属矿采选	089	383			
有色金属矿采选业	09	60678		9219	11935
常用有色金属矿采选	091	2879			43
贵金属矿采选	092	57385		9219	11892
稀有稀土金属矿采选	093	414			
非金属矿采选业	10	93011		1476	6902
土砂石开采	101	62708		43	3917
化学矿开采	102	188			
采盐	103	20141		1433	2294
石棉及其他非金属矿采选	109	9974			691

时间分组的法人单位从业人员数

1992—1995年	1996年	1997年	1998年	1999年	2000年	2001年	2002年	代码
1832872	**409738**	**436372**	**980726**	**676092**	**1000247**	**1189654**	**1166290**	
5077	**49**	**2887**	**443**	**264**	**1530**	**1720**	**1728**	A
1558			41					01
								011
549								012
1009								013
			41					014
								015
								016
								017
								019
		490						02
								021
								022
		490						023
								024
								025
		2089						03
								031
		2089						032
								033
								039
						67		04
								041
						67		042
3519	49	308	402	264	1530	1653	1728	05
1289	16	150	203	181	949	1044	968	051
60	16		22	42	52	204	47	052
66	17	126	119	28	397	372	498	053
2104		32	58	13	132	33	215	054
64470	**7080**	**17436**	**93212**	**21539**	**16166**	**14228**	**23719**	B
38275	1539	15398	89686	14045	6577	7763	16661	06
38136	1180	15398	89686	14045	6577	7754	16660	061
139	335						1	062
	24					9		069
2303		854		169	801	274	363	07
2303		854		169	801	274	173	071
							190	072
1275	3250	18	125	614	1670	1781	1019	08
1275	3250	18	105	614	1670	1769	1019	081
			20					082
						12		089
18061	468	203	520	2016	3345	219	395	09
35		105			15	32	43	091
18026	468	98	520	2016	3330	165	38	092
						22	314	093
4486	1814	963	2842	4633	3723	4140	5121	10
3152	589	884	1538	1736	2551	3219	3676	101
						18		102
979	1094	29	1022	2595	665	107	839	103
355	131	50	282	302	507	796	606	109

1-11 续表 1

行业	代码	从业人员数(人)	1949年及以前	1950—1977年	1978—1991年
开采辅助活动	11	34196			549
煤炭开采和洗选辅助活动	111	408			
石油和天然气开采辅助活动	112	32544			549
其他开采辅助活动	119	1244			
其他采矿业	12	1655			
其他采矿业	120	1655			
制造业	**C**	**11853450**	**44335**	**430390**	**581838**
农副食品加工业	13	1095272	178	13051	65152
谷物磨制	131	59900	174	1697	2319
饲料加工	132	97407			5156
植物油加工	133	75502		2342	1738
制糖业	134	3417			
屠宰及肉类加工	135	326664	4	1534	18985
水产品加工	136	230588		6872	24554
蔬菜、水果和坚果加工	137	193959		158	5854
其他农副食品加工	139	107835		448	6546
食品制造业	14	302261	414	3174	13762
焙烤食品制造	141	46212		1141	1202
糖果、巧克力及蜜饯制造	142	22762			126
方便食品制造	143	32576		235	292
乳制品制造	144	28637			902
罐头食品制造	145	34450			133
调味品、发酵制品制造	146	46235	414	845	6987
其他食品制造	149	91389		953	4120
酒、饮料和精制茶制造业	15	160253	6903	5344	5969
酒的制造	151	110658	6903	5338	5259
饮料制造	152	43398			652
精制茶加工	153	6197		6	58
烟草制品业	16	15576	1728	616	
烟叶复烤	161	3022			
卷烟制造	162	11459	1728	616	
其他烟草制品制造	169	1095			
纺织业	17	1005425		17032	72840
棉纺织及印染精加工	171	710867		12277	44804
毛纺织及染整精加工	172	70278			1429
麻纺织及染整精加工	173	4493			49
丝绢纺织及印染精加工	174	11063		1072	738
化纤织造及印染精加工	175	17622		1790	2012
针织或钩针编织物及其制品制造	176	47531		1820	643
家用纺织制成品制造	177	92806		17	22870
非家用纺织制成品制造	178	50765		56	295
纺织服装、服饰业	18	619963	342	24252	12608
机织服装制造	181	406210	342	2911	5038
针织或钩针编织服装制造	182	154535		21321	6944
服饰制造	183	59218		20	626
皮革、毛皮、羽毛及其制品和制鞋业	19	187574	192	4624	3664
皮革鞣制加工	191	18615		1039	971
皮革制品制造	192	60334		3043	483
毛皮鞣制及制品加工	193	12600			313
羽毛(绒)加工及制品制造	194	5872			246
制鞋业	195	90153	192	542	1651

1992—1995年	1996年	1997年	1998年	1999年	2000年	2001年	2002年	代码
55	9			46	44	4	130	11
				46			72	111
55	9				6			112
					38	4	58	119
15			39	16	6	47	30	12
15			39	16	6	47	30	120
778178	**195949**	**234812**	**521060**	**327327**	**483517**	**612291**	**630538**	**C**
112992	21627	17831	36860	45175	51766	65682	60451	13
4596	372	698	3208	1510	2484	3580	3237	131
752	714	896	2075	1843	8387	3241	4597	132
4278	39	762	3478	1014	2152	13056	5039	133
140	13		95	42	42	42	26	134
42254	937	3365	16372	6748	11084	15262	20601	135
39981	4067	5264	6818	14847	13747	12485	11816	136
11050	3235	5270	3558	8437	9554	11515	11184	137
9941	12250	1576	1256	10734	4316	6501	3951	139
12961	4139	8876	10844	13143	15556	17379	17070	14
1572	1567	211	977	647	1495	4166	1838	141
997	274	1287	1764	531	1674	1103	2285	142
345	527	1587	2042	945	1701	1344	1128	143
817		3232	130	1493	545	1823	3617	144
889	163	541	2461	1856	3977	1625	2102	145
1482	910	923	1763	3331	752	1837	1093	146
6859	698	1095	1707	4340	5412	5481	5007	149
26338	2504	3515	5482	7181	4861	9663	6045	15
24343	1792	2415	4340	6600	3444	4063	3274	151
1904	708	1058	907	451	1243	5393	2416	152
91	4	42	235	130	174	207	355	153
681						763	177	16
						745		161
681								162
						18	177	169
31670	11166	27076	119006	30473	62085	88346	50550	17
25357	8990	20347	109103	19342	47634	49190	36250	171
987	425	1919	1418	2350	3860	27348	2597	172
268		134	201		1216	16	153	173
770		17	10	294	14	169	963	174
107	19	814	201	314	285	3873	358	175
1363	113	91	659	998	1910	3874	2218	176
2320	1014	1246	6042	5409	3102	2231	4553	177
498	605	2508	1372	1766	4064	1645	3458	178
42807	7270	10810	13871	19145	22115	26688	29743	18
37251	5365	6973	6688	14168	12529	17004	17214	181
4432	926	3473	5036	3771	7786	7209	10620	182
1124	979	364	2147	1206	1800	2475	1909	183
15600	15137	4528	2462	3752	7830	8029	13969	19
186	424	182	185	199	1835	847	1032	191
4400	109	1260	626	2005	2556	2633	7122	192
314	447	326	358	137	892	203	385	193
10				21	30	30	82	194
10690	14157	2760	1293	1390	2517	4316	5348	195

1-11 续表 2

行　业	代码	从业人员数（人）	1949年及以前	1950-1977年	1978-1991年
木材加工和木、竹、藤、棕、草制品业	20	347059	26	90	3592
木材加工	201	68322	26	34	452
人造板制造	202	211783			2367
木制品制造	203	58649		23	683
竹、藤、棕、草等制品制造	204	8305		33	90
家具制造业	21	143914		767	1863
木质家具制造	211	123327		728	622
竹、藤家具制造	212	1748			
金属家具制造	213	7115			743
塑料家具制造	214	1699			28
其他家具制造	219	10025		39	470
造纸和纸制品业	22	249899		23553	12968
纸浆制造	221	2398			35
造纸	222	148043		23326	10067
纸制品制造	223	99458		227	2866
印刷和记录媒介复制业	23	156843	1310	2920	5954
印刷	231	148271	1310	2636	5221
装订及印刷相关服务	232	7912		284	677
记录媒介复制	233	660			56
文教、工美、体育和娱乐用品制造业	24	375529		4124	17282
文教办公用品制造	241	15832		245	2300
乐器制造	242	9703			20
工艺美术品制造	243	253953		3879	8352
体育用品制造	244	51646			5761
玩具制造	245	41522			814
游艺器材及娱乐用品制造	246	2873			35
石油加工及炼焦	25	138545		9294	8089
化学原料和化学制品制造业	26	839338	3416	47668	45080
基础化学原料制造	261	165025	705	12246	9536
肥料制造	262	125891		18374	3409
农药制造	263	34196		2609	1693
涂料、油墨、颜料及类似产品制造	264	48380	868	219	2514
合成材料制造	265	128628	1843	2141	8560
专用化学产品制造	266	296659		8576	14705
炸药、火工及焰火产品制造	267	14450		3146	4094
日用化学产品制造	268	26109		357	569
医药制造业	27	252512	732	22988	24438
化学药品原料药制造	271	66284	1	730	2929
化学药品制剂制造	272	47901		11101	1548
中药饮片加工	273	8367			68
中成药生产	274	29617	731	5211	554
兽用药品制造	275	11436		86	75
生物药品制造	276	40386			1647
卫生材料及医药用品制造	277	48521		5860	17617
化学纤维制造业	28	30309		2672	6280
纤维素纤维原料及纤维制造	281	13309		2672	4955
合成纤维制造	282	17000			1325
橡胶和塑料制品业	29	548854	7753	9692	21417
橡胶制品业	291	252551	7753	9403	15082
塑料制品业	292	296303		289	6335

1992−1995年	1996年	1997年	1998年	1999年	2000年	2001年	2002年	代码
3233	1778	2286	3454	5238	11092	11525	14570	20
206	237	119	639	680	905	1504	1675	201
2349	812	1838	2060	3922	8568	7756	11061	202
619	703	291	707	431	980	1966	1633	203
59	26	38	48	205	639	299	201	204
5947	1828	2324	3631	2488	8313	5992	7479	21
3979	1745	1844	3252	2276	7491	5403	5614	211
16	16	52				40	1170	212
14	37	80	168	175	164	108	328	213
45	30	15	31		25	14	6	214
1893		333	180	37	633	427	361	219
15714	4109	20791	6803	5972	8966	13826	14171	22
3		6			70	9	79	221
12759	2493	19785	4373	3520	4657	7770	7749	222
2952	1616	1000	2430	2452	4239	6047	6343	223
6836	3938	2948	3673	4180	5522	9941	6286	23
6522	3798	2790	3417	4019	5227	9592	6015	231
314	127	158	256	121	295	337	271	232
	13			40		12		233
17790	6476	3389	15255	8576	14197	23683	16087	24
899	36	49	519	641	686	998	699	241
55	1423	82	110		57	588	1184	242
13660	3955	1928	10168	5039	11227	15635	11084	243
1755	584	896	2978	819	1025	2557	1952	244
1421	478	434	1429	2077	1142	3447	1090	245
			51		60	458	78	246
13877	551	3585	5202	896	26542	2135	3683	25
46971	12933	19352	41919	21109	29178	37449	45137	26
6067	6638	643	7502	4513	4887	4557	8539	261
3662	287	171	16449	716	3329	8672	6735	262
2453	34	608	1365	1426	2213	1891	2069	263
2190	711	800	2064	1763	2504	2197	1985	264
9787	429	5986	2912	1574	5805	6442	7872	265
21127	4633	10763	10148	10673	9113	13258	14902	266
34	19	215	757		499	59		267
1651	182	166	722	444	828	373	3035	268
46627	1669	7611	8152	8503	6591	15757	14410	27
27283	86	454	840	900	1214	291	3543	271
11085	456	2098	2071	1222	390	3973	2480	272
397	17	1865	310			94	355	273
4014	74	602	1748	191	1127	6441	2006	274
281	24	115	1399	241	907	666	687	275
2811	721	1525	669	5344	1327	2914	5015	276
756	291	952	1115	605	1626	1378	324	277
656	497	121	1716	843	752	551	368	28
104		13	20	272	97	171	35	281
552	497	108	1696	571	655	380	333	282
36777	15699	13246	16901	12069	24784	23125	33598	29
26742	10891	8335	7186	4147	11389	7644	16368	291
10035	4808	4911	9715	7922	13395	15481	17230	292

1-11 续表 3

行　业	代码	从业人员数（人）	1949年及以前	1950-1977年	1978-1991年
非金属矿物制品业	30	948180	966	23395	38680
水泥、石灰和石膏制造	301	108838		12877	7297
石膏、水泥制品及类似制品制造	302	149417		1087	3644
砖瓦、石材等建筑材料制造	303	332031		1979	11452
玻璃制造	304	23837			49
玻璃制品制造	305	83681		1057	6435
玻璃纤维和玻璃纤维增强塑料制品制造	306	71181			660
陶瓷制品制造	307	66486		2034	2657
耐火材料制品制造	308	47763	966	2474	2410
石墨及其他非金属矿物制品制造	309	64946		1887	4076
黑色金属冶炼和压延加工业	31	389710		84847	6019
炼铁	311	33351		5150	1
炼钢	312	36485		8814	78
黑色金属铸造	313	75678		84	5310
钢压延加工	314	237061		70743	499
铁合金冶炼	315	7135		56	131
有色金属冶炼和压延加工业	32	187283		20498	5001
常用有色金属冶炼	321	14772		10	211
贵金属冶炼	322	11841		325	498
稀有稀土金属冶炼	323	1551			
有色金属合金制造	324	22922		6881	752
有色金属铸造	325	5686			135
有色金属压延加工	326	130511		13282	3405
金属制品业	33	577885	1624	10345	20471
结构性金属制品制造	331	173025		257	4741
金属工具制造	332	60179		2929	1033
集装箱及金属包装容器制造	333	40042		114	528
金属丝绳及其制品制造	334	21670		256	153
建筑、安全用金属制品制造	335	46830	1616	339	6970
金属表面处理及热处理加工	336	24126		77	1431
搪瓷制品制造	337	5866			17
金属制日用品制造	338	30787			201
其他金属制品制造	339	175360	8	6373	5397
通用设备制造业	34	955338	11809	41144	28907
锅炉及原动设备制造	341	126249	2597	16171	3086
金属加工机械制造	342	208291	7224	4849	6573
物料搬运设备制造	343	53561		1173	561
泵、阀门、压缩机及类似机械制造	344	136953	1222	8813	4294
轴承、齿轮和传动部件制造	345	93897		3000	2693
烘炉、风机、衡器、包装等设备制造	346	107234	132	3860	4061
文化、办公用机械制造	347	3871			21
通用零部件制造	348	193424	624	2257	6633
其他通用设备制造业	349	31858	10	1021	985
专用设备制造业	35	653652		22179	20484
采矿、冶金、建筑专用设备制造	351	235805		15763	6731
化工、木材、非金属加工专用设备制造	352	95971		111	3038
食品、饮料、烟草及饲料生产专用设备制造	353	20470		1166	991
印刷、制药、日化及日用品生产专用设备制造	354	27545		1440	774
纺织、服装和皮革加工专用设备制造	355	46005		535	3247
电子和电工机械专用设备制造	356	49518		441	2470
农、林、牧、渔专用机械制造	357	81640		2431	1454
医疗仪器设备及器械制造	358	30358		149	268
环保、社会公共服务及其他专用设备制造	359	66340		143	1511

1992–1995年	1996年	1997年	1998年	1999年	2000年	2001年	2002年	代码
36839	13204	11529	30953	32378	39483	39453	57023	30
3943	4612	261	4748	5527	2941	3842	7340	301
3254	972	846	4480	1729	2939	2862	8126	302
12531	3494	2770	7625	6769	10651	14044	20300	303
1249	30	426	3744	2335	1834	370	1665	304
4158	1655	231	966	5062	7265	6112	4455	305
2348	708	2393	2014	5857	5230	4315	4389	306
5867	568	3079	3490	728	3541	2590	2326	307
2321	348	814	1315	2583	4061	1962	3296	308
1168	817	709	2571	1788	1021	3356	5126	309
28488	2722	1227	8074	5472	10371	6893	19590	31
14605	219	194	4025		312	1638	82	311
424			26	61	6003	97	4203	312
4395	1280	401	1768	2456	2334	2656	4367	313
8449	1161	632	2212	2955	1393	2385	10745	314
615	62		43		329	117	193	315
41379	2238	1056	3054	5184	2064	7852	2446	32
1366		21	192	1153	103	367	235	321
109		207		229	23	254		322
622			25	167	3	16		323
195	1501	295	1	358	37	744	40	324
236	67	157	30	137	57	285	120	325
38851	670	376	2806	3140	1841	6186	2051	326
20550	4706	7977	16141	18008	21224	28354	28978	33
3105	1103	803	3938	3868	5787	7002	9029	331
1956	116	1518	1452	1794	1514	3092	2457	332
2343	311	1006	3056	1592	1074	1694	1968	333
409	397	25	171	737	44	2929	553	334
1329	189	491	1509	845	2566	3301	2191	335
52	23	54	380	219	220	233	939	336
58	484	18	758	142	94	996	260	337
614	375	266	421	1922	2351	2783	818	338
10684	1708	3796	4456	6889	7574	6324	10763	339
56847	26063	13034	25147	26327	28461	41480	60113	34
12539	6136	1548	2619	2384	1671	3122	19673	341
9713	3003	2112	5134	4487	5892	8229	9019	342
3385	1842	266	705	1520	1320	2683	4883	343
8415	1716	1039	5821	6499	4714	8443	8090	344
3556	2233	1841	1444	2068	2694	4415	4174	345
11022	5999	3720	1612	4233	5840	4514	2926	346
	13			78	595	371	197	347
7373	4372	2214	7370	3849	4794	8876	9624	348
844	749	294	442	1209	941	827	1527	349
44358	8328	13017	21307	20343	23972	32812	24653	35
15115	2771	2279	4425	8198	6582	14843	7591	351
10413	1478	901	2088	2605	3103	3661	3471	352
825	123	731	163	525	1105	1088	464	353
998	531	1376	1503	1265	1175	2089	1579	354
1953	212	2256	598	1428	2047	1319	2044	355
7182	1869	242	445	3600	1541	982	1925	356
1833	659	2655	9439	925	2725	2500	3960	357
4404	60	633	927	902	3792	1211	1792	358
1635	625	1944	1719	895	1902	5119	1827	359

1-11 续表 4

行 业	代码	从业人员数(人)	1949年及以前	1950-1977年	1978-1991年
汽车制造业	36	475374	865	16817	49852
汽车整车制造	361	110082	798	5333	32672
改装汽车制造	362	38996	67	5181	3897
低速载货汽车制造	363	11082			10075
电车制造	364	4268			
汽车车身、挂车制造	365	16554			99
汽车零部件及配件制造	366	294392		6303	3109
铁路、船舶、航空航天和其他运输设备制造业	37	148321	5558	5384	7392
铁路运输设备制造	371	40638		1252	6023
城市轨道交通设备制造	372	582			20
船舶及相关装置制造	373	61523	5558	3045	841
航空、航天器及设备制造	374	2853			
摩托车制造	375	15432		1087	434
自行车制造	376	15263			70
非公路休闲车及零配件制造	377	848			
潜水救捞及其他未列明运输设备制造	379	11182			4
电气机械和器材制造业	38	482530	59	12014	47208
电机制造	381	56705		6105	2435
输配电及控制设备制造	382	166672	59	2573	6595
电线、电缆、光缆及电工器材制造	383	90899			8148
电池制造	384	30403		1924	60
家用电力器具制造	385	59858		744	29456
非电力家用器具制造	386	32271		18	121
照明器具制造	387	25069		641	135
其他电气机械及器材制造	389	20653		9	258
计算机、通信和其他电子设备制造业	39	394116		584	29508
计算机制造	391	115421		264	10692
通信设备制造	392	25994		58	468
广播电视设备制造	393	30496		9	
雷达及配套设备制造	394	60			
视听设备制造	395	29453			17057
电子器件制造	396	41293			138
电子元件制造	397	126832		231	1143
其他电子设备制造	399	24567		22	10
仪器仪表制造业	40	84789	460	1114	4559
通用仪器仪表制造	401	47433	460	778	2753
专用仪器仪表制造	402	23068		153	201
钟表与计时仪器制造	403	5134		108	1235
光学仪器及眼镜制造	404	3950			50
其他仪器仪表制造业	409	5204		75	320
其他制造业	41	43397		135	1836
废弃资源综合利用业	42	15848		20	380
金属废料和碎屑加工处理	421	7672		20	200
非金属废料和碎屑加工处理	422	8176			180
金属制品、机械和设备修理业	43	27901		53	583
金属制品修理	431	1464			1
通用设备修理	432	2232			
专用设备修理	433	2995		2	20
铁路、船舶、航空航天等运输设备修理	434	14267		51	193
电气设备修理	435	1660			4
仪器仪表修理	436	93			
其他机械和设备修理业	439	5190			365

1992–1995年	1996年	1997年	1998年	1999年	2000年	2001年	2002年	代码
44933	9075	16607	9487	5373	15221	26461	22556	36
24965	4826	8094			1648	1005	482	361
2742	1697		4106	1052	1999	946	2227	362
361	63				1			363
15					23	93		364
231		22		207	300	276	302	365
16619	2489	8491	5381	4114	11250	24141	19545	366
7647	7102	3193	6949	2024	7222	2246	13116	37
2935	216	93	3987	880	2741	452	9919	371
143							121	372
1947	4664	270	2297	770	3370	648	1195	373
			34				2	374
1471	2221	394	463	181	850	212	639	375
1150		6	95	5	24	646	818	376
1				188		12	31	377
	1	2430	73		237	276	391	379
26344	6046	10735	9041	10891	23837	19571	43421	38
2832	429	2255	1095	623	2200	4105	4697	381
9719	3857	1964	3025	4684	6753	7603	21801	382
6789	672	4033	983	3021	6161	1408	11667	383
3548	431	493	538	68	248	947	79	384
1844	287	909	2046	591	734	2122	1853	385
1008	22	927	299	1102	6742	1338	1021	386
58	183	6	587	496	819	992	1530	387
546	165	148	468	306	180	1056	773	389
24841	3272	5110	90248	8598	8421	36892	14103	39
4421	29		85458		573	461	2808	391
1020	185	311	718	1770	1034	1543	2471	392
671	245	30	35	25	74	14693	221	393
								394
1155	761	365	6	316	111	798	498	395
1512	30	1237	180	998	502	4822	2113	396
10642	1829	2508	3713	4927	5611	13643	5715	397
5420	193	659	138	562	516	932	277	399
5484	1408	2219	3120	2268	1143	7175	6705	40
2377	461	1926	2397	1106	719	3633	2592	401
2373	596	263	650	802	171	2362	2943	402
513	266	20	62	47	36	690	39	403
189	85				141	169	708	404
32		10	11	313	76	321	423	409
1705	211	502	448	1101	1124	1390	2123	41
100	30	152	133	215	395	163	399	42
		86	83	122	167	45	311	421
100	30	66	50	93	228	118	88	422
1186	223	165	1727	402	429	1015	1518	43
	6	50	1		102	93	156	431
89	16	43	34	107	83	43	106	432
258	51			60	18	169	753	433
386	87	60	1649	139	120	478	175	434
453		2	28	13	26	51	76	435
			12					436
	63	10	3	83	80	181	252	439

1-11 续表 5

行 业	代码	从业人员数(人)	1949年及以前	1950-1977年	1978-1991年
电力、热力、燃气及水生产和供应业	D	**296611**	**5226**	**82338**	**51321**
电力、热力生产和供应业	44	219769	2742	72256	40024
电力生产	441	96429	1235	8037	19830
电力供应	442	89338	1507	63851	15191
热力生产和供应	443	34002		368	5003
燃气生产和供应业	45	25603		435	3025
燃气生产和供应业	450	25603		435	3025
水的生产和供应业	46	51239	2484	9647	8272
自来水生产和供应	461	37947	2484	9629	8200
污水处理及其再生利用	462	10405		18	72
其他水的处理、利用与分配	469	2887			
建筑业	E	**3436993**	**13663**	**475489**	**633290**
房屋建筑业	47	2346509	13663	384836	492175
房屋建筑业	470	2346509	13663	384836	492175
土木工程建筑业	48	567100		78679	116037
铁路、道路、隧道和桥梁工程建筑	481	273933		27861	76565
水利和内河港口工程建筑	482	70184		9709	13951
海洋工程建筑	483	1261			
工矿工程建筑	484	77385		23880	9396
架线和管道工程建筑	485	73029		16057	14942
其他土木工程建筑	489	71308		1172	1183
建筑安装业	49	238874		10256	20362
电气安装	491	45992		162	3066
管道和设备安装	492	73422		3731	7267
其他建筑安装业	499	119460		6363	10029
建筑装饰和其他建筑业	50	284510		1718	4716
建筑装饰业	501	193784		490	3124
工程准备活动	502	23330		888	334
提供施工设备服务	503	12527			473
其他未列明建筑业	509	54869		340	785
批发和零售业	F	**3462048**	**5356**	**40655**	**97009**
批发业	51	2153059	758	15583	47811
农、林、牧产品批发	511	235418	44	990	3538
食品、饮料及烟草制品批发	512	447017	506	1764	17731
纺织、服装及家庭用品批发	513	191474		284	3148
文化、体育用品及器材批发	514	68853		1706	6666
医药及医疗器材批发	515	62244		607	1031
矿产品、建材及化工产品批发	516	628337	205	8962	9594
机械设备、五金产品及电子产品批发	517	356766		697	3779
贸易经纪与代理	518	51215		127	575
其他批发业	519	111735	3	446	1749
零售业	52	1308989	4598	25072	49198
综合零售	521	384177	4008	15772	36174
食品、饮料及烟草制品专门零售	522	108646	84	579	3685
纺织、服装及日用品专门零售	523	103617	26	630	1406
文化、体育用品及器材专门零售	524	55115	133	551	1472
医药及医疗器材专门零售	525	93221	10	2708	1456
汽车、摩托车、燃料及零配件专门零售	526	225123		3356	1622
家用电器及电子产品专门零售	527	115261	3	458	879
五金、家具及室内装饰材料专门零售	528	142112		614	1517
货摊、无店铺及其他零售业	529	81717	334	404	987

1992–1995年	1996年	1997年	1998年	1999年	2000年	2001年	2002年	代码
17400	**3924**	**6003**	**3694**	**7636**	**3593**	**10439**	**9823**	D
13693	3795	5727	2983	7293	1256	8920	6717	44
6210	3591	4694	2772	5752	853	6643	3513	441
2164	102	23	153	283		827	1916	442
5319	102	1010	58	1258	403	1450	1288	443
516	12	57	210	206	1194	1125	1770	45
516	12	57	210	206	1194	1125	1770	450
3191	117	219	501	137	1143	394	1336	46
3184	117	219	403	48	1047	337	759	461
7			98	82	96	39	448	462
				7		18	129	469
430115	**65835**	**57798**	**131896**	**127249**	**123960**	**190767**	**156015**	E
331636	45944	41726	101852	90987	88120	139454	96121	47
331636	45944	41726	101852	90987	88120	139454	96121	470
58888	4291	6247	12048	21322	19075	28841	27150	48
17750	2784	4184	5758	6977	10197	13197	16339	481
21224	133	367	1551	3901	2187	1776	1958	482
482					23	30		483
4165	721	207	701	4573	2676	7509	1483	484
6699	381	504	2425	3189	2017	3493	3600	485
8568	272	985	1613	2682	1975	2836	3770	489
21967	2448	2701	6367	6264	8164	10373	13258	49
6526	746	1231	1402	2583	949	2388	3604	491
3929	1097	584	1079	1644	2834	3682	2913	492
11512	605	886	3886	2037	4381	4303	6741	499
17624	13152	7124	11629	8676	8601	12099	19486	50
11742	12287	6407	8808	7017	6040	8336	15466	501
1418	170	112	553	291	1428	1026	695	502
3555	17	15	69	66	366	533	461	503
909	678	590	2199	1302	767	2204	2864	509
94484	**36913**	**26854**	**67160**	**52209**	**112764**	**112673**	**102764**	F
36957	12117	15898	35052	27137	80800	56738	59684	51
2455	796	1333	2095	1699	3208	4306	4723	511
8649	2050	3782	10382	5326	15467	12129	10801	512
1967	842	1329	5233	1958	4280	4843	7797	513
1679	342	278	1261	656	971	1124	2061	514
781	1378	517	1836	1474	2291	1235	2532	515
12837	3554	4778	7290	9372	43649	17040	17760	516
5431	2310	2240	5395	4697	7493	10381	10183	517
978	146	886	293	365	609	2066	880	518
2180	699	755	1267	1590	2832	3614	2947	519
57527	24796	10956	32108	25072	31964	55935	43080	52
38770	17530	3821	10702	7169	7469	15327	12762	521
1290	819	926	1611	1649	2597	2688	3248	522
2473	799	555	1698	1372	2052	3444	3459	523
1476	414	442	1367	1383	914	1736	1268	524
1199	191	243	3492	3530	2178	3774	3243	525
6970	2627	2074	4360	4922	9578	9544	9723	526
1383	989	1325	4333	2151	2992	5885	3406	527
2120	929	890	2175	1953	2374	10840	2874	528
1846	498	680	2370	943	1810	2697	3097	529

1-11 续表 6

行业	代码	从业人员数(人)	1949年及以前	1950-1977年	1978-1991年
交通运输、仓储和邮政业	G	**897102**	**46249**	**38483**	**63384**
道路运输业	54	539936	14132	30853	50613
城市公共交通运输	541	93551		14972	31882
公路旅客运输	542	69926	13474	12005	4007
道路货物运输	543	345144	658	2376	9497
道路运输辅助活动	544	31315		1500	5227
水上运输业	55	96803	32112	5916	3925
水上旅客运输	551	3994			598
水上货物运输	552	26697		4480	272
水上运输辅助活动	553	66112	32112	1436	3055
航空运输业	56	18077			4529
航空客货运输	561	9096			
通用航空服务	562	2699			1259
航空运输辅助活动	563	6282			3270
管道运输业	57	4077			597
管道运输业	570	4077			597
装卸搬运和运输代理业	58	103249		548	1437
装卸搬运	581	34780		178	1096
运输代理业	582	68469		370	341
仓储业	59	82572	5	1001	2212
谷物、棉花等农产品仓储	591	30552		816	1288
其他仓储业	599	52020	5	185	924
邮政业	60	52388		165	71
邮政基本服务	601	31316		165	68
快递服务	602	21072			3
住宿和餐饮业	H	**409661**	**441**	**6423**	**22743**
住宿业	61	158643	275	3264	16205
旅游饭店	611	107591	149	2064	13583
一般旅馆	612	44606	126	1052	2327
其他住宿业	619	6446		148	295
餐饮业	62	251018	166	3159	6538
正餐服务	621	217550	93	2785	4255
快餐服务	622	21715	66	347	810
饮料及冷饮服务	623	1288			
其他餐饮业	629	10465	7	27	1473
信息传输、软件和信息技术服务业	I	**279868**	**3**	**290**	**1088**
电信、广播电视和卫星传输服务	63	133007		210	299
电信	631	125910			131
广播电视传输服务	632	6990		210	168
卫星传输服务	633	107			
互联网和相关服务	64	18120	3		77
互联网接入及相关服务	641	2711			
互联网信息服务	642	12953	3		77
其他互联网服务	649	2456			
软件和信息技术服务业	65	128741		80	712
软件开发	651	67284			244
信息系统集成服务	652	14869			37
信息技术咨询服务	653	20141		25	307
数据处理和存储服务	654	4251			10
集成电路设计	655	3293			
其他信息技术服务业	659	18903		55	114

1992—1995年	1996年	1997年	1998年	1999年	2000年	2001年	2002年	代码
23117	**14118**	**8097**	**48845**	**20942**	**30910**	**23323**	**27247**	G
12622	10959	5078	11939	7840	18433	14568	14902	54
1064	2049	3205	3874	1130	1635	2149	5353	541
7587	5538	307	2201	1021	7723	4461	1286	542
2749	2346	1307	3543	2436	7995	6660	7853	543
1222	1026	259	2321	3253	1080	1298	410	544
2096	699	1090	1880	508	4881	1122	6040	55
186	216		1200	56		11	321	551
1131	353	737	107	188	552	830	284	552
779	130	353	573	264	4329	281	5435	553
140	232		400	7250	862	135	4	56
132			400	7250	783	119	4	561
								562
8	232				79	16		563
12					126		477	57
12					126		477	570
4315	1343	1145	956	1069	2082	4397	2771	58
1039	428	668	486	284	555	1389	287	581
3276	915	477	470	785	1527	3008	2484	582
3387	865	746	1157	1703	1478	2702	2534	59
846	311	343	894	621	795	1374	1072	591
2541	554	403	263	1082	683	1328	1462	599
545	20	38	32513	2572	3048	399	519	60
536	10	10	24945	2424	2964	14	9	601
9	10	28	7568	148	84	385	510	602
19254	**5059**	**7906**	**8123**	**14554**	**9356**	**9717**	**12548**	H
12681	3430	4944	4234	2863	5183	3817	4926	61
10244	3017	4351	3124	1827	4211	2931	3952	611
2192	222	543	958	520	850	763	885	612
245	191	50	152	516	122	123	89	619
6573	1629	2962	3889	11691	4173	5900	7622	62
4189	1576	2358	3435	8735	3897	5585	7265	621
2325	49	548	304	2868	178	152	229	622
							23	623
59	4	56	150	88	98	163	105	629
8642	**306**	**558**	**4546**	**20075**	**68245**	**17385**	**10556**	I
2768	22	141	2184	15240	65121	13827	2460	63
2621	16	141	2050	15133	64435	13579	2295	631
147	6		134	107	686	248	165	632
								633
28	4		384	287	685	441	370	64
				14	52	61	32	641
26	4		38	217	583	277	301	642
2			346	56	50	103	37	649
5846	280	417	1978	4548	2439	3117	7726	65
2610	107	256	995	2576	1482	1658	4374	651
127	47	49	786	29	408	508	2123	652
720	18	33	40	217	304	181	687	653
	35			38	3	131	39	654
8	58	62	42	45	143	486	3	655
2381	15	17	115	1643	99	153	500	659

1-11 续表 7

行业	代码	从业人员数（人）	1949年及以前	1950-1977年	1978-1991年
房地产业	K	**584811**	**105**	**1169**	**10080**
房地产业	70	584811	105	1169	10080
房地产开发经营	701	265844	32	550	5948
物业管理	702	241636		111	1967
房地产中介服务	703	44946		13	200
自有房地产经营活动	704	18036	73	401	1760
其他房地产业	709	14349		94	205
租赁和商务服务业	L	**771928**	**1234**	**3308**	**75150**
租赁业	71	47444		25	613
机械设备租赁	711	46075		25	613
文化及日用品出租	712	1369			
商务服务业	72	724484	1234	3283	74537
企业管理服务	721	177942	1186	1746	50485
法律服务	722	22832	14	95	2627
咨询与调查	723	131540	21	63	927
广告业	724	75731		6	202
知识产权服务	725	2737			8
人力资源服务	726	84700		5	3155
旅行社及相关服务	727	38801		1	934
安全保护服务	728	46493			11893
其他商务服务业	729	143708	13	1367	4306
科学研究和技术服务业	M	**745868**	**1125**	**17933**	**25022**
研究和试验发展	73	36578	48	4819	2753
自然科学研究和试验发展	731	5003		1784	338
工程和技术研究和试验发展	732	15385	48	1058	1269
农业科学研究和试验发展	733	7983		984	412
医学研究和试验发展	734	6196		765	205
社会人文科学研究	735	2011		228	529
专业技术服务业	74	223076	1001	10968	18405
气象服务	741	2201	14	726	100
地震服务	742	1175		82	82
海洋服务	743	2403	537	884	35
测绘服务	744	6650		513	475
质检技术服务	745	25379	117	945	2707
环境与生态监测	746	4700	9	165	810
地质勘查	747	13661		3342	940
工程技术	748	112940	257	3365	9190
其他专业技术服务业	749	53967	67	946	4066
科技推广和应用服务业	75	486214	76	2146	3864
技术推广服务	751	437063	76	1679	3070
科技中介服务	752	20016		155	227
其他科技推广和应用服务业	759	29135		312	567
水利、环境和公共设施管理业	N	**170890**	**1372**	**9396**	**18857**
水利管理业	76	17178	528	3354	4272
防洪除涝设施管理	761	5942	528	1271	2231
水资源管理	762	2776		518	767
天然水收集与分配	763	1871		562	198
水文服务	764	1513		293	311
其他水利管理业	769	5076		710	765

1992—1995年	1996年	1997年	1998年	1999年	2000年	2001年	2002年	代码
31688	**7372**	**6207**	**14123**	**10174**	**24285**	**23933**	**29366**	K
31688	7372	6207	14123	10174	24285	23933	29366	70
19606	1977	2340	6190	4120	8237	11521	11362	701
6855	4264	3006	6174	5140	14143	9514	15147	702
483	277	202	741	313	540	1531	1669	703
4206	820	553	921	531	266	915	896	704
538	34	106	97	70	1099	452	292	709
37505	**8949**	**17021**	**14536**	**10647**	**26786**	**17067**	**23930**	L
1441	492	548	282	383	717	676	1217	71
1300	492	548	210	383	717	668	1211	711
141			72			8	6	712
36064	8457	16473	14254	10264	26069	16391	22713	72
9952	1928	8575	1261	891	2831	3806	7124	721
2479	482	456	586	831	933	1144	691	722
1793	333	706	2497	2663	5797	2918	3282	723
1038	363	705	1096	911	1564	1958	2802	724
81	3	8	1	8	9	75	37	725
860	508	619	3914	899	2628	1651	2164	726
1277	440	244	671	1212	1324	1789	749	727
9295	2562	1118	2107	555	2467	876	710	728
9289	1838	4042	2121	2294	8516	2174	5154	729
27364	**5323**	**5446**	**9209**	**6044**	**7370**	**15002**	**14628**	M
1323	357	258	556	230	301	1195	898	73
129	107	40	84	35	20	28	73	731
795	54	71	138	55	126	753	275	732
296	52	74	309	69	70	244	172	733
35	3	51	19	35	72	119	357	734
68	141	22	6	36	13	51	21	735
23257	4247	4006	6444	4249	4470	9549	9680	74
131	87	5		14	47	82	78	741
16	54	23	137	23	42	28	9	742
70		57	3		67	8	72	743
417	71	18	58	116	268	157	694	744
1521	295	317	416	259	213	767	659	745
147	57	8	69		12	180	24	746
1146	28	643	601	78	158	1059	178	747
14888	3272	2458	4627	3077	2643	5405	6559	748
4921	383	477	533	682	1020	1863	1407	749
2784	719	1182	2209	1565	2599	4258	4050	75
2608	598	1159	1962	1262	2362	3271	3681	751
3	52	7	90	125	51	578	232	752
173	69	16	157	178	186	409	137	759
9508	**1819**	**2432**	**4360**	**3550**	**4352**	**4192**	**11869**	N
968	372	150	387	200	523	257	331	76
161	22	126	41	10	53	34	41	761
51		14		69	3	51	52	762
59			97		6	95	12	763
103	15		73		37	15	113	764
594	335	10	176	121	424	62	113	769

1-11 续表 8

行　　业	代码	从　业人员数(人)	1949年及以前	1950-1977年	1978-1991年
生态保护和环境治理业	77	12384	34	568	817
生态保护	771	4730	34	456	598
环境治理业	772	7654		112	219
公共设施管理业	78	141328	810	5474	13768
市政设施管理	781	13458		505	1766
环境卫生管理	782	30173	444	2131	3855
城乡市容管理	783	5022		3	209
绿化管理	784	49787	64	1125	5295
公园和游览景区管理	785	42888	302	1710	2643
居民服务、修理和其他服务业	**O**	**171935**	**58**	**2209**	**3949**
居民服务业	79	63049	25	1875	1598
家庭服务	791	12567			40
托儿所服务	792	1209			34
洗染服务	793	1693			36
理发及美容服务	794	4247			140
洗浴服务	795	6399		71	231
保健服务	796	2655		1	68
婚姻服务	797	4655	5	6	64
殡葬服务	798	6070		1478	496
其他居民服务业	799	23554	20	319	489
机动车、电子产品和日用产品修理业	80	64402	7	261	2024
汽车、摩托车修理与维护	801	49197	7	206	1853
计算机和办公设备维修	802	5504		48	53
家用电器修理	803	6185			23
其他日用产品修理业	809	3516		7	95
其他服务业	81	44484	26	73	327
清洁服务	811	22934			
其他未列明服务业	819	21550	26	73	327
教育	**P**	**1279695**	**60703**	**312358**	**290198**
教育	82	1279695	60703	312358	290198
学前教育	821	118434	573	7106	13943
初等教育	822	367059	25860	86316	105654
中等教育	823	520633	21416	171867	129897
高等教育	824	126254	11445	36168	19118
特殊教育	825	8506	363	681	2594
技能培训、教育辅助及其他教育	829	138809	1046	10220	18992
卫生和社会工作	**Q**	**701399**	**90989**	**260158**	**115327**
卫生	83	669563	90596	259292	109495
医院	831	399567	88008	129723	71364
社区医疗与卫生院	832	180403	2081	100844	26610
门诊部(所)	833	34780	316	9392	3695
计划生育技术服务活动	834	10229	12	539	3834
妇幼保健院(所、站)	835	17191		12875	1640
专科疾病防治院(所、站)	836	4504	177	997	1298
疾病预防控制中心	837	13747		3715	530
其他卫生活动	839	9142	2	1207	524
社会工作	84	31836	393	866	5832
提供住宿社会工作	841	29475	393	795	5616
不提供住宿社会工作	842	2361		71	216

1992–1995年	1996年	1997年	1998年	1999年	2000年	2001年	2002年	代码
374	17	47	202	357	229	426	982	77
246	17	47	30	107	190	214	874	771
128			172	250	39	212	108	772
8166	1430	2235	3771	2993	3600	3509	10556	78
528	127	191	70	477	795	741	728	781
4854	709	131	2252	890	966	44	1330	782
292	184	90	36	59		34	144	783
1528	271	1561	672	783	862	1833	1564	784
964	139	262	741	784	977	857	6790	785
4790	**1704**	**1411**	**3594**	**2729**	**4832**	**5971**	**5138**	O
1647	548	579	1035	816	2228	2891	1461	79
15	54		254	17	351	1566	98	791
9	12		33	11	52	23	80	792
22		53	5	224	56	6	8	793
64	17	34	16	132	234	116	185	794
86	54	76	36	107	283	115	99	795
1		5	11	15	62	43	43	796
68	53	93	33	97	61	85	40	797
491	70	123	240	66	79	217	227	798
891	288	195	407	147	1050	720	681	799
2232	1073	667	1514	1476	1546	1812	3096	80
2065	643	563	1372	1231	1112	1463	1413	801
59	380	10	14	121	196	167	136	802
38	31	42	75	47	200	128	1484	803
70	19	52	53	77	38	54	63	809
911	83	165	1045	437	1058	1268	581	81
104	2	58	826	49	121	772	153	811
807	81	107	219	388	937	496	428	819
78040	**23718**	**17550**	**19804**	**21613**	**29067**	**39603**	**31172**	P
78040	23718	17550	19804	21613	29067	39603	31172	82
6095	1524	1914	2153	1775	4382	4004	5193	821
26805	8029	5478	5994	4312	7124	12488	5730	822
33978	10391	7195	8163	11478	10323	14713	7498	823
2079	2186	991	2021	2375	3801	2744	8575	824
1368	304	53	47	152		416	147	825
7715	1284	1919	1426	1521	3437	5238	4029	829
31329	**3678**	**3129**	**6296**	**7348**	**8551**	**13106**	**11449**	Q
30153	3476	2892	5919	6933	7058	11644	10099	83
20267	790	964	2791	4931	3167	4795	6895	831
4065	1835	1026	2094	1074	1886	4408	1085	832
2366	316	269	633	612	1385	1001	940	833
511	215	200	61	129	198	496	324	834
618	79	66	107	1	229	454	129	835
22	36	4	39		5	23	338	836
718	19	186	44	31	171	444	249	837
1586	186	177	150	155	17	23	139	839
1176	202	237	377	415	1493	1462	1350	84
1076	191	226	372	400	1145	1409	1192	841
100	11	11	5	15	348	53	158	842

1-11 续表 9

行 业	代码	从 业 人员数 (人)	1949年及以前	1950—1977年	1978—1991年
文化、体育和娱乐业	R	**171658**	**8095**	**13959**	**17363**
新闻和出版业	85	18539	3975	1086	3794
新闻业	851	1246	9	50	530
出版业	852	17293	3966	1036	3264
广播、电视、电影和影视录音制作业	86	42950	3377	4216	6414
广播	861	12921		1417	1306
电视	862	15492	1793	1975	2616
电影和影视节目制作	863	5506		164	552
电影和影视节目发行	864	2375	1535	198	145
电影放映	865	6389	49	462	1795
录音制作	866	267			
文化艺术业	87	41750	743	8235	5941
文艺创作与表演	871	13005	95	3061	625
艺术表演场馆	872	3104	48	909	498
图书馆与档案馆	873	4561	206	1366	1923
文物及非物质文化遗产保护	874	2912	65	185	785
博物馆	875	3363	88	668	615
烈士陵园、纪念馆	876	1609	109	404	120
群众文化活动	877	6191	123	1443	968
其他文化艺术业	879	7005	9	199	407
体育	88	14845		422	757
体育组织	881	3341		68	437
体育场馆	882	2240		346	205
休闲健身活动	883	8164		8	104
其他体育	889	1100			11
娱乐业	89	53574			457
室内娱乐活动	891	41574			72
游乐园	892	4324			100
彩票活动	893	3061			124
文化、娱乐、体育经纪代理	894	844			
其他娱乐业	899	3771			161
公共管理、社会保障和社会组织	S	**2037464**	**112079**	**269261**	**707476**
中国共产党机关	90	27866	3157	5714	10218
中国共产党机关	900	27866	3157	5714	10218
国家机构	91	1258935	81058	207926	344759
国家权力机构	911	22415	895	5301	10049
国家行政机构	912	1160940	76850	177504	315655
人民法院和人民检察院	913	45657	2762	18565	12918
其他国家机构	919	29923	551	6556	6137
人民政协、民主党派	92	7343	274	1398	3611
人民政协	921	6026	254	1215	3116
民主党派	922	1317	20	183	495
社会保障	93	7855		74	1609
社会保障	930	7855		74	1609
群众团体、社会团体和其他成员组织	94	189566	1539	3905	25232
群众团体	941	23775	1126	2246	6866
社会团体	942	156661	143	1395	16398
基金会	943	468			19
宗教组织	944	8662	270	264	1949
基层群众自治组织	95	545899	26051	50244	322047
社区自治组织	951	86132	3428	3936	13716
村民自治组织	952	459767	22623	46308	308331

1992–1995年	1996年	1997年	1998年	1999年	2000年	2001年	2002年	代码
5411	**1922**	**1606**	**2630**	**1982**	**4346**	**4223**	**4882**	R
711	118	521	103	1066	1442	175	307	85
171	13	34				19	21	851
540	105	487	103	1066	1442	156	286	852
1581	579	243	235	166	519	804	1210	86
282	113	100	15	100	385	21	573	861
682	466	81	170	18	126	571	517	862
288		54		48	8	149	31	863
64			50				17	864
265		5				63	70	865
		3					2	866
1854	381	419	506	367	433	818	1106	87
295	48	44	93	168	20	225	83	871
319		56	118	13	13	20	402	872
326	109	66	32	57	34	50	52	873
129	88	102	46	6	49	33	26	874
120	20	52	74	19	160	68	314	875
194		31	2	10	20	4		876
402	35	10	82	61	107	171	120	877
69	81	58	59	33	30	247	109	879
684	136	236	294	97	249	714	608	88
151		98	74	28	165	341	85	881
93	40	95		65	63	30	13	882
378	89	26	211	4	21	96	505	883
62	7	17	9			247	5	889
581	708	187	1492	286	1703	1712	1651	89
58	137	76	158	238	764	1183	1497	891
12	125	30	10	15	73	87	4	892
172	334	6	1316		721	281		893
14			8			32	5	894
325	112	75		33	145	129	145	899
166500	**26020**	**19219**	**27195**	**20210**	**40617**	**74014**	**58918**	S
2324	470	164	256	130	377	1202	848	90
2324	470	164	256	130	377	1202	848	900
144520	17325	14139	18413	16248	29445	54892	45454	91
1740	23	347	145	295	210	621	141	911
132313	16112	13537	17054	15663	25134	52493	43894	912
5342	275	12	738	52	797	722	819	913
5125	915	243	476	238	3304	1056	600	919
662	53	23	180	11	198	107	251	92
364	40		133		119	85	243	921
298	13	23	47	11	79	22	8	922
1076	109	220	100	19	209	297	532	93
1076	109	220	100	19	209	297	532	930
8744	5305	2374	2587	1391	3339	4223	4738	94
1330	374	116	380	303	329	477	381	941
5890	4580	2174	1998	1012	2817	3472	4236	942
9	2	26	13	5	19			943
1515	349	58	196	71	174	274	121	944
9174	2758	2299	5659	2411	7049	13293	7095	95
3974	1417	624	2343	1285	3176	4853	5317	951
5200	1341	1675	3316	1126	3873	8440	1778	952

1-11 续表 10

行业	代码	2003年	2004年	2005年	2006年
总计		**1312795**	**1289760**	**1265564**	**1422385**
农、林、牧、渔业	A	**2279**	**2650**	**3679**	**3032**
农业	01				6
谷物种植	011				
豆类、油料和薯类种植	012				
棉、麻、糖、烟草种植	013				
蔬菜、食用菌及园艺作物种植	014				6
水果种植	015				
坚果、含油果、香料和饮料作物种植	016				
中药材种植	017				
其他农业	019				
林业	02				
林木育种和育苗	021				
造林和更新	022				
森林经营和管护	023				
木材和竹材采运	024				
林产品采集	025				
畜牧业	03			42	105
牲畜饲养	031				
家禽饲养	032				105
狩猎和捕捉动物	033				
其他畜牧业	039			42	
渔业	04		20	24	
水产养殖	041		20	24	
水产捕捞	042				
农、林、牧、渔服务业	05	2279	2630	3613	2921
农业服务业	051	1434	1794	1277	1560
林业服务业	052	137	62	350	69
畜牧服务业	053	401	388	633	484
渔业服务业	054	307	386	1353	808
采矿业	B	**21583**	**24833**	**21851**	**128723**
煤炭开采和洗选业	06	9756	14003	10495	8448
烟煤和无烟煤开采洗选	061	9730	13917	10452	8337
褐煤开采洗选	062	18	53		71
其他煤炭采选	069	8	33	43	40
石油和天然气开采业	07	2414	124	264	106771
石油开采	071	2414	124	264	106771
天然气开采	072				
黑色金属矿采选业	08	2825	2698	2561	4668
铁矿采选	081	2825	2667	2519	4606
锰矿、铬矿采选	082			20	
其他黑色金属矿采选	089		31	22	62
有色金属矿采选业	09	1409	2082	1553	2115
常用有色金属矿采选	091	46	51	19	1215
贵金属矿采选	092	1363	2031	1503	887
稀有稀土金属矿采选	093			31	13
非金属矿采选业	10	4782	5804	6904	6143
土砂石开采	101	3748	2164	4830	4695
化学矿开采	102		36		43
采盐	103	208	3024	1443	908
石棉及其他非金属矿采选	109	826	580	631	497

2007年	2008年	2009年	2010年	2011年	2012年	2013年	代码
1175662	**1310593**	**1452434**	**1675267**	**1518773**	**1548229**	**1388421**	
6753	**17223**	**28425**	**30633**	**37252**	**35515**	**48766**	A
21	5	147	38	35		169	01
			38				011
							012
							013
				35		169	014
	5						015
		27					016
		120					017
21							019
							02
							021
							022
							023
							024
							025
662	44	65					03
	44						031
662		65					032
							033
							039
							04
							041
							042
6070	17174	28213	30595	37217	35515	48597	05
3616	10643	20492	21698	26705	25580	38220	051
257	916	838	783	2067	2413	2175	052
1838	4625	6376	6539	6960	5589	5400	053
359	990	507	1575	1485	1933	2802	054
27079	**51711**	**22593**	**13078**	**7434**	**38652**	**4148**	B
18379	39644	9192	4064	1387	1215	782	06
18336	39601	9179	3816	1381	664	768	061
33	3	1	171	6			062
10	40	12	77		551	14	069
469	73	535	62	42	419	145	07
450	1	499	62	42		130	071
19	72	36			419	15	072
2804	4589	1955	1839	576	1733	685	08
2804	4472	1955	1804	521	1726	633	081
				4		6	082
	117		35	51	7	46	089
528	814	3674	889	691	499	43	09
222	320	24	295	262	122	30	091
296	494	3638	594	417	377	13	092
10		12		12			093
4291	6334	6692	5923	4221	3625	2192	10
3484	5583	4539	4699	3225	2537	1899	101
		27	62	2			102
188	140	1195	513	697	760	8	103
619	611	931	649	297	328	285	109

1-11 续表 11

行业	代码	2003年	2004年	2005年	2006年
开采辅助活动	11	397	82	51	490
煤炭开采和洗选辅助活动	111	25	61	14	10
石油和天然气开采辅助活动	112		21	7	423
其他开采辅助活动	119	372		30	57
其他采矿业	12		40	23	88
其他采矿业	120		40	23	88
制造业	**C**	**767842**	**703457**	**729439**	**735441**
农副食品加工业	13	65786	69594	67415	61270
谷物磨制	131	4076	3083	4020	4669
饲料加工	132	3357	5291	11991	5761
植物油加工	133	10038	7388	4809	3558
制糖业	134	1222	89	55	152
屠宰及肉类加工	135	16379	19483	15900	16269
水产品加工	136	12690	11193	12961	10432
蔬菜、水果和坚果加工	137	12063	19081	14423	14816
其他农副食品加工	139	5961	3986	3256	5613
食品制造业	14	20683	19577	23506	19637
焙烤食品制造	141	2235	2288	1883	3564
糖果、巧克力及蜜饯制造	142	1760	1857	978	2072
方便食品制造	143	2339	1236	1156	1894
乳制品制造	144	3241	3719	3133	1636
罐头食品制造	145	3956	3029	3074	1998
调味品、发酵制品制造	146	2080	1859	3843	2947
其他食品制造	149	5072	5589	9439	5526
酒、饮料和精制茶制造业	15	7827	8324	6966	10927
酒的制造	151	4628	6174	4572	7821
饮料制造	152	2936	1724	2319	2536
精制茶加工	153	263	426	75	570
烟草制品业	16	1226	500	83	2001
烟叶复烤	161	1226	500		20
卷烟制造	162				1480
其他烟草制品制造	169			83	501
纺织业	17	73659	60011	75890	54348
棉纺织及印染精加工	171	51277	43253	56219	41359
毛纺织及染整精加工	172	1909	4125	3816	2052
麻纺织及染整精加工	173	826	375	343	104
丝绢纺织及印染精加工	174	1180	1757	1470	474
化纤织造及印染精加工	175	1283	224	919	390
针织或钩针编织物及其制品制造	176	6714	2483	5258	3950
家用纺织制成品制造	177	7440	5377	4653	3535
非家用纺织制成品制造	178	3030	2417	3212	2484
纺织服装、服饰业	18	34700	37973	39999	38369
机织服装制造	181	23910	28009	26833	25500
针织或钩针编织服装制造	182	7585	7018	10792	10025
服饰制造	183	3205	2946	2374	2844
皮革、毛皮、羽毛及其制品和制鞋业	19	8369	10700	14716	8736
皮革鞣制加工	191	1384	1942	2700	1215
皮革制品制造	192	4004	4330	4648	2913
毛皮鞣制及制品加工	193	356	1193	704	1172
羽毛(绒)加工及制品制造	194	619	310	447	418
制鞋业	195	2006	2925	6217	3018

2007年	2008年	2009年	2010年	2011年	2012年	2013年	代码
67	139	506	111	233	31059	224	11
1	98			41	40		111
	15	370	69	71	30866	83	112
66	26	136	42	121	153	141	119
541	118	39	190	284	102	77	12
541	118	39	190	284	102	77	120
629743	**606716**	**618166**	**694534**	**568458**	**570652**	**388767**	C
53897	67431	49585	56584	42244	43284	27417	13
4343	2297	2651	3300	2349	3371	1866	131
4683	5518	7113	9333	5706	6007	4986	132
2465	3154	2723	2789	1850	1855	975	133
10	313	37	907	50	58	124	134
18952	25097	19622	19329	15670	14477	8340	135
4848	12926	4456	6844	4541	5801	3445	136
13045	13115	8173	10084	7285	7537	4522	137
5551	5011	4810	3998	4793	4178	3159	139
17352	15209	15334	14396	12429	14803	12017	14
2798	2926	3199	3007	2565	3600	3331	141
1193	821	1108	570	572	1102	688	142
2539	2065	1870	2448	1971	2718	2194	143
1002	672	300	1555	194	475	151	144
1915	1419	838	671	1752	1162	889	145
2900	2070	2030	1626	2558	1900	2085	146
5005	5236	5989	4519	2817	3846	2679	149
9785	7339	6037	5989	5067	5134	3053	15
4559	3719	2979	3321	2207	1754	1153	151
4714	2323	2735	2323	2493	2948	1615	152
512	1297	323	345	367	432	285	153
	147	5793	1191	657		13	16
		5		526			161
		5788	1166				162
	147		25	131		13	169
45260	32665	28548	39141	28353	32129	25177	17
33583	22014	16150	21736	15496	21698	14788	171
1573	1698	1198	2833	2460	3621	2660	172
27	124	114	206	57	55	225	173
633	276	395	545	165	28	93	174
309	838	769	1139	711	590	677	175
2786	1718	2715	2857	2030	1801	1530	176
3329	3941	3675	3804	3049	2029	3170	177
3020	2056	3532	6021	4385	2307	2034	178
34612	25861	34816	42793	45044	39661	36484	18
23542	15169	24327	32206	32140	26090	23001	181
7836	7781	6289	5749	7033	6171	6738	182
3234	2911	4200	4838	5871	7400	6745	183
8719	6504	7890	15335	10463	8946	7409	19
1270	690	520	665	300	584	445	191
2827	2438	2329	4372	3187	2420	2629	192
277	780	942	1071	903	703	1124	193
903	20	358	662	252	802	662	194
3442	2576	3741	8565	5821	4437	2549	195

1-11 续表 12

行业	代码	2003年	2004年	2005年	2006年
木材加工和木、竹、藤、棕、草制品业	20	23046	25951	24684	32776
木材加工	201	2195	2594	4717	5712
人造板制造	202	16807	19818	14283	20655
木制品制造	203	3061	2939	5210	5995
竹、藤、棕、草等制品制造	204	983	600	474	414
家具制造业	21	9378	8534	8807	11938
木质家具制造	211	8945	7390	8014	10127
竹、藤家具制造	212	13			
金属家具制造	213	96	716	328	595
塑料家具制造	214	75	145	62	207
其他家具制造	219	249	283	403	1009
造纸和纸制品业	22	12849	11859	14323	10620
纸浆制造	221	963	150	120	
造纸	222	6327	4490	7069	4365
纸制品制造	223	5559	7219	7134	6255
印刷和记录媒介复制业	23	8901	12961	10400	13256
印刷	231	8513	11741	9743	12705
装订及印刷相关服务	232	388	1202	657	390
记录媒介复制	233		18		161
文教、工美、体育和娱乐用品制造业	24	23424	24094	26520	30142
文教办公用品制造	241	1065	772	1326	574
乐器制造	242	675	649	1221	479
工艺美术品制造	243	15992	16397	17503	21513
体育用品制造	244	3191	4555	3356	3055
玩具制造	245	2305	1648	2871	3806
游艺器材及娱乐用品制造	246	196	73	243	715
石油加工及炼焦	25	7863	10424	5476	4691
化学原料和化学制品制造业	26	58736	57261	52726	52126
基础化学原料制造	261	11935	10739	11508	11566
肥料制造	262	9199	4694	8811	4742
农药制造	263	4808	1334	1625	727
涂料、油墨、颜料及类似产品制造	264	2560	2910	3412	2537
合成材料制造	265	9191	12166	5776	9562
专用化学产品制造	266	19111	21381	19878	21438
炸药、火工及焰火产品制造	267	40	2860	556	328
日用化学产品制造	268	1892	1177	1160	1226
医药制造业	27	13706	11039	9812	9840
化学药品原料药制造	271	3975	5978	2196	2734
化学药品制剂制造	272	1907	542	904	1480
中药饮片加工	273	368	444	832	578
中成药生产	274	1894	654	595	532
兽用药品制造	275	596	533	947	769
生物药品制造	276	3251	1553	1735	2408
卫生材料及医药用品制造	277	1715	1335	2603	1339
化学纤维制造业	28	1339	1281	2071	1230
纤维素纤维原料及纤维制造	281	474	324	1272	230
合成纤维制造	282	865	957	799	1000
橡胶和塑料制品业	29	41456	28934	37080	35790
橡胶制品业	291	23550	12726	15297	13285
塑料制品业	292	17906	16208	21783	22505

2007年	2008年	2009年	2010年	2011年	2012年	2013年	代码
27999	22703	25155	30824	24578	23787	28672	20
4990	4542	5383	6939	6980	5852	11941	201
18323	13607	15120	16709	11698	11660	12370	202
4276	3822	4188	6380	5424	5473	3845	203
410	732	464	796	476	802	516	204
9777	8698	10945	10104	8592	8733	7776	21
9188	7578	9448	8322	6917	7484	6960	211
30	49	33	58	88	138	45	212
250	433	534	846	860	448	192	213
56	176	276	93	152	242	21	214
253	462	654	785	575	421	558	219
12662	11339	10994	12947	10418	9703	5312	22
138	13	389	263	34	83	43	221
4856	5052	3676	3820	4893	5156	1840	222
7668	6274	6929	8864	5491	4464	3429	223
9586	7366	10207	10567	7148	7179	5764	23
9234	6738	9601	10087	6821	6949	5592	231
311	561	384	480	302	230	167	232
41	67	222		25		5	233
21624	22506	21651	21564	19292	23855	13998	24
912	666	1199	660	664	658	264	241
638	125	326	262	545	1078	186	242
12344	14444	15713	15005	12772	17171	10172	243
3159	4472	2156	2464	2328	2691	1892	244
4483	2557	1995	3116	2878	2108	1423	245
88	242	262	57	105	149	61	246
7769	7577	4474	4070	4901	5506	1940	25
46546	45232	47087	43508	36372	31504	18028	26
7948	9280	7211	7051	10726	6990	4238	261
4944	6623	6066	5924	4021	6733	2330	262
2473	2252	819	629	1946	861	361	263
3847	2384	2808	3619	2429	2281	1778	264
6464	6478	7190	8573	4806	3450	1621	265
17070	16113	21074	15616	10504	9709	6867	266
990	215	95	60	426	52	5	267
2810	1887	1824	2036	1514	1428	828	268
9526	6679	11407	9417	5302	5464	2842	27
4371	1148	3208	1503	1352	941	607	271
995	1082	1834	764	1002	820	147	272
314	533	460	442	209	855	226	273
390	460	386	714	581	543	169	274
614	543	943	865	325	542	278	275
1245	2417	1527	1149	1388	1151	589	276
1597	496	3049	3980	445	612	826	277
1166	705	1455	2357	1740	1094	1415	28
78	65	133	1352	472	327	243	281
1088	640	1322	1005	1268	767	1172	282
28807	27437	31620	31928	26195	24709	19837	29
8742	12257	9334	9986	7421	7650	7363	291
20065	15180	22286	21942	18774	17059	12474	292

1-11 续表 13

行 业	代码	2003年	2004年	2005年	2006年
非金属矿物制品业	30	64097	48934	47417	66554
水泥、石灰和石膏制造	301	8040	6228	4717	4264
石膏、水泥制品及类似制品制造	302	6860	5051	9688	11761
砖瓦、石材等建筑材料制造	303	26544	18651	15291	24942
玻璃制造	304	417	925	728	2004
玻璃制品制造	305	5897	3282	4139	5873
玻璃纤维和玻璃纤维增强塑料制品制造	306	2782	4837	3135	4566
陶瓷制品制造	307	5904	4103	3178	4623
耐火材料制品制造	308	4760	2050	2665	3776
石墨及其他非金属矿物制品制造	309	2893	3807	3876	4745
黑色金属冶炼和压延加工业	31	55974	15750	24519	18845
炼铁	311	3538	687	140	58
炼钢	312	11735	3009	31	67
黑色金属铸造	313	6443	6959	5353	7687
钢压延加工	314	33748	4571	18727	10787
铁合金冶炼	315	510	524	268	246
有色金属冶炼和压延加工业	32	11759	7050	8207	9012
常用有色金属冶炼	321	397	940	2775	644
贵金属冶炼	322	8083	29	10	88
稀有稀土金属冶炼	323		73	29	117
有色金属合金制造	324	286	526	341	1042
有色金属铸造	325	359	437	455	179
有色金属压延加工	326	2634	5045	4597	6942
金属制品业	33	44921	43434	35649	39078
结构性金属制品制造	331	13820	11154	10133	10171
金属工具制造	332	3135	5301	3548	3707
集装箱及金属包装容器制造	333	2458	4175	1780	2164
金属丝绳及其制品制造	334	4728	1039	269	2312
建筑、安全用金属制品制造	335	2475	1927	3376	2078
金属表面处理及热处理加工	336	2738	1247	1801	899
搪瓷制品制造	337	194	533	185	511
金属制日用品制造	338	1273	3619	1558	3241
其他金属制品制造	339	14100	14439	12999	13995
通用设备制造业	34	57093	61409	60135	54485
锅炉及原动设备制造	341	10525	6132	6274	3889
金属加工机械制造	342	10054	9182	12482	13753
物料搬运设备制造	343	4354	3030	2163	2546
泵、阀门、压缩机及类似机械制造	344	8299	12025	13366	6528
轴承、齿轮和传动部件制造	345	5443	7044	7284	6601
烘炉、风机、衡器、包装等设备制造	346	5089	10265	5116	5993
文化、办公用机械制造	347	56	180	187	136
通用零部件制造	348	11826	11182	11769	13795
其他通用设备制造业	349	1447	2369	1494	1244
专用设备制造业	35	32699	33341	42904	50571
采矿、冶金、建筑专用设备制造	351	10041	11191	17645	20004
化工、木材、非金属加工专用设备制造	352	4580	5613	7237	7209
食品、饮料、烟草及饲料生产专用设备制造	353	791	1565	1053	1362
印刷、制药、日化及日用品生产专用设备制造	354	1125	1229	1294	2284
纺织、服装和皮革加工专用设备制造	355	1587	2512	3330	4338
电子和电工机械专用设备制造	356	4426	2048	2071	2168
农、林、牧、渔专用机械制造	357	2954	4938	6040	6980
医疗仪器设备及器械制造	358	2882	809	886	1171
环保、社会公共服务及其他专用设备制造	359	4313	3436	3348	5055

2007年	2008年	2009年	2010年	2011年	2012年	2013年	代码
53327	58955	61007	73081	60288	49963	40654	30
6612	4360	5549	5631	4164	2716	3169	301
8056	9094	11020	18235	15475	15372	8866	302
20719	20447	22218	29326	24293	19740	18245	303
752	1735	1818	1193	1128	545	890	304
4268	4562	5487	3768	3225	3617	2167	305
3791	5904	6453	4147	2988	1815	2849	306
4185	3700	2760	5334	3560	1103	1156	307
1669	2617	2033	1698	949	1653	1343	308
3275	6536	3669	3749	4506	3402	1969	309
11110	12061	13787	10889	10212	38410	4450	31
341	535	305	638	699	184		311
67	402	389	248	54	644	133	312
3721	5890	5359	3638	2772	1649	1156	313
6861	4734	7265	5010	5954	35162	3068	314
120	500	469	1355	733	771	93	315
11804	12780	7600	7196	13032	4888	3183	32
1253	868	461	538	1916	842	480	321
270	1099	468	21	38	90		322
80	177	75	86	20	61		323
5362	622	726	707	871	1279	356	324
464	546	626	225	491	343	337	325
4375	9468	5244	5619	9696	2273	2010	326
38687	32078	38336	41835	33989	30665	20835	33
10520	10469	13367	17431	12294	13608	10425	331
3157	3616	4640	4382	4119	3728	2985	332
4331	1948	2022	2662	2873	1498	445	333
530	843	2703	1527	749	704	592	334
2674	1742	2139	1751	2745	2711	1866	335
3051	1945	2177	2901	2105	1206	428	336
112	238	511	111	182	257	205	337
2316	1400	1240	1853	1863	1772	901	338
11996	9877	9537	9217	7059	5181	2988	339
46681	55898	59704	62421	53649	49493	35038	34
4489	3412	4334	3655	4544	3552	3897	341
11465	15905	16156	16838	14127	11933	10161	342
3450	2971	4941	3808	2923	2627	2410	343
5978	5714	7264	7603	4767	3807	2536	344
5131	6813	5292	5855	6004	6761	3551	345
2064	5300	6635	6071	4240	5787	2755	346
389	329	179	425	316	215	184	347
12102	12964	12530	15506	13842	11721	8201	348
1613	2490	2373	2660	2886	3090	1343	349
41964	37033	39555	44407	38884	34740	26101	35
18626	14389	12024	15533	12913	11964	7177	351
4888	6454	7301	7024	5236	5294	4266	352
594	1073	1687	1711	1061	1431	961	353
881	846	2100	1536	1506	970	1044	354
2324	2017	2372	3255	3897	3243	1491	355
2768	2508	3012	3207	2386	2057	2170	356
5900	5303	3714	4476	5173	3732	3849	357
1073	818	1835	2804	1132	1971	839	358
4910	3625	5510	4861	5580	4078	4304	359

1-11 续表 14

行　业	代码	2003年	2004年	2005年	2006年
汽车制造业	36	27137	26925	29396	24264
汽车整车制造	361	6356	3315	7652	2415
改装汽车制造	362	2341	2364	3273	831
低速载货汽车制造	363	15		460	
电车制造	364	101	516	51	70
汽车车身、挂车制造	365	1183	1556	608	843
汽车零部件及配件制造	366	17141	19174	17352	20105
铁路、船舶、航空航天和其他运输设备制造业	37	4460	6031	5941	13289
铁路运输设备制造	371	528	1429	940	1821
城市轨道交通设备制造	372				50
船舶及相关装置制造	373	1916	1246	2527	8960
航空、航天器及设备制造	374		1546	251	28
摩托车制造	375	776	471	1605	586
自行车制造	376	357	755	162	733
非公路休闲车及零配件制造	377	91	133	1	
潜水救捞及其他未列明运输设备制造	379	792	451	455	1111
电气机械和器材制造业	38	26881	29142	26367	32695
电机制造	381	2445	5974	2663	3613
输配电及控制设备制造	382	10025	12680	7542	8634
电线、电缆、光缆及电工器材制造	383	6839	4233	4387	8279
电池制造	384	1213	1566	2695	4771
家用电力器具制造	385	2225	1944	1567	2713
非电力家用器具制造	386	271	645	2370	1960
照明器具制造	387	1943	811	2343	1475
其他电气机械及器材制造	389	1920	1289	2800	1250
计算机、通信和其他电子设备制造业	39	20490	21816	19527	17904
计算机制造	391	914	2534	1705	539
通信设备制造	392	1705	1578	1692	238
广播电视设备制造	393	1985	193	277	4080
雷达及配套设备制造	394	15	12	21	
视听设备制造	395	3335	119	429	27
电子器件制造	396	1219	7928	3790	912
电子元件制造	397	10555	8533	10864	11133
其他电子设备制造	399	762	919	749	975
仪器仪表制造业	40	6977	6074	3780	5574
通用仪器仪表制造	401	4919	2958	1628	2731
专用仪器仪表制造	402	1422	2109	421	1998
钟表与计时仪器制造	403	177	565	506	95
光学仪器及眼镜制造	404	244	191	1046	511
其他仪器仪表制造业	409	215	251	179	239
其他制造业	41	1425	2371	2690	2706
废弃资源综合利用业	42	493	1330	1147	1526
金属废料和碎屑加工处理	421	301	1146	590	429
非金属废料和碎屑加工处理	422	192	184	557	1097
金属制品、机械和设备修理业	43	488	833	1286	1241
金属制品修理	431	59	24	108	109
通用设备修理	432	107	122	60	102
专用设备修理	433	70	268	190	183
铁路、船舶、航空航天等运输设备修理	434	135	181	261	440
电气设备修理	435	27	57	168	44
仪器仪表修理	436		2	4	36
其他机械和设备修理业	439	90	179	495	327

2007年	2008年	2009年	2010年	2011年	2012年	2013年	代码
22641	23368	19865	31777	21405	20106	11243	36
2875	82	990	961	3807	573	1233	361
433	2454	294	1282	355	1377	78	362
	10	24	25	5	18	25	363
528	87	230	662	515	819	558	364
2203	1459	2535	2847	828	751	304	365
16602	19276	15792	26000	15895	16568	9045	366
12027	7999	6733	8506	6573	5214	3715	37
1582	1555	696	989	1852	412	336	371
		65	118	8	47	10	372
6814	3220	3375	3193	2129	2140	1398	373
13	224	102	283	131	63	176	374
461	44	350	2485	315	240	147	375
2292	2191	1145	544	1297	1772	1201	376
		132	107	43	57	52	377
865	765	868	787	798	483	395	379
23247	25547	27401	28226	20812	19621	13424	38
2740	2467	3069	2557	1372	1363	1666	381
7252	11165	11081	12671	5949	6579	4461	382
3883	2551	3535	3755	5021	2641	2893	383
1335	2167	2057	1965	1065	2806	427	384
2453	1687	1625	1494	1529	1020	1015	385
2405	2812	2312	2536	1750	1359	1253	386
2356	1765	2279	2185	1689	2027	749	387
823	933	1443	1063	2437	1826	960	389
13471	12115	10070	23306	9576	18841	5423	39
863	459	541	1968	594	174	424	391
1171	1003	669	1186	971	5789	414	392
204	937	1005	699	486	4574	53	393
			2		10		394
259	300	102	3073	84	647	11	395
2201	2573	1335	6538	2080	497	688	396
7191	5499	4788	7944	3495	4318	2550	397
1582	1344	1630	1896	1866	2832	1283	399
4083	5590	4656	3794	4043	2998	1565	40
2718	3987	3178	2140	2265	1109	598	401
1031	1223	1056	1088	1085	702	419	402
10	52	17	240	308	114	34	403
53	132	36	30	57	64	244	404
271	196	369	296	328	1009	270	409
3882	4825	3092	3096	3014	3506	2215	41
866	1644	1858	714	1644	1319	1320	42
475	748	1026	375	783	232	533	421
391	896	832	339	861	1087	787	422
866	1425	1504	2571	2542	5397	2447	43
6	2	22	105	32	416	172	431
81	172	246	128	197	214	282	432
134	85	171	164	148	120	131	433
330	637	659	1528	1554	3681	1523	434
53		62	205	191	166	34	435
		9		18	12		436
262	529	335	441	402	788	305	439

1-11 续表 15

行业	代码	2003年	2004年	2005年	2006年
电力、热力、燃气及水生产和供应业	D	**13259**	**7234**	**10415**	**10244**
电力、热力生产和供应业	44	7388	4726	5755	4250
电力生产	441	5711	2698	2700	2859
电力供应	442	1	290	825	128
热力生产和供应	443	1676	1738	2230	1263
燃气生产和供应业	45	2575	1776	1761	888
燃气生产和供应业	450	2575	1776	1761	888
水的生产和供应业	46	3296	732	2899	5106
自来水生产和供应	461	2769	231	2029	1647
污水处理及其再生利用	462	464	295	826	1349
其他水的处理、利用与分配	469	63	206	44	2110
建筑业	E	**136286**	**153938**	**107756**	**112618**
房屋建筑业	47	74583	95442	66271	69054
房屋建筑业	470	74583	95442	66271	69054
土木工程建筑业	48	29701	33010	17882	20051
铁路、道路、隧道和桥梁工程建筑	481	18067	21069	8399	10498
水利和内河港口工程建筑	482	2386	1520	427	751
海洋工程建筑	483	8	37	43	16
工矿工程建筑	484	3114	5626	2382	2831
架线和管道工程建筑	485	2343	2763	915	1424
其他土木工程建筑	489	3783	1995	5716	4531
建筑安装业	49	15284	14291	10093	11046
电气安装	491	3208	1552	2319	1974
管道和设备安装	492	4900	7970	2231	2689
其他建筑安装业	499	7176	4769	5543	6383
建筑装饰和其他建筑业	50	16718	11195	13510	12467
建筑装饰业	501	10005	6981	9474	5912
工程准备活动	502	2399	945	1271	2653
提供施工设备服务	503	317	64	553	872
其他未列明建筑业	509	3997	3205	2212	3030
批发和零售业	F	**132926**	**132083**	**152254**	**162838**
批发业	51	67423	79770	91419	98428
农、林、牧产品批发	511	4546	5063	5892	6950
食品、饮料及烟草制品批发	512	8537	9442	13176	15420
纺织、服装及家庭用品批发	513	6533	8118	10779	10192
文化、体育用品及器材批发	514	1979	2871	3252	3193
医药及医疗器材批发	515	1760	6153	6358	4569
矿产品、建材及化工产品批发	516	26091	22752	26036	32791
机械设备、五金产品及电子产品批发	517	12412	19805	18416	17686
贸易经纪与代理	518	1303	1466	2198	2270
其他批发业	519	4262	4100	5312	5357
零售业	52	65503	52313	60835	64410
综合零售	521	22050	13123	18209	17413
食品、饮料及烟草制品专门零售	522	2873	3060	3742	4524
纺织、服装及日用品专门零售	523	3305	3090	5659	4827
文化、体育用品及器材专门零售	524	1748	1758	1708	1759
医药及医疗器材专门零售	525	7899	4037	6373	6007
汽车、摩托车、燃料及零配件专门零售	526	14434	11965	11788	12856
家用电器及电子产品专门零售	527	4883	5934	5287	7134
五金、家具及室内装饰材料专门零售	528	5183	6039	5299	5787
货摊、无店铺及其他零售业	529	3128	3307	2770	4103

2007年	2008年	2009年	2010年	2011年	2012年	2013年	代码
8384	**7751**	**9251**	**8624**	**7250**	**6692**	**6110**	D
4272	4630	4996	5054	5256	4104	3932	44
3081	973	3949	2858	3836	2231	2403	441
153	71	242	382	272	327	630	442
1038	3586	805	1814	1148	1546	899	443
2010	1559	1961	1425	1130	914	1054	45
2010	1559	1961	1425	1130	914	1054	450
2102	1562	2294	2145	864	1674	1124	46
874	794	763	1128	393	581	311	461
1209	730	1473	991	467	990	751	462
19	38	58	26	4	103	62	469
76741	**70013**	**84269**	**82436**	**74277**	**69252**	**63330**	E
47605	33596	37547	32905	23123	20286	19583	47
47605	33596	37547	32905	23123	20286	19583	470
8669	13902	15261	15556	13470	15036	11984	48
3075	5019	5851	6052	4781	5359	4151	481
513	501	3073	1626	1076	888	666	482
61	20	224	41	173	50	53	483
1146	2702	2142	1131	573	135	292	484
1375	3118	1207	1953	971	2393	1260	485
2499	2542	2764	4753	5896	6211	5562	489
10451	11543	13007	12078	15280	12537	11104	49
1728	1769	1825	2779	2647	2026	1508	491
4049	5188	5308	2966	3461	3081	2819	492
4674	4586	5874	6333	9172	7430	6777	499
10016	10972	18454	21897	22404	21393	20659	50
6188	6425	10054	13504	15454	14879	15191	501
815	1160	1393	1698	1536	1232	1313	502
455	654	917	637	647	905	951	503
2558	2733	6090	6058	4767	4377	3204	509
155525	**201368**	**286709**	**339574**	**366270**	**362217**	**421443**	F
96142	136931	194781	226321	244634	245676	282999	51
7462	16607	25489	27944	26560	35210	48508	511
17533	33672	43649	45659	51997	52323	67022	512
9222	10470	15687	18818	22488	21799	25687	513
2599	3292	4968	6445	7114	7601	8795	514
3595	2154	3757	4255	4950	5919	5092	515
29978	36643	54361	68723	70231	59610	66080	516
17959	21258	30579	36976	41765	44083	43221	517
2212	5380	6220	5367	5964	6428	5482	518
5582	7455	10071	12134	13565	12703	13112	519
59383	64437	91928	113253	121636	116541	138444	52
11169	13419	20621	22690	23769	22476	29734	521
5042	8165	8644	10615	11934	14746	16125	522
4250	3746	6224	13151	11016	11326	19109	523
1616	2453	3492	3952	12837	6372	6264	524
2893	6085	7705	8781	6457	7495	7465	525
13090	10690	18679	22290	20320	19046	15189	526
5964	6707	9854	10913	11580	10986	12215	527
11220	7332	10431	13183	14161	14537	22654	528
4139	5840	6278	7678	9562	9557	9689	529

1-11 续表 16

行 业	代码	2003年	2004年	2005年	2006年
交通运输、仓储和邮政业	G	**43114**	**47769**	**29789**	**44993**
道路运输业	54	16452	26157	17857	26246
城市公共交通运输	541	2447	3089	1692	3272
公路旅客运输	542	4333	682	521	920
道路货物运输	543	8775	21336	14562	19815
道路运输辅助活动	544	897	1050	1082	2239
水上运输业	55	12589	5685	2967	4793
水上旅客运输	551	80	185	184	132
水上货物运输	552	2112	4825	1296	3524
水上运输辅助活动	553	10397	675	1487	1137
航空运输业	56	1984	947	59	122
航空客货运输	561	13	8	38	55
通用航空服务	562		939	16	15
航空运输辅助活动	563	1971		5	52
管道运输业	57	224	42	27	4
管道运输业	570	224	42	27	4
装卸搬运和运输代理业	58	6924	8516	4085	8561
装卸搬运	581	2981	4564	666	1650
运输代理业	582	3943	3952	3419	6911
仓储业	59	4773	6266	4593	4923
谷物、棉花等农产品仓储	591	1197	926	1257	1891
其他仓储业	599	3576	5340	3336	3032
邮政业	60	168	156	201	344
邮政基本服务	601			22	14
快递服务	602	168	156	179	330
住宿和餐饮业	H	**15319**	**14769**	**17706**	**21468**
住宿业	61	5420	4852	7515	8017
旅游饭店	611	3677	3425	5792	5262
一般旅馆	612	1691	1347	1442	2447
其他住宿业	619	52	80	281	308
餐饮业	62	9899	9917	10191	13451
正餐服务	621	8360	8950	9502	11875
快餐服务	622	874	630	372	888
饮料及冷饮服务	623	23	206	41	70
其他餐饮业	629	642	131	276	618
信息传输、软件和信息技术服务业	I	**14407**	**10331**	**7009**	**9210**
电信、广播电视和卫星传输服务	63	4710	2227	362	1555
电信	631	2949	1976	139	1512
广播电视传输服务	632	1718	236	223	38
卫星传输服务	633	43	15		5
互联网和相关服务	64	1704	774	1030	1198
互联网接入及相关服务	641	430	201	50	298
互联网信息服务	642	1162	502	909	757
其他互联网服务	649	112	71	71	143
软件和信息技术服务业	65	7993	7330	5617	6457
软件开发	651	4325	3389	3386	4271
信息系统集成服务	652	2526	466	853	469
信息技术咨询服务	653	418	1546	424	939
数据处理和存储服务	654	219	1352	58	88
集成电路设计	655	166	32	748	421
其他信息技术服务业	659	339	545	148	269

2007年	2008年	2009年	2010年	2011年	2012年	2013年	代码
50140	**44920**	**54130**	**66829**	**60647**	**54324**	**55732**	G
36299	29544	35938	40218	42469	39801	37016	54
2163	1195	1336	3495	2123	4411	1015	541
327	656	564	743	667	380	523	542
32535	26730	33294	34672	38961	32829	34215	543
1274	963	744	1308	718	2181	1263	544
1758	1460	1590	1590	1865	986	1251	55
242	87	32	279	26	111	48	551
1212	1226	879	716	1047	578	348	552
304	147	679	595	792	297	855	553
21	51	170	396	214	195	366	56
11	48	11	168	31	12	13	561
6		60	220	1	157	26	562
4	3	99	8	182	26	327	563
355	56	620	1173	255	85	24	57
355	56	620	1173	255	85	24	570
6863	7555	5853	10470	8311	6850	9198	58
2473	3996	1995	2971	2269	1805	3000	581
4390	3559	3858	7499	6042	5045	6198	582
4538	5098	7428	9082	6349	4800	6932	59
1293	2180	3001	3672	2878	1504	2393	591
3245	2918	4427	5410	3471	3296	4539	599
306	1156	2531	3900	1184	1607	945	60
	43	12	50	18		12	601
306	1113	2519	3850	1166	1607	933	602
25952	**29250**	**32584**	**33788**	**30689**	**36207**	**35805**	H
10055	13211	12070	9995	9960	9105	6621	61
7802	7720	8517	5111	4818	3835	2179	611
2037	5315	3239	3974	4550	4763	3363	612
216	176	314	910	592	507	1079	619
15897	16039	20514	23793	20729	27102	29184	62
14684	14838	19069	21780	16814	23365	24140	621
459	827	1093	1224	1867	2523	3082	622
150	86	38	135	176	154	186	623
604	288	314	654	1872	1060	1776	629
9056	**25886**	**11360**	**14929**	**16001**	**15475**	**14510**	I
2608	13291	1781	2196	712	749	544	63
2554	13211	1680	397	445	429	217	631
54	80	101	1799	234	320	316	632
				33		11	633
1087	772	1171	1384	2512	2152	2057	64
108	142	133	294	339	335	222	641
881	550	929	833	1912	1570	1422	642
98	80	109	257	261	247	413	649
5361	11823	8408	11349	12777	12574	11909	65
2983	4240	4709	6371	6403	6733	6172	651
493	692	563	662	1272	1292	1467	652
447	1383	1848	2453	2883	2562	2706	653
148	508	348	495	267	218	294	654
40	577	61	117	139	53	92	655
1250	4423	879	1251	1813	1716	1178	659

1-11 续表 17

行 业	代码	2003年	2004年	2005年	2006年
房地产业	K	**29601**	**30923**	**33286**	**34934**
房地产业	70	29601	30923	33286	34934
房地产开发经营	701	13992	12415	15018	16657
物业管理	702	12920	15585	15642	14238
房地产中介服务	703	1734	2030	1516	2365
自有房地产经营活动	704	492	495	714	179
其他房地产业	709	463	398	396	1495
租赁和商务服务业	L	**21874**	**27940**	**25278**	**30620**
租赁业	71	805	1893	1096	1668
机械设备租赁	711	774	1867	1072	1586
文化及日用品出租	712	31	26	24	82
商务服务业	72	21069	26047	24182	28952
企业管理服务	721	2512	3551	2862	3007
法律服务	722	837	1098	658	732
咨询与调查	723	2768	3634	4645	5350
广告业	724	2616	2946	2623	3784
知识产权服务	725	219	153	137	152
人力资源服务	726	4304	6322	5634	5778
旅行社及相关服务	727	2014	2423	2086	2355
安全保护服务	728	1160	1792	580	2059
其他商务服务业	729	4639	4128	4957	5735
科学研究和技术服务业	M	**14945**	**16409**	**19750**	**21486**
研究和试验发展	73	1019	1542	908	1280
自然科学研究和试验发展	731	119	71	103	86
工程和技术研究和试验发展	732	351	177	264	370
农业科学研究和试验发展	733	157	454	296	414
医学研究和试验发展	734	233	785	202	372
社会人文科学研究	735	159	55	43	38
专业技术服务业	74	10063	9956	12090	10665
气象服务	741	61	124	31	295
地震服务	742	151	14	9	14
海洋服务	743	18	2	85	13
测绘服务	744	446	446	417	225
质检技术服务	745	953	878	1484	1719
环境与生态监测	746	127	11	116	176
地质勘查	747	524	637	1852	177
工程技术	748	6411	6119	5902	5480
其他专业技术服务业	749	1372	1725	2194	2566
科技推广和应用服务业	75	3863	4911	6752	9541
技术推广服务	751	3048	4487	6190	8258
科技中介服务	752	365	168	92	296
其他科技推广和应用服务业	759	450	256	470	987
水利、环境和公共设施管理业	N	**7988**	**6603**	**6453**	**5550**
水利管理业	76	396	446	635	268
防洪除涝设施管理	761	224	155	164	40
水资源管理	762	26	46	9	153
天然水收集与分配	763	102	65	36	18
水文服务	764	12	79	21	7
其他水利管理业	769	32	101	405	50

2007年	2008年	2009年	2010年	2011年	2012年	2013年	代码
36811	**35779**	**44346**	**62026**	**46515**	**37342**	**34746**	K
36811	35779	44346	62026	46515	37342	34746	70
17342	15636	21886	33699	21940	13398	11978	701
15458	15756	17629	20894	18036	14323	14834	702
2974	3234	3125	4617	4589	6534	6259	703
395	373	525	860	528	1630	503	704
642	780	1181	1956	1422	1457	1172	709
32360	**42217**	**50661**	**61889**	**74467**	**81372**	**87117**	L
1763	4957	4560	5118	6175	5424	7591	71
1687	4931	4484	4967	5904	5243	7393	711
76	26	76	151	271	181	198	712
30597	37260	46101	56771	68292	75948	79526	72
5676	7166	8727	12876	15153	13359	13268	721
1006	946	2391	1514	1342	1185	785	722
6559	7986	8752	10083	14471	15963	30329	723
2998	4352	5931	8442	10033	9868	11493	724
117	108	297	213	340	532	239	725
6242	6999	6012	4879	5752	9978	6397	726
2536	1827	3400	3879	3445	2757	3438	727
1026	1067	754	566	3303	1344	1259	728
4437	6809	9837	14319	14453	20962	12318	729
24478	**58924**	**81023**	**85875**	**78650**	**94343**	**115519**	M
826	1288	1848	3226	3413	4282	4208	73
107	131	120	289	354	618	367	731
337	560	1056	1798	1547	2149	2134	732
285	261	321	612	758	643	1100	733
65	261	278	362	713	705	559	734
32	75	73	165	41	167	48	735
10426	9848	13044	12505	11876	13967	12360	74
50	76	51	90	66	39	34	741
42	40	14	5	66	22	302	742
16	10	8	17	47	151	303	743
247	139	335	785	320	330	173	744
1609	2000	2183	1483	1376	2222	1256	745
101	275	894	458	501	412	148	746
150	159	310	312	492	425	450	747
4365	4650	5060	5247	4542	4728	4695	748
3846	2499	4189	4108	4466	5638	4999	749
13226	47788	66131	70144	63361	76094	98951	75
11615	43074	60666	62899	57482	69385	88231	751
1003	3031	2006	4017	2696	2855	1967	752
608	1683	3459	3228	3183	3854	8753	759
6551	**8838**	**7445**	**16697**	**10540**	**11224**	**11294**	N
481	671	749	663	478	470	579	76
187	85	177	77	85	135	95	761
81	100	218	314	75	92	137	762
	285	73	58	86	39	80	763
1	43	8	143	53	81	105	764
212	158	273	71	179	123	162	769

1-11 续表 18

行业	代码	2003年	2004年	2005年	2006年
生态保护和环境治理业	77	660	673	365	836
生态保护	771	179	31	27	283
环境治理业	772	481	642	338	553
公共设施管理业	78	6932	5484	5453	4446
市政设施管理	781	405	599	74	327
环境卫生管理	782	794	1179	951	457
城乡市容管理	783	156	258	361	196
绿化管理	784	2783	2360	2169	1755
公园和游览景区管理	785	2794	1088	1898	1711
居民服务、修理和其他服务业	O	**6885**	**5989**	**7737**	**9472**
居民服务业	79	2307	2722	3452	4348
家庭服务	791	184	613	479	1823
托儿所服务	792	109	318	41	26
洗染服务	793	42	63	180	71
理发及美容服务	794	122	222	606	183
洗浴服务	795	323	382	361	437
保健服务	796	134	89	220	219
婚姻服务	797	94	88	110	181
殡葬服务	798	274	267	239	192
其他居民服务业	799	1025	680	1216	1216
机动车、电子产品和日用产品修理业	80	2717	2394	2587	2980
汽车、摩托车修理与维护	801	2128	1588	1629	2420
计算机和办公设备维修	802	290	229	725	185
家用电器修理	803	178	167	131	237
其他日用产品修理业	809	121	410	102	138
其他服务业	81	1861	873	1698	2144
清洁服务	811	978	364	746	1138
其他未列明服务业	819	883	509	952	1006
教育	P	**31907**	**33299**	**35559**	**35670**
教育	82	31907	33299	35559	35670
学前教育	821	5430	4901	5133	5684
初等教育	822	7011	6644	8229	6571
中等教育	823	12123	5241	9282	7227
高等教育	824	3734	8411	3931	5091
特殊教育	825	224	67	146	240
技能培训、教育辅助及其他教育	829	3385	8035	8838	10857
卫生和社会工作	Q	**8734**	**16672**	**13149**	**12198**
卫生	83	7786	15954	12144	10826
医院	831	4105	10960	6357	5121
社区医疗与卫生院	832	1879	1884	3275	2357
门诊部(所)	833	885	898	748	1095
计划生育技术服务活动	834	69	266	192	256
妇幼保健院(所、站)	835	28	8	214	14
专科疾病防治院(所、站)	836	147	444	17	204
疾病预防控制中心	837	591	1073	1158	1046
其他卫生活动	839	82	421	183	733
社会工作	84	948	718	1005	1372
提供住宿社会工作	841	871	691	893	1274
不提供住宿社会工作	842	77	27	112	98

2007年	2008年	2009年	2010年	2011年	2012年	2013年	代码
992	870	804	524	977	496	1134	77
228	347	93	80	168	109	372	771
764	523	711	444	809	387	762	772
5078	7297	5892	15510	9085	10258	9581	78
389	330	652	1063	1627	1463	601	781
337	1382	914	3906	355	942	1350	782
52	96	183	2159	118	301	91	783
2538	2696	2260	4450	4078	4311	4829	784
1762	2793	1883	3932	2907	3241	2710	785
7952	**9706**	**13924**	**14655**	**19999**	**19400**	**19831**	O
2242	3429	4297	4107	7072	7141	7229	79
242	511	489	812	1530	1716	1773	791
53	67	136	119	68	7	11	792
158	99	62	152	141	146	169	793
127	123	170	231	657	345	523	794
234	604	645	377	632	952	294	795
115	80	166	347	322	416	298	796
140	124	362	331	793	656	1171	797
111	478	197	190	412	133	90	798
1062	1343	2070	1548	2517	2770	2900	799
3028	3949	5206	5647	6201	6752	7233	80
2538	2950	4347	4329	4654	5103	5583	801
176	313	428	512	547	417	498	802
115	428	275	500	703	663	720	803
199	258	156	306	297	569	432	809
2682	2328	4421	4901	6726	5507	5369	81
1631	1310	2510	2271	4645	2254	3002	811
1051	1018	1911	2630	2081	3253	2367	819
25099	**33530**	**30971**	**38599**	**33052**	**34963**	**23220**	P
25099	33530	30971	38599	33052	34963	23220	82
4782	7173	7451	7523	7511	8759	5425	821
6065	7637	7653	7024	6890	5968	3577	822
5305	11112	8421	12800	7550	9747	4906	823
3771	85	111	4004	2701	286	2626	824
135	92	88	212	762	165	250	825
5041	7431	7247	7036	7638	10038	6436	829
10757	**13260**	**13118**	**15122**	**20311**	**12922**	**13796**	Q
9239	11332	10978	13162	18524	10786	11275	83
3869	3895	4393	6098	11246	3380	6448	831
2242	4219	3711	3411	4059	3772	2586	832
856	1633	2000	1713	1545	1502	980	833
272	157	138	390	638	963	369	834
102	242	74	8		185	118	835
31	132	30	121	83	109	247	836
1592	597	176	571	296	441	99	837
275	457	456	850	657	434	428	839
1518	1928	2140	1960	1787	2136	2521	84
1334	1792	2015	1926	1628	2000	2236	841
184	136	125	34	159	136	285	842

1-11 续表 19

行业	代码	2003年	2004年	2005年	2006年
文化、体育和娱乐业	R	**4800**	**4780**	**5553**	**6919**
新闻和出版业	85	212	222	142	288
新闻业	851	47	100	6	28
出版业	852	165	122	136	260
广播、电视、电影和影视录音制作业	86	212	187	272	743
广播	861	92	72		41
电视	862	57	5	49	307
电影和影视节目制作	863	22	29	87	26
电影和影视节目发行	864	11		34	98
电影放映	865	30	21	97	268
录音制作	866		60	5	3
文化艺术业	87	914	850	793	1095
文艺创作与表演	871	594	299	325	349
艺术表演场馆	872	10	23	20	107
图书馆与档案馆	873	10	24	21	28
文物及非物质文化遗产保护	874	38	48	25	183
博物馆	875	62	114	56	87
烈士陵园、纪念馆	876	12	108	17	12
群众文化活动	877	66	35	125	150
其他文化艺术业	879	122	199	204	179
体育	88	433	909	685	1017
体育组织	881	107	84	224	34
体育场馆	882	17		156	79
休闲健身活动	883	301	815	280	864
其他体育	889	8	10	25	40
娱乐业	89	3029	2612	3661	3776
室内娱乐活动	891	2936	2401	2780	3642
游乐园	892		145	437	35
彩票活动	893	2			
文化、娱乐、体育经纪代理	894		8	8	7
其他娱乐业	899	91	58	436	92
公共管理、社会保障和社会组织	S	**39046**	**50081**	**38901**	**36969**
中国共产党机关	90	184	261	422	332
中国共产党机关	900	184	261	422	332
国家机构	91	27899	25857	23733	21699
国家权力机构	911	80	151	54	517
国家行政机构	912	27465	25325	22905	20652
人民法院和人民检察院	913	178	48	518	74
其他国家机构	919	176	333	256	456
人民政协、民主党派	92	160	20	55	167
人民政协	921	147	9	47	167
民主党派	922	13	11	8	
社会保障	93	194	253	362	195
社会保障	930	194	253	362	195
群众团体、社会团体和其他成员组织	94	5738	6690	8687	9209
群众团体	941	263	1148	578	629
社会团体	942	4508	5282	7912	8119
基金会	943	16	16	16	26
宗教组织	944	951	244	181	435
基层群众自治组织	95	4871	17000	5642	5367
社区自治组织	951	3262	11856	2222	2716
村民自治组织	952	1609	5144	3420	2651

2007年	2008年	2009年	2010年	2011年	2012年	2013年	代码
5744	**7875**	**10692**	**21601**	**11642**	**14970**	**10663**	R
291	571	499	631	1344	784	257	85
		47	51	89	18	13	851
291	571	452	580	1255	766	244	852
410	1986	1682	11112	2342	3448	1212	86
10	808	28	6657	265	617	19	861
108	727	1263	3022	590	142	207	862
46	97	184	710	820	1746	445	863
10	86	18	31	12	25	41	864
233	246	159	670	593	890	473	865
3	22	30	22	62	28	27	866
584	922	2061	2679	2369	4696	3984	87
207	303	798	1084	834	2128	1327	871
18		115	203	59	57	96	872
27	2	16	50	114	35	13	873
18	92	96	136	83	401	278	874
66	92	136	76	127	197	152	875
6	137	350		25	27	21	876
94	52	91	427	208	753	668	877
148	244	459	703	919	1098	1429	879
695	1154	1073	873	1234	1482	1093	88
80	102	210	95	226	538	194	881
135	145	182	169	242	99	66	882
469	848	458	558	689	704	736	883
11	59	223	51	77	141	97	889
3764	3242	5377	6306	4353	4560	4117	89
3628	2589	3999	4719	3813	3838	3046	891
1	416	885	1195	135	30	589	892
11	56	19	13		2	4	893
13	40	34	129	109	255	182	894
111	141	440	250	296	435	296	899
36537	**45626**	**52767**	**74378**	**55319**	**52707**	**33624**	S
143	130	189	526	183	293	343	90
143	130	189	526	183	293	343	900
22634	24343	18966	50443	26875	28777	13530	91
131	307	195	683	108	217	205	911
21809	23681	18276	48268	25717	27784	12849	912
357	199	26	156	573	466	60	913
337	156	469	1336	477	310	416	919
7	56	23	25	19		43	92
7	7	23	23			27	921
	49		2	19		16	922
286	355	421	647	316	443	138	93
286	355	421	647	316	443	138	930
7998	12206	12624	13321	15089	19100	15527	94
486	2171	1024	912	1015	766	855	941
7294	9808	11300	12070	13737	18051	14465	942
55	10	24	85	14	45	68	943
163	217	276	254	323	238	139	944
5469	8536	20544	9416	12837	4094	4043	95
2604	3595	6584	2911	2668	1763	1882	951
2865	4941	13960	6505	10169	2331	2161	952

1-12 按行业(中类)、登记注册

行业	代码	法人单位数(个)	内资	国有	集体	股份合作	联营
总计		**823846**	**811799**	**64672**	**21746**	**2477**	**670**
农、林、牧、渔业	**A**	**12933**	**12921**	**140**	**1478**	**12**	**1**
农业	01	12	12	3	1		
谷物种植	011	2	2	1			
豆类、油料和薯类种植	012	1	1	1			
棉、麻、糖、烟草种植	013	1	1	1			
蔬菜、食用菌及园艺作物种植	014	4	4				
水果种植	015	1	1				
坚果、含油果、香料和饮料作物种植	016	1	1				
中药材种植	017	1	1				
其他农业	019	1	1		1		
林业	02	2	2	2			
林木育种和育苗	021						
造林和更新	022	1	1	1			
森林经营和管护	023	1	1	1			
木材和竹材采运	024						
林产品采集	025						
畜牧业	03	8	8		1		
牲畜饲养	031	1	1				
家禽饲养	032	6	6		1		
狩猎和捕捉动物	033						
其他畜牧业	039	1	1				
渔业	04	5	5	1	1		
水产养殖	041	3	3		1		
水产捕捞	042	2	2	1			
农、林、牧、渔服务业	05	12906	12894	134	1475	12	1
农业服务业	051	8928	8923	81	1022	5	1
林业服务业	052	558	556	35	67		
畜牧服务业	053	2704	2701	10	332	2	
渔业服务业	054	716	714	8	54	5	
采矿业	**B**	**3727**	**3691**	**73**	**230**	**20**	**2**
煤炭开采和洗选业	06	630	626	43	22	2	
烟煤和无烟煤开采洗选	061	590	586	40	20	2	
褐煤开采洗选	062	21	21	3	2		
其他煤炭采选	069	19	19				
石油和天然气开采业	07	47	46	6			
石油开采	071	38	37	6			
天然气开采	072	9	9				
黑色金属矿采选业	08	493	487	7	11	4	1
铁矿采选	081	473	467	7	11	4	1
锰矿、铬矿采选	082	4	4				
其他黑色金属矿采选	089	16	16				
有色金属矿采选业	09	261	252	5	40	2	
常用有色金属矿采选	091	65	64	1			
贵金属矿采选	092	189	182	4	40	2	
稀有稀土金属矿采选	093	7	6				

类型分组的法人单位数

国有联营	集体联营	国有与集体联营	其他联营	有限责任公司	国有独资	其他有限责任公司	股份有限公司	私营	私营独资	代码
103	**315**	**74**	**178**	**81109**	**1045**	**80064**	**7004**	**501222**	**160445**	
			1	**179**	**3**	**176**	**37**	**9707**	**3534**	A
				1		1	1	6	4	01
								1	1	011
										012
										013
				1		1		3	1	014
								1	1	015
								1	1	016
							1			017
										019
										02
										021
										022
										023
										024
										025
				2		2	1	4	1	03
								1		031
				1		1	1	3	1	032
										033
				1		1				039
								3	1	04
								2	1	041
								1		042
			1	176	3	173	35	9694	3528	05
			1	116	2	114	17	6716	2272	051
				14		14	2	367	141	052
				22	1	21	3	2027	773	053
				24		24	13	584	342	054
		1	**1**	**474**	**47**	**427**	**54**	**2712**	**1422**	B
				140	32	108	7	400	118	06
				135	29	106	7	373	108	061
				3	3			13	5	062
				2		2		14	5	069
				29	2	27	3	7		07
				24	1	23	3	3		071
				5	1	4		4		072
		1		82	6	76	8	341	125	08
		1		79	4	75	8	325	118	081
				2	2			2		082
				1		1		14	7	089
				57	5	52	13	126	59	09
				12		12	1	45	21	091
				44	5	39	12	76	34	092
				1		1		5	4	093

1-12 续表 1

行业	代码	法人单位数(个)	内资				
				国有	集体	股份合作	联营
非金属矿采选业	10	2127	2112	8	154	10	1
土砂石开采	101	1587	1579		61	6	1
化学矿开采	102	7	7				
采盐	103	221	218	7	85	1	
石棉及其他非金属矿采选	109	312	308	1	8	3	
开采辅助活动	11	99	98	4	2	1	
煤炭开采和洗选辅助活动	111	17	17	2		1	
石油和天然气开采辅助活动	112	34	33	2	2		
其他开采辅助活动	119	48	48				
其他采矿业	12	70	70		1	1	
其他采矿业	120	70	70		1	1	
制造业	**C**	**183233**	**174576**	**605**	**1889**	**650**	**102**
农副食品加工业	13	12753	11861	62	160	25	11
谷物磨制	131	1300	1281	7	13	1	2
饲料加工	132	1402	1343	4	4	5	
植物油加工	133	1019	995	6	5	2	1
制糖业	134	43	41				
屠宰及肉类加工	135	2301	2252	31	39	7	4
水产品加工	136	1969	1724	7	61	6	3
蔬菜、水果和坚果加工	137	3228	2821	1	15	2	1
其他农副食品加工	139	1491	1404	6	23	2	
食品制造业	14	4764	4476	28	33	14	3
焙烤食品制造	141	1026	987	1	8	5	1
糖果、巧克力及蜜饯制造	142	520	500	1	2		
方便食品制造	143	691	654	7	2	2	1
乳制品制造	144	196	185		3	1	
罐头食品制造	145	380	353	2	2	2	
调味品、发酵制品制造	146	694	645	8	6	3	
其他食品制造	149	1257	1152	9	10	1	1
酒、饮料和精制茶制造业	15	2280	2184	22	57	10	4
酒的制造	151	1145	1097	16	14	7	1
饮料制造	152	905	858	6	21	2	3
精制茶加工	153	230	229		22	1	
烟草制品业	16	54	54	7			
烟叶复烤	161	7	7	4			
卷烟制造	162	8	8	2			
其他烟草制品制造	169	39	39	1			
纺织业	17	9108	8729	28	73	33	5
棉纺织及印染精加工	171	4853	4719	13	42	16	2
毛纺织及染整精加工	172	529	495	3	3	1	
麻纺织及染整精加工	173	71	67		1		
丝绢纺织及印染精加工	174	144	138	1	1	1	1
化纤织造及印染精加工	175	268	251	1	3	2	
针织或钩针编织物及其制品制造	176	774	710	2	4	4	
家用纺织制成品制造	177	1278	1194	6	14	6	1
非家用纺织制成品制造	178	1191	1155	2	5	3	1

国有联营	集体联营	国有与集体联营	其他联营	有限责任公司	国有独资	其他有限责任公司	股份有限公司	私营	私营独资	代码
			1	137	2	135	21	1720	1069	10
			1	89	2	87	15	1357	901	101
								7	3	102
				27		27	5	92	21	103
				21		21	1	264	144	109
				26		26	2	59	19	11
				5		5		9	2	111
				14		14	2	11	4	112
				7		7		39	13	119
				3		3		59	32	12
				3		3		59	32	120
15	**60**	**7**	**20**	**19510**	**183**	**19327**	**1978**	**147058**	**53310**	C
2	7		2	1362	12	1350	180	9797	3804	13
	1		1	125	1	124	14	1093	547	131
				241	1	240	33	1039	254	132
1				111	3	108	11	848	289	133
				7		7	1	33	15	134
	3		1	264	2	262	32	1821	670	135
1	2			173	4	169	31	1402	568	136
	1			297	1	296	41	2376	957	137
				144		144	17	1185	504	139
	1	1	1	522	5	517	55	3733	1492	14
			1	102	2	100	12	843	389	141
				49		49	3	435	246	142
	1			71		71	4	551	262	143
				39	1	38	6	134	36	144
				23		23	6	310	98	145
				76		76	4	534	195	146
		1		162	2	160	20	926	266	149
	2	1	1	243	2	241	40	1763	717	15
		1		147		147	30	863	315	151
	2		1	77	2	75	10	721	309	152
				19		19		179	93	153
				8	3	5	1	37	2	16
				1		1	1	1	1	161
				5	2	3				162
				2	1	1		36	1	169
2	2		1	936	11	925	66	7501	2249	17
1			1	486	7	479	38	4083	1035	171
				61	2	59	1	420	148	172
				6		6		58	24	173
1				35		35	1	93	29	174
				32		32	2	208	83	175
				57		57	4	634	210	176
	1			147		147	13	986	329	177
	1			112	2	110	7	1019	391	178

1-12 续表 2

行 业	代码	法 人 单位数 (个)					
			内资				
				国有	集体	股份合作	联营
纺织服装、服饰业	18	8392	7643	14	60	23	2
机织服装制造	181	5292	4787	9	42	17	1
针织或钩针编织服装制造	182	1634	1489	2	6	3	
服饰制造	183	1466	1367	3	12	3	1
皮革、毛皮、羽毛及其制品和制鞋业	19	2277	1992	5	19	5	
皮革鞣制加工	191	208	195	1	2		
皮革制品制造	192	801	628	1	2	1	
毛皮鞣制及制品加工	193	265	243		2	1	
羽毛(绒)加工及制品制造	194	102	96				
制鞋业	195	901	830	3	13	3	
木材加工和木、竹、藤、棕、草制品业	20	8002	7912	5	18	9	
木材加工	201	3035	3022	2	4	4	
人造板制造	202	3270	3246	3	5	2	
木制品制造	203	1453	1419		6	3	
竹、藤、棕、草等制品制造	204	244	225		3		
家具制造业	21	3250	3113	1	18	9	2
木质家具制造	211	2626	2514		11	6	1
竹、藤家具制造	212	29	28		2		
金属家具制造	213	244	236		1	2	
塑料家具制造	214	75	74		2		
其他家具制造	219	276	261	1	2	1	1
造纸和纸制品业	22	3857	3706	12	60	14	2
纸浆制造	221	39	38	1			
造纸	222	1293	1243	6	22	3	1
纸制品制造	223	2525	2425	5	38	11	1
印刷和记录媒介复制业	23	5388	5303	59	129	41	7
印刷	231	4978	4896	55	116	38	5
装订及印刷相关服务	232	391	388	3	11	3	2
记录媒介复制	233	19	19	1	2		
文教、工美、体育和娱乐用品制造业	24	6751	5898	8	38	17	1
文教办公用品制造	241	321	283	1	5	1	1
乐器制造	242	149	121				
工艺美术品制造	243	4822	4218	6	26	8	
体育用品制造	244	897	792		5	6	
玩具制造	245	502	433		2	2	
游艺器材及娱乐用品制造	246	60	51	1			
石油加工及炼焦	25	862	833	6	7	5	3
化学原料和化学制品制造业	26	11972	11457	42	133	45	7
基础化学原料制造	261	2114	2042	13	37	6	3
肥料制造	262	1688	1609	4	2	4	1
农药制造	263	346	338	2	1	1	
涂料、油墨、颜料及类似产品制造	264	1472	1412	3	15	9	1
合成材料制造	265	1301	1217	1	12	7	
专用化学产品制造	266	4336	4167	16	45	17	1
炸药、火工及焰火产品制造	267	80	77	1	11		1
日用化学产品制造	268	635	595	2	10	1	
医药制造业	27	1647	1523	9	11	6	
化学药品原料药制造	271	318	294	1	3	2	

国有联营	集体联营	国有与集体联营	其他联营	有限责任公司	国有独资	其他有限责任公司	股份有限公司	私营	私营独资	代码
			2	685	8	677	53	6638	2417	18
			1	400	7	393	33	4202	1477	181
				160		160	11	1262	466	182
			1	125	1	124	9	1174	474	183
				213		213	12	1703	663	19
				58		58	1	132	42	191
				41		41	2	573	190	192
				29		29	1	207	80	193
				9		9	1	84	34	194
				76		76	7	707	317	195
				355	1	354	34	7353	4349	20
				93		93	4	2842	2134	201
				127		127	18	3052	1661	202
				117	1	116	12	1260	450	203
				18		18		199	104	204
	1		1	282	1	281	19	2740	1065	21
			1	229	1	228	17	2215	894	211
								25	12	212
				24		24		207	55	213
				7		7		65	21	214
	1			22		22	2	228	83	219
	2			410	5	405	45	3107	1126	22
				5		5		32	14	221
	1			172	3	169	25	998	325	222
	1			233	2	231	20	2077	787	223
1	6			426	4	422	50	4501	1736	23
	5			407	4	403	45	4151	1596	231
1	1			17		17	5	336	138	232
				2		2		14	2	233
	1			490	3	487	42	5224	1990	24
	1			28		28	2	241	83	241
				12		12		109	38	242
				329	2	327	33	3757	1462	243
				81	1	80	7	689	217	244
				37		37		383	173	245
				3		3		45	17	246
1	1	1		169	4	165	21	614	109	25
3	3		1	1706	22	1684	219	9176	2460	26
1	1		1	364	4	360	49	1550	394	261
1				225	3	222	29	1323	332	262
				62	1	61	9	256	48	263
	1			127	1	126	13	1227	445	264
				200	5	195	27	953	214	265
1				656	7	649	79	3313	835	266
	1			13		13	2	49	25	267
				59	1	58	11	505	167	268
				323	3	320	58	1101	181	27
				64	1	63	12	211	20	271

1-12 续表 3

行业	代码	法人单位数（个）	内资	国有	集体	股份合作	联营
化学药品制剂制造	272	202	186	2	1		
中药饮片加工	273	97	91			1	
中成药生产	274	159	149	1	1		
兽用药品制造	275	211	204	2	3	2	
生物药品制造	276	376	344	2	2		
卫生材料及医药用品制造	277	284	255	1	1	1	
化学纤维制造业	28	415	388	1	3	2	
纤维素纤维原料及纤维制造	281	131	122		1	1	
合成纤维制造	282	284	266	1	2	1	
橡胶和塑料制品业	29	10854	10433	12	124	32	4
橡胶制品业	291	2731	2628	5	27	12	1
塑料制品业	292	8123	7805	7	97	20	3
非金属矿物制品业	30	17843	17454	44	212	60	11
水泥、石灰和石膏制造	301	1145	1123	15	19	9	2
石膏、水泥制品及类似制品制造	302	3586	3545	8	35	16	2
砖瓦、石材等建筑材料制造	303	7931	7788	10	79	18	4
玻璃制造	304	226	216		3	2	
玻璃制品制造	305	942	895	1	15	2	1
玻璃纤维和玻璃纤维增强塑料制品制造	306	981	961		5	1	
陶瓷制品制造	307	673	635	2	6	4	2
耐火材料制品制造	308	1015	994	2	26	4	
石墨及其他非金属矿物制品制造	309	1344	1297	6	24	4	
黑色金属冶炼和压延加工业	31	3158	3086	16	41	16	2
炼铁	311	100	97	2	2	1	
炼钢	312	91	86	2	2	1	
黑色金属铸造	313	1495	1466	2	20	6	1
钢压延加工	314	1289	1256	8	16	7	1
铁合金冶炼	315	183	181	2	1	1	
有色金属冶炼和压延加工业	32	1487	1427	5	25	7	4
常用有色金属冶炼	321	222	214	1	2	1	2
贵金属冶炼	322	39	36	2	2		
稀有稀土金属冶炼	323	30	30	1	1		
有色金属合金制造	324	161	157		3		1
有色金属铸造	325	223	221	1	5		1
有色金属压延加工	326	812	769		12	6	
金属制品业	33	12732	12298	17	128	46	6
结构性金属制品制造	331	5100	5017	7	38	24	1
金属工具制造	332	1626	1565	4	16	5	1
集装箱及金属包装容器制造	333	584	561	1	13	2	1
金属丝绳及其制品制造	334	376	354	1	4	1	
建筑、安全用金属制品制造	335	1114	1079	1	9	2	2
金属表面处理及热处理加工	336	466	450	1	4	3	
搪瓷制品制造	337	122	116		2	1	
金属制日用品制造	338	745	710		2	3	
其他金属制品制造	339	2599	2446	2	40	5	1
通用设备制造业	34	21543	21007	56	192	76	7
锅炉及原动设备制造	341	1280	1241	9	17	2	

国有联营	集体联营	国有与集体联营	其他联营	有限责任公司	国有独资	其他有限责任公司	股份有限公司	私营	私营独资	代码
				59	1	58	8	113	19	272
				17		17	5	66	15	273
				37		37	11	97	16	274
				33		33	3	161	27	275
				79	1	78	14	245	43	276
				34		34	5	208	41	277
				51	1	50	8	314	91	28
				14		14	3	101	34	281
				37	1	36	5	213	57	282
1	2		1	1016	6	1010	77	9017	3317	29
	1			270	3	267	28	2255	673	291
1	1		1	746	3	743	49	6762	2644	292
	9	1	1	1894	21	1873	178	14710	6810	30
	2			219	6	213	25	813	321	301
	2			468	3	465	37	2907	1295	302
	2	1	1	620	3	617	49	6821	3700	303
				31		31	4	175	52	304
	1			127	1	126	14	728	214	305
				107		107	6	833	320	306
	2			86	4	82	19	504	169	307
				99	1	98	10	835	378	308
				137	3	134	14	1094	361	309
1	1			327	6	321	31	2610	1106	31
				14	2	12	1	71	28	311
				10		10	1	68	21	312
	1			124	2	122	12	1282	582	313
1				166	2	164	15	1029	345	314
				13		13	2	160	130	315
	2		2	207	5	202	29	1129	338	32
	1		1	25	1	24	3	173	56	321
				5		5	3	22	7	322
				4		4	1	23	13	323
			1	33	1	32	5	110	36	324
	1			23		23		188	80	325
				117	3	114	17	613	146	326
	4	1	1	1390	7	1383	106	10395	3569	33
	1			573	4	569	45	4252	1406	331
		1		126		126	7	1375	587	332
	1			103	1	102	6	426	128	333
				29		29	3	313	110	334
	1		1	137		137	9	888	299	335
				54		54	8	377	116	336
				8		8		100	28	337
				67		67	8	612	202	338
	1			293	2	291	20	2052	693	339
1	5	1		2267	9	2258	210	17874	6322	34
				185	1	184	32	974	289	341

1-12 续表 4

行业	代码	法人单位数(个)	内资	国有	集体	股份合作	联营
金属加工机械制造	342	5217	5115	13	40	23	1
物料搬运设备制造	343	926	898	3	5	3	
泵、阀门、压缩机及类似机械制造	344	2157	2067	9	23	9	
轴承、齿轮和传动部件制造	345	2327	2304	6	9	3	2
烘炉、风机、衡器、包装等设备制造	346	1690	1603	3	15	11	2
文化、办公用机械制造	347	124	118			1	
通用零部件制造	348	6631	6489	11	70	16	1
其他通用设备制造业	349	1191	1172	2	13	8	1
专用设备制造业	35	13267	12797	57	114	51	6
采矿、冶金、建筑专用设备制造	351	3760	3658	25	36	11	1
化工、木材、非金属加工专用设备制造	352	2511	2392	5	24	8	3
食品、饮料、烟草及饲料生产专用设备制造	353	531	515	1	2	2	
印刷、制药、日化及日用品生产专用设备制造	354	744	701	2	6	4	
纺织、服装和皮革加工专用设备制造	355	913	884	3	10	2	
电子和电工机械专用设备制造	356	960	905	5	4	5	
农、林、牧、渔专用机械制造	357	1625	1588	5	17	4	
医疗仪器设备及器械制造	358	475	446	5	1	5	
环保、社会公共服务及其他专用设备制造	359	1748	1708	6	14	10	2
汽车制造业	36	4869	4540	13	43	15	
汽车整车制造	361	109	97	1	1	1	
改装汽车制造	362	191	182	3	5	1	
低速载货汽车制造	363	18	18		1		
电车制造	364	97	94			1	
汽车车身、挂车制造	365	275	272		1		
汽车零部件及配件制造	366	4179	3877	9	35	12	
铁路、船舶、航空航天和其他运输设备制造业	37	1732	1623	20	14	7	1
铁路运输设备制造	371	211	196	8	3		
城市轨道交通设备制造	372	12	12	2			1
船舶及相关装置制造	373	722	660	6	8	5	
航空、航天器及设备制造	374	26	18				
摩托车制造	375	138	126	2	2	1	
自行车制造	376	251	247	1	1		
非公路休闲车及零配件制造	377	27	26	1			
潜水救捞及其他未列明运输设备制造	379	345	338			1	
电气机械和器材制造业	38	6581	6211	18	85	40	7
电机制造	381	795	758	2	10	4	1
输配电及控制设备制造	382	2380	2237	6	26	14	2
电线、电缆、光缆及电工器材制造	383	1060	987	2	24	7	2
电池制造	384	249	234	1	4	1	
家用电力器具制造	385	563	534	3	13	4	
非电力家用器具制造	386	526	510	1	2	1	2
照明器具制造	387	434	411		4	4	
其他电气机械及器材制造	389	574	540	3	2	5	
计算机、通信和其他电子设备制造业	39	2622	2089	14	11	5	
计算机制造	391	165	142			1	
通信设备制造	392	230	187	1	1	1	
广播电视设备制造	393	116	107	1			

国有联营	集体联营	国有与集体联营	其他联营	有限责任公司	国有独资	其他有限责任公司	股份有限公司	私营	私营独资	代码
		1		571	1	570	53	4294	1459	342
				117		117	9	751	214	343
				218	3	215	28	1756	636	344
	2			208		208	12	2033	926	345
1	1			219	3	216	24	1312	385	346
				18		18	3	89	25	347
	1			591	1	590	41	5678	2110	348
	1			140		140	8	987	278	349
1	4		1	1531	10	1521	154	10697	3068	35
	1			464	6	458	35	3037	798	351
1	2			238	1	237	25	2049	616	352
				59		59	13	433	151	353
				80		80	9	584	180	354
				88		88	5	763	215	355
				108		108	15	758	188	356
				185		185	21	1330	502	357
				59		59	9	362	97	358
	1		1	250	3	247	22	1381	321	359
				612	11	601	64	3751	1184	36
				26	4	22	7	60	12	361
				43	2	41	6	122	22	362
				4		4	1	12	3	363
				10		10	3	80	20	364
				24		24	1	244	37	365
				505	5	500	46	3233	1090	366
1				260	6	254	25	1277	335	37
				29	1	28	7	149	37	371
1				2		2		7	2	372
				85	2	83	13	535	144	373
				5		5		12		374
				25	2	23	2	91	44	375
				26	1	25	1	213	71	376
				3		3	1	21	3	377
				85		85	1	249	34	379
1	4		2	936	7	929	111	4940	1235	38
			1	113	4	109	9	613	172	381
	2			375	2	373	39	1748	399	382
1	1			136		136	22	780	242	383
				47		47	8	169	25	384
				66		66	10	430	116	385
	1		1	97	1	96	7	395	106	386
				49		49	8	344	87	387
				53		53	8	461	88	389
				336	6	330	36	1661	375	39
				25		25	7	108	19	391
				35	1	34	7	139	22	392
				31		31	1	74	23	393

1-12 续表 5

行业	代码	法人单位数(个)	内资				
				国有	集体	股份合作	联营
雷达及配套设备制造	394	6	6				
视听设备制造	395	84	59	1			
电子器件制造	396	386	302	2			
电子元件制造	397	1112	822	6	8	3	
其他电子设备制造	399	523	464	3	2		
仪器仪表制造业	40	1602	1500	9	21	17	4
通用仪器仪表制造	401	948	907	2	12	7	2
专用仪器仪表制造	402	379	350	2	1	7	1
钟表与计时仪器制造	403	67	56	2	2		
光学仪器及眼镜制造	404	40	26	1	2	1	
其他仪器仪表制造业	409	168	161	2	4	2	1
其他制造业	41	1496	1389	4	24	10	
废弃资源综合利用业	42	536	525	2	8	4	2
金属废料和碎屑加工处理	421	289	286	1	6	1	1
非金属废料和碎屑加工处理	422	247	239	1	2	3	1
金属制品、机械和设备修理业	43	1139	1125	9	28	6	1
金属制品修理	431	72	69		1		
通用设备修理	432	147	146	2	5	1	
专用设备修理	433	129	127	1	4	2	
铁路、船舶、航空航天等运输设备修理	434	431	429	4	11	2	
电气设备修理	435	87	87	2	4		1
仪器仪表修理	436	9	9				
其他机械和设备修理业	439	264	258		3	1	
电力、热力、燃气及水生产和供应业	**D**	**2399**	**2245**	**435**	**64**	**13**	**3**
电力、热力生产和供应业	44	1124	1055	247	19	5	3
电力生产	441	509	447	54	9	2	2
电力供应	442	213	213	142	7		
热力生产和供应	443	402	395	51	3	3	1
燃气生产和供应业	45	453	402	13	9	4	
燃气生产和供应业	450	453	402	13	9	4	
水的生产和供应业	46	822	788	175	36	4	
自来水生产和供应	461	450	439	122	23	3	
污水处理及其再生利用	462	337	317	51	12	1	
其他水的处理、利用与分配	469	35	32	2	1		
建筑业	**E**	**29959**	**29867**	**518**	**756**	**142**	**28**
房屋建筑业	47	7438	7425	87	468	55	10
房屋建筑业	470	7438	7425	87	468	55	10
土木工程建筑业	48	5256	5238	303	99	12	3
铁路、道路、隧道和桥梁工程建筑	481	1956	1950	115	34	7	2
水利和内河港口工程建筑	482	485	484	95	11		
海洋工程建筑	483	41	41	2	1	1	
工矿工程建筑	484	274	274	12	6		
架线和管道工程建筑	485	631	626	31	15	1	1
其他土木工程建筑	489	1869	1863	48	32	3	
建筑安装业	49	6116	6091	54	79	22	7
电气安装	491	1121	1113	14	18	2	
管道和设备安装	492	1766	1756	24	25	8	
其他建筑安装业	499	3229	3222	16	36	12	7

国有联营	集体联营	国有与集体联营	其他联营	有限责任公司	国有独资	其他有限责任公司	股份有限公司	私营	私营独资	代码
				4		4		2		394
				9	1	8		48	18	395
				65		65	5	225	29	396
				107	4	103	10	679	169	397
				60		60	6	386	95	399
	3	1		226	2	224	25	1174	210	40
	2			140		140	12	722	106	401
		1		51		51	9	268	56	402
				6	1	5		46	7	403
				5	1	4	2	14	3	404
	1			24		24	2	124	38	409
				146	1	145	10	1165	462	41
			2	56		56	5	435	149	42
			1	25		25	3	242	73	421
			1	31		31	2	193	76	422
			1	125	1	124	14	921	379	43
				3		3	2	63	34	431
				23		23		113	40	432
				12	1	11	2	106	33	433
				36		36	4	364	184	434
			1	9		9	1	66	20	435
				3		3		6	1	436
				39		39	5	203	67	439
3				**596**	**52**	**544**	**60**	**1018**	**304**	**D**
3				353	30	323	47	358	82	44
2				201	21	180	32	138	33	441
				16	1	15	2	38	9	442
1				136	8	128	13	182	40	443
				96	4	92	3	270	86	45
				96	4	92	3	270	86	450
				147	18	129	10	390	136	46
				70	13	57	3	198	87	461
				65	4	61	6	176	44	462
				12	1	11	1	16	5	469
3	**16**	**1**	**8**	**5624**	**74**	**5550**	**582**	**21751**	**4368**	**E**
	7	1	2	1661	23	1638	276	4763	1221	47
	7	1	2	1661	23	1638	276	4763	1221	470
1			2	1128	32	1096	105	3492	635	48
1			1	481	15	466	54	1224	232	481
				101	8	93	14	248	44	482
				5		5		32	11	483
				82	4	78	9	161	22	484
			1	156	3	153	12	406	70	485
				303	2	301	16	1421	256	489
1	6			1085	11	1074	72	4686	915	49
				232	4	228	12	826	119	491
				314	1	313	29	1328	223	492
1	6			539	6	533	31	2532	573	499

1-12 续表 6

行业	代码	法人单位数(个)	内资				
				国有	集体	股份合作	联营
建筑装饰和其他建筑业	50	11149	11113	74	110	53	8
建筑装饰业	501	8036	8017	37	61	37	6
工程准备活动	502	848	845	8	20	3	1
提供施工设备服务	503	421	417	3	6	3	
其他未列明建筑业	509	1844	1834	26	23	10	1
批发和零售业	**F**	**236208**	**234799**	**1395**	**6874**	**776**	**184**
批发业	51	156291	155218	829	5035	461	94
农、林、牧产品批发	511	13326	13288	167	2036	24	11
食品、饮料及烟草制品批发	512	23640	23458	223	1803	73	8
纺织、服装及家庭用品批发	513	15336	15123	39	75	55	6
文化、体育用品及器材批发	514	5191	5129	34	39	12	1
医药及医疗器材批发	515	4137	4113	22	29	16	3
矿产品、建材及化工产品批发	516	46448	46229	180	599	123	44
机械设备、五金产品及电子产品批发	517	33544	33338	92	215	112	15
贸易经纪与代理	518	4013	3963	26	131	18	2
其他批发业	519	10656	10577	46	108	28	4
零售业	52	79917	79581	566	1839	315	90
综合零售	521	9587	9521	94	827	50	33
食品、饮料及烟草制品专门零售	522	8810	8752	98	465	24	7
纺织、服装及日用品专门零售	523	7826	7767	35	69	36	6
文化、体育用品及器材专门零售	524	4655	4632	64	61	32	3
医药及医疗器材专门零售	525	7760	7754	60	33	25	11
汽车、摩托车、燃料及零配件专门零售	526	12058	12004	97	137	57	11
家用电器及电子产品专门零售	527	9718	9705	30	19	22	8
五金、家具及室内装饰材料专门零售	528	11956	11936	35	89	31	3
货摊、无店铺及其他零售业	529	7547	7510	53	139	38	8
交通运输、仓储和邮政业	**G**	**21632**	**21369**	**645**	**279**	**74**	**30**
道路运输业	54	11019	10984	260	135	44	13
城市公共交通运输	541	500	499	44	11	6	3
公路旅客运输	542	296	295	31	8	6	
道路货物运输	543	9667	9640	58	96	31	7
道路运输辅助活动	544	556	550	127	20	1	3
水上运输业	55	825	798	31	20	4	3
水上旅客运输	551	84	81	3	2	1	
水上货物运输	552	418	410	7	10	1	3
水上运输辅助活动	553	323	307	21	8	2	
航空运输业	56	97	95	9	1		
航空客货运输	561	44	43	2	1		
通用航空服务	562	19	19	1			
航空运输辅助活动	563	34	33	6			
管道运输业	57	40	37	7			
管道运输业	570	40	37	7			
装卸搬运和运输代理业	58	5772	5663	54	67	17	7
装卸搬运	581	809	804	5	52	2	2
运输代理业	582	4963	4859	49	15	15	5

国有联营	集体联营	国有与集体联营	其他联营	有限责任公司	国有独资	其他有限责任公司	股份有限公司	私营	私营独资	代码
1	3		4	1750	8	1742	129	8810	1597	50
1	1		4	1228	2	1226	97	6424	1141	501
	1			108		108	7	686	107	502
				67		67	6	323	89	503
	1			347	6	341	19	1377	260	509
23	**85**	**27**	**49**	**28449**	**130**	**28319**	**1838**	**189180**	**61567**	**F**
14	37	15	28	18936	88	18848	1028	124956	34705	51
2	3		6	808	6	802	59	9195	5429	511
	5	2	1	2010	21	1989	117	18314	8064	512
1	3		2	2104	4	2100	121	12524	2710	513
	1			673	4	669	44	4251	764	514
1			2	702	3	699	41	3257	579	515
9	17	9	9	6338	28	6310	327	37779	9841	516
1	6	3	5	4580	15	4565	227	27671	4644	517
			2	554	1	553	38	3084	668	518
	2	1	1	1167	6	1161	54	8881	2006	519
9	48	12	21	9513	42	9471	810	64224	26862	52
2	23	5	3	868	4	864	146	7203	4186	521
	6		1	869	7	862	70	6743	3024	522
1	2	1	2	825	1	824	53	6587	2873	523
	2		1	610	3	607	35	3745	1218	524
	3	1	7	738	2	736	79	6474	3922	525
5	5	1		1895	16	1879	178	9344	3683	526
	3	1	4	1317	1	1316	88	8067	2208	527
1	1		1	1409	2	1407	89	10042	3528	528
	3	3	2	982	6	976	72	6019	2220	529
10	**8**	**5**	**7**	**3744**	**95**	**3649**	**320**	**15761**	**4060**	**G**
4	6	2	1	2041	52	1989	182	8044	2192	54
1	1		1	162	16	146	30	231	32	541
				93	14	79	15	134	41	542
1	4	2		1693	19	1674	128	7408	2026	543
2	1			93	3	90	9	271	93	544
1			2	175	8	167	37	507	83	55
				16		16	7	50	6	551
1			2	97	3	94	16	269	35	552
				62	5	57	14	188	42	553
				25	2	23	5	55	6	56
				9		9	2	29	2	561
				6	1	5	1	11	3	562
				10	1	9	2	15	1	563
				11	1	10	6	13	2	57
				11	1	10	6	13	2	570
2	1	1	3	1036	15	1021	49	4324	663	58
1	1			153	1	152	10	556	165	581
1		1	3	883	14	869	39	3768	498	582

1-12 续表 7

行 业	代码	法人单位数(个)					
			内资	国有	集体	股份合作	联营
仓储业	59	3162	3079	223	51	7	5
谷物、棉花等农产品仓储	591	1300	1294	182	23	4	4
其他仓储业	599	1862	1785	41	28	3	1
邮政业	60	717	713	61	5	2	2
邮政基本服务	601	59	59	39	4		1
快递服务	602	658	654	22	1	2	1
住宿和餐饮业	**H**	**12168**	**11982**	**409**	**242**	**53**	**22**
住宿业	61	3687	3631	269	132	30	9
旅游饭店	611	1340	1300	156	44	4	1
一般旅馆	612	2049	2038	86	80	22	6
其他住宿业	619	298	293	27	8	4	2
餐饮业	62	8481	8351	140	110	23	13
正餐服务	621	6860	6780	118	74	20	7
快餐服务	622	970	940	9	19	2	6
饮料及冷饮服务	623	109	98		1	1	
其他餐饮业	629	542	533	13	16		
信息传输、软件和信息技术服务业	**I**	**10079**	**9905**	**253**	**27**	**32**	**6**
电信、广播电视和卫星传输服务	63	586	562	151	4	2	2
电信	631	415	392	63	3	2	
广播电视传输服务	632	165	164	87	1		2
卫星传输服务	633	6	6	1			
互联网和相关服务	64	1581	1573	20	4	5	3
互联网接入及相关服务	641	204	204	3	1		
互联网信息服务	642	1109	1102	11	3	4	2
其他互联网服务	649	268	267	6		1	1
软件和信息技术服务业	65	7912	7770	82	19	25	1
软件开发	651	4416	4328	19	2	10	
信息系统集成服务	652	784	772	9	1	6	1
信息技术咨询服务	653	1506	1490	25	7	6	
数据处理和存储服务	654	175	168	8	2		
集成电路设计	655	112	110		1	1	
其他信息技术服务业	659	919	902	21	6	2	
房地产业	**K**	**21817**	**21462**	**536**	**510**	**109**	**20**
房地产业	70	21817	21462	536	510	109	20
房地产开发经营	701	9463	9191	179	131	40	3
物业管理	702	7294	7252	145	226	34	6
房地产中介服务	703	3625	3609	65	31	17	4
自有房地产经营活动	704	670	657	75	101	14	4
其他房地产业	709	765	753	72	21	4	3
租赁和商务服务业	**L**	**49918**	**49591**	**2013**	**1382**	**212**	**76**
租赁业	71	3441	3421	26	92	16	3
机械设备租赁	711	3304	3286	24	92	16	3
文化及日用品出租	712	137	135	2			
商务服务业	72	46477	46170	1987	1290	196	73
企业管理服务	721	7689	7612	641	597	37	16

国有联营	集体联营	国有与集体联营	其他联营	有限责任公司	国有独资	其他有限责任公司	股份有限公司	私营	私营独资	代码
2	1	1	1	337	12	325	35	2324	958	59
2	1	1		83	5	78	11	939	482	591
			1	254	7	247	24	1385	476	599
1		1		119	5	114	6	494	156	60
1				2	1	1		9	7	601
		1		117	4	113	6	485	149	602
4	**16**		**2**	**1716**	**29**	**1687**	**208**	**8817**	**4085**	**H**
4	5			621	18	603	100	2366	919	61
	1			322	15	307	53	693	160	611
2	4			258	2	256	41	1474	677	612
2				41	1	40	6	199	82	619
	11		2	1095	11	1084	108	6451	3166	62
	6		1	932	10	922	95	5285	2611	621
	5		1	89	1	88	9	708	382	622
				18		18		77	22	623
				56		56	4	381	151	629
1		**3**	**2**	**1684**	**23**	**1661**	**138**	**7530**	**1039**	**I**
1		1		100	14	86	32	250	58	63
				73	12	61	31	202	41	631
1		1		25	2	23	1	45	17	632
				2		2		3		633
		2	1	247		247	13	1223	311	64
				37		37	1	155	34	641
		2		162		162	10	868	229	642
			1	48		48	2	200	48	649
			1	1337	9	1328	93	6057	670	65
				774	4	770	52	3424	255	651
			1	127		127	10	605	89	652
				275	2	273	16	1102	174	653
				12		12	1	144	34	654
				16	1	15	2	87	19	655
				133	2	131	12	695	99	659
6	**10**	**2**	**2**	**6305**	**141**	**6164**	**716**	**12842**	**2044**	**K**
6	10	2	2	6305	141	6164	716	12842	2044	70
1	2			3712	109	3603	470	4582	401	701
2	4			1765	17	1748	173	4676	886	702
1	1	2		560	3	557	41	2806	636	703
	3		1	114	4	110	19	310	34	704
2			1	154	8	146	13	468	87	709
12	**38**	**7**	**19**	**7225**	**159**	**7066**	**528**	**34257**	**6203**	**L**
1	1		1	454	2	452	24	2702	800	71
1	1		1	439	2	437	24	2590	760	711
				15		15		112	40	712
11	37	7	18	6771	157	6614	504	31555	5403	72
4	7	1	4	1017	96	921	80	4129	562	721

1-12 续表 8

行业	代码	法人单位数(个)	内资	国有	集体	股份合作	联营
法律服务	722	2022	2020	339	15	13	6
咨询与调查	723	12629	12509	210	258	41	6
广告业	724	8816	8801	79	17	28	7
知识产权服务	725	353	353	22	2	1	
人力资源服务	726	3242	3230	177	48	10	4
旅行社及相关服务	727	2628	2614	131	41	26	10
安全保护服务	728	411	409	69	17		
其他商务服务业	729	8687	8622	319	295	40	24
科学研究和技术服务业	M	**40571**	**40405**	**2565**	**3467**	**87**	**27**
研究和试验发展	73	2108	2062	247	39	12	5
自然科学研究和试验发展	731	225	216	29	1	1	
工程和技术研究和试验发展	732	858	840	63	7	4	3
农业科学研究和试验发展	733	481	474	69	27	4	2
医学研究和试验发展	734	404	392	27	4	3	
社会人文科学研究	735	140	140	59			
专业技术服务业	74	9740	9664	1577	193	57	9
气象服务	741	162	162	110	9		
地震服务	742	65	65	48			
海洋服务	743	70	67	16	3	1	
测绘服务	744	349	347	71	9	3	1
质检技术服务	745	899	886	248	25	5	2
环境与生态监测	746	248	247	80	4	2	
地质勘查	747	279	279	59	2		
工程技术	748	3938	3917	489	63	30	4
其他专业技术服务业	749	3730	3694	456	78	16	2
科技推广和应用服务业	75	28723	28679	741	3235	18	13
技术推广服务	751	26528	26492	661	3027	15	12
科技中介服务	752	805	804	24	40	1	1
其他科技推广和应用服务业	759	1390	1383	56	168	2	
水利、环境和公共设施管理业	N	**5026**	**4977**	**1255**	**93**	**35**	**6**
水利管理业	76	685	682	440	16	4	
防洪除涝设施管理	761	218	217	176	4	1	
水资源管理	762	111	110	46	3		
天然水收集与分配	763	60	59	31	3		
水文服务	764	76	76	45		2	
其他水利管理业	769	220	220	142	6	1	
生态保护和环境治理业	77	656	643	172	5	4	1
生态保护	771	340	340	135	2		1
环境治理业	772	316	303	37	3	4	
公共设施管理业	78	3685	3652	643	72	27	5
市政设施管理	781	407	396	136	5	1	
环境卫生管理	782	277	277	90	8		1
城乡市容管理	783	149	149	46	4		1
绿化管理	784	1892	1889	145	22	14	1
公园和游览景区管理	785	960	941	226	33	12	2

国有联营	集体联营	国有与集体联营	其他联营	有限责任公司	国有独资	其他有限责任公司	股份有限公司	私营	私营独资	代码
	2	1	3	51		51	5	669	195	722
1	5			1904	16	1888	110	9529	1399	723
2	1	2	2	1395	12	1383	83	7029	1202	724
				57		57	2	259	56	725
		2	2	522	5	517	31	2285	492	726
2	2	1	5	471	6	465	71	1782	358	727
				70		70	7	222	53	728
2	20		2	1284	22	1262	115	5651	1086	729
3	**9**	**4**	**11**	**2366**	**35**	**2331**	**205**	**26630**	**5644**	**M**
	2	1	2	241		241	18	1084	185	73
				26		26		129	14	731
	1	1	1	129		129	9	517	63	732
	1		1	29		29	2	210	71	733
				55		55	7	206	33	734
				2		2		22	4	735
3	2	2	2	1522	29	1493	136	5782	1070	74
				13		13		22	6	741
				3		3		10	3	742
				5		5	1	36	6	743
			1	48	2	46	8	187	44	744
1	1			150	3	147	14	415	86	745
				26	1	25	3	124	23	746
				46	2	44	4	158	35	747
1	1	2		822	17	805	76	2328	310	748
1			1	409	4	405	30	2502	557	749
	5	1	7	603	6	597	51	19764	4389	75
	5	1	6	508	4	504	36	18353	3884	751
			1	46	1	45	8	476	124	752
				49	1	48	7	935	381	759
1	**1**	**1**	**3**	**712**	**34**	**678**	**81**	**2506**	**637**	**N**
				65	9	56	5	113	38	76
				11	2	9		19	6	761
				17	5	12	1	32	15	762
				8		8	2	11	7	763
				9	1	8		13	2	764
				20	1	19	2	38	8	769
		1		67	2	65	7	279	113	77
		1		11		11	2	96	72	771
				56	2	54	5	183	41	772
1	1		3	580	23	557	69	2114	486	78
				57	5	52	6	178	28	781
1				37	4	33	6	117	32	782
			1	20		20	1	72	16	783
			1	296	3	293	30	1324	313	784
	1		1	170	11	159	26	423	97	785

1-12 续表 9

行　业	代码	法　人 单位数 (个)					
			内资	国有	集体	股份合作	联营
居民服务、修理和其他服务业	**O**	**11903**	**11822**	**448**	**326**	**61**	**16**
居民服务业	79	4279	4252	314	148	25	5
家庭服务	791	628	628	12	8	5	
托儿所服务	792	84	82	1	2		
洗染服务	793	126	126	1	4	2	
理发及美容服务	794	363	349	1	1	5	
洗浴服务	795	283	277	2	7		1
保健服务	796	203	203	4		2	
婚姻服务	797	509	509	24	7	1	2
殡葬服务	798	308	307	156	10	1	1
其他居民服务业	799	1775	1771	113	109	9	1
机动车、电子产品和日用产品修理业	80	5121	5093	66	100	24	7
汽车、摩托车修理与维护	801	3800	3778	49	82	20	5
计算机和办公设备维修	802	496	492	7	3	2	
家用电器修理	803	507	506	2	5	2	1
其他日用产品修理业	809	318	317	8	10		1
其他服务业	81	2503	2477	68	78	12	4
清洁服务	811	1004	1003	8	12	5	
其他未列明服务业	819	1499	1474	60	66	7	4
教育	**P**	**24364**	**24335**	**12520**	**1278**	**69**	**25**
教育	82	24364	24335	12520	1278	69	25
学前教育	821	7348	7341	1497	1129	17	7
初等教育	822	6647	6647	6184	58	9	2
中等教育	823	3712	3709	3211	23	11	7
高等教育	824	318	317	233	3		
特殊教育	825	274	273	146	2	1	
技能培训、教育辅助及其他教育	829	6065	6048	1249	63	31	9
卫生和社会工作	**Q**	**18574**	**18564**	**5026**	**2014**	**64**	**52**
卫生	83	16350	16343	4136	1884	59	42
医院	831	1824	1823	762	33	42	12
社区医疗与卫生院	832	8047	8047	1948	1092	5	20
门诊部(所)	833	5182	5178	435	736	7	10
计划生育技术服务活动	834	446	446	441	2		
妇幼保健院(所、站)	835	146	146	134			
专科疾病防治院(所、站)	836	171	171	84	6	1	
疾病预防控制中心	837	256	256	226	2		
其他卫生活动	839	278	276	106	13	4	
社会工作	84	2224	2221	890	130	5	10
提供住宿社会工作	841	1975	1972	760	119	5	9
不提供住宿社会工作	842	249	249	130	11		1
文化、体育和娱乐业	**R**	**11542**	**11498**	**1926**	**62**	**24**	**23**
新闻和出版业	85	354	354	182	2	2	1
新闻业	851	61	61	42			
出版业	852	293	293	140	2	2	1
广播、电视、电影和影视录音制作业	86	861	854	343	8	9	5
广播	861	125	125	105			
电视	862	125	125	101	1		

国有联营	集体联营	国有与集体联营	其他联营	有限责任公司	国有独资	其他有限责任公司	股份有限公司	私营	私营独资	代码
1	**6**	**2**	**7**	**1294**	**7**	**1287**	**116**	**8545**	**3156**	**O**
1	3		1	403	5	398	43	2616	876	79
				79	1	78	5	445	106	791
				3		3		43	37	792
				10		10		104	29	793
				36		36	4	286	122	794
1				17		17	2	236	126	795
				20		20	3	144	54	796
	2			55		55	1	331	104	797
			1	15		15	3	62	16	798
	1			168	4	164	25	965	282	799
	3	2	2	563		563	54	4119	1834	80
	2	2	1	413		413	35	3055	1413	801
				62		62	8	394	129	802
			1	52		52	7	420	179	803
	1			36		36	4	250	113	809
			4	328	2	326	19	1810	446	81
				148	1	147	7	781	222	811
			4	180	1	179	12	1029	224	819
4	**9**	**2**	**10**	**396**	**10**	**386**	**59**	**4743**	**3810**	**P**
4	9	2	10	396	10	386	59	4743	3810	82
3	2	1	1	24	1	23	7	1853	1786	821
	2			1		1		35	28	822
1	1	1	4	12		12	3	92	78	823
				4	1	3	2	17	14	824
				1		1	2	66	42	825
	4		5	354	8	346	45	2680	1862	829
7	**28**	**5**	**12**	**97**	**1**	**96**	**20**	**865**	**575**	**Q**
4	23	4	11	87	1	86	19	785	531	83
2	2	2	6	27		27	9	326	204	831
1	15	2	2	11		11	4	78	65	832
1	6		3	31	1	30	4	304	224	833
										834
				2		2		3	3	835
				3		3	1	15	13	836
								6	1	837
				13		13	1	53	21	839
3	5	1	1	10		10	1	80	44	84
3	4	1	1	9		9	1	67	37	841
	1			1		1		13	7	842
7	**5**	**3**	**8**	**713**	**21**	**692**	**59**	**7273**	**4685**	**R**
	1			48	10	38	5	94	23	85
				1	1			16	2	851
	1			47	9	38	5	78	21	852
2	1	2		99	3	96	13	347	71	86
				1		1		18	8	861
				10	1	9	1	9	4	862

1-12 续表 10

行　业	代码	法人单位数（个）	内资				
				国有	集体	股份合作	联营
电影和影视节目制作	863	225	225	31		4	
电影和影视节目发行	864	37	37	15			1
电影放映	865	310	303	90	7	4	4
录音制作	866	39	39	1		1	
文化艺术业	87	2814	2812	1232	31	3	8
文艺创作与表演	871	603	602	145	10		4
艺术表演场馆	872	137	137	104	3		
图书馆与档案馆	873	302	302	287	1		
文物及非物质文化遗产保护	874	195	195	116	3		1
博物馆	875	210	210	129	2		1
烈士陵园、纪念馆	876	114	114	99	2		
群众文化活动	877	492	492	268	5		
其他文化艺术业	879	761	760	84	5	3	2
体育	88	771	753	121	5	1	3
体育组织	881	187	185	45	1	1	1
体育场馆	882	86	85	49			1
休闲健身活动	883	408	393	19	3		1
其他体育	889	90	90	8	1		
娱乐业	89	6742	6725	48	16	9	6
室内娱乐活动	891	6303	6299	13	4	7	4
游乐园	892	76	74	2	8	1	1
彩票活动	893	30	30	22			
文化、娱乐、体育经纪代理	894	109	109	2			1
其他娱乐业	899	224	213	9	4	1	
公共管理、社会保障和社会组织	S	**127793**	**127790**	**33910**	**775**	**44**	**47**
中国共产党机关	90	1014	1014	1014			
中国共产党机关	900	1014	1014	1014			
国家机构	91	28702	28702	28538	28		1
国家权力机构	911	448	448	447			
国家行政机构	912	27137	27137	26986	27		1
人民法院和人民检察院	913	430	430	430			
其他国家机构	919	687	687	675	1		
人民政协、民主党派	92	314	314	314			
人民政协	921	204	204	204			
民主党派	922	110	110	110			
社会保障	93	516	516	511			
社会保障	930	516	516	511			
群众团体、社会团体和其他成员组织	94	16289	16286	3533	747	44	46
群众团体	941	1718	1717	873	83	3	2
社会团体	942	13754	13752	2612	628	41	43
基金会	943	76	76	21	4		
宗教组织	944	741	741	27	32		1
基层群众自治组织	95	80958	80958				
社区自治组织	951	7452	7452				
村民自治组织	952	73506	73506				

国有联营	集体联营	国有与集体联营	其他联营	有限责任公司	国有独资	其他有限责任公司	股份有限公司	私营	私营独资	代码
				35		35	4	143	26	863
1				4	1	3		14	4	864
1	1	2		41	1	40	8	136	24	865
				8		8		27	5	866
2	2		4	165	5	160	14	728	166	87
	1		3	56	3	53	4	193	42	871
				7		7	1	13	5	872
								6	1	873
1				5		5	1	14	3	874
	1			4		4	1	19	8	875
				1		1		2	2	876
				18		18		69	18	877
1			1	74	2	72	7	412	87	879
1		1	1	77	2	75	8	239	57	88
		1		11	1	10	2	27	1	881
1				9	1	8		10	3	882
			1	53		53	5	168	46	883
				4		4	1	34	7	889
2	1		3	324	1	323	19	5865	4368	89
	1		3	248		248	11	5608	4301	891
1				13	1	12	5	38	12	892
								5	2	893
1				22		22	1	75	12	894
				41		41	2	139	41	899
3	**24**	**4**	**16**	**25**	**1**	**24**	**5**	**27**	**2**	**S**
										90
										900
1										91
										911
1										912
										913
										919
										92
										921
										922
										93
										930
2	24	4	16	25	1	24	5	27	2	94
1		1		5		5	4			941
1	24	3	15	19	1	18	1	26	2	942
				1		1		1		943
			1							944
										95
										951
										952

1-12 续表 11

行业	代码	私营合伙	私营有限责任公司	私营股份有限公司	其他	港、澳、台商投资	港澳台商合资经营
总　计		**32186**	**298550**	**10041**	**132899**	**2971**	**1318**
农、林、牧、渔业	A	**5567**	**580**	**26**	**1367**	**5**	**1**
农业	01	1	1				
谷物种植	011						
豆类、油料和薯类种植	012						
棉、麻、糖、烟草种植	013						
蔬菜、食用菌及园艺作物种植	014	1	1				
水果种植	015						
坚果、含油果、香料和饮料作物种植	016						
中药材种植	017						
其他农业	019						
林业	02						
林木育种和育苗	021						
造林和更新	022						
森林经营和管护	023						
木材和竹材采运	024						
林产品采集	025						
畜牧业	03		3				
牲畜饲养	031		1				
家禽饲养	032		2				
狩猎和捕捉动物	033						
其他畜牧业	039						
渔业	04		2				
水产养殖	041		1				
水产捕捞	042		1				
农、林、牧、渔服务业	05	5566	574	26	1367	5	1
农业服务业	051	4085	345	14	965	2	1
林业服务业	052	192	31	3	71	1	
畜牧服务业	053	1148	101	5	305	2	
渔业服务业	054	141	97	4	26		
采矿业	B	**95**	**1138**	**57**	**126**	**17**	**11**
煤炭开采和洗选业	06	1	271	10	12	1	1
烟煤和无烟煤开采洗选	061		256	9	9	1	1
褐煤开采洗选	062		8				
其他煤炭采选	069	1	7	1	3		
石油和天然气开采业	07		5	2	1	1	
石油开采	071		2	1	1	1	
天然气开采	072		3	1			
黑色金属矿采选业	08	16	195	5	33	5	1
铁矿采选	081	14	188	5	32	5	1
锰矿、铬矿采选	082		2				
其他黑色金属矿采选	089	2	5		1		
有色金属矿采选业	09		61	6	9	1	1
常用有色金属矿采选	091		21	3	5		
贵金属矿采选	092		39	3	4	1	1
稀有稀土金属矿采选	093		1				

港澳台商合作经营	港澳台商独资	港澳台商投资股份有限公司	其他港澳台商投资	外商投资企业	中外合资经营	中外合作经营	外资企业	外商投资股份有限公司	其他外商投资	代码
95	**1458**	**69**	**31**	**9076**	**2899**	**189**	**5664**	**162**	**162**	
	4			**7**	**2**		**5**			A
										01
										011
										012
										013
										014
										015
										016
										017
										019
										02
										021
										022
										023
										024
										025
										03
										031
										032
										033
										039
										04
										041
										042
	4			7	2		5			05
	1			3			3			051
	1			1			1			052
	2			1			1			053
				2	2					054
	5	**1**		**19**	**8**	**6**	**5**			B
				3	2	1				06
				3	2	1				061
										062
										069
		1								07
		1								071
										072
	4			1	1					08
	4			1	1					081
										082
										089
				8	3	4	1			09
				1	1					091
				6	1	4	1			092
				1	1					093

1-12 续表 12

行　业	代码					港、澳、台商投资	
		私营合伙	私营有限责任公司	私营股份有限公司	其他		港澳台商合资经营
非金属矿采选业	10	74	544	33	61	8	7
土砂石开采	101	52	375	29	50	5	4
化学矿开采	102		4				
采盐	103	13	57	1	1	1	1
石棉及其他非金属矿采选	109	9	108	3	10	2	2
开采辅助活动	11	3	37		4	1	1
煤炭开采和洗选辅助活动	111		7				
石油和天然气开采辅助活动	112	1	6		2	1	1
其他开采辅助活动	119	2	24		2		
其他采矿业	12	1	25	1	6		
其他采矿业	120	1	25	1	6		
制造业	**C**	**2652**	**88078**	**3018**	**2784**	**1830**	**913**
农副食品加工业	13	188	5563	242	264	204	108
谷物磨制	131	23	508	15	26	3	2
饲料加工	132	19	732	34	17	11	3
植物油加工	133	21	505	33	11	7	3
制糖业	134		17	1		1	
屠宰及肉类加工	135	30	1071	50	54	17	10
水产品加工	136	16	770	48	41	40	22
蔬菜、水果和坚果加工	137	63	1312	44	88	97	48
其他农副食品加工	139	16	648	17	27	28	20
食品制造业	14	52	2104	85	88	63	32
焙烤食品制造	141	6	433	15	15	10	4
糖果、巧克力及蜜饯制造	142	9	176	4	10	2	2
方便食品制造	143	16	263	10	16	12	3
乳制品制造	144	1	93	4	2	2	
罐头食品制造	145	1	206	5	8	7	5
调味品、发酵制品制造	146	9	308	22	14	10	3
其他食品制造	149	10	625	25	23	20	15
酒、饮料和精制茶制造业	15	31	976	39	45	22	13
酒的制造	151	18	509	21	19	12	7
饮料制造	152	10	385	17	18	10	6
精制茶加工	153	3	82	1	8		
烟草制品业	16	32	3		1		
烟叶复烤	161						
卷烟制造	162				1		
其他烟草制品制造	169	32	3				
纺织业	17	117	4967	168	87	99	48
棉纺织及印染精加工	171	66	2876	106	39	43	20
毛纺织及染整精加工	172	7	257	8	6	10	3
麻纺织及染整精加工	173		33	1	2	3	1
丝绢纺织及印染精加工	174		63	1	5	2	2
化纤织造及印染精加工	175	5	119	1	3	3	3
针织或钩针编织物及其制品制造	176	6	408	10	5	11	5
家用纺织制成品制造	177	17	618	22	21	19	8
非家用纺织制成品制造	178	16	593	19	6	8	6

港澳台商合作经营	港澳台商独资	港澳台商投资股份有限公司	其他港澳台商投资	外商投资企业	中外合资经营	中外合作经营	外资企业	外商投资股份有限公司	其他外商投资	代码
	1			7	2	1	4			10
	1			3	1		2			101
										102
				2			2			103
				2	1	1				109
										11
										111
										112
										119
										12
										120
47	**827**	**37**	**6**	**6827**	**2261**	**106**	**4313**	**104**	**43**	**C**
3	89	3	1	688	336	18	321	8	5	13
	1			16	10		6			131
	8			48	22	1	23	2		132
	4			17	7		9		1	133
	1			1			1			134
1	5	1		32	20	2	10			135
1	15	1	1	205	107	11	84	1	2	136
1	47	1		310	142	2	162	2	2	137
	8			59	28	2	26	3		139
	29	2		225	94	3	123	3	2	14
	6			29	12		17			141
				18	7	1	10			142
	9			25	11	1	13			143
	1	1		9	3		6			144
	2			20	13		5	2		145
	6	1		39	12		27			146
	5			85	36	1	45	1	2	149
2	7			74	38	2	30	4		15
	5			36	19		16	1		151
2	2			37	19	2	13	3		152
				1			1			153
										16
										161
										162
										169
5	44	1	1	280	105	4	164	6	1	17
5	17		1	91	38	2	46	5		171
	6	1		24	10		14			172
	2			1			1			173
				4	1		3			174
				14	5		9			175
	6			53	21	1	31			176
	11			65	27	1	35	1	1	177
	2			28	3		25			178

1-12 续表 13

行　业	代码	私营合伙	私营有限责任公司	私营股份有限公司	其他	港、澳、台商投资	港澳台商合资经营
纺织服装、服饰业	18	83	4027	111	168	156	85
机织服装制造	181	54	2604	67	83	108	60
针织或钩针编织服装制造	182	13	757	26	45	34	17
服饰制造	183	16	666	18	40	14	8
皮革、毛皮、羽毛及其制品和制鞋业	19	18	1004	18	35	33	19
皮革鞣制加工	191		88	2	1	6	4
皮革制品制造	192	3	377	3	8	11	7
毛皮鞣制及制品加工	193	5	121	1	3	1	
羽毛(绒)加工及制品制造	194	2	46	2	2	5	4
制鞋业	195	8	372	10	21	10	4
木材加工和木、竹、藤、棕、草制品业	20	141	2783	80	138	25	9
木材加工	201	33	666	9	73	3	1
人造板制造	202	83	1268	40	39	8	4
木制品制造	203	21	760	29	21	5	1
竹、藤、棕、草等制品制造	204	4	89	2	5	9	3
家具制造业	21	42	1593	40	42	29	13
木质家具制造	211	36	1256	29	35	23	9
竹、藤家具制造	212		10	3	1		
金属家具制造	213	1	150	1	2	2	1
塑料家具制造	214	2	42				
其他家具制造	219	3	135	7	4	4	3
造纸和纸制品业	22	49	1867	65	56	49	25
纸浆制造	221		18				
造纸	222	14	636	23	16	23	13
纸制品制造	223	35	1213	42	40	26	12
印刷和记录媒介复制业	23	88	2601	76	90	28	16
印刷	231	83	2406	66	79	28	16
装订及印刷相关服务	232	5	183	10	11		
记录媒介复制	233		12				
文教、工美、体育和娱乐用品制造业	24	94	3041	99	78	104	43
文教办公用品制造	241	7	149	2	4	5	3
乐器制造	242	1	68	2			
工艺美术品制造	243	63	2172	60	59	75	33
体育用品制造	244	14	428	30	4	12	3
玩具制造	245	9	196	5	9	10	3
游艺器材及娱乐用品制造	246		28		2	2	1
石油加工及炼焦	25	7	472	26	8	6	3
化学原料和化学制品制造业	26	176	6306	234	129	129	68
基础化学原料制造	261	39	1085	32	20	21	9
肥料制造	262	34	921	36	21	25	12
农药制造	263	1	196	11	7	2	
涂料、油墨、颜料及类似产品制造	264	21	739	22	17	16	9
合成材料制造	265	11	702	26	17	20	12
专用化学产品制造	266	58	2333	87	40	42	24
炸药、火工及焰火产品制造	267	5	17	2			
日用化学产品制造	268	7	313	18	7	3	2
医药制造业	27	9	864	47	15	24	15
化学药品原料药制造	271	1	185	5	1	4	1

港澳台商合作经营	港澳台商独资	港澳台商投资股份有限公司	其他港澳台商投资	外商投资企业	中外合资经营	中外合作经营	外资企业	外商投资股份有限公司	其他外商投资	代码
2	66	3		593	205	11	369	4	4	18
2	43	3		397	136	6	252	2	1	181
	17			111	43	1	66		1	182
	6			85	26	4	51	2	2	183
1	11	1	1	252	49	4	195	4		19
	2			7	3	1	3			191
	4			162	28	3	130	1		192
		1		21	8		13			193
	1			1			1			194
1	4		1	61	10		48	3		195
1	15			65	30		33		2	20
	2			10	4		5		1	201
	4			16	9		7			202
1	3			29	14		15			203
	6			10	3		6		1	204
2	14			108	34		72	1	1	21
2	12			89	27		60	1	1	211
				1			1			212
	1			6	1		5			213
				1			1			214
	1			11	6		5			219
3	20	1		102	38	2	59	2	1	22
				1	1					221
3	7			27	15		12			222
	13	1		74	22	2	47	2	1	223
1	10	1		57	25		31	1		23
1	10	1		54	25		28	1		231
				3			3			232
										233
1	59	1		749	119	7	612	8	3	24
	2			33	8	1	24			241
				28	3		25			242
1	40	1		529	77	5	441	4	2	243
	9			93	15		75	2	1	244
	7			59	13	1	43	2		245
	1			7	3		4			246
	3			23	11	3	8	1		25
2	52	7		386	178	11	188	8	1	26
2	8	2		51	36	2	12	1		261
	11	2		54	18	1	31	3	1	262
	2			6	4		2			263
	7			44	14		30			264
	7	1		64	38	3	23			265
	16	2		127	61	3	60	3		266
				3		1	2			267
	1			37	7	1	28	1		268
	7	2		100	57	3	38	2		27
	3			20	11	1	8			271

1-12 续表 14

行业	代码	私营合伙	私营有限责任公司	私营股份有限公司	其他	港、澳、台商投资	港澳台商合资经营
化学药品制剂制造	272	1	85	8	3	4	4
中药饮片加工	273	1	49	1	2	2	
中成药生产	274	1	73	7	2	1	1
兽用药品制造	275	3	125	6		1	
生物药品制造	276	2	190	10	2	4	3
卫生材料及医药用品制造	277		157	10	5	8	6
化学纤维制造业	28	6	202	15	9	6	5
纤维素纤维原料及纤维制造	281	1	61	5	2	2	2
合成纤维制造	282	5	141	10	7	4	3
橡胶和塑料制品业	29	184	5353	163	151	118	56
橡胶制品业	291	43	1494	45	30	28	10
塑料制品业	292	141	3859	118	121	90	46
非金属矿物制品业	30	401	7228	271	345	120	67
水泥、石灰和石膏制造	301	12	454	26	21	12	7
石膏、水泥制品及类似制品制造	302	79	1482	51	72	12	7
砖瓦、石材等建筑材料制造	303	253	2754	114	187	39	21
玻璃制造	304	4	115	4	1	5	4
玻璃制品制造	305	14	482	18	7	20	12
玻璃纤维和玻璃纤维增强塑料制品制造	306	6	498	9	9	6	2
陶瓷制品制造	307	8	312	15	12	12	7
耐火材料制品制造	308	8	434	15	18	7	3
石墨及其他非金属矿物制品制造	309	17	697	19	18	7	4
黑色金属冶炼和压延加工业	31	26	1434	44	43	24	16
炼铁	311	1	39	3	6	1	1
炼钢	312		47		2	1	
黑色金属铸造	313	11	670	19	19	9	7
钢压延加工	314	14	648	22	14	12	7
铁合金冶炼	315		30		2	1	1
有色金属冶炼和压延加工业	32	17	744	30	21	25	11
常用有色金属冶炼	321	3	109	5	7	5	
贵金属冶炼	322		15		2	1	1
稀有稀土金属冶炼	323		10				
有色金属合金制造	324	2	70	2	5		
有色金属铸造	325	5	98	5	3		
有色金属压延加工	326	7	442	18	4	19	10
金属制品业	33	155	6440	231	210	104	46
结构性金属制品制造	331	68	2665	113	77	22	12
金属工具制造	332	22	743	23	31	13	6
集装箱及金属包装容器制造	333	7	276	15	9	8	3
金属丝绳及其制品制造	334	2	198	3	3	9	4
建筑、安全用金属制品制造	335	15	552	22	31	9	4
金属表面处理及热处理加工	336	8	242	11	3	4	1
搪瓷制品制造	337	1	69	2	5	2	1
金属制日用品制造	338	8	397	5	18	10	5
其他金属制品制造	339	24	1298	37	33	27	10
通用设备制造业	34	325	10860	367	325	109	58
锅炉及原动设备制造	341	12	656	17	22	8	7

港澳台商合作经营	港澳台商独资	港澳台商投资股份有限公司	其他港澳台商投资	外商投资企业	中外合资经营	中外合作经营	外资企业	外商投资股份有限公司	其他外商投资	代码
				12	7		4	1		272
	2			4	3		1			273
				9	7		2			274
	1			6	4		2			275
		1		28	18	2	8			276
	1	1		21	7		13	1		277
	1			21	6		15			28
				7	4		3			281
	1			14	2		12			282
5	57			303	97	3	199	3	1	29
	18			75	29		44	2		291
5	39			228	68	3	155	1	1	292
4	45	4		269	126	6	133	3	1	30
	5			10	4		6			301
	5			29	15	2	12			302
1	15	2		104	45		56	3		303
	1			5	2		3			304
2	4	2		27	15	2	10			305
	4			14	5	1	8			306
	5			26	14		12			307
1	3			14	8		5		1	308
	3			40	18	1	21			309
	8			48	24	2	21	1		31
				2	2					311
	1			4	2	1	1			312
	2			20	11	1	7	1		313
	5			21	8		13			314
				1	1					315
	12		2	35	15	1	17		2	32
	3		2	3	3					321
				2	1				1	322
										323
				4	2		2			324
				2			1		1	325
	9			24	9	1	14			326
2	54	2		330	106	2	217	5		33
	10			61	23	1	37			331
	7			48	13		34	1		332
2	3			15	7		8			333
	5			13	3		9	1		334
	4	1		26	10		15	1		335
	3			12	5		7			336
	1			4	1		3			337
	4	1		25	8		16	1		338
	17			126	36	1	88	1		339
3	45	3		427	131	5	283	6	2	34
	1			31	22		9			341

1-12 续表 15

行业	代码	私营合伙	私营有限责任公司	私营股份有限公司	其他	港、澳、台商投资	港澳台商合资经营
金属加工机械制造	342	81	2654	100	120	25	15
物料搬运设备制造	343	13	503	21	10	7	4
泵、阀门、压缩机及类似机械制造	344	24	1059	37	24	13	5
轴承、齿轮和传动部件制造	345	61	1022	24	31	4	1
烘炉、风机、衡器、包装等设备制造	346	21	873	33	17	19	9
文化、办公用机械制造	347	1	61	2	7	1	1
通用零部件制造	348	106	3354	108	81	26	15
其他通用设备制造业	349	6	678	25	13	6	1
专用设备制造业	35	179	7209	241	187	92	39
采矿、冶金、建筑专用设备制造	351	45	2123	71	49	24	10
化工、木材、非金属加工专用设备制造	352	42	1345	46	40	27	10
食品、饮料、烟草及饲料生产专用设备制造	353	9	265	8	5	5	1
印刷、制药、日化及日用品生产专用设备制造	354	9	384	11	16	9	3
纺织、服装和皮革加工专用设备制造	355	10	528	10	13	4	3
电子和电工机械专用设备制造	356	11	539	20	10	3	3
农、林、牧、渔专用机械制造	357	23	769	36	26	5	
医疗仪器设备及器械制造	358	6	251	8	5	6	5
环保、社会公共服务及其他专用设备制造	359	24	1005	31	23	9	4
汽车制造业	36	59	2437	71	42	62	35
汽车整车制造	361	2	42	4	1	1	1
改装汽车制造	362		97	3	2	1	1
低速载货汽车制造	363		9				
电车制造	364	1	54	5			
汽车车身、挂车制造	365	5	197	5	2	1	1
汽车零部件及配件制造	366	51	2038	54	37	59	32
铁路、船舶、航空航天和其他运输设备制造业	37	19	895	28	19	20	6
铁路运输设备制造	371	1	108	3		3	2
城市轨道交通设备制造	372		5				
船舶及相关装置制造	373	9	363	19	8	7	3
航空、航天器及设备制造	374		11	1	1	1	
摩托车制造	375		45	2	3	4	
自行车制造	376	2	140		5	2	
非公路休闲车及零配件制造	377		18				
潜水救捞及其他未列明运输设备制造	379	7	205	3	2	3	1
电气机械和器材制造业	38	70	3516	119	74	73	38
电机制造	381	7	424	10	6	8	4
输配电及控制设备制造	382	25	1269	55	27	20	10
电线、电缆、光缆及电工器材制造	383	13	503	22	14	15	9
电池制造	384	6	134	4	4	5	4
家用电力器具制造	385	6	303	5	8	6	3
非电力家用器具制造	386	6	275	8	5	4	1
照明器具制造	387	5	245	7	2	11	6
其他电气机械及器材制造	389	2	363	8	8	4	1
计算机、通信和其他电子设备制造业	39	18	1232	36	26	70	23
计算机制造	391	1	86	2	1	2	
通信设备制造	392		117		3	1	
广播电视设备制造	393		46	5		2	

港澳台商合作经营	港澳台商独资	港澳台商投资股份有限公司	其他港澳台商投资	外商投资企业	中外合资经营	中外合作经营	外资企业	外商投资股份有限公司	其他外商投资	代码
1	9			77	26	2	47	2		342
	3			21	10	1	10			343
	6	2		77	17		57	2	1	344
	2	1		19	2		17			345
1	9			68	24	1	42	1		346
				5			5			347
	11			116	27		87	1	1	348
1	4			13	3	1	9			349
4	45	3	1	378	124	2	235	9	8	35
1	11	2		78	32	1	41	3	1	351
1	15	1		92	36		52	1	3	352
	4			11	2	1	8			353
2	4			34	16		17	1		354
	1			25	6		18	1		355
				52	6		44		2	356
	5			32	8		22	1	1	357
	1			23	10		13			358
	4		1	31	8		20	2	1	359
	27			267	100	2	157	5	3	36
				11	7	1	3			361
				8	7		1			362
										363
				3	1		2			364
				2	1		1			365
	27			243	84	1	150	5	3	366
	13	1		89	36	5	45	3		37
	1			12	6	1	5			371
										372
	3	1		55	18	4	32	1		373
	1			7	5			2		374
	4			8	3		5			375
	2			2	1		1			376
				1	1					377
	2			4	2		2			379
3	32			297	76	3	207	8	3	38
	4			29	7		21	1		381
1	9			123	28	2	90	1	2	382
1	5			58	18	1	36	3		383
	1			10	4		6			384
	3			23	6		15	2		385
	3			12	3		7	1	1	386
	5			12	5		7			387
1	2			30	5		25			389
3	43	1		463	52	3	400	7	1	39
	2			21	3		18			391
	1			42	4	1	36	1		392
	2			7	2		5			393

1-12 续表 16

行　业	代码	私营合伙	私营有限责任公司	私营股份有限公司	其他	港、澳、台商投资	港澳台商合资经营
雷达及配套设备制造	394		2				
视听设备制造	395		29	1	1	6	2
电子器件制造	396	3	184	9	5	17	6
电子元件制造	397	6	491	13	9	36	15
其他电子设备制造	399	8	277	6	7	6	
仪器仪表制造业	40	21	910	33	24	14	7
通用仪器仪表制造	401	10	584	22	10	2	1
专用仪器仪表制造	402	6	198	8	11	3	1
钟表与计时仪器制造	403		38	1		6	4
光学仪器及眼镜制造	404	1	9	1	1	1	
其他仪器仪表制造业	409	4	81	1	2	2	1
其他制造业	41	14	672	17	30	13	5
废弃资源综合利用业	42	8	273	5	13	5	2
金属废料和碎屑加工处理	421	3	164	2	7	2	1
非金属废料和碎屑加工处理	422	5	109	3	6	3	1
金属制品、机械和设备修理业	43	23	502	17	21	4	2
金属制品修理	431	1	28			1	1
通用设备修理	432	2	70	1	2		
专用设备修理	433	2	69	2		1	
铁路、船舶、航空航天等运输设备修理	434	11	164	5	8		
电气设备修理	435	3	41	2	4		
仪器仪表修理	436		5				
其他机械和设备修理业	439	4	125	7	7	2	1
电力、热力、燃气及水生产和供应业	D	**25**	**662**	**27**	**56**	**74**	**46**
电力、热力生产和供应业	44	5	261	10	23	31	19
电力生产	441	3	94	8	9	30	19
电力供应	442	1	28		8		
热力生产和供应	443	1	139	2	6	1	
燃气生产和供应业	45	9	169	6	7	29	21
燃气生产和供应业	450	9	169	6	7	29	21
水的生产和供应业	46	11	232	11	26	14	6
自来水生产和供应	461	8	99	4	20	6	3
污水处理及其再生利用	462	3	123	6	6	7	2
其他水的处理、利用与分配	469		10	1		1	1
建筑业	E	**499**	**16194**	**690**	**466**	**41**	**30**
房屋建筑业	47	163	3180	199	105	8	7
房屋建筑业	470	163	3180	199	105	8	7
土木工程建筑业	48	71	2695	91	96	8	4
铁路、道路、隧道和桥梁工程建筑	481	28	925	39	33	3	2
水利和内河港口工程建筑	482	7	190	7	15	1	1
海洋工程建筑	483		20	1			
工矿工程建筑	484	3	132	4	4		
架线和管道工程建筑	485	6	320	10	4	1	
其他土木工程建筑	489	27	1108	30	40	3	1
建筑安装业	49	86	3546	139	86	11	8
电气安装	491	12	673	22	9	4	4
管道和设备安装	492	25	1030	50	28	4	3
其他建筑安装业	499	49	1843	67	49	3	1

港澳台商合作经营	港澳台商独资	港澳台商投资股份有限公司	其他港澳台商投资	外商投资企业	中外合资经营	中外合作经营	外资企业	外商投资股份有限公司	其他外商投资	代码
										394
	4			19	4		15			395
2	9			67	10		57			396
	20	1		254	24	2	224	4		397
1	5			53	5		45	2	1	399
	7			88	31	1	54	2		40
	1			39	16	1	22			401
	2			26	12		13	1		402
	2			5	3		2			403
	1			13			13			404
	1			5			4	1		409
	7	1		94	12	2	78		2	41
	3			6	3		3			42
	1			1	1					421
	2			5	2		3			422
	2			10	3	1	6			43
				2	1		1			431
				1			1			432
	1			1			1			433
				2	1	1				434
										435
										436
	1			4	1		3			439
2	**23**	**3**		**80**	**45**	**10**	**21**	**4**		**D**
1	9	2		38	23	8	5	2		44
1	8	2		32	19	7	4	2		441
										442
	1			6	4	1	1			443
	8			22	13	1	7	1		45
	8			22	13	1	7	1		450
1	6	1		20	9	1	9	1		46
1	2			5	2		3			461
	4	1		13	5	1	6	1		462
				2	2					469
	10		**1**	**51**	**24**	**4**	**19**	**2**	**2**	**E**
	1			5	3	1	1			47
	1			5	3	1	1			470
	4			10	6		3		1	48
	1			3	2		1			481
										482
										483
										484
	1			4	3				1	485
	2			3	1		2			489
	3			14	6		8			49
				4	3		1			491
	1			6	1		5			492
	2			4	2		2			499

1-12 续表 17

行 业	代码	私营合伙	私营有限责任公司	私营股份有限公司	其他	港、澳、台商投资	港澳台商合资经营
建筑装饰和其他建筑业	50	179	6773	261	179	14	11
建筑装饰业	501	134	4941	208	127	7	5
工程准备活动	502	15	550	14	12	1	1
提供施工设备服务	503	5	224	5	9	1	1
其他未列明建筑业	509	25	1058	34	31	5	4
批发和零售业	**F**	**4417**	**119724**	**3472**	**6103**	**372**	**81**
批发业	51	3261	84797	2193	3879	245	49
农、林、牧产品批发	511	562	3125	79	988	9	1
食品、饮料及烟草制品批发	512	989	9026	235	910	52	11
纺织、服装及家庭用品批发	513	226	9332	256	199	31	4
文化、体育用品及器材批发	514	77	3315	95	75	8	1
医药及医疗器材批发	515	89	2507	82	43	11	2
矿产品、建材及化工产品批发	516	628	26620	690	839	50	15
机械设备、五金产品及电子产品批发	517	494	21962	571	426	48	6
贸易经纪与代理	518	57	2301	58	110	12	5
其他批发业	519	139	6609	127	289	24	4
零售业	52	1156	34927	1279	2224	127	32
综合零售	521	134	2771	112	300	33	2
食品、饮料及烟草制品专门零售	522	122	3432	165	476	17	2
纺织、服装及日用品专门零售	523	94	3514	106	156	20	10
文化、体育用品及器材专门零售	524	76	2376	75	82	7	2
医药及医疗器材专门零售	525	94	2339	119	334	2	
汽车、摩托车、燃料及零配件专门零售	526	168	5281	212	285	25	5
家用电器及电子产品专门零售	527	179	5500	180	154	2	
五金、家具及室内装饰材料专门零售	528	164	6153	197	238	7	3
货摊、无店铺及其他零售业	529	125	3561	113	199	14	8
交通运输、仓储和邮政业	**G**	**483**	**10852**	**366**	**516**	**100**	**56**
道路运输业	54	168	5494	190	265	13	6
城市公共交通运输	541	6	181	12	12		
公路旅客运输	542	2	87	4	8	1	1
道路货物运输	543	154	5062	166	219	9	4
道路运输辅助活动	544	6	164	8	26	3	1
水上运输业	55	24	387	13	21	14	12
水上旅客运输	551	3	39	2	2	1	1
水上货物运输	552	8	221	5	7	3	1
水上运输辅助活动	553	13	127	6	12	10	10
航空运输业	56		49			1	1
航空客货运输	561		27			1	1
通用航空服务	562		8				
航空运输辅助活动	563		14				
管道运输业	57		11			2	2
管道运输业	570		11			2	2
装卸搬运和运输代理业	58	85	3478	98	109	35	19
装卸搬运	581	20	361	10	24	1	1
运输代理业	582	65	3117	88	85	34	18

港澳台商合作经营	港澳台商独资	港澳台商投资股份有限公司	其他港澳台商投资	外商投资企业	中外合资经营	中外合作经营	外资企业	外商投资股份有限公司	其他外商投资	代码
	2		1	22	9	3	7	2	1	50
	1		1	12	2	2	5	2	1	501
				2			2			502
				3	2	1				503
	1			5	5					509
12	**256**	**13**	**10**	**1037**	**234**	**20**	**694**	**24**	**65**	**F**
5	178	7	6	828	177	11	567	17	56	51
	8			29	10	1	16	2		511
2	37	1	1	130	43	3	79	1	4	512
	24	2	1	182	27	1	142	5	7	513
	6	1		54	4		49		1	514
	7	1	1	13	5		7	1		515
2	30	1	2	169	35	3	93	3	35	516
1	40		1	158	34	1	113	3	7	517
	7			38	6	1	27	2	2	518
	19	1		55	13	1	41			519
7	78	6	4	209	57	9	127	7	9	52
	27	2	2	33	11	2	17	2	1	521
	13	2		41	14	3	21		3	522
2	8			39	10	1	24		4	523
	5			16	1	1	14			524
1	1			4		1	2		1	525
1	15	2	2	29	9		18	2		526
1	1			11	1		10			527
1	3			13	4	1	8			528
1	5			23	7		13	3		529
2	**38**	**1**	**3**	**163**	**77**	**4**	**75**	**2**	**5**	**G**
1	5	1		22	11	1	9	1		54
				1	1					541
										542
	4	1		18	9		9			543
1	1			3	1	1		1		544
	2			13	9		3		1	55
				2	2					551
	2			5	3		1		1	552
				6	4		2			553
				1					1	56
										561
										562
				1					1	563
				1	1					57
				1	1					570
	13		3	74	34	2	35	1	2	58
				4	4					581
	13		3	70	30	2	35	1	2	582

1-12 续表 18

行 业	代码	私营合伙	私营有限责任公司	私营股份有限公司	其他	港、澳、台商投资	港澳台商合资经营
仓储业	59	194	1130	42	97	34	15
谷物、棉花等农产品仓储	591	91	345	21	48	2	1
其他仓储业	599	103	785	21	49	32	14
邮政业	60	12	303	23	24	1	1
邮政基本服务	601	1	1		4		
快递服务	602	11	302	23	20	1	1
住宿和餐饮业	**H**	**177**	**4373**	**182**	**515**	**60**	**20**
住宿业	61	61	1323	63	104	26	10
旅游饭店	611	11	493	29	27	19	9
一般旅馆	612	42	725	30	71	6	1
其他住宿业	619	8	105	4	6	1	
餐饮业	62	116	3050	119	411	34	10
正餐服务	621	95	2479	100	249	25	8
快餐服务	622	9	304	13	98	6	2
饮料及冷饮服务	623	2	49	4	1	2	
其他餐饮业	629	10	218	2	63	1	
信息传输、软件和信息技术服务业	**I**	**152**	**6144**	**195**	**235**	**47**	**8**
电信、广播电视和卫星传输服务	63	1	184	7	21	13	
电信	631	1	153	7	18	13	
广播电视传输服务	632		28		3		
卫星传输服务	633		3				
互联网和相关服务	64	30	851	31	58	3	1
互联网接入及相关服务	641	4	115	2	7		
互联网信息服务	642	21	591	27	42	3	1
其他互联网服务	649	5	145	2	9		
软件和信息技术服务业	65	121	5109	157	156	31	7
软件开发	651	58	3018	93	47	14	1
信息系统集成服务	652	9	486	21	13	5	2
信息技术咨询服务	653	21	883	24	59	6	2
数据处理和存储服务	654	5	103	2	1		
集成电路设计	655	3	62	3	3		
其他信息技术服务业	659	25	557	14	33	6	2
房地产业	**K**	**224**	**10054**	**520**	**424**	**219**	**99**
房地产业	70	224	10054	520	424	219	99
房地产开发经营	701	45	3870	266	74	177	83
物业管理	702	76	3557	157	227	23	7
房地产中介服务	703	80	2016	74	85	7	2
自有房地产经营活动	704	10	256	10	20	5	3
其他房地产业	709	13	355	13	18	7	4
租赁和商务服务业	**L**	**3451**	**23826**	**777**	**3898**	**99**	**23**
租赁业	71	139	1717	46	104	10	2
机械设备租赁	711	136	1649	45	98	8	1
文化及日用品出租	712	3	68	1	6	2	1
商务服务业	72	3312	22109	731	3794	89	21
企业管理服务	721	1313	2187	67	1095	29	9

港澳台商合作经营	港澳台商独资	港澳台商投资股份有限公司	其他港澳台商投资	外商投资企业	中外合资经营	中外合作经营	外资企业	外商投资股份有限公司	其他外商投资	代码
1	18			49	20	1	28			59
	1			4	2		2			591
1	17			45	18	1	26			599
				3	2				1	60
										601
				3	2				1	602
1	**37**	**1**	**1**	**126**	**29**	**6**	**86**	**2**	**3**	H
1	15			30	12	4	13		1	61
1	9			21	9	2	10			611
	5			5	1	2	2			612
	1			4	2		1		1	619
	22	1	1	96	17	2	73	2	2	62
	15	1	1	55	12	2	40	1		621
	4			24	2		21		1	622
	2			9	2		5	1	1	623
	1			8	1		7			629
1	**36**	**2**		**127**	**31**	**2**	**80**	**7**	**7**	I
	11	2		11			8	2	1	63
	11	2		10			7	2	1	631
				1			1			632
										633
	2			5	1		4			64
										641
	2			4	1		3			642
				1			1			649
1	23			111	30	2	68	5	6	65
1	12			74	21	2	43	4	4	651
	3			7	2		4	1		652
	4			10	2		6		2	653
				7	2		5			654
				2			2			655
	4			11	3		8			659
17	**102**	**1**		**136**	**62**	**11**	**55**	**2**	**6**	K
17	102	1		136	62	11	55	2	6	70
15	78	1		95	46	10	38		1	701
	16			19	7	1	8		3	702
1	4			9	3		5		1	703
	2			8	5		2	1		704
1	2			5	1		2	1	1	709
2	**58**	**8**	**8**	**228**	**57**	**6**	**142**	**7**	**16**	L
	6	1	1	10	1	1	7	1		71
	5	1	1	10	1	1	7	1		711
	1									712
2	52	7	7	218	56	5	135	6	16	72
2	12	3	3	48	9	1	30	3	5	721

1-12 续表 19

行业	代码	私营合伙	私营有限责任公司	私营股份有限公司	其他	港、澳、台商投资	港澳台商合资经营
法律服务	722	301	161	12	922		
咨询与调查	723	945	6988	197	451	28	3
广告业	724	175	5478	174	163	6	1
知识产权服务	725	12	182	9	10		
人力资源服务	726	60	1666	67	153	4	1
旅行社及相关服务	727	82	1276	66	82	4	2
安全保护服务	728	7	154	8	24	1	1
其他商务服务业	729	417	4017	131	894	17	4
科学研究和技术服务业	**M**	**13733**	**6975**	**278**	**5058**	**43**	**14**
研究和试验发展	73	37	831	31	416	11	4
自然科学研究和试验发展	731	2	108	5	30	2	
工程和技术研究和试验发展	732	7	428	19	108	6	3
农业科学研究和试验发展	733	24	112	3	131	3	1
医学研究和试验发展	734	3	167	3	90		
社会人文科学研究	735	1	16	1	57		
专业技术服务业	74	362	4184	166	388	18	7
气象服务	741	1	15		8		
地震服务	742		7		4		
海洋服务	743	1	28	1	5	1	1
测绘服务	744	4	133	6	20		
质检技术服务	745	12	295	22	27	3	1
环境与生态监测	746	1	97	3	8	1	
地质勘查	747	3	115	5	10		
工程技术	748	51	1892	75	105	6	3
其他专业技术服务业	749	289	1602	54	201	7	2
科技推广和应用服务业	75	13334	1960	81	4254	14	3
技术推广服务	751	12772	1631	66	3880	12	2
科技中介服务	752	201	147	4	208		
其他科技推广和应用服务业	759	361	182	11	166	2	1
水利、环境和公共设施管理业	**N**	**129**	**1653**	**87**	**289**	**24**	**2**
水利管理业	76	4	67	4	39	2	2
防洪除涝设施管理	761	2	11		6	1	1
水资源管理	762		15	2	11	1	1
天然水收集与分配	763		4		4		
水文服务	764		11		7		
其他水利管理业	769	2	26	2	11		
生态保护和环境治理业	77	12	148	6	108	5	
生态保护	771	6	17	1	93		
环境治理业	772	6	131	5	15	5	
公共设施管理业	78	113	1438	77	142	17	
市政设施管理	781	3	138	9	13	8	
环境卫生管理	782	2	80	3	18		
城乡市容管理	783	1	53	2	5		
绿化管理	784	70	897	44	57	1	
公园和游览景区管理	785	37	270	19	49	8	

港澳台商合作经营	港澳台商独资	港澳台商投资股份有限公司	其他港澳台商投资	外商投资企业	中外合资经营	中外合作经营	外资企业	外商投资股份有限公司	其他外商投资	代码
				2					2	722
	23	1	1	92	18	2	63	2	7	723
	3	1	1	9	3		5		1	724
										725
	3			8	2		5	1		726
	2			10	6	1	2		1	727
				1	1					728
	9	2	2	48	17	1	30			729
1	**27**	**1**		**123**	**36**	**3**	**76**	**4**	**4**	**M**
	7			35	9	1	23		2	73
	2			7	3		4			731
	3			12	1		11			732
	2			4	1	1	2			733
				12	4		6		2	734
										735
	10	1		58	17		35	4	2	74
										741
										742
				2	1		1			743
				2			1	1		744
	2			10	2		7		1	745
	1									746
										747
	2	1		15	2		10	3		748
	5			29	12		16		1	749
1	10			30	10	2	18			75
1	9			24	9	2	13			751
				1			1			752
	1			5	1		4			759
8	**13**		**1**	**25**	**8**	**1**	**14**	**2**		**N**
				1	1					76
										761
										762
				1	1					763
										764
										769
1	4			8	3	1	4			77
										771
1	4			8	3	1	4			772
7	9		1	16	4		10	2		78
7	1			3	1		2			781
										782
										783
	1			2	1		1			784
	7		1	11	2		7	2		785

1-12 续表 20

行　业	代码						
		私营合伙	私营有限责任公司	私营股份有限公司	其他	港、澳、台商投资	港澳台商合资经营
居民服务、修理和其他服务业	**O**	**330**	**4883**	**176**	**1016**	**21**	**10**
居民服务业	79	127	1557	56	698	5	4
家庭服务	791	18	311	10	74		
托儿所服务	792	1	5		33	1	
洗染服务	793	1	72	2	5		
理发及美容服务	794	4	154	6	16	1	1
洗浴服务	795	6	96	8	12	1	1
保健服务	796	2	85	3	30		
婚姻服务	797	8	212	7	88		
殡葬服务	798	2	43	1	59	1	1
其他居民服务业	799	85	579	19	381	1	1
机动车、电子产品和日用产品修理业	80	118	2077	90	160	13	6
汽车、摩托车修理与维护	801	78	1501	63	119	8	2
计算机和办公设备维修	802	11	245	9	16	3	3
家用电器修理	803	17	212	12	17	1	1
其他日用产品修理业	809	12	119	6	8	1	
其他服务业	81	85	1249	30	158	3	
清洁服务	811	16	535	8	42	1	
其他未列明服务业	819	69	714	22	116	2	
教育	**P**	**67**	**821**	**45**	**5245**	**5**	**2**
教育	82	67	821	45	5245	5	2
学前教育	821	12	53	2	2807	2	1
初等教育	822	1	6		358		
中等教育	823	3	11		350		
高等教育	824		3		58		
特殊教育	825	1	23		55		
技能培训、教育辅助及其他教育	829	50	725	43	1617	3	1
卫生和社会工作	**Q**	**42**	**230**	**18**	**10426**	**3**	
卫生	83	35	204	15	9331	1	
医院	831	23	90	9	612	1	
社区医疗与卫生院	832	4	9		4889		
门诊部(所)	833	6	69	5	3651		
计划生育技术服务活动	834				3		
妇幼保健院(所、站)	835				7		
专科疾病防治院(所、站)	836		1	1	61		
疾病预防控制中心	837	1	4		22		
其他卫生活动	839	1	31		86		
社会工作	84	7	26	3	1095	2	
提供住宿社会工作	841	6	21	3	1002	2	
不提供住宿社会工作	842	1	5		93		
文化、体育和娱乐业	**R**	**141**	**2341**	**106**	**1418**	**11**	**2**
新闻和出版业	85		68	3	20		
新闻业	851		14		2		
出版业	852		54	3	18		
广播、电视、电影和影视录音制作业	86	8	247	21	30	4	
广播	861		10		1		
电视	862		5		3		

港澳台商合作经营	港澳台商独资	港澳台商投资股份有限公司	其他港澳台商投资	外商投资企业	中外合资经营	中外合作经营	外资企业	外商投资股份有限公司	其他外商投资	代码
1	**10**			**60**	**12**	**2**	**42**	**2**	**2**	**O**
	1			22	2		16	2	2	79
										791
	1			1			1			792
										793
				13			10	2	1	794
				5	1		4			795
										796
										797
										798
				3	1		1		1	799
1	6			15	6	1	8			80
1	5			14	6	1	7			801
				1			1			802
										803
	1									809
	3			23	4	1	18			81
	1									811
	2			23	4	1	18			819
1	**2**			**24**	**6**	**5**	**8**		**5**	**P**
1	2			24	6	5	8		5	82
1				5	1	2	1		1	821
										822
				3			2		1	823
				1					1	824
				1					1	825
	2			14	5	3	5		1	829
	3			**7**	**2**		**5**			**Q**
	1			6	2		4			83
	1									831
										832
				4			4			833
										834
										835
										836
										837
				2	2					839
	2			1			1			84
	2			1			1			841
										842
	7	**1**	**1**	**33**	**5**	**3**	**24**		**1**	**R**
										85
										851
										852
	4			3	1		1		1	86
										861
										862

1-12 续表 21

行业	代码						
		私营合伙	私营有限责任公司	私营股份有限公司	其他	港、澳、台商投资	港澳台商合资经营
电影和影视节目制作	863	3	111	3	8		
电影和影视节目发行	864	1	8	1	3		
电影放映	865	1	95	16	13	4	
录音制作	866	3	18	1	2		
文化艺术业	87	25	515	22	631	1	
文艺创作与表演	871	3	139	9	190		
艺术表演场馆	872		8		9		
图书馆与档案馆	873		4	1	8		
文物及非物质文化遗产保护	874		11		55		
博物馆	875	1	10		54		
烈士陵园、纪念馆	876				10		
群众文化活动	877	4	45	2	132		
其他文化艺术业	879	17	298	10	173	1	
体育	88	4	174	4	299	5	1
体育组织	881	2	21	3	97	1	
体育场馆	882		7		16		
休闲健身活动	883	1	120	1	144	4	1
其他体育	889	1	26		42		
娱乐业	89	104	1337	56	438	1	1
室内娱乐活动	891	95	1169	43	404	1	1
游乐园	892	1	22	3	6		
彩票活动	893		3		3		
文化、娱乐、体育经纪代理	894	1	56	6	8		
其他娱乐业	899	7	87	4	17		
公共管理、社会保障和社会组织	**S**	**2**	**22**	**1**	**92957**		
中国共产党机关	90						
中国共产党机关	900						
国家机构	91				135		
国家权力机构	911				1		
国家行政机构	912				123		
人民法院和人民检察院	913						
其他国家机构	919				11		
人民政协、民主党派	92						
人民政协	921						
民主党派	922						
社会保障	93				5		
社会保障	930				5		
群众团体、社会团体和其他成员组织	94	2	22	1	11859		
群众团体	941				747		
社会团体	942	2	21	1	10382		
基金会	943		1		49		
宗教组织	944				681		
基层群众自治组织	95				80958		
社区自治组织	951				7452		
村民自治组织	952				73506		

港澳台商合作经营	港澳台商独资	港澳台商投资股份有限公司	其他港澳台商投资	外商投资企业	中外合资经营	中外合作经营	外资企业	外商投资股份有限公司	其他外商投资	代码
										863
										864
	4			3	1		1		1	865
										866
		1		1			1			87
				1			1			871
										872
										873
										874
										875
										876
										877
		1								879
	3		1	13	1	1	11			88
	1			1			1			881
				1			1			882
	2		1	11	1	1	9			883
										889
				16	3	2	11			89
				3		2	1			891
				2			2			892
										893
										894
				11	3		8			899
				3					3	S
										90
										900
										91
										911
										912
										913
										919
										92
										921
										922
										93
										930
				3					3	94
				1					1	941
				2					2	942
										943
										944
										95
										951
										952

1-13 按行业(中类)、登记注册类型

行业	代码	从业人员数(人)	内资				
				国有	集体	股份合作	联营
总　计		**28466234**	**26594031**	**4011168**	**758114**	**85179**	**49659**
农、林、牧、渔业	**A**	**233204**	**232892**	**6469**	**26961**	**186**	**3**
农业	01	2261	2261	1799	21		
谷物种植	011	279	279	241			
豆类、油料和薯类种植	012	549	549	549			
棉、麻、糖、烟草种植	013	1009	1009	1009			
蔬菜、食用菌及园艺作物种植	014	251	251				
水果种植	015	5	5				
坚果、含油果、香料和饮料作物种植	016	27	27				
中药材种植	017	120	120				
其他农业	019	21	21		21		
林业	02	641	641	641			
林木育种和育苗	021						
造林和更新	022	151	151	151			
森林经营和管护	023	490	490	490			
木材和竹材采运	024						
林产品采集	025						
畜牧业	03	3007	3007		466		
牲畜饲养	031	44	44				
家禽饲养	032	2921	2921		466		
狩猎和捕捉动物	033						
其他畜牧业	039	42	42				
渔业	04	553	553	431	11		
水产养殖	041	55	55		11		
水产捕捞	042	498	498	431			
农、林、牧、渔服务业	05	226742	226430	3598	26463	186	3
农业服务业	051	159425	159301	2397	18352	45	3
林业服务业	052	11105	11085	971	1459		
畜牧服务业	053	41047	40986	129	5448	64	
渔业服务业	054	15165	15058	101	1204	77	
采矿业	**B**	**961649**	**955918**	**62369**	**24616**	**546**	**274**
煤炭开采和洗选业	06	603118	601414	46881	4360	161	
烟煤和无烟煤开采洗选	061	583709	582005	46878	3886	161	
褐煤开采洗选	062	18548	18548	3	474		
其他煤炭采选	069	861	861				
石油和天然气开采业	07	116639	116622	997			
石油开采	071	115888	115871	997			
天然气开采	072	751	751				
黑色金属矿采选业	08	52352	51829	10406	616	63	244
铁矿采选	081	51919	51396	10406	616	63	244
锰矿、铬矿采选	082	50	50				
其他黑色金属矿采选	089	383	383				
有色金属矿采选业	09	60678	59807	1988	8126	62	
常用有色金属矿采选	091	2879	2869	21			
贵金属矿采选	092	57385	56536	1967	8126	62	
稀有稀土金属矿采选	093	414	402				

分组的法人单位从业人员数

国有联营	集体联营	国有与集体联营	其他联营	有限责任公司	国有独资	其他有限责任公司	股份有限公司	私营	私营独资	代码
30962	**12674**	**2318**	**3705**	**6104439**	**844534**	**5259905**	**1454202**	**12745429**	**2870553**	
			3	**7131**	**101**	**7030**	**3406**	**160201**	**67011**	A
				35		35	120	286	111	01
								38	38	011
										012
										013
				35		35		216	41	014
								5	5	015
								27	27	016
							120			017
										019
										02
										021
										022
										023
										024
										025
				147		147	2089	305	11	03
								44		031
				105		105	2089	261	11	032
										033
				42		42				039
								111	20	04
								44	20	041
								67		042
			3	6949	101	6848	1197	159499	66869	05
			3	4912	43	4869	499	110764	45897	051
				326		326	21	7432	3141	052
				753	58	695	51	31165	13694	053
				958		958	626	10138	4137	054
		244	**30**	**616972**	**425167**	**191805**	**128217**	**120230**	**36191**	B
				510503	401671	108832	7032	31998	4488	06
				492609	383955	108654	7032	31036	4235	061
				17716	17716			355	155	062
				178		178		607	98	069
				8124	412	7712	106928	558		07
				7425	1	7424	106928	506		071
				699	411	288		52		072
		244		16917	408	16509	4946	18240	3703	08
		244		16865	368	16497	4946	17866	3567	081
				40	40			10		082
				12		12		364	136	089
				36323	22607	13716	6704	6254	1982	09
				1723		1723	17	1103	470	091
				34286	22607	11679	6687	5063	1455	092
				314		314		88	57	093

1-13 续表 1

行业	代码	从业人员数(人)	内资	国有	集体	股份合作	联营
非金属矿采选业	10	93011	90403	1952	11333	205	30
土砂石开采	101	62708	62277		8037	124	30
化学矿开采	102	188	188				
采盐	103	20141	18409	1788	3003	20	
石棉及其他非金属矿采选	109	9974	9529	164	293	61	
开采辅助活动	11	34196	34188	145	170	40	
煤炭开采和洗选辅助活动	111	408	408	77		40	
石油和天然气开采辅助活动	112	32544	32536	68	170		
其他开采辅助活动	119	1244	1244				
其他采矿业	12	1655	1655		11	15	
其他采矿业	120	1655	1655		11	15	
制造业	C	**11853450**	**10215126**	**103873**	**127509**	**29215**	**31260**
农副食品加工业	13	1095272	906793	9772	13370	912	610
谷物磨制	131	59900	57318	1198	185	22	37
饲料加工	132	97407	85613	76	100	211	
植物油加工	133	75502	68317	2179	323	20	80
制糖业	134	3417	3378				
屠宰及肉类加工	135	326664	294286	1446	819	121	164
水产品加工	136	230588	155369	4380	7094	321	325
蔬菜、水果和坚果加工	137	193959	148694	62	310	173	4
其他农副食品加工	139	107835	93818	431	4539	44	
食品制造业	14	302261	248701	2739	995	503	162
焙烤食品制造	141	46212	38695	40	340	304	20
糖果、巧克力及蜜饯制造	142	22762	20326	35	19		
方便食品制造	143	32576	26089	281	33	15	8
乳制品制造	144	28637	24555		148	1	
罐头食品制造	145	34450	27925	110	6	101	
调味品、发酵制品制造	146	46235	36608	322	198	77	
其他食品制造	149	91389	74503	1951	251	5	134
酒、饮料和精制茶制造业	15	160253	128361	2833	1321	915	30
酒的制造	151	110658	90183	2777	590	881	3
饮料制造	152	43398	32150	56	318	10	27
精制茶加工	153	6197	6028		413	24	
烟草制品业	16	15576	15576	7883			
烟叶复烤	161	3022	3022	1583			
卷烟制造	162	11459	11459	6282			
其他烟草制品制造	169	1095	1095	18			
纺织业	17	1005425	890374	2891	10220	2128	79
棉纺织及印染精加工	171	710867	652171	1409	9439	1578	43
毛纺织及染整精加工	172	70278	40313	877	129	46	
麻纺织及染整精加工	173	4493	3190		49		
丝绢纺织及印染精加工	174	11063	10423	1	3	3	5
化纤织造及印染精加工	175	17622	16251	4	161	33	
针织或钩针编织物及其制品制造	176	47531	40912	304	70	364	
家用纺织制成品制造	177	92806	81027	183	342	39	16
非家用纺织制成品制造	178	50765	46087	113	27	65	15

										代码
国有联营	集体联营	国有与集体联营	其他联营	有限责任公司	国有独资	其他有限责任公司	股份有限公司	私营	私营独资	
			30	12918	69	12849	2585	60021	24793	10
			30	7778	69	7709	2008	43023	20818	101
								188	78	102
				3860		3860	457	9279	704	103
				1280		1280	120	7531	3193	109
				32137		32137	22	1637	677	11
				38		38		253	51	111
				31892		31892	22	372	47	112
				207		207		1012	579	119
				50		50		1522	548	12
				50		50		1522	548	120
27401	**2540**	**732**	**587**	**2529071**	**182557**	**2346514**	**688750**	**6605964**	**1339492**	C
84	365		161	224651	1696	222955	39179	609739	103558	13
	14		23	9023	336	8687	1461	44581	13950	131
				25286	35	25251	3598	55785	6564	132
80				12763	437	12326	707	51987	7476	133
				2226		2226	42	1110	392	134
	26		138	88261	448	87813	13714	186287	20165	135
4	321			36130	309	35821	8454	97833	17755	136
	4			19378	131	19247	9411	117547	22502	137
				31584		31584	1792	54609	14754	139
	8	134	20	54224	772	53452	11521	176013	35854	14
			20	6227	126	6101	980	30564	9364	141
				4186		4186	513	15278	5327	142
	8			6354		6354	220	18950	5835	143
				11561	361	11200	584	12216	840	144
				2057		2057	447	24714	3327	145
				9603		9603	437	25394	4826	146
		134		14236	285	13951	8340	48897	6335	149
	25	3	2	27081	571	26510	17768	76164	18088	15
		3		21967		21967	17054	45852	7907	151
	25		2	4413	571	3842	714	26258	8781	152
				701		701		4054	1400	153
				5870	3664	2206	208	449	16	16
				1226		1226	208	5	5	161
				4011	3208	803				162
				633	456	177		444	11	169
23	31		25	305405	5544	299861	43457	521202	66413	17
18			25	249909	4335	245574	18816	367927	34080	171
				11116	1082	10034	780	26962	4416	172
				344		344		2795	601	173
5				3564		3564	23	6499	770	174
				4472		4472	3497	8036	2157	175
				8256		8256	1587	30020	6864	176
	16			22166		22166	16479	41171	7776	177
	15			5578	127	5451	2275	37792	9749	178

1-13 续表 2

行业	代码	从业人员数（人）	内资				
				国有	集体	股份合作	联营
纺织服装、服饰业	18	619963	477533	2329	2211	2304	130
机织服装制造	181	406210	301228	763	1771	1719	50
针织或钩针编织服装制造	182	154535	126966	1447	103	509	
服饰制造	183	59218	49339	119	337	76	80
皮革、毛皮、羽毛及其制品和制鞋业	19	187574	121495	1398	2018	297	
皮革鞣制加工	191	18615	14561	25	766		
皮革制品制造	192	60334	32217	180	44	15	
毛皮鞣制及制品加工	193	12600	10696		38	239	
羽毛(绒)加工及制品制造	194	5872	5184				
制鞋业	195	90153	58837	1193	1170	43	
木材加工和木、竹、藤、棕、草制品业	20	347059	337276	565	334	250	
木材加工	201	68322	67754	100	16	82	
人造板制造	202	211783	206877	465	83	18	
木制品制造	203	58649	55068		136	150	
竹、藤、棕、草等制品制造	204	8305	7577		99		
家具制造业	21	143914	125196	138	388	401	76
木质家具制造	211	123327	108726		229	292	50
竹、藤家具制造	212	1748	588		23		
金属家具制造	213	7115	5899		3	97	
塑料家具制造	214	1699	1695		44		
其他家具制造	219	10025	8288	138	89	12	26
造纸和纸制品业	22	249899	225251	3259	3170	433	73
纸浆制造	221	2398	2397	3			
造纸	222	148043	134695	2122	1674	132	50
纸制品制造	223	99458	88159	1134	1496	301	23
印刷和记录媒介复制业	23	156843	146473	3762	2692	1130	188
印刷	231	148271	138008	3507	2328	828	175
装订及印刷相关服务	232	7912	7805	222	321	302	13
记录媒介复制	233	660	660	33	43		
文教、工美、体育和娱乐用品制造业	24	375529	289054	212	1352	1539	18
文教办公用品制造	241	15832	10904	49	541	13	18
乐器制造	242	9703	5291				
工艺美术品制造	243	253953	202280	128	710	1301	
体育用品制造	244	51646	39890		64	172	
玩具制造	245	41522	29451		37	53	
游艺器材及娱乐用品制造	246	2873	1238	35			
石油加工及炼焦	25	138545	135123	2435	154	110	231
化学原料和化学制品制造业	26	839338	762018	11687	7497	2877	425
基础化学原料制造	261	165025	147173	3476	1624	318	72
肥料制造	262	125891	115927	3397	56	81	116
农药制造	263	34196	33579	179	254	123	
涂料、油墨、颜料及类似产品制造	264	48380	44528	69	602	349	14
合成材料制造	265	128628	113976	3	368	1239	
专用化学产品制造	266	296659	272624	4290	3634	749	15
炸药、火工及焰火产品制造	267	14450	12704	1	793		208
日用化学产品制造	268	26109	21507	272	166	18	
医药制造业	27	252512	209616	518	1051	634	
化学药品原料药制造	271	66284	50681	1	290	424	

国有联营	集体联营	国有与集体联营	其他联营	有限责任公司	国有独资	其他有限责任公司	股份有限公司	私营	私营独资	代码
			130	88614	2614	86000	8381	367271	80330	18
			50	53314	2610	50704	6335	233925	51409	181
				30291		30291	1556	91464	15621	182
			80	5009	4	5005	490	41882	13300	183
				26531		26531	3455	86926	21732	19
				5686		5686	520	7553	1738	191
				4150		4150	45	27503	6250	192
				1369		1369	15	8938	2247	193
				635		635	20	4474	600	194
				14691		14691	2855	38458	10897	195
				21232	80	21152	3237	307223	125919	20
				2767		2767	47	63205	40628	201
				10398		10398	2711	191162	71786	202
				7454	80	7374	479	46520	9745	203
				613		613		6336	3760	204
	26		50	16513	9	16504	1963	104329	27185	21
			50	14858	9	14849	1128	90981	23731	211
								500	191	212
				668		668		5032	1181	213
				195		195		1456	493	214
	26			792		792	835	6360	1589	219
	73			74801	5975	68826	17124	124852	26624	22
				275		275		2119	298	221
	50			65251	5523	59728	15616	49156	8288	222
	23			9275	452	8823	1508	73577	18038	223
5	183			20086	432	19654	1498	115394	30603	23
	175			19570	432	19138	1448	108648	28422	231
5	8			260		260	50	6418	2156	232
				256		256		328	25	233
	18			40941	415	40526	4636	237861	60146	24
	18			1499		1499	142	8517	1945	241
				553		553		4738	1088	242
				26188	195	25993	2484	169494	44353	243
				9346	220	9126	2010	28112	5450	244
				3327		3327		25851	6942	245
				28		28		1149	368	246
211	6	14		53537	2577	50960	37738	39751	2228	25
171	234		20	203272	16347	186925	81373	450252	54486	26
40	12		20	39152	5053	34099	21769	80108	9135	261
116				33885	2163	31722	22611	55393	6692	262
				11924	202	11722	2072	18799	1504	263
	14			7038	356	6682	1599	34507	8605	264
				35042	7799	27243	9401	67016	4297	265
15				66043	689	65354	23161	172813	19114	266
	208			6460		6460	26	5216	1663	267
				3728	85	3643	734	16400	3476	268
				90577	7625	82952	32644	83818	5838	27
				24379	6772	17607	9065	16510	1081	271

1-13 续表 3

行业	代码	从业人员数(人)	内资				
				国有	集体	股份合作	联营
化学药品制剂制造	272	47901	42844	113	245		
中药饮片加工	273	8367	6442			48	
中成药生产	274	29617	22413	10	80		
兽用药品制造	275	11436	11116	20	39	157	
生物药品制造	276	40386	32488	355	381		
卫生材料及医药用品制造	277	48521	43632	19	16	5	
化学纤维制造业	28	30309	25285	19	71	32	
纤维素纤维原料及纤维制造	281	13309	11634		55	21	
合成纤维制造	282	17000	13651	19	16	11	
橡胶和塑料制品业	29	548854	483467	211	4308	962	72
橡胶制品业	291	252551	217974	66	1562	517	30
塑料制品业	292	296303	265493	145	2746	445	42
非金属矿物制品业	30	948180	892089	6975	10370	3156	289
水泥、石灰和石膏制造	301	108838	101511	2794	1379	1209	33
石膏、水泥制品及类似制品制造	302	149417	144568	1011	897	897	77
砖瓦、石材等建筑材料制造	303	332031	318386	607	4633	405	132
玻璃制造	304	23837	21010		51	45	
玻璃制品制造	305	83681	74747	4	736	22	28
玻璃纤维和玻璃纤维增强塑料制品制造	306	71181	69447		93	10	
陶瓷制品制造	307	66486	55641	211	245	214	19
耐火材料制品制造	308	47763	46046	416	1214	307	
石墨及其他非金属矿物制品制造	309	64946	60733	1932	1122	47	
黑色金属冶炼和压延加工业	31	389710	378050	3467	2428	452	26818
炼铁	311	33351	32347	2	36	1	
炼钢	312	36485	34574	2	40	30	
黑色金属铸造	313	75678	72179	1811	1500	209	67
钢压延加工	314	237061	231925	1645	482	196	26751
铁合金冶炼	315	7135	7025	7	370	16	
有色金属冶炼和压延加工业	32	187283	180205	412	3380	281	86
常用有色金属冶炼	321	14772	13252	131	22	198	62
贵金属冶炼	322	11841	11580	109	703		
稀有稀土金属冶炼	323	1551	1551	167	17		
有色金属合金制造	324	22922	22772		63		5
有色金属铸造	325	5686	5590	5	148		19
有色金属压延加工	326	130511	125460		2427	83	
金属制品业	33	577885	515243	1265	10718	768	221
结构性金属制品制造	331	173025	165974	600	1755	294	13
金属工具制造	332	60179	49885	256	861	132	174
集装箱及金属包装容器制造	333	40042	32097	15	267	31	3
金属丝绳及其制品制造	334	21670	15685	13	105	6	
建筑、安全用金属制品制造	335	46830	43473	278	942	34	19
金属表面处理及热处理加工	336	24126	23195	37	98	96	
搪瓷制品制造	337	5866	5737		83	15	
金属制日用品制造	338	30787	24692		25	59	
其他金属制品制造	339	175360	154505	66	6582	101	12
通用设备制造业	34	955338	883653	11537	7781	2844	726
锅炉及原动设备制造	341	126249	118612	4458	1148	107	

国有联营	集体联营	国有与集体联营	其他联营	有限责任公司	国有独资	其他有限责任公司	股份有限公司	私营	私营独资	代码
				22139	126	22013	5652	14610	715	272
				1533		1533	666	4110	723	273
				7307		7307	6563	8369	566	274
				3002		3002	300	7598	456	275
				11938	727	11211	2775	16989	1027	276
				20279		20279	7623	15632	1270	277
				6831	5	6826	5812	11942	2176	28
				3291		3291	5029	3153	655	281
				3540	5	3535	783	8789	1521	282
1	51		20	81556	8232	73324	30565	361251	69599	29
	30			40138	8086	32052	27125	147494	13814	291
1	21		20	41418	146	41272	3440	213757	55785	292
	182	66	41	201566	5233	196333	34931	622081	181632	30
	33			40138	1305	38833	4865	50879	8633	301
	77			30820	428	30392	6702	102754	30845	302
	25	66	41	38615	157	38458	2894	264921	103611	303
				7997		7997	2698	10204	1469	304
	28			21706	102	21604	5326	46781	5654	305
				20754		20754	474	47508	10654	306
	19			12783	616	12167	9449	30492	5510	307
				11867	1824	10043	1472	29740	7979	308
				16886	801	16085	1051	38802	7277	309
26751	67			158635	32638	125997	40965	142880	27224	31
				26443	4547	21896	1609	3573	847	311
				16524		16524	6	17944	359	312
	67			11658	473	11185	1004	55317	14793	313
26751				103226	27618	75608	38221	60802	8811	314
				784		784	125	5244	2414	315
	65		21	52797	1534	51263	16718	105830	7293	32
	46		16	5536	1	5535	79	7063	1048	321
				9339		9339	793	601	82	322
				174		174	581	612	186	323
			5	3154	55	3099	11667	7536	640	324
	19			888		888		4503	1473	325
				33706	1478	32228	3598	85515	3864	326
	32	174	15	96220	1158	95062	22433	377257	81789	33
	13			25360	379	24981	6244	129747	30964	331
		174		8899		8899	439	38475	11744	332
	3			8417	191	8226	1332	21778	2681	333
				2940		2940	1204	11361	2074	334
	4		15	9443		9443	5404	26540	7108	335
				5592		5592	534	16472	2370	336
				1360		1360		4188	892	337
				3372		3372	628	20253	4875	338
	12			30837	588	30249	6648	108443	19081	339
1	385	340		171569	9720	161849	77394	601835	127486	34
				17641	64	17577	37227	56665	6971	341

1-13 续表 4

行业	代码	从业人员数(人)	内资	国有	集体	股份合作	联营
金属加工机械制造	342	208291	201102	1105	1664	696	340
物料搬运设备制造	343	53561	50627	758	311	309	
泵、阀门、压缩机及类似机械制造	344	136953	120859	1661	596	613	
轴承、齿轮和传动部件制造	345	93897	88465	435	597	34	72
烘炉、风机、衡器、包装等设备制造	346	107234	91986	865	930	327	183
文化、办公用机械制造	347	3871	3681			5	
通用零部件制造	348	193424	177566	1166	2133	389	1
其他通用设备制造业	349	31858	30755	1089	402	364	130
专用设备制造业	35	653652	602073	9223	5261	1851	414
采矿、冶金、建筑专用设备制造	351	235805	213459	3802	1971	495	10
化工、木材、非金属加工专用设备制造	352	95971	87564	204	1543	193	121
食品、饮料、烟草及饲料生产专用设备制造	353	20470	18648	1	26	26	
印刷、制药、日化及日用品生产专用设备制造	354	27545	23902	586	120	342	
纺织、服装和皮革加工专用设备制造	355	46005	42287	208	157	95	
电子和电工机械专用设备制造	356	49518	44442	200	108	125	
农、林、牧、渔专用机械制造	357	81640	78877	423	836	103	
医疗仪器设备及器械制造	358	30358	28528	3406	255	58	
环保、社会公共服务及其他专用设备制造	359	66340	64366	393	245	414	283
汽车制造业	36	475374	393454	3358	3644	350	
汽车整车制造	361	110082	93944	798	34	16	
改装汽车制造	362	38996	36317	1725	489	110	
低速载货汽车制造	363	11082	11082		1		
电车制造	364	4268	4180			1	
汽车车身、挂车制造	365	16554	16298		13		
汽车零部件及配件制造	366	294392	231633	835	3107	223	
铁路、船舶、航空航天和其他运输设备制造业	37	148321	116180	6578	1001	328	110
铁路运输设备制造	371	40638	34331	2225	555		
城市轨道交通设备制造	372	582	582	141			110
船舶及相关装置制造	373	61523	43934	3118	339	295	
航空、航天器及设备制造	374	2853	708				
摩托车制造	375	15432	10856	1045	71	29	
自行车制造	376	15263	14733	29	36		
非公路休闲车及零配件制造	377	848	836	20			
潜水救捞及其他未列明运输设备制造	379	11182	10200			4	
电气机械和器材制造业	38	482530	410093	7364	27267	1949	448
电机制造	381	56705	49665	26	530	50	42
输配电及控制设备制造	382	166672	135385	1071	1149	382	203
电线、电缆、光缆及电工器材制造	383	90899	73832	14	1673	195	168
电池制造	384	30403	25588	140	33	2	
家用电力器具制造	385	59858	54621	5908	23795	213	
非电力家用器具制造	386	32271	30530	1	19	40	35
照明器具制造	387	25069	22077		47	972	
其他电气机械及器材制造	389	20653	18395	204	21	95	
计算机、通信和其他电子设备制造业	39	394116	171005	464	741	722	
计算机制造	391	115421	23472			111	
通信设备制造	392	25994	9854	2	58	468	
广播电视设备制造	393	30496	24812	9			

国有联营	集体联营	国有与集体联营	其他联营	有限责任公司	国有独资	其他有限责任公司	股份有限公司	私营	私营独资	代码
		340		46183	5523	40660	10425	137867	31836	342
				12571		12571	1859	34494	4617	343
				24108	1479	22629	13427	78729	11058	344
	72			14695		14695	2873	68485	18963	345
1	182			24277	2589	21688	5376	59723	10527	346
				863		863	466	2194	351	347
	1			27033	65	26968	5102	139970	38118	348
	130			4198		4198	639	23708	5045	349
21	378		15	118230	2447	115783	55996	405010	69488	35
	10			52251	2048	50203	14371	138930	19620	351
21	100			12629	7	12622	8058	64048	12513	352
				3029		3029	2623	12756	3176	353
				5277		5277	123	17148	3348	354
				6202		6202	2183	33073	6601	355
				6560		6560	10178	27096	4027	356
				12677		12677	14851	48087	11078	357
				8354		8354	689	15608	2089	358
	268		15	11251	392	10859	2920	48264	7036	359
				154908	44749	110159	24746	203224	36106	36
				72897	40358	32539	9318	10681	295	361
				13564	889	12675	5384	15017	408	362
				10292		10292	360	429	42	363
				850		850	141	3188	453	364
				1783		1783	36	14391	1487	365
				55522	3502	52020	9507	159518	33421	366
110				34062	4615	29447	15364	57756	7480	37
				10384	153	10231	11384	9783	1097	371
110				168		168		163	111	372
				12616	1838	10778	1214	25811	3645	373
				170		170		527		374
				5260	2623	2637	123	4095	887	375
				4191	1	4190	25	10366	1254	376
				130		130	188	498	33	377
				1143		1143	2430	6513	453	379
23	366		59	112238	5277	106961	24630	233751	34145	38
			42	18183	3893	14290	3240	27468	3432	381
	203			43216	1320	41896	8794	79607	9010	382
23	145			23390		23390	5280	42618	9524	383
				8416		8416	594	16244	2183	384
				5172		5172	1845	17545	2571	385
	18		17	7122	64	7058	3300	19786	3171	386
				4575		4575	1115	15245	2209	387
				2164		2164	462	15238	2045	389
				57182	17438	39744	29951	78387	9524	39
				11740		11740	6240	5360	513	391
				2250	1	2249	1248	5768	493	392
				6741		6741	14446	3616	568	393

1-13 续表 5

行业	代码	从业人员数(人)	内资				
				国有	集体	股份合作	联营
雷达及配套设备制造	394	60	60				
视听设备制造	395	29453	19883	6			
电子器件制造	396	41293	19488	40			
电子元件制造	397	126832	55604	193	593	143	
其他电子设备制造	399	24567	17832	214	90		
仪器仪表制造业	40	84789	69005	334	1493	709	46
通用仪器仪表制造	401	47433	41801	18	831	311	24
专用仪器仪表制造	402	23068	17259	101	151	327	1
钟表与计时仪器制造	403	5134	3738	109	70		
光学仪器及眼镜制造	404	3950	1320	27	135	6	
其他仪器仪表制造业	409	5204	4887	79	306	65	21
其他制造业	41	43397	35701	60	430	191	
废弃资源综合利用业	42	15848	15023	53	491	108	6
金属废料和碎屑加工处理	421	7672	7549	48	354	39	4
非金属废料和碎屑加工处理	422	8176	7474	5	137	69	2
金属制品、机械和设备修理业	43	27901	25760	132	1352	79	2
金属制品修理	431	1464	1259		1		
通用设备修理	432	2232	2212	60	33	8	
专用设备修理	433	2995	2970	1	239	25	
铁路、船舶、航空航天等运输设备修理	434	14267	12622	50	218	39	
电气设备修理	435	1660	1660	21	457		2
仪器仪表修理	436	93	93				
其他机械和设备修理业	439	5190	4944		404	7	
电力、热力、燃气及水生产和供应业	**D**	**296611**	**268503**	**132894**	**1190**	**466**	**44**
电力、热力生产和供应业	44	219769	204851	110122	288	205	44
电力生产	441	96429	82517	19263	104	120	33
电力供应	442	89338	89338	86105	80		
热力生产和供应	443	34002	32996	4754	104	85	11
燃气生产和供应业	45	25603	15422	1171	133	59	
燃气生产和供应业	450	25603	15422	1171	133	59	
水的生产和供应业	46	51239	48230	21601	769	202	
自来水生产和供应	461	37947	36035	19996	507	167	
污水处理及其再生利用	462	10405	9391	1493	259	35	
其他水的处理、利用与分配	469	2887	2804	112	3		
建筑业	**E**	**3436993**	**3426434**	**161807**	**225287**	**17046**	**2643**
房屋建筑业	47	2346509	2344447	40176	199969	14399	2340
房屋建筑业	470	2346509	2344447	40176	199969	14399	2340
土木工程建筑业	48	567100	561095	113042	12696	584	60
铁路、道路、隧道和桥梁工程建筑	481	273933	268611	42777	6007	520	55
水利和内河港口工程建筑	482	70184	70184	34441	1480		
海洋工程建筑	483	1261	1261	16	478	16	
工矿工程建筑	484	77385	77385	12562	337		
架线和管道工程建筑	485	73029	72609	19434	2557	5	5
其他土木工程建筑	489	71308	71045	3812	1837	43	
建筑安装业	49	238874	238067	4114	8873	1004	107
电气安装	491	45992	45712	724	3941	32	
管道和设备安装	492	73422	73266	2062	2657	738	
其他建筑安装业	499	119460	119089	1328	2275	234	107

国有联营	集体联营	国有与集体联营	其他联营	有限责任公司	国有独资	其他有限责任公司	股份有限公司	私营	私营独资	代码
				37		37		23		394
				17663	17057	606		2211	365	395
				5697		5697	328	13268	531	396
				10729	380	10349	3317	37371	4518	397
				2325		2325	4372	10770	2536	399
	45	1		18836	995	17841	4524	42549	4415	40
	24			12104		12104	2047	26226	2392	401
		1		3186		3186	2375	10876	1174	402
				1933	879	1054		1626	127	403
				582	116	466	58	506	33	404
	21			1031		1031	44	3315	689	409
				6154	135	6019	156	28305	8869	41
			6	1877		1877	132	12183	3259	42
			4	601		601	68	6344	1265	421
			2	1276		1276	64	5839	1994	422
			2	3075	60	3015	251	20479	9987	43
				26		26	37	1195	491	431
				317		317		1782	642	432
				970	60	910	27	1708	456	433
				858		858	32	11208	6712	434
			2	204		204	23	872	237	435
				21		21		72	12	436
				679		679	132	3642	1437	439
44				**82273**	**20661**	**61612**	**17341**	**32417**	**6390**	D
44				62053	11924	50129	16958	14289	2678	44
33				41356	3920	37436	15911	5209	1028	441
				1419	597	822	141	1301	191	442
11				19278	7407	11871	906	7779	1459	443
				7283	1690	5593	67	6435	1570	45
				7283	1690	5593	67	6435	1570	450
				12937	7047	5890	316	11693	2142	46
				9957	6954	3003	120	4938	1122	461
				2721	53	2668	188	4333	992	462
				259	40	219	8	2422	28	469
61	**1842**	**8**	**732**	**1320511**	**99734**	**1220777**	**330044**	**1352965**	**121432**	E
	1676	8	656	951482	72628	878854	272673	856853	52371	47
	1676	8	656	951482	72628	878854	272673	856853	52371	470
45			15	237137	24407	212730	37749	156428	17008	48
45			10	118210	7312	110898	31353	68544	7906	481
				20160	8894	11266	2125	11621	963	482
				84		84		667	130	483
				43474	7635	35839	1673	19240	473	484
			5	34315	503	33812	1809	14284	2578	485
				20894	63	20831	789	42072	4958	489
5	102			74983	2100	72883	12997	133612	21619	49
				16628	966	15662	2720	21446	2351	491
				27796	194	27602	4824	34505	7456	492
5	102			30559	940	29619	5453	77661	11812	499

1-13 续表 6

行业	代码	从业人员数(人)	内资	国有	集体	股份合作	联营
建筑装饰和其他建筑业	50	284510	282825	4475	3749	1059	136
建筑装饰业	501	193784	193283	1238	1447	767	99
工程准备活动	502	23330	23324	1102	1147	38	32
提供施工设备服务	503	12527	12407	302	124	55	
其他未列明建筑业	509	54869	53811	1833	1031	199	5
批发和零售业	F	**3462048**	**3404082**	**62539**	**160761**	**13275**	**4460**
批发业	51	2153059	2127320	41745	116992	6684	1884
农、林、牧产品批发	511	235418	234102	4365	40609	540	144
食品、饮料及烟草制品批发	512	447017	437997	20810	41896	1993	291
纺织、服装及家庭用品批发	513	191474	187621	1031	2028	517	87
文化、体育用品及器材批发	514	68853	67710	650	2088	91	14
医药及医疗器材批发	515	62244	61533	2070	571	285	9
矿产品、建材及化工产品批发	516	628337	625233	8865	16926	1434	1169
机械设备、五金产品及电子产品批发	517	356766	352889	2318	4819	1275	109
贸易经纪与代理	518	51215	50136	434	6431	220	8
其他批发业	519	111735	110099	1202	1624	329	53
零售业	52	1308989	1276762	20794	43769	6591	2576
综合零售	521	384177	363485	6428	28152	3272	1204
食品、饮料及烟草制品专门零售	522	108646	107504	3064	6675	155	68
纺织、服装及日用品专门零售	523	103617	99480	1175	2007	403	80
文化、体育用品及器材专门零售	524	55115	54786	1958	1390	260	27
医药及医疗器材专门零售	525	93221	92998	2272	259	189	87
汽车、摩托车、燃料及零配件专门零售	526	225123	222486	2549	1642	738	288
家用电器及电子产品专门零售	527	115261	114983	913	181	280	701
五金、家具及室内装饰材料专门零售	528	142112	140317	1090	1657	660	13
货摊、无店铺及其他零售业	529	81717	80723	1345	1806	634	108
交通运输、仓储和邮政业	G	**897102**	**870666**	**143829**	**18821**	**2334**	**1251**
道路运输业	54	539936	531570	65093	12076	1924	748
城市公共交通运输	541	93551	93519	35107	1797	613	166
公路旅客运输	542	69926	69837	18208	1191	229	
道路货物运输	543	345144	337836	2953	7744	1071	335
道路运输辅助活动	544	31315	30378	8825	1344	11	247
水上运输业	55	96803	90223	31324	2300	49	85
水上旅客运输	551	3994	3740	44	58	6	
水上货物运输	552	26697	26419	456	2103	25	85
水上运输辅助活动	553	66112	60064	30824	139	18	
航空运输业	56	18077	18012	2139	145		
航空客货运输	561	9096	9043	460	145		
通用航空服务	562	2699	2699	898			
航空运输辅助活动	563	6282	6270	781			
管道运输业	57	4077	3968	862			
管道运输业	570	4077	3968	862			
装卸搬运和运输代理业	58	103249	96502	3661	2868	136	319
装卸搬运	581	34780	34057	257	2344	56	231
运输代理业	582	68469	62445	3404	524	80	88

国有联营	集体联营	国有与集体联营	其他联营	有限责任公司	国有独资	其他有限责任公司	股份有限公司	私营	私营独资	代码
11	64		61	56909	599	56310	6625	206072	30434	50
11	27		61	37215	77	37138	4816	145212	20206	501
	32			4265		4265	193	16318	2105	502
				1986		1986	937	8794	2089	503
	5			13443	522	12921	679	35748	6034	509
513	**2755**	**677**	**515**	**596352**	**13194**	**583158**	**133424**	**2327297**	**790455**	F
253	933	393	305	286818	10852	275966	58687	1542611	520699	51
32	39		73	15112	446	14666	2017	150302	89606	511
	247	27	17	50605	8424	42181	2587	297541	148873	512
2	45		40	28905	106	28799	5195	146830	35586	513
	14			15880	361	15519	1021	46739	10347	514
3			6	16600	96	16504	2410	39176	7700	515
215	495	351	108	90013	874	89139	40921	454036	133717	516
1	48	13	47	49517	332	49185	3254	285554	59904	517
			8	6186	2	6184	502	34058	9365	518
	45	2	6	14000	211	13789	780	88375	25601	519
260	1822	284	210	309534	2342	307192	74737	784686	269756	52
19	1004	136	45	121754	810	120944	54001	136025	51476	521
	61		7	14855	304	14551	942	75405	34150	522
5	14	35	26	17014	1	17013	1229	75633	31466	523
	25		2	10636	77	10559	378	39382	11333	524
	26	4	57	28269	140	28129	1553	58118	26637	525
233	45	10		60558	677	59881	11586	140362	32936	526
	620	19	62	19561	46	19515	2608	89359	23310	527
3	5		5	23429	52	23377	1285	110076	36939	528
	22	80	6	13458	235	13223	1155	60326	21509	529
507	**354**	**123**	**267**	**247004**	**59445**	**187559**	**50082**	**395576**	**75086**	G
286	221	77	164	163212	34359	128853	21281	259296	41182	54
1	1		164	32762	17377	15385	5656	16682	1333	541
				38753	14052	24701	1655	9621	1297	542
45	213	77		81448	2634	78814	10727	227075	36938	543
240	7			10249	296	9953	3243	5918	1614	544
30			55	27586	18768	8818	9934	18646	3560	55
				937		937	1474	1218	143	551
30			55	7924	3507	4417	2081	13660	2791	552
				18725	15261	3464	6379	3768	626	553
				4760	4108	652	10008	960	87	56
				208		208	8027	203	24	561
				1449	1259	190	10	342	62	562
				3103	2849	254	1971	415	1	563
				1167	56	1111	1669	270	62	57
				1167	56	1111	1669	270	62	570
155	123	18	23	24285	1004	23281	2763	61016	10138	58
108	123			8883	34	8849	1687	20148	3820	581
47		18	23	15402	970	14432	1076	40868	6318	582

1-13 续表 7

行　业	代码	从业人员数（人）	内资	国有	集体	股份合作	联营
仓储业	59	82572	78044	8714	1382	197	63
谷物、棉花等农产品仓储	591	30552	30415	6543	494	118	38
其他仓储业	599	52020	47629	2171	888	79	25
邮政业	60	52388	52347	32036	50	28	36
邮政基本服务	601	31316	31316	31131	45		16
快递服务	602	21072	21031	905	5	28	20
住宿和餐饮业	**H**	**409661**	**391321**	**39038**	**7727**	**1419**	**355**
住宿业	61	158643	150617	28928	4709	724	179
旅游饭店	611	107591	100042	22686	3048	311	12
一般旅馆	612	44606	44216	4855	1617	381	144
其他住宿业	619	6446	6359	1387	44	32	23
餐饮业	62	251018	240704	10110	3018	695	176
正餐服务	621	217550	213766	9676	2295	659	150
快餐服务	622	21715	15679	269	168	24	26
饮料及冷饮服务	623	1288	1012		10	12	
其他餐饮业	629	10465	10247	165	545		
信息传输、软件和信息技术服务业	**I**	**279868**	**223920**	**19950**	**307**	**391**	**65**
电信、广播电视和卫星传输服务	63	133007	84430	16281	100	16	42
电信	631	125910	78898	13095	55	16	
广播电视传输服务	632	6990	5425	3171	45		42
卫星传输服务	633	107	107	15			
互联网和相关服务	64	18120	17963	1645	38	74	20
互联网接入及相关服务	641	2711	2711	422	14		
互联网信息服务	642	12953	12810	844	24	66	15
其他互联网服务	649	2456	2442	379		8	5
软件和信息技术服务业	65	128741	121527	2024	169	301	3
软件开发	651	67284	63543	820	14	82	
信息系统集成服务	652	14869	13655	162	5	95	3
信息技术咨询服务	653	20141	20025	532	103	39	
数据处理和存储服务	654	4251	2805	150	7		
集成电路设计	655	3293	2903		11	58	
其他信息技术服务业	659	18903	18596	360	29	27	
房地产业	**K**	**584811**	**573041**	**21250**	**14861**	**3173**	**284**
房地产业	70	584811	573041	21250	14861	3173	284
房地产开发经营	701	265844	256839	7237	3864	1538	47
物业管理	702	241636	239890	8453	6414	1016	105
房地产中介服务	703	44946	44652	1024	514	220	45
自有房地产经营活动	704	18036	17827	3033	3781	355	55
其他房地产业	709	14349	13833	1503	288	44	32
租赁和商务服务业	**L**	**771928**	**765392**	**109356**	**28941**	**2804**	**4613**
租赁业	71	47444	47215	784	1579	191	838
机械设备租赁	711	46075	45865	775	1579	191	838
文化及日用品出租	712	1369	1350	9			
商务服务业	72	724484	718177	108572	27362	2613	3775
企业管理服务	721	177942	176792	59618	10445	857	247

国有联营	集体联营	国有与集体联营	其他联营	有限责任公司	国有独资	其他有限责任公司	股份有限公司	私营	私营独资	代码
20	10	8	25	14181	1021	13160	4287	47432	17986	59
20	10	8		2961	455	2506	416	19149	9214	591
			25	11220	566	10654	3871	28283	8772	599
16		20		11813	129	11684	140	7956	2071	60
16				4	1	3		88	76	601
		20		11809	128	11681	140	7868	1995	602
44	**300**		**11**	**99745**	**5344**	**94401**	**17080**	**214930**	**67296**	H
44	135			47005	4020	42985	6203	59921	14429	61
	12			35054	3983	31071	4508	32998	3759	611
21	123			10637	30	10607	1606	23614	9489	612
23				1314	7	1307	89	3309	1181	619
	165		11	52740	1324	51416	10877	155009	52867	62
	144		6	48186	1294	46892	10598	135550	46091	621
	21		5	2810	30	2780	190	11227	5155	622
				137		137		845	236	623
				1607		1607	89	7387	1385	629
3		**54**	**8**	**93650**	**10049**	**83601**	**15294**	**92264**	**10146**	I
3		39		54433	9119	45314	6695	6609	709	63
				53038	8984	44054	6620	5846	499	631
3		39		1357	135	1222	75	709	210	632
				38		38		54		633
		15	5	3647		3647	382	11771	2906	64
				474		474	172	1563	233	641
		15		2844		2844	187	8586	2284	642
			5	329		329	23	1622	389	649
			3	35570	930	34640	8217	73884	6531	65
				15591	302	15289	4503	42207	2433	651
			3	3291		3291	2159	7770	807	652
				5924	564	5360	763	12146	1583	653
				247		247	3	2395	481	654
				1325	45	1280	101	1383	171	655
				9192	19	9173	688	7983	1056	659
83	**153**	**29**	**19**	**202947**	**10032**	**192915**	**28732**	**293895**	**35165**	K
83	153	29	19	202947	10032	192915	28732	293895	35165	70
22	25			112249	6419	105830	14891	115182	8743	701
33	72			75826	2440	73386	10542	133274	17063	702
6	10	29		8117	62	8055	524	33074	7373	703
	46		9	3185	67	3118	2547	4513	449	704
22			10	3570	1044	2526	228	7852	1537	709
909	**3391**	**45**	**268**	**144536**	**8972**	**135564**	**19574**	**405032**	**73559**	L
811	3		24	9062	205	8857	478	32869	10215	71
811	3		24	8893	205	8688	478	31749	9787	711
				169		169		1120	428	712
98	3388	45	244	135474	8767	126707	19096	372163	63344	72
31	187	3	26	31821	6255	25566	7551	55471	8075	721

1-13 续表 8

行　　业	代码	从　业 人员数 (人)	内资	国有	集体	股份合作	联营
法律服务	722	22832	22809	3233	105	147	95
咨询与调查	723	131540	130205	3279	3321	465	56
广告业	724	75731	75570	1903	183	184	191
知识产权服务	725	2737	2737	183	6	10	
人力资源服务	726	84700	84514	2731	1655	140	59
旅行社及相关服务	727	38801	38573	2992	920	271	83
安全保护服务	728	46493	46359	24514	2539		
其他商务服务业	729	143708	140618	10119	8188	539	3044
科学研究和技术服务业	**M**	**745868**	**741339**	**68465**	**65091**	**1762**	**460**
研究和试验发展	73	36578	35279	11344	675	241	77
自然科学研究和试验发展	731	5003	4788	2337	1	6	
工程和技术研究和试验发展	732	15385	14713	4058	243	167	25
农业科学研究和试验发展	733	7983	7707	2227	386	39	52
医学研究和试验发展	734	6196	6060	1413	45	29	
社会人文科学研究	735	2011	2011	1309			
专业技术服务业	74	223076	220806	47349	4285	1348	255
气象服务	741	2201	2201	1808	51		
地震服务	742	1175	1175	703			
海洋服务	743	2403	2391	1681	19	15	
测绘服务	744	6650	6614	2008	72	91	30
质检技术服务	745	25379	24888	7702	568	114	50
环境与生态监测	746	4700	4575	1547	37	29	
地质勘查	747	13661	13661	7135	19		
工程技术	748	112940	112237	17267	1914	901	157
其他专业技术服务业	749	53967	53064	7498	1605	198	18
科技推广和应用服务业	75	486214	485254	9772	60131	173	128
技术推广服务	751	437063	436206	8593	56311	140	100
科技中介服务	752	20016	20011	437	994	14	28
其他科技推广和应用服务业	759	29135	29037	742	2826	19	
水利、环境和公共设施管理业	**N**	**170890**	**169561**	**68102**	**3686**	**879**	**668**
水利管理业	76	17178	17095	12654	338	77	
防洪除涝设施管理	761	5942	5912	5124	114	4	
水资源管理	762	2776	2745	1683	25		
天然水收集与分配	763	1871	1849	1173	112		
水文服务	764	1513	1513	1095		48	
其他水利管理业	769	5076	5076	3579	87	25	
生态保护和环境治理业	77	12384	11992	3090	260	72	6
生态保护	771	4730	4730	1943	169		6
环境治理业	772	7654	7262	1147	91	72	
公共设施管理业	78	141328	140474	52358	3088	730	662
市政设施管理	781	13458	13357	5911	440	17	
环境卫生管理	782	30173	30173	20456	1333		486
城乡市容管理	783	5022	5022	1706	21		6
绿化管理	784	49787	49699	12770	605	438	5
公园和游览景区管理	785	42888	42223	11515	689	275	165

国有联营	集体联营	国有与集体联营	其他联营	有限责任公司	国有独资	其他有限责任公司	股份有限公司	私营	私营独资	代码
	35	5	55	639		639	51	9388	2069	722
5	51			21082	323	20759	1522	94998	15790	723
50	63	5	73	13796	1047	12749	1273	56391	10736	724
				442		442	19	2031	498	725
		31	28	16814	341	16473	1739	59625	6323	726
5	24	1	53	8577	222	8355	1112	23554	4470	727
				6424		6424	1715	8602	1975	728
7	3028		9	35879	579	35300	4114	62103	13408	729
56	**134**	**130**	**140**	**74742**	**3109**	**71633**	**7963**	**415691**	**98169**	M
	50	6	21	4561		4561	267	13567	2458	73
				360		360		1738	217	731
	14	6	5	2245		2245	184	6479	1050	732
	36		16	640		640	8	2515	737	733
				1303		1303	75	2543	385	734
				13		13		292	69	735
56	46	118	35	59633	2891	56742	5334	96903	13751	74
				90		90		179	63	741
				321		321		105	41	742
				54		54	10	522	34	743
			30	989	60	929	97	2900	556	744
35	15			6070	132	5938	540	9335	1490	745
				495	7	488	107	2199	418	746
				3354	205	3149	96	2777	696	747
8	31	118		38723	2318	36405	3382	47756	4355	748
13			5	9537	169	9368	1102	31130	6098	749
	38	6	84	10548	218	10330	2362	305221	81960	75
	38	6	56	8443	42	8401	2107	278057	69126	751
			28	1022	22	1000	102	7319	1419	752
				1083	154	929	153	19845	11415	759
486	**35**	**6**	**141**	**28285**	**3967**	**24318**	**5152**	**56652**	**10674**	N
				1646	131	1515	161	1629	459	76
				289	14	275		319	92	761
				323	105	218	111	368	165	762
				323		323	16	142	54	763
				105	8	97		176	20	764
				606	4	602	34	624	128	769
		6		1995	75	1920	316	5360	1470	77
		6		361		361	50	1518	655	771
				1634	75	1559	266	3842	815	772
486	35		141	24644	3761	20883	4675	49663	8745	78
				2188	385	1803	1134	3310	512	781
486				3032	1487	1545	438	3085	750	782
			6	1940		1940	97	1173	178	783
			5	9107	171	8936	681	24355	4822	784
	35		130	8377	1718	6659	2325	17740	2483	785

1-13 续表 9

行业	代码	从业人员数(人)	内资				
				国有	集体	股份合作	联营
居民服务、修理和其他服务业	O	**171935**	**168257**	**10176**	**6737**	**867**	**163**
居民服务业	79	63049	62646	7229	2665	349	22
家庭服务	791	12567	12567	1359	373	122	
托儿所服务	792	1209	1188	22	15		
洗染服务	793	1693	1693	12	44	26	
理发及美容服务	794	4247	4122	1	12	80	
洗浴服务	795	6399	6300	88	133		1
保健服务	796	2655	2655	76		21	
婚姻服务	797	4655	4655	237	77	23	12
殡葬服务	798	6070	5998	3474	142	11	4
其他居民服务业	799	23554	23468	1960	1869	66	5
机动车、电子产品和日用产品修理业	80	64402	62102	1759	2027	360	123
汽车、摩托车修理与维护	801	49197	48357	1482	1391	333	78
计算机和办公设备维修	802	5504	5401	79	46	6	
家用电器修理	803	6185	4839	54	27	21	11
其他日用产品修理业	809	3516	3505	144	563		34
其他服务业	81	44484	43509	1188	2045	158	18
清洁服务	811	22934	22906	396	471	103	
其他未列明服务业	819	21550	20603	792	1574	55	18
教育	P	**1279695**	**1278675**	**1034031**	**19259**	**2523**	**1316**
教育	82	1279695	1278675	1034031	19259	2523	1316
学前教育	821	118434	118231	36809	12028	364	77
初等教育	822	367059	367059	345086	2719	464	135
中等教育	823	520633	520467	478936	2864	911	987
高等教育	824	126254	126093	108501	427		
特殊教育	825	8506	8447	6305	57	4	
技能培训、教育辅助及其他教育	829	138809	138378	58394	1164	780	117
卫生和社会工作	Q	**701399**	**701237**	**556323**	**16183**	**7507**	**787**
卫生	83	669563	669442	543918	14294	7423	639
医院	831	399567	399557	332389	4964	6724	453
社区医疗与卫生院	832	180403	180403	149021	6433	185	130
门诊部(所)	833	34780	34753	14334	2552	155	56
计划生育技术服务活动	834	10229	10229	10136	14		
妇幼保健院(所、站)	835	17191	17191	16775			
专科疾病防治院(所、站)	836	4504	4504	2998	124	32	
疾病预防控制中心	837	13747	13747	13201	15		
其他卫生活动	839	9142	9058	5064	192	327	
社会工作	84	31836	31795	12405	1889	84	148
提供住宿社会工作	841	29475	29434	11295	1790	84	143
不提供住宿社会工作	842	2361	2361	1110	99		5
文化、体育和娱乐业	R	**171658**	**170214**	**74323**	**1311**	**342**	**399**
新闻和出版业	85	18539	18539	12274	16	38	13
新闻业	851	1246	1246	1096			
出版业	852	17293	17293	11178	16	38	13
广播、电视、电影和影视录音制作业	86	42950	42746	33015	187	128	91
广播	861	12921	12921	12295			
电视	862	15492	15492	13841	31		

国有联营	集体联营	国有与集体联营	其他联营	有限责任公司	国有独资	其他有限责任公司	股份有限公司	私营	私营独资	代码
1	**79**	**49**	**34**	**25604**	**698**	**24906**	**2449**	**111273**	**38748**	O
1	17		4	7655	142	7513	1140	36980	11268	79
				1864	16	1848	93	7688	1354	791
				32		32		520	469	792
				103		103		1451	316	793
				399		399	43	3475	1349	794
1				631		631	430	4853	2152	795
				422		422	17	1792	704	796
	12			575		575	8	3180	1153	797
			4	477		477	87	1122	221	798
	5			3152	126	3026	462	12899	3550	799
	62	49	12	8980		8980	705	46426	20707	80
	28	49	1	6595		6595	486	36619	16311	801
				1472		1472	143	3504	1427	802
			11	584		584	60	3935	1886	803
	34			329		329	16	2368	1083	809
			18	8969	556	8413	604	27867	6773	81
				5333	550	4783	84	15878	3674	811
			18	3636	6	3630	520	11989	3099	819
330	**333**	**55**	**598**	**12679**	**419**	**12260**	**2291**	**77853**	**56740**	P
330	333	55	598	12679	419	12260	2291	77853	56740	82
30	26	15	6	553	36	517	166	33015	31773	821
	135			32		32		598	465	822
300	119	40	528	241		241	154	1972	1748	823
				1099	53	1046	110	183	153	824
				4		4	17	987	642	825
	53		64	10750	330	10420	1844	41098	21959	829
348	**193**	**93**	**153**	**5314**	**36**	**5278**	**1340**	**24189**	**13297**	Q
298	148	59	134	5148	36	5112	1288	22554	12573	83
249	46	53	105	3416		3416	1068	17065	9497	831
31	77	6	16	164		164	169	1126	850	832
18	25		13	276	36	240	43	2310	1622	833
										834
				133		133		37	37	835
				71		71	3	234	194	836
								336	3	837
				1088		1088	5	1446	370	839
50	45	34	19	166		166	52	1635	724	84
50	40	34	19	156		156	52	1236	676	841
	5			10		10		399	48	842
160	**76**	**56**	**107**	**17448**	**1036**	**16412**	**3041**	**58878**	**30692**	R
	13			3101	631	2470	676	1998	697	85
				44	44			97	7	851
	13			3057	587	2470	676	1901	690	852
9	39	43		3236	163	3073	678	4587	782	86
				2		2		618	91	861
				1021	145	876	308	52	28	862

1-13 续表 10

行　　业	代码	从　业人员数(人)	内资	国有	集体	股份合作	联营
电影和影视节目制作	863	5506	5506	2642		84	
电影和影视节目发行	864	2375	2375	2001			7
电影放映	865	6389	6185	2233	156	41	84
录音制作	866	267	267	3		3	
文化艺术业	87	41750	41744	22445	520	22	178
文艺创作与表演	871	13005	13004	5036	186		90
艺术表演场馆	872	3104	3104	2139	81		
图书馆与档案馆	873	4561	4561	4424	5		
文物及非物质文化遗产保护	874	2912	2912	2015	61		20
博物馆	875	3363	3363	2766	8		2
烈士陵园、纪念馆	876	1609	1609	1403	9		
群众文化活动	877	6191	6191	3727	108		
其他文化艺术业	879	7005	7000	935	62	22	66
体育	88	14845	13861	3446	150	5	81
体育组织	881	3341	3289	1287	1	5	13
体育场馆	882	2240	2219	1446			53
休闲健身活动	883	8164	7253	564	142		15
其他体育	889	1100	1100	149	7		
娱乐业	89	53574	53324	3143	438	149	36
室内娱乐活动	891	41574	41476	138	20	101	21
游乐园	892	4324	4278	25	264	20	1
彩票活动	893	3061	3061	2919			
文化、娱乐、体育经纪代理	894	844	844	5			14
其他娱乐业	899	3771	3665	56	154	28	
公共管理、社会保障和社会组织	S	**2037464**	**2037453**	**1336374**	**8866**	**444**	**614**
中国共产党机关	90	27866	27866	27866			
中国共产党机关	900	27866	27866	27866			
国家机构	91	1258935	1258935	1254399	683		6
国家权力机构	911	22415	22415	22393			
国家行政机构	912	1160940	1160940	1156802	673		6
人民法院和人民检察院	913	45657	45657	45657			
其他国家机构	919	29923	29923	29547	10		
人民政协、民主党派	92	7343	7343	7343			
人民政协	921	6026	6026	6026			
民主党派	922	1317	1317	1317			
社会保障	93	7855	7855	7780			
社会保障	930	7855	7855	7780			
群众团体、社会团体和其他成员组织	94	189566	189555	38986	8183	444	608
群众团体	941	23775	23769	12074	809	29	16
社会团体	942	156661	156656	26410	6925	415	587
基金会	943	468	468	142	36		
宗教组织	944	8662	8662	360	413		5
基层群众自治组织	95	545899	545899				
社区自治组织	951	86132	86132				
村民自治组织	952	459767	459767				

国有联营	集体联营	国有与集体联营	其他联营	有限责任公司	国有独资	其他有限责任公司	股份有限公司	私营	私营独资	代码
				873		873	246	1417	296	863
7				135	17	118		164	39	864
2	39	43		1166	1	1165	124	2140	256	865
				39		39		196	72	866
83	21		74	2825	70	2755	283	8053	2039	87
	19		71	1436	33	1403	166	2567	490	871
				290		290	23	434	44	872
								58	11	873
20				81		81	27	197	30	874
	2			38		38	3	201	87	875
				51		51		22	22	876
				228		228		657	245	877
63			3	701	37	664	64	3917	1110	879
53		13	15	3229	171	3058	451	3461	553	88
		13		265	42	223	114	420	5	881
53				370	129	241		196	31	882
			15	2561		2561	127	2525	453	883
				33		33	210	320	64	889
15	3		18	5057	1	5056	953	40779	26621	89
	3		18	2706		2706	119	36237	25742	891
1				1107	1	1106	806	1967	224	892
								24	3	893
14				261		261	2	536	51	894
				983		983	26	2015	601	899
16	**489**	**17**	**92**	**175**	**13**	**162**	**22**	**122**	**10**	S
										90
										900
6										91
										911
6										912
										913
										919
										92
										921
										922
										93
										930
10	489	17	92	175	13	162	22	122	10	94
8		8		24		24	21			941
2	489	9	87	150	13	137	1	119	10	942
				1		1		3		943
			5							944
										95
										951
										952

1-13 续表 11

行业	代码	私营合伙	私营有限责任公司	私营股份有限公司	其他	港、澳、台商投资	港澳台商合资经营
总　计		**495724**	**8890046**	**489106**	**1385841**	**491644**	**241813**
农、林、牧、渔业	A	**78115**	**14462**	**613**	**28535**	**98**	**4**
农业	01	169	6				
谷物种植	011						
豆类、油料和薯类种植	012						
棉、麻、糖、烟草种植	013						
蔬菜、食用菌及园艺作物种植	014	169	6				
水果种植	015						
坚果、含油果、香料和饮料作物种植	016						
中药材种植	017						
其他农业	019						
林业	02						
林木育种和育苗	021						
造林和更新	022						
森林经营和管护	023						
木材和竹材采运	024						
林产品采集	025						
畜牧业	03		294				
牲畜饲养	031		44				
家禽饲养	032		250				
狩猎和捕捉动物	033						
其他畜牧业	039						
渔业	04		91				
水产养殖	041		24				
水产捕捞	042		67				
农、林、牧、渔服务业	05	77946	14071	613	28535	98	4
农业服务业	051	55833	8711	323	22329	65	4
林业服务业	052	3573	615	103	876	10	
畜牧服务业	053	14206	3154	111	3376	23	
渔业服务业	054	4334	1591	76	1954		
采矿业	B	**2359**	**77717**	**3963**	**2694**	**4260**	**4073**
煤炭开采和洗选业	06	40	26419	1051	479	1554	1554
烟煤和无烟煤开采洗选	061		25780	1021	403	1554	1554
褐煤开采洗选	062		200				
其他煤炭采选	069	40	439	30	76		
石油和天然气开采业	07		538	20	15	17	
石油开采	071		501	5	15	17	
天然气开采	072		37	15			
黑色金属矿采选业	08	323	14046	168	397	444	291
铁矿采选	081	270	13861	168	390	444	291
锰矿、铬矿采选	082		10				
其他黑色金属矿采选	089	53	175		7		
有色金属矿采选业	09		4097	175	350	28	28
常用有色金属矿采选	091		575	58	5		
贵金属矿采选	092		3491	117	345	28	28
稀有稀土金属矿采选	093		31				

港澳台商合作经营	港澳台商独资	港澳台商投资股份有限公司	其他港澳台商投资	外商投资企业	中外合资经营	中外合作经营	外资企业	外商投资股份有限公司	其他外商投资	代码
13884	**218609**	**14952**	**2386**	**1380559**	**514091**	**36483**	**761495**	**62474**	**6016**	
	94			**214**	**107**		**107**			A
										01
										011
										012
										013
										014
										015
										016
										017
										019
										02
										021
										022
										023
										024
										025
										03
										031
										032
										033
										039
										04
										041
										042
	94			214	107		107			05
	61			59			59			051
	10			10			10			052
	23			38			38			053
				107	107					054
	170	**17**		**1471**	**750**	**565**	**156**			B
				150	52	98				06
				150	52	98				061
										062
										069
		17								07
		17								071
										072
	153			79	79					08
	153			79	79					081
										082
										089
				843	300	425	118			09
				10	10					091
				821	278	425	118			092
				12	12					093

1-13 续表 12

行业	代码	私营合伙	私营有限责任公司	私营股份有限公司	其他	港、澳、台商投资	港澳台商合资经营
非金属矿采选业	10	1933	30761	2534	1359	2209	2192
土砂石开采	101	1525	18256	2424	1277	378	361
化学矿开采	102		110				
采盐	103	225	8280	70	2	1716	1716
石棉及其他非金属矿采选	109	183	4115	40	80	115	115
开采辅助活动	11	21	939		37	8	8
煤炭开采和洗选辅助活动	111		202				
石油和天然气开采辅助活动	112	5	320		12	8	8
其他开采辅助活动	119	16	417		25		
其他采矿业	12	42	917	15	57		
其他采矿业	120	42	917	15	57		
制造业	**C**	**76355**	**4914080**	**276037**	**99484**	**357395**	**192187**
农副食品加工业	13	5448	465645	35088	8560	33778	19514
谷物磨制	131	674	28798	1159	811	243	118
饲料加工	132	656	46123	2442	557	1562	405
植物油加工	133	864	40992	2655	258	2498	560
制糖业	134		668	50		12	
屠宰及肉类加工	135	975	153033	12114	3474	7885	3894
水产品加工	136	506	67901	11671	832	6045	4026
蔬菜、水果和坚果加工	137	1216	90880	2949	1809	11125	6603
其他农副食品加工	139	557	37250	2048	819	4408	3908
食品制造业	14	1721	130701	7737	2544	9868	6900
焙烤食品制造	141	126	20378	696	220	1149	386
糖果、巧克力及蜜饯制造	142	173	9515	263	295	310	310
方便食品制造	143	1008	11086	1021	228	1378	412
乳制品制造	144	21	10602	753	45	38	
罐头食品制造	145	44	20830	513	490	966	747
调味品、发酵制品制造	146	172	17160	3236	577	1822	1150
其他食品制造	149	177	41130	1255	689	4205	3895
酒、饮料和精制茶制造业	15	549	55567	1960	2249	6494	4883
酒的制造	151	330	36358	1257	1059	4565	4132
饮料制造	152	181	16654	642	354	1929	751
精制茶加工	153	38	2555	61	836		
烟草制品业	16	364	69		1166		
烟叶复烤	161						
卷烟制造	162				1166		
其他烟草制品制造	169	364	69				
纺织业	17	4899	433879	16011	4992	28941	9661
棉纺织及印染精加工	171	2755	319392	11700	3050	18535	5525
毛纺织及染整精加工	172	221	21618	707	403	2244	1562
麻纺织及染整精加工	173		2046	148	2	1036	18
丝绢纺织及印染精加工	174		5649	80	325	71	71
化纤织造及印染精加工	175	99	5682	98	48	566	566
针织或钩针编织物及其制品制造	176	91	22577	488	311	1602	540
家用纺织制成品制造	177	1274	31044	1077	631	3898	556
非家用纺织制成品制造	178	459	25871	1713	222	989	823

港澳台商合作经营	港澳台商独资	港澳台商投资股份有限公司	其他港澳台商投资	外商投资企业	中外合资经营	中外合作经营	外资企业	外商投资股份有限公司	其他外商投资	代码
	17			399	319	42	38			10
	17			53	31		22			101
										102
				16			16			103
				330	288	42				109
										11
										111
										112
										119
										12
										120
6500	**145555**	**11605**	**1548**	**1280929**	**471394**	**27361**	**720266**	**57811**	**4097**	**C**
370	11444	2430	20	154701	79752	8295	65413	1061	180	13
	125			2339	1388		951			131
	1157			10232	3753	33	6268	178		132
	1938			4687	1838		2821		28	133
	12			27			27			134
40	1681	2270		24493	8360	2008	14125			135
329	1660	10	20	69174	42259	6142	20447	246	80	136
1	4371	150		34140	15064	63	18535	406	72	137
	500			9609	7090	49	2239	231		139
	2820	148		43692	16227	101	27225	84	55	14
	763			6368	1228		5140			141
				2126	499	49	1578			142
	966			5109	934	10	4165			143
	22	16		4044	1254		2790			144
	219			5559	3239		2279	41		145
	540	132		7805	2158		5647			146
	310			12681	6915	42	5626	43	55	149
322	1289			25398	8137	1108	4638	11515		15
	433			15910	3024		2186	10700		151
322	856			9319	5113	1108	2283	815		152
				169			169			153
										16
										161
										162
										169
1038	16696	127	1419	86110	50292	453	17049	17916	400	17
1038	10553		1419	40161	16792	314	5346	17709		171
	555	127		27721	26768		953			172
	1018			267			267			173
				569	214		355			174
				805	455		350			175
	1062			5017	2656	97	2264			176
	3342			7881	3146	42	4086	207	400	177
	166			3689	261		3428			178

1-13 续表 13

行业	代码	私营合伙	私营有限责任公司	私营股份有限公司	其他	港、澳、台商投资	港澳台商合资经营
纺织服装、服饰业	18	3357	266100	17484	6293	41843	26980
机织服装制造	181	2083	167576	12857	3351	32948	22838
针织或钩针编织服装制造	182	754	71159	3930	1596	7669	3319
服饰制造	183	520	27365	697	1346	1226	823
皮革、毛皮、羽毛及其制品和制鞋业	19	606	63315	1273	870	9094	5843
皮革鞣制加工	191		5376	439	11	2427	2387
皮革制品制造	192	45	21170	38	280	1677	1279
毛皮鞣制及制品加工	193	58	6512	121	97	6	
羽毛(绒)加工及制品制造	194	91	3716	67	55	673	652
制鞋业	195	412	26541	608	427	4311	1525
木材加工和木、竹、藤、棕、草制品业	20	6794	170047	4463	4435	3781	2217
木材加工	201	858	21537	182	1537	72	15
人造板制造	202	5393	111311	2672	2040	2599	1891
木制品制造	203	479	34732	1564	329	921	240
竹、藤、棕、草等制品制造	204	64	2467	45	529	189	71
家具制造业	21	800	73358	2986	1388	5116	3076
木质家具制造	211	649	63938	2663	1188	3638	2098
竹、藤家具制造	212		244	65	65		
金属家具制造	213	5	3841	5	99	376	11
塑料家具制造	214	32	931				
其他家具制造	219	114	4404	253	36	1102	967
造纸和纸制品业	22	985	94318	2925	1539	11962	8604
纸浆制造	221		1821				
造纸	222	299	39840	729	694	8212	6060
纸制品制造	223	686	52657	2196	845	3750	2544
印刷和记录媒介复制业	23	1975	80857	1959	1723	4725	1935
印刷	231	1930	76720	1576	1504	4725	1935
装订及印刷相关服务	232	45	3834	383	219		
记录媒介复制	233		303				
文教、工美、体育和娱乐用品制造业	24	2908	168161	6646	2495	14064	7297
文教办公用品制造	241	205	6300	67	125	331	176
乐器制造	242	12	3581	57			
工艺美术品制造	243	1893	120407	2841	1975	9527	5896
体育用品制造	244	210	19011	3441	186	1918	595
玩具制造	245	588	18081	240	183	1793	265
游艺器材及娱乐用品制造	246		781		26	495	365
石油加工及炼焦	25	271	35367	1885	1167	658	458
化学原料和化学制品制造业	26	5568	365113	25085	4635	14109	7953
基础化学原料制造	261	832	67246	2895	654	1764	704
肥料制造	262	840	44042	3819	388	1254	859
农药制造	263	20	16351	924	228	140	
涂料、油墨、颜料及类似产品制造	264	236	24627	1039	350	703	319
合成材料制造	265	882	54799	7038	907	4223	1606
专用化学产品制造	266	963	144525	8211	1919	5864	4345
炸药、火工及焰火产品制造	267	1553	1390	610			
日用化学产品制造	268	242	12133	549	189	161	120
医药制造业	27	331	68086	9563	374	6097	5469
化学药品原料药制造	271	29	15164	236	12	1370	1136

港澳台商合作经营	港澳台商独资	港澳台商投资股份有限公司	其他港澳台商投资	外商投资企业	中外合资经营	中外合作经营	外资企业	外商投资股份有限公司	其他外商投资	代码
113	12960	1790		100587	34512	361	64880	585	249	18
113	8207	1790		72034	24579	192	46695	465	103	181
	4350			19900	6791	67	12962		80	182
	403			8653	3142	102	5223	120	66	183
10	3147	6	88	56985	6755	451	48216	1563		19
	40			1627	441	339	847			191
	398			26440	3570	112	22663	95		192
		6		1898	968		930			193
	21			15			15			194
10	2688		88	27005	1776		23761	1468		195
90	1474			6002	3060		2805		137	20
	57			496	185		224		87	201
	708			2307	1656		651			202
90	591			2660	1031		1629			203
	118			539	188		301		50	204
192	1848			13602	5514		8065	20	3	21
192	1348			10963	5167		5773	20	3	211
				1160			1160			212
	365			840	15		825			213
				4			4			214
	135			635	332		303			219
17	3291	50		12686	5942	91	6442	105	106	22
				1	1					221
17	2135			5136	3705		1431			222
	1156	50		7549	2236	91	5011	105	106	223
2	1986	802		5645	2775		2836	34		23
2	1986	802		5538	2775		2729	34		231
				107			107			232
										233
285	6434	48		72411	15478	2440	53183	1030	280	24
	155			4597	865	1321	2411			241
				4412	432		3980			242
285	3298	48		42146	10487	794	30125	721	19	243
	1323			9838	1616		7910	51	261	244
	1528			10278	1555	325	8140	258		245
	130			1140	523		617			246
	200			2764	1991	91	665	17		25
148	3678	2330		63211	33770	1256	19865	8297	23	26
148	910	2		16088	11651	292	569	3576		261
	381	14		8710	4978	36	1626	2047	23	262
	140			477	406		71			263
	384			3149	820		2329			264
	774	1843		10429	7172	213	3044			265
	1048	471		18171	8695	276	8916	284		266
				1746		273	1473			267
	41			4441	48	166	1837	2390		268
	498	130		36799	25614	763	9983	439		27
	234			14233	12661	301	1271			271

1-13 续表 14

行　业	代码	私营合伙	私营有限责任公司	私营股份有限公司	其他	港、澳、台商投资	港澳台商合资经营
化学药品制剂制造	272	109	8802	4984	85	1161	1161
中药饮片加工	273	12	3315	60	85	24	
中成药生产	274	11	6688	1104	84	728	728
兽用药品制造	275	164	6257	721		4	
生物药品制造	276	6	14110	1846	50	1006	877
卫生材料及医药用品制造	277		13750	612	58	1804	1567
化学纤维制造业	28	230	8550	986	578	2446	2336
纤维素纤维原料及纤维制造	281	26	2378	94	85	1182	1182
合成纤维制造	282	204	6172	892	493	1264	1154
橡胶和塑料制品业	29	4751	261260	25641	4542	23409	13556
橡胶制品业	291	906	112845	19929	1042	12466	7707
塑料制品业	292	3845	148415	5712	3500	10943	5849
非金属矿物制品业	30	12476	406607	21366	12721	23020	11009
水泥、石灰和石膏制造	301	310	36811	5125	214	5250	2029
石膏、水泥制品及类似制品制造	302	2256	66772	2881	1410	2086	951
砖瓦、石材等建筑材料制造	303	8338	146372	6600	6179	4390	2843
玻璃制造	304	245	8108	382	15	1534	788
玻璃制品制造	305	503	39551	1073	144	4055	1854
玻璃纤维和玻璃纤维增强塑料制品制造	306	213	36223	418	608	934	151
陶瓷制品制造	307	293	22956	1733	2228	3837	2075
耐火材料制品制造	308	83	20354	1324	1030	452	63
石墨及其他非金属矿物制品制造	309	235	29460	1830	893	482	255
黑色金属冶炼和压延加工业	31	490	111040	4126	2405	3031	2577
炼铁	311	26	2572	128	683	201	201
炼钢	312		17585		28	66	
黑色金属铸造	313	225	39409	890	613	1108	968
钢压延加工	314	239	48644	3108	602	1585	1337
铁合金冶炼	315		2830		479	71	71
有色金属冶炼和压延加工业	32	309	92026	6202	701	1868	1269
常用有色金属冶炼	321	44	4735	1236	161	219	
贵金属冶炼	322		519		35	1	1
稀有稀土金属冶炼	323		426				
有色金属合金制造	324	18	6108	770	347		
有色金属铸造	325	85	2828	117	27		
有色金属压延加工	326	162	77410	4079	131	1648	1268
金属制品业	33	4013	274260	17195	6361	20456	6925
结构性金属制品制造	331	1575	91133	6075	1961	1801	1453
金属工具制造	332	784	24532	1415	649	3819	194
集装箱及金属包装容器制造	333	221	17823	1053	254	1809	445
金属丝绳及其制品制造	334	3	9068	216	56	4043	423
建筑、安全用金属制品制造	335	365	18153	914	813	1877	405
金属表面处理及热处理加工	336	160	13397	545	366	265	85
搪瓷制品制造	337	80	3081	135	91	36	8
金属制日用品制造	338	147	14878	353	355	1935	1543
其他金属制品制造	339	678	82195	6489	1816	4871	2369
通用设备制造业	34	7634	448871	17844	9967	23142	13066
锅炉及原动设备制造	341	254	48882	558	1366	1565	1564

港澳台商合作经营	港澳台商独资	港澳台商投资股份有限公司	其他港澳台商投资	外商投资企业	中外合资经营	中外合作经营	外资企业	外商投资股份有限公司	其他外商投资	代码
				3896	586		3273	37		272
	24			1901	1865		36			273
				6476	6294		182			274
	4			316	281		35			275
		129		6892	3251	462	3179			276
	236	1		3085	676		2007	402		277
	110			2578	789		1789			28
				493	282		211			281
	110			2085	507		1578			282
632	9221			41978	19179	38	21112	1623	26	29
	4759			22111	13179		7412	1520		291
632	4462			19867	6000	38	13700	103	26	292
1397	10242	372		33071	19780	1407	11361	488	35	30
	3221			2077	745		1332			301
	1135			2763	1240	46	1477			302
3	1497	47		9255	5239		3528	488		303
	746			1293	787		506			304
1393	483	325		4879	2181	1201	1497			305
	783			800	314	50	436			306
	1762			7008	6454		554			307
1	388			1265	736		494		35	308
	227			3731	2084	110	1537			309
	454			8629	4187	1956	2458	28		31
				803	803					311
	66			1845	31	1793	21			312
	140			2391	1522	163	678	28		313
	248			3551	1792		1759			314
				39	39					315
	597		2	5210	3639	346	1124		101	32
	217		2	1301	1301					321
				260	249				11	322
										323
				150	32		118			324
				96			6		90	325
	380			3403	2057	346	1000			326
165	12361	1005		42186	17112	245	24057	772		33
	348			5250	2520	55	2675			331
	3625			6475	1317		4547	611		332
165	1199			6136	2432		3704			333
	3620			1942	662		1245	35		334
	478	994		1480	475		1000	5		335
	180			666	521		145			336
	28			93	29		64			337
	381	11		4160	2192		1847	121		338
	2502			15984	6964	190	8830			339
141	9720	215		48543	18827	406	28397	528	385	34
	1			6072	4564		1508			341

1-13 续表 15

行业	代码						
						港、澳、台商投资	
		私营合伙	私营有限责任公司	私营股份有限公司	其他		港澳台商合资经营
金属加工机械制造	342	1527	100876	3628	2822	1990	1585
物料搬运设备制造	343	228	28420	1229	325	348	303
泵、阀门、压缩机及类似机械制造	344	672	64104	2895	1725	5341	960
轴承、齿轮和传动部件制造	345	1824	45329	2369	1274	946	781
烘炉、风机、衡器、包装等设备制造	346	505	45910	2781	305	4772	3586
文化、办公用机械制造	347	3	1525	315	153	32	32
通用零部件制造	348	2554	96122	3176	1772	7881	4239
其他通用设备制造业	349	67	17703	893	225	267	16
专用设备制造业	35	3981	312273	19268	6088	10785	5593
采矿、冶金、建筑专用设备制造	351	1172	107454	10684	1629	5631	2842
化工、木材、非金属加工专用设备制造	352	1002	48623	1910	768	2266	1345
食品、饮料、烟草及饲料生产专用设备制造	353	163	9269	148	187	694	364
印刷、制药、日化及日用品生产专用设备制造	354	122	13367	311	306	619	209
纺织、服装和皮革加工专用设备制造	355	203	26058	211	369	417	187
电子和电工机械专用设备制造	356	209	21750	1110	175	268	268
农、林、牧、渔专用机械制造	357	437	34717	1855	1900	227	
医疗仪器设备及器械制造	358	126	12937	456	158	282	174
环保、社会公共服务及其他专用设备制造	359	547	38098	2583	596	381	204
汽车制造业	36	1721	157723	7674	3224	16986	10666
汽车整车制造	361	86	9470	830	200	238	238
改装汽车制造	362		13692	917	28		
低速载货汽车制造	363		387				
电车制造	364	30	2291	414			
汽车车身、挂车制造	365	227	12475	202	75	231	231
汽车零部件及配件制造	366	1378	119408	5311	2921	16517	10197
铁路、船舶、航空航天和其他运输设备制造业	37	776	45577	3923	981	2710	857
铁路运输设备制造	371	13	8399	274		799	640
城市轨道交通设备制造	372		52				
船舶及相关装置制造	373	494	18264	3408	541	159	50
航空、航天器及设备制造	374		517	10	11	63	
摩托车制造	375		3184	24	233	1073	
自行车制造	376	19	9093		86	131	
非公路休闲车及零配件制造	377		465				
潜水救捞及其他未列明运输设备制造	379	250	5603	207	110	485	167
电气机械和器材制造业	38	1325	189717	8564	2446	12699	6699
电机制造	381	102	22482	1452	126	1419	387
输配电及控制设备制造	382	484	66332	3781	963	2823	1224
电线、电缆、光缆及电工器材制造	383	242	31522	1330	494	2509	2101
电池制造	384	241	13500	320	159	2579	2294
家用电力器具制造	385	82	14222	670	143	797	241
非电力家用器具制造	386	83	15998	534	227	174	8
照明器具制造	387	54	12867	115	123	2229	382
其他电气机械及器材制造	389	37	12794	362	211	169	62
计算机、通信和其他电子设备制造业	39	340	64101	4422	3558	22850	4710
计算机制造	391	7	4547	293	21	1410	
通信设备制造	392		5275		60	5130	
广播电视设备制造	393		2799	249		611	

港澳台商合作经营	港澳台商独资	港澳台商投资股份有限公司	其他港澳台商投资	外商投资企业	中外合资经营	中外合作经营	外资企业	外商投资股份有限公司	其他外商投资	代码
30	375			5199	2146	176	2853	24		342
	45			2586	1181	144	1261			343
	4262	119		10753	1942		8353	91	367	344
	69	96		4486	129		4357			345
70	1116			10476	5917	85	4113	361		346
				158			158			347
	3642			7977	2434		5473	52	18	348
41	210			836	514	1	321			349
147	4833	193	19	40794	12541	3470	21300	1758	1725	35
83	2690	16		16715	4762	3375	8207	340	31	351
	744	177		6141	2346		3680	11	104	352
	330			1128	482	95	551			353
64	346			3024	2019		995	10		354
	230			3301	337		1678	1286		355
				4808	300		2956		1552	356
	227			2536	882		1635	13	6	357
	108			1548	901		647			358
	158		19	1593	512		951	98	32	359
	6320			64934	34620	94	28122	2054	44	36
				15900	15262	4	634			361
				2679	2653		26			362
										363
				88	2		86			364
				25	7		18			365
	6320			46242	16696	90	27358	2054	44	366
	1843	10		29431	15312	916	11851	1352		37
	159			5508	4557	650	301			371
										372
	99	10		17430	6737	266	10368	59		373
	63			2082	789			1293		374
	1073			3503	2388		1115			375
	131			399	397		2			376
				12	12					377
	318			497	432		65			379
585	5415			59738	13169	342	42908	3197	122	38
	1032			5621	1456		4120	45		381
540	1059			28464	6016	46	22354	10	38	382
20	388			14558	2781	296	9893	1588		383
	285			2236	592		1644			384
	556			4440	1108		1795	1537		385
	166			1567	277		1189	17	84	386
	1847			763	388		375			387
25	82			2089	551		1538			389
846	15410	1884		200261	15016	2681	179483	3021	60	39
	1410			90539	3467		87072			391
	5130			11010	1006	1785	7837	382		392
	611			5073	3044		2029			393

1-13 续表 16

行　　业	代码	私营合伙	私营有限责任公司	私营股份有限公司	其他	港、澳、台商投资	港澳台商合资经营
雷达及配套设备制造	394		23				
视听设备制造	395		1844	2	3	3420	1158
电子器件制造	396	98	12237	402	155	3844	388
电子元件制造	397	162	29512	3179	3258	8320	3164
其他电子设备制造	399	73	7864	297	61	115	
仪器仪表制造业	40	446	35340	2348	514	1327	554
通用仪器仪表制造	401	302	22383	1149	240	72	56
专用仪器仪表制造	402	49	8608	1045	242	74	26
钟表与计时仪器制造	403		1489	10		900	378
光学仪器及眼镜制造	404	30	318	125	6	182	
其他仪器仪表制造业	409	65	2542	19	26	99	94
其他制造业	41	252	18614	570	405	1512	1140
废弃资源综合利用业	42	350	7999	575	173	385	305
金属废料和碎屑加工处理	421	182	4389	508	91	18	10
非金属废料和碎屑加工处理	422	168	3610	67	82	367	295
金属制品、机械和设备修理业	43	685	9539	268	390	239	135
金属制品修理	431	4	700			108	108
通用设备修理	432	16	1120	4	12		
专用设备修理	433	25	1157	70		10	
铁路、船舶、航空航天等运输设备修理	434	589	3866	41	217		
电气设备修理	435	13	603	19	81		
仪器仪表修理	436		60				
其他机械和设备修理业	439	38	2033	134	80	121	27
电力、热力、燃气及水生产和供应业	D	**311**	**24519**	**1197**	**1878**	**12659**	**10883**
电力、热力生产和供应业	44	65	10985	561	892	3568	2882
电力生产	441	45	3589	547	521	3500	2882
电力供应	442	12	1098		292		
热力生产和供应	443	8	6298	14	79	68	
燃气生产和供应业	45	117	4466	282	274	7378	6844
燃气生产和供应业	450	117	4466	282	274	7378	6844
水的生产和供应业	46	129	9068	354	712	1713	1157
自来水生产和供应	461	69	3558	189	350	1409	1060
污水处理及其再生利用	462	60	3119	162	362	272	65
其他水的处理、利用与分配	469		2391	3		32	32
建筑业	E	**18941**	**1116157**	**96435**	**16131**	**8658**	**7792**
房屋建筑业	47	10786	728933	64763	6555	1742	1732
房屋建筑业	470	10786	728933	64763	6555	1742	1732
土木工程建筑业	48	3329	128718	7373	3399	5530	5313
铁路、道路、隧道和桥梁工程建筑	481	1502	55872	3264	1145	5298	5286
水利和内河港口工程建筑	482	205	8187	2266	357		
海洋工程建筑	483		507	30			
工矿工程建筑	484	678	17885	204	99		
架线和管道工程建筑	485	206	11090	410	200	5	
其他土木工程建筑	489	738	35177	1199	1598	227	27
建筑安装业	49	2016	99351	10626	2377	219	215
电气安装	491	255	17307	1533	221	110	110
管道和设备安装	492	528	24328	2193	684	62	60
其他建筑安装业	499	1233	57716	6900	1472	47	45

港澳台商合作经营	港澳台商独资	港澳台商投资股份有限公司	其他港澳台商投资	外商投资企业	中外合资经营	中外合作经营	外资企业	外商投资股份有限公司	其他外商投资	代码
										394
	2262			6150	1296		4854			395
803	2653			17961	1591		16370			396
	3272	1884		62908	4427	896	55026	2559		397
43	72			6620	185		6295	80	60	399
	773			14457	4834	22	9277	324		40
	16			5560	3229	22	2309			401
	48			5735	1462		4088	185		402
	522			496	143		353			403
	182			2448			2448			404
	5			218			79	139		409
	307	65		6184	710	13	5295		166	41
	80			440	132		308			42
	8			105	105					421
	72			335	27		308			422
	104			1902	1728	15	159			43
				97	77		20			431
				20			20			432
	10			15			15			433
				1645	1630	15				434
										435
										436
	94			125	21		104			439
560	**1146**	**70**		**15449**	**9618**	**2800**	**1566**	**1465**		**D**
314	320	52		11350	7000	2744	246	1360		44
314	252	52		10412	6242	2732	78	1360		441
										442
	68			938	758	12	168			443
	534			2803	2297	26	408	72		45
	534			2803	2297	26	408	72		450
246	292	18		1296	321	30	912	33		46
246	103			503	118		385			461
	189	18		742	152	30	527	33		462
				51	51					469
	861		**5**	**1901**	**1028**	**285**	**254**	**32**	**302**	**E**
	10			320	197	121	2			47
	10			320	197	121	2			470
	217			475	210		5		260	48
	12			24	23		1			481
										482
										483
										484
	5			415	155				260	485
	200			36	32		4			489
	4			588	359		229			49
				170	149		21			491
	2			94	16		78			492
	2			324	194		130			499

1-13 续表 17

行　业	代码	私营合伙	私营有限责任公司	私营股份有限公司	其他	港、澳、台商投资	港澳台商合资经营
建筑装饰和其他建筑业	50	2810	159155	13673	3800	1167	532
建筑装饰业	501	1932	111356	11718	2489	287	276
工程准备活动	502	365	13561	287	229	1	1
提供施工设备服务	503	168	6257	280	209	12	12
其他未列明建筑业	509	345	27981	1388	873	867	243
批发和零售业	**F**	**50151**	**1434374**	**52317**	**105974**	**29470**	**4455**
批发业	51	39259	951526	31127	71899	11367	1244
农、林、牧产品批发	511	8211	50760	1725	21013	304	6
食品、饮料及烟草制品批发	512	14406	128377	5885	22274	6287	171
纺织、服装及家庭用品批发	513	2045	106102	3097	3028	659	157
文化、体育用品及器材批发	514	697	34368	1327	1227	160	4
医药及医疗器材批发	515	941	29333	1202	412	517	11
矿产品、建材及化工产品批发	516	6483	304218	9618	11869	676	286
机械设备、五金产品及电子产品批发	517	4415	215120	6115	6043	1208	59
贸易经纪与代理	518	670	23342	681	2297	563	483
其他批发业	519	1391	59906	1477	3736	993	67
零售业	52	10892	482848	21190	34075	18103	3211
综合零售	521	1530	77942	5077	12649	10837	513
食品、饮料及烟草制品专门零售	522	1097	38450	1708	6340	388	16
纺织、服装及日用品专门零售	523	1079	41581	1507	1939	3016	539
文化、体育用品及器材专门零售	524	867	26367	815	755	80	4
医药及医疗器材专门零售	525	805	29283	1393	2251	4	
汽车、摩托车、燃料及零配件专门零售	526	1536	100984	4906	4763	1705	293
家用电器及电子产品专门零售	527	1492	62513	2044	1380	17	
五金、家具及室内装饰材料专门零售	528	1331	69368	2438	2107	1630	1532
货摊、无店铺及其他零售业	529	1155	36360	1302	1891	426	314
交通运输、仓储和邮政业	**G**	**10639**	**296436**	**13415**	**11769**	**12629**	**10620**
道路运输业	54	5319	203053	9742	7940	7108	6383
城市公共交通运输	541	267	14215	867	736		
公路旅客运输	542	16	7886	422	180	89	89
道路货物运输	543	4528	177341	8268	6483	6171	5862
道路运输辅助活动	544	508	3611	185	541	848	432
水上运输业	55	1229	13593	264	299	1350	1338
水上旅客运输	551	24	969	82	3	6	6
水上货物运输	552	743	10040	86	85	24	12
水上运输辅助活动	553	462	2584	96	211	1320	1320
航空运输业	56		873			53	53
航空客货运输	561		179			53	53
通用航空服务	562		280				
航空运输辅助活动	563		414				
管道运输业	57		208			39	39
管道运输业	570		208			39	39
装卸搬运和运输代理业	58	989	48007	1882	1454	1873	1608
装卸搬运	581	458	15458	412	451	59	59
运输代理业	582	531	32549	1470	1003	1814	1549

港澳台商合作经营	港澳台商独资	港澳台商投资股份有限公司	其他港澳台商投资	外商投资企业	中外合资经营	中外合作经营	外资企业	外商投资股份有限公司	其他外商投资	代码
	630		5	518	262	164	18	32	42	50
	6		5	214	17	110	13	32	42	501
				5			5			502
				108	54	54				503
	624			191	191					509
5514	**17654**	**1237**	**610**	**28496**	**11011**	**3500**	**12540**	**931**	**514**	**F**
5224	4635	198	66	14372	4779	1174	7715	307	397	51
	298			1012	441	270	256	45		511
5201	891	20	4	2733	1366	239	1099	3	26	512
	386	109	7	3194	601	6	2387	129	71	513
	136	20		983	55		920		8	514
	498	6	2	194	133		56	5		515
5	322	40	23	2428	650	625	954	39	160	516
18	1101		30	2669	1023	6	1471	48	121	517
	80			516	173	25	269	38	11	518
	923	3		643	337	3	303			519
290	13019	1039	544	14124	6232	2326	4825	624	117	52
	8976	893	455	9855	4717	2028	2556	545	9	521
	351	21		754	226	85	400		43	522
214	2263			1121	651	2	429		39	523
	76			249	6	26	217			524
1	3			219		182	11		26	525
6	1192	125	89	932	276		646	10		526
5	12			261	13		248			527
50	48			165	64	3	98			528
14	98			568	279		220	69		529
494	**1468**	**25**	**22**	**13807**	**11490**	**57**	**2173**	**43**	**44**	**G**
410	290	25		1258	435	5	776	42		54
				32	32					541
										542
	284	25		1137	361		776			543
410	6			89	42	5		42		544
	12			5230	5117		111		2	55
				248	248					551
	12			254	166		86		2	552
				4728	4703		25			553
				12					12	56
										561
										562
				12					12	563
				70	70					57
				70	70					570
	243		22	4874	4252	52	561	1	8	58
				664	664					581
	243		22	4210	3588	52	561	1	8	582

1-13 续表 18

行业	代码	私营合伙	私营有限责任公司	私营股份有限公司	其他	港、澳、台商投资	港澳台商合资经营
仓储业	59	2914	25480	1052	1788	2196	1189
谷物、棉花等农产品仓储	591	1361	8191	383	696	45	39
其他仓储业	599	1553	17289	669	1092	2151	1150
邮政业	60	188	5222	475	288	10	10
邮政基本服务	601	5	7		32		
快递服务	602	183	5215	475	256	10	10
住宿和餐饮业	H	**2430**	**139465**	**5739**	**11027**	**10935**	**4970**
住宿业	61	670	43074	1748	2948	5398	3412
旅游饭店	611	179	28043	1017	1425	5166	3292
一般旅馆	612	361	13075	689	1362	224	120
其他住宿业	619	130	1956	42	161	8	
餐饮业	62	1760	96391	3991	8079	5537	1558
正餐服务	621	1355	84480	3624	6652	2372	1533
快餐服务	622	179	5592	301	965	2940	25
饮料及冷饮服务	623	48	516	45	8	188	
其他餐饮业	629	178	5803	21	454	37	
信息传输、软件和信息技术服务业	I	**1344**	**76928**	**3846**	**1999**	**41099**	**847**
电信、广播电视和卫星传输服务	63	49	5746	105	254	39561	
电信	631	49	5193	105	228	39561	
广播电视传输服务	632		499		26		
卫星传输服务	633		54				
互联网和相关服务	64	215	8287	363	386	67	3
互联网接入及相关服务	641	56	1235	39	66		
互联网信息服务	642	116	5887	299	244	67	3
其他互联网服务	649	43	1165	25	76		
软件和信息技术服务业	65	1080	62895	3378	1359	1471	844
软件开发	651	567	37494	1713	326	403	10
信息系统集成服务	652	70	6070	823	170	954	791
信息技术咨询服务	653	176	10247	140	518	39	3
数据处理和存储服务	654	51	1833	30	3		
集成电路设计	655	8	676	528	25		
其他信息技术服务业	659	208	6575	144	317	75	40
房地产业	K	**3677**	**241569**	**13484**	**7899**	**7183**	**3054**
房地产业	70	3677	241569	13484	7899	7183	3054
房地产开发经营	701	911	97603	7925	1831	6022	2630
物业管理	702	1541	110749	3921	4260	688	83
房地产中介服务	703	838	23646	1217	1134	58	13
自有房地产经营活动	704	166	3646	252	358	92	90
其他房地产业	709	221	5925	169	316	323	238
租赁和商务服务业	L	**45133**	**276685**	**9655**	**50536**	**2292**	**396**
租赁业	71	1952	20129	573	1414	103	34
机械设备租赁	711	1923	19471	568	1362	84	27
文化及日用品出租	712	29	658	5	52	19	7
商务服务业	72	43181	256556	9082	49122	2189	362
企业管理服务	721	15366	30896	1134	10782	625	89

港澳台商合作经营	港澳台商独资	港澳台商投资股份有限公司	其他港澳台商投资	外商投资企业	中外合资经营	中外合作经营	外资企业	外商投资股份有限公司	其他外商投资	代码
84	923			2332	1607		725			59
	6			92	11		81			591
84	917			2240	1596		644			599
				31	9				22	60
										601
				31	9				22	602
324	**5618**	**22**	**1**	**7405**	**1943**	**324**	**5104**	**15**	**19**	**H**
324	1662			2628	1464	285	878		1	61
324	1550			2383	1346	264	773			611
	104			166	70	21	75			612
	8			79	48		30		1	619
	3956	22	1	4777	479	39	4226	15	18	62
	816	22	1	1412	381	39	987	5		621
	2915			3096	30		3063		3	622
	188			88	15		48	10	15	623
	37			181	53		128			629
6	**38499**	**1747**		**14849**	**878**	**9**	**12078**	**1757**	**127**	**I**
	37814	1747		9016			7288	1715	13	63
	37814	1747		7451			5723	1715	13	631
				1565			1565			632
										633
	64			90	36		54			64
										641
	64			76	36		40			642
				14			14			649
6	621			5743	842	9	4736	42	114	65
6	387			3338	697	9	2494	29	109	651
	163			260	28		219	13		652
	36			77	2		70		5	653
				1446	22		1424			654
				390			390			655
	35			232	93		139			659
383	**3718**	**28**		**4587**	**1882**	**583**	**1605**	**158**	**359**	**K**
383	3718	28		4587	1882	583	1605	158	359	70
325	3039	28		2983	1463	579	925		16	701
	605			1058	338	4	401		315	702
8	37			236	21		199		16	703
	2			117	58		46	13		704
50	35			193	2		34	145	12	709
7	**1618**	**193**	**78**	**4244**	**2039**	**216**	**1670**	**182**	**137**	**L**
	60	6	3	126	6	4	114	2		71
	48	6	3	126	6	4	114	2		711
	12									712
7	1558	187	75	4118	2033	212	1556	180	137	72
7	507	18	4	525	96	10	335	76	8	721

1-13 续表 19

行业	代码	私营合伙	私营有限责任公司	私营股份有限公司	其他	港、澳、台商投资	港澳台商合资经营
法律服务	722	5133	2018	168	9151		
咨询与调查	723	12957	64372	1879	5482	366	20
广告业	724	1319	42875	1461	1649	85	6
知识产权服务	725	110	1375	48	46		
人力资源服务	726	1711	50401	1190	1751	25	3
旅行社及相关服务	727	1187	16533	1364	1064	43	12
安全保护服务	728	24	6239	364	2565	2	2
其他商务服务业	729	5374	41847	1474	16632	1043	230
科学研究和技术服务业	**M**	**195586**	**117190**	**4746**	**107165**	**1508**	**497**
研究和试验发展	73	428	10418	263	4547	141	74
自然科学研究和试验发展	731	15	1449	57	346	6	
工程和技术研究和试验发展	732	62	5202	165	1312	73	46
农业科学研究和试验发展	733	283	1476	19	1840	62	28
医学研究和试验发展	734	52	2096	10	652		
社会人文科学研究	735	16	195	12	397		
专业技术服务业	74	5640	74265	3247	5699	862	324
气象服务	741	8	108		73		
地震服务	742		64		46		
海洋服务	743	13	467	8	90	2	2
测绘服务	744	39	2257	48	427		
质检技术服务	745	243	7178	424	509	163	66
环境与生态监测	746	6	1715	60	161	125	
地质勘查	747	69	1921	91	280		
工程技术	748	476	40974	1951	2137	323	93
其他专业技术服务业	749	4786	19581	665	1976	249	163
科技推广和应用服务业	75	189518	32507	1236	96919	505	99
技术推广服务	751	179529	28393	1009	82455	434	50
科技中介服务	752	3928	1921	51	10095		
其他科技推广和应用服务业	759	6061	2193	176	4369	71	49
水利、环境和公共设施管理业	**N**	**2151**	**42180**	**1647**	**6137**	**468**	**61**
水利管理业	76	41	1119	10	590	61	61
防洪除涝设施管理	761	32	195		62	30	30
水资源管理	762		200	3	235	31	31
天然水收集与分配	763		88		83		
水文服务	764		156		89		
其他水利管理业	769	9	480	7	121		
生态保护和环境治理业	77	199	3550	141	893	101	
生态保护	771	107	748	8	683		
环境治理业	772	92	2802	133	210	101	
公共设施管理业	78	1911	37511	1496	4654	306	
市政设施管理	781	48	2616	134	357	22	
环境卫生管理	782	20	2255	60	1343		
城乡市容管理	783	30	947	18	79		
绿化管理	784	920	17741	872	1738	57	
公园和游览景区管理	785	893	13952	412	1137	227	

港澳台商合作经营	港澳台商独资	港澳台商投资股份有限公司	其他港澳台商投资	外商投资企业	中外合资经营	中外合作经营	外资企业	外商投资股份有限公司	其他外商投资	代码
				23					23	722
	213	124	9	969	210	158	539	6	56	723
	62	12	5	76	20		51		5	724
										725
	22			161	10		53	98		726
	31			185	64	41	35		45	727
				132	132					728
	723	33	57	2047	1501	3	543			729
2	**1006**	**3**		**3021**	**911**	**148**	**1912**	**16**	**34**	**M**
	67			1158	139	137	868		14	73
	6			209	47		162			731
	27			599	5		594			732
	34			214	6	137	71			733
				136	81		41		14	734
										735
	535	3		1408	623		749	16	20	74
										741
										742
				10	3		7			743
				36			30	6		744
	97			328	199		111		18	745
	125									746
										747
	227	3		380	29		341	10		748
	86			654	392		260		2	749
2	404			455	149	11	295			75
2	382			423	147	11	265			751
				5			5			752
	22			27	2		25			759
15	**370**		**22**	**861**	**196**	**195**	**427**	**43**		**N**
				22	22					76
										761
										762
				22	22					763
										764
										769
8	93			291	61	195	35			77
										771
8	93			291	61	195	35			772
7	277		22	548	113		392	43		78
7	15			79	46		33			781
										782
										783
	57			31	3		28			784
	205		22	438	64		331	43		785

1-13 续表 20

行业	代码	私营合伙	私营有限责任公司	私营股份有限公司	其他	港、澳、台商投资	港澳台商合资经营
居民服务、修理和其他服务业	O	**4156**	**66569**	**1800**	**10988**	**2081**	**1630**
居民服务业	79	2016	23140	556	6606	161	145
家庭服务	791	302	5955	77	1068		
托儿所服务	792	6	45		599	16	
洗染服务	793	80	1033	22	57		
理发及美容服务	794	30	2051	45	112	23	23
洗浴服务	795	135	2480	86	164	29	29
保健服务	796	42	974	72	327		
婚姻服务	797	66	1906	55	543		
殡葬服务	798	24	872	5	681	72	72
其他居民服务业	799	1331	7824	194	3055	21	21
机动车、电子产品和日用产品修理业	80	1405	23388	926	1722	1778	1485
汽车、摩托车修理与维护	801	919	18713	676	1373	332	50
计算机和办公设备维修	802	141	1883	53	151	89	89
家用电器修理	803	124	1780	145	147	1346	1346
其他日用产品修理业	809	221	1012	52	51	11	
其他服务业	81	735	20041	318	2660	142	
清洁服务	811	118	11939	147	641	28	
其他未列明服务业	819	617	8102	171	2019	114	
教育	P	**1380**	**18235**	**1498**	**128723**	**149**	**68**
教育	82	1380	18235	1498	128723	149	68
学前教育	821	260	931	51	35219	110	58
初等教育	822	55	78		18025		
中等教育	823	88	136		34402		
高等教育	824		30		15773		
特殊教育	825	8	337		1073		
技能培训、教育辅助及其他教育	829	969	16723	1447	24231	39	10
卫生和社会工作	Q	**1895**	**8422**	**575**	**89594**	**36**	
卫生	83	1783	7655	543	74178	10	
医院	831	1700	5373	495	33478	10	
社区医疗与卫生院	832	34	242		23175		
门诊部(所)	833	44	599	45	15027		
计划生育技术服务活动	834				79		
妇幼保健院(所、站)	835				246		
专科疾病防治院(所、站)	836		37	3	1042		
疾病预防控制中心	837	3	330		195		
其他卫生活动	839	2	1074		936		
社会工作	84	112	767	32	15416	26	
提供住宿社会工作	841	106	422	32	14678	26	
不提供住宿社会工作	842	6	345		738		
文化、体育和娱乐业	R	**1089**	**24961**	**2136**	**14472**	**724**	**276**
新闻和出版业	85		1274	27	423		
新闻业	851		90		9		
出版业	852		1184	27	414		
广播、电视、电影和影视录音制作业	86	59	3375	371	824	100	
广播	861		527		6		
电视	862		24		239		

港澳台商合作经营	港澳台商独资	港澳台商投资股份有限公司	其他港澳台商投资	外商投资企业	中外合资经营	中外合作经营	外资企业	外商投资股份有限公司	其他外商投资	代码
27	**424**			**1597**	**355**	**145**	**1046**	**21**	**30**	O
	16			242	43		148	21	30	79
										791
	16			5			5			792
										793
				102			77	21	4	794
				70	13		57			795
										796
										797
										798
				65	30		9		26	799
27	266			522	269	100	153			80
27	255			508	269	100	139			801
				14			14			802
										803
	11									809
	142			833	43	45	745			81
	28									811
	114			833	43	45	745			819
52	**29**			**871**	**302**	**128**	**133**		**308**	P
52	29			871	302	128	133		308	82
52				93	9	73	5		6	821
										822
				166			88		78	823
				161					161	824
				59					59	825
	29			392	293	55	40		4	829
	36			**126**	**84**		**42**			Q
	10			111	84		27			83
	10									831
										832
				27			27			833
										834
										835
										836
										837
				84	84					839
	26			15			15			84
	26			15			15			841
										842
	343	**5**	**100**	**720**	**103**	**167**	**416**		**34**	R
										85
										851
										852
	100			104	57		13		34	86
										861
										862

1-13 续表 21

行 业	代码	私营合伙	私营有限责任公司	私营股份有限公司	其他	港、澳、台商投资	港澳台商合资经营
电影和影视节目制作	863	13	1099	9	244		
电影和影视节目发行	864	18	93	14	68		
电影放映	865	8	1531	345	241	100	
录音制作	866	20	101	3	26		
文化艺术业	87	275	5506	233	7418	5	
文艺创作与表演	871	45	1964	68	3523		
艺术表演场馆	872		390		137		
图书馆与档案馆	873		15	32	74		
文物及非物质文化遗产保护	874		167		511		
博物馆	875	6	108		345		
烈士陵园、纪念馆	876				124		
群众文化活动	877	22	376	14	1471		
其他文化艺术业	879	202	2486	119	1233	5	
体育	88	32	2849	27	3038	540	197
体育组织	881	8	393	14	1184	25	
体育场馆	882		165		154		
休闲健身活动	883	22	2037	13	1319	515	197
其他体育	889	2	254		381		
娱乐业	89	723	11957	1478	2769	79	79
室内娱乐活动	891	610	9533	352	2134	79	79
游乐园	892	15	751	977	88		
彩票活动	893		21		118		
文化、娱乐、体育经纪代理	894	3	404	78	26		
其他娱乐业	899	95	1248	71	403		
公共管理、社会保障和社会组织	**S**	**12**	**97**	**3**	**690836**		
中国共产党机关	90						
中国共产党机关	900						
国家机构	91				3847		
国家权力机构	911				22		
国家行政机构	912				3459		
人民法院和人民检察院	913						
其他国家机构	919				366		
人民政协、民主党派	92						
人民政协	921						
民主党派	922						
社会保障	93				75		
社会保障	930				75		
群众团体、社会团体和其他成员组织	94	12	97	3	141015		
群众团体	941				10796		
社会团体	942	12	94	3	122049		
基金会	943		3		286		
宗教组织	944				7884		
基层群众自治组织	95				545899		
社区自治组织	951				86132		
村民自治组织	952				459767		

港澳台商合作经营	港澳台商独资	港澳台商投资股份有限公司	其他港澳台商投资	外商投资企业	中外合资经营	中外合作经营	外资企业	外商投资股份有限公司	其他外商投资	代码
										863
										864
	100			104	57		13		34	865
										866
		5					1			87
				1			1			871
										872
										873
										874
										875
										876
										877
		5								879
	243		100	444	3	154	287			88
	25			27			27			881
				21			21			882
	218		100	396	3	154	239			883
										889
				171	43	13	115			89
				19		13	6			891
				46			46			892
										893
										894
				106	43		63			899
				11					**11**	S
										90
										900
										91
										911
										912
										913
										919
										92
										921
										922
										93
										930
				11					11	94
				6					6	941
				5					5	942
										943
										944
										95
										951
										952

1-14 按从业人员组距、开业(成立)时间分组的法人单位数、产业活动单位数及从业人员数

分组	法人单位					产业活动单位				
	单位数(个)	单产业法人	多产业法人	从业人员数(人)	#女性	单位数(个)	#多产业法人所属的产业活动单位数	从业人员数(人)	单产业法人所属的从业人员数	多产业法人所属的从业人员数
总计	**823846**	**797481**	**26365**	**28466234**	**9911281**	**961073**	**163592**	**28062601**	**23055119**	**5007482**
按从业人员组距分组										
7人及以下	345574	341082	4492	1429554	501158	504673	163591	6414098	1406616	5007482
8-19人	244591	238579	6012	2982656	1060446	238579		2909711	2909711	
20-49个	140373	135892	4481	4196801	1575437	135892		4053639	4053639	
50-99人	48374	44565	3809	3301836	1227705	44565		3028265	3028265	
100-299人	33636	28543	5093	5508832	2096833	28543		4657868	4657868	
300-499人	5504	4502	1002	2080266	741287	4502		1696600	1696600	
500-999人	3503	2825	678	2408870	803226	2826	1	1935885	1935885	
1000-4999人	2082	1406	676	3873772	1205788	1406		2472740	2472740	
5000-9999人	141	63	78	942380	267944	63		420934	420934	
10000人以上	68	24	44	1741267	431457	24		472861	472861	
按开业(成立)时间分组										
1949年及以前	5538	4740	798	394362	150673	6825	2085	309146	181699	127447
1950-1977年	20034	16797	3237	2246298	684513	28993	12196	1679886	1121818	558068
1978-1991年	80040	72316	7724	2773700	853416	99721	27405	2566078	1818591	747487
1992-1995年	18466	16852	1614	1832872	591757	24854	8002	1723710	1227099	496611
1996年	5904	5544	360	409738	138809	9488	3944	395545	305768	89777
1997年	5953	5635	318	436372	147829	8260	2625	457832	327457	130375
1998年	10743	10155	588	980726	319209	14435	4280	902492	624563	277929
1999年	10473	10039	434	676092	229654	13336	3297	661630	542389	119241
2000年	16420	15669	751	1000247	363258	20861	5192	1024059	795611	228448
2001年	22261	21367	894	1189654	438098	27387	6020	1162906	970298	192608
2002年	22327	21423	904	1166290	397757	26838	5415	1180701	996407	184294
2003年	27592	26738	854	1312795	461238	32037	5299	1323929	1131267	192662
2004年	27920	27068	852	1289760	446696	32941	5873	1318037	1122728	195309
2005年	31879	31137	742	1265564	458097	37340	6203	1312492	1165709	146783
2006年	37664	36916	748	1422385	510405	43281	6365	1432891	1196154	236737
2007年	36355	35661	694	1175662	426189	41667	6006	1227522	1097688	129834
2008年	45320	44525	795	1310593	470244	52832	8307	1349605	1197086	152519
2009年	61218	59871	1347	1452434	523145	68019	8148	1523475	1381581	141894
2010年	76153	75186	967	1675267	625854	85069	9883	1754211	1596182	158029
2011年	82141	81341	800	1518773	565885	91012	9671	1632481	1456191	176290
2012年	83652	83019	633	1548229	581758	93003	9984	1619149	1429028	190121
2013年	95793	95482	311	1388421	526797	102874	7392	1504824	1369805	135019

1-15 按地区分组的个体经营户数和从业人员数

计量单位：个、万人

地 区	个体经营户数	从业人员数
山东省	**4509308**	**1405.7**
济南市	241312	69.1
青岛市	542756	183.7
淄博市	230676	63.9
枣庄市	216520	75.4
东营市	82884	19.9
烟台市	359184	108.3
潍坊市	466441	135.8
济宁市	345555	119.9
泰安市	322012	85.0
威海市	96150	32.8
日照市	115099	39.8
莱芜市	41315	11.3
临沂市	415986	121.5
德州市	291879	82.2
聊城市	265151	97.6
滨州市	129061	32.0
菏泽市	347327	127.6

1-16 按行业(门类)分组的个体经营户数和从业人员数

计量单位：个、万人

行业	个体经营户数	从业人员数
总计	**4509308**	**1405.7**
农、林、牧、渔业	66184	17.8
采矿业	2026	1.4
制造业	436700	194.1
建筑业	136950	88.0
批发和零售业	2745523	757.1
交通运输、仓储和邮政业	211255	50.2
住宿和餐饮业	350442	131.0
信息传输、软件和信息技术服务业	9217	2.6
房地产业	7856	2.5
租赁和商务服务业	79771	23.0
科学研究和技术服务业	8435	2.9
水利、环境和公共设施管理业	560	0.3
居民服务、修理和其他服务业	396556	114.3
教育	17281	7.5
卫生和社会工作	25580	7.2
文化、体育和娱乐业	14972	6.0

第2篇

小微企业篇

2-01 按地区、开业(成立)时间

地 区	法人单位数(个)	1949年及以前	1950–1977年	1978–1991年	1992–1995年	1996年	1997年	1998年	1999年	2000年	2001年
山东省	**590801**	**92**	**1467**	**7394**	**9599**	**3508**	**3872**	**7287**	**7881**	**11776**	**15386**
济南市	65671	19	157	640	1051	399	413	686	829	1160	1456
青岛市	123457	8	108	1069	2246	753	844	1485	1698	2302	3080
淄博市	33259	3	86	530	745	227	281	582	712	841	1054
枣庄市	19783	1	49	323	233	132	117	215	226	394	597
东营市	11114		14	78	143	39	64	127	96	228	287
烟台市	57374	5	166	1283	1384	446	602	1150	1164	1478	1823
潍坊市	55672	20	97	474	668	303	286	430	603	811	1116
济宁市	39228	8	118	499	504	209	195	414	461	536	804
泰安市	30216	6	63	494	412	181	182	437	396	1006	1360
威海市	22323	2	74	330	656	155	176	306	438	552	683
日照市	10858	2	66	225	199	63	67	149	115	242	296
莱芜市	9890	2	19	82	104	45	46	77	55	125	195
临沂市	32063	7	123	352	426	195	199	362	338	559	713
德州市	26610	2	81	248	245	130	120	362	269	623	585
聊城市	18137	2	98	194	136	64	73	111	153	233	381
滨州市	13828	2	65	187	180	70	88	138	124	204	301
菏泽市	21318	3	83	386	267	97	119	256	204	482	655

分组的小微企业法人单位数

2002年	2003年	2004年	2005年	2006年	2007年	2008年	2009年	2010年	2011年	2012年	2013年
17096	**22560**	**22236**	**22236**	**31621**	**30389**	**36459**	**49823**	**62481**	**69233**	**71227**	**83526**
1773	2181	2254	2509	3427	3552	3907	5504	6718	7945	9130	9961
3449	4651	4640	5552	6713	6713	7358	10314	13639	15461	15641	15733
1275	1699	1623	1816	2154	1813	2039	2504	3010	3371	3425	3469
517	679	635	831	1044	953	1503	1989	2182	2292	1860	3011
391	495	547	549	653	593	653	845	1152	1296	1469	1395
1984	2919	2380	2714	2883	2802	3636	4614	5579	5971	5961	6430
1399	2149	2135	2295	2783	2501	3301	4667	5641	6608	6901	10484
1066	1072	1199	1331	1768	1868	2100	2903	4086	5270	5153	7664
1205	1354	1180	1654	1843	1665	2173	3081	3478	3245	2495	2306
734	906	911	1005	1253	1176	1391	1801	2330	2347	2491	2606
321	430	511	600	691	556	638	911	1161	1163	1172	1280
237	359	430	502	668	762	749	1062	1194	1053	1101	1023
872	1157	1142	1264	1521	1409	2101	2514	3074	3431	3827	6477
629	790	876	910	1112	1146	1316	2375	3080	3248	3411	5052
395	489	583	759	947	961	1137	1469	1960	2204	2772	3016
268	457	437	541	738	727	877	1192	1661	1960	2068	1543
581	773	753	1056	1423	1192	1580	2078	2536	2368	2350	2076

2-02 按地区、开业(成立)时间

地 区	从业人员数(人)	1949年及以前	1950—1977年	1978—1991年	1992—1995年	1996年	1997年	1998年	1999年	2000年	2001年
山东省	**13732766**	**6375**	**165519**	**411050**	**458143**	**126901**	**145035**	**260033**	**277024**	**407602**	**515724**
济南市	924317	3355	12946	26847	42810	10815	9752	18583	20562	27776	31577
青岛市	2133762	541	8621	47335	78031	22057	26905	39413	47272	63346	75339
淄博市	712113	25	9893	26843	34428	9409	9982	25684	26868	31652	34837
枣庄市	707735	85	7608	21607	13508	5722	6717	8390	12839	16397	24880
东营市	266236		2040	6206	8755	1721	1719	5841	4270	8026	10599
烟台市	1310562	113	11176	66407	58227	14561	21216	35203	44034	50892	58133
潍坊市	1238163	681	12674	30787	29258	11813	10980	17520	20193	31707	44512
济宁市	979134	182	20931	35133	28225	7967	8697	14426	14681	18853	28559
泰安市	761740	351	11916	34539	28773	5685	7344	13845	11481	26234	37595
威海市	667852	21	7672	24543	33480	9131	9017	12742	19240	22140	28069
日照市	302755	22	3753	9806	13841	2083	2442	6226	4397	11446	16159
莱芜市	175690	50	1376	3708	4293	1343	2460	4726	1576	4495	7969
临沂市	919656	151	10653	20948	45992	6547	8514	16346	16216	19102	25836
德州市	907179	130	9918	14563	12108	6701	7092	17722	12028	27224	29854
聊城市	538988	519	12602	12390	5789	3083	3482	5671	7390	11554	21969
滨州市	375038	105	8753	11415	5967	2116	3319	8143	4633	9511	12466
菏泽市	811846	44	12987	17973	14658	6147	5397	9552	9344	27247	27371

分组的小微企业法人单位从业人员数

2002年	2003年	2004年	2005年	2006年	2007年	2008年	2009年	2010年	2011年	2012年	2013年
574595	**701020**	**686137**	**769881**	**860304**	**790451**	**856403**	**1044527**	**1213668**	**1162910**	**1143495**	**1155969**
41526	43622	41408	45392	52308	51365	56411	69112	79083	78289	86114	74664
91959	109122	105671	121776	136855	121943	130011	154684	200072	197952	193006	161851
44447	49634	42201	50810	54270	40764	38880	41998	39612	36863	34971	28042
20351	26056	29144	33434	42797	44899	63092	73307	66568	62876	54650	72808
14602	18875	15917	15258	22624	15943	17123	21129	21834	21360	20084	12310
59995	82859	71704	70374	71835	70868	73728	86179	103192	93851	86239	79776
54817	71306	65369	74590	79001	62630	72739	87975	99810	101683	99206	158912
31974	34766	40529	37672	52356	59006	55256	71272	91489	105565	101895	119700
34959	37791	37007	50414	49239	45462	50082	64274	70557	56991	48273	38928
32544	36126	40438	42207	40394	33640	35642	42638	54292	47921	48551	47404
10048	14303	20525	20651	22534	15000	18119	19112	22535	21292	22792	25669
8333	9531	10825	13447	13328	11368	10548	14193	15451	11782	14869	10019
37396	49735	50534	51760	54375	55407	62977	72912	84688	76827	72980	79760
32760	39283	39018	40670	53283	47617	51119	77894	90344	89981	91008	116862
20880	23399	22960	31371	28396	34001	38525	44710	51182	49387	57850	51878
11830	17447	17715	22151	22893	26418	22765	31166	40196	41618	33630	20781
26174	37165	35172	47904	63816	54120	59386	71972	82763	68672	77377	56605

2-03 按地区、登记注册类型

地区	法人单位数(个)	内资	国有	集体	股份合作	联营	国有联营
山东省	**590801**	**580369**	**5448**	**14398**	**2184**	**472**	**77**
济南市	65671	65145	990	1170	309	44	10
青岛市	123457	118776	741	1490	589	78	19
淄博市	33259	32967	175	625	167	37	5
枣庄市	19783	19706	229	998	30	27	2
东营市	11114	11020	79	105	49	9	3
烟台市	57374	55437	611	1480	145	56	5
潍坊市	55672	55002	310	1529	197	30	5
济宁市	39228	39027	394	1295	108	28	4
泰安市	30216	30082	221	882	69	21	2
威海市	22323	21318	292	664	116	25	4
日照市	10858	10709	134	498	82	18	4
莱芜市	9890	9842	54	182	31	16	1
临沂市	32063	31798	296	675	65	26	4
德州市	26610	26483	308	1867	51	14	2
聊城市	18137	18079	197	388	101	14	1
滨州市	13828	13741	235	328	47	12	1
菏泽市	21318	21237	182	222	28	17	5

分组的小微企业法人单位数

集体联营	国有与集体联营	其他联营	有限责任公司	国有独资	其他有限责任公司	股份有限公司	私营	私营独资
221	**58**	**116**	**74273**	**717**	**73556**	**5781**	**463132**	**154477**
11	9	14	11412	114	11298	701	49049	9885
27	10	22	15195	120	15075	851	97607	17782
21	4	7	3026	21	3005	394	27631	8332
14	5	6	2280	20	2260	121	15307	8170
4		2	1593	22	1571	196	8590	1125
28	9	14	3859	49	3810	359	47967	14444
15	1	9	9561	34	9527	681	41521	12381
13	3	8	3157	41	3116	288	33127	13889
10	3	6	2712	35	2677	226	24983	10330
15	3	3	2905	37	2868	446	16374	6520
4	3	7	2383	28	2355	279	6474	3394
9	2	4	2745	15	2730	89	6490	2174
12	1	9	4109	45	4064	381	24735	15015
12			3105	71	3034	216	19787	12536
10		3	1827	31	1796	268	14821	6715
8	2	1	3412	23	3389	161	9294	3384
8	3	1	992	11	981	124	19375	8401

2-03 续表

地 区	私营合伙	私营有限责任公司	私营股份有限公司	其他	港、澳、台商投资	港澳台商合资经营	港澳台商合作经营
山东省	**9162**	**290004**	**9489**	**14681**	**2441**	**1055**	**78**
济南市	1072	36997	1095	1470	183	67	11
青岛市	1492	76801	1532	2225	849	277	31
淄博市	507	18112	680	912	115	77	1
枣庄市	243	6409	485	714	41	14	
东营市	223	6862	380	399	32	19	
烟台市	657	31955	911	960	501	258	14
潍坊市	722	27514	904	1173	205	91	8
济宁市	765	17879	594	630	75	35	3
泰安市	549	13667	437	968	43	20	2
威海市	424	8836	594	496	117	63	6
日照市	173	2664	243	841	45	23	
莱芜市	262	3961	93	235	20	8	
临沂市	367	8973	380	1511	96	51	
德州市	259	6712	280	1135	39	14	1
聊城市	271	7563	272	463	17	7	
滨州市	182	5549	179	252	33	17	
菏泽市	994	9550	430	297	30	14	1

港澳台商独资	港澳台商投资股份有限公司	其他港澳台商投资	外商投资企业	中外合资经营	中外合作经营	外资企业	外商投资股份有限公司	其他外商投资
1228	**53**	**27**	**7991**	**2490**	**147**	**5081**	**132**	**141**
101	1	3	343	157	6	166	2	12
520	12	9	3832	773	61	2921	39	38
33	3	1	177	106	4	60	4	3
24	2	1	36	16	1	13	6	
10	2	1	62	38	2	20	1	1
215	9	5	1436	571	26	799	28	12
101	4	1	465	211	8	198	9	39
32	5		126	73	4	45	2	2
19	2		91	49	2	37	2	1
43	4	1	888	220	15	611	21	21
20	1	1	104	49	3	47	3	2
11	1		28	15	2	8	3	
44	1		169	88	2	71	3	5
20	4		88	46	2	33	3	4
7	1	2	41	18	2	21		
13	1	2	54	34	4	12	4	
15			51	26	3	19	2	1

2-04 按地区、登记注册类型分组的

地 区	从业人员数（人）	内资	国有	集体	股份合作	联营	国有联营
山东省	**13732766**	**13084442**	**246289**	**428513**	**53033**	**12262**	**2540**
济南市	924317	898683	37021	30319	6442	928	199
青岛市	2133762	1883202	28203	29961	13064	1042	388
淄博市	712113	691285	10191	24215	4668	912	52
枣庄市	707735	696877	11592	36478	1087	974	65
东营市	266236	260921	5137	5537	1069	108	14
烟台市	1310562	1193408	23965	40777	3178	1393	29
潍坊市	1238163	1194423	12880	34460	2376	789	46
济宁市	979134	961991	22196	43445	4771	894	263
泰安市	761740	751895	11982	36516	1663	1318	827
威海市	667852	588275	10579	21121	3396	873	139
日照市	302755	290885	5722	11243	2992	290	24
莱芜市	175690	172372	2233	6116	762	411	4
临沂市	919656	897341	15164	27746	2117	524	90
德州市	907179	896470	16333	44977	2023	532	20
聊城市	538988	534105	10980	10090	1990	309	3
滨州市	375038	369493	8781	10202	686	272	15
菏泽市	811846	802816	13330	15310	749	693	362

小微企业法人单位从业人员数

集体联营	国有与集体联营	其他联营	有限责任公司	国有独资	其他有限责任公司	股份有限公司	私营	私营独资
6087	**1791**	**1844**	**2194768**	**69715**	**2125053**	**246270**	**9620322**	**2648983**
423	128	178	220898	6504	214394	18552	564848	126548
331	80	243	275368	6883	268485	28456	1474129	259430
657	103	100	126371	1268	125103	18438	491188	106635
660	87	162	119180	1098	118082	8071	500977	184226
66		28	56683	848	55835	6149	181482	11267
601	602	161	115714	3886	111828	11380	980638	248604
672	21	50	212022	1428	210594	23908	881535	183831
273	89	269	124437	2043	122394	16316	734922	230722
340	45	106	112520	2277	110243	11597	554012	186015
610	79	45	94514	2931	91583	18474	428924	142117
14	151	101	93420	2176	91244	11182	152597	63578
128	247	32	56907	386	56521	5609	96243	23273
145	30	259	196089	24440	171649	18373	608472	231517
512			145523	4690	140833	14612	643977	288763
249		57	79632	7286	72346	16529	403057	112063
162	70	25	106505	469	106036	8549	228900	51743
244	59	28	58985	1102	57883	10075	694421	198651

2-04 续表

地 区	私营合伙	私营有限责任公司	私营股份有限公司	其他	港、澳、台商投资	港澳台商合资经营	港澳台商合作经营
山东省	**159641**	**6552120**	**259578**	**282985**	**152403**	**80524**	**3376**
济南市	10598	410972	16730	19675	8793	3335	232
青岛市	17551	1166722	30426	32979	45785	17200	1636
淄博市	5349	362048	17156	15302	9173	7516	1
枣庄市	5684	294148	16919	18518	6002	3779	
东营市	2785	160137	7293	4756	1851	1215	
烟台市	10679	698879	22476	16363	29257	18348	553
潍坊市	9910	664717	23077	26453	14239	7497	338
济宁市	14087	474812	15301	15010	5608	3044	9
泰安市	10188	344354	13455	22287	2141	1112	27
威海市	10623	258047	18137	10394	9247	6210	490
日照市	2912	79710	6397	13439	2894	1827	
莱芜市	2933	68152	1885	4091	1473	665	
临沂市	8442	350556	17957	28856	7429	4749	
德州市	6876	329008	19330	28493	2509	749	
聊城市	5593	273534	11867	11518	500	176	
滨州市	3715	167732	5710	5598	2018	1342	
菏泽市	31716	448592	15462	9253	3484	1760	90

港澳台商独资	港澳台商投资股份有限公司	其他港澳台商投资	外商投资企业	中外合资经营	中外合作经营	外资企业	外商投资股份有限公司	其他外商投资
65985	**2166**	**352**	**495921**	**178508**	**10112**	**295988**	**7902**	**3411**
5201	4	21	16841	8961	372	7115	253	140
26292	472	185	204775	49379	2826	150144	1639	787
1485	157	14	11655	7101	341	3786	283	144
2189	12	22	4856	2709	54	1671	422	
588	29	19	3464	2538	8	809	79	30
9762	555	39	87897	38886	1342	45596	1880	193
6327	75	2	29501	13904	722	13721	537	617
2349	206		11535	8007	160	3250	50	68
957	45		7704	3612	1213	2554	235	90
2499	28	20	70330	17801	1407	48818	1471	833
1040	22	5	8976	4393	258	4119	116	90
805	3		1845	1125	104	540	76	
2644	36		14886	7944	68	6594	93	187
1257	503		8200	4331	131	2977	554	207
321	1	2	4383	1627	936	1820		
635	18	23	3527	2667	81	663	116	
1634			5546	3523	89	1811	98	25

2-05 按地区、营业状态分组的小微企业法人单位数

地 区	法人单位数(个)	营业	停业(歇业)	筹建	当年关闭	当年破产	其他
山东省	**590801**	**546756**	**20879**	**11187**	**7187**	**1308**	**3484**
济南市	65671	60100	3365	1343	326	57	480
青岛市	123457	115713	3493	1918	1183	152	998
淄博市	33259	30132	1582	802	570	33	140
枣庄市	19783	18914	276	46	361	136	50
东营市	11114	9599	803	413	180	45	74
烟台市	57374	51750	2490	1393	1589	66	86
潍坊市	55672	50786	2262	1126	745	236	517
济宁市	39228	37411	860	590	220	54	93
泰安市	30216	28692	736	302	212	78	196
威海市	22323	20921	650	443	199	20	90
日照市	10858	9975	471	240	82	31	59
莱芜市	9890	8673	826	256	64	24	47
临沂市	32063	28961	1313	952	493	127	217
德州市	26610	25679	212	153	361	48	157
聊城市	18137	16378	643	628	334	83	71
滨州市	13828	12115	760	538	139	76	200
菏泽市	21318	20957	137	44	129	42	9

2-06　按地区、营业状态分组的小微企业法人单位从业人员数

地　区	从业人员数(人)	营业	停业(歇业)	筹建	当年关闭	当年破产	其他
山东省	**13732766**	**13243856**	**176804**	**116228**	**71341**	**27610**	**96927**
济南市	924317	887841	19667	9225	3686	438	3460
青岛市	2133762	2048958	31098	13818	8870	1534	29484
淄博市	712113	687211	9843	6188	6563	94	2214
枣庄市	707735	685937	5518	1376	5548	7972	1384
东营市	266236	253482	4253	5729	769	198	1805
烟台市	1310562	1261378	21647	16112	9926	534	965
潍坊市	1238163	1193218	14459	9696	6372	3974	10444
济宁市	979134	947715	12097	9983	2854	1788	4697
泰安市	761740	745431	6668	3724	2785	711	2421
威海市	667852	649379	6635	6193	2022	125	3498
日照市	302755	291401	4428	3921	1114	290	1601
莱芜市	175690	168522	3971	2168	383	80	566
临沂市	919656	862784	14443	9359	5394	2120	25556
德州市	907179	889358	5519	2593	4444	1982	3283
聊城市	538988	516805	6933	7610	3986	1532	2122
滨州市	375038	354573	6172	7453	1460	2158	3222
菏泽市	811846	799863	3453	1080	5165	2080	205

2-07 按行业(大类)、开业(成立)时间

行业	代码	法人单位数(个)	1949年及以前	1950-1977年	1978-1991年
总　计		**590801**	**92**	**1467**	**7394**
农、林、牧、渔业	A	**4253**		**8**	**25**
农业	01	6			
畜牧业	03	2			
渔业	04	2		1	1
农、林、牧、渔服务业	05	4243		7	24
采矿业	B	**3484**	**1**	**14**	**144**
煤炭开采和洗选业	06	509		4	17
石油和天然气开采业	07	42			1
黑色金属矿采选业	08	458	1		8
有色金属矿采选业	09	231		3	30
非金属矿采选业	10	2079		7	88
开采辅助活动	11	96			
其他采矿业	12	69			
制造业	C	**178010**	**21**	**426**	**2937**
农副食品加工业	13	12206	2	34	228
食品制造业	14	4623		19	70
酒、饮料和精制茶制造业	15	2184	3	9	51
烟草制品业	16	16	1	1	
纺织业	17	8679		23	136
纺织服装、服饰业	18	8087		7	80
皮革、毛皮、羽毛及其制品和制鞋业	19	2185	1	5	29
木材加工和木、竹、藤、棕、草制品业	20	7902	1	4	81
家具制造业	21	3199		3	38
造纸和纸制品业	22	3754		8	74
印刷和记录媒介复制业	23	5357	2	18	188
文教、工美、体育和娱乐用品制造业	24	6597		12	65
石油加工及炼焦	25	777		2	11
化学原料和化学制品制造业	26	11559	1	27	192
医药制造业	27	1515	1	7	20
化学纤维制造业	28	403			2
橡胶和塑料制品业	29	10656		13	194
非金属矿物制品业	30	17474		76	442
黑色金属冶炼和压延加工业	31	3034		6	79
有色金属冶炼和压延加工业	32	1403		3	25
金属制品业	33	12482	1	19	158
通用设备制造业	34	21148	6	39	312
专用设备制造业	35	13016		30	184
汽车制造业	36	4642	1	7	42
铁路、船舶、航空航天和其他运输设备制造业	37	1658		6	24
电气机械和器材制造业	38	6312	1	21	119
计算机、通信和其他电子设备制造业	39	2439		10	11
仪器仪表制造业	40	1555		9	26
其他制造业	41	1479		3	30
废弃资源综合利用业	42	535		1	9
金属制品、机械和设备修理业	43	1134		4	17
电力、热力、燃气及水生产和供应业	D	**2158**		**38**	**98**
电力、热力生产和供应业	44	938		17	33
燃气生产和供应业	45	432			9
水的生产和供应业	46	788		21	56

分组的小微企业法人单位数

1992–1995年	1996年	1997年	1998年	1999年	2000年	2001年	2002年	代码
9599	**3508**	**3872**	**7287**	**7881**	**11776**	**15386**	**17096**	
23	**4**	**6**	**15**	**16**	**29**	**32**	**35**	A
			1					01
								03
								04
23	4	6	14	16	29	32	35	05
128	**32**	**23**	**64**	**72**	**107**	**141**	**116**	B
12	6	3	10	13	11	21	23	06
7		1		1	1	1	4	07
8	1	1	6	4	6	33	11	08
19	5	2	2	13	5	7	6	09
80	19	16	44	39	80	75	64	10
1	1			1	3	1	6	11
1			2	1	1	3	2	12
3839	**1486**	**1558**	**2997**	**3355**	**4930**	**6102**	**6955**	C
303	103	118	243	275	408	514	565	13
127	67	54	89	99	163	152	226	14
74	20	30	65	75	82	100	111	15
3						2	1	16
124	60	74	126	156	277	319	380	17
113	50	46	81	121	230	233	317	18
54	18	26	29	42	69	70	89	19
62	29	27	69	77	157	166	183	20
72	18	32	45	51	86	109	107	21
91	31	39	72	94	112	139	169	22
205	83	93	140	130	171	210	214	23
139	49	43	99	118	176	271	288	24
19	4	5	11	11	23	23	29	25
313	97	120	274	294	356	481	547	26
39	19	22	23	24	48	62	68	27
9	6	3	8	6	11	12	10	28
249	105	85	238	234	328	416	427	29
388	158	132	299	343	495	587	699	30
101	35	28	43	59	82	105	123	31
45	12	17	18	35	25	54	43	32
244	105	107	193	248	314	382	476	33
437	171	183	333	353	515	649	729	34
235	93	87	216	202	355	412	478	35
75	33	32	45	48	85	127	157	36
28	10	11	19	20	31	35	41	37
133	45	67	115	123	168	211	229	38
40	28	26	36	29	55	91	87	39
53	15	24	32	40	37	73	68	40
40	10	9	20	24	35	51	49	41
3	2	7	6	9	12	9	9	42
21	10	11	10	15	24	37	36	43
63	**23**	**15**	**21**	**19**	**41**	**57**	**93**	D
31	15	8	8	8	7	28	35	44
9	1	3	5	4	12	16	21	45
23	7	4	8	7	22	13	37	46

2-07 续表 1

行 业	代码	法人单位数(个)	1949年及以前	1950-1977年	1978-1991年
建筑业	E	**28223**	**1**	**219**	**761**
房屋建筑业	47	6354	1	189	494
土木工程建筑业	48	4830		19	118
建筑安装业	49	5999		5	73
建筑装饰和其他建筑业	50	11040		6	76
批发和零售业	F	**229162**	**53**	**546**	**2030**
批发业	51	152019	18	207	1069
零售业	52	77143	35	339	961
交通运输、仓储和邮政业	G	**21009**	**1**	**71**	**243**
道路运输业	54	10685	1	41	118
水上运输业	55	784		4	19
航空运输业	56	89			
管道运输业	57	37			1
装卸搬运和运输代理业	58	5732		8	41
仓储业	59	2995		17	58
邮政业	60	687		1	6
住宿和餐饮业	H	**11707**	**6**	**52**	**252**
住宿业	61	3412		24	145
餐饮业	62	8295	6	28	107
信息传输、软件和信息技术服务业	I	**9681**		**1**	**14**
电信、广播电视和卫星传输服务	63	443			3
互联网和相关服务	64	1531			1
软件和信息技术服务业	65	7707		1	10
房地产业	K	**17807**	**2**	**10**	**98**
房地产业	70	17807	2	10	98
租赁和商务服务业	L	**42842**	**1**	**30**	**306**
租赁业	71	3279		1	19
商务服务业	72	39563	1	29	287
科学研究和技术服务业	M	**19652**	**1**	**19**	**183**
研究和试验发展	73	1448	1	3	13
专业技术服务业	74	7937		9	112
科技推广和应用服务业	75	10267		7	58
水利、环境和公共设施管理业	N	**3598**	**1**	**5**	**33**
水利管理业	76	250		3	7
生态保护和环境治理业	77	484			3
公共设施管理业	78	2864	1	2	23
居民服务、修理和其他服务业	O	**10556**	**1**	**10**	**158**
居民服务业	79	3275		4	50
机动车、电子产品和日用产品修理业	80	5036	1	6	98
其他服务业	81	2245			10
卫生和社会工作	Q	**97**			**7**
社会工作	84	97			7
文化、体育和娱乐业	R	**8562**	**3**	**18**	**105**
新闻和出版业	85	170			16
广播、电视、电影和影视录音制作业	86	601	1	11	67
文化艺术业	87	996	2	7	14
体育	88	340			3
娱乐业	89	6455			5

1992-1995年	1996年	1997年	1998年	1999年	2000年	2001年	2002年	代码
883	**215**	**266**	**419**	**472**	**598**	**846**	**942**	E
341	65	88	165	130	198	263	279	47
148	28	35	54	70	98	135	155	48
146	41	46	72	91	107	172	176	49
248	81	97	128	181	195	276	332	50
2416	**1098**	**1270**	**2405**	**2400**	**3614**	**4954**	**5388**	F
1395	666	809	1437	1504	2268	3036	3389	51
1021	432	461	968	896	1346	1918	1999	52
285	**106**	**126**	**229**	**218**	**275**	**475**	**465**	G
117	46	57	119	98	133	241	219	54
30	9	12	12	16	9	24	26	55
4	3				5	5	1	56
1					1			57
75	25	29	45	52	67	109	111	58
56	21	25	45	40	54	82	97	59
2	2	3	8	12	6	14	11	60
242	**84**	**75**	**149**	**145**	**225**	**275**	**292**	H
122	29	29	63	50	77	75	77	61
120	55	46	86	95	148	200	215	62
51	**24**	**22**	**54**	**79**	**126**	**182**	**212**	I
8	3		2	4	12	23	16	63
3	1		10	11	13	23	34	64
40	20	22	42	64	101	136	162	65
471	**75**	**106**	**230**	**208**	**355**	**518**	**587**	K
471	75	106	230	208	355	518	587	70
624	**175**	**197**	**349**	**489**	**831**	**867**	**926**	L
47	9	15	16	27	47	56	73	71
577	166	182	333	462	784	811	853	72
279	**84**	**92**	**167**	**149**	**229**	**400**	**438**	M
26	5	10	12	11	14	23	39	73
197	54	65	119	97	140	267	295	74
56	25	17	36	41	75	110	104	75
57	**17**	**16**	**30**	**51**	**83**	**103**	**122**	N
10	1		4	6	6	5	5	76
8	2	2	4	19	28	27	31	77
39	14	14	22	26	49	71	86	78
188	**62**	**76**	**124**	**153**	**208**	**254**	**250**	O
56	18	24	31	49	72	83	82	79
112	36	45	76	91	109	136	119	80
20	8	7	17	13	27	35	49	81
1	**1**		**3**	**2**	**1**	**3**	**3**	Q
1	1		3	2	1	3	3	84
49	**22**	**24**	**31**	**53**	**124**	**177**	**272**	R
3	2	3	1	2	5	3	5	85
15		2	3	2	2	15	13	86
17	1	5	4	8	6	14	12	87
3	2	3		2	2	9	7	88
11	17	11	23	39	109	136	235	89

2-07 续表 2

行　业	代码	2003年	2004年	2005年	2006年
总　计		**22560**	**22236**	**25888**	**31621**
农、林、牧、渔业	A	**56**	**61**	**189**	**80**
农业	01				1
畜牧业	03				1
渔业	04				
农、林、牧、渔服务业	05	56	61	189	78
采矿业	B	**167**	**200**	**237**	**267**
煤炭开采和洗选业	06	27	45	35	50
石油和天然气开采业	07	2	2	4	
黑色金属矿采选业	08	23	37	32	41
有色金属矿采选业	09	13	8	14	18
非金属矿采选业	10	99	100	147	145
开采辅助活动	11	3	3	4	8
其他采矿业	12		5	1	5
制造业	C	**9430**	**9160**	**10385**	**12431**
农副食品加工业	13	679	779	756	855
食品制造业	14	250	237	250	308
酒、饮料和精制茶制造业	15	126	117	132	143
烟草制品业	16			2	2
纺织业	17	553	506	637	694
纺织服装、服饰业	18	373	349	447	494
皮革、毛皮、羽毛及其制品和制鞋业	19	98	96	137	144
木材加工和木、竹、藤、棕、草制品业	20	298	327	465	711
家具制造业	21	168	141	175	237
造纸和纸制品业	22	204	197	222	241
印刷和记录媒介复制业	23	295	314	352	400
文教、工美、体育和娱乐用品制造业	24	347	356	386	501
石油加工及炼焦	25	39	38	48	54
化学原料和化学制品制造业	26	707	727	754	877
医药制造业	27	86	98	99	110
化学纤维制造业	28	25	18	27	36
橡胶和塑料制品业	29	557	558	601	795
非金属矿物制品业	30	1110	784	938	1141
黑色金属冶炼和压延加工业	31	206	179	212	194
有色金属冶炼和压延加工业	32	73	91	77	100
金属制品业	33	662	595	693	877
通用设备制造业	34	968	1020	1184	1436
专用设备制造业	35	605	633	745	854
汽车制造业	36	237	236	262	289
铁路、船舶、航空航天和其他运输设备制造业	37	66	77	83	106
电气机械和器材制造业	38	338	339	334	377
计算机、通信和其他电子设备制造业	39	124	120	137	154
仪器仪表制造业	40	92	82	58	102
其他制造业	41	76	70	89	96
废弃资源综合利用业	42	30	27	34	37
金属制品、机械和设备修理业	43	38	49	49	66
电力、热力、燃气及水生产和供应业	D	**110**	**98**	**118**	**128**
电力、热力生产和供应业	44	52	46	48	55
燃气生产和供应业	45	15	29	20	23
水的生产和供应业	46	43	23	50	50

2007年	2008年	2009年	2010年	2011年	2012年	2013年	代码
30389	**36459**	**49823**	**62481**	**69233**	**71227**	**83526**	
108	**278**	**499**	**586**	**600**	**587**	**1016**	A
1	1	1	1				01
1							03
							04
106	277	498	585	600	587	1016	05
210	**295**	**313**	**333**	**260**	**213**	**147**	B
34	29	56	51	26	24	12	06
5	3	2	2	2	2	2	07
38	68	32	38	26	22	22	08
11	11	14	15	18	13	4	09
115	169	196	207	168	129	92	10
4	8	9	7	10	17	10	11
3	7	4	13	10	6	5	12
11132	**11856**	**14356**	**17053**	**16297**	**16000**	**15304**	C
780	841	877	941	933	1035	937	13
279	306	345	323	332	491	436	14
122	135	154	134	161	193	147	15
		1	2			1	16
583	525	638	836	669	639	724	17
472	463	620	802	858	880	1051	18
110	123	171	249	191	187	247	19
631	595	699	782	674	734	1130	20
190	200	254	320	312	320	321	21
248	254	296	363	298	340	262	22
291	291	401	493	393	372	301	23
411	405	549	603	585	654	540	24
53	51	63	74	66	78	75	25
733	779	947	902	887	851	693	26
90	91	113	126	115	126	128	27
25	19	32	40	42	35	37	28
717	698	884	992	932	859	774	29
987	1145	1316	1681	1735	1488	1530	30
202	248	256	272	252	201	151	31
99	110	103	137	117	104	115	32
810	856	1038	1302	1214	1142	1046	33
1317	1485	1773	2225	2240	2059	1714	34
758	867	1070	1397	1327	1236	1232	35
312	329	426	552	456	475	416	36
107	114	176	185	188	180	151	37
390	445	566	612	611	545	523	38
162	170	187	285	233	241	213	39
84	106	139	132	148	124	111	40
90	91	132	139	123	173	129	41
30	60	49	36	68	56	41	42
49	54	81	116	137	182	128	43
114	**137**	**163**	**213**	**188**	**212**	**209**	D
46	55	66	94	91	99	96	44
19	30	36	42	43	46	49	45
49	52	61	77	54	67	64	46

2-07 续表 3

行业	代码	2003年	2004年	2005年	2006年
建筑业	E	**1074**	**1019**	**1181**	**1424**
房屋建筑业	47	245	231	287	355
土木工程建筑业	48	199	188	201	227
建筑安装业	49	234	234	258	337
建筑装饰和其他建筑业	50	396	366	435	505
批发和零售业	F	**6997**	**6819**	**8089**	**10284**
批发业	51	4618	4570	5420	6965
零售业	52	2379	2249	2669	3319
交通运输、仓储和邮政业	G	**611**	**828**	**943**	**1078**
道路运输业	54	232	340	364	445
水上运输业	55	46	51	50	45
航空运输业	56	3	3	7	6
管道运输业	57	2	2	2	1
装卸搬运和运输代理业	58	187	309	359	371
仓储业	59	132	111	149	192
邮政业	60	9	12	12	18
住宿和餐饮业	H	**366**	**338**	**481**	**591**
住宿业	61	103	102	144	187
餐饮业	62	263	236	337	404
信息传输、软件和信息技术服务业	I	**307**	**356**	**314**	**469**
电信、广播电视和卫星传输服务	63	25	20	17	19
互联网和相关服务	64	63	77	60	101
软件和信息技术服务业	65	219	259	237	349
房地产业	K	**732**	**718**	**821**	**912**
房地产业	70	732	718	821	912
租赁和商务服务业	L	**1207**	**1287**	**1484**	**1930**
租赁业	71	65	77	106	127
商务服务业	72	1142	1210	1378	1803
科学研究和技术服务业	M	**466**	**508**	**598**	**712**
研究和试验发展	73	39	39	42	47
专业技术服务业	74	321	344	396	419
科技推广和应用服务业	75	106	125	160	246
水利、环境和公共设施管理业	N	**144**	**146**	**142**	**197**
水利管理业	76	9	13	11	10
生态保护和环境治理业	77	26	16	19	39
公共设施管理业	78	109	117	112	148
居民服务、修理和其他服务业	O	**347**	**320**	**349**	**479**
居民服务业	79	103	94	105	136
机动车、电子产品和日用产品修理业	80	187	170	177	245
其他服务业	81	57	56	67	98
卫生和社会工作	Q	**6**	**1**	**5**	**4**
社会工作	84	6	1	5	4
文化、体育和娱乐业	R	**540**	**377**	**552**	**635**
新闻和出版业	85	4	8	8	8
广播、电视、电影和影视录音制作业	86	9	11	20	14
文化艺术业	87	20	25	36	32
体育	88	18	13	9	13
娱乐业	89	489	320	479	568

2007年	2008年	2009年	2010年	2011年	2012年	2013年	代码
1265	**1522**	**2151**	**2748**	**3240**	**3291**	**3686**	E
287	311	366	450	509	463	637	47
201	263	344	476	552	664	655	48
310	351	502	611	763	705	765	49
467	597	939	1211	1416	1459	1629	50
10460	**13528**	**20052**	**25773**	**30547**	**31231**	**39208**	F
7178	9302	13769	17634	20743	21033	24989	51
3282	4226	6283	8139	9804	10198	14219	52
1136	**1465**	**1882**	**2348**	**2605**	**2560**	**3059**	G
502	754	981	1189	1461	1496	1731	54
51	63	64	66	73	61	53	55
4	4	4	11	9	8	12	56
2	4	6	4	3	4	4	57
371	396	484	582	664	642	805	58
180	202	224	358	315	276	361	59
26	42	119	138	80	73	93	60
603	**715**	**843**	**1099**	**1251**	**1556**	**2067**	H
178	209	234	342	413	433	376	61
425	506	609	757	838	1123	1691	62
492	**540**	**807**	**999**	**1290**	**1465**	**1877**	I
28	30	39	37	42	63	52	63
103	90	102	164	187	214	274	64
361	420	666	798	1061	1188	1551	65
972	**1066**	**1426**	**2159**	**2065**	**2029**	**2247**	K
972	1066	1426	2159	2065	2029	2247	70
1846	**2432**	**3465**	**4540**	**5678**	**6331**	**7847**	L
112	138	305	452	497	463	627	71
1734	2294	3160	4088	5181	5868	7220	72
739	**1280**	**1989**	**2302**	**2489**	**2892**	**3636**	M
45	76	99	152	197	263	292	73
422	417	614	735	903	943	1068	74
272	787	1276	1415	1389	1686	2276	75
175	**204**	**294**	**337**	**428**	**468**	**545**	N
10	17	22	18	29	28	36	76
40	28	28	28	46	38	52	77
125	159	244	291	353	402	457	78
450	**587**	**851**	**1083**	**1374**	**1481**	**1751**	O
130	168	243	290	449	436	652	79
210	295	408	511	593	671	740	80
110	124	200	282	332	374	359	81
4	**5**	**7**	**4**	**8**	**10**	**22**	Q
4	5	7	4	8	10	22	84
683	**549**	**725**	**904**	**913**	**901**	**905**	R
4	14	14	11	16	17	26	85
18	32	39	66	78	98	85	86
28	36	70	102	116	203	238	87
26	25	33	39	48	39	46	88
607	442	569	686	655	544	510	89

2-08 按行业(大类)、开业(成立)时间

行业	代码	从业人员数(人)	1949年及以前	1950-1977年	1978-1991年
总计		**13732766**	**6375**	**165519**	**411050**
农、林、牧、渔业	A	**59703**		**608**	**383**
农业	01	138			
畜牧业	03	116			
渔业	04	442		431	11
农、林、牧、渔服务业	05	59007		177	372
采矿业	B	**172660**	**5**	**1481**	**9190**
煤炭开采和洗选业	06	58998		286	1026
石油和天然气开采业	07	7733			557
黑色金属矿采选业	08	21308	5		372
有色金属矿采选业	09	15939		742	3866
非金属矿采选业	10	64999		453	3369
开采辅助活动	11	2506			
其他采矿业	12	1177			
制造业	C	**6965117**	**3491**	**44190**	**147750**
农副食品加工业	13	592584	178	2233	10789
食品制造业	14	200528		1664	3185
酒、饮料和精制茶制造业	15	82719	640	1232	2705
烟草制品业	16	6179	1728	616	
纺织业	17	469786		3308	11638
纺织服装、服饰业	18	382969		499	4266
皮革、毛皮、羽毛及其制品和制鞋业	19	108723	192	710	1653
木材加工和木、竹、藤、棕、草制品业	20	301826	26	90	1708
家具制造业	21	115558		178	967
造纸和纸制品业	22	143256		5764	4456
印刷和记录媒介复制业	23	140576	258	1626	5304
文教、工美、体育和娱乐用品制造业	24	280141		1178	3873
石油加工及炼焦	25	32776		153	923
化学原料和化学制品制造业	26	471973	159	3134	9566
医药制造业	27	92451	1	1143	2378
化学纤维制造业	28	16247			37
橡胶和塑料制品业	29	346897		565	8993
非金属矿物制品业	30	705605		6868	20516
黑色金属冶炼和压延加工业	31	118533		349	3275
有色金属冶炼和压延加工业	32	59826		147	1077
金属制品业	33	411915	8	1859	7904
通用设备制造业	34	654747	175	3716	17844
专用设备制造业	35	446887		2348	10150
汽车制造业	36	212089	67	398	3669
铁路、船舶、航空航天和其他运输设备制造业	37	66875		650	1391
电气机械和器材制造业	38	255285	59	1856	5843
计算机、通信和其他电子设备制造业	39	115686		584	632
仪器仪表制造业	40	57130		1114	1580
其他制造业	41	34785		135	796
废弃资源综合利用业	42	15351		20	380
金属制品、机械和设备修理业	43	25214		53	252
电力、热力、燃气及水生产和供应业	D	**125685**		**18917**	**17425**
电力、热力生产和供应业	44	78174		15285	10277
燃气生产和供应业	45	15416			248
水的生产和供应业	46	32095		3632	6900

分组的小微企业法人单位从业人员数

1992–1995年	1996年	1997年	1998年	1999年	2000年	2001年	2002年	代码
458143	**126901**	**145035**	**260033**	**277024**	**407602**	**515724**	**574595**	
623	**47**	**97**	**212**	**154**	**345**	**446**	**516**	A
			41					01
								03
								04
623	47	97	171	154	345	446	516	05
29960	**2218**	**933**	**2149**	**3595**	**3615**	**4444**	**4340**	B
23097	317	21	264	1093	805	662	1264	06
1586		131		169	106	274	363	07
735	13	18	125	230	437	828	289	08
1573	468	203	152	989	36	219	81	09
2899	1411	560	1569	1052	2181	2410	2183	10
55	9			46	44	4	130	11
15			39	16	6	47	30	12
204463	**66779**	**74754**	**140527**	**165157**	**237164**	**293921**	**346294**	C
22183	5306	6904	14057	17381	22590	31231	34236	13
7177	3203	3405	4642	6708	8111	7670	10267	14
3610	513	783	2445	2701	3087	3936	3577	15
681						226	177	16
8735	3445	4189	7354	9332	19687	22938	29499	17
9741	2741	3013	4636	7854	13267	13946	19133	18
4747	1026	1772	1878	3029	5163	3942	5349	19
1901	1227	1876	3143	3697	8672	8071	11088	20
2644	958	2001	1600	1820	3423	4488	4584	21
4581	1542	1592	3189	5972	4618	6200	7963	22
5066	3136	2237	3673	4180	5014	7251	5986	23
9156	2522	3059	4816	6279	9156	15361	13700	24
1617	243	297	171	585	848	780	818	25
17619	4027	6275	12414	13544	16452	23006	22415	26
3931	1368	1272	1635	1511	4044	4408	5287	27
202	497	121	119	423	352	551	368	28
9239	3553	3898	10376	8928	13590	15821	16814	29
17144	7273	6536	15859	18236	24269	23361	38308	30
5008	1823	808	1922	2511	4108	4621	6081	31
1206	413	1056	1034	1669	1164	2012	1381	32
10143	3919	4005	8640	9333	11834	17301	20694	33
19623	6291	6551	13261	14481	19955	25300	31775	34
12258	4330	3799	10499	9313	14774	18397	19186	35
5869	1775	1481	2609	4060	4990	8866	10009	36
1726	601	381	1002	1548	1872	1539	2881	37
9171	1846	3843	5510	5325	9831	10978	12436	38
3252	1727	2237	1923	1847	3502	5667	4762	39
3888	1010	901	1442	1172	843	3849	3880	40
1059	211	145	448	1101	1124	1026	1723	41
100	30	152	133	215	395	163	399	42
1186	223	165	97	402	429	1015	1518	43
5198	**1238**	**1192**	**2652**	**932**	**2122**	**4731**	**5620**	D
3452	1109	916	1941	589	235	3212	2858	44
516	12	57	210	206	1194	1125	1426	45
1230	117	219	501	137	693	394	1336	46

2-08 续表 1

行　业	代码	从业人员数（人）			
			1949年及以前	1950–1977年	1978–1991年
建筑业	E	**1398666**	**1050**	**74036**	**148821**
房屋建筑业	47	804531	1050	70913	126377
土木工程建筑业	48	195736		1947	11650
建筑安装业	49	161855		453	6814
建筑装饰和其他建筑业	50	236544		723	3980
批发和零售业	F	**2578026**	**1211**	**14424**	**36127**
批发业	51	1795550	280	6770	22068
零售业	52	782476	931	7654	14059
交通运输、仓储和邮政业	G	**519702**	**256**	**5572**	**12158**
道路运输业	54	325819	256	3958	7731
水上运输业	55	25302		418	1305
航空运输业	56	3145			
管道运输业	57	2656			597
装卸搬运和运输代理业	58	86422		548	1276
仓储业	59	62982		483	1184
邮政业	60	13376		165	65
住宿和餐饮业	H	**285628**	**166**	**3170**	**7894**
住宿业	61	87156		1526	5404
餐饮业	62	198472	166	1644	2490
信息传输、软件和信息技术服务业	I	**104887**		**25**	**382**
电信、广播电视和卫星传输服务	63	7119			148
互联网和相关服务	64	14666			72
软件和信息技术服务业	65	83102		25	162
房地产业	K	**379775**	**32**	**171**	**2635**
房地产业	70	379775	32	171	2635
租赁和商务服务业	L	**555111**		**1445**	**17996**
租赁业	71	40734		25	597
商务服务业	72	514377		1420	17399
科学研究和技术服务业	M	**321971**	**48**	**620**	**4698**
研究和试验发展	73	17750	48	30	126
专业技术服务业	74	120171		395	3664
科技推广和应用服务业	75	184050		195	908
水利、环境和公共设施管理业	N	**62658**	**10**	**180**	**671**
水利管理业	76	4281		96	206
生态保护和环境治理业	77	7035			15
公共设施管理业	78	51342	10	84	450
居民服务、修理和其他服务业	O	**128456**	**7**	**227**	**2370**
居民服务业	79	41785		45	710
机动车、电子产品和日用产品修理业	80	58380	7	182	1527
其他服务业	81	28291			133
卫生和社会工作	Q	**1523**			**82**
社会工作	84	1523			82
文化、体育和娱乐业	R	**73198**	**99**	**453**	**2468**
新闻和出版业	85	3101			457
广播、电视、电影和影视录音制作业	86	9151	45	266	1665
文化艺术业	87	11511	54	187	261
体育	88	4970			31
娱乐业	89	44465			54

1992–1995年	1996年	1997年	1998年	1999年	2000年	2001年	2002年	代码
114479	**21986**	**29066**	**43308**	**44171**	**61642**	**80121**	**73733**	E
80939	14762	19608	31391	26894	37889	53404	43388	47
14505	1912	2044	3280	6534	10218	9378	13250	48
9097	1900	2462	3332	4686	6050	8239	5832	49
9938	3412	4952	5305	6057	7485	9100	11263	50
35392	**14974**	**17146**	**29707**	**29936**	**47389**	**63652**	**67793**	F
22665	9523	11609	18309	18237	31731	41282	44601	51
12727	5451	5537	11398	11699	15658	22370	23192	52
11275	**4988**	**5032**	**10785**	**7177**	**8762**	**16809**	**15200**	G
5391	2639	2613	8180	4030	4899	10833	9197	54
1298	699	655	318	508	516	1122	700	55
140	232				85	135	4	56
12					126			57
2297	1029	1142	956	1069	1567	2251	2361	58
2128	369	587	889	1033	1478	2069	2419	59
9	20	35	442	537	91	399	519	60
9072	**2816**	**2827**	**4157**	**3400**	**7085**	**7482**	**9824**	H
5665	1372	1338	1966	1351	2912	2610	2739	61
3407	1444	1489	2191	2049	4173	4872	7085	62
1595	**298**	**259**	**879**	**1502**	**2358**	**2868**	**3158**	I
293	16		115	86	168	617	240	63
19	4		72	177	194	431	370	64
1283	278	259	692	1239	1996	1820	2548	65
12900	**2415**	**3366**	**6798**	**5754**	**9612**	**13207**	**15474**	K
12900	2415	3366	6798	5754	9612	13207	15474	70
21271	**5834**	**6091**	**11337**	**8362**	**17131**	**13554**	**16436**	L
1289	284	276	282	338	717	668	1209	71
19982	5550	5815	11055	8024	16414	12886	15227	72
6160	**1743**	**2263**	**3997**	**3326**	**4373**	**7342**	**8515**	M
451	74	151	267	190	113	273	640	73
4770	1212	1924	3007	2355	2854	5340	6053	74
939	457	188	723	781	1406	1729	1822	75
1517	**206**	**480**	**938**	**941**	**1487**	**1901**	**2062**	N
266	26		121	180	55	54	44	76
162	17	17	147	131	188	284	265	77
1089	163	463	670	630	1244	1563	1753	78
3450	**1045**	**1170**	**2198**	**1997**	**3186**	**3315**	**3566**	O
1012	366	338	489	526	1340	1054	1311	79
1974	603	667	1386	1312	1437	1800	1684	80
464	76	165	323	159	409	461	571	81
15	**2**		**36**	**66**	**1**	**70**	**18**	Q
15	2		36	66	1	70	18	84
773	**312**	**359**	**353**	**554**	**1330**	**1861**	**2046**	R
49	68	84	74	6	160	45	53	85
260		4	64	48	50	228	135	86
186	12	59	26	204	83	169	203	87
59	86	35		10	18	132	175	88
219	146	177	189	286	1019	1287	1480	89

2-08 续表 2

行业	代码	2003年	2004年	2005年	2006年
总计		**701020**	**686137**	**769881**	**860304**
农、林、牧、渔业	A	**598**	**754**	**1180**	**1145**
农业	01				6
畜牧业	03				105
渔业	04				
农、林、牧、渔服务业	05	598	754	1180	1034
采矿业	B	**10275**	**9865**	**11644**	**11748**
煤炭开采和洗选业	06	1644	3804	2120	2814
石油和天然气开采业	07	2414	124	264	
黑色金属矿采选业	08	1376	2130	2121	1640
有色金属矿采选业	09	870	408	1553	965
非金属矿采选业	10	3574	3277	5512	6143
开采辅助活动	11	397	82	51	98
其他采矿业	12		40	23	88
制造业	C	**436977**	**430292**	**481217**	**531286**
农副食品加工业	13	37157	45809	45613	43697
食品制造业	14	13533	13030	13721	14476
酒、饮料和精制茶制造业	15	5189	5425	6319	5985
烟草制品业	16			59	1500
纺织业	17	40633	30659	40953	41165
纺织服装、服饰业	18	20120	20001	26862	25156
皮革、毛皮、羽毛及其制品和制鞋业	19	4890	6506	8766	7571
木材加工和木、竹、藤、棕、草制品业	20	16478	19533	21338	28533
家具制造业	21	7828	5897	7961	11288
造纸和纸制品业	22	9246	8955	9992	8628
印刷和记录媒介复制业	23	8332	10606	9607	11476
文教、工美、体育和娱乐用品制造业	24	18902	18307	18662	23748
石油加工及炼焦	25	2072	2326	1916	2057
化学原料和化学制品制造业	26	30816	31598	32765	36100
医药制造业	27	6201	5558	6718	7880
化学纤维制造业	28	999	1281	911	1230
橡胶和塑料制品业	29	19613	20004	22268	27945
非金属矿物制品业	30	49057	37701	40942	53372
黑色金属冶炼和压延加工业	31	9820	8839	10319	8783
有色金属冶炼和压延加工业	32	3029	4948	3602	4588
金属制品业	33	25620	24179	27171	30915
通用设备制造业	34	37401	39666	42974	47837
专用设备制造业	35	24187	26075	30679	33038
汽车制造业	36	11925	11653	14418	13858
铁路、船舶、航空航天和其他运输设备制造业	37	3986	3788	4708	5182
电气机械和器材制造业	38	14909	14601	17136	17655
计算机、通信和其他电子设备制造业	39	8324	6400	7929	8568
仪器仪表制造业	40	4304	3329	2137	3935
其他制造业	41	1425	1952	2338	2353
废弃资源综合利用业	42	493	833	1147	1526
金属制品、机械和设备修理业	43	488	833	1286	1241
电力、热力、燃气及水生产和供应业	D	**8193**	**4794**	**6145**	**6430**
电力、热力生产和供应业	44	5456	2894	4170	3545
燃气生产和供应业	45	806	1168	404	888
水的生产和供应业	46	1931	732	1571	1997

2007年	2008年	2009年	2010年	2011年	2012年	2013年	代码
790451	**856403**	**1044527**	**1213668**	**1162910**	**1143495**	**1155969**	
1942	**3819**	**7354**	**8221**	**7899**	**7947**	**15413**	A
21	5	27	38				01
11							03
							04
1910	3814	7327	8183	7899	7947	15413	05
14880	**11608**	**12383**	**10378**	**6658**	**7143**	**4148**	B
8879	1829	3819	2266	991	1215	782	06
469	73	535	62	42	419	145	07
1836	3535	1495	1489	576	1373	685	08
528	473	691	889	691	499	43	09
3038	5441	5298	5371	3841	3225	2192	10
67	139	506	111	233	310	224	11
63	118	39	190	284	102	77	12
476488	**461193**	**512298**	**580972**	**487328**	**469178**	**373398**	C
40039	41384	37427	41298	32640	35983	24449	13
14534	12192	13971	12254	10520	14803	11462	14
6371	5542	5153	5601	4471	4381	3053	15
		5	1174			13	16
33902	24722	27273	35093	25134	25633	24494	17
25521	20239	28452	33134	35253	33103	36032	18
6367	5824	7575	11022	6793	6859	7089	19
25269	21074	24192	28561	22890	23787	28672	20
8300	6824	9592	10104	8592	8733	7776	21
10037	8321	9771	11818	7718	7581	5312	22
8593	7366	10207	10567	7148	7179	5764	23
19661	17517	19770	19572	18252	22652	13998	24
2281	3410	2218	2794	2567	2760	1940	25
32546	33994	34700	36532	31120	25639	17552	26
6636	4750	7512	7267	4951	5158	2842	27
1166	705	1135	2357	1284	1094	1415	28
23956	21343	27757	28825	24545	21959	16905	29
42214	48208	51117	64362	54548	46844	38870	30
7453	9812	8306	8508	7642	4470	4075	31
6182	4655	4421	5426	4680	3953	3183	32
31310	27213	33383	36930	31456	28097	20001	33
40777	47244	51730	56462	51346	47564	32774	34
28056	32002	33356	40006	35858	32475	26101	35
18004	14360	18316	22780	15656	16688	10638	36
4334	5303	5802	5799	5453	5214	3715	37
16912	18948	21251	21310	17836	15726	12303	38
8555	8633	7108	11803	8727	8083	5423	39
3379	4318	4656	3247	4043	2538	1565	40
2401	2537	2780	3096	2414	3506	2215	41
866	1644	1858	714	1644	1319	1320	42
866	1109	1504	2556	2147	5397	2447	43
4531	**5196**	**5859**	**7407**	**5609**	**5985**	**5509**	D
2237	2475	2986	4152	3623	3431	3331	44
458	1161	1333	1110	1126	914	1054	45
1836	1560	1540	2145	860	1640	1124	46

2-08 续表 3

行业	代码	2003年	2004年	2005年	2006年
建筑业	E	**69219**	**62692**	**68158**	**66783**
房屋建筑业	47	30176	35078	37314	35133
土木工程建筑业	48	13079	8806	9307	8966
建筑安装业	49	11822	8041	8316	10370
建筑装饰和其他建筑业	50	14142	10767	13221	12314
批发和零售业	F	**82128**	**78614**	**94165**	**116074**
批发业	51	55616	53097	64631	79924
零售业	52	26512	25517	29534	36150
交通运输、仓储和邮政业	G	**19322**	**26791**	**23867**	**30213**
道路运输业	54	8898	14048	14364	17978
水上运输业	55	1949	2537	1769	1601
航空运输业	56	18	947	59	112
管道运输业	57	224	42	27	4
装卸搬运和运输代理业	58	4784	6940	4085	6481
仓储业	59	3281	2121	3373	3693
邮政业	60	168	156	190	344
住宿和餐饮业	H	**10034**	**10797**	**12683**	**16007**
住宿业	61	3113	2955	3412	4652
餐饮业	62	6921	7842	9271	11355
信息传输、软件和信息技术服务业	I	**4710**	**4851**	**3993**	**5765**
电信、广播电视和卫星传输服务	63	557	267	231	295
互联网和相关服务	64	738	758	768	888
软件和信息技术服务业	65	3415	3826	2994	4582
房地产业	K	**19460**	**18162**	**21621**	**22642**
房地产业	70	19460	18162	21621	22642
租赁和商务服务业	L	**19839**	**19070**	**22275**	**26163**
租赁业	71	801	1366	1074	1652
商务服务业	72	19038	17704	21201	24511
科学研究和技术服务业	M	**8489**	**8809**	**11577**	**11667**
研究和试验发展	73	549	545	550	622
专业技术服务业	74	5978	6187	7824	6621
科技推广和应用服务业	75	1962	2077	3203	4424
水利、环境和公共设施管理业	N	**3136**	**2864**	**2746**	**3387**
水利管理业	76	216	183	228	108
生态保护和环境治理业	77	448	335	338	586
公共设施管理业	78	2472	2346	2180	2693
居民服务、修理和其他服务业	O	**4972**	**4351**	**4827**	**6102**
居民服务业	79	1403	1630	1819	1970
机动车、电子产品和日用产品修理业	80	2703	2095	1943	2936
其他服务业	81	866	626	1065	1196
卫生和社会工作	Q	**114**	**25**	**43**	**84**
社会工作	84	114	25	43	84
文化、体育和娱乐业	R	**3554**	**3406**	**3740**	**4808**
新闻和出版业	85	51	98	67	71
广播、电视、电影和影视录音制作业	86	65	133	260	308
文化艺术业	87	248	343	431	466
体育	88	230	387	133	273
娱乐业	89	2960	2445	2849	3690

2007年	2008年	2009年	2010年	2011年	2012年	2013年	代码
48368	**50809**	**66748**	**72870**	**72485**	**65320**	**62801**	E
23821	24293	26691	25448	22890	17489	19583	47
7212	8872	12224	14122	12837	13901	11692	48
8197	6672	10075	11453	14424	12537	11083	49
9138	10972	17758	21847	22334	21393	20443	50
113038	**164612**	**237170**	**289203**	**323374**	**323268**	**398629**	F
79602	119756	173487	208010	231331	229573	273448	51
33436	44856	63683	81193	92043	93695	125181	52
34606	**37113**	**43138**	**52794**	**53715**	**46034**	**54095**	G
21957	23763	27710	32075	36095	32595	36609	54
1724	1460	1578	1590	1865	986	704	55
21	51	170	396	214	195	366	56
355	56	620	275	209	85	24	57
6411	7092	5027	7489	7983	6446	9188	58
3832	3877	5519	7556	6165	4660	6266	59
306	814	2514	3413	1184	1067	938	60
17171	**18791**	**20890**	**27220**	**26574**	**32476**	**35092**	H
4969	5056	5696	7194	8660	8341	6225	61
12202	13735	15194	20026	17914	24135	28867	62
5512	**7449**	**8656**	**10334**	**12716**	**13622**	**13955**	I
504	633	508	724	673	624	420	63
1086	759	908	1379	2273	1726	2044	64
3922	6057	7240	8231	9770	11272	11491	65
23753	**23804**	**30635**	**45153**	**38046**	**33006**	**31129**	K
23753	23804	30635	45153	38046	33006	31129	70
25399	**33645**	**41782**	**47906**	**60817**	**65651**	**73107**	L
1220	2559	3500	4594	5884	5130	7269	71
24179	31086	38282	43312	54933	60521	65838	72
11220	**22604**	**35724**	**34843**	**37446**	**41193**	**55314**	M
603	787	1007	1993	2426	2859	3446	73
6133	5714	9227	9204	10350	10792	10567	74
4484	16103	25490	23646	24670	27542	41301	75
2830	**3671**	**5138**	**6289**	**6944**	**7286**	**7974**	N
307	224	401	492	289	311	474	76
652	462	463	480	870	463	712	77
1871	2985	4274	5317	5785	6512	6788	78
5979	**7596**	**10645**	**12251**	**15832**	**16127**	**17243**	O
1525	2323	3098	3213	5673	5456	6484	79
2775	3524	4906	5367	6181	6248	7123	80
1679	1749	2641	3671	3978	4423	3636	81
85	**133**	**177**	**61**	**115**	**182**	**214**	Q
85	133	177	61	115	182	214	84
4649	**4360**	**5930**	**7766**	**7352**	**9077**	**7948**	R
115	322	259	240	315	327	240	85
155	518	426	1087	890	1635	909	86
278	293	942	1005	1279	2236	2546	87
400	345	339	615	635	601	466	88
3701	2882	3964	4819	4233	4278	3787	89

2-09 按行业(大类)、登记注册类型

行业	代码	法人单位数(个)	内资			
				国有	集体	股份合作
总计		**590801**	**580369**	**5448**	**14398**	**2184**
农、林、牧、渔业	A	**4253**	**4246**	**19**	**901**	**8**
农业	01	6	6		1	
畜牧业	03	2	2			
渔业	04	2	2	1	1	
农、林、牧、渔服务业	05	4243	4236	18	899	8
采矿业	B	**3484**	**3450**	**45**	**209**	**20**
煤炭开采和洗选业	06	509	506	21	18	2
石油和天然气开采业	07	42	41	6		
黑色金属矿采选业	08	458	452	4	11	4
有色金属矿采选业	09	231	222	3	33	2
非金属矿采选业	10	2079	2065	7	144	10
开采辅助活动	11	96	95	4	2	1
其他采矿业	12	69	69		1	1
制造业	C	**178010**	**170484**	**536**	**1839**	**637**
农副食品加工业	13	12206	11443	58	153	25
食品制造业	14	4623	4373	26	33	14
酒、饮料和精制茶制造业	15	2184	2109	18	57	9
烟草制品业	16	16	16	3		
纺织业	17	8679	8355	26	71	32
纺织服装、服饰业	18	8087	7457	12	60	21
皮革、毛皮、羽毛及其制品和制鞋业	19	2185	1953	4	17	5
木材加工和木、竹、藤、棕、草制品业	20	7902	7818	5	18	9
家具制造业	21	3199	3076	1	18	9
造纸和纸制品业	22	3754	3622	9	59	14
印刷和记录媒介复制业	23	5357	5280	56	129	41
文教、工美、体育和娱乐用品制造业	24	6597	5810	8	38	16
石油加工及炼焦	25	777	750	4	7	5
化学原料和化学制品制造业	26	11559	11089	36	128	44
医药制造业	27	1515	1416	8	11	5
化学纤维制造业	28	403	381	1	3	2
橡胶和塑料制品业	29	10656	10273	12	122	32
非金属矿物制品业	30	17474	17131	40	203	58
黑色金属冶炼和压延加工业	31	3034	2971	13	39	16
有色金属冶炼和压延加工业	32	1403	1349	5	22	7
金属制品业	33	12482	12101	16	122	46
通用设备制造业	34	21148	20672	48	190	74
专用设备制造业	35	13016	12576	49	114	51
汽车制造业	36	4642	4367	9	39	15
铁路、船舶、航空航天和其他运输设备制造业	37	1658	1569	15	13	7
电气机械和器材制造业	38	6312	6014	16	83	39
计算机、通信和其他电子设备制造业	39	2439	2025	14	11	4
仪器仪表制造业	40	1555	1466	9	20	17
其他制造业	41	1479	1377	4	24	10
废弃资源综合利用业	42	535	524	2	8	4
金属制品、机械和设备修理业	43	1134	1121	9	27	6
电力、热力、燃气及水生产和供应业	D	**2158**	**2025**	**306**	**62**	**13**
电力、热力生产和供应业	44	938	876	136	19	5
燃气生产和供应业	45	432	393	12	9	4
水的生产和供应业	46	788	756	158	34	4

分组的小微企业法人单位数

联营	国有联营	集体联营	国有与集体联营	其他联营	有限责任公司	国有独资	其他有限责任公司	股份有限公司	私营	私营独资	代码
472	**77**	**221**	**58**	**116**	**74273**	**717**	**73556**	**5781**	**463132**	**154477**	
					103	**2**	**101**	**20**	**2835**	**2474**	A
									5	4	01
					1		1		1	1	03
											04
					102	2	100	20	2829	2469	05
2			**1**	**1**	**348**	**14**	**334**	**40**	**2660**	**1419**	B
					61	3	58	4	388	117	06
					26	2	24	2	6		07
1			1		64	6	58	5	330	124	08
					41	1	40	9	125	59	09
1				1	130	2	128	18	1694	1068	10
					23		23	2	59	19	11
					3		3		58	32	12
100	**14**	**59**	**7**	**20**	**18241**	**125**	**18116**	**1585**	**144797**	**53180**	C
10	2	6		2	1248	10	1238	157	9537	3801	13
3		1	1	1	490	4	486	47	3672	1488	14
4		2	1	1	217	1	216	29	1731	716	15
					6	2	4	1	5	2	16
5	2	2		1	817	9	808	52	7268	2243	17
2				2	645	5	640	46	6504	2412	18
					203		203	9	1680	662	19
					349	1	348	30	7270	4328	20
2		1		1	273	1	272	17	2714	1064	21
2		2			384	5	379	35	3064	1123	22
7	1	6			419	3	416	50	4488	1736	23
1		1			469	3	466	38	5162	1986	24
3	1	1	1		131	2	129	7	585	109	25
7	3	3		1	1575	14	1561	159	9013	2452	26
					273	1	272	38	1066	180	27
					48	1	47	7	311	90	28
4	1	2		1	982	5	977	65	8906	3313	29
11		9	1	1	1776	17	1759	149	14554	6792	30
1		1			285	2	283	24	2552	1102	31
4		2		2	187	4	183	17	1086	336	32
6		4	1	1	1334	6	1328	92	10276	3559	33
7	1	5	1		2163	6	2157	167	17702	6308	34
6	1	4		1	1464	8	1456	120	10586	3064	35
					539	1	538	48	3676	1178	36
1	1				236	3	233	20	1258	334	37
7	1	4		2	873	3	870	87	4835	1227	38
					319	5	314	25	1628	375	39
4		3	1		213	1	212	20	1159	210	40
					142	1	141	10	1157	462	41
2				2	56		56	5	434	149	42
1				1	125	1	124	14	918	379	43
3	**3**				**529**	**35**	**494**	**51**	**1009**	**304**	D
3	3				299	20	279	38	355	82	44
					91	3	88	3	268	86	45
					139	12	127	10	386	136	46

2-09 续表 1

行业	代码	法人单位数(个)	内资	国有	集体	股份合作	联营
建筑业	E	**28223**	**28142**	**398**	**646**	**130**	**24**
房屋建筑业	47	6354	6344	63	377	45	7
土木工程建筑业	48	4830	4816	219	85	11	2
建筑安装业	49	5999	5974	46	74	22	7
建筑装饰和其他建筑业	50	11040	11008	70	110	52	8
批发和零售业	F	**229162**	**227902**	**1210**	**6650**	**755**	**169**
批发业	51	152019	151005	707	4973	452	89
零售业	52	77143	76897	503	1677	303	80
交通运输、仓储和邮政业	G	**21009**	**20764**	**411**	**257**	**74**	**28**
道路运输业	54	10685	10654	126	125	44	13
水上运输业	55	784	760	18	18	4	3
航空运输业	56	89	87	6	1		
管道运输业	57	37	34	6			
装卸搬运和运输代理业	58	5732	5627	47	63	17	6
仓储业	59	2995	2919	169	45	7	5
邮政业	60	687	683	39	5	2	1
住宿和餐饮业	H	**11707**	**11546**	**305**	**229**	**52**	**22**
住宿业	61	3412	3371	185	121	29	9
餐饮业	62	8295	8175	120	108	23	13
信息传输、软件和信息技术服务业	I	**9681**	**9540**	**115**	**26**	**32**	**5**
电信、广播电视和卫星传输服务	63	443	440	70	4	2	2
互联网和相关服务	64	1531	1523	7	3	5	2
软件和信息技术服务业	65	7707	7577	38	19	25	1
房地产业	K	**17807**	**17589**	**322**	**372**	**87**	**16**
房地产业	70	17807	17589	322	372	87	16
租赁和商务服务业	L	**42842**	**42528**	**803**	**766**	**192**	**60**
租赁业	71	3279	3259	23	55	16	3
商务服务业	72	39563	39269	780	711	176	57
科学研究和技术服务业	M	**19652**	**19502**	**502**	**2084**	**71**	**14**
研究和试验发展	73	1448	1409	33	17	6	3
专业技术服务业	74	7937	7867	413	165	52	7
科技推广和应用服务业	75	10267	10226	56	1902	13	4
水利、环境和公共设施管理业	N	**3598**	**3551**	**162**	**70**	**32**	**4**
水利管理业	76	250	247	37	10	4	
生态保护和环境治理业	77	484	472	27	3	4	1
公共设施管理业	78	2864	2832	98	57	24	3
居民服务、修理和其他服务业	O	**10556**	**10483**	**113**	**244**	**58**	**10**
居民服务业	79	3275	3249	44	109	24	3
机动车、电子产品和日用产品修理业	80	5036	5011	43	95	23	6
其他服务业	81	2245	2223	26	40	11	1
卫生和社会工作	Q	**97**	**94**	**2**	**8**		**2**
社会工作	84	97	94	2	8		2
文化、体育和娱乐业	R	**8562**	**8523**	**199**	**35**	**23**	**13**
新闻和出版业	85	170	170	29	1	2	1
广播、电视、电影和影视录音制作业	86	601	594	107	8	9	5
文化艺术业	87	996	994	51	13	3	
体育	88	340	327	5	1		1
娱乐业	89	6455	6438	7	12	9	6

国有联营	集体联营	国有与集体联营	其他联营	有限责任公司			股份有限公司	私营		代码
					国有独资	其他有限责任公司			私营独资	
2	**14**	**1**	**7**	**4946**	**47**	**4899**	**467**	**21067**	**4357**	E
	5	1	1	1258	14	1244	197	4292	1217	47
			2	939	19	920	78	3388	630	48
1	6			1028	7	1021	67	4644	914	49
1	3		4	1721	7	1714	125	8743	1596	50
20	**75**	**25**	**49**	**26707**	**91**	**26616**	**1592**	**184898**	**61353**	F
12	35	14	28	18099	61	18038	933	121984	34590	51
8	40	11	21	8608	30	8578	659	62914	26763	52
9	**8**	**5**	**6**	**3615**	**76**	**3539**	**293**	**15610**	**4051**	G
4	6	2	1	1964	42	1922	169	7966	2186	54
1			2	165	5	160	32	500	82	55
				23		23	2	55	6	56
				10	1	9	5	13	2	57
2	1	1	2	1027	15	1012	48	4318	661	58
2	1	1	1	310	8	302	31	2265	958	59
		1		116	5	111	6	493	156	60
4	**16**		**2**	**1579**	**15**	**1564**	**188**	**8669**	**4073**	H
4	5			536	8	528	86	2307	918	61
	11		2	1043	7	1036	102	6362	3155	62
1		**3**	**1**	**1612**	**12**	**1600**	**114**	**7467**	**1038**	I
1		1		76	5	71	21	246	58	63
		2		243		243	12	1216	310	64
			1	1293	7	1286	81	6005	670	65
6	**7**	**2**	**1**	**4674**	**79**	**4595**	**505**	**11241**	**1990**	K
6	7	2	1	4674	79	4595	505	11241	1990	70
11	**29**	**6**	**14**	**7121**	**147**	**6974**	**508**	**31928**	**6189**	L
1	1		1	448	1	447	24	2611	800	71
10	28	6	13	6673	146	6527	484	29317	5389	72
2	**4**	**2**	**6**	**2217**	**28**	**2189**	**194**	**12974**	**5599**	M
	1		2	232		232	18	1051	181	73
2	2	1	2	1403	23	1380	126	5468	1067	74
	1	1	2	582	5	577	50	6455	4351	75
	1	**1**	**2**	**653**	**23**	**630**	**63**	**2367**	**629**	N
				62	9	53	4	111	38	76
		1		63	2	61	4	268	112	77
	1		2	528	12	516	55	1988	479	78
	5	**2**	**3**	**1256**	**6**	**1250**	**111**	**8321**	**3111**	O
	2		1	394	5	389	40	2488	842	79
	3	2	1	554		554	54	4098	1829	80
			1	308	1	307	17	1735	440	81
		1	**1**	**5**		**5**	**1**	**60**	**38**	Q
		1	1	5		5	1	60	38	84
5	**3**	**2**	**3**	**667**	**17**	**650**	**49**	**7229**	**4672**	R
	1			37	8	29	2	91	22	85
2	1	2		93	2	91	11	344	71	86
				158	5	153	13	714	161	87
1				67	1	66	6	232	55	88
2	1		3	312	1	311	17	5848	4363	89

2-09 续表 2

行业	代码	私营合伙	私营有限责任公司	私营股份有限公司	其他	港、澳、台商投资	港澳台商合资经营
总计		**9162**	**290004**	**9489**	**14681**	**2441**	**1055**
农、林、牧、渔业	A	**17**	**329**	**15**	**360**	**3**	**1**
农业	01		1				
畜牧业	03						
渔业	04						
农、林、牧、渔服务业	05	17	328	15	360	3	1
采矿业	B	**95**	**1093**	**53**	**126**	**15**	**9**
煤炭开采和洗选业	06	1	260	10	12		
石油和天然气开采业	07		4	2	1	1	
黑色金属矿采选业	08	16	185	5	33	5	1
有色金属矿采选业	09		60	6	9	1	1
非金属矿采选业	10	74	523	29	61	7	6
开采辅助活动	11	3	37		4	1	1
其他采矿业	12	1	24	1	6		
制造业	C	**2590**	**86157**	**2870**	**2749**	**1546**	**748**
农副食品加工业	13	176	5339	221	255	167	83
食品制造业	14	51	2054	79	88	58	28
酒、饮料和精制茶制造业	15	29	947	39	44	16	9
烟草制品业	16		3		1		
纺织业	17	115	4752	158	84	77	41
纺织服装、服饰业	18	82	3905	105	167	121	64
皮革、毛皮、羽毛及其制品和制鞋业	19	17	984	17	35	25	13
木材加工和木、竹、藤、棕、草制品业	20	137	2726	79	137	22	8
家具制造业	21	42	1570	38	42	24	10
造纸和纸制品业	22	49	1827	65	55	38	16
印刷和记录媒介复制业	23	88	2589	75	90	24	15
文教、工美、体育和娱乐用品制造业	24	94	2984	98	78	90	35
石油加工及炼焦	25	7	445	24	8	5	2
化学原料和化学制品制造业	26	174	6172	215	127	121	63
医药制造业	27	9	836	41	15	19	10
化学纤维制造业	28	6	200	15	9	3	2
橡胶和塑料制品业	29	183	5257	153	150	106	50
非金属矿物制品业	30	401	7100	261	340	98	55
黑色金属冶炼和压延加工业	31	26	1383	41	41	23	15
有色金属冶炼和压延加工业	32	17	710	23	21	24	10
金属制品业	33	155	6342	220	209	86	38
通用设备制造业	34	323	10710	361	321	91	45
专用设备制造业	35	178	7111	233	186	88	36
汽车制造业	36	59	2374	65	41	51	28
铁路、船舶、航空航天和其他运输设备制造业	37	19	878	27	19	18	5
电气机械和器材制造业	38	70	3424	114	74	62	33
计算机、通信和其他电子设备制造业	39	18	1201	34	24	55	19
仪器仪表制造业	40	21	897	31	24	13	7
其他制造业	41	14	664	17	30	12	4
废弃资源综合利用业	42	8	273	4	13	5	2
金属制品、机械和设备修理业	43	22	500	17	21	4	2
电力、热力、燃气及水生产和供应业	D	**22**	**657**	**26**	**52**	**62**	**35**
电力、热力生产和供应业	44	5	259	9	21	30	19
燃气生产和供应业	45	7	169	6	6	20	12
水的生产和供应业	46	10	229	11	25	12	4

港澳台商合作经营	港澳台商独资	港澳台商投资股份有限公司	其他港澳台商投资	外商投资企业	中外合资经营	中外合作经营	外资企业	外商投资股份有限公司	其他外商投资	代码
78	**1228**	**53**	**27**	**7991**	**2490**	**147**	**5081**	**132**	**141**	
	2			**4**			**4**			A
										01
										03
										04
	2			4			4			05
	5	**1**		**19**	**8**	**6**	**5**			B
				3	2	1				06
		1								07
	4			1	1					08
				8	3	4	1			09
	1			7	2	1	4			10
										11
										12
40	**724**	**29**	**5**	**5980**	**1937**	**86**	**3835**	**82**	**40**	C
2	79	2	1	596	286	11	286	8	5	13
	28	2		192	85	3	99	3	2	14
1	6			59	33	1	23	2		15
										16
4	31	1		247	86	4	152	4	1	17
2	54	1		509	173	11	317	4	4	18
1	9	1	1	207	43	4	157	3		19
1	13			62	28		32		2	20
2	12			99	30		67	1	1	21
3	18	1		94	34	2	55	2	1	22
1	8			53	22		30	1		23
1	53	1		697	106	4	577	7	3	24
	3			22	10	3	8	1		25
2	51	5		349	157	11	175	5	1	26
	7	2		80	44	2	33	1		27
	1			19	6		13			28
4	52			277	87	3	184	2	1	29
3	36	4		245	111	4	126	3	1	30
	8			40	18	1	20	1		31
	12		2	30	11		17		2	32
2	45	1		295	88	2	201	4		33
3	40	3		385	110	5	264	5	1	34
4	44	3	1	352	115	1	222	8	6	35
	23			224	79	2	137	3	3	36
	12	1		71	27	4	38	2		37
2	27			236	62	3	163	5	3	38
2	34			359	44	1	308	5	1	39
	6			76	26	1	47	2		40
	7	1		90	11	2	75		2	41
	3			6	3		3			42
	2			9	2	1	6			43
1	**23**	**3**		**71**	**38**	**9**	**21**	**3**		D
	9	2		32	19	7	5	1		44
	8			19	10	1	7	1		45
1	6	1		20	9	1	9	1		46

2-09 续表 3

行　业	代码						
		私营合伙	私营有限责任公司	私营股份有限公司	其他	港、澳、台商投资	港澳台商合资经营
建筑业	E	**497**	**15590**	**623**	**464**	**34**	**23**
房屋建筑业	47	162	2761	152	105	6	5
土木工程建筑业	48	70	2604	84	94	6	2
建筑安装业	49	86	3511	133	86	11	8
建筑装饰和其他建筑业	50	179	6714	254	179	11	8
批发和零售业	F	**3161**	**117036**	**3348**	**5921**	**299**	**68**
批发业	51	2048	83218	2128	3768	225	45
零售业	52	1113	33818	1220	2153	74	23
交通运输、仓储和邮政业	G	**446**	**10754**	**359**	**476**	**92**	**51**
道路运输业	54	167	5429	184	247	10	4
水上运输业	55	24	381	13	20	13	11
航空运输业	56		49			1	1
管道运输业	57		11			2	2
装卸搬运和运输代理业	58	85	3474	98	101	34	18
仓储业	59	158	1108	41	87	31	14
邮政业	60	12	302	23	21	1	1
住宿和餐饮业	H	**176**	**4244**	**176**	**502**	**42**	**9**
住宿业	61	60	1267	62	98	16	3
餐饮业	62	116	2977	114	404	26	6
信息传输、软件和信息技术服务业	I	**149**	**6092**	**188**	**169**	**32**	**7**
电信、广播电视和卫星传输服务	63	1	180	7	19	1	
互联网和相关服务	64	30	846	30	35	3	1
软件和信息技术服务业	65	118	5066	151	115	28	6
房地产业	K	**212**	**8619**	**420**	**372**	**131**	**56**
房地产业	70	212	8619	420	372	131	56
租赁和商务服务业	L	**1186**	**23781**	**772**	**1150**	**96**	**23**
租赁业	71	52	1714	45	79	10	2
商务服务业	72	1134	22067	727	1071	86	21
科学研究和技术服务业	M	**227**	**6875**	**273**	**1446**	**38**	**13**
研究和试验发展	73	18	821	31	49	11	4
专业技术服务业	74	124	4115	162	233	15	6
科技推广和应用服务业	75	85	1939	80	1164	12	3
水利、环境和公共设施管理业	N	**53**	**1600**	**85**	**200**	**24**	**2**
水利管理业	76	3	66	4	19	2	2
生态保护和环境治理业	77	7	143	6	102	5	
公共设施管理业	78	43	1391	75	79	17	
居民服务、修理和其他服务业	O	**195**	**4839**	**176**	**370**	**17**	**9**
居民服务业	79	53	1537	56	147	4	4
机动车、电子产品和日用产品修理业	80	105	2074	90	138	11	5
其他服务业	81	37	1228	30	85	2	
卫生和社会工作	Q	**3**	**17**	**2**	**16**	**2**	
社会工作	84	3	17	2	16	2	
文化、体育和娱乐业	R	**133**	**2321**	**103**	**308**	**8**	**1**
新闻和出版业	85		66	3	7		
广播、电视、电影和影视录音制作业	86	8	244	21	17	4	
文化艺术业	87	20	511	22	42	1	
体育	88	4	169	4	15	2	
娱乐业	89	101	1331	53	227	1	1

港澳台商合作经营	港澳台商独资	港澳台商投资股份有限公司	其他港澳台商投资	外商投资企业	中外合资经营	中外合作经营	外资企业	外商投资股份有限公司	其他外商投资	代码
	10		**1**	**47**	**21**	**4**	**19**	**2**	**1**	E
	1			4	2	1	1			47
	4			8	5		3			48
	3			14	6		8			49
	2		1	21	8	3	7	2	1	50
11	**204**	**8**	**8**	**961**	**210**	**15**	**651**	**21**	**64**	F
4	164	6	6	789	163	9	545	17	55	51
7	40	2	2	172	47	6	106	4	9	52
1	**36**	**1**	**3**	**153**	**69**	**4**	**73**	**2**	**5**	G
	5	1		21	11	1	8	1		54
	2			11	7		3		1	55
				1					1	56
				1	1					57
	13		3	71	31	2	35	1	2	58
1	16			45	17	1	27			59
				3	2				1	60
	31	**1**	**1**	**119**	**27**	**5**	**82**	**2**	**3**	H
	13			25	10	3	11		1	61
	18	1	1	94	17	2	71	2	2	62
1	**24**			**109**	**30**	**2**	**66**	**5**	**6**	I
	1			2			1		1	63
	2			5	1		4			64
1	21			102	29	2	61	5	5	65
12	**63**			**87**	**36**	**6**	**40**		**5**	K
12	63			87	36	6	40		5	70
2	**55**	**8**	**8**	**218**	**55**	**5**	**139**	**7**	**12**	L
	6	1	1	10	1	1	7	1		71
2	49	7	7	208	54	4	132	6	12	72
1	**23**	**1**		**112**	**34**	**2**	**70**	**4**	**2**	M
	7			28	9		19			73
	8	1		55	15		34	4	2	74
1	8			29	10	2	17			75
8	**13**		**1**	**23**	**8**		**13**	**2**		N
				1	1					76
1	4			7	3		4			77
7	9		1	15	4		9	2		78
1	**7**			**56**	**12**	**1**	**39**	**2**	**2**	O
				22	2		16	2	2	79
1	5			14	6		8			80
	2			20	4	1	15			81
	2			**1**			**1**			Q
	2			1			1			84
	6	**1**		**31**	**5**	**2**	**23**		**1**	R
										85
	4			3	1		1		1	86
		1		1			1			87
	2			11	1		10			88
				16	3	2	11			89

2-10 按行业(大类)、登记注册类型

行业	代码	从业人员数(人)	内资			
				国有	集体	股份合作
总　计		**13732766**	**13084442**	**246289**	**428513**	**53033**
农、林、牧、渔业	A	**59703**	**59610**	**765**	**12108**	**100**
农业	01	138	138		21	
畜牧业	03	116	116			
渔业	04	442	442	431	11	
农、林、牧、渔服务业	05	59007	58914	334	12076	100
采矿业	B	**172660**	**170199**	**3696**	**10909**	**546**
煤炭开采和洗选业	06	58998	58848	808	1530	161
石油和天然气开采业	07	7733	7716	997		
黑色金属矿采选业	08	21308	20785	242	616	63
有色金属矿采选业	09	15939	15068	91	2590	62
非金属矿采选业	10	64999	64107	1413	5992	205
开采辅助活动	11	2506	2498	145	170	40
其他采矿业	12	1177	1177		11	15
制造业	C	**6965117**	**6385849**	**31291**	**67969**	**22030**
农副食品加工业	13	592584	525210	3141	5714	912
食品制造业	14	200528	178010	1190	995	503
酒、饮料和精制茶制造业	15	82719	77681	1070	1321	377
烟草制品业	16	6179	6179	532		
纺织业	17	469786	439729	1755	2711	1818
纺织服装、服饰业	18	382969	327070	882	2211	1017
皮革、毛皮、羽毛及其制品和制鞋业	19	108723	88167	517	1252	297
木材加工和木、竹、藤、棕、草制品业	20	301826	295867	565	334	250
家具制造业	21	115558	106670	138	388	401
造纸和纸制品业	22	143256	132101	376	2720	433
印刷和记录媒介复制业	23	140576	134261	2468	2692	1130
文教、工美、体育和娱乐用品制造业	24	280141	230470	212	1352	573
石油加工及炼焦	25	32776	31253	614	154	110
化学原料和化学制品制造业	26	471973	440319	1424	5299	2117
医药制造业	27	92451	83166	184	1051	238
化学纤维制造业	28	16247	14490	19	71	32
橡胶和塑料制品业	29	346897	319100	211	3284	962
非金属矿物制品业	30	705605	677491	3902	6894	2341
黑色金属冶炼和压延加工业	31	118533	113199	406	1419	452
有色金属冶炼和压延加工业	32	59826	56192	412	704	281
金属制品业	33	411915	385665	925	5594	768
通用设备制造业	34	654747	624715	4168	6770	2119
专用设备制造业	35	446887	420284	2367	5261	1851
汽车制造业	36	212089	188586	785	1524	350
铁路、船舶、航空航天和其他运输设备制造业	37	66875	59161	1336	692	328
电气机械和器材制造业	38	255285	230786	649	3686	1029
计算机、通信和其他电子设备制造业	39	115686	79167	464	741	254
仪器仪表制造业	40	57130	50658	334	1193	709
其他制造业	41	34785	30973	60	430	191
废弃资源综合利用业	42	15351	14526	53	491	108
金属制品、机械和设备修理业	43	25214	24703	132	1021	79
电力、热力、燃气及水生产和供应业	D	**125685**	**112946**	**42855**	**1184**	**466**
电力、热力生产和供应业	44	78174	71114	28022	288	205
燃气生产和供应业	45	15416	11742	574	133	59
水的生产和供应业	46	32095	30090	14259	763	202

分组的小微企业法人单位从业人员数

联营	国有联营	集体联营	国有与集体联营	其他联营	有限责任公司	国有独资	其他有限责任公司	股份有限公司	私营	私营独资	代码
12262	**2540**	**6087**	**1791**	**1844**	**2194768**	**69715**	**2125053**	**246270**	**9620322**	**2648983**	
					2666	**63**	**2603**	**285**	**37568**	**33291**	A
									117	111	01
					105		105		11	11	03
											04
					2561	63	2498	285	37440	33169	05
274			**244**	**30**	**59424**	**23495**	**35929**	**2526**	**90130**	**34851**	B
					34241	22330	11911	266	21363	4008	06
					6395	412	5983	157	152		07
244			244		5138	408	4730	42	14043	3243	08
					5382	276	5106	1134	5459	1982	09
30				30	7771	69	7702	905	46432	24393	10
					447		447	22	1637	677	11
					50		50		1044	548	12
4193	**650**	**2224**	**732**	**587**	**967002**	**19904**	**947098**	**95939**	**5117378**	**1264708**	C
294	84	49		161	78930	932	77998	9671	420340	100480	13
162		8	134	20	30515	411	30104	3108	138993	34112	14
30		25	3	2	11581	38	11543	2696	59123	14198	15
					4188	3208	980	208	85	16	16
79	23	31		25	61889	875	61014	2439	365820	61919	17
130				130	33936	488	33448	1863	280744	78100	18
					11371		11371	543	73317	20951	19
					18752	80	18672	1441	270492	116986	20
76		26		50	11566	9	11557	756	91957	26760	21
73		73			24765	5975	18790	2671	99870	25144	22
188	5	183			16405	105	16300	1498	108157	30603	23
18		18			20988	415	20573	1628	203204	58282	24
231	211	6	14		6427	278	6149	447	22103	2228	25
425	171	234		20	87203	1176	86027	10988	328915	50730	26
					21394	126	21268	3113	56812	5528	27
					2242	5	2237	882	10666	1776	28
72	1	51		20	45172	479	44693	4392	261070	67486	29
289		182	66	41	103882	1405	102477	9422	541789	172604	30
67		67			16583	305	16278	1647	91172	25197	31
86		65		21	11663	58	11605	1103	41242	6545	32
221		32	174	15	58791	781	58010	5905	307443	75187	33
726	1	385	340		94535	624	93911	9644	498625	120492	34
414	21	378		15	65338	587	64751	5833	333943	67760	35
					32364	80	32284	3747	148481	30628	36
110	110				9950	379	9571	1292	44472	7170	37
448	23	366		59	48748	393	48355	5079	168701	27772	38
					17040	381	16659	2146	57880	9524	39
46		45	1		11147	116	11031	1238	35477	4415	40
					4685	135	4550	156	25046	8869	41
6				6	1877		1877	132	11686	3259	42
2				2	3075	60	3015	251	19753	9987	43
44	**44**				**32939**	**3136**	**29803**	**6392**	**28017**	**6390**	D
44	44				22764	1679	21085	6009	13315	2678	44
					4360	410	3950	67	6430	1570	45
					5815	1047	4768	316	8272	2142	46

2-10 续表 1

行业	代码	从业人员数（人）	内资	国有	集体	股份合作
建筑业	E	**1398666**	**1395584**	**37251**	**113822**	**9069**
房屋建筑业	47	804531	803984	10186	99754	6863
土木工程建筑业	48	195736	195387	21270	5639	414
建筑安装业	49	161855	161048	2197	4680	1004
建筑装饰和其他建筑业	50	236544	235165	3598	3749	788
批发和零售业	F	**2578026**	**2560213**	**27001**	**134272**	**9511**
批发业	51	1795550	1781635	17993	107768	5990
零售业	52	782476	778578	9008	26504	3521
交通运输、仓储和邮政业	G	**519702**	**510874**	**18486**	**11756**	**2334**
道路运输业	54	325819	324463	6758	7276	1924
水上运输业	55	25302	24064	995	482	49
航空运输业	56	3145	3080	1308	145	
管道运输业	57	2656	2547	816		
装卸搬运和运输代理业	58	86422	82839	1492	2685	136
仓储业	59	62982	60546	5315	1118	197
邮政业	60	13376	13335	1802	50	28
住宿和餐饮业	H	**285628**	**280373**	**16241**	**5922**	**1214**
住宿业	61	87156	85160	10454	3508	519
餐饮业	62	198472	195213	5787	2414	695
信息传输、软件和信息技术服务业	I	**104887**	**102485**	**2489**	**301**	**391**
电信、广播电视和卫星传输服务	63	7119	7049	1606	100	16
互联网和相关服务	64	14666	14509	196	32	74
软件和信息技术服务业	65	83102	80927	687	169	301
房地产业	K	**379775**	**373471**	**9535**	**8506**	**2031**
房地产业	70	379775	373471	9535	8506	2031
租赁和商务服务业	L	**555111**	**550611**	**35262**	**17471**	**2486**
租赁业	71	40734	40505	724	1021	191
商务服务业	72	514377	510106	34538	16450	2295
科学研究和技术服务业	M	**321971**	**319514**	**10562**	**38307**	**1343**
研究和试验发展	73	17750	17149	512	229	65
专业技术服务业	74	120171	118900	9348	2594	1162
科技推广和应用服务业	75	184050	183465	702	35484	116
水利、环境和公共设施管理业	N	**62658**	**61751**	**3412**	**1424**	**534**
水利管理业	76	4281	4198	862	245	77
生态保护和环境治理业	77	7035	6838	419	20	72
公共设施管理业	78	51342	50715	2131	1159	385
居民服务、修理和其他服务业	O	**128456**	**127007**	**2427**	**3791**	**641**
居民服务业	79	41785	41398	816	1751	242
机动车、电子产品和日用产品修理业	80	58380	57634	1219	1444	247
其他服务业	81	28291	27975	392	596	152
卫生和社会工作	Q	**1523**	**1482**	**29**	**73**	
社会工作	84	1523	1482	29	73	
文化、体育和娱乐业	R	**73198**	**72473**	**4987**	**698**	**337**
新闻和出版业	85	3101	3101	762	5	38
广播、电视、电影和影视录音制作业	86	9151	8947	2678	187	128
文化艺术业	87	11511	11505	1321	164	22
体育	88	4970	4705	65	11	
娱乐业	89	44465	44215	161	331	149

联营	国有联营	集体联营	国有与集体联营	其他联营	有限责任公司	国有独资	其他有限责任公司	股份有限公司	私营	私营独资	代码
809	**16**	**703**	**8**	**82**	**356608**	**4609**	**351999**	**60529**	**801979**	**120419**	E
551		537	8	6	224630	1385	223245	45088	410357	51797	47
15				15	50011	2328	47683	5542	109711	16682	48
107	5	102			38881	502	38379	4841	106961	21553	49
136	11	64		61	43086	394	42692	5058	174950	30387	50
2433	**185**	**1326**	**407**	**515**	**278083**	**2189**	**275894**	**20771**	**2001836**	**772536**	F
1331	130	723	173	305	185943	1512	184431	11697	1386611	512973	51
1102	55	603	234	210	92140	677	91463	9074	615225	259563	52
1232	**491**	**354**	**123**	**264**	**115566**	**5790**	**109776**	**15776**	**336067**	**69466**	G
748	286	221	77	164	77886	3583	74303	10178	213680	38323	54
85	30			55	6340	780	5560	2004	13818	1564	55
					652		652	15	960	87	56
					690	56	634	771	270	62	57
316	155	123	18	20	18614	1004	17610	1833	56408	9373	58
63	20	10	8	25	7769	238	7531	835	43515	17986	59
20			20		3615	129	3486	140	7416	2071	60
355	**44**	**300**		**11**	**59811**	**803**	**59008**	**7290**	**180041**	**65084**	H
179	44	135			20084	457	19627	2989	45276	14149	61
176		165		11	39727	346	39381	4301	134765	50935	62
60	**3**		**54**	**3**	**21385**	**414**	**20971**	**2684**	**73652**	**9996**	I
42	3		39		1533	199	1334	522	2989	709	63
15			15		3031		3031	210	10672	2756	64
3				3	16821	215	16606	1952	59991	6531	65
229	**83**	**107**	**29**	**10**	**115626**	**3176**	**112450**	**15124**	**215620**	**33851**	K
229	83	107	29	10	115626	3176	112450	15124	215620	33851	70
1979	**904**	**823**	**40**	**212**	**108045**	**4139**	**103906**	**11181**	**357497**	**72931**	L
838	811	3		24	5945	7	5938	478	30196	10215	71
1141	93	820	40	188	102100	4132	97968	10703	327301	62716	72
216	**43**	**85**	**22**	**66**	**37134**	**873**	**36261**	**3947**	**190686**	**89172**	M
35		14		21	3222		3222	267	11922	2233	73
140	43	46	16	35	25842	809	25033	2934	73771	13434	74
41		25	6	10	8070	64	8006	746	104993	73505	75
52		**35**	**6**	**11**	**13722**	**583**	**13139**	**1335**	**38622**	**9212**	N
					1225	131	1094	50	1486	459	76
6			6		1472	75	1397	63	3985	1344	77
46		35		11	11025	377	10648	1222	33151	7409	78
140		**75**	**49**	**16**	**17894**	**148**	**17746**	**1653**	**96107**	**36473**	O
17		13		4	6312	142	6170	754	30015	10771	79
122		62	49	11	7204		7204	705	45099	19922	80
1				1	4378	6	4372	194	20993	5780	81
53			**34**	**19**	**94**		**94**	**52**	**917**	**633**	Q
53			34	19	94		94	52	917	633	84
193	**77**	**55**	**43**	**18**	**8769**	**393**	**8376**	**786**	**54205**	**29970**	R
13		13			1064	262	802	30	1088	277	85
91	9	39	43		1445	18	1427	209	3875	782	86
					2034	70	1964	170	7309	1869	87
53	53				1384	42	1342	129	2857	547	88
36	15	3		18	2842	1	2841	248	39076	26495	89

2-10 续表 2

行业	代码						
						港、澳、台商投资	
		私营合伙	私营有限责任公司	私营股份有限公司	其他		港澳台商合资经营
总　计		**159641**	**6552120**	**259578**	**282985**	**152403**	**80524**
农、林、牧、渔业	**A**	**270**	**3822**	**185**	**6118**	**27**	**4**
农业	01		6				
畜牧业	03						
渔业	04						
农、林、牧、渔服务业	05	270	3816	185	6118	27	4
采矿业	**B**	**2359**	**50502**	**2418**	**2694**	**990**	**803**
煤炭开采和洗选业	06	40	16264	1051	479		
石油和天然气开采业	07		132	20	15	17	
黑色金属矿采选业	08	323	10309	168	397	444	291
有色金属矿采选业	09		3302	175	350	28	28
非金属矿采选业	10	1933	19117	989	1359	493	476
开采辅助活动	11	21	939		37	8	8
其他采矿业	12	42	439	15	57		
制造业	**C**	**69765**	**3642710**	**140195**	**80047**	**125381**	**67192**
农副食品加工业	13	4969	299657	15234	6208	13606	7623
食品制造业	14	1715	98823	4343	2544	5565	2903
酒、饮料和精制茶制造业	15	536	42429	1960	1483	1016	301
烟草制品业	16		69		1166		
纺织业	17	4223	288534	11144	3218	7758	4072
纺织服装、服饰业	18	2887	194259	5498	6287	12144	6811
皮革、毛皮、羽毛及其制品和制鞋业	19	594	50818	954	870	2139	1365
木材加工和木、竹、藤、棕、草制品业	20	5649	143735	4122	4033	1401	632
家具制造业	21	800	62476	1921	1388	1832	507
造纸和纸制品业	22	985	70816	2925	1193	3866	2549
印刷和记录媒介复制业	23	1975	73920	1659	1723	2581	1469
文教、工美、体育和娱乐用品制造业	24	2908	137660	4354	2495	6648	3408
石油加工及炼焦	25	271	18477	1127	1167	264	64
化学原料和化学制品制造业	26	3645	263632	10908	3948	8527	4999
医药制造业	27	331	48220	2733	374	1880	1252
化学纤维制造业	28	230	7674	986	578	142	32
橡胶和塑料制品业	29	4428	183658	5498	3937	7600	3213
非金属矿物制品业	30	12476	342481	14228	8972	9235	5403
黑色金属冶炼和压延加工业	31	490	63978	1507	1453	2107	1653
有色金属冶炼和压延加工业	32	309	33195	1193	701	1516	917
金属制品业	33	4013	218653	9590	6018	6463	2902
通用设备制造业	34	6808	356629	14696	8128	5223	3045
专用设备制造业	35	3643	254093	8447	5277	5835	2708
汽车制造业	36	1721	112415	3717	1335	5734	3793
铁路、船舶、航空航天和其他运输设备制造业	37	776	35303	1223	981	1542	277
电气机械和器材制造业	38	1325	133889	5715	2446	4597	2970
计算机、通信和其他电子设备制造业	39	340	45965	2051	642	4226	1230
仪器仪表制造业	40	446	29070	1546	514	838	554
其他制造业	41	252	15355	570	405	472	100
废弃资源综合利用业	42	350	7999	78	173	385	305
金属制品、机械和设备修理业	43	670	8828	268	390	239	135
电力、热力、燃气及水生产和供应业	**D**	**296**	**20440**	**891**	**1049**	**6154**	**4692**
电力、热力生产和供应业	44	65	10317	255	467	3254	2882
燃气生产和供应业	45	112	4466	282	119	2191	1657
水的生产和供应业	46	119	5657	354	463	709	153

港澳台商合作经营	港澳台商独资	港澳台商投资股份有限公司	其他港澳台商投资	外商投资企业	中外合资经营	中外合作经营	外资企业	外商投资股份有限公司	其他外商投资	代码
3376	**65985**	**2166**	**352**	**495921**	**178508**	**10112**	**295988**	**7902**	**3411**	
	23			**66**			**66**			A
										01
										03
										04
	23			66			66			05
	170	**17**		**1471**	**750**	**565**	**156**			B
				150	52	98				06
		17								07
	153			79	79					08
				843	300	425	118			09
	17			399	319	42	38			10
										11
										12
2347	**54061**	**1652**	**129**	**453887**	**162296**	**5843**	**276503**	**7067**	**2178**	C
41	5762	160	20	53768	27265	385	24877	1061	180	13
	2514	148		16953	7523	101	9190	84	55	14
22	693			4022	2413	8	1446	155		15
										16
712	2847	127		22299	9662	453	11121	663	400	17
113	5120	100		43755	17185	361	25375	585	249	18
10	670	6	88	18417	4259	451	13421	286		19
90	679			4558	2068		2353		137	20
192	1133			7056	2479		4554	20	3	21
17	1250	50		7289	2847	91	4140	105	106	22
2	1110			3734	1384		2316	34		23
285	2907	48		43023	7965	342	33796	640	280	24
	200			1259	486	91	665	17		25
148	3363	17		23127	11018	1256	10510	320	23	26
	498	130		7405	4050	377	2941	37		27
	110			1615	789		826			28
154	4233			20197	7459	38	12496	178	26	29
17	3443	372		18879	9486	206	8664	488	35	30
	454			3227	1556	163	1480	28		31
	597		2	2118	893		1124		101	32
165	3385	11		19787	5866	245	13515	161		33
141	1822	215		24809	7225	406	16993	167	18	34
147	2768	193	19	20768	7114	95	12914	472	173	35
	1941			17769	5827	94	11549	255	44	36
	1255	10		6172	3504	266	2332	70		37
45	1582			19902	5811	342	13488	139	122	38
46	2950			32293	3943	22	27490	778	60	39
	284			5634	1631	22	3657	324		40
	307	65		3340	358	13	2803		166	41
	80			440	132		308			42
	104			272	98	15	159			43
246	**1146**	**70**		**6585**	**2472**	**2432**	**1566**	**115**		D
	320	52		3806	1174	2376	246	10		44
	534			1483	977	26	408	72		45
246	292	18		1296	321	30	912	33		46

2-10 续表 3

行　业	代码	私营合伙	私营有限责任公司	私营股份有限公司	其他	港、澳、台商投资	港澳台商合资经营
建筑业	E	**17887**	**626729**	**36944**	**15517**	**1817**	**951**
房屋建筑业	47	10612	325536	22412	6555	398	388
土木工程建筑业	48	2449	87077	3503	2785	244	27
建筑安装业	49	2016	79580	3812	2377	219	215
建筑装饰和其他建筑业	50	2810	134536	7217	3800	956	321
批发和零售业	F	**30829**	**1162103**	**36368**	**86306**	**4471**	**1141**
批发业	51	21135	828814	23689	64302	3201	718
零售业	52	9694	333289	12679	22004	1270	423
交通运输、仓储和邮政业	G	**9542**	**246675**	**10384**	**9657**	**3788**	**2593**
道路运输业	54	4591	163918	6848	6013	699	384
水上运输业	55	1229	10761	264	291	500	488
航空运输业	56		873			53	53
管道运输业	57		208			39	39
装卸搬运和运输代理业	58	989	44164	1882	1355	1421	1156
仓储业	59	2545	22069	915	1734	1066	463
邮政业	60	188	4682	475	264	10	10
住宿和餐饮业	H	**2428**	**108017**	**4512**	**9499**	**2050**	**462**
住宿业	61	668	28971	1488	2151	855	121
餐饮业	62	1760	79046	3024	7348	1195	341
信息传输、软件和信息技术服务业	I	**1326**	**60643**	**1687**	**1523**	**482**	**58**
电信、广播电视和卫星传输服务	63	49	2126	105	241	51	
互联网和相关服务	64	215	7458	243	279	67	3
软件和信息技术服务业	65	1062	51059	1339	1003	364	55
房地产业	K	**3463**	**169350**	**8956**	**6800**	**3759**	**1473**
房地产业	70	3463	169350	8956	6800	3759	1473
租赁和商务服务业	L	**14522**	**261292**	**8752**	**16690**	**1418**	**396**
租赁业	71	481	19036	464	1112	103	34
商务服务业	72	14041	242256	8288	15578	1315	362
科学研究和技术服务业	M	**2792**	**94832**	**3890**	**37319**	**768**	**335**
研究和试验发展	73	190	9236	263	897	141	74
专业技术服务业	74	1282	56534	2521	3109	380	162
科技推广和应用服务业	75	1320	29062	1106	33313	247	99
水利、环境和公共设施管理业	N	**686**	**27302**	**1422**	**2650**	**468**	**61**
水利管理业	76	33	984	10	253	61	61
生态保护和环境治理业	77	104	2396	141	801	101	
公共设施管理业	78	549	23922	1271	1596	306	
居民服务、修理和其他服务业	O	**2406**	**55428**	**1800**	**4354**	**507**	**284**
居民服务业	79	795	17893	556	1491	145	145
机动车、电子产品和日用产品修理业	80	1248	23003	926	1594	324	139
其他服务业	81	363	14532	318	1269	38	
卫生和社会工作	Q	**59**	**210**	**15**	**264**	**26**	
社会工作	84	59	210	15	264	26	
文化、体育和娱乐业	R	**1011**	**22065**	**1159**	**2498**	**297**	**79**
新闻和出版业	85		784	27	101		
广播、电视、电影和影视录音制作业	86	59	2663	371	334	100	
文化艺术业	87	235	4972	233	485	5	
体育	88	32	2251	27	206	113	
娱乐业	89	685	11395	501	1372	79	79

港澳台商合作经营	港澳台商独资	港澳台商投资股份有限公司	其他港澳台商投资	外商投资企业	中外合资经营	中外合作经营	外资企业	外商投资股份有限公司	其他外商投资	代码
	861		**5**	**1265**	**652**	**285**	**254**	**32**	**42**	E
	10			149	26	121	2			47
	217			105	100		5			48
	4			588	359		229			49
	630		5	423	167	164	18	32	42	50
314	**2742**	**179**	**95**	**13342**	**3892**	**434**	**8221**	**326**	**469**	F
24	2235	158	66	10714	3152	318	6585	307	352	51
290	507	21	29	2628	740	116	1636	19	117	52
84	**1064**	**25**	**22**	**5040**	**3448**	**57**	**1448**	**43**	**44**	G
	290	25		657	435	5	175	42		54
	12			738	625		111		2	55
				12					12	56
				70	70					57
	243		22	2162	1540	52	561	1	8	58
84	519			1370	769		601			59
				31	9				22	60
	1565	**22**	**1**	**3205**	**1149**	**79**	**1943**	**15**	**19**	H
	734			1141	670	40	430		1	61
	831	22	1	2064	479	39	1513	15	18	62
6	**418**			**1920**	**674**	**9**	**1072**	**42**	**123**	I
	51			19			6		13	63
	64			90	36		54			64
6	303			1811	638	9	1012	42	110	65
328	**1958**			**2545**	**1046**	**126**	**1030**		**343**	K
328	1958			2545	1046	126	1030		343	70
7	**744**	**193**	**78**	**3082**	**919**	**213**	**1659**	**182**	**109**	L
	60	6	3	126	6	4	114	2		71
7	684	187	75	2956	913	209	1545	180	109	72
2	**428**	**3**		**1689**	**556**	**11**	**1086**	**16**	**20**	M
	67			460	139		321			73
	215	3		891	268		587	16	20	74
2	146			338	149	11	178			75
15	**370**		**22**	**439**	**196**		**200**	**43**		N
				22	22					76
8	93			96	61		35			77
7	277		22	321	113		165	43		78
27	**196**			**942**	**355**	**45**	**491**	**21**	**30**	O
				242	43		148	21	30	79
27	158			422	269		153			80
	38			278	43	45	190			81
	26			**15**			**15**			Q
	26			15			15			84
	213	**5**		**428**	**103**	**13**	**278**		**34**	R
										85
	100			104	57		13		34	86
		5		1			1			87
	113			152	3		149			88
				171	43	13	115			89

2-11 按行业(大类)、营业状态分组的小微企业法人单位数

行业	代码	法人单位数(个)	营业	停业(歇业)	筹建	当年关闭	当年破产	其他
总计		**590801**	**546756**	**20879**	**11187**	**7187**	**1308**	**3484**
农、林、牧、渔业	**A**	**4253**	**3768**	**243**	**138**	**42**	**21**	**41**
农业	01	6	6					
畜牧业	03	2	2					
渔业	04	2	2					
农、林、牧、渔服务业	05	4243	3758	243	138	42	21	41
采矿业	**B**	**3484**	**3007**	**261**	**47**	**122**	**24**	**23**
煤炭开采和洗选业	06	509	459	22	4	9	9	6
石油和天然气开采业	07	42	37	1	1	1		2
黑色金属矿采选业	08	458	355	62	7	27	3	4
有色金属矿采选业	09	231	195	23	5	7		1
非金属矿采选业	10	2079	1818	139	25	76	11	10
开采辅助活动	11	96	86	4	4	2		
其他采矿业	12	69	57	10	1		1	
制造业	**C**	**178010**	**163030**	**6976**	**3226**	**2996**	**713**	**1069**
农副食品加工业	13	12206	10984	573	202	307	58	82
食品制造业	14	4623	4164	179	88	130	33	29
酒、饮料和精制茶制造业	15	2184	1953	137	45	31	8	10
烟草制品业	16	16	15	1				
纺织业	17	8679	7936	332	87	195	62	67
纺织服装、服饰业	18	8087	7290	413	83	206	32	63
皮革、毛皮、羽毛及其制品和制鞋业	19	2185	1992	86	32	49	8	18
木材加工和木、竹、藤、棕、草制品业	20	7902	7439	225	69	97	37	35
家具制造业	21	3199	2956	105	45	53	19	21
造纸和纸制品业	22	3754	3467	144	41	70	12	20
印刷和记录媒介复制业	23	5357	5139	108	29	42	17	22
文教、工美、体育和娱乐用品制造业	24	6597	6058	261	94	102	10	72
石油加工及炼焦	25	777	651	50	57	11	5	3
化学原料和化学制品制造业	26	11559	10322	574	309	235	66	53
医药制造业	27	1515	1343	49	85	24	4	10
化学纤维制造业	28	403	344	20	18	10	6	5
橡胶和塑料制品业	29	10656	9847	413	158	146	39	53
非金属矿物制品业	30	17474	15981	705	302	327	68	91
黑色金属冶炼和压延加工业	31	3034	2771	130	52	55	8	18
有色金属冶炼和压延加工业	32	1403	1260	71	46	15	3	8
金属制品业	33	12482	11503	501	184	176	45	73
通用设备制造业	34	21148	19600	690	393	291	75	99
专用设备制造业	35	13016	12046	373	313	162	41	81
汽车制造业	36	4642	4229	174	135	54	17	33
铁路、船舶、航空航天和其他运输设备制造	37	1658	1490	68	46	34	8	12
电气机械和器材制造业	38	6312	5764	250	164	86	10	38
计算机、通信和其他电子设备制造业	39	2439	2206	100	65	36	8	24
仪器仪表制造业	40	1555	1454	49	29	10	6	7
其他制造业	41	1479	1316	93	32	19	2	17
废弃资源综合利用业	42	535	475	32	11	10	4	3
金属制品、机械和设备修理业	43	1134	1035	70	12	13	2	2
电力、热力、燃气及水生产和供应业	**D**	**2158**	**1879**	**82**	**158**	**14**	**6**	**19**
电力、热力生产和供应业	44	938	789	44	83	9	4	9
燃气生产和供应业	45	432	378	13	36	1		4
水的生产和供应业	46	788	712	25	39	4	2	6

2-11 续表

行业	代码	法人单位数(个)						
			营业	停业(歇业)	筹建	当年关闭	当年破产	其他
建筑业	E	**28223**	**25999**	**1126**	**538**	**391**	**40**	**129**
房屋建筑业	47	6354	5890	203	108	109	16	28
土木工程建筑业	48	4830	4429	206	112	57	3	23
建筑安装业	49	5999	5494	258	126	83	8	30
建筑装饰和其他建筑业	50	11040	10186	459	192	142	13	48
批发和零售业	F	**229162**	**214054**	**7480**	**3788**	**2225**	**332**	**1283**
批发业	51	152019	141627	5281	2491	1506	224	890
零售业	52	77143	72427	2199	1297	719	108	393
交通运输、仓储和邮政业	G	**21009**	**19762**	**560**	**374**	**182**	**33**	**98**
道路运输业	54	10685	10048	303	192	84	18	40
水上运输业	55	784	709	25	19	24	2	5
航空运输业	56	89	83		4	1		1
管道运输业	57	37	33	1	2	1		
装卸搬运和运输代理业	58	5732	5468	125	69	28	7	35
仓储业	59	2995	2762	93	83	37	5	15
邮政业	60	687	659	13	5	7	1	2
住宿和餐饮业	H	**11707**	**10968**	**321**	**198**	**147**	**20**	**53**
住宿业	61	3412	3196	98	64	34	5	15
餐饮业	62	8295	7772	223	134	113	15	38
信息传输、软件和信息技术服务业	I	**9681**	**9129**	**254**	**189**	**60**	**5**	**44**
电信、广播电视和卫星传输服务	63	443	420	12	4	1		6
互联网和相关服务	64	1531	1452	37	26	10		6
软件和信息技术服务业	65	7707	7257	205	159	49	5	32
房地产业	K	**17807**	**16002**	**765**	**612**	**243**	**18**	**167**
房地产业	70	17807	16002	765	612	243	18	167
租赁和商务服务业	L	**42842**	**39783**	**1399**	**939**	**403**	**50**	**268**
租赁业	71	3279	3073	91	65	26	6	18
商务服务业	72	39563	36710	1308	874	377	44	250
科学研究和技术服务业	M	**19652**	**18083**	**723**	**538**	**119**	**21**	**168**
研究和试验发展	73	1448	1282	74	77	5	1	9
专业技术服务业	74	7937	7453	197	183	53	6	45
科技推广和应用服务业	75	10267	9348	452	278	61	14	114
水利、环境和公共设施管理业	N	**3598**	**3233**	**154**	**146**	**27**	**5**	**33**
水利管理业	76	250	220	14	8	3		5
生态保护和环境治理业	77	484	447	13	18	3		3
公共设施管理业	78	2864	2566	127	120	21	5	25
居民服务、修理和其他服务业	O	**10556**	**9909**	**288**	**196**	**102**	**13**	**48**
居民服务业	79	3275	3029	103	82	38	3	20
机动车、电子产品和日用产品修理业	80	5036	4803	112	60	41	7	13
其他服务业	81	2245	2077	73	54	23	3	15
卫生和社会工作	Q	**97**	**80**	**9**	**6**	**2**		
社会工作	84	97	80	9	6	2		
文化、体育和娱乐业	R	**8562**	**8070**	**238**	**94**	**112**	**7**	**41**
新闻和出版业	85	170	159	4	6	1		
广播、电视、电影和影视录音制作业	86	601	551	27	10	8		5
文化艺术业	87	996	880	48	44	10	3	11
体育	88	340	307	14	13	5		1
娱乐业	89	6455	6173	145	21	88	4	24

2-12 按行业(大类)、营业状态分组的小微企业法人单位从业人员数

行业	代码	从业人员数(人)	营业	停业(歇业)	筹建	当年关闭	当年破产	其他
总计		**13732766**	**13243856**	**176804**	**116228**	**71341**	**27610**	**96927**
农、林、牧、渔业	A	**59703**	**56149**	**1354**	**1285**	**317**	**141**	**457**
农业	01	138	138					
畜牧业	03	116	116					
渔业	04	442	442					
农、林、牧、渔服务业	05	59007	55453	1354	1285	317	141	457
采矿业	B	**172660**	**140146**	**3779**	**2034**	**1340**	**1879**	**23482**
煤炭开采和洗选业	06	58998	34399	408	414	257	1044	22476
石油和天然气开采业	07	7733	7152	1	5			575
黑色金属矿采选业	08	21308	19758	668	408	178	43	253
有色金属矿采选业	09	15939	14709	765	399	35		31
非金属矿采选业	10	64999	60822	1869	535	854	772	147
开采辅助活动	11	2506	2235	14	241	16		
其他采矿业	12	1177	1071	54	32		20	
制造业	C	**6965117**	**6726793**	**82051**	**47849**	**43491**	**20028**	**44905**
农副食品加工业	13	592584	566675	7397	3076	4866	1951	8619
食品制造业	14	200528	192653	2501	2119	1787	948	520
酒、饮料和精制茶制造业	15	82719	79652	1995	573	237	127	135
烟草制品业	16	6179	6161	18				
纺织业	17	469786	450924	7343	1029	3038	2579	4873
纺织服装、服饰业	18	382969	367309	5324	952	4746	1822	2816
皮革、毛皮、羽毛及其制品和制鞋业	19	108723	103793	1589	888	919	144	1390
木材加工和木、竹、藤、棕、草制品业	20	301826	295056	2775	912	1667	928	488
家具制造业	21	115558	112062	821	330	721	1144	480
造纸和纸制品业	22	143256	138964	1984	455	789	280	784
印刷和记录媒介复制业	23	140576	137128	985	256	1467	146	594
文教、工美、体育和娱乐用品制造业	24	280141	272040	2914	1483	1240	312	2152
石油加工及炼焦	25	32776	29745	676	1771	160	56	368
化学原料和化学制品制造业	26	471973	452481	6179	6050	2909	1936	2418
医药制造业	27	92451	89511	716	1488	229	234	273
化学纤维制造业	28	16247	15432	111	280	176	75	173
橡胶和塑料制品业	29	346897	337341	3387	1940	1382	644	2203
非金属矿物制品业	30	705605	680573	10079	5041	5256	1618	3038

2-12 续表 1

行业	代码	从业人员数(人)	营业	停业(歇业)	筹建	当年关闭	当年破产	其他
黑色金属冶炼和压延加工业	31	118533	115452	1280	620	575	165	441
有色金属冶炼和压延加工业	32	59826	57567	717	961	76	304	201
金属制品业	33	411915	399185	4855	3121	1524	1176	2054
通用设备制造业	34	654747	637277	6249	4237	3137	1512	2335
专用设备制造业	35	446887	435412	3159	3625	1973	986	1732
汽车制造业	36	212089	201151	2786	2911	1201	352	3688
铁路、船舶、航空航天和其他运输设备制造业	37	66875	64585	1197	614	143	25	311
电气机械和器材制造业	38	255285	248156	2531	1633	1573	169	1223
计算机、通信和其他电子设备制造业	39	115686	111957	682	640	1036	179	1192
仪器仪表制造业	40	57130	55907	680	137	257	80	69
其他制造业	41	34785	33490	410	475	95	1	314
废弃资源综合利用业	42	15351	14816	249	93	62	112	19
金属制品、机械和设备修理业	43	25214	24338	462	139	250	23	2
电力、热力、燃气及水生产和供应业	**D**	**125685**	**119989**	**911**	**4164**	**162**	**30**	**429**
电力、热力生产和供应业	44	78174	73857	552	3255	133	23	354
燃气生产和供应业	45	15416	14768	83	543			22
水的生产和供应业	46	32095	31364	276	366	29	7	53
建筑业	**E**	**1398666**	**1373531**	**12391**	**5000**	**3477**	**1173**	**3094**
房屋建筑业	47	804531	795172	4671	1323	1236	962	1167
土木工程建筑业	48	195736	190426	2300	1068	1175	2	765
建筑安装业	49	161855	157912	2066	836	396	112	533
建筑装饰和其他建筑业	50	236544	230021	3354	1773	670	97	629
批发和零售业	**F**	**2578026**	**2483443**	**43087**	**24953**	**13655**	**2731**	**10157**
批发业	51	1795550	1728999	30841	17143	9658	1836	7073
零售业	52	782476	754444	12246	7810	3997	895	3084
交通运输、仓储和邮政业	**G**	**519702**	**506177**	**5467**	**4110**	**1677**	**284**	**1987**
道路运输业	54	325819	319209	2658	2124	1018	113	697
水上运输业	55	25302	23398	975	477	139	2	311
航空运输业	56	3145	2948		195	1		1
管道运输业	57	2656	2589	11	26	30		
装卸搬运和运输代理业	58	86422	84084	858	526	158	149	647
仓储业	59	62982	60924	677	737	324	19	301
邮政业	60	13376	13025	288	25	7	1	30

2-12 续表 2

行 业	代码	从业人员数(人)	营业	停业(歇业)	筹建	当年关闭	当年破产	其他
住宿和餐饮业	H	**285628**	**275646**	**3842**	**2549**	**2026**	**535**	**1030**
住宿业	61	87156	83834	1490	842	574	131	285
餐饮业	62	198472	191812	2352	1707	1452	404	745
信息传输、软件和信息技术服务业	I	**104887**	**101862**	**1108**	**1119**	**312**	**77**	**409**
电信、广播电视和卫星传输服务	63	7119	6885	52	43			139
互联网和相关服务	64	14666	14262	106	133	89		76
软件和信息技术服务业	65	83102	80715	950	943	223	77	194
房地产业	K	**379775**	**361928**	**7105**	**6387**	**1220**	**156**	**2979**
房地产业	70	379775	361928	7105	6387	1220	156	2979
租赁和商务服务业	L	**555111**	**533018**	**7258**	**8684**	**1742**	**220**	**4189**
租赁业	71	40734	39564	325	520	110	12	203
商务服务业	72	514377	493454	6933	8164	1632	208	3986
科学研究和技术服务业	M	**321971**	**309602**	**4294**	**4523**	**696**	**229**	**2627**
研究和试验发展	73	17750	16429	393	784	34	58	52
专业技术服务业	74	120171	117486	857	1235	130	23	440
科技推广和应用服务业	75	184050	175687	3044	2504	532	148	2135
水利、环境和公共设施管理业	N	**62658**	**59425**	**1047**	**1507**	**208**	**18**	**453**
水利管理业	76	4281	4004	66	76	11		124
生态保护和环境治理业	77	7035	6646	59	204	13		113
公共设施管理业	78	51342	48775	922	1227	184	18	216
居民服务、修理和其他服务业	O	**128456**	**124636**	**1648**	**1174**	**597**	**79**	**322**
居民服务业	79	41785	40408	619	432	167	18	141
机动车、电子产品和日用产品修理业	80	58380	57016	547	405	264	42	106
其他服务业	81	28291	27212	482	337	166	19	75
卫生和社会工作	Q	**1523**	**1377**	**95**	**43**	**8**		
社会工作	84	1523	1377	95	43	8		
文化、体育和娱乐业	R	**73198**	**70134**	**1367**	**847**	**413**	**30**	**407**
新闻和出版业	85	3101	3067	4	29	1		
广播、电视、电影和影视录音制作业	86	9151	8761	232	94	16		48
文化艺术业	87	11511	10678	381	354	37	8	53
体育	88	4970	4589	98	184	93		6
娱乐业	89	44465	43039	652	186	266	22	300

2-13　按登记注册类型、营业状态分组的小微企业法人单位数

登记注册类型	法　人 单位数 (个)	营业	停业(歇业)	筹建	当年关闭	当年破产	其他
总　计	**590801**	**546756**	**20879**	**11187**	**7187**	**1308**	**3484**
内资企业	580369	537299	20517	10886	7025	1282	3360
国有企业	5448	4838	393	66	48	13	90
集体企业	14398	13168	774	104	120	31	201
股份合作企业	2184	1999	106	41	18	3	17
联营企业	472	420	35	5	4	1	7
国有联营企业	77	64	10	1		1	1
集体联营企业	221	199	15	1	3		3
国有与集体联营企业	58	53	3	1			1
其他联营企业	116	104	7	2	1		2
有限责任公司	74273	67711	2776	2300	681	141	664
国有独资公司	717	664	25	13	6	1	8
其他有限责任公司	73556	67047	2751	2287	675	140	656
股份有限公司	5781	5279	210	161	75	8	48
私营企业	463132	430593	15513	7984	5850	1032	2160
私营独资企业	154477	143945	5164	2180	2090	425	673
私营合伙企业	9162	8524	315	154	86	30	53
私营有限责任公司	290004	269329	9712	5468	3557	553	1385
私营股份有限公司	9489	8795	322	182	117	24	49
其他企业	14681	13291	710	225	229	53	173
港、澳、台商投资企业	2441	2155	86	135	35	7	23
合资经营企业(港或澳、台资)	1055	940	41	41	17	4	12
合作经营企业(港或澳、台资)	78	67	3	4	1	1	2
港、澳、台商独资经营企业	1228	1080	39	83	16	2	8
港、澳、台商投资股份有限公司	53	42	2	7	1		1
其他港澳台投资企业	27	26	1				
外商投资企业	7991	7302	276	166	127	19	101
中外合资经营企业	2490	2283	91	56	36	6	18
中外合作经营企业	147	139	5	1		2	
外资企业	5081	4634	174	96	87	9	81
外商投资股份有限公司	132	119	3	8	2		
其他外商投资企业	141	127	3	5	2	2	2

2-14 按登记注册类型、营业状态分组的小微企业法人单位从业人员数

登记注册类型	从业人员数(人)	营业	停业(歇业)	筹建	当年关闭	当年破产	其他
总　计	**13732766**	**13243856**	**176804**	**116228**	**71341**	**27610**	**96927**
内资企业	13084442	12613197	171692	112584	68412	26790	91767
国有企业	246289	231874	6844	2774	851	112	3834
集体企业	428513	411875	8823	1286	2183	678	3668
股份合作企业	53033	50694	1460	392	345	5	137
联营企业	12262	11471	611	38	73	1	68
国有联营企业	2540	2297	235	6		1	1
集体联营企业	6087	5788	182	1	63		53
国有与集体联营企业	1791	1639	139	10			3
其他联营企业	1844	1747	55	21	10		11
有限责任公司	2194768	2090112	24213	27604	7898	3029	41912
国有独资公司	69715	46336	537	436	4		22402
其他有限责任公司	2125053	2043776	23676	27168	7894	3029	19510
股份有限公司	246270	238118	3103	2233	876	466	1474
私营企业	9620322	9307970	121899	76007	54418	21812	38216
私营独资企业	2648983	2554127	41605	19603	19770	5060	8818
私营合伙企业	159641	152197	3072	1201	1202	1187	782
私营有限责任公司	6552120	6350948	74430	53008	31621	14559	27554
私营股份有限公司	259578	250698	2792	2195	1825	1006	1062
其他企业	282985	271083	4739	2250	1768	687	2458
港、澳、台商投资企业	152403	147938	1639	1511	765	180	370
合资经营企业(港或澳、台资)	80524	78893	680	410	392	92	57
合作经营企业(港或澳、台资)	3376	3051	229	47	1	41	7
港、澳、台商独资经营企业	65985	63709	714	974	371	47	170
港、澳、台商投资股份有限公司	2166	1934	15	80	1		136
其他港澳台投资企业	352	351	1				
外商投资企业	495921	482721	3473	2133	2164	640	4790
中外合资经营企业	178508	174257	1541	842	722	336	810
中外合作经营企业	10112	10075	26	10		1	
外资企业	295988	287480	1896	1045	1427	267	3873
外商投资股份有限公司	7902	7807	7	78	10		
其他外商投资企业	3411	3102	3	158	5	36	107

第3篇

文化及相关产业篇

A.概况

3-A-01 文化及相关产业单位及从业人员情况

行业类别	法人单位		产业活动单位		个体经营户	
	单位数（个）	从业人员（人）	单位数（个）	从业人员（人）	户数（个）	从业人员（人）
总 计	**59169**	**1300909**	**2192**	**27997**	**87414**	**286775**
文化制造业	12924	675632	69	4223	9545	43863
文化批零业	13188	171102	257	3246	49842	142691
文化服务业	33057	454175	1866	20528	28027	100221

注：产业活动单位仅指非文化法人所属的文化产业活动单位，个体经营户仅指有证照的个体经营户(以下各表同)。

3-A-02 分地区文化及相关产业单位及从业人员情况

地 区	法人单位		产业活动单位		个体经营户	
	单位数（个）	从业人员（人）	单位数（个）	从业人员（人）	户数（个）	从业人员（人）
山东省	**59169**	**1300909**	**2192**	**27997**	**87414**	**286775**
济南市	7548	114299	142	1564	7047	20037
青岛市	15089	280357	170	2434	10862	40740
淄博市	3292	72061	145	2403	6873	19942
枣庄市	1539	55287	52	444	3876	15160
东营市	1451	32442	75	1212	2354	5786
烟台市	4949	98962	118	1789	5326	16727
潍坊市	4482	110779	165	2287	9621	32015
济宁市	4006	104605	142	3154	9337	32320
泰安市	2556	49727	121	1635	3165	8637
威海市	2719	66611	51	1156	2616	9462
日照市	772	15748	44	350	2195	7458
莱芜市	797	13168	23	173	766	2206
临沂市	2798	73038	122	1234	5363	16221
德州市	1811	60736	327	4104	2739	8311
聊城市	1958	42174	379	2671	4264	16863
滨州市	1330	29259	70	1077	2641	5870
菏泽市	2072	81656	46	310	8369	29020

注：产业活动单位仅指非文化法人所属的文化产业活动单位，个体经营户仅指有证照的个体经营户(以下各表同)。

3-A-03　分地区文化及相关产业法人单位分布情况

单位：个

地　区	单位数	#三上单位	文　化制造业	#规模以上	文　化批零业	#限额以上	文　化服务业	#规模以上
山东省	**59169**	**3227**	**12924**	**1837**	**13188**	**529**	**33057**	**861**
济南市	7548	290	711	72	1673	94	5164	124
青岛市	15089	639	3829	428	4261	60	6999	151
淄博市	3292	180	777	120	638	20	1877	40
枣庄市	1539	143	332	81	348	14	859	48
东营市	1451	37	111	12	297	6	1043	19
烟台市	4949	183	913	92	920	31	3116	60
潍坊市	4482	333	1250	147	855	86	2377	100
济宁市	4006	158	828	75	1046	44	2132	39
泰安市	2556	117	381	40	743	23	1432	54
威海市	2719	153	559	86	464	9	1696	58
日照市	772	21	200	14	114	1	458	6
莱芜市	797	51	149	31	265	8	383	12
临沂市	2798	244	874	187	464	18	1460	39
德州市	1811	217	442	117	327	51	1042	49
聊城市	1958	80	387	52	221	16	1350	12
滨州市	1330	97	326	66	291	18	713	13
菏泽市	2072	284	855	217	261	30	956	37

3-A-04 按类别分文化及相关产业企业基本情况

单位：万元

类别	单位数（个）	年末从业人员（人）	营业收入	#主营业务收入	营业税金及附加	#主营业务税金及附加	资产总计
总计	**52879**	**1182309**	**80780255**	**79497363**	**1011256**	**996109**	**94115234**
工艺美术品的制造	4615	238030	14295544	14254856	153526	147650	5538176
园林、陈设艺术及其他陶瓷制品制造	171	8177	349806	348935	3416	3409	178761
印刷复制服务	5310	154586	9344675	9317620	109600	108655	4968656
办公用品的制造	199	10319	585434	591935	5309	5412	248657
乐器的制造	138	9008	463527	536694	4640	6095	206468
玩具的制造	493	41006	1729466	1725457	19627	19014	589881
游艺器材及娱乐用品的制造	47	1286	57704	97111	475	758	23866
视听设备的制造	81	29247	7681143	7029238	2228	23803	3861998
焰火、鞭炮产品制造	45	6331	262381	262376	2494	2492	122901
文化用纸的制造	734	107857	14540069	14365146	54800	54426	16130337
文化用油墨颜料的制造	240	5763	408283	454691	4933	5392	231009
文化用化学品的制造	51	5115	381249	378417	3464	3460	389793
其他文化用品的制造	487	20442	1066785	1061981	13685	13212	697670
印刷专用设备的制造	130	5820	546793	545577	12215	12214	180424
广播电视电影专用设备的制造	82	28562	1692546	1583575	10338	10385	1714185
其他文化专用设备的制造	71	2011	43239	42995	745	742	69309
发行服务	45	11134	729260	709317	4555	4375	986585
工艺美术品的销售	214	11508	2615916	2560771	16035	15981	719504
文化贸易代理与拍卖服务	6	518	302004	302004	980	980	86097
文具乐器照相器材的销售	109	5095	2001552	1988906	6013	5988	986142
文化用家电的销售	108	6297	3445030	3431751	12930	12277	2067266
其他文化用品的销售	27	3625	234129	231191	1667	1664	91919
广播电视电影专用设备的批发	8	329	116685	116374	338	338	70926
舞台照明设备的批发	12	1223	434178	431625	1300	1300	421091
新闻服务	21	362	5564	5338	240	238	4921
出版服务	200	14261	561476	554676	15083	14803	1620689
广播电视服务	64	4191	90017	88820	10780	10780	194419
电影和影视录音服务	563	10022	224614	218477	7556	7486	683454
文艺创作与表演服务	347	6506	158980	156278	14396	14350	349040
图书馆与档案馆服务	7	63	939	931	36	36	715
文化遗产保护服务	73	1319	24829	24115	1181	1175	216188
群众文化服务	99	1092	28309	28264	920	917	40127
文化研究和社团服务	33	370	8632	8630	321	321	6313
文化艺术培训服务	433	4617	66999	66376	2586	2571	96029
其他文化艺术业服务	535	5012	119798	116532	5863	5857	491405
互联网信息服务	1029	11704	246219	245290	9199	9153	211624
增值电信服务(文化部分)	69	2759	46469	46417	1727	1725	38612
广播电视传输服务	108	5899	290171	271260	5204	5203	1246381
广告服务	8764	75212	2274650	2253520	81167	80102	32034188
文化软件服务	1589	26629	885421	880522	22016	21828	1139827
建筑设计服务	1241	28699	920237	912931	33107	32994	1162347
专业设计服务	1194	17096	580306	569449	14411	14314	689475
景区游览服务	860	31960	668216	654783	28092	27211	4370221
娱乐休闲服务	6360	46860	1138011	1131028	48055	47366	1360973
摄影扩印服务	505	5365	118071	117917	5204	5205	178721
版权服务	92	796	24111	23596	941	917	54913
文化经纪代理服务	100	818	19376	19268	781	781	60254
文化出租服务	44	596	11164	11164	654	634	11166
会展服务	804	15313	286927	284097	8953	8853	706478
其他文化辅助服务	1633	18054	493768	489910	18545	18452	1529031

3-A-05　分地区文化及相关产业企业基本情况

单位：万元

地　区	单位数(个)	年末从业人员(人)	营业收入	#主营业务收入	营业税金及附加	#主营业务税金及附加	资产总计
山东省	**52879**	**1182309**	**80780255**	**79497363**	**1011256**	**996109**	**94115234**
济南市	6796	91813	4511375	4468163	59043	58517	6632488
青岛市	14440	268745	24482284	23723878	355301	345114	45245156
淄博市	2754	64758	4400195	4387342	44044	43124	3566711
枣庄市	1340	51484	2389309	2378601	40617	40491	1317102
东营市	1245	27100	2686426	2649187	18428	18077	2892029
烟台市	4426	91451	4749829	4688053	65900	65524	4112258
潍坊市	3947	100244	9311096	9145953	62275	61607	10177950
济宁市	3539	97114	7708582	7652790	79312	79048	5242047
泰安市	2267	44735	2345978	2336565	46918	46711	1747689
威海市	2471	62303	2857041	2838552	37879	37624	2434083
日照市	608	12834	495269	492204	6256	6081	1079695
莱芜市	699	11826	403950	401104	3116	3035	563838
临沂市	2420	66088	3249878	3237726	35586	35507	1805412
德州市	1605	55566	2969976	2950797	57421	56947	1685931
聊城市	1414	33879	2554695	2489062	21908	21572	2324139
滨州市	1094	26656	1926236	1921597	25960	25889	1953499
菏泽市	1814	75713	3738136	3735792	51293	51241	1335210

3-A-06 按类别分文化及相关产业事业(其他)单位基本情况

单位：万元

类　别	单位数(个)	年末从业人员(人)	支出(费用)	年末资产
总　计	**6290**	**118600**	**2055205**	**4850566**
新闻服务	38	761	10143	13951
出版服务	92	3015	57066	85417
广播电视服务	177	23324	571015	1339594
电影和影视录音服务	48	4515	99318	842316
文艺创作与表演服务	393	9603	100185	420565
图书馆与档案馆服务	295	4498	59995	168594
文化遗产保护服务	28	2114	60391	289626
群众文化服务	386	5030	79567	83623
文化研究和社团服务	2000	23332	162659	196538
文化艺术培训服务	1196	16028	198214	353366
其他文化艺术业服务	220	1900	18104	33018
互联网信息服务	24	101	6457	2611
增值电信服务(文化部分)	1	19	101	110
广播电视传输服务	58	1082	18024	95099
广告服务	17	146	1690	2643
文化软件服务	5	28	246	310
建筑设计服务	44	1031	13268	17520
专业设计服务	27	408	8269	40196
景区游览服务	259	11013	428622	664800
娱乐休闲服务	173	1012	16343	22704
摄影扩印服务	7	30	1436	366
版权服务	6	35	353	283
文化经纪代理服务	5	18	82	142
文化出租服务	1	3	1	1
会展服务	35	395	11293	22797
其他文化辅助服务	337	4708	61991	90335

3-A-07 分地区文化及相关产业事业（其他）单位基本情况

单位：万元

地 区	单位数(个)	年末从业人员(人)	支出(费用)	年末资产
山东省	**6290**	**118600**	**2055205**	**4850566**
济南市	752	22486	541281	1453700
青岛市	649	11612	237281	703016
淄博市	538	7303	85069	284789
枣庄市	199	3803	36145	53282
东营市	206	5342	160770	110880
烟台市	523	7511	110317	268548
潍坊市	535	10535	153915	874473
济宁市	467	7491	226403	118796
泰安市	289	4992	147225	109256
威海市	248	4308	65937	183591
日照市	164	2914	24318	107662
莱芜市	98	1342	9737	33599
临沂市	378	6950	54373	162983
德州市	206	5170	62797	160010
聊城市	544	8295	61549	121253
滨州市	236	2603	39857	53911
菏泽市	258	5943	38231	50818

B.文化制造业

3-B-01 按类别分文化制造业企业主要指标

单位：万元

类别	单位数(个)	年末从业人员(人)	营业收入	#主营业务收入	营业税金及附加	#主营业务税金及附加	资产总计	实收资本
总计	**12924**	**675632**	**53637407**	**52596603**	**426173**	**417118**	**35222838**	**6045406**
工艺美术品的制造	4615	238030	14295544	14254856	153526	147650	5538176	1362624
园林、陈设艺术及其他陶瓷制品制造	171	8177	349806	348935	3416	3409	178761	36501
印刷复制服务	5310	154586	9344675	9317620	109600	108655	4968656	1390797
办公用品的制造	199	10319	585434	591935	5309	5412	248657	50273
乐器的制造	138	9008	463527	536694	4640	6095	206468	116148
玩具的制造	493	41006	1729466	1725457	19627	19014	589881	159293
游艺器材及娱乐用品的制造	47	1286	57704	97111	475	758	23866	7927
视听设备的制造	81	29247	7681143	7029238	2228	23803	3861998	511027
焰火、鞭炮产品制造	45	6331	262381	262376	2494	2492	122901	36471
文化用纸的制造	734	107857	14540069	14365146	54800	54426	16130337	1606439
文化用油墨颜料的制造	240	5763	408283	454691	4933	5392	231009	67050
文化用化学品的制造	51	5115	381249	378417	3464	3460	389793	77988
其他文化用品的制造	487	20442	1066785	1061981	13685	13212	697670	231335
印刷专用设备的制造	130	5820	546793	545577	12215	12214	180424	55193
广播电视电影专用设备的制造	82	28562	1692546	1583575	10338	10385	1714185	321974
其他文化专用设备的制造	71	2011	43239	42995	745	742	69309	14367

3-B-02　分地区文化制造业企业主要指标

单位：万元

地　区	单位数（个）	年末从业人员（人）	营业收入	#主营业务收入	营业税金及附加	#主营业务税金及附加	资产总计	实收资本
山东省	**12924**	**675632**	**53637407**	**52596603**	**426173**	**417118**	**35222838**	**6045406**
济南市	711	22015	899479	887698	8042	7996	1047497	329398
青岛市	3829	156527	15139968	14454507	140400	132849	6870047	1588035
淄博市	777	43480	3772216	3766301	21108	20647	2970846	283922
枣庄市	332	34192	1816731	1809604	16879	16799	652531	124079
东营市	111	10406	1989169	1961097	4504	4435	1890252	219573
烟台市	913	44211	2539171	2532498	20216	20179	1481364	325768
潍坊市	1250	63027	6146458	6003818	29970	29875	7618683	982593
济宁市	828	49377	5555586	5511465	31663	31552	3793538	392729
泰安市	381	13879	1243847	1241985	12858	12836	594383	99368
威海市	559	38788	2193933	2177281	13536	13415	1431510	202592
日照市	200	7180	332109	330520	2356	2311	357782	58104
莱芜市	149	6987	277436	276836	1196	1155	357716	71682
临沂市	874	46509	2651432	2642261	24086	24057	1021170	269652
德州市	442	36459	2208596	2196828	29030	29029	1091735	243193
聊城市	387	22088	2301167	2237412	14959	14659	1582025	161891
滨州市	326	18098	1383807	1381973	20586	20549	1469466	372405
菏泽市	855	62409	3186302	3184519	34784	34775	992293	320422

3-B-03 规模以上文化

分 组	单位数(个)	年末从业人员(人)	资产总计	营业收入	#主营业务收入
总 计	**1837**	**409690**	**29516172**	**47741819**	**46737374**
按企业规模分					
大型	36	113370	17688519	19498651	18603410
中型	197	109499	4841170	7144216	7074521
小型	1533	186520	6698292	20746220	20706713
微型	71		288191	352732	352730
按登记注册类型分					
内资企业	1474	323609	25593100	40304322	39335622
国有企业	7	2506	92060	63269	60066
集体企业	10	1683	60738	156116	156116
股份合作企业	8	1774	93804	241614	241554
国有联营企业					
集体联营企业					11432
国有与集体联营企业					
其他联营企业					
国有独资公司	4	17545	3066918	5780529	5132403
其他有限责任公司	261	96502	9618501	12266986	12073210
股份有限公司	23	29771	6723748	3571962	3461398
私营独资企业	113	13048	292084	1673977	1673977
私营合伙企业					25413
私营有限责任公司	1002	155382	5431868	16138789	16125840
私营股份有限公司	29	3603	123519	269348	269348
其他企业	13	1240	73413	104887	104864
港、澳、台商投资企业	91	21948	1856232	2387126	2368531
外商投资企业	272	64133	2066840	5050371	5033221
按企业控股情况分					
国有控股	23	32072	8059580	8042643	7381331
集体控股	45	24832	2848407	3079567	3033757
私人控股	1406	252327	11733196	25416315	25226855
港澳台商控股	65	17146	1649249	1803158	1785855
外商控股	217	56880	1773746	4311227	4293132
其他	81	26433	3451994	5088909	5016444

制造业企业基本情况

单位：万元

营业税金及附加	#主营业务	营业利润	应交增值税	工业总产值（当年价格）	工业销售产值（当年价格）	#出口交货值
294544	**286118**	**3043497**	**1476780**	**11793906**	**11603576**	**1816402**
60263	59286	1131660	510915	44268	43525	
35090	35084	375360	186447	554212	554074	130938
196839	189406	1518176	767938	10831725	10654910	1666550
2351	2342	18302	11480	363700	351067	18914
248997	243775	2641864	1277993	9378760	9222545	1034845
465	465	3817	2513	25505	25439	
699	699	13669	7911	54994	54851	
3488	3485	15056	5629	34574	34404	2187
	116			11432	11432	
20962	20330	321754	207298	5501	5501	2896
53856	53341	635820	326532	1492131	1463722	119325
15327	15327	294600	81891	82342	80711	12664
16243	16221	135075	74740	875107	859111	75597
	418			22363	22353	
134577	130528	1194061	555263	6576800	6470782	785304
2378	2378	21421	11331	119035	116916	30481
467	467	4035	3547	78977	77324	6392
9632	9598	124718	39368	669895	653856	225429
35915	32744	276916	159420	1745250	1727175	556128
28117	27485	405515	255086	93192	93860	2896
6024	5969	196073	105541	251654	245372	17122
205617	199361	1924193	869826	9124891	8972575	1091417
6216	6183	105241	28181	520928	505292	161942
29798	28436	239907	136586	1469622	1460050	461175
18771	18683	172569	81562	333620	326428	81850

3-B-04　按类别分规模以上文化制造业企业基本情况

单位：万元

类　别	单位数(个)	年末从业人员(人)	#女性	资产总计	营业收入	营业税金及附加
总　计	**1837**	**409690**	**209125**	**29516172**	**47741819**	**294544**
工艺美术品的制造	786	131434	81227	3867256	12087563	109665
园林、陈设艺术及其他陶瓷制品制造	23	4323	2166	92880.2	281392.2	1673.6
印刷复制服务	475	63414	26250	2840222	7161331	56777
办公用品的制造	38	6484	3340	172039	492436	2133
乐器的制造	23	5788	3332	162586	409908	3267
玩具的制造	109	25790	18642	362067	1446779	12753
游艺器材及娱乐用品的制造	4	294	210	8242	39817	148
视听设备的制造	23	27292	13886	3810434	7646293	1754
焰火、鞭炮产品制造	12	2328	1234	29904	191763	1423
文化用纸的制造	171	93239	31885	15412994	14173166	46795
文化用油墨颜料的制造	19	1665	742	108790	298886	2005
文化用化学品的制造	18	4171	1249	367696	354234	2873
其他文化用品的制造	49	9309	4587	389156	792133	7490
印刷专用设备的制造	29	4179	923	119071	503836	11215
广播电视电影专用设备的制造	25	27071	19329	1661382	1658815	9806
其他文化专用设备的制造	3	837	123	40703	14701	87

3-B-05　分地区规模以上文化制造业企业基本情况

单位：万元

地　区	单位数（个）	年末从业人员（人）	#女性	资产总计	营业收入	营业税金及附加
山东省	**1837**	**409690**	**209125**	**29516172**	**47741819**	**294544**
济南市	72	10376	4498	628453	672605	3164
青岛市	428	84186	44521	5558426	13567272	105954
淄博市	120	33556	13022	2779819	3543729	15590
枣庄市	81	24904	14422	497809	1610794	11319
东营市	12	8533	3103	1815659	1961511	3891
烟台市	92	25601	12235	1104119	2088925	8478
潍坊市	147	43208	24523	7105499	5715608	21285
济宁市	75	25432	9811	3230210	4516299	12313
泰安市	40	7695	3749	405007	1080595	8205
威海市	86	24769	12578	1120444	1987791	10118
日照市	14	2959	2027	224741	260003	708
莱芜市	31	4926	2466	274711	237509	807
临沂市	187	30212	19417	655555	2298705	16046
德州市	117	23738	12431	853818	1998619	20681
聊城市	52	14778	5622	1446501	2161730	12280
滨州市	66	11693	5761	1130483	1255171	18331
菏泽市	217	33124	18939	684918	2784952	25373

3-B-06 规模以下文化制造业企业主要财务指标

单位：万元

分组	单位数(个)	年末从业人员(人)	#女性	营业收入	#主营业务收入	营业税金及附加	#主营业务税金及附加	资产总计	实收资本
总计	**11087**	**265942**	**131903**	**5895588**	**5859229**	**131629**	**131000**	**5706666**	**1892339**
按登记注册类型分									
内资企业	10507	244665	121267	5514415	5479616	124153	123572	5235259	1716807
国有企业	69	2282	957	51764	50841	1204	1185	85017	19891
集体企业	175	3730	1805	74899	74547	1974	1950	99938	34882
股份合作企业	52	1284	602	19520	19509	571	570	26157	6468
国有联营企业	1	5	3	100	100	8	8	201	200
集体联营企业	6	183	92	2787	2536	102	92	4962	1913
国有与集体联营企业									
其他联营企业									
国有独资公司	4	154	109	1215	1215	23	19	1771	1140
其他有限责任公司	778	19217	9319	360637	355767	7611	7576	624043	244930
股份有限公司	83	1522	835	36031	36031	832	832	42599	15987
私营独资企业	3631	79115	39462	1839218	1829384	40958	40807	1574287	454343
私营合伙企业	185	5837	2801	139892	137543	2349	2348	102169	30463
私营有限责任公司	5010	120620	59806	2737665	2723089	62735	62448	2461666	833582
私营股份有限公司	143	2718	1384	64644	64355	1377	1374	60676	19862
其他企业	370	7998	4092	186045	184699	4410	4364	151774	53145
港、澳、台商投资企业	61	2805	1421	40259	39234	666	666	119113	44581
外商投资企业	519	18472	9215	340914	340380	6811	6762	352295	130951
按企业控股情况分									
国有控股	91	3411	1402	60264	58834	1397	1374	112566	23975
集体控股	215	4597	2243	94689	94082	2484	2450	248139	104881
私人控股	9913	231510	115373	5233706	5203891	117600	117118	4831066	1549846
港澳台商控股	47	1715	869	32050	31040	582	582	75000	33140
外商控股	467	16646	8270	291956	291634	4697	4661	233532	113646
其他	354	8063	3746	182924	179748	4869	4815	206363	66851

3-B-07　按类别分规模以下文化制造业企业主要财务指标

单位：万元

类　别	单位数（个）	年末从业人员（人）	#女性	营业收入	#主营业务收入	营业税金及附加	#主营业务税金及附加	资产总计	实收资本
总　计	**11087**	**265942**	**131903**	**5895588**	**5859229**	**131629**	**131000**	**5706666**	**1892339**
工艺美术品的制造	3829	106596	58444	2207981	2196340	43861	43709	1670920	609617
园林、陈设艺术及其他陶瓷制品制造	148	3854	1683	68413	67542	1743	1735	85881	24890
印刷复制服务	4835	91172	39409	2183344	2170413	52823	52502	2128434	712043
办公用品的制造	161	3835	1749	92998	92619	3175	3175	76617	25640
乐器的制造	115	3220	1383	53619	53589	1373	1366	43882	11000
玩具的制造	384	15216	11536	282687	279757	6874	6820	227814	70484
游艺器材及娱乐用品的制造	43	992	359	17887	17565	327	327	15624	5616
视听设备的制造	58	1955	1112	34851	34672	474	474	51564	35875
焰火、鞭炮产品制造	33	4003	2516	70618	70613	1071	1069	92997	28209
文化用纸的制造	563	14618	5736	366904	364511	8005	7969	717343	149456
文化用油墨颜料的制造	221	4098	1222	109397	109297	2928	2927	122218	30797
文化用化学品的制造	33	944	351	27015	26910	591	588	22097	8297
其他文化用品的制造	438	11133	4875	274652	270479	6195	6154	308514	122722
印刷专用设备的制造	101	1641	431	42957	42802	1000	999	61352	16916
广播电视电影专用设备的制造	57	1491	663	33730	33730	532	532	52802	28828
其他文化专用设备的制造	68	1174	434	28538	28391	658	656	28606	11949

3-B-08 分地区规模以下文化制造业企业主要财务指标

单位：万元

地 区	单位数（个）	年末从业人员（人）	#女性	营业收入	#主营业务收入	营业税金及附加	#主营业务税金及附加	资产总计	实收资本
山东省	**11087**	**265942**	**131903**	**5895588**	**5859229**	**131629**	**131000**	**5706666**	**1892339**
济南市	639	11639	4620	226875	224409	4878	4832	419045	155499
青岛市	3401	72341	32773	1572696	1563074	34446	34296	1311621	521657
淄博市	657	9924	4935	228487	225779	5518	5489	191027	59351
枣庄市	251	9288	5738	205937	204928	5559	5544	154721	48454
东营市	99	1873	708	27658	27275	613	590	74593	30374
烟台市	821	18610	8729	450246	449373	11737	11702	377245	131446
潍坊市	1103	19819	10390	430850	427542	8685	8590	513184	169236
济宁市	753	23945	9440	1039287	1036333	19350	19280	563328	163049
泰安市	341	6184	2870	163252	161439	4654	4631	189377	42089
威海市	473	14019	7845	206142	205399	3419	3411	311066	71598
日照市	186	4221	2757	72106	71717	1648	1603	133041	32587
莱芜市	118	2061	1140	39927	39724	389	383	83005	19412
临沂市	687	16297	8202	352727	347398	8040	8012	365615	136590
德州市	325	12721	5160	209977	208854	8349	8348	237917	70874
聊城市	335	7310	3736	139437	138002	2679	2668	135524	63113
滨州市	260	6405	3868	128636	127792	2255	2218	338983	76070
菏泽市	638	29285	18992	401350	400193	9411	9404	307375	100943

C.文化批发和零售业

3-C-01　按类别分文化批发和零售业企业主要指标

单位：万元

类　　别	单位数（个）	年末从业人员（人）	营业收入	#主营业务收入	营业税金及附加	#主营业务税金及附加	资产总计	实收资本
总　　计	**13188**	**171102**	**17849574**	**17721174**	**248064**	**245719**	**10394888**	**2298929**
发行服务	986	21358	1070872	1049241	13563	13348	1319034	263798
工艺美术品的销售	2687	35373	3629197	3571792	39688	39472	1547155	470631
文化贸易代理与拍卖服务	1525	18847	1694961	1691569	44520	44342	907503	294509
文具乐器照相器材的销售	3251	32550	3331216	3313771	38754	38028	1767132	322006
文化用家电的销售	1692	24697	4446433	4428771	39265	38481	2614154	322113
其他文化用品的销售	1790	21806	1184920	1178676	24430	24308	866515	393099
广播电视电影专用设备的批发	632	6028	432311	431014	7578	7505	361066	116029
舞台照明设备的批发	625	10443	2059665	2056342	40266	40236	1012329	116744

3-C-02 分地区文化批发和零售业企业主要指标

单位：万元

地 区	单位数（个）	年末从业人员（人）	营业收入	#主营业务收入	营业税金及附加	#主营业务税金及附加	资产总计	实收资本
山东省	**13188**	**171102**	**17849574**	**17721174**	**248064**	**245719**	**10394888**	**2298929**
济南市	1673	22883	2187402	2169212	10230	10136	1721232	329694
青岛市	4261	43802	6656502	6634860	116646	114924	4103476	633487
淄博市	638	6206	355346	350180	8940	8917	233031	77414
枣庄市	348	6318	278626	276541	9893	9870	114731	32780
东营市	297	5404	314918	311420	6928	6787	398628	247363
烟台市	920	10457	1338516	1289379	12152	12143	406719	149658
潍坊市	855	13895	2671568	2657683	12742	12649	1390214	127519
济宁市	1046	17318	1312444	1307453	19132	19081	508491	139019
泰安市	743	10645	528532	526665	11621	11526	316510	96416
威海市	464	6728	260884	260134	8900	8889	152900	52142
日照市	114	1193	108116	107752	1074	1074	87038	32929
莱芜市	265	2095	102419	101223	1187	1174	150750	46569
临沂市	464	6691	387494	386075	4061	4054	199273	84853
德州市	327	6706	434593	431708	14403	14367	178812	78370
聊城市	221	2750	108309	107968	2009	2008	96331	32054
滨州市	291	3578	464405	463591	2722	2704	232075	93200
菏泽市	261	4433	339502	339332	5423	5415	104676	45462

3-C-03 限额以上文化批发和零售业企业基本情况

单位：万元

分组	单位数（个）	年末从业人员（人）	资产总计	营业收入	#主营业务收入	营业税金及附加	#主营业务税金及附加	营业利润	应交增值税
总计	**529**	**39729**	**5429529**	**9878753**	**9771937**	**43818**	**42902**	**441947**	**116822**
按登记注册类型分									
内资企业	518	39249	5402322	9808523	9701760	43038	42123	436148	115575
国有企业	7	222	18754	23190	23096	335	335	3953	394
集体企业	5	2517	935985	1052603	1051228	966	966	7385	3641
股份合作企业	2	92	3313	8625	8625	60	60	288	26
国有联营企业									
集体联营企业									
国有与集体联营企业									
其他联营企业									
国有独资公司	3	168	10660	15129	14232	453	453	1817	453
其他有限责任公司	147	18629	2367345	4467972	4390608	19849	19005	230119	52280
股份有限公司	4	1089	46227	112719	107674	841	816	16662	2278
私营独资企业	21	392	16908	98707	98408	1386	1386	13880	2411
私营合伙企业									
私营有限责任公司	319	14914	1914771	3928638	3907156	18635	18590	153603	52132
私营股份有限公司	4	748	63891	42051	41871	194	194	6259	745
其他企业	6	478	24469	58890	58861	318	318	2182	1216
国有企业	2	40	1644	4246	4193	98	97	1499	248
集体企业									
股份合作企业	2	92	3313	8625	8625	60	60	288	26
联营企业									
有限责任公司									
股份有限公司									
私营公司									
其他企业	3	168	10660	15129	14232	453	453	1817	453
港、澳、台商投资企业	2	40	1644	4246	4193	98	97	1499	248
外商投资企业	9	440	25563	65984	65984	682	682	4300	999
按企业控股情况分									
国有控股	19	8050	774905	1162730	1102103	4355	4355	106042	25253
集体控股	14	5629	1015656	1223783	1219485	2026	2026	8445	6495
私人控股	440	22199	2496852	5608210	5574892	26956	26839	286950	70299
港澳台商控股									
外商控股	8	417	25477	63912	63912	548	548	4174	838
其他	48	3434	1116638	1820117	1811546	9933	9134	36336	13937

3-C-04 按类别分限额以上文化批发和零售业企业基本情况

单位：万元

类别	单位数(个)	年末从业人员(人)	#女性	资产总计	营业收入	营业成本	营业税金及附加	利润总额
总计	**529**	**39729**	**21641**	**5429529**	**9878753**	**8906004**	**43818**	**435107**
发行服务	45	11134	5665	986585	729260	527616	4555	58085
工艺美术品的销售	214	11508	6588	719504	2615916	2294825	16035	174168
文化贸易代理与拍卖服务	6	518	111	86097	302004	255756	980	27970
文具乐器照相器材的销售	109	5095	2558	986142	2001552	1908404	6013	52962
文化用家电的销售	108	6297	3531	2067266	3445030	3221910	12930	92034
其他文化用品的销售	27	3625	2352	91919	234129	187870	1667	14976
广播电视电影专用设备的批发	8	329	147	70926	116685	96488	338	5180
舞台照明设备的批发	12	1223	689	421091	434178	413133	1300	9733

3-C-05 分地区限额以上文化批发和零售业企业基本情况

单位：万元

地区	单位数(个)	#亏损企业	年末从业人员(人)	#女性	资产总计	营业收入	营业成本	营业税金及附加	利润总额
山东省	**529**	**52**	**39729**	**21641**	**5429529**	**9878753**	**8906004**	**43818**	**435107**
济南市	94	22	12411	6059	1331441	1854625	1645665	5999	38771
青岛市	60	13	4346	2475	2083352	2681087	2515656	8969	51132
淄博市	20	3	1369	791	86911	124860	100300	1162	10151
枣庄市	14		344	140	8868	24257	21432	291	1296
东营市	6		2991	2200	68455	133722	106793	958	1131
烟台市	31		1223	809	123405	897743	780134	1960	63044
潍坊市	86	1	7163	3481	1139362	2357756	2234304	6528	81021
济宁市	44		2965	1842	213621	579788	520450	4237	29043
泰安市	23		675	293	29532	155800	122910	2036	19919
威海市	9		184	81	5181	48595	39929	2010	5230
日照市	1	1	52	41	1121	1154	990	6	-162
莱芜市	8	4	335	254	54622	23644	19610	312	-362
临沂市	18	4	1340	620	48648	123541	107727	759	6613
德州市	51	2	1690	1043	63402	288534	202344	5326	64740
聊城市	16	1	381	207	18777	34649	27849	274	3687
滨州市	18	1	1488	902	132693	379351	321026	1609	39736
菏泽市	30		772	403	20137	169648	138887	1383	20114

3-C-06 按类别分限额以上文化批发和

类别	单位数(个)	固定资产原价	本年折旧	主营业务收入	主营业务成本
总计	**529**	**578544**	**31611**	**9771937**	**8820482**
发行服务	45	227595	9108	709317	522604
工艺美术品的销售	214	115971	7259	2560771	2235512
文化贸易代理与拍卖服务	6	4710	184	302004	255756
文具乐器照相器材的销售	109	44131	2867	1988906	1897345
文化用家电的销售	108	128359	8765	3431751	3213107
其他文化用品的销售	27	45987	2670	231191	187654
广播电视电影专用设备的批发	8	3456	199	116374	96488
舞台照明设备的批发	12	8335	560	431625	412016

零售业企业主要财务指标

单位：万元

主营业务税金及附加	营业利润	营业外收入	#补贴收入	应付职工薪酬	应交增值税
42902	**441947**	**24477**	**8136**	**212534**	**116822**
4375	50489	9778	7691	74142	18345
15981	190873	823	6	40837	42181
980	27906	140	67	2040	11180
5988	53911	1203	6	29872	12087
12277	89315	12012	102	37819	21471
1664	14585	392	265	13167	4817
338	5020			1561	2717
1300	9848	130		13097	4024

3-C-07 分地区限额以上文化批发和

地　区	单位数（个）	固定资产原　价	本年折旧	主营业务收　入	主营业务成　本
山东省	**529**	**578544**	**31611**	**9771937**	**8820482**
济南市	94	242847	12533	1838861	1634052
青岛市	60	65688	2862	2667477	2511883
淄博市	20	12477	665	119983	99266
枣庄市	14	4499	238	23302	20714
东营市	6	39793	1914	130743	106584
烟台市	31	11781	1044	849478	727178
潍坊市	86	60050	2605	2345471	2223086
济宁市	44	22464	1596	576573	519068
泰安市	23	15213	1506	155770	122910
威海市	9	1941	144	48595	39929
日照市	1	486	25	1154	990
莱芜市	8	2965	121	22740	19608
临沂市	18	11651	836	123265	106147
德州市	51	54516	3185	285997	201487
聊城市	16	6057	587	34443	27794
滨州市	18	15018	1070	378582	321012
菏泽市	30	11100	681	169504	138773

零售业企业主要财务指标

单位：万元

主营业务税金及附加	营业利润	营业外收入	#补贴收入	应付职工薪酬	应交增值税
42902	**441947**	**24477**	**8136**	**212534**	**116822**
5999	30537	8692	7411	79396	23940
8171	39259	13118	432	44628	32364
1162	10702	336		5764	2170
291	1269	10		982	1315
958	723	408	284	10482	3984
1960	78595	47		5464	4981
6471	82186	1110	1	35865	8511
4230	31766	24		6782	3772
2036	19919			2275	6069
2010	5140			666	230
6	-162			182	13
310	-365	3	2	863	95
758	6509	291		5371	1199
5299	72438	1		5711	8877
274	4254	312		1139	663
1591	39173	44	6	4694	14854
1377	20003	82		2271	3786

3-C-08 限额以下文化批发和零售业企业主要财务指标

单位：万元

分组	单位数(个)	年末从业人员(人)	#女性	营业收入	#主营业务收入	营业税金及附加	#主营业务税金及附加	资产总计	实收资本
总计	**12659**	**131373**	**53767**	**7970821**	**7949236**	**204246**	**202818**	**4965359**	**1849148**
按登记注册类型分									
内资企业	12569	130025	53096	7902847	7881388	202885	201457	4907796	1824089
国有企业	98	1981	757	47447	46889	1619	1596	60393	31982
集体企业	95	2554	1030	85240	84043	2019	2003	110118	47479
股份合作企业	55	489	231	17130	17119	712	705	15645	7462
国有联营企业									
集体联营企业	3	39	5	775	775	26	26	868	332
国有与集体联营企业									
其他联营企业	2	26	5	717	717	42	42	774	360
国有独资公司	5	27	15	1573	1570	26	26	1230	870
其他有限责任公司	1642	16481	7068	947411	944071	24445	24324	700986	269397
股份有限公司	101	1364	658	94720	94079	1111	1051	34306	16114
私营独资企业	2334	26785	11365	1129529	1127343	37220	37130	661448	235426
私营合伙企业	190	1917	777	84361	83979	2552	2546	46680	17552
私营有限责任公司	7337	69100	27986	3918140	3907340	98255	97322	2508996	907589
私营股份有限公司	228	2301	908	100764	100696	2964	2927	71194	29945
其他企业	479	6961	2291	1475041	1472767	31894	31760	695158	259583
港、澳、台商投资企业	20	310	162	16002	16002	468	468	36890	17868
外商投资企业	70	1038	509	51972	51847	894	893	20673	7192
按企业控股情况分									
国有控股	129	3549	1505	68711	68040	2199	2157	81815	46086
集体控股	136	4578	1644	1257681	1256368	24700	24671	424923	56758
私人控股	11748	114916	47278	6020937	6004347	158929	157707	4137715	1606358
港澳台商控股	19	268	151	13066	13066	412	412	34367	16827
外商控股	68	1021	498	53758	53632	911	910	21086	6887
其他	558	7036	2688	556669	553784	17096	16960	265454	116233

3-C-09　按类别分限额以下文化批发和零售业企业主要财务指标

单位：万元

类　别	单位数（个）	年末从业人员（人）	#女性	营业收入	#主营业务收入	营业税金及附加	#主营业务税金及附加	资产总计	实收资本
总　计	**12659**	**131373**	**53767**	**7970821**	**7949236**	**204246**	**202818**	**4965359**	**1849148**
发行服务	941	10224	4859	341611	339924	9008	8973	332448	150384
工艺美术品的销售	2473	23865	11552	1013281	1011021	23653	23492	827651	339891
文化贸易代理与拍卖服务	1519	18329	6537	1392958	1389565	43540	43362	821406	290348
文具乐器照相器材的销售	3142	27455	11654	1329665	1324865	32741	32040	780990	276469
文化用家电的销售	1584	18400	7599	1001403	997020	26336	26204	546888	196296
其他文化用品的销售	1763	18181	6346	950791	947485	22763	22644	774596	381707
广播电视电影专用设备的批发	624	5699	2178	315626	314639	7240	7167	290141	104039
舞台照明设备的批发	613	9220	3042	1625487	1624717	38966	38936	591238	110014

3-C-10 分地区限额以下文化批发和零售业企业主要财务指标

单位：万元

地区	单位数(个)	年末从业人员(人)	#女性	营业收入	#主营业务收入	营业税金及附加	#主营业务税金及附加	资产总计	实收资本
山东省	**12659**	**131373**	**53767**	**7970821**	**7949236**	**204246**	**202818**	**4965359**	**1849148**
济南市	1579	10472	4941	332777	330351	4231	4137	389790	202582
青岛市	4201	39456	14639	3975415	3967384	107677	106753	2020125	553126
淄博市	618	4837	2337	230486	230197	7779	7755	146120	62268
枣庄市	334	5974	2579	254370	253239	9602	9580	105863	30195
东营市	291	2413	1089	181195	180677	5970	5829	330173	240592
烟台市	889	9234	4095	440773	439900	10192	10183	283314	134322
潍坊市	769	6732	3015	313812	312212	6214	6178	250852	79935
济宁市	1002	14353	5147	732656	730879	14895	14851	294870	96122
泰安市	720	9970	3500	372733	370896	9585	9490	286978	83859
威海市	455	6544	2805	212289	211539	6890	6879	147719	50492
日照市	113	1141	497	106962	106598	1068	1068	85916	32629
莱芜市	257	1760	797	78776	78482	876	864	96128	32439
临沂市	446	5351	2563	263953	262810	3302	3296	150625	76925
德州市	276	5016	2170	146059	145711	9077	9068	115410	48442
聊城市	205	2369	1060	73660	73525	1736	1735	77554	23501
滨州市	273	2090	929	85053	85009	1114	1113	99382	64163
菏泽市	231	3661	1604	169854	169828	4040	4039	84540	37559

D.文化服务业

3-D-01　按类别分文化服务业单位主要指标

类　　别	单位数(个)	规上企业	规下企业	事业单位	其他单位	年末从业人员(人)	规上企业	规下企业	事业单位	其他单位
总　　计	**33057**	**861**	**25906**	**2470**	**3820**	**454175**	**87556**	**248019**	**75889**	**42711**
新闻服务	59		21	36	2	1123		362	751	10
出版服务	292	43	157	84	8	17276	10210	4051	2953	62
广播电视服务	241	6	58	166	11	27515	1518	2673	22600	724
电影和影视录音服务	611	43	520	39	9	14537	2704	7318	4477	38
文艺创作与表演服务	740	21	326	217	176	16109	2020	4486	6302	3301
图书馆与档案馆服务	302		7	283	12	4561		63	4254	244
文化遗产保护服务	519	7	66	306	140	7884	456	863	5242	1323
群众文化服务	485	2	97	242	144	6122	99	993	3411	1619
文化研究和社团服务	2033		33	434	1566	23702		370	4901	18431
文化艺术培训服务	1629	3	430	196	1000	20645	122	4495	6662	9366
其他文化艺术业服务	755	1	534	77	143	6912	20	4992	917	983
互联网信息服务	1053	19	1010	7	17	11805	2682	9022	29	72
增值电信服务(文化部分)	70	7	62	1		2778	2046	713	19	
广播电视传输服务	166	8	100	53	5	6981	980	4919	1033	49
广告服务	8781	215	8549	9	8	75358	10436	64776	112	34
文化软件服务	1594	98	1491	2	3	26657	11782	14847	11	17
建筑设计服务	1285	92	1149	39	5	29730	10778	17921	978	53
专业设计服务	1221	32	1162	15	12	17504	2513	14583	348	60
景区游览服务	1119	142	718	204	55	42973	19265	12695	9993	1020
娱乐休闲服务	6533	53	6307	20	153	47872	5059	41801	171	841
摄影扩印服务	512	21	484	1	6	5395	735	4630	2	28
版权服务	98	1	91	2	4	831	23	773	18	17
文化经纪代理服务	105	3	97	1	4	836	94	724	2	16
文化出租服务	45	1	43		1	599	60	536		3
会展服务	839	20	784	17	18	15708	1091	14222	291	104
其他文化辅助服务	1970	23	1610	19	318	22762	2863	15191	412	4296

3-D-02 分地区文化服务业单位主要指标

地区	单位数(个)	规上企业	规下企业	事业单位	其他单位	年末从业人员(人)	规上企业	规下企业	事业单位	其他单位
山东省	**33057**	**861**	**25906**	**2470**	**3820**	**454175**	**87556**	**248019**	**75889**	**42711**
济南市	5164	124	4288	258	494	69401	14578	32337	15812	6674
青岛市	6999	151	6199	248	401	80028	18239	50177	8404	3208
淄博市	1877	40	1299	153	385	22375	2356	12716	4016	3287
枣庄市	859	48	612	92	107	14777	3228	7746	2131	1672
东营市	1043	19	818	90	116	16632	1628	9662	3568	1774
烟台市	3116	60	2533	253	270	44294	15595	21188	4991	2520
潍坊市	2377	100	1742	152	383	33857	7942	15380	5475	5060
济宁市	2132	39	1626	254	213	37910	3175	27244	5305	2186
泰安市	1432	54	1089	123	166	25203	4997	15214	3398	1594
威海市	1696	58	1390	97	151	21095	3026	13761	3127	1181
日照市	458	6	288	69	95	7375	430	4031	1308	1606
莱芜市	383	12	273	29	69	4086	1085	1659	640	702
临沂市	1460	39	1043	152	226	19838	3794	9094	5044	1906
德州市	1042	49	787	119	87	17571	2979	9422	3847	1323
聊城市	1350	12	794	122	422	17336	1285	7756	3066	5229
滨州市	713	13	464	121	115	7583	1401	3579	1699	904
菏泽市	956	37	661	138	120	14814	1818	7053	4058	1885

3-D-03　按类别分文化服务业企业主要指标

单位：万元

类　别	单位数(个)	年末从业人员(人)	营业收入	#主营业务收入	营业税金及附加	#主营业务税金及附加	资产总计
总　计	**26767**	**335575**	**9293274**	**9179587**	**337020**	**333271**	**48497509**
新闻服务	21	362	5564	5338	240	238	4921
出版服务	200	14261	561476	554676	15083	14803	1620689
广播电视服务	64	4191	90017	88820	10780	10780	194419
电影和影视录音服务	563	10022	224614	218477	7556	7486	683454
文艺创作与表演服务	347	6506	158980	156278	14396	14350	349040
图书馆与档案馆服务	7	63	939	931	36	36	715
文化遗产保护服务	73	1319	24829	24115	1181	1175	216188
群众文化服务	99	1092	28309	28264	920	917	40127
文化研究和社团服务	33	370	8632	8630	321	321	6313
文化艺术培训服务	433	4617	66999	66376	2586	2571	96029
其他文化艺术业服务	535	5012	119798	116532	5863	5857	491405
互联网信息服务	1029	11704	246219	245290	9199	9153	211624
增值电信服务(文化部分)	69	2759	46469	46417	1727	1725	38612
广播电视传输服务	108	5899	290171	271260	5204	5203	1246381
广告服务	8764	75212	2274650	2253520	81167	80102	32034188
文化软件服务	1589	26629	885421	880522	22016	21828	1139827
建筑设计服务	1241	28699	920237	912931	33107	32994	1162347
专业设计服务	1194	17096	580306	569449	14411	14314	689475
景区游览服务	860	31960	668216	654783	28092	27211	4370221
娱乐休闲服务	6360	46860	1138011	1131028	48055	47366	1360973
摄影扩印服务	505	5365	118071	117917	5204	5205	178721
版权服务	92	796	24111	23596	941	917	54913
文化经纪代理服务	100	818	19376	19268	781	781	60254
文化出租服务	44	596	11164	11164	654	634	11166
会展服务	804	15313	286927	284097	8953	8853	706478
其他文化辅助服务	1633	18054	493768	489910	18545	18452	1529031

3-D-04 分地区文化服务业企业主要指标

单位：万元

地 区	单位数(个)	年末从业人员(人)	营业收入	#主营业务收入	营业税金及附加	#主营业务税金及附加	资产总计
山东省	**26767**	**335575**	**9293274**	**9179587**	**337020**	**333271**	**48497509**
济南市	4412	46915	1424494	1411253	40772	40386	3863760
青岛市	6350	68416	2685814	2634511	98255	97341	34271632
淄博市	1339	15072	272633	270861	13995	13560	362834
枣庄市	660	10974	293952	292457	13845	13821	549840
东营市	837	11290	382340	376670	6996	6854	603150
烟台市	2593	36783	872142	866176	33533	33203	2224175
潍坊市	1842	23322	493070	484451	19563	19083	1169053
济宁市	1665	30419	840552	833873	28517	28415	940018
泰安市	1143	20211	573599	567915	22438	22349	836795
威海市	1448	16787	402224	401137	15443	15320	849673
日照市	294	4461	55045	53931	2826	2697	634875
莱芜市	285	2744	24095	23045	733	706	55371
临沂市	1082	12888	210952	209390	7439	7395	584969
德州市	836	12401	326787	322260	13988	13551	415384
聊城市	806	9041	145219	143682	4939	4905	645783
滨州市	477	4980	78024	76034	2652	2636	251958
菏泽市	698	8871	212332	211941	11086	11051	238241

3-D-05 规模以上文化服务业企业基本情况

单位：万元

分组	单位数(个)	年末从业人员(人)	资产总计	营业收入	#主营业务收入	营业税金及附加	#主营业务税金及附加	营业利润	应交增值税
总计	**861**	**87556**	**7901731**	**2954749**	**2921437**	**104333**	**102313**	**474715**	**49510**
按登记注册类型分									
内资企业	843	85887	7784535	2906533	2873978	102494	100476	465844	49100
国有企业	76	14016	1142457	530696	524254	26566	26157	71282	2072
集体企业	9	537	26742	14535	14145	642	619	1560	711
股份合作企业	1	9	402	1135	1135	34	34	370	
国有联营企业									
集体联营企业									
国有与集体联营企业									
其他联营企业									
国有独资公司	24	3753	566456	148891	142630	3039	2857	17401	4360
其他有限责任公司	276	26051	2953988	907493	897411	24759	24021	131800	13638
股份有限公司	42	7877	734058	321033	320378	9614	9614	58333	6729
私营独资企业	25	912	22848	51581	51576	2646	2601	13437	1950
私营合伙企业	1	30	7968	1988	1988	101	101	334	
私营有限责任公司	343	28605	1939930	755604	747387	31626	31064	135888	12638
私营股份有限公司	25	2904	319606	145491	145380	2577	2570	32275	6709
其他企业	21	1193	70081	28085	27694	892	839	3165	294
港、澳、台商投资企业	4	193	62067	8535	8174	300	300	181	198
外商投资企业	14	1476	55130	39682	39286	1539	1537	8690	211
按企业控股情况分									
国有控股	155	24556	3569212	1102406	1089482	40980	40356	157284	13909
集体控股	39	5693	500197	189687	188772	3563	3512	30287	3186
私人控股	564	45723	2975996	1290957	1277854	49040	47733	244341	27665
港澳台商控股	3	150	59656	5175	5175	222	222	484	160
外商控股	12	1296	52392	32756	32049	1374	1374	7858	239
其他	77	8343	661885	297301	292884	8311	8301	34770	4307

3-D-06 按类别分规模以上文化服务业企业基本情况

单位：万元

类别	单位数(个)	#亏损企业	年末从业人员(人)	#女性	资产总计	营业收入	营业成本	营业税金及附加	利润总额
总计	**861**	**155**	**87556**	**36023**	**7901731**	**2954749**	**1681894**	**104333**	**534902**
新闻服务									
出版服务	43	11	10210	4396	1197828	481242	296824	12714	127569
广播电视服务	6	1	1518	618	82184	43998	16527	9146	7519
电影和影视录音服务	43	13	2704	1283	290872	67337	32641	2449	-107
文艺创作与表演服务	21	4	2020	943	190696	82968	26564	8167	30422
图书馆与档案馆服务									
文化遗产保护服务	7	2	456	231	42470	5213	2820	322	866
群众文化服务	2		99	15	2028	5903	3770	106	1885
文化研究和社团服务									
文化艺术培训服务	3	1	122	101	112	558	61	18	11
其他文化艺术业服务	1		20	13	4279	1256	6166	187	163
互联网信息服务	19	4	2682	1348	32318	32497	13313	1060	7699
增值电信服务(文化部分)	7	1	2046	867	24449	25569	21263	957	-351
广播电视传输服务	8	3	980	256	947473	61027	32651	1442	24711
广告服务	215	23	10436	4493	392584	498083	313169	16567	68964
文化软件服务	98	28	11782	3771	698088	461387	278475	9386	74126
建筑设计服务	92	10	10778	3130	614381	428760	265510	11736	58277
专业设计服务	32	3	2513	770	85177	90997	58538	2723	8531
景区游览服务	142	24	19265	9341	2596127	450992	205004	18169	95970
娱乐休闲服务	53	8	5059	2493	329411	90200	36802	4454	15291
摄影扩印服务	21	3	735	430	8161	23901	14019	1551	4345
版权服务	1	1	23	11	757	147	24	6	62
文化经纪代理服务	3	1	94	56	1087	3058	2212	37	157
文化出租服务	1		60	28	446	624	543	20	9
会展服务	20	6	1091	510	226906	49097	28014	1601	1868
其他文化辅助服务	23	8	2863	919	133896	49934	26984	1513	6915

3-D-07 分地区规模以上文化服务业企业基本情况

单位：万元

地 区	单位数(个)	#亏损企业	年末从业人员(人)	#女性	资产总计	营业收入	营业成本	营业税金及附加	利润总额
山东省	**861**	**155**	**87556**	**36023**	**7901731**	**2954749**	**1681894**	**104333**	**534902**
济南市	124	37	14578	5465	2438576	789707	512940	18369	146751
青岛市	151	39	18239	7103	1478624	825510	464523	34724	149119
淄博市	40	20	2356	1092	81423	43244	29088	1766	686
枣庄市	48	6	3228	1462	77926	78265	41601	3383	13083
东营市	19	5	1628	613	87857	43226	26058	732	8666
烟台市	60	8	15595	7520	1512657	298561	152922	10953	52928
潍坊市	100	4	7942	3586	347366	163789	83951	6088	24872
济宁市	39	7	3175	1225	299814	107478	62340	3221	12437
泰安市	54	5	4997	1869	332121	207555	95159	7470	42273
威海市	58	9	3026	1030	58752	68533	42564	3006	14195
日照市	6	3	430	144	48505	7043	2446	228	-63
莱芜市	12	3	1085	348	9253	5716	2861	250	727
临沂市	39	3	3794	1626	318076	73633	29009	2828	17771
德州市	49	1	2979	1100	239273	134165	78554	6723	32866
聊城市	12	1	1285	588	401856	40690	20702	604	3534
滨州市	13	4	1401	471	64050	22231	11841	857	3696
菏泽市	37		1818	781	105602	45404	25335	3132	11361

3-D-08 按类别分规模以上文化服务业企业主要财务指标

单位：万元

类　　别	单位数（个）	固定资产原价	本年折旧	主营业务收入	主营业务成本	主营业务税金及附加	营业利润	应付职工薪酬	应交增值税
总　　计	**861**	**2905857**	**170197**	**2921437**	**1645639**	**102313**	**474715**	**499239**	**49510**
新闻服务									
出版服务	43	255688	11329	476382	287837	12467	79115	74521	6566
广播电视服务	6	67796	8270	43372	10214	9146	6872	7753	204
电影和影视录音服务	43	138676	9435	64567	32156	2426	-1174	10996	1216
文艺创作与表演服务	21	70191	4384	80989	26309	8143	27573	9884	987
图书馆与档案馆服务									
文化遗产保护服务	7	43422	115	4715	2662	322	854	1428	3
群众文化服务	2	971	37	5903	3770	106	1885	357	457
文化研究和社团服务									
文化艺术培训服务	3	103	13	558		18	12	259	
其他文化艺术业服务	1	2024	102	1256	6166	187	163	50	
互联网信息服务	19	7789	1029	32470	13050	1060	7315	9827	301
增值电信服务（文化部分）	7	33871	2795	25563	21263	957	-55	11037	73
广播电视传输服务	8	78582	6117	60851	30324	1442	22158	6744	391
广告服务	215	151083	12575	491814	309461	16208	70723	54590	7952
文化软件服务	98	81933	8611	458330	274313	9296	65854	77858	17572
建筑设计服务	92	100672	9737	426395	265033	11707	56190	99098	6687
专业设计服务	32	33104	3138	90952	58538	2723	8507	28565	1385
景区游览服务	142	1540532	76664	441392	201548	17420	99581	67972	3073
娱乐休闲服务	53	116385	7336	89449	31392	4054	15271	17886	798
摄影扩印服务	21	4232	504	23896	14006	1551	4729	2963	349
版权服务	1	99	24	147	24	6	-376	85	1
文化经纪代理服务	3	114	3	3058	2212	37	704	618	38
文化出租服务	1	1190	24	624	543		9	187	
会展服务	20	162402	6452	48952	27995	1534	1791	4855	394
其他文化辅助服务	23	14999	1504	49799	26762	1501	7014	11708	1065

3-D-09　分地区规模以上文化服务业企业主要财务指标

单位：万元

地　区	单位数(个)	固定资产原价	本年折旧	主营业务收入	主营业务成本	主营业务税金及附加	营业利润	应付职工薪酬	应交增值税
山东省	**861**	**2905857**	**170197**	**2921437**	**1645639**	**102313**	**474715**	**499239**	**49510**
济南市	124	385910	21344	784513	503182	18276	99276	126604	8996
青岛市	151	452587	25603	815508	459114	34388	126502	132241	17966
淄博市	40	57233	4097	43137	29028	1483	395	8566	28
枣庄市	48	37414	3019	78078	41598	3383	13419	9919	701
东营市	19	12851	1153	41696	24419	732	8552	10879	2056
烟台市	60	1068985	48958	295108	150558	10775	52310	75275	4612
潍坊市	100	135810	11569	160181	77991	5660	27997	31761	2468
济宁市	39	105648	7977	105654	61948	3213	14074	16443	332
泰安市	54	135633	13977	205335	94477	7428	47914	22716	6434
威海市	58	32043	3402	68422	39753	2919	14066	13311	1502
日照市	6	11211	856	6842	2258	147	-50	1913	15
莱芜市	12	6451	502	5086	2493	225	721	2493	22
临沂市	39	169763	6698	72117	28920	2811	18735	15698	754
德州市	49	138462	8209	133865	78513	6307	32901	12369	2981
聊城市	12	33861	1271	39971	20702	596	3555	5592	446
滨州市	13	27548	5928	20607	5352	853	3028	7547	179
菏泽市	37	94449	5633	45319	25335	3117	11321	5914	20

3-D-10　规模以下文化服务业企业主要财务指标

单位：万元

分　组	单位数（个）	年末从业人员（人）	#女性	营业收入	#主营业务收入	营业税金及附加	#主营业务税金及附加	资产总计	实收资本
总　计	**25906**	**248019**	**97135**	**6338525**	**6258150**	**232687**	**230958**	**40595778**	**3633603**
按登记注册类型分									
内资企业	25781	244703	95624	6115480	6052462	230659	228944	40232082	3555876
国有企业	498	14209	5509	247566	241713	12800	12748	1455106	299712
集体企业	124	2335	934	38922	38836	1558	1536	104888	26468
股份合作企业	97	1413	604	23429	23293	867	858	62185	34122
国有联营企业	8	79	39	747	747	22	22	5266	1603
集体联营企业	6	165	71	1358	1358	58	58	11596	1476
国有与集体联营企业	8	108	45	2242	2242	57	57	2087	1601
其他联营企业	8	234	121	19819	19819	69	69	10247	1006
国有独资公司	33	664	276	18909	18444	468	443	645387	93669
其他有限责任公司	3223	37031	14932	971881	960497	32380	32077	2516088	607358
股份有限公司	221	2860	1231	57480	55946	2078	2065	93474	52134
私营独资企业	6433	49128	19132	1234462	1225953	48984	48757	1089277	412823
私营合伙企业	460	3630	1447	89892	89539	3369	3353	86070	45020
私营有限责任公司	12433	106739	42583	2901520	2870619	108474	107513	33468955	1683782
私营股份有限公司	425	3738	1583	90667	90323	3474	3465	107565	50315
其他企业	1804	22370	7117	416587	413133	16002	15924	573891	244787
港、澳、台商投资企业	31	439	166	9281	8812	365	353	137191	34793
外商投资企业	94	2877	1345	213765	196876	1663	1661	226504	42934
按企业控股情况分									
国有控股	619	19024	6936	504746	495362	19635	19558	2491466	515156
集体控股	231	3778	1563	65791	65370	3549	3520	288737	47902
私人控股	23204	196805	78828	5075163	5025481	190431	188920	36603048	2644604
港澳台商控股	31	399	148	7454	6986	291	279	135893	33756
外商控股	81	2631	1220	209828	192945	1550	1549	217419	38360
其他	1740	25382	8440	475543	472007	17232	17133	859215	353825

3-D-11　按类别分规模以下文化服务业企业主要财务指标

单位：万元

类　别	单位数(个)	年末从业人员(人)	#女性	营业收入	#主营业务收入	营业税金及附加	#主营业务税金及附加	资产总计	实收资本
总　计	**25906**	**248019**	**97135**	**6338525**	**6258150**	**232687**	**230958**	**40595778**	**3633603**
新闻服务	21	362	137	5564	5338	240	238	4921	1986
出版服务	157	4051	1906	80234	78293	2369	2336	422861	122055
广播电视服务	58	2673	936	46019	45448	1634	1633	112235	40404
电影和影视录音服务	520	7318	3305	157277	153910	5108	5060	392582	410130
文艺创作与表演服务	326	4486	1987	76012	75289	6228	6206	158344	83353
图书馆与档案馆服务	7	63	47	939	931	36	36	715	265
文化遗产保护服务	66	863	349	19616	19400	859	852	173718	52727
群众文化服务	97	993	435	22405	22360	813	811	38099	24885
文化研究和社团服务	33	370	158	8632	8630	321	321	6313	2559
文化艺术培训服务	430	4495	2473	66442	65818	2568	2553	95917	23986
其他文化艺术业服务	534	4992	2092	118542	115276	5676	5670	487126	135169
互联网信息服务	1010	9022	3543	213722	212820	8140	8094	179306	103161
增值电信服务(文化部分)	62	713	233	20900	20854	770	768	14163	7876
广播电视传输服务	100	4919	2029	229144	210409	3762	3761	298908	56687
广告服务	8549	64776	26395	1776567	1761705	64601	63894	31641604	669873
文化软件服务	1491	14847	5502	424034	422192	12630	12532	441739	197783
建筑设计服务	1149	17921	6061	491477	486535	21371	21287	547966	186642
专业设计服务	1162	14583	4652	489309	478497	11688	11591	604298	174490
景区游览服务	718	12695	5182	217224	213391	9923	9791	1774094	360961
娱乐休闲服务	6307	41801	15449	1047811	1041579	43601	43312	1031562	369008
摄影扩印服务	484	4630	2577	94170	94021	3653	3654	170560	34307
版权服务	91	773	383	23964	23449	935	910	54156	25435
文化经纪代理服务	97	724	320	16317	16209	744	744	59166	15964
文化出租服务	43	536	225	10540	10540	634	634	10720	4603
会展服务	784	14222	4588	237830	235145	7352	7320	479572	181373
其他文化辅助服务	1610	15191	6171	443834	440110	17031	16951	1395135	347921

3-D-12 分地区规模以下文化服务业企业主要财务指标

单位：万元

地区	单位数(个)	年末从业人员(人)	#女性	营业收入	#主营业务收入	营业税金及附加	#主营业务税金及附加	资产总计	实收资本
山东省	**25906**	**248019**	**97135**	**6338525**	**6258150**	**232687**	**230958**	**40595778**	**3633603**
济南市	4288	32337	13423	634787	626740	22402	22110	1425183	566014
青岛市	6199	50177	19507	1860303	1819003	63531	62953	32793009	1138421
淄博市	1299	12716	5839	229390	227725	12229	12077	281410	83322
枣庄市	612	7746	3105	215687	214379	10462	10438	471914	110066
东营市	818	9662	3450	339114	334974	6264	6123	515293	145933
烟台市	2533	21188	8224	573581	571068	22580	22428	711518	236506
潍坊市	1742	15380	6154	329281	324271	13476	13423	821687	215613
济宁市	1626	27244	8553	733074	728219	25296	25202	640204	248302
泰安市	1089	15214	6181	366044	362580	14968	14921	504674	134899
威海市	1390	13761	5217	333691	332715	12438	12400	790920	131680
日照市	288	4031	1617	48002	47089	2598	2549	586370	142789
莱芜市	273	1659	627	18378	17960	482	481	46119	28181
临沂市	1043	9094	3704	137319	137274	4611	4584	266892	116650
德州市	787	9422	4247	192622	188395	7265	7244	176111	99886
聊城市	794	7756	2961	104530	103711	4336	4310	243927	108180
滨州市	464	3579	1563	55794	55426	1795	1783	187907	65439
菏泽市	661	7053	2763	166928	166622	7954	7933	132639	61726

3-D-13　按类别分文化服务业事业单位主要财务指标

类　别	单位数（个）	年末从业人员（人）	#女性	非企业单位支出（费用）	年末资产
总　计	**2470**	**75889**	**31823**	**1672711**	**4321373**
新闻服务	36	751	303	10070	13846
出版服务	84	2953	1259	56391	84641
广播电视服务	166	22600	9511	563089	1287993
电影和影视录音服务	39	4477	1765	98718	841442
文艺创作与表演服务	217	6302	2928	86721	403407
图书馆与档案馆服务	283	4254	2335	58616	163117
文化遗产保护服务	306	5242	2160	119833	305134
群众文化服务	242	3411	1599	36047	58809
文化研究和社团服务	434	4901	1657	70829	65940
文化艺术培训服务	196	6662	3249	85534	264767
其他文化艺术业服务	77	917	338	9961	17351
互联网信息服务	7	29	9	216	220
增值电信服务(文化部分)	1	19	5	101	110
广播电视传输服务	53	1033	381	16605	93797
广告服务	9	112	30	1238	2369
文化软件服务	2	11	2	132	88
建筑设计服务	39	978	301	12901	15533
专业设计服务	15	348	120	7586	39731
景区游览服务	204	9993	3499	418559	628784
娱乐休闲服务	20	171	81	2186	3269
摄影扩印服务	1	2	1	23	22
版权服务	2	18	7	276	89
文化经纪代理服务	1	2		21	14
文化出租服务					
会展服务	17	291	124	7146	16826
其他文化辅助服务	19	412	159	9914	14078

3-D-14 分地区文化服务业事业单位主要财务指标

单位：万元

地 区	单位数(个)	年末从业人员(人)	#女性	非企业单位支出(费用)	年末资产
山东省	**2470**	**75889**	**31823**	**1672711**	**4321373**
济南市	258	15812	6749	519489	1414570
青岛市	248	8404	3392	181412	656133
淄博市	153	4016	1642	48176	249962
枣庄市	92	2131	934	24269	41401
东营市	90	3568	1355	128356	78003
烟台市	253	4991	2134	73257	229032
潍坊市	152	5475	2211	103822	801126
济宁市	254	5305	2184	204029	100233
泰安市	123	3398	1166	128915	85709
威海市	97	3127	1425	53646	161731
日照市	69	1308	510	14046	42772
莱芜市	29	640	280	8535	24786
临沂市	152	5044	2317	46873	143946
德州市	119	3847	1596	56146	156289
聊城市	122	3066	1402	23878	50167
滨州市	121	1699	728	29542	46933
菏泽市	138	4058	1798	28320	38582

3-D-15　按类别分文化服务业其他单位主要财务指标

类　别	单位数(个)	年末从业人员(人)	#女性	非企业单位支出(费用)	年末资产
总　计	**3820**	**42711**	**18464**	**382493**	**529192**
新闻服务	2	10	2	73	105
出版服务	8	62	25	675	776
广播电视服务	11	724	324	7926	51601
电影和影视录音服务	9	38	16	600	874
文艺创作与表演服务	176	3301	2141	13464	17159
图书馆与档案馆服务	12	244	99	1379	5478
文化遗产保护服务	140	1323	529	10928	48533
群众文化服务	144	1619	862	43520	24814
文化研究和社团服务	1566	18431	6035	91830	130598
文化艺术培训服务	1000	9366	6089	112680	88599
其他文化艺术业服务	143	983	314	8143	15667
互联网信息服务	17	72	24	6241	2391
增值电信服务(文化部分)					
广播电视传输服务	5	49	11	1419	1302
广告服务	8	34	11	452	274
文化软件服务	3	17	5	114	222
建筑设计服务	5	53	15	368	1988
专业设计服务	12	60	21	683	465
景区游览服务	55	1020	429	10063	36016
娱乐休闲服务	153	841	405	14158	19435
摄影扩印服务	6	28	14	1413	344
版权服务	4	17	8	77	194
文化经纪代理服务	4	16	6	61	129
文化出租服务	1	3	2	1	1
会展服务	18	104	36	4147	5972
其他文化辅助服务	318	4296	1041	52077	76258

3-D-16 分地区文化服务业其他单位主要财务指标

单位：万元

地 区	单位数(个)	年末从业人员(人)	#女性	非企业单位支出(费用)	年末资产
山东省	**3820**	**42711**	**18464**	**382493**	**529192**
济南市	494	6674	2145	21792	39130
青岛市	401	3208	1641	55869	46883
淄博市	385	3287	1808	36893	34826
枣庄市	107	1672	769	11876	11881
东营市	116	1774	1082	32415	32877
烟台市	270	2520	1100	37060	39516
潍坊市	383	5060	2300	50093	73347
济宁市	213	2186	831	22374	18563
泰安市	166	1594	709	18310	23547
威海市	151	1181	691	12292	21859
日照市	95	1606	654	10272	64889
莱芜市	69	702	293	1202	8813
临沂市	226	1906	737	7500	19038
德州市	87	1323	606	6651	3722
聊城市	422	5229	1487	37670	71086
滨州市	115	904	502	10315	6978
菏泽市	120	1885	1109	9911	12237

3-D-17　文化创意和设计服务企业经营情况

分　组	单位数（个）	年　末从业人员（人）	主营业务收　入（万元）
总　计	**12788**	**147636**	**4616421**
按企业规模分			
规上企业	437	35509	1467491
规下企业	12351	112127	3148930
按行业类别分			
广告服务	8764	75212	2253520
文化软件服务	1589	26629	880522
建筑设计服务	1241	28699	912930
专业设计服务	1194	17096	569449

E. 文化产业个体经营户

3-E-01 按类别分文化产业个体经营户基本情况

类 别	户数 (个)	年末从业人员 (人)
总 计	**87414**	**286775**
造纸*	56	269
印刷	2178	8584
装订及印刷相关服务	818	2696
记录媒介复制	158	472
文教办公用品制造*	64	379
乐器制造	60	260
工艺美术品制造	4722	20161
玩具制造	989	8533
游艺器材及娱乐用品制造	41	199
涂料、油墨、颜料及类似产品制造*	43	348
专用化学产品制造*	13	49
炸药、火工及焰火产品制造*	42	133
陶瓷制品制造*	202	1284
文化、办公用机械制造*	87	269
印刷、制药、日化及日用品生产专用设备制造*	20	57
照明器具制造*	30	105
广播电视设备制造	7	25
视听设备制造	13	36
其他电子设备制造*	2	4
纺织、服装及家庭用品批发*	1098	3970
文化、体育用品及器材批发*	2699	9520
机械设备、五金产品及电子产品批发*	495	1448
贸易经纪与代理*	24	59
文化、体育用品及器材专门零售*	34781	95923
家用电器及电子产品专门零售*	10745	31771
电信*	239	751
广播电视传输服务	33	96
卫星传输服务*		
互联网信息服务	444	1348
软件开发*	14	36
其他信息技术服务业*	41	113
文化及日用品出租*	163	555
广告业	9135	29087
知识产权服务*	1	2
其他商务服务业*	3298	9825
社会人文科学研究		
工程技术*	2	5
其他专业技术服务业*	5089	19368
生态保护*		
公园和游览景区管理	28	149
技能培训、教育辅助及其他教育*	1546	5915
新闻业		
出版业		
广播		
电视		
电影和影视节目制作		
电影和影视节目发行		
电影放映	50	227
录音制作		
文艺创作与表演	256	824
艺术表演场馆	14	62
图书馆与档案馆		
文物及非物质文化遗产保护		
博物馆	5	10
烈士陵园、纪念馆		
群众文化活动	62	366
其他文化艺术业	399	1212
室内娱乐活动	5740	25409
游乐园	161	502
文化、娱乐、体育经纪代理*	23	108
其他娱乐业	1284	4251

注：仅包括有证照的个体经营户(下表同)。

3-E-02　分地区文化产业个体经营户基本情况

地　区	户数 (个)	年末从业人员 (人)
山东省	**87414**	**286775**
济南市	7047	20037
青岛市	10862	40740
淄博市	6873	19942
枣庄市	3876	15160
东营市	2354	5786
烟台市	5326	16727
潍坊市	9621	32015
济宁市	9337	32320
泰安市	3165	8637
威海市	2616	9462
日照市	2195	7458
莱芜市	766	2206
临沂市	5363	16221
德州市	2739	8311
聊城市	4264	16863
滨州市	2641	5870
菏泽市	8369	29020

注：仅包括有证照的个体经营户(下表同)。

第4篇

企业信息化和电子商务交易情况

4-1　分行业企业使用计算机情况

行　业	企业数(个)	使用计算机的企业		期末在用计算机数(台)	每百人拥有计算机数(台)
		数量(个)	比重(%)		
总　计	**80685**	**80420**	**99.7**	**2253930**	**15.0**
采矿业	**813**	**802**	**98.6**	**137067**	**15.9**
煤炭开采和洗选业	248	241	97.2	81061	14.6
石油和天然气开采业	20	20	100.0	36387	28.6
黑色金属矿采选业	155	155	100.0	4529	10.5
有色金属矿采选业	87	87	100.0	6563	12.5
非金属矿采选业	298	294	98.7	2224	4.4
开采辅助活动	3	3	100.0	6295	19.6
其他采矿业	2	2	100.0	8	1.6
制造业	**37103**	**36979**	**99.7**	**1001829**	**12.1**
农副食品加工业	3878	3869	99.8	68294	8.1
食品制造业	1042	1037	99.5	19963	9.9
酒、饮料和精制茶制造业	468	466	99.6	13952	11.6
烟草制品业	11	11	100.0	3358	28.0
纺织业	2644	2632	99.5	45472	5.7
纺织服装、服饰业	1251	1247	99.7	28791	7.8
皮革、毛皮、羽毛及其制品和制鞋业	492	491	99.8	8631	6.7
木材加工和木、竹、藤、棕、草制品业	1331	1328	99.8	8830	4.8
家具制造业	526	520	98.9	6375	7.9
造纸和纸制品业	725	723	99.7	15210	8.4
印刷和记录媒介复制业	470	467	99.4	8208	13.0
文教、工美、体育和娱乐用品制造业	1114	1111	99.7	17441	8.2
石油加工、炼焦和核燃料加工业	305	303	99.3	25932	21.1
化学原料和化学制品制造业	3603	3589	99.6	90205	13.8
医药制造业	720	718	99.7	35365	15.7
化学纤维制造业	74	73	98.6	2103	10.1
橡胶和塑料制品业	1770	1769	99.9	34856	9.8
非金属矿物制品业	3701	3680	99.4	48729	8.4
黑色金属冶炼和压延加工业	753	751	99.7	51066	15.5
有色金属冶炼和压延加工业	428	427	99.8	19046	11.8
金属制品业	2127	2117	99.5	41924	11.9
通用设备制造业	3243	3239	99.9	96468	16.4
专用设备制造业	2108	2102	99.7	66344	16.7
汽车制造业	1246	1245	99.9	59549	16.2
铁路、船舶、航空航天和其他运输设备制造业	359	359	100.0	25782	23.1
电气机械和器材制造业	1567	1564	99.8	64185	17.3
计算机、通信和其他电子设备制造业	649	645	99.4	78819	23.1
仪器仪表制造业	326	325	99.7	14172	24.7
其他制造业	86	86	100.0	1155	7.6
废弃资源综合利用业	63	62	98.4	800	13.9
金属制品、机械和设备修理业	23	23	100.0	804	23.9
电力、热力、燃气及水生产和供应业	**649**	**647**	**99.7**	**96492**	**40.8**
电力、热力生产和供应业	437	435	99.5	85246	44.5
燃气生产和供应业	98	98	100.0	5340	30.1
水的生产和供应业	114	114	100.0	5906	21.8
建筑业	**5910**	**5901**	**99.8**	**207135**	**7.3**
房屋建筑业	3192	3188	99.9	101997	4.7
土木工程建筑业	1020	1019	99.9	73689	16.7
建筑安装业	664	664	100.0	15383	12.0
建筑装饰和其他建筑业	1034	1030	99.6	16066	14.3

4-1 续表

行业	企业数(个)	使用计算机的企业		期末在用计算机数(台)	每百人拥有计算机数(台)
		数量(个)	比重(%)		
批发和零售业	**16926**	**16883**	**99.7**	**272863**	**27.2**
批发业	8332	8312	99.8	119851	29.5
零售业	8594	8571	99.7	153012	25.7
交通运输、仓储和邮政业	**3977**	**3959**	**99.5**	**94535**	**16.9**
铁路运输业	12	12	100.0	242	8.1
道路运输业	2708	2698	99.6	40257	11.4
水上运输业	186	185	99.5	10278	13.6
航空运输业	14	14	100.0	6054	41.2
管道运输业	12	12	100.0	1244	50.0
装卸搬运和运输代理业	454	452	99.6	11050	29.9
仓储业	520	515	99.0	8780	24.9
邮政业	71	71	100.0	16630	42.7
住宿和餐饮业	**3464**	**3447**	**99.5**	**45154**	**16.9**
住宿业	1088	1084	99.6	24570	21.2
餐饮业	2376	2363	99.5	20584	13.6
信息传输、软件和信息技术服务业	**471**	**470**	**99.8**	**131664**	**77.1**
电信、广播电视和卫星传输服务	87	87	100.0	84933	72.7
互联网和相关服务	30	30	100.0	2535	83.4
软件和信息技术服务业	354	353	99.7	44196	86.6
房地产业	**6474**	**6446**	**99.6**	**100101**	**34.9**
房地产业	6474	6446	99.6	100101	34.9
租赁和商务服务业	**1632**	**1626**	**99.6**	**62418**	**28.5**
租赁业	110	110	100.0	944	11.2
商务服务业	1522	1516	99.6	61474	29.2
科学研究和技术服务业	**1601**	**1597**	**99.8**	**45259**	**38.2**
研究和试验发展	56	55	98.2	2108	42.4
专业技术服务业	664	664	100.0	38514	54.6
科技推广和应用服务业	881	878	99.7	4637	10.8
水利、环境和公共设施管理业	**386**	**386**	**100.0**	**5480**	**13.7**
水利管理业	27	27	100.0	422	31.9
生态保护和环境治理业	37	37	100.0	848	31.2
公共设施管理业	322	322	100.0	4210	11.7
居民服务、修理和其他服务业	**420**	**420**	**100.0**	**4359**	**15.0**
居民服务业	123	123	100.0	1158	13.1
机动车、电子产品和日用产品修理业	172	172	100.0	1892	20.5
其他服务业	125	125	100.0	1309	11.9
教育	**409**	**408**	**99.8**	**22996**	**71.2**
教育	409	408	99.8	22996	71.2
卫生和社会工作	**230**	**229**	**99.6**	**12693**	**36.1**
卫生	222	221	99.5	12620	36.5
社会工作	8	8	100.0	73	11.9
文化、体育和娱乐业	**220**	**220**	**100.0**	**13885**	**54.3**
新闻和出版业	40	40	100.0	7853	86.5
广播、电视、电影和影视录音制作业	49	49	100.0	1909	46.0
文化艺术业	29	29	100.0	506	20.9
体育	43	43	100.0	1138	26.2
娱乐业	59	59	100.0	2479	44.4

4-2　分地区企业使用计算机情况

地　区	企业数(个)	使用计算机的企业		期末在用计算机数(台)	每百人拥有计算机数(台)
		数量(个)	比重(%)		
山东省	**80685**	**80420**	**99.7**	**2253930**	**15.0**
济南市	5816	5787	99.5	341170	26.6
青岛市	9490	9469	99.8	364261	22.2
淄博市	5086	5049	99.3	150117	13.3
枣庄市	3263	3258	99.8	63403	9.1
东营市	2047	2042	99.8	137615	20.5
烟台市	6680	6673	99.9	198063	14.3
潍坊市	9190	9181	99.9	215677	15.5
济宁市	4439	4422	99.6	127042	13.9
泰安市	4515	4477	99.2	98142	10.3
威海市	3505	3497	99.8	92653	12.7
日照市	1302	1299	99.8	53992	17.4
莱芜市	1024	1009	98.5	30399	14.7
临沂市	6514	6495	99.7	115396	10.1
德州市	6365	6349	99.7	82038	10.7
聊城市	3939	3929	99.7	62932	10.5
滨州市	2444	2436	99.7	67737	12.5
菏泽市	5066	5048	99.6	53293	8.4

4-3 分行业企业

行业	企业数(个)	使用信息化管理的企业数		财务管理		购销存管理	
		数量(个)	比重(%)	数量(个)	占使用信息化管理企业比重(%)	数量(个)	占使用信息化管理企业比重(%)
总　计	**80685**	**77251**	**95.7**	**67830**	**87.8**	**33056**	**42.8**
采矿业	**813**	**757**	**93.1**	**707**	**93.4**	**347**	**45.8**
煤炭开采和洗选业	248	233	94.0	223	95.7	124	53.2
石油和天然气开采业	20	20	100.0	20	100.0	8	40.0
黑色金属矿采选业	155	146	94.2	135	92.5	74	50.7
有色金属矿采选业	87	78	89.7	70	89.7	31	39.7
非金属矿采选业	298	276	92.6	255	92.4	108	39.1
开采辅助活动	3	2	66.7	2	100.0	1	50.0
其他采矿业	2	2	100.0	2	100.0	1	50.0
制造业	**37103**	**35436**	**95.5**	**31756**	**89.6**	**17400**	**49.1**
农副食品加工业	3878	3709	95.6	3296	88.9	1802	48.6
食品制造业	1042	1012	97.1	915	90.4	483	47.7
酒、饮料和精制茶制造业	468	448	95.7	396	88.4	227	50.7
烟草制品业	11	11	100.0	11	100.0	7	63.6
纺织业	2644	2495	94.4	2214	88.7	1164	46.7
纺织服装、服饰业	1251	1214	97.0	1100	90.6	525	43.2
皮革、毛皮、羽毛及其制品和制鞋业	492	473	96.1	433	91.5	181	38.3
木材加工和木、竹、藤、棕、草制品业	1331	1247	93.7	1074	86.1	483	38.7
家具制造业	526	497	94.5	442	88.9	225	45.3
造纸和纸制品业	725	698	96.3	626	89.7	369	52.9
印刷和记录媒介复制业	470	450	95.7	395	87.8	225	50.0
文教、工美、体育和娱乐用品制造业	1114	1083	97.2	982	90.7	495	45.7
石油加工、炼焦和核燃料加工业	305	289	94.8	270	93.4	170	58.8
化学原料和化学制品制造业	3603	3445	95.6	3122	90.6	1766	51.3
医药制造业	720	692	96.1	625	90.3	409	59.1
化学纤维制造业	74	70	94.6	65	92.9	40	57.1
橡胶和塑料制品业	1770	1705	96.3	1516	88.9	847	49.7
非金属矿物制品业	3701	3435	92.8	3036	88.4	1550	45.1
黑色金属冶炼和压延加工业	753	717	95.2	639	89.1	340	47.4
有色金属冶炼和压延加工业	428	408	95.3	358	87.7	201	49.3
金属制品业	2127	2020	95.0	1799	89.1	982	48.6
通用设备制造业	3243	3094	95.4	2789	90.1	1510	48.8

信息化管理情况

生产制造管理		物流配送管理		客户关系管理		人力资源管理		其他	
数量（个）	占使用信息化管理企业比重（%）	数量（个）	占使用信息化管理企业比重（%）	数量（个）	占使用信息化管理企业比重（%）	数量（个）	占使用信息化管理企业比重（%）	数量（个）	占使用信息化管理企业比重（%）
15118	**19.6**	**9789**	**12.7**	**23794**	**30.8**	**23833**	**30.9**	**18796**	**24.3**
188	**24.8**	**89**	**11.8**	**189**	**25.0**	**263**	**34.7**	**174**	**23.0**
54	23.2	39	16.7	47	20.2	108	46.4	47	20.2
8	40.0	3	15.0	2	10.0	13	65.0	9	45.0
39	26.7	7	4.8	49	33.6	46	31.5	37	25.3
26	33.3	6	7.7	14	17.9	30	38.5	9	11.5
60	21.7	33	12.0	77	27.9	64	23.2	71	25.7
1	50.0					2	100.0	1	50.0
		1	50.0						
11687	**33.0**	**5193**	**14.7**	**10843**	**30.6**	**10879**	**30.7**	**7233**	**20.4**
1098	29.6	542	14.6	1125	30.3	1051	28.3	778	21.0
335	33.1	200	19.8	315	31.1	296	29.2	221	21.8
145	32.4	90	20.1	162	36.2	163	36.4	101	22.5
6	54.5	6	54.5	5	45.5	8	72.7	1	9.1
695	27.9	300	12.0	721	28.9	715	28.7	489	19.6
373	30.7	155	12.8	343	28.3	368	30.3	219	18.0
150	31.7	52	11.0	138	29.2	133	28.1	95	20.1
278	22.3	133	10.7	359	28.8	254	20.4	289	23.2
142	28.6	67	13.5	141	28.4	142	28.6	100	20.1
226	32.4	124	17.8	186	26.6	191	27.4	126	18.1
159	35.3	57	12.7	114	25.3	141	31.3	95	21.1
344	31.8	134	12.4	378	34.9	327	30.2	199	18.4
121	41.9	49	17.0	97	33.6	130	45.0	67	23.2
1181	34.3	538	15.6	1106	32.1	1130	32.8	717	20.8
249	36.0	154	22.3	270	39.0	277	40.0	162	23.4
21	30.0	14	20.0	21	30.0	25	35.7	10	14.3
518	30.4	230	13.5	559	32.8	547	32.1	337	19.8
1077	31.4	448	13.0	930	27.1	906	26.4	695	20.2
213	29.7	84	11.7	218	30.4	197	27.5	147	20.5
143	35.0	58	14.2	107	26.2	125	30.6	89	21.8
694	34.4	261	12.9	630	31.2	624	30.9	381	18.9
1105	35.7	477	15.4	958	31.0	974	31.5	683	22.1

4-3 续表 1

行　　业	企业数（个）	使用信息化管理的企业数		财务管理		购销存管理	
		数量（个）	比重（%）	数量（个）	占使用信息化管理企业比重（%）	数量（个）	占使用信息化管理企业比重（%）
专用设备制造业	2108	2053	97.4	1843	89.8	1041	50.7
汽车制造业	1246	1208	97.0	1100	91.1	693	57.4
铁路、船舶、航空航天和其他运输设备制造业	359	351	97.8	330	94.0	197	56.1
电气机械和器材制造业	1567	1509	96.3	1363	90.3	844	55.9
计算机、通信和其他电子设备制造业	649	630	97.1	590	93.7	368	58.4
仪器仪表制造业	326	313	96.0	278	88.8	187	59.7
其他制造业	86	80	93.0	77	96.3	29	36.3
废弃资源综合利用业	63	59	93.7	54	91.5	27	45.8
金属制品、机械和设备修理业	23	21	91.3	18	85.7	13	61.9
电力、热力、燃气及水生产和供应业	**649**	**635**	**97.8**	**606**	**95.4**	**318**	**50.1**
电力、热力生产和供应业	437	430	98.4	412	95.8	228	53.0
燃气生产和供应业	98	95	96.9	91	95.8	53	55.8
水的生产和供应业	114	110	96.5	103	93.6	37	33.6
建筑业	**5910**	**5843**	**98.9**	**4907**	**84.0**	**1434**	**24.5**
房屋建筑业	3192	3162	99.1	2695	85.2	696	22.0
土木工程建筑业	1020	1011	99.1	858	84.9	240	23.7
建筑安装业	664	654	98.5	539	82.4	204	31.2
建筑装饰和其他建筑业	1034	1016	98.3	815	80.2	294	28.9
批发和零售业	**16926**	**15830**	**93.5**	**13592**	**85.9**	**8559**	**54.1**
批发业	8332	7772	93.3	6814	87.7	3913	50.3
零售业	8594	8058	93.8	6778	84.1	4646	57.7
交通运输、仓储和邮政业	**3977**	**3903**	**98.1**	**3306**	**84.7**	**838**	**21.5**
铁路运输业	12	12	100.0	12	100.0	3	25.0
道路运输业	2708	2653	98.0	2203	83.0	470	17.7
水上运输业	186	185	99.5	170	91.9	43	23.2
航空运输业	14	14	100.0	14	100.0	4	28.6
管道运输业	12	11	91.7	11	100.0	6	54.5
装卸搬运和运输代理业	454	449	98.9	414	92.2	95	21.2
仓储业	520	510	98.1	430	84.3	199	39.0
邮政业	71	69	97.2	52	75.4	18	26.1
住宿和餐饮业	**3464**	**3250**	**93.8**	**2799**	**86.1**	**1270**	**39.1**
住宿业	1088	1047	96.2	942	90.0	442	42.2
餐饮业	2376	2203	92.7	1857	84.3	828	37.6

生产制造管理		物流配送管理		客户关系管理		人力资源管理		其他	
数量（个）	占使用信息化管理企业比重（%）	数量（个）	占使用信息化管理企业比重（%）	数量（个）	占使用信息化管理企业比重（%）	数量（个）	占使用信息化管理企业比重（%）	数量（个）	占使用信息化管理企业比重（%）
695	33.9	288	14.0	611	29.8	648	31.6	431	21.0
530	43.9	235	19.5	379	31.4	433	35.8	232	19.2
149	42.5	61	17.4	103	29.3	146	41.6	63	17.9
590	39.1	245	16.2	498	33.0	513	34.0	312	20.7
281	44.6	115	18.3	213	33.8	260	41.3	100	15.9
122	39.0	57	18.2	119	38.0	112	35.8	65	20.8
24	30.0	6	7.5	13	16.3	16	20.0	16	20.0
16	27.1	11	18.6	17	28.8	21	35.6	9	15.3
7	33.3	2	9.5	7	33.3	6	28.6	4	19.0
265	**41.7**	**91**	**14.3**	**216**	**34.0**	**392**	**61.7**	**138**	**21.7**
215	50.0	79	18.4	143	33.3	293	68.1	103	24.0
16	16.8	8	8.4	42	44.2	43	45.3	13	13.7
34	30.9	4	3.6	31	28.2	56	50.9	22	20.0
935	**16.0**	**191**	**3.3**	**1296**	**22.2**	**2285**	**39.1**	**2159**	**37.0**
482	15.2	88	2.8	646	20.4	1260	39.8	1186	37.5
180	17.8	37	3.7	221	21.9	442	43.7	360	35.6
105	16.1	28	4.3	177	27.1	249	38.1	239	36.5
168	16.5	38	3.7	252	24.8	334	32.9	374	36.8
866	**5.5**	**2282**	**14.4**	**5201**	**32.9**	**3557**	**22.5**	**3503**	**22.1**
460	5.9	1159	14.9	2366	30.4	1551	20.0	1770	22.8
406	5.0	1123	13.9	2835	35.2	2006	24.9	1733	21.5
224	**5.7**	**1392**	**35.7**	**1152**	**29.5**	**1091**	**28.0**	**1133**	**29.0**
2	16.7	3	25.0	3	25.0	4	33.3	3	25.0
121	4.6	1045	39.4	753	28.4	652	24.6	777	29.3
23	12.4	35	18.9	61	33.0	77	41.6	58	31.4
4	28.6	3	21.4	5	35.7	12	85.7	3	21.4
6	54.5			1	9.1	8	72.7	4	36.4
26	5.8	141	31.4	149	33.2	167	37.2	132	29.4
35	6.9	123	24.1	151	29.6	145	28.4	133	26.1
7	10.1	42	60.9	29	42.0	26	37.7	23	33.3
138	**4.2**	**148**	**4.6**	**994**	**30.6**	**912**	**28.1**	**711**	**21.9**
39	3.7	48	4.6	428	40.9	384	36.7	217	20.7
99	4.5	100	4.5	566	25.7	528	24.0	494	22.4

4-3 续表 2

行业	企业数(个)	使用信息化管理的企业数		财务管理		购销存管理	
		数量(个)	比重(%)	数量(个)	占使用信息化管理企业比重(%)	数量(个)	占使用信息化管理企业比重(%)
信息传输、软件和信息技术服务业	**471**	**466**	**98.9**	**425**	**91.2**	**216**	**46.4**
电信、广播电视和卫星传输服务	87	87	100.0	85	97.7	62	71.3
互联网和相关服务	30	30	100.0	26	86.7	7	23.3
软件和信息技术服务业	354	349	98.6	314	90.0	147	42.1
房地产业	**6474**	**6370**	**98.4**	**5713**	**89.7**	**1623**	**25.5**
房地产业	6474	6370	98.4	5713	89.7	1623	25.5
租赁和商务服务业	**1632**	**1594**	**97.7**	**1362**	**85.4**	**258**	**16.2**
租赁业	110	108	98.2	90	83.3	17	15.7
商务服务业	1522	1486	97.6	1272	85.6	241	16.2
科学研究和技术服务业	**1601**	**1531**	**95.6**	**1261**	**82.4**	**394**	**25.7**
研究和试验发展	56	55	98.2	46	83.6	19	34.5
专业技术服务业	664	643	96.8	543	84.4	106	16.5
科技推广和应用服务业	881	833	94.6	672	80.7	269	32.3
水利、环境和公共设施管理业	**386**	**376**	**97.4**	**335**	**89.1**	**88**	**23.4**
水利管理业	27	27	100.0	23	85.2	4	14.8
生态保护和环境治理业	37	36	97.3	34	94.4	10	27.8
公共设施管理业	322	313	97.2	278	88.8	74	23.6
居民服务、修理和其他服务业	**420**	**412**	**98.1**	**338**	**82.0**	**108**	**26.2**
居民服务业	123	119	96.7	97	81.5	25	21.0
机动车、电子产品和日用产品修理业	172	172	100.0	139	80.8	62	36.0
其他服务业	125	121	96.8	102	84.3	21	17.4
教育	**409**	**404**	**98.8**	**331**	**81.9**	**36**	**8.9**
教育	409	404	98.8	331	81.9	36	8.9
卫生和社会工作	**230**	**226**	**98.3**	**199**	**88.1**	**102**	**45.1**
卫生	222	218	98.2	192	88.1	102	46.8
社会工作	8	8	100.0	7	87.5		
文化、体育和娱乐业	**220**	**218**	**99.1**	**193**	**88.5**	**65**	**29.8**
新闻和出版业	40	40	100.0	40	100.0	20	50.0
广播、电视、电影和影视录音制作业	49	49	100.0	42	85.7	15	30.6
文化艺术业	29	29	100.0	24	82.8	1	3.4
体育	43	43	100.0	39	90.7	14	32.6
娱乐业	59	57	96.6	48	84.2	15	26.3

生产制造管理		物流配送管理		客户关系管理		人力资源管理		其他	
数量（个）	占使用信息化管理企业比重（%）	数量（个）	占使用信息化管理企业比重（%）	数量（个）	占使用信息化管理企业比重（%）	数量（个）	占使用信息化管理企业比重（%）	数量（个）	占使用信息化管理企业比重（%）
68	**14.6**	**42**	**9.0**	**241**	**51.7**	**291**	**62.4**	**162**	**34.8**
13	14.9	15	17.2	56	64.4	69	79.3	27	31.0
1	3.3	4	13.3	14	46.7	15	50.0	11	36.7
54	15.5	23	6.6	171	49.0	207	59.3	124	35.5
371	**5.8**	**105**	**1.6**	**2120**	**33.3**	**2538**	**39.8**	**1993**	**31.3**
371	5.8	105	1.6	2120	33.3	2538	39.8	1993	31.3
77	**4.8**	**72**	**4.5**	**578**	**36.3**	**558**	**35.0**	**518**	**32.5**
5	4.6	8	7.4	27	25.0	19	17.6	35	32.4
72	4.8	64	4.3	551	37.1	539	36.3	483	32.5
201	**13.1**	**106**	**6.9**	**435**	**28.4**	**459**	**30.0**	**505**	**33.0**
13	23.6	6	10.9	14	25.5	19	34.5	16	29.1
98	15.2	21	3.3	196	30.5	284	44.2	239	37.2
90	10.8	79	9.5	225	27.0	156	18.7	250	30.0
30	**8.0**	**11**	**2.9**	**108**	**28.7**	**152**	**40.4**	**123**	**32.7**
5	18.5	2	7.4	8	29.6	13	48.1	7	25.9
6	16.7			9	25.0	17	47.2	9	25.0
19	6.1	9	2.9	91	29.1	122	39.0	107	34.2
31	**7.5**	**32**	**7.8**	**155**	**37.6**	**107**	**26.0**	**135**	**32.8**
4	3.4	5	4.2	47	39.5	34	28.6	37	31.1
22	12.8	19	11.0	72	41.9	36	20.9	60	34.9
5	4.1	8	6.6	36	29.8	37	30.6	38	31.4
9	**2.2**	**5**	**1.2**	**129**	**31.9**	**152**	**37.6**	**167**	**41.3**
9	2.2	5	1.2	129	31.9	152	37.6	167	41.3
7	**3.1**	**10**	**4.4**	**67**	**29.6**	**96**	**42.5**	**83**	**36.7**
7	3.2	10	4.6	64	29.4	91	41.7	81	37.2
				3	37.5	5	62.5	2	25.0
21	**9.6**	**20**	**9.2**	**70**	**32.1**	**101**	**46.3**	**59**	**27.1**
16	40.0	14	35.0	13	32.5	24	60.0	8	20.0
2	4.1	2	4.1	17	34.7	24	49.0	16	32.7
1	3.4			9	31.0	9	31.0	10	34.5
1	2.3	1	2.3	15	34.9	24	55.8	9	20.9
1	1.8	3	5.3	16	28.1	20	35.1	16	28.1

4-4 分地区企业

地区	企业数（个）	使用信息化管理的企业数		财务管理		购销存管理	
		数量（个）	比重（%）	数量（个）	占使用信息化管理企业比重（%）	数量（个）	占使用信息化管理企业比重（%）
山东省	**80685**	**77251**	**95.7**	**67830**	**87.8**	**33056**	**42.8**
济南市	5816	5471	94.1	4748	86.8	2593	47.4
青岛市	9490	9254	97.5	8321	89.9	4014	43.4
淄博市	5086	4868	95.7	4324	88.8	1894	38.9
枣庄市	3263	3173	97.2	2894	91.2	1269	40.0
东营市	2047	1988	97.1	1846	92.9	986	49.6
烟台市	6680	6436	96.3	5664	88.0	2694	41.9
潍坊市	9190	8789	95.6	7709	87.7	3702	42.1
济宁市	4439	4212	94.9	3797	90.1	1998	47.4
泰安市	4515	4338	96.1	3785	87.3	1705	39.3
威海市	3505	3429	97.8	3091	90.1	1213	35.4
日照市	1302	1254	96.3	1130	90.1	590	47.0
莱芜市	1024	938	91.6	803	85.6	436	46.5
临沂市	6514	6184	94.9	5296	85.6	2697	43.6
德州市	6365	6060	95.2	5027	83.0	2619	43.2
聊城市	3939	3724	94.5	3237	86.9	1628	43.7
滨州市	2444	2311	94.6	2042	88.4	1070	46.3
菏泽市	5066	4822	95.2	4116	85.4	1948	40.4

信息化管理情况

生产制造管理		物流配送管理		客户关系管理		人力资源管理		其他	
数量(个)	占使用信息化管理企业比重(%)	数量(个)	占使用信息化管理企业比重(%)	数量(个)	占使用信息化管理企业比重(%)	数量(个)	占使用信息化管理企业比重(%)	数量(个)	占使用信息化管理企业比重(%)
15118	**19.6**	**9789**	**12.7**	**23794**	**30.8**	**23833**	**30.9**	**18796**	**24.3**
911	16.7	648	11.8	1721	31.5	1806	33.0	1364	24.9
2015	21.8	1152	12.4	2656	28.7	3528	38.1	2177	23.5
970	19.9	461	9.5	1231	25.3	1446	29.7	1225	25.2
519	16.4	395	12.4	1148	36.2	912	28.7	845	26.6
460	23.1	268	13.5	657	33.0	845	42.5	478	24.0
1202	18.7	689	10.7	1979	30.7	2131	33.1	1452	22.6
1804	20.5	1220	13.9	2848	32.4	2747	31.3	2103	23.9
848	20.1	585	13.9	1351	32.1	1372	32.6	1028	24.4
686	15.8	593	13.7	1367	31.5	1160	26.7	1222	28.2
706	20.6	263	7.7	1011	29.5	1042	30.4	880	25.7
306	24.4	166	13.2	417	33.3	502	40.0	293	23.4
193	20.6	111	11.8	307	32.7	277	29.5	232	24.7
1188	19.2	745	12.0	1972	31.9	1652	26.7	1499	24.2
1207	19.9	876	14.5	1736	28.6	1503	24.8	1280	21.1
689	18.5	556	14.9	1053	28.3	954	25.6	900	24.2
590	25.5	344	14.9	756	32.7	803	34.7	598	25.9
824	17.1	717	14.9	1584	32.8	1153	23.9	1220	25.3

4-5 分行业企业使用网络情况

行业	企业数(个)	使用局域网的企业		使用互联网的企业		宽带接入		窄带接入	
		数量(个)	比重(%)	数量(个)	比重(%)	数量(个)	占接入互联网企业比重(%)	数量(个)	占接入互联网企业比重(%)
总　计	**80685**	**41098**	**50.9**	**79871**	**99.0**	**76004**	**95.2**	**3425**	**4.3**
采矿业	**813**	**398**	**49.0**	**795**	**97.8**	**742**	**93.3**	**46**	**5.8**
煤炭开采和洗选业	248	151	60.9	239	96.4	225	94.1	9	3.8
石油和天然气开采业	20	15	75.0	20	100.0	18	90.0	1	5.0
黑色金属矿采选业	155	67	43.2	155	100.0	149	96.1	6	3.9
有色金属矿采选业	87	36	41.4	84	96.6	80	95.2	5	6.0
非金属矿采选业	298	127	42.6	292	98.0	266	91.1	24	8.2
开采辅助活动	3	2	66.7	3	100.0	2	66.7		
其他采矿业	2			2	100.0	2	100.0	1	50.0
制造业	**37103**	**18436**	**49.7**	**36766**	**99.1**	**34710**	**94.4**	**1831**	**5.0**
农副食品加工业	3878	1747	45.0	3851	99.3	3589	93.2	207	5.4
食品制造业	1042	525	50.4	1031	98.9	982	95.2	52	5.0
酒、饮料和精制茶制造业	468	254	54.3	463	98.9	449	97.0	19	4.1
烟草制品业	11	10	90.9	11	100.0	9	81.8	1	9.1
纺织业	2644	1130	42.7	2616	98.9	2508	95.9	103	3.9
纺织服装、服饰业	1251	609	48.7	1239	99.0	1182	95.4	49	4.0
皮革、毛皮、羽毛及其制品和制鞋业	492	267	54.3	490	99.6	468	95.5	18	3.7
木材加工和木、竹、藤、棕、草制品业	1331	477	35.8	1326	99.6	1224	92.3	84	6.3
家具制造业	526	237	45.1	516	98.1	485	94.0	30	5.8
造纸和纸制品业	725	339	46.8	717	98.9	687	95.8	35	4.9
印刷和记录媒介复制业	470	242	51.5	467	99.4	447	95.7	15	3.2
文教、工美、体育和娱乐用品制造业	1114	553	49.6	1108	99.5	1049	94.7	62	5.6
石油加工、炼焦和核燃料加工业	305	182	59.7	300	98.4	281	93.7	13	4.3
化学原料和化学制品制造业	3603	1847	51.3	3559	98.8	3346	94.0	193	5.4
医药制造业	720	441	61.3	716	99.4	685	95.7	33	4.6
化学纤维制造业	74	36	48.6	73	98.6	70	95.9	5	6.8
橡胶和塑料制品业	1770	830	46.9	1761	99.5	1662	94.4	88	5.0
非金属矿物制品业	3701	1593	43.0	3656	98.8	3457	94.6	189	5.2
黑色金属冶炼和压延加工业	753	371	49.3	742	98.5	701	94.5	34	4.6
有色金属冶炼和压延加工业	428	237	55.4	422	98.6	398	94.3	20	4.7
金属制品业	2127	1118	52.6	2106	99.0	1965	93.3	116	5.5
通用设备制造业	3243	1657	51.1	3225	99.4	3018	93.6	179	5.6

4-5　续表 1

行　　业	企业数(个)	使用局域网的企业		使用互联网的企业		宽带接入		窄带接入	
		数量(个)	比重(%)	数量(个)	比重(%)	数量(个)	占接入互联网企业比重(%)	数量(个)	占接入互联网企业比重(%)
专用设备制造业	2108	1218	57.8	2092	99.2	1971	94.2	120	5.7
汽车制造业	1246	701	56.3	1236	99.2	1183	95.7	49	4.0
铁路、船舶、航空航天和其他运输设备制造业	359	210	58.5	355	98.9	344	96.9	10	2.8
电气机械和器材制造业	1567	855	54.6	1554	99.2	1471	94.7	65	4.2
计算机、通信和其他电子设备制造业	649	453	69.8	641	98.8	608	94.9	22	3.4
仪器仪表制造业	326	202	62.0	323	99.1	309	95.7	13	4.0
其他制造业	86	41	47.7	85	98.8	81	95.3	5	5.9
废弃资源综合利用业	63	36	57.1	62	98.4	58	93.5	2	3.2
金属制品、机械和设备修理业	23	18	78.3	23	100.0	23	100.0		
电力、热力、燃气及水生产和供应业	**649**	**481**	**74.1**	**629**	**96.9**	**587**	**93.3**	**19**	**3.0**
电力、热力生产和供应业	437	347	79.4	418	95.7	386	92.3	7	1.7
燃气生产和供应业	98	65	66.3	97	99.0	92	94.8	2	2.1
水的生产和供应业	114	69	60.5	114	100.0	109	95.6	10	8.8
建筑业	**5910**	**3231**	**54.7**	**5857**	**99.1**	**5669**	**96.8**	**219**	**3.7**
房屋建筑业	3192	1630	51.1	3165	99.2	3080	97.3	119	3.8
土木工程建筑业	1020	607	59.5	1013	99.3	976	96.3	32	3.2
建筑安装业	664	399	60.1	655	98.6	632	96.5	31	4.7
建筑装饰和其他建筑业	1034	595	57.5	1024	99.0	981	95.8	37	3.6
批发和零售业	**16926**	**7563**	**44.7**	**16761**	**99.0**	**15833**	**94.5**	**740**	**4.4**
批发业	8332	3519	42.2	8263	99.2	7805	94.5	340	4.1
零售业	8594	4044	47.1	8498	98.9	8028	94.5	400	4.7
交通运输、仓储和邮政业	**3977**	**2170**	**54.6**	**3922**	**98.6**	**3826**	**97.6**	**96**	**2.4**
铁路运输业	12	8	66.7	12	100.0	12	100.0		
道路运输业	2708	1375	50.8	2672	98.7	2603	97.4	68	2.5
水上运输业	186	105	56.5	184	98.9	184	100.0	1	0.5
航空运输业	14	13	92.9	14	100.0	14	100.0	1	7.1
管道运输业	12	10	83.3	12	100.0	9	75.0		
装卸搬运和运输代理业	454	310	68.3	448	98.7	441	98.4	7	1.6
仓储业	520	297	57.1	509	97.9	493	96.9	17	3.3
邮政业	71	52	73.2	71	100.0	70	98.6	2	2.8
住宿和餐饮业	**3464**	**1787**	**51.6**	**3411**	**98.5**	**3221**	**94.4**	**136**	**4.0**
住宿业	1088	714	65.6	1079	99.2	1019	94.4	43	4.0
餐饮业	2376	1073	45.2	2332	98.1	2202	94.4	93	4.0

4-5 续表 2

行业	企业数（个）	使用局域网的企业		使用互联网的企业					
						宽带接入		窄带接入	
		数量（个）	比重（%）	数量（个）	比重（%）	数量（个）	占接入互联网企业比重（%）	数量（个）	占接入互联网企业比重（%）
信息传输、软件和信息技术服务业	**471**	**419**	**89.0**	**467**	**99.2**	**457**	**97.9**	**18**	**3.9**
电信、广播电视和卫星传输服务	87	80	92.0	85	97.7	84	98.8	8	9.4
互联网和相关服务	30	23	76.7	30	100.0	30	100.0	1	3.3
软件和信息技术服务业	354	316	89.3	352	99.4	343	97.4	9	2.6
房地产业	**6474**	**3850**	**59.5**	**6406**	**98.9**	**6251**	**97.6**	**178**	**2.8**
房地产业	6474	3850	59.5	6406	98.9	6251	97.6	178	2.8
租赁和商务服务业	**1632**	**974**	**59.7**	**1610**	**98.7**	**1568**	**97.4**	**39**	**2.4**
租赁业	110	45	40.9	109	99.1	106	97.2	3	2.8
商务服务业	1522	929	61.0	1501	98.6	1462	97.4	36	2.4
科学研究和技术服务业	**1601**	**767**	**47.9**	**1592**	**99.4**	**1540**	**96.7**	**46**	**2.9**
研究和试验发展	56	35	62.5	55	98.2	51	92.7		
专业技术服务业	664	455	68.5	661	99.5	643	97.3	15	2.3
科技推广和应用服务业	881	277	31.4	876	99.4	846	96.6	31	3.5
水利、环境和公共设施管理业	**386**	**204**	**52.8**	**386**	**100.0**	**369**	**95.6**	**16**	**4.1**
水利管理业	27	17	63.0	27	100.0	27	100.0		
生态保护和环境治理业	37	24	64.9	37	100.0	34	91.9		
公共设施管理业	322	163	50.6	322	100.0	308	95.7	16	5.0
居民服务、修理和其他服务业	**420**	**215**	**51.2**	**417**	**99.3**	**405**	**97.1**	**8**	**1.9**
居民服务业	123	62	50.4	123	100.0	119	96.7	2	1.6
机动车、电子产品和日用产品修理业	172	87	50.6	171	99.4	166	97.1	5	2.9
其他服务业	125	66	52.8	123	98.4	120	97.6	1	0.8
教育	**409**	**268**	**65.5**	**404**	**98.8**	**392**	**97.0**	**14**	**3.5**
教育	409	268	65.5	404	98.8	392	97.0	14	3.5
卫生和社会工作	**230**	**178**	**77.4**	**229**	**99.6**	**222**	**96.9**	**5**	**2.2**
卫生	222	172	77.5	221	99.5	214	96.8	5	2.3
社会工作	8	6	75.0	8	100.0	8	100.0		
文化、体育和娱乐业	**220**	**157**	**71.4**	**219**	**99.5**	**212**	**96.8**	**14**	**6.4**
新闻和出版业	40	39	97.5	40	100.0	39	97.5	4	10.0
广播、电视、电影和影视录音制作业	49	36	73.5	49	100.0	47	95.9	2	4.1
文化艺术业	29	16	55.2	29	100.0	27	93.1	3	10.3
体育	43	31	72.1	42	97.7	42	100.0	2	4.8
娱乐业	59	35	59.3	59	100.0	57	96.6	3	5.1

4-6　分地区企业使用网络情况

地　区	企业数（个）	使用局域网的企业		使用互联网的企业		宽带接入		窄带接入	
		数量（个）	比重（%）	数量（个）	比重（%）	数量（个）	占接入互联网企业比重（%）	数量（个）	占接入互联网企业比重（%）
山东省	**80685**	**41098**	**50.9**	**79871**	**99.0**	**76004**	**95.2**	**3425**	**4.3**
济南市	5816	3300	56.7	5730	98.5	5507	96.1	176	3.1
青岛市	9490	5898	62.1	9421	99.3	9044	96.0	290	3.1
淄博市	5086	2400	47.2	4996	98.2	4644	93.0	300	6.0
枣庄市	3263	1439	44.1	3232	99.0	2986	92.4	224	6.9
东营市	2047	1157	56.5	2025	98.9	1905	94.1	75	3.7
烟台市	6680	3519	52.7	6637	99.4	6324	95.3	301	4.5
潍坊市	9190	4840	52.7	9161	99.7	8636	94.3	452	4.9
济宁市	4439	2272	51.2	4358	98.2	4191	96.2	161	3.7
泰安市	4515	2046	45.3	4445	98.4	4315	97.1	157	3.5
威海市	3505	1855	52.9	3451	98.5	3301	95.7	174	5.0
日照市	1302	811	62.3	1289	99.0	1233	95.7	56	4.3
莱芜市	1024	479	46.8	994	97.1	926	93.2	40	4.0
临沂市	6514	3040	46.7	6475	99.4	6072	93.8	383	5.9
德州市	6365	2847	44.7	6333	99.5	6087	96.1	235	3.7
聊城市	3939	1745	44.3	3886	98.7	3669	94.4	167	4.3
滨州市	2444	1346	55.1	2422	99.1	2313	95.5	83	3.4
菏泽市	5066	2104	41.5	5016	99.0	4851	96.7	151	3.0

4-7 分行业企业建网站情况

行业	企业数(个)	建立网站的企业		网站数量(个)	每百家拥有网站数(个)
		数量(个)	比重(%)		
总 计	**80685**	**33725**	**41.8**	**39760**	**49.3**
采矿业	**813**	**295**	**36.3**	**377**	**46.4**
煤炭开采和洗选业	248	112	45.2	166	66.9
石油和天然气开采业	20	7	35.0	11	55.0
黑色金属矿采选业	155	36	23.2	39	25.2
有色金属矿采选业	87	35	40.2	39	44.8
非金属矿采选业	298	101	33.9	113	37.9
开采辅助活动	3	3	100.0	8	266.7
其他采矿业	2	1	50.0	1	50.0
制造业	**37103**	**18689**	**50.4**	**22160**	**59.7**
农副食品加工业	3878	1757	45.3	2042	52.7
食品制造业	1042	529	50.8	627	60.2
酒、饮料和精制茶制造业	468	256	54.7	306	65.4
烟草制品业	11	6	54.5	8	72.7
纺织业	2644	1122	42.4	1296	49.0
纺织服装、服饰业	1251	485	38.8	535	42.8
皮革、毛皮、羽毛及其制品和制鞋业	492	192	39.0	218	44.3
木材加工和木、竹、藤、棕、草制品业	1331	530	39.8	593	44.6
家具制造业	526	220	41.8	249	47.3
造纸和纸制品业	725	318	43.9	355	49.0
印刷和记录媒介复制业	470	205	43.6	231	49.1
文教、工美、体育和娱乐用品制造业	1114	509	45.7	597	53.6
石油加工、炼焦和核燃料加工业	305	163	53.4	208	68.2
化学原料和化学制品制造业	3603	2021	56.1	2492	69.2
医药制造业	720	459	63.7	598	83.1
化学纤维制造业	74	46	62.2	56	75.7
橡胶和塑料制品业	1770	921	52.0	1085	61.3
非金属矿物制品业	3701	1638	44.3	1838	49.7
黑色金属冶炼和压延加工业	753	415	55.1	484	64.3
有色金属冶炼和压延加工业	428	247	57.7	302	70.6
金属制品业	2127	1164	54.7	1385	65.1
通用设备制造业	3243	1815	56.0	2220	68.5

4-7 续表 1

行业	企业数(个)	建立网站的企业		网站数量(个)	每百家拥有网站数(个)
		数量(个)	比重(%)		
专用设备制造业	2108	1246	59.1	1514	71.8
汽车制造业	1246	661	53.0	769	61.7
铁路、船舶、航空航天和其他运输设备制造业	359	196	54.6	238	66.3
电气机械和器材制造业	1567	893	57.0	1114	71.1
计算机、通信和其他电子设备制造业	649	375	57.8	429	66.1
仪器仪表制造业	326	221	67.8	287	88.0
其他制造业	86	40	46.5	42	48.8
废弃资源综合利用业	63	26	41.3	29	46.0
金属制品、机械和设备修理业	23	13	56.5	13	56.5
电力、热力、燃气及水生产和供应业	**649**	**292**	**45.0**	**316**	**48.7**
电力、热力生产和供应业	437	190	43.5	204	46.7
燃气生产和供应业	98	47	48.0	49	50.0
水的生产和供应业	114	55	48.2	63	55.3
建筑业	**5910**	**2004**	**33.9**	**2299**	**38.9**
房屋建筑业	3192	961	30.1	1139	35.7
土木工程建筑业	1020	368	36.1	403	39.5
建筑安装业	664	282	42.5	309	46.5
建筑装饰和其他建筑业	1034	393	38.0	448	43.3
批发和零售业	**16926**	**5265**	**31.1**	**6361**	**37.6**
批发业	8332	2500	30.0	2917	35.0
零售业	8594	2765	32.2	3444	40.1
交通运输、仓储和邮政业	**3977**	**1211**	**30.5**	**1407**	**35.4**
铁路运输业	12	5	41.7	5	41.7
道路运输业	2708	703	26.0	832	30.7
水上运输业	186	74	39.8	83	44.6
航空运输业	14	8	57.1	10	71.4
管道运输业	12	8	66.7	8	66.7
装卸搬运和运输代理业	454	196	43.2	215	47.4
仓储业	520	181	34.8	212	40.8
邮政业	71	36	50.7	42	59.2
住宿和餐饮业	**3464**	**1295**	**37.4**	**1494**	**43.1**
住宿业	1088	540	49.6	632	58.1
餐饮业	2376	755	31.8	862	36.3

4-7 续表 2

行业	企业数(个)	建立网站的企业		网站数量(个)	每百家拥有网站数(个)
		数量(个)	比重(%)		
信息传输、软件和信息技术服务业	**471**	**372**	**79.0**	**500**	**106.2**
电信、广播电视和卫星传输服务	87	70	80.5	97	111.5
互联网和相关服务	30	23	76.7	36	120.0
软件和信息技术服务业	354	279	78.8	367	103.7
房地产业	**6474**	**2372**	**36.6**	**2651**	**40.9**
房地产业	6474	2372	36.6	2651	40.9
租赁和商务服务业	**1632**	**676**	**41.4**	**785**	**48.1**
租赁业	110	29	26.4	32	29.1
商务服务业	1522	647	42.5	753	49.5
科学研究和技术服务业	**1601**	**494**	**30.9**	**544**	**34.0**
研究和试验发展	56	23	41.1	23	41.1
专业技术服务业	664	321	48.3	356	53.6
科技推广和应用服务业	881	150	17.0	165	18.7
水利、环境和公共设施管理业	**386**	**147**	**38.1**	**164**	**42.5**
水利管理业	27	7	25.9	7	25.9
生态保护和环境治理业	37	13	35.1	14	37.8
公共设施管理业	322	127	39.4	143	44.4
居民服务、修理和其他服务业	**420**	**112**	**26.7**	**124**	**29.5**
居民服务业	123	35	28.5	40	32.5
机动车、电子产品和日用产品修理业	172	46	26.7	52	30.2
其他服务业	125	31	24.8	32	25.6
教育	**409**	**212**	**51.8**	**237**	**57.9**
教育	409	212	51.8	237	57.9
卫生和社会工作	**230**	**154**	**67.0**	**183**	**79.6**
卫生	222	149	67.1	174	78.4
社会工作	8	5	62.5	9	112.5
文化、体育和娱乐业	**220**	**135**	**61.4**	**158**	**71.8**
新闻和出版业	40	35	87.5	41	102.5
广播、电视、电影和影视录音制作业	49	32	65.3	40	81.6
文化艺术业	29	19	65.5	22	75.9
体育	43	25	58.1	27	62.8
娱乐业	59	24	40.7	28	47.5

4-8　分地区企业建网站情况

地　区	企业数（个）	建立网站的企业		网站数量（个）	每百家拥有网站数（个）
		数量（个）	比重（%）		
山东省	**80685**	**33725**	**41.8**	**39760**	**49.3**
济南市	5816	2948	50.7	3599	61.9
青岛市	9490	4125	43.5	4737	49.9
淄博市	5086	2242	44.1	2490	49.0
枣庄市	3263	1080	33.1	1182	36.2
东营市	2047	1059	51.7	1341	65.5
烟台市	6680	2540	38.0	2852	42.7
潍坊市	9190	4060	44.2	4857	52.9
济宁市	4439	1893	42.6	2298	51.8
泰安市	4515	1432	31.7	1698	37.6
威海市	3505	1382	39.4	1675	47.8
日照市	1302	761	58.4	1002	77.0
莱芜市	1024	548	53.5	652	63.7
临沂市	6514	2846	43.7	3307	50.8
德州市	6365	2409	37.8	2866	45.0
聊城市	3939	1547	39.3	1801	45.7
滨州市	2444	1166	47.7	1526	62.4
菏泽市	5066	1687	33.3	1877	37.1

4-9 分行业企业通过

行业	企业数(个)	使用互联网开展活动的企业		收发电子邮件	
		数量(个)	比重(%)	数量(个)	占使用互联网企业的比重(%)
总　计	**80685**	**79871**	**99.0**	**74664**	**93.5**
采矿业	**813**	**795**	**97.8**	**759**	**95.5**
煤炭开采和洗选业	248	239	96.4	231	96.7
石油和天然气开采业	20	20	100.0	20	100.0
黑色金属矿采选业	155	155	100.0	147	94.8
有色金属矿采选业	87	84	96.6	77	91.7
非金属矿采选业	298	292	98.0	280	95.9
开采辅助活动	3	3	100.0	3	100.0
其他采矿业	2	2	100.0	1	50.0
制造业	**37103**	**36766**	**99.1**	**34845**	**94.8**
农副食品加工业	3878	3851	99.3	3667	95.2
食品制造业	1042	1031	98.9	981	95.2
酒、饮料和精制茶制造业	468	463	98.9	439	94.8
烟草制品业	11	11	100.0	11	100.0
纺织业	2644	2616	98.9	2442	93.3
纺织服装、服饰业	1251	1239	99.0	1198	96.7
皮革、毛皮、羽毛及其制品和制鞋业	492	490	99.6	466	95.1
木材加工和木、竹、藤、棕、草制品业	1331	1326	99.6	1174	88.5
家具制造业	526	516	98.1	486	94.2
造纸和纸制品业	725	717	98.9	691	96.4
印刷和记录媒介复制业	470	467	99.4	435	93.1
文教、工美、体育和娱乐用品制造业	1114	1108	99.5	1046	94.4
石油加工、炼焦和核燃料加工业	305	300	98.4	284	94.7
化学原料和化学制品制造业	3603	3559	98.8	3388	95.2
医药制造业	720	716	99.4	693	96.8
化学纤维制造业	74	73	98.6	69	94.5
橡胶和塑料制品业	1770	1761	99.5	1679	95.3
非金属矿物制品业	3701	3656	98.8	3452	94.4
黑色金属冶炼和压延加工业	753	742	98.5	696	93.8
有色金属冶炼和压延加工业	428	422	98.6	397	94.1
金属制品业	2127	2106	99.0	1994	94.7
通用设备制造业	3243	3225	99.4	3044	94.4

互联网开展活动情况

了解商品和服务的信息		从政府机构获取信息		与政府机构互动		使用网上银行	
数量（个）	占使用互联网企业的比重（%）	数量（个）	占使用互联网企业的比重（%）	数量（个）	占使用互联网企业的比重（%）	数量（个）	占使用互联网企业的比重（%）
41898	**52.5**	**37036**	**46.4**	**23482**	**29.4**	**48465**	**60.7**
388	**48.8**	**394**	**49.6**	**271**	**34.1**	**435**	**54.7**
116	48.5	146	61.1	121	50.6	138	57.7
5	25.0	7	35.0	7	35.0	13	65.0
81	52.3	73	47.1	36	23.2	79	51.0
33	39.3	34	40.5	11	13.1	48	57.1
150	51.4	133	45.5	96	32.9	153	52.4
2	66.7	1	33.3			2	66.7
1	50.0					2	100.0
21097	**57.4**	**16901**	**46.0**	**10065**	**27.4**	**22126**	**60.2**
2220	57.6	1753	45.5	976	25.3	2175	56.5
577	56.0	437	42.4	283	27.4	630	61.1
277	59.8	241	52.1	141	30.5	247	53.3
7	63.6	7	63.6	6	54.5	7	63.6
1551	59.3	1084	41.4	588	22.5	1519	58.1
605	48.8	459	37.0	309	24.9	648	52.3
252	51.4	197	40.2	93	19.0	253	51.6
700	52.8	416	31.4	201	15.2	728	54.9
281	54.5	229	44.4	123	23.8	301	58.3
378	52.7	304	42.4	209	29.1	451	62.9
250	53.5	188	40.3	99	21.2	256	54.8
576	52.0	461	41.6	241	21.8	642	57.9
178	59.3	191	63.7	126	42.0	223	74.3
2161	60.7	1776	49.9	1161	32.6	2299	64.6
470	65.6	398	55.6	262	36.6	482	67.3
47	64.4	28	38.4	19	26.0	44	60.3
1035	58.8	830	47.1	492	27.9	1092	62.0
1945	53.2	1622	44.4	1009	27.6	2073	56.7
456	61.5	354	47.7	177	23.9	452	60.9
250	59.2	213	50.5	114	27.0	273	64.7
1189	56.5	994	47.2	551	26.2	1343	63.8
1862	57.7	1435	44.5	837	26.0	1917	59.4

4-9 续表 1

行业	企业数(个)	使用互联网开展活动的企业		收发电子邮件	
		数量(个)	比重(%)	数量(个)	占使用互联网企业的比重(%)
专用设备制造业	2108	2092	99.2	1990	95.1
汽车制造业	1246	1236	99.2	1181	95.6
铁路、船舶、航空航天和其他运输设备制造业	359	355	98.9	344	96.9
电气机械和器材制造业	1567	1554	99.2	1495	96.2
计算机、通信和其他电子设备制造业	649	641	98.8	626	97.7
仪器仪表制造业	326	323	99.1	315	97.5
其他制造业	86	85	98.8	80	94.1
废弃资源综合利用业	63	62	98.4	59	95.2
金属制品、机械和设备修理业	23	23	100.0	23	100.0
电力、热力、燃气及水生产和供应业	**649**	**629**	**96.9**	**612**	**97.3**
电力、热力生产和供应业	437	418	95.7	408	97.6
燃气生产和供应业	98	97	99.0	94	96.9
水的生产和供应业	114	114	100.0	110	96.5
建筑业	**5910**	**5857**	**99.1**	**5580**	**95.3**
房屋建筑业	3192	3165	99.2	3025	95.6
土木工程建筑业	1020	1013	99.3	970	95.8
建筑安装业	664	655	98.6	622	95.0
建筑装饰和其他建筑业	1034	1024	99.0	963	94.0
批发和零售业	**16926**	**16761**	**99.0**	**15283**	**91.2**
批发业	8332	8263	99.2	7604	92.0
零售业	8594	8498	98.9	7679	90.4
交通运输、仓储和邮政业	**3977**	**3922**	**98.6**	**3596**	**91.7**
铁路运输业	12	12	100.0	12	100.0
道路运输业	2708	2672	98.7	2433	91.1
水上运输业	186	184	98.9	170	92.4
航空运输业	14	14	100.0	12	85.7
管道运输业	12	12	100.0	12	100.0
装卸搬运和运输代理业	454	448	98.7	427	95.3
仓储业	520	509	97.9	468	91.9
邮政业	71	71	100.0	62	87.3
住宿和餐饮业	**3464**	**3411**	**98.5**	**2959**	**86.7**
住宿业	1088	1079	99.2	990	91.8
餐饮业	2376	2332	98.1	1969	84.4

了解商品和服务的信息		从政府机构获取信息		与政府机构互动		使用网上银行	
数量（个）	占使用互联网企业的比重（%）	数量（个）	占使用互联网企业的比重（%）	数量（个）	占使用互联网企业的比重（%）	数量（个）	占使用互联网企业的比重（%）
1243	59.4	1035	49.5	654	31.3	1317	63.0
744	60.2	631	51.1	373	30.2	810	65.5
204	57.5	164	46.2	96	27.0	203	57.2
929	59.8	806	51.9	504	32.4	995	64.0
395	61.6	379	59.1	237	37.0	404	63.0
219	67.8	196	60.7	130	40.2	245	75.9
41	48.2	32	37.6	24	28.2	46	54.1
40	64.5	29	46.8	20	32.3	37	59.7
15	65.2	12	52.2	10	43.5	14	60.9
276	**43.9**	**410**	**65.2**	**258**	**41.0**	**417**	**66.3**
187	44.7	280	67.0	182	43.5	271	64.8
47	48.5	58	59.8	39	40.2	68	70.1
42	36.8	72	63.2	37	32.5	78	68.4
2538	**43.3**	**3798**	**64.8**	**1932**	**33.0**	**4104**	**70.1**
1285	40.6	2114	66.8	1099	34.7	2231	70.5
435	42.9	666	65.7	315	31.1	697	68.8
333	50.8	397	60.6	213	32.5	466	71.1
485	47.4	621	60.6	305	29.8	710	69.3
9546	**57.0**	**6089**	**36.3**	**4440**	**26.5**	**9692**	**57.8**
4672	56.5	3185	38.5	2451	29.7	4932	59.7
4874	57.4	2904	34.2	1989	23.4	4760	56.0
1673	**42.7**	**1774**	**45.2**	**1433**	**36.5**	**2366**	**60.3**
3	25.0	5	41.7	5	41.7	8	66.7
1083	40.5	1125	42.1	926	34.7	1611	60.3
79	42.9	115	62.5	75	40.8	112	60.9
7	50.0	10	71.4	8	57.1	10	71.4
6	50.0	7	58.3	3	25.0	10	83.3
191	42.6	222	49.6	182	40.6	303	67.6
271	53.2	257	50.5	206	40.5	275	54.0
33	46.5	33	46.5	28	39.4	37	52.1
1332	**39.1**	**1110**	**32.5**	**712**	**20.9**	**1810**	**53.1**
469	43.5	429	39.8	271	25.1	689	63.9
863	37.0	681	29.2	441	18.9	1121	48.1

4-9 续表 2

行业	企业数(个)	使用互联网开展活动的企业		收发电子邮件	
		数量(个)	比重(%)	数量(个)	占使用互联网企业的比重(%)
信息传输、软件和信息技术服务业	**471**	**467**	**99.2**	**451**	**96.6**
电信、广播电视和卫星传输服务	87	85	97.7	80	94.1
互联网和相关服务	30	30	100.0	30	100.0
软件和信息技术服务业	354	352	99.4	341	96.9
房地产业	**6474**	**6406**	**98.9**	**6085**	**95.0**
房地产业	6474	6406	98.9	6085	95.0
租赁和商务服务业	**1632**	**1610**	**98.7**	**1506**	**93.5**
租赁业	110	109	99.1	104	95.4
商务服务业	1522	1501	98.6	1402	93.4
科学研究和技术服务业	**1601**	**1592**	**99.4**	**1492**	**93.7**
研究和试验发展	56	55	98.2	49	89.1
专业技术服务业	664	661	99.5	634	95.9
科技推广和应用服务业	881	876	99.4	809	92.4
水利、环境和公共设施管理业	**386**	**386**	**100.0**	**358**	**92.7**
水利管理业	27	27	100.0	25	92.6
生态保护和环境治理业	37	37	100.0	35	94.6
公共设施管理业	322	322	100.0	298	92.5
居民服务、修理和其他服务业	**420**	**417**	**99.3**	**368**	**88.2**
居民服务业	123	123	100.0	108	87.8
机动车、电子产品和日用产品修理业	172	171	99.4	152	88.9
其他服务业	125	123	98.4	108	87.8
教育	**409**	**404**	**98.8**	**365**	**90.3**
教育	409	404	98.8	365	90.3
卫生和社会工作	**230**	**229**	**99.6**	**210**	**91.7**
卫生	222	221	99.5	203	91.9
社会工作	8	8	100.0	7	87.5
文化、体育和娱乐业	**220**	**219**	**99.5**	**195**	**89.0**
新闻和出版业	40	40	100.0	35	87.5
广播、电视、电影和影视录音制作业	49	49	100.0	46	93.9
文化艺术业	29	29	100.0	25	86.2
体育	43	42	97.7	38	90.5
娱乐业	59	59	100.0	51	86.4

了解商品和服务的信息		从政府机构获取信息		与政府机构互动		使用网上银行	
数量(个)	占使用互联网企业的比重(%)	数量(个)	占使用互联网企业的比重(%)	数量(个)	占使用互联网企业的比重(%)	数量(个)	占使用互联网企业的比重(%)
325	**69.6**	**316**	**67.7**	**226**	**48.4**	**385**	**82.4**
49	57.6	53	62.4	42	49.4	69	81.2
18	60.0	20	66.7	14	46.7	22	73.3
258	73.3	243	69.0	170	48.3	294	83.5
2623	**40.9**	**4083**	**63.7**	**2333**	**36.4**	**4514**	**70.5**
2623	40.9	4083	63.7	2333	36.4	4514	70.5
656	**40.7**	**725**	**45.0**	**579**	**36.0**	**967**	**60.1**
44	40.4	47	43.1	40	36.7	61	56.0
612	40.8	678	45.2	539	35.9	906	60.4
835	**52.4**	**672**	**42.2**	**683**	**42.9**	**742**	**46.6**
30	54.5	23	41.8	9	16.4	32	58.2
288	43.6	379	57.3	252	38.1	419	63.4
517	59.0	270	30.8	422	48.2	291	33.2
176	**45.6**	**208**	**53.9**	**162**	**42.0**	**213**	**55.2**
10	37.0	17	63.0	13	48.1	16	59.3
17	45.9	18	48.6	15	40.5	23	62.2
149	46.3	173	53.7	134	41.6	174	54.0
151	**36.2**	**141**	**33.8**	**114**	**27.3**	**209**	**50.1**
35	28.5	45	36.6	27	22.0	62	50.4
72	42.1	55	32.2	47	27.5	85	49.7
44	35.8	41	33.3	40	32.5	62	50.4
82	**20.3**	**181**	**44.8**	**104**	**25.7**	**226**	**55.9**
82	20.3	181	44.8	104	25.7	226	55.9
96	**41.9**	**115**	**50.2**	**81**	**35.4**	**117**	**51.1**
95	43.0	111	50.2	79	35.7	114	51.6
1	12.5	4	50.0	2	25.0	3	37.5
104	**47.5**	**119**	**54.3**	**89**	**40.6**	**142**	**64.8**
20	50.0	29	72.5	24	60.0	32	80.0
25	51.0	33	67.3	25	51.0	31	63.3
15	51.7	16	55.2	10	34.5	22	75.9
20	47.6	22	52.4	18	42.9	30	71.4
24	40.7	19	32.2	12	20.3	27	45.8

4-9 续表 3

行业	使用其他金融服务		提供客户服务		拨打互联网电话或召开视频会议	
	数量（个）	占使用互联网企业的比重（%）	数量（个）	占使用互联网企业的比重（%）	数量（个）	占使用互联网企业的比重（%）
总　计	**8619**	**10.8**	**22882**	**28.6**	**4874**	**6.1**
采矿业	**84**	**10.6**	**144**	**18.1**	**59**	**7.4**
煤炭开采和洗选业	28	11.7	37	15.5	29	12.1
石油和天然气开采业	3	15.0	3	15.0	9	45.0
黑色金属矿采选业	12	7.7	24	15.5	9	5.8
有色金属矿采选业	8	9.5	14	16.7	7	8.3
非金属矿采选业	33	11.3	65	22.3	5	1.7
开采辅助活动			1	33.3		
其他采矿业						
制造业	**4269**	**11.6**	**11070**	**30.1**	**2192**	**6.0**
农副食品加工业	439	11.4	1102	28.6	213	5.5
食品制造业	137	13.3	296	28.7	65	6.3
酒、饮料和精制茶制造业	57	12.3	140	30.2	42	9.1
烟草制品业	2	18.2	6	54.5	6	54.5
纺织业	264	10.1	659	25.2	77	2.9
纺织服装、服饰业	102	8.2	318	25.7	55	4.4
皮革、毛皮、羽毛及其制品和制鞋业	41	8.4	122	24.9	21	4.3
木材加工和木、竹、藤、棕、草制品业	109	8.2	232	17.5	30	2.3
家具制造业	41	7.9	141	27.3	24	4.7
造纸和纸制品业	88	12.3	198	27.6	33	4.6
印刷和记录媒介复制业	38	8.1	125	26.8	12	2.6
文教、工美、体育和娱乐用品制造业	103	9.3	319	28.8	43	3.9
石油加工、炼焦和核燃料加工业	65	21.7	120	40.0	33	11.0
化学原料和化学制品制造业	510	14.3	1172	32.9	242	6.8
医药制造业	124	17.3	287	40.1	90	12.6
化学纤维制造业	9	12.3	28	38.4	7	9.6
橡胶和塑料制品业	184	10.4	573	32.5	81	4.6
非金属矿物制品业	352	9.6	943	25.8	159	4.3
黑色金属冶炼和压延加工业	81	10.9	214	28.8	24	3.2
有色金属冶炼和压延加工业	71	16.8	141	33.4	35	8.3
金属制品业	251	11.9	691	32.8	122	5.8
通用设备制造业	371	11.5	1002	31.1	204	6.3

在线提供产品		发布消息或即时消息		员工培训		对外或对内招聘	
数量（个）	占使用互联网企业的比重（%）	数量（个）	占使用互联网企业的比重（%）	数量（个）	占使用互联网企业的比重（%）	数量（个）	占使用互联网企业的比重（%）
8480	**10.6**	**16908**	**21.2**	**14142**	**17.7**	**19513**	**24.4**
62	**7.8**	**143**	**18.0**	**136**	**17.1**	**111**	**14.0**
10	4.2	52	21.8	47	19.7	40	16.7
		7	35.0	13	65.0	3	15.0
10	6.5	14	9.0	20	12.9	13	8.4
7	8.3	23	27.4	16	19.0	17	20.2
34	11.6	45	15.4	40	13.7	37	12.7
		1	33.3				
1	50.0	1	50.0			1	50.0
5209	**14.2**	**7490**	**20.4**	**5489**	**14.9**	**8798**	**23.9**
527	13.7	790	20.5	568	14.7	879	22.8
147	14.3	194	18.8	191	18.5	248	24.1
61	13.2	106	22.9	90	19.4	123	26.6
2	18.2	4	36.4	7	63.6	6	54.5
315	12.0	415	15.9	266	10.2	464	17.7
139	11.2	178	14.4	131	10.6	242	19.5
62	12.7	72	14.7	52	10.6	79	16.1
114	8.6	145	10.9	96	7.2	149	11.2
68	13.2	89	17.2	69	13.4	108	20.9
90	12.6	122	17.0	83	11.6	162	22.6
58	12.4	80	17.1	66	14.1	107	22.9
174	15.7	188	17.0	110	9.9	231	20.8
50	16.7	91	30.3	78	26.0	113	37.7
596	16.7	884	24.8	655	18.4	946	26.6
132	18.4	213	29.7	206	28.8	255	35.6
14	19.2	22	30.1	13	17.8	25	34.2
262	14.9	352	20.0	252	14.3	415	23.6
371	10.1	585	16.0	426	11.7	678	18.5
121	16.3	150	20.2	109	14.7	178	24.0
78	18.5	93	22.0	70	16.6	110	26.1
307	14.6	416	19.8	336	16.0	538	25.5
510	15.8	709	22.0	471	14.6	822	25.5

4-9 续表 4

行业	使用其他金融服务 数量(个)	使用其他金融服务 占使用互联网企业的比重(%)	提供客户服务 数量(个)	提供客户服务 占使用互联网企业的比重(%)	拨打互联网电话或召开视频会议 数量(个)	拨打互联网电话或召开视频会议 占使用互联网企业的比重(%)
专用设备制造业	237	11.3	676	32.3	131	6.3
汽车制造业	176	14.2	446	36.1	136	11.0
铁路、船舶、航空航天和其他运输设备制造业	42	11.8	110	31.0	34	9.6
电气机械和器材制造业	208	13.4	564	36.3	135	8.7
计算机、通信和其他电子设备制造业	93	14.5	256	39.9	94	14.7
仪器仪表制造业	56	17.3	152	47.1	34	10.5
其他制造业	5	5.9	14	16.5	3	3.5
废弃资源综合利用业	11	17.7	16	25.8	4	6.5
金属制品、机械和设备修理业	2	8.7	7	30.4	3	13.0
电力、热力、燃气及水生产和供应业	**55**	**8.7**	**168**	**26.7**	**98**	**15.6**
电力、热力生产和供应业	38	9.1	98	23.4	70	16.7
燃气生产和供应业	8	8.2	37	38.1	18	18.6
水的生产和供应业	9	7.9	33	28.9	10	8.8
建筑业	**672**	**11.5**	**1202**	**20.5**	**204**	**3.5**
房屋建筑业	359	11.3	548	17.3	94	3.0
土木工程建筑业	120	11.8	220	21.7	53	5.2
建筑安装业	75	11.5	172	26.3	27	4.1
建筑装饰和其他建筑业	118	11.5	262	25.6	30	2.9
批发和零售业	**1610**	**9.6**	**4679**	**27.9**	**1010**	**6.0**
批发业	800	9.7	2185	26.4	428	5.2
零售业	810	9.5	2494	29.3	582	6.8
交通运输、仓储和邮政业	**350**	**8.9**	**1198**	**30.5**	**228**	**5.8**
铁路运输业	3	25.0	6	50.0		
道路运输业	216	8.1	760	28.4	104	3.9
水上运输业	23	12.5	53	28.8	19	10.3
航空运输业	3	21.4	9	64.3	1	7.1
管道运输业	1	8.3	3	25.0	5	41.7
装卸搬运和运输代理业	43	9.6	211	47.1	54	12.1
仓储业	52	10.2	129	25.3	31	6.1
邮政业	9	12.7	27	38.0	14	19.7
住宿和餐饮业	**205**	**6.0**	**944**	**27.7**	**135**	**4.0**
住宿业	98	9.1	426	39.5	72	6.7
餐饮业	107	4.6	518	22.2	63	2.7

在线提供产品		发布消息或即时消息		员工培训		对外或对内招聘	
数量（个）	占使用互联网企业的比重（%）	数量（个）	占使用互联网企业的比重（%）	数量（个）	占使用互联网企业的比重（%）	数量（个）	占使用互联网企业的比重（%）
352	16.8	493	23.6	323	15.4	574	27.4
179	14.5	313	25.3	237	19.2	366	29.6
57	16.1	82	23.1	56	15.8	104	29.3
257	16.5	369	23.7	292	18.8	452	29.1
84	13.1	191	29.8	140	21.8	254	39.6
67	20.7	116	35.9	77	23.8	137	42.4
7	8.2	12	14.1	7	8.2	17	20.0
5	8.1	11	17.7	7	11.3	11	17.7
3	13.0	5	21.7	5	21.7	5	21.7
35	**5.6**	**184**	**29.3**	**174**	**27.7**	**144**	**22.9**
18	4.3	121	28.9	116	27.8	92	22.0
8	8.2	30	30.9	30	30.9	25	25.8
9	7.9	33	28.9	28	24.6	27	23.7
247	**4.2**	**1384**	**23.6**	**1707**	**29.1**	**1721**	**29.4**
108	3.4	698	22.1	1061	33.5	837	26.4
48	4.7	250	24.7	283	27.9	285	28.1
40	6.1	176	26.9	150	22.9	224	34.2
51	5.0	260	25.4	213	20.8	375	36.6
1535	**9.2**	**2956**	**17.6**	**2586**	**15.4**	**3337**	**19.9**
752	9.1	1378	16.7	999	12.1	1560	18.9
783	9.2	1578	18.6	1587	18.7	1777	20.9
200	**5.1**	**854**	**21.8**	**617**	**15.7**	**742**	**18.9**
		3	25.0	4	33.3	4	33.3
110	4.1	547	20.5	382	14.3	414	15.5
11	6.0	48	26.1	33	17.9	47	25.5
3	21.4	8	57.1	6	42.9	6	42.9
		3	25.0	1	8.3	2	16.7
32	7.1	129	28.8	88	19.6	145	32.4
32	6.3	89	17.5	78	15.3	103	20.2
12	16.9	27	38.0	25	35.2	21	29.6
263	**7.7**	**576**	**16.9**	**588**	**17.2**	**845**	**24.8**
153	14.2	258	23.9	237	22.0	360	33.4
110	4.7	318	13.6	351	15.1	485	20.8

4-9 续表 5

行　业	使用其他金融服务		提供客户服务		拨打互联网电话或召开视频会议	
	数量(个)	占使用互联网企业的比重(%)	数量(个)	占使用互联网企业的比重(%)	数量(个)	占使用互联网企业的比重(%)
信息传输、软件和信息技术服务业	**90**	**19.3**	**301**	**64.5**	**171**	**36.6**
电信、广播电视和卫星传输服务	15	17.6	58	68.2	48	56.5
互联网和相关服务	5	16.7	16	53.3	4	13.3
软件和信息技术服务业	70	19.9	227	64.5	119	33.8
房地产业	**829**	**12.9**	**1697**	**26.5**	**479**	**7.5**
房地产业	829	12.9	1697	26.5	479	7.5
租赁和商务服务业	**201**	**12.5**	**541**	**33.6**	**119**	**7.4**
租赁业	10	9.2	25	22.9	3	2.8
商务服务业	191	12.7	516	34.4	116	7.7
科学研究和技术服务业	**110**	**6.9**	**436**	**27.4**	**97**	**6.1**
研究和试验发展	4	7.3	15	27.3	11	20.0
专业技术服务业	69	10.4	237	35.9	74	11.2
科技推广和应用服务业	37	4.2	184	21.0	12	1.4
水利、环境和公共设施管理业	**41**	**10.6**	**105**	**27.2**	**17**	**4.4**
水利管理业	4	14.8	7	25.9	2	7.4
生态保护和环境治理业	5	13.5	12	32.4	5	13.5
公共设施管理业	32	9.9	86	26.7	10	3.1
居民服务、修理和其他服务业	**33**	**7.9**	**116**	**27.8**	**17**	**4.1**
居民服务业	5	4.1	33	26.8	5	4.1
机动车、电子产品和日用产品修理业	18	10.5	50	29.2	7	4.1
其他服务业	10	8.1	33	26.8	5	4.1
教育	**26**	**6.4**	**127**	**31.4**	**12**	**3.0**
教育	26	6.4	127	31.4	12	3.0
卫生和社会工作	**15**	**6.6**	**70**	**30.6**	**18**	**7.9**
卫生	15	6.8	69	31.2	18	8.1
社会工作			1	12.5		
文化、体育和娱乐业	**29**	**13.2**	**84**	**38.4**	**18**	**8.2**
新闻和出版业	5	12.5	18	45.0	4	10.0
广播、电视、电影和影视录音制作业	8	16.3	22	44.9	9	18.4
文化艺术业	3	10.3	13	44.8	1	3.4
体育	8	19.0	15	35.7	2	4.8
娱乐业	5	8.5	16	27.1	2	3.4

在线提供产品		发布消息或即时消息		员工培训		对外或对内招聘	
数量（个）	占使用互联网企业的比重（%）	数量（个）	占使用互联网企业的比重（%）	数量（个）	占使用互联网企业的比重（%）	数量（个）	占使用互联网企业的比重（%）
151	**32.3**	**251**	**53.7**	**239**	**51.2**	**285**	**61.0**
38	44.7	43	50.6	56	65.9	37	43.5
8	26.7	10	33.3	11	36.7	16	53.3
105	29.8	198	56.3	172	48.9	232	65.9
379	**5.9**	**1893**	**29.6**	**1641**	**25.6**	**2356**	**36.8**
379	5.9	1893	29.6	1641	25.6	2356	36.8
139	**8.6**	**425**	**26.4**	**328**	**20.4**	**405**	**25.2**
3	2.8	14	12.8	10	9.2	13	11.9
136	9.1	411	27.4	318	21.2	392	26.1
138	**8.7**	**335**	**21.0**	**265**	**16.6**	**336**	**21.1**
6	10.9	16	29.1	11	20.0	14	25.5
42	6.4	224	33.9	192	29.0	247	37.4
90	10.3	95	10.8	62	7.1	75	8.6
35	**9.1**	**106**	**27.5**	**71**	**18.4**	**100**	**25.9**
2	7.4	6	22.2	8	29.6	8	29.6
2	5.4	16	43.2	10	27.0	12	32.4
31	9.6	84	26.1	53	16.5	80	24.8
27	**6.5**	**71**	**17.0**	**55**	**13.2**	**77**	**18.5**
9	7.3	24	19.5	19	15.4	29	23.6
12	7.0	23	13.5	20	11.7	24	14.0
6	4.9	24	19.5	16	13.0	24	19.5
17	**4.2**	**102**	**25.2**	**151**	**37.4**	**103**	**25.5**
17	4.2	102	25.2	151	37.4	103	25.5
7	**3.1**	**57**	**24.9**	**48**	**21.0**	**78**	**34.1**
7	3.2	54	24.4	47	21.3	75	33.9
		3	37.5	1	12.5	3	37.5
36	**16.4**	**81**	**37.0**	**47**	**21.5**	**75**	**34.2**
11	27.5	20	50.0	12	30.0	12	30.0
10	20.4	21	42.9	13	26.5	17	34.7
5	17.2	11	37.9	3	10.3	7	24.1
5	11.9	16	38.1	11	26.2	20	47.6
5	8.5	13	22.0	8	13.6	19	32.2

4-10 分地区企业通过

地区	企业数(个)	使用互联网开展活动的企业		收发电子邮件	
		数量(个)	比重(%)	数量(个)	占使用互联网企业的比重(%)
山东省	**80685**	**79871**	**99.0**	**74664**	**93.5**
济南市	5816	5730	98.5	5375	93.8
青岛市	9490	9421	99.3	9017	95.7
淄博市	5086	4996	98.2	4678	93.6
枣庄市	3263	3232	99.0	3232	100.0
东营市	2047	2025	98.9	1963	96.9
烟台市	6680	6637	99.4	6283	94.7
潍坊市	9190	9161	99.7	8700	95.0
济宁市	4439	4358	98.2	4051	93.0
泰安市	4515	4445	98.4	4085	91.9
威海市	3505	3451	98.5	3224	93.4
日照市	1302	1289	99.0	1240	96.2
莱芜市	1024	994	97.1	915	92.1
临沂市	6514	6475	99.4	5940	91.7
德州市	6365	6333	99.5	5620	88.7
聊城市	3939	3886	98.7	3490	89.8
滨州市	2444	2422	99.1	2319	95.7
菏泽市	5066	5016	99.0	4532	90.4

互联网开展活动情况

了解商品和服务的信息		从政府机构获取信息		与政府机构互动		使用网上银行	
数量（个）	占使用互联网企业的比重（%）	数量（个）	占使用互联网企业的比重（%）	数量（个）	占使用互联网企业的比重（%）	数量（个）	占使用互联网企业的比重（%）
41898	**52.5**	**37036**	**46.4**	**23482**	**29.4**	**48465**	**60.7**
3300	57.6	3007	52.5	1666	29.1	4165	72.7
4868	51.7	4751	50.4	2434	25.8	5848	62.1
2618	52.4	2358	47.2	1146	22.9	2866	57.4
1622	50.2	1574	48.7	3212	99.4	1607	49.7
1211	59.8	1299	64.1	919	45.4	1553	76.7
2992	45.1	2908	43.8	1436	21.6	3641	54.9
5173	56.5	4529	49.4	4679	51.1	5784	63.1
2429	55.7	2194	50.3	1200	27.5	3066	70.4
2351	52.9	1861	41.9	811	18.2	2485	55.9
1557	45.1	1636	47.4	654	19.0	1846	53.5
735	57.0	793	61.5	376	29.2	1028	79.8
561	56.4	536	53.9	207	20.8	711	71.5
3372	52.1	2997	46.3	1787	27.6	3874	59.8
3184	50.3	2028	32.0	857	13.5	3408	53.8
2055	52.9	1609	41.4	847	21.8	2461	63.3
1346	55.6	1429	59.0	727	30.0	1938	80.0
2524	50.3	1527	30.4	524	10.4	2184	43.5

4-10 续表

地区	使用其他金融服务		提供客户服务		拨打互联网电话或召开视频会议	
	数量(个)	占使用互联网企业的比重(%)	数量(个)	占使用互联网企业的比重(%)	数量(个)	占使用互联网企业的比重(%)
山东省	**8619**	**10.8**	**22882**	**28.6**	**4874**	**6.1**
济南市	811	14.2	2111	36.8	667	11.6
青岛市	1019	10.8	3005	31.9	994	10.6
淄博市	569	11.4	1214	24.3	211	4.2
枣庄市	242	7.5	635	19.6	87	2.7
东营市	369	18.2	753	37.2	206	10.2
烟台市	604	9.1	1733	26.1	385	5.8
潍坊市	1056	11.5	2719	29.7	500	5.5
济宁市	609	14.0	1401	32.1	287	6.6
泰安市	422	9.5	1278	28.8	193	4.3
威海市	374	10.8	873	25.3	167	4.8
日照市	213	16.5	496	38.5	121	9.4
莱芜市	143	14.4	348	35.0	75	7.5
临沂市	581	9.0	1787	27.6	292	4.5
德州市	505	8.0	1543	24.4	242	3.8
聊城市	383	9.9	1031	26.5	166	4.3
滨州市	404	16.7	904	37.3	187	7.7
菏泽市	315	6.3	1051	21.0	94	1.9

在线提供产品		发布消息或即时消息		员工培训		对外或对内招聘	
数量（个）	占使用互联网企业的比重（%）	数量（个）	占使用互联网企业的比重（%）	数量（个）	占使用互联网企业的比重（%）	数量（个）	占使用互联网企业的比重（%）
8480	**10.6**	**16908**	**21.2**	**14142**	**17.7**	**19513**	**24.4**
789	13.8	1859	32.4	1504	26.2	2270	39.6
1051	11.2	2309	24.5	1918	20.4	3144	33.4
409	8.2	949	19.0	740	14.8	1094	21.9
180	5.6	438	13.6	404	12.5	473	14.6
286	14.1	720	35.6	593	29.3	804	39.7
555	8.4	1373	20.7	1020	15.4	1633	24.6
990	10.8	1960	21.4	1549	16.9	2261	24.7
562	12.9	1114	25.6	950	21.8	1275	29.3
439	9.9	685	15.4	691	15.5	595	13.4
334	9.7	828	24.0	545	15.8	903	26.2
201	15.6	401	31.1	384	29.8	453	35.1
150	15.1	270	27.2	236	23.7	330	33.2
675	10.4	1094	16.9	1046	16.2	1228	19.0
667	10.5	938	14.8	800	12.6	946	14.9
467	12.0	718	18.5	625	16.1	661	17.0
398	16.4	739	30.5	639	26.4	873	36.0
327	6.5	513	10.2	498	9.9	570	11.4

4-11 分行业企业互联网

行业	企业数(个)	使用互联网的企业		通过互联网进行宣传推广的企业数	
		数量(个)	比重(%)	数量(个)	占使用互联网企业的比重(%)
总 计	**80685**	**79871**	**99.0**	**60761**	**76.1**
采矿业	**813**	**795**	**97.8**	**549**	**69.1**
煤炭开采和洗选业	248	239	96.4	175	73.2
石油和天然气开采业	20	20	100.0	10	50.0
黑色金属矿采选业	155	155	100.0	89	57.4
有色金属矿采选业	87	84	96.6	65	77.4
非金属矿采选业	298	292	98.0	206	70.5
开采辅助活动	3	3	100.0	2	66.7
其他采矿业	2	2	100.0	2	100.0
制造业	**37103**	**36766**	**99.1**	**30008**	**81.6**
农副食品加工业	3878	3851	99.3	3110	80.8
食品制造业	1042	1031	98.9	875	84.9
酒、饮料和精制茶制造业	468	463	98.9	378	81.6
烟草制品业	11	11	100.0	7	63.6
纺织业	2644	2616	98.9	2052	78.4
纺织服装、服饰业	1251	1239	99.0	964	77.8
皮革、毛皮、羽毛及其制品和制鞋业	492	490	99.6	383	78.2
木材加工和木、竹、藤、棕、草制品业	1331	1326	99.6	999	75.3
家具制造业	526	516	98.1	413	80.0
造纸和纸制品业	725	717	98.9	551	76.8
印刷和记录媒介复制业	470	467	99.4	377	80.7
文教、工美、体育和娱乐用品制造业	1114	1108	99.5	916	82.7
石油加工、炼焦和核燃料加工业	305	300	98.4	253	84.3
化学原料和化学制品制造业	3603	3559	98.8	2946	82.8
医药制造业	720	716	99.4	628	87.7
化学纤维制造业	74	73	98.6	63	86.3
橡胶和塑料制品业	1770	1761	99.5	1456	82.7
非金属矿物制品业	3701	3656	98.8	2821	77.2
黑色金属冶炼和压延加工业	753	742	98.5	597	80.5
有色金属冶炼和压延加工业	428	422	98.6	340	80.6
金属制品业	2127	2106	99.0	1758	83.5
通用设备制造业	3243	3225	99.4	2709	84.0

宣传和推广情况

单位：个

自有网站		互联网广告		搜索引擎	
数量（个）	占使用互联网企业的比重（%）	数量（个）	占使用互联网企业的比重（%）	数量（个）	占使用互联网企业的比重（%）
20785	**26.0**	**19534**	**24.5**	**11150**	**14.0**
184	**23.1**	**142**	**17.9**	**93**	**11.7**
79	33.1	42	17.6	24	10.0
5	25.0				
24	15.5	16	10.3	13	8.4
17	20.2	20	23.8	8	9.5
57	19.5	64	21.9	47	16.1
2	66.7				
				1	50.0
11877	**32.3**	**9992**	**27.2**	**6232**	**17.0**
1068	27.7	996	25.9	571	14.8
337	32.7	288	27.9	193	18.7
165	35.6	133	28.7	78	16.8
5	45.5	1	9.1	1	9.1
594	22.7	701	26.8	414	15.8
289	23.3	318	25.7	199	16.1
108	22.0	106	21.6	62	12.7
268	20.2	279	21.0	185	14.0
134	26.0	145	28.1	80	15.5
183	25.5	176	24.5	110	15.3
130	27.8	114	24.4	70	15.0
303	27.3	308	27.8	190	17.1
100	33.3	63	21.0	48	16.0
1333	37.5	991	27.8	629	17.7
339	47.3	237	33.1	129	18.0
28	38.4	23	31.5	14	19.2
591	33.6	479	27.2	290	16.5
1025	28.0	909	24.9	585	16.0
257	34.6	162	21.8	95	12.8
171	40.5	112	26.5	72	17.1
732	34.8	633	30.1	367	17.4
1209	37.5	963	29.9	613	19.0

4-11 续表 1

行业	企业数(个)	使用互联网的企业		通过互联网进行宣传推广的企业数	
		数量(个)	比重(%)	数量(个)	占使用互联网企业的比重(%)
专用设备制造业	2108	2092	99.2	1801	86.1
汽车制造业	1246	1236	99.2	1021	82.6
铁路、船舶、航空航天和其他运输设备制造业	359	355	98.9	299	84.2
电气机械和器材制造业	1567	1554	99.2	1325	85.3
计算机、通信和其他电子设备制造业	649	641	98.8	538	83.9
仪器仪表制造业	326	323	99.1	291	90.1
其他制造业	86	85	98.8	65	76.5
废弃资源综合利用业	63	62	98.4	51	82.3
金属制品、机械和设备修理业	23	23	100.0	21	91.3
电力、热力、燃气及水生产和供应业	**649**	**629**	**96.9**	**397**	**63.1**
电力、热力生产和供应业	437	418	95.7	253	60.5
燃气生产和供应业	98	97	99.0	68	70.1
水的生产和供应业	114	114	100.0	76	66.7
建筑业	**5910**	**5857**	**99.1**	**3987**	**68.1**
房屋建筑业	3192	3165	99.2	2145	67.8
土木工程建筑业	1020	1013	99.3	691	68.2
建筑安装业	664	655	98.6	434	66.3
建筑装饰和其他建筑业	1034	1024	99.0	717	70.0
批发和零售业	**16926**	**16761**	**99.0**	**11626**	**69.4**
批发业	8332	8263	99.2	5717	69.2
零售业	8594	8498	98.9	5909	69.5
交通运输、仓储和邮政业	**3977**	**3922**	**98.6**	**2818**	**71.9**
铁路运输业	12	12	100.0	9	75.0
道路运输业	2708	2672	98.7	1879	70.3
水上运输业	186	184	98.9	136	73.9
航空运输业	14	14	100.0	14	100.0
管道运输业	12	12	100.0	9	75.0
装卸搬运和运输代理业	454	448	98.7	341	76.1
仓储业	520	509	97.9	377	74.1
邮政业	71	71	100.0	53	74.6
住宿和餐饮业	**3464**	**3411**	**98.5**	**2465**	**72.3**
住宿业	1088	1079	99.2	851	78.9
餐饮业	2376	2332	98.1	1614	69.2

单位：个

自有网站		互联网广告		搜索引擎	
数量（个）	占使用互联网企业的比重（%）	数量（个）	占使用互联网企业的比重（%）	数量（个）	占使用互联网企业的比重（%）
859	41.1	629	30.1	442	21.1
431	34.9	336	27.2	215	17.4
128	36.1	108	30.4	65	18.3
628	40.4	457	29.4	286	18.4
247	38.5	169	26.4	130	20.3
167	51.7	109	33.7	82	25.4
27	31.8	22	25.9	4	4.7
12	19.4	14	22.6	12	19.4
9	39.1	11	47.8	1	4.3
188	**29.9**	**60**	**9.5**	**48**	**7.6**
121	28.9	27	6.5	25	6.0
30	30.9	21	21.6	14	14.4
37	32.5	12	10.5	9	7.9
1207	**20.6**	**862**	**14.7**	**535**	**9.1**
529	16.7	457	14.4	278	8.8
240	23.7	133	13.1	102	10.1
183	27.9	89	13.6	53	8.1
255	24.9	183	17.9	102	10.0
2936	**17.5**	**3652**	**21.8**	**1852**	**11.0**
1486	18.0	1559	18.9	884	10.7
1450	17.1	2093	24.6	968	11.4
705	**18.0**	**730**	**18.6**	**458**	**11.7**
4	33.3	1	8.3	3	25.0
360	13.5	519	19.4	321	12.0
46	25.0	33	17.9	20	10.9
7	50.0	6	42.9	5	35.7
5	41.7	4	33.3	1	8.3
148	33.0	70	15.6	51	11.4
110	21.6	81	15.9	46	9.0
25	35.2	16	22.5	11	15.5
698	**20.5**	**843**	**24.7**	**421**	**12.3**
340	31.5	302	28.0	155	14.4
358	15.4	541	23.2	266	11.4

4-11 续表 2

行业	企业数(个)	使用互联网的企业		通过互联网进行宣传推广的企业数	
		数量(个)	比重(%)	数量(个)	占使用互联网企业的比重(%)
信息传输、软件和信息技术服务业	**471**	**467**	**99.2**	**431**	**92.3**
电信、广播电视和卫星传输服务	87	85	97.7	80	94.1
互联网和相关服务	30	30	100.0	27	90.0
软件和信息技术服务业	354	352	99.4	324	92.0
房地产业	**6474**	**6406**	**98.9**	**4725**	**73.8**
房地产业	6474	6406	98.9	4725	73.8
租赁和商务服务业	**1632**	**1610**	**98.7**	**1207**	**75.0**
租赁业	110	109	99.1	72	66.1
商务服务业	1522	1501	98.6	1135	75.6
科学研究和技术服务业	**1601**	**1592**	**99.4**	**1269**	**79.7**
研究和试验发展	56	55	98.2	50	90.9
专业技术服务业	664	661	99.5	517	78.2
科技推广和应用服务业	881	876	99.4	702	80.1
水利、环境和公共设施管理业	**386**	**386**	**100.0**	**293**	**75.9**
水利管理业	27	27	100.0	20	74.1
生态保护和环境治理业	37	37	100.0	19	51.4
公共设施管理业	322	322	100.0	254	78.9
居民服务、修理和其他服务业	**420**	**417**	**99.3**	**285**	**68.3**
居民服务业	123	123	100.0	75	61.0
机动车、电子产品和日用产品修理业	172	171	99.4	123	71.9
其他服务业	125	123	98.4	87	70.7
教育	**409**	**404**	**98.8**	**319**	**79.0**
教育	409	404	98.8	319	79.0
卫生和社会工作	**230**	**229**	**99.6**	**194**	**84.7**
卫生	222	221	99.5	186	84.2
社会工作	8	8	100.0	8	100.0
文化、体育和娱乐业	**220**	**219**	**99.5**	**188**	**85.8**
新闻和出版业	40	40	100.0	37	92.5
广播、电视、电影和影视录音制作业	49	49	100.0	41	83.7
文化艺术业	29	29	100.0	27	93.1
体育	43	42	97.7	37	88.1
娱乐业	59	59	100.0	46	78.0

单位：个

自有网站		互联网广告		搜索引擎	
数量（个）	占使用互联网企业的比重（%）	数量（个）	占使用互联网企业的比重（%）	数量（个）	占使用互联网企业的比重（%）
306	**65.5**	**179**	**38.3**	**100**	**21.4**
57	67.1	42	49.4	12	14.1
19	63.3	10	33.3	3	10.0
230	65.3	127	36.1	85	24.1
1386	**21.6**	**1961**	**30.6**	**742**	**11.6**
1386	21.6	1961	30.6	742	11.6
460	**28.6**	**350**	**21.7**	**186**	**11.6**
13	11.9	20	18.3	7	6.4
447	29.8	330	22.0	179	11.9
337	**21.2**	**357**	**22.4**	**234**	**14.7**
17	30.9	14	25.5	6	10.9
233	35.2	144	21.8	85	12.9
87	9.9	199	22.7	143	16.3
103	**26.7**	**85**	**22.0**	**61**	**15.8**
5	18.5	3	11.1	6	22.2
9	24.3	6	16.2	3	8.1
89	27.6	76	23.6	52	16.1
65	**15.6**	**83**	**19.9**	**43**	**10.3**
22	17.9	22	17.9	12	9.8
26	15.2	36	21.1	19	11.1
17	13.8	25	20.3	12	9.8
125	**30.9**	**104**	**25.7**	**61**	**15.1**
125	30.9	104	25.7	61	15.1
105	**45.9**	**69**	**30.1**	**52**	**22.7**
101	45.7	66	29.9	52	23.5
4	50.0	3	37.5		
103	**47.0**	**65**	**29.7**	**32**	**14.6**
31	77.5	6	15.0	6	15.0
22	44.9	20	40.8	7	14.3
13	44.8	12	41.4	2	6.9
22	52.4	11	26.2	8	19.0
15	25.4	16	27.1	9	15.3

4-11 续表 3

行业	电子商务平台		电子邮件	
	数量（个）	占使用互联网企业的比重（%）	数量（个）	占使用互联网企业的比重（%）
总　计	**8805**	**11.0**	**25942**	**32.5**
采矿业	**51**	**6.4**	**282**	**35.5**
煤炭开采和洗选业	20	8.4	82	34.3
石油和天然气开采业			3	15.0
黑色金属矿采选业	6	3.9	51	32.9
有色金属矿采选业	6	7.1	30	35.7
非金属矿采选业	19	6.5	116	39.7
开采辅助活动				
其他采矿业				
制造业	**4988**	**13.6**	**13087**	**35.6**
农副食品加工业	501	13.0	1449	37.6
食品制造业	147	14.3	385	37.3
酒、饮料和精制茶制造业	83	17.9	150	32.4
烟草制品业	2	18.2	4	36.4
纺织业	358	13.7	865	33.1
纺织服装、服饰业	134	10.8	440	35.5
皮革、毛皮、羽毛及其制品和制鞋业	54	11.0	154	31.4
木材加工和木、竹、藤、棕、草制品业	132	10.0	440	33.2
家具制造业	47	9.1	174	33.7
造纸和纸制品业	86	12.0	259	36.1
印刷和记录媒介复制业	58	12.4	141	30.2
文教、工美、体育和娱乐用品制造业	173	15.6	387	34.9
石油加工、炼焦和核燃料加工业	42	14.0	119	39.7
化学原料和化学制品制造业	526	14.8	1291	36.3
医药制造业	132	18.4	271	37.8
化学纤维制造业	14	19.2	24	32.9
橡胶和塑料制品业	242	13.7	654	37.1
非金属矿物制品业	410	11.2	1251	34.2
黑色金属冶炼和压延加工业	79	10.6	241	32.5
有色金属冶炼和压延加工业	55	13.0	139	32.9
金属制品业	262	12.4	743	35.3
通用设备制造业	495	15.3	1143	35.4

单位：个

微博		博客		社交网站		其他	
数量（个）	占使用互联网企业的比重（%）	数量（个）	占使用互联网企业的比重（%）	数量（个）	占使用互联网企业的比重（%）	数量（个）	占使用互联网企业的比重（%）
7267	**9.1**	**3037**	**3.8**	**2536**	**3.2**	**15009**	**18.8**
74	**9.3**	**31**	**3.9**	**25**	**3.1**	**126**	**15.8**
25	10.5	10	4.2	2	0.8	29	12.1
2	10.0					3	15.0
12	7.7	9	5.8	6	3.9	26	16.8
4	4.8	3	3.6	2	2.4	10	11.9
31	10.6	9	3.1	15	5.1	57	19.5
						1	50.0
2768	**7.5**	**1226**	**3.3**	**958**	**2.6**	**6151**	**16.7**
351	9.1	127	3.3	125	3.2	643	16.7
97	9.4	38	3.7	30	2.9	193	18.7
50	10.8	22	4.8	17	3.7	69	14.9
						1	9.1
180	6.9	64	2.4	67	2.6	406	15.5
74	6.0	31	2.5	27	2.2	183	14.8
37	7.6	21	4.3	12	2.4	95	19.4
128	9.7	42	3.2	23	1.7	282	21.3
33	6.4	8	1.6	6	1.2	88	17.1
50	7.0	18	2.5	16	2.2	115	16.0
35	7.5	13	2.8	8	1.7	93	19.9
72	6.5	35	3.2	21	1.9	139	12.5
32	10.7	10	3.3	16	5.3	65	21.7
272	7.6	117	3.3	105	3.0	585	16.4
68	9.5	33	4.6	20	2.8	126	17.6
5	6.8	1	1.4	2	2.7	10	13.7
109	6.2	56	3.2	37	2.1	297	16.9
303	8.3	151	4.1	74	2.0	619	16.9
41	5.5	21	2.8	18	2.4	130	17.5
28	6.6	15	3.6	9	2.1	66	15.6
144	6.8	68	3.2	52	2.5	343	16.3
241	7.5	121	3.8	99	3.1	530	16.4

4-11 续表 4

行业	电子商务平台		电子邮件	
	数量(个)	占使用互联网企业的比重(%)	数量(个)	占使用互联网企业的比重(%)
专用设备制造业	319	15.2	747	35.7
汽车制造业	173	14.0	453	36.7
铁路、船舶、航空航天和其他运输设备制造业	52	14.6	143	40.3
电气机械和器材制造业	232	14.9	588	37.8
计算机、通信和其他电子设备制造业	89	13.9	229	35.7
仪器仪表制造业	72	22.3	150	46.4
其他制造业	7	8.2	21	24.7
废弃资源综合利用业	9	14.5	24	38.7
金属制品、机械和设备修理业	3	13.0	8	34.8
电力、热力、燃气及水生产和供应业	**21**	**3.3**	**138**	**21.9**
电力、热力生产和供应业	10	2.4	87	20.8
燃气生产和供应业	7	7.2	21	21.6
水的生产和供应业	4	3.5	30	26.3
建筑业	**294**	**5.0**	**2022**	**34.5**
房屋建筑业	146	4.6	1166	36.8
土木工程建筑业	41	4.0	327	32.3
建筑安装业	52	7.9	214	32.7
建筑装饰和其他建筑业	55	5.4	315	30.8
批发和零售业	**1940**	**11.6**	**4907**	**29.3**
批发业	1006	12.2	2577	31.2
零售业	934	11.0	2330	27.4
交通运输、仓储和邮政业	**325**	**8.3**	**1314**	**33.5**
铁路运输业			4	33.3
道路运输业	200	7.5	893	33.4
水上运输业	18	9.8	63	34.2
航空运输业	3	21.4	1	7.1
管道运输业	2	16.7	2	16.7
装卸搬运和运输代理业	42	9.4	160	35.7
仓储业	50	9.8	171	33.6
邮政业	10	14.1	20	28.2
住宿和餐饮业	**373**	**10.9**	**718**	**21.0**
住宿业	175	16.2	258	23.9
餐饮业	198	8.5	460	19.7

单位：个

微博		博客		社交网站		其他	
数量(个)	占使用互联网企业的比重(%)	数量(个)	占使用互联网企业的比重(%)	数量(个)	占使用互联网企业的比重(%)	数量(个)	占使用互联网企业的比重(%)
132	6.3	67	3.2	56	2.7	341	16.3
77	6.2	47	3.8	32	2.6	215	17.4
22	6.2	7	2.0	6	1.7	55	15.5
109	7.0	54	3.5	50	3.2	281	18.1
40	6.2	23	3.6	16	2.5	102	15.9
22	6.8	8	2.5	11	3.4	49	15.2
8	9.4	5	5.9	1	1.2	13	15.3
7	11.3	2	3.2	2	3.2	13	21.0
1	4.3	1	4.3			4	17.4
35	**5.6**	**13**	**2.1**	**5**	**0.8**	**86**	**13.7**
22	5.3	9	2.2	3	0.7	59	14.1
5	5.2	1	1.0	1	1.0	8	8.2
8	7.0	3	2.6	1	0.9	19	16.7
412	**7.0**	**193**	**3.3**	**193**	**3.3**	**1128**	**19.3**
258	8.2	127	4.0	110	3.5	644	20.3
55	5.4	28	2.8	27	2.7	176	17.4
29	4.4	14	2.1	18	2.7	109	16.6
70	6.8	24	2.3	38	3.7	199	19.4
1860	**11.1**	**758**	**4.5**	**577**	**3.4**	**3333**	**19.9**
666	8.1	280	3.4	208	2.5	1639	19.8
1194	14.1	478	5.6	369	4.3	1694	19.9
358	**9.1**	**133**	**3.4**	**140**	**3.6**	**886**	**22.6**
						2	16.7
253	9.5	94	3.5	90	3.4	632	23.7
12	6.5	3	1.6	5	2.7	46	25.0
2	14.3					2	14.3
						1	8.3
37	8.3	15	3.3	20	4.5	83	18.5
50	9.8	18	3.5	23	4.5	102	20.0
4	5.6	3	4.2	2	2.8	18	25.4
407	**11.9**	**134**	**3.9**	**128**	**3.8**	**702**	**20.6**
183	17.0	56	5.2	57	5.3	197	18.3
224	9.6	78	3.3	71	3.0	505	21.7

4-11 续表 5

行　　业	电子商务平台		电子邮件	
	数量（个）	占使用互联网企业的比重（%）	数量（个）	占使用互联网企业的比重（%）
信息传输、软件和信息技术服务业	**99**	**21.2**	**185**	**39.6**
电信、广播电视和卫星传输服务	24	28.2	33	38.8
互联网和相关服务	3	10.0	6	20.0
软件和信息技术服务业	72	20.5	146	41.5
房地产业	**382**	**6.0**	**1787**	**27.9**
房地产业	382	6.0	1787	27.9
租赁和商务服务业	**115**	**7.1**	**468**	**29.1**
租赁业	9	8.3	26	23.9
商务服务业	106	7.1	442	29.4
科学研究和技术服务业	**104**	**6.5**	**584**	**36.7**
研究和试验发展	1	1.8	16	29.1
专业技术服务业	42	6.4	222	33.6
科技推广和应用服务业	61	7.0	346	39.5
水利、环境和公共设施管理业	**23**	**6.0**	**128**	**33.2**
水利管理业	1	3.7	9	33.3
生态保护和环境治理业			6	16.2
公共设施管理业	22	6.8	113	35.1
居民服务、修理和其他服务业	**24**	**5.8**	**123**	**29.5**
居民服务业	5	4.1	28	22.8
机动车、电子产品和日用产品修理业	13	7.6	52	30.4
其他服务业	6	4.9	43	35.0
教育	**18**	**4.5**	**82**	**20.3**
教育	18	4.5	82	20.3
卫生和社会工作	**20**	**8.7**	**55**	**24.0**
卫生	20	9.0	54	24.4
社会工作			1	12.5
文化、体育和娱乐业	**28**	**12.8**	**62**	**28.3**
新闻和出版业	6	15.0	10	25.0
广播、电视、电影和影视录音制作业	11	22.4	15	30.6
文化艺术业	5	17.2	6	20.7
体育	2	4.8	16	38.1
娱乐业	4	6.8	15	25.4

单位：个

微博		博客		社交网站		其他	
数量（个）	占使用互联网企业的比重（%）	数量（个）	占使用互联网企业的比重（%）	数量（个）	占使用互联网企业的比重（%）	数量（个）	占使用互联网企业的比重（%）
99	**21.2**	**39**	**8.4**	**42**	**9.0**	**94**	**20.1**
37	43.5	12	14.1	9	10.6	17	20.0
6	20.0	3	10.0			6	20.0
56	15.9	24	6.8	33	9.4	71	20.2
590	**9.2**	**214**	**3.3**	**246**	**3.8**	**1366**	**21.3**
590	9.2	214	3.3	246	3.8	1366	21.3
221	**13.7**	**96**	**6.0**	**65**	**4.0**	**359**	**22.3**
7	6.4	4	3.7	2	1.8	24	22.0
214	14.3	92	6.1	63	4.2	335	22.3
199	**12.5**	**83**	**5.2**	**76**	**4.8**	**413**	**25.9**
7	12.7	3	5.5	5	9.1	12	21.8
50	7.6	24	3.6	26	3.9	131	19.8
142	16.2	56	6.4	45	5.1	270	30.8
50	**13.0**	**27**	**7.0**	**14**	**3.6**	**86**	**22.3**
						8	29.6
4	10.8	1	2.7			2	5.4
46	14.3	26	8.1	14	4.3	76	23.6
51	**12.2**	**29**	**7.0**	**20**	**4.8**	**98**	**23.5**
10	8.1	6	4.9	4	3.3	25	20.3
23	13.5	11	6.4	10	5.8	50	29.2
18	14.6	12	9.8	6	4.9	23	18.7
44	**10.9**	**18**	**4.5**	**24**	**5.9**	**99**	**24.5**
44	10.9	18	4.5	24	5.9	99	24.5
45	**19.7**	**28**	**12.2**	**9**	**3.9**	**45**	**19.7**
43	19.5	27	12.2	8	3.6	44	19.9
2	25.0	1	12.5	1	12.5	1	12.5
54	**24.7**	**15**	**6.8**	**14**	**6.4**	**37**	**16.9**
12	30.0	2	5.0	2	5.0	6	15.0
16	32.7	5	10.2	6	12.2	8	16.3
7	24.1	3	10.3	1	3.4	5	17.2
12	28.6	4	9.5	3	7.1	5	11.9
7	11.9	1	1.7	2	3.4	13	22.0

4-12 分地区企业互联网

地 区	企业数(个)	使用互联网的企业		通过互联网进行宣传推广的企业数	
		数量(个)	比重(%)	数量(个)	占使用互联网企业的比重(%)
山东省	**80685**	**79871**	**99.0**	**60761**	**76.1**
济南市	5816	5730	98.5	4304	75.1
青岛市	9490	9421	99.3	7316	77.7
淄博市	5086	4996	98.2	3674	73.5
枣庄市	3263	3232	99.0	2720	84.2
东营市	2047	2025	98.9	1635	80.7
烟台市	6680	6637	99.4	4761	71.7
潍坊市	9190	9161	99.7	7242	79.1
济宁市	4439	4358	98.2	3189	73.2
泰安市	4515	4445	98.4	3325	74.8
威海市	3505	3451	98.5	2542	73.7
日照市	1302	1289	99.0	1052	81.6
莱芜市	1024	994	97.1	765	77.0
临沂市	6514	6475	99.4	4925	76.1
德州市	6365	6333	99.5	4784	75.5
聊城市	3939	3886	98.7	2770	71.3
滨州市	2444	2422	99.1	1855	76.6
菏泽市	5066	5016	99.0	3902	77.8

宣传和推广情况

自有网站		互联网广告		搜索引擎	
数量 (个)	占使用互联网企业的比重 (%)	数量 (个)	占使用互联网企业的比重 (%)	数量 (个)	占使用互联网企业的比重 (%)
20785	**26.0**	**19534**	**24.5**	**11150**	**14.0**
1990	34.7	1468	25.6	799	13.9
2710	28.8	2456	26.1	1295	13.7
1445	28.9	1032	20.7	565	11.3
1066	33.0	736	22.8	506	15.7
675	33.3	472	23.3	312	15.4
1654	24.9	1545	23.3	940	14.2
2310	25.2	2424	26.5	1723	18.8
1173	26.9	970	22.3	530	12.2
831	18.7	1094	24.6	554	12.5
792	22.9	882	25.6	524	15.2
471	36.5	299	23.2	159	12.3
310	31.2	223	22.4	90	9.1
1636	25.3	1604	24.8	831	12.8
1389	21.9	1920	30.3	1019	16.1
874	22.5	888	22.9	493	12.7
750	31.0	542	22.4	262	10.8
709	14.1	979	19.5	548	10.9

4-12 续表

地区	电子商务平台		电子邮件		微博	
	数量(个)	占使用互联网企业的比重(%)	数量(个)	占使用互联网企业的比重(%)	数量(个)	占使用互联网企业的比重(%)
山东省	**8805**	**11.0**	**25942**	**32.5**	**7267**	**9.1**
济南市	648	11.3	1727	30.1	528	9.2
青岛市	908	9.6	3078	32.7	831	8.8
淄博市	535	10.7	1427	28.6	251	5.0
枣庄市	386	11.9	1392	43.1	526	16.3
东营市	303	15.0	849	41.9	208	10.3
烟台市	514	7.7	1739	26.2	441	6.6
潍坊市	1341	14.6	3443	37.6	711	7.8
济宁市	563	12.9	1481	34.0	444	10.2
泰安市	612	13.8	1503	33.8	400	9.0
威海市	280	8.1	991	28.7	294	8.5
日照市	166	12.9	484	37.5	147	11.4
莱芜市	112	11.3	332	33.4	95	9.6
临沂市	605	9.3	2067	31.9	514	7.9
德州市	659	10.4	1756	27.7	596	9.4
聊城市	373	9.6	1069	27.5	339	8.7
滨州市	279	11.5	853	35.2	223	9.2
菏泽市	521	10.4	1751	34.9	719	14.3

博客		社交网站		其他	
数量（个）	占使用互联网企业的比重（%）	数量（个）	占使用互联网企业的比重（%）	数量（个）	占使用互联网企业的比重（%）
3037	**3.8**	**2536**	**3.2**	**15009**	**18.8**
193	3.4	181	3.2	1017	17.7
275	2.9	253	2.7	1589	16.9
68	1.4	115	2.3	1000	20.0
307	9.5	115	3.6	671	20.8
84	4.1	94	4.6	409	20.2
196	3.0	215	3.2	974	14.7
360	3.9	300	3.3	1674	18.3
128	2.9	120	2.8	789	18.1
144	3.2	138	3.1	1038	23.4
97	2.8	123	3.6	562	16.3
65	5.0	60	4.7	255	19.8
39	3.9	38	3.8	185	18.6
200	3.1	200	3.1	1287	19.9
310	4.9	191	3.0	1265	20.0
168	4.3	135	3.5	740	19.0
63	2.6	71	2.9	517	21.3
340	6.8	187	3.7	1037	20.7

4-13 分行业企业开展

行业	企业数(个)	有电子商务销售的企业	
		数量(个)	金额(万元)
总 计	**80685**	**3174**	**41114125**
采矿业	**813**	**12**	**1278466**
煤炭开采和洗选业	248	7	446241
石油和天然气开采业	20		
黑色金属矿采选业	155		
有色金属矿采选业	87	2	824717
非金属矿采选业	298	3	7508
开采辅助活动	3		
其他采矿业	2		
制造业	**37103**	**1880**	**34399038**
农副食品加工业	3878	172	1095258
食品制造业	1042	68	201095
酒、饮料和精制茶制造业	468	34	146072
烟草制品业	11	2	3227419
纺织业	2644	133	3472648
纺织服装、服饰业	1251	77	124636
皮革、毛皮、羽毛及其制品和制鞋业	492	26	76803
木材加工和木、竹、藤、棕、草制品业	1331	52	111638
家具制造业	526	36	86884
造纸和纸制品业	725	33	1535140
印刷和记录媒介复制业	470	13	23882
文教、工美、体育和娱乐用品制造业	1114	103	442881
石油加工、炼焦和核燃料加工业	305	9	2920489
化学原料和化学制品制造业	3603	171	1354580
医药制造业	720	51	451240
化学纤维制造业	74	5	27623
橡胶和塑料制品业	1770	91	1451522
非金属矿物制品业	3701	101	330224
黑色金属冶炼和压延加工业	753	26	2826994
有色金属冶炼和压延加工业	428	18	4633442
金属制品业	2127	96	530719
通用设备制造业	3243	205	697584

电子商务交易情况

B2C		有面向大陆区域以外销售		有电子商务采购的企业		有面向大陆以外区域采购的企业	
企业数量(个)	金额(万元)	企业数量(个)	金额(万元)	数量(个)	金额(万元)	数量(个)	金额(万元)
1081	**2401746**	**637**	**4742888**	**2060**	**35276783**	**282**	**3584706**
1	**256**	**1**	**5040**	**19**	**2697787**	**1**	**5**
				9	116476		
				2	2349790		
				2	28		
				2	230948		
1	256	1	5040	4	545	1	5
589	**1340088**	**533**	**4437296**	**1175**	**29304175**	**235**	**3511684**
56	159290	48	319289	86	406279	18	172912
30	29941	10	71448	35	60217	6	2049
23	102357	1	451	13	22990		
44	74401	27	53961	89	3089078	14	95120
24	24907	19	29763	51	32934	13	2525
10	25151	7	14888	17	97389	4	79490
10	3709	13	47565	34	46988	8	30200
12	25142	9	19238	22	50219	5	1792
4	3318	7	273965	24	818214	4	609989
2	1000	1	1720	9	12630	2	475
23	15203	57	337172	33	60548	9	14185
4	119704			11	5458026	2	884515
52	142805	46	243221	107	669660	21	68983
18	71707	9	110049	33	280020	4	17030
		2	24696	2	16599	1	15960
28	34408	41	376917	61	735948	23	192779
31	16047	27	79617	59	83742	10	5080
11	14802	10	50600	17	182129	4	17504
6	8070	5	4376	15	4634237	3	2600
23	28791	30	183482	61	252906	10	32560
65	38270	63	167080	142	927572	28	39884

4-13 续表 1

行业	企业数(个)	有电子商务销售的企业	
		数量(个)	金额(万元)
专用设备制造业	2108	108	1361476
汽车制造业	1246	66	2086682
铁路、船舶、航空航天和其他运输设备制造业	359	15	38999
电气机械和器材制造业	1567	104	2412508
计算机、通信和其他电子设备制造业	649	38	2687916
仪器仪表制造业	326	22	23841
其他制造业	86	5	18847
废弃资源综合利用业	63		
金属制品、机械和设备修理业	23		
电力、热力、燃气及水生产和供应业	**649**	**7**	**922**
电力、热力生产和供应业	437	5	282
燃气生产和供应业	98	1	590
水的生产和供应业	114	1	50
建筑业	**5910**	**95**	**51709**
房屋建筑业	3192	46	41363
土木工程建筑业	1020	15	1265
建筑安装业	664	17	7041
建筑装饰和其他建筑业	1034	17	2040
批发和零售业	**16926**	**538**	**4184994**
批发业	8332	297	3494691
零售业	8594	241	690303
交通运输、仓储和邮政业	**3977**	**131**	**913354**
铁路运输业	12	1	56000
道路运输业	2708	91	83063
水上运输业	186	1	21
航空运输业	14	2	697494
管道运输业	12		
装卸搬运和运输代理业	454	17	46611
仓储业	520	16	22786
邮政业	71	3	7380
住宿和餐饮业	**3464**	**263**	**29221**
住宿业	1088	153	21323
餐饮业	2376	110	7898

B2C		有面向大陆区域以外销售		有电子商务采购的企业		有面向大陆以外区域采购的企业	
企业数量（个）	金额（万元）	企业数量（个）	金额（万元）	数量（个）	金额（万元）	数量（个）	金额（万元）
33	118490	35	227465	74	1096119	12	15595
19	11224	15	168157	54	1920094	7	82349
4	182	4	4261	11	40167	3	14741
33	230095	27	75351	71	6692243	13	445193
13	33571	14	1543065	30	1593969	10	668135
10	1471	3	4448	12	12546	1	40
1	6034	3	5051	2	10715		
3	**617**			**9**	**23791**		
2	27			9	23791		
1	590						
39	**5700**	**5**	**1421**	**154**	**169275**	**7**	**112**
16	5039	3	1420	77	30097	4	102
9	129	1	0	27	96946	1	0
5	451	1	0	22	40120		
9	81			28	2111	2	10
193	**779516**	**73**	**291059**	**314**	**2889980**	**21**	**71955**
84	717061	65	288123	162	1182525	15	58489
109	62456	8	2936	152	1707455	6	13467
34	**165375**			**93**	**76606**	**2**	**115**
24	10784			58	27726	1	100
				2	18	1	15
1	153410						
				1	13244		
3				12	30039		
5				17	5434		
1				3	145		
110		**10**	**400**	**57**	**1053**	**1**	**2**
61		8	389	34	813		
49		2	10	23	240	1	2

4-13 续表 2

行业	企业数(个)	有电子商务销售的企业	
		数量(个)	金额(万元)
信息传输、软件和信息技术服务业	**471**	**58**	**183563**
电信、广播电视和卫星传输服务	87	24	131349
互联网和相关服务	30	3	2630
软件和信息技术服务业	354	31	49584
房地产业	**6474**	**36**	**11102**
房地产业	6474	36	11102
租赁和商务服务业	**1632**	**59**	**41918**
租赁业	110		
商务服务业	1522	59	41918
科学研究和技术服务业	**1601**	**40**	**8557**
研究和试验发展	56		
专业技术服务业	664	10	1405
科技推广和应用服务业	881	30	7151
水利、环境和公共设施管理业	**386**	**16**	**2003**
水利管理业	27	1	26
生态保护和环境治理业	37		
公共设施管理业	322	15	1977
居民服务、修理和其他服务业	**420**	**6**	**2015**
居民服务业	123	1	63
机动车、电子产品和日用产品修理业	172	1	229
其他服务业	125	4	1723
教育	**409**	**3**	**32**
教育	409	3	32
卫生和社会工作	**230**	**6**	**164**
卫生	222	6	164
社会工作	8		
文化、体育和娱乐业	**220**	**24**	**7070**
新闻和出版业	40	6	5591
广播、电视、电影和影视录音制作业	49	9	1072
文化艺术业	29	4	91
体育	43	2	19
娱乐业	59	3	297

B2C		有面向大陆区域以外销售		有电子商务采购的企业		有面向大陆以外区域采购的企业	
企业数量(个)	金额(万元)	企业数量(个)	金额(万元)	数量(个)	金额(万元)	数量(个)	金额(万元)
28		**4**	**624**	**30**	**95134**	**2**	**310**
19				7	22208	1	300
2				3	324		
7		4	624	20	72601	1	10
20		**1**	**4**	**66**	**4797**	**5**	**44**
20		1	4	66	4797	5	44
21		**7**	**6593**	**55**	**2043**	**4**	**44**
				3	5		
21		7	6593	52	2038	4	44
18		**2**	**452**	**46**	**3272**		
3				15	1103		
15		2	452	31	2169		
5		**1**	**0**	**6**	**170**		
5		1	0	6	170		
				15	**6361**	**1**	**7**
				3	65		
				9	6126	1	7
				3	170		
1				**4**	**223**		
1				4	223		
2				**9**	**1752**	**3**	**429**
2				9	1752	3	429
17				**8**	**367**		
6				1	300		
7				2	1		
2				2	14		
				1	1		
2				2	52		

4-14 分地区企业开展

地区	企业数（个）	有电子商务销售的企业		B2C	
		数量（个）	金额（万元）	企业数量（个）	金额（万元）
山东省	**80685**	**3174**	**41114125**	**1081**	**2401746**
济南市	5816	230	10288980	93	209942
青岛市	9490	328	4197065	124	341615
淄博市	5086	108	811138	46	91105
枣庄市	3263	181	455303	55	20665
东营市	2047	47	650988	16	29243
烟台市	6680	154	6599688	52	27716
潍坊市	9190	793	4975178	310	451513
济宁市	4439	210	3827014	62	53439
泰安市	4515	149	868911	68	69127
威海市	3505	80	1721272	38	34011
日照市	1302	70	566834	28	191116
莱芜市	1024	27	298112	8	102375
临沂市	6514	291	1302843	64	188338
德州市	6365	126	628778	42	33028
聊城市	3939	72	2054922	29	537987
滨州市	2444	64	1383614	16	5943
菏泽市	5066	244	483486	30	14582

电子商务交易情况

有面向大陆区域以外销售		有电子商务采购的企业		有面向大陆以外区域采购的企业	
企业数量（个）	金额（万元）	数量（个）	金额（万元）	数量（个）	金额（万元）
637	**4742888**	**2060**	**35276783**	**282**	**3584706**
41	97455	123	3296457	15	885953
88	573088	203	8294692	46	810721
23	92617	72	3215972	16	131941
19	65922	173	160235	8	1787
15	190442	44	2828078	9	108099
35	295841	93	5184888	10	54750
122	1322623	574	3044296	72	214645
30	331626	106	1625709	11	622320
23	57738	122	417600	14	24917
13	785137	54	2048225	8	483159
20	28651	40	735336	6	57712
4	10642	19	140550	3	3401
167	702305	125	333834	44	112058
15	38648	37	556640	5	1152
12	106026	39	976424	5	70961
7	29068	46	2233389	2	182
3	15060	190	184460	8	949

4-15 分行业企业电子商务交易平台情况

行业	提供自营电子商务交易平台企业(个)	平台交易额(万元)	销售额(万元)	采购额(万元)	提供第三方电子商务交易平台的企业(个)	第三方平台交易额(万元)
总计	**683**	**32689028**	**17328344**	**15360684**	**71**	**166904**
采矿业	**1**	**358958**	**338360**	**20598**		
煤炭开采和洗选业	1	358958	338360	20598		
石油和天然气开采业						
黑色金属矿采选业						
有色金属矿采选业						
非金属矿采选业						
开采辅助活动						
其他采矿业						
制造业	**437**	**28209485**	**14801209**	**13408276**	**47**	**104786**
农副食品加工业	33	665005	521610	143395	6	10258
食品制造业	14	114342	87433	26909	3	1206
酒、饮料和精制茶制造业	5	3303	1254	2049	1	3
烟草制品业	2	3227419	3227419			
纺织业	19	211510	122548	88962	3	50533
纺织服装、服饰业	12	26380	26331	48		
皮革、毛皮、羽毛及其制品和制鞋业	5	23980	21332	2648		
木材加工和木、竹、藤、棕、草制品业	12	47754	39218	8536	1	2402
家具制造业	4	1379	710	669		
造纸和纸制品业	10	52514	10433	42081	1	4
印刷和记录媒介复制业	4	1853	1800	53	1	200
文教、工美、体育和娱乐用品制造业	14	12744	11808	936	1	2153
石油加工、炼焦和核燃料加工业	5	5301686	2674936	2626750		
化学原料和化学制品制造业	48	363750	211907	151843	4	637
医药制造业	16	134921	57564	77357	1	52
化学纤维制造业	2	41313	24714	16599	1	369
橡胶和塑料制品业	29	1475020	1012853	462167	5	5383
非金属矿物制品业	20	44595	36513	8082	2	1902
黑色金属冶炼和压延加工业	7	2837849	2722834	115015		
有色金属冶炼和压延加工业	4	576	319	257	2	10
金属制品业	19	163656	101074	62582		
通用设备制造业	65	1053061	281936	771125	3	1465

4-15　续表 1

行　　业	提供自营电子商务交易平台企业(个)	平　台交易额(万元)	销售额(万元)	采购额(万元)	提供第三方电子商务交易平台的企业(个)	第三方平　台交易额(万元)
专用设备制造业	33	1968161	1052702	915459	4	15202
汽车制造业	13	2538050	1556990	981060	1	962
铁路、船舶、航空航天和其他运输设备制造业	3	13513	413	13100		
电气机械和器材制造业	24	6939037	390268	6548769	4	1730
计算机、通信和其他电子设备制造业	8	935491	596091	339400	1	5000
仪器仪表制造业	4	6642	4230	2412	1	2600
其他制造业	3	3985	3969	16	1	2716
废弃资源综合利用业						
金属制品、机械和设备修理业						
电力、热力、燃气及水生产和供应业	**6**	**19422**	**590**	**18832**		
电力、热力生产和供应业	5	18832		18832		
燃气生产和供应业	1	590	590			
水的生产和供应业						
建筑业	**30**	**145024**	**18925**	**126099**	**2**	**9**
房屋建筑业	8	17593	15787	1806		
土木工程建筑业	8	89081	595	88486		
建筑安装业	8	38199	2532	35668	1	9
建筑装饰和其他建筑业	6	151	11	140	1	0
批发和零售业	**92**	**2983203**	**1262547**	**1720655**	**8**	**53360**
批发业	50	1240586	1025423	215163	3	47859
零售业	42	1742617	237125	1505492	5	5501
交通运输、仓储和邮政业	**20**	**789883**	**762261**	**27622**	**2**	**4100**
铁路运输业						
道路运输业	8	7675	7326	349	1	4000
水上运输业						
航空运输业	2	697494	697494			
管道运输业						
装卸搬运和运输代理业	7	68778	41735	27042		
仓储业	2	11737	11506	231		
邮政业	1	4200	4200		1	100
住宿和餐饮业	**29**	**6469**	**6278**	**191**	**2**	**724**
住宿业	21	4553	4384	168	2	724
餐饮业	8	1917	1893	23		

4-15 续表 2

行业	提供自营电子商务交易平台企业(个)	平台交易额(万元)	销售额(万元)	采购额(万元)	提供第三方电子商务交易平台的企业(个)	第三方平台交易额(万元)
信息传输、软件和信息技术服务业	**25**	**162935**	**126156**	**36779**	**6**	**3055**
电信、广播电视和卫星传输服务	11	108080	96510	11570	2	5
互联网和相关服务	2	793	700	93	2	2625
软件和信息技术服务业	12	54062	28946	25116	2	425
房地产业	**7**	**2269**	**1785**	**484**		
房地产业	7	2269	1785	484		
租赁和商务服务业	**21**	**9595**	**9010**	**585**	**3**	**757**
租赁业						
商务服务业	21	9595	9010	585	3	757
科学研究和技术服务业	**4**	**772**	**537**	**235**		
研究和试验发展						
专业技术服务业	3	754	528	226		
科技推广和应用服务业	1	18	9	9		
水利、环境和公共设施管理业	**1**	**15**	**15**			
水利管理业						
生态保护和环境治理业						
公共设施管理业	1	15	15			
居民服务、修理和其他服务业	**3**	**181**	**180**	**1**		
居民服务业						
机动车、电子产品和日用产品修理业	1	1		1		
其他服务业	2	180	180			
教育						
教育						
卫生和社会工作	**1**	**47**	**22**	**25**		
卫生	1	47	22	25		
社会工作						
文化、体育和娱乐业	**6**	**769**	**469**	**300**	**1**	**113**
新闻和出版业	3	631	331	300		
广播、电视、电影和影视录音制作业	1	113	113	0	1	113
文化艺术业	1	16	16			
体育						
娱乐业	1	10	10			

4-16　分地区企业电子商务交易平台情况

地　区	提供自营电子商务交易平台企业（个）	平　台交易额（万元）	销售额（万元）	采购额（万元）	提供第三方电子商务交易平台的企业（个）	第三方平　台交易额（万元）
山东省	**683**	**32689028**	**17328344**	**15360684**	**71**	**166904**
济南市	90	11272016	8956427	2315589	11	6872
青岛市	108	8731328	1479858	7251470	9	63150
淄博市	37	376572	184948	191624	3	62
枣庄市	36	206193	198715	7478	5	560
东营市	16	476063	250461	225602	3	39046
烟台市	41	673892	645810	28082	2	1159
潍坊市	93	3517202	1635863	1881339	9	17174
济宁市	45	188169	74927	113242		
泰安市	28	515584	423481	92103	4	5725
威海市	37	2459488	918368	1541120	3	2174
日照市	23	344164	238426	105738	4	4433
莱芜市	4	238994	131900	107093		
临沂市	59	601508	450703	150805	7	7578
德州市	23	920944	412280	508664	3	20
聊城市	29	2058385	1237225	821160	5	8660
滨州市	11	104859	86903	17956	2	10261
菏泽市	3	3670	2050	1620	1	30

附　录

主要指标解释及分类规定

主要指标解释

法人单位　是指有权拥有资产、承担负债，并独立从事社会经济活动（或与其他单位进行交易）的组织。法人单位应同时具备以下条件：

1．依法成立，有自己的名称、组织机构和场所，能够独立承担民事责任；

2．独立拥有（或授权使用）资产或者经费，承担负债，有权与其他单位签订合同；

3．具有包括资产负债表在内的账户，或者能够根据需要编制账户。

法人单位包括五种类型：企业法人、事业单位法人、机关法人、社会团体和其他成员组织法人、其他法人。

企业法人　是指依据《中华人民共和国公司登记管理条例》、《中华人民共和国企业法人登记管理条例》等国家法律和法规，经各级工商行政管理机关登记注册，领取《企业法人营业执照》的企业。包括：

1．公司制企业法人；

2．非公司制企业法人；

3．依据《中华人民共和国个人独资企业法》、《中华人民共和国合伙企业法》，经各级工商行政管理机关登记注册，领取《营业执照》的个人独资企业、合伙企业。

事业单位法人　是指经国务院或地方县级以上机构编制管理部门批准，经国家或地方县级以上事业单位登记管理部门登记或备案，领取《事业单位法人证书》，取得法人资格的事业单位。包括：

1．各级党委、政府直属事业单位；

2．中共中央、国务院直属事业单位举办的事业单位；

3．各级人大、政协机关，人民法院、人民检察院和各民主党派机关举办的事业单位；

4．各级党委部门和政府部门举办的事业单位；

5．使用财政性经费的群众团体举办的事业单位；

6．国有企业及其他组织利用国有资产举办的事业单位；

7．依照法律或有关规定，应当由各级登记管理机关登记的其他事业单位。

机关法人　是指各级政党机关和国家机关。包括：

1．县级以上各级中国共产党委员会及其所属各工作部门；

2．县级以上各级人民代表大会机关；

3．县级以上各级人民政府及其所属各工作部门，以及地区行政行署；

4．县级以上各级政治协商会议机关；

5．县级以上各级人民法院、检察院机关；

6．县级以上各民主党派机关；

7．乡、镇中国共产党委员会和人民政府。

社会团体法人　是指依据《社会团体登记管理条例》，经国家或县级以上民政部门登记注册或备案、领取《社会团体法人登记证书》的各类社会团体，以及由机构编制管理部门管理其编制的群众团体。包括：

1．社会团体法人；

2．群众团体法人。

其他法人　是指除上述类型以外的法人，是依据《中华人民共和国居民委员会组织法》、《中华人民共和国村民委员会组织法》、《基金会管理条例》、《农民专业合作社登记管理条例》及其他法律、法规，依法成立，具备法人条件的单位。包括：

1．居民委员会和村民委员会；

2．基金会；

3．领取《民办非企业单位（法人）登记证书》的民办非企业单位；

4．宗教组织和活动场所；

5．农民专业合作社；

6．其他未列明法人单位。

单产业法人　是指仅包含一个产业活动单位的法人单位，称为单产业法人单位，该法人单位同时也是一个产业活动单位；

多产业法人　是指由两个及以上产业活动单位组成的法人单位，称为多产业法人单位，这些产业活动单位接受法人单位的管理和控制。

产业活动单位　产业活动单位是指位于一个地点，从事一种或主要从事一种社会经济活动的组织或组织的一部分。产业活动单位应同时具备以下条件：

1．在一个场所从事一种或主要从事一种社会经济活动；

2．相对独立地组织生产活动或经营活动；

3．能提供收入、支出等相关资料。

从业人员期末人数　指报告期末最后一日 24 时在本单位工作，并取得工资或其他形式劳动报酬的人员数。该指标为时点指标，不包括最后一日当天及以前已经与单位解除劳动合同关系的人员，是在岗职工、劳务派遣人员及其他从业人员之和。从业人员不包括：

1．离开本单位仍保留劳动关系，并定期领取生活费的人员；

2．利用课余时间打工的学生及在本单位实习的各类在校学生；

3．本单位因劳务外包而使用的人员，如：建筑业整建制使用的人员。

登记注册类型划分规定

登记注册类型 指企业或企业产业活动单位的登记注册类型，工商行政管理部门对企业（单位）登记注册的类型分为以下几种：

1．国有企业：指企业全部资产归国家所有，并按《中华人民共和国企业法人登记管理条例》规定登记注册的非公司制的经济组织。不包括有限责任公司中的国有独资公司。

2．集体企业：指企业资产归集体所有，并按《中华人民共和国企业法人登记管理条例》规定登记注册的经济组织。

3．股份合作企业：指以合作制为基础，由企业职工共同出资入股，吸收一定比例的社会资产投资组建，实行自主经营，自负盈亏，共同劳动，民主管理，按劳分配与按股分红相结合的一种集体经济组织。

4．联营企业：指两个及两个以上相同或不同所有制性质的企业法人或事业单位法人，按自愿、平等、互利的原则，共同投资组成的经济组织。联营企业包括国有联营企业、集体联营企业、国有与集体联营企业和其他联营企业。

国有联营企业 指所有联营单位均为国有。

集体联营企业 指所有联营单位均为集体。

国有与集体联营企业 指联营单位既有国有也有集体。

其他联营企业 指上述三种联营企业之外的其他联营形式的企业。

5．有限责任公司：指根据《中华人民共和国公司登记管理条例》规定登记注册，由两个以上，五十个以下的股东共同出资，每个股东以其所认缴的出资额对公司承担有限责任，公司以其全部资产对其债务承担责任的经济组织。有限责任公司包括国有独资公司以及其他有限责任公司。

国有独资公司 指国家授权的投资机构或者国家授权的部门单独投资设立的有限责任公司。

其他有限责任公司 指国有独资公司以外的其他有限责任公司。

6．股份有限公司：指根据《中华人民共和国公司登记管理条例》规定登记注册，其全部注册资本由等额股份构成并通过发行股票筹集资本，股东以其认购的股份对公司承担有限责任，公司以其全部资产对其债务承担责任的经济组织。

7．私营企业：指由自然人投资设立或由自然人控股，以雇佣劳动为基础的营利性经济组织。包括按照《公司法》、《合伙企业法》、《私营企业暂行条例》以及《个人独资企业法》规定登记注册的私营独资企业、私营合伙企业、私营有限责任公司、私营股份有限公司和个人独资企业。

私营独资企业 指按《私营企业暂行条例》的规定，由一名自然人投资经营，以雇佣劳动为基础，投资者对企业债务承担无限责任的企业。

私营合伙企业 指按《合伙企业法》或《私营企业暂行条例》的规定，由两个以上自然人按照协议共同投资、共同经营、共负盈亏，以雇佣劳动为基础，对债务承担无限责任的企业。

私营有限责任公司 指按《公司法》、《私营企业暂行条例》的规定，由两个以上自然人投资或由单个自然人控股的有限责任公司。

私营股份有限公司 指按《公司法》的规定，由五个以上自然人投资，或由单个自然人控股的股份有限公司。

个人独资企业 指按《个人独资企业法》、《个人独资企业登记管理办法》的规定，由一个自然人投资，财产为投资人个人所有，投资人以其个人财产对企业债务承担无限责任的经营实体。个人独资企业填表时归入私营独资企业。

8．其他内资企业：指上述第 1 条至第 7 条之外的其他内资经济组织。

9．与港澳台商合资经营企业：指港澳台地区投资者与内地的企业依照《中华人民共和国中外合资经营企业法》及有关法律的规定，按合同规定的比例投资设立，分享利润和分担风险的企业。

10．与港澳台商合作经营企业：指港澳台地区投资者与内地企业依照《中华人民共和国中外合作经营企业法》及有关法律的规定，依照合作合同的约定进行投资或提供条件设立，分配利润、分担风险和亏损的企业。

11．港澳台商独资经营企业：指依照《中华人民共和国外资企业法》及有关法律的规定，在内地由港澳台地区投资者全额投资设立的企业。

12．港澳台商投资股份有限公司：指根据国家有关规定，经商务部（原外经贸部）批准设立，并且其中港、澳、台商的股本占公司注册资本的比例达 25%以上的股份有限公司。凡其中港、澳、台商的股本占公司注册资本的比例小于 25%的，属于内资中的股份有限公司。

13．其他港、澳、台商投资企业：指在中国境内参照《外国企业或个人在中国境内设立合伙企业管理办法》和《外商投资合伙企业登记管理规定》，依法设立的港、澳、台商投资合伙企业。

14．中外合资经营企业：指外国企业或外国人与中国内地企业依照《中华人民共和国中外合资经营企业法》及有关法律的规定，按合同规定的比例投资设立，分享利润和分担风险的企业。

15．中外合作经营企业：指外国企业或外国人与中国内地企业依照《中华人民共和国中外合作经营企业法》及有关法律的规定，依照合作合同的约定进行投资或提供条件设立，分配利润、分担风险和亏损的企业。

16．外资企业：指依照《中华人民共和国外资企业法》及有关法律的规定，在中国内地由外国投资者全额投资设立的企业。

17．外商投资股份有限公司：指根据国家有关规定，经商务部（原外经贸部）批准设立，并且其中外资的股本占公司注册资本的比例达25%以上的股份有限公司。凡其中外资股本占公司注册资本的比例小于25%的，属于内资中的股份有限公司。

18．其他外商投资企业：指在中国境内依照《外国企业或个人在中国境内设立合伙企业管理办法》和《外商投资合伙企业登记管理规定》，依法设立的外商投资合伙企业。

统计上大中小微型企业划分办法

一、根据工业和信息化部、国家统计局、国家发展改革委、财政部《关于印发中小企业划型标准规定的通知》（工信部联企业〔2011〕300号），结合统计工作的实际情况，特制定本办法。

二、本办法适用对象为在中华人民共和国境内依法设立的各种组织形式的法人企业或单位。个体工商户参照本办法进行划分。

三、本办法适用范围包括：农、林、牧、渔业，采矿业，制造业，电力、热力、燃气及水生产和供应业，建筑业，批发和零售业，交通运输、仓储和邮政业，住宿和餐饮业，信息传输、软件和信息技术服务业，房地产业，租赁和商务服务业，科学研究和技术服务业，水利、环境和公共设施管理业，居民服务、修理和其他服务业，文化、体育和娱乐业等15个行业门类以及社会工作行业大类。

四、本办法按照行业门类、大类、中类和组合类别，依据从业人员、营业收入、资产总额等指标或替代指标，将我国的企业划分为大型、中型、小型、微型等四种类型。具体划分标准见附表。

五、企业划分由政府综合统计部门根据统计年报每年确定一次，定报统计原则上不进行调整。

六、本办法自印发之日起执行，国家统计局2003年印发的《统计上大中小型企业划分办法（暂行）》（国统字〔2003〕17号）同时废止。

附表：

统计上大中小微型企业划分标准

行业名称	指标名称	计量单位	大型	中型	小型	微型
农、林、牧、渔业	营业收入(Y)	万元	Y≥20000	500≤Y＜20000	50≤Y＜500	Y＜50
工业*	从业人员(X)	人	X≥1000	300≤X＜1000	20≤X＜300	X＜20
	营业收入(Y)	万元	Y≥40000	2000≤Y＜40000	300≤Y＜2000	Y＜300
建筑业	营业收入(Y)	万元	Y≥80000	6000≤Y＜80000	300≤Y＜6000	Y＜300
	资产总额(Z)	万元	Z≥80000	5000≤Z＜80000	300≤Z＜5000	Z＜300
批发业	从业人员(X)	人	X≥200	20≤X＜200	5≤X＜20	X＜5
	营业收入(Y)	万元	Y≥40000	5000≤Y＜40000	1000≤Y＜5000	Y＜1000
零售业	从业人员(X)	人	X≥300	50≤X＜300	10≤X＜50	X＜10
	营业收入(Y)	万元	Y≥20000	500≤Y＜20000	100≤Y＜500	Y＜100
交通运输业*	从业人员(X)	人	X≥1000	300≤X＜1000	20≤X＜300	X＜20
	营业收入(Y)	万元	Y≥30000	3000≤Y＜30000	200≤Y＜3000	Y＜200
仓储业	从业人员(X)	人	X≥200	100≤X＜200	20≤X＜100	X＜20
	营业收入(Y)	万元	Y≥30000	1000≤Y＜30000	100≤Y＜1000	Y＜100
邮政业	从业人员(X)	人	X≥1000	300≤X＜1000	20≤X＜300	X＜20
	营业收入(Y)	万元	Y≥30000	2000≤Y＜30000	100≤Y＜2000	Y＜100
住宿业	从业人员(X)	人	X≥300	100≤X＜300	10≤X＜100	X＜10
	营业收入(Y)	万元	Y≥10000	2000≤Y＜10000	100≤Y＜2000	Y＜100
餐饮业	从业人员(X)	人	X≥300	100≤X＜300	10≤X＜100	X＜10
	营业收入(Y)	万元	Y≥10000	2000≤Y＜10000	100≤Y＜2000	Y＜100

续表

行业名称	指标名称	计量单位	大型	中型	小型	微型
信息传输业*	从业人员(X)	人	X≥2000	100≤X＜2000	10≤X＜100	X＜10
	营业收入(Y)	万元	Y≥100000	1000≤Y＜100000	100≤Y＜1000	Y＜100
软件和信息技术服务业	从业人员(X)	人	X≥300	100≤X＜300	10≤X＜100	X＜10
	营业收入(Y)	万元	Y≥10000	1000≤Y＜10000	50≤Y＜1000	Y＜50
房地产开发经营	营业收入(Y)	万元	Y≥200000	1000≤Y＜200000	100≤Y＜1000	Y＜100
	资产总额(Z)	万元	Z≥10000	5000≤Z＜10000	2000≤Z＜5000	Z＜2000
物业管理	从业人员(X)	人	X≥1000	300≤X＜1000	100≤X＜300	X＜100
	营业收入(Y)	万元	Y≥5000	1000≤Y＜5000	500≤Y＜1000	Y＜500
租赁和商务服务业	从业人员(X)	人	X≥300	100≤X＜300	10≤X＜100	X＜10
	资产总额(Z)	万元	Z≥120000	8000≤Z＜120000	100≤Z＜8000	Z＜100
其他未列明行业*	从业人员(X)	人	X≥300	100≤X＜300	10≤X＜100	X＜10

说明：

1．大型、中型和小型企业须同时满足所列指标的下限，否则下划一档；微型企业只须满足所列指标中的一项即可。

2．附表中各行业的范围以《国民经济行业分类》（GB/T4754-2011）为准。带*的项为行业组合类别，其中，工业包括采矿业，制造业，电力、热力、燃气及水生产和供应业；交通运输业包括道路运输业，水上运输业，航空运输业，管道运输业，装卸搬运和运输代理业，不包括铁路运输业；信息传输业包括电信、广播电视和卫星传输服务，互联网和相关服务；其他未列明行业包括科学研究和技术服务业，水利、环境和公共设施管理业，居民服务、修理和其他服务业，社会工作，文化、体育和娱乐业，以及房地产中介服务，其他房地产业等，不包括自有房地产经营活动。

3．企业划分指标以现行统计制度为准。(1）从业人员，是指期末从业人员数，没有期末从业人员数的，采用全年平均人员数代替。(2）营业收入，工业、建筑业、限额以上批发和零售业、限额以上住宿和餐饮业以及其他设置主营业务收入指标的行业，采用主营业务收入；限额以下批发与零售业企业采用商品销售额代替；限额以下住宿与餐饮业企业采用营业额代替；农、林、牧、渔业企业采用营业总收入代替；其他未设置主营业务收入的行业，采用营业收入指标。(3）资产总额，采用资产总计代替。

文化及相关产业分类(2012)

一、目的和作用

（一）为深入贯彻落实党的十七届六中全会关于深化文化体制改革、推动社会主义文化大发展大繁荣的精神，建立科学可行的文化及相关产业统计制度，制定本分类。

（二）本分类为界定我国文化及相关单位的生产活动提供依据，为当前的社会主义文化建设、文化宏观管理提供参考，为文化及相关产业统计提供统一的定义和范围。

二、定义和范围

（一）定义

本分类规定的文化及相关产业是指为社会公众提供文化产品和文化相关产品的生产活动的集合。

（二）范围

根据以上定义，我国文化及相关产业的范围包括：

1．以文化为核心内容，为直接满足人们的精神需要而进行的创作、制造、传播、展示等文化产品（包括货物和服务）的生产活动；

2．为实现文化产品生产所必需的辅助生产活动；

3．作为文化产品实物载体或制作（使用、传播、展示）工具的文化用品的生产活动(包括制造和销售)；

4．为实现文化产品生产所需专用设备的生产活动(包括制造和销售)。

三、分类原则

（一）以《国民经济行业分类》为基础

本分类以《国民经济行业分类》(GB/T 4754—2011）为基础，根据文化及相关单位生产活动的特点，将行业分类中相关的类别重新组合，是《国民经济行业分类》的派生分类。

（二）兼顾部门管理需要和可操作性

根据我国文化体制改革和发展的实际，本分类在考虑文化生产活动特点的同时，兼顾政府部门管理的需要；立足于现行的统计制度和方法，充分考虑分类的可操作性。

（三）与国际分类标准相衔接

本分类借鉴了联合国教科文组织的《文化统计框架—2009》的分类方法，在定义和覆盖范围上可与其衔接。

四、分类方法

本分类依据上述分类原则，将文化及相关产业分为五层。

第一层包括文化产品的生产、文化相关产品的生产两部分，用“第一部分”、“第二部分”表示；

第二层根据管理需要和文化生产活动的自身特点分为10个大类，用“一”、“二”……“十”表示；

第三层依照文化生产活动的相近性分为 50 个中类，在每个大类下分别用“（一）”、“（二）”、“（三）”……表示；

第四层共有120个小类，是文化及相关产业的具体活动类别，直接用《国民经济行业分类》(GB/T 4754—2011）相对应行业小类的名称和代码表示。对于含有部分文化生产活动的小类，在其名称后用“*”标出。

第五层为带“*”小类下设置的延伸层。通过在类别名称前加“—”表示，不设代码和顺序号，其包含的活动内容在表 2中加以说明。

五、文化及相关产业分类表（略）

山东经济普查年鉴 2013

Shandong Economic Census Yearbook

第三产业卷

山东省第三次经济普查领导小组办公室 编

中国统计出版社
China Statistics Press

图书在版编目（CIP）数据

山东经济普查年鉴. 2013 / 山东省第三次经济普查领导小组办公室编. -- 北京 : 中国统计出版社, 2015.12

ISBN 978-7-5037-7708-0

Ⅰ. ①山… Ⅱ. ①山… Ⅲ. ①经济－普查－山东省－2013－年鉴 Ⅳ. ①F127.52-54

中国版本图书馆 CIP 数据核字(2015)第 284334 号

山东经济普查年鉴—2013/第三产业卷

作　者/山东省第三次经济普查领导小组办公室
责任编辑/赵淑焕　马　郁
封面设计/黄俊杰　李雪燕
出版发行/中国统计出版社
通信地址/北京市丰台区西三环南路甲 6 号　邮政编码/100073
电　话/邮购（010）63376909　书店（010）68783171
网　址/http://www.zgtjcbs.com/
印　刷/河北天普润印刷厂
经　销/新华书店
开　本/880mm×1230mm　1/16
字　数/340 千字
印　张/11.25
版　别/2015 年 12 月第 1 版
版　次/2015 年 12 月第 1 次印刷
定　价/780.00 元

本书附同版本 CD-ROM 一张，光盘内容以书面文字为准。
如有印装差错，由本社发行部调换。

编者说明

为便于社会各界共同分享山东省第三次经济普查的成果，更方便地开发利用普查资料，我们将经济普查资料编辑整理，汇编成《山东经济普查年鉴—2013》一书。全书共三卷四册，即综合卷、第二产业卷（上、下册）和第三产业卷，并随书配送同版本光盘一张。《综合卷》分四篇：第一篇为“综合篇”，第二篇为“小微企业篇”，第三篇为“文化及相关产业篇”，第四篇为“企业信息化和电子商务交易情况”。《第二产业卷》按内容分为上、下两册。上册两篇：第一篇为“工业企业生产经营及财务状况”，第二篇是“主要工业产品产量”。下册两篇：第一篇为“规模以上工业企业科技情况”，第二篇是“建筑业企业生产经营及财务状况”。《第三产业卷》分五篇：第一篇为“批发和零售业基本情况及财务状况”，第二篇为“住宿和餐饮业基本情况及财务状况”，第三篇为“房地产业生产经营及财务状况”，第四篇为“重点服务业企业财务状况”，第五篇为“行政事业、社团及其他单位财务状况”。为使读者能够更好地使用本资料，现对有关问题做如下说明：

一、山东省第三次经济普查的标准时点为 2013 年 12 月 31 日，时期资料为 2013 年度；

二、每卷后附有该卷详细的指标解释，使用时请仔细阅读；

三、综合卷中综合篇和小微企业篇汇总表，均不包括金融业、铁路运输业的数据；

四、本资料建筑业按法人单位注册地，其他行业按法人单位经营地进行汇总；

五、本资料对部分数据由于计量单位取舍不同或四舍五入而产生的差数均未作调整；

六、表中空格表示该项统计指标数值为零或无该项数据，“…”表示该项统计指标值太小无法显示，“#”表示其中的主要项。

我们希望此书的面世，能使社会各界对山东省第三次经济普查有一个全面概括的了解，更愿本书的内容，能为社会经济研究工作者提供有价值的参考。

山东省第三次经济普查资料是山东省经济普查工作者共同辛勤工作的成果，也是广大普查对象积极支持配合的结果。在此，我们向山东省所有普查工作者、普查对象以及参与和支持普查工作的人员致以崇高的敬意和衷心的感谢！

第三产业卷 目录

第一篇 批发和零售业基本情况及财务状况

第二篇 住宿和餐饮业基本情况及财务状况

第三篇 房地产业生产经营及财务状况

第四篇 重点服务业企业财务状况

第五篇　行政事业、社团及其他单位财务状况

附录

第1篇

批发和零售业基本情况及财务状况

A.行业部分

1-A-1　批发业法人企业基本情况

指标名称	法人单位数（个）	年末从业人数（人）
总　计	**156291**	**2153059**
按国民经济行业分组		
农、林、牧产品批发	13326	235418
谷物、豆及薯类批发	3216	57477
种子批发	1339	22691
饲料批发	1033	14515
棉、麻批发	815	15532
林业产品批发	1938	35019
牲畜批发	2465	44847
其他农牧产品批发	2520	45337
食品、饮料及烟草制品批发	23640	447017
米、面制品及食用油批发	1459	26478
糕点、糖果及糖批发	755	9988
果品、蔬菜批发	10482	223028
肉、禽、蛋、奶及水产品批发	3191	63118
盐及调味品批发	426	10158
营养和保健品批发	463	4882
酒、饮料及茶叶批发	2758	40801
烟草制品批发	182	24813
其他食品批发	3924	43751
纺织、服装及家庭用品批发	15336	191474
纺织品、针织品及原料批发	3583	49337
服装批发	3986	53878
鞋帽批发	450	5838
化妆品及卫生用品批发	968	10377
厨房、卫生间用具及日用杂货批发	1670	18625
灯具、装饰物品批发	750	6318
家用电器批发	2041	28441
其他家庭用品批发	1888	18660
文化、体育用品及器材批发	5191	68853
文具用品批发	1824	20608
体育用品及器材批发	480	5183
图书批发	193	11050
报刊批发	39	1891
音像制品及电子出版物批发	162	1802
首饰、工艺品及收藏品批发	1193	14698
其他文化用品批发	1300	13621
医药及医疗器材批发	4137	62244
西药批发	625	23330
中药批发	434	10869
医疗用品及器材批发	3078	28045
矿产品、建材及化工产品批发	46448	628337
煤炭及制品批发	3873	83326
石油及制品批发	3188	77737
非金属矿及制品批发	994	19517
金属及金属矿批发	8737	90892
建材批发	15608	180576
化肥批发	4463	73552
农药批发	772	11940
农用薄膜批发	143	1782
其他化工产品批发	8670	89015

1-A-1 续表

指标名称	法人单位数(个)	年末从业人数(人)
机械设备、五金产品及电子产品批发	33544	356766
农业机械批发	1967	28754
汽车批发	703	13252
汽车零配件批发	2449	27620
摩托车及零配件批发	342	4506
五金产品批发	10662	99269
电气设备批发	2595	28700
计算机、软件及辅助设备批发	3218	25453
通讯及广播电视设备批发	1169	11376
其他机械设备及电子产品批发	10439	117836
贸易经纪与代理	4013	51215
贸易代理	3005	40456
拍卖	207	1794
其他贸易经纪与代理	801	8965
其他批发业	10656	111735
再生物资回收与批发	1967	28561
其他未列明批发业	8689	83174
按登记注册类型分组		
内资企业	155218	2127320
国有企业	829	41745
集体企业	5035	116992
股份合作企业	461	6684
联营企业	94	1884
国有联营企业	14	253
集体联营企业	37	933
国有与集体联营企业	15	393
其他联营企业	28	305
有限责任公司	18936	286818
国有独资公司	88	10852
其他有限责任公司	18848	275966
股份有限公司	1028	58687
私营企业	124956	1542611
私营独资企业	34705	520699
私营合伙企业	3261	39259
私营有限责任公司	84797	951526
私营股份有限公司	2193	31127
其他企业	3879	71899
港、澳、台商投资企业	245	11367
合资经营企业	49	1244
合作经营企业	5	5224
独资经营企业	178	4635
投资股份有限公司	7	198
其他港澳台商投资企业	6	66
外商投资企业	828	14372
中外合资经营企业	177	4779
中外合作经营企业	11	1174
外资企业	567	7715
外商投资股份有限公司	17	307
其他外商投资企业	56	397

1-A-2　批发业法人企业财务状况

单位：万元

指标名称	营业收入	主营业务收入	资产总计
总　计	**345326335.8**	**342760264.5**	**162609176.2**
按国民经济行业分组			
农、林、牧产品批发	17764215.9	17693122.1	10010354.8
谷物、豆及薯类批发	5902983.0	5873189.8	2657290.6
种子批发	1536740.5	1521750.7	1298811.4
饲料批发	1721255.1	1719518.3	1140317.4
棉、麻批发	2633195.3	2621654.4	1399599.3
林业产品批发	1503487.9	1500233.3	1167353.4
牲畜批发	2037126.4	2033413.6	1119489.0
其他农牧产品批发	2429427.7	2423362.1	1227493.7
食品、饮料及烟草制品批发	42371896.2	42193914.5	19969043.9
米、面制品及食用油批发	4846468.0	4775072.4	3005086.2
糕点、糖果及糖批发	907946.6	903778.5	599795.3
果品、蔬菜批发	12255199.1	12222989.4	5588068.2
肉、禽、蛋、奶及水产品批发	5496927.6	5483729.8	2613111.1
盐及调味品批发	1668375.0	1662658.5	537024.6
营养和保健品批发	271261.3	269651.7	158482.7
酒、饮料及茶叶批发	3732804.1	3719113.7	1985782.1
烟草制品批发	9691295.1	9662886.7	3253741.0
其他食品批发	3501619.3	3494033.7	2227952.7
纺织、服装及家庭用品批发	23455803.9	23337882.9	12635847.0
纺织品、针织品及原料批发	4663142.4	4624168.9	3609369.4
服装批发	7329734.9	7305608.5	2541851.4
鞋帽批发	398118.6	397700.0	210822.5
化妆品及卫生用品批发	771876.4	767975.0	307339.1
厨房、卫生间用具及日用杂货批发	1119588.6	1116230.8	703167.6
灯具、装饰物品批发	436767.4	436085.5	220610.4
家用电器批发	7308574.9	7280418.6	3948739.4
其他家庭用品批发	1428000.8	1409695.8	1093947.1
文化、体育用品及器材批发	7414531.1	7329376.7	4217304.5
文具用品批发	2979053.4	2964111.1	1546796.1
体育用品及器材批发	287933.0	287438.5	159569.1
图书批发	647210.3	629560.6	944920.6
报刊批发	43718.3	43623.2	41875.1
音像制品及电子出版物批发	93570.0	93454.4	56421.8
首饰、工艺品及收藏品批发	2512029.5	2463191.6	777226.6
其他文化用品批发	851016.6	847997.3	690495.1
医药及医疗器材批发	9465282.7	9422173.7	5706861.2
西药批发	5219565.7	5198672.6	2786588.9
中药批发	1814529.9	1805002.6	1453585.3
医疗用品及器材批发	2431187.2	2418498.5	1466687.0
矿产品、建材及化工产品批发	186227367.8	184451200.0	77292114.7
煤炭及制品批发	43524729.6	43318355.6	14181154.2
石油及制品批发	39276272.2	39032456.5	14224205.4
非金属矿及制品批发	3761376.8	3754380.7	1121130.3
金属及金属矿批发	46867712.4	45755627.6	22012691.1
建材批发	18351116.0	18284906.1	11044685.5
化肥批发	9200549.5	9157384.3	2837078.7
农药批发	867155.2	866107.1	401617.2
农用薄膜批发	123774.6	123760.6	43540.3
其他化工产品批发	24254681.4	24158221.5	11426012.0

1-A-2 续表 单位：万元

指标名称	营业收入		资产总计
		主营业务收入	
机械设备、五金产品及电子产品批发	38957488.6	38766752.9	20942602.1
农业机械批发	2687602.2	2659199.7	1155479.6
汽车批发	2702928.8	2685429.0	1267185.3
汽车零配件批发	4455766.8	4411217.7	2183191.5
摩托车及零配件批发	424484.7	422279.1	206603.7
五金产品批发	7801501.0	7785741.2	4406590.1
电气设备批发	4140748.8	4112025.0	2237146.2
计算机、软件及辅助设备批发	1871232.3	1862252.0	1271142.5
通讯及广播电视设备批发	919662.8	916240.0	606181.0
其他机械设备及电子产品批发	13953561.2	13912369.1	7609082.2
贸易经纪与代理	7394522.1	7362145.1	4768185.3
贸易代理	6174793.3	6150208.4	3914062.9
拍卖	97486.0	97484.8	148477.1
其他贸易经纪与代理	1122242.8	1114451.9	705645.2
其他批发业	12275227.5	12203696.6	7066862.7
再生物资回收与批发	3860150.4	3837686.6	1478297.3
其他未列明批发业	8415077.1	8366009.9	5588565.4
按登记注册类型分组			
内资企业	341261888.9	338734155.1	159936523.9
国有企业	26476903.6	26329639.7	6847466.0
集体企业	7255633.5	7245777.0	3922376.7
股份合作企业	559469.6	557402.7	633924.2
联营企业	1498197.4	1424967.2	367988.1
国有联营企业	1185814.3	1185813.7	156282.1
集体联营企业	62723.4	58442.9	137620.2
国有与集体联营企业	234535.0	165588.9	67489.5
其他联营企业	15124.8	15121.8	6596.3
有限责任公司	105265487.2	103831699.8	47359994.2
国有独资公司	9510058.4	9385489.3	2494841.7
其他有限责任公司	95755428.8	94446210.5	44865152.4
股份有限公司	21298709.3	21051781.9	6638159.4
私营企业	170232843.4	169678779.3	91333240.5
私营独资企业	26936470.5	26861984.6	15632144.8
私营合伙企业	1867153.2	1862882.3	1246114.1
私营有限责任公司	136700467.4	136235363.2	72092000.7
私营股份有限公司	4728752.2	4718549.2	2362980.9
其他企业	8674644.9	8614107.3	2833374.9
港、澳、台商投资企业	1946258.0	1936979.2	1374351.1
合资经营企业	247042.3	245056.2	141298.0
合作经营企业	154780.9	154780.9	140780.6
独资经营企业	1523196.9	1515904.3	1082645.5
投资股份有限公司	11144.9	11144.9	4347.4
其他港澳台商投资企业	10093.0	10093.0	5279.5
外商投资企业	2118188.9	2089130.2	1298301.2
中外合资经营企业	540489.1	518454.2	507892.3
中外合作经营企业	206067.7	206067.7	62842.2
外资企业	1288824.8	1281810.9	677690.9
外商投资股份有限公司	18781.9	18781.9	6727.0
其他外商投资企业	64025.5	64015.5	43148.8

1-A-3　零售业法人企业基本情况

指标名称	法人单位数(个)	年末从业人数(人)	年末零售营业面积(万平方米)
总　计	**79917**	**1308989**	**5105**
按国民经济行业分组			
综合零售	9587	384177	1777
百货零售	6553	261343	1310
超级市场零售	1022	93776	370
其他综合零售	2012	29058	97
食品、饮料及烟草制品专门零售	8810	108646	342
粮油零售	1033	15242	45
糕点、面包零售	349	4650	8
果品、蔬菜零售	1679	25707	86
肉、禽、蛋、奶及水产品零售	1677	22896	78
营养和保健品零售	344	3025	7
酒、饮料及茶叶零售	1938	18558	46
烟草制品零售	200	2760	30
其他食品零售	1590	15808	42
纺织、服装及日用品专门零售	7826	103617	260
纺织品及针织品零售	1213	13879	40
服装零售	3158	48172	124
鞋帽零售	368	9267	15
化妆品及卫生用品零售	645	5850	12
钟表、眼镜零售	351	3778	8
箱、包零售	150	1539	3
厨房用具及日用杂品零售	586	4856	10
自行车零售	369	4089	12
其他日用品零售	986	12187	36
文化、体育用品及器材专门零售	4655	55115	141
文具用品零售	1331	11968	30
体育用品及器材零售	347	3371	8
图书、报刊零售	367	6009	20
音像制品及电子出版物零售	248	1442	3
珠宝首饰零售	577	8125	18
工艺美术品及收藏品零售	936	12726	34
乐器零售	133	944	2
照相器材零售	62	616	1
其他文化用品零售	654	9914	25
医药及医疗器材专门零售	7760	93221	186
药品零售	6151	80044	158
医疗用品及器材零售	1609	13177	28

1-A-3 续表 1

指标名称	法人单位数（个）	年末从业人数（人）	年末零售营业面积（万平方米）
汽车、摩托车、燃料及零配件专门零售	12058	225123	1209
汽车零售	4802	146488	772
汽车零配件零售	2176	20414	64
摩托车及零配件零售	770	8655	31
机动车燃料零售	4310	49566	342
家用电器及电子产品专门零售	9718	115261	277
家用视听设备零售	1366	20547	59
日用家电设备零售	2435	39724	116
计算机、软件及辅助设备零售	2803	25468	45
通信设备零售	1161	13773	24
其他电子产品零售	1953	15749	33
五金、家具及室内装饰材料专门零售	11956	142112	546
五金零售	6343	61130	181
灯具零售	439	3314	8
家具零售	1752	43453	241
涂料零售	294	2693	7
卫生洁具零售	231	1966	6
木质装饰材料零售	585	6087	20
陶瓷、石材装饰材料零售	764	7207	28
其他室内装饰材料零售	1548	16262	54
货摊、无店铺及其他零售业	7547	81717	367
货摊食品零售	48	449	2
货摊纺织、服装及鞋零售	54	465	1
货摊日用品零售	41	326	1
互联网零售	97	991	1
邮购及电视、电话零售	15	897	
旧货零售	75	616	7
生活用燃料零售	1444	19359	149
其他未列明零售业	5773	58614	206
按登记注册类型分组			
内资企业	79581	1276762	4964
国有企业	566	20794	77
集体企业	1839	43769	149
股份合作企业	315	6591	14
联营企业	90	2576	4
国有联营企业	9	260	1
集体联营企业	48	1822	2
国有与集体联营企业	12	284	1
其他联营企业	21	210	0

1-A-3　续表 2

指标名称	法人单位数（个）	年末从业人数（人）	年末零售营业面积（万平方米）
有限责任公司	9513	309534	1377
国有独资公司	42	2342	7
其他有限责任公司	9471	307192	1370
股份有限公司	810	74737	482
私营企业	64224	784686	2757
私营独资企业	26862	269756	896
私营合伙企业	1156	10892	37
私营有限责任公司	34927	482848	1749
私营股份有限公司	1279	21190	75
其他企业	2224	34075	104
港、澳、台商投资企业	127	18103	55
合资经营企业	32	3211	6
合作经营企业	7	290	0
独资经营企业	78	13019	41
投资股份有限公司	6	1039	5
其他港澳台商投资企业	4	544	2
外商投资企业	209	14124	85
中外合资经营企业	57	6232	49
中外合作经营企业	9	2326	8
外资企业	127	4825	25
外商投资股份有限公司	7	624	2
其他外商投资企业	9	117	0
按零售业态分组			
其中：有店铺零售	79606	1303820	5102
食杂店	653	9003	24
便利店	3764	47334	116
折扣店	70	764	2
超市	3015	85179	199
大型超市	272	116012	722
仓储会员店	252	2511	11
百货店	7878	210729	963
专业店	40230	495662	1762
专卖店	18150	255148	956
家居建材商店	2092	31917	154
购物中心	202	12247	40
厂家直销中心	3028	37314	155

1-A-4 零售业法人企业财务状况

单位：万元

指标名称	营业收入	主营业务收入	资产总计
总 计	**106716669.5**	**105747335.0**	**58186697.7**
按国民经济行业分组			
综合零售	28785034.1	28348170.3	18224428.4
百货零售	21009921.6	20666127.6	14180802.7
超级市场零售	5956688.9	5872165.5	3330359.2
其他综合零售	1818423.6	1809877.1	713266.5
食品、饮料及烟草制品专门零售	4750735.4	4726998.7	3232743.4
粮油零售	647778.3	641573.3	393017.1
糕点、面包零售	191805.4	191049.1	79727.7
果品、蔬菜零售	904564.8	901773.4	664861.4
肉、禽、蛋、奶及水产品零售	1031714.7	1027552.5	968339.3
营养和保健品零售	184244.8	182576.5	103889.0
酒、饮料及茶叶零售	966441.5	963307.7	562179.4
烟草制品零售	131765.1	129986.4	73715.8
其他食品零售	692420.9	689179.8	387013.6
纺织、服装及日用品专门零售	5259306.9	5241407.1	2558942.3
纺织品及针织品零售	603723.5	601957.5	399703.8
服装零售	3132570.2	3122234.4	1283181.0
鞋帽零售	229721.9	228551.0	129366.2
化妆品及卫生用品零售	310466.8	309659.4	108832.4
钟表、眼镜零售	132561.6	132076.7	90468.7
箱、包零售	35978.2	35953.5	28614.5
厨房用具及日用杂品零售	124775.4	124448.5	95743.0
自行车零售	157928.2	156975.0	79614.3
其他日用品零售	531581.2	529551.2	343418.4
文化、体育用品及器材专门零售	2460211.1	2440678.9	1677250.7
文具用品零售	386722.3	384353.1	219967.7
体育用品及器材零售	117732.2	117524.0	91108.6
图书、报刊零售	303235.0	298572.1	261029.9
音像制品及电子出版物零售	44857.9	44850.1	45046.0
珠宝首饰零售	753062.6	745768.5	465303.1
工艺美术品及收藏品零售	372763.4	371458.6	310024.6
乐器零售	30661.8	30487.2	26783.0
照相器材零售	34119.5	34084.7	13981.4
其他文化用品零售	417056.5	413580.6	244006.3
医药及医疗器材专门零售	5189773.9	5172997.6	3370076.9
药品零售	4545689.6	4530667.5	2908503.0
医疗用品及器材零售	644084.3	642330.1	461573.9

1-A-4　续表 1　　　　单位：万元

指标名称	营业收入	主营业务收入	资产总计
汽车、摩托车、燃料及零配件专门零售	37669356.4	37412908.1	15929810.6
汽车零售	26350926.6	26194512.8	11847648.0
汽车零配件零售	1139635.9	1136650.2	700751.2
摩托车及零配件零售	978899.7	970563.3	260428.8
机动车燃料零售	9199894.2	9111181.9	3120982.6
家用电器及电子产品专门零售	8203707.0	8109958.6	4083038.4
家用视听设备零售	1614640.9	1592458.3	722411.7
日用家电设备零售	3675189.5	3631472.0	1888818.6
计算机、软件及辅助设备零售	1465139.2	1453671.0	691442.8
通信设备零售	877230.1	866143.0	346898.7
其他电子产品零售	571507.3	566214.2	433466.7
五金、家具及室内装饰材料专门零售	6785084.9	6743748.6	4379442.5
五金零售	2893532.8	2883571.3	1783044.4
灯具零售	106405.6	106112.1	78912.6
家具零售	2162668.0	2139656.9	1519348.2
涂料零售	115351.8	114629.0	71218.1
卫生洁具零售	53059.3	52875.5	40542.6
木质装饰材料零售	242705.8	241346.1	144172.5
陶瓷、石材装饰材料零售	323867.9	322723.5	218047.8
其他室内装饰材料零售	887493.8	882834.2	524156.4
货摊、无店铺及其他零售业	7613459.7	7550467.0	4730964.5
货摊食品零售	10087.3	9928.9	14630.9
货摊纺织、服装及鞋零售	11506.6	11506.6	9262.0
货摊日用品零售	22942.1	22942.1	15287.6
互联网零售	23642.8	23557.1	21810.2
邮购及电视、电话零售	72501.5	72501.5	35492.3
旧货零售	41268.8	40990.4	40946.9
生活用燃料零售	4692547.0	4642086.6	1815277.1
其他未列明零售业	2738963.7	2726953.9	2778257.4
按登记注册类型分组			
内资企业	102820869.5	101919007.4	56100871.5
国有企业	3835067.8	3828928.1	817887.2
集体企业	3911518.0	3892773.6	1309748.9
股份合作企业	363321.9	351764.5	169129.5
联营企业	169951.7	167424.2	185143.6
国有联营企业	13114.6	12978.3	7320.0
集体联营企业	119205.4	117058.6	43093.9
国有与集体联营企业	27665.5	27465.5	127364.9
其他联营企业	9966.3	9921.8	7364.8

1-A-4 续表 2

单位：万元

指标名称	营业收入		资产总计
		主营业务收入	
有限责任公司	31298386.7	30972695.9	18013320.1
国有独资公司	420737.6	416220.1	109887.7
其他有限责任公司	30877649.0	30556475.8	17903432.3
股份有限公司	12874689.5	12663225.7	8906023.5
私营企业	47997328.3	47698907.4	25774281.7
私营独资企业	9330899.9	9297775.8	5695956.6
私营合伙企业	384780.8	382785.1	257511.6
私营有限责任公司	36355729.4	36098367.1	18920092.4
私营股份有限公司	1925918.2	1919979.4	900721.2
其他企业	2370605.6	2343288.0	925337.0
港、澳、台商投资企业	1706784.6	1681187.5	829789.4
合资经营企业	323148.0	316540.4	165235.2
合作经营企业	16694.7	16694.7	12536.7
独资经营企业	1265717.8	1247317.9	577686.1
投资股份有限公司	66436.3	66436.0	45466.6
其他港澳台商投资企业	34787.9	34198.5	28864.7
外商投资企业	2189015.4	2147140.2	1256036.9
中外合资经营企业	627271.4	604420.2	389615.0
中外合作经营企业	879185.0	872517.6	419333.7
外资企业	635475.1	623128.4	417058.5
外商投资股份有限公司	44953.0	44953.0	25131.1
其他外商投资企业	2131.0	2121.0	4898.4
按零售业态分组			
其中：有店铺零售	106338892.0	105369976.5	58034976.2
食杂店	323485.8	321004.9	274273.9
便利店	2026145.6	2009817.3	932693.6
折扣店	41675.4	41564.0	23741.8
超市	4111992.2	4065474.2	2181234.4
大型超市	9803048.6	9647051.4	4601373.9
仓储会员店	86272.4	85608.1	76303.4
百货店	16989948.7	16738011.3	12457892.7
专业店	42799165.4	42545823.3	21179967.2
专卖店	25740146.4	25538012.2	13248827.4
家居建材商店	1440110.1	1425860.2	1042937.8
购物中心	932255.0	917038.0	334500.1
厂家直销中心	2044646.3	2034711.5	1681229.9

B.地区部分

1-B-1　分地区批发业法人企业基本情况

地　区	法人单位数 (个)	年末从业人数 (人)
山东省	**156291**	**2153059**
济南市	22681	218188
青岛市	42061	420775
淄博市	8842	85633
枣庄市	6492	161410
东营市	2401	37130
烟台市	14128	210998
潍坊市	15157	222077
济宁市	8348	133619
泰安市	6813	136076
威海市	3306	61225
日照市	1833	38074
莱芜市	3612	32659
临沂市	5423	89732
德州市	6194	142964
聊城市	2891	49178
滨州市	2715	40219
菏泽市	3394	73102

1-B-2　分地区批发业法人企业基本情况(按国民经济行业分)

(农、林、牧产品批发)

地　区	法人单位数 (个)	年末从业人数 (人)
山东省	**13326**	**235418**
济南市	939	9798
青岛市	1663	21886
淄博市	271	4307
枣庄市	871	25304
东营市	112	2154
烟台市	590	10434
潍坊市	2276	41064
济宁市	910	14212
泰安市	596	11828
威海市	95	1707
日照市	192	3679
莱芜市	155	2779
临沂市	907	12907
德州市	2562	52666
聊城市	371	5813
滨州市	332	4719
菏泽市	484	10161

1-B-2 续表 1

(食品、饮料及烟草制品批发)

地　区	法人单位数（个）	年末从业人数（人）
山东省	**23640**	**447017**
济南市	2147	23160
青岛市	5336	65719
淄博市	731	15099
枣庄市	1520	44880
东营市	231	3198
烟台市	3208	74061
潍坊市	4121	72306
济宁市	1455	23370
泰安市	959	24680
威海市	489	13304
日照市	451	11835
莱芜市	339	5338
临沂市	792	25166
德州市	807	20659
聊城市	380	8571
滨州市	297	5824
菏泽市	377	9847

1-B-2 续表 2

(纺织、服装及家庭用品批发)

地　区	法人单位数（个）	年末从业人数（人）
山东省	**15336**	**191474**
济南市	2326	21716
青岛市	6201	62506
淄博市	575	5443
枣庄市	452	9633
东营市	140	4055
烟台市	1317	16365
潍坊市	1085	16828
济宁市	577	12026
泰安市	346	6705
威海市	569	9978
日照市	70	874
莱芜市	147	1707
临沂市	468	5402
德州市	363	7838
聊城市	186	2413
滨州市	232	2706
菏泽市	282	5279

1-B-2 续表 3

(文化、体育用品及器材批发)

地 区	法人单位数(个)	年末从业人数(人)
山东省	**5191**	**68853**
济南市	1025	16380
青岛市	1874	16858
淄博市	180	2122
枣庄市	109	2320
东营市	70	568
烟台市	382	4969
潍坊市	343	5574
济宁市	228	5102
泰安市	262	4490
威海市	131	1454
日照市	19	168
莱芜市	134	942
临沂市	99	1348
德州市	92	2358
聊城市	78	937
滨州市	67	1459
菏泽市	98	1804

1-B-2 续表 4

(医药及医疗器材批发)

地 区	法人单位数(个)	年末从业人数(人)
山东省	**4137**	**62244**
济南市	1526	18790
青岛市	708	10062
淄博市	275	4045
枣庄市	97	2360
东营市	26	233
烟台市	323	5566
潍坊市	292	5113
济宁市	193	3372
泰安市	118	2498
威海市	93	1188
日照市	28	894
莱芜市	48	363
临沂市	162	2839
德州市	70	1537
聊城市	37	1011
滨州市	45	589
菏泽市	96	1784

1-B-2 续表 5

(矿产品、建材及化工产品批发)

地 区	法人单位数(个)	年末从业人数(人)
山东省	**46448**	**628337**
济南市	5481	60106
青岛市	8528	91080
淄博市	4442	37019
枣庄市	2245	54499
东营市	1145	13633
烟台市	3781	49450
潍坊市	4362	51428
济宁市	3024	48176
泰安市	2785	50717
威海市	988	17412
日照市	747	15175
莱芜市	2286	17934
临沂市	1664	20775
德州市	1320	34276
聊城市	1160	17659
滨州市	1059	17609
菏泽市	1431	31389

1-B-2 续表 6

(机械设备、五金产品及电子产品批发)

地 区	法人单位数(个)	年末从业人数(人)
山东省	**33544**	**356766**
济南市	8079	59348
青岛市	10507	94042
淄博市	1790	12402
枣庄市	862	15577
东营市	552	11827
烟台市	3477	38524
潍坊市	1914	20846
济宁市	1494	21044
泰安市	1207	24728
威海市	552	8760
日照市	163	2060
莱芜市	305	2135
临沂市	670	7166
德州市	687	17476
聊城市	475	9800
滨州市	461	3949
菏泽市	349	7082

1-B-2　续表 7

(贸易经纪与代理)

地　区	法人单位数（个）	年末从业人数（人）
山东省	**4013**	**51215**
济南市	147	1318
青岛市	2051	18092
淄博市	142	1479
枣庄市	28	546
东营市	34	484
烟台市	287	2679
潍坊市	251	2401
济宁市	63	917
泰安市	191	3136
威海市	213	4184
日照市	79	2133
莱芜市	35	299
临沂市	245	9327
德州市	77	1648
聊城市	59	735
滨州市	47	634
菏泽市	64	1203

1-B-2　续表 8

(其他批发业)

地　区	法人单位数（个）	年末从业人数（人）
山东省	**10656**	**111735**
济南市	1011	7572
青岛市	5193	40530
淄博市	436	3717
枣庄市	308	6291
东营市	91	978
烟台市	763	8950
潍坊市	513	6517
济宁市	404	5400
泰安市	349	7294
威海市	176	3238
日照市	84	1256
莱芜市	163	1162
临沂市	416	4802
德州市	216	4506
聊城市	145	2239
滨州市	175	2730
菏泽市	213	4553

1-B-3 分地区批发业法人企业基本情况(按登记注册类型分)

(内资企业)

地　区	法人单位数(个)	年末从业人数(人)
山东省	**155218**	**2127320**
济南市	22598	216244
青岛市	41434	411149
淄博市	8829	85098
枣庄市	6485	161119
东营市	2399	36947
烟台市	13977	207870
潍坊市	15078	220657
济宁市	8338	133308
泰安市	6806	135358
威海市	3248	59818
日照市	1825	37727
莱芜市	3609	32642
临沂市	5415	84471
德州市	6189	142662
聊城市	2889	49161
滨州市	2711	40188
菏泽市	3388	72901

1-B-3 续表 1

(国有企业)

地　区	法人单位数(个)	年末从业人数(人)
山东省	**829**	**41745**
济南市	178	6038
青岛市	125	3609
淄博市	23	565
枣庄市	32	3042
东营市	10	669
烟台市	76	3589
潍坊市	46	3126
济宁市	50	3288
泰安市	37	2915
威海市	34	1253
日照市	28	2399
莱芜市	7	534
临沂市	32	882
德州市	65	3090
聊城市	26	1728
滨州市	25	1259
菏泽市	35	3759

1-B-3　续表 2

(集体企业)

地　区	法人单位数 (个)	年末从业人数 (人)
山东省	**5035**	**116992**
济南市	258	4073
青岛市	526	9932
淄博市	148	5827
枣庄市	661	22336
东营市	9	158
烟台市	465	7277
潍坊市	778	14302
济宁市	316	6401
泰安市	289	6101
威海市	65	1539
日照市	90	1634
莱芜市	45	1764
临沂市	216	10630
德州市	1001	20015
聊城市	90	3024
滨州市	38	828
菏泽市	40	1151

1-B-3　续表 3

(股份合作企业)

地　区	法人单位数 (个)	年末从业人数 (人)
山东省	**461**	**6684**
济南市	74	686
青岛市	155	1845
淄博市	34	531
枣庄市	9	247
东营市	7	53
烟台市	28	426
潍坊市	49	469
济宁市	19	327
泰安市	13	329
威海市	16	145
日照市	12	174
莱芜市	2	56
临沂市	8	816
德州市	8	177
聊城市	13	187
滨州市	6	50
菏泽市	8	166

1-B-3 续表 4

(联营企业)

地 区	法人单位数(个)	年末从业人数(人)
山东省	**94**	**1884**
济南市	12	93
青岛市	15	142
淄博市	4	39
枣庄市	8	320
东营市	1	8
烟台市	12	277
潍坊市	12	208
济宁市	8	239
泰安市	2	49
威海市	2	43
日照市	5	235
莱芜市	2	42
临沂市	3	14
德州市	2	36
聊城市	2	50
滨州市	2	33
菏泽市	2	56

1-B-3 续表 5

(有限责任公司)

地 区	法人单位数(个)	年末从业人数(人)
山东省	**18936**	**286818**
济南市	4038	49603
青岛市	5235	59829
淄博市	570	8379
枣庄市	599	16443
东营市	339	3931
烟台市	508	11074
潍坊市	2345	36934
济宁市	798	18173
泰安市	698	12919
威海市	424	8822
日照市	445	8193
莱芜市	841	7525
临沂市	638	16184
德州市	407	11047
聊城市	295	4954
滨州市	662	10595
菏泽市	94	2213

1-B-3　续表 6

(股份有限公司)

地　区	法人单位数 (个)	年末从业人数 (人)
山东省	**1028**	**58687**
济南市	162	23163
青岛市	187	5200
淄博市	68	3524
枣庄市	22	1237
东营市	36	683
烟台市	56	4942
潍坊市	124	2484
济宁市	57	3981
泰安市	41	2253
威海市	60	1118
日照市	52	1292
莱芜市	10	77
临沂市	62	2208
德州市	17	1999
聊城市	46	2025
滨州市	17	1028
菏泽市	11	1473

1-B-3　续表 7

(私营企业)

地　区	法人单位数 (个)	年末从业人数 (人)
山东省	**124956**	**1542611**
济南市	17508	129124
青岛市	34522	320982
淄博市	7752	63092
枣庄市	4823	108839
东营市	1925	30766
烟台市	12608	174843
潍坊市	11172	150671
济宁市	6965	98809
泰安市	5595	107466
威海市	2593	45849
日照市	1074	21932
莱芜市	2633	21063
临沂市	4137	49644
德州市	4219	94518
聊城市	2354	36302
滨州市	1915	25589
菏泽市	3161	63122

1-B-3 续表 8

(其他企业)

地 区	法人单位数(个)	年末从业人数(人)
山东省	**3879**	**71899**
济南市	368	3464
青岛市	669	9610
淄博市	230	3141
枣庄市	331	8655
东营市	72	679
烟台市	224	5442
潍坊市	552	12463
济宁市	125	2090
泰安市	131	3326
威海市	54	1049
日照市	119	1868
莱芜市	69	1581
临沂市	319	4093
德州市	470	11780
聊城市	63	891
滨州市	46	806
菏泽市	37	961

1-B-3 续表 9

(港澳台商投资企业)

地 区	法人单位数(个)	年末从业人数(人)
山东省	**245**	**11367**
济南市	38	1137
青岛市	107	2142
淄博市	5	493
枣庄市	4	232
东营市		
烟台市	45	716
潍坊市	18	519
济宁市	3	142
泰安市	5	102
威海市	9	353
日照市	2	242
莱芜市	1	3
临沂市	5	5238
德州市		
聊城市	1	2
滨州市		
菏泽市	2	46

1-B-3　续表 10

(外商投资企业)

地　区	法人单位数(个)	年末从业人数(人)
山东省	**828**	**14372**
济南市	45	807
青岛市	520	7484
淄博市	8	42
枣庄市	3	59
东营市	2	183
烟台市	106	2412
潍坊市	61	901
济宁市	7	169
泰安市	2	616
威海市	49	1054
日照市	6	105
莱芜市	2	14
临沂市	3	23
德州市	5	302
聊城市	1	15
滨州市	4	31
菏泽市	4	155

1-B-4　分地区批发业法人企业财务状况

单位：万元

地　区	营业收入		资产总计
		主营业务收入	
山东省	**345326335.8**	**342760264.5**	**162609176.2**
济南市	46141924.3	45810594.4	21935433.1
青岛市	80862473.9	79726622.1	44993765.2
淄博市	16811940.3	16756824.8	6768260.4
枣庄市	11780044.5	11756652.8	4352237.7
东营市	9752701.8	9733044.9	5343184.7
烟台市	26190446.6	26041577.4	11522127.6
潍坊市	26770934.8	26563524.4	12371186.8
济宁市	20497128.2	20346034.0	8136799.6
泰安市	21537951.9	21481893.0	6746758.6
威海市	6241618.5	6151516.1	4383467.3
日照市	26487948.3	26409847.9	13431191.3
莱芜市	5987269.5	5979677.2	2580602.9
临沂市	11097914.5	11056819.6	4574406.7
德州市	11078740.7	10990592.4	4947527.3
聊城市	8609231.5	8588630.3	4067028.3
滨州市	7702163.4	7605534.7	4140520.9
菏泽市	7775903.1	7760878.5	2314677.6

1-B-5 分地区批发业法人企业财务状况(按国民经济行业分)

(农、林、牧产品批发)　　单位：万元

地　区	营业收入	主营业务收入	资产总计
山东省	**17764215.9**	**17693122.1**	**10010354.8**
济南市	1047658.4	1045947.2	1078870.9
青岛市	2682894.3	2677850.7	1549216.7
淄博市	159732.9	159551.2	111723.2
枣庄市	1080831.9	1079871.1	454183.6
东营市	330598.0	330420.5	211432.8
烟台市	777559.9	777001.0	712735.4
潍坊市	2802795.2	2783430.8	1535383.5
济宁市	1158837.4	1157605.2	387112.5
泰安市	703387.4	700707.9	450686.8
威海市	94022.7	94022.5	53877.9
日照市	321752.2	321515.6	355098.8
莱芜市	30180.6	29954.2	28778.1
临沂市	424015.0	421624.0	253909.0
德州市	4055298.0	4030858.7	1760217.3
聊城市	521584.0	511990.7	290059.1
滨州市	627211.9	626566.1	425145.1
菏泽市	945855.9	944204.7	351924.3

1-B-5　续表 1

(食品、饮料及烟草制品批发)　　单位：万元

地　区	营业收入	主营业务收入	资产总计
山东省	**42371896.2**	**42193914.5**	**19969043.9**
济南市	2967656.8	2943417.9	1339244.8
青岛市	5849294.2	5817808.7	3191208.2
淄博市	1087715.9	1086190.8	435091.1
枣庄市	3380556.7	3379196.7	920002.4
东营市	433992.8	433203.6	267231.3
烟台市	5346213.4	5325194.3	2934572.8
潍坊市	5785582.9	5764163.9	2635422.2
济宁市	3095343.4	3091496.0	1460911.6
泰安市	2445627.8	2438975.5	974392.2
威海市	1272883.9	1271865.9	648075.3
日照市	3465376.4	3431739.3	2346663.7
莱芜市	348279.2	346645.8	141045.7
临沂市	2407978.9	2391760.9	1020188.8
德州市	1659111.8	1652810.3	611236.0
聊城市	810326.0	808391.0	239579.8
滨州市	795588.5	791777.8	464848.5
菏泽市	1220367.4	1219276.0	339329.4

1-B-5　续表 2

(纺织、服装及家庭用品批发)　　单位：万元

地　区	营业收入		资产总计
		主营业务收入	
山东省	**23455803.9**	**23337882.9**	**12635847.0**
济南市	2395973.6	2390603.5	1220503.6
青岛市	10654141.3	10586891.7	7082343.8
淄博市	2642914.9	2641398.8	313570.0
枣庄市	427587.7	426596.5	162378.9
东营市	361148.5	360804.0	146903.9
烟台市	1470932.6	1459833.7	625780.1
潍坊市	1586873.3	1578640.1	658316.1
济宁市	1018237.8	1014127.4	342699.3
泰安市	456139.2	454267.9	201082.3
威海市	690653.5	689720.5	677388.8
日照市	29045.6	29003.7	31924.2
莱芜市	65838.1	65752.3	69073.1
临沂市	574906.1	573234.4	488254.1
德州市	459201.2	445610.9	316024.8
聊城市	146032.7	145829.7	79737.2
滨州市	156597.7	156522.1	102977.7
菏泽市	319580.2	319045.9	116889.0

1-B-5　续表 3

(文化、体育用品及器材批发)　　单位：万元

地　区	营业收入		资产总计
		主营业务收入	
山东省	**7414531.1**	**7329376.7**	**4217304.5**
济南市	1075471.2	1060927.9	1127285.3
青岛市	1417777.2	1412423.2	759148.0
淄博市	162039.6	157246.1	114696.8
枣庄市	110695.3	109922.3	41469.1
东营市	59654.1	59554.5	245637.9
烟台市	871420.4	826706.2	156211.5
潍坊市	2338692.4	2327503.5	1161727.5
济宁市	396634.8	395169.3	169114.0
泰安市	204280.6	203435.5	129773.0
威海市	69738.4	69663.5	29444.0
日照市	11622.2	11622.2	11751.7
莱芜市	54497.4	54466.4	39129.6
临沂市	75843.1	75225.9	36847.8
德州市	123903.9	123706.0	57221.4
聊城市	34820.0	34739.8	21343.2
滨州市	239785.8	239494.9	76439.2
菏泽市	167654.8	167569.8	40064.5

1-B-5 续表 4

(医药及医疗器材批发) 单位：万元

地 区	营业收入	主营业务收入	资产总计
山东省	**9465282.7**	**9422173.7**	**5706861.2**
济南市	3972331.9	3949984.3	2180816.0
青岛市	1350664.2	1347970.3	1216370.6
淄博市	394155.5	393737.9	164705.3
枣庄市	195493.0	195493.0	117628.8
东营市	25125.9	25050.1	18529.5
烟台市	1096404.3	1089951.1	631896.6
潍坊市	563721.8	563319.4	360427.9
济宁市	539059.2	532552.6	278497.8
泰安市	300119.8	298274.6	136839.8
威海市	81742.4	81715.1	55104.1
日照市	121361.5	121338.1	85847.4
莱芜市	24145.1	24097.1	19924.3
临沂市	311816.7	311509.6	185725.2
德州市	74536.1	74535.6	43340.0
聊城市	113584.1	113239.6	99463.3
滨州市	71011.7	69811.1	37960.6
菏泽市	230009.7	229593.9	73784.1

1-B-5 续表 5

(矿产品、建材及化工产品批发) 单位：万元

地 区	营业收入	主营业务收入	资产总计
山东省	**186227367.8**	**184451200.0**	**77292114.7**
济南市	27599635.4	27357236.6	9730043.9
青岛市	39240740.5	38283014.4	19205126.6
淄博市	10857716.8	10818143.9	4800719.2
枣庄市	5296169.3	5278622.1	2117746.1
东营市	6118604.0	6103151.6	2826721.2
烟台市	12119071.9	12060650.3	4329308.8
潍坊市	9281667.9	9228547.7	3996183.9
济宁市	11179494.7	11061342.0	4269267.3
泰安市	13268456.1	13239293.1	3152908.5
威海市	3095476.0	3011588.4	2420967.6
日照市	20631540.1	20591290.8	8887242.0
莱芜市	5269580.7	5264335.7	2134601.2
临沂市	5122814.5	5112814.2	1881116.7
德州市	3111009.3	3095841.4	1380809.1
聊城市	5439141.6	5431785.2	2906413.0
滨州市	4875512.7	4803328.2	2212337.2
菏泽市	3720736.3	3710214.3	1040602.5

1-B-5　续表 6

(机械设备、五金产品及电子产品批发)　　单位：万元

地　区	营业收入	主营业务收入	资产总计
山东省	**38957488.6**	**38766752.9**	**20942602.1**
济南市	5940603.9	5922981.8	4591282.5
青岛市	11390999.2	11362552.0	6385222.3
淄博市	964730.7	962501.5	481353.4
枣庄市	924434.6	923069.6	394878.6
东营市	1965720.7	1964349.4	1387471.0
烟台市	3425273.4	3422538.3	1649188.8
潍坊市	3367987.0	3291390.5	1491968.7
济宁市	2380963.6	2371359.9	975988.2
泰安市	3641400.4	3634389.6	1359830.9
威海市	437017.8	434232.5	260857.3
日照市	264368.1	263427.5	155431.7
莱芜市	119294.4	119266.3	106090.3
临沂市	596894.8	592802.6	337495.1
德州市	1140615.0	1113295.6	580205.5
聊城市	1242336.8	1241983.0	303353.6
滨州市	392615.8	384855.3	268898.6
菏泽市	762232.4	761757.5	213085.4

1-B-5　续表 7

(贸易经纪与代理)　　单位：万元

地　区	营业收入	主营业务收入	资产总计
山东省	**7394522.1**	**7362145.1**	**4768185.3**
济南市	259828.7	259547.6	125044.8
青岛市	3002981.6	2986689.9	2185837.0
淄博市	142278.7	142278.3	51376.2
枣庄市	53348.3	53048.3	15049.2
东营市	280119.1	280031.5	68596.9
烟台市	234973.0	234276.8	112952.5
潍坊市	463543.8	461820.5	142080.5
济宁市	180965.9	180233.7	77179.7
泰安市	151999.0	147377.2	124630.4
威海市	329293.6	329117.5	144642.6
日照市	1572624.0	1569765.1	1460617.4
莱芜市	8236.5	7982.1	6443.5
临沂市	372162.7	370292.4	72178.6
德州市	83306.6	83176.5	49390.0
聊城市	38765.6	38765.6	41886.0
滨州市	127509.3	125155.9	59494.7
菏泽市	92585.9	92585.9	30785.5

1-B-5 续表 8

(其他批发业) 单位：万元

地 区	营业收入	主营业务收入	资产总计
山东省	**12275227.5**	**12203696.6**	**7066862.7**
济南市	882764.4	879947.4	542341.2
青岛市	5272981.5	5251421.0	3419292.2
淄博市	400655.4	395776.3	295025.4
枣庄市	310927.6	310833.1	128901.1
东营市	177738.7	176479.7	170660.0
烟台市	848598.0	845425.7	369481.1
潍坊市	580070.5	564708.0	389676.4
济宁市	547591.5	542147.9	176029.1
泰安市	366541.6	365171.6	216614.8
威海市	170790.2	169590.2	93109.4
日照市	70258.1	70145.6	96614.5
莱芜市	67217.4	67177.4	35517.2
临沂市	1211482.6	1207555.4	298691.5
德州市	371758.6	370757.5	149083.3
聊城市	262640.6	261905.6	85193.3
滨州市	416330.1	408023.3	492419.4
菏泽市	316880.5	316630.6	108212.8

1-B-6 分地区批发业法人企业财务状况(按登记注册类型分)

(内资企业) 单位：万元

地 区	营业收入	主营业务收入	资产总计
山东省	**341261888.9**	**338734155.1**	**159936523.9**
济南市	45129269.1	44798528.0	21241722.0
青岛市	79448817.6	78321826.7	44031741.9
淄博市	16681755.6	16626711.7	6734561.4
枣庄市	11768327.2	11744935.5	4339725.2
东营市	9751577.1	9731920.2	5336559.1
烟台市	25701229.7	25557345.0	11060564.6
潍坊市	26552801.3	26347005.8	12256958.0
济宁市	20477269.7	20326363.2	8119602.9
泰安市	21343368.1	21287310.5	6704051.4
威海市	6115538.3	6027517.0	4324151.2
日照市	26293269.1	26215197.6	13327305.8
莱芜市	5986721.6	5979129.3	2580447.3
临沂市	10940684.5	10899589.6	4432859.4
德州市	11011005.6	10942775.2	4927992.5
聊城市	8604102.1	8583500.9	4066420.9
滨州市	7693183.0	7596554.3	4139617.6
菏泽市	7762969.2	7747944.6	2312242.5

1-B-6　续表 1

(国有企业)　　单位：万元

地　区	营业收入	主营业务收入	资产总计
山东省	**26476903.6**	**26329639.7**	**6847466.0**
济南市	9175903.4	9164674.3	2207319.9
青岛市	904142.8	899555.9	411426.0
淄博市	787300.5	782950.6	165073.5
枣庄市	1006619.8	1006032.7	396240.0
东营市	276787.2	276109.9	181236.0
烟台市	1191157.4	1184263.2	497028.0
潍坊市	705308.4	688661.5	235825.4
济宁市	4117308.8	4047282.7	437930.2
泰安市	531574.8	531227.1	228080.3
威海市	66290.0	66210.9	51495.0
日照市	4981687.1	4974092.3	1082735.7
莱芜市	135126.4	133700.5	45436.1
临沂市	33114.4	32857.8	45607.7
德州市	648216.8	644593.6	278770.2
聊城市	475036.5	474273.7	146501.6
滨州市	558445.2	545000.6	135558.5
菏泽市	882884.2	878152.7	301202.1

1-B-6　续表 2

(集体企业)　　单位：万元

地　区	营业收入	主营业务收入	资产总计
山东省	**7255633.5**	**7245777.0**	**3922376.7**
济南市	133372.6	133094.9	137546.7
青岛市	1500773.8	1497322.1	1438481.0
淄博市	217330.1	217183.9	96038.7
枣庄市	804828.7	804409.2	323325.8
东营市	11871.5	11871.5	31178.9
烟台市	928372.8	927639.6	473572.2
潍坊市	468631.2	467428.7	394768.2
济宁市	438310.9	437992.8	102964.7
泰安市	213019.9	212692.9	152173.5
威海市	53240.9	52734.8	60057.9
日照市	614944.9	614774.8	38259.0
莱芜市	7190.5	7176.8	14161.6
临沂市	191433.7	190775.8	84482.9
德州市	1295096.8	1294625.6	448243.4
聊城市	193791.8	192654.5	54567.8
滨州市	73577.4	73573.3	14056.7
菏泽市	109846.0	109826.0	58497.8

1-B-6 续表 3

(股份合作企业)　　单位：万元

地　区	营业收入	主营业务收入	资产总计
山东省	**559469.6**	**557402.7**	**633924.2**
济南市	59813.2	58325.8	50446.0
青岛市	153595.0	153413.8	87120.9
淄博市	120865.7	120731.5	32718.7
枣庄市	9366.2	9366.2	5415.0
东营市	2962.9	2962.9	2837.9
烟台市	40309.4	40290.3	14913.8
潍坊市	23403.7	23384.8	21489.7
济宁市	22318.1	22318.0	11272.8
泰安市	9552.0	9492.8	11201.0
威海市	14016.9	14016.9	327034.1
日照市	6082.9	6082.9	17841.0
莱芜市	721.5	614.0	141.0
临沂市	55038.2	54979.1	29557.3
德州市	3736.6	3736.6	3972.0
聊城市	21822.6	21822.6	11433.3
滨州市	3167.2	3167.2	3723.1
菏泽市	12697.5	12697.4	2806.6

1-B-6 续表 4

(联营企业)　　单位：万元

地　区	营业收入	主营业务收入	资产总计
山东省	**1498197.4**	**1424967.2**	**367988.1**
济南市	91782.2	22960.2	75766.6
青岛市	5110.1	5110.0	72657.5
淄博市	592.3	592.3	8810.6
枣庄市	9301.4	9301.4	5235.8
东营市	1100.0	1100.0	310.1
烟台市	1190201.0	1185958.1	150016.0
潍坊市	27818.1	27817.1	6763.6
济宁市	19382.3	19381.7	17604.3
泰安市	2538.1	2462.0	629.8
威海市	956.3	890.6	927.7
日照市	139504.8	139500.1	22709.4
莱芜市	60.0	60.0	1001.2
临沂市	351.8	334.7	290.8
德州市	1383.3	1383.3	1127.9
聊城市	4610.1	4610.1	2252.3
滨州市	1040.6	1040.6	811.6
菏泽市	2465.1	2465.1	1073.1

1-B-6 续表 5

(有限责任公司)

单位：万元

地区	营业收入	主营业务收入	资产总计
山东省	**105265487.2**	**103831699.8**	**47359994.2**
济南市	11980076.9	11930796.5	6967418.9
青岛市	31370616.1	30392215.9	15544806.4
淄博市	2802630.6	2799910.1	1105355.4
枣庄市	2640400.3	2631530.5	808200.0
东营市	2420199.2	2413359.8	882411.3
烟台市	3041040.7	2974526.2	1079798.8
潍坊市	8710994.4	8615955.6	3457668.6
济宁市	3133934.6	3107997.0	1311409.7
泰安市	5504831.2	5501460.6	1288779.7
威海市	2905369.3	2821842.6	825694.3
日照市	15637349.6	15609378.7	7437556.3
莱芜市	1710344.1	1707247.9	824759.0
临沂市	4919669.5	4903028.2	1573147.0
德州市	1793868.6	1784046.5	749676.7
聊城市	3546428.4	3538559.5	2198527.7
滨州市	2659991.1	2612318.1	1197719.2
菏泽市	487742.6	487526.2	107065.2

1-B-6 续表 6

(股份有限公司)

单位：万元

地区	营业收入	主营业务收入	资产总计
山东省	**21298709.3**	**21051781.9**	**6638159.4**
济南市	9309816.0	9205198.0	2103036.0
青岛市	2082180.5	2068142.4	715519.4
淄博市	1321042.7	1304056.9	289857.6
枣庄市	423439.8	418715.3	198253.0
东营市	219185.8	218624.2	96050.8
烟台市	1955671.6	1940282.5	733386.5
潍坊市	1391338.8	1351349.5	351115.3
济宁市	699647.6	690715.2	417899.0
泰安市	816221.7	810025.0	248488.7
威海市	161736.1	161548.8	45580.7
日照市	479520.6	474334.2	549705.4
莱芜市	2939.0	2939.0	27328.9
临沂市	600226.1	598595.8	210654.3
德州市	670014.5	651547.4	224053.7
聊城市	576203.7	570474.3	271496.0
滨州市	136134.5	136134.5	41498.3
菏泽市	453390.4	449098.9	114235.8

1-B-6 续表 7

(私营企业) 单位：万元

地 区	营业收入		资产总计
		主营业务收入	
山东省	**170232843.4**	**169678779.3**	**91333240.5**
济南市	13986848.5	13892005.4	9320857.7
青岛市	41112454.1	40992082.3	25008391.0
淄博市	9037204.2	9006501.6	4814176.8
枣庄市	6361520.3	6352912.9	2418525.3
东营市	6768169.7	6756591.1	4111184.5
烟台市	17092460.2	17042993.9	7920169.5
潍坊市	14716112.2	14676494.1	7559983.0
济宁市	11719110.8	11673853.4	5761350.2
泰安市	14135490.5	14090674.9	4699482.7
威海市	2887069.4	2883424.2	2980797.0
日照市	4234003.8	4226304.6	3963805.4
莱芜市	4115299.8	4112370.5	1651484.1
临沂市	4939629.6	4922280.9	2386330.9
德州市	5658230.7	5626493.7	2956637.1
聊城市	3532997.9	3528483.7	1358793.2
滨州市	4172103.1	4136783.2	2717463.7
菏泽市	5764138.6	5758528.6	1703808.5

1-B-6 续表 8

(其他企业) 单位：万元

地 区	营业收入		资产总计
		主营业务收入	
山东省	**8674644.9**	**8614107.3**	**2833374.9**
济南市	391656.2	391472.9	379330.3
青岛市	2319945.3	2313984.3	753339.7
淄博市	2394789.7	2394784.9	222530.2
枣庄市	512850.7	512667.3	184530.3
东营市	51300.7	51300.7	31349.6
烟台市	262016.6	261391.2	191680.0
潍坊市	509194.5	495914.6	229344.1
济宁市	327256.6	326822.4	59172.0
泰安市	130139.8	129275.3	75215.7
威海市	26859.6	26848.3	32564.4
日照市	200175.3	170730.0	214693.7
莱芜市	15040.3	15020.7	16135.5
临沂市	201221.4	196737.3	102788.6
德州市	940458.3	936348.7	265511.6
聊城市	253211.2	252622.5	22849.1
滨州市	88723.9	88536.8	28786.5
菏泽市	49804.7	49649.7	23553.4

1-B-6　续表 9

(港澳台商投资企业)　　单位：万元

地　区	营业收入	主营业务收入	资产总计
山东省	**1946258.0**	**1936979.2**	**1374351.1**
济南市	852720.1	852289.3	576541.9
青岛市	457213.1	452567.4	367619.3
淄博市	101218.7	101218.7	27976.3
枣庄市	9906.1	9906.1	10583.6
东营市			
烟台市	145610.1	143609.0	86688.6
潍坊市	163298.3	163079.6	75630.7
济宁市	3062.1	3062.1	4713.7
泰安市	4687.9	4686.5	8770.7
威海市	8145.3	6164.3	18873.6
日照市	37363.0	37363.0	54101.7
莱芜市	361.2	361.2	2.5
临沂市	155708.3	155708.3	141327.2
德州市			
聊城市			86.8
滨州市			
菏泽市	6963.7	6963.7	1434.5

1-B-6　续表 10

(外商投资企业)　　单位：万元

地　区	营业收入	主营业务收入	资产总计
山东省	**2118188.9**	**2089130.2**	**1298301.2**
济南市	159935.1	159777.1	117169.2
青岛市	956443.1	952228.0	594404.1
淄博市	28966.0	28894.4	5722.7
枣庄市	1811.2	1811.2	1928.9
东营市	1124.7	1124.7	6625.6
烟台市	343606.8	340623.4	374874.4
潍坊市	54835.2	53439.0	38598.1
济宁市	16796.4	16608.7	12483.0
泰安市	189895.9	189895.9	33936.5
威海市	117934.9	117834.9	40442.5
日照市	157316.2	157287.3	49783.7
莱芜市	186.7	186.7	153.0
临沂市	1521.7	1521.7	220.1
德州市	67735.1	47817.2	19534.8
聊城市	5129.4	5129.4	520.6
滨州市	8980.4	8980.4	903.4
菏泽市	5970.2	5970.2	1000.6

1-B-7 分地区零售业法人企业基本情况

地 区	法人单位数(个)	年末从业人数(人)	年末零售营业面积(万平方米)
山东省	**79917**	**1308989**	**5105**
济南市	9411	130708	443
青岛市	10462	150821	552
淄博市	4260	71747	249
枣庄市	3419	51978	196
东营市	1847	36828	148
烟台市	6700	93682	421
潍坊市	6522	123470	623
济宁市	8057	137830	351
泰安市	5898	83600	259
威海市	2984	62746	209
日照市	1577	26579	141
莱芜市	1332	19681	94
临沂市	6014	93712	523
德州市	4374	85159	280
聊城市	1843	34694	175
滨州市	1791	32489	184
菏泽市	3426	73265	256

1-B-8 分地区零售业法人企业基本情况(按国民经济行业分)

(综合零售)

地 区	法人单位数(个)	年末从业人数(人)	年末零售营业面积(万平方米)
山东省	**9587**	**384177**	**1777**
济南市	512	34057	196
青岛市	900	38104	234
淄博市	449	30380	119
枣庄市	664	12056	55
东营市	120	10821	35
烟台市	539	25522	174
潍坊市	424	35073	231
济宁市	1640	39890	102
泰安市	981	24711	60
威海市	245	17040	93
日照市	281	10974	54
莱芜市	122	6466	30
临沂市	820	29761	137
德州市	905	28083	86
聊城市	239	10035	67
滨州市	172	10007	48
菏泽市	574	21197	57

1-B-8　续表 1

(食品、饮料及烟草制品专门零售)

地　区	法人单位数（个）	年末从业人数（人）	年末零售营业面积（万平方米）
山东省	**8810**	**108646**	**342**
济南市	1199	13038	24
青岛市	1277	12428	24
淄博市	384	4652	10
枣庄市	496	7348	16
东营市	193	2928	11
烟台市	816	9284	25
潍坊市	1190	15533	81
济宁市	642	7533	15
泰安市	569	6807	22
威海市	273	4283	10
日照市	171	2046	10
莱芜市	218	2739	16
临沂市	447	4710	28
德州市	391	7696	22
聊城市	172	2206	7
滨州市	119	1276	6
菏泽市	253	4139	14

1-B-8　续表 2

(纺织、服装及日用品专门零售)

地　区	法人单位数（个）	年末从业人数（人）	年末零售营业面积（万平方米）
山东省	**7826**	**103617**	**260**
济南市	820	10358	14
青岛市	1205	18375	34
淄博市	382	4107	13
枣庄市	482	6046	12
东营市	117	1744	11
烟台市	603	7165	19
潍坊市	536	6476	28
济宁市	899	10960	21
泰安市	683	7335	17
威海市	252	5075	14
日照市	71	960	3
莱芜市	57	539	3
临沂市	493	6312	24
德州市	520	7310	16
聊城市	168	2461	5
滨州市	133	1589	6
菏泽市	405	6805	21

1-B-8 续表 3

(文化、体育用品及器材专门零售)

地 区	法人单位数(个)	年末从业人数(人)	年末零售营业面积(万平方米)
山东省	**4655**	**55115**	**141**
济南市	569	4475	10
青岛市	868	7140	20
淄博市	290	2686	5
枣庄市	124	1809	4
东营市	165	4174	10
烟台市	311	3064	9
潍坊市	373	6656	16
济宁市	567	8181	16
泰安市	292	2966	6
威海市	176	2240	4
日照市	56	419	2
莱芜市	72	583	2
临沂市	240	3233	13
德州市	190	2418	7
聊城市	109	1839	4
滨州市	104	795	5
菏泽市	149	2437	8

1-B-8 续表 4

(医药及医疗器材专门零售)

地 区	法人单位数(个)	年末从业人数(人)	年末零售营业面积(万平方米)
山东省	**7760**	**93221**	**186**
济南市	1155	11015	18
青岛市	664	10463	21
淄博市	283	2959	5
枣庄市	135	2304	4
东营市	111	1202	3
烟台市	1275	9368	19
潍坊市	602	8052	19
济宁市	530	6612	11
泰安市	394	4298	12
威海市	548	7503	12
日照市	119	858	3
莱芜市	107	1469	3
临沂市	978	11115	26
德州市	207	4026	7
聊城市	192	2960	7
滨州市	90	1131	3
菏泽市	370	7886	14

1-B-8　续表 5

(汽车、摩托车、燃料及零配件专门零售)

地　区	法人单位数(个)	年末从业人数(人)	年末零售营业面积(万平方米)
山东省	**12058**	**225123**	**1209**
济南市	1215	25488	81
青岛市	1303	24653	121
淄博市	584	10198	47
枣庄市	419	7544	68
东营市	350	8657	44
烟台市	926	16958	89
潍坊市	1215	22395	130
济宁市	911	15944	63
泰安市	640	9135	43
威海市	418	9787	36
日照市	300	5771	31
莱芜市	173	3664	20
临沂市	1298	22067	179
德州市	671	12444	62
聊城市	431	8616	59
滨州市	520	9861	69
菏泽市	684	11941	68

1-B-8　续表 6

(家用电器及电子产品专门零售)

地　区	法人单位数(个)	年末从业人数(人)	年末零售营业面积(万平方米)
山东省	**9718**	**115261**	**277**
济南市	1882	16814	22
青岛市	1299	13137	30
淄博市	489	4378	11
枣庄市	457	5522	12
东营市	251	2826	8
烟台市	753	8339	21
潍坊市	693	5903	20
济宁市	866	14106	24
泰安市	642	8693	26
威海市	288	4990	9
日照市	151	1714	7
莱芜市	142	1170	4
临沂市	378	5172	18
德州市	532	8366	21
聊城市	218	2968	9
滨州市	239	2634	7
菏泽市	438	8529	28

1-B-8 续表 7

(五金、家具及室内装饰材料专门零售)

地 区	法人单位数(个)	年末从业人数(人)	年末零售营业面积(万平方米)
山东省	**11956**	**142112**	**546**
济南市	1160	8488	54
青岛市	1872	16410	43
淄博市	983	8252	24
枣庄市	418	6424	18
东营市	349	2692	16
烟台市	945	8872	38
潍坊市	799	16617	51
济宁市	1276	23422	55
泰安市	1084	12021	43
威海市	461	6855	19
日照市	215	2051	19
莱芜市	238	1435	10
临沂市	719	6006	57
德州市	623	9925	33
聊城市	182	2084	10
滨州市	241	2642	22
菏泽市	391	7916	33

1-B-8 续表 8

(货摊、无店铺及其他零售业)

地 区	法人单位数(个)	年末从业人数(人)	年末零售营业面积(万平方米)
山东省	**7547**	**81717**	**367**
济南市	899	6975	24
青岛市	1074	10111	24
淄博市	416	4135	15
枣庄市	224	2925	8
东营市	191	1784	9
烟台市	532	5110	27
潍坊市	690	6765	48
济宁市	726	11182	44
泰安市	613	7634	31
威海市	323	4973	12
日照市	213	1786	12
莱芜市	203	1616	7
临沂市	641	5336	42
德州市	335	4891	26
聊城市	132	1525	6
滨州市	173	2554	18
菏泽市	162	2415	13

1-B-9　分地区零售业法人企业基本情况(按登记注册类型分)

(内资企业)

地　区	法人单位数(个)	年末从业人数(人)	年末零售营业面积(万平方米)
山东省	**79581**	**1276762**	**4964**
济南市	9380	123086	419
青岛市	10329	140292	485
淄博市	4246	70223	244
枣庄市	3416	51453	193
东营市	1843	36694	148
烟台市	6658	91375	411
潍坊市	6509	121160	620
济宁市	8050	136904	348
泰安市	5888	82827	255
威海市	2953	60036	200
日照市	1574	26155	140
莱芜市	1328	19299	91
临沂市	5996	92588	516
德州市	4364	84842	279
聊城市	1837	34610	175
滨州市	1786	31995	184
菏泽市	3424	73223	256

1-B-9　续表 1

(国有企业)

地　区	法人单位数(个)	年末从业人数(人)	年末零售营业面积(万平方米)
山东省	**566**	**20794**	**77**
济南市	106	5611	11
青岛市	60	1274	4
淄博市	17	283	0
枣庄市	14	210	1
东营市	9	361	1
烟台市	51	1147	5
潍坊市	17	326	1
济宁市	52	2834	6
泰安市	27	523	2
威海市	40	661	2
日照市	12	185	2
莱芜市	5	426	1
临沂市	43	1679	23
德州市	48	2305	4
聊城市	22	1417	2
滨州市	23	931	9
菏泽市	20	621	2

1-B-9 续表 2

(集体企业)

地 区	法人单位数(个)	年末从业人数(人)	年末零售营业面积(万平方米)
山东省	**1839**	**43769**	**149**
济南市	233	3245	8
青岛市	158	1861	6
淄博市	68	798	4
枣庄市	73	1630	4
东营市	12	255	1
烟台市	136	2572	7
潍坊市	209	3277	24
济宁市	155	5175	17
泰安市	94	1926	6
威海市	75	1374	4
日照市	146	2888	11
莱芜市	41	947	3
临沂市	178	8509	25
德州市	76	2770	6
聊城市	56	1548	5
滨州市	57	1551	11
菏泽市	72	3443	8

1-B-9 续表 3

(股份合作企业)

地 区	法人单位数(个)	年末从业人数(人)	年末零售营业面积(万平方米)
山东省	**315**	**6591**	**14**
济南市	41	354	1
青岛市	69	746	2
淄博市	21	301	1
枣庄市	2	22	0
东营市	9	596	0
烟台市	15	94	0
潍坊市	28	269	1
济宁市	35	2335	2
泰安市	13	222	0
威海市	15	175	1
日照市	13	142	1
莱芜市	4	112	0
临沂市	14	437	2
德州市	5	58	1
聊城市	15	157	1
滨州市	10	432	1
菏泽市	6	139	1

1-B-9　续表 4

(联营企业)

地　区	法人单位数(个)	年末从业人数(人)	年末零售营业面积(万平方米)
山东省	**90**	**2576**	**4**
济南市	5	32	0
青岛市	11	86	0
淄博市	3	33	0
枣庄市	4	266	1
东营市	5	629	0
烟台市	7	83	0
潍坊市	3	38	0
济宁市	9	401	0
泰安市	9	187	1
威海市	3	44	0
日照市	6	37	0
莱芜市	2	68	0
临沂市	7	130	0
德州市	4	136	0
聊城市	3	84	0
滨州市	1	11	0
菏泽市	8	311	1

1-B-9　续表 5

(有限责任公司)

地　区	法人单位数(个)	年末从业人数(人)	年末零售营业面积(万平方米)
山东省	**9513**	**309534**	**1377**
济南市	1797	34302	105
青岛市	1398	36385	146
淄博市	319	16048	88
枣庄市	249	8011	81
东营市	237	10847	55
烟台市	329	13316	73
潍坊市	1288	37064	191
济宁市	522	22531	52
泰安市	265	10934	31
威海市	368	16953	79
日照市	307	10995	58
莱芜市	404	7666	40
临沂市	637	33623	164
德州市	502	21363	61
聊城市	275	12085	81
滨州市	492	11399	56
菏泽市	124	6012	15

1-B-9 续表 6

(股份有限公司)

地　区	法人单位数(个)	年末从业人数(人)	年末零售营业面积(万平方米)
山东省	**810**	**74737**	**482**
济南市	106	17832	134
青岛市	107	10171	80
淄博市	60	9114	24
枣庄市	14	742	4
东营市	32	1584	3
烟台市	37	2826	36
潍坊市	75	12750	104
济宁市	40	2048	6
泰安市	34	1411	4
威海市	92	3947	20
日照市	36	800	3
莱芜市	13	1104	2
临沂市	54	2386	27
德州市	30	2038	18
聊城市	25	1106	4
滨州市	25	1633	7
菏泽市	30	3245	8

1-B-9 续表 7

(私营企业)

地　区	法人单位数(个)	年末从业人数(人)	年末零售营业面积(万平方米)
山东省	**64224**	**784686**	**2757**
济南市	6785	57935	152
青岛市	8284	86548	233
淄博市	3613	41041	122
枣庄市	2982	39402	101
东营市	1466	18509	84
烟台市	5917	69754	287
潍坊市	4717	65291	292
济宁市	7106	99595	261
泰安市	5284	65399	204
威海市	2311	36263	92
日照市	922	9914	60
莱芜市	824	8654	44
临沂市	4772	42398	252
德州市	3589	53559	180
聊城市	1380	17428	79
滨州市	1146	15310	96
菏泽市	3126	57686	219

1-B-9 续表 8

(其他企业)

地　区	法人单位数 (个)	年末从业人数 (人)	年末零售营业面积 (万平方米)
山东省	**2224**	**34075**	**104**
济南市	307	3775	8
青岛市	242	3221	14
淄博市	145	2605	4
枣庄市	78	1170	2
东营市	73	3913	3
烟台市	166	1583	3
潍坊市	172	2145	6
济宁市	131	1985	4
泰安市	162	2225	7
威海市	49	619	2
日照市	132	1194	6
莱芜市	35	322	2
临沂市	291	3426	23
德州市	110	2613	9
聊城市	61	785	4
滨州市	32	728	3
菏泽市	38	1766	3

1-B-9 续表 9

(港澳台商投资企业)

地　区	法人单位数 (个)	年末从业人数 (人)	年末零售营业面积 (万平方米)
山东省	**127**	**18103**	**55**
济南市	15	3036	8
青岛市	34	4310	13
淄博市	6	1016	2
枣庄市	2	446	2
东营市	2	15	0
烟台市	19	1705	6
潍坊市	8	2156	3
济宁市	4	870	4
泰安市	4	113	2
威海市	6	2094	7
日照市	2	416	1
莱芜市	3	379	3
临沂市	10	903	5
德州市	4	117	0
聊城市	3	43	0
滨州市	3	442	0
菏泽市	2	42	0

1−B−9 续表 10

(外商投资企业)

地 区	法人单位数(个)	年末从业人数(人)	年末零售营业面积(万平方米)
山东省	**209**	**14124**	**85**
济南市	16	4586	15
青岛市	99	6219	54
淄博市	8	508	3
枣庄市	1	79	1
东营市	2	119	0
烟台市	23	602	4
潍坊市	5	154	0
济宁市	3	56	0
泰安市	6	660	2
威海市	25	616	1
日照市	1	8	0
莱芜市	1	3	0
临沂市	8	221	2
德州市	6	200	0
聊城市	3	41	0
滨州市	2	52	0
菏泽市			

1−B−10 分地区零售业法人企业基本情况(按零售业态分)

(有店铺零售)

地 区	法人单位数(个)	年末从业人数(人)	年末零售营业面积(万平方米)
山东省	**79606**	**1303820**	**5102**
济南市	9311	128036	443
青岛市	10410	150070	551
淄博市	4244	71657	249
枣庄市	3416	51932	196
东营市	1844	36818	148
烟台市	6679	93515	421
潍坊市	6488	123180	623
济宁市	8047	137592	351
泰安市	5891	83520	259
威海市	2973	62631	209
日照市	1575	26555	141
莱芜市	1330	19674	94
临沂市	5996	93489	523
德州市	4367	84945	279
聊城市	1831	34599	175
滨州市	1789	32475	184
菏泽市	3415	73132	255

1-B-10　续表 1

(食杂店)

地　区	法人单位数(个)	年末从业人数(人)	年末零售营业面积(万平方米)
山东省	**653**	**9003**	**24**
济南市	74	485	1
青岛市	98	999	2
淄博市	30	385	1
枣庄市	24	241	0
东营市	10	236	1
烟台市	53	551	1
潍坊市	76	633	2
济宁市	45	744	1
泰安市	33	324	4
威海市	54	815	2
日照市	10	52	0
莱芜市	16	160	0
临沂市	39	381	1
德州市	63	2635	6
聊城市	9	83	1
滨州市	7	69	0
菏泽市	12	210	1

1-B-10　续表 2

(便利店)

地　区	法人单位数(个)	年末从业人数(人)	年末零售营业面积(万平方米)
山东省	**3764**	**47334**	**116**
济南市	278	4794	13
青岛市	463	5541	11
淄博市	340	2992	10
枣庄市	201	3194	7
东营市	47	494	1
烟台市	216	1852	5
潍坊市	148	1620	5
济宁市	420	6896	12
泰安市	478	5864	14
威海市	156	1932	3
日照市	59	638	2
莱芜市	25	227	1
临沂市	353	3076	11
德州市	221	3201	6
聊城市	98	1135	5
滨州市	63	437	2
菏泽市	198	3441	9

1-B-10 续表 3

(折扣店)

地 区	法人单位数(个)	年末从业人数(人)	年末零售营业面积(万平方米)
山东省	**70**	**764**	**2**
济南市	12	229	1
青岛市	20	150	0
淄博市	3	90	0
枣庄市	2	22	0
东营市	1	5	0
烟台市	8	76	0
潍坊市	5	36	0
济宁市	5	52	0
泰安市	2	11	0
威海市	3	23	0
日照市	2	30	0
莱芜市			
临沂市	2	16	0
德州市	1	8	0
聊城市	3	13	0
滨州市	1	3	0
菏泽市			

1-B-10 续表 4

(超市)

地 区	法人单位数(个)	年末从业人数(人)	年末零售营业面积(万平方米)
山东省	**3015**	**85179**	**199**
济南市	154	2855	7
青岛市	238	6369	11
淄博市	112	5537	8
枣庄市	206	3704	10
东营市	41	5081	3
烟台市	142	2584	10
潍坊市	182	4669	16
济宁市	384	11144	22
泰安市	270	5574	13
威海市	49	1709	4
日照市	71	1636	6
莱芜市	38	1427	4
临沂市	325	9941	27
德州市	298	7542	16
聊城市	98	2482	10
滨州市	96	3155	9
菏泽市	311	9770	24

1-B-10　续表 5

(大型超市)

地　区	法人单位数 (个)	年末从业人数 (人)	年末零售营业面积 (万平方米)
山东省	**272**	**116012**	**722**
济南市	11	4280	16
青岛市	45	15058	97
淄博市	9	7321	52
枣庄市	13	3048	33
东营市	4	838	6
烟台市	15	9656	62
潍坊市	26	24185	155
济宁市	25	7429	40
泰安市	12	5757	14
威海市	13	8202	48
日照市	11	4339	36
莱芜市	10	2282	14
临沂市	21	6392	71
德州市	22	6267	23
聊城市	9	1837	17
滨州市	14	4407	20
菏泽市	12	4714	18

1-B-10　续表 6

(仓储会员店)

地　区	法人单位数 (个)	年末从业人数 (人)	年末零售营业面积 (万平方米)
山东省	**252**	**2511**	**11**
济南市	36	327	1
青岛市	60	556	3
淄博市	21	104	1
枣庄市	6	68	0
东营市	3	43	0
烟台市	27	206	1
潍坊市	20	94	0
济宁市	21	224	1
泰安市	11	156	1
威海市	5	165	0
日照市	8	65	0
莱芜市	3	15	0
临沂市	9	135	1
德州市			
聊城市	4	64	0
滨州市	9	76	1
菏泽市	9	213	0

1-B-10 续表 7

(百货店)

地 区	法人单位数（个）	年末从业人数（人）	年末零售营业面积（万平方米）
山东省	**7878**	**210729**	**963**
济南市	520	26568	180
青岛市	647	22686	142
淄博市	323	18092	59
枣庄市	572	6148	16
东营市	122	8573	33
烟台市	577	15415	109
潍坊市	421	8941	74
济宁市	1456	23684	49
泰安市	770	13482	31
威海市	207	7633	43
日照市	244	5328	14
莱芜市	88	2632	7
临沂市	631	16313	53
德州市	704	16148	55
聊城市	170	6310	43
滨州市	139	5314	31
菏泽市	287	7462	22

1-B-10 续表 8

(专业店)

地 区	法人单位数（个）	年末从业人数（人）	年末零售营业面积（万平方米）
山东省	**40230**	**495662**	**1762**
济南市	5058	44899	115
青岛市	5236	55560	159
淄博市	1910	18858	55
枣庄市	1625	24022	96
东营市	950	12175	56
烟台市	4075	43431	146
潍坊市	3237	43472	166
济宁市	4123	57394	153
泰安市	3065	35796	106
威海市	1268	21071	46
日照市	681	7190	38
莱芜市	789	8052	36
临沂市	2705	36673	244
德州市	1970	28766	96
聊城市	887	14553	59
滨州市	760	9292	56
菏泽市	1891	34458	133

1-B-10 续表 9

(专卖店)

地 区	法人单位数（个）	年末从业人数（人）	年末零售营业面积（万平方米）
山东省	**18150**	**255148**	**956**
济南市	2204	34755	68
青岛市	2435	31121	94
淄博市	1140	13406	44
枣庄市	647	9065	27
东营市	518	7359	38
烟台市	1226	15748	67
潍坊市	1885	27624	157
济宁市	1186	16743	42
泰安市	1083	14001	61
威海市	978	16598	47
日照市	414	6376	32
莱芜市	239	3628	22
临沂市	1705	17437	98
德州市	897	16658	54
聊城市	459	6445	35
滨州市	551	7667	38
菏泽市	583	10517	32

1-B-10 续表 10

(家具建材商店)

地 区	法人单位数（个）	年末从业人数（人）	年末零售营业面积（万平方米）
山东省	**2092**	**31917**	**154**
济南市	311	2115	29
青岛市	309	2329	10
淄博市	114	1948	7
枣庄市	79	1359	4
东营市	71	502	3
烟台市	180	1835	15
潍坊市	135	1737	16
济宁市	247	11242	18
泰安市	72	1208	6
威海市	116	1933	10
日照市	36	351	3
莱芜市	67	525	4
临沂市	86	795	5
德州市	105	1781	8
聊城市	28	455	1
滨州市	81	702	11
菏泽市	55	1100	5

1-B-10 续表 11

(购物中心)

地 区	法人单位数(个)	年末从业人数(人)	年末零售营业面积(万平方米)
山东省	202	12247	40
济南市	38	2076	4
青岛市	34	378	3
淄博市	12	719	4
枣庄市	3	330	0
东营市	4	194	0
烟台市	9	360	1
潍坊市	19	5104	7
济宁市	12	209	3
泰安市	9	299	3
威海市	10	633	3
日照市	4	112	0
莱芜市	9	434	4
临沂市	15	590	2
德州市	10	332	1
聊城市	6	330	0
滨州市	3	17	0
菏泽市	5	130	2

1-B-10 续表 12

(厂家直销中心)

地 区	法人单位数(个)	年末从业人数(人)	年末零售营业面积(万平方米)
山东省	**3028**	**37314**	**155**
济南市	615	4653	9
青岛市	825	9323	20
淄博市	230	2205	7
枣庄市	38	731	2
东营市	73	1318	7
烟台市	151	1801	5
潍坊市	334	5065	25
济宁市	123	1831	10
泰安市	86	1048	7
威海市	114	1917	2
日照市	35	438	10
莱芜市	46	292	1
临沂市	105	1740	11
德州市	76	1607	14
聊城市	60	892	4
滨州市	65	1336	14
菏泽市	52	1117	8

1-B-10　续表 13

(无店铺零售)

地　区	法人单位数 (个)	年末从业人数 (人)	年末零售营业面积 (万平方米)
山东省	**234**	**4242**	**2**
济南市	99	2668	0
青岛市	42	675	0
淄博市	14	74	0
枣庄市	2	29	0
东营市	1	5	0
烟台市	9	73	0
潍坊市	25	189	0
济宁市	8	222	0
泰安市	3	46	0
威海市	7	73	0
日照市	1	16	0
莱芜市			
临沂市	11	87	0
德州市	1	13	0
聊城市	6	40	0
滨州市	2	14	0
菏泽市	3	18	0

1-B-10　续表 14

(电视购物)

地　区	法人单位数 (个)	年末从业人数 (人)	年末零售营业面积 (万平方米)
山东省	**9**	**878**	**0**
济南市	3	803	
青岛市	2	18	0
淄博市			
枣庄市			
东营市			
烟台市	2	18	0
潍坊市			
济宁市	1	36	0
泰安市	1	3	0
威海市			
日照市			
莱芜市			
临沂市			
德州市			
聊城市			
滨州市			
菏泽市			

1-B-10 续表 15

(邮购)

地　区	法人单位数（个）	年末从业人数（人）	年末零售营业面积（万平方米）
山东省	**22**	**127**	**0**
济南市	13	59	0
青岛市	4	26	0
淄博市	2	10	0
枣庄市			
东营市			
烟台市	1	3	
潍坊市	1	15	0
济宁市			
泰安市			
威海市	1	14	0
日照市			
莱芜市			
临沂市			
德州市			
聊城市			
滨州市			
菏泽市			

1-B-10 续表 16

(网上商店)

地　区	法人单位数（个）	年末从业人数（人）	年末零售营业面积（万平方米）
山东省	**134**	**2789**	**1**
济南市	44	1641	0
青岛市	29	575	0
淄博市	7	31	0
枣庄市	1	21	0
东营市	1	5	0
烟台市	6	52	0
潍坊市	16	73	0
济宁市	4	144	0
泰安市	2	43	0
威海市	6	59	0
日照市	1	16	0
莱芜市			
临沂市	8	62	0
德州市	1	13	0
聊城市	6	40	0
滨州市	1	8	
菏泽市	1	6	0

1-B-10　续表 17

(自动售货亭)

地　区	法人单位数(个)	年末从业人数(人)	年末零售营业面积(万平方米)
山东省	**16**	**123**	**0**
济南市	1	5	0
青岛市	2	7	0
淄博市	2	17	0
枣庄市	1	8	0
东营市			
烟台市			
潍坊市	3	21	0
济宁市	3	42	0
泰安市			
威海市			
日照市			
莱芜市			
临沂市	1	5	0
德州市			
聊城市			
滨州市	1	6	0
菏泽市	2	12	0

1-B-10　续表 18

(电话购物)

地　区	法人单位数(个)	年末从业人数(人)	年末零售营业面积(万平方米)
山东省	**53**	**325**	**0**
济南市	38	160	0
青岛市	5	49	0
淄博市	3	16	0
枣庄市			
东营市			
烟台市			
潍坊市	5	80	0
济宁市			
泰安市			
威海市			
日照市			
莱芜市			
临沂市	2	20	0
德州市			
聊城市			
滨州市			
菏泽市			

1-B-11 分地区零售业法人企业财务状况

单位：万元

地区	营业收入		资产总计
		主营业务收入	
山东省	**106716669.5**	**105747335.0**	**58186697.7**
济南市	14415363.7	14291937.4	9273106.5
青岛市	11720926.3	11572578.3	9578586.9
淄博市	7281389.5	7241359.7	2925392.7
枣庄市	2536569.4	2527955.9	1276173.1
东营市	3939691.2	3887433.2	1962212.6
烟台市	8277385.5	8205122.6	3957671.9
潍坊市	8469735.8	8395284.2	5240870.3
济宁市	8211020.6	8151710.8	4028875.9
泰安市	5745512.4	5688207.5	2629295.8
威海市	5988791.7	5971371.1	2622069.2
日照市	1733181.2	1678950.1	1270404.4
莱芜市	1373361.9	1362258.9	836320.0
临沂市	11810584.9	11688221.5	5101245.9
德州市	5448787.5	5408846.8	2799762.0
聊城市	2226158.3	2177209.3	1521828.4
滨州市	2539956.5	2508495.8	1536013.9
菏泽市	4998253.0	4990392.0	1626868.3

1-B-12 分地区零售业法人企业财务状况(按国民经济行业分)

(综合零售)

单位：万元

地区	营业收入		资产总计
		主营业务收入	
山东省	**28785034.1**	**28348170.3**	**18224428.4**
济南市	3277315.7	3222966.8	4440193.8
青岛市	3480049.9	3380314.7	3505522.9
淄博市	3267294.7	3245808.8	1198701.9
枣庄市	642790.6	640305.6	291243.8
东营市	672319.7	651954.0	297752.9
烟台市	2359968.5	2329982.3	1227765.7
潍坊市	2490018.8	2445460.8	1246416.8
济宁市	1544532.5	1526067.5	849047.9
泰安市	1494893.3	1490427.9	718810.5
威海市	2198091.2	2186240.6	849377.3
日照市	634293.1	604343.7	406174.4
莱芜市	272705.9	269597.3	184895.7
临沂市	2782472.4	2754947.0	1135743.5
德州市	1487601.5	1470550.2	887003.1
聊城市	457407.5	425624.5	397882.7
滨州市	420727.7	406084.6	192475.4
菏泽市	1302551.0	1297494.0	395420.1

1-B-12　续表 1

(食品、饮料及烟草制品专门零售)　单位：万元

地　区	营业收入		资产总计
		主营业务收入	
山东省	**4750735.4**	**4726998.7**	**3232743.4**
济南市	506986.6	505107.4	291357.3
青岛市	386977.1	383611.7	375434.7
淄博市	205932.3	205438.3	103679.5
枣庄市	258463.3	258182.1	144277.5
东营市	198702.4	197674.6	220819.0
烟台市	483361.8	479205.6	306549.0
潍坊市	471014.8	469772.2	393736.2
济宁市	332506.2	331006.1	134066.7
泰安市	386869.1	385682.1	183483.0
威海市	311420.1	311123.2	405833.9
日照市	118355.8	117036.4	44449.3
莱芜市	89727.5	89571.6	72267.6
临沂市	206737.0	201870.9	109597.8
德州市	427067.8	425802.1	263944.7
聊城市	86055.1	85908.0	48347.5
滨州市	61926.1	61552.4	49305.6
菏泽市	218632.5	218453.9	85594.1

1-B-12　续表 2

(纺织、服装及日用品专门零售)　单位：万元

地　区	营业收入		资产总计
		主营业务收入	
山东省	**5259306.9**	**5241407.1**	**2558942.3**
济南市	346835.8	343255.9	323522.0
青岛市	859157.3	857191.3	658675.3
淄博市	832420.1	830862.7	134459.8
枣庄市	170323.1	169871.5	113036.7
东营市	78234.2	77577.3	81135.0
烟台市	419173.1	417435.8	120398.1
潍坊市	269703.4	266842.0	207113.5
济宁市	349386.8	349029.3	182023.4
泰安市	343584.2	342918.8	145374.1
威海市	375738.1	375204.0	133215.7
日照市	45831.5	45818.4	31349.2
莱芜市	11808.2	11537.3	8432.7
临沂市	515256.9	514176.2	108620.1
德州市	222019.7	221189.6	130311.0
聊城市	67631.1	67623.7	35733.6
滨州市	42948.5	42524.8	40170.4
菏泽市	309254.9	308348.4	105371.8

1-B-12 续表 3

(文化、体育用品及器材专门零售) 单位：万元

地 区	营业收入	主营业务收入	资产总计
山东省	**2460211.1**	**2440678.9**	**1677250.7**
济南市	270151.8	269261.6	186116.0
青岛市	327197.5	323326.5	302102.4
淄博市	99665.0	99549.6	90341.2
枣庄市	54010.1	53970.1	27712.8
东营市	186390.0	183391.4	111703.6
烟台市	240041.5	236931.1	141670.7
潍坊市	196210.8	194472.3	144522.8
济宁市	271292.9	269315.5	142579.0
泰安市	161446.3	160876.3	77507.9
威海市	135169.7	134690.8	41995.7
日照市	13800.3	13790.3	27232.6
莱芜市	18208.9	17400.0	59248.2
临沂市	163205.4	162498.9	126293.4
德州市	95356.8	94565.4	48734.1
聊城市	82911.2	81904.4	58645.5
滨州市	65966.1	65647.8	53547.9
菏泽市	79187.1	79086.8	37297.0

1-B-12 续表 4

(医药及医疗器材专门零售) 单位：万元

地 区	营业收入	主营业务收入	资产总计
山东省	**5189773.9**	**5172997.6**	**3370076.9**
济南市	363977.4	363252.2	251094.1
青岛市	408837.2	406216.7	432305.8
淄博市	137454.6	137181.1	46468.3
枣庄市	81445.1	81344.4	34483.8
东营市	74976.9	73237.7	54327.1
烟台市	594875.8	592569.7	300316.0
潍坊市	920712.7	920218.3	627675.4
济宁市	306922.4	305673.2	138880.3
泰安市	229031.7	227717.4	96924.8
威海市	373028.6	372521.9	204650.7
日照市	23362.1	23332.9	25175.5
莱芜市	60827.9	60825.2	30403.1
临沂市	950436.9	948696.4	801094.0
德州市	177733.0	175862.5	93225.3
聊城市	114536.7	113760.9	81256.1
滨州市	30144.0	29185.2	23488.4
菏泽市	341471.0	341401.8	128308.0

1-B-12　续表 5

(汽车、摩托车、燃料及零配件专门零售)　　单位：万元

地　区	营业收入		资产总计
		主营业务收入	
山东省	**37669356.4**	**37412908.1**	**15929810.6**
济南市	5448472.8	5427084.4	2169596.9
青岛市	4272481.0	4246261.7	2120343.4
淄博市	1653848.6	1645906.1	773553.6
枣庄市	648771.8	645399.6	321864.1
东营市	2040482.4	2020009.7	713218.8
烟台市	2864696.9	2844413.2	1153278.7
潍坊市	2747414.9	2733176.4	1533287.5
济宁市	2260017.3	2251589.0	927184.8
泰安市	1382546.4	1343451.1	522544.0
威海市	1637048.5	1634540.7	573791.8
日照市	655861.1	643277.3	484366.4
莱芜市	710685.0	705040.6	250225.7
临沂市	5709222.4	5661868.0	1758336.7
德州市	1684947.3	1677036.8	760288.0
聊城市	1009208.7	1001581.7	674434.0
滨州市	1454978.8	1444240.2	728980.5
菏泽市	1488672.4	1488031.8	464515.7

1-B-12　续表 6

(家用电器及电子产品专门零售)　　单位：万元

地　区	营业收入		资产总计
		主营业务收入	
山东省	**8203707.0**	**8109958.6**	**4083038.4**
济南市	1302855.9	1269650.2	883450.3
青岛市	918113.0	910723.9	489030.6
淄博市	209459.6	208547.6	103954.9
枣庄市	230761.0	230225.3	113458.3
东营市	421815.4	418147.2	217449.8
烟台市	571124.6	565796.7	226054.3
潍坊市	474447.6	472204.1	264929.2
济宁市	821369.2	811201.0	439501.4
泰安市	603583.2	601942.4	282987.3
威海市	305812.5	305565.4	116734.6
日照市	92123.6	82668.5	68705.9
莱芜市	57633.9	57146.3	36413.9
临沂市	725557.0	717482.9	252012.2
德州市	510970.1	505282.5	216498.4
聊城市	168663.6	166038.4	91615.0
滨州市	123745.7	122257.8	77379.3
菏泽市	665671.1	665078.1	202863.2

1-B-12 续表 7

(五金、家具及室内装饰材料专门零售) 单位：万元

地 区	营业收入		资产总计
		主营业务收入	
山东省	**6785084.9**	**6743748.6**	**4379442.5**
济南市	316488.3	311264.7	391236.3
青岛市	589461.9	587114.4	494353.1
淄博市	434918.6	433958.0	223348.5
枣庄市	343476.4	342742.2	161872.6
东营市	145762.3	145292.2	150323.4
烟台市	527700.1	525590.9	299534.6
潍坊市	578138.7	573807.8	526042.8
济宁市	1006531.8	997350.1	689291.4
泰安市	779009.7	773195.6	371985.9
威海市	426661.8	425965.4	148223.7
日照市	67793.2	67437.7	95761.5
莱芜市	49612.4	49489.1	57276.2
临沂市	355935.5	353346.5	170186.7
德州市	507800.9	505307.8	236584.1
聊城市	113625.9	111451.1	63104.5
滨州市	129825.3	128374.7	151384.6
菏泽市	412342.0	412060.4	148932.7

1-B-12 续表 8

(货摊、无店铺及其他零售业) 单位：万元

地 区	营业收入		资产总计
		主营业务收入	
山东省	**7613459.7**	**7550467.0**	**4730964.5**
济南市	2582279.5	2580094.1	336539.9
青岛市	478651.4	477817.5	1200818.7
淄博市	440396.1	434107.4	250884.9
枣庄市	106527.9	105915.2	68223.5
东营市	121007.9	120149.2	115483.2
烟台市	216443.2	213197.4	182104.7
潍坊市	322073.9	319330.2	297146.0
济宁市	1318461.6	1310478.9	526301.1
泰安市	364548.5	361995.9	229678.3
威海市	225821.3	225519.0	148245.9
日照市	81760.5	81245.0	87189.6
莱芜市	102152.2	101651.4	137156.8
临沂市	401761.5	373334.7	639361.6
德州市	335290.3	333249.8	163173.2
聊城市	126118.6	123316.6	70809.5
滨州市	209694.2	208628.2	219281.8
菏泽市	180471.0	180436.7	58565.8

1-B-13 分地区零售业法人企业财务状况(按登记注册类型分)

(内资企业) 单位：万元

地 区	营业收入	主营业务收入	资产总计
山东省	102820869.5	101919007.4	56100871.5
济南市	13201137.9	13093834.4	8753631.8
青岛市	10332537.6	10216023.1	8696841.7
淄博市	7167809.5	7127879.0	2859983.8
枣庄市	2515307.3	2507394.7	1263980.0
东营市	3938048.8	3885790.9	1957154.5
烟台市	7865860.4	7802654.5	3758623.2
潍坊市	8349048.4	8274615.2	5144725.0
济宁市	8124789.5	8066143.0	4006433.6
泰安市	5655709.8	5599108.7	2593053.7
威海市	5762983.8	5747988.2	2510816.3
日照市	1700082.4	1647412.3	1258549.9
莱芜市	1355604.9	1344501.9	818656.4
临沂市	11713489.2	11593015.5	5050947.9
德州市	5430969.1	5391080.8	2773975.4
聊城市	2214698.5	2165867.5	1516914.2
滨州市	2495201.9	2465968.3	1510024.5
菏泽市	4997590.4	4989729.4	1626559.5

1-B-13 续表 1

(国有企业) 单位：万元

地 区	营业收入	主营业务收入	资产总计
山东省	**3835067.8**	**3828928.1**	**817887.2**
济南市	2742751.2	2740503.9	323734.7
青岛市	80478.9	80003.5	98326.8
淄博市	16128.2	16070.6	22283.5
枣庄市	3890.5	3890.5	2821.5
东营市	40715.4	40715.4	25261.1
烟台市	104981.6	104866.9	48946.6
潍坊市	59550.9	59550.9	8943.8
济宁市	60582.2	60312.6	56503.1
泰安市	13166.9	13003.5	13863.8
威海市	71139.1	71129.1	23374.2
日照市	5951.7	5950.0	6110.2
莱芜市	25127.2	25124.8	9321.9
临沂市	264835.3	264719.1	35311.6
德州市	146650.0	145783.7	59259.9
聊城市	67356.6	66531.2	39384.2
滨州市	94203.3	93514.6	32859.0
菏泽市	37558.7	37257.7	11581.4

1-B-13 续表 2

(集体企业) 单位：万元

地 区	营业收入		资产总计
		主营业务收入	
山东省	**3911518.0**	**3892773.6**	**1309748.9**
济南市	92257.4	91861.1	87835.6
青岛市	71824.9	71431.7	88921.6
淄博市	43055.8	42865.8	19818.4
枣庄市	35218.4	35068.1	31399.7
东营市	13329.9	10084.1	3820.0
烟台市	218800.5	217248.9	51398.3
潍坊市	127860.8	127686.5	100380.7
济宁市	370792.6	368445.7	97622.4
泰安市	225767.2	225305.3	54447.8
威海市	276695.2	273594.6	49192.3
日照市	145448.2	145273.7	52378.4
莱芜市	5590.8	5486.5	11342.8
临沂市	1645966.4	1641180.4	418257.6
德州市	129705.5	129290.9	46439.2
聊城市	57522.6	57452.3	25106.3
滨州市	66945.9	66594.9	38153.1
菏泽市	384736.0	383903.0	133235.0

1-B-13 续表 3

(股份合作企业) 单位：万元

地 区	营业收入		资产总计
		主营业务收入	
山东省	**363321.9**	**351764.5**	**169129.5**
济南市	10536.8	10162.3	7642.2
青岛市	30908.3	30745.4	20962.8
淄博市	11423.3	11423.3	5492.3
枣庄市	477.4	477.4	2925.4
东营市	85037.2	76585.9	25966.3
烟台市	2339.1	2339.1	3830.7
潍坊市	11363.3	8943.3	6050.9
济宁市	120697.5	120669.7	40930.8
泰安市	11425.6	11398.6	14814.4
威海市	4714.4	4714.4	3642.5
日照市	1854.3	1768.8	4326.3
莱芜市	8265.6	8265.6	5046.9
临沂市	11458.4	11449.9	7527.5
德州市	2204.8	2204.8	825.5
聊城市	4299.4	4299.4	3487.3
滨州市	35840.1	35840.1	12488.2
菏泽市	10476.4	10476.4	3169.3

1-B-13　续表 4

(联营企业)　　单位：万元

地　区	营业收入		资产总计
		主营业务收入	
山东省	**169951.7**	**167424.2**	**185143.6**
济南市	613.0	613.0	118070.3
青岛市	4970.2	4770.2	1064.3
淄博市	20413.9	20413.9	7182.0
枣庄市	6908.7	6908.7	6157.4
东营市	42228.5	40208.9	13126.0
烟台市	6543.6	6518.0	4415.2
潍坊市	1248.6	1239.0	521.1
济宁市	14811.0	14683.9	8481.2
泰安市	15243.6	15224.8	2007.2
威海市	943.9	943.9	159.6
日照市	3516.2	3507.1	2245.5
莱芜市	320.7	320.7	806.2
临沂市	11759.2	11641.7	2103.0
德州市	15535.7	15535.7	14767.0
聊城市	5027.6	5027.6	1577.0
滨州市	25.2	25.2	58.9
菏泽市	19842.0	19842.0	2401.7

1-B-13　续表 5

(有限责任公司)　　单位：万元

地　区	营业收入		资产总计
		主营业务收入	
山东省	**31298386.7**	**30972695.9**	**18013320.1**
济南市	3027428.0	3015369.9	1740228.7
青岛市	3255687.9	3209570.6	3358749.0
淄博市	1882290.9	1868992.5	646646.1
枣庄市	764209.8	762404.1	289007.9
东营市	1298835.7	1278282.4	521068.7
烟台市	1425047.7	1413530.0	567764.0
潍坊市	3273960.2	3256925.0	1908559.3
济宁市	1740477.4	1725211.9	889993.3
泰安市	993777.1	990513.0	397956.1
威海市	2279182.4	2277388.0	1148033.4
日照市	896563.3	848407.5	704147.5
莱芜市	564250.4	558382.0	366910.8
临沂市	5303940.0	5233938.7	2785657.7
德州市	2130595.3	2118017.5	1071528.8
聊城市	1050710.1	1012500.3	851580.3
滨州市	861993.8	854658.7	557865.2
菏泽市	549436.8	548604.0	207623.2

1-B-13 续表 6

(股份有限公司)

单位：万元

地 区	营业收入	主营业务收入	资产总计
山东省	**12874689.5**	**12663225.7**	**8906023.5**
济南市	2767074.1	2721213.9	4058570.1
青岛市	1629773.4	1586804.7	1408875.8
淄博市	2250237.0	2248422.1	721781.2
枣庄市	64888.3	64339.2	30234.0
东营市	573020.8	569665.6	74793.9
烟台市	380383.8	378868.3	651559.8
潍坊市	1521862.4	1482956.0	655413.2
济宁市	417744.0	412570.9	165414.1
泰安市	220062.6	189195.9	45275.2
威海市	829013.9	822302.2	334990.2
日照市	113809.9	113505.6	65475.1
莱芜市	185482.9	183198.1	105749.1
临沂市	1026374.7	1012307.6	251422.2
德州市	168214.1	166844.8	137152.2
聊城市	69240.2	67634.6	34005.4
滨州市	471472.2	459275.3	143503.0
菏泽市	186035.3	184121.0	21809.2

1-B-13 续表 7

(私营企业)

单位：万元

地 区	营业收入	主营业务收入	资产总计
山东省	**47997328.3**	**47698907.4**	**25774281.7**
济南市	3707163.3	3669873.6	2253567.5
青岛市	5093924.2	5069447.4	3617839.2
淄博市	2756840.0	2732495.0	1353180.6
枣庄市	1587312.6	1581959.1	876660.6
东营市	1775709.5	1761482.1	1229411.5
烟台市	5693742.7	5645334.9	2381962.6
潍坊市	3213910.1	3198243.7	2405349.3
济宁市	5330262.3	5295323.9	2720788.3
泰安市	4112871.3	4094221.3	2007074.2
威海市	2242003.3	2238626.4	929153.3
日照市	511729.1	507821.5	381583.1
莱芜市	546362.0	543562.5	311354.7
临沂市	3147774.8	3117393.7	1445238.2
德州市	2687031.5	2672216.7	1385632.8
聊城市	918485.8	910567.7	543592.5
滨州市	944801.0	936899.4	718970.7
菏泽市	3727404.7	3723438.3	1212922.8

1-B-13　续表 8

(其他企业)　　单位：万元

地　区	营业收入	主营业务收入	资产总计
山东省	**2370605.6**	**2343288.0**	**925337.0**
济南市	853314.0	844236.6	163982.7
青岛市	164969.9	163249.6	102102.2
淄博市	187420.3	187195.8	83599.5
枣庄市	52401.5	52347.5	24773.6
东营市	109171.9	108766.6	63707.1
烟台市	34021.4	33948.4	48746.2
潍坊市	139291.8	139070.7	59506.6
济宁市	69422.5	68924.4	26700.5
泰安市	63395.5	60246.4	57615.1
威海市	59291.7	59289.6	22270.8
日照市	21209.8	21178.2	42283.8
莱芜市	20205.4	20161.7	8124.0
临沂市	301380.6	300384.5	105430.2
德州市	151032.3	141186.7	58370.0
聊城市	42056.2	41854.4	18181.3
滨州市	19920.3	19160.0	6126.6
菏泽市	82100.5	82086.9	33816.9

1-B-13　续表 9

(港澳台商投资企业)　　单位：万元

地　区	营业收入	主营业务收入	资产总计
山东省	**1706784.6**	**1681187.5**	**829789.4**
济南市	263849.8	260104.0	111533.7
青岛市	575323.7	569637.1	247034.1
淄博市	73191.7	73092.3	56972.5
枣庄市	10589.6	10000.2	7354.0
东营市	216.1	216.1	2439.9
烟台市	351248.6	343824.2	156142.9
潍坊市	67640.2	67621.8	79536.8
济宁市	78331.6	77668.2	21404.2
泰安市	32408.8	32408.8	7095.7
威海市	86768.2	84343.2	27626.5
日照市	23456.4	21895.4	5976.4
莱芜市	17745.2	17745.2	17583.6
临沂市	72346.5	71242.2	41242.3
德州市	15218.1	15165.7	19284.6
聊城市	4328.2	4328.2	3971.4
滨州市	33459.4	31232.3	24282.0
菏泽市	662.6	662.6	308.8

1-B-13 续表 10

(外商投资企业) 单位：万元

地　区	营业收入	主营业务收入	资产总计
山东省	**2189015.4**	**2147140.2**	**1256036.9**
济南市	950375.9	937999.0	407941.0
青岛市	813065.0	786918.1	634711.1
淄博市	40388.4	40388.4	8436.5
枣庄市	10672.5	10561.0	4839.0
东营市	1426.2	1426.2	2618.1
烟台市	60276.5	58643.9	42905.8
潍坊市	53047.2	53047.2	16608.5
济宁市	7899.6	7899.6	1038.1
泰安市	57393.8	56689.9	29146.3
威海市	139039.7	139039.7	83626.4
日照市	9642.4	9642.4	5878.1
莱芜市	11.8	11.8	80.0
临沂市	24749.1	23963.8	9055.8
德州市	2600.3	2600.3	6501.9
聊城市	7131.6	7013.5	942.8
滨州市	11295.2	11295.2	1707.4
菏泽市			

1-B-14 分地区零售业法人企业财务状况(按零售业态分)

(有店铺零售) 单位：万元

地　区	营业收入	主营业务收入	资产总计
山东省	**106338892.0**	**105369976.5**	**58034976.2**
济南市	14277987.9	14154590.9	9205241.6
青岛市	11526417.2	11378099.1	9524561.9
淄博市	7279502.4	7239472.5	2923590.4
枣庄市	2535885.2	2527271.7	1274149.3
东营市	3939275.8	3887017.8	1961973.2
烟台市	8273073.1	8200953.4	3955577.4
潍坊市	8459410.4	8385107.2	5233258.1
济宁市	8207351.4	8148044.5	4027224.5
泰安市	5739948.3	5682645.0	2627229.9
威海市	5984936.5	5967525.7	2620677.2
日照市	1733018.1	1678787.0	1270323.4
莱芜市	1373329.8	1362226.7	836306.0
临沂市	11809880.6	11687519.3	5098347.5
德州市	5441813.1	5401922.5	2795245.1
聊城市	2224682.8	2175735.5	1520634.8
滨州市	2539863.5	2508402.8	1535855.0
菏泽市	4992515.8	4984654.8	1624780.8

1-B-14　续表 1

(食杂店)　　　　单位：万元

地　区	营业收入	主营业务收入	资产总计
山东省	**323485.8**	**321004.9**	**274273.9**
济南市	19906.4	19675.7	10197.7
青岛市	23960.9	22174.4	41599.3
淄博市	7593.7	7507.1	6052.7
枣庄市	7027.9	7027.9	3098.8
东营市	5466.7	5460.1	6259.7
烟台市	35080.5	35080.5	12820.6
潍坊市	14490.1	14366.7	8047.3
济宁市	13777.7	13693.8	9164.3
泰安市	6683.4	6591.0	8686.5
威海市	33414.8	33414.8	19024.3
日照市	2658.7	2658.7	655.3
莱芜市	2466.5	2466.5	2753.9
临沂市	9430.6	9403.4	8837.7
德州市	115581.1	115581.1	125145.9
聊城市	650.1	650.1	1380.3
滨州市	633.8	632.8	1827.7
菏泽市	24662.8	24620.2	8722.0

1-B-14　续表 2

(便利店)　　　　单位：万元

地　区	营业收入	主营业务收入	资产总计
山东省	**2026145.6**	**2009817.3**	**932693.6**
济南市	151872.5	145273.5	65213.4
青岛市	163637.5	162482.0	134056.8
淄博市	70448.8	69855.9	56729.7
枣庄市	81185.1	81150.1	59540.5
东营市	441732.9	439696.3	21907.3
烟台市	90927.3	90551.1	37438.5
潍坊市	53768.6	53272.2	49469.4
济宁市	428065.2	425230.4	134905.6
泰安市	119534.5	118598.6	98064.6
威海市	44032.4	44027.4	41873.3
日照市	15229.5	15168.6	21039.9
莱芜市	2153.6	2153.6	3842.7
临沂市	101110.7	101084.7	45071.7
德州市	129946.4	129040.7	72445.9
聊城市	26988.7	26986.3	26136.4
滨州市	22281.7	22161.7	14576.6
菏泽市	83230.3	83084.3	50381.4

1-B-14 续表 3

(折扣店)

单位：万元

地 区	营业收入	主营业务收入	资产总计
山东省	**41675.4**	**41564.0**	**23741.8**
济南市	4965.0	4958.0	3452.5
青岛市	2757.2	2756.2	3686.6
淄博市	8690.3	8690.3	8868.5
枣庄市	702.0	702.0	520.2
东营市	230.0	230.0	630.0
烟台市	20438.6	20335.2	2234.5
潍坊市	769.2	769.2	387.3
济宁市	910.9	910.9	849.0
泰安市	372.7	372.7	488.6
威海市	459.2	459.2	77.8
日照市	362.5	362.5	1690.2
莱芜市			
临沂市	157.4	157.4	128.0
德州市	430.1	430.1	650.0
聊城市	70.5	70.5	24.3
滨州市	359.8	359.8	54.1
菏泽市			

1-B-14 续表 4

(超市)

单位：万元

地 区	营业收入	主营业务收入	资产总计
山东省	**4111992.2**	**4065474.2**	**2181234.4**
济南市	93184.0	92615.2	92674.4
青岛市	307836.8	291867.5	501786.4
淄博市	214535.2	213478.5	59977.6
枣庄市	101474.9	100515.6	59208.3
东营市	139235.8	139044.2	73541.5
烟台市	141601.0	140186.5	68464.0
潍坊市	233187.5	230422.7	138971.5
济宁市	479011.1	475436.3	180029.3
泰安市	322342.5	321365.4	156783.3
威海市	51683.3	49031.1	29308.6
日照市	98036.8	97938.0	65061.9
莱芜市	36523.2	35952.7	23693.2
临沂市	727976.0	726135.5	214200.0
德州市	306232.2	304211.2	210635.9
聊城市	92045.5	90104.7	54438.5
滨州市	160075.9	150777.2	80899.7
菏泽市	607010.6	606392.0	171560.1

1-B-14　续表 5

(大型超市)　　单位：万元

地　区	营业收入	主营业务收入	资产总计
山东省	**9803048.6**	**9647051.4**	**4601373.9**
济南市	878488.4	869452.9	399358.0
青岛市	1570838.1	1537944.7	940776.6
淄博市	796165.1	785512.7	248624.7
枣庄市	355597.9	354581.7	114924.5
东营市	24696.5	24048.8	9822.7
烟台市	690335.8	678545.9	248811.4
潍坊市	2012340.7	1973007.9	739330.0
济宁市	336522.9	326087.8	172395.8
泰安市	350576.6	350157.8	124801.6
威海市	1388086.6	1388086.6	498608.0
日照市	277597.5	264795.0	201726.5
莱芜市	109259.8	108172.5	109178.5
临沂市	503790.6	487425.6	314406.2
德州市	191903.5	187370.9	277103.6
聊城市	51436.5	49064.2	29737.3
滨州市	95084.2	95084.2	107912.9
菏泽市	170328.0	167712.4	63855.5

1-B-14　续表 6

(仓储会员店)　　单位：万元

地　区	营业收入	主营业务收入	资产总计
山东省	**86272.4**	**85608.1**	**76303.4**
济南市	14626.1	14331.9	11696.7
青岛市	19719.5	19715.8	24950.3
淄博市	4018.7	3994.3	4330.5
枣庄市	2031.9	2031.9	2635.0
东营市	1581.1	1581.1	1261.1
烟台市	4117.0	4116.0	5071.4
潍坊市	3384.6	3384.4	2871.4
济宁市	8641.2	8640.8	6122.0
泰安市	10753.4	10663.9	3481.6
威海市	1440.8	1440.8	2443.8
日照市	267.4	266.4	433.2
莱芜市	258.2	258.2	366.4
临沂市	1558.6	1558.6	3364.4
德州市			
聊城市	7082.5	6964.4	2680.3
滨州市	2615.4	2483.5	3042.1
菏泽市	4175.9	4175.9	1553.0

1-B-14 续表 7

(百货店)

单位：万元

地 区	营业收入		资产总计
		主营业务收入	
山东省	**16989948.7**	**16738011.3**	**12457892.7**
济南市	2429846.1	2382655.9	4089411.5
青岛市	1801647.6	1749462.4	2220768.5
淄博市	2323884.5	2314336.9	888828.1
枣庄市	220562.4	219511.3	130096.5
东营市	670045.3	647486.9	310014.5
烟台市	1592641.2	1574662.0	961115.1
潍坊市	508771.9	503270.9	476546.4
济宁市	822789.5	816771.6	559315.1
泰安市	855982.1	852377.3	485217.5
威海市	861923.8	852510.0	333213.1
日照市	275566.0	258483.8	148637.8
莱芜市	118682.5	117499.6	41040.5
临沂市	1985034.4	1975538.6	650948.8
德州市	1095221.6	1084802.8	443406.6
聊城市	368330.8	339759.8	334875.8
滨州市	441822.8	433457.2	191595.5
菏泽市	617196.1	615424.2	192861.6

1-B-14 续表 8

(专业店)

单位：万元

地 区	营业收入		资产总计
		主营业务收入	
山东省	**42799165.4**	**42545823.3**	**21179967.2**
济南市	5802039.8	5778126.1	1942593.7
青岛市	4299760.8	4270062.0	3560433.4
淄博市	2145987.1	2133446.6	751646.3
枣庄市	1246059.3	1243290.6	605573.2
东营市	932146.9	924782.6	834700.6
烟台市	3480236.2	3459688.3	1757324.2
潍坊市	2874717.0	2864499.1	2165445.8
济宁市	4419524.1	4394654.3	1906758.8
泰安市	2353985.8	2345334.6	931848.3
威海市	2046191.7	2043916.4	696940.2
日照市	478806.1	473667.7	315750.0
莱芜市	763112.3	759725.6	329096.5
临沂市	5393053.7	5326173.9	2702593.2
德州市	2040528.6	2024809.8	818205.1
聊城市	1047763.7	1038562.4	580256.2
滨州市	937439.8	929460.5	479186.9
菏泽市	2537812.7	2535622.9	801614.9

1-B-14　续表 9

(专卖店)　　　　单位：万元

地　区	营业收入	主营业务收入	资产总计
山东省	**25740146.4**	**25538012.2**	**13248827.4**
济南市	4338121.0	4317487.3	2078866.2
青岛市	2957269.3	2946990.5	1715136.5
淄博市	1380263.6	1376070.6	767415.7
枣庄市	382118.7	379471.8	246919.3
东营市	1287533.9	1268715.3	480890.7
烟台市	1991841.1	1972533.3	742001.2
潍坊市	2261934.9	2247849.1	1303419.2
济宁市	1170696.7	1166809.4	622544.9
泰安市	1572601.7	1533336.5	737709.1
威海市	1220265.0	1217435.0	860173.7
日照市	554484.0	535472.1	461017.3
莱芜市	297802.8	294137.0	278899.0
临沂市	2867992.4	2840562.5	1017493.1
德州市	1347812.8	1342046.6	721381.0
聊城市	526552.5	521961.6	431174.9
滨州市	784612.5	779338.5	503891.4
菏泽市	798243.5	797795.1	279894.2

1-B-14　续表 10

(家具建材商店)　　　　单位：万元

地　区	营业收入	主营业务收入	资产总计
山东省	**1440110.1**	**1425860.2**	**1042937.8**
济南市	80373.1	79046.6	126871.8
青岛市	92465.1	90448.5	85745.1
淄博市	152714.8	152108.2	46395.9
枣庄市	35239.8	35193.1	23826.6
东营市	44516.4	44386.5	23326.9
烟台市	107528.5	107373.8	56730.6
潍坊市	68292.5	66823.2	65503.8
济宁市	373965.8	369299.7	336784.6
泰安市	45901.0	43192.1	34107.2
威海市	167561.7	167459.8	51788.8
日照市	13615.6	13615.6	14664.7
莱芜市	15746.7	14965.8	21066.4
临沂市	33639.8	33633.6	33886.4
德州市	78425.2	78204.2	59795.7
聊城市	16818.0	16818.0	5815.2
滨州市	23743.2	23740.8	28969.1
菏泽市	89563.1	89550.8	27659.0

1-B-14 续表 11

(购物中心)

单位：万元

地 区	营业收入	主营业务收入	资产总计
山东省	**932255.0**	**917038.0**	**334500.1**
济南市	275458.3	262541.8	126182.7
青岛市	26858.8	26858.8	17909.2
淄博市	59501.7	59498.3	13678.4
枣庄市	66619.1	66619.1	8371.5
东营市	7979.8	7979.8	4310.5
烟台市	8260.5	8260.5	3424.9
潍坊市	192394.0	192394.0	88918.5
济宁市	24332.1	22937.8	12384.4
泰安市	75585.7	75298.6	13902.8
威海市	90751.4	90743.6	3962.7
日照市	2444.6	2444.6	1830.2
莱芜市	20094.4	19670.4	16706.7
临沂市	30766.0	30601.0	8913.1
德州市	25985.3	25972.8	3122.0
聊城市	20093.6	20087.2	4022.1
滨州市	777.0	777.0	3649.7
菏泽市	4352.7	4352.7	3210.8

1-B-14 续表 12

(厂家直销中心)

单位：万元

地 区	营业收入	主营业务收入	资产总计
山东省	**2044646.3**	**2034711.5**	**1681229.9**
济南市	189107.4	188426.1	258723.0
青岛市	259665.6	257336.2	277713.2
淄博市	115699.0	114973.3	71042.3
枣庄市	37266.1	37176.5	19434.9
东营市	384110.3	383606.1	195307.7
烟台市	110065.4	109620.3	60141.0
潍坊市	235359.4	235047.7	194347.5
济宁市	129114.1	127571.7	85970.9
泰安市	25628.8	25356.5	32138.9
威海市	79126.1	79001.1	83262.9
日照市	13949.4	13914.0	37816.3
莱芜市	7229.8	7224.8	9662.1
临沂市	155370.5	155244.5	98504.7
德州市	109746.4	109452.4	63353.3
聊城市	66850.6	64706.3	50093.5
滨州市	70417.3	70129.8	120249.4
菏泽市	55940.0	55924.3	23468.4

1-B-14　续表 13

(无店铺零售)　单位：万元

地　区	营业收入	主营业务收入	资产总计
山东省	**358816.0**	**358699.9**	**138585.6**
济南市	137374.0	137344.7	67855.5
青岛市	191679.8	191651.8	52393.1
淄博市	1797.6	1797.6	1734.5
枣庄市	656.8	656.8	1969.4
东营市	221.0	221.0	143.6
烟台市	3044.0	3040.0	1545.3
潍坊市	8453.9	8453.9	4761.4
济宁市	3259.0	3256.0	1552.1
泰安市	4827.8	4827.8	1228.5
威海市	3663.2	3663.2	1121.8
日照市	96.1	96.1	56.0
莱芜市			
临沂市	617.8	615.7	2811.8
德州市	1647.6	1597.9	344.1
聊城市	750.1	750.1	585.7
滨州市	93.0	93.0	158.8
菏泽市	634.3	634.3	324.0

1-B-14　续表 14

(电视购物)　单位：万元

地　区	营业收入	主营业务收入	资产总计
山东省	**72210.9**	**72210.9**	**34001.0**
济南市	70997.0	70997.0	33259.8
青岛市	510.1	510.1	505.0
淄博市			
枣庄市			
东营市			
烟台市	260.4	260.4	108.3
潍坊市			
济宁市	431.5	431.5	106.9
泰安市	12.0	12.0	21.0
威海市			
日照市			
莱芜市			
临沂市			
德州市			
聊城市			
滨州市			
菏泽市			

1-B-14 续表 15

(邮购) 单位：万元

地 区	营业收入	主营业务收入	资产总计
山东省	**4447.3**	**4447.3**	**5584.4**
济南市	3121.7	3121.7	4429.2
青岛市	527.3	527.3	863.7
淄博市	258.0	258.0	65.1
枣庄市			
东营市			
烟台市	24.3	24.3	50.0
潍坊市	191.3	191.3	84.2
济宁市			
泰安市			
威海市	324.7	324.7	92.4
日照市			
莱芜市			
临沂市			
德州市			
聊城市			
滨州市			
菏泽市			

1-B-14 续表 16

(网上商店) 单位：万元

地 区	营业收入	主营业务收入	资产总计
山东省	**260990.3**	**260924.0**	**85449.4**
济南市	56401.8	56397.0	25726.3
青岛市	181446.6	181440.9	46271.9
淄博市	660.2	660.2	1009.6
枣庄市	486.7	486.7	1724.3
东营市	221.0	221.0	143.6
烟台市	2759.3	2755.3	1387.1
潍坊市	5618.2	5618.2	2635.2
济宁市	1933.3	1933.3	897.7
泰安市	4815.8	4815.8	1207.5
威海市	3338.5	3338.5	1029.4
日照市	96.1	96.1	56.0
莱芜市			
临沂市	527.1	525.0	2086.3
德州市	1647.6	1597.9	344.1
聊城市	750.1	750.1	585.7
滨州市	2.3	2.3	108.7
菏泽市	285.6	285.6	236.0

1-B-14 续表 17

(自动售货亭) 单位：万元

地 区	营业收入	主营业务收入	资产总计
山东省	**3025.8**	**3000.6**	**2582.8**
济南市	56.9	56.9	253.3
青岛市	293.7	271.4	333.3
淄博市	492.7	492.7	360.2
枣庄市	170.1	170.1	245.1
东营市			
烟台市			
潍坊市	592.8	592.8	491.1
济宁市	894.2	891.3	547.4
泰安市			
威海市			
日照市			
莱芜市			
临沂市	86.1	86.1	214.3
德州市			
聊城市			
滨州市	90.7	90.7	50.1
菏泽市	348.7	348.7	88.0

1-B-14 续表 18

(电话购物) 单位：万元

地 区	营业收入	主营业务收入	资产总计
山东省	**18141.7**	**18117.2**	**10967.9**
济南市	6796.6	6772.1	4187.0
青岛市	8902.2	8902.2	4419.1
淄博市	386.8	386.8	299.7
枣庄市			
东营市			
烟台市			
潍坊市	2051.6	2051.6	1550.9
济宁市			
泰安市			
威海市			
日照市			
莱芜市			
临沂市	4.5	4.5	511.3
德州市			
聊城市			
滨州市			
菏泽市			

第2篇

住宿和餐饮业基本情况及财务状况

A.行业部分

2−A−1　住宿业法人企业基本情况

指标名称	法人单位数（个）	年末从业人数（人）	年末餐饮营业面积（万平方米）
总　计	**3687**	**158643**	**430.9**
按国民经济行业分组			
旅游饭店	1340	107591	241.8
一般旅馆	2049	44606	164.7
其他住宿业	298	6446	24.3
按登记注册类型分组			
内资企业	3631	150617	235.5
国有企业	269	28928	45.6
集体企业	132	4709	7.2
股份合作企业	30	724	1.2
联营企业	9	179	0.8
国有联营企业	4	44	0.9
集体联营企业	5	135	0.8
国有与集体联营企业	1	1	0.8
其他联营企业	1	1	25.8
有限责任公司	621	47005	85.1
国有独资公司	18	4020	31.6
其他有限责任公司	603	42985	84.7
股份有限公司	100	6203	151.5
私营企业	2366	59921	134.0
私营独资企业	919	14429	10.3
私营合伙企业	61	670	71.1
私营有限责任公司	1323	43074	67.5
私营股份有限公司	63	1748	11.4
其他企业	104	2948	4.0
港、澳、台商投资企业	26	5398	6.3
合资经营企业	10	3412	3.8
合作经营企业	1	324	1.0
独资经营企业	15	1662	3.0
投资股份有限公司	1	1	0.8
其他港澳台商投资企业	1	1	1.1
外商投资企业	30	2628	4.0
中外合资经营企业	12	1464	1.6
中外合作经营企业	4	285	1.1
外资企业	13	878	1.7
外商投资股份有限公司	1	1	0.6
其他外商投资企业	1	1	0.4
按星级分组			
一星	81	17188	27.9
二星	224	32808	67.9
三星	434	35047	81.3
四星	115	5736	15.4
五星	12	332	168.0
其他	2820	67527	68.3

2-A-2 住宿业法人企业财务状况

单位：万元

指标名称	营业收入	主营业务收入	资产总计
总　计	**2556171.0**	**2534721.3**	**6009007.1**
按国民经济行业分组			
旅游饭店	1783062.4	1765003.6	4636119.5
一般旅馆	682310.7	679188.6	1110657.3
其他住宿业	90797.9	90529.1	262230.2
按登记注册类型分组			
内资企业	2407610.2	2395001.6	5336290.5
国有企业	423819.3	421014.4	998517.8
集体企业	67669.4	67166.6	109310.5
股份合作企业	7904.0	7815.0	16345.7
联营企业	2365.6	2344.1	4251.9
国有联营企业	431.4	431.4	2106.7
集体联营企业	1934.2	1912.7	2145.3
国有与集体联营企业	0.4	0.4	0.4
其他联营企业	0.4	0.4	0.4
有限责任公司	768344.8	763331.8	1960594.1
国有独资公司	61462.3	59461.4	275426.4
其他有限责任公司	706882.5	703870.4	1685167.7
股份有限公司	117952.1	117765.5	263747.3
私营企业	966536.1	963499.3	1902206.4
私营独资企业	191939.5	191712.8	266039.0
私营合伙企业	13236.0	13224.1	15095.2
私营有限责任公司	734144.2	731383.4	1586791.7
私营股份有限公司	27216.3	27179.0	34280.5
其他企业	53018.9	52064.8	81316.8
港、澳、台商投资企业	106546.0	97755.7	593344.9
合资经营企业	59610.2	57329.4	357794.7
合作经营企业	4720.0	4720.0	5836.5
独资经营企业	42216.2	35706.7	226008.9
投资股份有限公司	0.4	0.4	0.4
其他港澳台商投资企业	0.4	0.4	0.4
外商投资企业	42014.8	41964.0	79371.8
中外合资经营企业	26771.5	26720.7	41982.3
中外合作经营企业	3336.6	3336.6	12317.3
外资企业	11906.7	11906.7	25072.2
外商投资股份有限公司	0.4	0.4	0.4
其他外商投资企业	0.4	0.4	0.4
3.按星级分组			
一星	351603.0	343086.6	1180560.4
二星	492516.5	488990.3	1581079.6
三星	610716.6	607579.1	976693.3
四星	107975.9	107132.8	183637.2
五星	5944.5	5944.2	22090.6
其他	987414.4	981988.4	2064946.1

2-A-3　餐饮业法人企业基本情况

指标名称	法人单位数（个）	年末从业人数（人）	年末餐饮营业面积（万平方米）
总　计	**8481**	**251018**	**828.9**
按国民经济行业分组			
正餐服务	6860	217550	738.8
快餐服务	970	21715	57.2
饮料及冷饮服务	109	1288	3.3
茶馆服务	18	206	0.7
咖啡馆服务	67	859	2.1
酒吧服务	7	61	0.6
其他饮料及冷饮服务	17	162	0.5
其他餐饮业	542	10465	29.7
小吃服务	141	2236	8.8
餐饮配送服务	117	2365	5.8
其他未列明餐饮业	284	5864	15.0
按登记注册类型分组			
内资企业	8351	240704	804.8
国有企业	140	10110	26.4
集体企业	110	3018	11.0
股份合作企业	23	695	2.8
联营企业	13	176	0.5
国有联营企业			
集体联营企业	11	165	0.5
国有与集体联营企业			
其他联营企业	2	11	0.0
有限责任公司	1095	52740	168.1
国有独资公司	11	1324	2.5
其他有限责任公司	1084	51416	165.6
股份有限公司	108	10877	46.2
私营企业	6451	155009	525.4
私营独资企业	3166	52867	181.9
私营合伙企业	116	1760	3.9
私营有限责任公司	3050	96391	323.9
私营股份有限公司	119	3991	15.7
其他企业	411	8079	24.3
港、澳、台商投资企业	34	5537	8.1
合资经营企业	10	1558	4.2
合作经营企业			
独资经营企业	22	3956	3.8
投资股份有限公司	1	22	0.1
其他港澳台商投资企业	1	1	0.0
外商投资企业	96	4777	15.9
中外合资经营企业	17	479	2.4
中外合作经营企业	2	39	0.0
外资企业	73	4226	13.4
外商投资股份有限公司	2	15	0.1
其他外商投资企业	2	18	0.0

2-A-4 餐饮业法人企业财务状况

单位：万元

指标名称	营业收入	主营业务收入	资产总计
总　计	**4319107.6**	**4296596.4**	**5381771.6**
按国民经济行业分组			
正餐服务	3666386.6	3648659.7	4941263.4
快餐服务	506809.6	502615.7	326175.7
饮料及冷饮服务	20479.4	20406.8	19362.3
茶馆服务	1963.0	1962.9	2271.5
咖啡馆服务	14053.3	13980.7	11076.0
酒吧服务	823.0	823.0	1580.3
其他饮料及冷饮服务	3640.1	3640.1	4434.4
其他餐饮业	125431.9	124914.2	94970.2
小吃服务	34798.3	34777.4	15690.9
餐饮配送服务	26339.5	26024.6	29044.3
其他未列明餐饮业	64294.1	64112.2	50234.9
按登记注册类型分组			
内资企业	3960521.4	3940696.2	5094973.7
国有企业	144463.6	142098.1	377042.5
集体企业	52446.5	52322.0	60213.4
股份合作企业	6747.0	6664.7	22413.6
联营企业	3828.6	3828.6	3063.2
国有联营企业			
集体联营企业	3626.5	3626.5	3039.2
国有与集体联营企业			
其他联营企业	202.2	202.2	24.0
有限责任公司	753483.9	746808.9	1460950.4
国有独资公司	31456.6	31456.6	26655.4
其他有限责任公司	722027.3	715352.3	1434295.0
股份有限公司	184686.1	184297.8	418098.2
私营企业	2662636.4	2652694.2	2655313.4
私营独资企业	909242.0	906376.1	704322.5
私营合伙企业	21936.2	21803.3	17834.1
私营有限责任公司	1631322.9	1624594.3	1870713.9
私营股份有限公司	100135.2	99920.5	62442.9
其他企业	152229.3	151981.9	97879.0
港、澳、台商投资企业	81078.9	81077.8	131949.2
合资经营企业	20707.6	20706.5	80665.9
合作经营企业			
独资经营企业	60180.0	60180.0	51094.7
投资股份有限公司	191.3	191.3	188.6
其他港澳台商投资企业			
外商投资企业	277507.3	274822.4	154848.6
中外合资经营企业	10016.7	10016.7	17320.6
中外合作经营企业	559.9	559.9	530.0
外资企业	266761.4	264076.5	134740.1
外商投资股份有限公司	38.7	38.7	134.4
其他外商投资企业	130.6	130.6	2123.5

B.地区部分

2-B-1 分地区住宿业法人企业基本情况

地 区	法人单位数(个)	年末从业人数(人)	年末餐饮营业面积(万平方米)
山东省	**3687**	**158643**	**430.9**
济南市	335	21176	39.0
青岛市	695	30370	57.8
淄博市	165	6854	22.3
枣庄市	133	4583	14.9
东营市	54	3380	8.7
烟台市	418	16497	49.0
潍坊市	202	11498	35.8
济宁市	306	11937	31.4
泰安市	266	9295	26.9
威海市	192	9329	33.4
日照市	92	3949	14.0
莱芜市	43	1115	4.1
临沂市	185	6778	24.0
德州市	159	7728	22.5
聊城市	89	3608	12.9
滨州市	68	3015	9.8
菏泽市	285	7531	24.3

2-B-2 分地区住宿业法人企业基本情况(按登记注册类型分)

(内资企业)

地 区	法人单位数(个)	年末从业人数(人)	年末餐饮营业面积(万平方米)
山东省	**3631**	**150617**	**419.4**
济南市	326	20675	38.1
青岛市	669	25131	53.1
淄博市	165	6854	22.3
枣庄市	132	4565	14.8
东营市	53	3278	8.3
烟台市	416	16428	48.3
潍坊市	200	11192	34.9
济宁市	303	11530	31.0
泰安市	265	9208	26.7
威海市	189	8806	32.1
日照市	88	3608	13.2
莱芜市	43	1115	4.1
临沂市	184	6748	24.0
德州市	159	7728	22.5
聊城市	89	3608	12.9
滨州市	67	2970	8.8
菏泽市	283	7173	24.2

2-B-2 续表 1

(港澳台商投资企业)

地 区	法人单位数（个）	年末从业人数（人）	年末餐饮营业面积（万平方米）
山东省	**26**	**5398**	**7.0**
济南市	3	390	0.5
青岛市	13	3699	2.7
淄博市			
枣庄市			
东营市	1	102	0.4
烟台市			
潍坊市	1	304	0.9
济宁市	2	392	0.4
泰安市	1	87	0.3
威海市	1	324	0.9
日照市	2	25	
莱芜市			
临沂市	1	30	
德州市			
聊城市			
滨州市	1	45	1.0
菏泽市			

2-B-2 续表 2

(外商投资企业)

地 区	法人单位数（个）	年末从业人数（人）	年末餐饮营业面积（万平方米）
山东省	**30**	**2628**	**4.4**
济南市	6	111	0.1
青岛市	13	1540	1.8
淄博市			
枣庄市	1	18	
东营市			
烟台市	2	69	0.6
潍坊市	1	2	
济宁市	1	15	
泰安市			
威海市	2	199	1.0
日照市	2	316	0.8
莱芜市			
临沂市			
德州市			
聊城市			
滨州市			
菏泽市	2	358	0.1

2-B-3　分地区住宿业法人企业财务状况

单位：万元

地　区	营业收入	主营业务收入	资产总计
山东省	**2556171.0**	**2534721.3**	**6009007.1**
济南市	300770.3	299745.5	717758.6
青岛市	510376.3	498916.4	1480078.6
淄博市	99594.6	99282.3	271267.5
枣庄市	45173.3	44326.9	129407.1
东营市	35777.5	35628.3	106470.2
烟台市	419681.2	419268.1	826290.5
潍坊市	148788.3	146478.3	586334.4
济宁市	135047.3	134692.7	364725.1
泰安市	201461.0	201334.3	195465.3
威海市	166117.2	165600.6	371258.2
日照市	44436.3	44354.1	143884.4
莱芜市	11700.8	11687.2	69636.0
临沂市	94025.3	93352.0	168480.3
德州市	140333.9	138869.7	199378.1
聊城市	46928.8	45394.4	88531.1
滨州市	39032.9	38934.4	182054.6
菏泽市	116926.1	116856.2	107987.3

2-B-4　分地区住宿业法人企业财务状况(按登记注册类型分)

(内资企业)　　单位：万元

地　区	营业收入	主营业务收入	资产总计
山东省	**2407610.2**	**2395001.6**	**5336290.5**
济南市	292912.8	291887.9	695651.6
青岛市	394528.8	391660.8	995744.9
淄博市	99594.6	99282.3	271267.5
枣庄市	44974.2	44127.8	129082.0
东营市	34406.4	34354.7	105237.9
烟台市	418048.4	417635.3	823089.1
潍坊市	144153.4	141944.3	553465.5
济宁市	133001.6	132647.0	263714.7
泰安市	200436.7	200310.0	193556.2
威海市	159133.2	158616.6	359955.3
日照市	40915.3	40833.1	135058.8
莱芜市	11700.8	11687.2	69636.0
临沂市	93685.7	93012.4	167752.8
德州市	140333.9	138869.7	199378.1
聊城市	46928.8	45394.4	88531.1
滨州市	38589.0	38490.5	180707.6
菏泽市	114266.8	114247.7	104461.4

2-B-4 续表 1

(港澳台商投资企业) 单位：万元

地 区	营业收入	主营业务收入	资产总计
山东省	**106546.0**	**97755.7**	**593344.9**
济南市	6575.6	6575.6	18288.5
青岛市	85232.5	76640.6	430074.9
淄博市			
枣庄市			
东营市	1371.1	1273.6	1232.3
烟台市			
潍坊市	4634.9	4534.0	32236.1
济宁市	1867.5	1867.5	100953.4
泰安市	1024.3	1024.3	1909.1
威海市	4719.6	4719.6	5836.1
日照市	337.0	337.0	740.0
莱芜市			
临沂市	339.6	339.6	727.5
德州市			
聊城市			
滨州市	443.9	443.9	1347.0
菏泽市			

2-B-4 续表 2

(外商投资企业) 单位：万元

地 区	营业收入	主营业务收入	资产总计
山东省	**42014.8**	**41964.0**	**79371.8**
济南市	1281.9	1281.9	3818.5
青岛市	30615.1	30615.1	54258.8
淄博市			
枣庄市	199.1	199.1	325.0
东营市			
烟台市	1632.8	1632.8	3201.4
潍坊市			632.8
济宁市	178.3	178.3	57.0
泰安市			
威海市	2264.4	2264.4	5466.8
日照市	3184.0	3184.0	8085.6
莱芜市			
临沂市			
德州市			
聊城市			
滨州市			
菏泽市	2659.3	2608.5	3525.9

2-B-5　分地区餐饮业法人企业基本情况

地　区	法人单位数（个）	年末从业人数（人）	年末餐饮营业面积（万平方米）
山东省	**8481**	**251018**	**828.9**
济南市	774	34516	78.5
青岛市	993	29797	92.2
淄博市	389	12528	38.8
枣庄市	321	8215	29.1
东营市	110	9294	41.0
烟台市	862	23801	92.0
潍坊市	788	20718	102.2
济宁市	730	17942	56.9
泰安市	657	14744	53.5
威海市	287	8622	23.2
日照市	239	4700	19.4
莱芜市	70	2226	8.4
临沂市	529	14551	41.3
德州市	657	18425	60.1
聊城市	212	9612	24.6
滨州市	134	5897	17.5
菏泽市	729	15430	50.3

2-B-6　分地区餐饮业法人企业基本情况(按登记注册类型分)

(内资企业)

地　区	法人单位数（个）	年末从业人数（人）	年末餐饮营业面积（万平方米）
山东省	**8351**	**240704**	**804.8**
济南市	761	31396	76.3
青岛市	931	24899	76.7
淄博市	388	12178	37.8
枣庄市	321	8215	29.1
东营市	109	9234	40.9
烟台市	842	23198	90.5
潍坊市	784	20627	101.4
济宁市	725	17587	55.8
泰安市	655	14722	53.3
威海市	275	8350	22.3
日照市	235	4411	19.0
莱芜市	70	2226	8.4
临沂市	525	14355	41.0
德州市	657	18425	60.1
聊城市	211	9588	24.6
滨州市	134	5897	17.5
菏泽市	728	15396	50.1

2-B-6 续表 1

(港澳台商投资企业)

地 区	法人单位数（个）	年末从业人数（人）	年末餐饮营业面积（万平方米）
山东省	**34**	**5537**	**8.1**
济南市	6	2913	1.9
青岛市	11	1275	3.2
淄博市	1	350	1.0
枣庄市			
东营市			
烟台市	5	263	0.3
潍坊市	1	18	0.0
济宁市	3	288	1.0
泰安市	1	4	0.1
威海市	2	118	0.3
日照市	2	147	0.1
莱芜市			
临沂市	2	161	0.3
德州市			
聊城市			
滨州市			
菏泽市			

2-B-6 续表 2

(外商投资企业)

地 区	法人单位数（个）	年末从业人数（人）	年末餐饮营业面积（万平方米）
山东省	**96**	**4777**	**15.9**
济南市	7	207	0.2
青岛市	51	3623	12.3
淄博市			
枣庄市			
东营市	1	60	0.1
烟台市	15	340	1.2
潍坊市	3	73	0.7
济宁市	2	67	0.1
泰安市	1	18	0.1
威海市	10	154	0.6
日照市	2	142	0.2
莱芜市			
临沂市	2	35	0.1
德州市			
聊城市	1	24	0.0
滨州市			
菏泽市	1	34	0.3

2-B-7 分地区餐饮业法人企业财务状况

单位：万元

地区	营业收入		资产总计
		主营业务收入	
山东省	**4319107.6**	**4296596.4**	**5381771.6**
济南市	405198.1	401667.6	557535.8
青岛市	614669.7	610363.2	749463.4
淄博市	243851.5	242806.7	182903.6
枣庄市	132139.1	132132.1	242816.3
东营市	138704.2	137640.3	430041.9
烟台市	501849.3	500326.5	389006.5
潍坊市	242328.3	241814.0	392052.0
济宁市	293450.9	291245.2	321173.9
泰安市	417054.7	415907.7	273827.2
威海市	164611.5	164214.1	231379.3
日照市	64769.3	64422.8	99442.5
莱芜市	20271.9	20135.9	66117.2
临沂市	223024.8	221583.5	551076.8
德州市	369902.4	366060.4	444527.2
聊城市	106497.9	105859.7	119352.3
滨州市	56864.9	56661.2	143344.7
菏泽市	323919.2	323755.6	187710.6

2-B-8 分地区餐饮业法人企业财务状况(按登记注册类型分)

(内资企业)

单位：万元

地区	营业收入		资产总计
		主营业务收入	
山东省	**3960521.4**	**3940696.2**	**5094973.7**
济南市	371046.6	367516.1	533690.8
青岛市	339331.5	337709.8	546673.5
淄博市	238139.8	237095.0	172572.7
枣庄市	132139.1	132132.1	242816.3
东营市	137721.8	136657.9	428734.7
烟台市	488054.5	486531.7	382831.6
潍坊市	241485.3	240971.0	386335.3
济宁市	287618.0	285412.3	309592.6
泰安市	416153.5	415007.6	273538.1
威海市	160927.1	160529.7	228169.7
日照市	58025.8	57679.3	89947.0
莱芜市	20271.9	20135.9	66117.2
临沂市	214040.6	212599.3	539564.9
德州市	369902.4	366060.4	444527.2
聊城市	106467.6	105829.4	119081.9
滨州市	56864.9	56661.2	143344.7
菏泽市	322331.0	322167.4	187435.4

2-B-8 续表 1

(港澳台商投资企业) 单位：万元

地　区	营业收入	主营业务收入	资产总计
山东省	**81078.9**	**81077.8**	**131949.2**
济南市	31861.2	31861.2	22405.4
青岛市	21063.5	21063.5	71036.2
淄博市	5711.7	5711.7	10330.9
枣庄市			
东营市			
烟台市	2773.0	2773.0	1407.0
潍坊市	270.0	270.0	1991.7
济宁市	5581.6	5581.6	10984.0
泰安市	4.5	3.5	10.3
威海市	1025.6	1025.6	837.1
日照市	4430.7	4430.7	1536.4
莱芜市			
临沂市	8357.0	8357.0	11410.3
德州市			
聊城市			
滨州市			
菏泽市			

2-B-8 续表 2

(外商投资企业) 单位：万元

地　区	营业收入	主营业务收入	资产总计
山东省	**277507.3**	**274822.4**	**154848.6**
济南市	2290.3	2290.3	1439.6
青岛市	254274.8	251589.9	131753.7
淄博市			
枣庄市			
东营市	982.4	982.4	1307.2
烟台市	11021.9	11021.9	4767.9
潍坊市	573.0	573.0	3725.1
济宁市	251.3	251.3	597.4
泰安市	896.6	896.6	278.9
威海市	2658.7	2658.7	2372.5
日照市	2312.7	2312.7	7959.1
莱芜市			
临沂市	627.2	627.2	101.6
德州市			
聊城市	30.3	30.3	270.3
滨州市			
菏泽市	1588.2	1588.2	275.2

第3篇

房地产业生产经营及财务状况

3-A-1 各地区房地产业企业法人单位个数

单位：个

地 区	合计	房地产开发经营	物业管理	房地产中介服务	自有房地产业	其他房地产业
山东省	**21736**	**9463**	**7272**	**3611**	**662**	**728**
济南市	2497	754	884	605	171	83
青岛市	3416	1302	1023	751	182	158
淄博市	1234	443	391	343	34	23
枣庄市	565	294	203	54	5	9
东营市	479	247	168	47	11	6
烟台市	2515	1101	767	383	81	183
潍坊市	2500	1227	919	253	24	77
济宁市	1332	552	619	96	33	32
泰安市	1058	402	416	176	27	37
威海市	1643	773	403	414	16	37
日照市	366	184	139	34	1	8
莱芜市	226	100	82	32	5	7
临沂市	1112	617	359	111	8	17
德州市	761	391	266	72	14	18
聊城市	528	273	157	55	25	18
滨州市	683	375	206	67	24	11
菏泽市	821	428	270	118	1	4

注：本表数据范围为全部房地产行业企业。

3-A-2 各地区房地产业年末从业人员数

单位：人

地 区	合计	房地产开发经营	物业管理	房地产中介服务	自有房地产业	其他房地产业
山东省	**583082**	**265844**	**240890**	**44760**	**17940**	**13648**
济南市	81473	24092	42535	7087	6847	912
青岛市	80995	30919	32442	10570	4997	2067
淄博市	25884	11444	10544	3330	339	227
枣庄市	18956	11684	5896	863	199	314
东营市	14645	8301	5652	512	62	118
烟台市	64017	34288	19639	4541	1531	4018
潍坊市	56991	27037	26463	1907	341	1243
济宁市	39240	17414	18008	1426	932	1460
泰安市	34526	11685	19044	2635	377	785
威海市	42705	20679	14979	5758	239	1050
日照市	12814	7143	5315	205	2	149
莱芜市	7334	2898	3756	202	426	52
临沂市	29462	18427	9513	1182	124	216
德州市	21800	11525	7992	1326	484	473
聊城市	15402	8089	6107	429	385	392
滨州市	15630	8932	5366	558	649	125
菏泽市	21208	11287	7639	2229	6	47

注：本表数据范围为全部房地产行业

3-A-3 各地区房地产业资产总计

单位：万元

地　区	合计	房地产开发经营	物业管理	房地产中介服务	自有房地产业	其他房地产业
山东省	**262859497**	**247602277**	**4162885**	**1689473**	**4108251**	**5296610**
济南市	46922665	43201113	1057184	248846	879036	1536485
青岛市	67663303	62821127	735690	457739	2106334	1542413
淄博市	9786356	9342311	136815	82983	61753	162493
枣庄市	8739206	8576134	108952	21322	4889	27909
东营市	7168096	6985054	60024	10324	12510	100184
烟台市	21592327	19856520	437238	217789	369208	711572
潍坊市	23975676	22892960	426090	85152	33464	538009
济宁市	12785317	12274757	190147	95510	31759	193144
泰安市	7490450	7081684	219183	86695	27467	75421
威海市	14016155	13577561	246028	124624	27654	40288
日照市	5108435	5005666	82532	4141	336	15761
莱芜市	2032036	1427595	92937	2350	428434	80719
临沂市	12814985	12644724	104538	30080	10453	25191
德州市	6426050	6194730	87877	18156	67288	57999
聊城市	6343790	6141713	61991	38756	16565	84765
滨州市	5168659	4979583	38560	16210	30822	103484
菏泽市	4825992	4599045	77099	148796	278	774

注：本表数据范围为全部房地产行业

3-B-1 各地区按登记注册类型分房地产开发企业法人单位个数

单位：个

地　区	合计	内资企业						
			国有企业	集体企业	股份合作企　业	联营企业		
							国有联营企　业	集体联营企　业
山东省	**9463**	**9191**	**179**	**131**	**40**	**3**	**1**	**2**
济南市	754	711	44	8	2	1		1
青岛市	1302	1199	27	13	4			
淄博市	443	431	2	4	5	1	1	
枣庄市	294	294	17	8		1		1
东营市	247	247		1				
烟台市	1101	1057	11	42	3			
潍坊市	1227	1208	13	7	3			
济宁市	552	545	7	7	3			
泰安市	402	399	8	5	2			
威海市	773	758	7	25	4			
日照市	184	179			2			
莱芜市	100	100	1		1			
临沂市	617	603	11	5	3			
德州市	391	389	9		3			
聊城市	273	272	8	1	1			
滨州市	375	372	9	3	3			
菏泽市	428	427	5	2	1			

注：本表数据范围为全部房地产开发企业。

3-B-1　续表 1

单位：个

地　区	国有与集体联营企业	其他联营企业	有限责任公司	国有独资公司	其他有限责任公司	股份有限公司	私营企业	私营独资企业
山东省			**3712**	**109**	**3603**	**470**	**4582**	**401**
济南市			332	19	313	33	285	23
青岛市			443	26	417	51	646	25
淄博市			170	3	167	19	227	16
枣庄市			103	8	95	21	144	21
东营市			90	1	89	6	149	2
烟台市			411	7	404	22	562	29
潍坊市			502	5	497	75	605	23
济宁市			187	7	180	23	314	28
泰安市			136	6	130	13	231	42
威海市			340	6	334	51	325	43
日照市			88	2	86	11	74	5
莱芜市			50	1	49	5	41	4
临沂市			238	4	234	44	296	43
德州市			159	5	154	38	175	32
聊城市			100	6	94	24	133	17
滨州市			196	2	194	21	137	17
菏泽市			167	1	166	13	238	31

3-B-1　续表 2

单位：个

地　区	私营合伙企业	私营有限责任公司	私营股份有限公司	其他企业	港、澳、台商投资企业	合资经营企业(港、澳、台资)	合作经营企业(港、澳、台资)
山东省	**45**	**3870**	**266**	**74**	**177**	**83**	**15**
济南市		245	17	6	31	14	2
青岛市	1	596	24	15	68	34	10
淄博市	3	195	13	3	10	1	1
枣庄市	3	113	7				
东营市	1	142	4	1			
烟台市	3	508	22	6	26	14	1
潍坊市	3	539	40	3	12	5	
济宁市	4	260	22	4	3	2	
泰安市	6	168	15	4	3	1	
威海市	3	260	19	6	11	5	1
日照市	1	66	2	4	2	1	
莱芜市	1	33	3	2			
临沂市	5	223	25	6	8	4	
德州市	2	125	16	5			
聊城市		106	10	5	1		
滨州市	1	109	10	3	1	1	
菏泽市	8	182	17	1	1	1	

3-B-1 续表 3

单位：个

地 区	港、澳、台商独资经营企业	港、澳、台商投资股份有限公司	外商投资企业	中外合资经营企业	中外合作经营企业	外资企业	外商投资股份有限公司
山东省	**78**	**1**	**95**	**46**	**10**	**38**	
济南市	15		12	7		5	
青岛市	24		35	18	8	9	
淄博市	8		2			2	
枣庄市							
东营市							
烟台市	11		18	7		11	
潍坊市	7		7	3		3	
济宁市	1		4	2		2	
泰安市	2						
威海市	4	1	4	3		1	
日照市	1		3	1		2	
莱芜市							
临沂市	4		6	4		2	
德州市			2	1	1		
聊城市	1						
滨州市			2		1	1	
菏泽市							

3-B-2 各地区按资质等级分房地产开发企业法人单位个数

单位：个

地 区	合计	一 级	二 级	三 级	四 级	暂 定	其 他
山东省	**9463**	**157**	**522**	**1232**	**1653**	**3558**	**2341**
济南市	754	20	49	139	52	287	207
青岛市	1302	19	67	194	92	615	315
淄博市	444	7	28	64	112	141	92
枣庄市	294	5	14	49	54	82	90
东营市	247	4	16	21	47	107	52
烟台市	1101	11	34	75	188	385	408
潍坊市	1227	26	92	187	357	321	244
济宁市	552	15	51	85	55	187	159
泰安市	402	9	21	47	59	140	126
威海市	773	6	34	105	211	268	149
日照市	184	4	13	39	33	69	26
莱芜市	100	5	4	9	12	37	33
临沂市	617	11	38	94	131	239	104
德州市	391	5	25	42	68	172	79
聊城市	273	6	22	37	68	99	41
滨州市	375	3	12	23	71	174	92
菏泽市	427	1	2	22	43	235	124

注：本表数据范围为全部房地产开发企业。

3-B-3　各地区按登记注册类型分房地产开发企业年末从业人数

单位：人

地　区	合计	内资企业	国有企业	集体企业	股份合作企　业	联营企业	国有联营企　业	集体联营企　业
山东省	**265844**	**256839**	**7237**	**3864**	**1538**	**47**	**22**	**25**
济南市	24092	22523	2012	149	507	10		10
青岛市	30919	27409	587	210	75			
淄博市	11444	11064	39	50	171	22	22	
枣庄市	11684	11684	1485	268		15		15
东营市	8301	8301		22				
烟台市	34288	32940	290	1679	30			
潍坊市	27037	26662	291	177	24			
济宁市	17414	17086	486	124	69			
泰安市	11685	11617	444	265	21			
威海市	20679	20113	181	727	78			
日照市	7143	6960			103			
莱芜市	2898	2898	5		3			
临沂市	18427	18010	384	82	93			
德州市	11525	11410	425		50			
聊城市	8089	8065	257	28	9			
滨州市	8932	8826	222	22	50			
菏泽市	11287	11271	129	61	255			

注：本表数据范围为全部房地产开发企业。

3-B-3　续表 1

单位：人

地　区	国有与集体联营企业	其他联营企　业	有限责任公　司	国有独资公　司	其他有限责任公司	股份有限公　司	私营企业	私营独资企　业
山东省			**112249**	**6419**	**105830**	**14891**	**115182**	**8743**
济南市			12260	2929	9331	1415	6048	399
青岛市			10987	1211	9776	1586	13710	639
淄博市			4641	85	4556	507	5587	195
枣庄市			3607	388	3219	745	5564	591
东营市			3730	5	3725	115	4404	30
烟台市			14024	183	13841	640	15718	548
潍坊市			12384	163	12221	1742	11993	324
济宁市			6170	196	5974	857	9119	809
泰安市			4477	167	4310	347	5989	957
威海市			9695	260	9435	1168	8181	832
日照市			3998	184	3814	489	2310	203
莱芜市			1559	276	1283	507	807	56
临沂市			8018	93	7925	1226	8064	805
德州市			4726	110	4616	1551	4593	846
聊城市			2933	136	2797	893	3907	421
滨州市			4614	19	4595	703	3188	396
菏泽市			4426	14	4412	400	6000	692

3-B-3 续表 2 单位：人

地 区	私营合伙企业	私营有限责任公司	私营股份有限公司	其他企业	港、澳、台商投资企业	合资经营企业(港、澳、台资)	合作经营企业(港、澳、台资)
山东省	**911**	**97603**	**7925**	**1831**	**6022**	**2630**	**325**
济南市		5056	593	122	1357	281	7
青岛市	7	12509	555	254	2186	1262	155
淄博市	17	4696	679	47	351	2	11
枣庄市	162	4501	310				
东营市	10	4175	189	30			
烟台市	76	13943	1151	559	805	419	9
潍坊市	65	10825	779	51	232	97	
济宁市	91	7653	566	261	219	204	
泰安市	99	4312	621	74	68	7	
威海市	66	6772	511	83	515	203	143
日照市	40	2010	57	60	32	28	
莱芜市	17	664	70	17			
临沂市	81	6683	495	143	177	71	
德州市	11	3315	421	65			
聊城市		3205	281	38	24		
滨州市	11	2651	130	27	40	40	
菏泽市	158	4633	517		16	16	

3-B-3 续表 3 单位：人

地 区	港、澳、台商独资经营企业	港、澳、台商投资股份有限公司	外商投资企业	中外合资经营企业	中外合作经营企业	外资企业	外商投资股份有限公司
山东省	**3039**	**28**	**2983**	**1463**	**579**	**925**	
济南市	1069		212	84		128	
青岛市	769		1324	636	509	179	
淄博市	338		29			29	
枣庄市							
东营市							
烟台市	377		543	308		235	
潍坊市	135		143	62		65	
济宁市	15		109	50		59	
泰安市	61						
威海市	141	28	51	41		10	
日照市	4		151	8		143	
莱芜市							
临沂市	106		240	169		71	
德州市			115	105	10		
聊城市	24						
滨州市			66		60	6	
菏泽市							

3-B-4　各地区按资质等级分房地产开发企业年末从业人数

单位：人

地　区	合计	一　级	二　级	三　级	四　级	暂　定	其　他
山东省	**265844**	**10206**	**24929**	**43849**	**42650**	**96235**	**47975**
济南市	24092	1226	2429	6059	1229	9635	3514
青岛市	30919	1196	3142	5355	1459	14249	5518
淄博市	11444	827	1418	2152	2596	3344	1107
枣庄市	11684	360	1135	2165	1611	2890	3523
东营市	8301	632	1033	1209	1303	2829	1295
烟台市	34288	801	1046	2999	6957	13440	9045
潍坊市	27037	1353	3598	4775	6939	6600	3772
济宁市	17414	629	2506	3504	1435	5480	3860
泰安市	11685	395	995	2053	1947	3840	2455
威海市	20679	277	1623	3093	5109	6736	3841
日照市	7143	527	746	1526	1463	2063	818
莱芜市	2898	725	104	659	275	775	360
临沂市	18427	376	1952	4179	3963	5967	1990
德州市	11525	270	1526	1513	1850	4552	1814
聊城市	8089	437	1186	1139	1722	2667	938
滨州市	8932	97	438	568	1608	4577	1644
菏泽市	11287	78	52	901	1184	6591	2481

注：本表数据范围为全部房地产开发企业。

3-B-5　各地区按登记注册类型分房地产开发企业资产总计

单位：万元

地　区	合计	内资企业	国有企业	集体企业	股份合作企　业	联营企业	国有联营企　业	集体联营企　业
山东省	**247602277**	**229596575**	**9060164**	**1925600**	**495722**	**5089**	**3355**	**1734**
济南市	43201113	39803530	2993284	78039	29096	50		50
青岛市	62821127	52930276	1464799	537485	31442			
淄博市	9342311	8664199	19349	17831	123083	3355	3355	
枣庄市	8576134	8576134	2513904	40560		1685		1685
东营市	6985054	6985054		521				
烟台市	19856520	18473131	398720	277143	9816			
潍坊市	22892960	22335347	443810	96356	7803			
济宁市	12274757	11966411	102659	35460	3878			
泰安市	7081684	7020611	143821	138086	395			
威海市	13577561	12764298	214078	411451	3158			
日照市	5005666	4736430			36066			
莱芜市	1427595	1427595	1906		200			
临沂市	12644724	12088752	198211	88648	88098			
德州市	6194730	6153982	83559		153367			
聊城市	6141713	6127713	85204	6862	1988			
滨州市	4979583	4954218	378482	1527	5644			
菏泽市	4599045	4588895	18377	195632	1687			

注：本表数据范围为全部房地产开发企业。

3−B−5 续表 1

单位：万元

地区	国有与集体联营企业	其他联营企业	有限责任公司	国有独资公司	其他有限责任公司	股份有限公司	私营企业	私营独资企业
山东省			**134688844**	**18458330**	**116230514**	**13690153**	**69182446**	**1188680**
济南市			28369018	8096047	20272971	2062109	6125690	208026
青岛市			33635027	6229592	27405435	3914404	13175595	135104
淄博市			3865060	157343	3707718	299870	4321494	83076
枣庄市			3461722	500210	2961511	413215	2145049	37246
东营市			4301745	37437	4264308	155202	2525690	1915
烟台市			10170618	521117	9649501	721523	6848307	39980
潍坊市			12996660	453491	12543169	1140854	7634765	44520
济宁市			5997978	487585	5510393	755035	5036155	27665
泰安市			4302219	890320	3411899	278095	2151844	43292
威海市			6722169	193548	6528621	933808	4456105	125881
日照市			2695061	145559	2549502	179092	1801889	17727
莱芜市			674664	48942	625723	313092	435731	14741
临沂市			6070881	248406	5822475	984038	4636264	140402
德州市			3280734	134624	3146109	331819	2299533	83499
聊城市			3158046	243641	2914405	688250	2177765	55455
滨州市			3007376	61817	2945558	294237	1256838	46173
菏泽市			1979866	8651	1971215	225510	2153731	83976

3−B−5 续表 2

单位：万元

地区	私营合伙企业	私营有限责任公司	私营股份有限公司	其他企业	港、澳、台商投资企业	合资经营企业(港、澳、台资)	合作经营企业(港、澳、台资)
山东省	**89605**	**62372890**	**5531271**	**548557**	**13234014**	**6266958**	**1046978**
济南市		5350586	567077	146243	2992307	883148	141888
青岛市	267	12227655	812569	171523	7259802	4121745	885259
淄博市	3343	3666743	568332	14157	650410	400	13543
枣庄市	5744	2009557	92502				
东营市	901	2457779	65095	1897			
烟台市	1772	6586304	220251	47004	816283	545533	3128
潍坊市	4675	6470382	1115188	15099	385267	184489	
济宁市	5947	4240844	761698	35246	108833	104606	
泰安市	1751	1797297	309504	6151	61073	25707	
威海市	12242	4159050	158932	23528	751627	299043	3160
日照市	36896	1698752	48515	24322	4789	28	
莱芜市	2000	366102	52887	2002			
临沂市	2987	4156523	336352	22611	167212	79848	
德州市	1218	2109892	104925	4970			
聊城市		2041117	81193	9598	14000		
滨州市	160	1131576	78929	10114	12262	12262	
菏泽市	9702	1902731	157322	14092	10150	10150	

3-B-5　续表 3　　单位：万元

地　区	港、澳、台商独资经营企业	港、澳、台商投资股份有限公司	外商投资企　业	中外合资经营企业	中外合作经营企业	外资企业	外商投资股份有限公　司
山东省	**5890891**	**29187**	**4771687**	**2315054**	**786507**	**1657749**	
济南市	1967271		405276	174215		231061	
青岛市	2252798		2631049	1368986	772294	489769	
淄博市	636467		27702			27702	
枣庄市							
东营市							
烟台市	267621		567105	218249		348856	
潍坊市	200779		172346	66811		93158	
济宁市	4227		199513	54951		144562	
泰安市	35366						
威海市	420237	29187	61636	61207		429	
日照市	4761		264447	14857		249590	
莱芜市							
临沂市	87364		388759	316327		72433	
德州市			40749	39452	1296		
聊城市	14000						
滨州市			13104		12916	188	
菏泽市							

3-B-6　各地区按登记注册类型分联网直报房地产开发企业法人单位个数

单位：个

地　区	合计	内资企业	国有企业	集体企业	股份合作企　业	国有联营企　业	集体联营企　业	国有与集体联营企业
山东省	**6113**	**5885**	**130**	**79**	**14**			
济南市	494	457	32	4	1			
青岛市	972	881	18	13	3			
淄博市	314	305	2	2	4			
枣庄市	183	183	14	5				
东营市	175	175						
烟台市	695	660	6	22				
潍坊市	775	759	8	4				
济宁市	289	283	3	3				
泰安市	223	221	7	4				
威海市	501	490	6	19	1			
日照市	132	128			1			
莱芜市	41	41						
临沂市	373	361	9	1	1			
德州市	263	262	7		2			
聊城市	189	189	7	1				
滨州市	207	204	8					
菏泽市	287	286	3	1	1			

注：本表数据范围为联网直报房地产开发企业。

3-B-6 续表 1

单位：个

地 区	其他联营企 业	国有独资公 司	其他有限责任公司	股份有限公 司	私营独资企 业	私营合伙企 业	私营有限责任公司
山东省		**93**	**2759**	**363**	**10**	**1**	**2239**
济南市		14	236	27			129
青岛市		26	350	43	2		405
淄博市		3	139	18			128
枣庄市		7	79	18			56
东营市		1	73	4			93
烟台市		6	319	16	2		275
潍坊市		3	380	52			284
济宁市		6	131	18			110
泰安市		6	96	11			84
威海市		3	240	38		1	168
日照市		2	70	8			45
莱芜市		1	19	4	1		15
临沂市		2	172	27	2		128
德州市		4	123	33			79
聊城市		6	71	23			72
滨州市		2	123	11	1		53
菏泽市		1	138	12	2		115

3-B-6 续表 2

单位：个

地 区	私营股份有限公司	其他企业	港、澳、台商投资企 业	合资经营企业(港、澳、台资)	合作经营企业(港、澳、台资)	港、澳、台商独资经营企业	港、澳、台商投资股份有限公司
山东省	**181**	**16**	**151**	**77**	**12**	**61**	**1**
济南市	13	1	27	12	2	13	
青岛市	19	2	59	31	9	19	
淄博市	8	1	8	1	1	6	
枣庄市	4						
东营市	4						
烟台市	13	1	22	14		8	
潍坊市	26	2	11	5		6	
济宁市	12		3	2		1	
泰安市	12	1	2	1		1	
威海市	13	1	9	5		3	1
日照市	1	1	1			1	
莱芜市	1						
临沂市	19		7	4		3	
德州市	12	2					
聊城市	6	3					
滨州市	6		1	1			
菏泽市	12	1	1	1			

3-B-6　续表 3　　　　　　　　　　　　　　　　　　　　　　　　单位：个

地　区	港、澳、台商投资其他公司	外商投资企业	中外合资经营企业	中外合作经营企业	中外独资经营企业	中外股份有限企业	外商投资其他公司
山东省		**77**	**40**	**9**	**28**		
济南市		10	6		4		
青岛市		32	17	8	7		
淄博市		1			1		
枣庄市							
东营市							
烟台市		13	6		7		
潍坊市		5	2		3		
济宁市		3	1		2		
泰安市							
威海市		2	2				
日照市		3	1		2		
莱芜市							
临沂市		5	4		1		
德州市		1	1				
聊城市							
滨州市		2		1	1		
菏泽市							

3-B-7　各地区按资质等级分联网直报房地产开发企业法人单位个数

单位：个

地　区	合计	一　级	二　级	三　级	四　级	暂　定	其　他
山东省	**6113**	**90**	**415**	**1025**	**1462**	**2704**	**417**
济南市	494	13	44	120	47	221	49
青岛市	972	11	56	178	85	521	121
淄博市	314	5	26	59	107	106	11
枣庄市	183	2	13	40	49	70	9
东营市	175	4	14	16	47	83	11
烟台市	695	7	19	66	174	341	88
潍坊市	775	16	70	159	278	222	30
济宁市	289	7	39	64	49	121	9
泰安市	223	3	17	37	53	107	6
威海市	501	2	27	69	192	192	19
日照市	132	4	9	33	31	51	4
莱芜市	41	3	3	7	7	19	2
临沂市	373	5	29	76	113	138	12
德州市	263	2	20	35	64	131	11
聊城市	189	4	17	29	66	71	2
滨州市	207	1	10	16	59	103	18
菏泽市	287	1	2	21	41	207	15

注：本表数据范围为联网直报房地产开发企业。

3-B-8 各地区按登记注册类型分联网直报房地产开发企业年末从业人数

单位：人

地 区	合计	内资企业	国有企业	集体企业	股份合作企业	国有联营企业	集体联营企业	国有与集体联营企业
山东省	**198058**	**189906**	**5846**	**2735**	**626**			
济南市	19191	17734	1726	51	7			
青岛市	25131	21835	441	210	68			
淄博市	9787	9444	39	25	164			
枣庄市	7461	7461	1098	182				
东营市	7052	7052						
烟台市	25134	23894	165	1253				
潍坊市	20161	19837	225	73				
济宁市	10983	10668	364	59				
泰安市	7827	7770	348	255				
威海市	13794	13404	169	564				
日照市	5704	5549			47			
莱芜市	2096	2096						
临沂市	13693	13345	353	10	47			
德州市	8872	8767	388		38			
聊城市	6396	6396	238	28				
滨州市	6172	6066	210					
菏泽市	8604	8588	82	25	255			

注：本表数据范围为联网直报房地产开发企业。

3-B-8 续表 1

单位：人

地 区	其他联营企业	国有独资公司	其他有限责任公司	股份有限公司	私营独资企业	私营合伙企业	私营有限责任公司
山东省		**6018**	**88939**	**12556**	**208**	**8**	**66090**
济南市		2811	7970	1260			3318
青岛市		1211	8640	1425	69		9303
淄博市		85	4154	502			3837
枣庄市		357	2649	569			2492
东营市		5	3369	105			3384
烟台市		177	11766	562	30		8713
潍坊市		155	10490	1389			6819
济宁市		140	4919	746			4019
泰安市		167	3539	330			2596
威海市		107	6575	882		8	4714
日照市		184	3351	337			1584
莱芜市		276	913	478	3		409
临沂市		70	6955	866	7		4609
德州市		104	3844	1409			2601
聊城市		136	2432	883			2443
滨州市		19	3411	429	33		1884
菏泽市		14	3962	384	66		3365

3-B-8　续表 2　　　　　　　　　　　　　　　　　　　　　　　　　单位：人

地　区	私营股份有限公司	其他企业	港、澳、台商投资企　业	合资经营企业(港、澳、台资)	合作经营企业(港、澳、台资)	港、澳、台商独资经营企业	港、澳、台商投资股份有限公司
山东省	**6297**	**583**	**5414**	**2514**	**166**	**2706**	**28**
济南市	557	34	1273	241	7	1025	
青岛市	466	2	1995	1214	148	633	
淄博市	621	17	319	2	11	306	
枣庄市	114						
东营市	189						
烟台市	828	400	768	419		349	
潍坊市	648	38	212	97		115	
济宁市	421		219	204		15	
泰安市	530	5	57	7		50	
威海市	371	14	364	203		133	28
日照市	33	13	4			4	
莱芜市	17						
临沂市	428		147	71		76	
德州市	348	35					
聊城市	211	25					
滨州市	80		40	40			
菏泽市	435		16	16			

3-B-8　续表 3　　　　　　　　　　　　　　　　　　　　　　　　　单位：人

地　区	港、澳、台商投资其他公司	外商投资企　业	中外合资经营企业	中外合作经营企业	中外独资经营企业	中外股份有限企业	外商投资其他公司
山东省		**2738**	**1396**	**569**	**773**		
济南市		184	79		105		
青岛市		1301	629	509	163		
淄博市		24			24		
枣庄市							
东营市							
烟台市		472	296		176		
潍坊市		112	47		65		
济宁市		96	37		59		
泰安市							
威海市		26	26				
日照市		151	8		143		
莱芜市							
临沂市		201	169		32		
德州市		105	105				
聊城市							
滨州市		66		60	6		
菏泽市							

3-B-9 各地区按资质等级分联网直报房地产开发企业年末从业人数

单位：人

地 区	合计	一 级	二 级	三 级	四 级	暂 定	其 他
山东省	**198058**	**8639**	**22598**	**39439**	**38886**	**78853**	**9643**
济南市	19191	1110	2349	5675	1091	7818	1148
青岛市	25131	1041	2913	4931	1366	12597	2283
淄博市	9787	789	1388	2055	2548	2822	185
枣庄市	7461	288	1104	1813	1444	2519	293
东营市	7052	632	1001	1116	1303	2402	598
烟台市	25134	620	756	2866	6634	12604	1654
潍坊市	20161	1208	3171	4420	5596	5170	596
济宁市	10983	331	2224	2793	1360	4012	263
泰安市	7827	285	790	1834	1747	2999	172
威海市	13794	105	1514	2420	4711	4761	283
日照市	5704	527	593	1370	1425	1663	126
莱芜市	2096	687	90	599	188	516	16
临沂市	13693	267	1745	3850	3427	3984	420
德州市	8872	207	1415	1383	1789	3694	384
聊城市	6396	399	1106	1037	1660	2017	177
滨州市	6172	65	387	391	1449	3294	586
菏泽市	8604	78	52	886	1148	5981	459

注：本表数据范围为联网直报房地产开发企业。

3-B-10 各地区按用途分联网直报房地产开发企业房屋施工面积

单位：平方米

地 区	房屋施工面 积	住 宅	#别墅、高档公 寓	办公楼	商业营业用 房	其 他
山东省	**505491659**	**385718397**	**9127931**	**15532625**	**61609498**	**42631139**
济南市	48069864	32454815	1378492	3734189	5177404	6703456
青岛市	70725539	46892704	2863720	3814410	9151097	10867328
淄博市	24123540	19009098	171051	372905	2436383	2305154
枣庄市	21357685	16566581	7076	242897	2909739	1638468
东营市	12642235	10016180	1173682	993422	793619	839014
烟台市	57272736	44772530	990656	1215040	6355352	4929814
潍坊市	62151201	48050695	501747	1536345	9106111	3458050
济宁市	32238947	24554561	29453	842106	4707902	2134378
泰安市	14678561	11735179	395486	146533	2151635	645214
威海市	39195227	32352385	423232	493049	3345638	3004155
日照市	6966833	5204492	184451	417913	614734	729694
莱芜市	2742622	2322040	203599	9299	351047	60236
临沂市	34123549	26447440	588744	622395	5131150	1922564
德州市	18787728	15695590	26612	143487	1885227	1063424
聊城市	17324433	14588018	20781	359726	1108498	1268191
滨州市	13866489	10927122	105879	529096	1737990	672281
菏泽市	29224470	24128967	63270	59813	4645972	389718

注：本表数据范围为联网直报房地产开发企业。

3-B-11 各地区按资质等级分联网直报房地产开发企业房屋施工面积

单位：平方米

地 区	合计	一 级	二 级	三 级	四 级	暂 定	其 他
山东省	**505491659**	**24518565**	**60955149**	**85074120**	**81785582**	**231128869**	**22029374**
济南市	48069864	2886112	8232007	6305048	887709	28143521	1615467
青岛市	70725539	2366363	7136545	9990661	1296362	45345592	4590016
淄博市	24123540	2153295	5720044	5223811	4272828	6464173	289389
枣庄市	21357685	945107	4307303	4247058	4181793	6549066	1127358
东营市	12642235	1081072	1625112	1064028	2885262	5504686	482075
烟台市	57272736	1786864	3118068	8867228	10000194	29495687	4004695
潍坊市	62151201	3622628	9086533	14513300	17038825	16168784	1721131
济宁市	32238947	984907	5016209	6942808	2304378	16401759	588886
泰安市	14678561	574786	1505830	2773029	2887863	5995330	941723
威海市	39195227	1100457	4037529	7054062	12982516	13573048	447615
日照市	6966833	1409955	1012492	925383	1205477	2210170	203356
莱芜市	2742622	433741		292997	286349	1632409	97126
临沂市	34123549	1248081	3758822	8732753	8530494	10775638	1077761
德州市	18787728	446823	2262871	2636744	3665298	8730691	1045301
聊城市	17324433	2487404	2668574	1977900	3719040	5720144	751371
滨州市	13866489	642272	1225679	548858	3573788	6557558	1318334
菏泽市	29224470	348698	241531	2978452	2067406	21860613	1727770

注：本表数据范围为联网直报房地产开发企业。

3-B-12 各地区按用途分联网直报房地产开发企业房屋新开工面积

单位：平方米

地 区	房屋新开工面积	住 宅	#别墅、高档公寓	办公楼	商业营业用房	其 他
山东省	**153907591**	**114972651**	**2077391**	**5672444**	**19768307**	**13494189**
济南市	13866547	8387374	159366	1933043	1523017	2023113
青岛市	18494989	11727063	684588	948394	2210092	3609440
淄博市	8276346	6318806	91889	100484	869708	987348
枣庄市	5689803	4104375	7076	208187	928294	448947
东营市	4666178	3489839	210097	570246	338010	268083
烟台市	15666568	11977419	293041	348321	2007593	1333235
潍坊市	17450519	13034726	104816	509702	2669662	1236429
济宁市	10652784	8028657	29453	420219	1766503	437405
泰安市	4387506	2846670	61368	84338	1262440	194058
威海市	13125369	10917204	226508	85259	1167615	955291
日照市	2367245	1775828	16907	171475	163796	256146
莱芜市	404848	296004	10000	8337	100507	
临沂市	10577615	8406875	173626	104594	1500454	565692
德州市	8165955	7032136	2500	8912	715183	409724
聊城市	5285360	4412856		21416	427636	423452
滨州市	3517687	2851685	6156	113531	353792	198679
菏泽市	11312272	9365134		35986	1764005	147147

注：本表数据范围为联网直报房地产开发企业。

3-B-13 各地区按资质等级分联网直报房地产开发企业房屋新开工面积

单位：平方米

地区	合计	一级	二级	三级	四级	暂定	其他
山东省	**153907591**	**6520794**	**14412047**	**23620572**	**21081868**	**80281056**	**7991254**
济南市	13866547	920758	801837	1396966	212924	10060682	473380
青岛市	18494989	695033	1097705	2078974	261725	13365050	996502
淄博市	8276346	881694	1353330	1264773	1691265	2905575	179709
枣庄市	5689803	240741	775954	765779	753557	2444369	709403
东营市	4666178	390749	406076	585138	756365	2066315	461535
烟台市	15666568	73529	838544	2662408	1737779	8918526	1435782
潍坊市	17450519	1198726	2524539	4393747	3258753	5574314	500440
济宁市	10652784	222548	1928000	2095899	773318	5395933	237086
泰安市	4387506	236691	225988	727249	721482	1832459	643637
威海市	13125369	32825	623536	2391761	3835181	6096294	145772
日照市	2367245	487125	671995	190208	310140	695777	12000
莱芜市	404848	57710		52173	136349	117622	40994
临沂市	10577615	374050	1222108	2284683	2735081	3656361	305332
德州市	8165955	205116	521123	1226728	1556681	4155443	500864
聊城市	5285360	465050	781223	635090	513531	2506821	383645
滨州市	3517687	32000	398558	176639	713426	2074881	122183
菏泽市	11312272	6449	241531	692357	1114311	8414634	842990

注：本表数据范围为联网直报房地产开发企业。

3-B-14 各地区按用途分联网直报房地产开发企业房屋竣工面积

单位：平方米

地区	房屋竣工面积	住宅	#别墅、高档公寓	办公楼	商业营业用房	其他
山东省	**75085237**	**60633524**	**1105436**	**1271712**	**8164655**	**5015346**
济南市	8050219	6135291	195115	250839	462513	1201576
青岛市	9573420	6748578	117409	257216	1177951	1389675
淄博市	3452118	2792881	19398	42216	430693	186328
枣庄市	2730095	2118843		1630	474704	134918
东营市	3603681	3234010	333549	49956	157545	162170
烟台市	5658269	4471502	99810	199775	545473	441519
潍坊市	7617913	5930768	92109	194860	1304903	187382
济宁市	5215920	4423691		63776	531389	197064
泰安市	2200231	1955141		1263	194484	49343
威海市	7528118	6485517	12442	79845	563859	398897
日照市	968210	813440	8790	12390	65832	76548
莱芜市	541687	517451	5028		24236	
临沂市	5975512	4698755	184096	108102	947158	221497
德州市	3537356	3160318	1190	2500	302909	71629
聊城市	2461423	2048633		5209	193228	214353
滨州市	2249433	1895983		1000	285014	67436
菏泽市	3721632	3202722	36500	1135	502764	15011

注：本表数据范围为联网直报房地产开发企业。

3-B-15　各地区按资质等级分联网直报房地产开发企业房屋竣工面积

单位：平方米

地　区	合计	一　级	二　级	三　级	四　级	暂　定	其　他
山东省	**75085237**	**4651401**	**9969551**	**15003013**	**15375015**	**28297284**	**1788973**
济南市	8050219	851566	1647313	1302847	183337	3951323	113833
青岛市	9573420	459897	1100687	2796633	169195	4729833	317175
淄博市	3452118	477193	812488	759761	621624	781052	
枣庄市	2730095	49658	733590	319323	688948	869976	68600
东营市	3603681	418934	549747	236928	808117	1589955	
烟台市	5658269		575812	907670	1765656	1985122	424009
潍坊市	7617913	442107	1300626	2380966	2630690	729354	134170
济宁市	5215920	176813	708947	780058	690812	2771562	87728
泰安市	2200231		165711	786571	387332	860617	
威海市	7528118	543702	499842	1281160	2625494	2549610	28310
日照市	968210	237547	29382	249766	158513	215393	77609
莱芜市	541687	234144		19340	44000	244203	
临沂市	5975512	504916	629362	1799209	1459480	1413571	168974
德州市	3537356	61707	314609	637033	1091251	1361884	70872
聊城市	2461423	164248	661540	353990	934503	347142	
滨州市	2249433		239895	78748	839298	918692	172800
菏泽市	3721632	28969		313010	276765	2977995	124893

注：本表数据范围为联网直报房地产开发企业。

3-B-16　各地区按用途分联网直报房地产开发企业房屋竣工价值

单位：万元

地　区	房屋竣工价　值	住　宅	#别墅、高档公　寓	办公楼	商业营业用　房	其他
山东省	**17313928**	**13717108**	**296393**	**348855**	**2020220**	**1227745**
济南市	2058306	1556327	55631	74406	118318	309255
青岛市	2889915	2090343	24408	58838	359466	381268
淄博市	773568	593212	5672	22200	122637	35519
枣庄市	635268	497602		378	106514	30774
东营市	843866	754333	78600	13239	42782	33512
烟台市	1564032	1211596	27947	62181	158572	131683
潍坊市	1649226	1245736	27303	50824	316468	36198
济宁市	1139812	959660		14870	121113	44169
泰安市	396973	352593		215	35358	8807
威海市	1485744	1271691	2252	19049	118145	76859
日照市	285245	245322	6870	2952	17311	19660
莱芜市	135925	127103	1508		8822	
临沂市	1320271	1001802	61649	28213	235901	54355
德州市	709863	624301	290	437	68704	16421
聊城市	456033	377990		708	40232	37103
滨州市	357399	290063		135	58892	8309
菏泽市	612482	517434	4263	210	90985	3853

注：本表数据范围为联网直报房地产开发企业。

3-B-17 各地区联网直报房地产开发企业建造的房屋面积和造价

地区	房屋施工面积(平方米)	房屋竣工面积(平方米)	房屋建筑面积竣工率(%)	房屋竣工价值(万元)	房屋竣工造价(元/平方米)
山东省	**505491659**	**75085237**	**14.9**	**17313928**	**2306**
济南市	48069864	8050219	16.7	2058306	2557
青岛市	70725539	9573420	13.5	2889915	3019
淄博市	24123540	3452118	14.3	773568	2241
枣庄市	21357685	2730095	12.8	635268	2327
东营市	12642235	3603681	28.5	843866	2342
烟台市	57272736	5658269	9.9	1564032	2764
潍坊市	62151201	7617913	12.3	1649226	2165
济宁市	32238947	5215920	16.2	1139812	2185
泰安市	14678561	2200231	15.0	396973	1804
威海市	39195227	7528118	19.2	1485744	1974
日照市	6966833	968210	13.9	285245	2946
莱芜市	2742622	541687	19.8	135925	2509
临沂市	34123549	5975512	17.5	1320271	2209
德州市	18787728	3537356	18.8	709863	2007
聊城市	17324433	2461423	14.2	456033	1853
滨州市	13866489	2249433	16.2	357399	1589
菏泽市	29224470	3721632	12.7	612482	1646

注：本表数据范围为联网直报房地产开发企业。

3-B-18 各地区按用途分联网直报房地产开发企业商品房销售面积

单位：平方米

地区	商品房销售面积	住宅	#别墅、高档公寓	办公楼	商业营业用房	其他
山东省	**103298002**	**93002852**	**1583765**	**1892927**	**6001172**	**2401051**
济南市	8201657	7028475	252680	325593	263984	583605
青岛市	11601552	10506059	485934	464267	420129	211097
淄博市	4836691	4418096	52998	62052	269236	87307
枣庄市	3138948	2832560	148	11000	257838	37550
东营市	3836790	3633823	203609	72700	60743	69524
烟台市	11276690	9913274	230713	314979	769670	278767
潍坊市	12408407	10949773	29879	172907	1057881	227846
济宁市	7348003	6570718	11204	159147	512941	105197
泰安市	4056541	3634289	2710	4986	374612	42654
威海市	8788384	8091464	68391	31488	435821	229611
日照市	1597219	1443611	19637	84027	45666	23915
莱芜市	676374	670712	6868		5662	
临沂市	9010877	8080171	205244	122841	621505	186360
德州市	6005287	5563112	2574	28233	344534	69408
聊城市	3661383	3328725	2932	33888	139658	159112
滨州市	3607510	3270401	8244	4031	261479	71599
菏泽市	3245689	3067589		788	159813	17499

注：本表数据范围为联网直报房地产开发企业。

3-B-19 各地区按资质等级分联网直报房地产开发企业商品房销售面积

单位：平方米

地区	合计	一级	二级	三级	四级	暂定	其他
山东省	**103298002**	**4619251**	**12550984**	**17165613**	**20002033**	**44919642**	**4040479**
济南市	8201657	377656	1606123	1055248	133846	4746536	282248
青岛市	11601552	367568	1243536	1677533	257465	7501339	554111
淄博市	4836691	378187	971650	1088427	1173690	1224737	
枣庄市	3138948	160891	794234	484353	545605	895615	258250
东营市	3836790	465235	438047	468503	765867	1556671	142467
烟台市	11276690	102445	698559	1885693	2388860	5231594	969539
潍坊市	12408407	764043	2096577	2581488	3681295	2955223	329781
济宁市	7348003	310691	950619	1369675	560337	3998924	157757
泰安市	4056541	170152	281151	742362	818951	1935394	108531
威海市	8788384	176180	545484	1486817	3108758	3372174	98971
日照市	1597219	278694	221895	177300	204539	689126	25665
莱芜市	676374	200593		96987	12124	349370	17300
临沂市	9010877	231858	1054959	2102298	2247032	3192504	182226
德州市	6005287	120495	447364	853915	1713905	2581870	287738
聊城市	3661383	415379	573564	503853	668923	1239105	260559
滨州市	3607510	69859	524506	216508	1320228	1251950	224459
菏泽市	3245689	29325	102716	374653	400608	2197510	140877

注：本表数据范围为联网直报房地产开发企业。

3-B-20 各地区按用途分联网直报房地产开发企业商品房期房销售面积

单位：平方米

地区	商品房期房销售面积	住宅	#别墅、高档公寓	办公楼	商业营业用房	其他
山东省	**81584425**	**74105898**	**1411781**	**1463537**	**4177553**	**1837437**
济南市	7481209	6557597	246452	209508	221348	492756
青岛市	9589514	8799665	445395	408545	282405	98899
淄博市	4011751	3703350	49584	54340	173161	80900
枣庄市	2018082	1818900	148	10000	152962	36220
东营市	2819198	2690485	160881	56755	25886	46072
烟台市	9134154	8274606	224926	214509	486469	158570
潍坊市	10060770	8965371	22759	132250	755243	207906
济宁市	5351278	4730549	11204	158488	366210	96031
泰安市	3372938	2969555	2424	4986	355743	42654
威海市	5563259	5166850	49802	20572	243078	132759
日照市	1356051	1227374	19637	65572	40257	22848
莱芜市	207641	207377	6320		264	
临沂市	7132456	6580815	162339	61072	331572	158997
德州市	4689358	4342790	1384	28233	277940	40395
聊城市	3398440	3111834	282	33888	114605	138113
滨州市	3033760	2752360	8244	4031	210551	66818
菏泽市	2364566	2206420		788	139859	17499

注：本表数据范围为联网直报房地产开发企业。

3-B-21 各地区按用途分联网直报房地产开发企业商品房现房销售面积

单位：平方米

地 区	商品房现房销售面积	住 宅	#别墅、高档公寓	办公楼	商业营业用房	其 他
山东省	**21713577**	**18896954**	**171984**	**429390**	**1823619**	**563614**
济南市	720448	470878	6228	116085	42636	90849
青岛市	2012038	1706394	40539	55722	137724	112198
淄博市	824940	714746	3414	7712	96075	6407
枣庄市	1120866	1013660		1000	104876	1330
东营市	1017592	943338	42728	15945	34857	23452
烟台市	2142536	1638668	5787	100470	283201	120197
潍坊市	2347637	1984402	7120	40657	302638	19940
济宁市	1996725	1840169		659	146731	9166
泰安市	683603	664734	286		18869	
威海市	3225125	2924614	18589	10916	192743	96852
日照市	241168	216237		18455	5409	1067
莱芜市	468733	463335	548		5398	
临沂市	1878421	1499356	42905	61769	289933	27363
德州市	1315929	1220322	1190		66594	29013
聊城市	262943	216891	2650		25053	20999
滨州市	573750	518041			50928	4781
菏泽市	881123	861169			19954	

注：本表数据范围为联网直报房地产开发企业。

3-B-22 各地区按用途分联网直报房地产开发企业房屋出租面积

单位：平方米

地 区	房屋出租面 积	住 宅	#别墅、高档公寓	办公楼	商业营业用房	其 他
山东省	**974472**	**22138**	**2356**	**106130**	**804043**	**42161**
济南市	137775				137775	
青岛市	324151	750		69384	233167	20850
淄博市	2682			2418	264	
枣庄市						
东营市	95346	19032		23000	39514	13800
烟台市	98583			9428	89155	
潍坊市	53180				53180	
济宁市	6000				6000	
泰安市	56700				56700	
威海市	18364				10985	7379
日照市	5157				5157	
莱芜市	2356	2356	2356			
临沂市	172278				172146	132
德州市						
聊城市	1900			1900		
滨州市						
菏泽市						

注：本表数据范围为联网直报房地产开发企业。

3-B-23　各地区按用途分联网直报房地产开发企业商品房销售额

单位：万元

地　区	商品房销售额	住　宅	#别墅、高档公寓	办公楼	商业营业用　房	其 他
山东省	**52151192**	**44610664**	**1561033**	**1761304**	**4821121**	**958103**
济南市	5875180	4937873	317398	336491	331472	269344
青岛市	9786176	8390881	622342	685563	588191	121541
淄博市	2481219	2209032	50872	43885	200563	27739
枣庄市	1213001	997028	60	5810	188277	21886
东营市	1877279	1743079	143198	66430	39096	28674
烟台市	6738500	5311567	197421	253366	1029824	143743
潍坊市	4929827	4165414	17160	73854	618798	71761
济宁市	2973866	2380418	6868	115642	446826	30980
泰安市	1790880	1540142	2565	2236	238677	9825
威海市	3963394	3545129	52860	23490	305126	89649
日照市	814130	728849	18106	52810	26256	6215
莱芜市	282705	278566	6315		4139	
临沂市	3529434	3021681	119600	63892	387425	56436
德州市	2343672	2137196	1255	18620	168833	19023
聊城市	1450109	1306641	1346	18107	84275	41086
滨州市	1056185	949818	3667	887	91589	13891
菏泽市	1045635	967350		221	71754	6310

注：本表数据范围为联网直报房地产开发企业。

3-B-24　各地区按资质等级分联网直报房地产开发企业商品房销售额

单位：万元

地　区	合计	一　级	二　级	三　级	四　级	暂　定	其　他
山东省	**52151192**	**2620103**	**6351724**	**7631353**	**8036336**	**25080923**	**2430753**
济南市	5875180	339970	1176107	629192	100860	3466335	162716
青岛市	9786176	409242	919993	1118933	139263	6819851	378894
淄博市	2481219	218625	466049	527903	586631	682011	
枣庄市	1213001	77884	312230	182289	188536	374664	77398
东营市	1877279	218085	233431	249114	318581	775769	82299
烟台市	6738500	61174	342982	958157	1312185	3107766	956236
潍坊市	4929827	343142	879007	975660	1374921	1234420	122677
济宁市	2973866	129688	408842	507799	174373	1690411	62753
泰安市	1790880	99785	125996	282695	280268	902746	99390
威海市	3963394	61832	289243	697038	1339702	1525054	50525
日照市	814130	186384	120613	92554	85645	316373	12561
莱芜市	282705	77707		41127	7274	147697	8900
临沂市	3529434	101026	440724	704725	814619	1382754	85586
德州市	2343672	45872	181723	312993	632654	1072521	97909
聊城市	1450109	211080	222147	176341	247348	469299	123894
滨州市	1056185	27874	197207	58103	308370	398345	66286
菏泽市	1045635	10733	35430	116730	125106	714907	42729

注：本表数据范围为联网直报房地产开发企业。

3-B-25 各地区联网直报房地产开发企业商品房屋待售情况

单位：平方米

地　区	商品房待售面积	#待售1-3年面积	#待售3年以上面积
山东省	**28019383**	**13682805**	**979227**
济南市	1014400	419355	27922
青岛市	3994757	2046535	300385
淄博市	1030538	308803	15705
枣庄市	1817673	845378	
东营市	322708	117814	
烟台市	2686975	1238995	135712
潍坊市	4809780	2759797	92606
济宁市	1651650	942356	49610
泰安市	626760	350477	4505
威海市	4426339	2059843	138031
日照市	475850	370462	7675
莱芜市	370169	288622	5126
临沂市	2254911	848882	10129
德州市	1026123	471255	25257
聊城市	335835	186834	38686
滨州市	764783	373125	94477
菏泽市	410132	54272	33401

注：本表数据范围为联网直报房地产开发企业。

3-B-26 各地区按用途分联网直报房地产开发企业商品房待售面积

单位：平方米

地　区	商品房待售面积	住　宅	#别墅、高档公寓	办公楼	商业营业用房	其　他
山东省	**28019383**	**20788299**	**851730**	**489490**	**5191630**	**1549964**
济南市	1014400	614943	55296	52310	136876	210271
青岛市	3994757	2618294	144129	187934	809953	378576
淄博市	1030538	637704	102591	6743	320070	66021
枣庄市	1817673	1449928	1790		296812	70933
东营市	322708	300074	41012			22634
烟台市	2686975	2142466	172814	25015	378397	141097
潍坊市	4809780	3595637	48187	55292	1054998	103853
济宁市	1651650	1169414	33955	57144	339108	85984
泰安市	626760	530736	8688	186	95050	788
威海市	4426339	3796744	70973	29507	378575	221513
日照市	475850	323330	8585	12879	66637	73004
莱芜市	370169	277552	72102		92617	
临沂市	2254911	1416551	83383	45651	699500	93209
德州市	1026123	742800	470	13625	246134	23564
聊城市	335835	214326	7755	1685	93304	26520
滨州市	764783	579503		1519	152458	31303
菏泽市	410132	378297			31141	694

注：本表数据范围为联网直报房地产开发企业。

3-B-27　各地区联网直报房地产开发企业土地开发及其购置情况

地　区	待开发土地面积（平方米）	本年土地购置面积（平方米）	本年土地成交价款（万元）
山东省	**29239387**	**26150734**	**5528498**
济南市	2505388	2177058	932049
青岛市	4373570	4330092	1485417
淄博市	2119638	1625753	358088
枣庄市	233123	1077047	230234
东营市	491486	1100433	132001
烟台市	4924472	2081327	272139
潍坊市	2406204	3513074	475826
济宁市	882331	1688262	334708
泰安市	976554	1048555	185074
威海市	3138831	1001440	177774
日照市	718727	547784	91118
莱芜市	637018	243097	19962
临沂市	2940843	1957388	235652
德州市	812865	1452651	266887
聊城市	626909	1073478	194571
滨州市	829454	375006	48767
菏泽市	621974	858289	88231

注：本表数据范围为联网直报房地产开发企业。

3-B-28　各地区联网直报房地产开发企业主要财务指标

单位：万元

地　区	资产总计	负债合计	所有者权益合计	主营业务收入	主营业务成本	主营业务税金及附加	其他业务利润	销售费用
山东省	**230355941**	**182362354**	**47993586**	**50332954**	**36503681**	**3890187**	**184393**	**1240285**
济南市	40513832	32617565	7896266	6570642	4824143	554824	21681	206592
青岛市	60776391	47394153	13382239	10183915	7074065	840584	94267	296317
淄博市	8793516	7477125	1316391	2901479	2268920	197216	2596	60642
枣庄市	6925576	5193688	1731888	1354486	1025381	99134	337	20744
东营市	6837673	5810660	1027013	1286005	979528	96590	5605	37549
烟台市	18113139	14456657	3656482	5859384	3944030	419729	10275	146259
潍坊市	20864498	16302912	4561586	4920081	3498257	384874	11966	78498
济宁市	11414901	9388436	2026465	2601303	1997702	203331	2540	42477
泰安市	6685010	5171383	1513627	1692258	1265901	104932	11496	33009
威海市	12548800	10162396	2386404	3673459	2572114	304081	6884	120861
日照市	4569378	3757840	811538	662313	507646	63713	4949	19428
莱芜市	1217966	995488	222478	313499	249496	24300	18	3150
临沂市	11096745	8740910	2355834	2696143	2027027	193440	9041	68219
德州市	5921947	4188272	1733675	2351813	1799872	187803	97	35088
聊城市	5813097	5033000	780097	1233487	938553	98899	2115	22446
滨州市	3938312	3393524	544788	895582	708459	54076	251	14795
菏泽市	4325160	2278344	2046816	1137107	822588	62663	274	34212

注：本表数据范围为联网直报房地产开发企业。

3-B-28 续表 单位：万元

地　区	管理费用	财务费用	营业利润	营业外收入	营业外支出	利润总额	应交所得税	应付职工薪　酬
山东省	**2044534**	**840044**	**5901386**	**247307**	**149123**	**6012130**	**1081020**	**1070822**
济南市	264439	137049	710134	16399	24187	702357	148123	151961
青岛市	518525	201436	1382759	124899	43332	1466630	309919	209835
淄博市	102254	37904	232283	12660	9412	241359	35497	45189
枣庄市	42530	25709	126742	1449	4057	124133	25432	29101
东营市	72065	32658	72747	17810	7692	82877	19018	32645
烟台市	201852	68675	1006028	4469	7741	1003732	162576	148215
潍坊市	175115	54830	719447	18669	7101	731179	77307	97596
济宁市	93018	50857	177642	2066	6145	174360	44957	47951
泰安市	83834	26559	169869	14908	5409	179369	19257	34934
威海市	164006	71851	437074	9580	7567	439087	91995	63359
日照市	35673	20952	15463	3077	4009	15901	7053	19727
莱芜市	8137	2394	25942	1968	137	27774	1839	9830
临沂市	100108	30977	250003	2258	7650	244828	52602	57236
德州市	55055	25189	246790	5902	4954	247759	45961	39520
聊城市	60091	27188	87134	9008	7489	89511	23765	27509
滨州市	34734	17403	65244	2053	1349	65949	4278	23053
菏泽市	33101	8416	176083	131	893	175326	11442	33160

注：本表数据范围为联网直报房地产开发企业。

3-B-29 各地区按登记注册类型分联网直报房地产开发企业资产总计

单位：万元

地　区	合计	内资企业						
			国有企业	集体企业	股份合作企　业	国有联营企　业	集体联营企　业	国有与集体联营企业
山东省	**230355941**	**212979882**	**7008820**	**1640170**	**391229**			
济南市	40513832	37222188	2795173	29203	2266			
青岛市	60776391	51183332	1416211	537485	31417			
淄博市	8793516	8162248	19349	3613	122270			
枣庄市	6925576	6925576	1166372	34910				
东营市	6837673	6837673						
烟台市	18113139	16801064	310688	168231				
潍坊市	20864498	20326971	402864	82570				
济宁市	11414901	11111627	85348	25935				
泰安市	6685010	6640337	142021	137560				
威海市	12548800	11749806	209619	403743				
日照市	4569378	4300170			19066			
莱芜市	1217966	1217966						
临沂市	11096745	10577377	158792	18824	64258			
德州市	5921947	5882495	80259		150264			
聊城市	5813097	5813097	60805	6862				
滨州市	3938312	3912947	155482					
菏泽市	4325160	4315010	5837	191235	1687			

注：本表数据范围为联网直报房地产开发企业。

3-B-29 续表 1 单位：万元

地 区	其他联营企业	国有独资公司	其他有限责任公司	股份有限公司	私营独资企业	私营合伙企业	私营有限责任公司
山东省		**18146096**	**111338244**	**13030791**	**171537**	**7508**	**55759722**
济南市		7860120	19404884	1881020			4559268
青岛市		6229592	26886756	3891177	88236		11313120
淄博市		157343	3604030	299356			3382546
枣庄市		480172	2877248	406909			1869104
东营市		37437	4152193	153357			2429591
烟台市		509488	9188861	712372	3697		5705128
潍坊市		438885	11725841	1026271			5576800
济宁市		487428	5371712	729004			3668506
泰安市		890320	3244516	277642			1640131
威海市		167962	6177435	864385		7508	3750047
日照市		145559	2399679	166217			1537382
莱芜市		48942	538972	307486	6967		298948
临沂市		244130	5353638	916032	4793		3495849
德州市		134609	3041595	324774			2045257
聊城市		243641	2817084	687750			1927346
滨州市		61817	2685116	161610	5485		776646
菏泽市		8651	1868685	225430	62358		1784054

3-B-29 续表 2 单位：万元

地 区	私营股份有限公司	其他企业	港、澳、台商投资企业	合资经营企业(港、澳、台资)	合作经营企业(港、澳、台资)	港、澳、台商独资经营企业	港、澳、台商投资股份有限公司
山东省	**5157171**	**328593**	**12694595**	**6193353**	**1019501**	**5452554**	**29187**
济南市	547931	142324	2887895	833052	141888	1912955	
青岛市	708769	80567	6963264	4098263	864070	2000932	
淄博市	562619	11123	605976	400	13543	592033	
枣庄市	90862						
东营市	65095						
烟台市	179598	23000	783116	545533		237583	
潍坊市	1058665	15075	379059	184489		194571	
济宁市	743693		108833	104606		4227	
泰安市	303348	4798	44673	25707		18966	
威海市	149375	19734	746642	299043		418412	29187
日照市	24928	7340	4761			4761	
莱芜市	16651						
临沂市	321061		147963	79848		68115	
德州市	102587	3150					
聊城市	62219	7391					
滨州市	66791		12262	12262			
菏泽市	152981	14092	10150	10150			

3-B-29 续表 3

单位：万元

地　区	港、澳、台商投资其他公司	外商投资企　业	中外合资经营企业	中外合作经营企业	中外独资经营企业	中外股份有限企业	外商投资其他公司
山东省		**4681463**	**2287871**	**785211**	**1608382**		
济南市		403748	172709		231040		
青岛市		2629795	1368749	772294	488752		
淄博市		25292			25292		
枣庄市							
东营市							
烟台市		528959	208236		320723		
潍坊市		158468	65311		93158		
济宁市		194441	49878		144562		
泰安市							
威海市		52352	52352				
日照市		264447	14857		249590		
莱芜市							
临沂市		371405	316327		55078		
德州市		39452	39452				
聊城市							
滨州市		13104		12916	188		
菏泽市							

3-B-30　各地区按登记注册类型分联网直报房地产开发企业负债合计

单位：万元

地　区	合计	内资企业	国有企业	集体企业	股份合作企　业	国有联营企　业	集体联营企　业	国有与集体联营企业
山东省	**182362354**	**170320808**	**5844765**	**1304354**	**327616**			
济南市	32617565	30534883	2604422	30573	466			
青岛市	47394153	40549626	884169	548174	21851			
淄博市	7477125	7058653	19197	1969	104231			
枣庄市	5193688	5193688	1007397	22075				
东营市	5810660	5810660						
烟台市	14456657	13595399	204096	134474				
潍坊市	16302912	15900936	349372	48809				
济宁市	9388436	9187885	63169	16562				
泰安市	5171383	5143748	126993	126535				
威海市	10162396	9629591	183815	352410				
日照市	3757840	3550404			15368			
莱芜市	995488	995488						
临沂市	8740910	8322515	154781	16559	45983			
德州市	4188272	4163634	59655		139718			
聊城市	5033000	5033000	50171	5497				
滨州市	3393524	3377354	137082					
菏泽市	2278344	2273344	446	719				

注：本表数据范围为联网直报房地产开发企业。

3-B-30　续表 1　　单位：万元

地　区	其他联营企　业	国有独资公　司	其他有限责任公司	股份有限公　司	私营独资企　业	私营合伙企　业	私营有限责任公司
山东省		**12410089**	**90995719**	**9973698**	**91265**	**4152**	**44826017**
济南市		5385258	16421737	1507898			4059687
青岛市		4267959	21865211	2879603	77246		9281321
淄博市		90846	3064098	237376			3044731
枣庄市		393280	2220856	323359			1167460
东营市		35698	3436464	145284			2131500
烟台市		432817	7483239	572041	1170		4604348
潍坊市		299342	8945545	806740			4461629
济宁市		286368	4513482	638373			3028511
泰安市		352354	2785040	193751			1366164
威海市		144871	5086827	706139		4152	3015871
日照市		118422	1928007	137724			1328375
莱芜市		46023	497217	191379	6014		239350
临沂市		198890	4333309	562148	1058		2757280
德州市		115145	2405486	214211			1168841
聊城市		193702	2493542	594034			1639554
滨州市		42764	2353057	150326	4421		636664
菏泽市		6350	1162604	113311	1356		894732

3-B-30　续表 2　　单位：万元

地　区	私营股份有限公司	其他企业	港、澳、台商投资企　业	合资经营企业(港、澳、台资)	合作经营企业(港、澳、台资)	港、澳、台商独资经营企业	港、澳、台商投资股份有限公司
山东省	**4323770**	**219364**	**8620593**	**4532262**	**740316**	**3327823**	**20192**
济南市	454989	69853	1771894	522155	126214	1123526	
青岛市	644624	79469	5044052	3172300	606939	1264813	
淄博市	490265	5939	396029		7164	388865	
枣庄市	59261						
东营市	61715						
烟台市	142416	20800	448049	360540		87509	
潍坊市	977633	11866	274362	124918		149443	
济宁市	641421		77228	76282		946	
泰安市	190500	2410	27635	14739		12896	
威海市	117097	18410	486764	216434		250138	20192
日照市	18007	4503	2416			2416	
莱芜市	15506						
临沂市	252507		77196	29925		47271	
德州市	59108	1471					
聊城市	51856	4644					
滨州市	53041		9969	9969			
菏泽市	93826		5000	5000			

3-B-30 续表 3

单位：万元

地　区	港、澳、台商投资其他公司	外商投资企业	中外合资经营企业	中外合作经营企业	中外独资经营企业	中外股份有限企业	外商投资其他公司
山东省		**3420953**	**1636048**	**573100**	**1211804**		
济南市		310789	159789		151000		
青岛市		1800474	846996	566967	386512		
淄博市		22444			22444		
枣庄市							
东营市							
烟台市		413209	188274		224935		
潍坊市		127614	54845		72769		
济宁市		123323	4240		119082		
泰安市							
威海市		46042	46042				
日照市		205020	15183		189836		
莱芜市							
临沂市		341200	296042		45158		
德州市		24638	24638				
聊城市							
滨州市		6201		6134	68		
菏泽市							

3-B-31 各地区联网直报房地产开发企业主营业务收入及其构成

单位：万元

地　区	主营业务收入总计	土地转让收　入	商品房销售收入	房屋出租收　入	其他收入
山东省	**50332954**	**351698**	**48568857**	**324386**	**1088013**
济南市	6570642	7665	6293642	67631	201704
青岛市	10183915	196062	9717962	48750	221141
淄博市	2901479	7127	2842564	16853	34935
枣庄市	1354486	11	1304739	1514	48223
东营市	1286005	75	1277423	5759	2749
烟台市	5859384	49617	5466433	89920	253413
潍坊市	4920081	52310	4815940	9627	42203
济宁市	2601303		2473337	23759	104207
泰安市	1692258	1153	1655187	18143	17775
威海市	3673459	10	3660251	5579	7619
日照市	662313	3082	652772	5012	1447
莱芜市	313499	2262	310907	314	16
临沂市	2696143	4773	2637269	7457	46644
德州市	2351813	715	2309317	18891	22890
聊城市	1233487	645	1210853	3145	18844
滨州市	895582	26161	832633	902	35886
菏泽市	1137107	32	1107627	1131	28317

注：本表数据范围为联网直报房地产开发企业。

3-B-32 各地区按登记注册类型分联网直报房地产开发企业主营业务收入

单位：万元

地区	合计	内资企业						
			国有企业	集体企业	股份合作企业	国有联营企业	集体联营企业	国有与集体联营企业
山东省	**50332954**	**47316840**	**1740903**	**277546**	**142507**			
济南市	6570642	5977611	698821	1553				
青岛市	10183915	8745417	273899	9128	317			
淄博市	2901479	2708759	1190	23	86540			
枣庄市	1354486	1354486	268751	7115				
东营市	1286005	1286005						
烟台市	5859384	5516928	112750	83173				
潍坊市	4920081	4811606	53667	22213				
济宁市	2601303	2495370	52477	8068				
泰安市	1692258	1684254	37223	11115				
威海市	3673459	3540679	100717	114390				
日照市	662313	646556			17349			
莱芜市	313499	313499						
临沂市	2696143	2626268	37731	7044	5764			
德州市	2351813	2351462	56599		25435			
聊城市	1233487	1233487	22402	5510				
滨州市	895582	891850	24503					
菏泽市	1137107	1132604	174	8214	7101			

注：本表数据范围为联网直报房地产开发企业。

3-B-32 续表 1

单位：万元

地区	其他联营企业	国有独资公司	其他有限责任公司	股份有限公司	私营独资企业	私营合伙企业	私营有限责任公司
山东省		**1541764**	**24847303**	**3321626**	**18337**	**18946**	**13916279**
济南市		415343	3597554	206824			862583
青岛市		584434	4548634	907230	5402		2270583
淄博市		62600	1325873	109749			948689
枣庄市		73595	547340	96299			357640
东营市			794192	15692			473142
烟台市		85873	3019068	249545			1888302
潍坊市		24523	2741157	306199			1506567
济宁市		142711	1269916	144463			728744
泰安市		41828	814171	92017			491140
威海市		10244	1608473	235531		18946	1398543
日照市		20364	326117	38058			236821
莱芜市		4745	230124	56474			22156
临沂市		27547	1361342	284328	2037		794105
德州市		7990	1188503	248199			726904
聊城市		10453	444116	203696			515728
滨州市		28619	548536	73740	7500		182311
菏泽市		896	482187	53582	3398		512322

3-B-32 续表 2 单位：万元

地区	私营股份有限公司	其他企业	港、澳、台商投资企业	合资经营企业(港、澳、台资)	合作经营企业(港、澳、台资)	港、澳、台商独资经营企业	港、澳、台商投资股份有限公司
山东省	**1331917**	**159713**	**2118728**	**861367**	**296356**	**958063**	**2942**
济南市	116191	78743	421695	159045	14159	248492	
青岛市	128011	17778	936363	371591	243903	320869	
淄博市	154859	19236	192720		38294	154425	
枣庄市	3746						
东营市	2979						
烟台市	77514	703	262823	187574		75249	
潍坊市	140785	16495	86840	42096		44744	
济宁市	148990		37093	36989		105	
泰安市	196760		8004	7966		38	
威海市	53836		129755	34143		92670	2942
日照市	7005	843					
莱芜市							
临沂市	106371		38933	17462		21471	
德州市	76377	21455					
聊城市	27122	4461					
滨州市	26641						
菏泽市	64730		4503	4503			

3-B-32 续表 3 单位：万元

地区	港、澳、台商投资其他公司	外商投资企业	中外合资经营企业	中外合作经营企业	中外独资经营企业	中外股份有限企业	外商投资其他公司
山东省		**897385**	**538671**	**119594**	**239120**		
济南市		171336	39157		132179		
青岛市		502135	348220	115862	38053		
淄博市							
枣庄市							
东营市							
烟台市		79633	20696		58937		
潍坊市		21635	16563		5072		
济宁市		68839	68575		264		
泰安市							
威海市		3024	3024				
日照市		15757	12473		3284		
莱芜市							
临沂市		30943	29612		1331		
德州市		352	352				
聊城市							
滨州市		3732		3732			
菏泽市							

3-B-33　各地区按登记注册类型分联网直报房地产开发企业利润总额

单位：万元

地　区	合计	内资企业	国有企业	集体企业	股份合作企　业	国有联营企　业	集体联营企　业	国有与集体联营企业
山东省	**6012130**	**5607184**	**201549**	**26571**	**6274**			
济南市	702357	627775	43859	-487	-44			
青岛市	1466630	1263041	76573	-2441	-1039			
淄博市	241359	229148	-87	-153	7320			
枣庄市	124133	124133	24044	593				
东营市	82877	82877						
烟台市	1003732	945928	17665	12273				
潍坊市	731179	711016	7510	2589				
济宁市	174360	143911	9826	176				
泰安市	179369	183209	6132	-14				
威海市	439087	428653	11785	11022				
日照市	15901	21649			2676			
莱芜市	27774	27774						
临沂市	244828	240526	-1666	1386	1093			
德州市	247759	247714	5839		-4050			
聊城市	89511	89511	-681	267				
滨州市	65949	65584	712					
菏泽市	175326	174735	39	1359	318			

注：本表数据范围为联网直报房地产开发企业。

3-B-33　续表 1

单位：万元

地　区	其他联营企　业	国有独资公　司	其他有限责任公司	股份有限公　司	私营独资企　业	私营合伙企　业	私营有限责任公司
山东省		**222768**	**2940065**	**453096**	**-3097**	**2548**	**1613313**
济南市		52022	446634	927			59560
青岛市		113935	597377	222363	-4566		259012
淄博市		4259	121372	18439			75015
枣庄市		6791	41758	10767			41808
东营市		-93	52425	1305			29043
烟台市		10449	476019	37053	-14		377613
潍坊市		3026	393341	41078			246690
济宁市		9386	77327	400			39958
泰安市		8429	84194	10722			36607
威海市		1824	192195	22774		2548	181355
日照市		2537	18342	835			-3159
莱芜市		-512	25436	1711	-23		1525
临沂市		2605	132561	13755	764		77949
德州市		889	130623	27310			75005
聊城市		2302	25668	32793			26120
滨州市		4826	36966	3185	380		16219
菏泽市		93	87828	7681	363		72993

3-B-33 续表 2

单位：万元

地 区	私营股份有限公司	其他企业	港、澳、台商投资企业	合资经营企业(港、澳、台资)	合作经营企业(港、澳、台资)	港、澳、台商独资经营企业	港、澳、台商投资股份有限公司
山东省	**120012**	**24085**	**247380**	**98668**	**40549**	**107858**	**306**
济南市	9971	15335	53376	40058	950	12369	
青岛市	1515	312	90543	-1951	37185	55309	
淄博市	-841	3826	12465		2414	10051	
枣庄市	-1627						
东营市	196						
烟台市	15021	-150	52419	37858		14562	
潍坊市	13798	2986	15339	4989		10350	
济宁市	6839		7942	7918		23	
泰安市	36890	249	-3841	-3426		-415	
威海市	6680	-1531	10315	3282		6726	306
日照市	376	42	-110			-110	
莱芜市	-364						
临沂市	12078		8374	9381		-1007	
德州市	9940	2158					
聊城市	2183	858					
滨州市	3297		-32	-32			
菏泽市	4062		591	591			

3-B-33 续表 3

单位：万元

地 区	港、澳、台商投资其他公司	外商投资企业	中外合资经营企业	中外合作经营企业	中外独资经营企业	中外股份有限企业	外商投资其他公司
山东省		**157566**	**124954**	**16668**	**15943**		
济南市		21206	2125		19081		
青岛市		113046	98999	16258	-2210		
淄博市		-254			-254		
枣庄市							
东营市							
烟台市		5385	2247		3138		
潍坊市		4824	4114		711		
济宁市		22507	23558		-1051		
泰安市							
威海市		120	120				
日照市		-5639	-3002		-2636		
莱芜市							
临沂市		-4071	-3249		-822		
德州市		45	45				
聊城市							
滨州市		397		411	-13		
菏泽市							

第4篇

重点服务业企业财务状况

4-1　按地区分组的服务业(第三产业)企业法人单位情况

地　区	单位数(个)	资产总计(亿元)	营业收入(亿元)	从业人员(万人)
山东省	**408862**	**87735.6**	**63403.4**	**755.7**
济南市	54099	17007.6	8897.8	90.5
青岛市	87716	24075.1	12817.9	118.7
淄博市	20359	3361.6	3186.8	33.2
枣庄市	14411	1841.2	1914.5	34.3
东营市	8607	2837.7	2234.3	26.8
烟台市	37023	6570.0	5008.1	66.0
潍坊市	35424	7887.1	5008.0	66.9
济宁市	28664	4110.7	4085.8	56.6
泰安市	22435	2339.7	3602.2	44.8
威海市	13945	3524.5	2038.7	31.4
日照市	6951	3159.7	3198.9	16.9
莱芜市	6773	992.8	873.5	9.0
临沂市	19736	3209.3	3080.8	41.5
德州市	18773	1982.1	2532.6	46.3
聊城市	9895	1670.2	1540.3	22.2
滨州市	8567	1809.4	1467.0	16.9
菏泽市	15484	1357.1	1916.3	33.8

4-2　按行业门类分组的服务业(第三产业)企业法人单位情况

行　　业	单位数(个)	资产总计(亿元)	营业收入(亿元)	从业人员(万人)
总　计	**408862**	**87735.6**	**63403.4**	**755.7**
农、林、牧、渔业中的农林牧渔服务业	7951	307.2	348.8	15.1
采矿业中的开采辅助活动	99	173.9	211.3	3.4
制造业中的金属制品、机械和设备修理业	1138	74.7	92.9	2.8
批发和零售业	235993	22079.5	45204.2	345.7
交通运输、仓储和邮政业	21427	6696.0	3993.4	88.9
住宿和餐饮业	12148	1138.5	687.2	40.9
信息传输、计算机服务和软件业	9907	5924.6	1826.1	27.7
房地产业	21735	26285.9	5981.5	58.3
租赁和商务服务业	44192	19855.1	2648.7	70.1
科学研究、技术服务和地质勘查业	25966	2642.7	1248.1	52.3
水利、环境和公共设施管理业	3829	1188.4	285.2	10.7
居民服务和其他服务业	10843	440.6	361.0	15.9
教育	2942	178.0	115.2	7.3
卫生和社会工作	1838	168.4	135.4	6.4
文化、体育和娱乐业	8854	581.9	264.4	10.2

4-3 按登记注册类型分组的服务业(第三产业)企业法人单位情况

登记注册类型	单位数(个)	资产总计(亿元)	营业收入(亿元)	从业人员(万人)
总　计	**408862**	**87735.6**	**63403.4**	**755.7**
内资企业	405756	83507.3	61367.1	736.6
国有企业	5189	10182.2	4870.2	42.7
集体企业	12966	1192.4	1444.4	31.3
股份合作企业	1500	203.8	144.7	3.1
联营企业	386	80.9	180.5	1.0
有限责任公司	54902	33744.4	19880.9	159.1
股份有限公司	4316	4528.1	4400.7	28.7
私营企业	311516	32483.4	28904.6	440.8
其他企业	14981	1092.1	1541.0	29.9
港、澳、台商投资企业	1013	2717.8	1134.8	10.9
外商投资企业	2093	1510.5	901.5	8.2

4-4 按控股情况分组的服务业(第三产业)企业法人单位情况

控股情况	单位数(个)	资产总计(亿元)	营业收入(亿元)	从业人员(万人)
总　计	**408862**	**87735.6**	**63403.4**	**755.7**
国有控股	7927	27839.2	13288.4	91.7
集体控股	8708	3627.8	3326.5	38.2
私人控股	349271	43646.5	37765.8	521.3
港澳台商控股	909	2058.5	764.8	5.9
外商控股	1733	1050.7	567.0	5.7
其他	40314	9512.9	7691.0	92.9

4-5　交通运输、仓储和邮政业企业法人单位主要指标

行　业	单位数（个）	资产总计（亿元）	营业收入（亿元）	从业人员（万人）
总　计	**21427**	**6696.0**	**3993.4**	**88.9**
铁路运输业	12	67.4	28.8	0.3
道路运输业	10901	2276.2	1878.0	53.3
城市公共交通运输	494	348.6	89.9	9.3
公路旅客运输	293	232.5	159.7	7.0
道路货物运输	9656	1122.9	1513.4	34.5
道路运输辅助活动	458	572.2	115.0	2.5
水上运输业	816	1914.8	601.1	9.4
水上旅客运输	82	44.1	23.9	0.4
水上货物运输	418	320.7	110.8	2.7
水上运输辅助活动	316	1550.0	466.4	6.4
航空运输业	97	242.6	141.6	1.8
航空客货运输	44	123.8	119.2	0.9
通用航空服务	19	30.1	4.5	0.3
航空运输辅助活动	34	88.7	17.9	0.6
管道运输业	39	228.8	35.9	0.4
管道运输业	39	228.8	35.9	0.4
装卸搬运和运输代理业	5761	801.5	592.9	10.3
装卸搬运	806	247.5	89.1	3.5
运输代理业	4955	554.0	503.8	6.8
仓储业	3093	1018.4	597.7	8.2
谷物、棉花等农产品仓储	1255	413.8	345.2	3.0
其他仓储业	1838	604.6	252.5	5.2
邮政业	708	146.5	117.5	5.2
邮政基本服务	52	40.6	71.1	3.1
快递服务	656	105.9	46.5	2.1

4-6 交通运输、仓储和邮政业企业法人单位分地区主要指标

地　区	单位数（个）	资产总计（亿元）	营业收入（亿元）	从业人员（万人）
山东省	**21427**	**6696.0**	**3993.4**	**88.9**
济南市	1372	948.8	363.8	7.9
青岛市	5605	1821.6	1038.5	15.1
淄博市	907	163.5	145.9	3.8
枣庄市	566	72.1	80.1	2.9
东营市	378	119.0	65.1	1.8
烟台市	1996	894.8	303.4	8.1
潍坊市	1521	305.1	216.0	6.5
济宁市	1796	226.8	271.6	6.5
泰安市	904	115.1	173.7	3.3
威海市	740	332.1	83.2	2.8
日照市	674	766.9	192.5	4.6
莱芜市	268	42.1	47.9	0.9
临沂市	1374	202.0	216.2	7.4
德州市	873	175.7	237.9	5.2
聊城市	668	158.2	167.3	4.8
滨州市	492	130.6	175.3	2.1
菏泽市	1293	221.6	214.9	5.1

4-7 信息传输、软件和信息技术服务业企业法人单位主要指标

行　业	单位数（个）	资产总计（亿元）	营业收入（亿元）	从业人员（万人）
总　计	**9907**	**5924.6**	**1826.1**	**27.7**
电信、广播电视和卫星传输服务	522	2225.6	1391.6	13.2
电信	409	2100.9	1362.5	12.6
广播电视传输服务	107	124.5	28.9	0.6
卫星传输服务	6	0.2	0.2	
互联网和相关服务	1549	65.2	42.3	1.8
互联网接入及相关服务	204	9.8	9.5	0.3
互联网信息服务	1085	33.6	27.3	1.3
其他互联网服务	260	21.7	5.4	0.2
软件和信息技术服务业	7836	3633.8	392.2	12.8
软件开发	4405	362.8	213.5	6.7
信息系统集成服务	777	55.9	64.3	1.5
信息技术咨询服务	1472	3090.8	54.0	2.0
数据处理和存储服务	170	21.9	9.3	0.4
集成电路设计	111	18.6	19.6	0.3
其他信息技术服务业	901	84.0	31.5	1.9

4-8 信息传输、软件和信息技术服务业企业法人单位分地区主要指标

地　区	单位数（个）	资产总计（亿元）	营业收入（亿元）	从业人员（万人）
山东省	**9907**	**5924.6**	**1826.1**	**27.7**
济南市	2849	1804.4	942.5	12.5
青岛市	2968	3321.1	260.1	4.1
淄博市	439	67.3	43.5	1.2
枣庄市	143	30.0	30.1	0.5
东营市	218	46.9	37.8	0.6
烟台市	893	114.2	86.0	1.8
潍坊市	649	115.4	81.0	1.6
济宁市	284	35.6	36.6	0.7
泰安市	331	73.2	50.1	1.2
威海市	311	47.1	36.2	0.6
日照市	79	39.6	26.3	0.3
莱芜市	75	14.2	9.5	0.1
临沂市	224	66.2	71.0	0.7
德州市	137	41.1	28.8	0.5
聊城市	124	32.2	28.6	0.4
滨州市	73	33.3	18.7	0.4
菏泽市	110	42.7	39.4	0.5

4-9 信息传输、软件和信息技术服务业企业法人单位分登记注册类型主要指标

登记注册类型	单位数（个）	资产总计（亿元）	营业收入（亿元）	从业人员（万人）
总　计	**9907**	**5924.6**	**1826.1**	**27.7**
内资企业	9733	5070.9	1225.8	22.1
国有企业	141	436.7	210.9	1.8
集体企业	26	3.8	1.0	
股份合作企业	32	2.1	0.6	
联营企业	5	0.1	0.1	
有限责任公司	1684	1142.3	666.7	9.4
股份有限公司	137	133.2	81.0	1.5
私营企业	7525	3348.9	260.9	9.2
其他企业	183	3.9	4.4	0.2
港、澳、台商投资企业	47	693.8	431.8	4.1
外商投资企业	127	159.9	168.5	1.5

4-10 金融业企业法人单位主要指标

行　业	单位数（个）	资产总计（亿元）	营业收入（亿元）	从业人员（万人）
总　计	**1809**	**3815.7**	**85018.3**	**11.9**
货币金融服务	790	2660.5	81727.4	10.1
资本市场服务	11	60.0	484.8	0.6
保险业	943	1061.9	2531.7	1.1
其他金融业	65	33.3	274.4	0.1

4-11 房地产业企业法人单位主要指标

行　业	单位数（个）	资产总计（亿元）	营业收入（亿元）	从业人员（万人）
总　计	**21735**	**26285.9**	**5981.5**	**58.3**
房地产开发经营	9462	24760.2	5500.7	26.6
物业管理	7272	416.3	249.1	24.1
房地产中介服务	3611	168.9	96.1	4.5
自有房地产经营活动	662	410.8	27.9	1.8
其他房地产业	728	529.7	107.8	1.4

4-12 房地产业企业法人单位分地区主要指标

地 区	单位数（个）	资产总计（亿元）	营业收入（亿元）	从业人员（万人）
山东省	**21735**	**26285.9**	**5981.5**	**58.3**
济南市	2496	4692.3	781.3	8.1
青岛市	3416	6766.3	1141.2	8.1
淄博市	1234	978.6	311.2	2.6
枣庄市	565	873.9	197.8	1.9
东营市	479	716.8	150.8	1.5
烟台市	2515	2159.2	710.6	6.4
潍坊市	2500	2397.6	570.4	5.7
济宁市	1332	1278.5	353.8	3.9
泰安市	1058	749.0	213.4	3.5
威海市	1643	1401.6	444.2	4.3
日照市	366	510.8	79.1	1.3
莱芜市	226	203.2	39.5	0.7
临沂市	1112	1281.5	310.8	2.9
德州市	761	642.6	265.3	2.2
聊城市	528	634.4	151.4	1.5
滨州市	683	516.9	112.1	1.6
菏泽市	821	482.6	148.7	2.1

4-13 房地产业企业法人单位分登记注册类型主要指标

登记注册类型	单位数（个）	资产总计（亿元）	营业收入（亿元）	从业人员（万人）
总 计	**21735**	**26285.9**	**5981.5**	**58.3**
内资企业	21380	24429.2	5669.0	57.1
国有企业	473	1257.2	246.4	2.0
集体企业	505	242.5	46.3	1.5
股份合作企业	109	55.8	23.4	0.3
联营企业	20	4.1	2.5	
有限责任公司	6305	13923.3	2908.0	20.3
股份有限公司	716	1400.9	361.9	2.9
私营企业	12840	7469.3	2050.2	29.4
其他企业	412	76.0	30.3	0.8
港、澳、台商投资企业	219	1345.5	217.7	0.7
外商投资企业	136	511.3	94.8	0.5

4-14 租赁和商务服务业企业法人单位主要指标

行业	单位数(个)	资产总计(亿元)	营业收入(亿元)	从业人员(万人)
总计	**44192**	**19855.1**	**2648.7**	**70.1**
租赁业	3363	373.7	142.9	4.6
机械设备租赁	3229	370.7	139.8	4.5
文化及日用品出租	134	3.0	3.1	0.1
商务服务业	40829	19481.4	2505.8	65.5
企业管理服务	5073	13082.7	1106.3	14.6
法律服务	1158	27.1	33.6	1.5
咨询与调查	11942	603.9	352.9	12.4
广告业	8799	3204.2	228.2	7.6
知识产权服务	331	9.4	6.6	0.3
人力资源服务	3059	123.8	155.6	8.2
旅行社及相关服务	2542	266.8	142.9	3.8
安全保护服务	387	25.8	31.0	4.5
其他商务服务业	7538	2137.8	448.8	12.6

4-15 租赁和商务服务业企业法人单位分地区主要指标

地区	单位数(个)	资产总计(亿元)	营业收入(亿元)	从业人员(万人)
山东省	**44192**	**19855.1**	**2648.7**	**70.1**
济南市	7566	5374.8	404.4	9.2
青岛市	11740	5605.1	519.2	13.1
淄博市	1911	987.7	161.2	4.3
枣庄市	1040	151.3	66.0	2.0
东营市	930	689.9	217.0	6.1
烟台市	4347	988.7	188.2	6.4
潍坊市	3446	2512.2	343.4	5.5
济宁市	2928	1038.1	228.8	5.8
泰安市	2384	179.6	139.2	4.2
威海市	1442	714.6	92.0	2.7
日照市	398	197.5	21.6	0.6
莱芜市	439	342.7	19.5	0.5
临沂市	1490	412.4	62.2	2.7
德州市	1150	88.1	73.7	2.5
聊城市	789	127.1	19.7	1.2
滨州市	744	384.8	38.4	1.2
菏泽市	1448	60.3	54.2	2.1

4-16　租赁和商务服务业企业法人单位分登记注册类型主要指标

登记注册类型	单位数（个）	资产总计（亿元）	营业收入（亿元）	从业人员（万人）
总　计	**44192**	**19855.1**	**2648.7**	**70.1**
内资企业	43866	19590.2	2624.5	69.5
国有企业	867	5283.9	456.3	9.0
集体企业	839	174.7	51.7	2.5
股份合作企业	199	32.8	7.0	0.3
联营企业	62	4.5	3.9	0.2
有限责任公司	7195	7582.9	755.1	14.4
股份有限公司	523	312.4	82.0	2.0
私营企业	32432	5980.1	1184.5	38.2
其他企业	1749	219.0	84.0	3.0
港、澳、台商投资企业	99	113.3	9.8	0.2
外商投资企业	227	151.5	14.4	0.4

4-17　科学研究和技术服务业企业法人单位主要指标

行　业	单位数（个）	资产总计（亿元）	营业收入（亿元）	从业人员（万人）
总　计	**25966**	**2642.7**	**1248.1**	**52.3**
研究和试验发展	1532	449.7	65.1	2.3
专业技术服务业	8332	1469.8	565.2	19.1
科技推广和应用服务业	16102	723.2	617.7	30.9

4-18 科学研究和技术服务业企业法人单位分地区主要指标

地 区	单位数(个)	资产总计(亿元)	营业收入(亿元)	从业人员(万人)
山东省	**25966**	**2642.7**	**1248.1**	**52.3**
济南市	3123	635.3	148.0	5.9
青岛市	3616	388.2	198.6	6.0
淄博市	693	83.6	32.7	1.3
枣庄市	537	26.5	24.9	1.8
东营市	941	179.6	111.6	2.6
烟台市	1893	436.1	68.4	3.1
潍坊市	2334	297.6	131.5	5.3
济宁市	967	48.7	57.9	2.0
泰安市	1646	81.6	98.9	3.4
威海市	753	79.1	40.9	2.5
日照市	563	32.3	15.4	0.9
莱芜市	292	11.4	5.8	0.4
临沂市	1560	55.2	43.8	4.0
德州市	2270	96.1	112.7	5.3
聊城市	1333	54.5	35.0	1.8
滨州市	671	62.6	32.9	1.4
菏泽市	2774	74.2	88.9	4.7

4-19 科学研究和技术服务业企业法人单位分登记注册类型主要指标

登记注册类型	单位数(个)	资产总计(亿元)	营业收入(亿元)	从业人员(万人)
总 计	**25966**	**2642.7**	**1248.1**	**52.3**
内资企业	25803	2583.0	1234.5	51.8
国有企业	619	270.4	77.0	2.3
集体企业	2164	86.9	80.1	4.2
股份合作企业	76	4.5	3.7	0.2
联营企业	17	1.0	0.8	
有限责任公司	2352	1243.7	238.6	7.5
股份有限公司	204	58.3	23.7	0.8
私营企业	17911	783.8	667.9	29.9
其他企业	2460	134.4	142.7	7.0
港、澳、台商投资企业	43	32.5	5.6	0.2
外商投资企业	120	27.2	8.0	0.3

4-20　水利、环境和公共设施管理业企业法人单位主要指标

行　业	单位数(个)	资产总计(亿元)	营业收入(亿元)	从业人员(万人)
总　计	**3829**	**1188.4**	**285.2**	**10.7**
水利管理业	265	275.0	27.8	0.6
防洪除涝设施管理	42	38.6	2.5	0.1
水资源管理	69	176.0	13.0	0.1
天然水收集与分配	36	32.7	4.4	0.1
水文服务	33	2.0	1.7	0.1
其他水利管理业	85	25.8	6.3	0.2
生态保护和环境治理业	504	115.1	36.3	1.0
生态保护	209	18.2	8.2	0.3
环境治理业	295	96.8	28.1	0.7
公共设施管理业	3060	798.4	221.1	9.2
市政设施管理	304	118.9	29.5	0.9
环境卫生管理	190	18.5	9.5	1.0
城乡市容管理	107	27.9	7.0	0.3
绿化管理	1737	183.2	105.6	3.7
公园和游览景区管理	722	449.8	69.5	3.2

4-21　水利、环境和公共设施管理业企业法人单位分地区主要指标

地　区	单位数(个)	资产总计(亿元)	营业收入(亿元)	从业人员(万人)
山东省	**3829**	**1188.4**	**285.2**	**10.7**
济南市	286	63.1	15.5	0.8
青岛市	830	136.8	68.4	1.7
淄博市	184	16.1	7.1	0.4
枣庄市	101	45.5	10.8	0.4
东营市	246	76.1	16.9	0.6
烟台市	269	188.7	25.4	1.3
潍坊市	409	292.4	39.0	1.2
济宁市	201	44.4	20.4	0.7
泰安市	230	29.7	21.0	0.6
威海市	374	42.0	17.4	0.8
日照市	114	76.8	6.7	0.4
莱芜市	81	7.5	1.5	0.2
临沂市	185	80.3	12.4	0.6
德州市	81	13.2	9.6	0.2
聊城市	83	44.4	4.8	0.3
滨州市	89	20.2	4.3	0.2
菏泽市	66	11.4	3.9	0.2

4-22 水利、环境和公共设施管理业企业法人单位分登记注册类型主要指标

登记注册类型	单位数(个)	资产总计(亿元)	营业收入(亿元)	从业人员(万人)
总　计	**3829**	**1188.4**	**285.2**	**10.7**
内资企业	3780	1157.3	279.0	10.6
国有企业	198	217.8	18.0	0.7
集体企业	77	5.8	4.2	0.3
股份合作企业	35	5.4	1.1	0.1
联营企业	6	1.8	0.4	0.1
有限责任公司	711	488.2	83.3	2.8
股份有限公司	80	46.6	23.3	0.5
私营企业	2455	366.4	142.2	5.6
其他企业	218	25.4	6.6	0.5
港、澳、台商投资企业	24	20.9	3.0	
外商投资企业	25	10.2	3.1	0.1

4-23 居民服务、修理和其他服务业企业法人单位主要指标

行　业	单位数(个)	资产总计(亿元)	营业收入(亿元)	从业人员(万人)
总　计	**10843**	**440.6**	**361.0**	**15.9**
居民服务业	3433	140.8	97.3	5.3
家庭服务	566	13.7	12.8	1.2
托儿所服务	52	0.9	1.1	0.1
洗染服务	126	2.6	3.1	0.2
理发及美容服务	359	4.9	7.1	0.4
洗浴服务	274	15.1	11.7	0.6
保健服务	179	4.8	4.4	0.2
婚姻服务	425	7.9	10.0	0.4
殡葬服务	127	21.3	6.7	0.3
其他居民服务业	1325	69.5	40.3	1.9
机动车、电子产品和日用产品修理业	5081	156.1	171.1	6.4
汽车、摩托车修理与维护	3777	122.9	131.3	4.9
计算机和办公设备维修	491	12.6	15.5	0.5
家用电器修理	503	11.3	16.2	0.6
其他日用产品修理业	310	9.4	8.1	0.3
其他服务业	2329	143.7	92.7	4.2
清洁服务	992	23.7	30.2	2.2
其他未列明服务业	1337	120.0	62.5	1.9

4-24　居民服务、修理和其他服务业企业法人单位分地区主要指标

地　区	单位数（个）	资产总计（亿元）	营业收入（亿元）	从业人员（万人）
山东省	**10843**	**440.6**	**361.0**	**15.9**
济南市	1207	29.3	18.7	1.6
青岛市	2502	106.0	89.2	2.9
淄博市	469	18.4	10.3	0.7
枣庄市	432	13.2	20.4	0.8
东营市	272	13.1	7.8	0.4
烟台市	975	32.7	29.3	1.3
潍坊市	697	22.0	19.1	1.0
济宁市	926	61.8	42.5	1.3
泰安市	679	29.8	34.6	1.3
威海市	424	37.2	16.0	0.9
日照市	278	14.8	7.2	0.4
莱芜市	147	6.0	2.3	0.2
临沂市	648	18.7	12.1	0.9
德州市	424	14.9	28.5	1.1
聊城市	231	6.1	3.7	0.3
滨州市	198	6.7	4.2	0.3
菏泽市	334	10.0	15.1	0.5

4-25　居民服务、修理和其他服务业企业法人单位分登记注册类型主要指标

登记注册类型	单位数（个）	资产总计（亿元）	营业收入（亿元）	从业人员（万人）
总　计	**10843**	**440.6**	**361.0**	**15.9**
内资企业	10762	429.5	353.0	15.5
国有企业	133	54.5	8.8	0.5
集体企业	263	17.2	8.1	0.6
股份合作企业	60	2.9	1.1	0.1
联营企业	10	0.2	0.2	
有限责任公司	1290	77.5	52.2	2.6
股份有限公司	115	22.4	7.4	0.2
私营企业	8421	240.9	259.9	11.0
其他企业	470	13.9	15.3	0.6
港、澳、台商投资企业	21	5.1	5.4	0.2
外商投资企业	60	6.1	2.6	0.2

4-26 教育企业法人单位主要指标

行业	单位数(个)	资产总计(亿元)	营业收入(亿元)	从业人员(万人)
总计	**2942**	**178.0**	**115.2**	**7.3**
学前教育	590	10.3	10.9	1.1
初等教育	42	3.5	2.6	0.2
中等教育	87	11.8	5.6	0.5
高等教育	18	35.9	7.5	0.4
特殊教育	54	1.1	1.0	0.1
技能培训、教育辅助及其他教育	2151	115.4	87.5	5.0

4-27 教育企业法人单位分地区主要指标

地区	单位数(个)	资产总计(亿元)	营业收入(亿元)	从业人员(万人)
山东省	**2942**	**178.0**	**115.2**	**7.3**
济南市	500	32.9	16.5	1.2
青岛市	575	44.2	20.3	1.1
淄博市	154	4.2	4.6	0.4
枣庄市	94	4.8	4.2	0.3
东营市	99	4.1	3.3	0.2
烟台市	213	11.9	7.9	0.5
潍坊市	195	6.8	4.6	0.4
济宁市	154	7.1	7.0	0.5
泰安市	251	13.1	14.5	0.5
威海市	151	4.4	4.3	0.4
日照市	33	2.6	1.0	0.1
莱芜市	30	1.2	0.7	0.1
临沂市	153	10.3	6.5	0.5
德州市	120	12.4	9.2	0.5
聊城市	89	3.9	2.5	0.3
滨州市	57	5.5	2.6	0.2
菏泽市	74	8.5	5.5	0.3

4-28　教育企业法人单位分登记注册类型主要指标

登记注册类型	单位数(个)	资产总计(亿元)	营业收入(亿元)	从业人员(万人)
总　计	**2942**	**178.0**	**115.2**	**7.3**
内资企业	2923	175.5	113.6	7.3
国有企业	96	23.7	9.2	0.4
集体企业	95	6.7	3.0	0.2
股份合作企业	13	0.6	0.4	
联营企业	4	0.4		
有限责任公司	345	34.1	20.6	1.2
股份有限公司	52	5.8	3.5	0.2
私营企业	1804	61.1	54.5	3.5
其他企业	514	43.0	22.5	1.7
港、澳、台商投资企业	4	0.1	0.1	
外商投资企业	15	2.5	1.4	0.1

4-29　卫生和社会工作企业法人单位主要指标

行　业	单位数(个)	资产总计(亿元)	营业收入(亿元)	从业人员(万人)
总　计	**1838**	**168.4**	**135.4**	**6.4**
卫生	1677	159.0	130.3	6.0
医院	555	132.1	102.9	4.6
社区医疗与卫生院	294	4.9	7.7	0.4
门诊部(所)	688	10.0	11.0	0.6
计划生育技术服务活动				
妇幼保健院(所、站)	6	0.3	0.3	
专科疾病防治院(所、站)	30	1.1	1.5	0.1
疾病预防控制中心	11	1.3	0.6	0.1
其他卫生活动	93	9.2	6.3	0.3
社会工作	161	9.4	5.1	0.4
提供住宿社会工作	145	8.7	5.0	0.3
不提供住宿社会工作	16	0.7	0.1	

4-30 卫生和社会工作企业法人单位分地区主要指标

地 区	单位数(个)	资产总计(亿元)	营业收入(亿元)	从业人员(万人)
山东省	**1838**	**168.4**	**135.4**	**6.4**
济南市	224	14.3	15.6	0.8
青岛市	219	20.4	13.9	0.6
淄博市	107	14.7	7.7	0.4
枣庄市	54	9.3	8.2	0.4
东营市	37	11.2	11.0	0.4
烟台市	236	12.3	10.2	0.6
潍坊市	63	21.9	9.1	0.5
济宁市	69	4.4	4.9	0.4
泰安市	177	18.5	20.3	0.7
威海市	124	4.0	3.3	0.2
日照市	148	3.5	2.0	0.1
莱芜市	24	6.3	5.9	0.3
临沂市	84	10.2	6.1	0.4
德州市	123	3.3	4.7	0.3
聊城市	40	2.9	1.8	0.1
滨州市	33	0.9	0.5	
菏泽市	76	10.5	10.2	0.4

4-31 卫生和社会工作企业法人单位分登记注册类型主要指标

登记注册类型	单位数(个)	资产总计(亿元)	营业收入(亿元)	从业人员(万人)
总 计	**1838**	**168.4**	**135.4**	**6.4**
内资企业	1828	167.9	135.1	6.4
国有企业	89	26.6	23.0	0.9
集体企业	80		11.0	0.4
股份合作企业	32	6.4	6.1	0.4
联营企业	11	0.2	0.3	
有限责任公司	72	18.0	13.7	0.5
股份有限公司	13	3.7	4.5	0.1
私营企业	823	52.4	36.8	2.3
其他企业	708	50.4	39.6	1.8
港、澳、台商投资企业	3	0.1		
外商投资企业	7	0.4	0.3	

4-32　文化、体育和娱乐业企业法人单位主要指标

行　业	单位数（个）	资产总计（亿元）	营业收入（亿元）	从业人员（万人）
总　计	**8854**	**581.9**	**264.4**	**10.2**
新闻出版业	221	162.3	56.6	1.5
新闻业	21	0.5	0.6	
出版业	200	161.8	56.0	1.4
广播、电视、电影和音像业	627	87.7	31.4	1.4
广播	31	7.8	2.4	0.2
电视	34	11.7	6.6	0.3
电影和影视节目制作	204	43.8	6.4	0.3
电影和影视节目发行	33	4.5	3.1	0.1
电影放映	287	19.3	12.3	0.6
录音制作	38	0.7	0.7	
文化艺术业	1068	109.9	33.6	1.4
文艺创作与表演	301	20.8	12.1	0.5
艺术表演场馆	46	14.1	3.8	0.1
图书馆与档案馆	7	0.1	0.1	
文物及非物质文化遗产保护	32	11.3	1.4	0.1
博物馆	35	5.1	0.9	
烈士陵园、纪念馆	6	5.2	0.2	
群众文化活动	101	4.0	2.9	0.1
其他文化艺术业	540	49.3	12.3	0.5
体育	400	70.9	18.3	0.9
体育组织	51	2.7	2.1	0.1
体育场馆	27	23.7	1.4	0.1
休闲健身活动	279	39.5	10.1	0.7
其他体育	43	4.9	4.7	0.1
娱乐业	6538	151.0	124.6	5.0
室内娱乐活动	6156	106.2	103.8	4.1
游乐园	71	27.1	6.4	0.4
彩票活动	8	0.3	4.9	0.1
文化、娱乐、体育经纪代理	104	6.0	2.0	0.1
其他娱乐业	199	11.4	7.5	0.3

4-33 文化、体育和娱乐业企业法人单位分地区主要指标

地 区	单位数(个)	资产总计(亿元)	营业收入(亿元)	从业人员(万人)
山东省	**8854**	**581.9**	**264.4**	**10.2**
济南市	899	137.7	46.1	1.2
青岛市	1434	159.9	61.5	1.9
淄博市	449	8.6	12.2	0.4
枣庄市	216	3.5	6.8	0.3
东营市	309	6.4	4.5	0.2
烟台市	929	38.1	21.1	1.0
潍坊市	620	40.2	18.1	0.9
济宁市	767	26.4	22.4	0.8
泰安市	448	31.2	19.6	0.7
威海市	725	50.7	15.5	0.6
日照市	122	3.9	1.6	0.1
莱芜市	96	1.4	0.6	0.1
临沂市	516	23.0	7.7	0.5
德州市	411	24.5	11.6	0.5
聊城市	361	9.6	5.3	0.3
滨州市	205	10.1	2.7	0.2
菏泽市	347	6.4	7.1	0.3

4-34 文化、体育和娱乐业企业法人单位分登记注册类型主要指标

登记注册类型	单位数(个)	资产总计(亿元)	营业收入(亿元)	从业人员(万人)
总 计	**8854**	**581.9**	**264.4**	**10.2**
内资企业	8810	567.6	261.0	10.1
国有企业	258	162.6	50.0	1.5
集体企业	41	3.9	1.5	0.1
股份合作企业	23	0.7	0.5	
联营企业	14	0.9	0.3	
有限责任公司	709	171.7	44.6	1.7
股份有限公司	59	33.6	13.5	0.3
私营企业	7262	172.0	142.3	5.9
其他企业	444	22.2	8.1	0.4
港、澳、台商投资企业	11	4.7	1.0	0.1
外商投资企业	33	9.5	2.4	0.1

4-35　服务业(第三产业)国有控股企业法人单位分行业主要指标

行　　业	单位数(个)	资产总计(亿元)	营业收入(亿元)	从业人员(万人)
总　　计	**7927**	**27839.2**	**13288.4**	**91.7**
农、林、牧、渔业	**46**	**14.7**	**3.1**	**0.2**
农、林、牧、渔服务业	46	14.7	3.1	0.2
采矿业	**10**	**160.5**	**201.2**	**3.1**
开采辅助活动	10	160.5	201.2	3.1
制造业	**14**	**3.5**	**3.7**	**0.1**
金属制品、机械和设备修理业	14	3.5	3.7	0.1
批发和零售业	**2218**	**2712.4**	**8383.7**	**18.4**
批发业	1324	2045.6	7258.9	11.6
零售业	894	666.8	1124.9	6.8
交通运输、仓储和邮政业	**813**	**3654.8**	**1387.0**	**25.8**
铁路运输业	2	0.4	0.4	
道路运输业	289	972.8	290.3	11.1
水上运输业	72	1600.0	467.0	6.3
航空运输业	16	220.7	135.5	1.6
管道运输业	21	207.8	33.0	0.3
装卸搬运和运输代理业	115	168.7	79.1	1.1
仓储业	233	429.7	293.2	1.2
邮政业	65	54.7	88.5	4.0
住宿和餐饮业	**502**	**211.2**	**81.0**	**5.5**
住宿业	314	166.6	58.6	4.0
餐饮业	188	44.5	22.4	1.5
信息传输、软件和信息技术服务业	**286**	**2073.5**	**1204.1**	**11.8**
电信、广播电视和卫星传输服务	162	1946.5	1148.1	10.6
互联网和相关服务	17	11.8	4.9	0.2
软件和信息技术服务业	107	115.2	51.2	1.1
房地产业	**989**	**5562.2**	**778.1**	**4.8**
房地产开发经营	519	5047.7	714.5	2.2
物业管理业	248	66.5	20.4	1.9
房地产中介服务业	75	18.5	2.9	0.1
自有房地产经营活动	91	197.4	3.1	0.4
其他房地产业	56	232.2	37.2	0.2
租赁和商务服务业	**1361**	**11364.8**	**894.3**	**12.3**
租赁业	38	147.5	13.9	0.2
商务服务业	1323	11217.2	880.5	12.0
科学研究和技术服务业	**767**	**1175.4**	**168.8**	**3.9**
研究和试验发展	51	295.6	3.5	0.2
专业技术服务业	604	843.5	158.4	3.5
科技推广和应用服务业	112	36.3	6.8	0.2
水利、环境和公共设施管理业	**303**	**554.5**	**57.6**	**1.8**
水利管理业	66	241.5	17.3	0.3
生态保护和环境治理业	41	46.8	6.1	0.1
公共设施管理业	196	266.1	34.2	1.4
居民服务、修理和其他服务业	**165**	**67.9**	**16.0**	**0.8**
居民服务业	66	12.3	5.5	0.3
机动车、电子产品和日用产品修理业	57	5.3	5.1	0.3
其他服务业	42	50.3	5.4	0.2
教育	**78**	**13.4**	**6.1**	**0.3**
卫生和社会工作	**57**	**36.6**	**31.3**	**1.0**
卫生	54	36.0	31.1	1.0
社会工作	3	0.6	0.2	
文化、体育和娱乐业	**318**	**233.9**	**72.4**	**2.0**
新闻和出版业	77	147.3	46.6	1.0
广播、电视、电影和影视录音制作业	139	42.1	12.6	0.6
文化艺术业	72	18.8	5.5	0.2
体育	12	23.3	1.9	0.1
娱乐业	18	2.3	5.9	0.1

4-36 服务业(第三产业)非公有控股经济企业法人单位分行业主要指标

行　业	单位数(个)	资产总计(亿元)	营业收入(亿元)	从业人员(万人)
总　计	**392229**	**56268.6**	**46788.5**	**625.8**
农、林、牧、渔业	**7729**	**283.2**	**338.2**	**14.4**
农、林、牧、渔服务业	7729	283.2	338.2	14.4
采矿业	**84**	**10.8**	**8.0**	**0.3**
开采辅助活动	84	10.8	8.0	0.3
制造业	**1087**	**62.3**	**81.3**	**2.4**
金属制品、机械和设备修理业	1087	62.3	81.3	2.4
批发和零售业	**229822**	**18182.2**	**34229.7**	**310.5**
批发业	152685	13535.6	25917.0	197.0
零售业	77137	4646.6	8312.6	113.5
交通运输、仓储和邮政业	**20119**	**2803.7**	**2479.6**	**57.8**
铁路运输业	9	66.9	28.3	0.3
道路运输业	10329	1157.9	1498.5	38.1
水上运输业	701	295.2	124.5	2.7
航空运输业	80	21.6	6.0	0.2
管道运输业	17	2.7	1.3	
装卸搬运和运输代理业	5548	616.8	498.3	8.8
仓储业	2799	551.4	294.1	6.5
邮政业	636	91.4	28.6	1.2
住宿和餐饮业	**11268**	**856.1**	**565.9**	**33.2**
住宿业	3165	406.8	175.9	10.8
餐饮业	8103	449.2	389.9	22.5
信息传输、软件和信息技术服务业	**9556**	**3841.4**	**617.5**	**15.7**
电信、广播电视和卫星传输服务	352	278.7	243.1	2.6
互联网和相关服务	1525	53.3	37.2	1.6
软件和信息技术服务业	7679	3509.3	337.2	11.5
房地产业	**19640**	**19381.5**	**4861.4**	**49.9**
房地产开发经营	8449	18482.0	4465.8	22.8
物业管理业	6633	302.9	214.4	20.9
房地产中介服务业	3479	139.7	91.3	4.3
自有房地产经营活动	435	166.7	20.4	0.8
其他房地产业	644	290.2	69.5	1.1
租赁和商务服务业	**41845**	**7966.8**	**1664.6**	**54.1**
租赁业	3278	210.6	126.2	4.3
商务服务业	38567	7756.1	1538.3	49.8
科学研究和技术服务业	**24350**	**1372.3**	**1008.2**	**45.4**
研究和试验发展	1454	149.4	58.0	2.1
专业技术服务业	7473	560.2	374.9	14.3
科技推广和应用服务业	15423	662.7	575.3	28.9
水利、环境和公共设施管理业	**3393**	**559.4**	**215.0**	**8.1**
水利管理业	184	31.8	9.7	0.3
生态保护和环境治理业	453	66.4	29.5	0.8
公共设施管理业	2756	461.3	175.8	7.0
居民服务、修理和其他服务业	**10358**	**343.6**	**332.5**	**14.3**
居民服务业	3229	112.9	86.1	4.7
机动车、电子产品和日用产品修理业	4894	146.5	161.0	5.8
其他服务业	2235	84.2	85.4	3.8
教育	**2790**	**156.3**	**105.7**	**6.8**
卫生和社会工作	**1733**	**121.1**	**93.5**	**5.0**
卫生	1589	114.4	90.5	4.7
社会工作	144	6.7	3.0	0.3
文化、体育和娱乐业	**8455**	**328.0**	**187.4**	**7.9**
新闻和出版业	139	14.8	9.7	0.4
广播、电视、电影和影视录音制作业	473	45.0	18.3	0.8
文化艺术业	974	89.9	26.9	1.2
体育	376	34.3	15.0	0.7
娱乐业	6493	143.9	117.6	4.8

4-37　规模以上交通运输、仓储和邮政业企业法人单位主要指标

行　业	固定资产原价（亿元）	本年折旧（亿元）	资产总计（亿元）	负债合计（亿元）	所有者权益合计（亿元）	营业收入（亿元）	营业成本（亿元）	营业税金及附加（亿元）
总　计	**2442.6**	**200.4**	**4575.5**	**2506.8**	**2068.7**	**2796.6**	**2152.0**	**73.2**
铁路运输业	12.8	1.0	67.4	53.3	14.0	28.8	14.5	5.1
道路运输业	851.8	93.4	1511.7	807.4	704.3	1335.9	1024.5	39.3
城市公共交通运输	128.7	11.2	151.9	95.4	56.5	72.0	80.7	1.9
公路旅客运输	127.3	9.9	219.0	148.6	70.4	150.8	120.8	3.1
道路货物运输	450.1	62.6	687.2	360.5	326.7	1037.9	787.2	31.7
道路运输辅助活动	145.8	9.7	453.5	202.8	250.7	75.2	35.8	2.5
水上运输业	883.4	56.2	1671.9	860.2	811.7	530.8	384.1	11.4
水上旅客运输	39.3	1.6	40.9	8.0	32.9	21.5	15.8	0.7
水上货物运输	125.0	10.0	238.7	164.3	74.3	82.8	60.7	2.5
水上运输辅助活动	719.0	44.5	1392.4	687.9	704.5	426.5	307.6	8.3
航空运输业	187.6	11.6	211.7	105.9	105.9	138.6	112.2	2.9
航空客货运输	123.2	8.3	119.9	88.2	31.7	117.8	98.5	2.4
通用航空服务	6.8	0.4	11.1	4.8	6.3	3.8	2.7	0.1
航空运输辅助活动	57.6	2.8	80.7	12.8	67.9	16.9	11.1	0.4
管道运输业	157.6	7.1	173.0	109.0	63.9	31.8	16.5	0.8
管道运输业	157.6	7.1	173.0	109.0	63.9	31.8	16.5	0.8
装卸搬运和运输代理业	107.7	8.7	291.4	150.4	141.0	249.4	204.0	4.7
装卸搬运	63.4	4.1	90.5	39.2	51.3	37.4	23.7	2.6
运输代理业	44.3	4.6	200.8	111.2	89.7	211.9	180.3	2.1
仓储业	197.7	19.0	595.3	385.3	210.0	395.4	319.4	7.3
谷物、棉花等农产品仓储	55.6	5.9	232.4	180.3	52.1	218.2	189.3	3.0
其他仓储业	142.1	13.0	362.9	205.0	157.9	177.2	130.1	4.3
邮政业	44.0	3.6	53.2	35.3	17.9	86.1	76.9	1.8
邮政基本服务	36.2	2.9	35.4	23.6	11.8	60.8	53.8	0.8
快递服务	7.8	0.7	17.8	11.7	6.1	25.2	23.1	1.0

4-37 续表

行　　业	销售费用、管理费用、财务费用合计(亿元)	投资收益(亿元)	营业利润(亿元)	利润总额(亿元)	应交所得税(亿元)	应付职工薪酬(亿元)	应交增值税(亿元)	从业人员(万人)
总　计	**284.1**	**29.1**	**329.8**	**350.1**	**60.3**	**335.2**	**31.3**	**57.4**
铁路运输业	6.2	0.1	2.9	3.0	0.7	1.7		0.3
道路运输业	124.7	13.2	148.9	161.5	25.2	175.3	18.0	36.2
城市公共交通运输	14.7	0.1	-21.8	0.3	1.0	40.4	0.2	7.5
公路旅客运输	22.2	1.1	5.2	7.9	1.5	25.3	1.5	6.2
道路货物运输	74.5	2.7	132.8	120.2	16.2	101.3	15.6	21.0
道路运输辅助活动	13.3	9.2	32.7	33.0	6.5	8.2	0.7	1.4
水上运输业	62.2	11.0	102.1	104.0	22.4	78.7	3.2	7.7
水上旅客运输	2.0		3.1	4.0	1.0	2.1	0.1	0.3
水上货物运输	12.0	0.4	26.5	25.4	2.1	12.2	0.6	1.6
水上运输辅助活动	48.3	10.6	72.5	74.6	19.4	64.5	2.5	5.7
航空运输业	15.4	0.7	8.0	11.1	2.5	11.4	1.4	1.6
航空客货运输	12.0	0.1	4.5	7.1	1.4	6.0	1.2	0.9
通用航空服务	0.9		0.2	0.2		1.4		0.1
航空运输辅助活动	2.5	0.5	3.3	3.8	1.0	3.9	0.2	0.6
管道运输业	4.8		9.8	10.0	1.2	1.8	0.9	0.3
管道运输业	4.8		9.8	10.0	1.2	1.8	0.9	0.3
装卸搬运和运输代理业	22.8	3.1	19.6	20.1	2.9	20.7	1.8	3.7
装卸搬运	6.4	0.3	5.1	4.9	0.7	7.0	0.5	1.5
运输代理业	16.4	2.8	14.5	15.2	2.2	13.6	1.3	2.2
仓储业	36.2	0.9	39.6	41.8	4.9	16.5	5.6	3.7
谷物、棉花等农产品仓储	12.4	0.3	15.2	18.6	1.1	4.5	0.7	1.0
其他仓储业	23.8	0.6	24.4	23.2	3.9	12.0	4.9	2.7
邮政业	11.8	0.2	-1.2	-1.5	0.4	29.2	0.4	4.0
邮政基本服务	8.1		-1.3	-1.4	0.3	22.3		2.9
快递服务	3.7	0.2	0.2	-0.1	0.2	7.0	0.3	1.1

4-38　规模以上信息传输、软件和信息技术服务业企业法人单位主要指标

行　　业	固定资产原　　价（亿元）	本年折旧（亿元）	资产总计（亿元）	负债合计（亿元）	所有者权益合计（亿元）	营业收入（亿元）	营业成本（亿元）	营业税金及附加（亿元）
总　计	**3314.9**	**241.9**	**2253.5**	**1156.6**	**1096.9**	**1468.6**	**738.9**	**44.5**
电信、广播电视和卫星传输服务	3314.9	241.9	2253.5	1156.6	1096.9	1468.6	738.9	44.5
电信	3257.6	236.4	1875.2	1019.3	856.0	1266.6	610.2	40.6
广播电视传输服务	7.9	0.6	94.7	2.6	92.1	6.1	3.3	0.1
卫星传输服务								
互联网和相关服务	5.4	0.3	14.4	7.7	6.7	6.7	3.3	0.2
互联网接入及相关服务	0.5		2.4	1.2	1.2	1.7	0.8	0.1
互联网信息服务	4.9	0.3	11.7	6.4	5.4	4.9	2.3	0.2
其他互联网服务	0.1		0.3	0.1	0.1	0.2	0.2	
软件和信息技术服务业	44.1	4.5	269.1	127.0	142.0	189.1	122.2	3.6
软件开发	17.8	1.9	139.1	48.0	91.1	94.4	54.1	1.7
信息系统集成服务	2.7	0.5	30.6	15.1	15.6	44.0	35.2	0.5
信息技术咨询服务	8.5	1.1	23.6	11.3	12.3	17.4	12.6	0.6
数据处理和存储服务	6.7	0.6	10.4	7.1	3.3	5.2	2.4	0.1
集成电路设计	1.3	0.2	14.2	3.5	10.7	16.5	9.2	0.2
其他信息技术服务业	7.0	0.3	51.2	42.2	9.0	11.5	8.7	0.5

4-38　续表

行　　业	销售费用、管理费用、财务费用合计（亿元）	投资收益（亿元）	营业利润（亿元）	利润总额（亿元）	应交所得税（亿元）	应付职工薪　　酬（亿元）	应交增值税（亿元）	从业人员（万人）
总　计	**373.8**	**1.5**	**308.6**	**308.8**	**75.9**	**165.5**	**6.4**	**17.3**
电信、广播电视和卫星传输服务	373.8	1.5	308.6	308.8	75.9	165.5	6.4	17.3
电信	329.7		281.6	277.6	72.5	129.8	0.4	11.5
广播电视传输服务	1.0	0.4	2.2	2.5		0.7		0.1
卫星传输服务								
互联网和相关服务	1.7	0.1	1.4	1.6	0.2	1.6	0.1	0.4
互联网接入及相关服务	0.2		0.6	0.6	0.1	0.2		
互联网信息服务	1.4	0.1	0.8	1.0	0.1	1.4		0.3
其他互联网服务								
软件和信息技术服务业	41.5	1.0	23.4	27.1	3.2	33.4	5.9	5.3
软件开发	26.0	0.1	13.8	15.8	1.7	16.1	3.9	2.6
信息系统集成服务	6.2		3.4	3.9	0.3	4.9	0.8	0.7
信息技术咨询服务	2.5	0.6	2.3	2.9	0.3	3.3	0.1	0.5
数据处理和存储服务	2.3		0.5	0.6	0.1	1.3	0.1	0.3
集成电路设计	3.1	0.1	2.8	3.1	0.4	2.9	0.9	0.2
其他信息技术服务业	1.5		0.6	0.8	0.2	4.9	0.1	1.0

4-39 规模以上物业管理和房地产中介服务企业法人单位主要指标

行业	固定资产原价(亿元)	本年折旧(亿元)	资产总计(亿元)	负债合计(亿元)	所有者权益合计(亿元)	营业收入(亿元)	营业成本(亿元)	营业税金及附加(亿元)
总计	**37.2**	**3.3**	**101.6**	**64.1**	**37.5**	**87.4**	**52.3**	**4.1**
物业管理	28.3	2.7	78.8	50.7	28.1	72.1	44.5	3.4
房地产中介服务	9.0	0.6	22.8	13.5	9.3	15.2	7.8	0.7

4-39 续表

行业	销售费用、管理费用、财务费用合计(亿元)	投资收益(亿元)	营业利润(亿元)	利润总额(亿元)	应交所得税(亿元)	应付职工薪酬(亿元)	应交增值税(亿元)	从业人员(万人)
总计	**19.4**	**0.5**	**11.6**	**11.7**	**1.8**	**28.4**	**0.6**	**10.3**
物业管理	16.1	0.4	8.1	8.2	1.4	26.4	0.6	9.7
房地产中介服务	3.3	0.1	3.5	3.5	0.4	2.0	0.1	0.5

4-40　规模以上租赁和商务服务业企业法人单位主要指标

行　业	固定资产原　价（亿元）	本年折旧（亿元）	资产总计（亿元）	负债合计（亿元）	所有者权益合计（亿元）	营业收入（亿元）	营业成本（亿元）	营业税金及附加（亿元）
总　计	**1098.2**	**68.7**	**5217.5**	**2880.0**	**2337.5**	**887.7**	**589.3**	**25.6**
租赁业	61.6	4.0	178.5	114.4	64.2	37.3	23.9	1.5
机械设备租赁	61.5	4.0	178.5	114.4	64.1	37.2	23.8	1.5
文化及日用品出租	0.1					0.1	0.1	
商务服务业	1036.6	64.7	5039.0	2765.6	2273.3	850.4	565.4	24.1
企业管理服务	794.9	46.2	4157.6	2305.5	1852.0	458.1	319.4	11.1
法律服务	1.5	0.1	5.6	2.8	2.8	8.0	3.8	0.3
咨询与调查	16.2	2.2	70.1	40.0	30.1	71.5	48.1	2.3
广告业	15.5	1.3	39.5	17.8	21.7	50.0	31.4	1.7
知识产权服务			0.1		0.1	0.1	0.1	
人力资源服务	5.8	0.6	21.3	13.2	8.1	46.4	37.2	1.1
旅行社及相关服务	45.6	4.1	96.5	61.6	35.0	63.8	45.6	1.4
安全保护服务	6.9	1.3	11.2	5.9	5.3	19.3	8.6	1.0
其他商务服务业	150.1	8.8	637.2	318.9	318.3	133.2	71.1	5.3

4-40　续表

行　业	销售费用、管理费用、财务费用合计（亿元）	投资收益（亿元）	营业利润（亿元）	利润总额（亿元）	应交所得税（亿元）	应付职工薪　酬（亿元）	应交增值税（亿元）	从业人员（万人）
总　计	**177.8**	**32.1**	**126.4**	**126.1**	**17.2**	**129.2**	**11.0**	**21.0**
租赁业	4.6		5.9	6.1	1.6	3.5	0.4	0.9
机械设备租赁	4.6		5.9	6.1	1.6	3.5	0.4	0.9
文化及日用品出租								
商务服务业	173.2	32.0	120.4	120.0	15.6	125.7	10.6	20.1
企业管理服务	96.7	24.0	62.1	61.5	5.8	68.7	5.8	7.7
法律服务	1.8		2.1	2.0	0.4	1.1	0.1	0.2
咨询与调查	10.2	0.6	10.9	10.5	1.7	9.7	1.0	1.4
广告业	9.2	0.1	7.1	6.9	1.0	5.5	0.8	1.1
知识产权服务	0.1							
人力资源服务	3.9	0.1	3.8	4.3	0.7	7.6	0.7	1.7
旅行社及相关服务	11.6		4.8	5.0	1.1	4.0	0.5	1.1
安全保护服务	5.1		1.0	1.1	0.3	8.7		3.1
其他商务服务业	34.8	7.2	28.7	28.7	4.6	20.3	1.7	3.8

4-41 规模以上科学研究和技术服务业企业法人单位主要指标

行业	固定资产原价(亿元)	本年折旧(亿元)	资产总计(亿元)	负债合计(亿元)	所有者权益合计(亿元)	营业收入(亿元)	营业成本(亿元)	营业税金及附加(亿元)
总计	**155.4**	**16.0**	**530.8**	**273.6**	**257.2**	**417.1**	**267.6**	**13.2**
研究和试验发展	15.2	1.2	51.9	23.6	28.3	26.9	16.2	0.8
自然科学研究和试验发展	1.4	0.1	2.0	0.7	1.3	0.9	0.6	
工程和技术研究和试验发展	6.2	0.4	21.3	8.8	12.5	11.1	7.8	0.2
农业科学研究和试验发展	6.2	0.6	18.2	7.5	10.7	8.9	5.0	0.4
医学研究和试验发展	1.5	0.2	10.3	6.5	3.8	6.0	2.7	0.2
社会人文科学研究								
专业技术服务业	86.5	9.0	357.7	204.6	153.1	251.8	163.6	7.8
气象服务								
地震服务			0.1		0.1	0.2	0.2	
海洋服务	0.1		0.6	0.4	0.2	0.4	0.3	
测绘服务	0.9	0.1	7.9	4.6	3.3	5.1	2.2	0.2
质检技术服务	9.9	1.1	28.2	20.0	8.2	19.2	11.7	0.6
环境与生态监测	0.9	0.1	1.7	0.5	1.2	1.9	1.0	0.1
地质勘查	7.4	0.7	36.6	23.4	13.2	17.6	13.0	0.5
工程技术	47.8	4.7	227.4	133.0	94.4	158.8	99.6	4.8
其他专业技术服务业	19.4	2.3	55.2	22.6	32.6	48.5	35.6	1.7
科技推广和应用服务业	53.7	5.8	121.2	45.4	75.8	138.4	87.8	4.6
技术推广服务	46.5	4.8	99.5	37.0	62.5	115.7	75.0	3.5
科技中介服务	5.3	0.8	14.1	4.4	9.7	19.2	10.6	1.0
其他科技推广和应用服务业	1.9	0.2	7.6	4.0	3.5	3.5	2.2	0.1

4-41 续表

行业	销售费用、管理费用、财务费用合计(亿元)	投资收益(亿元)	营业利润(亿元)	利润总额(亿元)	应交所得税(亿元)	应付职工薪酬(亿元)	应交增值税(亿元)	从业人员(万人)
总计	**64.3**	**1.4**	**68.2**	**68.4**	**10.6**	**71.3**	**7.7**	**13.0**
研究和试验发展	5.6	0.3	4.5	5.1	0.7	3.0	0.4	0.5
自然科学研究和试验发展	0.2		0.1	0.1		0.3		
工程和技术研究和试验发展	2.7	0.2	0.6	1.1	0.2	1.7	0.1	0.2
农业科学研究和试验发展	1.4		2.1	2.2	0.3	0.6	0.1	0.1
医学研究和试验发展	1.4		1.7	1.7	0.3	0.4	0.2	0.1
社会人文科学研究								
专业技术服务业	48.3	0.9	32.0	32.5	6.6	52.2	4.1	7.2
气象服务								
地震服务						0.1		
海洋服务								
测绘服务	1.2		1.4	1.5	0.1	1.4	0.1	0.2
质检技术服务	4.1	0.3	2.9	3.0	0.4	5.4	0.5	0.8
环境与生态监测	0.4		0.5	0.5	0.1	0.3	0.1	0.1
地质勘查	1.8		2.5	2.5	0.6	2.8	0.6	0.5
工程技术	33.9	0.4	19.9	20.3	4.1	35.9	2.5	4.9
其他专业技术服务业	6.8	0.1	4.6	4.7	1.3	6.3	0.4	0.8
科技推广和应用服务业	10.3	0.2	31.7	30.7	3.3	16.1	3.2	5.3
技术推广服务	8.3	0.1	26.3	25.3	2.3	14.3	2.3	4.8
科技中介服务	1.3		5.0	5.0	0.8	1.5	0.8	0.4
其他科技推广和应用服务业	0.7		0.5	0.5	0.1	0.3	0.1	0.1

4-42 规模以上水利、环境和公共设施管理业企业法人单位主要指标

行业	固定资产原价(亿元)	本年折旧(亿元)	资产总计(亿元)	负债合计(亿元)	所有者权益合计(亿元)	营业收入(亿元)	营业成本(亿元)	营业税金及附加(亿元)
总计	**262.4**	**15.8**	**469.4**	**198.2**	**271.2**	**132.8**	**80.1**	**5.2**
水利管理业	15.5	0.9	25.0	14.0	10.9	7.3	5.4	0.2
防洪除涝设施管理	0.6		1.1	0.5	0.5	0.8	0.7	
水资源管理	10.1	0.6	12.2	8.7	3.5	2.0	1.3	
天然水收集与分配	2.1	0.2	3.0	1.1	1.9	2.5	1.9	0.1
水文服务	0.1		0.3	0.2	0.1	0.3	0.2	
其他水利管理业	2.6	0.1	8.4	3.5	5.0	1.8	1.3	0.1
生态保护和环境治理业	19.9	1.3	38.6	21.2	17.4	19.6	12.6	0.4
生态保护	1.5	0.1	12.4	8.7	3.7	4.8	2.5	0.2
环境治理业	18.4	1.2	26.2	12.6	13.7	14.8	10.1	0.2
公共设施管理业	227.1	13.6	405.8	162.9	242.9	105.9	62.1	4.6
市政设施管理	40.0	3.4	58.0	20.0	38.0	16.9	11.1	0.6
环境卫生管理	5.1	0.3	5.7	1.7	4.0	4.3	3.3	0.2
城乡市容管理	0.3		1.2	0.7	0.5	0.8	0.7	
绿化管理	19.7	1.6	67.0	40.4	26.6	34.8	24.3	1.8
公园和游览景区管理	162.0	8.2	273.9	100.1	173.9	49.1	22.8	2.1

4-42 续表

行业	销售费用、管理费用、财务费用合计(亿元)	投资收益(亿元)	营业利润(亿元)	利润总额(亿元)	应交所得税(亿元)	应付职工薪酬(亿元)	应交增值税(亿元)	从业人员(万人)
总计	**21.9**	**0.1**	**24.7**	**24.3**	**3.9**	**15.2**	**1.0**	**4.2**
水利管理业	1.0		0.6	0.6	0.2	0.9	0.1	0.2
防洪除涝设施管理	0.1					0.1		
水资源管理	0.6		0.1	0.1	0.1	0.1		
天然水收集与分配	0.2		0.3	0.3	0.1	0.3		0.1
水文服务								
其他水利管理业	0.1		0.2	0.2		0.3	0.1	0.1
生态保护和环境治理业	2.4		4.0	4.3	0.5	1.6	0.1	0.3
生态保护	0.8		1.4	1.4	0.2	0.4		0.1
环境治理业	1.5		2.6	2.8	0.3	1.1	0.1	0.2
公共设施管理业	18.5	0.1	20.1	19.4	3.1	12.8	0.7	3.8
市政设施管理	1.4		3.8	3.8	0.7	1.1	0.1	0.3
环境卫生管理	0.8		0.2	-0.2		1.1		0.4
城乡市容管理			0.1	0.1		0.2		0.2
绿化管理	3.3		5.2	5.3	0.9	3.1	0.3	0.9
公园和游览景区管理	13.1	0.1	10.8	10.5	1.4	7.2	0.4	2.1

4-43 规模以上居民服务、修理和其他服务业企业法人单位主要指标

行业	固定资产原价(亿元)	本年折旧(亿元)	资产总计(亿元)	负债合计(亿元)	所有者权益合计(亿元)	营业收入(亿元)	营业成本(亿元)	营业税金及附加(亿元)
总　计	**51.4**	**3.7**	**114.7**	**45.3**	**69.4**	**81.6**	**54.3**	**2.7**
居民服务业	10.9	1.1	20.3	10.6	9.6	18.7	11.3	0.9
家庭服务	0.2		1.1	0.6	0.5	1.4	0.7	0.1
托儿所服务	0.1		0.1	0.1		0.1	0.1	
洗染服务	0.3		0.7	0.5	0.2	0.4	0.1	
理发及美容服务	0.2	0.1	0.4	0.1	0.3	0.9	0.4	
洗浴服务	3.3	0.3	4.4	2.0	2.4	4.1	2.3	0.2
保健服务	0.1		0.1	0.1		0.4	0.2	
婚姻服务	0.6	0.1	1.4	0.5	0.9	2.3	1.5	0.1
殡葬服务	1.4	0.2	5.4	2.9	2.5	2.2	1.1	0.1
其他居民服务业	4.8	0.4	6.6	3.9	2.8	6.8	5.0	0.3
机动车、电子产品和日用产品修理业	15.5	1.2	25.1	12.1	13.0	34.9	24.3	1.0
汽车、摩托车修理与维护	13.9	1.0	21.3	10.3	11.0	28.3	18.8	0.8
计算机和办公设备维修	0.5		1.1	0.5	0.6	1.7	1.1	
家用电器修理	0.4		1.6	0.6	1.0	4.3	3.9	0.1
其他日用产品修理业	0.6	0.1	1.1	0.7	0.4	0.6	0.5	
其他服务业	25.0	1.4	69.4	22.6	46.8	27.9	18.7	0.9
清洁服务	2.3	0.4	3.5	1.3	2.3	6.8	4.3	0.3
其他未列明服务业	22.7	1.0	65.9	21.3	44.6	21.1	14.4	0.5

4-43 续表

行业	销售费用、管理费用、财务费用合计(亿元)	投资收益(亿元)	营业利润(亿元)	利润总额(亿元)	应交所得税(亿元)	应付职工薪酬(亿元)	应交增值税(亿元)	从业人员(万人)
总　计	**10.9**	**0.3**	**12.9**	**12.4**	**1.8**	**10.6**	**1.6**	**3.0**
居民服务业	3.4		3.1	3.0	0.5	3.1	0.2	0.9
家庭服务	0.3		0.3	0.3		0.5		0.2
托儿所服务						0.1		
洗染服务	0.2		0.1			0.1		
理发及美容服务	0.3		0.1	0.1		0.2		0.1
洗浴服务	0.8		0.8	0.7	0.1	0.7	0.1	0.2
保健服务	0.1		0.1	0.1		0.1		
婚姻服务	0.2		0.5	0.5	0.1	0.2	0.1	0.1
殡葬服务	0.8		0.2	0.2		0.4		0.1
其他居民服务业	0.5		1.2	1.2	0.2	0.9	0.1	0.2
机动车、电子产品和日用产品修理业	3.9	0.1	5.2	4.9	0.7	3.7	0.9	1.0
汽车、摩托车修理与维护	3.4	0.1	4.6	4.3	0.6	2.8	0.7	0.8
计算机和办公设备维修	0.2		0.4	0.4		0.1	0.1	
家用电器修理	0.2		0.2	0.2		0.8	0.2	0.2
其他日用产品修理业								
其他服务业	3.6	0.1	4.6	4.5	0.7	3.8	0.4	1.2
清洁服务	0.9		1.1	1.1	0.2	1.6	0.1	0.6
其他未列明服务业	2.7	0.1	3.5	3.4	0.5	2.1	0.3	0.5

4-44　规模以上教育企业法人单位分行业主要指标

行　　业	固定资产原　　价（亿元）	本年折旧（亿元）	资产总计（亿元）	负债合计（亿元）	所有者权益合计（亿元）	营业收入（亿元）	营业成本（亿元）	营业税金及附加（亿元）
总　计	**135.5**	**11.8**	**129.8**	**71.9**	**57.9**	**65.7**	**35.5**	**2.2**
学前教育	1.5	0.1	2.0	0.7	1.3	1.7	1.0	0.1
初等教育	2.6	0.1	3.1	1.8	1.4	1.7	1.3	
中等教育	11.3	0.5	13.5	5.2	8.3	5.5	3.9	0.1
高等教育	65.5	4.8	44.4	29.2	15.2	10.4	4.1	0.1
特殊教育						0.1	0.1	
技能培训、教育辅助及其他教育	54.5	6.3	66.8	35.1	31.7	46.3	25.2	2.0

4-44　续表

行　　业	销售费用、管理费用、财务费用合计（亿元）	投资收益（亿元）	营业利润（亿元）	利润总额（亿元）	应交所得税（亿元）	应付职工薪　　酬（亿元）	应交增值税（亿元）	从业人员（万人）
总　计	**19.0**	**0.1**	**8.4**	**7.6**	**1.2**	**16.4**	**0.4**	**4.1**
学前教育	0.4		0.2	0.2		0.7		0.2
初等教育	0.4		0.1	0.1		0.6		0.2
中等教育	0.9	0.1	0.6	0.5	0.1	2.4		0.6
高等教育	4.7		1.9	1.1		3.2	0.1	0.6
特殊教育								
技能培训、教育辅助及其他教育	12.6		5.7	5.7	1.1	9.4	0.3	2.6

4-45 规模以上卫生和社会工作企业法人单位主要指标

行业	固定资产原价（亿元）	本年折旧（亿元）	资产总计（亿元）	负债合计（亿元）	所有者权益合计（亿元）	营业收入（亿元）	营业成本（亿元）	营业税金及附加（亿元）
总计	**79.2**	**7.7**	**116.3**	**72.3**	**44.1**	**91.9**	**68.5**	**1.2**
卫生	76.9	7.5	114.1	71.7	42.4	89.7	67.4	1.1
医院	73.1	7.0	107.8	69.4	38.4	80.9	61.3	0.9
社区医疗与卫生院	1.4	0.2	2.1	0.5	1.5	3.9	2.7	0.1
门诊部(所)	0.5		0.5	0.3	0.2	0.8	0.8	
计划生育技术服务活动								
妇幼保健院(所、站)								
专科疾病防治院(所、站)	0.2		0.2	0.1	0.2	0.8	0.5	
疾病预防控制中心	0.2		0.1	0.1		0.2	0.1	
其他卫生活动	1.6	0.2	3.4	1.3	2.0	3.1	2.0	
社会工作	2.3	0.2	2.3	0.6	1.7	2.3	1.1	0.1
提供住宿社会工作	2.3	0.2	2.3	0.6	1.7	2.3	1.1	0.1
不提供住宿社会工作								

4-45 续表

行业	销售费用、管理费用、财务费用合计（亿元）	投资收益（亿元）	营业利润（亿元）	利润总额（亿元）	应交所得税（亿元）	应付职工薪酬（亿元）	应交增值税（亿元）	从业人员（万人）
总计	**16.3**	**0.2**	**7.2**	**6.7**	**1.0**	**21.6**	**0.2**	**3.8**
卫生	16.0	0.2	6.5	6.0	0.9	21.4	0.2	3.7
医院	14.8	0.1	5.2	4.9	0.7	19.7	0.1	3.4
社区医疗与卫生院	0.2	0.1	0.8	0.7	0.2	0.5		0.1
门诊部(所)	0.1					0.3		0.1
计划生育技术服务活动								
妇幼保健院(所、站)								
专科疾病防治院(所、站)	0.2		0.1	0.1		0.1		
疾病预防控制中心								
其他卫生活动	0.7		0.3	0.3		0.7	0.1	0.1
社会工作	0.3		0.8	0.8	0.1	0.2		0.1
提供住宿社会工作	0.3		0.8	0.8	0.1	0.2		0.1
不提供住宿社会工作								

4-46　规模以上文化、体育和娱乐业法人单位主要指标

行　　业	固定资产原　　价(亿元)	本年折旧(亿元)	资产总计(亿元)	负债合计(亿元)	所有者权益合计(亿元)	营业收入(亿元)	营业成本(亿元)	营业税金及附加(亿元)
总　计	**102.0**	**5.4**	**279.1**	**160.0**	**119.1**	**89.8**	**49.4**	**4.5**
新闻出版业	25.6	1.1	119.8	50.3	69.5	48.1	29.7	1.3
新闻业								
出版业	25.6	1.1	119.8	50.3	69.5	48.1	29.7	1.3
广播、电视、电影和音像业	20.6	1.8	37.3	26.6	10.7	11.1	4.9	1.2
广播								
电视	6.8	0.8	8.2	2.9	5.3	4.4	1.7	0.9
电影和影视节目制作	9.9	0.5	22.6	19.2	3.3	2.2	1.2	0.1
电影和影视节目发行	0.9		1.1	0.8	0.3	0.5	0.3	
电影放映	3.0	0.4	5.1	3.5	1.6	3.9	1.8	0.2
录音制作			0.3	0.1	0.2	0.1		
文化艺术业	11.7	0.5	24.0	10.3	13.7	9.7	4.0	0.9
文艺创作与表演	2.8	0.3	6.3	1.6	4.8	5.2	1.5	0.5
艺术表演场馆	4.2	0.1	12.7	8.1	4.6	3.1	1.1	0.3
图书馆与档案馆								
文物及非物质文化遗产保护	0.4		0.6	0.1	0.4	0.4	0.3	
博物馆	4.0		3.7		3.7	0.1		
烈士陵园、纪念馆								
群众文化活动	0.1		0.2	0.1	0.1	0.6	0.4	
其他文化艺术业	0.2		0.5	0.3	0.1	0.3	0.7	
体育	30.1	1.2	61.9	43.5	18.3	10.6	6.7	0.6
体育组织	0.2		1.5	2.4	0.9	1.0	0.7	0.1
体育场馆	1.0	0.1	22.9	22.1	0.8	0.8	0.6	
休闲健身活动	28.4	1.1	33.2	15.5	17.7	4.8	1.5	0.3
其他体育	0.5		4.3	3.5	0.8	4.0	4.0	0.2
娱乐业	14.0	0.8	36.1	29.3	6.8	10.2	4.1	0.5
室内娱乐活动	8.0	0.5	21.9	18.2	3.7	4.5	1.9	0.3
游乐园	3.3	0.3	11.4	7.7	3.7	4.3	1.5	0.2
彩票活动								
文化、娱乐、体育经纪代理			0.1		0.1	0.3	0.2	
其他娱乐业	2.7	0.1	2.7	3.4	0.7	1.1	0.5	

4-46 续表

行　业	销售费用、管理费用、财务费用合计（亿元）	投资收益（亿元）	营业利润（亿元）	利润总额（亿元）	应交所得税（亿元）	应付职工薪　酬（亿元）	应交增值税（亿元）	从业人员（万人）
总　计	**26.6**	**1.3**	**12.1**	**17.7**	**1.0**	**15.6**	**1.4**	**2.7**
新闻出版业	10.4	1.0	7.9	12.8	0.2	7.5	0.7	1.0
新闻业								
出版业	10.4	1.0	7.9	12.8	0.2	7.5	0.7	1.0
广播、电视、电影和音像业	4.4	0.1	0.6	0.7	0.1	1.9	0.1	0.4
广播								
电视	1.0	0.1	0.7	0.8		0.8		0.2
电影和影视节目制作	1.4		-0.5	-0.3		0.5		0.1
电影和影视节目发行	0.2		0.1	0.1		0.1		
电影放映	1.7		0.3	0.2	0.1	0.5	0.1	0.2
录音制作								
文化艺术业	2.4		3.1	3.4	0.2	1.2	0.1	0.3
文艺创作与表演	0.8		2.5	2.4		0.6	0.1	0.1
艺术表演场馆	1.3		0.3	0.6	0.2	0.4		0.1
图书馆与档案馆								
文物及非物质文化遗产保护	0.1		0.1	0.1		0.1		
博物馆	0.1							
烈士陵园、纪念馆								
群众文化活动			0.2	0.2				
其他文化艺术业								
体育	5.1	0.2	-1.0	-0.7		2.9	0.4	0.5
体育组织	0.4		-0.1			0.5		
体育场馆	0.7		-0.5	-0.3		0.3		
休闲健身活动	3.7	0.2	-0.4	-0.4		1.3		0.3
其他体育	0.3					0.9	0.3	
娱乐业	4.3		1.6	1.5	0.4	2.1	0.1	0.6
室内娱乐活动	1.6		0.6	0.6	0.2	0.7	0.1	0.2
游乐园	2.2		0.8	0.8	0.2	1.2		0.3
彩票活动								
文化、娱乐、体育经纪代理			0.1			0.1		
其他娱乐业	0.5		0.1	0.1		0.2		

第5篇

行政事业、社团及其他单位财务状况

5-1　服务业行政事业及非企业法人单位分地区主要指标

地　区	单位数(个)	年末资产(亿元)	非企业单位支出(费用)(亿元)	从业人员(人)
山东省	**196905**	**15205.9**	**7708.8**	**4423197**
济南市	14746	1893.3	996.5	402772
青岛市	17144	2067.4	1158.5	447280
淄博市	10858	715.6	301.4	218372
枣庄市	6555	337.8	248.5	174639
东营市	4593	391.8	204.3	104845
烟台市	17774	1325.6	806.7	320773
潍坊市	16218	2964.4	655.5	396256
济宁市	17995	890.8	799.3	369142
泰安市	10796	456.3	350.6	213078
威海市	6585	553.4	253.3	122244
日照市	7330	671.4	169.8	149819
莱芜市	2888	135.8	74.4	59120
临沂市	18591	941.3	519.4	446814
德州市	10706	616.5	313.9	243695
聊城市	11704	398.3	331.7	258834
滨州市	10469	546.8	245.9	173983
菏泽市	11953	299.3	279.0	321531

5-2　信息传输、软件和信息技术服务业行政事业及非企业法人单位分地区主要指标

地　区	单位数(个)	年末资产(亿元)	非企业单位支出(费用)(亿元)	从业人员(人)
山东省	**172**	**19.5**	**4.7**	**2637**
济南市	18	9.1	1.7	376
青岛市	13	2.3	0.5	292
淄博市	15	3.2	0.3	522
枣庄市	5	0.2	0.1	150
东营市	2	1.1	0.2	25
烟台市	26	0.4	0.3	208
潍坊市	33	2.5	0.9	403
济宁市	8		0.1	60
泰安市	15	0.2	0.1	90
威海市	8	0.1		49
日照市	2	0.1		17
莱芜市	3			46
临沂市	5			10
德州市	3			25
聊城市	6	0.3	0.1	187
滨州市	5			16
菏泽市	5	0.2	0.2	161

5-3 租赁和商务服务业行政事业及非企业法人单位分地区主要指标

地　区	单位数(个)	年末资产(亿元)	非企业单位支出(费用)(亿元)	从业人员(人)
山东省	**5726**	**777.1**	**112.5**	**71251**
济南市	1282	84.3	14.4	17458
青岛市	363	63.6	17.0	6088
淄博市	154	5.6	7.5	1690
枣庄市	90	1.5	1.2	1140
东营市	55	11.6	1.2	893
烟台市	263	9.7	3.5	2952
潍坊市	1386	472.3	36.3	12575
济宁市	643	54.2	13.1	7402
泰安市	106	2.7	1.4	945
威海市	92	2.9	2.0	1097
日照市	100	44.6	0.9	4262
莱芜市	40	0.7	0.6	366
临沂市	143	1.1	1.6	1762
德州市	104	2.6	1.7	1402
聊城市	704	12.4	8.1	8966
滨州市	131	6.7	1.6	1440
菏泽市	70	0.5	0.5	813

5-4 科学研究和技术服务业行政事业及非企业法人单位分地区主要指标

地　区	单位数(个)	年末资产(亿元)	非企业单位支出(费用)(亿元)	从业人员(人)
山东省	**14605**	**462.8**	**239.7**	**222956**
济南市	462	93.1	42.4	14806
青岛市	1409	71.9	41.4	28665
淄博市	309	8.2	4.7	9732
枣庄市	133	3.5	2.8	2139
东营市	237	35.9	17.4	4861
烟台市	1134	24.7	26.7	14130
潍坊市	1356	40.2	21.4	18576
济宁市	727	38.6	14.1	10239
泰安市	949	27.3	10.4	13819
威海市	165	9.0	3.9	2847
日照市	1409	33.1	15.3	28525
莱芜市	361	6.1	1.9	4736
临沂市	3393	38.6	20.4	40952
德州市	732	12.6	6.0	8452
聊城市	1407	14.7	6.7	15531
滨州市	209	3.1	1.8	1919
菏泽市	213	2.2	2.6	3027

5-5　水利、环境和公共设施管理业行政事业及非企业法人单位分地区主要指标

地　区	单位数(个)	年末资产(亿元)	非企业单位支出(费用)(亿元)	从业人员(人)
山东省	**1197**	**295.6**	**108.5**	**63713**
济南市	85	26.1	11.8	7660
青岛市	130	39.6	11.2	7350
淄博市	72	15.1	1.8	3071
枣庄市	52	5.1	2.6	1941
东营市	54	20.0	12.9	3362
烟台市	139	13.4	9.8	5816
潍坊市	86	91.9	11.3	8653
济宁市	100	7.4	15.2	2915
泰安市	66	3.8	11.0	1993
威海市	53	9.9	4.5	1825
日照市	30	5.1	1.8	1169
莱芜市	14	4.2	0.6	356
临沂市	102	28.3	5.4	5430
德州市	35	5.3	1.4	781
聊城市	49	16.3	2.8	4380
滨州市	67	2.1	1.6	874
菏泽市	63	2.0	2.8	6137

5-6　居民服务、修理和其他服务业行政事业及非企业法人单位分地区主要指标

地　区	单位数(个)	年末资产(亿元)	非企业单位支出(费用)(亿元)	从业人员(人)
山东省	**1060**	**28.2**	**20.0**	**13066**
济南市	94	1.5	1.4	1339
青岛市	206	4.8	6.9	1995
淄博市	47	0.9	0.4	349
枣庄市	19	0.5	0.3	372
东营市	27	1.4	0.9	422
烟台市	48	2.9	1.7	770
潍坊市	86	3.2	1.2	991
济宁市	51	2.9	2.7	930
泰安市	45	0.6	0.5	487
威海市	111	1.5	0.5	990
日照市	26	0.5	0.4	275
莱芜市	11		0.1	75
临沂市	176	3.9	2.0	2578
德州市	38	1.5	0.3	460
聊城市	27	0.7	0.3	446
滨州市	25	0.9	0.3	279
菏泽市	23	0.4	0.3	308

5-7 教育行政事业及非企业法人单位分地区主要指标

地 区	单位数(个)	年末资产(亿元)	非企业单位支出(费用)(亿元)	从业人员(人)
山东省	**21422**	**3370.3**	**1511.2**	**1206294**
济南市	1970	580.2	214.9	112721
青岛市	2896	704.5	239.8	135793
淄博市	1032	165.8	67.3	60844
枣庄市	977	79.2	49.6	48140
东营市	474	59.5	38.4	28072
烟台市	1944	243.2	126.5	89332
潍坊市	1722	419.7	130.1	112796
济宁市	2421	212.7	155.2	105797
泰安市	1094	107.7	74.5	53034
威海市	514	70.5	47.7	33278
日照市	558	58.3	27.0	31656
莱芜市	326	23.9	10.9	13412
临沂市	1879	178.2	94.9	121039
德州市	1034	147.2	68.9	57183
聊城市	515	81.7	48.3	58347
滨州市	587	137.3	46.0	47105
菏泽市	1479	100.9	71.1	97745

5-8 卫生和社会工作行政事业及非企业法人单位分地区主要指标

地 区	单位数(个)	年末资产(亿元)	非企业单位支出(费用)(亿元)	从业人员(人)
山东省	**16736**	**1877.4**	**1415.2**	**637473**
济南市	1191	238.3	198.3	66593
青岛市	1580	227.5	195.1	66973
淄博市	2473	71.7	62.0	33517
枣庄市	593	38.9	59.9	25304
东营市	206	36.5	17.0	10309
烟台市	2798	165.0	146.3	49250
潍坊市	913	239.3	113.8	55812
济宁市	1586	129.1	117.6	51170
泰安市	414	67.8	62.7	28632
威海市	591	76.3	58.0	23813
日照市	633	42.6	32.8	17679
莱芜市	265	13.9	10.7	7301
临沂市	804	135.3	99.8	58665
德州市	1002	127.9	54.1	30866
聊城市	374	78.4	67.2	36448
滨州市	606	129.9	52.8	27369
菏泽市	707	58.8	67.1	47772

5-9　文化、体育和娱乐业行政事业及非企业法人单位分地区主要指标

地　区	单位数(个)	年末资产(亿元)	非企业单位支出(费用)(亿元)	从业人员(人)
山东省	**2688**	**380.0**	**133.7**	**69552**
济南市	278	145.2	53.0	14122
青岛市	318	49.8	17.2	7818
淄博市	194	13.2	5.0	4595
枣庄市	98	3.7	2.5	2118
东营市	106	6.2	4.5	2489
烟台市	243	19.8	7.9	4501
潍坊市	179	57.7	6.9	5102
济宁市	216	8.8	11.7	4140
泰安市	143	5.1	2.9	2111
威海市	106	10.1	2.6	1742
日照市	75	9.0	1.6	1855
莱芜市	40	2.2	0.6	766
临沂市	153	14.3	3.7	3871
德州市	100	16.1	4.3	3741
聊城市	141	8.7	3.0	3223
滨州市	120	5.6	2.6	1832
菏泽市	178	4.6	3.7	5526

5-10　公共管理、社会保障和社会组织行政事业及非企业法人单位分地区主要指标

地　区	单位数(个)	年末资产(亿元)	非企业单位支出(费用)(亿元)	从业人员(人)
山东省	**127809**	**7754.4**	**4075.1**	**2041658**
济南市	9296	712.2	457.9	166608
青岛市	10033	894.9	622.5	187167
淄博市	6446	429.7	151.3	102374
枣庄市	4510	203.6	128.1	91871
东营市	2973	212.3	107.4	47739
烟台市	11024	760.7	468.3	149749
潍坊市	10283	1626.3	331.1	179268
济宁市	11389	391.1	455.5	167673
泰安市	7771	237.0	185.7	109688
威海市	4890	371.2	133.0	55596
日照市	4415	473.7	87.7	61839
莱芜市	1822	84.8	49.0	32028
临沂市	10644	522.4	274.7	184150
德州市	7540	301.1	175.5	137279
聊城市	7799	160.6	186.5	123020
滨州市	7787	243.7	131.0	86137
菏泽市	9187	129.2	130.2	159472

附　录

主要指标解释

批发和零售业主要指标解释

批发业　指向其他批发或零售单位（含个体经营者）及其他企事业单位、机关团体等批量销售生活用品、生产资料的活动，以及从事进出口贸易和贸易经纪与代理的活动。

零售业　指百货商店、超级市场、专门零售商店、品牌专卖店、售货摊等主要面向最终消费者（如居民等）的销售活动，以互联网、邮政、电话、售货机等方式的销售活动，还包括在同一地点，后面加工生产，前面销售的店铺（如面包房）。

批发和零售业法人企业　指具备如下条件的批发零售贸易企业：(1)依法成立，有自己的名称、组织机构和场所，能够承担民事责任；(2)独立拥有和使用资产，承担负债，有权与其他单位签订合同；(3)独立核算盈亏，并能够编制包括资产负债表在内的全部会计帐户。

营业收入　指企业经营主要业务和其他业务所确认的收入总额。营业收入合计包括“主营业务收入”和“其他业务收入”。

主营业务收入　指企业确认的销售商品、提供劳务等主营业务的收入。

资产总计　指企业过去的交易或者事项形成的、由企业拥有或者控制的、预期会给企业带来经济利益的资源。资产一般按流动性（资产的变现或耗用时间长短）分为流动资产和非流动资产。

批发和零售业年末零售营业面积　指批发和零售业企业用于本企业从事零售业务的对外营业的面积，不包括其办公用房、仓库、加工场地以及对外出租场地。按年末实有建筑面积统计。

住宿和餐饮业主要指标解释

住宿业　指为旅行者提供短期留宿场所的活动，有些单位只提供住宿，也有些单位提供住宿、饮食、商务、娱乐一体的服务。

餐饮业　指通过即时制作加工、商业销售和服务性劳动等，向消费者提供食品和消费场所及设施的服务。

住宿和餐饮业法人企业　指具备如下条件的住宿餐饮企业：(1)依法成立，有自己的名称、组织机构和场所，能够承担民事责任；(2)独立拥有和使用资产，承担负债，有权与其他单位签订合同；(3)独立核算盈亏，并能够编制包括资产负债表在内的全部会计帐户。

住宿业企业星级等级　指符合《中华人民共和国星级酒店评定标准》(GB/T14308-2003)，并经过有关旅游管理权威部门评定（验收）后授予“星级”称号的宾馆、饭店等住宿设施的等级划分，分为一星级到五星级5个标准。星级越高，表示企业的档次越高。

营业收入　指企业经营主要业务和其他业务所确认的收入总额。营业收入合计包括“主营业务收入”和“其他业务收入”。

主营业务收入　指企业确认的销售商品、提供劳务等主营业务的收入。

资产总计　指企业过去的交易或者事项形成的、由企业拥有或者控制的、预期会给企业带来经济利益的资源。资产一般按流动性（资产的变现或耗用时间长短）分为流动资产和非流动资产。

住宿和餐饮业年末餐饮营业面积　指住宿和餐饮业企业对外提供餐饮服务的就餐面积和从事食品加工、烹饪、调制的厨房面积，不包括办公用房和仓库等面积。按年末实有建筑面积统计。

房地产业主要指标解释

房屋施工面积 指报告期内施工的全部房屋建筑面积。包括本期新开工的房屋建筑面积、上期跨入本期继续施工的房屋建筑面积、上期停缓建在本期恢复施工的房屋建筑面积、本期竣工的房屋建筑面积以及本期施工后又停缓建的房屋建筑面积。多层建筑应填各层建筑面积之和。

房屋新开工面积 指报告期内新开工建设的房屋面积，以单位工程为核算对象，即整栋房屋的全部建筑面积，不能分割计算。不包括在上期开工跨入报告期继续施工的房屋建筑面积和上期停缓建而在本期复工的建筑面积。房屋的开工应以房屋正式开始破土刨槽（地基处理或打永久桩）的日期为准。

房屋竣工面积 指报告期内房屋建筑按照设计要求已全部完工，达到住人和使用条件，经验收鉴定合格或达到竣工验收标准，可正式移交使用的各栋房屋建筑面积的总和。

竣工面积以房屋单位工程（栋）为核算对象，在整栋房屋符合竣工条件后按其全部建筑面积一次性计算，而不是按各栋施工房屋中已完成的部分或层次分割计算。

商品房销售面积 指报告期内出售商品房屋的合同总面积（即双方签署的正式买卖合同中所确定的建筑面积）。商品房销售面积由现房销售面积和期房销售面积两部分组成。

（1）现房销售面积：指在报告期内正式签订买卖合同、已经竣工达到入住条件的商品房屋建筑面积。包括以一次性付款方式和分期付款方式销售的现房建筑面积。

（2）期房销售面积：指在报告期内正式签订买卖合同、正在建设尚未竣工交付使用的商品房屋建筑面积。包括以一次性付款方式和分期付款方式销售的商品房屋建筑面积。期房销售建筑面积竣工后不再结转为现房销售建筑面积。

商品房销售额 指报告期内出售商品房屋的合同总价款（即双方签署的正式买卖合同中所确定的合同总价）。该指标与商品房销售面积同口径，由现房销售额和期房销售额两部分组成。

（1）现房销售额：指报告期内销售的已竣工商品房屋的合同总价款。包括现房销售前期预收的定金、预收款、首付款及全部按揭贷款的本金等款项。该指标与现房销售面积同口径。

（2）期房销售额：指报告期内销售的正在建设尚未竣工的商品房屋的合同总价款。包括预售房屋前期预收的定金、预收款、首付款及全部按揭贷款的本金等项。该指标与期房销售面积同口径。

房屋竣工价值 指报告期内按规定已经上报竣工的房屋本身的建造价值。一般按房屋设计和预算规定的内容计算。包括竣工房屋本身的基础、结构、屋面、装修以及水、电、卫等附属工程的建筑价值；也包括作为房屋建筑组成部分而列入房屋建筑工程预算内的设备（如电梯、通风设备等）的购置和安装费用。不包括厂房内的工艺设备、工艺管线的购置和安装，工艺设备基础的建造；室外的水、暖、电、卫、道路工程、挡土墙等环境工程的费用；办公和生活用家具的购置等费用；购置土地的费用；迁移补偿费和场地平整的费用及城市建设配套投资。

房屋竣工价值不仅包括该竣工房屋在报告期内完成的价值，也包括跨年施工的房屋在本期以前完成的价值。未竣工而转让给其他单位的房屋建筑工程，出让单位不计算竣工价值，待接受单位继续施工并符合竣工条件后，由接受单位计算其竣工价值，包括出让单位在出让前所完成的价值。房屋竣工价值一般按结算价格（或中标价）计算。

待开发土地面积 指经有关部门批准，通过各种方式获得土地使用权，但尚未开工建设的土地面积。

本年土地购置面积 指在本年内通过各种方式获得土地使用权的土地面积。

资产总计 指企业过去的交易或者事项形成的、由企业拥有或者控制的、预期会给企业带来经济利益的资源。资产一般按流动性（资产的变现或耗用时间长短）分为流动资产和非流动资产。其中流动资产可分为货币资金、交易性金融资产、应收票据、应收账款、预付款项、其他应收款、存货等；非流动资产可分为长期股权投资、固定资产、无形资产及其他非流动资产等。根据会计“资产负债表”中“资产总计”项目的期末余额数填报。

执行2006年《企业会计准则》的企业：资产合计=流动资产合计+非流动资产合计；未执行2006年《企业会计准则》企业的资产包括流动资产、长期投资、固定资产、无形资产和其他资产等。

负债合计 指企业过去的交易或者事项形成的，预期会导致经济利益流出企业的现时义务。负债一般按偿还期长短分为流动负债和非流动负债。根据会计“资产负债表”中“负债合计”项目的期末余额数填报。

执行2006年《企业会计准则》的企业：负债合计=流动负债合计+非流动负债合计；未执行2006年《企业会计准则》企业的负债包括流动负债和长期负债。

主营业务收入 指企业确认的销售商品、提供劳务等主营业务的收入。根据会计“主营业务收入”科目的期末贷方余额填报。执行2006年《企业会计准则》的企业，如未设置该科目，以“营业收入”代替填报。

土地转让收入 指房地产开发企业按国家规定在报告期转让已经开发的土地和未经开发的土地所得到的收入。根据会计“利润表”和相关核算资料计算填报。

商品房屋销售收入 指房地产开发企业在报告期售出

商品房屋的收入，一次收款的，一次性全部计入销售收入，按合同规定分期收款的，可按合同规定的时间分次计入收入。根据会计“利润表”和相关核算资料计算填报。

房屋出租收入 指房地产开发企业在报告期内，在不改变现有财产所有权关系的条件下，将企业的全部或部分房屋出租给其他单位或个人使用所得到的租金收入。根据会计“利润表”和相关核算资料计算填报。

其他（主营业务）收入 指房地产开发企业在报告期内从事除以上收入外的其他业务活动所得到的收入，包括配套设施销售收入、代建工程结算收入等。根据会计“利润表”和相关核算资料计算填报。

利润总额 指企业在一定会计期间的经营成果，是生产经营过程中各种收入扣除各种耗费后的盈余，反映企业在报告期内实现的亏盈总额。根据会计“利润表”中“利润总额”项目的本期金额数填报。执行 2006 年《企业会计准则》的企业，利润总额为营业利润加上营业外收入，减去营业外支出后的金额；未执行 2006 年《企业会计准则》的企业，利润总额为营业利润加上投资收益、补贴收入、营业外收入，再减去营业外支出后的金额。

规模以上服务业统计范围

辖区内年末从业人员 50 人及以上，或年营业收入 1000 万元及以上服务业法人单位。包括：交通运输、仓储和邮政业，信息传输、软件和信息技术服务业，租赁和商务服务业，科学研究和技术服务业，水利、环境和公共设施管理业，居民服务、修理和其他服务业，教育，卫生和社会工作，文化、体育和娱乐业；以及房地产业中的物业管理、房地产中介服务。

行政事业及非企业主要指标解释

年末资产 指非企业单位占有或者使用的，能以货币计量的经济资源。包括流动资产、固定资产、债权和其他权利。取自资产负债表中的资产合计年末数。

非企业单位支出（费用） 行政事业单位填报“本年支出合计”，指行政事业单位在业务活动中发生的各项资产耗费和损失等支出情况。根据行政事业单位“收入支出决算总表”中的“本年支出合计”项目填报。社团、民办非企业单位、基金会及其他单位填报“本年费用合计”，指单位为完成各种目标所发生的费用，包括业务活动成本、管理费用、筹资费用和其他费用。

山东经济普查年鉴

Shandong Economic Census Yearbook

2013

第二产业卷|下

山东省第三次经济普查领导小组办公室　编

中国统计出版社
China Statistics Press

图书在版编目（CIP）数据

山东经济普查年鉴. 2013 / 山东省第三次经济普查领导小组办公室编. -- 北京 : 中国统计出版社, 2015.12
ISBN 978-7-5037-7708-0

Ⅰ. ①山… Ⅱ. ①山… Ⅲ. ①经济－普查－山东省－2013－年鉴 Ⅳ. ①F127.52-54

中国版本图书馆 CIP 数据核字(2015)第 284334 号

山东经济普查年鉴—2013/第二产业卷（下）

作　　者/山东省第三次经济普查领导小组办公室
责任编辑/赵淑焕　马　郁
封面设计/黄俊杰　李雪燕
出版发行/中国统计出版社
通信地址/北京市丰台区西三环南路甲 6 号　邮政编码/100073
电　　话/邮购（010）63376909　书店（010）68783171
网　　址/http://www.zgtjcbs.com/
印　　刷/河北天普润印刷厂
经　　销/新华书店
开　　本/880mm×1230mm　1/16
字　　数/630 千字
印　　张/20.75
版　　别/2015 年 12 月第 1 版
版　　次/2015 年 12 月第 1 次印刷
定　　价/780.00 元

本书附同版本 CD-ROM 一张，光盘内容以书面文字为准。
如有印装差错，由本社发行部调换。

编者说明

为便于社会各界共同分享山东省第三次经济普查的成果，更方便地开发利用普查资料，我们将经济普查资料编辑整理，汇编成《山东经济普查年鉴—2013》一书。全书共三卷四册，即综合卷、第二产业卷（上、下册）和第三产业卷，并随书配送同版本光盘一张。《综合卷》分四篇：第一篇为“综合篇”，第二篇为“小微企业篇”，第三篇为“文化及相关产业篇”，第四篇为“企业信息化和电子商务交易情况”。《第二产业卷》按内容分为上、下两册。上册两篇：第一篇为“工业企业生产经营及财务状况”，第二篇是“主要工业产品产量”。下册两篇：第一篇为“规模以上工业企业科技情况”，第二篇是“建筑业企业生产经营及财务状况”。《第三产业卷》分五篇：第一篇为“批发和零售业基本情况及财务状况”，第二篇为“住宿和餐饮业基本情况及财务状况”，第三篇为“房地产业生产经营及财务状况”，第四篇为“重点服务业企业财务状况”，第五篇为“行政事业、社团及其他单位财务状况”。为使读者能够更好地使用本资料，现对有关问题做如下说明：

一、山东省第三次经济普查的标准时点为2013年12月31日，时期资料为2013年度；

二、每卷后附有该卷详细的指标解释，使用时请仔细阅读；

三、综合卷中综合篇和小微企业篇汇总表，均不包括金融业、铁路运输业的数据；

四、本资料建筑业按法人单位注册地，其他行业按法人单位经营地进行汇总；

五、本资料对部分数据由于计量单位取舍不同或四舍五入而产生的差数均未作调整；

六、表中空格表示该项统计指标数值为零或无该项数据，“…”表示该项统计指标值太小无法显示，“#”表示其中的主要项。

我们希望此书的面世，能使社会各界对山东省第三次经济普查有一个全面概括的了解，更愿本书的内容，能为社会经济研究工作者提供有价值的参考。

山东省第三次经济普查资料是山东省经济普查工作者共同辛勤工作的成果，也是广大普查对象积极支持配合的结果。在此，我们向山东省所有普查工作者、普查对象以及参与和支持普查工作的人员致以崇高的敬意和衷心的感谢！

第二产业卷（下）　目录

第一篇　规模以上工业企业科技情况

第二篇 建筑业企业生产经营及财务状况

附录

第1篇

规模以上工业企业科技情况

A.企业R&D及相关活动主要指标

1-A-1 企业R&D及相关活动主要指标

指 标	单位	合计	#大型	#中型
企业基本情况				
有R&D活动的企业	个	3747	524	1062
有研发机构的企业	个	2757	468	804
有新产品销售的企业	个	2724	424	792
R&D人员情况				
R&D人员合计	人	326793	192470	77171
#女性	人	73472	45448	16647
#研究人员	人	109583	67133	24404
#全时人员	人	229530	140879	52666
R&D人员折合全时当量	人年	227403	134763	53591
R&D经费情况				
R&D经费内部支出	**万元**	**10528097**	**6951257**	**1873045**
按支出用途分				
1.日常性支出	万元	9271980	6263419	1610572
#人员劳务费	万元	2239949	1546487	396082
2.资产性支出	万元	1256117	687839	262473
#仪器和设备	万元	1204592	652970	254423
按资金来源分				
政府资金	万元	316005	195209	66755
企业资金	万元	10075481	6706536	1767123
国外资金	万元	36468	14476	18526
其他资金	万元	100143	35037	20642
R&D经费外部支出	**万元**	**526462**	**388054**	**95956**
#对境内研究机构支出	万元	231774	147627	66230
对境内高等学校支出	万元	169999	129055	24367
对境外支出	万元	51803	46430	2375
R&D项目情况				
项目数	项	31906	16574	8002
参加项目人员	人	299528	178008	69813
项目人员折合全时当量	人年	207980	124323	48405
项目经费内部支出	万元	9281216	6177770	1619374
企业办研发机构情况				

1-A-1　续表

指　　标	单位	合计	#大型	#中型
机构数	个	3897	973	1114
机构人员数	人	232358	138461	56031
#博士	人	5016	2563	1128
硕士	人	26169	16337	5445
本科	人	133419	82791	30034
机构经费支出	万元	7592392	5648480	1124948
仪器和设备原价	万元	4792818	3325301	860250
#进口	万元	1003302	816621	116085
新产品开发及生产情况				
新产品开发项目数	项	31100	15413	8358
新产品开发经费支出	万元	10206343	6618420	1901088
新产品销售收入	万元	142841782	119238262	15391844
#新产品出口	万元	17337126	15175231	1442024
自主知识产权及相关情况				
专利申请数	件	40030	18367	9717
#发明专利	件	15254	7017	3635
有效发明专利数	件	18340	8478	4870
#境外授权	件	474	304	122
专利所有权转让及许可数	件	972	432	212
专利所有权转让及许可收入	万元	57015	46090	3421
拥有注册商标数	件	24870	15519	6129
#境外注册	件	4144	3260	659
形成国家或行业标准数	项	3047	1889	701
政府相关政策落实情况				
使用来自政府部门的科技活动资金	万元	370660	218154	82343
研究开发费用加计扣除减免税	万元	155040	101378	36101
高新技术企业减免税	万元	414512	300109	83631
技术获取和技术改造情况				
引进技术经费支出	万元	237143	186031	45016
消化吸收经费支出	万元	215035	183955	17318
购买国内技术经费支出	万元	199070	135134	48262
技术改造经费支出	万元	3383764	2425536	732358

1-A-2 分登记注册类型企业R&D及

指标	单位	国有及国有控股企业	内资企业		
				国有企业	集体企业
企业基本情况					
有R&D活动的企业	个	319	3264	59	19
有研发机构的企业	个	225	2438	37	17
有新产品销售的企业	个	229	2381	32	14
R&D人员情况					
R&D人员合计	人	86648	279852	6737	6869
#女性	人	18342	61900	1102	1509
#研究人员	人	37544	97858	3604	2664
#全时人员	人	60175	194057	4675	6050
R&D人员折合全时当量	人年	60363	193207	5323	4077
R&D经费情况					
R&D经费内部支出	**万元**	**2661119**	**9187869**	**138542**	**497841**
按支出用途分					
1.日常性支出	万元	2433605	8084771	120911	471435
#人员劳务费	万元	751229	1943667	31937	123446
2.资产性支出	万元	227513	1103098	17632	26406
#仪器和设备	万元	211512	1057421	16974	23017
按资金来源分					
政府资金	万元	113734	286891	3558	8053
企业资金	万元	2531243	8791001	129713	487165
国外资金	万元	4678	19167	81	
其他资金	万元	11464	90810	5190	2623
R&D经费外部支出	**万元**	**175287**	**458161**	**10751**	**59306**
#对境内研究机构支出	万元	72359	189015	6297	2908
对境内高等学校支出	万元	66564	149311	3515	2995
对境外支出	万元	20182	49386	721	13992
R&D项目情况					
项目数	项	7414	28359	747	1515
参加项目人员	人	79256	255792	5829	6607
项目人员折合全时当量	人年	55006	176088	4527	3898
项目经费内部支出	万元	2294190	8082359	112478	456823

相关活动主要指标

股份合作企业	联营企业	有限责任公司	股份有限公司	私营企业	其他企业	港澳台商投资企业	外　商投资企业
8	1	1088	319	1754	16	158	325
5	1	837	272	1259	10	102	217
7	1	832	266	1220	9	109	234
164	1790	130057	61340	71953	942	12605	34336
63	388	29122	13958	15581	177	3498	8074
80	1334	45445	22863	21530	338	3449	8276
120	1090	87520	45312	49065	225	9079	26394
121	1416	90245	41896	49413	717	9693	24503
4997	**65029**	**4210315**	**1702195**	**2551887**	**17062**	**337690**	**1002538**
4812	64613	3758504	1503921	2150910	9666	299411	887798
778	16467	925622	381770	460610	3038	73027	223255
185	417	451811	198274	400977	7397	38279	114740
149	282	432495	186506	390631	7368	37015	110156
74	55	127483	72554	75023	91	7866	21248
4923	64974	4050252	1608284	2429170	16519	323376	961104
		11723	444	6919		1584	15717
		20857	20913	40775	452	4864	4468
160	**10959**	**169273**	**129352**	**78209**	**151**	**39800**	**28501**
30	4754	90646	47633	36596	151	30878	11881
	5845	61750	40328	34878		8417	12272
		11718	19768	3187		301	2115
50	85	13461	4968	7447	86	1153	2394
154	1640	119413	56133	65209	807	11417	32319
112	1297	82499	38385	44775	594	8855	23038
3158	63554	3696225	1463321	2274533	12267	309850	889007

1-A-2 续表

指 标	单位	国有及国有控股企业	内资企业	国有企业	集体企业
企业办研发机构情况					
机构数	个	444	3475	51	36
机构人员数	人	63253	199593	4711	2295
#博士	人	1073	4548	124	136
硕士	人	9842	23370	621	907
本科	人	38903	116464	3153	949
机构经费支出	万元	2170678	6729775	97261	123780
仪器和设备原价	万元	1281544	4229281	82746	63930
#进口	万元	290114	840657	19974	24361
新产品开发及生产情况					
新产品开发项目数	项	6485	27574	773	1492
新产品开发经费支出	万元	2401170	8929988	145879	482688
新产品销售收入	万元	37158170	127122111	1966887	7222299
#新产品出口	万元	3895861	13071484	134237	1397673
自主知识产权及相关情况					
专利申请数	件	11251	36619	1718	1854
#发明专利	件	4247	13989	544	913
有效发明专利数	件	4262	15622	545	861
#境外授权	件	117	335	3	46
专利所有权转让及许可数	件	163	818	54	150
专利所有权转让及许可收入	万元	16972	56075	5	5499
拥有注册商标数	件	5770	19618	999	10
#境外注册	件	1472	2869	162	1
形成国家或行业标准数	项	919	2827	50	344
政府相关政策落实情况					
使用来自政府部门的科技活动资金	万元	124620	337375	3984	8068
研究开发费用加计扣除减免税	万元	49033	133562	2377	1674
高新技术企业减免税	万元	111948	317988	3935	26508
技术获取和技术改造情况					
引进技术经费支出	万元	60091	214028	5235	6257
消化吸收经费支出	万元	111337	202695	893	1714
购买国内技术经费支出	万元	51567	154763	1447	2221
技术改造经费支出	万元	1380748	3188171	28817	23854

股份合作企业	联营企业	有限责任公司	股份有限公司	私营企业	其他企业	港澳台商投资企业	外　商投资企业
6	5	1228	527	1610	12	142	280
77	2176	88665	48740	52622	307	8976	23789
	17	1814	971	1478	8	130	338
4	256	10340	6124	5080	38	694	2105
35	1821	52760	27735	29933	78	4817	12138
1070	87347	3170347	1506522	1737257	6191	260006	602611
1054	17560	2073363	990042	996109	4477	154717	408821
125	125	365820	239415	190838		53565	109080
19	77	12387	4902	7862	62	1129	2397
4244	62270	3920632	1575866	2722320	16089	322309	954047
39929	794400	70469882	23130683	23454313	43718	4495790	11223882
420	7569	6725538	1936686	2858196	11167	1211554	3054087
17	311	14177	6797	11693	52	1149	2262
2	184	5094	2540	4697	15	355	910
82	41	5560	3148	5322	63	791	1927
		108	94	84		34	105
		207	155	252		24	130
		16539	13210	20821		260	680
4	167	8513	4824	5084	17	1252	4000
	13	1571	574	547	1	254	1021
		1089	785	557	2	83	137
74	55	144062	86678	94105	349	8641	24644
		60618	52294	16599		3054	18424
57		117072	120323	50094		26128	70396
	2135	99978	57336	42998	90	2330	20785
	3348	63673	97690	35354	23	2336	10005
30	7048	86738	23166	33362	750	29721	14586
664	26893	1908539	685343	509300	4762	88705	106889

1-A-3 制造业企业R&D及

指标	单位	制造业合计	农副食品加工业	食品制造业	酒、饮料和精制茶制造业	烟草制品业	纺织业
企业基本情况							
有R&D活动的企业	个	3649	183	110	62	3	117
有研发机构的企业	个	2709	136	80	44	1	86
有新产品销售的企业	个	2693	132	63	32	1	108
R&D人员情况							
R&D人员合计	人	300489	11493	5475	3963	609	19220
#女性	人	68105	3342	1735	1027	130	7702
#研究人员	人	96676	3220	1541	1545	211	4816
#全时人员	人	215873	7517	3547	2893	58	14404
R&D人员折合全时当量	人年	210236	8255	3805	2971	553	10892
R&D经费情况							
R&D经费内部支出	**万元**	**9678812**	**468815**	**187933**	**134199**	**6071**	**349914**
按支出用途分							
1.日常性支出	万元	8499076	398386	153919	124789	3862	296325
#人员劳务费	万元	1955122	71093	29024	25074	1378	89194
2.资产性支出	万元	1179736	70429	34014	9410	2209	53589
#仪器和设备	万元	1135398	68500	33676	6373	2209	52243
按资金来源分							
政府资金	万元	272930	10062	5210	2702		13341
企业资金	万元	9270225	451061	180658	130705	6071	332197
国外资金	万元	36468	465	181			
其他资金	万元	99191	7227	1884	792		4377
R&D经费外部支出	**万元**	**461574**	**37882**	**4786**	**6850**	**335**	**7245**
#对境内研究机构支出	万元	201749	17392	1249	3869	287	1921
对境内高等学校支出	万元	135655	18253	1782	2655	48	5140
对境外支出	万元	51801	108	69	318		60
R&D项目情况							
项目数	项	29972	1004	645	499	58	1684
参加项目人员	人	274999	10731	4953	3655	500	17718
项目人员折合全时当量	人年	191988	7715	3474	2754	446	9982
项目经费内部支出	万元	8578569	424198	170354	119299	3492	298593
企业办研发机构情况							

相关活动主要指标

纺织服装、服饰业	皮革、毛皮、羽毛及其制品和制鞋业	木材加工和木、竹、藤、棕、草制品业	家具制造业	造纸及纸制品业	印刷和记录媒介复制业	文教、工美、体育和娱乐用品制造业	石油加工及炼焦	化学原料和化学制品制造业	医药制造业
32	21	16	20	34	17	57	45	514	220
27	15	14	15	30	9	35	36	395	167
34	18	10	20	27	14	38	28	332	149
4612	921	506	745	4500	568	2964	4258	32934	19286
2305	256	51	116	1018	124	913	699	7337	6736
1169	295	77	87	1300	166	1006	1463	10798	6950
2512	681	267	236	2784	459	1892	2697	22550	14709
3011	495	359	298	2774	379	1853	2989	24349	15279
99047	**43116**	**15457**	**11486**	**230954**	**13618**	**68786**	**287223**	**1134182**	**611811**
85708	39510	13382	8476	214880	11837	62177	250610	978372	540828
31302	5970	3388	3211	29822	3012	14555	32606	194820	127569
13339	3605	2075	3010	16074	1781	6610	36613	155811	70984
12609	3326	2056	2975	15433	1776	6467	34520	151163	69211
1262	680	894	10	2403	27	2604	3124	26567	37755
97752	42175	13520	10642	228113	13576	65043	277684	1090186	557435
							5457	2975	314
34	261	1043	834	438	15	1139	958	14455	16307
6122	**518**	**155**	**153**	**6450**	**165**	**1717**	**26488**	**44312**	**71377**
2187	198	71	51	3690	102	946	16530	24689	53803
3679	320	84	102	1449	9	504	5215	14928	15167
256				1231		65	3793	2657	577
749	112	45	55	318	66	340	405	3241	2519
4322	846	472	670	4221	541	2727	3916	29704	17053
2834	456	336	264	2569	363	1706	2727	21964	13378
93320	40003	13594	8528	200714	11835	63522	267698	1029860	555865

1-A-3 续表 1

指　　标	单位	制造业 合　计	农副食品 加 工 业	食　品 制造业	酒、饮料 和精制茶 制 造 业	烟　草 制品业	纺织业
机构数	个	3792	177	107	67	1	121
机构人员数	人	218511	7626	4133	3220	148	10829
#博士	人	4575	305	119	81	6	175
硕士	人	23795	1025	420	289	24	663
本科	人	125402	4209	2366	1501	85	5377
机构经费支出	万元	7049523	322861	105401	75671	17748	205061
仪器和设备原价	万元	4515858	249357	111595	53354	13107	273655
#进口	万元	964028	40688	5055	16040	11936	67103
新产品开发及生产情况							
新产品开发项目数	项	30235	1049	587	414	85	1562
新产品开发经费支出	万元	9724896	511595	158145	113096	22693	334978
新产品销售收入	万元	137866039	4085785	1539768	1067761	822160	17577665
#新产品出口	万元	17332037	540846	368445	80854	9125	1367643
自主知识产权及相关情况							
专利申请数	件	37431	1013	359	358	39	920
#发明专利	件	14457	501	217	58	10	291
有效发明专利数	件	17620	496	274	124	87	263
#境外授权	件	470			6		14
专利所有权转让及许可数	件	889	16	87			9
专利所有权转让及许可收入	万元	54273	5038				
拥有注册商标数	件	24768	721	870	1841	683	1153
#境外注册	件	4143	91	29	437	123	670
形成国家或行业标准数	项	2640	81	34	29	13	71
政府相关政策落实情况							
使用来自政府部门的科技活动资金	万元	324978	16635	6266	3187		13952
研究开发费用加计扣除减免税	万元	145481	785	3511	626		8577
高新技术企业减免税	万元	410473	1040	3466	113		5517
技术获取和技术改造情况							
引进技术经费支出	万元	237043	1415	17	3453		4326
消化吸收经费支出	万元	210367	11172	8594	836		548
购买国内技术经费支出	万元	193825	11610	2083	677		2322
技术改造经费支出	万元	3012347	61887	100056	27550		30471

纺织服装、服饰业	皮革、毛皮、羽毛及其制品和制鞋业	木材加工和木、竹、藤、棕、草制品业	家具制造业	造纸及纸制品业	印刷和记录媒介复制业	文教、工美、体育和娱乐用品制造业	石油加工及炼焦	化学原料和化学制品制造业	医药制造业
43	17	16	17	38	9	46	50	557	259
3729	1039	289	291	3921	541	2406	4323	27086	15007
49	14	13	4	87	19	41	82	653	600
190	43	21	19	241	63	161	352	2753	3338
1888	414	162	148	2447	239	1280	2418	15226	8213
95366	34438	13979	3015	212815	9615	46205	347452	976560	458115
68409	16625	6192	2966	76048	14794	45637	203987	568802	354189
37179	1318	450	340	29909	3696	17377	25941	75881	80037
767	116	71	38	283	84	330	356	2973	2540
111496	34892	13694	7896	166006	27048	69177	353248	1039112	634119
1306371	786544	127924	67565	3945097	93245	787050	6910649	16218744	6463944
556362	87378	57754	13400	319127	605	204832	30867	1213662	578244
179	229	68	61	296	328	657	249	3120	1826
49	32	46	21	199	136	84	144	1730	1209
60	22	68	9	241	24	109	260	2412	1950
3				2		4	8	69	70
2		4					6	90	78
		230					393	6235	3827
590	109	14	47	262	39	256	551	3963	5431
158	16	7	2	14	2	70		251	322
41	13	9	3	49	11	31	47	253	338
1366	1090	1105	10	3739	72	2682	4943	33827	40704
142			38	5153	338	1057	2094	16128	10251
827	1653			6058	1091	764	4443	27332	79709
974				35649		504	12575	44557	11986
397	26			11623		400	27511	13289	10718
1809	82	302	194	1404		200	43798	13667	59641
10174	2395	2897	5868	81543	2266	12289	233644	670119	235041

1-A-3 续表 2

指　　标	单位	化学纤维制造业	橡胶和塑料制品业	非金属矿物制品业	黑色金属冶炼和压延加工业	有色金属冶炼和压延加工业	金　属制品业
企业基本情况							
有R&D活动的企业	个	10	137	217	58	60	181
有研发机构的企业	个	6	96	162	41	47	134
有新产品销售的企业	个	8	89	166	34	41	130
R&D人员情况							
R&D人员合计	人	1275	12406	12307	9407	7503	9594
#女性	人	319	3286	2285	1601	1238	1618
#研究人员	人	615	3186	3617	4404	2078	2852
#全时人员	人	732	8613	8208	5718	5017	6390
R&D人员折合全时当量	人年	985	8734	8671	6960	5501	6806
R&D经费情况							
R&D经费内部支出	**万元**	**39659**	**470479**	**299353**	**353946**	**626565**	**307617**
按支出用途分							
1.日常性支出	万元	38152	405041	262109	328805	563181	246803
#人员劳务费	万元	10752	75804	61879	65854	93986	58393
2.资产性支出	万元	1507	65439	37244	25141	63384	60814
#仪器和设备	万元	1495	62030	36652	22857	61858	59376
按资金来源分							
政府资金	万元	1847	7660	14610	1808	7943	6386
企业资金	万元	37812	455421	279282	350684	613828	298060
国外资金	万元		1020	394	10	2588	1131
其他资金	万元		6379	5067	1444	2206	2040
R&D经费外部支出	**万元**	**2456**	**21708**	**5753**	**13551**	**5907**	**9397**
#对境内研究机构支出	万元	958	3348	3927	6585	2749	4500
对境内高等学校支出	万元	1498	15590	1247	6518	2718	2586
对境外支出	万元		2756	496		395	2203
R&D项目情况							
项目数	项	111	1061	1267	719	686	966
参加项目人员	人	1197	11451	11283	8544	6955	8367
项目人员折合全时当量	人年	931	8102	7930	6316	5067	5839
项目经费内部支出	万元	36991	405242	260411	303199	563668	266181
企业办研发机构情况							

通用设备制造业	专用设备制造业	汽　车制造业	铁路、船舶、航空航天和其他运输设备制造业	电气机械和器材制造业	计算机、通信和其他电子设备制造业	仪器仪表制造业	其　他制造业	废弃资源综合利用业	金属制品、机械和设备修理业
462	335	158	56	272	135	106	3	2	6
353	237	109	44	217	97	68	3	2	3
372	256	117	46	225	103	92	2	1	5
30894	24486	16232	7890	21987	28750	4840	64	59	741
5653	4186	2433	1451	4331	5175	942	16	5	75
10626	7521	5792	2876	7667	8980	1557	6	5	250
23291	17627	11731	6052	16340	24235	3925	57	20	711
19586	16519	11535	5553	14729	22195	3474	57	46	621
701809	**595826**	**647004**	**198117**	**949151**	**727591**	**92250**	**2278**	**1010**	**3544**
572131	505566	576730	178562	851004	698667	83195	2058	907	3105
162153	117858	121736	59933	210969	219583	31286	401	170	2349
129678	90260	70275	19555	98147	28925	9056	220	103	438
125975	86813	66645	18980	92566	28379	8498	206	102	428
28983	22238	10699	9557	25530	24593	4405	5		25
662126	561178	632069	187494	920184	681980	87071	1689	1010	3519
1882	1600	3181	251	202	14818				
8817	10810	1055	815	3236	6200	775	584		
20674	**9876**	**25060**	**43876**	**72438**	**12784**	**3527**	**10**	**3**	**0**
7362	4375	16640	10469	9063	3556	1225	10		
5039	4562	3887	10855	9235	1968	617		3	0
7719	730	1698	9873	14633	484	1681			
2998	2143	1903	701	3235	1818	581	8	5	30
28277	22618	14725	7324	20043	26937	4453	40	54	702
17901	15241	10402	5229	13271	20926	3196	35	42	591
614557	510484	567772	176394	841244	644269	81135	1920	1008	3221

1-A-3 续表 3

指　标	单位	化学纤维制造业	橡胶和塑料制品业	非金属矿物制品业	黑色金属冶炼和压延加工业	有色金属冶炼和压延加工业	金属制品业
机构数	个	6	122	209	54	58	179
机构人员数	人	928	7351	8490	7121	5719	7971
#博士	人	25	113	207	121	83	176
硕士	人	111	412	683	677	367	498
本科	人	721	3912	4702	4498	3518	3974
机构经费支出	万元	31504	406727	156635	341640	417843	214667
仪器和设备原价	万元	19252	190682	183027	138069	113980	189041
#进口	万元	5165	75044	50057	9600	38260	31428
新产品开发及生产情况							
新产品开发项目数	项	109	1059	1165	609	564	981
新产品开发经费支出	万元	44186	509799	240091	342358	510636	286076
新产品销售收入	万元	482271	6620634	2200077	5540559	10862137	2770333
#新产品出口	万元	137671	1822707	308418	481712	919036	413074
自主知识产权及相关情况							
专利申请数	件	46	902	1164	1085	610	1350
#发明专利	件	20	324	438	490	283	400
有效发明专利数	件	80	280	930	376	360	413
#境外授权	件	6	2		3	8	2
专利所有权转让及许可数	件		15	111	6	13	33
专利所有权转让及许可收入	万元		680	11545		2080	2
拥有注册商标数	件	80	747	705	302	215	439
#境外注册	件	20	194	330	59	34	59
形成国家或行业标准数	项	9	84	116	27	70	113
政府相关政策落实情况							
使用来自政府部门的科技活动资金	万元	2014	7874	15905	1866	8393	7394
研究开发费用加计扣除减免税	万元	624	3319	3513	736	74	14969
高新技术企业减免税	万元	853	23496	6068	41	2616	7116
技术获取和技术改造情况							
引进技术经费支出	万元		6752	6521	11311	8012	1305
消化吸收经费支出	万元	1404	9327	13213	5741	774	2724
购买国内技术经费支出	万元	995	2534	1334	7432	5369	1004
技术改造经费支出	万元	13041	55136	272833	343672	76478	62637

通用设备制造业	专用设备制造业	汽车制造业	铁路、船舶、航空航天和其他运输设备制造业	电气机械和器材制造业	计算机、通信和其他电子设备制造业	仪器仪表制造业	其他制造业	废弃资源综合利用业	金属制品、机械和设备修理业
505	339	160	63	322	141	101	3	2	3
24196	16127	12136	6339	13775	20130	3263	48	86	243
373	283	151	68	394	244	87	1		1
2065	1821	898	918	2164	3185	379	2	6	7
14153	10673	7793	3854	7815	11514	1986	18	71	227
522538	408419	405487	182800	400523	578734	53122	713	1216	2655
467017	249591	260524	138016	276876	194342	33506	1142	628	1453
131471	34622	45529	19093	83180	26211	1419			
3246	2521	1978	813	3242	1946	704	4	7	32
741735	690221	711664	239369	932456	774745	96664	1716	2054	3931
6548190	6073998	9173720	3602048	11227421	10123719	795444	12462	10170	22585
385885	1215913	1222585	523979	1582958	2854018	28153			6782
4302	4657	2541	911	4993	4037	1057	11	31	32
1434	1533	433	328	1759	1927	336	3	14	8
2123	1467	545	301	2098	1651	570	9	11	7
52	18	6	13	67	90	27			
72	40	44	7	194	39	23			
1831	8593	7173		6407		240			
988	917	1092	200	920	1360	255	16	2	
206	207	139	27	67	603	6			
235	244	68	82	477	51	40		1	
34563	27431	11219	11733	31302	30082	5596	5		25
12724	14653	13748	5463	9721	11026	5203	910		100
44406	47918	13810	37076	46858	40058	7749		8	390
27449	835	9073	3193	28317	18547	175			100
70401	1587	5959	4900	4778	4184	261			
9767	1403	4620	14082	5892	1277	329			
209543	108950	153462	31428	101076	95424	12228	240		

1-A-4 分地区企业R&D及

指　　标	单位	济南市	青岛市	淄博市	枣庄市	东营市	烟台市
企业基本情况							
有R&D活动的企业	个	388	615	367	116	97	336
有研发机构的企业	个	242	438	284	108	86	211
有新产品销售的企业	个	280	445	259	92	67	214
R&D人员情况							
R&D人员合计	人	33644	47305	27395	7431	13938	37661
#女性	人	6863	10878	6543	1546	3710	7274
#研究人员	人	13072	14725	9105	3093	8158	9491
#全时人员	人	25673	35737	18884	4532	10168	27221
R&D人员折合全时当量	人年	25710	33304	19930	5999	9693	27229
R&D经费情况							
R&D经费内部支出	**万元**	**801135**	**1674420**	**756675**	**218105**	**766209**	**1496277**
按支出用途分							
1.日常性支出	万元	722075	1538255	645093	189033	650112	1355484
#人员劳务费	万元	214853	412037	159073	55868	154317	305441
2.资产性支出	万元	79060	136165	111582	29072	116098	140793
#仪器和设备	万元	76980	128128	108449	27664	113579	134326
按资金来源分							
政府资金	万元	40692	33468	21716	8169	47449	33864
企业资金	万元	749952	1618558	721008	209240	711098	1456510
国外资金	万元	3332	14951	3713		2242	1413
其他资金	万元	7159	7444	10238	696	5421	4491
R&D经费外部支出	**万元**	**34433**	**118799**	**25989**	**4766**	**55743**	**27794**
#对境内研究机构支出	万元	15541	20537	14811	1537	22817	15223
对境内高等学校支出	万元	13326	20299	7262	2802	27628	11060
对境外支出	万元	4318	24582	1878	305	3370	499
R&D项目情况							
项目数	项	3372	6326	2553	589	1157	3137
参加项目人员	人	30849	42312	24377	6761	12700	35124
项目人员折合全时当量	人年	23615	29492	17559	5474	8861	25467
项目经费内部支出	万元	713670	1447036	661989	197656	587658	1399829
企业办研发机构情况							

相关活动主要指标

潍坊市	济宁市	泰安市	威海市	日照市	莱芜市	临沂市	德州市	聊城市	滨州市	菏泽市
532	171	142	191	46	41	225	123	97	140	120
409	135	93	116	34	40	146	115	78	93	129
425	139	92	134	41	36	153	102	71	80	94
38963	16701	17539	17115	3916	5691	15711	10068	10267	16798	6650
9083	4675	2900	4035	916	1006	2955	2720	2124	4706	1538
13123	5927	6027	4692	1269	3056	5107	2780	4076	3678	2204
28348	9584	10297	12315	2723	3118	9632	7425	7045	12304	4524
25960	10515	9636	11501	2353	4010	11677	7295	6208	11557	4826
1018078	**475124**	**555168**	**476182**	**133968**	**157545**	**534208**	**291721**	**437764**	**520516**	**215002**
877211	423198	486866	419116	123646	139964	459860	256919	380503	427997	176648
209493	132691	121234	105171	21320	32099	95181	45715	56276	81881	37299
140867	51927	68301	57066	10322	17581	74348	34802	57262	92519	38354
133551	50513	65221	52680	10100	17018	71214	33727	53976	89981	37486
20696	12743	10593	27482	2946	5357	17518	4648	11780	12134	4751
977982	458741	542632	444124	130630	149085	510266	284353	418992	485153	207160
1858	6	1005	1167		10	367	499	1281	3344	1281
17542	3635	938	3409	392	3094	6058	2221	5711	19886	1810
47439	**29797**	**12550**	**29413**	**4594**	**4833**	**27326**	**6396**	**23685**	**35814**	**37092**
18485	15695	6593	9749	2948	3834	18579	3022	13010	17591	31802
11515	13773	4625	13603	1347	927	8106	3192	8933	16643	4960
11177	80	831	3568	19		116	103	25	634	301
3233	1572	1750	1742	555	399	1402	908	906	1605	700
36045	15725	16292	15639	3583	5236	14425	9287	9338	15689	6146
23914	9903	8945	10550	2154	3664	10749	6698	5718	10770	4449
915180	419205	469762	416931	120795	126761	472899	267253	381183	483979	199431

1-A-4 续表 1

指 标	单位	济南市	青岛市	淄博市	枣庄市	东营市	烟台市
机构数	个	335	576	373	172	163	290
机构人员数	人	25024	30532	19190	5366	13231	27364
#博士	人	466	575	396	109	466	499
硕士	人	3977	4552	1636	426	2049	2494
本科	人	15843	17068	10598	3042	7606	15202
机构经费支出	万元	586718	851613	545628	179328	760252	1184288
仪器和设备原价	万元	476036	481352	366127	82654	436483	474225
#进口	万元	73528	87063	72517	8500	65700	152434
新产品开发及生产情况							
新产品开发项目数	项	3671	6700	2004	565	928	2890
新产品开发经费支出	万元	854558	1743534	598000	192732	718800	1355981
新产品销售收入	万元	11698057	23113852	7703662	611959	8856709	19145383
#新产品出口	万元	1347544	4518662	926231	41698	917195	3638709
自主知识产权及相关情况							
专利申请数	件	6606	8111	3064	1112	1635	2373
#发明专利	件	2603	3679	1076	492	593	812
有效发明专利数	件	2488	3442	2072	297	609	1551
#境外授权	件	27	102	13		5	109
专利所有权转让及许可数	件	94	207	85	16	34	64
专利所有权转让及许可收入	万元	1105	6500	395	13	8595	5000
拥有注册商标数	件	4208	4740	2534	122	762	1988
#境外注册	件	652	996	628		228	262
形成国家或行业标准数	项	302	646	216	51	469	180
政府相关政策落实情况							
使用来自政府部门的科技活动资金	万元	50221	39622	22493	9002	51260	40223
研究开发费用加计扣除减免税	万元	25377	30743	11601	409	4469	18944
高新技术企业减免税	万元	49724	131970	29761	1188	3981	39080
技术获取和技术改造情况							
引进技术经费支出	万元	11220	21190	24340	5206	4058	15350
消化吸收经费支出	万元	21238	10404	6036	800	11629	9271
购买国内技术经费支出	万元	13009	13161	15047	1281	5688	20921
技术改造经费支出	万元	570591	152437	176515	37106	191454	567827

潍坊市	济宁市	泰安市	威海市	日照市	莱芜市	临沂市	德州市	聊城市	滨州市	菏泽市
559	204	149	185	49	55	221	146	124	133	163
26800	10908	9303	11524	3978	4029	10372	9047	9465	10251	5974
520	260	158	194	96	95	295	202	185	301	199
2395	1424	876	1033	356	380	1643	750	616	877	685
15651	5552	5390	6165	2497	2294	6045	5154	5822	6111	3379
901175	391540	196852	343412	73275	220512	304082	237275	245201	334800	236442
535086	238080	134403	348859	90714	53875	202165	170161	245564	344883	112152
175265	34117	25469	107579	24797	7886	30606	27573	36707	48018	25544
3534	1438	1373	1922	558	458	1352	978	787	1320	622
1272894	484576	346827	490503	181269	167585	476840	347173	319003	445616	210452
14882871	6671152	2561373	5994396	2323412	2768609	4147829	3598684	6917262	17524070	4322504
1253136	350592	100567	1868821	307142	239928	396918	168595	280090	780519	200777
5341	2059	1328	1785	406	808	1620	900	998	1087	797
1792	567	385	795	122	295	564	288	320	434	437
2385	641	558	867	144	340	1166	508	428	465	379
79	1	7	78	1	4	22	5	12	9	
159	22	78	7	3	16	48	25	49	49	16
1885	3457	18278	1130	35	120	1213	94	3368	1800	4030
1502	1172	539	1045	285	123	2166	734	839	1702	409
273	202	217	237	41	48	77	88	118	29	48
193	113	95	118	24	27	222	98	142	65	86
25992	16154	12315	29907	4023	5847	20213	7724	13070	17093	5502
18915	3338	13240	6036	1660	526	4580	1381	5456	6081	2284
38909	6442	20044	18288	10930	586	28300	4681	15190	4510	10927
28355	40840	2075	24248	7221	16215	1584	655	11501	17841	5244
70452	6342	4906	21498	3526	11165	3711	2617	11926	17110	2406
30679	2991	3143	8396	4573	699	9528	3303	7163	28658	30831
303481	104748	103888	243138	224403	194424	218334	36094	64182	80122	115024

B.企业基本情况

1-B-1 分登记注册类型企业基本情况

单位：个

登记注册类型	有R&D活动的企业	有研发机构的企业	有新产品销售的企业
总　计	**3747**	**2757**	**2724**
国有及国有控股	**319**	**225**	**229**
内资企业	**3264**	**2438**	**2381**
国有企业	59	37	32
集体企业	19	17	14
股份合作企业	8	5	7
联营企业	1	1	1
国有联营企业	1	1	1
集体联营企业			
国有与集体联营企业			
其他联营企业			
有限责任公司	1088	837	832
国有独资公司	62	51	47
其他有限责任公司	1026	786	785
股份有限公司	319	272	266
私营企业	1754	1259	1220
私营独资企业	63	35	28
私营合伙企业	2	3	1
私营有限责任公司	1560	1130	1099
私营股份有限公司	129	91	92
其他企业	16	10	9
港、澳、台商投资企业	**158**	**102**	**109**
合资经营企业	99	70	66
合作经营企业	4	3	4
港、澳、台商独资经营企业	50	24	34
港、澳、台商投资股份有限公司	5	5	5
其他港澳台投资企业			
外商投资企业	**325**	**217**	**234**
中外合资经营企业	206	137	153
中外合作经营企业	11	9	8
外资企业	94	60	62
外商投资股份有限公司	13	11	10
其他外商投资企业	1		1

1-B-2　分登记注册类型大中型企业基本情况

单位：个

登记注册类型	有R&D活动的企业	有研发机构的企业	有新产品销售的企业
总　计	**1586**	**1272**	**1216**
国有及国有控股	**242**	**185**	**176**
内资企业	**1318**	**1085**	**1028**
国有企业	37	28	22
集体企业	10	9	8
股份合作企业	2	1	2
联营企业	1	1	1
国有联营企业	1	1	1
集体联营企业			
国有与集体联营企业			
其他联营企业			
有限责任公司	538	457	436
国有独资公司	53	45	42
其他有限责任公司	485	412	394
股份有限公司	239	215	201
私营企业	489	373	357
私营独资企业	13	6	5
私营合伙企业			
私营有限责任公司	416	326	308
私营股份有限公司	60	41	44
其他企业	2	1	1
港、澳、台商投资企业	**90**	**64**	**62**
合资经营企业	63	47	44
合作经营企业	1	1	2
港、澳、台商独资经营企业	22	12	12
港、澳、台商投资股份有限公司	4	4	4
其他港澳台投资企业			
外商投资企业	**178**	**123**	**126**
中外合资经营企业	114	72	79
中外合作经营企业	6	6	5
外资企业	47	35	34
外商投资股份有限公司	11	10	8
其他外商投资企业			

1-B-3 分行业企业基本情况

单位：个

行 业	有R&D活动的企业	有研发机构的企业	有新产品销售的企业
总 计	**3747**	**2757**	**2724**
采矿业	**63**	**36**	**23**
煤炭开采和洗选业	27	16	9
烟煤和无烟煤开采洗选	26	15	8
褐煤开采洗选	1	1	1
其他煤炭采选			
石油和天然气开采业	1	1	
石油开采	1	1	
天然气开采			
黑色金属矿采选业	11	6	4
铁矿采选	11	6	4
锰矿、铬矿采选			
其他黑色金属矿采选			
有色金属矿采选业	13	7	5
常用有色金属矿采选	2	1	2
贵金属矿采选	11	6	3
稀有稀土金属矿采选			
非金属矿采选业	10	5	4
土砂石开采	6	3	2
化学矿开采			
采盐	3	1	1
石棉及其他非金属矿采选	1	1	1
开采辅助活动	1	1	1
煤炭开采和洗选辅助活动			
石油和天然气开采辅助活动	1	1	1
其他开采辅助活动			
其他采矿业			
其他采矿业			
制造业	**3649**	**2709**	**2693**
农副食品加工业	183	136	132
谷物磨制	11	10	8
饲料加工	22	14	14
植物油加工	22	20	21
制糖业	1	1	1
屠宰及肉类加工	37	26	19
水产品加工	31	23	22
蔬菜、水果和坚果加工	33	22	26
其他农副食品加工	26	20	21
食品制造业	110	80	63
焙烤食品制造	3	4	2
糖果、巧克力及蜜饯制造	10	5	4
方便食品制造	4	2	2
乳制品制造	7	5	4
罐头食品制造	9	9	5
调味品、发酵制品制造	14	11	9
其他食品制造	63	44	37
酒、饮料和精制茶制造业	62	44	32
酒的制造	44	36	25
饮料制造	12	8	7
精制茶加工	6		

1-B-3　续表 1　　单位：个

行　业	有R&D活动的企业	有研发机构的企业	有新产品销售的企业
烟草制品业	3	1	1
烟叶复烤	1		
卷烟制造	2	1	1
其他烟草制品制造			
纺织业	117	86	108
棉纺织及印染精加工	76	59	76
毛纺织及染整精加工	7	5	2
麻纺织及染整精加工			
丝绢纺织及印染精加工	3	2	1
化纤织造及印染精加工	4	3	3
针织或钩针编织物及其制品制造	7	5	7
家用纺织制成品制造	11	8	12
非家用纺织制成品制造	9	4	7
纺织服装、服饰业	32	27	34
机织服装制造	22	21	26
针织或钩针编织服装制造	8	5	6
服饰制造	2	1	2
皮革、毛皮、羽毛及其制品和制鞋业	21	15	18
皮革鞣制加工	6	4	2
皮革制品制造	1	1	2
毛皮鞣制及制品加工	3	3	
羽毛(绒)加工及制品制造	1		
制鞋业	10	7	14
木材加工和木、竹、藤、棕、草制品业	16	14	10
木材加工	1		
人造板制造	8	8	7
木制品制造	6	6	3
竹、藤、棕、草等制品制造	1		
家具制造业	20	15	20
木质家具制造	18	14	19
竹、藤家具制造			
金属家具制造			
塑料家具制造	1	1	
其他家具制造	1		1
造纸和纸制品业	34	30	27
纸浆制造	2	1	1
造纸	28	23	21
纸制品制造	4	6	5
印刷和记录媒介复制业	17	9	14
印刷	16	8	14
装订及印刷相关服务	1	1	
记录媒介复制			
文教、工美、体育和娱乐用品制造业	57	35	38
文教办公用品制造	8	6	4
乐器制造			
工艺美术品制造	34	21	25
体育用品制造	9	5	5
玩具制造	3	2	3
游艺器材及娱乐用品制造	3	1	1

1-B-3 续表 2

单位：个

行　业	有R&D活动的企业	有研发机构的企业	有新产品销售的企业
石油加工及炼焦	45	36	28
化学原料和化学制品制造业	514	395	332
基础化学原料制造	90	68	49
肥料制造	42	39	28
农药制造	32	24	19
涂料、油墨、颜料及类似产品制造	21	16	16
合成材料制造	96	67	63
专用化学产品制造	223	173	150
炸药、火工及焰火产品制造	4	4	4
日用化学产品制造	6	4	3
医药制造业	220	167	149
化学药品原料药制造	42	35	30
化学药品制剂制造	43	28	35
中药饮片加工	5	4	3
中成药生产	32	25	19
兽用药品制造	21	17	14
生物药品制造	61	45	31
卫生材料及医药用品制造	16	13	17
化学纤维制造业	10	6	8
纤维素纤维原料及纤维制造	4	3	3
合成纤维制造	6	3	5
橡胶和塑料制品业	137	96	89
橡胶制品业	72	55	51
塑料制品业	65	41	38
非金属矿物制品业	217	162	166
水泥、石灰和石膏制造	9	7	6
石膏、水泥制品及类似制品制造	17	12	14
砖瓦、石材等建筑材料制造	42	27	27
玻璃制造	11	7	6
玻璃制品制造	25	19	20
玻璃纤维和玻璃纤维增强塑料制品制造	23	23	22
陶瓷制品制造	36	26	27
耐火材料制品制造	19	12	21
石墨及其他非金属矿物制品制造	35	29	23
黑色金属冶炼和压延加工业	58	41	34
炼铁	3	2	2
炼钢	5	4	3
黑色金属铸造	20	14	9
钢压延加工	27	19	20
铁合金冶炼	3	2	
有色金属冶炼和压延加工业	60	47	41
常用有色金属冶炼	4	4	2
贵金属冶炼	3	2	1
稀有稀土金属冶炼	4	2	2
有色金属合金制造	10	8	7
有色金属铸造	1	1	1
有色金属压延加工	38	30	28

1-B-3　续表 3　　单位：个

行　业	有R&D活动的企业	有研发机构的企业	有新产品销售的企业
金属制品业	181	134	130
结构性金属制品制造	29	21	24
金属工具制造	9	5	6
集装箱及金属包装容器制造	12	8	7
金属丝绳及其制品制造	9	6	4
建筑、安全用金属制品制造	13	12	12
金属表面处理及热处理加工	3	4	3
搪瓷制品制造	2	1	1
金属制日用品制造	5	3	1
其他金属制品制造	99	74	72
通用设备制造业	462	353	372
锅炉及原动设备制造	63	52	49
金属加工机械制造	116	91	95
物料搬运设备制造	19	11	16
泵、阀门、压缩机及类似机械制造	95	79	85
轴承、齿轮和传动部件制造	27	17	19
烘炉、风机、衡器、包装等设备制造	86	59	65
文化、办公用机械制造	4	1	3
通用零部件制造	41	36	31
其他通用设备制造业	11	7	9
专用设备制造业	335	237	256
采矿、冶金、建筑专用设备制造	116	81	82
化工、木材、非金属加工专用设备制造	45	35	34
食品、饮料、烟草及饲料生产专用设备制造	12	4	10
印刷、制药、日化及日用品生产专用设备制造	14	13	12
纺织、服装和皮革加工专用设备制造	12	14	12
电子和电工机械专用设备制造	28	21	25
农、林、牧、渔专用机械制造	31	24	25
医疗仪器设备及器械制造	27	17	21
环保、社会公共服务及其他专用设备制造	50	28	35
汽车制造业	158	109	117
汽车整车制造	19	17	18
改装汽车制造	26	19	25
低速载货汽车制造	2	1	1
电车制造	4	3	1
汽车车身、挂车制造	3		1
汽车零部件及配件制造	104	69	71
铁路、船舶、航空航天和其他运输设备制造业	56	44	46
铁路运输设备制造	20	17	16
城市轨道交通设备制造			
船舶及相关装置制造	25	18	21
航空、航天器及设备制造	2	1	1
摩托车制造	5	3	3
自行车制造	2	4	4
非公路休闲车及零配件制造			
潜水救捞及其他未列明运输设备制造	2	1	1
电气机械和器材制造业	272	217	225
电机制造	35	23	24
输配电及控制设备制造	95	81	80

1-B-3 续表 4 单位：个

行 业	有R&D活动的企业	有研发机构的企业	有新产品销售的企业
电线、电缆、光缆及电工器材制造	44	38	37
电池制造	25	17	14
家用电力器具制造	31	23	26
非电力家用器具制造	18	14	16
照明器具制造	16	14	18
其他电气机械及器材制造	8	7	10
计算机、通信和其他电子设备制造业	135	97	103
计算机制造	14	8	9
通信设备制造	24	15	15
广播电视设备制造	7	5	4
雷达及配套设备制造			
视听设备制造	1	1	3
电子器件制造	34	29	34
电子元件制造	45	31	30
其他电子设备制造	10	8	8
仪器仪表制造业	106	68	92
通用仪器仪表制造	72	46	62
专用仪器仪表制造	25	16	23
钟表与计时仪器制造	4	4	3
光学仪器及眼镜制造	3	2	4
其他仪器仪表制造业	2		
其他制造业	3	3	2
废弃资源综合利用业	2	2	1
金属废料和碎屑加工处理			1
非金属废料和碎屑加工处理	2	2	
金属制品、机械和设备修理业	6	3	5
金属制品修理			
通用设备修理			
专用设备修理	2	1	1
铁路、船舶、航空航天等运输设备修理	2	1	2
电气设备修理			
仪器仪表修理			
其他机械和设备修理业	2	1	2
电力、热力、燃气及水生产和供应业	**35**	**12**	**8**
电力、热力生产和供应业	29	9	5
电力生产	12	3	2
电力供应	16	4	2
热力生产和供应	1	2	1
燃气生产和供应业	1		1
燃气生产和供应业	1		1
水的生产和供应业	5	3	2
自来水生产和供应	2	1	1
污水处理及其再生利用	3	2	1
其他水的处理、利用与分配			

1-B-4　分行业大中型企业基本情况

单位：个

行　业	有R&D活动的企业	有研发机构的企业	有新产品销售的企业
总　计	**1586**	**1272**	**1216**
采矿业	**49**	**29**	**16**
煤炭开采和洗选业	27	16	9
烟煤和无烟煤开采洗选	26	15	8
褐煤开采洗选	1	1	1
其他煤炭采选			
石油和天然气开采业	1	1	
石油开采	1	1	
天然气开采			
黑色金属矿采选业	7	4	2
铁矿采选	7	4	2
锰矿、铬矿采选			
其他黑色金属矿采选			
有色金属矿采选业	12	7	4
常用有色金属矿采选	1	1	1
贵金属矿采选	11	6	3
稀有稀土金属矿采选			
非金属矿采选业	1		
土砂石开采			
化学矿开采			
采盐	1		
石棉及其他非金属矿采选			
开采辅助活动	1	1	1
煤炭开采和洗选辅助活动			
石油和天然气开采辅助活动	1	1	1
其他开采辅助活动			
其他采矿业			
其他采矿业			
制造业	**1523**	**1236**	**1197**
农副食品加工业	79	68	66
谷物磨制	3	2	1
饲料加工	3	3	3
植物油加工	12	12	11
制糖业			
屠宰及肉类加工	19	15	13
水产品加工	18	17	16
蔬菜、水果和坚果加工	9	5	8
其他农副食品加工	15	14	14
食品制造业	36	29	22
焙烤食品制造	1	2	1
糖果、巧克力及蜜饯制造	1		
方便食品制造	1	1	
乳制品制造	5	3	3
罐头食品制造	4	3	1
调味品、发酵制品制造	5	6	4
其他食品制造	19	14	13
酒、饮料和精制茶制造业	32	31	27
酒的制造	28	28	23
饮料制造	4	3	4
精制茶加工			

1-B-4 续表 1

单位：个

行 业	有R&D活动的企业	有研发机构的企业	有新产品销售的企业
烟草制品业	2	1	1
烟叶复烤	1		
卷烟制造	1	1	1
其他烟草制品制造			
纺织业	76	66	61
棉纺织及印染精加工	54	49	45
毛纺织及染整精加工	5	3	2
麻纺织及染整精加工			
丝绢纺织及印染精加工	2	1	
化纤织造及印染精加工	2	2	1
针织或钩针编织物及其制品制造	3	3	2
家用纺织制成品制造	8	7	9
非家用纺织制成品制造	2	1	2
纺织服装、服饰业	23	18	21
机织服装制造	16	13	15
针织或钩针编织服装制造	5	4	4
服饰制造	2	1	2
皮革、毛皮、羽毛及其制品和制鞋业	8	6	3
皮革鞣制加工	3	2	1
皮革制品制造	1	1	1
毛皮鞣制及制品加工			
羽毛(绒)加工及制品制造	1		
制鞋业	3	3	1
木材加工和木、竹、藤、棕、草制品业	4	5	3
木材加工			
人造板制造	4	4	3
木制品制造		1	
竹、藤、棕、草等制品制造			
家具制造业	7	6	6
木质家具制造	7	6	6
竹、藤家具制造			
金属家具制造			
塑料家具制造			
其他家具制造			
造纸和纸制品业	21	21	18
纸浆制造		1	
造纸	21	19	17
纸制品制造		1	1
印刷和记录媒介复制业	5	3	2
印刷	4	2	2
装订及印刷相关服务	1	1	
记录媒介复制			
文教、工美、体育和娱乐用品制造业	30	19	23
文教办公用品制造	3	2	2
乐器制造			
工艺美术品制造	21	12	17
体育用品制造	5	4	3
玩具制造			
游艺器材及娱乐用品制造	1	1	1

1-B-4　续表 2　　单位：个

行　业	有R&D活动的企业	有研发机构的企业	有新产品销售的企业
石油加工及炼焦	29	24	16
化学原料和化学制品制造业	190	168	146
基础化学原料制造	38	33	22
肥料制造	24	24	19
农药制造	11	9	11
涂料、油墨、颜料及类似产品制造	5	4	5
合成材料制造	37	30	32
专用化学产品制造	69	63	52
炸药、火工及焰火产品制造	4	3	4
日用化学产品制造	2	2	1
医药制造业	94	73	71
化学药品原料药制造	20	19	16
化学药品制剂制造	26	17	22
中药饮片加工	1	1	1
中成药生产	17	14	11
兽用药品制造	2	1	1
生物药品制造	22	17	14
卫生材料及医药用品制造	6	4	6
化学纤维制造业	6	5	5
纤维素纤维原料及纤维制造	3	3	3
合成纤维制造	3	2	2
橡胶和塑料制品业	65	50	44
橡胶制品业	46	37	31
塑料制品业	19	13	13
非金属矿物制品业	81	60	61
水泥、石灰和石膏制造	5	4	3
石膏、水泥制品及类似制品制造	4	4	5
砖瓦、石材等建筑材料制造	6	4	4
玻璃制造	6	5	4
玻璃制品制造	12	8	9
玻璃纤维和玻璃纤维增强塑料制品制造	12	11	12
陶瓷制品制造	17	11	12
耐火材料制品制造	7	3	7
石墨及其他非金属矿物制品制造	12	10	5
黑色金属冶炼和压延加工业	36	29	25
炼铁	3	2	2
炼钢	5	4	3
黑色金属铸造	8	6	5
钢压延加工	19	16	15
铁合金冶炼	1	1	
有色金属冶炼和压延加工业	37	28	25
常用有色金属冶炼	3	3	1
贵金属冶炼	3	2	1
稀有稀土金属冶炼	1	1	1
有色金属合金制造	5	5	4
有色金属铸造			
有色金属压延加工	25	17	18

1-B-4 续表 3

单位：个

行 业	有R&D活动的企业	有研发机构的企业	有新产品销售的企业
金属制品业	81	63	57
结构性金属制品制造	15	10	12
金属工具制造	6	5	4
集装箱及金属包装容器制造	3	1	3
金属丝绳及其制品制造	6	5	3
建筑、安全用金属制品制造	5	4	3
金属表面处理及热处理加工			
搪瓷制品制造	1	1	1
金属制日用品制造	1	1	
其他金属制品制造	44	36	31
通用设备制造业	172	154	159
锅炉及原动设备制造	29	25	29
金属加工机械制造	38	34	31
物料搬运设备制造	10	5	7
泵、阀门、压缩机及类似机械制造	36	36	39
轴承、齿轮和传动部件制造	9	8	9
烘炉、风机、衡器、包装等设备制造	30	27	28
文化、办公用机械制造	1	1	1
通用零部件制造	17	17	14
其他通用设备制造业	2	1	1
专用设备制造业	105	81	94
采矿、冶金、建筑专用设备制造	43	31	38
化工、木材、非金属加工专用设备制造	12	10	11
食品、饮料、烟草及饲料生产专用设备制造	3	1	2
印刷、制药、日化及日用品生产专用设备制造	4	3	4
纺织、服装和皮革加工专用设备制造	6	6	6
电子和电工机械专用设备制造	9	8	8
农、林、牧、渔专用机械制造	10	9	11
医疗仪器设备及器械制造	7	6	6
环保、社会公共服务及其他专用设备制造	11	7	8
汽车制造业	87	60	67
汽车整车制造	15	14	15
改装汽车制造	19	12	16
低速载货汽车制造	2	1	1
电车制造			
汽车车身、挂车制造	1		
汽车零部件及配件制造	50	33	35
铁路、船舶、航空航天和其他运输设备制造业	37	30	29
铁路运输设备制造	14	13	11
城市轨道交通设备制造			
船舶及相关装置制造	13	8	10
航空、航天器及设备制造	1	1	1
摩托车制造	5	3	3
自行车制造	2	4	3
非公路休闲车及零配件制造			
潜水救捞及其他未列明运输设备制造	2	1	1
电气机械和器材制造业	110	87	90
电机制造	21	18	18
输配电及控制设备制造	32	29	25

1-B-4　续表 4　　单位：个

行　　业	有R&D活动的企业	有研发机构的企业	有新产品销售的企业
电线、电缆、光缆及电工器材制造	26	21	23
电池制造	11	6	8
家用电力器具制造	13	7	9
非电力家用器具制造	4	2	3
照明器具制造	1	2	2
其他电气机械及器材制造	2	2	2
计算机、通信和其他电子设备制造业	43	29	30
计算机制造	9	5	6
通信设备制造	4	1	2
广播电视设备制造	2		
雷达及配套设备制造			
视听设备制造	1	1	2
电子器件制造	10	7	7
电子元件制造	13	11	9
其他电子设备制造	4	4	4
仪器仪表制造业	25	20	24
通用仪器仪表制造	16	13	15
专用仪器仪表制造	8	6	8
钟表与计时仪器制造	1	1	1
光学仪器及眼镜制造			
其他仪器仪表制造业			
其他制造业	1	1	
废弃资源综合利用业			
金属废料和碎屑加工处理			
非金属废料和碎屑加工处理			
金属制品、机械和设备修理业	1	1	1
金属制品修理			
通用设备修理			
专用设备修理			
铁路、船舶、航空航天等运输设备修理	1	1	1
电气设备修理			
仪器仪表修理			
其他机械和设备修理业			
电力、热力、燃气及水生产和供应业	**14**	**7**	**3**
电力、热力生产和供应业	13	6	2
电力生产	8	2	1
电力供应	5	3	1
热力生产和供应		1	
燃气生产和供应业			
燃气生产和供应业			
水的生产和供应业	1	1	1
自来水生产和供应	1	1	1
污水处理及其再生利用			
其他水的处理、利用与分配			

1-B-5 分行业内资企业基本情况

单位：个

行业	有R&D活动的企业	有研发机构的企业	有新产品销售的企业
总计	**3264**	**2438**	**2381**
采矿业	**62**	**36**	**23**
煤炭开采和洗选业	27	16	9
烟煤和无烟煤开采洗选	26	15	8
褐煤开采洗选	1	1	1
其他煤炭采选			
石油和天然气开采业	1	1	
石油开采	1	1	
天然气开采			
黑色金属矿采选业	11	6	4
铁矿采选	11	6	4
锰矿、铬矿采选			
其他黑色金属矿采选			
有色金属矿采选业	13	7	5
常用有色金属矿采选	2	1	2
贵金属矿采选	11	6	3
稀有稀土金属矿采选			
非金属矿采选业	9	5	4
土砂石开采	6	3	2
化学矿开采			
采盐	2	1	1
石棉及其他非金属矿采选	1	1	1
开采辅助活动	1	1	1
煤炭开采和洗选辅助活动			
石油和天然气开采辅助活动	1	1	1
其他开采辅助活动			
其他采矿业			
其他采矿业			
制造业	**3169**	**2391**	**2351**
农副食品加工业	154	116	109
谷物磨制	10	8	6
饲料加工	19	13	11
植物油加工	20	18	19
制糖业	1	1	1
屠宰及肉类加工	35	26	19
水产品加工	22	16	14
蔬菜、水果和坚果加工	27	18	22
其他农副食品加工	20	16	17
食品制造业	93	66	51
焙烤食品制造	2	3	1
糖果、巧克力及蜜饯制造	10	5	4
方便食品制造	3	1	2
乳制品制造	6	5	4
罐头食品制造	6	6	3
调味品、发酵制品制造	12	8	7
其他食品制造	54	38	30
酒、饮料和精制茶制造业	51	34	23
酒的制造	38	30	20
饮料制造	7	4	3
精制茶加工	6		

1-B-5　续表 1　　　　单位：个

行　　业	有R&D活动的企业	有研发机构的企业	有新产品销售的企业
烟草制品业	3	1	1
烟叶复烤	1		
卷烟制造	2	1	1
其他烟草制品制造			
纺织业	101	77	94
棉纺织及印染精加工	66	52	67
毛纺织及染整精加工	6	4	1
麻纺织及染整精加工			
丝绢纺织及印染精加工	3	2	1
化纤织造及印染精加工	4	3	3
针织或钩针编织物及其制品制造	6	5	6
家用纺织制成品制造	9	8	11
非家用纺织制成品制造	7	3	5
纺织服装、服饰业	28	23	30
机织服装制造	18	17	22
针织或钩针编织服装制造	8	5	6
服饰制造	2	1	2
皮革、毛皮、羽毛及其制品和制鞋业	16	14	17
皮革鞣制加工	4	3	2
皮革制品制造	1	1	2
毛皮鞣制及制品加工	3	3	
羽毛(绒)加工及制品制造			
制鞋业	8	7	13
木材加工和木、竹、藤、棕、草制品业	14	12	8
木材加工	1		
人造板制造	7	7	6
木制品制造	5	5	2
竹、藤、棕、草等制品制造	1		
家具制造业	18	14	18
木质家具制造	16	13	17
竹、藤家具制造			
金属家具制造			
塑料家具制造	1	1	
其他家具制造	1		1
造纸和纸制品业	30	27	24
纸浆制造	2	1	1
造纸	24	21	19
纸制品制造	4	5	4
印刷和记录媒介复制业	12	5	9
印刷	11	4	9
装订及印刷相关服务	1	1	
记录媒介复制			
文教、工美、体育和娱乐用品制造业	37	26	25
文教办公用品制造	5	3	2
乐器制造			
工艺美术品制造	23	18	18
体育用品制造	8	5	5
玩具制造	1		
游艺器材及娱乐用品制造			

1-B-5 续表 2

单位：个

行 业	有R&D活动的企业	有研发机构的企业	有新产品销售的企业
石油加工及炼焦	41	35	26
化学原料和化学制品制造业	457	351	288
基础化学原料制造	80	59	41
肥料制造	38	34	23
农药制造	31	23	19
涂料、油墨、颜料及类似产品制造	20	16	15
合成材料制造	82	58	53
专用化学产品制造	196	153	130
炸药、火工及焰火产品制造	4	4	4
日用化学产品制造	6	4	3
医药制造业	180	141	129
化学药品原料药制造	30	26	24
化学药品制剂制造	38	25	32
中药饮片加工	5	4	3
中成药生产	25	20	16
兽用药品制造	20	16	13
生物药品制造	49	39	26
卫生材料及医药用品制造	13	11	15
化学纤维制造业	5	4	5
纤维素纤维原料及纤维制造	3	2	2
合成纤维制造	2	2	3
橡胶和塑料制品业	115	80	76
橡胶制品业	61	47	44
塑料制品业	54	33	32
非金属矿物制品业	192	143	146
水泥、石灰和石膏制造	7	7	6
石膏、水泥制品及类似制品制造	16	11	13
砖瓦、石材等建筑材料制造	40	26	25
玻璃制造	10	6	5
玻璃制品制造	20	15	14
玻璃纤维和玻璃纤维增强塑料制品制造	22	22	21
陶瓷制品制造	31	23	24
耐火材料制品制造	16	10	18
石墨及其他非金属矿物制品制造	30	23	20
黑色金属冶炼和压延加工业	51	35	30
炼铁	3	2	2
炼钢	4	3	3
黑色金属铸造	18	12	8
钢压延加工	23	16	17
铁合金冶炼	3	2	
有色金属冶炼和压延加工业	55	45	40
常用有色金属冶炼	3	3	2
贵金属冶炼	3	2	1
稀有稀土金属冶炼	4	2	2
有色金属合金制造	10	8	7
有色金属铸造	1	1	1
有色金属压延加工	34	29	27

1-B-5 续表 3

单位：个

行 业	有R&D活动的企业	有研发机构的企业	有新产品销售的企业
金属制品业	152	114	112
结构性金属制品制造	26	19	21
金属工具制造	6	2	5
集装箱及金属包装容器制造	11	8	6
金属丝绳及其制品制造	6	5	3
建筑、安全用金属制品制造	12	11	12
金属表面处理及热处理加工	3	4	3
搪瓷制品制造	2	1	1
金属制日用品制造	3	1	
其他金属制品制造	83	63	61
通用设备制造业	415	327	337
锅炉及原动设备制造	54	48	43
金属加工机械制造	109	89	90
物料搬运设备制造	18	11	15
泵、阀门、压缩机及类似机械制造	86	71	78
轴承、齿轮和传动部件制造	27	17	19
烘炉、风机、衡器、包装等设备制造	72	53	55
文化、办公用机械制造	4	1	3
通用零部件制造	34	30	25
其他通用设备制造业	11	7	9
专用设备制造业	306	216	230
采矿、冶金、建筑专用设备制造	106	72	72
化工、木材、非金属加工专用设备制造	38	29	30
食品、饮料、烟草及饲料生产专用设备制造	10	4	7
印刷、制药、日化及日用品生产专用设备制造	12	11	9
纺织、服装和皮革加工专用设备制造	11	13	11
电子和电工机械专用设备制造	28	21	25
农、林、牧、渔专用机械制造	30	24	24
医疗仪器设备及器械制造	24	14	19
环保、社会公共服务及其他专用设备制造	47	28	33
汽车制造业	137	95	104
汽车整车制造	18	16	17
改装汽车制造	23	18	23
低速载货汽车制造	2	1	1
电车制造	4	3	1
汽车车身、挂车制造	3		1
汽车零部件及配件制造	87	57	61
铁路、船舶、航空航天和其他运输设备制造业	46	38	39
铁路运输设备制造	16	13	13
城市轨道交通设备制造			
船舶及相关装置制造	23	17	19
航空、航天器及设备制造			
摩托车制造	3	3	2
自行车制造	2	4	4
非公路休闲车及零配件制造			
潜水救捞及其他未列明运输设备制造	2	1	1
电气机械和器材制造业	249	201	208
电机制造	31	21	21
输配电及控制设备制造	88	76	76

1-B-5 续表 4 单位：个

行　业	有R&D活动的企业	有研发机构的企业	有新产品销售的企业
电线、电缆、光缆及电工器材制造	41	35	35
电池制造	23	16	14
家用电力器具制造	27	19	22
非电力家用器具制造	16	14	14
照明器具制造	15	14	17
其他电气机械及器材制造	8	6	9
计算机、通信和其他电子设备制造业	105	81	83
计算机制造	10	7	7
通信设备制造	20	13	13
广播电视设备制造	7	5	4
雷达及配套设备制造			
视听设备制造	1	1	2
电子器件制造	27	25	29
电子元件制造	32	24	22
其他电子设备制造	8	6	6
仪器仪表制造业	97	64	84
通用仪器仪表制造	65	44	56
专用仪器仪表制造	23	14	21
钟表与计时仪器制造	4	4	3
光学仪器及眼镜制造	3	2	4
其他仪器仪表制造业	2		
其他制造业	2	2	1
废弃资源综合利用业	2	2	
金属废料和碎屑加工处理			
非金属废料和碎屑加工处理	2	2	
金属制品、机械和设备修理业	5	2	4
金属制品修理			
通用设备修理			
专用设备修理	2	1	1
铁路、船舶、航空航天等运输设备修理	1		1
电气设备修理			
仪器仪表修理			
其他机械和设备修理业	2	1	2
电力、热力、燃气及水生产和供应业	**33**	**11**	**7**
电力、热力生产和供应业	28	9	5
电力生产	11	3	2
电力供应	16	4	2
热力生产和供应	1	2	1
燃气生产和供应业			
燃气生产和供应业			
水的生产和供应业	5	2	2
自来水生产和供应	2	1	1
污水处理及其再生利用	3	1	1
其他水的处理、利用与分配			

1-B-6　分行业港澳台商投资企业基本情况

单位：个

行　业	有R&D活动的企业	有研发机构的企业	有新产品销售的企业
总　计	**158**	**102**	**109**
采矿业	**1**		
煤炭开采和洗选业			
石油和天然气开采业			
黑色金属矿采选业			
有色金属矿采选业			
非金属矿采选业	1		
开采辅助活动			
其他采矿业			
制造业	**157**	**102**	**109**
农副食品加工业	10	7	6
食品制造业	5	4	3
酒、饮料和精制茶制造业	5	4	5
烟草制品业			
纺织业	12	4	10
纺织服装、服饰业	2	2	2
皮革、毛皮、羽毛及其制品和制鞋业	3	1	
木材加工和木、竹、藤、棕、草制品业	1	1	1
家具制造业	2	1	2
造纸和纸制品业	3	3	3
印刷和记录媒介复制业	4	4	4
文教、工美、体育和娱乐用品制造业	5	3	4
石油加工及炼焦	2		1
化学原料和化学制品制造业	18	13	15
医药制造业	8	5	4
化学纤维制造业	4	2	3
橡胶和塑料制品业	8	7	5
非金属矿物制品业	9	5	6
黑色金属冶炼和压延加工业	1		1
有色金属冶炼和压延加工业	1		
金属制品业	10	7	3
通用设备制造业	14	10	10
专用设备制造业	10	8	9
汽车制造业	6	4	4
铁路、船舶、航空航天和其他运输设备制造业	2	1	1
电气机械和器材制造业	5	3	2
计算机、通信和其他电子设备制造业	7	3	5
仪器仪表制造业			
其他制造业			
废弃资源综合利用业			
金属制品、机械和设备修理业			

1-B-7 分行业外商投资企业基本情况

单位：个

行　业	有R&D活动的企业	有研发机构的企业	有新产品销售的企业
总　计	**325**	**217**	**234**
制造业	**323**	**216**	**233**
农副食品加工业	19	13	17
食品制造业	12	10	9
酒、饮料和精制茶制造业	6	6	4
烟草制品业			
纺织业	4	5	4
纺织服装、服饰业	2	2	2
皮革、毛皮、羽毛及其制品和制鞋业	2		1
木材加工和木、竹、藤、棕、草制品业	1	1	1
家具制造业			
造纸和纸制品业	1		
印刷和记录媒介复制业	1		1
文教、工美、体育和娱乐用品制造业	15	6	9
石油加工及炼焦	2	1	1
化学原料和化学制品制造业	39	31	29
医药制造业	32	21	16
化学纤维制造业	1		
橡胶和塑料制品业	14	9	8
非金属矿物制品业	16	14	14
黑色金属冶炼和压延加工业	6	6	3
有色金属冶炼和压延加工业	4	2	1
金属制品业	19	13	15
通用设备制造业	33	16	25
专用设备制造业	19	13	17
汽车制造业	15	10	9
铁路、船舶、航空航天和其他运输设备制造业	8	5	6
电气机械和器材制造业	18	13	15
计算机、通信和其他电子设备制造业	23	13	15
仪器仪表制造业	9	4	8
其他制造业	1	1	1
废弃资源综合利用业			1
金属制品、机械和设备修理业	1	1	1
电力、热力、燃气及水生产和供应业	**2**	**1**	**1**
电力、热力生产和供应业	1		
燃气生产和供应业	1		1
水的生产和供应业		1	

1-B-8 各地区企业基本情况

单位：个

地 区	有R&D活动的企业	有研发机构的企业	有新产品销售的企业
山东省	**3747**	**2757**	**2724**
济南市	388	242	280
青岛市	615	438	445
淄博市	367	284	259
枣庄市	116	108	92
东营市	97	86	67
烟台市	336	211	214
潍坊市	532	409	425
济宁市	171	135	139
泰安市	142	93	92
威海市	191	116	134
日照市	46	34	41
莱芜市	41	40	36
临沂市	225	146	153
德州市	123	115	102
聊城市	97	78	71
滨州市	140	93	80
菏泽市	120	129	94

1-B-9 各地区大中型企业基本情况

单位：个

地 区	有R&D活动的企业	有研发机构的企业	有新产品销售的企业
山东省	**1586**	**1272**	**1216**
济南市	110	92	97
青岛市	214	175	171
淄博市	157	133	123
枣庄市	44	37	33
东营市	61	54	42
烟台市	165	114	130
潍坊市	186	166	144
济宁市	83	58	59
泰安市	82	58	59
威海市	115	77	79
日照市	32	26	28
莱芜市	21	20	15
临沂市	99	75	69
德州市	64	59	53
聊城市	49	42	37
滨州市	62	44	44
菏泽市	42	42	33

1-B-10 各地区内资企业基本情况

单位：个

地　区	有R&D活动的企业	有研发机构的企业	有新产品销售的企业
山东省	**3264**	**2438**	**2381**
济南市	347	225	246
青岛市	483	344	354
淄博市	320	242	221
枣庄市	107	101	88
东营市	90	79	62
烟台市	259	172	163
潍坊市	483	374	387
济宁市	156	126	129
泰安市	137	91	90
威海市	150	92	107
日照市	40	31	37
莱芜市	39	38	34
临沂市	201	128	135
德州市	120	110	96
聊城市	94	74	68
滨州市	125	89	73
菏泽市	113	122	91

1-B-11 各地区港澳台商投资企业基本情况

单位：个

地　区	有R&D活动的企业	有研发机构的企业	有新产品销售的企业
山东省	**158**	**102**	**109**
济南市	11	3	8
青岛市	43	34	31
淄博市	15	13	13
枣庄市	5	4	3
东营市	6	6	5
烟台市	21	11	13
潍坊市	19	12	16
济宁市	7	4	5
泰安市	2	1	1
威海市	5	3	2
日照市	4	1	2
莱芜市			
临沂市	8	5	5
德州市	1		1
聊城市	1	1	1
滨州市	7	1	3
菏泽市	3	3	

1-B-12　各地区外商投资企业基本情况

单位：个

地　区	有R&D活动的企业	有研发机构的企业	有新产品销售的企业
山东省	**325**	**217**	**234**
济南市	30	14	26
青岛市	89	60	60
淄博市	32	29	25
枣庄市	4	3	1
东营市	1	1	
烟台市	56	28	38
潍坊市	30	23	22
济宁市	8	5	5
泰安市	3	1	1
威海市	36	21	25
日照市	2	2	2
莱芜市	2	2	2
临沂市	16	13	13
德州市	2	5	5
聊城市	2	3	2
滨州市	8	3	4
菏泽市	4	4	3

C.企业R&D人员情况

1-C-1 分登记注册类型企业R&D人员情况

登记注册类型	R&D人员合计（人）	#女性	#研究人员	#全时人员	R&D人员折合全时当量（人年）
总　　计	**326793**	**73472**	**109583**	**229530**	**227403**
国有及国有控股	**86648**	**18342**	**37544**	**60175**	**60363**
内资企业	**279852**	**61900**	**97858**	**194057**	**193207**
国有企业	6737	1102	3604	4675	5323
集体企业	6869	1509	2664	6050	4077
股份合作企业	164	63	80	120	121
联营企业	1790	388	1334	1090	1416
国有联营企业	1790	388	1334	1090	1416
集体联营企业					
国有与集体联营企业					
其他联营企业					
有限责任公司	130057	29122	45445	87520	90245
国有独资公司	33340	7749	14875	20514	23909
其他有限责任公司	96717	21373	30570	67006	66336
股份有限公司	61340	13958	22863	45312	41896
私营企业	71953	15581	21530	49065	49413
私营独资企业	1291	289	477	922	879
私营合伙企业	32	4	9	25	31
私营有限责任公司	60562	13024	17822	41085	42002
私营股份有限公司	10068	2264	3222	7033	6500
其他企业	942	177	338	225	717
港、澳、台商投资企业	**12605**	**3498**	**3449**	**9079**	**9693**
合资经营企业	8305	2308	2147	5661	6631
合作经营企业	120	38	22	66	62
港、澳、台商独资经营企业	3318	909	943	2744	2188
港、澳、台商投资股份有限公司	862	243	337	608	811
其他港澳台投资企业					
外商投资企业	**34336**	**8074**	**8276**	**26394**	**24503**
中外合资经营企业	18920	4598	5680	14556	14193
中外合作经营企业	1722	167	660	1567	856
外资企业	10755	2196	1282	8193	8197
外商投资股份有限公司	2926	1110	652	2078	1248
其他外商投资企业	13	3	2		8

1-C-2　分登记注册类型大中型企业R&D人员情况

登记注册类型	R&D人员合计(人)	#女性	#研究人员	#全时人员	R&D人员折合全时当量(人年)
总　计	**269641**	**62095**	**91537**	**193545**	**188354**
国有及国有控股	**82839**	**17638**	**35886**	**57956**	**57554**
内资企业	**228829**	**51813**	**81384**	**162078**	**158517**
国有企业	5348	882	2726	3765	4222
集体企业	6600	1458	2565	5847	3844
股份合作企业	85	53	43	58	56
联营企业	1790	388	1334	1090	1416
国有联营企业	1790	388	1334	1090	1416
集体联营企业					
国有与集体联营企业					
其他联营企业					
有限责任公司	112767	25576	40105	76591	78695
国有独资公司	33013	7674	14725	20269	23652
其他有限责任公司	79754	17902	25380	56322	55044
股份有限公司	58489	13408	22042	43373	40082
私营企业	43605	10028	12491	31268	30178
私营独资企业	463	136	214	338	306
私营合伙企业					
私营有限责任公司	35136	8056	9712	25140	24765
私营股份有限公司	8006	1836	2565	5790	5108
其他企业	145	20	78	86	24
港、澳、台商投资企业	**10763**	**3032**	**2871**	**7897**	**8410**
合资经营企业	7243	2065	1812	5011	5894
合作经营企业	45	12	3	11	42
港、澳、台商独资经营企业	2659	732	725	2313	1690
港、澳、台商投资股份有限公司	816	223	331	562	785
其他港澳台投资企业					
外商投资企业	**30049**	**7250**	**7282**	**23570**	**21429**
中外合资经营企业	16195	4068	4985	12756	12271
中外合作经营企业	1600	150	615	1464	763
外资企业	9422	1941	1051	7334	7206
外商投资股份有限公司	2832	1091	631	2016	1190
其他外商投资企业					

1-C-3 分行业企业R&D人员情况

行业	R&D人员合计（人）	#女性	#研究人员	#全时人员	R&D人员折合全时当量（人年）
总 计	**326793**	**73472**	**109583**	**229530**	**227403**
采矿业	**24668**	**5121**	**11884**	**12764**	**15873**
煤炭开采和洗选业	14362	2465	5769	5572	8996
烟煤和无烟煤开采洗选	13399	2396	5317	4749	8158
褐煤开采洗选	963	69	452	823	838
其他煤炭采选					
石油和天然气开采业	3987	1445	3135	2733	2374
石油开采	3987	1445	3135	2733	2374
天然气开采					
黑色金属矿采选业	459	38	130	294	314
铁矿采选	459	38	130	294	314
锰矿、铬矿采选					
其他黑色金属矿采选					
有色金属矿采选业	2793	466	915	1403	2005
常用有色金属矿采选	18	3	6		8
贵金属矿采选	2775	463	909	1403	1997
稀有稀土金属矿采选					
非金属矿采选业	228	40	48	198	172
土砂石开采	85	13	24	67	56
化学矿开采					
采盐	117	22	20	114	91
石棉及其他非金属矿采选	26	5	4	17	25
开采辅助活动	2839	667	1887	2564	2010
煤炭开采和洗选辅助活动					
石油和天然气开采辅助活动	2839	667	1887	2564	2010
其他开采辅助活动					
其他采矿业					
其他采矿业					
制造业	**300489**	**68105**	**96676**	**215873**	**210236**
农副食品加工业	11493	3342	3220	7517	8255
谷物磨制	550	129	126	323	380
饲料加工	770	170	143	402	336
植物油加工	1779	517	645	1089	1449
制糖业	48	10	21	24	48
屠宰及肉类加工	2317	806	682	1399	1740
水产品加工	1971	621	566	1296	1465
蔬菜、水果和坚果加工	869	187	189	481	613
其他农副食品加工	3189	902	848	2503	2223
食品制造业	5475	1735	1541	3547	3805
焙烤食品制造	66	32	21	28	42
糖果、巧克力及蜜饯制造	224	57	25	205	207
方便食品制造	55	15	7	39	32
乳制品制造	339	134	168	222	180
罐头食品制造	283	59	38	88	221
调味品、发酵制品制造	526	139	204	372	271
其他食品制造	3982	1299	1078	2593	2853
酒、饮料和精制茶制造业	3963	1027	1545	2893	2971
酒的制造	3440	892	1411	2562	2632
饮料制造	492	122	120	326	319
精制茶加工	31	13	14	5	20

1-C-3　续表 1

行　业	R&D人员合计(人)	#女性	#研究人员	#全时人员	R&D人员折合全时当量(人年)
烟草制品业	609	130	211	58	553
烟叶复烤	59	6	2	9	7
卷烟制造	550	124	209	49	546
其他烟草制品制造					
纺织业	19220	7702	4816	14404	10892
棉纺织及印染精加工	13318	5062	3790	9923	6699
毛纺织及染整精加工	2081	1181	400	1780	1583
麻纺织及染整精加工					
丝绢纺织及印染精加工	60	3	10	6	36
化纤织造及印染精加工	561	247	164	270	208
针织或钩针编织物及其制品制造	1055	314	82	957	995
家用纺织制成品制造	1901	832	295	1306	1193
非家用纺织制成品制造	244	63	75	162	179
纺织服装、服饰业	4612	2305	1169	2512	3011
机织服装制造	2536	1291	1005	2003	2042
针织或钩针编织服装制造	1985	974	148	429	895
服饰制造	91	40	16	80	75
皮革、毛皮、羽毛及其制品和制鞋业	921	256	295	681	495
皮革鞣制加工	272	87	53	181	206
皮革制品制造	169	74	88	131	20
毛皮鞣制及制品加工	54	9	20	50	50
羽毛(绒)加工及制品制造	38		13		1
制鞋业	388	86	121	319	218
木材加工和木、竹、藤、棕、草制品业	506	51	77	267	359
木材加工	7		1	2	3
人造板制造	413	41	53	219	296
木制品制造	83	10	22	46	59
竹、藤、棕、草等制品制造	3		1		
家具制造业	745	116	87	236	298
木质家具制造	709	109	83	227	273
竹、藤家具制造					
金属家具制造					
塑料家具制造	25	2	2		14
其他家具制造	11	5	2	9	11
造纸和纸制品业	4500	1018	1300	2784	2774
纸浆制造	42	13	8	37	28
造纸	4362	994	1255	2685	2662
纸制品制造	96	11	37	62	84
印刷和记录媒介复制业	568	124	166	459	379
印刷	563	122	164	455	374
装订及印刷相关服务	5	2	2	4	5
记录媒介复制					
文教、工美、体育和娱乐用品制造业	2964	913	1006	1892	1853
文教办公用品制造	631	172	133	429	431
乐器制造					
工艺美术品制造	1430	532	593	1015	951
体育用品制造	738	164	246	370	361
玩具制造	108	36	24	42	66
游艺器材及娱乐用品制造	57	9	10	36	45

1-C-3 续表 2

行 业	R&D人员合计（人）	#女性	#研究人员	#全时人员	R&D人员折合全时当量（人年）
石油加工及炼焦	4258	699	1463	2697	2989
化学原料和化学制品制造业	32934	7337	10798	22550	24349
基础化学原料制造	6082	1372	1749	4026	4281
肥料制造	5324	1110	1871	3641	3596
农药制造	2140	618	617	1379	1636
涂料、油墨、颜料及类似产品制造	775	194	334	524	466
合成材料制造	6813	1482	2559	4827	5204
专用化学产品制造	11139	2401	3438	7667	8740
炸药、火工及焰火产品制造	464	117	169	326	321
日用化学产品制造	197	43	61	160	105
医药制造业	19286	6736	6950	14709	15279
化学药品原料药制造	5166	1694	2612	4133	4085
化学药品制剂制造	5144	2191	1657	4213	4151
中药饮片加工	127	42	47	69	120
中成药生产	2255	887	723	1645	1832
兽用药品制造	493	130	159	394	346
生物药品制造	3368	1192	1188	2621	2509
卫生材料及医药用品制造	2733	600	564	1634	2236
化学纤维制造业	1275	319	615	732	985
纤维素纤维原料及纤维制造	801	243	378	551	646
合成纤维制造	474	76	237	181	339
橡胶和塑料制品业	12406	3286	3186	8613	8734
橡胶制品业	10392	2919	2546	7435	7459
塑料制品业	2014	367	640	1178	1275
非金属矿物制品业	12307	2285	3617	8208	8671
水泥、石灰和石膏制造	852	171	209	546	465
石膏、水泥制品及类似制品制造	896	58	239	647	586
砖瓦、石材等建筑材料制造	1020	248	366	727	690
玻璃制造	711	109	230	388	538
玻璃制品制造	1964	343	568	1164	1526
玻璃纤维和玻璃纤维增强塑料制品制造	1631	317	547	1322	1246
陶瓷制品制造	3016	612	983	1900	2259
耐火材料制品制造	548	103	182	400	310
石墨及其他非金属矿物制品制造	1669	324	293	1114	1050
黑色金属冶炼和压延加工业	9407	1601	4404	5718	6960
炼铁	429	38	238	106	329
炼钢	1359	179	488	1112	995
黑色金属铸造	615	88	173	415	553
钢压延加工	6912	1290	3485	4055	4993
铁合金冶炼	92	6	20	30	90
有色金属冶炼和压延加工业	7503	1238	2078	5017	5501
常用有色金属冶炼	570	87	243	359	505
贵金属冶炼	826	39	97	484	606
稀有稀土金属冶炼	85	13	29	56	74
有色金属合金制造	698	159	338	571	556
有色金属铸造	39	4	3	24	31
有色金属压延加工	5285	936	1368	3523	3729

1-C-3　续表 3

行　业	R&D人员合计(人)	#女性	#研究人员	#全时人员	R&D人员折合全时当量(人年)
金属制品业	9594	1618	2852	6390	6806
结构性金属制品制造	2066	408	266	1186	1822
金属工具制造	515	93	182	461	335
集装箱及金属包装容器制造	254	35	95	141	126
金属丝绳及其制品制造	797	162	197	608	695
建筑、安全用金属制品制造	676	127	294	401	482
金属表面处理及热处理加工	53	14	9	24	46
搪瓷制品制造	14	1	3	5	12
金属制日用品制造	213	32	60	134	87
其他金属制品制造	5006	746	1746	3430	3202
通用设备制造业	30894	5653	10626	23291	19586
锅炉及原动设备制造	8032	1627	2243	6590	4406
金属加工机械制造	8081	1503	2893	5956	5490
物料搬运设备制造	801	96	282	539	510
泵、阀门、压缩机及类似机械制造	5163	793	2151	3640	3239
轴承、齿轮和传动部件制造	1061	216	341	869	725
烘炉、风机、衡器、包装等设备制造	5175	1071	1865	3851	3538
文化、办公用机械制造	193	31	91	123	162
通用零部件制造	1963	239	636	1348	1124
其他通用设备制造业	425	77	124	375	392
专用设备制造业	24486	4186	7521	17627	16519
采矿、冶金、建筑专用设备制造	9675	1454	3218	7140	5907
化工、木材、非金属加工专用设备制造	2118	303	568	1430	1389
食品、饮料、烟草及饲料生产专用设备制造	406	103	187	321	333
印刷、制药、日化及日用品生产专用设备制造	634	99	270	532	443
纺织、服装和皮革加工专用设备制造	1115	194	411	685	811
电子和电工机械专用设备制造	3918	811	1070	3043	3186
农、林、牧、渔专用机械制造	3151	435	776	2093	1681
医疗仪器设备及器械制造	1605	305	535	1142	1382
环保、社会公共服务及其他专用设备制造	1864	482	486	1241	1388
汽车制造业	16232	2433	5792	11731	11535
汽车整车制造	8381	1269	3565	7000	6871
改装汽车制造	2190	278	867	1618	1523
低速载货汽车制造	820	161	96	563	377
电车制造	157	12	30	116	75
汽车车身、挂车制造	44	6	6	17	44
汽车零部件及配件制造	4640	707	1228	2417	2645
铁路、船舶、航空航天和其他运输设备制造业	7890	1451	2876	6052	5553
铁路运输设备制造	5008	945	2039	3901	3595
城市轨道交通设备制造					
船舶及相关装置制造	1843	223	477	1379	1244
航空、航天器及设备制造	146	20	47	141	110
摩托车制造	429	173	167	408	355
自行车制造	316	53	106	94	194
非公路休闲车及零配件制造					
潜水救捞及其他未列明运输设备制造	148	37	40	129	54
电气机械和器材制造业	21987	4331	7667	16340	14729
电机制造	2685	581	1024	2001	1767
输配电及控制设备制造	5554	949	1800	3987	3873

1-C-3 续表 4

行　业	R&D人员合计(人)	#女性	#研究人员	#全时人员	R&D人员折合全时当量(人年)
电线、电缆、光缆及电工器材制造	2728	688	915	1982	1794
电池制造	1602	173	512	627	1397
家用电力器具制造	7914	1588	3038	6906	4834
非电力家用器具制造	791	206	218	439	595
照明器具制造	341	64	104	206	256
其他电气机械及器材制造	372	82	56	192	213
计算机、通信和其他电子设备制造业	28750	5175	8980	24235	22195
计算机制造	13596	1785	1803	12183	10632
通信设备制造	1933	264	743	1282	1142
广播电视设备制造	4597	1140	3404	3727	3791
雷达及配套设备制造					
视听设备制造	2931	821	1383	2344	2128
电子器件制造	1857	480	690	1483	1335
电子元件制造	3249	555	796	2658	2664
其他电子设备制造	587	130	161	558	503
仪器仪表制造业	4840	942	1557	3925	3474
通用仪器仪表制造	3555	733	1066	2861	2488
专用仪器仪表制造	1050	180	383	933	798
钟表与计时仪器制造	158	19	74	65	126
光学仪器及眼镜制造	42	7	25	33	30
其他仪器仪表制造业	35	3	9	33	34
其他制造业	64	16	6	57	57
废弃资源综合利用业	59	5	5	20	46
金属废料和碎屑加工处理					
非金属废料和碎屑加工处理	59	5	5	20	46
金属制品、机械和设备修理业	741	75	250	711	621
金属制品修理					
通用设备修理					
专用设备修理	14		2		2
铁路、船舶、航空航天等运输设备修理	695	70	241	691	606
电气设备修理					
仪器仪表修理					
其他机械和设备修理业	32	5	7	20	13
电力、热力、燃气及水生产和供应业	**1636**	**246**	**1023**	**893**	**1294**
电力、热力生产和供应业	1565	227	999	833	1252
电力生产	373	48	281	109	253
电力供应	1174	179	715	720	996
热力生产和供应	18		3	4	2
燃气生产和供应业	18	3	2	18	11
燃气生产和供应业	18	3	2	18	11
水的生产和供应业	53	16	22	42	31
自来水生产和供应	37	12	12	27	18
污水处理及其再生利用	16	4	10	15	13
其他水的处理、利用与分配					

1－C－4　分行业大中型企业R&D人员情况

行　业	R&D人员合计（人）	#女性	#研究人员	#全时人员	R&D人员折合全时当量（人年）
总　计	**269641**	**62095**	**91537**	**193545**	**188354**
采矿业	**24447**	**5081**	**11835**	**12616**	**15701**
煤炭开采和洗选业	14362	2465	5769	5572	8996
烟煤和无烟煤开采洗选	13399	2396	5317	4749	8158
褐煤开采洗选	963	69	452	823	838
其他煤炭采选					
石油和天然气开采业	3987	1445	3135	2733	2374
石油开采	3987	1445	3135	2733	2374
天然气开采					
黑色金属矿采选业	411	23	123	271	273
铁矿采选	411	23	123	271	273
锰矿、铬矿采选					
其他黑色金属矿采选					
有色金属矿采选业	2775	463	909	1403	1998
常用有色金属矿采选					
贵金属矿采选	2775	463	909	1403	1998
稀有稀土金属矿采选					
非金属矿采选业	73	18	12	73	49
土砂石开采					
化学矿开采					
采盐	73	18	12	73	49
石棉及其他非金属矿采选					
开采辅助活动	2839	667	1887	2564	2010
煤炭开采和洗选辅助活动					
石油和天然气开采辅助活动	2839	667	1887	2564	2010
其他开采辅助活动					
其他采矿业					
其他采矿业					
制造业	**244693**	**56939**	**79391**	**180719**	**172313**
农副食品加工业	9114	2862	2610	6464	6777
谷物磨制	358	91	61	252	278
饲料加工	190	73	15	167	127
植物油加工	1579	470	607	1003	1311
制糖业					
屠宰及肉类加工	2107	770	614	1332	1624
水产品加工	1550	524	477	1028	1093
蔬菜、水果和坚果加工	379	77	58	229	240
其他农副食品加工	2951	857	778	2453	2103
食品制造业	2829	832	968	1760	1921
焙烤食品制造	21	12	13	21	9
糖果、巧克力及蜜饯制造	37	6	3	34	37
方便食品制造	18	2	1	18	17
乳制品制造	252	103	129	159	100
罐头食品制造	171	42	22	55	150
调味品、发酵制品制造	350	102	149	250	173
其他食品制造	1980	565	651	1223	1436
酒、饮料和精制茶制造业	3370	902	1413	2495	2625
酒的制造	3179	847	1317	2420	2446
饮料制造	191	55	96	75	179
精制茶加工					

1-C-4 续表 1

行　业	R&D人员合计（人）	#女性	#研究人员	#全时人员	R&D人员折合全时当量（人年）
烟草制品业	110	20	53	50	54
烟叶复烤	59	6	2	9	7
卷烟制造	51	14	51	41	47
其他烟草制品制造					
纺织业	18222	7456	4496	13754	10233
棉纺织及印染精加工	12833	4932	3621	9606	6380
毛纺织及染整精加工	1991	1157	380	1695	1513
麻纺织及染整精加工					
丝绢纺织及印染精加工	40		5		28
化纤织造及印染精加工	506	242	154	254	174
针织或钩针编织物及其制品制造	948	289	63	900	934
家用纺织制成品制造	1862	826	269	1277	1181
非家用纺织制成品制造	42	10	4	22	23
纺织服装、服饰业	4416	2235	1099	2378	2873
机织服装制造	2380	1230	948	1889	1937
针织或钩针编织服装制造	1945	965	135	409	862
服饰制造	91	40	16	80	75
皮革、毛皮、羽毛及其制品和制鞋业	613	171	174	466	301
皮革鞣制加工	121	33	30	95	114
皮革制品制造	169	74	88	131	20
毛皮鞣制及制品加工					
羽毛(绒)加工及制品制造	38		13		1
制鞋业	285	64	43	240	166
木材加工和木、竹、藤、棕、草制品业	318	24	30	170	225
木材加工					
人造板制造	318	24	30	170	225
木制品制造					
竹、藤、棕、草等制品制造					
家具制造业	534	67	42	81	176
木质家具制造	534	67	42	81	176
竹、藤家具制造					
金属家具制造					
塑料家具制造					
其他家具制造					
造纸和纸制品业	4271	961	1220	2617	2578
纸浆制造					
造纸	4271	961	1220	2617	2578
纸制品制造					
印刷和记录媒介复制业	315	74	78	273	273
印刷	310	72	76	269	268
装订及印刷相关服务	5	2	2	4	5
记录媒介复制					
文教、工美、体育和娱乐用品制造业	2376	729	840	1564	1531
文教办公用品制造	491	137	108	319	355
乐器制造					
工艺美术品制造	1187	430	511	874	811
体育用品制造	657	155	215	343	324
玩具制造					
游艺器材及娱乐用品制造	41	7	6	28	41

1-C-4 续表 2

行 业	R&D人员合计(人)	#女性	#研究人员	#全时人员	R&D人员折合全时当量(人年)
石油加工及炼焦	3906	621	1353	2499	2723
化学原料和化学制品制造业	24826	5620	8319	17563	18438
基础化学原料制造	4902	1113	1368	3184	3441
肥料制造	4988	1057	1764	3490	3425
农药制造	1554	507	399	1045	1260
涂料、油墨、颜料及类似产品制造	428	138	173	273	243
合成材料制造	5439	1139	2257	3899	4186
专用化学产品制造	6948	1543	2150	5256	5498
炸药、火工及焰火产品制造	464	117	169	326	321
日用化学产品制造	103	6	39	90	63
医药制造业	15081	5548	5683	11968	12371
化学药品原料药制造	4293	1497	2364	3569	3592
化学药品制剂制造	4642	1990	1465	3807	3790
中药饮片加工	67	26	26	20	67
中成药生产	1796	725	611	1330	1547
兽用药品制造	119	32	15	111	94
生物药品制造	2031	818	759	1805	1538
卫生材料及医药用品制造	2133	460	443	1326	1744
化学纤维制造业	1211	308	603	697	952
纤维素纤维原料及纤维制造	780	239	375	530	629
合成纤维制造	431	69	228	167	323
橡胶和塑料制品业	10758	2996	2559	7573	7644
橡胶制品业	9710	2808	2244	7065	7071
塑料制品业	1048	188	315	508	574
非金属矿物制品业	9407	1714	2664	6305	6748
水泥、石灰和石膏制造	778	158	175	502	417
石膏、水泥制品及类似制品制造	567	37	147	434	411
砖瓦、石材等建筑材料制造	198	68	96	137	161
玻璃制造	591	97	202	346	432
玻璃制品制造	1685	275	494	942	1352
玻璃纤维和玻璃纤维增强塑料制品制造	1409	261	466	1161	1086
陶瓷制品制造	2568	505	798	1604	1902
耐火材料制品制造	320	58	92	260	203
石墨及其他非金属矿物制品制造	1291	255	194	919	783
黑色金属冶炼和压延加工业	9079	1572	4291	5593	6679
炼铁	429	38	238	106	329
炼钢	1359	179	488	1112	995
黑色金属铸造	483	72	122	358	445
钢压延加工	6796	1280	3441	4007	4897
铁合金冶炼	12	3	2	10	12
有色金属冶炼和压延加工业	6872	1158	1918	4626	5099
常用有色金属冶炼	557	85	238	350	493
贵金属冶炼	826	39	97	484	605
稀有稀土金属冶炼	37	8	16	22	37
有色金属合金制造	624	154	315	513	510
有色金属铸造					
有色金属压延加工	4828	872	1252	3257	3454

1-C-4 续表 3

行 业	R&D人员合计(人)	#女性	#研究人员	#全时人员	R&D人员折合全时当量(人年)
金属制品业	7421	1336	2147	5118	5513
结构性金属制品制造	1752	385	181	1043	1617
金属工具制造	460	86	163	427	283
集装箱及金属包装容器制造	136	18	57	72	50
金属丝绳及其制品制造	660	134	152	479	593
建筑、安全用金属制品制造	525	110	230	306	411
金属表面处理及热处理加工					
搪瓷制品制造	11	1	2	5	9
金属制日用品制造	107	20	43	74	52
其他金属制品制造	3770	582	1319	2712	2500
通用设备制造业	23456	4552	8051	18530	14528
锅炉及原动设备制造	6912	1499	1940	5890	3518
金属加工机械制造	6341	1257	2216	4855	4378
物料搬运设备制造	636	71	232	417	374
泵、阀门、压缩机及类似机械制造	3720	555	1584	2833	2275
轴承、齿轮和传动部件制造	652	143	249	547	486
烘炉、风机、衡器、包装等设备制造	3693	835	1336	2778	2513
文化、办公用机械制造	32	10	21	22	25
通用零部件制造	1353	176	465	1089	844
其他通用设备制造业	117	6	8	99	114
专用设备制造业	18231	3150	5586	13699	12170
采矿、冶金、建筑专用设备制造	7558	1160	2683	5824	4488
化工、木材、非金属加工专用设备制造	1163	142	215	839	696
食品、饮料、烟草及饲料生产专用设备制造	228	65	110	182	188
印刷、制药、日化及日用品生产专用设备制造	369	51	165	322	213
纺织、服装和皮革加工专用设备制造	993	182	344	613	723
电子和电工机械专用设备制造	3293	689	817	2744	2854
农、林、牧、渔专用机械制造	2810	383	632	1878	1464
医疗仪器设备及器械制造	931	178	422	719	854
环保、社会公共服务及其他专用设备制造	886	300	198	578	693
汽车制造业	14548	2125	5274	10677	10516
汽车整车制造	8181	1231	3507	6827	6805
改装汽车制造	1938	226	799	1425	1354
低速载货汽车制造	820	161	96	563	377
电车制造					
汽车车身、挂车制造	23	2	3	14	23
汽车零部件及配件制造	3586	505	869	1848	1958
铁路、船舶、航空航天和其他运输设备制造业	7296	1353	2716	5649	5173
铁路运输设备制造	4866	915	2009	3827	3502
城市轨道交通设备制造					
船舶及相关装置制造	1460	167	360	1114	1027
航空、航天器及设备制造	77	8	34	77	41
摩托车制造	429	173	167	408	355
自行车制造	316	53	106	94	194
非公路休闲车及零配件制造					
潜水救捞及其他未列明运输设备制造	148	37	40	129	54
电气机械和器材制造业	17175	3457	6179	13343	11439
电机制造	2273	508	926	1724	1433
输配电及控制设备制造	3756	620	1225	2770	2735

1-C-4　续表 4

行　业	R&D人员合计（人）	#女性	#研究人员	#全时人员	R&D人员折合全时当量（人年）
电线、电缆、光缆及电工器材制造	2198	580	704	1564	1373
电池制造	1086	107	371	381	935
家用电力器具制造	7410	1526	2886	6706	4536
非电力家用器具制造	389	105	51	161	375
照明器具制造	16	4	7	10	15
其他电气机械及器材制造	47	7	9	27	39
计算机、通信和其他电子设备制造业	25654	4500	8027	21934	20079
计算机制造	13352	1741	1742	11990	10519
通信设备制造	1308	163	547	744	727
广播电视设备制造	4397	1093	3362	3572	3651
雷达及配套设备制造					
视听设备制造	2931	821	1383	2344	2128
电子器件制造	988	281	405	929	783
电子元件制造	2190	283	455	1876	1845
其他电子设备制造	488	118	133	479	427
仪器仪表制造业	2591	525	757	2185	2059
通用仪器仪表制造	1899	429	508	1600	1462
专用仪器仪表制造	589	86	197	559	517
钟表与计时仪器制造	103	10	52	26	80
光学仪器及眼镜制造					
其他仪器仪表制造业					
其他制造业	18	2	2	13	15
废弃资源综合利用业					
金属废料和碎屑加工处理					
非金属废料和碎屑加工处理					
金属制品、机械和设备修理业	675	69	239	675	600
金属制品修理					
通用设备修理					
专用设备修理					
铁路、船舶、航空航天等运输设备修理	675	69	239	675	600
电气设备修理					
仪器仪表修理					
其他机械和设备修理业					
电力、热力、燃气及水生产和供应业	**501**	**75**	**311**	**210**	**340**
电力、热力生产和供应业	491	74	304	201	338
电力生产	353	45	268	104	237
电力供应	138	29	36	97	100
热力生产和供应					
燃气生产和供应业					
燃气生产和供应业					
水的生产和供应业	10	1	7	9	2
自来水生产和供应	10	1	7	9	2
污水处理及其再生利用					
其他水的处理、利用与分配					

1-C-5 分行业内资企业R&D人员情况

行业	R&D人员合计（人）	#女性	#研究人员	#全时人员	R&D人员折合全时当量（人年）
总　计	**279852**	**61900**	**97858**	**194057**	**193207**
采矿业	**24595**	**5103**	**11872**	**12691**	**15824**
煤炭开采和洗选业	14362	2465	5769	5572	8996
烟煤和无烟煤开采洗选	13399	2396	5317	4749	8158
褐煤开采洗选	963	69	452	823	838
其他煤炭采选					
石油和天然气开采业	3987	1445	3135	2733	2374
石油开采	3987	1445	3135	2733	2374
天然气开采					
黑色金属矿采选业	459	38	130	294	314
铁矿采选	459	38	130	294	314
锰矿、铬矿采选					
其他黑色金属矿采选					
有色金属矿采选业	2793	466	915	1403	2005
常用有色金属矿采选	18	3	6		8
贵金属矿采选	2775	463	909	1403	1997
稀有稀土金属矿采选					
非金属矿采选业	155	22	36	125	123
土砂石开采	85	13	24	67	56
化学矿开采					
采盐	44	4	8	41	41
石棉及其他非金属矿采选	26	5	4	17	25
开采辅助活动	2839	667	1887	2564	2010
煤炭开采和洗选辅助活动					
石油和天然气开采辅助活动	2839	667	1887	2564	2010
其他开采辅助活动					
其他采矿业					
其他采矿业					
制造业	**253641**	**56555**	**84966**	**180491**	**176102**
农副食品加工业	9943	2926	2615	6339	7198
谷物磨制	534	123	119	307	371
饲料加工	702	126	138	357	295
植物油加工	1639	480	604	977	1344
制糖业	48	10	21	24	48
屠宰及肉类加工	2242	782	642	1342	1703
水产品加工	1135	401	318	685	961
蔬菜、水果和坚果加工	779	154	159	430	555
其他农副食品加工	2864	850	614	2217	1922
食品制造业	4356	1393	1246	2900	3032
焙烤食品制造	36	15	15	21	24
糖果、巧克力及蜜饯制造	224	57	25	205	207
方便食品制造	37	13	6	21	15
乳制品制造	319	131	156	202	162
罐头食品制造	129	41	22	66	74
调味品、发酵制品制造	326	30	87	203	163
其他食品制造	3285	1106	935	2182	2389
酒、饮料和精制茶制造业	2805	650	1018	1895	1903
酒的制造	2497	593	988	1663	1761
饮料制造	277	44	16	227	122
精制茶加工	31	13	14	5	20

1-C-5　续表 1

行　业	R&D人员合计(人)	#女性	#研究人员	#全时人员	R&D人员折合全时当量(人年)
烟草制品业	609	130	211	58	553
烟叶复烤	59	6	2	9	7
卷烟制造	550	124	209	49	546
其他烟草制品制造					
纺织业	14224	5172	3849	10259	8267
棉纺织及印染精加工	10144	3588	3161	7548	5531
毛纺织及染整精加工	576	208	186	284	361
麻纺织及染整精加工					
丝绢纺织及印染精加工	60	3	10	6	36
化纤织造及印染精加工	561	247	164	270	208
针织或钩针编织物及其制品制造	1032	311	79	938	983
家用纺织制成品制造	1734	794	215	1152	1075
非家用纺织制成品制造	117	21	34	61	73
纺织服装、服饰业	3150	1593	631	1340	1682
机织服装制造	1074	579	467	831	712
针织或钩针编织服装制造	1985	974	148	429	895
服饰制造	91	40	16	80	75
皮革、毛皮、羽毛及其制品和制鞋业	779	235	235	601	407
皮革鞣制加工	204	71	41	131	140
皮革制品制造	169	74	88	131	20
毛皮鞣制及制品加工	54	9	20	50	50
羽毛(绒)加工及制品制造					
制鞋业	352	81	86	289	197
木材加工和木、竹、藤、棕、草制品业	455	36	75	243	339
木材加工	7		1	2	3
人造板制造	379	28	51	208	282
木制品制造	66	8	22	33	54
竹、藤、棕、草等制品制造	3		1		
家具制造业	691	93	66	227	274
木质家具制造	655	86	62	218	249
竹、藤家具制造					
金属家具制造					
塑料家具制造	25	2	2		14
其他家具制造	11	5	2	9	11
造纸和纸制品业	4008	897	1162	2524	2456
纸浆制造	42	13	8	37	28
造纸	3870	873	1117	2425	2343
纸制品制造	96	11	37	62	84
印刷和记录媒介复制业	288	66	88	202	130
印刷	283	64	86	198	125
装订及印刷相关服务	5	2	2	4	5
记录媒介复制					
文教、工美、体育和娱乐用品制造业	2234	787	781	1455	1406
文教办公用品制造	409	159	27	252	307
乐器制造					
工艺美术品制造	1094	467	512	837	744
体育用品制造	728	161	241	366	353
玩具制造	3		1		2
游艺器材及娱乐用品制造					

1-C-5 续表 2

行 业	R&D人员合计（人）	#女性	#研究人员	#全时人员	R&D人员折合全时当量（人年）
石油加工及炼焦	4142	687	1438	2619	2873
化学原料和化学制品制造业	27731	6207	9502	18737	20126
基础化学原料制造	4669	1126	1578	2804	3209
肥料制造	5043	1071	1715	3407	3392
农药制造	2093	608	608	1332	1589
涂料、油墨、颜料及类似产品制造	743	189	328	498	456
合成材料制造	5561	1181	2188	3990	4081
专用化学产品制造	8961	1872	2855	6220	6974
炸药、火工及焰火产品制造	464	117	169	326	321
日用化学产品制造	197	43	61	160	105
医药制造业	15475	5376	5664	11662	11881
化学药品原料药制造	3690	1213	1925	2767	2781
化学药品制剂制造	4570	1970	1537	3913	3584
中药饮片加工	127	42	47	69	120
中成药生产	1401	556	529	992	1081
兽用药品制造	455	106	156	357	308
生物药品制造	2682	911	928	1998	1945
卫生材料及医药用品制造	2550	578	542	1566	2061
化学纤维制造业	884	257	455	566	727
纤维素纤维原料及纤维制造	596	224	334	428	495
合成纤维制造	288	33	121	138	232
橡胶和塑料制品业	9663	2605	2604	6246	6860
橡胶制品业	8096	2343	2086	5413	5909
塑料制品业	1567	262	518	833	951
非金属矿物制品业	11018	1950	3012	7458	7596
水泥、石灰和石膏制造	753	155	174	502	390
石膏、水泥制品及类似制品制造	852	53	219	603	542
砖瓦、石材等建筑材料制造	938	210	336	688	622
玻璃制造	699	106	222	380	526
玻璃制品制造	1486	175	334	858	1136
玻璃纤维和玻璃纤维增强塑料制品制造	1472	266	472	1163	1087
陶瓷制品制造	2727	576	834	1827	2029
耐火材料制品制造	518	99	171	375	306
石墨及其他非金属矿物制品制造	1573	310	250	1062	958
黑色金属冶炼和压延加工业	8688	1443	4150	5434	6407
炼铁	429	38	238	106	329
炼钢	1325	170	471	1090	961
黑色金属铸造	499	47	118	337	451
钢压延加工	6343	1182	3303	3871	4575
铁合金冶炼	92	6	20	30	90
有色金属冶炼和压延加工业	7249	1205	1989	4841	5339
常用有色金属冶炼	460	78	219	277	416
贵金属冶炼	826	39	97	484	606
稀有稀土金属冶炼	85	13	29	56	74
有色金属合金制造	698	159	338	571	556
有色金属铸造	39	4	3	24	31
有色金属压延加工	5141	912	1303	3429	3655

1-C-5　续表 3

行　业	R&D人员合计（人）	#女性	#研究人员	#全时人员	R&D人员折合全时当量（人年）
金属制品业	8062	1416	2461	5045	5828
结构性金属制品制造	1903	345	226	1026	1698
金属工具制造	391	73	166	340	216
集装箱及金属包装容器制造	246	35	94	133	123
金属丝绳及其制品制造	602	126	154	418	517
建筑、安全用金属制品制造	658	125	293	390	479
金属表面处理及热处理加工	53	14	9	24	46
搪瓷制品制造	14	1	3	5	12
金属制日用品制造	54	10	6	34	24
其他金属制品制造	4141	687	1510	2675	2713
通用设备制造业	28571	5336	10071	21638	17992
锅炉及原动设备制造	7466	1546	2065	6212	3929
金属加工机械制造	7945	1481	2860	5870	5386
物料搬运设备制造	793	95	280	534	503
泵、阀门、压缩机及类似机械制造	4827	738	2055	3384	2977
轴承、齿轮和传动部件制造	1061	216	341	869	725
烘炉、风机、衡器、包装等设备制造	4287	983	1712	3183	3068
文化、办公用机械制造	193	31	91	123	162
通用零部件制造	1574	169	543	1088	851
其他通用设备制造业	425	77	124	375	392
专用设备制造业	22082	3835	6641	15889	15087
采矿、冶金、建筑专用设备制造	8313	1299	2485	5953	5036
化工、木材、非金属加工专用设备制造	1861	248	537	1287	1303
食品、饮料、烟草及饲料生产专用设备制造	379	98	186	302	320
印刷、制药、日化及日用品生产专用设备制造	450	61	209	377	341
纺织、服装和皮革加工专用设备制造	950	156	409	685	747
电子和电工机械专用设备制造	3918	811	1070	3043	3186
农、林、牧、渔专用机械制造	3118	432	761	2060	1671
医疗仪器设备及器械制造	1308	264	505	998	1167
环保、社会公共服务及其他专用设备制造	1785	466	479	1184	1317
汽车制造业	15195	2296	5539	11168	10852
汽车整车制造	8310	1247	3524	6937	6818
改装汽车制造	2112	273	857	1551	1472
低速载货汽车制造	820	161	96	563	377
电车制造	157	12	30	116	75
汽车车身、挂车制造	44	6	6	17	44
汽车零部件及配件制造	3752	597	1026	1984	2066
铁路、船舶、航空航天和其他运输设备制造业	6462	1248	2614	5062	4534
铁路运输设备制造	4060	827	1859	3322	2995
城市轨道交通设备制造					
船舶及相关装置制造	1566	175	453	1164	967
航空、航天器及设备制造					
摩托车制造	372	156	156	353	323
自行车制造	316	53	106	94	194
非公路休闲车及零配件制造					
潜水救捞及其他未列明运输设备制造	148	37	40	129	54
电气机械和器材制造业	20754	4119	7414	15723	13942
电机制造	2539	561	931	1903	1723
输配电及控制设备制造	5319	895	1739	3809	3707

1-C-5 续表 4

行 业	R&D人员合计（人）	#女性	#研究人员	#全时人员	R&D人员折合全时当量（人年）
电线、电缆、光缆及电工器材制造	2385	610	901	1770	1578
电池制造	1299	141	469	601	1140
家用电力器具制造	7773	1577	3024	6840	4776
非电力家用器具制造	758	201	196	420	581
照明器具制造	309	52	98	188	224
其他电气机械及器材制造	372	82	56	192	213
计算机、通信和其他电子设备制造业	19889	3751	7991	17050	15424
计算机制造	7002	717	1734	6526	5443
通信设备制造	807	207	236	651	491
广播电视设备制造	4597	1140	3404	3727	3791
雷达及配套设备制造					
视听设备制造	2931	821	1383	2344	2128
电子器件制造	1508	366	510	1194	1029
电子元件制造	2505	382	567	2089	2064
其他电子设备制造	539	118	157	519	480
仪器仪表制造业	4089	833	1424	3241	2901
通用仪器仪表制造	2970	627	981	2331	2037
专用仪器仪表制造	884	177	335	779	675
钟表与计时仪器制造	158	19	74	65	126
光学仪器及眼镜制造	42	7	25	33	30
其他仪器仪表制造业	35	3	9	33	34
其他制造业	20	2	4	13	17
废弃资源综合利用业	59	5	5	20	46
金属废料和碎屑加工处理					
非金属废料和碎屑加工处理	59	5	5	20	46
金属制品、机械和设备修理业	66	6	11	36	21
金属制品修理					
通用设备修理					
专用设备修理	14		2		2
铁路、船舶、航空航天等运输设备修理	20	1	2	16	6
电气设备修理					
仪器仪表修理					
其他机械和设备修理业	32	5	7	20	13
电力、热力、燃气及水生产和供应业	**1616**	**242**	**1020**	**875**	**1282**
电力、热力生产和供应业	1563	226	998	833	1251
电力生产	371	47	280	109	252
电力供应	1174	179	715	720	996
热力生产和供应	18		3	4	2
燃气生产和供应业					
燃气生产和供应业					
水的生产和供应业	53	16	22	42	31
自来水生产和供应	37	12	12	27	18
污水处理及其再生利用	16	4	10	15	13
其他水的处理、利用与分配					

1-C-6　分行业港澳台商投资企业R&D人员情况

行　业	R&D人员合计(人)	#女性	#研究人员	#全时人员	R&D人员折合全时当量(人年)
总　计	**12605**	**3498**	**3449**	**9079**	**9693**
采矿业	**73**	**18**	**12**	**73**	**49**
煤炭开采和洗选业					
石油和天然气开采业					
黑色金属矿采选业					
有色金属矿采选业					
非金属矿采选业	73	18	12	73	49
开采辅助活动					
其他采矿业					
制造业	**12532**	**3480**	**3437**	**9006**	**9643**
农副食品加工业	144	40	42	88	92
食品制造业	530	103	85	251	312
酒、饮料和精制茶制造业	412	127	157	362	369
烟草制品业					
纺织业	1472	586	423	1294	812
纺织服装、服饰业	1346	662	467	1066	1257
皮革、毛皮、羽毛及其制品和制鞋业	106	16	25	50	67
木材加工和木、竹、藤、棕、草制品业	34	13	2	11	14
家具制造业	54	23	21	9	24
造纸和纸制品业	362	91	61	195	210
印刷和记录媒介复制业	274	55	73	252	247
文教、工美、体育和娱乐用品制造业	176	38	26	81	131
石油加工及炼焦	66	9	5	38	66
化学原料和化学制品制造业	1242	320	438	763	1064
医药制造业	726	253	136	599	583
化学纤维制造业	379	59	155	154	252
橡胶和塑料制品业	1198	361	250	1153	1102
非金属矿物制品业	513	181	182	386	406
黑色金属冶炼和压延加工业	283	50	100		222
有色金属冶炼和压延加工业	18		2	18	9
金属制品业	596	61	144	533	440
通用设备制造业	697	108	134	514	510
专用设备制造业	640	128	239	473	447
汽车制造业	306	18	31	112	136
铁路、船舶、航空航天和其他运输设备制造业	71	11	7	62	46
电气机械和器材制造业	438	68	56	121	378
计算机、通信和其他电子设备制造业	449	99	176	421	447
仪器仪表制造业					
其他制造业					
废弃资源综合利用业					
金属制品、机械和设备修理业					

1-C-7 分行业外商投资企业R&D人员情况

行业	R&D人员合计（人）	#女性	#研究人员	#全时人员	R&D人员折合全时当量（人年）
总　计	**34336**	**8074**	**8276**	**26394**	**24503**
制造业	**34316**	**8070**	**8273**	**26376**	**24491**
农副食品加工业	1406	376	563	1090	964
食品制造业	589	239	210	396	460
酒、饮料和精制茶制造业	746	250	370	636	699
烟草制品业					
纺织业	3524	1944	544	2851	1814
纺织服装、服饰业	116	50	71	106	73
皮革、毛皮、羽毛及其制品和制鞋业	36	5	35	30	21
木材加工和木、竹、藤、棕、草制品业	17	2		13	6
家具制造业					
造纸和纸制品业	130	30	77	65	108
印刷和记录媒介复制业	6	3	5	5	2
文教、工美、体育和娱乐用品制造业	554	88	199	356	316
石油加工及炼焦	50	3	20	40	50
化学原料和化学制品制造业	3961	810	858	3050	3159
医药制造业	3085	1107	1150	2448	2816
化学纤维制造业	12	3	5	12	7
橡胶和塑料制品业	1545	320	332	1214	772
非金属矿物制品业	776	154	423	364	669
黑色金属冶炼和压延加工业	436	108	154	284	331
有色金属冶炼和压延加工业	236	33	87	158	154
金属制品业	936	141	247	812	538
通用设备制造业	1626	209	421	1139	1084
专用设备制造业	1764	223	641	1265	986
汽车制造业	731	119	222	451	548
铁路、船舶、航空航天和其他运输设备制造业	1357	192	255	928	972
电气机械和器材制造业	795	144	197	496	409
计算机、通信和其他电子设备制造业	8412	1325	813	6764	6323
仪器仪表制造业	751	109	133	684	573
其他制造业	44	14	2	44	40
废弃资源综合利用业					
金属制品、机械和设备修理业	675	69	239	675	600
电力、热力、燃气及水生产和供应业	**20**	**4**	**3**	**18**	**12**
电力、热力生产和供应业	2	1	1		1
燃气生产和供应业	18	3	2	18	11
水的生产和供应业					

1-C-8　各地区企业R&D人员情况

地　区	R&D人员合计(人)	#女性	#研究人员	#全时人员	R&D人员折合全时当量(人年)
山东省	**326793**	**73472**	**109583**	**229530**	**227403**
济南市	33644	6863	13072	25673	25710
青岛市	47305	10878	14725	35737	33304
淄博市	27395	6543	9105	18884	19930
枣庄市	7431	1546	3093	4532	5999
东营市	13938	3710	8158	10168	9693
烟台市	37661	7274	9491	27221	27229
潍坊市	38963	9083	13123	28348	25960
济宁市	16701	4675	5927	9584	10515
泰安市	17539	2900	6027	10297	9636
威海市	17115	4035	4692	12315	11501
日照市	3916	916	1269	2723	2353
莱芜市	5691	1006	3056	3118	4010
临沂市	15711	2955	5107	9632	11677
德州市	10068	2720	2780	7425	7295
聊城市	10267	2124	4076	7045	6208
滨州市	16798	4706	3678	12304	11557
菏泽市	6650	1538	2204	4524	4826

1-C-9　各地区大中型企业R&D人员情况

地　区	R&D人员合计(人)	#女性	#研究人员	#全时人员	R&D人员折合全时当量(人年)
山东省	**269641**	**62095**	**91537**	**193545**	**188354**
济南市	26710	5459	10319	20731	20965
青岛市	37541	8941	11884	28597	26739
淄博市	21174	5230	7128	14528	15206
枣庄市	4902	957	2209	3168	4248
东营市	12728	3451	7727	9399	8788
烟台市	33352	6526	8449	24837	24437
潍坊市	31431	7641	10520	24125	21219
济宁市	14654	4342	5251	8576	9379
泰安市	16201	2629	5474	9487	9002
威海市	14927	3622	4039	11041	9835
日照市	3595	871	1162	2605	2184
莱芜市	5063	918	2777	2764	3523
临沂市	12168	2452	4289	7818	9024
德州市	7732	1971	2277	5707	5732
聊城市	9001	1864	3703	6312	5472
滨州市	13923	4172	2916	10809	9355
菏泽市	4539	1049	1413	3041	3246

1－C－10 各地区内资企业R&D人员情况

地 区	R&D人员合计(人)	#女性	#研究人员	#全时人员	R&D人员折合全时当量(人年)
山东省	**279852**	**61900**	**97858**	**194057**	**193207**
济南市	30994	6402	12132	23631	23634
青岛市	39795	9448	12505	30256	27525
淄博市	21467	4526	7917	14468	16618
枣庄市	6737	1361	2945	3974	5429
东营市	13291	3587	7835	9646	9120
烟台市	24898	4672	7759	17110	17650
潍坊市	34234	7845	11875	24859	22158
济宁市	14490	3571	5374	7667	8814
泰安市	17420	2839	5949	10179	9583
威海市	13728	3153	3934	9781	9659
日照市	3511	822	1089	2450	1977
莱芜市	5614	984	3013	3055	3952
临沂市	12336	2264	3539	7292	9057
德州市	9779	2623	2635	7172	7009
聊城市	9996	1991	3883	6788	6033
滨州市	15836	4523	3410	11778	10842
菏泽市	5726	1289	2064	3951	4148

1－C－11 各地区港澳台商投资企业R&D人员情况

地 区	R&D人员合计(人)	#女性	#研究人员	#全时人员	R&D人员折合全时当量(人年)
山东省	**12605**	**3498**	**3449**	**9079**	**9693**
济南市	472	108	128	333	357
青岛市	1900	377	436	1461	1268
淄博市	1413	522	205	1326	834
枣庄市	482	128	121	393	364
东营市	537	114	299	440	485
烟台市	2382	796	780	1775	1935
潍坊市	2646	771	695	1832	2281
济宁市	244	55	65	83	118
泰安市	20	3	16	20	19
威海市	244	57	56	193	197
日照市	226	35	84	185	219
莱芜市					
临沂市	879	160	247	265	661
德州市	45	12	3	11	42
聊城市	188	113	188	188	129
滨州市	513	88	90	222	422
菏泽市	414	159	36	352	362

1-C-12　各地区外商投资企业R&D人员情况

地　区	R&D人员合计(人)				R&D人员折合全时当量(人年)
		#女性	#研究人员	#全时人员	
山东省	**34336**	**8074**	**8276**	**26394**	**24503**
济南市	2178	353	812	1709	1719
青岛市	5610	1053	1784	4020	4512
淄博市	4515	1495	983	3090	2478
枣庄市	212	57	27	165	207
东营市	110	9	24	82	89
烟台市	10381	1806	952	8336	7644
潍坊市	2083	467	553	1657	1521
济宁市	1967	1049	488	1834	1582
泰安市	99	58	62	98	33
威海市	3143	825	702	2341	1645
日照市	179	59	96	88	157
莱芜市	77	22	43	63	58
临沂市	2496	531	1321	2075	1959
德州市	244	85	142	242	244
聊城市	83	20	5	69	46
滨州市	449	95	178	304	292
菏泽市	510	90	104	221	316

D.企业R&D经费支出情况

1−D−1.1　分登记注册类型企业R&D经费内部支出情况

单位：万元

登记注册类型	R&D经费内部支出	日常性支出	#人员劳务费	资产性支出	#仪器和设备	#政府资金	#企业资金
总　计	**10528097**	**9271980**	**2239949**	**1256117**	**1204592**	**316005**	**10075481**
国有及国有控股	**2661119**	**2433605**	**751229**	**227513**	**211512**	**113734**	**2531243**
内资企业	**9187869**	**8084771**	**1943667**	**1103098**	**1057421**	**286891**	**8791001**
国有企业	138542	120911	31937	17632	16974	3558	129713
集体企业	497841	471435	123446	26406	23017	8053	487165
股份合作企业	4997	4812	778	185	149	74	4923
联营企业	65029	64613	16467	417	282	55	64974
国有联营企业	65029	64613	16467	417	282	55	64974
集体联营企业							
国有与集体联营企业							
其他联营企业							
有限责任公司	4210315	3758504	925622	451811	432495	127483	4050252
国有独资公司	1293262	1192638	329072	100624	93541	33508	1254329
其他有限责任公司	2917053	2565866	596550	351187	338953	93974	2795924
股份有限公司	1702195	1503921	381770	198274	186506	72554	1608284
私营企业	2551887	2150910	460610	400977	390631	75023	2429170
私营独资企业	44845	38245	6773	6600	6262	2078	41986
私营合伙企业	385	295	131	90	89		385
私营有限责任公司	2180733	1814915	394266	365818	356509	59398	2078754
私营股份有限公司	325925	297455	59440	28469	27771	13547	308046
其他企业	17062	9666	3038	7397	7368	91	16519
港、澳、台商投资企业	**337690**	**299411**	**73027**	**38279**	**37015**	**7866**	**323376**
合资经营企业	257119	228951	50539	28167	27313	5515	246416
合作经营企业	1354	1140	562	214	203	9	1345
港、澳、台商独资经营企业	66497	57556	16952	8941	8542	1493	63744
港、澳、台商投资股份有限公司	12721	11764	4975	957	957	849	11872
其他港澳台投资企业							
外商投资企业	**1002538**	**887798**	**223255**	**114740**	**110156**	**21248**	**961104**
中外合资经营企业	587112	512235	120531	74878	71205	17454	553996
中外合作经营企业	87645	82002	17361	5644	5566	176	87308
外资企业	235115	209964	62857	25151	24489	712	230041
外商投资股份有限公司	91904	82884	22431	9020	8858	2806	89097
其他外商投资企业	762	714	75	48	38	100	662

1-D-1.2　分登记注册类型大中型企业R&D经费内部支出情况

单位：万元

登记注册类型	R&D经费内部支出	日常性支出	#人员劳务费	资产性支出	#仪器和设备	#政府资金	#企业资金
总　计	**8824303**	**7873991**	**1942569**	**950312**	**907393**	**261963**	**8473659**
国有及国有控股	**2589074**	**2376336**	**735746**	**212738**	**196815**	**111897**	**2461183**
内资企业	**7639554**	**6817272**	**1679487**	**822283**	**784836**	**235335**	**7338304**
国有企业	111935	99543	27735	12393	11739	3380	103348
集体企业	490009	464386	122380	25623	22238	7992	479767
股份合作企业	2837	2766	292	71	71	5	2832
联营企业	65029	64613	16467	417	282	55	64974
国有联营企业	65029	64613	16467	417	282	55	64974
集体联营企业							
国有与集体联营企业							
其他联营企业							
有限责任公司	3760120	3386249	845964	373871	355911	112372	3626184
国有独资公司	1284531	1186607	327532	97925	90850	33235	1245871
其他有限责任公司	2475588	2199643	518432	275946	265061	79137	2380313
股份有限公司	1630961	1446058	365789	184904	174637	68668	1541765
私营企业	1577016	1352585	300353	224431	219401	42863	1518221
私营独资企业	14375	11653	1935	2722	2620	1600	12476
私营合伙企业							
私营有限责任公司	1296210	1096759	249316	199451	195020	28858	1253558
私营股份有限公司	266432	244174	49103	22258	21761	12406	252188
其他企业	1648	1073	507	575	559		1213
港、澳、台商投资企业	**292668**	**260922**	**63706**	**31746**	**30568**	**7020**	**280574**
合资经营企业	232030	206788	45193	25242	24433	4730	223486
合作经营企业	646	536	123	110	100		646
港、澳、台商独资经营企业	47511	42064	13549	5447	5088	1441	44810
港、澳、台商投资股份有限公司	12481	11534	4841	947	947	849	11632
其他港澳台投资企业							
外商投资企业	**892080**	**795797**	**199376**	**96283**	**91989**	**19609**	**854781**
中外合资经营企业	530221	465578	106069	64643	61152	16093	499145
中外合作经营企业	79626	74907	16635	4719	4649	176	79288
外资企业	191318	173351	54619	17967	17395	534	188238
外商投资股份有限公司	90916	81962	22054	8954	8793	2806	88110
其他外商投资企业							

1-D-1.3 分行业企业R&D经费内部支出情况

单位：万元

行业	R&D经费内部支出	日常性支出	#人员劳务费	资产性支出	#仪器和设备	#政府资金	#企业资金
总　计	**10528097**	**9271980**	**2239949**	**1256117**	**1204592**	**316005**	**10075481**
采矿业	**808852**	**743909**	**279575**	**64943**	**57816**	**42890**	**765010**
煤炭开采和洗选业	458552	422646	167928	35906	33459	6866	451686
烟煤和无烟煤开采洗选	445043	410006	157556	35037	32589	6362	438681
褐煤开采洗选	13510	12640	10372	869	869	504	13006
其他煤炭采选							
石油和天然气开采业	105333	103701	55126	1632	1242	24475	80859
石油开采	105333	103701	55126	1632	1242	24475	80859
天然气开采							
黑色金属矿采选业	13925	12284	3358	1641	1596		13925
铁矿采选	13925	12284	3358	1641	1596		13925
锰矿、铬矿采选							
其他黑色金属矿采选							
有色金属矿采选业	154339	131641	18191	22698	18895	5734	147653
常用有色金属矿采选	1090	982	192	109	109	14	617
贵金属矿采选	153248	130659	18000	22589	18786	5720	147036
稀有稀土金属矿采选							
非金属矿采选业	14815	13091	2215	1725	1612	620	14195
土砂石开采	5297	4681	708	616	615		5297
化学矿开采							
采盐	8761	8212	1456	549	545	620	8141
石棉及其他非金属矿采选	758	198	51	560	452		758
开采辅助活动	61887	60546	32757	1341	1014	5195	56692
煤炭开采和洗选辅助活动							
石油和天然气开采辅助活动	61887	60546	32757	1341	1014	5195	56692
其他开采辅助活动							
其他采矿业							
其他采矿业							
制造业	**9678812**	**8499076**	**1955122**	**1179736**	**1135398**	**272930**	**9270225**
农副食品加工业	468815	398386	71093	70429	68500	10062	451061
谷物磨制	23449	20215	2127	3235	3140	720	22631
饲料加工	21806	20466	6516	1339	1326	478	21328
植物油加工	132978	103937	14197	29041	28283	1892	125589
制糖业	625	570	30	55	50	300	325
屠宰及肉类加工	117302	102259	18734	15043	14643	1385	115118
水产品加工	63269	54702	11040	8566	8017	4466	58365
蔬菜、水果和坚果加工	24707	21008	4044	3699	3664	309	24398
其他农副食品加工	84680	75230	14405	9450	9378	513	83309
食品制造业	187933	153919	29024	34014	33676	5210	180658
焙烤食品制造	1240	1030	392	210	209		1240
糖果、巧克力及蜜饯制造	11171	10858	918	313	303	15	11156
方便食品制造	4491	3609	297	882	843	30	4461
乳制品制造	8013	7387	1690	625	623	76	7936
罐头食品制造	12610	10398	2299	2212	2101	191	12419
调味品、发酵制品制造	16518	15561	3218	957	954	1216	15021
其他食品制造	133891	105075	20210	28815	28644	3682	128424
酒、饮料和精制茶制造业	134199	124789	25074	9410	6373	2702	130705
酒的制造	123726	114983	22871	8744	5856	1667	121911
饮料制造	9270	8636	1982	634	485	996	7630
精制茶加工	1203	1171	220	32	32	40	1163

1-D-1.3　续表 1　　单位：万元

行　业	R&D经费内部支出	日常性支出	#人员劳务费	资产性支出	#仪器和设备	#政府资金	#企业资金
烟草制品业	6071	3862	1378	2209	2209		6071
烟叶复烤	177	177	57				177
卷烟制造	5894	3685	1321	2209	2209		5894
其他烟草制品制造							
纺织业	349914	296325	89194	53589	52243	13341	332197
棉纺织及印染精加工	237949	197388	63704	40562	39915	6930	227519
毛纺织及染整精加工	53267	50459	11749	2809	2662	5558	47116
麻纺织及染整精加工							
丝绢纺织及印染精加工	632	437	95	195	195		632
化纤织造及印染精加工	8744	6748	2264	1997	1997		8744
针织或钩针编织物及其制品制造	11781	8155	3179	3626	3602	516	11264
家用纺织制成品制造	32193	28123	6937	4070	3566	36	32157
非家用纺织制成品制造	5347	5017	1265	331	307	300	4764
纺织服装、服饰业	99047	85708	31302	13339	12609	1262	97752
机织服装制造	61305	54775	20770	6530	6007	909	60363
针织或钩针编织服装制造	35353	28643	10330	6710	6505	353	35000
服饰制造	2390	2290	201	100	98		2390
皮革、毛皮、羽毛及其制品和制鞋业	43116	39510	5970	3605	3326	680	42175
皮革鞣制加工	11399	10054	1321	1345	1345	15	11384
皮革制品制造	8448	8048	2047	401	205	652	7536
毛皮鞣制及制品加工	3246	2552	577	695	690	13	3233
羽毛(绒)加工及制品制造	306	306	99				306
制鞋业	19716	18551	1926	1165	1087		19716
木材加工和木、竹、藤、棕、草制品业	15457	13382	3388	2075	2056	894	13520
木材加工	45	43	29	2	2	1	44
人造板制造	13946	12413	2974	1533	1517	867	12281
木制品制造	1405	865	325	540	536	25	1165
竹、藤、棕、草等制品制造	62	62	60			1	30
家具制造业	11486	8476	3211	3010	2975	10	10642
木质家具制造	10860	8211	3083	2650	2615	10	10017
竹、藤家具制造							
金属家具制造							
塑料家具制造	490	130	50	360	360		490
其他家具制造	135	135	78				135
造纸和纸制品业	230954	214880	29822	16074	15433	2403	228113
纸浆制造	1508	1508	83				1508
造纸	227318	211627	29340	15691	15055	2353	224527
纸制品制造	2128	1746	400	383	378	50	2078
印刷和记录媒介复制业	13618	11837	3012	1781	1776	27	13576
印刷	13177	11396	2882	1781	1776	27	13135
装订及印刷相关服务	441	441	130				441
记录媒介复制							
文教、工美、体育和娱乐用品制造业	68786	62177	14555	6610	6467	2604	65043
文教办公用品制造	5101	4689	1729	411	411	175	4897
乐器制造							
工艺美术品制造	32071	28667	7502	3404	3336	425	30570
体育用品制造	28320	27074	4582	1246	1177	2002	26318
玩具制造	1325	946	528	378	375	1	1288
游艺器材及娱乐用品制造	1970	800	214	1170	1168		1970

1-D-1.3　续表 2　　单位：万元

行　　业	R&D经费内部支出	日常性支出	#人员劳务费	资产性支出	#仪器和设备	#政府资金	#企业资金
石油加工及炼焦	287223	250610	32606	36613	34520	3124	277684
化学原料和化学制品制造业	1134182	978372	194820	155811	151163	26567	1090186
基础化学原料制造	238947	195072	34868	43874	43096	5654	232384
肥料制造	136283	117168	28849	19115	18175	4018	129171
农药制造	43170	39048	10035	4122	3884	729	41919
涂料、油墨、颜料及类似产品制造	19384	17500	3282	1884	1859	2715	16302
合成材料制造	267341	235972	48073	31370	30245	3721	257372
专用化学产品制造	410584	358697	65587	51887	50500	9251	395696
炸药、火工及焰火产品制造	15045	12195	2857	2850	2703	377	14015
日用化学产品制造	3428	2720	1269	709	701	100	3326
医药制造业	611811	540828	127569	70984	69211	37755	557435
化学药品原料药制造	142606	123304	31288	19301	18797	8277	133877
化学药品制剂制造	156409	140631	37406	15777	15597	8045	148037
中药饮片加工	2165	1955	626	210	207	323	1757
中成药生产	88226	77670	19049	10556	10296	7265	80793
兽用药品制造	9984	8140	1859	1845	1822	681	8998
生物药品制造	123107	104280	22750	18827	18387	6061	112987
卫生材料及医药用品制造	89315	84848	14591	4467	4106	7104	70986
化学纤维制造业	39659	38152	10752	1507	1495	1847	37812
纤维素纤维原料及纤维制造	22520	21643	7581	878	866	813	21707
合成纤维制造	17139	16510	3171	629	629	1034	16104
橡胶和塑料制品业	470479	405041	75804	65439	62030	7660	455421
橡胶制品业	422773	366080	66796	56692	53537	5649	410910
塑料制品业	47707	38961	9009	8746	8493	2011	44510
非金属矿物制品业	299353	262109	61879	37244	36652	14610	279282
水泥、石灰和石膏制造	32083	24535	3498	7548	7529		32083
石膏、水泥制品及类似制品制造	44425	42460	12715	1965	1920	1270	42814
砖瓦、石材等建筑材料制造	32266	27970	5392	4296	4228	245	31789
玻璃制造	14398	13650	4362	748	699	118	13605
玻璃制品制造	31586	26531	7914	5055	4933	1583	29898
玻璃纤维和玻璃纤维增强塑料制品制造	34827	29889	7871	4938	4846	1684	33143
陶瓷制品制造	51688	45085	9971	6603	6501	6955	41011
耐火材料制品制造	8938	7412	2380	1526	1505	245	8641
石墨及其他非金属矿物制品制造	49143	44578	7778	4565	4492	2510	46300
黑色金属冶炼和压延加工业	353946	328805	65854	25141	22857	1808	350684
炼铁	6015	5329	2436	686	642		6015
炼钢	95537	90099	11503	5438	5215	45	95492
黑色金属铸造	15076	13178	2892	1898	1829	227	14746
钢压延加工	227627	214926	48121	12701	10774	1496	225215
铁合金冶炼	9692	5273	903	4419	4398	40	9217
有色金属冶炼和压延加工业	626565	563181	93986	63384	61858	7943	613828
常用有色金属冶炼	143669	121256	5942	22413	22012	1865	141803
贵金属冶炼	48411	47745	4397	666	629	186	48149
稀有稀土金属冶炼	4413	4281	901	131	128		4413
有色金属合金制造	36432	31955	4453	4477	4315	127	36262
有色金属铸造	722	613	428	109		81	641
有色金属压延加工	392919	357331	77865	35588	34774	5684	382560

1-D-1.3　续表 3　　单位：万元

行　业	R&D经费内部支出	日常性支出	#人员劳务费	资产性支出	#仪器和设备	#政府资金	#企业资金
金属制品业	307617	246803	58393	60814	59376	6386	298060
结构性金属制品制造	40434	33365	8541	7069	6825	389	40046
金属工具制造	15651	12285	2766	3366	3298	250	15326
集装箱及金属包装容器制造	6800	5892	1717	909	818	322	6478
金属丝绳及其制品制造	60787	38778	6374	22010	21952	1153	59634
建筑、安全用金属制品制造	29757	24890	7771	4867	4637	796	28897
金属表面处理及热处理加工	1150	902	136	248	236	32	1102
搪瓷制品制造	248	247	83	2	2		248
金属制日用品制造	4274	3888	1086	386	386		4274
其他金属制品制造	148515	126558	29920	21958	21223	3445	142055
通用设备制造业	701809	572131	162153	129678	125975	28983	662126
锅炉及原动设备制造	211335	165964	51525	45371	43253	5435	204194
金属加工机械制造	121738	104826	33551	16912	16607	13874	106578
物料搬运设备制造	31495	26769	4603	4726	4538	615	29830
泵、阀门、压缩机及类似机械制造	119987	100555	25544	19431	19045	2657	114926
轴承、齿轮和传动部件制造	28788	16330	4338	12458	12382	1222	26992
烘炉、风机、衡器、包装等设备制造	124028	104056	29641	19973	19501	3106	118728
文化、办公用机械制造	1791	1762	1003	29	29	199	1592
通用零部件制造	56951	46653	10633	10298	10142	1639	53827
其他通用设备制造业	5696	5216	1315	480	479	236	5460
专用设备制造业	595826	505566	117858	90260	86813	22238	561178
采矿、冶金、建筑专用设备制造	319682	262894	56926	56787	55357	10197	306889
化工、木材、非金属加工专用设备制造	39050	34589	11075	4461	4200	2177	36377
食品、饮料、烟草及饲料生产专用设备制造	9696	7917	2273	1779	1711	66	9086
印刷、制药、日化及日用品生产专用设备制造	14601	12936	2612	1665	1616	236	14365
纺织、服装和皮革加工专用设备制造	18808	17355	5499	1454	1326	217	18591
电子和电工机械专用设备制造	45616	39874	12215	5742	5596	2415	42988
农、林、牧、渔专用机械制造	68404	63426	10800	4977	4593	1701	60146
医疗仪器设备及器械制造	39732	30050	8110	9682	8962	2424	37120
环保、社会公共服务及其他专用设备制造	40237	36525	8349	3713	3452	2805	35615
汽车制造业	647004	576730	121736	70275	66645	10699	632069
汽车整车制造	358652	324631	63796	34021	31396	5781	350698
改装汽车制造	71812	63137	17379	8675	8361	890	70871
低速载货汽车制造	42565	41460	7541	1106	1091	1268	41297
电车制造	2019	1830	582	189	179		2019
汽车车身、挂车制造	1576	1075	356	501	479		1576
汽车零部件及配件制造	170381	144598	32083	25783	25139	2760	165609
铁路、船舶、航空航天和其他运输设备制造业	198117	178562	59933	19555	18980	9557	187494
铁路运输设备制造	107978	99500	37909	8479	8099	5329	101700
城市轨道交通设备制造							
船舶及相关装置制造	65896	63528	16546	2368	2244	4209	61570
航空、航天器及设备制造	10059	2829	947	7231	7207		10059
摩托车制造	4305	3349	1900	956	956	15	4290
自行车制造	4599	4343	1482	256	207	3	4596
非公路休闲车及零配件制造							
潜水救捞及其他未列明运输设备制造	5279	5013	1149	266	266		5279
电气机械和器材制造业	949151	851004	210969	98147	92566	25530	920184
电机制造	79933	64912	15392	15021	14871	2505	75863
输配电及控制设备制造	144955	124829	32050	20126	19287	6538	138417

1-D-1.3 续表 4 单位：万元

行业	R&D经费内部支出	日常性支出	#人员劳务费	资产性支出	#仪器和设备	#政府资金	#企业资金
电线、电缆、光缆及电工器材制造	121396	101202	15590	20194	19441	1755	119536
电池制造	44422	34098	10001	10323	10153	5024	39225
家用电力器具制造	521195	494408	130779	26787	23299	7997	511752
非电力家用器具制造	17028	15370	3653	1659	1613	797	16082
照明器具制造	11624	9612	1978	2012	2006	862	10762
其他电气机械及器材制造	8599	6574	1526	2025	1897	52	8548
计算机、通信和其他电子设备制造业	727591	698667	219583	28925	28379	24593	681980
计算机制造	242600	239650	107583	2950	2795	12802	227276
通信设备制造	73430	69667	21681	3763	3750	524	60981
广播电视设备制造	46573	45812	14432	761	733	762	45811
雷达及配套设备制造							
视听设备制造	245309	241041	42007	4268	4259	3617	241692
电子器件制造	40670	33340	10863	7331	7058	4165	35592
电子元件制造	65106	57258	17170	7848	7797	1849	57599
其他电子设备制造	13903	11899	5846	2004	1987	874	13028
仪器仪表制造业	92250	83195	31286	9056	8498	4405	87071
通用仪器仪表制造	72901	65321	23765	7580	7056	3840	68734
专用仪器仪表制造	15505	14263	6619	1242	1212	209	14847
钟表与计时仪器制造	2539	2444	534	95	95	305	2234
光学仪器及眼镜制造	611	473	131	139	136	52	560
其他仪器仪表制造业	695	695	237	0	0		695
其他制造业	2278	2058	401	220	206	5	1689
废弃资源综合利用业	1010	907	170	103	102		1010
金属废料和碎屑加工处理							
非金属废料和碎屑加工处理	1010	907	170	103	102		1010
金属制品、机械和设备修理业	3544	3105	2349	438	428	25	3519
金属制品修理							
通用设备修理							
专用设备修理	58	45	33	13	13		58
铁路、船舶、航空航天等运输设备修理	2614	2340	2005	274	268	25	2589
电气设备修理							
仪器仪表修理							
其他机械和设备修理业	871	720	311	151	147		871
电力、热力、燃气及水生产和供应业	**40432**	**28995**	**5253**	**11438**	**11378**	**186**	**40247**
电力、热力生产和供应业	38003	27527	4702	10476	10417	1	38002
电力生产	13303	8067	1223	5236	5177	1	13302
电力供应	24531	19315	3408	5215	5215		24531
热力生产和供应	169	144	72	25	25		169
燃气生产和供应业	1476	626	265	851	850		1476
燃气生产和供应业	1476	626	265	851	850		1476
水的生产和供应业	953	843	286	111	110	185	768
自来水生产和供应	474	396	160	79	78	91	383
污水处理及其再生利用	479	447	127	32	32	94	385
其他水的处理、利用与分配							

1-D-1.4　分行业大中型企业R&D经费内部支出情况

单位：万元

行　　业	R&D经费内部支出	日常性支出	#人员劳务费	资产性支出	#仪器和设备	#政府资金	#企业资金
总　　计	**8824303**	**7873991**	**1942569**	**950312**	**907393**	**261963**	**8473659**
采矿业	**797891**	**735557**	**278203**	**62334**	**55327**	**42870**	**754529**
煤炭开采和洗选业	458552	422646	167928	35906	33459	6866	451686
烟煤和无烟煤开采洗选	445043	410006	157556	35037	32589	6362	438681
褐煤开采洗选	13510	12640	10372	869	869	504	13006
其他煤炭采选							
石油和天然气开采业	105333	103701	55126	1632	1242	24475	80859
石油开采	105333	103701	55126	1632	1242	24475	80859
天然气开采							
黑色金属矿采选业	10958	10118	3120	840	803		10958
铁矿采选	10958	10118	3120	840	803		10958
锰矿、铬矿采选							
其他黑色金属矿采选							
有色金属矿采选业	153419	130805	18078	22614	18811	5734	147193
常用有色金属矿采选	170	145	78	25	25	14	157
贵金属矿采选	153248	130659	18000	22589	18786	5720	147036
稀有稀土金属矿采选							
非金属矿采选业	7742	7742	1194			600	7142
土砂石开采							
化学矿开采							
采盐	7742	7742	1194			600	7142
石棉及其他非金属矿采选							
开采辅助活动	61887	60546	32757	1341	1014	5195	56692
煤炭开采和洗选辅助活动							
石油和天然气开采辅助活动	61887	60546	32757	1341	1014	5195	56692
其他开采辅助活动							
其他采矿业							
其他采矿业							
制造业	**8014056**	**7129968**	**1662554**	**884087**	**848234**	**219078**	**7706789**
农副食品加工业	396088	339804	57655	56284	54765	8444	381901
谷物磨制	17354	15940	1509	1414	1340	570	16784
饲料加工	4955	4850	1871	105	105		4955
植物油加工	126816	98913	13385	27902	27159	1867	119451
制糖业							
屠宰及肉类加工	111434	97922	17329	13513	13377	1361	110064
水产品加工	50252	43682	8919	6570	6063	4240	45882
蔬菜、水果和坚果加工	9357	8662	1806	695	690	195	9162
其他农副食品加工	75920	69835	12836	6084	6032	212	75603
食品制造业	109874	90707	18130	19167	18936	1886	107486
焙烤食品制造	172	159	135	13	13		172
糖果、巧克力及蜜饯制造	2523	2523	147				2523
方便食品制造	2515	1938	60	578	552		2515
乳制品制造	4823	4344	1389	479	477	76	4747
罐头食品制造	6462	5166	1201	1297	1192	171	6292
调味品、发酵制品制造	11527	10785	2301	742	739	777	10469
其他食品制造	81851	65793	12896	16058	15964	863	80768
酒、饮料和精制茶制造业	120033	111986	21989	8048	5208	2002	118032
酒的制造	116617	108776	21304	7842	5013	1447	115170
饮料制造	3416	3210	686	206	195	554	2862
精制茶加工							

1-D-1.4 续表 1

单位：万元

行业	R&D经费内部支出	日常性支出	#人员劳务费	资产性支出	#仪器和设备	#政府资金	#企业资金
烟草制品业	2868	2593	913	275	275		2868
烟叶复烤	177	177	57				177
卷烟制造	2691	2416	856	275	275		2691
其他烟草制品制造							
纺织业	324842	275995	83872	48847	47550	12694	308054
棉纺织及印染精加工	221312	184332	60649	36980	36369	6640	211172
毛纺织及染整精加工	53063	50256	11643	2807	2660	5558	46912
麻纺织及染整精加工							
丝绢纺织及印染精加工	355	285	22	70	70		355
化纤织造及印染精加工	8167	6177	2090	1991	1991		8167
针织或钩针编织物及其制品制造	10708	7261	2681	3448	3436	440	10268
家用纺织制成品制造	29604	26230	6392	3374	2871	36	29568
非家用纺织制成品制造	1631	1454	395	177	153	20	1611
纺织服装、服饰业	95115	82993	30184	12122	11433	1259	93823
机织服装制造	58306	52934	20004	5372	4852	909	57364
针织或钩针编织服装制造	34419	27769	9979	6650	6483	350	34069
服饰制造	2390	2290	201	100	98		2390
皮革、毛皮、羽毛及其制品和制鞋业	32905	30285	4088	2620	2348	667	31978
皮革鞣制加工	6744	5404	729	1340	1340	15	6729
皮革制品制造	8448	8048	2047	401	205	652	7536
毛皮鞣制及制品加工							
羽毛(绒)加工及制品制造	306	306	99				306
制鞋业	17408	16528	1213	880	803		17408
木材加工和木、竹、藤、棕、草制品业	11738	10334	2474	1404	1402	817	10123
木材加工							
人造板制造	11738	10334	2474	1404	1402	817	10123
木制品制造							
竹、藤、棕、草等制品制造							
家具制造业	7068	5216	2153	1852	1831		6568
木质家具制造	7068	5216	2153	1852	1831		6568
竹、藤家具制造							
金属家具制造							
塑料家具制造							
其他家具制造							
造纸和纸制品业	224761	209505	28816	15255	14622	2283	222040
纸浆制造							
造纸	224761	209505	28816	15255	14622	2283	222040
纸制品制造							
印刷和记录媒介复制业	7059	6476	1746	584	584		7059
印刷	6619	6035	1616	584	584		6619
装订及印刷相关服务	441	441	130				441
记录媒介复制							
文教、工美、体育和娱乐用品制造业	57175	52739	11576	4435	4325	2460	53638
文教办公用品制造	3435	3158	958	277	277	102	3333
乐器制造							
工艺美术品制造	28613	25468	6250	3145	3078	356	27181
体育用品制造	24675	23677	4178	998	955	2002	22673
玩具制造							
游艺器材及娱乐用品制造	451	436	190	15	15		451

1-D-1.4　续表 2　　　　　　　　　　　　　　　　　　　　　　　　单位：万元

行　业	R&D经费内部支出	日常性支出	#人员劳务费	资产性支出	#仪器和设备	#政府资金	#企业资金
石油加工及炼焦	267735	233201	30186	34534	32480	3084	258236
化学原料和化学制品制造业	839089	726096	149465	112993	109629	17656	813719
基础化学原料制造	190668	154151	28495	36517	35826	3478	186982
肥料制造	125501	107491	26263	18010	17145	3684	118845
农药制造	28655	26370	7002	2285	2106	458	27676
涂料、油墨、颜料及类似产品制造	11625	11325	1566	299	298	2608	9017
合成材料制造	213189	189183	40255	24006	23149	1721	209895
专用化学产品制造	252311	223792	42330	28519	27900	5331	245195
炸药、火工及焰火产品制造	15045	12195	2857	2850	2703	377	14015
日用化学产品制造	2096	1590	699	507	502		2094
医药制造业	464925	419474	106242	45450	44287	32831	430191
化学药品原料药制造	121569	107553	26132	14016	13565	8085	113251
化学药品制剂制造	144452	131847	35540	12605	12477	7829	136296
中药饮片加工	1018	986	269	32	30	260	758
中成药生产	56093	50344	16389	5750	5580	6689	49236
兽用药品制造	3265	2652	527	614	608	137	3128
生物药品制造	75706	65138	15459	10568	10168	2781	72015
卫生材料及医药用品制造	62821	60956	11926	1865	1859	7050	55506
化学纤维制造业	36916	35426	10604	1490	1478	1847	35069
纤维素纤维原料及纤维制造	20830	19953	7492	878	866	813	20018
合成纤维制造	16085	15473	3113	612	612	1034	15051
橡胶和塑料制品业	430569	372407	67026	58162	54917	5867	418489
橡胶制品业	407134	354261	63136	52873	49742	5467	395454
塑料制品业	23435	18146	3891	5289	5176	400	23035
非金属矿物制品业	218112	196911	48597	21201	20853	11511	201916
水泥、石灰和石膏制造	27799	22431	3108	5367	5365		27799
石膏、水泥制品及类似制品制造	26454	25788	11442	665	631	340	26114
砖瓦、石材等建筑材料制造	11207	9807	1087	1401	1398		11121
玻璃制造	13209	12681	4064	528	482	20	12514
玻璃制品制造	26225	22199	6656	4026	3941	1456	24769
玻璃纤维和玻璃纤维增强塑料制品制造	25404	23489	6618	1915	1870	1406	23998
陶瓷制品制造	43444	39676	8217	3768	3701	6155	33735
耐火材料制品制造	4426	3612	1186	814	800	150	4239
石墨及其他非金属矿物制品制造	39945	37229	6220	2716	2666	1983	37629
黑色金属冶炼和压延加工业	337253	317548	63602	19705	17475	1697	334101
炼铁	6015	5329	2436	686	642		6015
炼钢	95537	90099	11503	5438	5215	45	95492
黑色金属铸造	10438	9445	2240	993	933	166	10168
钢压延加工	224394	212302	47355	12092	10203	1486	221992
铁合金冶炼	870	373	68	497	483		435
有色金属冶炼和压延加工业	600505	546830	90134	53675	52537	7540	588490
常用有色金属冶炼	143530	121211	5926	22320	21919	1865	141665
贵金属冶炼	48411	47745	4397	666	629	186	48149
稀有稀土金属冶炼	2417	2392	668	25	25		2417
有色金属合金制造	33957	29921	4091	4037	3896	44	33913
有色金属铸造							
有色金属压延加工	372190	345562	75051	26628	26068	5445	362346

1-D-1.4 续表 3

单位：万元

行业	R&D经费内部支出	日常性支出	#人员劳务费	资产性支出	#仪器和设备	#政府资金	#企业资金
金属制品业	243396	196317	46049	47079	46218	4647	236885
结构性金属制品制造	31787	27114	6495	4673	4448	343	31444
金属工具制造	12635	10020	2528	2615	2603	150	12410
集装箱及金属包装容器制造	3500	3124	1100	376	326	156	3344
金属丝绳及其制品制造	57971	36252	5522	21720	21662	1073	56898
建筑、安全用金属制品制造	22374	20284	7024	2090	2029	656	21654
金属表面处理及热处理加工							
搪瓷制品制造	48	47	33	2	2		48
金属制日用品制造	1016	1016	174				1016
其他金属制品制造	114065	98462	23175	15603	15148	2270	110071
通用设备制造业	516032	423918	122729	92115	89189	23694	487806
锅炉及原动设备制造	188894	148540	46945	40354	38391	5154	182034
金属加工机械制造	84078	74621	26430	9457	9252	13344	70727
物料搬运设备制造	27768	23430	3717	4338	4163	488	26230
泵、阀门、压缩机及类似机械制造	73752	63459	16948	10293	10076	1182	72570
轴承、齿轮和传动部件制造	18668	7858	2308	10810	10752	1202	17292
烘炉、风机、衡器、包装等设备制造	82044	70870	19782	11174	10959	1764	79687
文化、办公用机械制造	213	184	69	29	29		213
通用零部件制造	38574	32914	6238	5660	5568	560	37012
其他通用设备制造业	2041	2041	294				2041
专用设备制造业	433799	370460	86868	63339	61105	16541	408261
采矿、冶金、建筑专用设备制造	254614	211541	46253	43073	42299	8708	243875
化工、木材、非金属加工专用设备制造	15957	14222	5521	1735	1567	1645	14312
食品、饮料、烟草及饲料生产专用设备制造	2246	1681	920	564	564	36	1834
印刷、制药、日化及日用品生产专用设备制造	8641	7392	1796	1249	1249	146	8495
纺织、服装和皮革加工专用设备制造	15458	14819	5002	639	512	114	15344
电子和电工机械专用设备制造	35170	31287	9309	3882	3802	1730	33355
农、林、牧、渔专用机械制造	59115	55802	8554	3314	2957	1198	52497
医疗仪器设备及器械制造	20800	14334	5582	6465	5971	1824	18976
环保、社会公共服务及其他专用设备制造	21799	19382	3931	2417	2185	1139	19574
汽车制造业	569496	512608	111687	56888	54637	10305	555850
汽车整车制造	342327	310646	63007	31682	30352	5751	334403
改装汽车制造	65364	57515	15041	7849	7535	888	64425
低速载货汽车制造	42565	41460	7541	1106	1091	1268	41297
电车制造							
汽车车身、挂车制造	577	456	166	121	101		577
汽车零部件及配件制造	118663	102532	25933	16131	15557	2398	115148
铁路、船舶、航空航天和其他运输设备制造业	184876	166368	56759	18507	18024	8381	175918
铁路运输设备制造	101611	93325	36497	8287	7967	4821	96214
城市轨道交通设备制造							
船舶及相关装置制造	60230	58515	15233	1715	1601	3542	56688
航空、航天器及设备制造	8851	1824	498	7027	7027		8851
摩托车制造	4305	3349	1900	956	956	15	4290
自行车制造	4599	4343	1482	256	207	3	4596
非公路休闲车及零配件制造							
潜水救捞及其他未列明运输设备制造	5279	5013	1149	266	266		5279
电气机械和器材制造业	774587	707976	182907	66611	61592	17888	754001
电机制造	54555	41076	12152	13479	13409	2245	50770
输配电及控制设备制造	102707	92567	22354	10140	9437	5058	97649

1-D-1.4　续表 4　　单位：万元

行　　业	R&D经费内部支出	日常性支出	#人员劳务费	资产性支出	#仪器和设备	#政府资金	#企业资金
电线、电缆、光缆及电工器材制造	88582	74669	12239	13914	13263	1395	87187
电池制造	20372	15350	7502	5022	4951	598	19774
家用电力器具制造	502011	479022	126717	22989	19521	7975	492878
非电力家用器具制造	4486	4319	1326	167	165	597	3890
照明器具制造	52	52	23			5	47
其他电气机械及器材制造	1822	922	596	900	847	17	1806
计算机、通信和其他电子设备制造业	650507	634338	203482	16169	15756	20853	610360
计算机制造	240215	237656	106794	2559	2428	12671	225022
通信设备制造	58780	57886	18483	894	892	46	47416
广播电视设备制造	37845	37845	13646			353	37492
雷达及配套设备制造							
视听设备制造	245309	241041	42007	4268	4259	3617	241692
电子器件制造	21090	16125	5654	4965	4707	2235	18855
电子元件制造	37581	35291	11414	2290	2288	1127	31001
其他电子设备制造	9688	8494	5484	1193	1183	804	8883
仪器仪表制造业	53260	48124	20593	5136	4649	2200	51060
通用仪器仪表制造	45321	40474	16159	4847	4386	2200	43121
专用仪器仪表制造	7323	7034	4147	289	263	0	7322
钟表与计时仪器制造	616	616	287				616
光学仪器及眼镜制造							
其他仪器仪表制造业							
其他制造业	1167	1154	139	14			584
废弃资源综合利用业							
金属废料和碎屑加工处理							
非金属废料和碎屑加工处理							
金属制品、机械和设备修理业	2309	2182	1887	127	127	25	2284
金属制品修理							
通用设备修理							
专用设备修理							
铁路、船舶、航空航天等运输设备修理	2309	2182	1887	127	127	25	2284
电气设备修理							
仪器仪表修理							
其他机械和设备修理业							
电力、热力、燃气及水生产和供应业	**12357**	**8466**	**1813**	**3891**	**3832**	**15**	**12341**
电力、热力生产和供应业	12312	8427	1802	3885	3826		12312
电力生产	9415	5994	1177	3421	3363		9415
电力供应	2897	2433	625	464	463		2897
热力生产和供应							
燃气生产和供应业							
燃气生产和供应业							
水的生产和供应业	45	39	11	6	6	15	30
自来水生产和供应	45	39	11	6	6	15	30
污水处理及其再生利用							
其他水的处理、利用与分配							

1-D-1.5　分行业内资企业R&D经费内部支出情况

单位：万元

行　　业	R&D经费内部支出	日常性支出	#人员劳务费	资产性支出	#仪器和设备	#政府资金	#企业资金
总　　计	**9187869**	**8084771**	**1943667**	**1103098**	**1057421**	**286891**	**8791001**
采矿业	**801110**	**736167**	**278380**	**64943**	**57816**	**42290**	**757869**
煤炭开采和洗选业	458552	422646	167928	35906	33459	6866	451686
烟煤和无烟煤开采洗选	445043	410006	157556	35037	32589	6362	438681
褐煤开采洗选	13510	12640	10372	869	869	504	13006
其他煤炭采选							
石油和天然气开采业	105333	103701	55126	1632	1242	24475	80859
石油开采	105333	103701	55126	1632	1242	24475	80859
天然气开采							
黑色金属矿采选业	13925	12284	3358	1641	1596		13925
铁矿采选	13925	12284	3358	1641	1596		13925
锰矿、铬矿采选							
其他黑色金属矿采选							
有色金属矿采选业	154339	131641	18191	22698	18895	5734	147653
常用有色金属矿采选	1090	982	192	109	109	14	617
贵金属矿采选	153248	130659	18000	22589	18786	5720	147036
稀有稀土金属矿采选							
非金属矿采选业	7074	5349	1020	1725	1612	20	7054
土砂石开采	5297	4681	708	616	615		5297
化学矿开采							
采盐	1020	471	261	549	545	20	1000
石棉及其他非金属矿采选	758	198	51	560	452		758
开采辅助活动	61887	60546	32757	1341	1014	5195	56692
煤炭开采和洗选辅助活动							
石油和天然气开采辅助活动	61887	60546	32757	1341	1014	5195	56692
其他开采辅助活动							
其他采矿业							
其他采矿业							
制造业	**8347968**	**7320401**	**1660300**	**1027568**	**989077**	**244415**	**7994528**
农副食品加工业	416172	353516	61671	62656	61101	6996	402001
谷物磨制	23352	20117	2080	3235	3140	700	22553
饲料加工	20450	19111	6141	1339	1326	478	19972
植物油加工	132083	103320	13919	28763	28006	1860	124725
制糖业	625	570	30	55	50	300	325
屠宰及肉类加工	106949	92300	17624	14649	14248	1335	104815
水产品加工	33450	27967	4887	5483	5270	1719	31424
蔬菜、水果和坚果加工	22270	19507	3644	2764	2732	126	22144
其他农副食品加工	76993	70624	13345	6369	6328	478	76043
食品制造业	150781	120150	20638	30631	30427	4631	144085
焙烤食品制造	914	815	327	99	99		914
糖果、巧克力及蜜饯制造	11171	10858	918	313	303	15	11156
方便食品制造	1976	1672	237	304	291	30	1946
乳制品制造	7535	6910	1569	625	623	76	7459
罐头食品制造	5724	5071	571	653	645	191	5533
调味品、发酵制品制造	12594	11783	1262	811	809	1150	11163
其他食品制造	110868	83041	15754	27826	27657	3170	105914
酒、饮料和精制茶制造业	78693	70814	13747	7879	4969	1590	76311
酒的制造	72735	65077	12438	7658	4866	1308	71278
饮料制造	4755	4566	1089	189	71	242	3870
精制茶加工	1203	1171	220	32	32	40	1163

1-D-1.5　续表 1　　单位：万元

行业	R&D经费内部支出	日常性支出	#人员劳务费	资产性支出	#仪器和设备	#政府资金	#企业资金
烟草制品业	6071	3862	1378	2209	2209		6071
烟叶复烤	177	177	57				177
卷烟制造	5894	3685	1321	2209	2209		5894
其他烟草制品制造							
纺织业	277432	226203	67893	51230	49889	11126	262806
棉纺织及印染精加工	201905	162852	50241	39054	38407	5010	193395
毛纺织及染整精加工	19939	17943	4923	1997	1851	5483	14456
麻纺织及染整精加工							
丝绢纺织及印染精加工	632	437	95	195	195		632
化纤织造及印染精加工	8744	6748	2264	1997	1997		8744
针织或钩针编织物及其制品制造	11643	8017	3107	3626	3602	516	11126
家用纺织制成品制造	30999	26967	6459	4031	3529	36	30962
非家用纺织制成品制造	3570	3240	804	331	307	80	3490
纺织服装、服饰业	61229	50651	16062	10579	10326	1262	59934
机织服装制造	23487	19718	5531	3769	3723	909	22545
针织或钩针编织服装制造	35353	28643	10330	6710	6505	353	35000
服饰制造	2390	2290	201	100	98		2390
皮革、毛皮、羽毛及其制品和制鞋业	37442	34826	5124	2615	2336	665	36516
皮革鞣制加工	6838	6483	894	355	355		6838
皮革制品制造	8448	8048	2047	401	205	652	7536
毛皮鞣制及制品加工	3246	2552	577	695	690	13	3233
羽毛(绒)加工及制品制造							
制鞋业	18910	17744	1607	1165	1087		18910
木材加工和木、竹、藤、棕、草制品业	13849	12050	2928	1799	1783	894	12127
木材加工	45	43	29	2	2	1	44
人造板制造	12767	11458	2620	1309	1294	867	11102
木制品制造	976	488	219	488	487	25	951
竹、藤、棕、草等制品制造	62	62	60			1	30
家具制造业	10363	7359	2604	3004	2970	10	10020
木质家具制造	9738	7094	2476	2644	2610	10	9395
竹、藤家具制造							
金属家具制造							
塑料家具制造	490	130	50	360	360		490
其他家具制造	135	135	78				135
造纸和纸制品业	187532	172050	26164	15481	14841	2403	184691
纸浆制造	1508	1508	83				1508
造纸	183896	168797	25682	15099	14462	2353	181105
纸制品制造	2128	1746	400	383	378	50	2078
印刷和记录媒介复制业	9609	8340	1628	1268	1265	15	9578
印刷	9168	7900	1498	1268	1265	15	9138
装订及印刷相关服务	441	441	130				441
记录媒介复制							
文教、工美、体育和娱乐用品制造业	52839	49341	11589	3497	3398	2431	49311
文教办公用品制造	2780	2629	1031	151	151	15	2765
乐器制造							
工艺美术品制造	22011	19910	5941	2100	2070	416	20533
体育用品制造	27977	26732	4547	1246	1177	1999	25978
玩具制造	71	71	70			1	35
游艺器材及娱乐用品制造							

1-D-1.5 续表 2 单位：万元

行业	R&D经费内部支出	日常性支出	#人员劳务费	资产性支出	#仪器和设备	#政府资金	#企业资金
石油加工及炼焦	284199	247606	31749	36593	34500	3064	274721
化学原料和化学制品制造业	954588	816422	163950	138166	134266	23961	914229
基础化学原料制造	167400	131700	25419	35700	35275	4676	162117
肥料制造	125483	107131	27617	18352	17565	4003	118387
农药制造	42173	38051	9645	4122	3884	729	40922
涂料、油墨、颜料及类似产品制造	14023	12139	3061	1884	1859	2714	10942
合成材料制造	232449	204584	40185	27865	26786	3338	223592
专用化学产品制造	354588	307903	53898	46684	45493	8023	340927
炸药、火工及焰火产品制造	15045	12195	2857	2850	2703	377	14015
日用化学产品制造	3428	2720	1269	709	701	100	3326
医药制造业	476265	413774	99734	62491	60857	28518	432868
化学药品原料药制造	84445	68328	19364	16117	15718	3472	80521
化学药品制剂制造	125049	110319	33148	14731	14573	7109	117940
中药饮片加工	2165	1955	626	210	207	323	1757
中成药生产	69050	60075	14117	8975	8720	4204	64745
兽用药品制造	9448	7604	1721	1845	1822	587	8556
生物药品制造	100746	83695	17285	17051	16612	5775	90913
卫生材料及医药用品制造	85362	81799	13473	3563	3204	7050	68436
化学纤维制造业	33680	32259	9251	1422	1413	1847	31833
纤维素纤维原料及纤维制造	19591	18799	6703	792	784	813	18778
合成纤维制造	14089	13460	2547	629	629	1034	13054
橡胶和塑料制品业	332990	297240	60571	35750	34691	5723	320949
橡胶制品业	293533	264819	53796	28714	27905	3814	283910
塑料制品业	39457	32421	6775	7036	6786	1909	37039
非金属矿物制品业	277136	241829	56481	35307	34766	12727	258949
水泥、石灰和石膏制造	26774	19266	1897	7508	7489		26774
石膏、水泥制品及类似制品制造	43767	41905	12385	1863	1818	1270	42156
砖瓦、石材等建筑材料制造	30351	26168	4974	4183	4117	245	29874
玻璃制造	14221	13478	4307	743	694	45	13501
玻璃制品制造	26535	22322	6983	4213	4094	573	25857
玻璃纤维和玻璃纤维增强塑料制品制造	33431	28535	7566	4897	4804	1684	31747
陶瓷制品制造	47131	40708	9028	6424	6352	6155	37254
耐火材料制品制造	7618	6387	2081	1231	1215	245	7321
石墨及其他非金属矿物制品制造	47308	43061	7260	4247	4183	2510	44465
黑色金属冶炼和压延加工业	337372	314678	62365	22694	20455	1668	334249
炼铁	6015	5329	2436	686	642		6015
炼钢	92717	87481	11257	5236	5022	45	92672
黑色金属铸造	12875	11374	2154	1502	1435	87	12685
钢压延加工	216073	205222	45615	10851	8958	1496	213660
铁合金冶炼	9692	5273	903	4419	4398	40	9217
有色金属冶炼和压延加工业	569894	523286	91781	46609	45132	6832	558269
常用有色金属冶炼	93611	87769	4423	5842	5483	1300	92311
贵金属冶炼	48411	47745	4397	666	629	186	48149
稀有稀土金属冶炼	4413	4281	901	131	128		4413
有色金属合金制造	36432	31955	4453	4477	4315	127	36262
有色金属铸造	722	613	428	109		81	641
有色金属压延加工	386306	350923	77179	35383	34577	5138	376493

1-D-1.5　续表 3　　单位：万元

行　业	R&D经费内部支出	日常性支出	#人员劳务费	资产性支出	#仪器和设备	#政府资金	#企业资金
金属制品业	267082	210088	49510	56995	55726	6143	258900
结构性金属制品制造	35381	28492	7846	6889	6645	389	34993
金属工具制造	12997	9828	2051	3169	3113	250	12747
集装箱及金属包装容器制造	6789	5880	1709	909	818	322	6467
金属丝绳及其制品制造	56474	34910	5443	21563	21563	1050	55424
建筑、安全用金属制品制造	28194	23690	7341	4504	4277	796	27334
金属表面处理及热处理加工	1150	902	136	248	236	32	1102
搪瓷制品制造	248	247	83	2	2		248
金属制日用品制造	1190	954	338	236	236		1190
其他金属制品制造	124659	105184	24563	19475	18836	3305	119395
通用设备制造业	641936	520023	149890	121913	118389	28493	603312
锅炉及原动设备制造	194670	150177	48561	44493	42377	5329	187635
金属加工机械制造	118611	102838	32969	15773	15468	13874	103458
物料搬运设备制造	31355	26684	4565	4671	4488	615	29691
泵、阀门、压缩机及类似机械制造	108571	92062	23651	16509	16245	2637	103530
轴承、齿轮和传动部件制造	28788	16330	4338	12458	12382	1222	26992
烘炉、风机、衡器、包装等设备制造	108785	90381	24696	18404	17956	2906	104247
文化、办公用机械制造	1791	1762	1003	29	29	199	1592
通用零部件制造	43668	34571	8791	9096	8965	1475	40708
其他通用设备制造业	5696	5216	1315	480	479	236	5460
专用设备制造业	516471	438599	102021	77873	74652	20563	484816
采矿、冶金、建筑专用设备制造	252562	206014	44771	46549	45329	8736	242361
化工、木材、非金属加工专用设备制造	36588	32504	10459	4084	3824	2121	33971
食品、饮料、烟草及饲料生产专用设备制造	8972	7213	2035	1759	1691	66	8362
印刷、制药、日化及日用品生产专用设备制造	10839	10401	1785	438	390	156	10684
纺织、服装和皮革加工专用设备制造	16808	15573	4649	1236	1108	217	16591
电子和电工机械专用设备制造	45616	39874	12215	5742	5596	2415	42988
农、林、牧、渔专用机械制造	68035	63063	10732	4972	4588	1689	59789
医疗仪器设备及器械制造	37738	28358	7592	9380	8674	2359	35379
环保、社会公共服务及其他专用设备制造	39313	35600	7784	3712	3452	2805	34691
汽车制造业	627670	560816	115628	66854	63433	10487	613303
汽车整车制造	357815	323949	63476	33866	31246	5781	349861
改装汽车制造	70340	61665	17028	8674	8361	885	69405
低速载货汽车制造	42565	41460	7541	1106	1091	1268	41297
电车制造	2019	1830	582	189	179		2019
汽车车身、挂车制造	1576	1075	356	501	479		1576
汽车零部件及配件制造	153356	130838	26646	22518	22077	2553	149146
铁路、船舶、航空航天和其他运输设备制造业	170969	161148	51760	9821	9354	9536	160528
铁路运输设备制造	93067	86729	31773	6338	6032	5329	86950
城市轨道交通设备制造							
船舶及相关装置制造	64085	62080	15736	2005	1893	4188	59780
航空、航天器及设备制造							
摩托车制造	3938	2982	1620	956	956	15	3923
自行车制造	4599	4343	1482	256	207	3	4596
非公路休闲车及零配件制造							
潜水救捞及其他未列明运输设备制造	5279	5013	1149	266	266		5279
电气机械和器材制造业	917908	825255	203928	92653	87212	24886	890562
电机制造	76250	63013	14700	13237	13101	2480	73181
输配电及控制设备制造	139660	120177	30379	19483	18646	6208	133451

1-D-1.5 续表 4　　　　单位：万元

行　　业	R&D经费内部支出	日常性支出	#人员劳务费	资产性支出	#仪器和设备	#政府资金	#企业资金
电线、电缆、光缆及电工器材制造	112277	93225	14030	19052	18353	1731	110442
电池制造	42798	33356	9586	9442	9330	4954	37672
家用电力器具制造	510810	484840	128248	25970	22485	7957	501407
非电力家用器具制造	16202	14592	3560	1610	1574	642	15410
照明器具制造	11313	9480	1900	1833	1827	862	10452
其他电气机械及器材制造	8599	6574	1526	2025	1897	52	8548
计算机、通信和其他电子设备制造业	563318	543031	159010	20287	20007	24514	533784
计算机制造	163015	160667	72384	2348	2193	12802	148188
通信设备制造	14988	12445	3139	2543	2534	524	13857
广播电视设备制造	46573	45812	14432	761	733	762	45811
雷达及配套设备制造							
视听设备制造	245309	241041	42007	4268	4259	3617	241692
电子器件制造	32233	28305	8067	3928	3913	4130	27234
电子元件制造	48814	43585	13559	5228	5181	1805	45490
其他电子设备制造	12387	11175	5422	1212	1195	874	11513
仪器仪表制造业	70865	62000	20447	8865	8308	3426	66784
通用仪器仪表制造	54763	47345	15840	7417	6893	2861	51695
专用仪器仪表制造	12258	11044	3705	1213	1184	209	11600
钟表与计时仪器制造	2539	2444	534	95	95	305	2234
光学仪器及眼镜制造	611	473	131	139	136	52	560
其他仪器仪表制造业	695	695	237	0	0		695
其他制造业	1367	1354	168	14		5	779
废弃资源综合利用业	1010	907	170	103	102		1010
金属废料和碎屑加工处理							
非金属废料和碎屑加工处理	1010	907	170	103	102		1010
金属制品、机械和设备修理业	1234	923	463	311	301		1234
金属制品修理							
通用设备修理							
专用设备修理	58	45	33	13	13		58
铁路、船舶、航空航天等运输设备修理	305	158	118	147	141		305
电气设备修理							
仪器仪表修理							
其他机械和设备修理业	871	720	311	151	147		871
电力、热力、燃气及水生产和供应业	**38790**	**28203**	**4986**	**10587**	**10527**	**186**	**38604**
电力、热力生产和供应业	37837	27361	4700	10476	10417	1	37836
电力生产	13137	7901	1221	5236	5177	1	13136
电力供应	24531	19315	3408	5215	5215		24531
热力生产和供应	169	144	72	25	25		169
燃气生产和供应业							
燃气生产和供应业							
水的生产和供应业	953	843	286	111	110	185	768
自来水生产和供应	474	396	160	79	78	91	383
污水处理及其再生利用	479	447	127	32	32	94	385
其他水的处理、利用与分配							

1-D-1.6　分行业港澳台商投资企业R&D经费内部支出情况

单位：万元

行　业	R&D经费内部支出	日常性支出	#人员劳务费	资产性支出	#仪器和设备	#政府资金	#企业资金
总　计	**337690**	**299411**	**73027**	**38279**	**37015**	**7866**	**323376**
采矿业	**7742**	**7742**	**1194**			**600**	**7142**
煤炭开采和洗选业							
石油和天然气开采业							
黑色金属矿采选业							
有色金属矿采选业							
非金属矿采选业	7742	7742	1194			600	7142
开采辅助活动							
其他采矿业							
制造业	**329949**	**291670**	**71832**	**38279**	**37015**	**7266**	**316234**
农副食品加工业	5744	2250	426	3494	3461	93	5264
食品制造业	15598	14849	3098	749	747	513	15085
酒、饮料和精制茶制造业	7556	6656	2630	900	806	23	7533
烟草制品业							
纺织业	12850	11352	3821	1498	1495	220	12347
纺织服装、服饰业	33947	31491	14286	2456	2035		33947
皮革、毛皮、羽毛及其制品和制鞋业	4867	3877	527	990	990	15	4852
木材加工和木、竹、藤、棕、草制品业	1178	955	354	224	223		1178
家具制造业	1122	1117	607	6	6		622
造纸和纸制品业	10514	9922	1465	592	592		10514
印刷和记录媒介复制业	3862	3441	1337	421	421	12	3850
文教、工美、体育和娱乐用品制造业	1558	1445	579	113	113	9	1521
石油加工及炼焦	2322	2312	594	10	10		2322
化学原料和化学制品制造业	32579	30211	7517	2368	2274	973	31606
医药制造业	28950	27091	4456	1859	1795	1944	26612
化学纤维制造业	5379	5294	1471	85	82		5379
橡胶和塑料制品业	67377	54429	6775	12948	12936	976	65724
非金属矿物制品业	10240	9323	2923	917	911		10240
黑色金属冶炼和压延加工业	5800	5800	1256				5800
有色金属冶炼和压延加工业	1091	1091	126			546	546
金属制品业	15792	13697	4147	2095	2016	73	14588
通用设备制造业	23587	22195	3572	1392	1292	354	22664
专用设备制造业	17834	16009	3465	1825	1780	1434	16271
汽车制造业	6907	6226	2234	681	479	7	6582
铁路、船舶、航空航天和其他运输设备制造业	1203	1183	796	20	20		1203
电气机械和器材制造业	3700	2133	946	1567	1464	75	3625
计算机、通信和其他电子设备制造业	8392	7322	2424	1071	1069		6358
仪器仪表制造业							
其他制造业							
废弃资源综合利用业							
金属制品、机械和设备修理业							

1-D-1.7　分行业外商投资企业R&D经费内部支出情况

单位：万元

行　　业	R&D经费内部支出	日常性支出	#人员劳务费	资产性支出	#仪器和设备	#政府资金	#企业资金
总　计	**1002538**	**887798**	**223255**	**114740**	**110156**	**21248**	**961104**
制造业	**1000895**	**887006**	**222989**	**113889**	**109306**	**21248**	**959462**
农副食品加工业	46900	42621	8995	4280	3938	2974	43796
食品制造业	21555	18920	5288	2635	2503	66	21489
酒、饮料和精制茶制造业	47950	47319	8697	631	599	1090	46860
烟草制品业							
纺织业	59631	58770	17480	861	859	1995	57043
纺织服装、服饰业	3871	3566	954	304	249		3871
皮革、毛皮、羽毛及其制品和制鞋业	807	807	319				807
木材加工和木、竹、藤、棕、草制品业	429	377	107	52	50		215
家具制造业							
造纸和纸制品业	32908	32908	2193				32908
印刷和记录媒介复制业	147	55	46	92	90		147
文教、工美、体育和娱乐用品制造业	14390	11391	2386	2999	2956	163	14211
石油加工及炼焦	701	691	263	10	10	60	641
化学原料和化学制品制造业	147016	131739	23353	15277	14623	1632	144352
医药制造业	106596	99963	23379	6633	6560	7293	97955
化学纤维制造业	600	600	30				600
橡胶和塑料制品业	70113	53372	8459	16741	14403	961	68748
非金属矿物制品业	11977	10957	2476	1020	975	1883	10093
黑色金属冶炼和压延加工业	10775	8327	2234	2448	2402	140	10635
有色金属冶炼和压延加工业	55579	38804	2079	16775	16726	565	55014
金属制品业	24743	23018	4736	1725	1635	170	24573
通用设备制造业	36286	29913	8691	6373	6294	136	36150
专用设备制造业	61520	50958	12373	10562	10381	241	60092
汽车制造业	12427	9688	3874	2739	2733	205	12184
铁路、船舶、航空航天和其他运输设备制造业	25946	16231	7377	9714	9605	21	25763
电气机械和器材制造业	27544	23616	6096	3928	3890	569	25998
计算机、通信和其他电子设备制造业	155881	148314	58148	7567	7303	79	141837
仪器仪表制造业	21385	21194	10839	191	191	979	20287
其他制造业	910	704	233	206	206		910
废弃资源综合利用业							
金属制品、机械和设备修理业	2309	2182	1887	127	127	25	2284
电力、热力、燃气及水生产和供应业	**1643**	**792**	**267**	**851**	**850**		**1643**
电力、热力生产和供应业	166	166	2				166
燃气生产和供应业	1476	626	265	851	850		1476
水的生产和供应业							

1-D-1.8　各地区企业R&D经费内部支出情况

单位：万元

地　区	R&D经费内部支出	日常性支出	#人员劳务费	资产性支出	#仪器和设备	#政府资金	#企业资金
山东省	**10528097**	**9271980**	**2239949**	**1256117**	**1204592**	**316005**	**10075481**
济南市	801135	722075	214853	79060	76980	40692	749952
青岛市	1674420	1538255	412037	136165	128128	33468	1618558
淄博市	756675	645093	159073	111582	108449	21716	721008
枣庄市	218105	189033	55868	29072	27664	8169	209240
东营市	766209	650112	154317	116098	113579	47449	711098
烟台市	1496277	1355484	305441	140793	134326	33864	1456510
潍坊市	1018078	877211	209493	140867	133551	20696	977982
济宁市	475124	423198	132691	51927	50513	12743	458741
泰安市	555168	486866	121234	68301	65221	10593	542632
威海市	476182	419116	105171	57066	52680	27482	444124
日照市	133968	123646	21320	10322	10100	2946	130630
莱芜市	157545	139964	32099	17581	17018	5357	149085
临沂市	534208	459860	95181	74348	71214	17518	510266
德州市	291721	256919	45715	34802	33727	4648	284353
聊城市	437764	380503	56276	57262	53976	11780	418992
滨州市	520516	427997	81881	92519	89981	12134	485153
菏泽市	215002	176648	37299	38354	37486	4751	207160

1-D-1.9　各地区大中型企业R&D经费内部支出情况

单位：万元

地　区	R&D经费内部支出	日常性支出	#人员劳务费	资产性支出	#仪器和设备	#政府资金	#企业资金
山东省	**8824303**	**7873991**	**1942569**	**950312**	**907393**	**261963**	**8473659**
济南市	660482	604004	180821	56478	55960	32173	622845
青岛市	1420014	1332749	357625	87265	80798	30185	1372032
淄博市	556482	477898	124215	78584	76130	15874	531309
枣庄市	156027	139587	44755	16441	15265	4754	151176
东营市	714557	609164	144814	105393	102957	44281	662903
烟台市	1341765	1222400	284595	119365	113854	30645	1305894
潍坊市	827839	726801	173796	101039	94356	13541	799347
济宁市	434016	389368	121845	44648	43473	11092	420787
泰安市	491090	437062	110576	54028	51201	9812	479485
威海市	418945	367188	92912	51756	47727	22176	394491
日照市	129411	120272	20197	9139	8927	2363	126658
莱芜市	138296	126799	29355	11498	10964	4376	132327
临沂市	399348	347973	76072	51375	48555	13631	382296
德州市	214404	188126	36075	26278	25319	4292	208802
聊城市	386546	339851	50458	46695	43978	10171	369801
滨州市	398081	329425	68825	68656	66692	9888	381739
菏泽市	136999	115326	25634	21674	21237	2711	131766

1-D-1.10 各地区内资企业R&D经费内部支出情况

单位：万元

地 区	R&D经费内部支出	日常性支出	#人员劳务费	资产性支出	#仪器和设备	#政府资金	#企业资金
山东省	**9187869**	**8084771**	**1943667**	**1103098**	**1057421**	**286891**	**8791001**
济南市	763385	687386	201303	75999	73928	39495	713399
青岛市	1461928	1350081	352492	111848	104625	32103	1423953
淄博市	602606	506530	126880	96076	93369	17375	572279
枣庄市	202040	174396	52453	27644	26403	7817	193527
东营市	701663	603462	148985	98200	95779	44607	649805
烟台市	1163038	1048228	221946	114809	108479	27877	1130346
潍坊市	890620	758540	178772	132080	125308	18803	855918
济宁市	425761	375721	123506	50039	48643	12599	410120
泰安市	551974	484070	120784	67905	64828	10558	539791
威海市	360996	326044	87284	34952	33543	23407	335583
日照市	98728	88839	18381	9888	9671	2831	95504
莱芜市	156678	139252	31763	17426	16868	5357	148233
临沂市	402465	343036	69499	59430	56853	11771	384270
德州市	284945	251247	43971	33698	32646	4614	277611
聊城市	431619	376748	54829	54871	51585	11718	412909
滨州市	493249	411157	77641	82092	79585	12058	457961
菏泽市	196176	160034	33180	36142	35307	3902	189791

1-D-1.11 各地区港澳台商投资企业R&D经费内部支出情况

单位：万元

地 区	R&D经费内部支出	日常性支出	#人员劳务费	资产性支出	#仪器和设备	#政府资金	#企业资金
山东省	**337690**	**299411**	**73027**	**38279**	**37015**	**7866**	**323376**
济南市	10203	9646	3865	557	557		10203
青岛市	46731	39844	11893	6887	6496	303	44105
淄博市	21456	18753	4895	2704	2637	105	21351
枣庄市	8514	7384	2026	1131	1071	92	8422
东营市	14489	13162	3813	1327	1271	2277	11800
烟台市	99447	85026	15627	14421	14356	1755	97617
潍坊市	81954	76501	19671	5454	4995	1844	77190
济宁市	9398	9041	630	357	353	19	9373
泰安市	967	964	137	4			650
威海市	3303	2819	846	484	481	9	3293
日照市	1880	1534	607	346	343	84	1797
莱芜市							
临沂市	16381	14446	3943	1935	1795	616	15766
德州市	646	536	123	110	100		646
聊城市	1891	1886	539	5	5		1891
滨州市	11482	9957	2588	1524	1520		11482
菏泽市	8948	7914	1825	1034	1034	764	7791

1-D-1.12　各地区外商投资企业R&D经费内部支出情况

单位：万元

地　区	R&D经费内部支出	日常性支出	#人员劳务费	资产性支出	#仪器和设备	#政府资金	#企业资金
山东省	**1002538**	**887798**	**223255**	**114740**	**110156**	**21248**	**961104**
济南市	27547	25043	9685	2504	2496	1197	26351
青岛市	165761	148330	47653	17430	17008	1063	150500
淄博市	132613	119811	27298	12802	12443	4236	127378
枣庄市	7551	7253	1388	298	190	260	7291
东营市	50058	33488	1519	16570	16529	565	49493
烟台市	233792	222229	67868	11563	11492	4232	228546
潍坊市	45504	42170	11051	3334	3247	50	44874
济宁市	39966	38435	8556	1531	1516	125	39248
泰安市	2226	1833	314	393	393	35	2191
威海市	111884	90254	17041	21630	18656	4065	105248
日照市	33360	33273	2332	88	85	32	33329
莱芜市	867	712	336	155	150		852
临沂市	115361	102378	21739	12984	12566	5132	110230
德州市	6130	5136	1621	994	980	34	6096
聊城市	4254	1868	909	2386	2386	62	4192
滨州市	15786	6883	1652	8903	8875	76	15710
菏泽市	9878	8701	2295	1178	1145	85	9578

1-D-2.1 分登记注册类型企业R&D经费外部支出情况

单位：万元

登记注册类型	R&D经费外部支出	#对境内研究机构支出	#对境内高等学校支出
总　计	**526462**	**231774**	**169999**
国有及国有控股	**175287**	**72359**	**66564**
内资企业	**458161**	**189015**	**149311**
国有企业	10751	6297	3515
集体企业	59306	2908	2995
股份合作企业	160	30	
联营企业	10959	4754	5845
国有联营企业	10959	4754	5845
集体联营企业			
国有与集体联营企业			
其他联营企业			
有限责任公司	169273	90646	61750
国有独资公司	51042	28095	20637
其他有限责任公司	118231	62551	41113
股份有限公司	129352	47633	40328
私营企业	78209	36596	34878
私营独资企业	1374	583	489
私营合伙企业			
私营有限责任公司	70659	33159	31408
私营股份有限公司	6176	2854	2981
其他企业	151	151	
港、澳、台商投资企业	**39800**	**30878**	**8417**
合资经营企业	37449	30625	6659
合作经营企业	18	8	4
港、澳、台商独资经营企业	2144	161	1753
港、澳、台商投资股份有限公司	189	84	
其他港澳台投资企业			
外商投资企业	**28501**	**11881**	**12272**
中外合资经营企业	23757	9581	11216
中外合作经营企业	521	498	23
外资企业	3365	1273	702
外商投资股份有限公司	859	529	330
其他外商投资企业			

1-D-2.2　分登记注册类型大中型企业R&D经费外部支出情况

单位：万元

登记注册类型	R&D经费外部支出	#对境内研究机构支出	#对境内高等学校支出
总　　计	**484010**	**213857**	**153422**
国有及国有控股	**169428**	**67422**	**65641**
内资企业	**420185**	**173346**	**133326**
国有企业	5803	1992	2872
集体企业	59306	2908	2995
股份合作企业	130		
联营企业	10959	4754	5845
国有联营企业	10959	4754	5845
集体联营企业			
国有与集体联营企业			
其他联营企业			
有限责任公司	157677	87744	55605
国有独资公司	51013	28092	20611
其他有限责任公司	106664	59653	34995
股份有限公司	128225	47021	39968
私营企业	58085	28928	26041
私营独资企业	1094	536	256
私营合伙企业			
私营有限责任公司	52072	26173	23388
私营股份有限公司	4919	2218	2397
其他企业			
港、澳、台商投资企业	**38279**	**29639**	**8294**
合资经营企业	36206	29518	6562
合作经营企业			
港、澳、台商独资经营企业	1884	37	1732
港、澳、台商投资股份有限公司	189	84	
其他港澳台投资企业			
外商投资企业	**25546**	**10872**	**11802**
中外合资经营企业	22936	9047	11017
中外合作经营企业	521	498	23
外资企业	1742	1039	702
外商投资股份有限公司	348	288	60
其他外商投资企业			

1-D-2.3 分行业企业R&D经费外部支出情况

单位：万元

行业	R&D经费外部支出	#对境内研究机构支出	#对境内高等学校支出
总 计	**526462**	**231774**	**169999**
采矿业	**59489**	**25476**	**33511**
煤炭开采和洗选业	28655	13248	14906
烟煤和无烟煤开采洗选	28097	13117	14478
褐煤开采洗选	559	131	428
其他煤炭采选			
石油和天然气开采业	24934	9973	14960
石油开采	24934	9973	14960
天然气开采			
黑色金属矿采选业	75	45	30
铁矿采选	75	45	30
锰矿、铬矿采选			
其他黑色金属矿采选			
有色金属矿采选业	3905	1436	2469
常用有色金属矿采选	13		13
贵金属矿采选	3893	1436	2456
稀有稀土金属矿采选			
非金属矿采选业	6		6
土砂石开采	6		6
化学矿开采			
采盐			
石棉及其他非金属矿采选			
开采辅助活动	1914	774	1141
煤炭开采和洗选辅助活动			
石油和天然气开采辅助活动	1914	774	1141
其他开采辅助活动			
其他采矿业			
其他采矿业			
制造业	**461574**	**201749**	**135655**
农副食品加工业	37882	17392	18253
谷物磨制	380		380
饲料加工	30	20	10
植物油加工	30780	14417	15383
制糖业	30	30	
屠宰及肉类加工	2142	1109	1033
水产品加工	3237	1343	658
蔬菜、水果和坚果加工	404	89	294
其他农副食品加工	880	383	496
食品制造业	4786	1249	1782
焙烤食品制造			
糖果、巧克力及蜜饯制造			
方便食品制造	10		10
乳制品制造	148	3	145
罐头食品制造	150	52	98
调味品、发酵制品制造	113	15	98
其他食品制造	4365	1179	1431
酒、饮料和精制茶制造业	6850	3869	2655
酒的制造	6648	3740	2581
饮料制造	202	128	74
精制茶加工			

1-D-2.3　续表 1　　单位：万元

行　业	R&D经费外部支出	#对境内研究机构支出	#对境内高等学校支出
烟草制品业	335	287	48
烟叶复烤			
卷烟制造	335	287	48
其他烟草制品制造			
纺织业	7245	1921	5140
棉纺织及印染精加工	5974	1214	4734
毛纺织及染整精加工	759	451	175
麻纺织及染整精加工			
丝绢纺织及印染精加工			
化纤织造及印染精加工			
针织或钩针编织物及其制品制造			
家用纺织制成品制造	483	252	212
非家用纺织制成品制造	29	4	20
纺织服装、服饰业	6122	2187	3679
机织服装制造	5913	2105	3552
针织或钩针编织服装制造	209	82	127
服饰制造			
皮革、毛皮、羽毛及其制品和制鞋业	518	198	320
皮革鞣制加工	360	40	320
皮革制品制造	158	158	
毛皮鞣制及制品加工			
羽毛(绒)加工及制品制造			
制鞋业			
木材加工和木、竹、藤、棕、草制品业	155	71	84
木材加工	5		5
人造板制造	138	59	79
木制品制造	12	12	
竹、藤、棕、草等制品制造			
家具制造业	153	51	102
木质家具制造	153	51	102
竹、藤家具制造			
金属家具制造			
塑料家具制造			
其他家具制造			
造纸和纸制品业	6450	3690	1449
纸浆制造			
造纸	6450	3690	1449
纸制品制造			
印刷和记录媒介复制业	165	102	9
印刷	139	84	
装订及印刷相关服务	27	18	9
记录媒介复制			
文教、工美、体育和娱乐用品制造业	1717	946	504
文教办公用品制造	147	147	
乐器制造			
工艺美术品制造	1071	500	304
体育用品制造	500	300	200
玩具制造			
游艺器材及娱乐用品制造			

1-4-2-3 续表 2

单位：万元

行　　业	R&D经费外部支出	#对境内研究机构支出	#对境内高等学校支出
石油加工及炼焦	26488	16530	5215
化学原料和化学制品制造业	44312	24689	14928
基础化学原料制造	4938	1707	1632
肥料制造	12017	8826	2234
农药制造	1421	828	593
涂料、油墨、颜料及类似产品制造	922	739	182
合成材料制造	7820	3673	3967
专用化学产品制造	16789	8857	5975
炸药、火工及焰火产品制造	260	50	210
日用化学产品制造	145	9	136
医药制造业	71377	53803	15167
化学药品原料药制造	15743	9475	6208
化学药品制剂制造	39082	31882	6162
中药饮片加工	95		80
中成药生产	11761	10157	1407
兽用药品制造	332	96	236
生物药品制造	2382	1401	980
卫生材料及医药用品制造	1982	792	94
化学纤维制造业	2456	958	1498
纤维素纤维原料及纤维制造	2232	734	1498
合成纤维制造	224	224	
橡胶和塑料制品业	21708	3348	15590
橡胶制品业	19311	2261	14442
塑料制品业	2397	1087	1148
非金属矿物制品业	5753	3927	1247
水泥、石灰和石膏制造	1424	1373	52
石膏、水泥制品及类似制品制造	257	170	87
砖瓦、石材等建筑材料制造	1060	881	163
玻璃制造	950	551	272
玻璃制品制造	68	60	8
玻璃纤维和玻璃纤维增强塑料制品制造	859	342	406
陶瓷制品制造	552	470	60
耐火材料制品制造	316	1	15
石墨及其他非金属矿物制品制造	267	81	184
黑色金属冶炼和压延加工业	13551	6585	6518
炼铁	100		100
炼钢	187	74	109
黑色金属铸造	10		10
钢压延加工	13014	6510	6058
铁合金冶炼	240		240
有色金属冶炼和压延加工业	5907	2749	2718
常用有色金属冶炼	711	341	226
贵金属冶炼	247	203	44
稀有稀土金属冶炼			
有色金属合金制造			
有色金属铸造	60	60	
有色金属压延加工	4890	2145	2448

1D−2.3　续表 3　　　单位：万元

行　业	R&D经费外部支出	#对境内研究机构支出	#对境内高等学校支出
金属制品业	9397	4500	2586
结构性金属制品制造	102	27	54
金属工具制造	179	19	160
集装箱及金属包装容器制造	136	108	28
金属丝绳及其制品制造	4228	1267	850
建筑、安全用金属制品制造	30		30
金属表面处理及热处理加工			
搪瓷制品制造			
金属制日用品制造			
其他金属制品制造	4722	3080	1463
通用设备制造业	20674	7362	5039
锅炉及原动设备制造	12552	4057	1475
金属加工机械制造	3040	1081	1572
物料搬运设备制造	71	7	64
泵、阀门、压缩机及类似机械制造	2495	966	1058
轴承、齿轮和传动部件制造	442	213	215
烘炉、风机、衡器、包装等设备制造	930	471	406
文化、办公用机械制造	85	85	
通用零部件制造	1059	482	249
其他通用设备制造业			
专用设备制造业	9876	4375	4562
采矿、冶金、建筑专用设备制造	5473	2053	3108
化工、木材、非金属加工专用设备制造	1332	669	432
食品、饮料、烟草及饲料生产专用设备制造	56	56	
印刷、制药、日化及日用品生产专用设备制造	35		35
纺织、服装和皮革加工专用设备制造	122		122
电子和电工机械专用设备制造	307	134	173
农、林、牧、渔专用机械制造	1089	718	311
医疗仪器设备及器械制造	862	539	244
环保、社会公共服务及其他专用设备制造	599	206	137
汽车制造业	25060	16640	3887
汽车整车制造	15703	12213	1698
改装汽车制造	4171	715	914
低速载货汽车制造	2391	1784	607
电车制造			
汽车车身、挂车制造			
汽车零部件及配件制造	2795	1928	669
铁路、船舶、航空航天和其他运输设备制造业	43876	10469	10855
铁路运输设备制造	35859	3888	10209
城市轨道交通设备制造			
船舶及相关装置制造	6603	5718	380
航空、航天器及设备制造			
摩托车制造	17		1
自行车制造	842	526	265
非公路休闲车及零配件制造			
潜水救捞及其他未列明运输设备制造	555	337	
电气机械和器材制造业	72438	9063	9235
电机制造	1263	398	440
输配电及控制设备制造	4687	2796	1890

1-D-2.3 续表 4

单位：万元

行　　业	R&D经费外部支出	#对境内研究机构支出	#对境内高等学校支出
电线、电缆、光缆及电工器材制造	3870	2169	1490
电池制造	1401	904	497
家用电力器具制造	58639	2461	2750
非电力家用器具制造	362	112	244
照明器具制造	2205	213	1923
其他电气机械及器材制造	10	10	
计算机、通信和其他电子设备制造业	12784	3556	1968
计算机制造	2761	330	1262
通信设备制造	77	58	
广播电视设备制造	5692	3	
雷达及配套设备制造			
视听设备制造	3350	2875	219
电子器件制造	416	190	178
电子元件制造	245	37	129
其他电子设备制造	244	63	180
仪器仪表制造业	3527	1225	617
通用仪器仪表制造	3108	948	482
专用仪器仪表制造	178	36	135
钟表与计时仪器制造	240	240	
光学仪器及眼镜制造	1	1	
其他仪器仪表制造业			
其他制造业	10	10	
废弃资源综合利用业	3		3
金属废料和碎屑加工处理			
非金属废料和碎屑加工处理	3		3
金属制品、机械和设备修理业	0		0
金属制品修理			
通用设备修理			
专用设备修理	0		0
铁路、船舶、航空航天等运输设备修理			
电气设备修理			
仪器仪表修理			
其他机械和设备修理业			
电力、热力、燃气及水生产和供应业	**5399**	**4549**	**833**
电力、热力生产和供应业	5395	4546	833
电力生产	477	240	220
电力供应	4919	4306	613
热力生产和供应			
燃气生产和供应业			
燃气生产和供应业			
水的生产和供应业	4	3	0
自来水生产和供应	4	3	0
污水处理及其再生利用			
其他水的处理、利用与分配			

1-D-2.4　分行业大中型企业R&D经费外部支出情况

单位：万元

行　　业	R&D经费外部支出	#对境内研究机构支出	#对境内高等学校支出
总　　计	**484010**	**213857**	**153422**
采矿业	**59483**	**25476**	**33505**
煤炭开采和洗选业	28655	13248	14906
烟煤和无烟煤开采洗选	28097	13117	14478
褐煤开采洗选	559	131	428
其他煤炭采选			
石油和天然气开采业	24934	9973	14960
石油开采	24934	9973	14960
天然气开采			
黑色金属矿采选业	75	45	30
铁矿采选	75	45	30
锰矿、铬矿采选			
其他黑色金属矿采选			
有色金属矿采选业	3905	1436	2469
常用有色金属矿采选	13		13
贵金属矿采选	3893	1436	2456
稀有稀土金属矿采选			
非金属矿采选业			
土砂石开采			
化学矿开采			
采盐			
石棉及其他非金属矿采选			
开采辅助活动	1914	774	1141
煤炭开采和洗选辅助活动			
石油和天然气开采辅助活动	1914	774	1141
其他开采辅助活动			
其他采矿业			
其他采矿业			
制造业	**424046**	**188137**	**119696**
农副食品加工业	36764	16893	17834
谷物磨制	350		350
饲料加工			
植物油加工	30650	14417	15303
制糖业			
屠宰及肉类加工	2001	1103	898
水产品加工	2677	963	608
蔬菜、水果和坚果加工	242	51	189
其他农副食品加工	845	358	486
食品制造业	2564	303	506
焙烤食品制造			
糖果、巧克力及蜜饯制造			
方便食品制造			
乳制品制造	148	3	145
罐头食品制造	82	20	62
调味品、发酵制品制造	63	15	48
其他食品制造	2271	265	251
酒、饮料和精制茶制造业	6540	3733	2480
酒的制造	6515	3724	2464
饮料制造	25	9	16
精制茶加工			

1-D-2.4 续表 1

单位：万元

行业	R&D经费外部支出	#对境内研究机构支出	#对境内高等学校支出
烟草制品业	183	136	48
烟叶复烤			
卷烟制造	183	136	48
其他烟草制品制造			
纺织业	7171	1919	5068
棉纺织及印染精加工	5919	1212	4681
毛纺织及染整精加工	759	451	175
麻纺织及染整精加工			
丝绢纺织及印染精加工			
化纤织造及印染精加工			
针织或钩针编织物及其制品制造			
家用纺织制成品制造	483	252	212
非家用纺织制成品制造	10	4	1
纺织服装、服饰业	6122	2187	3679
机织服装制造	5913	2105	3552
针织或钩针编织服装制造	209	82	127
服饰制造			
皮革、毛皮、羽毛及其制品和制鞋业	498	198	300
皮革鞣制加工	340	40	300
皮革制品制造	158	158	
毛皮鞣制及制品加工			
羽毛(绒)加工及制品制造			
制鞋业			
木材加工和木、竹、藤、棕、草制品业	133	54	79
木材加工			
人造板制造	133	54	79
木制品制造			
竹、藤、棕、草等制品制造			
家具制造业	33	31	2
木质家具制造	33	31	2
竹、藤家具制造			
金属家具制造			
塑料家具制造			
其他家具制造			
造纸和纸制品业	6450	3690	1449
纸浆制造			
造纸	6450	3690	1449
纸制品制造			
印刷和记录媒介复制业	111	102	9
印刷	84	84	
装订及印刷相关服务	27	18	9
记录媒介复制			
文教、工美、体育和娱乐用品制造业	1700	938	500
文教办公用品制造	147	147	
乐器制造			
工艺美术品制造	1053	492	300
体育用品制造	500	300	200
玩具制造			
游艺器材及娱乐用品制造			

1-D-2.4　续表 2　　单位：万元

行　业	R&D经费外部支出	#对境内研究机构支出	#对境内高等学校支出
石油加工及炼焦	26208	16530	4995
化学原料和化学制品制造业	36314	21518	11855
基础化学原料制造	4807	1649	1558
肥料制造	11945	8793	2194
农药制造	1093	650	443
涂料、油墨、颜料及类似产品制造	542	359	182
合成材料制造	7363	3293	3890
专用化学产品制造	10170	6724	3242
炸药、火工及焰火产品制造	260	50	210
日用化学产品制造	136		136
医药制造业	67426	52324	14012
化学药品原料药制造	15371	9255	6056
化学药品制剂制造	38538	31547	6002
中药饮片加工	95		80
中成药生产	11103	9794	1285
兽用药品制造	130	12	118
生物药品制造	1303	925	378
卫生材料及医药用品制造	886	792	94
化学纤维制造业	2232	734	1498
纤维素纤维原料及纤维制造	2232	734	1498
合成纤维制造			
橡胶和塑料制品业	20210	2474	14980
橡胶制品业	19265	2258	14400
塑料制品业	945	216	581
非金属矿物制品业	4767	3505	704
水泥、石灰和石膏制造	1424	1373	52
石膏、水泥制品及类似制品制造	63		63
砖瓦、石材等建筑材料制造	890	820	55
玻璃制造	950	551	272
玻璃制品制造	58	50	8
玻璃纤维和玻璃纤维增强塑料制品制造	438	213	132
陶瓷制品制造	526	467	37
耐火材料制品制造	303		3
石墨及其他非金属矿物制品制造	114	31	82
黑色金属冶炼和压延加工业	13311	6585	6278
炼铁	100		100
炼钢	187	74	109
黑色金属铸造	10		10
钢压延加工	13014	6510	6058
铁合金冶炼			
有色金属冶炼和压延加工业	5722	2621	2668
常用有色金属冶炼	686	323	226
贵金属冶炼	247	203	44
稀有稀土金属冶炼			
有色金属合金制造			
有色金属铸造			
有色金属压延加工	4790	2095	2398

1-D-2.4 续表 3　　　　单位：万元

行　业	R&D经费外部支出	#对境内研究机构支出	#对境内高等学校支出
金属制品业	9186	4363	2522
结构性金属制品制造	67	17	29
金属工具制造	179	19	160
集装箱及金属包装容器制造	130	103	27
金属丝绳及其制品制造	4228	1267	850
建筑、安全用金属制品制造	30		30
金属表面处理及热处理加工			
搪瓷制品制造			
金属制日用品制造			
其他金属制品制造	4551	2958	1424
通用设备制造业	17714	6006	3932
锅炉及原动设备制造	12101	3709	1372
金属加工机械制造	2540	891	1314
物料搬运设备制造	63	7	56
泵、阀门、压缩机及类似机械制造	1700	830	694
轴承、齿轮和传动部件制造	368	172	185
烘炉、风机、衡器、包装等设备制造	432	311	121
文化、办公用机械制造			
通用零部件制造	510	86	191
其他通用设备制造业			
专用设备制造业	6261	3523	2143
采矿、冶金、建筑专用设备制造	3310	1992	1061
化工、木材、非金属加工专用设备制造	1177	575	378
食品、饮料、烟草及饲料生产专用设备制造	26	26	
印刷、制药、日化及日用品生产专用设备制造			
纺织、服装和皮革加工专用设备制造	118		118
电子和电工机械专用设备制造	149	35	114
农、林、牧、渔专用机械制造	522	282	179
医疗仪器设备及器械制造	742	471	224
环保、社会公共服务及其他专用设备制造	217	142	69
汽车制造业	22578	16204	3682
汽车整车制造	15540	12050	1698
改装汽车制造	2277	692	882
低速载货汽车制造	2391	1784	607
电车制造			
汽车车身、挂车制造			
汽车零部件及配件制造	2371	1677	495
铁路、船舶、航空航天和其他运输设备制造业	43621	10216	10853
铁路运输设备制造	35688	3717	10209
城市轨道交通设备制造			
船舶及相关装置制造	6519	5635	378
航空、航天器及设备制造			
摩托车制造	17		1
自行车制造	842	526	265
非公路休闲车及零配件制造			
潜水救捞及其他未列明运输设备制造	555	337	
电气机械和器材制造业	67321	7573	5694
电机制造	820	372	22
输配电及控制设备制造	3803	2434	1369

1-D-2.4　续表 4　　单位：万元

行　业	R&D经费外部支出	#对境内研究机构支出	#对境内高等学校支出
电线、电缆、光缆及电工器材制造	3571	2086	1273
电池制造	599	290	309
家用电力器具制造	58519	2381	2720
非电力家用器具制造			
照明器具制造			
其他电气机械及器材制造	10	10	
计算机、通信和其他电子设备制造业	12257	3297	1785
计算机制造	2755	323	1262
通信设备制造	37	18	
广播电视设备制造	5689		
雷达及配套设备制造			
视听设备制造	3350	2875	219
电子器件制造	144	70	32
电子元件制造	102	11	91
其他电子设备制造	180		180
仪器仪表制造业	651	484	144
通用仪器仪表制造	615	447	144
专用仪器仪表制造	36	36	
钟表与计时仪器制造			
光学仪器及眼镜制造			
其他仪器仪表制造业			
其他制造业			
废弃资源综合利用业			
金属废料和碎屑加工处理			
非金属废料和碎屑加工处理			
金属制品、机械和设备修理业			
金属制品修理			
通用设备修理			
专用设备修理			
铁路、船舶、航空航天等运输设备修理			
电气设备修理			
仪器仪表修理			
其他机械和设备修理业			
电力、热力、燃气及水生产和供应业	**481**	**244**	**220**
电力、热力生产和供应业	477	241	220
电力生产	477	240	220
电力供应	1	1	
热力生产和供应			
燃气生产和供应业			
燃气生产和供应业			
水的生产和供应业	4	3	0
自来水生产和供应	4	3	0
污水处理及其再生利用			
其他水的处理、利用与分配			

1-D-2.5 分行业内资企业R&D经费外部支出情况

单位：万元

行业	R&D经费外部支出	#对境内研究机构支出	#对境内高等学校支出
总　计	**458161**	**189015**	**149311**
采矿业	**59489**	**25476**	**33511**
煤炭开采和洗选业	28655	13248	14906
烟煤和无烟煤开采洗选	28097	13117	14478
褐煤开采洗选	559	131	428
其他煤炭采选			
石油和天然气开采业	24934	9973	14960
石油开采	24934	9973	14960
天然气开采			
黑色金属矿采选业	75	45	30
铁矿采选	75	45	30
锰矿、铬矿采选			
其他黑色金属矿采选			
有色金属矿采选业	3905	1436	2469
常用有色金属矿采选	13		13
贵金属矿采选	3893	1436	2456
稀有稀土金属矿采选			
非金属矿采选业	6		6
土砂石开采	6		6
化学矿开采			
采盐			
石棉及其他非金属矿采选			
开采辅助活动	1914	774	1141
煤炭开采和洗选辅助活动			
石油和天然气开采辅助活动	1914	774	1141
其他开采辅助活动			
其他采矿业			
其他采矿业			
制造业	**393273**	**158990**	**114966**
农副食品加工业	35293	16560	17603
谷物磨制	380		380
饲料加工	30	20	10
植物油加工	30749	14398	15372
制糖业	30	30	
屠宰及肉类加工	2142	1109	1033
水产品加工	1025	612	284
蔬菜、水果和坚果加工	247	67	158
其他农副食品加工	690	323	366
食品制造业	4540	1165	1620
焙烤食品制造			
糖果、巧克力及蜜饯制造			
方便食品制造	10		10
乳制品制造	148	3	145
罐头食品制造	150	52	98
调味品、发酵制品制造	65	15	50
其他食品制造	4166	1094	1317
酒、饮料和精制茶制造业	5934	3517	2090
酒的制造	5732	3389	2016
饮料制造	202	128	74
精制茶加工			

1-D-2.5　续表 1　　　　单位：万元

行　　业	R&D经费外部支出	#对境内研究机构支出	#对境内高等学校支出
烟草制品业	335	287	48
烟叶复烤			
卷烟制造	335	287	48
其他烟草制品制造			
纺织业	7063	1881	5101
棉纺织及印染精加工	5952	1193	4732
毛纺织及染整精加工	618	432	156
麻纺织及染整精加工			
丝绢纺织及印染精加工			
化纤织造及印染精加工			
针织或钩针编织物及其制品制造			
家用纺织制成品制造	483	252	212
非家用纺织制成品制造	10	4	1
纺织服装、服饰业	1290	597	525
机织服装制造	1081	515	398
针织或钩针编织服装制造	209	82	127
服饰制造			
皮革、毛皮、羽毛及其制品和制鞋业	178	158	20
皮革鞣制加工	20		20
皮革制品制造	158	158	
毛皮鞣制及制品加工			
羽毛(绒)加工及制品制造			
制鞋业			
木材加工和木、竹、藤、棕、草制品业	27	17	10
木材加工	5		5
人造板制造	10	5	5
木制品制造	12	12	
竹、藤、棕、草等制品制造			
家具制造业	153	51	102
木质家具制造	153	51	102
竹、藤家具制造			
金属家具制造			
塑料家具制造			
其他家具制造			
造纸和纸制品业	6420	3659	1449
纸浆制造			
造纸	6420	3659	1449
纸制品制造			
印刷和记录媒介复制业	27	18	9
印刷			
装订及印刷相关服务	27	18	9
记录媒介复制			
文教、工美、体育和娱乐用品制造业	1700	938	500
文教办公用品制造	147	147	
乐器制造			
工艺美术品制造	1053	492	300
体育用品制造	500	300	200
玩具制造			
游艺器材及娱乐用品制造			

1-D-2.5 续表 2

单位：万元

行业	R&D经费外部支出	#对境内研究机构支出	#对境内高等学校支出
石油加工及炼焦	26243	16345	5215
化学原料和化学制品制造业	38648	23450	12121
基础化学原料制造	2951	1365	1500
肥料制造	11893	8758	2178
农药制造	1421	828	593
涂料、油墨、颜料及类似产品制造	922	739	182
合成材料制造	5756	3485	2195
专用化学产品制造	15301	8216	5128
炸药、火工及焰火产品制造	260	50	210
日用化学产品制造	145	9	136
医药制造业	35891	20749	13914
化学药品原料药制造	11535	5981	5533
化学药品制剂制造	16947	9997	5955
中药饮片加工	95		80
中成药生产	4171	2846	1129
兽用药品制造	332	96	236
生物药品制造	1926	1038	887
卫生材料及医药用品制造	886	792	94
化学纤维制造业	8		8
纤维素纤维原料及纤维制造	8		8
合成纤维制造			
橡胶和塑料制品业	11293	2397	6126
橡胶制品业	9701	2115	4978
塑料制品业	1592	282	1148
非金属矿物制品业	5653	3865	1209
水泥、石灰和石膏制造	1424	1373	52
石膏、水泥制品及类似制品制造	233	150	83
砖瓦、石材等建筑材料制造	1060	881	163
玻璃制造	950	551	272
玻璃制品制造	67	59	8
玻璃纤维和玻璃纤维增强塑料制品制造	859	342	406
陶瓷制品制造	497	428	46
耐火材料制品制造	316	1	15
石墨及其他非金属矿物制品制造	247	81	164
黑色金属冶炼和压延加工业	13438	6521	6468
炼铁	100		100
炼钢	187	74	109
黑色金属铸造	10		10
钢压延加工	12901	6447	6009
铁合金冶炼	240		240
有色金属冶炼和压延加工业	5363	2520	2539
常用有色金属冶炼	166	112	47
贵金属冶炼	247	203	44
稀有稀土金属冶炼			
有色金属合金制造			
有色金属铸造	60	60	
有色金属压延加工	4890	2145	2448

1-D-2.5 续表 3

单位：万元

行业	R&D经费外部支出	#对境内研究机构支出	#对境内高等学校支出
金属制品业	9227	4483	2548
结构性金属制品制造	96	27	48
金属工具制造	179	19	160
集装箱及金属包装容器制造	136	108	28
金属丝绳及其制品制造	4222	1267	844
建筑、安全用金属制品制造	30		30
金属表面处理及热处理加工			
搪瓷制品制造			
金属制日用品制造			
其他金属制品制造	4563	3063	1437
通用设备制造业	18749	5885	4955
锅炉及原动设备制造	11261	2765	1475
金属加工机械制造	3040	1081	1572
物料搬运设备制造	63	7	56
泵、阀门、压缩机及类似机械制造	2180	966	1036
轴承、齿轮和传动部件制造	442	213	215
烘炉、风机、衡器、包装等设备制造	930	471	406
文化、办公用机械制造	85	85	
通用零部件制造	748	297	196
其他通用设备制造业			
专用设备制造业	9201	3775	4496
采矿、冶金、建筑专用设备制造	4855	1501	3042
化工、木材、非金属加工专用设备制造	1332	669	432
食品、饮料、烟草及饲料生产专用设备制造	56	56	
印刷、制药、日化及日用品生产专用设备制造	35		35
纺织、服装和皮革加工专用设备制造	122		122
电子和电工机械专用设备制造	307	134	173
农、林、牧、渔专用机械制造	1089	718	311
医疗仪器设备及器械制造	806	491	244
环保、社会公共服务及其他专用设备制造	599	206	137
汽车制造业	24912	16584	3795
汽车整车制造	15693	12213	1688
改装汽车制造	4171	715	914
低速载货汽车制造	2391	1784	607
电车制造			
汽车车身、挂车制造			
汽车零部件及配件制造	2658	1872	586
铁路、船舶、航空航天和其他运输设备制造业	43383	9980	10855
铁路运输设备制造	35859	3888	10209
城市轨道交通设备制造			
船舶及相关装置制造	6110	5229	380
航空、航天器及设备制造			
摩托车制造	17		1
自行车制造	842	526	265
非公路休闲车及零配件制造			
潜水救捞及其他未列明运输设备制造	555	337	
电气机械和器材制造业	72258	8894	9231
电机制造	1245	391	436
输配电及控制设备制造	4687	2796	1890

1-D-2.5 续表 4　　　　单位：万元

行　　业	R&D经费外部支出	#对境内研究机构支出	#对境内高等学校支出
电线、电缆、光缆及电工器材制造	3781	2080	1490
电池制造	1329	831	497
家用电力器具制造	58639	2461	2750
非电力家用器具制造	362	112	244
照明器具制造	2205	213	1923
其他电气机械及器材制造	10	10	
计算机、通信和其他电子设备制造业	12779	3550	1968
计算机制造	2761	330	1262
通信设备制造	77	58	
广播电视设备制造	5692	3	
雷达及配套设备制造			
视听设备制造	3350	2875	219
电子器件制造	416	190	178
电子元件制造	239	32	129
其他电子设备制造	244	63	180
仪器仪表制造业	3266	1144	440
通用仪器仪表制造	2977	867	435
专用仪器仪表制造	48	36	5
钟表与计时仪器制造	240	240	
光学仪器及眼镜制造	1	1	
其他仪器仪表制造业			
其他制造业			
废弃资源综合利用业	3		3
金属废料和碎屑加工处理			
非金属废料和碎屑加工处理	3		3
金属制品、机械和设备修理业	0		0
金属制品修理			
通用设备修理			
专用设备修理	0		0
铁路、船舶、航空航天等运输设备修理			
电气设备修理			
仪器仪表修理			
其他机械和设备修理业			
电力、热力、燃气及水生产和供应业	**5399**	**4549**	**833**
电力、热力生产和供应业	5395	4546	833
电力生产	477	240	220
电力供应	4919	4306	613
热力生产和供应			
燃气生产和供应业			
燃气生产和供应业			
水的生产和供应业	4	3	0
自来水生产和供应	4	3	0
污水处理及其再生利用			
其他水的处理、利用与分配			

1-D-2.6　分行业港澳台商投资企业R&D经费外部支出情况

单位：万元

行　业	R&D经费外部支出	#对境内研究机构支出	#对境内高等学校支出
总　计	**39800**	**30878**	**8417**
采矿业			
煤炭开采和洗选业			
石油和天然气开采业			
黑色金属矿采选业			
有色金属矿采选业			
非金属矿采选业			
开采辅助活动			
其他采矿业			
制造业	**39800**	**30878**	**8417**
农副食品加工业	47	22	25
食品制造业	199	85	114
酒、饮料和精制茶制造业	856	351	505
烟草制品业			
纺织业	19		19
纺织服装、服饰业	4532	1470	2974
皮革、毛皮、羽毛及其制品和制鞋业	340	40	300
木材加工和木、竹、藤、棕、草制品业	127	54	73
家具制造业			
造纸和纸制品业	31	31	
印刷和记录媒介复制业	139	84	
文教、工美、体育和娱乐用品制造业	18	8	4
石油加工及炼焦	60		
化学原料和化学制品制造业	2397	280	2013
医药制造业	27068	26467	524
化学纤维制造业	2223	734	1490
橡胶和塑料制品业	1207	943	264
非金属矿物制品业			
黑色金属冶炼和压延加工业			
有色金属冶炼和压延加工业			
金属制品业	122		6
通用设备制造业	93	39	53
专用设备制造业	97	55	43
汽车制造业	65	56	10
铁路、船舶、航空航天和其他运输设备制造业			
电气机械和器材制造业	162	162	
计算机、通信和其他电子设备制造业			
仪器仪表制造业			
其他制造业			
废弃资源综合利用业			
金属制品、机械和设备修理业			

1-D-2.7 分行业外商投资企业R&D经费外部支出情况

单位：万元

行　业	R&D经费外部支出	#对境内研究机构支出	#对境内高等学校支出
总　计	**28501**	**11881**	**12272**
制造业	**28501**	**11881**	**12272**
农副食品加工业	2542	811	625
食品制造业	48		48
酒、饮料和精制茶制造业	60		60
烟草制品业			
纺织业	163	39	21
纺织服装、服饰业	300	120	180
皮革、毛皮、羽毛及其制品和制鞋业			
木材加工和木、竹、藤、棕、草制品业			
家具制造业			
造纸和纸制品业			
印刷和记录媒介复制业			
文教、工美、体育和娱乐用品制造业			
石油加工及炼焦	185	185	
化学原料和化学制品制造业	3266	959	794
医药制造业	8418	6588	729
化学纤维制造业	224	224	
橡胶和塑料制品业	9208	8	9200
非金属矿物制品业	100	63	38
黑色金属冶炼和压延加工业	113	63	50
有色金属冶炼和压延加工业	545	229	179
金属制品业	49	17	32
通用设备制造业	1833	1437	30
专用设备制造业	578	545	23
汽车制造业	83		83
铁路、船舶、航空航天和其他运输设备制造业	493	489	
电气机械和器材制造业	18	7	4
计算机、通信和其他电子设备制造业	6	6	
仪器仪表制造业	261	81	177
其他制造业	10	10	
废弃资源综合利用业			
金属制品、机械和设备修理业			
电力、热力、燃气及水生产和供应业			
电力、热力生产和供应业			
燃气生产和供应业			
水的生产和供应业			

1-D-2.8　各地区企业R&D经费外部支出情况

单位：万元

地　区	R&D经费外部支出	#对境内研究机构支出	#对境内高等学校支出
山东省	**526462**	**231774**	**169999**
济南市	34433	15541	13326
青岛市	118799	20537	20299
淄博市	25989	14811	7262
枣庄市	4766	1537	2802
东营市	55743	22817	27628
烟台市	27794	15223	11060
潍坊市	47439	18485	11515
济宁市	29797	15695	13773
泰安市	12550	6593	4625
威海市	29413	9749	13603
日照市	4594	2948	1347
莱芜市	4833	3834	927
临沂市	27326	18579	8106
德州市	6396	3022	3192
聊城市	23685	13010	8933
滨州市	35814	17591	16643
菏泽市	37092	31802	4960

1-D-2.9　各地区大中型企业R&D经费外部支出情况

单位：万元

地　区	R&D经费外部支出	#对境内研究机构支出	#对境内高等学校支出
山东省	**484010**	**213857**	**153422**
济南市	26288	10948	12081
青岛市	114349	17632	19037
淄博市	21620	13397	5903
枣庄市	2606	1094	1177
东营市	52094	21649	27042
烟台市	27170	14850	10809
潍坊市	43738	15923	10445
济宁市	28684	15499	12951
泰安市	10900	5561	4066
威海市	28029	9631	13439
日照市	4268	2663	1305
莱芜市	4450	3603	784
临沂市	26084	18068	7410
德州市	4968	2524	2272
聊城市	20702	12579	6381
滨州市	34990	17182	16300
菏泽市	33074	31053	2020

1-D-2.10 各地区内资企业R&D经费外部支出情况

单位：万元

地 区	R&D经费外部支出	#对境内研究机构支出	#对境内高等学校支出
山东省	**458161**	**189015**	**149311**
济南市	33919	15438	13275
青岛市	116752	19037	19922
淄博市	22922	13112	5895
枣庄市	4225	1002	2796
东营市	54774	22299	27352
烟台市	24995	13258	10326
潍坊市	38598	14915	7901
济宁市	29401	15577	13598
泰安市	12200	6253	4615
威海市	15073	9009	2211
日照市	4484	2890	1295
莱芜市	4823	3834	917
临沂市	22498	14483	7373
德州市	6168	2897	3099
聊城市	23642	13010	8890
滨州市	33373	16712	15154
菏泽市	10313	5291	4692

1-D-2.11 各地区港澳台商投资企业R&D经费外部支出情况

单位：万元

地 区	R&D经费外部支出	#对境内研究机构支出	#对境内高等学校支出
山东省	**39800**	**30878**	**8417**
济南市	144	84	
青岛市	1214	1018	26
淄博市	820	190	630
枣庄市	6		6
东营市	424	289	97
烟台市	718	212	419
潍坊市	5781	2157	3479
济宁市	33	22	11
泰安市	65	56	10
威海市	1701	8	1687
日照市	80	39	40
莱芜市			
临沂市	981	474	507
德州市			
聊城市			
滨州市	2223	734	1490
菏泽市	25611	25596	15

1-D-2.12　各地区外商投资企业R&D经费外部支出情况

单位：万元

地　区	R&D经费外部支出	#对境内研究机构支出	#对境内高等学校支出
山东省	**28501**	**11881**	**12272**
济南市	369	20	51
青岛市	833	482	351
淄博市	2247	1510	737
枣庄市	535	535	
东营市	545	229	179
烟台市	2080	1753	315
潍坊市	3060	1412	135
济宁市	364	96	165
泰安市	285	285	
威海市	12639	733	9705
日照市	30	19	12
莱芜市	10		10
临沂市	3847	3622	226
德州市	228	125	94
聊城市	43		43
滨州市	218	145	
菏泽市	1168	916	252

E.企业R&D项目情况

1−E−1 分登记注册类型企业R&D项目情况

登记注册类型	项目数(项)	参加项目人员(人)	项目人员折合全时当量(人年)	项目经费内部支出(万元)
总　计	**31906**	**299528**	**207980**	**9281216**
国有及国有控股	**7414**	**79256**	**55006**	**2294190**
内资企业	**28359**	**255792**	**176088**	**8082359**
国有企业	747	5829	4527	112478
集体企业	1515	6607	3898	456823
股份合作企业	50	154	112	3158
联营企业	85	1640	1297	63554
国有联营企业	85	1640	1297	63554
集体联营企业				
国有与集体联营企业				
其他联营企业				
有限责任公司	13461	119413	82499	3696225
国有独资公司	3251	30116	21393	1132984
其他有限责任公司	10210	89297	61107	2563241
股份有限公司	4968	56133	38385	1463321
私营企业	7447	65209	44775	2274533
私营独资企业	180	1112	759	39671
私营合伙企业	2	29	28	291
私营有限责任公司	6174	55060	38164	1943424
私营股份有限公司	1091	9008	5824	291148
其他企业	86	807	594	12267
港、澳、台商投资企业	**1153**	**11417**	**8855**	**309850**
合资经营企业	747	7632	6117	239058
合作经营企业	13	109	54	1166
港、澳、台商独资经营企业	311	2866	1921	58258
港、澳、台商投资股份有限公司	82	810	762	11368
其他港澳台投资企业				
外商投资企业	**2394**	**32319**	**23038**	**889007**
中外合资经营企业	1506	17591	13159	512924
中外合作经营企业	152	1675	828	81258
外资企业	525	10264	7850	215960
外商投资股份有限公司	210	2777	1193	78327
其他外商投资企业	1	12	8	538

1-E-2　分登记注册类型大中型企业R&D项目情况

登记注册类型	项目数(项)	参加项目人员(人)	项目人员折合全时当量(人年)	项目经费内部支出(万元)
总　　计	**24576**	**247821**	**172728**	**7797144**
国有及国有控股	**6907**	**75853**	**52513**	**2236657**
内资企业	**21925**	**209691**	**144818**	**6737449**
国有企业	606	4591	3547	93360
集体企业	1491	6360	3681	450363
股份合作企业	32	82	54	1383
联营企业	85	1640	1297	63554
国有联营企业	85	1640	1297	63554
集体联营企业				
国有与集体联营企业				
其他联营企业				
有限责任公司	11299	103773	72062	3312085
国有独资公司	3203	29827	21161	1127796
其他有限责任公司	8096	73946	50901	2184290
股份有限公司	4613	53512	36713	1399468
私营企业	3785	39595	27441	1416105
私营独资企业	39	397	267	11735
私营合伙企业				
私营有限责任公司	2904	32074	22612	1166960
私营股份有限公司	842	7124	4563	237410
其他企业	14	138	22	1132
港、澳、台商投资企业	**828**	**9749**	**7694**	**270650**
合资经营企业	533	6669	5453	215937
合作经营企业	1	43	40	582
港、澳、台商独资经营企业	218	2271	1465	42993
港、澳、台商投资股份有限公司	76	766	736	11138
其他港澳台投资企业				
外商投资企业	**1823**	**28381**	**20216**	**789045**
中外合资经营企业	1135	15070	11386	462564
中外合作经营企业	144	1559	738	73281
外资企业	359	9051	6947	175814
外商投资股份有限公司	185	2701	1143	77387
其他外商投资企业				

1-E-3 分行业企业R&D项目情况

行　　业	项目数（项）	参加项目人员（人）	项目人员折合全时当量（人年）	项目经费内部支出（万元）
总　　计	**31906**	**299528**	**207980**	**9281216**
采矿业	**1796**	**23120**	**14865**	**674101**
煤炭开采和洗选业	1129	13503	8451	431746
烟煤和无烟煤开采洗选	1078	12585	7652	421883
褐煤开采洗选	51	918	799	9863
其他煤炭采选				
石油和天然气开采业	201	3588	2137	55057
石油开采	201	3588	2137	55057
天然气开采				
黑色金属矿采选业	32	414	281	13206
铁矿采选	32	414	281	13206
锰矿、铬矿采选				
其他黑色金属矿采选				
有色金属矿采选业	214	2613	1860	134348
常用有色金属矿采选	2	14	6	941
贵金属矿采选	212	2599	1854	133407
稀有稀土金属矿采选				
非金属矿采选业	43	212	160	12770
土砂石开采	28	75	50	4819
化学矿开采				
采盐	10	112	86	7310
石棉及其他非金属矿采选	5	25	24	640
开采辅助活动	177	2790	1975	26973
煤炭开采和洗选辅助活动				
石油和天然气开采辅助活动	177	2790	1975	26973
其他开采辅助活动				
其他采矿业				
其他采矿业				
制造业	**29972**	**274999**	**191988**	**8578569**
农副食品加工业	1004	10731	7715	424198
谷物磨制	43	532	368	20982
饲料加工	98	729	309	20270
植物油加工	156	1602	1314	119782
制糖业	2	45	45	600
屠宰及肉类加工	226	2151	1635	108583
水产品加工	221	1840	1363	53887
蔬菜、水果和坚果加工	56	765	545	21815
其他农副食品加工	202	3067	2136	78280
食品制造业	645	4953	3474	170354
焙烤食品制造	9	50	34	1220
糖果、巧克力及蜜饯制造	13	213	197	10701
方便食品制造	6	51	31	3874
乳制品制造	34	304	166	7740
罐头食品制造	17	254	198	11289
调味品、发酵制品制造	93	450	228	15059
其他食品制造	473	3631	2621	120470
酒、饮料和精制茶制造业	499	3655	2754	119299
酒的制造	444	3162	2437	109952
饮料制造	49	467	300	8178
精制茶加工	6	26	16	1170

1-E-3　续表 1

行　　业	项目数(项)	参加项目人员(人)	项目人员折合全时当量(人年)	项目经费内部支出(万元)
烟草制品业	58	500	446	3492
烟叶复烤	3	58	7	177
卷烟制造	55	442	439	3315
其他烟草制品制造				
纺织业	1684	17718	9982	298593
棉纺织及印染精加工	1335	12183	6027	199841
毛纺织及染整精加工	62	1986	1520	48648
麻纺织及染整精加工				
丝绢纺织及印染精加工	13	51	31	507
化纤织造及印染精加工	111	544	201	4653
针织或钩针编织物及其制品制造	61	1022	967	11295
家用纺织制成品制造	73	1713	1073	28477
非家用纺织制成品制造	29	219	163	5172
纺织服装、服饰业	749	4322	2834	93320
机织服装制造	231	2354	1907	56894
针织或钩针编织服装制造	510	1880	855	34208
服饰制造	8	88	72	2218
皮革、毛皮、羽毛及其制品和制鞋业	112	846	456	40003
皮革鞣制加工	15	254	191	10815
皮革制品制造	17	156	18	7333
毛皮鞣制及制品加工	4	50	46	2658
羽毛(绒)加工及制品制造	1	30	1	86
制鞋业	75	356	199	19111
木材加工和木、竹、藤、棕、草制品业	45	472	336	13594
木材加工	1	7	3	44
人造板制造	36	385	277	12138
木制品制造	7	77	55	1352
竹、藤、棕、草等制品制造	1	3		60
家具制造业	55	670	264	8528
木质家具制造	53	635	240	8043
竹、藤家具制造				
金属家具制造				
塑料家具制造	1	25	14	350
其他家具制造	1	10	10	135
造纸和纸制品业	318	4221	2569	200714
纸浆制造	5	38	26	1508
造纸	307	4107	2477	197170
纸制品制造	6	76	66	2036
印刷和记录媒介复制业	66	541	363	11835
印刷	63	537	359	11809
装订及印刷相关服务	3	4	4	26
记录媒介复制				
文教、工美、体育和娱乐用品制造业	340	2727	1706	63522
文教办公用品制造	34	593	403	4342
乐器制造				
工艺美术品制造	212	1343	897	29965
体育用品制造	76	637	303	26096
玩具制造	4	101	61	1255
游艺器材及娱乐用品制造	14	53	42	1864

1-E-3 续表 2

行　业	项目数（项）	参加项目人员（人）	项目人员折合全时当量（人年）	项目经费内部支出（万元）
石油加工及炼焦	405	3916	2727	267698
化学原料和化学制品制造业	3241	29704	21964	1029860
基础化学原料制造	461	5523	3849	203764
肥料制造	326	4718	3211	124813
农药制造	280	1984	1531	39491
涂料、油墨、颜料及类似产品制造	122	671	410	16041
合成材料制造	693	6192	4709	250188
专用化学产品制造	1263	10038	7895	378120
炸药、火工及焰火产品制造	42	393	261	14166
日用化学产品制造	54	185	99	3278
医药制造业	2519	17053	13378	555865
化学药品原料药制造	517	4313	3301	128688
化学药品制剂制造	792	4529	3660	149057
中药饮片加工	22	118	111	1884
中成药生产	276	2052	1662	78394
兽用药品制造	72	446	316	9044
生物药品制造	634	3139	2339	107641
卫生材料及医药用品制造	206	2456	1989	81158
化学纤维制造业	111	1197	931	36991
纤维素纤维原料及纤维制造	54	770	623	21748
合成纤维制造	57	427	308	15242
橡胶和塑料制品业	1061	11451	8102	405242
橡胶制品业	847	9649	6946	365492
塑料制品业	214	1802	1155	39751
非金属矿物制品业	1267	11283	7930	260411
水泥、石灰和石膏制造	48	799	434	22057
石膏、水泥制品及类似制品制造	92	850	556	43054
砖瓦、石材等建筑材料制造	104	950	643	29411
玻璃制造	44	665	505	13062
玻璃制品制造	265	1854	1434	27579
玻璃纤维和玻璃纤维增强塑料制品制造	180	1420	1071	31877
陶瓷制品制造	316	2726	2044	42105
耐火材料制品制造	63	497	283	7623
石墨及其他非金属矿物制品制造	155	1522	960	43643
黑色金属冶炼和压延加工业	719	8544	6316	303199
炼铁	38	406	308	5726
炼钢	149	1178	876	64046
黑色金属铸造	39	573	516	13642
钢压延加工	490	6311	4542	211369
铁合金冶炼	3	76	74	8416
有色金属冶炼和压延加工业	686	6955	5067	563668
常用有色金属冶炼	57	516	458	115083
贵金属冶炼	52	808	594	47927
稀有稀土金属冶炼	13	77	67	4409
有色金属合金制造	50	617	479	32365
有色金属铸造	32	30	24	599
有色金属压延加工	482	4907	3445	363284

1-E-3　续表 3

行　　业	项目数(项)	参加项目人员(人)	项目人员折合全时当量(人年)	项目经费内部支出(万元)
金属制品业	966	8367	5839	266181
结构性金属制品制造	109	1563	1345	33838
金属工具制造	61	491	319	12945
集装箱及金属包装容器制造	47	237	116	6008
金属丝绳及其制品制造	59	750	655	59751
建筑、安全用金属制品制造	115	609	434	26906
金属表面处理及热处理加工	19	51	44	1062
搪瓷制品制造	10	13	11	245
金属制日用品制造	10	193	78	3934
其他金属制品制造	536	4460	2837	121491
通用设备制造业	2998	28277	17901	614557
锅炉及原动设备制造	522	7483	4121	183246
金属加工机械制造	750	7240	4891	106962
物料搬运设备制造	117	721	460	27044
泵、阀门、压缩机及类似机械制造	670	4759	2983	105065
轴承、齿轮和传动部件制造	160	970	659	24086
烘炉、风机、衡器、包装等设备制造	518	4717	3244	111135
文化、办公用机械制造	23	168	142	1764
通用零部件制造	191	1823	1036	50008
其他通用设备制造业	47	396	365	5246
专用设备制造业	2143	22618	15241	510484
采矿、冶金、建筑专用设备制造	869	8966	5518	271474
化工、木材、非金属加工专用设备制造	174	1934	1257	34086
食品、饮料、烟草及饲料生产专用设备制造	86	374	308	7952
印刷、制药、日化及日用品生产专用设备制造	47	594	415	12973
纺织、服装和皮革加工专用设备制造	93	999	720	16784
电子和电工机械专用设备制造	299	3754	3046	39572
农、林、牧、渔专用机械制造	223	2900	1520	62961
医疗仪器设备及器械制造	157	1445	1242	29743
环保、社会公共服务及其他专用设备制造	195	1652	1215	34939
汽车制造业	1903	14725	10402	567772
汽车整车制造	803	7654	6237	316655
改装汽车制造	481	2004	1372	61402
低速载货汽车制造	99	737	339	41359
电车制造	13	153	73	1668
汽车车身、挂车制造	3	41	41	1512
汽车零部件及配件制造	504	4136	2340	145176
铁路、船舶、航空航天和其他运输设备制造业	701	7324	5229	176394
铁路运输设备制造	296	4681	3410	99929
城市轨道交通设备制造				
船舶及相关装置制造	151	1692	1160	59844
航空、航天器及设备制造	9	140	105	3854
摩托车制造	50	387	325	3261
自行车制造	133	301	185	4244
非公路休闲车及零配件制造				
潜水救捞及其他未列明运输设备制造	62	123	44	5262
电气机械和器材制造业	3235	20043	13271	841244
电机制造	235	2398	1602	64414
输配电及控制设备制造	556	4943	3404	119465

1-E-3 续表 4

行　　业	项目数（项）	参加项目人员（人）	项目人员折合全时当量（人年）	项目经费内部支出（万元）
电线、电缆、光缆及电工器材制造	343	2550	1675	108186
电池制造	171	1452	1269	37820
家用电力器具制造	1718	7305	4335	479685
非电力家用器具制造	90	747	563	15521
照明器具制造	72	296	221	9174
其他电气机械及器材制造	50	352	201	6978
计算机、通信和其他电子设备制造业	1818	26937	20926	644269
计算机制造	459	13145	10383	230013
通信设备制造	189	1820	1074	70033
广播电视设备制造	207	4225	3479	45554
雷达及配套设备制造				
视听设备制造	395	2384	1731	195160
电子器件制造	202	1729	1247	34105
电子元件制造	296	3081	2536	57013
其他电子设备制造	70	553	476	12390
仪器仪表制造业	581	4453	3196	81135
通用仪器仪表制造	418	3310	2316	62926
专用仪器仪表制造	137	940	714	14833
钟表与计时仪器制造	18	133	107	2236
光学仪器及眼镜制造	3	36	26	445
其他仪器仪表制造业	5	34	33	695
其他制造业	8	40	35	1920
废弃资源综合利用业	5	54	42	1008
金属废料和碎屑加工处理				
非金属废料和碎屑加工处理	5	54	42	1008
金属制品、机械和设备修理业	30	702	591	3221
金属制品修理				
通用设备修理				
专用设备修理	2	12	2	52
铁路、船舶、航空航天等运输设备修理	24	661	577	2412
电气设备修理				
仪器仪表修理				
其他机械和设备修理业	4	29	12	757
电力、热力、燃气及水生产和供应业	**138**	**1409**	**1127**	**28546**
电力、热力生产和供应业	123	1345	1089	27253
电力生产	21	250	173	11009
电力供应	101	1078	914	16121
热力生产和供应	1	17	2	123
燃气生产和供应业	6	17	10	577
燃气生产和供应业	6	17	10	577
水的生产和供应业	9	47	27	716
自来水生产和供应	2	33	16	331
污水处理及其再生利用	7	14	11	385
其他水的处理、利用与分配				

1-E-4　分行业大中型企业R&D项目情况

行　业	项目数(项)	参加项目人员(人)	项目人员折合全时当量(人年)	项目经费内部支出(万元)
总　计	**24576**	**247821**	**172728**	**7797144**
采矿业	**1755**	**22924**	**14711**	**664965**
煤炭开采和洗选业	1129	13503	8451	431746
烟煤和无烟煤开采洗选	1078	12585	7652	421883
褐煤开采洗选	51	918	799	9863
其他煤炭采选				
石油和天然气开采业	201	3588	2137	55057
石油开采	201	3588	2137	55057
天然气开采				
黑色金属矿采选业	27	371	245	10712
铁矿采选	27	371	245	10712
锰矿、铬矿采选				
其他黑色金属矿采选				
有色金属矿采选业	213	2599	1854	133536
常用有色金属矿采选	1			129
贵金属矿采选	212	2599	1854	133407
稀有稀土金属矿采选				
非金属矿采选业	8	73	49	6940
土砂石开采				
化学矿开采				
采盐	8	73	49	6940
石棉及其他非金属矿采选				
开采辅助活动	177	2790	1975	26973
煤炭开采和洗选辅助活动				
石油和天然气开采辅助活动	177	2790	1975	26973
其他开采辅助活动				
其他采矿业				
其他采矿业				
制造业	**22786**	**224524**	**157759**	**7121386**
农副食品加工业	752	8549	6364	359599
谷物磨制	21	348	270	15700
饲料加工	17	174	115	4528
植物油加工	137	1423	1189	114299
制糖业				
屠宰及肉类加工	206	1979	1537	103285
水产品加工	189	1455	1021	42230
蔬菜、水果和坚果加工	18	321	204	8485
其他农副食品加工	164	2849	2025	71072
食品制造业	333	2567	1774	98986
焙烤食品制造	4	10	4	160
糖果、巧克力及蜜饯制造	1	35	35	2523
方便食品制造	1	18	17	1938
乳制品制造	28	219	87	4653
罐头食品制造	8	153	134	5221
调味品、发酵制品制造	48	288	135	10706
其他食品制造	243	1844	1363	73785
酒、饮料和精制茶制造业	371	3110	2444	107922
酒的制造	352	2930	2275	104584
饮料制造	19	180	169	3338
精制茶加工				

1-E-4 续表 1

行　业	项目数 (项)	参加项目人员 (人)	项目人员折合全时当量 (人年)	项目经费内部支出 (万元)
烟草制品业	12	100	46	782
烟叶复烤	3	58	7	177
卷烟制造	9	42	39	605
其他烟草制品制造				
纺织业	1564	16830	9387	276837
棉纺织及印染精加工	1275	11752	5736	185204
毛纺织及染整精加工	55	1907	1458	48463
麻纺织及染整精加工				
丝绢纺织及印染精加工	3	36	25	355
化纤织造及印染精加工	104	493	170	4076
针织或钩针编织物及其制品制造	53	927	914	10423
家用纺织制成品制造	68	1677	1063	26740
非家用纺织制成品制造	6	38	22	1576
纺织服装、服饰业	729	4151	2711	89770
机织服装制造	224	2216	1812	54178
针织或钩针编织服装制造	497	1847	827	33374
服饰制造	8	88	72	2218
皮革、毛皮、羽毛及其制品和制鞋业	74	555	272	30655
皮革鞣制加工	3	108	102	6169
皮革制品制造	17	156	18	7333
毛皮鞣制及制品加工				
羽毛(绒)加工及制品制造	1	30	1	86
制鞋业	53	261	152	17067
木材加工和木、竹、藤、棕、草制品业	28	299	212	9998
木材加工				
人造板制造	28	299	212	9998
木制品制造				
竹、藤、棕、草等制品制造				
家具制造业	11	484	158	4975
木质家具制造	11	484	158	4975
竹、藤家具制造				
金属家具制造				
塑料家具制造				
其他家具制造				
造纸和纸制品业	295	4026	2403	195036
纸浆制造				
造纸	295	4026	2403	195036
纸制品制造				
印刷和记录媒介复制业	44	306	264	6503
印刷	41	302	260	6477
装订及印刷相关服务	3	4	4	26
记录媒介复制				
文教、工美、体育和娱乐用品制造业	280	2187	1408	53140
文教办公用品制造	17	461	330	3177
乐器制造				
工艺美术品制造	186	1121	771	26762
体育用品制造	67	566	268	22750
玩具制造				
游艺器材及娱乐用品制造	10	39	39	451

1-E-4　续表 2

行　　业	项目数(项)	参加项目人员(人)	项目人员折合全时当量(人年)	项目经费内部支出(万元)
石油加工及炼焦	365	3600	2491	249149
化学原料和化学制品制造业	2125	22450	16671	763067
基础化学原料制造	319	4461	3089	158214
肥料制造	287	4408	3053	114674
农药制造	188	1473	1203	26913
涂料、油墨、颜料及类似产品制造	68	370	212	8990
合成材料制造	521	4966	3798	200405
专用化学产品制造	687	6279	4993	237618
炸药、火工及焰火产品制造	42	393	262	14166
日用化学产品制造	13	100	61	2087
医药制造业	2010	13194	10717	421068
化学药品原料药制造	422	3518	2867	109268
化学药品制剂制造	743	4075	3330	138376
中药饮片加工	5	60	60	980
中成药生产	202	1622	1392	47571
兽用药品制造	6	109	85	3085
生物药品制造	485	1902	1442	64748
卫生材料及医药用品制造	147	1908	1541	57041
化学纤维制造业	96	1139	902	34263
纤维素纤维原料及纤维制造	53	751	607	20058
合成纤维制造	43	388	295	14204
橡胶和塑料制品业	878	9966	7115	371539
橡胶制品业	778	9031	6594	351150
塑料制品业	100	935	521	20389
非金属矿物制品业	838	8652	6188	190676
水泥、石灰和石膏制造	43	751	399	18567
石膏、水泥制品及类似制品制造	54	540	393	26306
砖瓦、石材等建筑材料制造	10	184	150	10599
玻璃制造	35	555	409	12072
玻璃制品制造	165	1600	1279	23021
玻璃纤维和玻璃纤维增强塑料制品制造	145	1227	930	24145
陶瓷制品制造	244	2326	1724	35976
耐火材料制品制造	35	287	183	3758
石墨及其他非金属矿物制品制造	107	1182	721	36232
黑色金属冶炼和压延加工业	680	8272	6082	288083
炼铁	38	406	308	5726
炼钢	149	1178	876	64046
黑色金属铸造	25	468	431	9675
钢压延加工	467	6209	4456	208263
铁合金冶炼	1	11	11	372
有色金属冶炼和压延加工业	593	6378	4703	546773
常用有色金属冶炼	56	504	447	115030
贵金属冶炼	52	808	594	47927
稀有稀土金属冶炼	9	33	33	2417
有色金属合金制造	32	547	437	30192
有色金属铸造				
有色金属压延加工	444	4486	3193	351207

1-E-4 续表 3

行　业	项目数(项)	参加项目人员(人)	项目人员折合全时当量(人年)	项目经费内部支出(万元)
金属制品业	675	6391	4668	213582
结构性金属制品制造	89	1286	1166	26296
金属工具制造	48	439	270	10617
集装箱及金属包装容器制造	38	131	48	3102
金属丝绳及其制品制造	40	638	574	56965
建筑、安全用金属制品制造	98	468	369	21470
金属表面处理及热处理加工				
搪瓷制品制造	9	10	8	45
金属制日用品制造	3	96	47	1016
其他金属制品制造	350	3323	2186	94071
通用设备制造业	2054	21601	13347	455050
锅炉及原动设备制造	412	6444	3301	164474
金属加工机械制造	484	5691	3888	74634
物料搬运设备制造	94	575	340	24085
泵、阀门、压缩机及类似机械制造	505	3463	2115	65206
轴承、齿轮和传动部件制造	77	601	446	14988
烘炉、风机、衡器、包装等设备制造	328	3399	2321	75840
文化、办公用机械制造	2	31	24	210
通用零部件制造	141	1284	802	33573
其他通用设备制造业	11	113	110	2041
专用设备制造业	1391	16948	11327	372406
采矿、冶金、建筑专用设备制造	596	7037	4230	215565
化工、木材、非金属加工专用设备制造	85	1086	651	14489
食品、饮料、烟草及饲料生产专用设备制造	68	217	179	1735
印刷、制药、日化及日用品生产专用设备制造	25	354	206	7564
纺织、服装和皮革加工专用设备制造	80	882	634	14882
电子和电工机械专用设备制造	182	3167	2737	30995
农、林、牧、渔专用机械制造	179	2618	1348	55486
医疗仪器设备及器械制造	86	826	758	12701
环保、社会公共服务及其他专用设备制造	90	761	584	18990
汽车制造业	1704	13174	9474	499971
汽车整车制造	789	7465	6175	301789
改装汽车制造	427	1772	1221	55960
低速载货汽车制造	99	737	339	41359
电车制造				
汽车车身、挂车制造	1	21	21	516
汽车零部件及配件制造	388	3179	1717	100347
铁路、船舶、航空航天和其他运输设备制造业	631	6777	4874	164531
铁路运输设备制造	271	4547	3320	94082
城市轨道交通设备制造				
船舶及相关装置制造	110	1345	962	54958
航空、航天器及设备制造	5	74	39	2724
摩托车制造	50	387	325	3261
自行车制造	133	301	185	4244
非公路休闲车及零配件制造				
潜水救捞及其他未列明运输设备制造	62	123	44	5262
电气机械和器材制造业	2591	15650	10272	688933
电机制造	206	2032	1304	40996
输配电及控制设备制造	314	3291	2362	85879

1-E-4　续表 4

行　　业	项目数(项)	参加项目人员(人)	项目人员折合全时当量(人年)	项目经费内部支出(万元)
电线、电缆、光缆及电工器材制造	258	2069	1291	78262
电池制造	112	977	844	15864
家用电力器具制造	1665	6845	4059	462611
非电力家用器具制造	33	375	361	3938
照明器具制造	1	16	15	47
其他电气机械及器材制造	2	45	37	1335
计算机、通信和其他电子设备制造业	1343	24078	18964	576780
计算机制造	438	12915	10277	227850
通信设备制造	76	1262	697	57213
广播电视设备制造	190	4046	3355	37108
雷达及配套设备制造				
视听设备制造	395	2384	1731	195160
电子器件制造	76	916	729	16119
电子元件制造	132	2092	1770	34919
其他电子设备制造	36	463	406	8410
仪器仪表制造业	300	2431	1936	48185
通用仪器仪表制造	222	1796	1391	40497
专用仪器仪表制造	67	550	480	7072
钟表与计时仪器制造	11	85	66	616
光学仪器及眼镜制造				
其他仪器仪表制造业				
其他制造业	1	16	13	836
废弃资源综合利用业				
金属废料和碎屑加工处理				
非金属废料和碎屑加工处理				
金属制品、机械和设备修理业	18	643	572	2293
金属制品修理				
通用设备修理				
专用设备修理				
铁路、船舶、航空航天等运输设备修理	18	643	572	2293
电气设备修理				
仪器仪表修理				
其他机械和设备修理业				
电力、热力、燃气及水生产和供应业	**35**	**373**	**256**	**10793**
电力、热力生产和供应业	34	364	254	10767
电力生产	16	235	161	8925
电力供应	18	129	93	1842
热力生产和供应				
燃气生产和供应业				
燃气生产和供应业				
水的生产和供应业	1	9	2	26
自来水生产和供应	1	9	2	26
污水处理及其再生利用				
其他水的处理、利用与分配				

1-E-5 分行业内资企业R&D项目情况

行业	项目数(项)	参加项目人员(人)	项目人员折合全时当量(人年)	项目经费内部支出(万元)
总计	**28359**	**255792**	**176088**	**8082359**
采矿业	**1788**	**23047**	**14816**	**667161**
煤炭开采和洗选业	1129	13503	8451	431746
烟煤和无烟煤开采洗选	1078	12585	7652	421883
褐煤开采洗选	51	918	799	9863
其他煤炭采选				
石油和天然气开采业	201	3588	2137	55057
石油开采	201	3588	2137	55057
天然气开采				
黑色金属矿采选业	32	414	281	13206
铁矿采选	32	414	281	13206
锰矿、铬矿采选				
其他黑色金属矿采选				
有色金属矿采选业	214	2613	1860	134348
常用有色金属矿采选	2	14	6	941
贵金属矿采选	212	2599	1854	133407
稀有稀土金属矿采选				
非金属矿采选业	35	139	111	5830
土砂石开采	28	75	50	4819
化学矿开采				
采盐	2	39	37	370
石棉及其他非金属矿采选	5	25	24	640
开采辅助活动	177	2790	1975	26973
煤炭开采和洗选辅助活动				
石油和天然气开采辅助活动	177	2790	1975	26973
其他开采辅助活动				
其他采矿业				
其他采矿业				
制造业	**26440**	**231355**	**160156**	**7387395**
农副食品加工业	833	9313	6756	377667
谷物磨制	41	518	360	20910
饲料加工	85	664	270	19029
植物油加工	148	1488	1227	118934
制糖业	2	45	45	600
屠宰及肉类加工	218	2080	1600	98251
水产品加工	115	1061	897	28023
蔬菜、水果和坚果加工	49	685	493	19682
其他农副食品加工	175	2772	1864	72240
食品制造业	495	3974	2784	135308
焙烤食品制造	5	25	19	900
糖果、巧克力及蜜饯制造	13	213	197	10701
方便食品制造	5	33	14	1937
乳制品制造	33	284	147	7264
罐头食品制造	12	115	65	5310
调味品、发酵制品制造	59	315	157	11205
其他食品制造	368	2989	2184	97990
酒、饮料和精制茶制造业	366	2548	1725	67997
酒的制造	333	2257	1596	62802
饮料制造	27	265	114	4026
精制茶加工	6	26	16	1170

1-E-5　续表 1

行　业	项目数(项)	参加项目人员(人)	项目人员折合全时当量(人年)	项目经费内部支出(万元)
烟草制品业	58	500	446	3492
烟叶复烤	3	58	7	177
卷烟制造	55	442	439	3315
其他烟草制品制造				
纺织业	1538	13082	7540	229298
棉纺织及印染精加工	1235	9258	4961	166559
毛纺织及染整精加工	34	515	325	15631
麻纺织及染整精加工				
丝绢纺织及印染精加工	13	51	31	507
化纤织造及印染精加工	111	544	201	4653
针织或钩针编织物及其制品制造	58	1000	955	11157
家用纺织制成品制造	69	1607	998	27286
非家用纺织制成品制造	18	107	69	3505
纺织服装、服饰业	667	2942	1577	57787
机织服装制造	149	974	650	21361
针织或钩针编织服装制造	510	1880	855	34208
服饰制造	8	88	72	2218
皮革、毛皮、羽毛及其制品和制鞋业	107	722	378	35278
皮革鞣制加工	13	194	133	6826
皮革制品制造	17	156	18	7333
毛皮鞣制及制品加工	4	50	46	2658
羽毛(绒)加工及制品制造				
制鞋业	73	322	180	18461
木材加工和木、竹、藤、棕、草制品业	33	423	317	11991
木材加工	1	7	3	44
人造板制造	25	352	263	10960
木制品制造	6	61	50	927
竹、藤、棕、草等制品制造	1	3		60
家具制造业	52	632	247	8253
木质家具制造	50	597	224	7768
竹、藤家具制造				
金属家具制造				
塑料家具制造	1	25	14	350
其他家具制造	1	10	10	135
造纸和纸制品业	281	3766	2281	160431
纸浆制造	5	38	26	1508
造纸	270	3652	2189	156887
纸制品制造	6	76	66	2036
印刷和记录媒介复制业	27	272	123	7966
印刷	24	268	119	7940
装订及印刷相关服务	3	4	4	26
记录媒介复制				
文教、工美、体育和娱乐用品制造业	282	2037	1285	49294
文教办公用品制造	19	373	280	2689
乐器制造				
工艺美术品制造	187	1032	707	20776
体育用品制造	75	629	296	25759
玩具制造	1	3	2	70
游艺器材及娱乐用品制造				

1-E-5 续表 2

行　　业	项目数（项）	参加项目人员（人）	项目人员折合全时当量（人年）	项目经费内部支出（万元）
石油加工及炼焦	395	3825	2636	264741
化学原料和化学制品制造业	2801	24919	18096	867594
基础化学原料制造	368	4204	2852	138767
肥料制造	297	4449	3016	114806
农药制造	276	1949	1496	38849
涂料、油墨、颜料及类似产品制造	119	643	401	10681
合成材料制造	566	5014	3654	219744
专用化学产品制造	1079	8082	6318	327303
炸药、火工及焰火产品制造	42	393	261	14166
日用化学产品制造	54	185	99	3278
医药制造业	2087	13515	10221	430441
化学药品原料药制造	356	2899	2049	74259
化学药品制剂制造	721	3988	3126	118764
中药饮片加工	22	118	111	1884
中成药生产	189	1319	1019	62853
兽用药品制造	61	411	281	8595
生物药品制造	561	2482	1797	86248
卫生材料及医药用品制造	177	2298	1838	77839
化学纤维制造业	81	857	705	31366
纤维素纤维原料及纤维制造	41	580	482	18940
合成纤维制造	40	277	223	12427
橡胶和塑料制品业	891	8853	6331	281398
橡胶制品业	721	7474	5484	247749
塑料制品业	170	1379	847	33649
非金属矿物制品业	1123	10192	7016	239172
水泥、石灰和石膏制造	45	714	361	16887
石膏、水泥制品及类似制品制造	73	808	514	42397
砖瓦、石材等建筑材料制造	98	874	580	27503
玻璃制造	42	654	494	12890
玻璃制品制造	214	1389	1054	22600
玻璃纤维和玻璃纤维增强塑料制品制造	173	1318	969	30483
陶瓷制品制造	281	2532	1890	37981
耐火材料制品制造	59	470	278	6384
石墨及其他非金属矿物制品制造	138	1433	875	42049
黑色金属冶炼和压延加工业	672	7906	5827	288553
炼铁	38	406	308	5726
炼钢	146	1152	850	61277
黑色金属铸造	33	464	420	11926
钢压延加工	452	5808	4175	201208
铁合金冶炼	3	76	74	8416
有色金属冶炼和压延加工业	646	6736	4924	532159
常用有色金属冶炼	40	415	376	89339
贵金属冶炼	52	808	594	47927
稀有稀土金属冶炼	13	77	67	4409
有色金属合金制造	50	617	479	32365
有色金属铸造	32	30	24	599
有色金属压延加工	459	4789	3384	357519

1-E-5　续表 3

行　业	项目数(项)	参加项目人员(人)	项目人员折合全时当量(人年)	项目经费内部支出(万元)
金属制品业	709	6948	4938	228702
结构性金属制品制造	93	1443	1254	28946
金属工具制造	51	370	203	10339
集装箱及金属包装容器制造	39	229	113	5997
金属丝绳及其制品制造	52	564	485	56355
建筑、安全用金属制品制造	114	593	431	25706
金属表面处理及热处理加工	19	51	44	1062
搪瓷制品制造	10	13	11	245
金属制日用品制造	3	48	22	981
其他金属制品制造	328	3637	2375	99071
通用设备制造业	2727	26102	16403	559330
锅炉及原动设备制造	475	6945	3668	167057
金属加工机械制造	725	7113	4793	104258
物料搬运设备制造	116	714	453	26954
泵、阀门、压缩机及类似机械制造	600	4447	2738	96077
轴承、齿轮和传动部件制造	160	970	659	24086
烘炉、风机、衡器、包装等设备制造	426	3886	2807	96756
文化、办公用机械制造	23	168	142	1764
通用零部件制造	155	1463	778	37133
其他通用设备制造业	47	396	365	5246
专用设备制造业	1911	20332	13881	448011
采矿、冶金、建筑专用设备制造	723	7663	4687	219532
化工、木材、非金属加工专用设备制造	147	1695	1179	31796
食品、饮料、烟草及饲料生产专用设备制造	83	351	297	7232
印刷、制药、日化及日用品生产专用设备制造	37	416	316	10316
纺织、服装和皮革加工专用设备制造	88	844	660	14784
电子和电工机械专用设备制造	299	3754	3046	39572
农、林、牧、渔专用机械制造	213	2869	1510	62592
医疗仪器设备及器械制造	137	1164	1039	28172
环保、社会公共服务及其他专用设备制造	184	1576	1146	34015
汽车制造业	1821	13888	9840	551273
汽车整车制造	802	7598	6196	316335
改装汽车制造	461	1933	1324	59970
低速载货汽车制造	99	737	339	41359
电车制造	13	153	73	1668
汽车车身、挂车制造	3	41	41	1512
汽车零部件及配件制造	443	3426	1868	130428
铁路、船舶、航空航天和其他运输设备制造业	652	5954	4251	157131
铁路运输设备制造	269	3778	2839	86589
城市轨道交通设备制造				
船舶及相关装置制造	141	1421	889	58141
航空、航天器及设备制造				
摩托车制造	47	331	294	2894
自行车制造	133	301	185	4244
非公路休闲车及零配件制造				
潜水救捞及其他未列明运输设备制造	62	123	44	5262
电气机械和器材制造业	3125	18961	12593	813054
电机制造	220	2270	1562	61893
输配电及控制设备制造	534	4729	3252	114368

1-E-5 续表 4

行　业	项目数（项）	参加项目人员（人）	项目人员折合全时当量（人年）	项目经费内部支出（万元）
电线、电缆、光缆及电工器材制造	326	2238	1485	99662
电池制造	163	1218	1070	36374
家用电力器具制造	1678	7170	4280	469987
非电力家用器具制造	86	716	550	14918
照明器具制造	68	268	193	8874
其他电气机械及器材制造	50	352	201	6978
计算机、通信和其他电子设备制造业	1524	18299	14316	486158
计算机制造	382	6654	5257	150467
通信设备制造	114	733	449	11922
广播电视设备制造	207	4225	3479	45554
雷达及配套设备制造				
视听设备制造	395	2384	1731	195160
电子器件制造	152	1402	961	28496
电子元件制造	211	2391	1984	43209
其他电子设备制造	63	510	455	11350
仪器仪表制造业	517	3726	2642	60581
通用仪器仪表制造	365	2744	1880	45609
专用仪器仪表制造	126	779	597	11597
钟表与计时仪器制造	18	133	107	2236
光学仪器及眼镜制造	3	36	26	445
其他仪器仪表制造业	5	34	33	695
其他制造业	2	18	15	1036
废弃资源综合利用业	5	54	42	1008
金属废料和碎屑加工处理				
非金属废料和碎屑加工处理	5	54	42	1008
金属制品、机械和设备修理业	12	59	19	928
金属制品修理				
通用设备修理				
专用设备修理	2	12	2	52
铁路、船舶、航空航天等运输设备修理	6	18	5	120
电气设备修理				
仪器仪表修理				
其他机械和设备修理业	4	29	12	757
电力、热力、燃气及水生产和供应业	**131**	**1390**	**1115**	**27803**
电力、热力生产和供应业	122	1343	1088	27087
电力生产	20	248	172	10843
电力供应	101	1078	914	16121
热力生产和供应	1	17	2	123
燃气生产和供应业				
燃气生产和供应业				
水的生产和供应业	9	47	27	716
自来水生产和供应	2	33	16	331
污水处理及其再生利用	7	14	11	385
其他水的处理、利用与分配				

1-E-6　分行业港澳台商投资企业R&D项目情况

行　　业	项目数 (项)	参加项目人员 (人)	项目人员折合全时当量 (人年)	项目经费内部支出 (万元)
总　计	**1153**	**11417**	**8855**	**309850**
采矿业	**8**	**73**	**49**	**6940**
煤炭开采和洗选业				
石油和天然气开采业				
黑色金属矿采选业				
有色金属矿采选业				
非金属矿采选业	8	73	49	6940
开采辅助活动				
其他采矿业				
制造业	**1145**	**11344**	**8805**	**302910**
农副食品加工业	23	130	83	5547
食品制造业	66	484	294	15584
酒、饮料和精制茶制造业	46	391	353	7294
烟草制品业				
纺织业	58	1242	678	12229
纺织服装、服饰业	69	1271	1189	32824
皮革、毛皮、羽毛及其制品和制鞋业	3	90	59	4075
木材加工和木、竹、藤、棕、草制品业	11	33	13	1178
家具制造业	3	38	17	276
造纸和纸制品业	29	352	202	10284
印刷和记录媒介复制业	38	265	238	3816
文教、工美、体育和娱乐用品制造业	21	169	127	1513
石油加工及炼焦	6	47	47	2322
化学原料和化学制品制造业	160	1145	985	28271
医药制造业	98	669	537	25518
化学纤维制造业	23	332	221	5024
橡胶和塑料制品业	63	1138	1048	61505
非金属矿物制品业	49	426	337	10045
黑色金属冶炼和压延加工业	8	234	184	5800
有色金属冶炼和压延加工业	1	15	7	546
金属制品业	134	574	423	13971
通用设备制造业	73	660	485	22436
专用设备制造业	67	602	420	14989
汽车制造业	15	205	100	6545
铁路、船舶、航空航天和其他运输设备制造业	5	66	41	1153
电气机械和器材制造业	18	340	293	3032
计算机、通信和其他电子设备制造业	58	426	424	7133
仪器仪表制造业				
其他制造业				
废弃资源综合利用业				
金属制品、机械和设备修理业				

1-E-7 分行业外商投资企业R&D项目情况

行 业	项目数 (项)	参加项目人员 (人)	项目人员折合全时当量 (人年)	项目经费内部支出 (万元)
总 计	**2394**	**32319**	**23038**	**889007**
制造业	**2387**	**32300**	**23027**	**888264**
农副食品加工业	148	1288	876	40983
食品制造业	84	495	397	19462
酒、饮料和精制茶制造业	87	716	676	44008
烟草制品业				
纺织业	88	3394	1765	57066
纺织服装、服饰业	13	109	68	2709
皮革、毛皮、羽毛及其制品和制鞋业	2	34	19	650
木材加工和木、竹、藤、棕、草制品业	1	16	5	425
家具制造业				
造纸和纸制品业	8	103	86	29999
印刷和记录媒介复制业	1	4	1	53
文教、工美、体育和娱乐用品制造业	37	521	294	12715
石油加工及炼焦	4	44	44	636
化学原料和化学制品制造业	280	3640	2883	133995
医药制造业	334	2869	2619	99906
化学纤维制造业	7	8	4	600
橡胶和塑料制品业	107	1460	722	62340
非金属矿物制品业	95	665	578	11194
黑色金属冶炼和压延加工业	39	404	305	8846
有色金属冶炼和压延加工业	39	204	135	30964
金属制品业	123	845	478	23508
通用设备制造业	198	1515	1013	32791
专用设备制造业	165	1684	941	47484
汽车制造业	67	632	462	9954
铁路、船舶、航空航天和其他运输设备制造业	44	1304	937	18110
电气机械和器材制造业	92	742	385	25158
计算机、通信和其他电子设备制造业	236	8212	6186	150977
仪器仪表制造业	64	727	554	20553
其他制造业	6	22	20	884
废弃资源综合利用业				
金属制品、机械和设备修理业	18	643	572	2293
电力、热力、燃气及水生产和供应业	**7**	**19**	**11**	**743**
电力、热力生产和供应业	1	2	1	166
燃气生产和供应业	6	17	10	577
水的生产和供应业				

1-E-8 各地区企业R&D项目情况

地 区	项目数（项）	参加项目人员（人）	项目人员折合全时当量（人年）	项目经费内部支出（万元）
山东省	**31906**	**299528**	**207980**	**9281216**
济南市	3372	30849	23615	713670
青岛市	6326	42312	29492	1447036
淄博市	2553	24377	17559	661989
枣庄市	589	6761	5474	197656
东营市	1157	12700	8861	587658
烟台市	3137	35124	25467	1399829
潍坊市	3233	36045	23914	915180
济宁市	1572	15725	9903	419205
泰安市	1750	16292	8945	469762
威海市	1742	15639	10550	416931
日照市	555	3583	2154	120795
莱芜市	399	5236	3664	126761
临沂市	1402	14425	10749	472899
德州市	908	9287	6698	267253
聊城市	906	9338	5718	381183
滨州市	1605	15689	10770	483979
菏泽市	700	6146	4449	199431

1-E-09 各地区大中型企业R&D项目情况

地 区	项目数（项）	参加项目人员（人）	项目人员折合全时当量（人年）	项目经费内部支出（万元）
山东省	**24576**	**247821**	**172728**	**7797144**
济南市	2391	24577	19325	599016
青岛市	4959	33566	23642	1241747
淄博市	1806	18775	13323	481789
枣庄市	339	4443	3858	143734
东营市	960	11604	8051	544082
烟台市	2576	31119	22884	1254163
潍坊市	2321	29260	19679	753407
济宁市	1296	13836	8847	385492
泰安市	1517	15101	8378	414951
威海市	1465	13657	9038	367423
日照市	518	3303	2002	117434
莱芜市	298	4667	3214	113791
临沂市	1027	11170	8301	348815
德州市	669	7214	5328	194029
聊城市	749	8241	5086	339488
滨州市	1300	13043	8741	370112
菏泽市	385	4245	3028	127672

1-E-10 各地区内资企业R&D项目情况

地　区	项目数(项)	参加项目人员(人)	项目人员折合全时当量(人年)	项目经费内部支出(万元)
山东省	**28359**	**255792**	**176088**	**8082359**
济南市	3095	28315	21624	677781
青岛市	5573	35605	24309	1258646
淄博市	2181	18944	14562	523126
枣庄市	548	6114	4946	182957
东营市	1071	12097	8324	549751
烟台市	2507	22909	16268	1082310
潍坊市	2816	31576	20316	798961
济宁市	1476	13606	8270	372203
泰安市	1732	16182	8897	466925
威海市	1380	12476	8842	316415
日照市	521	3225	1820	88537
莱芜市	397	5177	3619	126411
临沂市	1135	11354	8361	354749
德州市	888	9016	6430	261230
聊城市	885	9115	5576	376859
滨州市	1543	14793	10100	463933
菏泽市	611	5288	3824	181564

1-E-11 各地区港澳台商投资企业R&D项目情况

地　区	项目数(项)	参加项目人员(人)	项目人员折合全时当量(人年)	项目经费内部支出(万元)
山东省	**1153**	**11417**	**8855**	**309850**
济南市	52	454	347	9959
青岛市	293	1607	1096	39495
淄博市	95	1224	709	18597
枣庄市	23	464	349	7520
东营市	69	502	455	12163
烟台市	178	2239	1833	94012
潍坊市	212	2504	2159	76424
济宁市	25	228	112	9097
泰安市	2	18	17	964
威海市	30	230	187	2949
日照市	24	213	206	1821
莱芜市				
临沂市	47	694	520	15217
德州市	1	43	40	582
聊城市	8	145	100	1891
滨州市	34	482	400	11033
菏泽市	60	370	324	8128

1-E-12　各地区外商投资企业R&D项目情况

地　区	项目数 (项)	参加项目人员 (人)	项目人员折合 全时当量 (人年)	项目经费 内部支出 (万元)
山东省	**2394**	**32319**	**23038**	**889007**
济南市	225	2080	1643	25930
青岛市	460	5100	4086	148895
淄博市	277	4209	2287	120266
枣庄市	18	183	178	7179
东营市	17	101	82	25744
烟台市	452	9976	7366	223507
潍坊市	205	1965	1439	39795
济宁市	71	1891	1521	37905
泰安市	16	92	31	1873
威海市	332	2933	1521	97568
日照市	10	145	128	30437
莱芜市	2	59	44	350
临沂市	220	2377	1868	102933
德州市	19	228	228	5442
聊城市	13	78	42	2433
滨州市	28	414	271	9013
菏泽市	29	488	302	9739

F.企业办研发机构情况

1-F-1 分登记注册类型企业办研发机构情况

登记注册类型	机构数（个）	机构人员数（人）	#博士	#硕士	机构经费支出（万元）	仪器和设备原价（万元）
总　计	**3897**	**232358**	**5016**	**26169**	**7592392**	**4792818**
国有及国有控股	**444**	**63253**	**1073**	**9842**	**2170678**	**1281544**
内资企业	**3475**	**199593**	**4548**	**23370**	**6729775**	**4229281**
国有企业	51	4711	124	621	97261	82746
集体企业	36	2295	136	907	123780	63930
股份合作企业	6	77		4	1070	1054
联营企业	5	2176	17	256	87347	17560
国有联营企业	5	2176	17	256	87347	17560
集体联营企业						
国有与集体联营企业						
其他联营企业						
有限责任公司	1228	88665	1814	10340	3170347	2073363
国有独资公司	125	18739	281	2931	1058526	472045
其他有限责任公司	1103	69926	1533	7409	2111821	1601318
股份有限公司	527	48740	971	6124	1506522	990042
私营企业	1610	52622	1478	5080	1737257	996109
私营独资企业	49	1020	41	73	18677	6506
私营合伙企业	6	41	1	3	340	273
私营有限责任公司	1419	45279	1233	4060	1517975	880743
私营股份有限公司	136	6282	203	944	200265	108587
其他企业	12	307	8	38	6191	4477
港、澳、台商投资企业	**142**	**8976**	**130**	**694**	**260006**	**154717**
合资经营企业	103	6147	86	487	201803	96534
合作经营企业	3	207	1	11	1382	1723
港、澳、台商独资经营企业	29	1822	34	152	39686	28060
港、澳、台商投资股份有限公司	7	800	9	44	17134	28400
其他港澳台投资企业						
外商投资企业	**280**	**23789**	**338**	**2105**	**602611**	**408821**
中外合资经营企业	185	11286	241	1383	340053	264151
中外合作经营企业	10	1545	27	186	79780	15522
外资企业	70	9559	55	433	150810	92800
外商投资股份有限公司	15	1399	15	103	31968	36347
其他外商投资企业						

1-F-2 分登记注册类型大中型企业办研发机构情况

登记注册类型	机构数（个）	机构人员数（人）	#博士	#硕士	机构经费支出（万元）	仪器和设备原价（万元）
总 计	**2087**	**194492**	**3691**	**21782**	**6773427**	**4185551**
国有及国有控股	**381**	**61044**	**976**	**9453**	**2148122**	**1245716**
内资企业	**1816**	**165474**	**3342**	**19427**	**5996818**	**3702693**
国有企业	39	4053	73	423	90953	74231
集体企业	25	2092	129	892	120663	61212
股份合作企业	2	28			268	180
联营企业	5	2176	17	256	87347	17560
国有联营企业	5	2176	17	256	87347	17560
集体联营企业						
国有与集体联营企业						
其他联营企业						
有限责任公司	738	77517	1466	9151	2970421	1901007
国有独资公司	114	18452	276	2888	1053854	465751
其他有限责任公司	624	59065	1190	6263	1916567	1435257
股份有限公司	447	46536	910	5835	1465736	962396
私营企业	559	33061	747	2868	1261070	685271
私营独资企业	8	435	12	18	4475	2445
私营合伙企业						
私营有限责任公司	472	27851	575	2104	1082199	589525
私营股份有限公司	79	4775	160	746	174396	93301
其他企业	1	11		2	360	836
港、澳、台商投资企业	**96**	**7699**	**93**	**553**	**232917**	**123123**
合资经营企业	73	5530	66	424	186440	72043
合作经营企业	1	59			336	396
港、澳、台商独资经营企业	16	1367	18	85	29248	22461
港、澳、台商投资股份有限公司	6	743	9	44	16894	28223
其他港澳台投资企业						
外商投资企业	**175**	**21319**	**256**	**1802**	**543692**	**359735**
中外合资经营企业	111	9507	182	1172	304012	240588
中外合作经营企业	6	1440	19	178	72067	14037
外资企业	44	9003	40	353	135934	68853
外商投资股份有限公司	14	1369	15	99	31680	36256
其他外商投资企业						

1-F-3 分行业企业办研发机构情况

行业	机构数（个）	机构人员数（人）	#博士	#硕士	机构经费支出（万元）	仪器和设备原价（万元）
总计	**3897**	**232358**	**5016**	**26169**	**7592392**	**4792818**
采矿业	**91**	**13190**	**384**	**2173**	**529219**	**265862**
煤炭开采和洗选业	43	5632	86	621	358102	141935
烟煤和无烟煤开采洗选	42	5042	70	588	345989	130518
褐煤开采洗选	1	590	16	33	12113	11417
其他煤炭采选						
石油和天然气开采业	19	4726	196	1102	42432	40993
石油开采	19	4726	196	1102	42432	40993
天然气开采						
黑色金属矿采选业	6	387	14	28	13775	2721
铁矿采选	6	387	14	28	13775	2721
锰矿、铬矿采选						
其他黑色金属矿采选						
有色金属矿采选业	9	1080	37	121	105668	50130
常用有色金属矿采选	2	120	2	3	1300	980
贵金属矿采选	7	960	35	118	104368	49150
稀有稀土金属矿采选						
非金属矿采选业	6	107	12	11	3406	1949
土砂石开采	4	63	10	8	2947	600
化学矿开采						
采盐	1	42	2	3	454	1345
石棉及其他非金属矿采选	1	2			5	5
开采辅助活动	8	1258	39	290	5837	28133
煤炭开采和洗选辅助活动						
石油和天然气开采辅助活动	8	1258	39	290	5837	28133
其他开采辅助活动						
其他采矿业						
其他采矿业						
制造业	**3792**	**218511**	**4575**	**23795**	**7049523**	**4515858**
农副食品加工业	177	7626	305	1025	322861	249357
谷物磨制	12	507	18	39	13535	5181
饲料加工	17	354	16	78	10712	2651
植物油加工	26	1424	89	237	108827	53309
制糖业	1	10	4	2	200	60
屠宰及肉类加工	33	1877	54	258	104556	57789
水产品加工	39	1660	69	188	41217	48745
蔬菜、水果和坚果加工	28	430	21	51	9375	10069
其他农副食品加工	21	1364	34	172	34440	71552
食品制造业	107	4133	119	420	105401	111595
焙烤食品制造	5	139	4	16	2528	268
糖果、巧克力及蜜饯制造	5	83		2	2917	504
方便食品制造	2	38	4	4	2510	1589
乳制品制造	6	372	10	63	5842	47288
罐头食品制造	9	118	8	11	3709	9374
调味品、发酵制品制造	12	649	15	73	14652	4250
其他食品制造	68	2734	78	251	73243	48322
酒、饮料和精制茶制造业	67	3220	81	289	75671	53354
酒的制造	59	3001	80	271	71633	48498
饮料制造	8	219	1	18	4038	4856
精制茶加工						

1-F-3　续表 1

行　　业	机构数(个)	机构人员数(人)	#博士	#硕士	机构经费支出(万元)	仪器和设备原价(万元)
烟草制品业	1	148	6	24	17748	13107
烟叶复烤						
卷烟制造	1	148	6	24	17748	13107
其他烟草制品制造						
纺织业	121	10829	175	663	205061	273655
棉纺织及印染精加工	80	7365	117	509	163104	221983
毛纺织及染整精加工	12	886	21	44	9624	15646
麻纺织及染整精加工						
丝绢纺织及印染精加工	2	53		2	282	195
化纤织造及印染精加工	4	232	2	3	3595	9095
针织或钩针编织物及其制品制造	6	899	14	24	11550	4041
家用纺织制成品制造	11	1291	18	73	14227	17451
非家用纺织制成品制造	6	103	3	8	2680	5245
纺织服装、服饰业	43	3729	49	190	95366	68409
机织服装制造	33	2922	38	157	63748	34638
针织或钩针编织服装制造	9	711	10	30	30551	33480
服饰制造	1	96	1	3	1066	290
皮革、毛皮、羽毛及其制品和制鞋业	17	1039	14	43	34438	16625
皮革鞣制加工	6	188	7	20	4640	1655
皮革制品制造	1	355	3	4	12002	9810
毛皮鞣制及制品加工	3	29	1	2	435	751
羽毛(绒)加工及制品制造						
制鞋业	7	467	3	17	17361	4409
木材加工和木、竹、藤、棕、草制品业	16	289	13	21	13979	6192
木材加工						
人造板制造	10	210	10	15	9467	3358
木制品制造	6	79	3	6	4512	2834
竹、藤、棕、草等制品制造						
家具制造业	17	291	4	19	3015	2966
木质家具制造	16	266	4	18	2935	2416
竹、藤家具制造						
金属家具制造						
塑料家具制造	1	25		1	80	550
其他家具制造						
造纸和纸制品业	38	3921	87	241	212815	76048
纸浆制造	1	8			220	129
造纸	31	3696	87	213	210300	73712
纸制品制造	6	217		28	2296	2208
印刷和记录媒介复制业	9	541	19	63	9615	14794
印刷	8	396	10	27	9194	14243
装订及印刷相关服务	1	145	9	36	420	550
记录媒介复制						
文教、工美、体育和娱乐用品制造业	46	2406	41	161	46205	45637
文教办公用品制造	8	415	2	22	2449	596
乐器制造						
工艺美术品制造	27	1346	20	72	22153	27877
体育用品制造	8	534	14	43	20605	16660
玩具制造	2	69	5	22	545	416
游艺器材及娱乐用品制造	1	42		2	453	88

1-F-3 续表 2

行业	机构数（个）	机构人员数（人）	#博士	#硕士	机构经费支出（万元）	仪器和设备原价（万元）
石油加工及炼焦	50	4323	82	352	347452	203987
化学原料和化学制品制造业	557	27086	653	2753	976560	568802
基础化学原料制造	105	4717	88	414	188468	108594
肥料制造	74	4357	65	363	102867	84815
农药制造	30	1934	99	235	31464	17675
涂料、油墨、颜料及类似产品制造	25	488	26	93	13662	9646
合成材料制造	97	5322	144	664	246335	143275
专用化学产品制造	214	9646	225	940	378323	195650
炸药、火工及焰火产品制造	8	424	2	26	11555	6237
日用化学产品制造	4	198	4	18	3886	2910
医药制造业	259	15007	600	3338	458115	354189
化学药品原料药制造	56	4048	121	934	119191	114804
化学药品制剂制造	46	3985	169	1079	119913	93179
中药饮片加工	7	182	8	16	1715	1658
中成药生产	40	1785	69	329	51320	22065
兽用药品制造	24	434	30	115	4798	3144
生物药品制造	68	2901	177	750	90010	75642
卫生材料及医药用品制造	18	1672	26	115	71168	43699
化学纤维制造业	6	928	25	111	31504	19252
纤维素纤维原料及纤维制造	3	661	21	89	18212	8680
合成纤维制造	3	267	4	22	13291	10572
橡胶和塑料制品业	122	7351	113	412	406727	190682
橡胶制品业	73	6101	92	318	384073	164790
塑料制品业	49	1250	21	94	22654	25892
非金属矿物制品业	209	8490	207	683	156635	183027
水泥、石灰和石膏制造	12	591	10	69	17725	8506
石膏、水泥制品及类似制品制造	17	540	15	33	11718	13018
砖瓦、石材等建筑材料制造	28	549	17	62	7461	4790
玻璃制造	8	419	21	47	10402	3419
玻璃制品制造	23	767	10	50	18159	46951
玻璃纤维和玻璃纤维增强塑料制品制造	28	2039	20	121	30672	26411
陶瓷制品制造	38	1847	47	172	23041	36848
耐火材料制品制造	15	319	10	48	3341	5638
石墨及其他非金属矿物制品制造	40	1419	57	81	34117	37446
黑色金属冶炼和压延加工业	54	7121	121	677	341640	138069
炼铁	3	133	1	5	2213	1611
炼钢	4	1153	10	33	23991	44983
黑色金属铸造	17	446	15	28	9385	3801
钢压延加工	27	5318	93	599	304571	82997
铁合金冶炼	3	71	2	12	1480	4676
有色金属冶炼和压延加工业	58	5719	83	367	417843	113980
常用有色金属冶炼	10	450	8	41	41969	9278
贵金属冶炼	2	397		13	33781	1143
稀有稀土金属冶炼	2	70		5	1750	468
有色金属合金制造	8	790	4	51	8422	12098
有色金属铸造	1	28	2	12	1221	1089
有色金属压延加工	35	3984	69	245	330701	89904

1-F-3　续表 3

行　业	机构数（个）	机构人员数（人）	#博士	#硕士	机构经费支出（万元）	仪器和设备原价（万元）
金属制品业	179	7971	176	498	214667	189041
结构性金属制品制造	28	1451	14	54	23556	10831
金属工具制造	5	328	9	22	8960	6096
集装箱及金属包装容器制造	10	249	4	22	3481	5387
金属丝绳及其制品制造	8	485	9	26	37504	23335
建筑、安全用金属制品制造	15	879	22	41	18843	31137
金属表面处理及热处理加工	4	77	4	5	1016	940
搪瓷制品制造	1	10		2	45	14
金属制日用品制造	3	113	6	18	3319	468
其他金属制品制造	105	4379	108	308	117943	110835
通用设备制造业	505	24196	373	2065	522538	467017
锅炉及原动设备制造	85	6237	88	824	210283	194521
金属加工机械制造	140	6129	62	427	80289	67766
物料搬运设备制造	13	565	9	67	18907	11069
泵、阀门、压缩机及类似机械制造	114	4356	66	254	74900	78364
轴承、齿轮和传动部件制造	28	735	12	35	18297	26827
烘炉、风机、衡器、包装等设备制造	77	4359	84	292	89864	57511
文化、办公用机械制造	1	68	1	2	480	1946
通用零部件制造	40	1549	44	115	27824	28102
其他通用设备制造业	7	198	7	49	1694	912
专用设备制造业	339	16127	283	1821	408419	249591
采矿、冶金、建筑专用设备制造	107	6488	121	1156	207956	146110
化工、木材、非金属加工专用设备制造	43	1327	28	73	25330	13705
食品、饮料、烟草及饲料生产专用设备制造	4	152		17	3162	2513
印刷、制药、日化及日用品生产专用设备制造	16	571	7	17	12147	4660
纺织、服装和皮革加工专用设备制造	18	1096	10	58	12666	17147
电子和电工机械专用设备制造	58	3047	38	233	21534	21813
农、林、牧、渔专用机械制造	32	1265	17	92	70294	11696
医疗仪器设备及器械制造	20	1019	33	74	27854	21618
环保、社会公共服务及其他专用设备制造	41	1162	29	101	27477	10329
汽车制造业	160	12136	151	898	405487	260524
汽车整车制造	43	6685	58	494	242987	143256
改装汽车制造	24	1654	27	135	49090	30027
低速载货汽车制造	1	892	6	66	28253	16812
电车制造	3	44	3	7	1271	298
汽车车身、挂车制造						
汽车零部件及配件制造	89	2861	57	196	83887	70130
铁路、船舶、航空航天和其他运输设备制造业	63	6339	68	918	182800	138016
铁路运输设备制造	24	3303	28	723	113737	77054
城市轨道交通设备制造						
船舶及相关装置制造	26	1776	32	153	47959	34611
航空、航天器及设备制造	1	170		4	4965	12808
摩托车制造	4	403	1	8	1406	6432
自行车制造	7	491	4	23	7735	4608
非公路休闲车及零配件制造						
潜水救捞及其他未列明运输设备制造	1	196	3	7	6997	2503
电气机械和器材制造业	322	13775	394	2164	400523	276876
电机制造	28	1707	36	174	25748	31389
输配电及控制设备制造	130	5255	76	625	109994	91594

1-F-3 续表 4

行 业	机构数（个）	机构人员数（人）	#博士	#硕士	机构经费支出（万元）	仪器和设备原价（万元）
电线、电缆、光缆及电工器材制造	51	2352	66	223	92256	92517
电池制造	18	779	49	79	22556	16372
家用电力器具制造	43	2497	129	915	127059	27005
非电力家用器具制造	25	619	12	60	9561	5765
照明器具制造	20	262	20	43	7507	5663
其他电气机械及器材制造	7	304	6	45	5842	6570
计算机、通信和其他电子设备制造业	141	20130	244	3185	578734	194342
计算机制造	11	11655	61	1223	234123	82354
通信设备制造	16	1090	23	96	47655	4269
广播电视设备制造	7	110	2	12	541	416
雷达及配套设备制造						
视听设备制造	13	2652	38	1020	208476	32562
电子器件制造	41	1669	61	357	26401	26105
电子元件制造	41	1807	39	125	45004	38625
其他电子设备制造	12	1147	20	352	16533	10010
仪器仪表制造业	101	3263	87	379	53122	33506
通用仪器仪表制造	64	2266	64	246	37906	24802
专用仪器仪表制造	25	714	17	124	13016	5074
钟表与计时仪器制造	9	228	3	7	1900	2630
光学仪器及眼镜制造	3	55	3	2	301	1000
其他仪器仪表制造业						
其他制造业	3	48	1	2	713	1142
废弃资源综合利用业	2	86		6	1216	628
金属废料和碎屑加工处理						
非金属废料和碎屑加工处理	2	86		6	1216	628
金属制品、机械和设备修理业	3	243	1	7	2655	1453
金属制品修理						
通用设备修理						
专用设备修理	1	9	1	1	12	69
铁路、船舶、航空航天等运输设备修理	1	224		5	2587	1314
电气设备修理						
仪器仪表修理						
其他机械和设备修理业	1	10		1	56	71
电力、热力、燃气及水生产和供应业	**14**	**657**	**57**	**201**	**13650**	**11098**
电力、热力生产和供应业	11	604	55	190	13211	10823
电力生产	4	68	1	5	7617	4435
电力供应	4	489	54	183	5319	6190
热力生产和供应	3	47		2	276	198
燃气生产和供应业						
燃气生产和供应业						
水的生产和供应业	3	53	2	11	439	275
自来水生产和供应	1	26		2	100	200
污水处理及其再生利用	2	27	2	9	339	75
其他水的处理、利用与分配						

1-F-4 分行业大中型企业办研发机构情况

行业	机构数（个）	机构人员数（人）	#博士	#硕士	机构经费支出（万元）	仪器和设备原价（万元）
总计	**2087**	**194492**	**3691**	**21782**	**6773427**	**4185551**
采矿业	**83**	**13070**	**371**	**2160**	**524602**	**263079**
煤炭开采和洗选业	43	5632	86	621	358102	141935
烟煤和无烟煤开采洗选	42	5042	70	588	345989	130518
褐煤开采洗选	1	590	16	33	12113	11417
其他煤炭采选						
石油和天然气开采业	19	4726	196	1102	42432	40993
石油开采	19	4726	196	1102	42432	40993
天然气开采						
黑色金属矿采选业	4	374	13	26	12564	1887
铁矿采选	4	374	13	26	12564	1887
锰矿、铬矿采选						
其他黑色金属矿采选						
有色金属矿采选业	9	1080	37	121	105668	50130
常用有色金属矿采选	2	120	2	3	1300	980
贵金属矿采选	7	960	35	118	104368	49150
稀有稀土金属矿采选						
非金属矿采选业						
土砂石开采						
化学矿开采						
采盐						
石棉及其他非金属矿采选						
开采辅助活动	8	1258	39	290	5837	28133
煤炭开采和洗选辅助活动						
石油和天然气开采辅助活动	8	1258	39	290	5837	28133
其他开采辅助活动						
其他采矿业						
其他采矿业						
制造业	**1996**	**181208**	**3316**	**19592**	**6240683**	**3919209**
农副食品加工业	94	6098	242	847	288235	225634
谷物磨制	3	137	12	21	10353	1448
饲料加工	3	148	2	32	3069	941
植物油加工	16	1288	83	215	101757	50249
制糖业						
屠宰及肉类加工	20	1714	51	248	101826	52249
水产品加工	31	1357	59	156	35030	46227
蔬菜、水果和坚果加工	6	177	3	15	2668	3733
其他农副食品加工	15	1277	32	160	33532	70787
食品制造业	45	2688	57	257	69710	83264
焙烤食品制造	3	31	2	5	208	47
糖果、巧克力及蜜饯制造						
方便食品制造	1	18	1	4	1938	1121
乳制品制造	4	300	2	63	4098	46363
罐头食品制造	3	49		1	934	2572
调味品、发酵制品制造	7	507	8	35	12709	2902
其他食品制造	27	1783	44	149	49823	30258
酒、饮料和精制茶制造业	51	2942	74	258	71421	46152
酒的制造	48	2802	73	243	68643	43844
饮料制造	3	140	1	15	2779	2308
精制茶加工						

1-F-4 续表 1

行　业	机构数(个)	机构人员数(人)	#博士	#硕士	机构经费支出(万元)	仪器和设备原价(万元)
烟草制品业	1	148	6	24	17748	13107
烟叶复烤						
卷烟制造	1	148	6	24	17748	13107
其他烟草制品制造						
纺织业	95	10289	158	637	197665	259437
棉纺织及印染精加工	66	7007	101	494	160379	214986
毛纺织及染整精加工	9	859	21	42	9460	15582
麻纺织及染整精加工						
丝绢纺织及印染精加工	1	28		2	250	70
化纤织造及印染精加工	3	215	2	3	3155	8551
针织或钩针编织物及其制品制造	4	871	14	23	10638	3476
家用纺织制成品制造	10	1283	18	72	13505	16741
非家用纺织制成品制造	2	26	2	1	279	31
纺织服装、服饰业	33	3542	45	162	93259	66473
机织服装制造	24	2750	34	129	61674	33102
针织或钩针编织服装制造	8	696	10	30	30519	33082
服饰制造	1	96	1	3	1066	290
皮革、毛皮、羽毛及其制品和制鞋业	8	864	12	30	31871	15407
皮革鞣制加工	4	85	6	10	2868	1559
皮革制品制造	1	355	3	4	12002	9810
毛皮鞣制及制品加工						
羽毛(绒)加工及制品制造						
制鞋业	3	424	3	16	17002	4038
木材加工和木、竹、藤、棕、草制品业	7	147	10	11	11214	3224
木材加工						
人造板制造	6	142	10	11	8214	1324
木制品制造	1	5			3000	1900
竹、藤、棕、草等制品制造						
家具制造业	6	160	3	13	1657	1458
木质家具制造	6	160	3	13	1657	1458
竹、藤家具制造						
金属家具制造						
塑料家具制造						
其他家具制造						
造纸和纸制品业	29	3787	85	231	209643	74129
纸浆制造	1	8			220	129
造纸	27	3649	85	208	208906	72801
纸制品制造	1	130		23	517	1200
印刷和记录媒介复制业	3	330	14	46	2366	8865
印刷	2	185	5	10	1946	8315
装订及印刷相关服务	1	145	9	36	420	550
记录媒介复制						
文教、工美、体育和娱乐用品制造业	29	2022	30	108	42493	41882
文教办公用品制造	3	317		12	1997	267
乐器制造						
工艺美术品制造	18	1150	17	54	19737	25067
体育用品制造	7	513	13	40	20305	16460
玩具制造						
游艺器材及娱乐用品制造	1	42		2	453	88

1-F-4　续表 2

行　业	机构数（个）	机构人员数（人）	#博士	#硕士	机构经费支出（万元）	仪器和设备原价（万元）
石油加工及炼焦	31	4034	73	304	337951	198811
化学原料和化学制品制造业	287	21156	428	2092	793635	477911
基础化学原料制造	62	3705	57	316	151452	95032
肥料制造	58	4154	46	333	95672	76733
农药制造	13	1512	86	192	23690	15299
涂料、油墨、颜料及类似产品制造	12	228	15	75	9058	6297
合成材料制造	47	4333	115	563	214750	131482
专用化学产品制造	86	6641	104	573	283872	144080
炸药、火工及焰火产品制造	7	414	2	25	11539	6219
日用化学产品制造	2	169	3	15	3601	2770
医药制造业	132	12163	416	2829	378567	309509
化学药品原料药制造	36	3366	87	837	105075	97045
化学药品制剂制造	34	3781	147	1014	117439	91065
中药饮片加工	1	63	2	5	571	861
中成药生产	23	1429	47	281	40585	17498
兽用药品制造	2	65	3	22	98	125
生物药品制造	27	2136	117	599	62389	61122
卫生材料及医药用品制造	9	1323	13	71	52410	41793
化学纤维制造业	5	920	25	111	31354	19079
纤维素纤维原料及纤维制造	3	661	21	89	18212	8680
合成纤维制造	2	259	4	22	13141	10399
橡胶和塑料制品业	71	6346	99	329	391474	167642
橡胶制品业	55	5800	86	290	379178	159711
塑料制品业	16	546	13	39	12297	7931
非金属矿物制品业	93	6296	126	441	118733	145102
水泥、石灰和石膏制造	7	548	9	63	15995	6340
石膏、水泥制品及类似制品制造	7	414	6	19	5757	9393
砖瓦、石材等建筑材料制造	4	109		6	2804	2212
玻璃制造	6	385	19	43	9819	3175
玻璃制品制造	11	513	6	41	13231	40120
玻璃纤维和玻璃纤维增强塑料制品制造	15	1755	11	92	23384	19565
陶瓷制品制造	20	1424	30	106	18430	30023
耐火材料制品制造	5	108	5	22	531	2747
石墨及其他非金属矿物制品制造	18	1040	40	49	28783	31528
黑色金属冶炼和压延加工业	40	6896	115	656	338071	132393
炼铁	3	133	1	5	2213	1611
炼钢	4	1153	10	33	23991	44983
黑色金属铸造	8	340	13	17	7427	2541
钢压延加工	24	5259	91	599	304080	82422
铁合金冶炼	1	11		2	360	836
有色金属冶炼和压延加工业	35	5254	73	311	402666	95761
常用有色金属冶炼	9	438	7	38	41916	9261
贵金属冶炼	2	397		13	33781	1143
稀有稀土金属冶炼	1	48		4	847	56
有色金属合金制造	5	733	3	39	7409	11478
有色金属铸造						
有色金属压延加工	18	3638	63	217	318715	73823

1-F-4 续表 3

行业	机构数(个)	机构人员数(人)	#博士	#硕士	机构经费支出(万元)	仪器和设备原价(万元)
金属制品业	102	6212	149	347	185844	157984
结构性金属制品制造	17	1274	10	39	18606	6773
金属工具制造	5	328	9	22	8960	6096
集装箱及金属包装容器制造	2	70	2	4	1252	1688
金属丝绳及其制品制造	7	370	8	21	36784	20087
建筑、安全用金属制品制造	7	735	21	34	13935	26866
金属表面处理及热处理加工						
搪瓷制品制造	1	10		2	45	14
金属制日用品制造	1	3		1	535	30
其他金属制品制造	62	3422	99	224	105727	96431
通用设备制造业	251	19221	256	1593	441255	386401
锅炉及原动设备制造	52	5561	73	780	199932	182857
金属加工机械制造	67	4664	41	282	61658	49643
物料搬运设备制造	7	388	3	16	16588	8665
泵、阀门、压缩机及类似机械制造	53	3230	25	166	51792	58120
轴承、齿轮和传动部件制造	12	564	10	32	14965	25257
烘炉、风机、衡器、包装等设备制造	38	3589	67	236	75395	43030
文化、办公用机械制造	1	68	1	2	480	1946
通用零部件制造	20	1151	36	79	20434	16880
其他通用设备制造业	1	6			11	3
专用设备制造业	154	12500	195	1497	325969	211777
采矿、冶金、建筑专用设备制造	52	5435	86	1031	178159	133338
化工、木材、非金属加工专用设备制造	12	599	15	32	10745	6662
食品、饮料、烟草及饲料生产专用设备制造	1	75		3	642	563
印刷、制药、日化及日用品生产专用设备制造	5	387	1	13	7199	3760
纺织、服装和皮革加工专用设备制造	10	913	8	56	10019	14964
电子和电工机械专用设备制造	40	2694	31	198	17294	20243
农、林、牧、渔专用机械制造	16	1075	15	86	66964	9782
医疗仪器设备及器械制造	6	735	21	36	12295	14708
环保、社会公共服务及其他专用设备制造	12	587	18	42	22652	7757
汽车制造业	106	11056	126	796	380199	240353
汽车整车制造	40	6571	52	477	241013	142826
改装汽车制造	17	1482	21	110	46009	27585
低速载货汽车制造	1	892	6	66	28253	16812
电车制造						
汽车车身、挂车制造						
汽车零部件及配件制造	48	2111	47	143	64925	53130
铁路、船舶、航空航天和其他运输设备制造业	44	5816	42	809	178330	134850
铁路运输设备制造	20	3209	24	702	112323	76340
城市轨道交通设备制造						
船舶及相关装置制造	11	1347	10	65	44903	32159
航空、航天器及设备制造	1	170		4	4965	12808
摩托车制造	4	403	1	8	1406	6432
自行车制造	7	491	4	23	7735	4608
非公路休闲车及零配件制造						
潜水救捞及其他未列明运输设备制造	1	196	3	7	6997	2503
电气机械和器材制造业	148	10279	268	1783	318747	210145
电机制造	23	1599	33	151	24126	30604
输配电及控制设备制造	56	3785	38	485	83344	64574

1-F-4　续表 4

行　业	机构数（个）	机构人员数（人）	#博士	#硕士	机构经费支出（万元）	仪器和设备原价（万元）
电线、电缆、光缆及电工器材制造	29	1926	51	188	81772	83245
电池制造	7	457	15	37	8052	3484
家用电力器具制造	27	2179	125	888	115500	23534
非电力家用器具制造	2	216	4	29	3783	1950
照明器具制造	2	48	2	1	677	232
其他电气机械及器材制造	2	69		4	1492	2523
计算机、通信和其他电子设备制造业	56	18024	153	2864	543682	168513
计算机制造	7	11539	49	1204	233350	81893
通信设备制造	1	613	8	18	39282	383
广播电视设备制造						
雷达及配套设备制造						
视听设备制造	13	2652	38	1020	208476	32562
电子器件制造	12	902	27	189	13956	15012
电子元件制造	15	1212	11	86	34706	30061
其他电子设备制造	8	1106	20	347	13911	8602
仪器仪表制造业	38	1778	35	201	34338	21719
通用仪器仪表制造	24	1289	25	123	24593	17616
专用仪器仪表制造	13	369	10	75	9129	3010
钟表与计时仪器制造	1	120		3	616	1093
光学仪器及眼镜制造						
其他仪器仪表制造业						
其他制造业	1	16	1		0	915
废弃资源综合利用业						
金属废料和碎屑加工处理						
非金属废料和碎屑加工处理						
金属制品、机械和设备修理业	1	224		5	2587	1314
金属制品修理						
通用设备修理						
专用设备修理						
铁路、船舶、航空航天等运输设备修理	1	224		5	2587	1314
电气设备修理						
仪器仪表修理						
其他机械和设备修理业						
电力、热力、燃气及水生产和供应业	**8**	**214**	**4**	**30**	**8143**	**3263**
电力、热力生产和供应业	7	188	4	28	8043	3063
电力生产	3	62	1	4	5920	2735
电力供应	3	91	3	22	2038	290
热力生产和供应	1	35		2	86	38
燃气生产和供应业						
燃气生产和供应业						
水的生产和供应业	1	26		2	100	200
自来水生产和供应	1	26		2	100	200
污水处理及其再生利用						
其他水的处理、利用与分配						

1-F-5 分行业内资企业办研发机构情况

行业	机构数（个）	机构人员数（人）	#博士	#硕士	机构经费支出（万元）	仪器和设备原价（万元）
总　计	**3475**	**199593**	**4548**	**23370**	**6729775**	**4229281**
采矿业	**91**	**13190**	**384**	**2173**	**529219**	**265862**
煤炭开采和洗选业	43	5632	86	621	358102	141935
烟煤和无烟煤开采洗选	42	5042	70	588	345989	130518
褐煤开采洗选	1	590	16	33	12113	11417
其他煤炭采选						
石油和天然气开采业	19	4726	196	1102	42432	40993
石油开采	19	4726	196	1102	42432	40993
天然气开采						
黑色金属矿采选业	6	387	14	28	13775	2721
铁矿采选	6	387	14	28	13775	2721
锰矿、铬矿采选						
其他黑色金属矿采选						
有色金属矿采选业	9	1080	37	121	105668	50130
常用有色金属矿采选	2	120	2	3	1300	980
贵金属矿采选	7	960	35	118	104368	49150
稀有稀土金属矿采选						
非金属矿采选业	6	107	12	11	3406	1949
土砂石开采	4	63	10	8	2947	600
化学矿开采						
采盐	1	42	2	3	454	1345
石棉及其他非金属矿采选	1	2			5	5
开采辅助活动	8	1258	39	290	5837	28133
煤炭开采和洗选辅助活动						
石油和天然气开采辅助活动	8	1258	39	290	5837	28133
其他开采辅助活动						
其他采矿业						
其他采矿业						
制造业	**3371**	**185759**	**4107**	**20998**	**6186955**	**3952327**
农副食品加工业	148	6409	258	886	288663	223504
谷物磨制	10	449	17	32	13361	4491
饲料加工	16	326	16	71	10618	2235
植物油加工	20	1116	77	205	108113	52304
制糖业	1	10	4	2	200	60
屠宰及肉类加工	33	1877	54	258	104556	57789
水产品加工	28	1099	48	123	18670	32613
蔬菜、水果和坚果加工	23	339	16	46	7468	7633
其他农副食品加工	17	1193	26	149	25677	66379
食品制造业	85	3228	104	300	75736	97452
焙烤食品制造	4	111	3	15	2208	148
糖果、巧克力及蜜饯制造	5	83		2	2917	504
方便食品制造	1	20	3		572	468
乳制品制造	6	372	10	63	5842	47288
罐头食品制造	6	86	8	10	2927	7392
调味品、发酵制品制造	8	286	10	36	10729	2897
其他食品制造	55	2270	70	174	50540	38757
酒、饮料和精制茶制造业	55	2726	68	219	63278	42169
酒的制造	51	2635	68	214	62355	39760
饮料制造	4	91		5	923	2410
精制茶加工						

1-F-5　续表 1

行　　业	机构数（个）	机构人员数（人）	#博士	#硕士	机构经费支　出（万元）	仪器和设备原价（万元）
烟草制品业	1	148	6	24	17748	13107
烟叶复烤						
卷烟制造	1	148	6	24	17748	13107
其他烟草制品制造						
纺织业	105	8573	161	562	165172	239962
棉纺织及印染精加工	70	5835	111	454	132632	200173
毛纺织及染整精加工	8	225	14	5	1104	6974
麻纺织及染整精加工						
丝绢纺织及印染精加工	2	53		2	282	195
化纤织造及印染精加工	4	232	2	3	3595	9095
针织或钩针编织物及其制品制造	6	899	14	24	11550	4041
家用纺织制成品制造	11	1291	18	73	14227	17451
非家用纺织制成品制造	4	38	2	1	1782	2033
纺织服装、服饰业	29	2165	31	127	58144	51312
机织服装制造	19	1358	20	94	26527	17542
针织或钩针编织服装制造	9	711	10	30	30551	33480
服饰制造	1	96	1	3	1066	290
皮革、毛皮、羽毛及其制品和制鞋业	14	1012	10	41	33100	15525
皮革鞣制加工	3	161	3	18	3302	555
皮革制品制造	1	355	3	4	12002	9810
毛皮鞣制及制品加工	3	29	1	2	435	751
羽毛(绒)加工及制品制造						
制鞋业	7	467	3	17	17361	4409
木材加工和木、竹、藤、棕、草制品业	13	251	7	12	12972	5960
木材加工						
人造板制造	8	192	6	9	9046	3147
木制品制造	5	59	1	3	3926	2814
竹、藤、棕、草等制品制造						
家具制造业	16	272	4	17	3003	2932
木质家具制造	15	247	4	16	2923	2382
竹、藤家具制造						
金属家具制造						
塑料家具制造	1	25		1	80	550
其他家具制造						
造纸和纸制品业	35	3556	87	209	194352	72208
纸浆制造	1	8			220	129
造纸	29	3461	87	204	192354	71072
纸制品制造	5	87		5	1779	1008
印刷和记录媒介复制业	5	266	19	55	4939	1883
印刷	4	121	10	19	4518	1333
装订及印刷相关服务	1	145	9	36	420	550
记录媒介复制						
文教、工美、体育和娱乐用品制造业	37	1908	33	107	39929	42755
文教办公用品制造	5	219		8	1296	264
乐器制造						
工艺美术品制造	24	1155	19	56	18028	25831
体育用品制造	8	534	14	43	20605	16660
玩具制造						
游艺器材及娱乐用品制造						

1-F-5 续表 2

行　　业	机构数（个）	机构人员数（人）	#博士	#硕士	机构经费支出（万元）	仪器和设备原价（万元）
石油加工及炼焦	49	4313	82	350	347136	203062
化学原料和化学制品制造业	496	23902	576	2412	854694	489722
基础化学原料制造	90	3717	55	277	128349	78734
肥料制造	68	4018	59	332	93415	72640
农药制造	28	1898	99	235	31437	17669
涂料、油墨、颜料及类似产品制造	25	488	26	93	13662	9646
合成材料制造	86	4759	126	602	229395	131262
专用化学产品制造	187	8400	205	829	342995	170625
炸药、火工及焰火产品制造	8	424	2	26	11555	6237
日用化学产品制造	4	198	4	18	3886	2910
医药制造业	221	12003	493	2408	358840	286524
化学药品原料药制造	41	2631	84	397	74686	71627
化学药品制剂制造	41	3641	160	1012	95046	84783
中药饮片加工	7	182	8	16	1715	1658
中成药生产	33	1247	44	162	36563	16707
兽用药品制造	23	402	26	99	4319	3084
生物药品制造	60	2308	151	608	76451	65518
卫生材料及医药用品制造	16	1592	20	114	70060	43147
化学纤维制造业	4	679	19	91	27839	17841
纤维素纤维原料及纤维制造	2	451	15	69	15282	7703
合成纤维制造	2	228	4	22	12558	10138
橡胶和塑料制品业	106	4721	92	282	292335	120624
橡胶制品业	65	3856	72	206	274969	109681
塑料制品业	41	865	20	76	17366	10943
非金属矿物制品业	187	7588	183	642	144778	170425
水泥、石灰和石膏制造	12	591	10	69	17725	8506
石膏、水泥制品及类似制品制造	16	480	10	29	10784	11929
砖瓦、石材等建筑材料制造	27	497	17	62	6608	3523
玻璃制造	7	393	20	45	9977	3209
玻璃制品制造	18	633	6	44	16322	46419
玻璃纤维和玻璃纤维增强塑料制品制造	27	1824	20	114	29678	25944
陶瓷制品制造	34	1574	37	162	18877	32499
耐火材料制品制造	13	291	9	43	2498	4677
石墨及其他非金属矿物制品制造	33	1305	54	74	32309	33718
黑色金属冶炼和压延加工业	46	6781	120	644	336649	135613
炼铁	3	133	1	5	2213	1611
炼钢	3	1127	10	31	23597	44637
黑色金属铸造	13	323	15	26	7973	3273
钢压延加工	24	5127	92	570	301386	81417
铁合金冶炼	3	71	2	12	1480	4676
有色金属冶炼和压延加工业	53	5583	83	362	384343	106595
常用有色金属冶炼	6	368	8	38	11469	5778
贵金属冶炼	2	397		13	33781	1143
稀有稀土金属冶炼	2	70		5	1750	468
有色金属合金制造	8	790	4	51	8422	12098
有色金属铸造	1	28	2	12	1221	1089
有色金属压延加工	34	3930	69	243	327701	86019

1-F-5　续表 3

行　　业	机构数（个）	机构人员数（人）	#博士	#硕士	机构经费支出（万元）	仪器和设备原价（万元）
金属制品业	154	6656	165	430	187625	168528
结构性金属制品制造	26	1336	12	50	19998	9642
金属工具制造	2	209	8	16	6468	4844
集装箱及金属包装容器制造	10	249	4	22	3481	5387
金属丝绳及其制品制造	7	423	4	21	33554	16835
建筑、安全用金属制品制造	14	863	22	41	17643	30777
金属表面处理及热处理加工	4	77	4	5	1016	940
搪瓷制品制造	1	10		2	45	14
金属制日用品制造	1	83	6	16	847	239
其他金属制品制造	89	3406	105	257	104574	99853
通用设备制造业	475	22995	357	1973	507624	447405
锅炉及原动设备制造	78	6052	83	818	208470	189283
金属加工机械制造	138	6067	62	427	79630	67220
物料搬运设备制造	13	565	9	67	18907	11069
泵、阀门、压缩机及类似机械制造	106	4159	62	241	69700	72271
轴承、齿轮和传动部件制造	28	735	12	35	18297	26827
烘炉、风机、衡器、包装等设备制造	71	3936	83	262	87218	54002
文化、办公用机械制造	1	68	1	2	480	1946
通用零部件制造	33	1215	38	72	23228	23875
其他通用设备制造业	7	198	7	49	1694	912
专用设备制造业	309	14258	247	1618	358952	218275
采矿、冶金、建筑专用设备制造	97	5322	99	973	165073	122441
化工、木材、非金属加工专用设备制造	36	1064	26	66	23484	12555
食品、饮料、烟草及饲料生产专用设备制造	4	152		17	3162	2513
印刷、制药、日化及日用品生产专用设备制造	12	421	3	12	9489	1546
纺织、服装和皮革加工专用设备制造	13	922	10	56	11766	16997
电子和电工机械专用设备制造	58	3047	38	233	21534	21813
农、林、牧、渔专用机械制造	32	1265	17	92	70294	11696
医疗仪器设备及器械制造	16	903	25	68	26674	18385
环保、社会公共服务及其他专用设备制造	41	1162	29	101	27477	10329
汽车制造业	144	11699	144	873	394855	255953
汽车整车制造	42	6627	57	494	242667	143136
改装汽车制造	23	1615	27	133	48151	29977
低速载货汽车制造	1	892	6	66	28253	16812
电车制造	3	44	3	7	1271	298
汽车车身、挂车制造						
汽车零部件及配件制造	75	2521	51	173	74514	65730
铁路、船舶、航空航天和其他运输设备制造业	57	5440	67	828	152228	76481
铁路运输设备制造	20	2589	27	638	89541	28409
城市轨道交通设备制造						
船舶及相关装置制造	25	1761	32	152	46549	34529
航空、航天器及设备制造						
摩托车制造	4	403	1	8	1406	6432
自行车制造	7	491	4	23	7735	4608
非公路休闲车及零配件制造						
潜水救捞及其他未列明运输设备制造	1	196	3	7	6997	2503
电气机械和器材制造业	301	12928	382	2099	381924	270224
电机制造	24	1569	30	161	23430	29069
输配电及控制设备制造	123	5093	75	614	106076	90928

1-F-5 续表 4

行 业	机构数（个）	机构人员数（人）	#博士	#硕士	机构经费支出（万元）	仪器和设备原价（万元）
电线、电缆、光缆及电工器材制造	47	2080	65	212	85596	91592
电池制造	17	639	47	63	21700	15267
家用电力器具制造	39	2392	128	911	123453	26219
非电力家用器具制造	25	619	12	60	9561	5765
照明器具制造	20	262	20	43	7507	5663
其他电气机械及器材制造	6	274	5	35	4603	5720
计算机、通信和其他电子设备制造业	123	12476	225	3067	448970	142455
计算机制造	10	5437	61	1181	159644	50008
通信设备制造	14	470	15	78	7152	3685
广播电视设备制造	7	110	2	12	541	416
雷达及配套设备制造						
视听设备制造	13	2652	38	1020	208476	32562
电子器件制造	37	1405	52	331	21787	20966
电子元件制造	32	1293	37	101	35567	24852
其他电子设备制造	10	1109	20	344	15804	9965
仪器仪表制造业	97	3092	82	352	49799	32127
通用仪器仪表制造	62	2251	64	246	37689	24638
专用仪器仪表制造	23	558	12	97	9910	3859
钟表与计时仪器制造	9	228	3	7	1900	2630
光学仪器及眼镜制造	3	55	3	2	301	1000
其他仪器仪表制造业						
其他制造业	2	26	1		45	936
废弃资源综合利用业	2	86		6	1216	628
金属废料和碎屑加工处理						
非金属废料和碎屑加工处理	2	86		6	1216	628
金属制品、机械和设备修理业	2	19	1	2	68	139
金属制品修理						
通用设备修理						
专用设备修理	1	9	1	1	12	69
铁路、船舶、航空航天等运输设备修理						
电气设备修理						
仪器仪表修理						
其他机械和设备修理业	1	10		1	56	71
电力、热力、燃气及水生产和供应业	**13**	**644**	**57**	**199**	**13601**	**11092**
电力、热力生产和供应业	11	604	55	190	13211	10823
电力生产	4	68	1	5	7617	4435
电力供应	4	489	54	183	5319	6190
热力生产和供应	3	47		2	276	198
燃气生产和供应业						
燃气生产和供应业						
水的生产和供应业	2	40	2	9	390	269
自来水生产和供应	1	26		2	100	200
污水处理及其再生利用	1	14	2	7	290	69
其他水的处理、利用与分配						

1-F-8　各地区企业办研发机构情况

地　区	机构数（个）	机构人员数（人）			机构经费支出（万元）	仪器和设备原价（万元）
			#博士	#硕士		
山东省	**3897**	**232358**	**5016**	**26169**	**7592392**	**4792818**
济南市	335	25024	466	3977	586718	476036
青岛市	576	30532	575	4552	851613	481352
淄博市	373	19190	396	1636	545628	366127
枣庄市	172	5366	109	426	179328	82654
东营市	163	13231	466	2049	760252	436483
烟台市	290	27364	499	2494	1184288	474225
潍坊市	559	26800	520	2395	901175	535086
济宁市	204	10908	260	1424	391540	238080
泰安市	149	9303	158	876	196852	134403
威海市	185	11524	194	1033	343412	348859
日照市	49	3978	96	356	73275	90714
莱芜市	55	4029	95	380	220512	53875
临沂市	221	10372	295	1643	304082	202165
德州市	146	9047	202	750	237275	170161
聊城市	124	9465	185	616	245201	245564
滨州市	133	10251	301	877	334800	344883
菏泽市	163	5974	199	685	236442	112152

1-F-9　各地区大中型企业办研发机构情况

地　区	机构数（个）	机构人员数（人）			机构经费支出（万元）	仪器和设备原价（万元）
			#博士	#硕士		
山东省	**2087**	**194492**	**3691**	**21782**	**6773427**	**4185551**
济南市	148	20409	269	3184	528689	413968
青岛市	277	23588	412	3749	751718	379520
淄博市	204	14995	246	1230	434724	301513
枣庄市	64	3517	74	254	132884	56533
东营市	119	12356	433	1965	745817	414331
烟台市	182	25432	423	2262	1101405	434129
潍坊市	286	22754	371	1949	805317	439716
济宁市	116	9056	193	1213	376601	220694
泰安市	105	8493	131	787	177279	125472
威海市	134	10423	156	952	327177	335125
日照市	36	3731	91	329	71524	89017
莱芜市	28	3406	75	294	210577	47385
临沂市	118	8417	209	1448	257182	167588
德州市	75	7302	162	607	196913	145885
聊城市	68	8332	146	478	225290	222201
滨州市	68	8555	221	653	272328	324148
菏泽市	59	3726	79	428	158003	68325

1-F-10 各地区内资企业办研发机构情况

地区	机构数（个）	机构人员数（人）	#博士	#硕士	机构经费支出（万元）	仪器和设备原价（万元）
山东省	**3475**	**199593**	**4548**	**23370**	**6729775**	**4229281**
济南市	317	23843	456	3855	571799	452798
青岛市	475	25498	519	4167	753332	380395
淄博市	310	15568	320	1298	419971	293774
枣庄市	165	4920	97	378	163888	64520
东营市	149	12575	452	1951	718645	417901
烟台市	230	17436	442	2145	946586	397490
潍坊市	507	23015	448	2054	784812	462775
济宁市	189	9896	243	1354	378172	225502
泰安市	147	9256	157	866	191342	132908
威海市	150	9115	144	892	261380	282449
日照市	44	3715	81	306	70860	87791
莱芜市	53	3941	93	370	218953	52905
临沂市	197	7824	240	941	233727	139773
德州市	137	8521	192	713	229689	158285
聊城市	120	9145	180	610	239522	243286
滨州市	129	9756	294	838	326547	330358
菏泽市	156	5569	190	632	220550	106373

1-F-11 各地区港澳台商投资企业办研发机构情况

地区	机构数（个）	机构人员数（人）	#博士	#硕士	机构经费支出（万元）	仪器和设备原价（万元）
山东省	**142**	**8976**	**130**	**694**	**260006**	**154717**
济南市	3	319		31	2872	13359
青岛市	37	1631	11	87	27718	16792
淄博市	20	776	14	46	16810	7973
枣庄市	4	366	11	40	9224	10992
东营市	10	574	14	95	11108	15082
烟台市	20	1676	15	130	79338	27271
潍坊市	25	2219	30	121	85245	49633
济宁市	5	128	3	12	460	463
泰安市	1	13			478	32
威海市	5	215	5	19	2582	2878
日照市	1	89	5	13	1501	1630
莱芜市						
临沂市	6	361	10	48	9729	4506
德州市						
聊城市	1	230			1891	1485
滨州市	1	210	6	20	2931	977
菏泽市	3	169	6	32	8119	1643

1-F-12　各地区外商投资企业办研发机构情况

地　区	机构数（个）	机构人员数（人）			机构经费支出（万元）	仪器和设备原价（万元）
			#博士	#硕士		
山东省	**280**	**23789**	**338**	**2105**	**602611**	**408821**
济南市	15	862	10	91	12047	9879
青岛市	64	3403	45	298	70564	84166
淄博市	43	2846	62	292	108847	64380
枣庄市	3	80	1	8	6216	7142
东营市	4	82		3	30500	3500
烟台市	40	8252	42	219	158364	49464
潍坊市	27	1566	42	220	31118	22677
济宁市	10	884	14	58	12907	12114
泰安市	1	34	1	10	5032	1463
威海市	30	2194	45	122	79449	63532
日照市	4	174	10	37	914	1293
莱芜市	2	88	2	10	1559	970
临沂市	18	2187	45	654	60626	57886
德州市	9	526	10	37	7586	11877
聊城市	3	90	5	6	3787	793
滨州市	3	285	1	19	5322	13548
菏泽市	4	236	3	21	7773	4136

G.企业新产品开发及销售情况

1-G-1 分登记注册类型企业新产品开发及销售情况

单位：万元

登记注册类型	新产品开发项目数(项)	新产品开发经费支出	新产品销售收入	#出口
总　计	**31100**	**10206343**	**142841782**	**17337126**
国有及国有控股	**6485**	**2401170**	**37158170**	**3895861**
内资企业	**27574**	**8929988**	**127122111**	**13071484**
国有企业	773	145879	1966887	134237
集体企业	1492	482688	7222299	1397673
股份合作企业	19	4244	39929	420
联营企业	77	62270	794400	7569
国有联营企业	77	62270	794400	7569
集体联营企业				
国有与集体联营企业				
其他联营企业				
有限责任公司	12387	3920632	70469882	6725538
国有独资公司	2520	1156890	18497381	2371769
其他有限责任公司	9867	2763742	51972502	4353769
股份有限公司	4902	1575866	23130683	1936686
私营企业	7862	2722320	23454313	2858196
私营独资企业	173	32818	239069	50881
私营合伙企业	4	628	160	
私营有限责任公司	6574	2332842	20113635	2096689
私营股份有限公司	1111	356033	3101449	710626
其他企业	62	16089	43718	11167
港、澳、台商投资企业	**1129**	**322309**	**4495790**	**1211554**
合资经营企业	727	238735	3662422	936526
合作经营企业	21	2400	21770	5441
港、澳、台商独资经营企业	291	61132	606103	187523
港、澳、台商投资股份有限公司	90	20043	205494	82065
其他港澳台投资企业				
外商投资企业	**2397**	**954047**	**11223882**	**3054087**
中外合资经营企业	1468	566564	7292849	1475641
中外合作经营企业	141	84173	1604074	1019907
外资企业	583	226679	1181697	245244
外商投资股份有限公司	204	75870	1144811	313295
其他外商投资企业	1	762	452	

1-G-2　分登记注册类型大中型企业新产品开发及销售情况

单位：万元

登记注册类型	新产品开发项目数(项)	新产品开发经费支出	新产品销售收入	#出口
总　计	**23771**	**8519508**	**134630106**	**16617255**
国有及国有控股	**6076**	**2335452**	**36707898**	**3882053**
内资企业	**21220**	**7422094**	**120127907**	**12539017**
国有企业	657	124726	1890944	131933
集体企业	1462	473263	7182617	1397673
股份合作企业	2	2498	34611	420
联营企业	77	62270	794400	7569
国有联营企业	77	62270	794400	7569
集体联营企业				
国有与集体联营企业				
其他联营企业				
有限责任公司	10365	3468056	68147337	6528011
国有独资公司	2482	1149057	18469200	2371721
其他有限责任公司	7883	2318999	49678137	4156290
股份有限公司	4564	1510916	22531405	1880024
私营企业	4078	1779295	19528997	2590621
私营独资企业	33	12127	92721	34791
私营合伙企业				
私营有限责任公司	3196	1475175	16633840	1853243
私营股份有限公司	849	291993	2802436	702586
其他企业	15	1071	17597	2768
港、澳、台商投资企业	**788**	**270254**	**4150047**	**1129108**
合资经营企业	516	211509	3502956	917190
合作经营企业	2	1343	12486	495
港、澳、台商独资经营企业	187	37611	433870	129713
港、澳、台商投资股份有限公司	83	19791	200736	81710
其他港澳台投资企业				
外商投资企业	**1763**	**827160**	**10352153**	**2949130**
中外合资经营企业	1090	490675	6741643	1427106
中外合作经营企业	133	77562	1562164	1008083
外资企业	371	184279	946485	210951
外商投资股份有限公司	169	74645	1101861	302990
其他外商投资企业				

1-G-3 分行业企业新产品开发及销售情况

单位：万元

行　　业	新产品开发项目数（项）	新产品开发经费支出	新产品销售收入	#出口
总　　计	**31100**	**10206343**	**142841782**	**17337126**
采矿业	**741**	**449472**	**4850861**	**5089**
煤炭开采和洗选业	480	328189	1996541	839
烟煤和无烟煤开采洗选	470	324931	1934241	512
褐煤开采洗选	10	3259	62300	327
其他煤炭采选				
石油和天然气开采业	40	5629		
石油开采	38	4684		
天然气开采	2	945		
黑色金属矿采选业	14	4181	12050	
铁矿采选	14	4181	12050	
锰矿、铬矿采选				
其他黑色金属矿采选				
有色金属矿采选业	54	43596	2824660	2000
常用有色金属矿采选	2	213	12638	2000
贵金属矿采选	52	43384	2812022	
稀有稀土金属矿采选				
非金属矿采选业	18	9799	7692	2250
土砂石开采	10	2019	6510	2250
化学矿开采				
采盐	8	7780	805	
石棉及其他非金属矿采选			377	
开采辅助活动	135	58078	9918	
煤炭开采和洗选辅助活动				
石油和天然气开采辅助活动	135	58078	9918	
其他开采辅助活动				
其他采矿业				
其他采矿业				
制造业	**30235**	**9724896**	**137866039**	**17332037**
农副食品加工业	1049	511595	4085785	540846
谷物磨制	35	17516	74838	75
饲料加工	124	24322	84276	31675
植物油加工	148	138916	1410757	3357
制糖业	2	625	6000	
屠宰及肉类加工	273	149434	1638412	287242
水产品加工	219	78150	302890	111923
蔬菜、水果和坚果加工	74	34784	181327	43059
其他农副食品加工	174	67848	387285	63516
食品制造业	587	158145	1539768	368445
焙烤食品制造	23	3572	5580	850
糖果、巧克力及蜜饯制造	15	11411	15166	
方便食品制造	6	4491	5063	
乳制品制造	44	6997	55285	
罐头食品制造	15	10184	36513	16162
调味品、发酵制品制造	80	11597	181148	17382
其他食品制造	404	109893	1241014	334052
酒、饮料和精制茶制造业	414	113096	1067761	80854
酒的制造	362	104623	971519	70244
饮料制造	46	8396	96242	10609
精制茶加工	6	77		

1-G-3　续表 1　　单位：万元

行　业	新产品开发项目数（项）	新产品开发经费支出	新产品销售收入	#出口
烟草制品业	85	22693	822160	9125
烟叶复烤	2	88		
卷烟制造	83	22605	822160	9125
其他烟草制品制造				
纺织业	1562	334978	17577665	1367643
棉纺织及印染精加工	1192	229597	16240621	1015121
毛纺织及染整精加工	56	40632	588684	12644
麻纺织及染整精加工				
丝绢纺织及印染精加工	13	632	432	
化纤织造及印染精加工	113	9093	29601	16002
针织或钩针编织物及其制品制造	62	7463	147840	67460
家用纺织制成品制造	93	39028	513356	252736
非家用纺织制成品制造	33	8532	57132	3681
纺织服装、服饰业	767	111496	1306371	556362
机织服装制造	268	73586	780364	124067
针织或钩针编织服装制造	484	35177	508474	422495
服饰制造	15	2732	17533	9800
皮革、毛皮、羽毛及其制品和制鞋业	116	34892	786544	87378
皮革鞣制加工	13	7856	5528	900
皮革制品制造	31	7583	263869	4513
毛皮鞣制及制品加工	1	389		
羽毛(绒)加工及制品制造	1	306		
制鞋业	70	18759	517147	81965
木材加工和木、竹、藤、棕、草制品业	71	13694	127924	57754
木材加工	1	45		
人造板制造	63	13047	123010	57754
木制品制造	6	541	4914	
竹、藤、棕、草等制品制造	1	62		
家具制造业	38	7896	67565	13400
木质家具制造	36	7271	67153	13400
竹、藤家具制造				
金属家具制造				
塑料家具制造	1	490		
其他家具制造	1	135	412	
造纸和纸制品业	283	166006	3945097	319127
纸浆制造	2	1488	886	
造纸	256	161982	3926671	318803
纸制品制造	25	2536	17540	324
印刷和记录媒介复制业	84	27048	93245	605
印刷	60	17221	93245	605
装订及印刷相关服务	24	9828		
记录媒介复制				
文教、工美、体育和娱乐用品制造业	330	69177	787050	204832
文教办公用品制造	31	4439	33018	28974
乐器制造				
工艺美术品制造	206	31608	458210	147368
体育用品制造	77	29354	287542	24551
玩具制造	6	3325	4159	
游艺器材及娱乐用品制造	10	451	4121	3939

1-G-3 续表 2

单位：万元

行　业	新产品开发项目数(项)	新产品开发经费支出	新产品销售收入	#出口
石油加工及炼焦	356	353248	6910649	30867
化学原料和化学制品制造业	2973	1039112	16218744	1213662
基础化学原料制造	367	206784	3699866	169040
肥料制造	221	91093	2353577	112
农药制造	293	43704	434136	93866
涂料、油墨、颜料及类似产品制造	148	23625	90129	6122
合成材料制造	676	279328	5578010	563129
专用化学产品制造	1182	383855	3894420	336054
炸药、火工及焰火产品制造	50	6670	86783	22771
日用化学产品制造	36	4055	81823	22569
医药制造业	2540	634119	6463944	578244
化学药品原料药制造	460	133875	1406437	308434
化学药品制剂制造	861	177766	2020362	83660
中药饮片加工	28	2787	6230	
中成药生产	246	85334	500983	37643
兽用药品制造	65	7306	23380	
生物药品制造	629	134078	565420	91135
卫生材料及医药用品制造	251	92973	1941132	57373
化学纤维制造业	109	44186	482271	137671
纤维素纤维原料及纤维制造	53	27406	281232	94454
合成纤维制造	56	16781	201040	43217
橡胶和塑料制品业	1059	509799	6620634	1822707
橡胶制品业	869	467595	6299657	1802528
塑料制品业	190	42204	320977	20180
非金属矿物制品业	1165	240091	2200077	308418
水泥、石灰和石膏制造	33	19882	181254	
石膏、水泥制品及类似制品制造	62	20887	168770	
砖瓦、石材等建筑材料制造	94	26627	256930	918
玻璃制造	34	8905	131061	35596
玻璃制品制造	252	23613	354231	82073
玻璃纤维和玻璃纤维增强塑料制品制造	180	32584	259112	46980
陶瓷制品制造	284	43438	301004	73065
耐火材料制品制造	72	11002	70170	6597
石墨及其他非金属矿物制品制造	154	53154	477546	63189
黑色金属冶炼和压延加工业	609	342358	5540559	481712
炼铁	4	1221	12393	
炼钢	65	50955	660120	108000
黑色金属铸造	43	14972	96924	14609
钢压延加工	496	274908	4771122	359103
铁合金冶炼	1	302		
有色金属冶炼和压延加工业	564	510636	10862137	919036
常用有色金属冶炼	20	77346	1865969	79378
贵金属冶炼	4	264	52438	
稀有稀土金属冶炼	11	4141	66573	
有色金属合金制造	56	55062	628207	17964
有色金属铸造	32	722	855	719
有色金属压延加工	441	373101	8248095	820976

1-G-3　续表 3　　　　单位：万元

行　业	新产品开发项目数(项)	新产品开发经费支出	新产品销售收入	#出口
金属制品业	981	286076	2770333	413074
结构性金属制品制造	74	28535	467175	9078
金属工具制造	75	15927	140313	29984
集装箱及金属包装容器制造	36	3111	76991	357
金属丝绳及其制品制造	61	39213	469095	24864
建筑、安全用金属制品制造	132	33673	226573	64871
金属表面处理及热处理加工	24	2125	10203	1594
搪瓷制品制造	10	248	657	
金属制日用品制造	12	6053	19953	132
其他金属制品制造	557	157191	1359374	282195
通用设备制造业	3246	741735	6548190	385885
锅炉及原动设备制造	609	229188	2913267	74882
金属加工机械制造	813	124707	917956	57754
物料搬运设备制造	161	38798	158258	5386
泵、阀门、压缩机及类似机械制造	700	145906	904213	65251
轴承、齿轮和传动部件制造	179	29405	228260	11367
烘炉、风机、衡器、包装等设备制造	518	112089	1106600	130652
文化、办公用机械制造	29	2560	13643	1171
通用零部件制造	193	54978	258250	39342
其他通用设备制造业	44	4103	47744	81
专用设备制造业	2521	690221	6073998	1215913
采矿、冶金、建筑专用设备制造	1081	367018	3780036	1065530
化工、木材、非金属加工专用设备制造	228	49283	170798	16740
食品、饮料、烟草及饲料生产专用设备制造	101	11859	39960	913
印刷、制药、日化及日用品生产专用设备制造	57	14820	151325	6606
纺织、服装和皮革加工专用设备制造	91	20028	280509	16159
电子和电工机械专用设备制造	281	56444	432774	18076
农、林、牧、渔专用机械制造	273	80630	865999	48753
医疗仪器设备及器械制造	169	35475	152286	32122
环保、社会公共服务及其他专用设备制造	240	54663	200310	11015
汽车制造业	1978	711664	9173720	1222585
汽车整车制造	889	422518	6511960	881081
改装汽车制造	512	69508	738165	35253
低速载货汽车制造	93	38960	768117	1345
电车制造	13	1889	281	
汽车车身、挂车制造	2	632	228	
汽车零部件及配件制造	469	178156	1154969	304907
铁路、船舶、航空航天和其他运输设备制造业	813	239369	3602048	523979
铁路运输设备制造	312	133529	2596183	40071
城市轨道交通设备制造				
船舶及相关装置制造	206	73017	541009	278894
航空、航天器及设备制造	10	10197	84389	
摩托车制造	57	4771	57578	15118
自行车制造	155	10478	127026	32
非公路休闲车及零配件制造				
潜水救捞及其他未列明运输设备制造	73	7378	195863	189865
电气机械和器材制造业	3242	932456	11227421	1582958
电机制造	229	71747	512024	82930
输配电及控制设备制造	607	156775	1805413	66995

1-G-3 续表 4

单位：万元

行业	新产品开发项目数(项)	新产品开发经费支出	新产品销售收入	#出口
电线、电缆、光缆及电工器材制造	312	115476	1118733	35479
电池制造	168	37384	100107	340
家用电力器具制造	1736	520864	7463508	1390976
非电力家用器具制造	90	16657	87761	500
照明器具制造	50	8812	87233	5738
其他电气机械及器材制造	50	4741	52642	
计算机、通信和其他电子设备制造业	1946	774745	10123719	2854018
计算机制造	509	255962	3466079	880103
通信设备制造	197	79101	1083641	936668
广播电视设备制造	217	46540	4997	
雷达及配套设备制造				
视听设备制造	408	254931	4708964	866350
电子器件制造	192	41020	296034	38086
电子元件制造	318	74021	396249	115732
其他电子设备制造	105	23171	167756	17080
仪器仪表制造业	704	96664	795444	28153
通用仪器仪表制造	492	74822	570392	23025
专用仪器仪表制造	169	16994	207655	2437
钟表与计时仪器制造	25	3137	11426	1440
光学仪器及眼镜制造	10	817	5971	1251
其他仪器仪表制造业	8	894		
其他制造业	4	1716	12462	
废弃资源综合利用业	7	2054	10170	
金属废料和碎屑加工处理	2	213	10170	
非金属废料和碎屑加工处理	5	1841		
金属制品、机械和设备修理业	32	3931	22585	6782
金属制品修理				
通用设备修理				
专用设备修理	2	150	1862	
铁路、船舶、航空航天等运输设备修理	26	2910	16440	5422
电气设备修理				
仪器仪表修理				
其他机械和设备修理业	4	871	4283	1360
电力、热力、燃气及水生产和供应业	**124**	**31975**	**124883**	
电力、热力生产和供应业	107	28020	98616	
电力生产	5	3993	37175	
电力供应	102	24027	49859	
热力生产和供应			11582	
燃气生产和供应业	3	476	25312	
燃气生产和供应业	3	476	25312	
水的生产和供应业	14	3480	955	
自来水生产和供应	6	66	720	
污水处理及其再生利用	8	3414	235	
其他水的处理、利用与分配				

1-G-4　分行业大中型企业新产品开发及销售情况

单位：万元

行　业	新产品开发项目数(项)	新产品开发经费支出	新产品销售收入	#出口
总　计	**23771**	**8519508**	**134630106**	**16617255**
采矿业	**723**	**442059**	**4832135**	**2839**
煤炭开采和洗选业	480	328189	1996541	839
烟煤和无烟煤开采洗选	470	324931	1934241	512
褐煤开采洗选	10	3259	62300	327
其他煤炭采选				
石油和天然气开采业	38	4684		
石油开采	38	4684		
天然气开采				
黑色金属矿采选业	11	2841	5654	
铁矿采选	11	2841	5654	
锰矿、铬矿采选				
其他黑色金属矿采选				
有色金属矿采选业	54	43596	2820022	2000
常用有色金属矿采选	2	213	8000	2000
贵金属矿采选	52	43384	2812022	
稀有稀土金属矿采选				
非金属矿采选业	5	4671		
土砂石开采				
化学矿开采				
采盐	5	4671		
石棉及其他非金属矿采选				
开采辅助活动	135	58078	9918	
煤炭开采和洗选辅助活动				
石油和天然气开采辅助活动	135	58078	9918	
其他开采辅助活动				
其他采矿业				
其他采矿业				
制造业	**22999**	**8069913**	**129758589**	**16614416**
农副食品加工业	805	424034	3820594	468474
谷物磨制	9	4706	56391	
饲料加工	35	5358	13452	1250
植物油加工	132	131286	1345562	1357
制糖业				
屠宰及肉类加工	256	140812	1634992	287242
水产品加工	199	68033	284049	106677
蔬菜、水果和坚果加工	32	13610	116800	15492
其他农副食品加工	142	60229	369347	56456
食品制造业	277	83068	1217802	276404
焙烤食品制造	8	297	3080	50
糖果、巧克力及蜜饯制造	1	2523		
方便食品制造	1	2515		
乳制品制造	40	4860	54085	
罐头食品制造	9	6502	3694	2872
调味品、发酵制品制造	38	7318	137311	17382
其他食品制造	180	59051	1019631	256100
酒、饮料和精制茶制造业	341	101794	1057482	80233
酒的制造	324	99185	969749	70244
饮料制造	17	2609	87733	9989
精制茶加工				

1-G-4 续表 1

单位：万元

行 业	新产品开发项目数(项)	新产品开发经费支出	新产品销售收入	#出口
烟草制品业	64	20932	822160	9125
烟叶复烤	2	88		
卷烟制造	62	20844	822160	9125
其他烟草制品制造				
纺织业	1432	309769	17162435	1361919
棉纺织及印染精加工	1129	214327	15962589	1012958
毛纺织及染整精加工	49	40448	588684	12644
麻纺织及染整精加工				
丝绢纺织及印染精加工	3	355		
化纤织造及印染精加工	104	8167	27760	15877
针织或钩针编织物及其制品制造	57	7079	106645	67062
家用纺织制成品制造	83	36396	472254	252736
非家用纺织制成品制造	7	2997	4504	642
纺织服装、服饰业	740	105769	1205760	554150
机织服装制造	254	68793	692932	122880
针织或钩针编织服装制造	471	34244	495294	421470
服饰制造	15	2732	17533	9800
皮革、毛皮、羽毛及其制品和制鞋业	83	28724	630533	87378
皮革鞣制加工	2	4833	2650	900
皮革制品制造	30	7500	252241	4513
毛皮鞣制及制品加工				
羽毛(绒)加工及制品制造	1	306		
制鞋业	50	16086	375642	81965
木材加工和木、竹、藤、棕、草制品业	55	10622	109898	51953
木材加工				
人造板制造	55	10622	109898	51953
木制品制造				
竹、藤、棕、草等制品制造				
家具制造业	16	4768	36998	5032
木质家具制造	16	4768	36998	5032
竹、藤家具制造				
金属家具制造				
塑料家具制造				
其他家具制造				
造纸和纸制品业	267	157674	3892510	319127
纸浆制造				
造纸	246	157061	3891656	318803
纸制品制造	21	613	854	324
印刷和记录媒介复制业	57	16769	45850	15
印刷	33	6941	45850	15
装订及印刷相关服务	24	9828		
记录媒介复制				
文教、工美、体育和娱乐用品制造业	268	58369	740089	182668
文教办公用品制造	17	3435	23956	21821
乐器制造				
工艺美术品制造	171	27507	427620	133546
体育用品制造	70	26976	284392	23361
玩具制造				
游艺器材及娱乐用品制造	10	451	4121	3939

1-G-4　续表 2　　单位：万元

行　业	新产品开发项目数(项)	新产品开发经费支出	新产品销售收入	#出口
石油加工及炼焦	313	334432	6846395	26993
化学原料和化学制品制造业	1876	733443	14845649	1122227
基础化学原料制造	235	154963	3420628	147268
肥料制造	181	78398	2329633	112
农药制造	198	30175	428227	93866
涂料、油墨、颜料及类似产品制造	95	15722	45730	6122
合成材料制造	455	217976	5272001	555344
专用化学产品制造	645	226416	3182082	274176
炸药、火工及焰火产品制造	50	6670	86783	22771
日用化学产品制造	17	3123	80564	22569
医药制造业	2100	492782	5873626	537260
化学药品原料药制造	390	115948	1269904	299051
化学药品制剂制造	817	153910	1801236	82710
中药饮片加工	3	636	5235	
中成药生产	187	55804	436153	29643
兽用药品制造	4	1558	4210	
生物药品制造	508	80202	470287	74585
卫生材料及医药用品制造	191	84724	1886602	51273
化学纤维制造业	93	41067	454918	121170
纤维素纤维原料及纤维制造	52	25716	281232	94454
合成纤维制造	41	15352	173686	26715
橡胶和塑料制品业	872	473008	6410739	1803759
橡胶制品业	797	449932	6224364	1792952
塑料制品业	75	23076	186375	10807
非金属矿物制品业	758	182459	1676757	287467
水泥、石灰和石膏制造	30	17836	147229	
石膏、水泥制品及类似制品制造	48	18240	127941	
砖瓦、石材等建筑材料制造	10	9247	14287	
玻璃制造	25	7927	128947	35460
玻璃制品制造	150	18471	316280	69681
玻璃纤维和玻璃纤维增强塑料制品制造	151	25154	222227	46724
陶瓷制品制造	221	35576	259226	72553
耐火材料制品制造	43	5676	44279	6418
石墨及其他非金属矿物制品制造	80	44332	416340	56631
黑色金属冶炼和压延加工业	570	329375	5493737	470449
炼铁	4	1221	12393	
炼钢	65	50955	660120	108000
黑色金属铸造	26	9491	75956	3346
钢压延加工	475	267707	4745269	359103
铁合金冶炼				
有色金属冶炼和压延加工业	462	482661	10704319	911208
常用有色金属冶炼	19	77208	1863603	79378
贵金属冶炼	4	264	52438	
稀有稀土金属冶炼	8	2195	65610	
有色金属合金制造	33	52037	608641	15856
有色金属铸造				
有色金属压延加工	398	350957	8114027	815975

1-G-4 续表 3

单位：万元

行业	新产品开发项目数(项)	新产品开发经费支出	新产品销售收入	#出口
金属制品业	687	216308	2414101	370069
结构性金属制品制造	52	21136	359913	7478
金属工具制造	48	12663	135259	29942
集装箱及金属包装容器制造	32	1846	67807	357
金属丝绳及其制品制造	42	36397	460495	23784
建筑、安全用金属制品制造	114	25762	163725	59710
金属表面处理及热处理加工	2	1227		
搪瓷制品制造	9	48	657	
金属制日用品制造	2	1368		
其他金属制品制造	386	115861	1226245	248799
通用设备制造业	2244	547405	5668392	320947
锅炉及原动设备制造	515	208914	2820171	73968
金属加工机械制造	498	82133	624909	53254
物料搬运设备制造	108	33313	140306	5386
泵、阀门、压缩机及类似机械制造	544	98721	699588	54145
轴承、齿轮和传动部件制造	91	17770	202421	10455
烘炉、风机、衡器、包装等设备制造	350	72158	953833	103048
文化、办公用机械制造	4	527	2626	
通用零部件制造	124	33038	208953	20691
其他通用设备制造业	10	831	15586	
专用设备制造业	1714	535246	5511309	1154029
采矿、冶金、建筑专用设备制造	768	305080	3588750	1035050
化工、木材、非金属加工专用设备制造	107	21568	89454	8590
食品、饮料、烟草及饲料生产专用设备制造	79	2320	12902	
印刷、制药、日化及日用品生产专用设备制造	36	10815	134870	3361
纺织、服装和皮革加工专用设备制造	76	16393	275832	16159
电子和电工机械专用设备制造	198	47031	388984	12655
农、林、牧、渔专用机械制造	222	71163	821565	44959
医疗仪器设备及器械制造	96	21708	87782	31770
环保、社会公共服务及其他专用设备制造	132	39169	111172	1485
汽车制造业	1803	639986	8913632	1212140
汽车整车制造	876	406444	6392451	879779
改装汽车制造	486	65481	718739	35253
低速载货汽车制造	93	38960	768117	1345
电车制造				
汽车车身、挂车制造	1	577		
汽车零部件及配件制造	347	128524	1034326	295764
铁路、船舶、航空航天和其他运输设备制造业	704	219059	3466745	511121
铁路运输设备制造	285	126533	2539583	40071
城市轨道交通设备制造				
船舶及相关装置制造	129	63060	463920	266036
航空、航天器及设备制造	6	8988	84389	
摩托车制造	57	4771	57578	15118
自行车制造	154	8329	125413	32
非公路休闲车及零配件制造				
潜水救捞及其他未列明运输设备制造	73	7378	195863	189865
电气机械和器材制造业	2644	766720	10342677	1557718
电机制造	203	47017	483366	76489
输配电及控制设备制造	344	105109	1514429	66109

1-G-4　续表 4　　　　单位：万元

行　业	新产品开发项目数(项)	新产品开发经费支出	新产品销售收入	#出口
电线、电缆、光缆及电工器材制造	265	86694	957517	35479
电池制造	107	19339	70060	240
家用电力器具制造	1668	500453	7298455	1378585
非电力家用器具制造	35	5462	10086	
照明器具制造	14	691	4720	816
其他电气机械及器材制造	8	1956	4045	
计算机、通信和其他电子设备制造业	1437	696789	9786971	2783460
计算机制造	482	252488	3456791	880090
通信设备制造	65	63294	998388	904984
广播电视设备制造	201	38050		
雷达及配套设备制造				
视听设备制造	406	254801	4706464	866350
电子器件制造	77	22599	174609	21495
电子元件制造	134	45633	287744	93461
其他电子设备制造	72	19924	162976	17080
仪器仪表制造业	296	53107	594404	22499
通用仪器仪表制造	228	45394	433457	18824
专用仪器仪表制造	59	7267	157924	2235
钟表与计时仪器制造	9	446	3023	1440
光学仪器及眼镜制造				
其他仪器仪表制造业				
其他制造业	1	1167		
废弃资源综合利用业				
金属废料和碎屑加工处理				
非金属废料和碎屑加工处理				
金属制品、机械和设备修理业	20	2605	12108	5422
金属制品修理				
通用设备修理				
专用设备修理				
铁路、船舶、航空航天等运输设备修理	20	2605	12108	5422
电气设备修理				
仪器仪表修理				
其他机械和设备修理业				
电力、热力、燃气及水生产和供应业	**49**	**7536**	**39382**	
电力、热力生产和供应业	43	7470	38662	
电力生产	3	282	36017	
电力供应	40	7188	2645	
热力生产和供应				
燃气生产和供应业				
燃气生产和供应业				
水的生产和供应业	6	66	720	
自来水生产和供应	6	66	720	
污水处理及其再生利用				
其他水的处理、利用与分配				

1-G-5 分行业内资企业新产品开发及销售情况

单位：万元

行　业	新产品开发项目数(项)	新产品开发经费支出	新产品销售收入	#出口
总　计	**27574**	**8929988**	**127122111**	**13071484**
采矿业	**736**	**444801**	**4850861**	**5089**
煤炭开采和洗选业	480	328189	1996541	839
烟煤和无烟煤开采洗选	470	324931	1934241	512
褐煤开采洗选	10	3259	62300	327
其他煤炭采选				
石油和天然气开采业	40	5629		
石油开采	38	4684		
天然气开采	2	945		
黑色金属矿采选业	14	4181	12050	
铁矿采选	14	4181	12050	
锰矿、铬矿采选				
其他黑色金属矿采选				
有色金属矿采选业	54	43596	2824660	2000
常用有色金属矿采选	2	213	12638	2000
贵金属矿采选	52	43384	2812022	
稀有稀土金属矿采选				
非金属矿采选业	13	5129	7692	2250
土砂石开采	10	2019	6510	2250
化学矿开采				
采盐	3	3110	805	
石棉及其他非金属矿采选			377	
开采辅助活动	135	58078	9918	
煤炭开采和洗选辅助活动				
石油和天然气开采辅助活动	135	58078	9918	
其他开采辅助活动				
其他采矿业				
其他采矿业				
制造业	**26717**	**8453686**	**122171679**	**13066396**
农副食品加工业	867	439090	3768929	444852
谷物磨制	29	12258	73010	75
饲料加工	94	22699	75120	30425
植物油加工	143	137708	1358769	3357
制糖业	2	625	6000	
屠宰及肉类加工	265	139081	1638412	287242
水产品加工	106	33405	129805	56413
蔬菜、水果和坚果加工	69	32631	162126	25416
其他农副食品加工	159	60683	325688	41925
食品制造业	439	118818	945792	200162
焙烤食品制造	19	3246	3080	50
糖果、巧克力及蜜饯制造	15	11411	15166	
方便食品制造	5	1976	5063	
乳制品制造	43	6519	55285	
罐头食品制造	10	3298	26947	16132
调味品、发酵制品制造	45	7290	97140	10007
其他食品制造	302	85078	743112	173972
酒、饮料和精制茶制造业	320	78762	519103	70314
酒的制造	287	73923	504843	69694
饮料制造	27	4762	14261	620
精制茶加工	6	77		

1-G-5　续表 1　　单位：万元

行　业	新产品开发项目数(项)	新产品开发经费支出	新产品销售收入	#出口
烟草制品业	85	22693	822160	9125
烟叶复烤	2	88		
卷烟制造	83	22605	822160	9125
其他烟草制品制造				
纺织业	1451	273454	16399181	1024659
棉纺织及印染精加工	1126	202069	15753219	725345
毛纺织及染整精加工	31	10403	2560	
麻纺织及染整精加工				
丝绢纺织及印染精加工	13	632	432	
化纤织造及印染精加工	111	8744	29601	16002
针织或钩针编织物及其制品制造	61	7423	144480	67460
家用纺织制成品制造	88	37483	450813	215210
非家用纺织制成品制造	21	6699	18076	642
纺织服装、服饰业	673	74344	891885	529677
机织服装制造	174	36434	365878	97381
针织或钩针编织服装制造	484	35177	508474	422495
服饰制造	15	2732	17533	9800
皮革、毛皮、羽毛及其制品和制鞋业	112	31129	768708	87378
皮革鞣制加工	12	5205	5528	900
皮革制品制造	31	7583	263869	4513
毛皮鞣制及制品加工	1	389		
羽毛(绒)加工及制品制造				
制鞋业	68	17952	499311	81965
木材加工和木、竹、藤、棕、草制品业	39	10440	28292	5851
木材加工	1	45		
人造板制造	31	9793	26530	5851
木制品制造	6	541	1762	
竹、藤、棕、草等制品制造	1	62		
家具制造业	29	7768	50820	12226
木质家具制造	27	7143	50408	12226
竹、藤家具制造				
金属家具制造				
塑料家具制造	1	490		
其他家具制造	1	135	412	
造纸和纸制品业	230	147525	3526330	311129
纸浆制造	2	1488	886	
造纸	223	144106	3508758	311129
纸制品制造	5	1931	16686	
印刷和记录媒介复制业	51	22270	30615	
印刷	27	12442	30615	
装订及印刷相关服务	24	9828		
记录媒介复制				
文教、工美、体育和娱乐用品制造业	270	54242	671135	126096
文教办公用品制造	19	2696	4914	3010
乐器制造				
工艺美术品制造	174	22464	378679	98536
体育用品制造	76	29011	287542	24551
玩具制造	1	71		
游艺器材及娱乐用品制造				

1-G-5 续表 2　　　　单位：万元

行　业	新产品开发项目数(项)	新产品开发经费支出	新产品销售收入	#出口
石油加工及炼焦	349	350910	6908275	30867
化学原料和化学制品制造业	2575	901873	13171849	977778
基础化学原料制造	311	167115	1780108	125884
肥料制造	190	72350	2040837	
农药制造	283	42677	434136	93866
涂料、油墨、颜料及类似产品制造	145	18264	88904	6122
合成材料制造	539	253953	5249637	497005
专用化学产品制造	1021	336790	3409621	209562
炸药、火工及焰火产品制造	50	6670	86783	22771
日用化学产品制造	36	4055	81823	22569
医药制造业	2108	499591	5304442	432348
化学药品原料药制造	313	82398	887111	192895
化学药品制剂制造	790	146407	1573521	83160
中药饮片加工	28	2787	6230	
中成药生产	164	65467	391024	21960
兽用药品制造	52	6734	17980	
生物药品制造	540	106821	500854	76960
卫生材料及医药用品制造	221	88977	1927723	57373
化学纤维制造业	94	41870	395230	112285
纤维素纤维原料及纤维制造	53	27406	224832	94454
合成纤维制造	41	14465	170398	17831
橡胶和塑料制品业	896	385717	4912228	1014166
橡胶制品业	751	352602	4666930	1001699
塑料制品业	145	33115	245298	12467
非金属矿物制品业	1047	225526	1996103	284462
水泥、石灰和石膏制造	33	19882	181254	
石膏、水泥制品及类似制品制造	59	20788	145620	
砖瓦、石材等建筑材料制造	90	25416	219782	917
玻璃制造	31	8602	129106	35460
玻璃制品制造	195	17689	272671	62423
玻璃纤维和玻璃纤维增强塑料制品制造	173	31188	259026	46980
陶瓷制品制造	259	40204	262181	72953
耐火材料制品制造	69	9879	64556	6597
石墨及其他非金属矿物制品制造	138	51878	461907	59132
黑色金属冶炼和压延加工业	582	331253	5340717	478365
炼铁	4	1221	12393	
炼钢	63	49013	660120	108000
黑色金属铸造	37	12770	89507	11263
钢压延加工	477	267947	4578698	359103
铁合金冶炼	1	302		
有色金属冶炼和压延加工业	533	444255	10837963	919036
常用有色金属冶炼	12	17578	1865969	79378
贵金属冶炼	4	264	52438	
稀有稀土金属冶炼	11	4141	66573	
有色金属合金制造	56	55062	628207	17964
有色金属铸造	32	722	855	719
有色金属压延加工	418	366489	8223922	820976

1-G-5　续表 3　　单位：万元

行　　业	新产品开发项目数(项)	新产品开发经费支出	新产品销售收入	#出口
金属制品业	712	243345	2424883	331595
结构性金属制品制造	52	22631	357004	2812
金属工具制造	65	13273	139713	29384
集装箱及金属包装容器制造	28	3100	59113	357
金属丝绳及其制品制造	57	36665	431731	20006
建筑、安全用金属制品制造	131	32110	226573	64871
金属表面处理及热处理加工	24	2125	10203	1594
搪瓷制品制造	10	248	657	
金属制日用品制造	6	2618		
其他金属制品制造	339	130575	1199891	212571
通用设备制造业	2958	682324	5756223	346357
锅炉及原动设备制造	558	208602	2541513	67396
金属加工机械制造	775	120754	877225	53635
物料搬运设备制造	160	38659	156098	5386
泵、阀门、压缩机及类似机械制造	620	133160	813210	65251
轴承、齿轮和传动部件制造	179	29405	228260	11367
烘炉、风机、衡器、包装等设备制造	419	101436	886099	117242
文化、办公用机械制造	29	2560	13643	1171
通用零部件制造	174	43645	192431	24829
其他通用设备制造业	44	4103	47744	81
专用设备制造业	2280	616844	5101843	1037376
采矿、冶金、建筑专用设备制造	928	307789	2887754	897091
化工、木材、非金属加工专用设备制造	200	46271	154790	16306
食品、饮料、烟草及饲料生产专用设备制造	96	9733	34255	913
印刷、制药、日化及日用品生产专用设备制造	46	11009	121876	3760
纺织、服装和皮革加工专用设备制造	86	18028	268509	10159
电子和电工机械专用设备制造	281	56444	432774	18076
农、林、牧、渔专用机械制造	263	80261	858801	48688
医疗仪器设备及器械制造	148	33157	148072	31770
环保、社会公共服务及其他专用设备制造	232	54153	195010	10614
汽车制造业	1897	689353	9057083	1199290
汽车整车制造	888	421681	6508660	881081
改装汽车制造	494	67608	717494	35253
低速载货汽车制造	93	38960	768117	1345
电车制造	13	1889	281	
汽车车身、挂车制造	2	632	228	
汽车零部件及配件制造	407	158583	1062302	281612
铁路、船舶、航空航天和其他运输设备制造业	738	196153	3008752	431392
铁路运输设备制造	262	103944	2203891	39901
城市轨道交通设备制造				
船舶及相关装置制造	196	70182	438447	187840
航空、航天器及设备制造				
摩托车制造	52	4171	43524	13755
自行车制造	155	10478	127026	32
非公路休闲车及零配件制造				
潜水救捞及其他未列明运输设备制造	73	7378	195863	189865
电气机械和器材制造业	3098	892829	11031008	1539222
电机制造	212	67058	493079	82930
输配电及控制设备制造	577	145914	1771237	66995

1-G-5 续表 4

单位：万元

行 业	新产品开发项目数(项)	新产品开发经费支出	新产品销售收入	#出口
电线、电缆、光缆及电工器材制造	297	108197	1064735	10349
电池制造	161	35812	100107	340
家用电力器具制造	1685	509306	7392350	1372371
非电力家用器具制造	76	13670	83523	500
照明器具制造	46	8501	83430	5738
其他电气机械及器材制造	44	4370	42547	
计算机、通信和其他电子设备制造业	1633	593107	7972579	1086146
计算机制造	432	176376	2585915	136569
通信设备制造	111	14969	117975	30843
广播电视设备制造	217	46540	4997	
雷达及配套设备制造				
视听设备制造	407	252431	4613314	866350
电子器件制造	134	29517	226420	25264
电子元件制造	234	51620	273904	10630
其他电子设备制造	98	21656	150055	16490
仪器仪表制造业	633	73869	510321	22882
通用仪器仪表制造	432	55274	401289	19952
专用仪器仪表制造	158	13747	91635	239
钟表与计时仪器制造	25	3137	11426	1440
光学仪器及眼镜制造	10	817	5971	1251
其他仪器仪表制造业	8	894		
其他制造业	1	1167	8754	
废弃资源综合利用业	5	1841		
金属废料和碎屑加工处理				
非金属废料和碎屑加工处理	5	1841		
金属制品、机械和设备修理业	12	1326	10477	1360
金属制品修理				
通用设备修理				
专用设备修理	2	150	1862	
铁路、船舶、航空航天等运输设备修理	6	305	4332	
电气设备修理				
仪器仪表修理				
其他机械和设备修理业	4	871	4283	1360
电力、热力、燃气及水生产和供应业	**121**	**31500**	**99571**	
电力、热力生产和供应业	107	28020	98616	
电力生产	5	3993	37175	
电力供应	102	24027	49859	
热力生产和供应			11582	
燃气生产和供应业				
燃气生产和供应业				
水的生产和供应业	14	3480	955	
自来水生产和供应	6	66	720	
污水处理及其再生利用	8	3414	235	
其他水的处理、利用与分配				

1-G-6　分行业港澳台商投资企业新产品开发及销售情况

单位：万元

行　业	新产品开发项目数(项)	新产品开发经费支出	新产品销售收入	#出口
总　计	**1129**	**322309**	**4495790**	**1211554**
采矿业	**5**	**4671**		
煤炭开采和洗选业				
石油和天然气开采业				
黑色金属矿采选业				
有色金属矿采选业				
非金属矿采选业	5	4671		
开采辅助活动				
其他采矿业				
制造业	**1124**	**317638**	**4495790**	**1211554**
农副食品加工业	12	7031	43622	12741
食品制造业	44	12475	485055	115843
酒、饮料和精制茶制造业	36	3967	54582	710
烟草制品业				
纺织业	32	8376	203543	52281
纺织服装、服饰业	73	33808	380596	21686
皮革、毛皮、羽毛及其制品和制鞋业	2	2957		
木材加工和木、竹、藤、棕、草制品业	32	3254	96480	51903
家具制造业	9	128	16745	1174
造纸和纸制品业	53	18481	418767	7998
印刷和记录媒介复制业	32	4631	60330	605
文教、工美、体育和娱乐用品制造业	31	3698	30031	8885
石油加工及炼焦	6	2322	60	
化学原料和化学制品制造业	160	32644	281701	62051
医药制造业	99	26399	278507	83672
化学纤维制造业	8	1716	87042	25387
橡胶和塑料制品业	55	55507	1059038	574871
非金属矿物制品业	38	4624	16414	10742
黑色金属冶炼和压延加工业	5	2592	166000	
有色金属冶炼和压延加工业	1	1091		
金属制品业	133	14598	106224	57965
通用设备制造业	67	25208	361679	17280
专用设备制造业	65	19310	264155	62076
汽车制造业	23	8862	19438	99
铁路、船舶、航空航天和其他运输设备制造业	6	1406	900	
电气机械和器材制造业	24	4071	5170	
计算机、通信和其他电子设备制造业	73	18150	59708	43587
仪器仪表制造业	5	333		
其他制造业				
废弃资源综合利用业				
金属制品、机械和设备修理业				

1-G-7 分行业外商投资企业新产品开发及销售情况

单位：万元

行业	新产品开发项目数(项)	新产品开发经费支出	新产品销售收入	#出口
总 计	**2397**	**954047**	**11223882**	**3054087**
制造业	**2394**	**953571**	**11198570**	**3054087**
农副食品加工业	170	65475	273234	83254
食品制造业	104	26853	108921	52441
酒、饮料和精制茶制造业	58	30368	494075	9829
烟草制品业				
纺织业	79	53148	974941	290704
纺织服装、服饰业	21	3345	33890	5000
皮革、毛皮、羽毛及其制品和制鞋业	2	807	17836	
木材加工和木、竹、藤、棕、草制品业			3152	
家具制造业				
造纸和纸制品业				
印刷和记录媒介复制业	1	147	2300	
文教、工美、体育和娱乐用品制造业	29	11237	85884	69852
石油加工及炼焦	1	15	2314	
化学原料和化学制品制造业	238	104595	2765195	173834
医药制造业	333	108129	880994	62225
化学纤维制造业	7	600		
橡胶和塑料制品业	108	68575	649368	233671
非金属矿物制品业	80	9941	187560	13214
黑色金属冶炼和压延加工业	22	8513	33841	3346
有色金属冶炼和压延加工业	30	65290	24173	
金属制品业	136	28134	239226	23514
通用设备制造业	221	34204	430287	22247
专用设备制造业	176	54067	708001	116461
汽车制造业	58	13449	97199	23195
铁路、船舶、航空航天和其他运输设备制造业	69	41810	592396	92587
电气机械和器材制造业	120	35556	191243	43736
计算机、通信和其他电子设备制造业	240	163488	2091432	1724284
仪器仪表制造业	66	22462	285123	5272
其他制造业	3	549	3708	
废弃资源综合利用业	2	213	10170	
金属制品、机械和设备修理业	20	2605	12108	5422
电力、热力、燃气及水生产和供应业	**3**	**476**	**25312**	
电力、热力生产和供应业				
燃气生产和供应业	3	476	25312	
水的生产和供应业				

1-G-8　各地区企业新产品开发及销售情况

单位：万元

地　区	新产品开发项目数（项）	新产品开发经费支出	新产品销售收入	#出口
山东省	**31100**	**10206343**	**142841782**	**17337126**
济南市	3671	854558	11698057	1347544
青岛市	6700	1743534	23113852	4518662
淄博市	2004	598000	7703662	926231
枣庄市	565	192732	611959	41698
东营市	928	718800	8856709	917195
烟台市	2890	1355981	19145383	3638709
潍坊市	3534	1272894	14882871	1253136
济宁市	1438	484576	6671152	350592
泰安市	1373	346827	2561373	100567
威海市	1922	490503	5994396	1868821
日照市	558	181269	2323412	307142
莱芜市	458	167585	2768609	239928
临沂市	1352	476840	4147829	396918
德州市	978	347173	3598684	168595
聊城市	787	319003	6917262	280090
滨州市	1320	445616	17524070	780519
菏泽市	622	210452	4322504	200777

1-G-9　各地区大中型企业新产品开发及销售情况

单位：万元

地　区	新产品开发项目数（项）	新产品开发经费支出	新产品销售收入	#出口
山东省	**23771**	**8519508**	**134630106**	**16617255**
济南市	2616	698634	10709809	1266844
青岛市	5171	1468208	21722988	4283100
淄博市	1414	432193	6974647	856693
枣庄市	312	144579	425827	31970
东营市	791	677178	8671612	900714
烟台市	2378	1230078	18754224	3620074
潍坊市	2570	1027784	12835211	1203705
济宁市	1075	432629	6364309	347282
泰安市	1078	287276	2340398	96658
威海市	1605	436837	5822793	1832708
日照市	509	166960	2275390	274249
莱芜市	322	147074	2692628	239455
临沂市	1009	348649	3712518	327887
德州市	777	261004	3310730	141891
聊城市	636	268222	6732782	273717
滨州市	1122	343769	17338648	758838
菏泽市	386	148434	3945594	161470

1-G-10 各地区内资企业新产品开发及销售情况

单位：万元

地 区	新产品开发项目数(项)	新产品开发经费支出	新产品销售收入	#出口
山东省	**27574**	**8929988**	**127122111**	**13071484**
济南市	3344	809989	11176836	1297947
青岛市	5852	1516189	21168188	4251559
淄博市	1738	481528	4577991	463292
枣庄市	541	184969	570367	34469
东营市	856	644176	8614673	866103
烟台市	2260	1041738	16204952	2025872
潍坊市	3155	1131815	12544032	912534
济宁市	1373	443831	6005877	306290
泰安市	1345	338650	2557515	100567
威海市	1520	376999	4172764	747599
日照市	529	173481	2312605	304377
莱芜市	457	166748	2755214	239928
临沂市	1085	359529	2530137	178205
德州市	948	334445	3492910	163416
聊城市	768	311646	6887693	261667
滨州市	1270	421117	17345129	777686
菏泽市	533	193139	4205229	139974

1-G-11 各地区港澳台商投资企业新产品开发及销售情况

单位：万元

地 区	新产品开发项目数(项)	新产品开发经费支出	新产品销售收入	#出口
山东省	**1129**	**322309**	**4495790**	**1211554**
济南市	75	8294	92414	25785
青岛市	331	51104	306676	107161
淄博市	55	14275	114079	12939
枣庄市	20	6549	41136	7229
东营市	63	14056	242036	51092
烟台市	174	87115	1181534	573687
潍坊市	176	94257	1968772	308696
济宁市	20	8323	15627	8756
泰安市	2	967	1186	
威海市	43	4036	24330	6248
日照市	21	1659	7973	2765
莱芜市				
临沂市	56	13229	395388	95321
德州市			6500	160
聊城市	8	1891	19359	11716
滨州市	24	8692	78780	
菏泽市	61	7864		

1-G-12　各地区外商投资企业新产品开发及销售情况

单位：万元

地　区	新产品开发项目数(项)	新产品开发经费支出	新产品销售收入	#出口
山东省	**2397**	**954047**	**11223882**	**3054087**
济南市	252	36276	428807	23812
青岛市	517	176242	1638988	159943
淄博市	211	102198	3011592	450001
枣庄市	4	1214	457	
东营市	9	60568		
烟台市	456	227129	1758897	1039150
潍坊市	203	46822	370068	31906
济宁市	45	32423	649647	35546
泰安市	26	7210	2672	
威海市	359	109468	1797302	1114975
日照市	8	6130	2834	
莱芜市	1	837	13395	
临沂市	211	104082	1222304	123393
德州市	30	12727	99275	5019
聊城市	11	5466	10210	6708
滨州市	26	15808	100162	2833
菏泽市	28	9449	117275	60803

H.企业自主知识产权及相关情况

1-H-1 分登记注册类型企业自主知识产权及相关情况

登记注册类型	专利申请数(件)	#发明专利	有效发明专利数(件)	专利所有权转让及许可数(件)	专利所有权转让及许可收入(万元)	拥有注册商标数(件)	形成国家或行业标准数(项)
总计	**40030**	**15254**	**18340**	**972**	**57015**	**24870**	**3047**
国有及国有控股	**11251**	**4247**	**4262**	**163**	**16972**	**5770**	**919**
内资企业	**36619**	**13989**	**15622**	**818**	**56075**	**19618**	**2827**
国有企业	1718	544	545	54	5	999	50
集体企业	1854	913	861	150	5499	10	344
股份合作企业	17	2	82			4	
联营企业	311	184	41			167	
国有联营企业	311	184	41			167	
集体联营企业							
国有与集体联营企业							
其他联营企业							
有限责任公司	14177	5094	5560	207	16539	8513	1089
国有独资公司	3788	1278	1635	19	4460	1824	95
其他有限责任公司	10389	3816	3925	188	12079	6689	994
股份有限公司	6797	2540	3148	155	13210	4824	785
私营企业	11693	4697	5322	252	20821	5084	557
私营独资企业	98	32	24			41	2
私营合伙企业	2						
私营有限责任公司	10315	4063	4307	228	20821	4253	433
私营股份有限公司	1278	602	991	24		790	122
其他企业	52	15	63			17	2
港、澳、台商投资企业	**1149**	**355**	**791**	**24**	**260**	**1252**	**83**
合资经营企业	780	264	686	23	260	1071	66
合作经营企业	12	2	2			13	
港、澳、台商独资经营企业	220	49	59	1		114	12
港、澳、台商投资股份有限公司	137	40	44			54	5
其他港澳台投资企业							
外商投资企业	**2262**	**910**	**1927**	**130**	**680**	**4000**	**137**
中外合资经营企业	1523	656	1593	124	680	1913	97
中外合作经营企业	93	26	15	2		121	22
外资企业	502	142	196	4		464	2
外商投资股份有限公司	144	86	123			1502	16
其他外商投资企业							

1-H-2　分登记注册类型大中型企业自主知识产权及相关情况

登记注册类型	专　利申请数(件)	#发明专利	有效发明专利数(件)	专利所有权转让及许可数(件)	专利所有权转让及许可收入(万元)	拥有注册商标数(件)	形成国家或行业标准数(项)
总　计	**28084**	**10652**	**13348**	**644**	**49511**	**21648**	**2590**
国有及国有控股	**9914**	**3741**	**3931**	**136**	**16886**	**5559**	**889**
内资企业	**25545**	**9706**	**11048**	**510**	**48571**	**16676**	**2417**
国有企业	725	191	430	29	5	990	47
集体企业	1826	901	860	150	5499	4	340
股份合作企业	8	2	82			2	
联营企业	311	184	41			167	
国有联营企业	311	184	41			167	
集体联营企业							
国有与集体联营企业							
其他联营企业							
有限责任公司	11158	3929	4296	116	13750	7479	940
国有独资公司	3763	1266	1611	19	4460	1820	90
其他有限责任公司	7395	2663	2685	97	9290	5659	850
股份有限公司	6017	2221	2769	152	13130	4686	743
私营企业	5496	2278	2532	63	16187	3344	347
私营独资企业	13	9	4			28	1
私营合伙企业							
私营有限责任公司	4638	1841	1822	43	16187	2603	247
私营股份有限公司	845	428	706	20		713	99
其他企业	4		38			4	
港、澳、台商投资企业	**849**	**232**	**667**	**21**	**260**	**1180**	**65**
合资经营企业	553	182	598	21	260	1037	57
合作经营企业	2	2	2				
港、澳、台商独资经营企业	163	14	23			89	3
港、澳、台商投资股份有限公司	131	34	44			54	5
其他港澳台投资企业							
外商投资企业	**1690**	**714**	**1633**	**113**	**680**	**3792**	**108**
中外合资经营企业	1117	499	1367	108	680	1804	69
中外合作经营企业	78	23	12	2		121	22
外资企业	358	107	143	3		366	1
外商投资股份有限公司	137	85	111			1501	16
其他外商投资企业							

1-H-3 分行业企业自主知识产权及相关情况

行业	专利申请数(件)	#发明专利	有效发明专利数(件)	专利所有权转让及许可数(件)	专利所有权转让及许可收入(万元)	拥有注册商标数(件)	形成国家或行业标准数(项)
总　计	**40030**	**15254**	**18340**	**972**	**57015**	**24870**	**3047**
采矿业	**1441**	**428**	**518**	**55**	**2742**	**56**	**405**
煤炭开采和洗选业	660	156	262	1	2660	12	1
烟煤和无烟煤开采洗选	639	144	252	1	2660	12	1
褐煤开采洗选	21	12	10				
其他煤炭采选							
石油和天然气开采业	372	135	99	14	52	6	214
石油开采	372	135	99	14	52	6	214
天然气开采							
黑色金属矿采选业	73	8	3			4	2
铁矿采选	73	8	3			4	2
锰矿、铬矿采选							
其他黑色金属矿采选							
有色金属矿采选业	131	35	74			4	2
常用有色金属矿采选	7	2	2			2	
贵金属矿采选	124	33	72			2	2
稀有稀土金属矿采选							
非金属矿采选业	51	15	13	40	30	5	1
土砂石开采	25	8	7	39	30	2	1
化学矿开采							
采盐	12	6	6	1		3	
石棉及其他非金属矿采选	14	1					
开采辅助活动	154	79	67			25	185
煤炭开采和洗选辅助活动							
石油和天然气开采辅助活动	154	79	67			25	185
其他开采辅助活动							
其他采矿业							
其他采矿业							
制造业	**37431**	**14457**	**17620**	**889**	**54273**	**24768**	**2640**
农副食品加工业	1013	501	496	16	5038	721	81
谷物磨制	25	10	25			84	6
饲料加工	56	33	23	2		12	
植物油加工	171	77	103	10	5013	253	7
制糖业							
屠宰及肉类加工	108	68	123	3	20	64	47
水产品加工	215	84	120		5	187	7
蔬菜、水果和坚果加工	227	79	24			32	1
其他农副食品加工	211	150	78	1		89	13
食品制造业	359	217	274	87		870	34
焙烤食品制造	17	5	4			41	1
糖果、巧克力及蜜饯制造	3	2				2	
方便食品制造	12	1	1			3	8
乳制品制造	52	19	19			332	
罐头食品制造	4	3					
调味品、发酵制品制造	27	17	47			31	11
其他食品制造	244	170	203	87		461	14
酒、饮料和精制茶制造业	358	58	124			1841	29
酒的制造	335	48	95			1750	26
饮料制造	21	10	29			80	2
精制茶加工	2					11	1

1-H-3 续表 1

行业	专利申请数（件）	#发明专利	有效发明专利数（件）	专利所有权转让及许可数（件）	专利所有权转让及许可收入（万元）	拥有注册商标数（件）	形成国家或行业标准数（项）
烟草制品业	39	10	87			683	13
烟叶复烤	4		4				
卷烟制造	31	10	83			683	13
其他烟草制品制造	4						
纺织业	920	291	263	9		1153	71
棉纺织及印染精加工	503	145	190			938	50
毛纺织及染整精加工	53	21	9			21	4
麻纺织及染整精加工							
丝绢纺织及印染精加工						3	
化纤织造及印染精加工	20	7	9			5	
针织或钩针编织物及其制品制造	14	9	7	4		32	5
家用纺织制成品制造	164	15	37	5		151	4
非家用纺织制成品制造	166	94	11			3	8
纺织服装、服饰业	179	49	60	2		590	41
机织服装制造	170	45	45	2		481	11
针织或钩针编织服装制造	9	4	15			106	28
服饰制造						3	2
皮革、毛皮、羽毛及其制品和制鞋业	229	32	22			109	13
皮革鞣制加工	5	3	3			8	
皮革制品制造	9	2	10			100	12
毛皮鞣制及制品加工							
羽毛(绒)加工及制品制造							
制鞋业	215	27	9			1	1
木材加工和木、竹、藤、棕、草制品业	68	46	68	4	230	14	9
木材加工	8	1	4			2	
人造板制造	20	6	61	4	230	9	8
木制品制造	40	39	3			3	1
竹、藤、棕、草等制品制造							
家具制造业	61	21	9			47	3
木质家具制造	60	20	9			47	3
竹、藤家具制造							
金属家具制造							
塑料家具制造							
其他家具制造	1	1					
造纸和纸制品业	296	199	241			262	49
纸浆制造	3	1	1				
造纸	280	193	235			261	44
纸制品制造	13	5	5			1	5
印刷和记录媒介复制业	328	136	24			39	11
印刷	36	2	7			23	7
装订及印刷相关服务	292	134	17			16	4
记录媒介复制							
文教、工美、体育和娱乐用品制造业	657	84	109			256	31
文教办公用品制造	150	8	2			85	2
乐器制造							
工艺美术品制造	375	55	65			71	12
体育用品制造	88	20	42			94	17
玩具制造	39	1				6	
游艺器材及娱乐用品制造	5						

1-H-3 续表 2

行业	专利申请数(件)	#发明专利	有效发明专利数(件)	专利所有权转让及许可数(件)	专利所有权转让及许可收入(万元)	拥有注册商标数(件)	形成国家或行业标准数(项)
石油加工及炼焦	249	144	260	6	393	551	47
化学原料和化学制品制造业	3120	1730	2412	90	6235	3963	253
基础化学原料制造	417	219	581	25	1921	296	20
肥料制造	320	170	332	22	3985	346	16
农药制造	271	247	156	1		2154	33
涂料、油墨、颜料及类似产品制造	56	40	43			21	15
合成材料制造	870	481	574	3	200	565	79
专用化学产品制造	1126	538	675	27	130	474	85
炸药、火工及焰火产品制造	37	20	20	5		1	
日用化学产品制造	23	15	31	7		106	5
医药制造业	1826	1209	1950	78	3827	5431	338
化学药品原料药制造	391	296	657	16	20	1915	140
化学药品制剂制造	420	271	520	34	2	1530	91
中药饮片加工	10	3	1	1		6	2
中成药生产	281	218	231	17	3800	831	40
兽用药品制造	67	35	31	1		72	13
生物药品制造	417	256	432	8	5	623	26
卫生材料及医药用品制造	240	130	78	1	0	454	26
化学纤维制造业	46	20	80			80	9
纤维素纤维原料及纤维制造	21	13	50			67	4
合成纤维制造	25	7	30			13	5
橡胶和塑料制品业	902	324	280	15	680	747	84
橡胶制品业	726	274	193	15	680	675	58
塑料制品业	176	50	87			72	26
非金属矿物制品业	1164	438	930	111	11545	705	116
水泥、石灰和石膏制造	57	8	5			3	
石膏、水泥制品及类似制品制造	64	21	21	74	11051	9	10
砖瓦、石材等建筑材料制造	135	59	86			43	38
玻璃制造	66	11	43			13	4
玻璃制品制造	190	86	270	1	464	168	10
玻璃纤维和玻璃纤维增强塑料制品制造	189	42	50			225	
陶瓷制品制造	273	141	326	17		191	35
耐火材料制品制造	50	21	47	1	30	9	9
石墨及其他非金属矿物制品制造	140	49	82	18		44	10
黑色金属冶炼和压延加工业	1085	490	376	6		302	27
炼铁						1	
炼钢	12	3	6			17	
黑色金属铸造	49	33	54			5	1
钢压延加工	1022	452	316	6		279	26
铁合金冶炼	2	2					
有色金属冶炼和压延加工业	610	283	360	13	2080	215	70
常用有色金属冶炼	92	58	20	4	2000	10	31
贵金属冶炼	20	10	22			23	1
稀有稀土金属冶炼	3	3	10			1	
有色金属合金制造	71	39	149	2		6	3
有色金属铸造	6	1					1
有色金属压延加工	418	172	159	7	80	175	34

1-H-3　续表 3

行　　业	专　利申请数(件)	#发明专利	有　效发　明专利数(件)	专利所有权转让及许可数(件)	专利所有权转让及许可收入(万元)	拥　有注　册商标数(件)	形成国家或行业标准数(项)
金属制品业	1350	400	413	33	2	439	113
结构性金属制品制造	158	66	87			16	7
金属工具制造	77	23	6	23		7	12
集装箱及金属包装容器制造	68	37	57			25	2
金属丝绳及其制品制造	53	16	8			6	1
建筑、安全用金属制品制造	253	59	30	1	2	180	18
金属表面处理及热处理加工	37	8	19	8		2	
搪瓷制品制造							
金属制日用品制造	42		21			7	
其他金属制品制造	662	191	185	1		196	73
通用设备制造业	4302	1434	2123	72	1831	988	235
锅炉及原动设备制造	1133	336	374	3	800	191	49
金属加工机械制造	972	396	438	9		232	85
物料搬运设备制造	214	44	92			60	10
泵、阀门、压缩机及类似机械制造	836	273	345	26		107	41
轴承、齿轮和传动部件制造	157	63	67			134	4
烘炉、风机、衡器、包装等设备制造	658	192	608	12	1	99	40
文化、办公用机械制造	81	55	42			2	2
通用零部件制造	152	36	87	18	1030	147	4
其他通用设备制造业	99	39	70	4	1	16	
专用设备制造业	4657	1533	1467	40	8593	917	244
采矿、冶金、建筑专用设备制造	1480	384	333	6	8593	375	93
化工、木材、非金属加工专用设备制造	377	155	105			37	39
食品、饮料、烟草及饲料生产专用设备制造	97	50	2			8	9
印刷、制药、日化及日用品生产专用设备制造	293	237	75	9		22	10
纺织、服装和皮革加工专用设备制造	148	58	118			17	22
电子和电工机械专用设备制造	488	190	185	15		120	28
农、林、牧、渔专用机械制造	546	83	276			183	15
医疗仪器设备及器械制造	380	115	212	9		65	14
环保、社会公共服务及其他专用设备制造	848	261	161	1		90	14
汽车制造业	2541	433	545	44	7173	1092	68
汽车整车制造	1637	197	237	14		612	42
改装汽车制造	364	98	117	12	643	302	10
低速载货汽车制造	62	9	6			6	
电车制造	1		1			1	
汽车车身、挂车制造	2	1					
汽车零部件及配件制造	475	128	184	18	6530	171	16
铁路、船舶、航空航天和其他运输设备制造业	911	328	301	7		200	82
铁路运输设备制造	530	194	177	7		16	78
城市轨道交通设备制造							
船舶及相关装置制造	274	87	77			37	2
航空、航天器及设备制造	23	23	23				
摩托车制造	25	7	7			38	
自行车制造	54	17	17			109	2
非公路休闲车及零配件制造							
潜水救捞及其他未列明运输设备制造	5						
电气机械和器材制造业	4993	1759	2098	194	6407	920	477
电机制造	284	87	172	18		58	25
输配电及控制设备制造	1390	370	523	17	777	139	31

1-H-3 续表 4

行业	专利申请数（件）	#发明专利	有效发明专利数（件）	专利所有权转让及许可数（件）	专利所有权转让及许可收入（万元）	拥有注册商标数（件）	形成国家或行业标准数（项）
电线、电缆、光缆及电工器材制造	348	95	130			51	31
电池制造	284	108	109	3	11	91	9
家用电力器具制造	2151	956	928	150	5499	241	338
非电力家用器具制造	173	58	117			268	36
照明器具制造	292	73	105	3	120	66	3
其他电气机械及器材制造	71	12	14	3		6	4
计算机、通信和其他电子设备制造业	4037	1927	1651	39		1360	51
计算机制造	1294	760	344	32		552	7
通信设备制造	258	95	154			85	15
广播电视设备制造	558	222	204			2	
雷达及配套设备制造							
视听设备制造	1011	527	590			599	7
电子器件制造	433	191	214	4		61	16
电子元件制造	373	100	114	3		57	3
其他电子设备制造	110	32	31			4	3
仪器仪表制造业	1057	336	570	23	240	255	40
通用仪器仪表制造	688	218	316	12	240	184	25
专用仪器仪表制造	338	110	223	11		55	9
钟表与计时仪器制造	16	7	27			12	5
光学仪器及眼镜制造	15	1				2	1
其他仪器仪表制造业			4			2	
其他制造业	11	3	9			16	
废弃资源综合利用业	31	14	11			2	1
金属废料和碎屑加工处理	9		7				1
非金属废料和碎屑加工处理	22	14	4			2	
金属制品、机械和设备修理业	32	8	7				
金属制品修理							
通用设备修理							
专用设备修理	2	1					
铁路、船舶、航空航天等运输设备修理	30	7	7				
电气设备修理							
仪器仪表修理							
其他机械和设备修理业							
电力、热力、燃气及水生产和供应业	**1158**	**369**	**202**	**28**		**46**	**2**
电力、热力生产和供应业	1083	353	193	28		43	2
电力生产	11	2	67			42	
电力供应	1072	351	126	28			2
热力生产和供应						1	
燃气生产和供应业							
燃气生产和供应业							
水的生产和供应业	75	16	9			3	
自来水生产和供应	41	9	4			3	
污水处理及其再生利用	34	7	5				
其他水的处理、利用与分配							

1-H-4　分行业大中型企业自主知识产权及相关情况

行　业	专　利申请数(件)	#发明专利	有　效发　明专利数(件)	专利所有权转让及许可数(件)	专利所有权转让及许可收入(万元)	拥　有注　册商标数(件)	形成国家或行业标准数(项)
总　　计	**28084**	**10652**	**13348**	**644**	**49511**	**21648**	**2590**
采矿业	**1397**	**416**	**510**	**15**	**2712**	**50**	**404**
煤炭开采和洗选业	660	156	262	1	2660	12	1
烟煤和无烟煤开采洗选	639	144	252	1	2660	12	1
褐煤开采洗选	21	12	10				
其他煤炭采选							
石油和天然气开采业	372	135	99	14	52	6	214
石油开采	372	135	99	14	52	6	214
天然气开采							
黑色金属矿采选业	69	6	3			3	2
铁矿采选	69	6	3			3	2
锰矿、铬矿采选							
其他黑色金属矿采选							
有色金属矿采选业	131	35	74			4	2
常用有色金属矿采选	7	2	2			2	
贵金属矿采选	124	33	72			2	2
稀有稀土金属矿采选							
非金属矿采选业	11	5	5				
土砂石开采							
化学矿开采							
采盐	11	5	5				
石棉及其他非金属矿采选							
开采辅助活动	154	79	67			25	185
煤炭开采和洗选辅助活动							
石油和天然气开采辅助活动	154	79	67			25	185
其他开采辅助活动							
其他采矿业							
其他采矿业							
制造业	**26546**	**10217**	**12739**	**601**	**46799**	**21553**	**2186**
农副食品加工业	650	325	424	12	5038	593	71
谷物磨制	15	8	6			37	
饲料加工	10	4	10				
植物油加工	147	69	96	10	5013	227	6
制糖业							
屠宰及肉类加工	103	64	120	1	20	55	45
水产品加工	199	77	112		5	184	7
蔬菜、水果和坚果加工	21	6	7			10	
其他农副食品加工	155	97	73	1		80	13
食品制造业	139	72	158	87		768	19
焙烤食品制造	5	2	1			31	1
糖果、巧克力及蜜饯制造							
方便食品制造							
乳制品制造	34	7	7			319	
罐头食品制造	1						
调味品、发酵制品制造	22	15	27			27	7
其他食品制造	77	48	123	87		391	11
酒、饮料和精制茶制造业	327	51	104			1743	21
酒的制造	318	43	88			1691	19
饮料制造	9	8	16			52	2
精制茶加工							

1-H-4 续表 1

行业	专利申请数（件）	#发明专利	有效发明专利数（件）	专利所有权转让及许可数（件）	专利所有权转让及许可收入（万元）	拥有注册商标数（件）	形成国家或行业标准数（项）
烟草制品业	32	10	87			682	13
烟叶复烤	4		4				
卷烟制造	28	10	83			682	13
其他烟草制品制造							
纺织业	676	171	218	5		1140	61
棉纺织及印染精加工	446	125	159			935	48
毛纺织及染整精加工	53	21	9			20	4
麻纺织及染整精加工							
丝绢纺织及印染精加工						2	
化纤织造及印染精加工	7	3	7			1	
针织或钩针编织物及其制品制造	14	9	6			30	5
家用纺织制成品制造	156	13	37	5		151	4
非家用纺织制成品制造						1	
纺织服装、服饰业	137	43	55			586	41
机织服装制造	128	39	40			479	11
针织或钩针编织服装制造	9	4	15			105	28
服饰制造						2	2
皮革、毛皮、羽毛及其制品和制鞋业	225	29	22			102	13
皮革鞣制加工	3	2	3			1	
皮革制品制造	9	2	10			100	12
毛皮鞣制及制品加工							
羽毛(绒)加工及制品制造							
制鞋业	213	25	9			1	1
木材加工和木、竹、藤、棕、草制品业	20	6	61	4	230	8	8
木材加工							
人造板制造	20	6	61	4	230	8	8
木制品制造							
竹、藤、棕、草等制品制造							
家具制造业	45	10	2			41	3
木质家具制造	45	10	2			41	3
竹、藤家具制造							
金属家具制造							
塑料家具制造							
其他家具制造							
造纸和纸制品业	218	133	177			258	49
纸浆制造	2						
造纸	207	129	173			257	44
纸制品制造	9	4	4			1	5
印刷和记录媒介复制业	306	135	20			33	9
印刷	14	1	3			17	5
装订及印刷相关服务	292	134	17			16	4
记录媒介复制							
文教、工美、体育和娱乐用品制造业	598	77	106			209	30
文教办公用品制造	142	7	1			65	1
乐器制造							
工艺美术品制造	364	51	63			50	12
体育用品制造	87	19	42			94	17
玩具制造							
游艺器材及娱乐用品制造	5						

1-H-4　续表 2

行　　业	专利申请数(件)	#发明专利	有效发明专利数(件)	专利所有权转让及许可数(件)	专利所有权转让及许可收入(万元)	拥有注册商标数(件)	形成国家或行业标准数(项)
石油加工及炼焦	183	115	220	6	393	528	44
化学原料和化学制品制造业	1890	1069	1725	48	4015	2869	177
基础化学原料制造	264	139	459	3	30	258	8
肥料制造	244	130	311	17	3985	288	14
农药制造	183	177	130	1		1628	26
涂料、油墨、颜料及类似产品制造	23	20	18			6	12
合成材料制造	591	310	450	2		353	61
专用化学产品制造	536	264	330	13		330	51
炸药、火工及焰火产品制造	37	20	20	5		1	
日用化学产品制造	12	9	7	7		5	5
医药制造业	1313	900	1631	57	1807	4937	288
化学药品原料药制造	303	238	605	9		1891	130
化学药品制剂制造	370	238	496	32	2	1491	88
中药饮片加工	3	2				1	1
中成药生产	179	146	182	11	1800	790	34
兽用药品制造	8	3	2			1	
生物药品制造	249	156	318	5	5	397	14
卫生材料及医药用品制造	201	117	28			366	21
化学纤维制造业	32	18	73			79	9
纤维素纤维原料及纤维制造	21	13	50			67	4
合成纤维制造	11	5	23			12	5
橡胶和塑料制品业	692	215	217	15	680	705	65
橡胶制品业	599	188	162	15	680	655	55
塑料制品业	93	27	55			50	10
非金属矿物制品业	664	241	588	87	10501	598	61
水泥、石灰和石膏制造	55	6	5			2	
石膏、水泥制品及类似制品制造	26	6	17	66	10051	5	6
砖瓦、石材等建筑材料制造	37	7	9			12	7
玻璃制造	38	7	17			9	3
玻璃制品制造	128	55	174	1	450	153	4
玻璃纤维和玻璃纤维增强塑料制品制造	110	19	30			220	
陶瓷制品制造	175	99	265	17		171	28
耐火材料制品制造	24	12	16			4	4
石墨及其他非金属矿物制品制造	71	30	55	3		22	9
黑色金属冶炼和压延加工业	1047	471	363	6		292	26
炼铁						1	
炼钢	12	3	6			17	
黑色金属铸造	36	21	53			4	1
钢压延加工	999	447	304	6		270	25
铁合金冶炼							
有色金属冶炼和压延加工业	506	253	332	10	2080	205	67
常用有色金属冶炼	92	58	20	4	2000	10	31
贵金属冶炼	20	10	22			23	1
稀有稀土金属冶炼	2	2	10			1	
有色金属合金制造	45	24	136			4	3
有色金属铸造							
有色金属压延加工	347	159	144	6	80	167	32

1-H-4 续表 3

行业	专利申请数（件）	#发明专利	有效发明专利数（件）	专利所有权转让及许可数（件）	专利所有权转让及许可收入（万元）	拥有注册商标数（件）	形成国家或行业标准数（项）
金属制品业	1030	248	243	23		397	88
结构性金属制品制造	90	26	41			6	5
金属工具制造	69	21	6	23		6	12
集装箱及金属包装容器制造	30	15	32			23	2
金属丝绳及其制品制造	33	7	8			6	1
建筑、安全用金属制品制造	234	50	27			174	17
金属表面处理及热处理加工							
搪瓷制品制造							
金属制日用品制造	26					1	
其他金属制品制造	548	129	129			181	51
通用设备制造业	2620	837	1251	8	830	690	191
锅炉及原动设备制造	967	295	276	3	800	150	47
金属加工机械制造	470	175	197			140	72
物料搬运设备制造	125	19	74			26	5
泵、阀门、压缩机及类似机械制造	461	161	175	1		63	37
轴承、齿轮和传动部件制造	75	17	20			122	3
烘炉、风机、衡器、包装等设备制造	418	147	460	1		57	23
文化、办公用机械制造	9		4			1	1
通用零部件制造	81	15	45	3	30	131	3
其他通用设备制造业	14	8					
专用设备制造业	2940	929	773	18	8543	730	210
采矿、冶金、建筑专用设备制造	1109	252	246	3	8543	324	83
化工、木材、非金属加工专用设备制造	135	64	17			9	28
食品、饮料、烟草及饲料生产专用设备制造	52	19	1			8	9
印刷、制药、日化及日用品生产专用设备制造	220	205	29			13	8
纺织、服装和皮革加工专用设备制造	90	35	81			13	21
电子和电工机械专用设备制造	281	100	114	15		96	27
农、林、牧、渔专用机械制造	363	36	197			174	15
医疗仪器设备及器械制造	263	51	68			52	9
环保、社会公共服务及其他专用设备制造	427	167	20			41	10
汽车制造业	2283	350	444	31	7173	1019	66
汽车整车制造	1632	194	236	14		600	42
改装汽车制造	296	69	68	12	643	277	10
低速载货汽车制造	62	9	6			6	
电车制造							
汽车车身、挂车制造							
汽车零部件及配件制造	293	78	134	5	6530	136	14
铁路、船舶、航空航天和其他运输设备制造业	733	265	201	7		168	78
铁路运输设备制造	493	188	130	7		15	77
城市轨道交通设备制造							
船舶及相关装置制造	134	31	25			8	
航空、航天器及设备制造	23	23	23				
摩托车制造	25	7	7			38	
自行车制造	53	16	16			107	1
非公路休闲车及零配件制造							
潜水救捞及其他未列明运输设备制造	5						
电气机械和器材制造业	3526	1400	1521	173	5510	740	434
电机制造	230	79	143	18		55	25
输配电及控制设备制造	818	239	254	2		97	13

1-H-4　续表 4

行　业	专利申请数（件）	#发明专利	有效发明专利数（件）	专利所有权转让及许可数（件）	专利所有权转让及许可收入（万元）	拥有注册商标数（件）	形成国家或行业标准数（项）
电线、电缆、光缆及电工器材制造	168	53	83			33	27
电池制造	161	63	61	3	11	80	3
家用电力器具制造	2056	934	895	150	5499	215	335
非电力家用器具制造	60	22	83			255	31
照明器具制造	9	4	2			5	
其他电气机械及器材制造	24	6					
计算机、通信和其他电子设备制造业	3166	1650	1391			1278	23
计算机制造	1226	745	337			549	7
通信设备制造	33	15	98			52	
广播电视设备制造	495	201	163			1	
雷达及配套设备制造							
视听设备制造	1009	527	590			599	7
电子器件制造	171	93	96			27	4
电子元件制造	185	63	81			46	2
其他电子设备制造	47	6	26			4	3
仪器仪表制造业	518	187	325	4		155	21
通用仪器仪表制造	319	108	159	4		132	16
专用仪器仪表制造	187	73	161			22	3
钟表与计时仪器制造	12	6	5			1	2
光学仪器及眼镜制造							
其他仪器仪表制造业							
其他制造业							
废弃资源综合利用业							
金属废料和碎屑加工处理							
非金属废料和碎屑加工处理							
金属制品、机械和设备修理业	30	7	7				
金属制品修理							
通用设备修理							
专用设备修理							
铁路、船舶、航空航天等运输设备修理	30	7	7				
电气设备修理							
仪器仪表修理							
其他机械和设备修理业							
电力、热力、燃气及水生产和供应业	**141**	**19**	**99**	**28**		**45**	
电力、热力生产和供应业	116	16	98	28		43	
电力生产	11	2	67			42	
电力供应	105	14	31	28			
热力生产和供应						1	
燃气生产和供应业							
燃气生产和供应业							
水的生产和供应业	25	3	1			2	
自来水生产和供应	25	3	1			2	
污水处理及其再生利用							
其他水的处理、利用与分配							

1-H-5 分行业内资企业自主知识产权及相关情况

行业	专利申请数（件）	#发明专利	有效发明专利数（件）	专利所有权转让及许可数（件）	专利所有权转让及许可收入（万元）	拥有注册商标数（件）	形成国家或行业标准数（项）
总　计	**36619**	**13989**	**15622**	**818**	**56075**	**19618**	**2827**
采矿业	**1430**	**423**	**513**	**55**	**2742**	**56**	**405**
煤炭开采和洗选业	660	156	262	1	2660	12	1
烟煤和无烟煤开采洗选	639	144	252	1	2660	12	1
褐煤开采洗选	21	12	10				
其他煤炭采选							
石油和天然气开采业	372	135	99	14	52	6	214
石油开采	372	135	99	14	52	6	214
天然气开采							
黑色金属矿采选业	73	8	3			4	2
铁矿采选	73	8	3			4	2
锰矿、铬矿采选							
其他黑色金属矿采选							
有色金属矿采选业	131	35	74			4	2
常用有色金属矿采选	7	2	2			2	
贵金属矿采选	124	33	72			2	2
稀有稀土金属矿采选							
非金属矿采选业	40	10	8	40	30	5	1
土砂石开采	25	8	7	39	30	2	1
化学矿开采							
采盐	1	1	1	1		3	
石棉及其他非金属矿采选	14	1					
开采辅助活动	154	79	67			25	185
煤炭开采和洗选辅助活动							
石油和天然气开采辅助活动	154	79	67			25	185
其他开采辅助活动							
其他采矿业							
其他采矿业							
制造业	**34031**	**13197**	**14907**	**735**	**53333**	**19516**	**2420**
农副食品加工业	846	440	406	16	5038	663	80
谷物磨制	25	10	11			83	5
饲料加工	44	29	19	2		12	
植物油加工	166	73	100	10	5013	253	7
制糖业							
屠宰及肉类加工	108	68	123	3	20	64	47
水产品加工	91	37	55		5	149	7
蔬菜、水果和坚果加工	213	75	24			24	1
其他农副食品加工	199	148	74	1		78	13
食品制造业	289	177	173			647	33
焙烤食品制造	5	2	1			32	1
糖果、巧克力及蜜饯制造	3	2				2	
方便食品制造	12	1	1			3	8
乳制品制造	52	19	19			332	
罐头食品制造	2	1					
调味品、发酵制品制造	7	6	29			25	11
其他食品制造	208	146	123			253	13
酒、饮料和精制茶制造业	331	39	78			1003	15
酒的制造	318	39	66			927	13
饮料制造	11		12			65	1
精制茶加工	2					11	1

1-H-5　续表 1

行　业	专利申请数(件)	#发明专利	有效发明专利数(件)	专利所有权转让及许可数(件)	专利所有权转让及许可收入(万元)	拥有注册商标数(件)	形成国家或行业标准数(项)
烟草制品业	39	10	87			683	13
烟叶复烤	4		4				
卷烟制造	31	10	83			683	13
其他烟草制品制造	4						
纺织业	679	236	210	9		432	58
棉纺织及印染精加工	405	135	151			245	44
毛纺织及染整精加工	36	21	9			4	4
麻纺织及染整精加工							
丝绢纺织及印染精加工						3	
化纤织造及印染精加工	7	3	9			1	
针织或钩针编织物及其制品制造	14	9	7	4		32	5
家用纺织制成品制造	156	9	34	5		146	4
非家用纺织制成品制造	61	59				1	1
纺织服装、服饰业	120	18	47	2		249	37
机织服装制造	111	14	32	2		140	7
针织或钩针编织服装制造	9	4	15			106	28
服饰制造						3	2
皮革、毛皮、羽毛及其制品和制鞋业	229	32	22			109	13
皮革鞣制加工	5	3	3			8	
皮革制品制造	9	2	10			100	12
毛皮鞣制及制品加工							
羽毛(绒)加工及制品制造							
制鞋业	215	27	9			1	1
木材加工和木、竹、藤、棕、草制品业	29	8	27			6	4
木材加工	8	1	4			2	
人造板制造	16	3	20			3	3
木制品制造	5	4	3			1	1
竹、藤、棕、草等制品制造							
家具制造业	61	21	9			47	3
木质家具制造	60	20	9			47	3
竹、藤家具制造							
金属家具制造							
塑料家具制造							
其他家具制造	1	1					
造纸和纸制品业	256	183	236			258	38
纸浆制造	3	1	1				
造纸	249	181	234			258	38
纸制品制造	4	1	1				
印刷和记录媒介复制业	308	134	17			16	4
印刷	16						
装订及印刷相关服务	292	134	17			16	4
记录媒介复制							
文教、工美、体育和娱乐用品制造业	424	35	83			167	29
文教办公用品制造	136	2	2			22	1
乐器制造							
工艺美术品制造	200	13	39			51	11
体育用品制造	88	20	42			94	17
玩具制造							
游艺器材及娱乐用品制造							

1-H-5 续表 2

行　业	专　利申请数(件)	#发明专利	有　效发　明专利数(件)	专利所有权转让及许可数(件)	专利所有权转让及许可收入(万元)	拥　有注　册商标数(件)	形成国家或行业标准数(项)
石油加工及炼焦	246	141	258	6	393	537	47
化学原料和化学制品制造业	2818	1548	1999	85	6235	3861	242
基础化学原料制造	326	146	295	24	1921	266	17
肥料制造	288	152	322	21	3985	332	15
农药制造	271	247	156	1		2154	33
涂料、油墨、颜料及类似产品制造	56	40	43			21	15
合成材料制造	846	464	532	3	200	523	78
专用化学产品制造	971	464	600	24	130	458	79
炸药、火工及焰火产品制造	37	20	20	5		1	
日用化学产品制造	23	15	31	7		106	5
医药制造业	1554	1013	1265	71	3827	3262	310
化学药品原料药制造	245	174	226	14	20	572	134
化学药品制剂制造	403	264	486	32	2	1237	86
中药饮片加工	10	3	1	1		6	2
中成药生产	246	186	143	17	3800	667	27
兽用药品制造	67	35	31	1		71	13
生物药品制造	358	224	335	5	5	258	22
卫生材料及医药用品制造	225	127	43	1	0	451	26
化学纤维制造业	18	15	58			79	8
纤维素纤维原料及纤维制造	10	8	47			67	4
合成纤维制造	8	7	11			12	4
橡胶和塑料制品业	725	294	204			665	61
橡胶制品业	563	247	163			596	35
塑料制品业	162	47	41			69	26
非金属矿物制品业	1016	377	673	86	11545	639	105
水泥、石灰和石膏制造	57	8	5			2	
石膏、水泥制品及类似制品制造	64	21	21	74	11051	9	8
砖瓦、石材等建筑材料制造	128	54	81			42	38
玻璃制造	64	9	32			10	3
玻璃制品制造	108	40	97	1	464	130	7
玻璃纤维和玻璃纤维增强塑料制品制造	184	42	50			225	
陶瓷制品制造	252	134	273	7		175	32
耐火材料制品制造	50	21	47	1	30	9	7
石墨及其他非金属矿物制品制造	109	48	67	3		37	10
黑色金属冶炼和压延加工业	1036	473	332	6		297	26
炼铁						1	
炼钢	12	3	6			16	
黑色金属铸造	41	25	22			2	
钢压延加工	981	443	304	6		278	26
铁合金冶炼	2	2					
有色金属冶炼和压延加工业	581	275	357	13	2080	211	66
常用有色金属冶炼	86	55	19	4	2000	8	27
贵金属冶炼	20	10	22			23	1
稀有稀土金属冶炼	3	3	10			1	
有色金属合金制造	71	39	149	2		6	3
有色金属铸造	6	1					1
有色金属压延加工	395	167	157	7	80	173	34

1-H-5　续表 3

行　　业	专　利申请数(件)	#发明专利	有　效发　明专利数(件)	专利所有权转让及许可数(件)	专利所有权转让及许可收入(万元)	拥　有注　册商标数(件)	形成国家或行业标准数(项)
金属制品业	1180	373	357	32	2	339	93
结构性金属制品制造	149	63	74			14	5
金属工具制造	51	21	4	23		7	12
集装箱及金属包装容器制造	61	33	37			25	2
金属丝绳及其制品制造	52	16	5			2	1
建筑、安全用金属制品制造	253	59	30	1	2	180	18
金属表面处理及热处理加工	37	8	19	8		2	
搪瓷制品制造							
金属制日用品制造	6		21				
其他金属制品制造	571	173	167			109	55
通用设备制造业	4042	1363	1746	69	1801	937	227
锅炉及原动设备制造	1102	332	353	3	800	182	49
金属加工机械制造	934	385	422	9		212	85
物料搬运设备制造	196	39	87			60	10
泵、阀门、压缩机及类似机械制造	811	269	342	26		101	40
轴承、齿轮和传动部件制造	157	63	67			134	4
烘炉、风机、衡器、包装等设备制造	536	154	294	12	1	92	35
文化、办公用机械制造	81	55	42			2	2
通用零部件制造	126	27	69	15	1000	138	2
其他通用设备制造业	99	39	70	4	1	16	
专用设备制造业	4421	1460	1417	40	8593	861	219
采矿、冶金、建筑专用设备制造	1374	366	308	6	8593	342	72
化工、木材、非金属加工专用设备制造	326	127	104			32	39
食品、饮料、烟草及饲料生产专用设备制造	92	50	2			8	9
印刷、制药、日化及日用品生产专用设备制造	271	233	67	9		21	9
纺织、服装和皮革加工专用设备制造	135	45	118			7	22
电子和电工机械专用设备制造	488	190	185	15		120	28
农、林、牧、渔专用机械制造	541	83	263			180	15
医疗仪器设备及器械制造	374	109	211	9		61	11
环保、社会公共服务及其他专用设备制造	820	257	159	1		90	14
汽车制造业	2445	398	493	42	7173	1011	62
汽车整车制造	1630	197	230	14		610	42
改装汽车制造	341	94	111	12	643	300	6
低速载货汽车制造	62	9	6			6	
电车制造	1		1			1	
汽车车身、挂车制造	2	1					
汽车零部件及配件制造	409	97	145	16	6530	94	14
铁路、船舶、航空航天和其他运输设备制造业	792	285	254	7		196	82
铁路运输设备制造	511	193	166	7		15	78
城市轨道交通设备制造							
船舶及相关装置制造	197	68	64			34	2
航空、航天器及设备制造							
摩托车制造	25	7	7			38	
自行车制造	54	17	17			109	2
非公路休闲车及零配件制造							
潜水救捞及其他未列明运输设备制造	5						
电气机械和器材制造业	4808	1710	2060	193	6407	823	461
电机制造	253	76	168	17		54	21
输配电及控制设备制造	1301	353	510	17	777	137	25

1-H-5 续表 4

行业	专利申请数（件）	#发明专利	有效发明专利数（件）	专利所有权转让及许可数（件）	专利所有权转让及许可收入（万元）	拥有注册商标数（件）	形成国家或行业标准数（项）
电线、电缆、光缆及电工器材制造	337	94	129			50	31
电池制造	276	106	109	3	11	19	6
家用电力器具制造	2125	944	919	150	5499	241	338
非电力家用器具制造	161	53	116			265	36
照明器具制造	290	72	95	3	120	52	3
其他电气机械及器材制造	65	12	14	3		5	1
计算机、通信和其他电子设备制造业	3804	1852	1570	39		1347	49
计算机制造	1293	760	344	32		552	7
通信设备制造	199	81	154			82	15
广播电视设备制造	558	222	204			2	
雷达及配套设备制造							
视听设备制造	1011	527	590			599	7
电子器件制造	388	166	166	4		55	14
电子元件制造	247	66	83	3		53	3
其他电子设备制造	108	30	29			4	3
仪器仪表制造业	900	270	457	19	240	168	35
通用仪器仪表制造	561	163	231	8	240	98	23
专用仪器仪表制造	308	99	195	11		54	6
钟表与计时仪器制造	16	7	27			12	5
光学仪器及眼镜制造	15	1				2	1
其他仪器仪表制造业			4			2	
其他制造业	10	2	8			1	
废弃资源综合利用业	22	14	4			2	
金属废料和碎屑加工处理							
非金属废料和碎屑加工处理	22	14	4			2	
金属制品、机械和设备修理业	2	1					
金属制品修理							
通用设备修理							
专用设备修理	2	1					
铁路、船舶、航空航天等运输设备修理							
电气设备修理							
仪器仪表修理							
其他机械和设备修理业							
电力、热力、燃气及水生产和供应业	**1158**	**369**	**202**	**28**		**46**	**2**
电力、热力生产和供应业	1083	353	193	28		43	2
电力生产	11	2	67			42	
电力供应	1072	351	126	28			2
热力生产和供应						1	
燃气生产和供应业							
燃气生产和供应业							
水的生产和供应业	75	16	9			3	
自来水生产和供应	41	9	4			3	
污水处理及其再生利用	34	7	5				
其他水的处理、利用与分配							

1-H-6　分行业港澳台商投资企业自主知识产权及相关情况

行　业	专　利申请数(件)	#发明专利	有　效发　明专利数(件)	专利所有权转让及许可数(件)	专利所有权转让及许可收入(万元)	拥　有注　册商标数(件)	形成国家或行业标准数(项)
总　计	**1149**	**355**	**791**	**24**	**260**	**1252**	**83**
采矿业	**11**	**5**	**5**				
煤炭开采和洗选业							
石油和天然气开采业							
黑色金属矿采选业							
有色金属矿采选业							
非金属矿采选业	11	5	5				
开采辅助活动							
其他采矿业							
制造业	**1138**	**350**	**786**	**24**	**260**	**1252**	**83**
农副食品加工业	17	5				7	
食品制造业	19	7	30			158	
酒、饮料和精制茶制造业	10	3	13			31	3
烟草制品业							
纺织业	146	41	16			10	7
纺织服装、服饰业	38	20	10			310	4
皮革、毛皮、羽毛及其制品和制鞋业							
木材加工和木、竹、藤、棕、草制品业	4	3	41	4	230	6	5
家具制造业							
造纸和纸制品业	40	16	5			4	11
印刷和记录媒介复制业	20	2	7			23	7
文教、工美、体育和娱乐用品制造业	31	1	22			13	
石油加工及炼焦	1	1	1			1	
化学原料和化学制品制造业	84	62	58	1		42	
医药制造业	51	32	75	2		391	11
化学纤维制造业	21	5	15			1	1
橡胶和塑料制品业	123	14	63	14		56	21
非金属矿物制品业	41	17	31			12	4
黑色金属冶炼和压延加工业	36	9					
有色金属冶炼和压延加工业							
金属制品业	49	6	12			79	
通用设备制造业	124	28	311	3	30	10	2
专用设备制造业	65	20	13			9	4
汽车制造业	17	16	16			1	
铁路、船舶、航空航天和其他运输设备制造业							
电气机械和器材制造业	70	6	11			86	3
计算机、通信和其他电子设备制造业	131	36	36			2	
仪器仪表制造业							
其他制造业							
废弃资源综合利用业							
金属制品、机械和设备修理业							

1-H-7 分行业外商投资企业自主知识产权及相关情况

行业	专利申请数（件）	#发明专利	有效发明专利数（件）	专利所有权转让及许可数（件）	专利所有权转让及许可收入（万元）	拥有注册商标数（件）	形成国家或行业标准数（项）
总　计	**2262**	**910**	**1927**	**130**	**680**	**4000**	**137**
制造业	**2262**	**910**	**1927**	**130**	**680**	**4000**	**137**
农副食品加工业	150	56	90			51	1
食品制造业	51	33	71	87		65	1
酒、饮料和精制茶制造业	17	16	33			807	11
烟草制品业							
纺织业	95	14	37			711	6
纺织服装、服饰业	21	11	3			31	
皮革、毛皮、羽毛及其制品和制鞋业							
木材加工和木、竹、藤、棕、草制品业	35	35				2	
家具制造业							
造纸和纸制品业							
印刷和记录媒介复制业							
文教、工美、体育和娱乐用品制造业	202	48	4			76	2
石油加工及炼焦	2	2	1			13	
化学原料和化学制品制造业	218	120	355	4		60	11
医药制造业	221	164	610	5		1778	17
化学纤维制造业	7		7				
橡胶和塑料制品业	54	16	13	1	680	26	2
非金属矿物制品业	107	44	226	25		54	7
黑色金属冶炼和压延加工业	13	8	44			5	1
有色金属冶炼和压延加工业	29	8	3			4	4
金属制品业	121	21	44	1		21	20
通用设备制造业	136	43	66			41	6
专用设备制造业	171	53	37			47	21
汽车制造业	79	19	36	2		80	6
铁路、船舶、航空航天和其他运输设备制造业	119	43	47			4	
电气机械和器材制造业	115	43	27	1		11	13
计算机、通信和其他电子设备制造业	102	39	45			11	2
仪器仪表制造业	157	66	113	4		87	5
其他制造业	1	1	1			15	
废弃资源综合利用业	9		7				1
金属制品、机械和设备修理业	30	7	7				
电力、热力、燃气及水生产和供应业							
电力、热力生产和供应业							
燃气生产和供应业							
水的生产和供应业							

1-H-8　各地区企业自主知识产权及相关情况

地　区	专　利申请数(件)	#发明专利	有效发明专利数(件)	专利所有权转让及许可数(件)	专利所有权转让及许可收入(万元)	拥有注册商标数(件)	形成国家或行业标准数(项)
山东省	**40030**	**15254**	**18340**	**972**	**57015**	**24870**	**3047**
济南市	6606	2603	2488	94	1105	4208	302
青岛市	8111	3679	3442	207	6500	4740	646
淄博市	3064	1076	2072	85	395	2534	216
枣庄市	1112	492	297	16	13	122	51
东营市	1635	593	609	34	8595	762	469
烟台市	2373	812	1551	64	5000	1988	180
潍坊市	5341	1792	2385	159	1885	1502	193
济宁市	2059	567	641	22	3457	1172	113
泰安市	1328	385	558	78	18278	539	95
威海市	1785	795	867	7	1130	1045	118
日照市	406	122	144	3	35	285	24
莱芜市	808	295	340	16	120	123	27
临沂市	1620	564	1166	48	1213	2166	222
德州市	900	288	508	25	94	734	98
聊城市	998	320	428	49	3368	839	142
滨州市	1087	434	465	49	1800	1702	65
菏泽市	797	437	379	16	4030	409	86

1-H-9　各地区大中型企业自主知识产权及相关情况

地　区	专　利申请数(件)	#发明专利	有效发明专利数(件)	专利所有权转让及许可数(件)	专利所有权转让及许可收入(万元)	拥有注册商标数(件)	形成国家或行业标准数(项)
山东省	**28084**	**10652**	**13348**	**644**	**49511**	**21648**	**2590**
济南市	4557	1855	1648	40	5	3485	220
青岛市	6039	2619	2667	164	5500	3942	596
淄博市	1957	660	1559	58	393	2337	159
枣庄市	396	211	144	7	12	78	42
东营市	1220	465	410	32	8595	516	449
烟台市	1908	682	1309	43	5000	1868	164
潍坊市	3570	1165	1503	120	30	1258	125
济宁市	1485	392	365	3	2680	1062	72
泰安市	1030	291	461	66	18037	495	86
威海市	1415	621	650	3	1130	955	105
日照市	289	68	80	3	35	248	20
莱芜市	671	255	269			111	22
临沂市	1010	404	990	35	1213	2066	197
德州市	770	224	442	22		698	95
聊城市	658	215	347	37	3282	607	119
滨州市	801	328	325	8	1800	1638	51
菏泽市	308	197	179	3	1800	284	68

1-H-10 各地区内资企业自主知识产权及相关情况

地 区	专利申请数（件）	#发明专利	有效发明专利数（件）	专利所有权转让及许可数（件）	专利所有权转让及许可收入（万元）	拥有注册商标数（件）	形成国家或行业标准数（项）
山东省	**36619**	**13989**	**15622**	**818**	**56075**	**19618**	**2827**
济南市	6368	2534	2292	88	1105	3793	276
青岛市	7589	3496	2885	204	6500	3663	615
淄博市	2645	939	1613	80	395	1416	204
枣庄市	1090	473	273	16	13	113	48
东营市	1554	572	586	32	8595	754	454
烟台市	1742	582	1270	46	5000	1556	149
潍坊市	4791	1605	2086	60	1885	1074	158
济宁市	1971	542	610	21	3457	1141	107
泰安市	1322	380	545	78	18278	539	95
威海市	1483	701	681	6	450	953	116
日照市	392	115	129		5	267	22
莱芜市	795	295	333	16	120	120	24
临沂市	1316	407	706	32	983	684	189
德州市	880	273	472	25	94	733	96
聊城市	994	318	426	49	3368	839	142
滨州市	974	402	398	49	1800	1697	60
菏泽市	713	355	317	16	4030	276	72

1-H-11 各地区港澳台商投资企业自主知识产权及相关情况

地 区	专利申请数（件）	#发明专利	有效发明专利数（件）	专利所有权转让及许可数（件）	专利所有权转让及许可收入（万元）	拥有注册商标数（件）	形成国家或行业标准数（项）
山东省	**1149**	**355**	**791**	**24**	**260**	**1252**	**83**
济南市	42	8	10			280	10
青岛市	197	49	368			112	7
淄博市	115	49	38			26	4
枣庄市	18	16	21			5	2
东营市	75	18	22	2		6	11
烟台市	203	58	46	14		211	21
潍坊市	336	101	118			355	10
济宁市	17	8	6			1	
泰安市	1						
威海市	37	12	20			30	
日照市	9	3	12	3	30	15	1
莱芜市							
临沂市	61	23	57	5	230	84	8
德州市	2	2	2				
聊城市							
滨州市	33	5	25				
菏泽市	3	3	46			127	9

1-H-12　各地区外商投资企业自主知识产权及相关情况

地　区	专　利申请数(件)		有效发明专利数(件)	专利所有权转让及许可数(件)	专利所有权转让及许可收入(万元)	拥有注册商标数(件)	形成国家或行业标准数(项)
		#发明专利					
山东省	**2262**	**910**	**1927**	**130**	**680**	**4000**	**137**
济南市	196	61	186	6		135	16
青岛市	325	134	189	3		965	24
淄博市	304	88	421	5		1092	8
枣庄市	4	3	3			4	1
东营市	6	3	1			2	4
烟台市	428	172	235	4		221	10
潍坊市	214	86	181	99		73	25
济宁市	71	17	25	1		30	6
泰安市	5	5	13				
威海市	265	82	166	1	680	62	2
日照市	5	4	3			3	1
莱芜市	13		7			3	3
临沂市	243	134	403	11		1398	25
德州市	18	13	34			1	2
聊城市	4	2	2				
滨州市	80	27	42			5	5
菏泽市	81	79	16			6	5

Ⅰ.企业政府相关政策落实情况

1-Ⅰ-1　分登记注册类型企业政府相关政策落实情况

单位：万元

登记注册类型	使用来自政府部门的科技活动资金	研究开发费用加计扣除减免税	高新技术企业减免税
总　　计	**370660**	**155040**	**414512**
国有及国有控股	**124620**	**49033**	**111948**
内资企业	**337375**	**133562**	**317988**
国有企业	3984	2377	3935
集体企业	8068	1674	26508
股份合作企业	74		57
联营企业	55		
国有联营企业	55		
集体联营企业			
国有与集体联营企业			
其他联营企业			
有限责任公司	144062	60618	117072
国有独资公司	35562	18641	33870
其他有限责任公司	108500	41977	83202
股份有限公司	86678	52294	120323
私营企业	94105	16599	50094
私营独资企业	2492	290	149
私营合伙企业	21		2
私营有限责任公司	74804	11867	30266
私营股份有限公司	16789	4441	19676
其他企业	349		
港、澳、台商投资企业	**8641**	**3054**	**26128**
合资经营企业	6224	1528	23760
合作经营企业	30		88
港、澳、台商独资经营企业	1538	1164	1024
港、澳、台商投资股份有限公司	849	362	1256
其他港澳台投资企业			
外商投资企业	**24644**	**18424**	**70396**
中外合资经营企业	19266	12339	45317
中外合作经营企业	426	1121	10398
外资企业	2022	2002	7460
外商投资股份有限公司	2831	2963	7220
其他外商投资企业	100		

1-I-2　分登记注册类型大中型企业政府相关政策落实情况

单位：万元

登记注册类型	使用来自政府部门的科技活动资金	研究开发费用加计扣除减免税	高新技术企业减免税
总　计	**300497**	**137479**	**383739**
国有及国有控股	**122174**	**47849**	**109444**
内资企业	**270367**	**119569**	**297500**
国有企业	3768	1778	3803
集体企业	7992	1674	26508
股份合作企业	5		57
联营企业	55		
国有联营企业	55		
集体联营企业			
国有与集体联营企业			
其他联营企业			
有限责任公司	123600	55061	109385
国有独资公司	35289	18536	33870
其他有限责任公司	88311	36525	75515
股份有限公司	82085	51011	116052
私营企业	52862	10046	41695
私营独资企业	1600		136
私营合伙企业			
私营有限责任公司	36461	6130	23491
私营股份有限公司	14802	3917	18068
其他企业			
港、澳、台商投资企业	**7694**	**2116**	**24883**
合资经营企业	5404	1139	22822
合作经营企业			88
港、澳、台商独资经营企业	1441	615	717
港、澳、台商投资股份有限公司	849	362	1256
其他港澳台投资企业			
外商投资企业	**22436**	**15794**	**61356**
中外合资经营企业	17413	11156	38236
中外合作经营企业	377	1121	10398
外资企业	1815	596	6535
外商投资股份有限公司	2831	2921	6188
其他外商投资企业			

1-I-3 分行业企业政府相关政策落实情况

单位：万元

行　业	使用来自政府部门的科技活动资金	研究开发费用加计扣除减免税	高新技术企业减免税
总　计	**370660**	**155040**	**414512**
采矿业	**44756**	**9088**	**2726**
煤炭开采和洗选业	7538	2969	620
烟煤和无烟煤开采洗选	7034	2969	620
褐煤开采洗选	504		
其他煤炭采选			
石油和天然气开采业	24475	3300	
石油开采	24475	3300	
天然气开采			
黑色金属矿采选业		225	66
铁矿采选		225	66
锰矿、铬矿采选			
其他黑色金属矿采选			
有色金属矿采选业	5825	1007	2040
常用有色金属矿采选	105		
贵金属矿采选	5720	1007	2040
稀有稀土金属矿采选			
非金属矿采选业	820	1586	
土砂石开采		1436	
化学矿开采			
采盐	820	150	
石棉及其他非金属矿采选			
开采辅助活动	6099		
煤炭开采和洗选辅助活动			
石油和天然气开采辅助活动	6099		
其他开采辅助活动			
其他采矿业			
其他采矿业			
制造业	**324978**	**145481**	**410473**
农副食品加工业	16635	785	1040
谷物磨制	720		
饲料加工	798		672
植物油加工	3646	592	89
制糖业	300		
屠宰及肉类加工	5427	13	
水产品加工	4673	180	88
蔬菜、水果和坚果加工	419		
其他农副食品加工	653		191
食品制造业	6266	3511	3466
焙烤食品制造		8	
糖果、巧克力及蜜饯制造	15		
方便食品制造	30		
乳制品制造	77		
罐头食品制造	311		
调味品、发酵制品制造	1272	505	648
其他食品制造	4562	2998	2817
酒、饮料和精制茶制造业	3187	626	113
酒的制造	2125	260	113
饮料制造	996	366	
精制茶加工	65		

1-I-3　续表 1　　　　单位：万元

行　业	使用来自政府部门的科技活动资金	研究开发费用加计扣除减免税	高新技术企业减免税
烟草制品业			
烟叶复烤			
卷烟制造			
其他烟草制品制造			
纺织业	13952	8577	5517
棉纺织及印染精加工	7364	7784	5512
毛纺织及染整精加工	5692	525	
麻纺织及染整精加工			
丝绢纺织及印染精加工			
化纤织造及印染精加工			
针织或钩针编织物及其制品制造	526		5
家用纺织制成品制造	70		
非家用纺织制成品制造	300	269	
纺织服装、服饰业	1366	142	827
机织服装制造	1013	30	161
针织或钩针编织服装制造	353	113	667
服饰制造			
皮革、毛皮、羽毛及其制品和制鞋业	1090		1653
皮革鞣制加工	15		
皮革制品制造	1062		
毛皮鞣制及制品加工	13		
羽毛(绒)加工及制品制造			
制鞋业			1653
木材加工和木、竹、藤、棕、草制品业	1105		
木材加工	1		
人造板制造	1074		
木制品制造	29		
竹、藤、棕、草等制品制造	1		
家具制造业	10	38	
木质家具制造	10	38	
竹、藤家具制造			
金属家具制造			
塑料家具制造			
其他家具制造			
造纸和纸制品业	3739	5153	6058
纸浆制造			
造纸	3684	5084	6034
纸制品制造	55	68	24
印刷和记录媒介复制业	72	338	1091
印刷	72	338	1091
装订及印刷相关服务			
记录媒介复制			
文教、工美、体育和娱乐用品制造业	2682	1057	764
文教办公用品制造	175	337	280
乐器制造			
工艺美术品制造	459	140	
体育用品制造	2047	512	456
玩具制造	1		
游艺器材及娱乐用品制造		68	27

1-I-3 续表 2　　　　单位：万元

行　业	使用来自政府部门的科技活动资金	研究开发费用加计扣除减免税	高新技术企业减免税
石油加工及炼焦	4943	2094	4443
化学原料和化学制品制造业	33827	16128	27332
基础化学原料制造	7214	333	1124
肥料制造	5251	1180	7413
农药制造	750	1683	1154
涂料、油墨、颜料及类似产品制造	2970	36	1428
合成材料制造	5380	9129	6242
专用化学产品制造	11763	3701	9595
炸药、火工及焰火产品制造	399	67	377
日用化学产品制造	100		
医药制造业	40704	10251	79709
化学药品原料药制造	8784	2527	15519
化学药品制剂制造	8607	3814	38426
中药饮片加工	485	15	
中成药生产	7758	2120	14889
兽用药品制造	750	243	331
生物药品制造	7129	1478	9766
卫生材料及医药用品制造	7192	54	778
化学纤维制造业	2014	624	853
纤维素纤维原料及纤维制造	965	158	
合成纤维制造	1049	466	853
橡胶和塑料制品业	7874	3319	23496
橡胶制品业	5853	3212	23097
塑料制品业	2021	107	400
非金属矿物制品业	15905	3513	6068
水泥、石灰和石膏制造			
石膏、水泥制品及类似制品制造	1415	1400	201
砖瓦、石材等建筑材料制造	305		533
玻璃制造	121	200	135
玻璃制品制造	2274	67	751
玻璃纤维和玻璃纤维增强塑料制品制造	1857	1034	1660
陶瓷制品制造	6955	442	2119
耐火材料制品制造	428	164	
石墨及其他非金属矿物制品制造	2549	206	670
黑色金属冶炼和压延加工业	1866	736	41
炼铁			
炼钢	50		
黑色金属铸造	268	54	41
钢压延加工	1508	682	
铁合金冶炼	40		
有色金属冶炼和压延加工业	8393	74	2616
常用有色金属冶炼	2082		2000
贵金属冶炼	186		276
稀有稀土金属冶炼			
有色金属合金制造	127	47	
有色金属铸造	81		
有色金属压延加工	5917	27	339

1-I-3　续表 3　　　　单位：万元

行　业	使用来自政府部门的科技活动资金	研究开发费用加计扣除减免税	高新技术企业减免税
金属制品业	7394	14969	7116
结构性金属制品制造	404	3622	2356
金属工具制造	282	306	2248
集装箱及金属包装容器制造	329	192	3
金属丝绳及其制品制造	1153	31	31
建筑、安全用金属制品制造	816	9828	1187
金属表面处理及热处理加工	118		
搪瓷制品制造			
金属制日用品制造		174	
其他金属制品制造	4293	815	1291
通用设备制造业	34563	12724	44406
锅炉及原动设备制造	7471	5804	24617
金属加工机械制造	15691	2058	1765
物料搬运设备制造	1208	984	653
泵、阀门、压缩机及类似机械制造	2859	1441	4328
轴承、齿轮和传动部件制造	1277	390	833
烘炉、风机、衡器、包装等设备制造	3461	990	11325
文化、办公用机械制造	199	34	242
通用零部件制造	2161	992	159
其他通用设备制造业	236	31	484
专用设备制造业	27431	14653	47918
采矿、冶金、建筑专用设备制造	10900	3639	27634
化工、木材、非金属加工专用设备制造	3419	597	1021
食品、饮料、烟草及饲料生产专用设备制造	76	102	109
印刷、制药、日化及日用品生产专用设备制造	731	623	603
纺织、服装和皮革加工专用设备制造	277	158	
电子和电工机械专用设备制造	3066	7662	9308
农、林、牧、渔专用机械制造	1922	1252	5450
医疗仪器设备及器械制造	2903	179	2151
环保、社会公共服务及其他专用设备制造	4138	440	1642
汽车制造业	11219	13748	13810
汽车整车制造	5816	8907	3880
改装汽车制造	960	1616	1511
低速载货汽车制造	1268	658	5847
电车制造			
汽车车身、挂车制造			33
汽车零部件及配件制造	3175	2567	2540
铁路、船舶、航空航天和其他运输设备制造业	11733	5463	37076
铁路运输设备制造	5442	3246	34917
城市轨道交通设备制造			
船舶及相关装置制造	6143	170	375
航空、航天器及设备制造		1671	1671
摩托车制造	15	20	114
自行车制造	133	357	
非公路休闲车及零配件制造			
潜水救捞及其他未列明运输设备制造			
电气机械和器材制造业	31302	9721	46858
电机制造	3661	177	2999
输配电及控制设备制造	8300	5371	11422

1-I-3 续表 4　　单位：万元

行　业	使用来自政府部门的科技活动资金	研究开发费用加计扣除减免税	高新技术企业减免税
电线、电缆、光缆及电工器材制造	2323	648	4443
电池制造	5199	378	291
家用电力器具制造	8027	2440	26572
非电力家用器具制造	2214	427	6
照明器具制造	1493	280	1080
其他电气机械及器材制造	85		45
计算机、通信和其他电子设备制造业	30082	11026	40058
计算机制造	15923	2932	6061
通信设备制造	637	1704	549
广播电视设备制造	1024		247
雷达及配套设备制造			
视听设备制造	4007	3775	28443
电子器件制造	4735	275	1031
电子元件制造	2265	957	1849
其他电子设备制造	1491	1383	1876
仪器仪表制造业	5596	5203	7749
通用仪器仪表制造	4369	4480	4257
专用仪器仪表制造	763	611	3456
钟表与计时仪器制造	373		
光学仪器及眼镜制造	92	112	35
其他仪器仪表制造业			
其他制造业	5	910	
废弃资源综合利用业			8
金属废料和碎屑加工处理			
非金属废料和碎屑加工处理			8
金属制品、机械和设备修理业	25	100	390
金属制品修理			
通用设备修理			
专用设备修理			
铁路、船舶、航空航天等运输设备修理	25	100	390
电气设备修理			
仪器仪表修理			
其他机械和设备修理业			
电力、热力、燃气及水生产和供应业	**926**	**470**	**1313**
电力、热力生产和供应业	501	470	1117
电力生产	501		1117
电力供应		470	
热力生产和供应			
燃气生产和供应业			
燃气生产和供应业			
水的生产和供应业	425		196
自来水生产和供应	210		51
污水处理及其再生利用	215		144
其他水的处理、利用与分配			

1-I-4　分行业大中型企业政府相关政策落实情况

单位：万元

行　业	使用来自政府部门的科技活动资金	研究开发费用加计扣除减免税	高新技术企业减免税
总　计	**300497**	**137479**	**383739**
采矿业	**44536**	**7487**	**2660**
煤炭开采和洗选业	7538	2969	620
烟煤和无烟煤开采洗选	7034	2969	620
褐煤开采洗选	504		
其他煤炭采选			
石油和天然气开采业	24475	3300	
石油开采	24475	3300	
天然气开采			
黑色金属矿采选业		210	
铁矿采选		210	
锰矿、铬矿采选			
其他黑色金属矿采选			
有色金属矿采选业	5825	1007	2040
常用有色金属矿采选	105		
贵金属矿采选	5720	1007	2040
稀有稀土金属矿采选			
非金属矿采选业	600		
土砂石开采			
化学矿开采			
采盐	600		
石棉及其他非金属矿采选			
开采辅助活动	6099		
煤炭开采和洗选辅助活动			
石油和天然气开采辅助活动	6099		
其他开采辅助活动			
其他采矿业			
其他采矿业			
制造业	**255327**	**129992**	**379911**
农副食品加工业	14170	785	368
谷物磨制	570		
饲料加工			
植物油加工	3514	592	89
制糖业			
屠宰及肉类加工	5186	13	
水产品加工	4446	180	88
蔬菜、水果和坚果加工	195		
其他农副食品加工	259		191
食品制造业	2423	2425	3144
焙烤食品制造		8	
糖果、巧克力及蜜饯制造			
方便食品制造			
乳制品制造	76		
罐头食品制造	171		
调味品、发酵制品制造	823	390	445
其他食品制造	1353	2027	2699
酒、饮料和精制茶制造业	2413	266	113
酒的制造	1859	252	113
饮料制造	554	14	
精制茶加工			

1-I-4 续表 1

单位：万元

行 业	使用来自政府部门的科技活动资金	研究开发费用加计扣除减免税	高新技术企业减免税
烟草制品业			
烟叶复烤			
卷烟制造			
其他烟草制品制造			
纺织业	13293	8299	5499
棉纺织及印染精加工	7071	7774	5499
毛纺织及染整精加工	5692	525	
麻纺织及染整精加工			
丝绢纺织及印染精加工			
化纤织造及印染精加工			
针织或钩针编织物及其制品制造	440		
家用纺织制成品制造	70		
非家用纺织制成品制造	20		
纺织服装、服饰业	1312	131	827
机织服装制造	962	19	161
针织或钩针编织服装制造	350	113	667
服饰制造			
皮革、毛皮、羽毛及其制品和制鞋业	1077		1653
皮革鞣制加工	15		
皮革制品制造	1062		
毛皮鞣制及制品加工			
羽毛(绒)加工及制品制造			
制鞋业			1653
木材加工和木、竹、藤、棕、草制品业	954		
木材加工			
人造板制造	950		
木制品制造	4		
竹、藤、棕、草等制品制造			
家具制造业		28	
木质家具制造		28	
竹、藤家具制造			
金属家具制造			
塑料家具制造			
其他家具制造			
造纸和纸制品业	3615	5066	6034
纸浆制造			
造纸	3610	5066	6034
纸制品制造	5		
印刷和记录媒介复制业		190	1080
印刷		190	1080
装订及印刷相关服务			
记录媒介复制			
文教、工美、体育和娱乐用品制造业	2501	1040	754
文教办公用品制造	102	320	271
乐器制造			
工艺美术品制造	367	140	
体育用品制造	2032	512	456
玩具制造			
游艺器材及娱乐用品制造		68	27

1-I-4 续表 2

单位：万元

行 业	使用来自政府部门的科技活动资金	研究开发费用加计扣除减免税	高新技术企业减免税
石油加工及炼焦	4835	2094	4434
化学原料和化学制品制造业	21509	14780	22098
基础化学原料制造	4291	213	826
肥料制造	4829	1180	7413
农药制造	458	1664	1122
涂料、油墨、颜料及类似产品制造	2663	36	1394
合成材料制造	3222	9029	5870
专用化学产品制造	5648	2592	5096
炸药、火工及焰火产品制造	399	67	377
日用化学产品制造			
医药制造业	35054	9256	73353
化学药品原料药制造	8579	2457	15444
化学药品制剂制造	8344	3814	38206
中药饮片加工	260		
中成药生产	7142	2083	14865
兽用药品制造	186		
生物药品制造	3492	875	4560
卫生材料及医药用品制造	7050	27	279
化学纤维制造业	1999	357	627
纤维素纤维原料及纤维制造	965	158	
合成纤维制造	1034	199	627
橡胶和塑料制品业	5998	3012	23023
橡胶制品业	5598	3012	23023
塑料制品业	400		
非金属矿物制品业	11852	3108	4019
水泥、石灰和石膏制造			
石膏、水泥制品及类似制品制造	340	1400	201
砖瓦、石材等建筑材料制造			34
玻璃制造	20	65	
玻璃制品制造	1646	67	675
玻璃纤维和玻璃纤维增强塑料制品制造	1554	1034	1329
陶瓷制品制造	6155	403	1439
耐火材料制品制造	150		
石墨及其他非金属矿物制品制造	1987	140	341
黑色金属冶炼和压延加工业	1735	590	41
炼铁			
炼钢	50		
黑色金属铸造	187	54	41
钢压延加工	1498	537	
铁合金冶炼			
有色金属冶炼和压延加工业	7936	61	2616
常用有色金属冶炼	2082		2000
贵金属冶炼	186		276
稀有稀土金属冶炼			
有色金属合金制造	44	47	
有色金属铸造			
有色金属压延加工	5624	14	339

1-I-4 续表 3

单位：万元

行　　业	使用来自政府部门的科技活动资金	研究开发费用加计扣除减免税	高新技术企业减免税
金属制品业	5263	14636	6827
结构性金属制品制造	343	3622	2334
金属工具制造	150	278	2098
集装箱及金属包装容器制造	156	192	3
金属丝绳及其制品制造	1073	31	31
建筑、安全用金属制品制造	656	9826	1187
金属表面处理及热处理加工			
搪瓷制品制造			
金属制日用品制造		174	
其他金属制品制造	2885	512	1174
通用设备制造业	27779	9707	39949
锅炉及原动设备制造	7160	5727	24456
金属加工机械制造	14281	1217	870
物料搬运设备制造	1064	140	168
泵、阀门、压缩机及类似机械制造	1254	572	2961
轴承、齿轮和传动部件制造	1202	355	376
烘炉、风机、衡器、包装等设备制造	1992	738	10705
文化、办公用机械制造			
通用零部件制造	827	958	
其他通用设备制造业			413
专用设备制造业	19326	13094	44190
采矿、冶金、建筑专用设备制造	9238	3025	26443
化工、木材、非金属加工专用设备制造	2731	486	302
食品、饮料、烟草及饲料生产专用设备制造	46	80	
印刷、制药、日化及日用品生产专用设备制造	469	426	584
纺织、服装和皮革加工专用设备制造	114	139	
电子和电工机械专用设备制造	2117	7567	9179
农、林、牧、渔专用机械制造	1282	1102	5044
医疗仪器设备及器械制造	1844	152	2089
环保、社会公共服务及其他专用设备制造	1485	118	551
汽车制造业	10613	12960	13346
汽车整车制造	5786	8907	3880
改装汽车制造	918	1566	1511
低速载货汽车制造	1268	658	5847
电车制造			
汽车车身、挂车制造			
汽车零部件及配件制造	2641	1829	2108
铁路、船舶、航空航天和其他运输设备制造业	10173	5118	34852
铁路运输设备制造	4921	3070	33038
城市轨道交通设备制造			
船舶及相关装置制造	5104		30
航空、航天器及设备制造		1671	1671
摩托车制造	15	20	114
自行车制造	133	357	
非公路休闲车及零配件制造			
潜水救捞及其他未列明运输设备制造			
电气机械和器材制造业	21752	8741	44985
电机制造	3136	177	2999
输配电及控制设备制造	6314	5179	11023

1-I-4 续表 4 单位：万元

行 业	使用来自政府部门的科技活动资金	研究开发费用加计扣除减免税	高新技术企业减免税
电线、电缆、光缆及电工器材制造	1699	644	4443
电池制造	637	333	
家用电力器具制造	7984	2409	26520
非电力家用器具制造	1918		
照明器具制造	14		
其他电气机械及器材制造	50		
计算机、通信和其他电子设备制造业	25408	9268	38802
计算机制造	15621	2775	5881
通信设备制造	46	814	57
广播电视设备制造	353		232
雷达及配套设备制造			
视听设备制造	4007	3775	28443
电子器件制造	2512	74	648
电子元件制造	1457	577	1666
其他电子设备制造	1411	1253	1874
仪器仪表制造业	2314	4880	6969
通用仪器仪表制造	2283	4364	4062
专用仪器仪表制造	30	516	2907
钟表与计时仪器制造			
光学仪器及眼镜制造			
其他仪器仪表制造业			
其他制造业			
废弃资源综合利用业			
金属废料和碎屑加工处理			
非金属废料和碎屑加工处理			
金属制品、机械和设备修理业	25	100	308
金属制品修理			
通用设备修理			
专用设备修理			
铁路、船舶、航空航天等运输设备修理	25	100	308
电气设备修理			
仪器仪表修理			
其他机械和设备修理业			
电力、热力、燃气及水生产和供应业	**634**		**1168**
电力、热力生产和供应业	500		1117
电力生产	500		1117
电力供应			
热力生产和供应			
燃气生产和供应业			
燃气生产和供应业			
水的生产和供应业	134		51
自来水生产和供应	134		51
污水处理及其再生利用			
其他水的处理、利用与分配			

1-I-5 分行业内资企业政府相关政策落实情况

单位：万元

行　　业	使用来自政府部门的科技活动资金	研究开发费用加计扣除减免税	高新技术企业减免税
总　　计	**337375**	**133562**	**317988**
采矿业	**44156**	**9088**	**2726**
煤炭开采和洗选业	7538	2969	620
烟煤和无烟煤开采洗选	7034	2969	620
褐煤开采洗选	504		
其他煤炭采选			
石油和天然气开采业	24475	3300	
石油开采	24475	3300	
天然气开采			
黑色金属矿采选业		225	66
铁矿采选		225	66
锰矿、铬矿采选			
其他黑色金属矿采选			
有色金属矿采选业	5825	1007	2040
常用有色金属矿采选	105		
贵金属矿采选	5720	1007	2040
稀有稀土金属矿采选			
非金属矿采选业	220	1586	
土砂石开采		1436	
化学矿开采			
采盐	220	150	
石棉及其他非金属矿采选			
开采辅助活动	6099		
煤炭开采和洗选辅助活动			
石油和天然气开采辅助活动	6099		
其他开采辅助活动			
其他采矿业			
其他采矿业			
制造业	**292297**	**124004**	**313950**
农副食品加工业	13343	785	937
谷物磨制	700		
饲料加工	798		657
植物油加工	3566	592	89
制糖业	300		
屠宰及肉类加工	5218	13	
水产品加工	1926	180	
蔬菜、水果和坚果加工	218		
其他农副食品加工	618		191
食品制造业	5250	1394	2146
焙烤食品制造		8	
糖果、巧克力及蜜饯制造	15		
方便食品制造	30		
乳制品制造	77		
罐头食品制造	311		
调味品、发酵制品制造	1206	415	648
其他食品制造	3612	971	1498
酒、饮料和精制茶制造业	2040	366	113
酒的制造	1733		113
饮料制造	242	366	
精制茶加工	65		

1-I-5　续表 1　　　　单位：万元

行　　业	使用来自政府部门的科技活动资金	研究开发费用加计扣除减免税	高新技术企业减免税
烟草制品业			
烟叶复烤			
卷烟制造			
其他烟草制品制造			
纺织业	11722	6675	429
棉纺织及印染精加工	5444	6150	425
毛纺织及染整精加工	5612	525	
麻纺织及染整精加工			
丝绢纺织及印染精加工			
化纤织造及印染精加工			
针织或钩针编织物及其制品制造	516		5
家用纺织制成品制造	70		
非家用纺织制成品制造	80		
纺织服装、服饰业	1365	142	827
机织服装制造	1012	30	161
针织或钩针编织服装制造	353	113	667
服饰制造			
皮革、毛皮、羽毛及其制品和制鞋业	1075		1653
皮革鞣制加工			
皮革制品制造	1062		
毛皮鞣制及制品加工	13		
羽毛(绒)加工及制品制造			
制鞋业			1653
木材加工和木、竹、藤、棕、草制品业	1105		
木材加工	1		
人造板制造	1074		
木制品制造	29		
竹、藤、棕、草等制品制造	1		
家具制造业	10	38	
木质家具制造	10	38	
竹、藤家具制造			
金属家具制造			
塑料家具制造			
其他家具制造			
造纸和纸制品业	3734	5153	2658
纸浆制造			
造纸	3684	5084	2634
纸制品制造	50	68	24
印刷和记录媒介复制业	60		
印刷	60		
装订及印刷相关服务			
记录媒介复制			
文教、工美、体育和娱乐用品制造业	2489	689	466
文教办公用品制造	15	37	10
乐器制造			
工艺美术品制造	429	140	
体育用品制造	2044	512	456
玩具制造	1		
游艺器材及娱乐用品制造			

1-I-5 续表 2 单位：万元

行　业	使用来自政府部门的科技活动资金	研究开发费用加计扣除减免税	高新技术企业减免税
石油加工及炼焦	4883	2094	3702
化学原料和化学制品制造业	31070	15161	24281
基础化学原料制造	6236	213	1124
肥料制造	5217	1180	7413
农药制造	750	1683	1154
涂料、油墨、颜料及类似产品制造	2969	36	1428
合成材料制造	4864	8834	4400
专用化学产品制造	10535	3149	8386
炸药、火工及焰火产品制造	399	67	377
日用化学产品制造	100		
医药制造业	30543	5864	48215
化学药品原料药制造	3551	674	6363
化学药品制剂制造	7671	3519	26264
中药饮片加工	485	15	
中成药生产	4518	483	12184
兽用药品制造	649	26	154
生物药品制造	6536	1094	2721
卫生材料及医药用品制造	7133	54	529
化学纤维制造业	2014	158	6
纤维素纤维原料及纤维制造	965	158	
合成纤维制造	1049		6
橡胶和塑料制品业	5937	2628	10535
橡胶制品业	4018	2565	10520
塑料制品业	1919	64	15
非金属矿物制品业	14019	3335	5193
水泥、石灰和石膏制造			
石膏、水泥制品及类似制品制造	1415	1400	201
砖瓦、石材等建筑材料制造	305		153
玻璃制造	45	65	
玻璃制品制造	1264	67	587
玻璃纤维和玻璃纤维增强塑料制品制造	1857	1034	1660
陶瓷制品制造	6155	442	2119
耐火材料制品制造	428	164	
石墨及其他非金属矿物制品制造	2549	163	473
黑色金属冶炼和压延加工业	1726	682	
炼铁			
炼钢	50		
黑色金属铸造	128		
钢压延加工	1508	682	
铁合金冶炼	40		
有色金属冶炼和压延加工业	7065	74	2616
常用有色金属冶炼	1300		2000
贵金属冶炼	186		276
稀有稀土金属冶炼			
有色金属合金制造	127	47	
有色金属铸造	81		
有色金属压延加工	5372	27	339

1-I-5　续表 3　　　　单位：万元

行　业	使用来自政府部门的科技活动资金	研究开发费用加计扣除减免税	高新技术企业减免税
金属制品业	7151	14681	6118
结构性金属制品制造	404	3622	1796
金属工具制造	282	306	2248
集装箱及金属包装容器制造	329	115	3
金属丝绳及其制品制造	1050		
建筑、安全用金属制品制造	816	9828	1187
金属表面处理及热处理加工	118		
搪瓷制品制造			
金属制日用品制造			
其他金属制品制造	4153	810	884
通用设备制造业	34062	12087	43472
锅炉及原动设备制造	7365	5727	24255
金属加工机械制造	15691	2002	1765
物料搬运设备制造	1208	984	653
泵、阀门、压缩机及类似机械制造	2839	1275	4328
轴承、齿轮和传动部件制造	1277	390	833
烘炉、风机、衡器、包装等设备制造	3261	798	10895
文化、办公用机械制造	199	34	242
通用零部件制造	1986	845	17
其他通用设备制造业	236	31	484
专用设备制造业	25722	14186	38870
采矿、冶金、建筑专用设备制造	9423	3186	19396
化工、木材、非金属加工专用设备制造	3356	583	380
食品、饮料、烟草及饲料生产专用设备制造	76	102	109
印刷、制药、日化及日用品生产专用设备制造	650	623	603
纺织、服装和皮革加工专用设备制造	277	158	
电子和电工机械专用设备制造	3066	7662	9308
农、林、牧、渔专用机械制造	1907	1252	5311
医疗仪器设备及器械制造	2828	179	2151
环保、社会公共服务及其他专用设备制造	4138	440	1611
汽车制造业	10934	13649	13577
汽车整车制造	5816	8907	3880
改装汽车制造	945	1566	1511
低速载货汽车制造	1268	658	5847
电车制造			
汽车车身、挂车制造			33
汽车零部件及配件制造	2905	2518	2306
铁路、船舶、航空航天和其他运输设备制造业	11384	3781	21243
铁路运输设备制造	5442	3234	20755
城市轨道交通设备制造			
船舶及相关装置制造	5794	170	375
航空、航天器及设备制造			
摩托车制造	15	20	114
自行车制造	133	357	
非公路休闲车及零配件制造			
潜水救捞及其他未列明运输设备制造			
电气机械和器材制造业	29225	9631	46345
电机制造	3636	177	2999
输配电及控制设备制造	7800	5302	10926

1-I-5 续表 4

单位：万元

行　　业	使用来自政府部门的科技活动资金	研究开发费用加计扣除减免税	高新技术企业减免税
电线、电缆、光缆及电工器材制造	2299	627	4443
电池制造	5104	378	291
家用电力器具制造	7987	2440	26556
非电力家用器具制造	821	427	6
照明器具制造	1493	280	1080
其他电气机械及器材制造	85		45
计算机、通信和其他电子设备制造业	29748	9493	37706
计算机制造	15923	2932	6061
通信设备制造	637	560	446
广播电视设备制造	1024		247
雷达及配套设备制造			
视听设备制造	3807	3775	28443
电子器件制造	4665	177	888
电子元件制造	2201	666	1479
其他电子设备制造	1491	1383	141
仪器仪表制造业	4617	1259	2753
通用仪器仪表制造	3389	691	2264
专用仪器仪表制造	763	455	454
钟表与计时仪器制造	373		
光学仪器及眼镜制造	92	112	35
其他仪器仪表制造业			
其他制造业	5		
废弃资源综合利用业			8
金属废料和碎屑加工处理			
非金属废料和碎屑加工处理			8
金属制品、机械和设备修理业			82
金属制品修理			
通用设备修理			
专用设备修理			
铁路、船舶、航空航天等运输设备修理			82
电气设备修理			
仪器仪表修理			
其他机械和设备修理业			
电力、热力、燃气及水生产和供应业	**922**	**470**	**1313**
电力、热力生产和供应业	501	470	1117
电力生产	501		1117
电力供应		470	
热力生产和供应			
燃气生产和供应业			
燃气生产和供应业			
水的生产和供应业	421		196
自来水生产和供应	210		51
污水处理及其再生利用	211		144
其他水的处理、利用与分配			

1-I-6　分行业港澳台商投资企业政府相关政策落实情况

单位：万元

行　业	使用来自政府部门的科技活动资金	研究开发费用加计扣除减免税	高新技术企业减免税
总　计	**8641**	**3054**	**26128**
采矿业	**600**		
煤炭开采和洗选业			
石油和天然气开采业			
黑色金属矿采选业			
有色金属矿采选业			
非金属矿采选业	600		
开采辅助活动			
其他采矿业			
制造业	**8041**	**3054**	**26128**
农副食品加工业	111		104
食品制造业	950		
酒、饮料和精制茶制造业	50	108	
烟草制品业			
纺织业	220	552	
纺织服装、服饰业			
皮革、毛皮、羽毛及其制品和制鞋业	15		
木材加工和木、竹、藤、棕、草制品业			
家具制造业			
造纸和纸制品业	5		
印刷和记录媒介复制业	12	338	1091
文教、工美、体育和娱乐用品制造业	30	68	27
石油加工及炼焦			741
化学原料和化学制品制造业	973	77	285
医药制造业	2139	50	8819
化学纤维制造业		466	847
橡胶和塑料制品业	976	142	12849
非金属矿物制品业			
黑色金属冶炼和压延加工业			
有色金属冶炼和压延加工业	546		
金属制品业	73	211	438
通用设备制造业	365	287	
专用设备制造业	1434	440	616
汽车制造业	7		
铁路、船舶、航空航天和其他运输设备制造业		12	
电气机械和器材制造业	100	21	
计算机、通信和其他电子设备制造业	35	282	311
仪器仪表制造业			
其他制造业			
废弃资源综合利用业			
金属制品、机械和设备修理业			

1-I-7 分行业外商投资企业政府相关政策落实情况

单位：万元

行　业	使用来自政府部门的科技活动资金	研究开发费用加计扣除减免税	高新技术企业减免税
总　计	**24644**	**18424**	**70396**
制造业	**24640**	**18424**	**70396**
农副食品加工业	3182		
食品制造业	66	2117	1319
酒、饮料和精制茶制造业	1096	152	
烟草制品业			
纺织业	2010	1351	5087
纺织服装、服饰业	1		
皮革、毛皮、羽毛及其制品和制鞋业			
木材加工和木、竹、藤、棕、草制品业			
家具制造业			
造纸和纸制品业			3400
印刷和记录媒介复制业			
文教、工美、体育和娱乐用品制造业	163	300	271
石油加工及炼焦	60		
化学原料和化学制品制造业	1784	890	2766
医药制造业	8022	4337	22674
化学纤维制造业			
橡胶和塑料制品业	961	549	112
非金属矿物制品业	1886	178	875
黑色金属冶炼和压延加工业	140	54	41
有色金属冶炼和压延加工业	782		
金属制品业	170	77	560
通用设备制造业	136	350	934
专用设备制造业	275	27	8433
汽车制造业	278	99	233
铁路、船舶、航空航天和其他运输设备制造业	349	1671	15833
电气机械和器材制造业	1977	69	513
计算机、通信和其他电子设备制造业	299	1251	2041
仪器仪表制造业	979	3945	4995
其他制造业		910	
废弃资源综合利用业			
金属制品、机械和设备修理业	25	100	308
电力、热力、燃气及水生产和供应业	**4**		
电力、热力生产和供应业			
燃气生产和供应业			
水的生产和供应业	4		

1-I-8　各地区企业政府相关政策落实情况

单位：万元

地　区	使用来自政府部门的科技活动资金	研究开发费用加计扣除减免税	高新技术企业减免税
山东省	**370660**	**155040**	**414512**
济南市	50221	25377	49724
青岛市	39622	30743	131970
淄博市	22493	11601	29761
枣庄市	9002	409	1188
东营市	51260	4469	3981
烟台市	40223	18944	39080
潍坊市	25992	18915	38909
济宁市	16154	3338	6442
泰安市	12315	13240	20044
威海市	29907	6036	18288
日照市	4023	1660	10930
莱芜市	5847	526	586
临沂市	20213	4580	28300
德州市	7724	1381	4681
聊城市	13070	5456	15190
滨州市	17093	6081	4510
菏泽市	5502	2284	10927

1-I-9　各地区大中型企业政府相关政策落实情况

单位：万元

地　区	使用来自政府部门的科技活动资金	研究开发费用加计扣除减免税	高新技术企业减免税
山东省	**300497**	**137479**	**383739**
济南市	38550	22212	46269
青岛市	34588	25631	125125
淄博市	16479	9821	23723
枣庄市	5171	266	1130
东营市	47010	4167	3183
烟台市	36657	18554	37151
潍坊市	17256	18166	37230
济宁市	12833	2697	5269
泰安市	10745	12387	15253
威海市	23784	5514	17382
日照市	2668	1660	10930
莱芜市	4488	308	286
临沂市	15616	3992	26232
德州市	6486	1253	4538
聊城市	10677	5121	14894
滨州市	14369	4170	4344
菏泽市	3122	1559	10802

1-I-10 各地区内资企业政府相关政策落实情况

单位：万元

地 区	使用来自政府部门的科技活动资金	研究开发费用加计扣除减免税	高新技术企业减免税
山东省	**337375**	**133562**	**317988**
济南市	47260	24639	45399
青岛市	38208	27556	108996
淄博市	18097	7182	16987
枣庄市	8650	328	534
东营市	48187	3869	3800
烟台市	33895	12047	20093
潍坊市	23466	18358	37956
济宁市	15900	2985	6442
泰安市	12085	12863	15625
威海市	25808	5268	17905
日照市	3809	1660	7530
莱芜市	5847	526	586
临沂市	14011	2750	12077
德州市	7665	1381	4681
聊城市	12980	5456	15190
滨州市	16857	4411	2698
菏泽市	4652	2284	1490

1-I-11 各地区港澳台商投资企业政府相关政策落实情况

单位：万元

地 区	使用来自政府部门的科技活动资金	研究开发费用加计扣除减免税	高新技术企业减免税
山东省	**8641**	**3054**	**26128**
济南市	5	533	1315
青岛市	330	532	2459
淄博市	105	283	
枣庄市	92	81	81
东营市	2277	600	181
烟台市	1755	446	13012
潍坊市	2476	481	311
济宁市	54		
泰安市			
威海市	30	99	
日照市	113		
莱芜市			
临沂市	641		
德州市			
聊城市			
滨州市			
菏泽市	764		8769

1-I-12　各地区外商投资企业政府相关政策落实情况

单位：万元

地　区	使用来自政府部门的科技活动资金	研究开发费用加计扣除减免税	高新技术企业减免税
山东省	**24644**	**18424**	**70396**
济南市	2956	205	3010
青岛市	1084	2655	20514
淄博市	4291	4136	12774
枣庄市	260		574
东营市	797		
烟台市	4574	6452	5975
潍坊市	50	76	643
济宁市	200	353	
泰安市	230	377	4419
威海市	4070	669	383
日照市	101		3400
莱芜市			
临沂市	5562	1830	16223
德州市	60		
聊城市	90		
滨州市	236	1671	1813
菏泽市	85		668

J.企业技术获取和技术改造情况

1-J-1 分登记注册类型企业技术获取和技术改造情况

单位：万元

登记注册类型	引进技术经费支出	消化吸收经费支出	购买国内技术经费支出	技术改造经费支出
总　计	**237143**	**215035**	**199070**	**3383764**
国有及国有控股	**60091**	**111337**	**51567**	**1380748**
内资企业	**214028**	**202695**	**154763**	**3188171**
国有企业	5235	893	1447	28817
集体企业	6257	1714	2221	23854
股份合作企业			30	664
联营企业	2135	3348	7048	26893
国有联营企业	2135	3348	7048	26893
集体联营企业				
国有与集体联营企业				
其他联营企业				
有限责任公司	99978	63673	86738	1908539
国有独资公司	19042	9902	6327	776776
其他有限责任公司	80935	53771	80411	1131763
股份有限公司	57336	97690	23166	685343
私营企业	42998	35354	33362	509300
私营独资企业			42	12706
私营合伙企业				77
私营有限责任公司	41991	33255	31229	404630
私营股份有限公司	1007	2099	2091	91887
其他企业	90	23	750	4762
港、澳、台商投资企业	**2330**	**2336**	**29721**	**88705**
合资经营企业	1102	1737	28993	76082
合作经营企业				
港、澳、台商独资经营企业	1229	422	51	7206
港、澳、台商投资股份有限公司		177	678	5417
其他港澳台投资企业				
外商投资企业	**20785**	**10005**	**14586**	**106889**
中外合资经营企业	19302	8780	13774	70458
中外合作经营企业			114	6047
外资企业	1483	1146	28	21652
外商投资股份有限公司		79	670	8395
其他外商投资企业				337

1－J－2　分登记注册类型大中型企业技术获取和技术改造情况

单位：万元

登记注册类型	引进技术经费支出	消化吸收经费支出	购买国内技术经费支出	技术改造经费支出
总　计	**231047**	**201273**	**183396**	**3157894**
国有及国有控股	**59504**	**111149**	**51102**	**1353354**
内资企业	**209766**	**190013**	**140417**	**2984827**
国有企业	5235	893	1417	28802
集体企业	6257	1538	2004	23710
股份合作企业				130
联营企业	2135	3348	7048	26893
国有联营企业	2135	3348	7048	26893
集体联营企业				
国有与集体联营企业				
其他联营企业				
有限责任公司	98954	60806	79222	1852907
国有独资公司	19042	9902	6327	769304
其他有限责任公司	79912	50904	72895	1083603
股份有限公司	56581	97372	22326	656285
私营企业	40605	26057	28400	396101
私营独资企业				295
私营合伙企业				
私营有限责任公司	39598	24143	26859	319451
私营股份有限公司	1007	1913	1541	76354
其他企业				
港、澳、台商投资企业	**2317**	**2306**	**29701**	**75018**
合资经营企业	1102	1717	28973	66819
合作经营企业				
港、澳、台商独资经营企业	1216	412	51	2782
港、澳、台商投资股份有限公司		177	678	5417
其他港澳台投资企业				
外商投资企业	**18964**	**8955**	**13277**	**98048**
中外合资经营企业	17481	7946	12493	65697
中外合作经营企业			114	6047
外资企业	1483	930		18070
外商投资股份有限公司		79	670	8235
其他外商投资企业				

1-J-3 分行业企业技术获取和技术改造情况

单位：万元

行　业	引进技术经费支出	消化吸收经费支出	购买国内技术经费支出	技术改造经费支出
总　计	**237143**	**215035**	**199070**	**3383764**
采矿业		**4469**	**5245**	**316056**
煤炭开采和洗选业		3555	1122	75793
烟煤和无烟煤开采洗选		3555	1122	72468
褐煤开采洗选				3326
其他煤炭采选				
石油和天然气开采业			172	1480
石油开采			172	1480
天然气开采				
黑色金属矿采选业				1846
铁矿采选				1846
锰矿、铬矿采选				
其他黑色金属矿采选				
有色金属矿采选业		60	50	236312
常用有色金属矿采选		60	50	300
贵金属矿采选				236012
稀有稀土金属矿采选				
非金属矿采选业		854	3900	625
土砂石开采			3630	150
化学矿开采				
采盐		854	270	475
石棉及其他非金属矿采选				
开采辅助活动				
煤炭开采和洗选辅助活动				
石油和天然气开采辅助活动				
其他开采辅助活动				
其他采矿业				
其他采矿业				
制造业	**237043**	**210367**	**193825**	**3012347**
农副食品加工业	1415	11172	11610	61887
谷物磨制				101
饲料加工		30	50	3670
植物油加工	738	8651	10000	24221
制糖业			30	200
屠宰及肉类加工	606	682	1143	8496
水产品加工		1529	183	17446
蔬菜、水果和坚果加工		237	102	3335
其他农副食品加工	70	43	101	4418
食品制造业	17	8594	2083	100056
焙烤食品制造				1250
糖果、巧克力及蜜饯制造				246
方便食品制造				60
乳制品制造				2
罐头食品制造	17		42	1872
调味品、发酵制品制造				42931
其他食品制造		8594	2041	53696
酒、饮料和精制茶制造业	3453	836	677	27550
酒的制造	3453	836	677	26642
饮料制造				465
精制茶加工				443

1-J-3　续表 1　　单位：万元

行　　业	引进技术经费支出	消化吸收经费支出	购买国内技术经费支出	技术改造经费支出
烟草制品业				
烟叶复烤				
卷烟制造				
其他烟草制品制造				
纺织业	4326	548	2322	30471
棉纺织及印染精加工	1728	437	2197	23125
毛纺织及染整精加工				
麻纺织及染整精加工				
丝绢纺织及印染精加工				
化纤织造及印染精加工				
针织或钩针编织物及其制品制造				1120
家用纺织制成品制造	2568	71	100	6205
非家用纺织制成品制造	30	40	25	20
纺织服装、服饰业	974	397	1809	10174
机织服装制造	961	282	1070	9900
针织或钩针编织服装制造	12	115	42	224
服饰制造			698	50
皮革、毛皮、羽毛及其制品和制鞋业		26	82	2395
皮革鞣制加工		26		376
皮革制品制造				1911
毛皮鞣制及制品加工				
羽毛(绒)加工及制品制造				
制鞋业			82	108
木材加工和木、竹、藤、棕、草制品业			302	2897
木材加工				
人造板制造			260	2568
木制品制造			42	330
竹、藤、棕、草等制品制造				
家具制造业			194	5868
木质家具制造			194	5868
竹、藤家具制造				
金属家具制造				
塑料家具制造				
其他家具制造				
造纸和纸制品业	35649	11623	1404	81543
纸浆制造				
造纸	35611	11621	1402	81543
纸制品制造	38	3	2	
印刷和记录媒介复制业				2266
印刷				2266
装订及印刷相关服务				
记录媒介复制				
文教、工美、体育和娱乐用品制造业	504	400	200	12289
文教办公用品制造				
乐器制造				
工艺美术品制造	504	320	130	11793
体育用品制造		80	70	496
玩具制造				
游艺器材及娱乐用品制造				

1-J-3 续表 2 单位：万元

行　　业	引进技术经费支出	消化吸收经费支出	购买国内技术经费支出	技术改造经费支出
石油加工及炼焦	12575	27511	43798	233644
化学原料和化学制品制造业	44557	13289	13667	670119
基础化学原料制造	11729	168	1172	39443
肥料制造	7998	5368	6980	38352
农药制造	26	10	60	6930
涂料、油墨、颜料及类似产品制造				4412
合成材料制造	12884	3408	2433	394951
专用化学产品制造	10783	3147	2626	178854
炸药、火工及焰火产品制造	1137	1188	396	5824
日用化学产品制造				1353
医药制造业	11986	10718	59641	235041
化学药品原料药制造	306	618	5949	79036
化学药品制剂制造	3170	460	37147	44455
中药饮片加工				178
中成药生产	600	776	8371	6167
兽用药品制造			80	305
生物药品制造	429	876	2389	17828
卫生材料及医药用品制造	7481	7988	5706	87072
化学纤维制造业		1404	995	13041
纤维素纤维原料及纤维制造		1404	995	8754
合成纤维制造				4287
橡胶和塑料制品业	6752	9327	2534	55136
橡胶制品业	6726	9306	2486	48897
塑料制品业	26	21	48	6239
非金属矿物制品业	6521	13213	1334	272833
水泥、石灰和石膏制造		9500		5360
石膏、水泥制品及类似制品制造			300	4005
砖瓦、石材等建筑材料制造				10472
玻璃制造	1900	1650	410	2530
玻璃制品制造	1252	710	449	6844
玻璃纤维和玻璃纤维增强塑料制品制造	926	27	23	3144
陶瓷制品制造	2073	1261	2	9564
耐火材料制品制造	274		5	270
石墨及其他非金属矿物制品制造	96	66	145	230645
黑色金属冶炼和压延加工业	11311	5741	7432	343672
炼铁				969
炼钢	198	1433	299	5492
黑色金属铸造		57	20	2255
钢压延加工	11114	4251	7113	334956
铁合金冶炼				
有色金属冶炼和压延加工业	8012	774	5369	76478
常用有色金属冶炼				1200
贵金属冶炼			17	32542
稀有稀土金属冶炼				446
有色金属合金制造			220	8866
有色金属铸造				
有色金属压延加工	8012	774	5132	33425

1-J-3　续表 3　　单位：万元

行　业	引进技术经费支出	消化吸收经费支出	购买国内技术经费支出	技术改造经费支出
金属制品业	1305	2724	1004	62637
结构性金属制品制造	54	232	24	1317
金属工具制造	236	20	20	518
集装箱及金属包装容器制造		353	115	1301
金属丝绳及其制品制造		23	6	17097
建筑、安全用金属制品制造				1925
金属表面处理及热处理加工				266
搪瓷制品制造				
金属制日用品制造				26
其他金属制品制造	1015	2096	839	40186
通用设备制造业	27449	70401	9767	209543
锅炉及原动设备制造	24684	65046	5997	73815
金属加工机械制造	338	1220	573	33678
物料搬运设备制造			12	10696
泵、阀门、压缩机及类似机械制造	641	926	1533	30749
轴承、齿轮和传动部件制造	10	2255	2	19318
烘炉、风机、衡器、包装等设备制造	1424	348	1252	20628
文化、办公用机械制造				
通用零部件制造	351	606	399	20631
其他通用设备制造业				28
专用设备制造业	835	1587	1403	108950
采矿、冶金、建筑专用设备制造	415	684	399	28755
化工、木材、非金属加工专用设备制造	219	250	30	7392
食品、饮料、烟草及饲料生产专用设备制造				79
印刷、制药、日化及日用品生产专用设备制造				685
纺织、服装和皮革加工专用设备制造				1009
电子和电工机械专用设备制造			50	37158
农、林、牧、渔专用机械制造	37	226	273	7285
医疗仪器设备及器械制造	63	383	627	13871
环保、社会公共服务及其他专用设备制造	102	44	24	12717
汽车制造业	9073	5959	4620	153462
汽车整车制造	749	1644	423	112338
改装汽车制造	4054	615	84	5373
低速载货汽车制造	3068	2616	3662	2787
电车制造				6
汽车车身、挂车制造				55
汽车零部件及配件制造	1202	1083	451	32904
铁路、船舶、航空航天和其他运输设备制造业	3193	4900	14082	31428
铁路运输设备制造	2565	888	4835	23369
城市轨道交通设备制造				
船舶及相关装置制造	615	3892	9079	3859
航空、航天器及设备制造				213
摩托车制造	13	35		1501
自行车制造		86	168	831
非公路休闲车及零配件制造				
潜水救捞及其他未列明运输设备制造				1655
电气机械和器材制造业	28317	4778	5892	101076
电机制造	590	278	364	6912
输配电及控制设备制造	8330	564	772	23676

1-J-3 续表 4

单位：万元

行　业	引进技术经费支出	消化吸收经费支出	购买国内技术经费支出	技术改造经费支出
电线、电缆、光缆及电工器材制造	904	2221	330	34681
电池制造	11800		619	1180
家用电力器具制造	6274	1553	2018	23328
非电力家用器具制造	250	120	598	900
照明器具制造	149		1155	2520
其他电气机械及器材制造	21	42	38	7880
计算机、通信和其他电子设备制造业	18547	4184	1277	95424
计算机制造	8366			39661
通信设备制造			42	946
广播电视设备制造				
雷达及配套设备制造				
视听设备制造	8015	3241	21	25910
电子器件制造	642	870	524	8867
电子元件制造	1525	73	690	16750
其他电子设备制造				3289
仪器仪表制造业	175	261	329	12228
通用仪器仪表制造	110	247	324	7977
专用仪器仪表制造	65	14	5	3620
钟表与计时仪器制造				612
光学仪器及眼镜制造				20
其他仪器仪表制造业				
其他制造业				240
废弃资源综合利用业				
金属废料和碎屑加工处理				
非金属废料和碎屑加工处理				
金属制品、机械和设备修理业	100			
金属制品修理				
通用设备修理				
专用设备修理				
铁路、船舶、航空航天等运输设备修理	100			
电气设备修理				
仪器仪表修理				
其他机械和设备修理业				
电力、热力、燃气及水生产和供应业	**100**	**200**		**55361**
电力、热力生产和供应业	100	200		55264
电力生产				47122
电力供应				3526
热力生产和供应	100	200		4616
燃气生产和供应业				
燃气生产和供应业				
水的生产和供应业				97
自来水生产和供应				74
污水处理及其再生利用				23
其他水的处理、利用与分配				

1-J-4　分行业大中型企业技术获取和技术改造情况

单位：万元

行　业	引进技术经费支出	消化吸收经费支出	购买国内技术经费支出	技术改造经费支出
总　计	**231047**	**201273**	**183396**	**3157894**
采矿业		**3615**	**1345**	**315340**
煤炭开采和洗选业		3555	1122	75793
烟煤和无烟煤开采洗选		3555	1122	72468
褐煤开采洗选				3326
其他煤炭采选				
石油和天然气开采业			172	1480
石油开采			172	1480
天然气开采				
黑色金属矿采选业				1755
铁矿采选				1755
锰矿、铬矿采选				
其他黑色金属矿采选				
有色金属矿采选业		60	50	236312
常用有色金属矿采选		60	50	300
贵金属矿采选				236012
稀有稀土金属矿采选				
非金属矿采选业				
土砂石开采				
化学矿开采				
采盐				
石棉及其他非金属矿采选				
开采辅助活动				
煤炭开采和洗选辅助活动				
石油和天然气开采辅助活动				
其他开采辅助活动				
其他采矿业				
其他采矿业				
制造业	**230947**	**197458**	**182052**	**2803790**
农副食品加工业	1285	10855	11085	51602
谷物磨制				
饲料加工				
植物油加工	678	8621	9886	23696
制糖业				
屠宰及肉类加工	606	682	943	7162
水产品加工		1529	155	16259
蔬菜、水果和坚果加工				1170
其他农副食品加工		23	101	3315
食品制造业	2	996	337	90110
焙烤食品制造				1250
糖果、巧克力及蜜饯制造				
方便食品制造				
乳制品制造				
罐头食品制造	2			1251
调味品、发酵制品制造				42805
其他食品制造		996	337	44804
酒、饮料和精制茶制造业	3440	808	677	26645
酒的制造	3440	808	677	26181
饮料制造				465
精制茶加工				

1-J-4 续表 1

单位：万元

行业	引进技术经费支出	消化吸收经费支出	购买国内技术经费支出	技术改造经费支出
烟草制品业				
烟叶复烤				
卷烟制造				
其他烟草制品制造				
纺织业	4326	528	2122	30319
棉纺织及印染精加工	1728	437	2017	22974
毛纺织及染整精加工				
麻纺织及染整精加工				
丝绢纺织及印染精加工				
化纤织造及印染精加工				
针织或钩针编织物及其制品制造				1120
家用纺织制成品制造	2568	71	100	6205
非家用纺织制成品制造	30	20	5	20
纺织服装、服饰业	974	397	1809	9990
机织服装制造	961	282	1070	9738
针织或钩针编织服装制造	12	115	42	217
服饰制造			698	35
皮革、毛皮、羽毛及其制品和制鞋业			82	2339
皮革鞣制加工				320
皮革制品制造				1911
毛皮鞣制及制品加工				
羽毛(绒)加工及制品制造				
制鞋业			82	108
木材加工和木、竹、藤、棕、草制品业			260	2273
木材加工				
人造板制造			260	1981
木制品制造				292
竹、藤、棕、草等制品制造				
家具制造业			174	2827
木质家具制造			174	2827
竹、藤家具制造				
金属家具制造				
塑料家具制造				
其他家具制造				
造纸和纸制品业	35611	11621	1402	80974
纸浆制造				
造纸	35611	11621	1402	80974
纸制品制造				
印刷和记录媒介复制业				500
印刷				500
装订及印刷相关服务				
记录媒介复制				
文教、工美、体育和娱乐用品制造业	504	400	200	12151
文教办公用品制造				
乐器制造				
工艺美术品制造	504	320	130	11655
体育用品制造		80	70	496
玩具制造				
游艺器材及娱乐用品制造				

1-J-4 续表 2

单位：万元

行 业	引进技术经费支出	消化吸收经费支出	购买国内技术经费支出	技术改造经费支出
石油加工及炼焦	12575	27391	43638	230666
化学原料和化学制品制造业	43130	12550	12690	625934
基础化学原料制造	11236	26	698	33639
肥料制造	7998	5368	6930	32638
农药制造	26	10	60	6325
涂料、油墨、颜料及类似产品制造				515
合成材料制造	12737	3383	2361	390773
专用化学产品制造	9996	2591	2245	154890
炸药、火工及焰火产品制造	1137	1172	396	5802
日用化学产品制造				1353
医药制造业	11656	10020	58046	217626
化学药品原料药制造	306	442	5820	75871
化学药品制剂制造	3170	453	37135	43232
中药饮片加工				
中成药生产	300	566	8171	2770
兽用药品制造			80	280
生物药品制造	399	571	1134	11415
卫生材料及医药用品制造	7481	7988	5706	84058
化学纤维制造业		1404	995	12608
纤维素纤维原料及纤维制造		1404	995	8754
合成纤维制造				3854
橡胶和塑料制品业	6726	9236	2486	49612
橡胶制品业	6726	9236	2486	48294
塑料制品业				1318
非金属矿物制品业	6386	13139	855	262214
水泥、石灰和石膏制造		9500		5160
石膏、水泥制品及类似制品制造				3800
砖瓦、石材等建筑材料制造				9962
玻璃制造	1900	1650	410	2407
玻璃制品制造	1250	710	420	3689
玻璃纤维和玻璃纤维增强塑料制品制造	926	27	23	2910
陶瓷制品制造	2036	1253	2	8777
耐火材料制品制造	274			
石墨及其他非金属矿物制品制造				225509
黑色金属冶炼和压延加工业	11311	5741	7432	343199
炼铁				969
炼钢	198	1433	299	5492
黑色金属铸造		57	20	1782
钢压延加工	11114	4251	7113	334956
铁合金冶炼				
有色金属冶炼和压延加工业	8012	774	5149	72645
常用有色金属冶炼				1200
贵金属冶炼			17	32542
稀有稀土金属冶炼				313
有色金属合金制造				8860
有色金属铸造				
有色金属压延加工	8012	774	5132	29730

1-J-4 续表 3 单位：万元

行　业	引进技术经费支出	消化吸收经费支出	购买国内技术经费支出	技术改造经费支出
金属制品业	1225	2392	769	58725
结构性金属制品制造	54	20	24	1074
金属工具制造	236	20	20	514
集装箱及金属包装容器制造		353	50	427
金属丝绳及其制品制造		23	6	17097
建筑、安全用金属制品制造				1026
金属表面处理及热处理加工				
搪瓷制品制造				
金属制日用品制造				
其他金属制品制造	935	1976	669	38587
通用设备制造业	27160	69545	8335	192318
锅炉及原动设备制造	24684	65046	5992	73452
金属加工机械制造	240	1023	349	29674
物料搬运设备制造				10591
泵、阀门、压缩机及类似机械制造	500	706	552	25997
轴承、齿轮和传动部件制造		2246		19271
烘炉、风机、衡器、包装等设备制造	1416	77	1140	13198
文化、办公用机械制造				
通用零部件制造	320	448	303	20136
其他通用设备制造业				
专用设备制造业	437	880	852	85683
采矿、冶金、建筑专用设备制造	219	512	58	22852
化工、木材、非金属加工专用设备制造	219	150	30	230
食品、饮料、烟草及饲料生产专用设备制造				
印刷、制药、日化及日用品生产专用设备制造				141
纺织、服装和皮革加工专用设备制造				509
电子和电工机械专用设备制造				33034
农、林、牧、渔专用机械制造		218	179	6394
医疗仪器设备及器械制造			585	12404
环保、社会公共服务及其他专用设备制造				10119
汽车制造业	8773	5833	4600	145759
汽车整车制造	449	1518	423	111562
改装汽车制造	4054	615	84	5223
低速载货汽车制造	3068	2616	3662	2787
电车制造				
汽车车身、挂车制造				
汽车零部件及配件制造	1202	1083	431	26188
铁路、船舶、航空航天和其他运输设备制造业	2458	4900	14082	23428
铁路运输设备制造	1830	888	4835	15709
城市轨道交通设备制造				
船舶及相关装置制造	615	3892	9079	3732
航空、航天器及设备制造				
摩托车制造	13	35		1501
自行车制造		86	168	831
非公路休闲车及零配件制造				
潜水救捞及其他未列明运输设备制造				1655
电气机械和器材制造业	26799	3880	3023	87009
电机制造	590	278	364	6767
输配电及控制设备制造	7249	20	42	21915

1-J-4 续表 4 单位：万元

行　业	引进技术经费支出	消化吸收经费支出	购买国内技术经费支出	技术改造经费支出
电线、电缆、光缆及电工器材制造	904	2045	145	27163
电池制造	11800		469	189
家用电力器具制造	6257	1538	2004	23116
非电力家用器具制造				
照明器具制造				
其他电气机械及器材制造				7860
计算机、通信和其他电子设备制造业	17947	3949	706	76515
计算机制造	8366			39661
通信设备制造				
广播电视设备制造				
雷达及配套设备制造				
视听设备制造	8015	3241	21	25910
电子器件制造	42	680		305
电子元件制造	1525	28	685	7350
其他电子设备制造				3289
仪器仪表制造业	110	219	247	10119
通用仪器仪表制造	110	219	247	6534
专用仪器仪表制造				3404
钟表与计时仪器制造				180
光学仪器及眼镜制造				
其他仪器仪表制造业				
其他制造业				
废弃资源综合利用业				
金属废料和碎屑加工处理				
非金属废料和碎屑加工处理				
金属制品、机械和设备修理业	100			
金属制品修理				
通用设备修理				
专用设备修理				
铁路、船舶、航空航天等运输设备修理	100			
电气设备修理				
仪器仪表修理				
其他机械和设备修理业				
电力、热力、燃气及水生产和供应业	**100**	**200**		**38764**
电力、热力生产和供应业	100	200		38690
电力生产				30748
电力供应				3526
热力生产和供应	100	200		4416
燃气生产和供应业				
燃气生产和供应业				
水的生产和供应业				74
自来水生产和供应				74
污水处理及其再生利用				
其他水的处理、利用与分配				

1-J-5 分行业内资企业技术获取和技术改造情况

单位：万元

行 业	引进技术经费支出	消化吸收经费支出	购买国内技术经费支出	技术改造经费支出
总 计	**214028**	**202695**	**154763**	**3188171**
采矿业		**4469**	**5245**	**316056**
煤炭开采和洗选业		3555	1122	75793
烟煤和无烟煤开采洗选		3555	1122	72468
褐煤开采洗选				3326
其他煤炭采选				
石油和天然气开采业			172	1480
石油开采			172	1480
天然气开采				
黑色金属矿采选业				1846
铁矿采选				1846
锰矿、铬矿采选				
其他黑色金属矿采选				
有色金属矿采选业		60	50	236312
常用有色金属矿采选		60	50	300
贵金属矿采选				236012
稀有稀土金属矿采选				
非金属矿采选业		854	3900	625
土砂石开采			3630	150
化学矿开采				
采盐		854	270	475
石棉及其他非金属矿采选				
开采辅助活动				
煤炭开采和洗选辅助活动				
石油和天然气开采辅助活动				
其他开采辅助活动				
其他采矿业				
其他采矿业				
制造业	**213928**	**198027**	**149518**	**2816777**
农副食品加工业	1415	9686	11610	45686
谷物磨制				101
饲料加工		30	50	3666
植物油加工	738	8221	10000	23761
制糖业			30	200
屠宰及肉类加工	606	682	1143	8496
水产品加工		473	183	4597
蔬菜、水果和坚果加工		237	102	1553
其他农副食品加工	70	43	101	3312
食品制造业	2	8474	2083	54930
焙烤食品制造				1250
糖果、巧克力及蜜饯制造				246
方便食品制造				60
乳制品制造				2
罐头食品制造	2		42	1872
调味品、发酵制品制造				131
其他食品制造		8474	2041	51370
酒、饮料和精制茶制造业	3440	826	677	18549
酒的制造	3440	826	677	17877
饮料制造				229
精制茶加工				443

1-J-5　续表 1　　　　单位：万元

行　业	引进技术经费支出	消化吸收经费支出	购买国内技术经费支出	技术改造经费支出
烟草制品业				
烟叶复烤				
卷烟制造				
其他烟草制品制造				
纺织业	3794	507	2246	29104
棉纺织及印染精加工	1196	417	2141	21759
毛纺织及染整精加工				
麻纺织及染整精加工				
丝绢纺织及印染精加工				
化纤织造及印染精加工				
针织或钩针编织物及其制品制造				1120
家用纺织制成品制造	2568	71	100	6205
非家用纺织制成品制造	30	20	5	20
纺织服装、服饰业	324	247	1209	9141
机织服装制造	311	132	470	8906
针织或钩针编织服装制造	12	115	42	220
服饰制造			698	15
皮革、毛皮、羽毛及其制品和制鞋业		26	82	2075
皮革鞣制加工		26		56
皮革制品制造				1911
毛皮鞣制及制品加工				
羽毛(绒)加工及制品制造				
制鞋业			82	108
木材加工和木、竹、藤、棕、草制品业			42	916
木材加工				
人造板制造				587
木制品制造			42	330
竹、藤、棕、草等制品制造				
家具制造业			194	5868
木质家具制造			194	5868
竹、藤家具制造				
金属家具制造				
塑料家具制造				
其他家具制造				
造纸和纸制品业	35617	11623	1404	81285
纸浆制造				
造纸	35579	11621	1402	81285
纸制品制造	38	3	2	
印刷和记录媒介复制业				11
印刷				11
装订及印刷相关服务				
记录媒介复制				
文教、工美、体育和娱乐用品制造业	504	400	200	12031
文教办公用品制造				
乐器制造				
工艺美术品制造	504	320	130	11535
体育用品制造		80	70	496
玩具制造				
游艺器材及娱乐用品制造				

1-J-5 续表 2

单位：万元

行业	引进技术经费支出	消化吸收经费支出	购买国内技术经费支出	技术改造经费支出
石油加工及炼焦	12575	27511	43798	233612
化学原料和化学制品制造业	44410	13033	12466	637802
基础化学原料制造	11582	168	837	29030
肥料制造	7998	5289	6530	31535
农药制造	26	10	60	6930
涂料、油墨、颜料及类似产品制造				4412
合成材料制造	12884	3231	2433	390259
专用化学产品制造	10783	3147	2209	168459
炸药、火工及焰火产品制造	1137	1188	396	5824
日用化学产品制造				1353
医药制造业	11656	10332	29296	208727
化学药品原料药制造	306	618	4064	64688
化学药品制剂制造	3170	405	16347	34237
中药饮片加工				178
中成药生产	300	700	1773	5613
兽用药品制造			80	305
生物药品制造	399	621	1326	16634
卫生材料及医药用品制造	7481	7988	5706	87072
化学纤维制造业				11227
纤维素纤维原料及纤维制造				6940
合成纤维制造				4287
橡胶和塑料制品业	3252	5767	784	34706
橡胶制品业	3226	5746	736	28505
塑料制品业	26	21	48	6201
非金属矿物制品业	5564	13187	1306	272386
水泥、石灰和石膏制造		9500		5200
石膏、水泥制品及类似制品制造			300	4005
砖瓦、石材等建筑材料制造				10316
玻璃制造	1900	1650	410	2407
玻璃制品制造	1252	710	422	6837
玻璃纤维和玻璃纤维增强塑料制品制造			23	3144
陶瓷制品制造	2042	1261	2	9564
耐火材料制品制造	274		5	270
石墨及其他非金属矿物制品制造	96	66	145	230645
黑色金属冶炼和压延加工业	11311	5741	7318	341095
炼铁				969
炼钢	198	1433	185	3073
黑色金属铸造		57	20	2097
钢压延加工	11114	4251	7113	334956
铁合金冶炼				
有色金属冶炼和压延加工业	8012	774	5369	75478
常用有色金属冶炼				200
贵金属冶炼			17	32542
稀有稀土金属冶炼				446
有色金属合金制造			220	8866
有色金属铸造				
有色金属压延加工	8012	774	5132	33425

1-J-5　续表 3　　　　单位：万元

行　　业	引进技术经费支出	消化吸收经费支出	购买国内技术经费支出	技术改造经费支出
金属制品业	1234	2701	953	60447
结构性金属制品制造	54	232	24	992
金属工具制造	236	20	20	460
集装箱及金属包装容器制造		353	115	1301
金属丝绳及其制品制造				15938
建筑、安全用金属制品制造				1925
金属表面处理及热处理加工				266
搪瓷制品制造				
金属制日用品制造				26
其他金属制品制造	944	2096	794	39538
通用设备制造业	25912	69943	9695	197629
锅炉及原动设备制造	24684	65046	5997	73748
金属加工机械制造	338	1220	573	33678
物料搬运设备制造				10636
泵、阀门、压缩机及类似机械制造	641	926	1533	30239
轴承、齿轮和传动部件制造	10	2255	2	19318
烘炉、风机、衡器、包装等设备制造	8	55	1252	17277
文化、办公用机械制造				
通用零部件制造	231	441	339	12704
其他通用设备制造业				28
专用设备制造业	554	842	1361	103366
采矿、冶金、建筑专用设备制造	196	322	399	23849
化工、木材、非金属加工专用设备制造	219	250	30	7392
食品、饮料、烟草及饲料生产专用设备制造				42
印刷、制药、日化及日用品生产专用设备制造				685
纺织、服装和皮革加工专用设备制造				1009
电子和电工机械专用设备制造			50	37158
农、林、牧、渔专用机械制造	37	226	273	7285
医疗仪器设备及器械制造			585	13230
环保、社会公共服务及其他专用设备制造	102	44	24	12717
汽车制造业	6073	5459	4576	147430
汽车整车制造	749	1144	423	110762
改装汽车制造	1054	615	84	5373
低速载货汽车制造	3068	2616	3662	2787
电车制造				6
汽车车身、挂车制造				55
汽车零部件及配件制造	1202	1083	407	28449
铁路、船舶、航空航天和其他运输设备制造业	1861	1841	6067	28351
铁路运输设备制造	1830	888	4835	23369
城市轨道交通设备制造				
船舶及相关装置制造	18	833	1064	995
航空、航天器及设备制造				
摩托车制造	13	35		1501
自行车制造		86	168	831
非公路休闲车及零配件制造				
潜水救捞及其他未列明运输设备制造				1655
电气机械和器材制造业	27516	4662	5854	99623
电机制造	590	278	364	6067
输配电及控制设备制造	7550	489	772	23676

1-J-5 续表 4

单位：万元

行业	引进技术经费支出	消化吸收经费支出	购买国内技术经费支出	技术改造经费支出
电线、电缆、光缆及电工器材制造	904	2221	330	34629
电池制造	11800		619	1180
家用电力器具制造	6274	1553	2018	23328
非电力家用器具制造	250	120	598	563
照明器具制造	149		1155	2300
其他电气机械及器材制造				7880
计算机、通信和其他电子设备制造业	8729	4184	599	93359
计算机制造	30			39661
通信设备制造			42	946
广播电视设备制造				
雷达及配套设备制造				
视听设备制造	8015	3241	21	25910
电子器件制造	642	870	524	8367
电子元件制造	42	73	12	15185
其他电子设备制造				3289
仪器仪表制造业	175	261	329	11943
通用仪器仪表制造	110	247	324	7692
专用仪器仪表制造	65	14	5	3620
钟表与计时仪器制造				612
光学仪器及眼镜制造				20
其他仪器仪表制造业				
其他制造业				
废弃资源综合利用业				
金属废料和碎屑加工处理				
非金属废料和碎屑加工处理				
金属制品、机械和设备修理业				
金属制品修理				
通用设备修理				
专用设备修理				
铁路、船舶、航空航天等运输设备修理				
电气设备修理				
仪器仪表修理				
其他机械和设备修理业				
电力、热力、燃气及水生产和供应业	**100**	**200**		**55338**
电力、热力生产和供应业	100	200		55264
电力生产				47122
电力供应				3526
热力生产和供应	100	200		4616
燃气生产和供应业				
燃气生产和供应业				
水的生产和供应业				74
自来水生产和供应				74
污水处理及其再生利用				
其他水的处理、利用与分配				

1-J-6　分行业港澳台商投资企业技术获取和技术改造情况

单位：万元

行　　业	引进技术经费支出	消化吸收经费支出	购买国内技术经费支出	技术改造经费支出
总　计	**2330**	**2336**	**29721**	**88705**
采矿业				
煤炭开采和洗选业				
石油和天然气开采业				
黑色金属矿采选业				
有色金属矿采选业				
非金属矿采选业				
开采辅助活动				
其他采矿业				
制造业	**2330**	**2336**	**29721**	**88705**
农副食品加工业				746
食品制造业				44202
酒、饮料和精制茶制造业	13	10		2090
烟草制品业				
纺织业		20	20	1320
纺织服装、服饰业	650	150	600	984
皮革、毛皮、羽毛及其制品和制鞋业				320
木材加工和木、竹、藤、棕、草制品业			260	1981
家具制造业				
造纸和纸制品业	32			258
印刷和记录媒介复制业				2255
文教、工美、体育和娱乐用品制造业				146
石油加工及炼焦				
化学原料和化学制品制造业		177	17	13137
医药制造业	300	70	27042	8398
化学纤维制造业		1404	995	1814
橡胶和塑料制品业				220
非金属矿物制品业	926	27		160
黑色金属冶炼和压延加工业				
有色金属冶炼和压延加工业				
金属制品业	71	23	51	1217
通用设备制造业	120	93	60	7927
专用设备制造业	219	362		534
汽车制造业				
铁路、船舶、航空航天和其他运输设备制造业				
电气机械和器材制造业				271
计算机、通信和其他电子设备制造业			678	725
仪器仪表制造业				
其他制造业				
废弃资源综合利用业				
金属制品、机械和设备修理业				

1-J-7　分行业外商投资企业技术获取和技术改造情况

单位：万元

行　　业	引进技术经费支出	消化吸收经费支出	购买国内技术经费支出	技术改造经费支出
总　计	**20785**	**10005**	**14586**	**106889**
制造业	**20785**	**10005**	**14586**	**106866**
农副食品加工业		1486		15455
食品制造业	15	120		924
酒、饮料和精制茶制造业				6911
烟草制品业				
纺织业	532	20	56	46
纺织服装、服饰业				49
皮革、毛皮、羽毛及其制品和制鞋业				
木材加工和木、竹、藤、棕、草制品业				
家具制造业				
造纸和纸制品业				
印刷和记录媒介复制业				
文教、工美、体育和娱乐用品制造业				112
石油加工及炼焦				33
化学原料和化学制品制造业	147	79	1185	19181
医药制造业	30	316	3304	17916
化学纤维制造业				
橡胶和塑料制品业	3500	3560	1750	20210
非金属矿物制品业	31		28	286
黑色金属冶炼和压延加工业			114	2577
有色金属冶炼和压延加工业				1000
金属制品业				973
通用设备制造业	1416	365	12	3987
专用设备制造业	63	383	42	5049
汽车制造业	3000	500	44	6032
铁路、船舶、航空航天和其他运输设备制造业	1332	3059	8015	3077
电气机械和器材制造业	801	117	38	1182
计算机、通信和其他电子设备制造业	9818			1340
仪器仪表制造业				285
其他制造业				240
废弃资源综合利用业				
金属制品、机械和设备修理业	100			
电力、热力、燃气及水生产和供应业				**23**
电力、热力生产和供应业				
燃气生产和供应业				
水的生产和供应业				23

1-J-8 各地区企业技术获取和技术改造情况

单位：万元

地 区	引进技术经费支出	消化吸收经费支出	购买国内技术经费支出	技术改造经费支出
山东省	**237143**	**215035**	**199070**	**3383764**
济南市	11220	21238	13009	570591
青岛市	21190	10404	13161	152437
淄博市	24340	6036	15047	176515
枣庄市	5206	800	1281	37106
东营市	4058	11629	5688	191454
烟台市	15350	9271	20921	567827
潍坊市	28355	70452	30679	303481
济宁市	40840	6342	2991	104748
泰安市	2075	4906	3143	103888
威海市	24248	21498	8396	243138
日照市	7221	3526	4573	224403
莱芜市	16215	11165	699	194424
临沂市	1584	3711	9528	218334
德州市	655	2617	3303	36094
聊城市	11501	11926	7163	64182
滨州市	17841	17110	28658	80122
菏泽市	5244	2406	30831	115024

1-J-9 各地区大中型企业技术获取和技术改造情况

单位：万元

地 区	引进技术经费支出	消化吸收经费支出	购买国内技术经费支出	技术改造经费支出
山东省	**231047**	**201273**	**183396**	**3157894**
济南市	10592	20551	12055	559259
青岛市	20364	10309	12853	131341
淄博市	23675	5500	14621	152392
枣庄市	4956	648	466	29301
东营市	4058	11298	5259	186087
烟台市	15287	9129	20492	550473
潍坊市	27235	70182	29407	273962
济宁市	39830	6045	2964	102621
泰安市	1754	4244	1917	92157
威海市	24197	21186	8197	214698
日照市	7221	3526	4573	219349
莱芜市	16194	10903	604	177368
临沂市	1379	3448	7579	195460
德州市	577	1305	2238	33077
聊城市	11065	11538	5931	57980
滨州市	17716	9421	23684	77063
菏泽市	4944	2043	30557	105308

1-J-10 各地区内资企业技术获取和技术改造情况

单位：万元

地 区	引进技术经费支出	消化吸收经费支出	购买国内技术经费支出	技术改造经费支出
山东省	**214028**	**202695**	**154763**	**3188171**
济南市	8102	21022	12965	566506
青岛市	20371	10394	12677	139370
淄博市	22704	5989	14543	159989
枣庄市	5206	777	1275	33315
东营市	3840	11267	5671	189940
烟台市	12711	6042	12294	553631
潍坊市	28299	70059	29081	238678
济宁市	40060	6267	2991	103161
泰安市	2045	4651	2081	102879
威海市	10930	16882	6646	204990
日照市	7101	3016	4513	215860
莱芜市	16194	10623	661	193524
临沂市	1584	3632	7505	200596
德州市	594	2234	3261	35316
聊城市	11501	11926	7163	62637
滨州市	17841	15633	27663	77949
菏泽市	4944	2282	3773	109830

1-J-11 各地区港澳台商投资企业技术获取和技术改造情况

单位：万元

地 区	引进技术经费支出	消化吸收经费支出	购买国内技术经费支出	技术改造经费支出
山东省	**2330**	**2336**	**29721**	**88705**
济南市				500
青岛市	84	10	45	2235
淄博市	926	27		3161
枣庄市		23	6	3259
东营市	219	362	17	514
烟台市	650	163	600	6906
潍坊市	32	197	1598	55438
济宁市				827
泰安市				
威海市				220
日照市	120	80	60	7820
莱芜市				
临沂市			260	3191
德州市				
聊城市				1320
滨州市		1404	995	1960
菏泽市	300	70	26142	1355

1-J-12　各地区外商投资企业技术获取和技术改造情况

单位：万元

地　区	引进技术经费支出	消化吸收经费支出	购买国内技术经费支出	技术改造经费支出
山东省	**20785**	**10005**	**14586**	**106889**
济南市	3118	216	44	3585
青岛市	735		440	10832
淄博市	710	20	504	13366
枣庄市				533
东营市				1000
烟台市	1988	3066	8027	7290
潍坊市	25	197		9365
济宁市	780	75		759
泰安市	30	255	1062	1008
威海市	13318	4616	1750	37927
日照市		430		723
莱芜市	21	542	38	900
临沂市		79	1764	14547
德州市	60	383	42	778
聊城市				225
滨州市		73		213
菏泽市		54	916	3839

第2篇

建筑业企业生产经营及财务状况

A.全社会建筑业企业

2-A-1　各地区全社会建筑业企业个数

单位：个

地　区	合计	总承包和专业承包企业	劳务分包企业	资质以外企业
山东省	**29959**	**5912**	**257**	**23790**
济南市	3238	463	23	2752
青岛市	6481	580	72	5829
淄博市	1172	392	1	779
枣庄市	787	225	3	559
东营市	696	222	2	472
烟台市	3915	830	76	3009
潍坊市	2795	519	4	2272
济宁市	1635	379	13	1243
泰安市	1417	341		1076
威海市	1795	440	17	1338
日照市	753	211	2	540
莱芜市	673	134		539
临沂市	1153	362	27	764
德州市	778	201	12	565
聊城市	603	212		391
滨州市	725	218	5	502
菏泽市	1343	183		1160

2-A-2　各地区全社会建筑业企业年末从业人员

单位：人

地　区	合计	总承包和专业承包企业	劳务分包企业	资质以外企业
山东省	**3436993**	**2839172**	**29949**	**567872**
济南市	487695	420289	4643	62763
青岛市	301746	204640	11299	85807
淄博市	348401	327560	57	20784
枣庄市	167697	143237	239	24221
东营市	107137	97209	43	9885
烟台市	274038	215904	3613	54521
潍坊市	280885	243535	145	37205
济宁市	223857	182410	2793	38654
泰安市	305068	279984		25084
威海市	132228	85588	918	45722
日照市	95943	76293	248	19402
莱芜市	59421	45577		13844
临沂市	229593	205506	3140	20947
德州市	106458	81477	2470	22511
聊城市	75027	59917		15110
滨州市	75190	60478	341	14371
菏泽市	166609	109568		57041

2－A－3　各地区全社会建筑业企业资产总计

单位：万元

地　区	合计	总承包和专业承包企业	劳务分包企业	资质以外企业
山东省	**106645161**	**81774689**	**252086**	**24618386**
济南市	19852611	15482395	12395	4357821
青岛市	18083140	12354955	97172	5631013
淄博市	5737185	5050793		686392
枣庄市	3042082	2500935	3990	537158
东营市	4301818	3859169	424	442225
烟台市	11293073	6639476	38660	4614938
潍坊市	7685933	6309554	6163	1370216
济宁市	5417474	4582092	11190	824192
泰安市	4864941	4202312		662629
威海市	4190985	2988797	26968	1175220
日照市	3516708	2394037	2189	1120482
莱芜市	1039016	775630		263386
临沂市	8524031	7750647	10294	763090
德州市	2451143	1915628	36437	499078
聊城市	2193916	1647472		546444
滨州市	2460458	1938236	6204	516018
菏泽市	1990649	1382563		608086

2－A－4　各地区全社会建筑业企业实收资本

单位：万元

地　区	合计	总承包和专业承包企业	劳务分包企业	资质以外企业
山东省	**25869519**	**14588470**	**43505**	**11237544**
济南市	4692885.00	2088723	4326	2599837
青岛市	4333411.00	2027246	12835	2293330
淄博市	1191186.00	948769		242417
枣庄市	533385.00	388671	950	143764
东营市	760224.00	581938	11	178276
烟台市	3817600.00	1254785	10552	2552263
潍坊市	1397492.00	896317	1440	499735
济宁市	1112281.00	800286	2810	309185
泰安市	1668735.00	1500637		168098
威海市	942194.00	639511	3641	299042
日照市	1153135.00	510108	1057	641969
莱芜市	339467.00	207958		131509
临沂市	1338354.00	1034195	3752	300407
德州市	593825.00	398907	1171	193747
聊城市	616119.00	444858		171261
滨州市	665773.00	418579	960	246235
菏泽市	713454.00	446983		266472

2-A-5 各行业全社会建筑业企业个数

单位：个

行 业	合计	总承包和专业承包企业	劳务分包企业	资质以外企业
总 计	**29959**	**5912**	**257**	**23790**
房屋建筑业	7438	3161	144	4133
土木工程建筑业	5256	1027	30	4199
铁路、道路、隧道和桥梁工程建筑	1954	450	2	1502
水利和内河港口工程建筑	485	165		320
海洋工程建筑	41	1		40
工矿工程建筑	278	125	1	152
架线和管道工程建筑	626	146		480
其他土木工程建筑	1872	140	27	1705
建筑安装业	6116	668	36	5412
建筑装饰和其他建筑业	11149	1056	47	10046

2-A-6 各行业全社会建筑业企业年末从业人员

单位：人

行 业	合计	总承包和专包企业	劳务分包企业	资质以外企业
总 计	**3436993**	**2838762**	**29949**	**568282**
房屋建筑业	2346509	2147451	23678	175380
土木工程建筑业	567100	449550	2131	115419
铁路、道路、隧道和桥梁工程建筑	273933	224726	22	49185
水利和内河港口工程建筑	70184	62000		8184
海洋工程建筑	1261	478		783
工矿工程建筑	77385	72087	280	5018
架线和管道工程建筑	73024	61760		11264
其他土木工程建筑	71313	28499	1829	40985
建筑安装业	238874	128120	1606	109148
建筑装饰和其他建筑业	284510	113641	2534	168335

2-A-7　各行业全社会建筑业企业资产总计

单位：亿元

行　　业	合计	总承包和专业承包企业	劳务分包企业	资质以外企业
总　计	**10665**	**8177**	**25**	**2462**
房屋建筑业	5275	4708	19	547
土木工程建筑业	3714	2749	2	963
铁路、道路、隧道和桥梁工程建筑	2102	1412	…	690
水利和内河港口工程建筑	445	400		45
海洋工程建筑	3	1		2
工矿工程建筑	512	494	…	18
架线和管道工程建筑	422	369		53
其他土木工程建筑	229	72	2	155
建筑安装业	676	372	2	302
建筑装饰和其他建筑业	1000	348	2	650

2-A-8　各行业全社会建筑业企业营业收入

单位：亿元

行　　业	合计	总承包和专业承包企业	劳务分包企业	资质以外企业
总　计	**9796**	**8124**	**32**	**1640**
房屋建筑业	5649	5141	22	487
土木工程建筑业	2611	2221	3	386
铁路、道路、隧道和桥梁工程建筑	1263	1081	…	182
水利和内河港口工程建筑	352	327		25
海洋工程建筑	3	1		2
工矿工程建筑	427	416	…	11
架线和管道工程建筑	356	322		34
其他土木工程建筑	209	74	2	132
建筑安装业	692	390	2	299
建筑装饰和其他建筑业	844	371	5	468

B.总承包和专业承包建筑业企业

2-B-1.1 按经济类型划分的总承包和专业承包企业主要经济指标

指　　标	单位	合计	内资企业	#国有	#集体	港澳台商投资企业	#港澳台商独资企业	外商投资企业	#外商独资企业
企业个数	（个）	5912	5874	285	423	19	2	19	3
从业人员	（人）	2834304	2824895	247380	227633	8058	624	1351	122
自有固定资产原价	（万元）	12341498	12240985	1906765	652154	46400	1233	54114	1394
自有固定资产净价	（万元）	7613044	7554886	1051070	400305	23961	1030	34196	626
自有机械设备年末总台数	（万台）	758029	756484	55634	73556	1283	125	262	
自有机械设备年末净值	（万元）	3337944	3306855	430685	196158	28417	332	2672	
自有机械设备年末总功率	（千瓦）	17060267	16984476	1938882	1069630	69067	4426	6724	
建筑业总产值	（万元）	84676747	84246007	11306206	4097490	374382	18663	56358	1496
本年固定资产折旧	（万元）	844629	838546	159795	36491	3217	41	2866	103
应付职工薪酬	（万元）	12141767	12105204	1277929	760280	30994	2238	5569	507
主营业务税金及附加	（万元）	2619996	2606277	340741	129374	13104	2090	615	44
管理费用中的税金	（万元）	167582	167097	13635	12969	333	10	153	2
房屋建筑施工面积	（万平方米）	64590	64545	3920	4226	24		21	
房屋建筑竣工面积	（万平方米）	23737	23721	963	2016	13		3	
利润总额	（万元）	4167033	4146658	448102	284011	11856	8683	8519	-149
税金总额	（万元）	2787578	2773373	354376	142343	13437	2100	768	46
按总产值计算的劳动生产率	（元/人）	277882	277322	431568	185745	465823	299565	419020	98401
技术装备率	（元/人）	11777	11706	17410	8617	35266	5314	19780	
动力装备率	（千瓦/人）	6	6	8	5	9	7	5	
房屋建筑面积竣工率	（%）	37	37	25	48	54		15	
产值利润率	（%）	5	5	4	7	3	47	15	-10
产值利税率	（%）	8	8	7	10	7	58	17	-7

注：本表数据为所有具有资质等级的有工作量的施工总承包、专业承包建筑业企业(不含劳务分包建筑业企业)数据。

2-B-1.2　总承包和专业承包企业主要经济指标完成情况

指　　标	单位	2013年	2012年	2013年比2012年增减(%)
企业个数	个	5912	5847	1.1
直接从事生产经营活动的平均人数	万人	305	268	13.8
签订的合同额	亿元	13345	11813	13.0
#本年新签合同额	亿元	8746	7482	16.9
建筑业总产值	亿元	8468	7281	16.3
建筑工程产值	亿元	7178	6154	16.6
安装工程产值	亿元	1043	917	13.7
其他产值	亿元	247	211	17.4
竣工产值	亿元	4636	4041	14.7
建筑业增加值	亿元	3200	2937	9.0
#本年固定资产折旧	亿元	84	69	21.6
应付职工薪酬	亿元	1214	855	41.9
主营业务税金及附加	亿元	262	215	21.7
管理费用中的税金	亿元	17	15	11.6
房屋建筑施工面积	万平方米	64590	56902	13.5
房屋建筑竣工面积	万平方米	23737	21536	10.2
年末自有施工机械设备净值	亿元	334	313	6.5
年末自有施工机械设备总功率	万千瓦	1708	1653	3.3
实收资本	亿元	1549	1641	-5.6
资产合计	亿元	8177	6948	17.7
#流动资产	亿元	6562	5533	18.6
固定资产	亿元	982	1079	-9.0
负债合计	亿元	5641	4835	16.7
#流动负债	亿元	5244	4364	20.2
利润总额	亿元	417	319	30.8
税金总额	亿元	366	304	20.2
按建筑业总产值计算的劳动生产率	元/人	277592	271691	2.2
按建筑业增加值计算的劳动生产率	元/人	104904	109590	-4.3
技术装备率	元/人	11777	11697	0.7
动力装备率	千瓦/人	6	6	-2.4
人均利税	元/人	25653	23248	10.3

2-B-1.3 各地区总承包和专业承包企业签订合同情况

单位：万元

地 区	合同总额		
		上年结转合同额	本年新签合同额
山东省	**133445929**	**45989074**	**87456855**
济南市	32208675	14577242	17631433
青岛市	19912854	8056702	11856152
淄博市	12417133	3177476	9239657
枣庄市	4398087	1317545	3080542
东营市	4102316	973868	3128449
烟台市	8322939	2319953	6002986
潍坊市	9170189	3151197	6018992
济宁市	9010823	2916085	6094737
泰安市	8066779	1456612	6610168
威海市	3118992	1071086	2047907
日照市	3111546	1182359	1929187
莱芜市	944406	314747	629659
临沂市	7523126	2116998	5406127
德州市	2795388	576562	2218826
聊城市	3356772	1482935	1873837
滨州市	2365698	645613	1720086
菏泽市	2620206	652097	1968110

2-B-1.4 各地区总承包和专业承包企业承包工程完成情况

单位：万元

地 区	直接从建设单位承揽工程完成的产值			从建设单位以外承揽工程完成的产值
		自行完成施工产值	分包出去工程的产值	
山东省	**84451636**	**83432934**	**1018701**	**1243813**
济南市	13838163	13754479	83685	93728
青岛市	11265668	11009620	256048	332719
淄博市	8582489	8149625	432864	282839
枣庄市	2754712	2752559	2153	59409
东营市	3224607	3218253	6354	14601
烟台市	6245392	6167232	78160	50600
潍坊市	6985958	6974958	11000	52033
济宁市	5674778	5605671	69107	44135
泰安市	6778686	6772087	6598	131602
威海市	2328084	2325258	2826	17089
日照市	2194800	2186136	8664	52868
莱芜市	692421	684143	8278	12177
临沂市	5770925	5758083	12842	23893
德州市	2520860	2504203	16657	17314
聊城市	1827741	1814315	13426	36473
滨州市	1766270	1759052	7219	11856
菏泽市	2000081	1997261	2820	10477

2-B-1.5　各地区总承包和专业承包企业建筑业总产值和竣工产值

单位：万元

地　区	建筑业总产值	#装饰装修产值	#在外省完成的产值	按构成分组			竣工产值
				建筑工程产值	安装工程产值	其他产值	
山东省	**84676747**	**4655004**	**14322619**	**71776856**	**10427061**	**2472830**	**46362052**
济南市	13848207	888283	4663593	12164488	1188702	495017	6457841
青岛市	11342339	882770	2157788	10111098	910115	321126	4749604
淄博市	8432463	428331	1029295	6904719	1304487	223257	4863389
枣庄市	2811967	373697	454409	2471619	279276	61073	1755540
东营市	3232854	95948	457178	2373392	738290	121173	2405915
烟台市	6217831	398412	287567	5222638	744083	251111	4032548
潍坊市	7026991	477417	186650	6003979	850860	172153	3904044
济宁市	5649806	157879	1380573	5017919	548871	83016	3335898
泰安市	6903689	296643	1757118	4678870	1944321	280498	4284663
威海市	2342348	78452	31669	2057126	229574	55648	1531447
日照市	2239004	79840	424744	2035317	144641	59046	937545
莱芜市	696320	63978	34263	506783	117171	72367	465974
临沂市	5781976	288931	915085	5140738	578578	62661	3017365
德州市	2521517	74344	350025	2047173	388521	85824	1185850
聊城市	1850788	21864	42023	1672501	143149	35138	1153071
滨州市	1770907	32206	15149	1529209	176661	65037	1024824
菏泽市	2007738	16011	135489	1839288	139761	28688	1256536

2-B-1.6　各地区总承包和专业承包企业房屋建筑面积

地　区	房屋建筑施工面积（万平方米）	#本年新开工	#实行投标承包面积		房屋建筑竣工面积（万平方米）	房屋建筑面积竣工率（%）
				#本年新开工		
山东省	**64590**	**32387**	**51901**	**27186**	**23737**	**36.8**
济南市	7696	3008	6351	2728	2012	26.1
青岛市	9336	3284	7485	2908	2114	22.6
淄博市	7358	4255	6772	3866	2800	38.1
枣庄市	2608	1436	1997	1184	1152	44.2
东营市	945	556	863	514	503	53.2
烟台市	4257	2259	3377	1861	1739	40.9
潍坊市	7172	3240	5395	2551	2466	34.4
济宁市	4352	2476	3494	2169	1850	42.5
泰安市	3718	2622	2767	2061	2130	57.3
威海市	2581	1262	1979	1009	967	37.5
日照市	1281	630	811	436	583	45.5
莱芜市	507	366	361	274	292	57.6
临沂市	5735	2866	4831	2376	2238	39.0
德州市	1755	1018	1147	745	745	42.4
聊城市	2444	1209	1887	934	783	32.0
滨州市	1199	754	928	557	535	44.7
菏泽市	1645	1144	1457	1014	827	50.3

2-B-1.7　各地区按主要用途分的总承包和

地　　区	合计	住宅房屋	商业及服务用房屋					
				商厦房屋(批发和零售用房)	宾馆用房屋(住宿用房)	餐饮用房屋(餐饮用房)	商务会展用房屋	其他商业及服务用房屋(居民服务业用房)
山东省	**237372907**	**166227824**	**13446952**	**5538342**	**995957**	**538130**	**719407**	**5655116**
济南市	20120725	12812673	1413272	342868	171750	17446	27210	853998
青岛市	21143793	13771732	1766432	508990	176749	33848	36138	1010707
淄博市	27999469	17323669	1828732	385323	40124	114787	347730	940768
枣庄市	11516137	8423670	621041	294847	42085	10852	4878	268379
东营市	5030965	3016919	196255	78505				117750
烟台市	17392766	13170578	453077	164466	101824	22493	35474	128820
潍坊市	24657201	16271035	1293400	669231	41000	27546	99823	455800
济宁市	18502604	13691697	995692	233603	101463	7518	4242	648866
泰安市	21295893	16294629	1037251	552521	118171	76004	10023	280532
威海市	9673733	6778307	572256	206318	102043	106514	25450	131931
日照市	5833179	4558174	173138	99999	6600	8669		57870
莱芜市	2922035	1760916	70813	33036	9937	9790	8400	9650
临沂市	22378199	17094794	1734408	1385891	30100	34065	75577	208775
德州市	7450662	5593400	400636	155679	126	24128	5757	214946
聊城市	7827091	5604247	174714	40960	6955	2359	32049	92391
滨州市	5353750	3773180	188175	145263	5525	4634	1615	31138
菏泽市	8274705	6288204	527660	240842	41505	37477	5041	202795

2-B-1.8　各地区按主要用途分的总承包和

地　　区	合计	住宅房屋	商业及服务用房屋					
				商厦房屋(批发和零售用房)	宾馆用房屋(住宿用房)	餐饮用房屋(餐饮用房)	商务会展用房屋	其他商业及服务用房屋(居民服务业用房)
山东省	**30607426**	**20595501**	**1940835**	**760243**	**143299**	**78257**	**124182**	**834855**
济南市	**3667979**	**1935985**	**252703**	**47588**	**39825**	**3629**	**5970**	**155692**
青岛市	2846090	1774151	318928	78598	15186	6808	17324	201012
淄博市	3742501	2240584	256156	56970	5473	18281	56407	119025
枣庄市	1336132	912790	69161	35658	5997	2188	1220	24099
东营市	743250	427970	31309	14399				16911
烟台市	2401718	1715982	80581	27691	18368	2825	3890	27806
潍坊市	3183016	2105058	178942	83252	7400	4270	19661	64359
济宁市	2256495	1666321	126728	32705	8154	908	509	84453
泰安市	2622199	2005808	135980	79024	14668	7959	1038	33291
威海市	1133638	792541	83273	29042	16054	14540	2045	21593
日照市	696163	547532	28535	17830	98	1035		9571
莱芜市	314561	182954	7167	2759	1158	1144	1000	1106
临沂市	2523456	1864183	218523	183241	3389	3711	9600	18581
德州市	833692	635831	51069	22325	1294	5598	665	21187
聊城市	851249	683651	19899	4364	666	263	4012	10596
滨州市	604988	436268	27838	21607	886	1011	355	3979
菏泽市	850301	667893	54044	23192	4684	4085	488	21595

专业承包企业房屋建筑竣工面积

单位：平方米

办公用房屋	科研、教育和医疗用房屋	科学研究用房屋	教育用房屋	医疗用房屋(卫生医疗用房)	文化、体育和娱乐用房屋	厂房及建筑物	#厂房	仓库	其他未列明的房屋建筑物
11331964	**9295843**	**663418**	**6010046**	**2622379**	**1988026**	**29361186**	**18563926**	**2206001**	**3515111**
1683635	1202965	155264	571914	475787	439109	1419558	942979	322539	826974
802319	1058162	78245	776455	203462	193639	2947952	2306590	336502	267055
1815745	1636569	119909	1045549	471111	550626	4079892	3061490	562953	201283
241633	445816	3926	275514	166376	154856	1426321	782482	19056	183744
543654	196073	9478	181334	5261	70939	837335	645652	141428	28362
510350	390594	18344	243123	129127	142853	2037002	1372046	176575	511737
915492	866528	3700	683281	179547	46485	4832128	3556902	95681	336452
687215	699509	88075	441002	170432	31702	2009227	1124612	42741	344821
1057886	285320	60989	122655	101676	91447	2380185	518438	128578	20597
158884	98734	6528	75393	16813	900	1838574	1178433	109973	116105
307892	240358	46626	169772	23960	5525	510267	274710	11383	26442
322818	92786	14000	66786	12000	9598	500642	230090	10943	153519
1375861	839284	11755	499170	328359	171128	1030670	363969	59552	72502
228982	376034	430	182901	192703	5000	718941	455846	16193	111476
142594	303514	2000	271634	29880	4078	1539621	1278994	36589	21734
315851	160520	23281	110707	26532	32188	826494	169242	17825	39517
221153	403077	20868	292856	89353	37953	426377	301451	117490	252791

专业承包企业房屋建筑竣工价值

单位：万元

办公用房屋	科研、教育和医疗用房屋	科学研究用房屋	教育用房屋	医疗用房屋(卫生医疗用房)	文化、体育和娱乐用房屋	厂房及建筑物	#厂房	仓库	其他未列明的房屋建筑物
1753889	**1509350**	**142943**	**881411**	**484996**	**501837**	**3401481**	**2168006**	**268820**	**635713**
378504	**268730**	**65464**	**115910**	**87356**	**218854**	**354889**	**257203**	**63545**	**194768**
138708	186334	11534	106783	68017	26271	334225	262237	37103	30370
273532	255926	26504	149005	80416	95900	542102	410890	55877	22424
35853	66594	647	40908	25039	20529	201379	70918	1522	28305
95926	29564	1601	27172	791	11937	116407	95828	24467	5671
83127	81185	3556	45481	32148	52125	256677	182100	21659	110381
138653	146276	352	106728	39195	7437	513017	354129	11696	81937
111603	105148	14495	60409	30244	4339	171073	89685	4958	66327
135116	44530	5993	14176	24360	12572	272966	70113	12915	2312
16166	15534	820	13585	1129	200	191759	131736	11138	23027
30896	31545	5404	22653	3488	1499	51131	29172	1807	3220
42268	9752	1400	7152	1200	1162	50817	21471	1246	19196
165364	123470	975	75458	47038	36488	102192	48086	3465	9771
32634	43682	45	21994	21644	500	55691	39048	1316	12969
19241	37646	120	32074	5453	389	80034	67091	4505	5884
36139	20140	1657	15215	3267	6441	71304	15114	1665	5194
20159	43296	2374	26710	14212	5195	35821	23186	9936	13957

2-B-1.9 各地区总承包和专业承包企业施工机械设备情况

地区	年末自有施工机械设备总台数(台)	年末自有施工机械设备总功率(万千瓦)	年末自有施工机械设备净值(万元)	技术装备率(元/人)	动力装备率(千瓦/人)
山东省	**758029**	**1706**	**3337944**	**11777**	**6.0**
济南市	48379	161	394216	9386	3.8
青岛市	47900	127	248437	12257	6.3
淄博市	96751	172	308911	9432	5.3
枣庄市	40117	51	161813	11297	3.5
东营市	26498	126	322377	33163	13.0
烟台市	80267	291	386327	17919	13.5
潍坊市	67168	119	259624	10684	4.9
济宁市	46775	97	235593	12917	5.3
泰安市	94479	129	237629	8487	4.6
威海市	56820	125	132268	15478	14.6
日照市	15767	39	81725	10838	5.1
莱芜市	11344	30	55123	12205	6.7
临沂市	36430	73	181776	8847	3.5
德州市	12933	26	60294	7408	3.2
聊城市	17111	42	71605	11967	7.0
滨州市	27117	41	116593	19315	6.8
菏泽市	32173	58	83636	7633	5.3

2-B-1.10 各地区总承包和专业承包企业建筑材料消耗情况

地区	钢材(吨)	木材(立方米)	水泥(吨)	玻璃		铝材(吨)
				重量箱	平方米	
山东省	**31647612**	**12093134**	**102259154**	**7903467**	**66521930**	**2040794**
济南市	3643261	1074826	8322782	471497	3630557	254616
青岛市	2941466	917397	5726693	423667	3220142	42122
淄博市	4381316	1319438	7392561	831095	6173683	101223
枣庄市	1199452	631528	5323999	981014	4844683	62778
东营市	768974	252134	2725048	208918	2139218	91161
烟台市	2251228	779463	9665048	676173	5052765	94254
潍坊市	2700306	1127212	9934785	878166	8863290	227835
济宁市	2510014	647239	6366959	685488	4769031	72710
泰安市	2083239	954524	9336098	627076	8768998	276624
威海市	2290274	572595	7643505	179668	3099047	65428
日照市	961977	365264	2753294	114768	1395401	118237
莱芜市	361512	244260	902032	63276	777026	62413
临沂市	1986031	1917163	15916523	425543	4109375	141874
德州市	913791	330344	2998488	214470	2378172	179322
聊城市	677056	237881	2331155	697312	3414425	47665
滨州市	721644	259459	1723236	245075	1676666	33021
菏泽市	1256071	462407	3196948	180261	2209451	169511

2-B-1.11　各地区总承包和专业承包企业主要生产效益指标

地　　区	建筑业企业个数（个）	直接从事生产经营活动的平均人数（人）	按总产值计算的劳动生产率（元/人）	人均竣工产值（元/人）	人均施工面积（平方米/人）	人均竣工面积（平方米/人）
山东省	**5912**	**3050399**	**277592**	**151987**	**212**	**78**
济南市	463	401570	344852	160815	192	50
青岛市	580	351219	322942	135232	266	60
淄博市	392	324505	259856	149871	227	86
枣庄市	225	151022	186196	116244	173	76
东营市	222	100988	320123	238238	94	50
烟台市	830	236879	262490	170237	180	73
潍坊市	519	244953	286871	159379	293	101
济宁市	379	195234	289386	170867	223	95
泰安市	341	270259	255447	158539	138	79
威海市	440	92386	253539	165766	279	105
日照市	211	61596	363498	152209	208	95
莱芜市	134	43173	161286	107932	118	68
临沂市	362	243896	237067	123715	235	92
德州市	201	83165	303195	142590	211	90
聊城市	212	75856	243987	152008	322	103
滨州市	218	67527	262252	151765	178	79
菏泽市	183	106171	189104	118350	155	78

2-B-1.12　各地区总承包和专业承包企业营业额

单位：万元

地　　区	企业营业额	在境外完成的营业额	企业总产值	#建筑业总产值
山东省	**81235650**	**2407749**	**91854387**	**84676747**
济南市	13864086	314480	14453247	13848207
青岛市	12614757	1514902	14795118	11342339
淄博市	8532371	210732	9022656	8432463
枣庄市	2727474	17537	2916965	2811967
东营市	3213918	80579	3308477	3232854
烟台市	6261863	137397	6697960	6217831
潍坊市	6380435	36018	7192016	7026991
济宁市	5051530	7490	5731032	5649806
泰安市	5492605	23612	7946116	6903689
威海市	2101616	11114	2438892	2342348
日照市	2013936	885	2253174	2239004
莱芜市	622339	806	737425	696320
临沂市	5249301	36011	5859121	5781976
德州市	2000257		2714389	2521517
聊城市	1745527	7373	1880379	1850788
滨州市	1540537	8812	1896933	1770907
菏泽市	1823095		2010489	2007738

2-B-1.13 各地区总承包和专业承包企业资产情况

单位：万元

地区	资产合计	#流动资产小计	#存货	#固定资产合计
山东省	**81774689**	**65620443**	**15832213**	**9820568**
济南市	15482395	12799555	2904960	1309411
青岛市	12354955	10072212	2376880	968619
淄博市	5050793	4002511	798859	778008
枣庄市	2500935	2047936	581421	418920
东营市	3859169	3028824	841822	669678
烟台市	6639476	5288729	1259312	869121
潍坊市	6309554	5150823	1131151	735539
济宁市	4582092	3827630	1082980	549196
泰安市	4202312	3349667	831282	550958
威海市	2988797	2113696	766666	690991
日照市	2394037	1927125	529110	301816
莱芜市	775630	573392	101259	160054
临沂市	7750647	6198639	1674028	636019
德州市	1915628	1501435	254183	280689
聊城市	1647472	1335710	263749	214741
滨州市	1938236	1445348	250480	337300
菏泽市	1382563	957213	184073	349510

2-B-1.14 各地区总承包和专业承包企业固定资产情况

单位：万元

地区	固定资产合计	固定资产原价	固定资产折旧	#本年折旧	在建工程
山东省	**9820568**	**12341498**	**4728455**	**844629**	**797332**
济南市	1309411	1605464	800798	145847	57550
青岛市	968619	1353757	602781	86432	82478
淄博市	778008	1061754	436658	74787	60900
枣庄市	418920	489459	126831	21496	35669
东营市	669678	893042	296860	44164	35627
烟台市	869121	1311499	542376	87013	65018
潍坊市	735539	915410	342277	69971	80489
济宁市	549196	772061	301135	56261	41975
泰安市	550958	675018	243597	39141	48956
威海市	690991	613514	214357	53292	47222
日照市	301816	346580	134749	19354	58982
莱芜市	160054	163724	56399	12576	37108
临沂市	636019	774595	237328	39153	33943
德州市	280689	340468	103726	37033	29788
聊城市	214741	258536	80597	15234	23538
滨州市	337300	407360	123925	17357	34432
菏泽市	349510	359258	84061	25519	23659

2-B-1.15　各地区总承包和专业承包企业负债及所有者权益

单位：万元

地　　区	负债合计			所有者权益	
		#流动负债	#应付账款		#实收资本
山东省	**56407795**	**52441487**	**16331868**	**25366895**	**14588470**
济南市	12278566	11454101	4804345	3203829	2088723
青岛市	9197218	8331978	2185608	3157737	2027246
淄博市	3039693	2946755	1122353	2011100	948769
枣庄市	1726560	1665086	374236	774375	388671
东营市	2599064	2521276	1038104	1260105	581938
烟台市	4369055	4162584	1249247	2270421	1254785
潍坊市	4170405	3857499	860016	2139149	896317
济宁市	3084234	2807441	854706	1497858	800286
泰安市	2040234	1762336	575038	2162078	1500637
威海市	1852627	1751475	465180	1136169	639511
日照市	1626019	1536574	429280	768018	510108
莱芜市	396383	377239	119895	379248	207958
临沂市	5844229	5480685	1291968	1906419	1034195
德州市	1181388	1131241	389622	734240	398907
聊城市	1083933	1039711	190281	563539	444858
滨州市	1243547	1142668	276876	694689	418579
菏泽市	674640	472838	105114	707922	446983

2-B-1.16　各地区总承包和专业承包企业实收资本

单位：万元

地　　区	合计	国家资本	集体资本	法人资本	个人资本	港澳台资本	外商资本
山东省	**14588470**	**1939024**	**1332988**	**5337836**	**5946440**	**19059**	**13123**
济南市	2088723	758306	93124	731543	494698	9800	1251
青岛市	2027246	327811	49402	805263	844646	125	
淄博市	948769	116982	54653	294376	478081	3517	1162
枣庄市	388671	40216	50519	154233	143703		
东营市	581938	49787	70435	166059	295657		
烟台市	1254785	107366	85709	339053	716291	4858	1509
潍坊市	896317	40459	80494	317125	451777		6463
济宁市	800286	66422	158560	254081	320740		485
泰安市	1500637	68884	232347	951960	245619	600	1227
威海市	639511	22879	102160	291285	223187		
日照市	510108	35839	32928	226404	214938		
莱芜市	207958	29222	26090	61949	90697		
临沂市	1034195	49607	58686	214159	711743		
德州市	398907	74459	89867	68191	166390		
聊城市	444858	52837	30092	110028	250875		1026
滨州市	418579	59113	62787	129243	167276	160	
菏泽市	446983	38837	55135	222886	130125		

2-B-1.17 各地区总承包和专业承包企业收入情况

单位：万元

地 区	主营业务收入	#主营业务成本	#主营业务税金及附加	其他业务收入	#其他业务成本	#其他业务利润
山东省	**80234040**	**69324107**	**2619996**	**1001610**	**1387049**	**131503**
济南市	13635232	12019996	428128	228854	349642	26738
青岛市	12448339	11087158	314541	166418	179835	32213
淄博市	8478603	7565516	274483	53769	58502	5315
枣庄市	2618718	2203974	97403	108756	93653	9466
东营市	3156193	2713695	90142	57726	62866	2010
烟台市	6225471	5088458	219010	36392	60422	4343
潍坊市	6286907	5414231	221944	93528	126660	14865
济宁市	5034964	4325734	166854	16567	113270	6432
泰安市	5460474	4447612	214548	32131	40749	6301
威海市	2084330	1672829	105611	17287	20752	3143
日照市	1978339	1717858	66442	35598	38608	3582
莱芜市	617146	459364	21127	5193	58213	171
临沂市	5129597	4435708	167022	119706	136382	3936
德州市	1990284	1706100	65581	9973	30709	6969
聊城市	1741645	1564131	56130	3882	5319	1674
滨州市	1525058	1291280	46538	15479	10731	4088
菏泽市	1822742	1610465	64494	354	738	259

2-B-1.18 各地区总承包和专业承包企业费用情况

单位：万元

地 区	管理费用	#税金	销售费用	财务费用	#利息收入	#利息支出
山东省	**2659457**	**167582**	**334583**	**582385**	**110394**	**558971**
济南市	513484	15676	29615	63618	58177	150011
青岛市	372750	16886	21997	81816	24464	77013
淄博市	250334	7784	26203	48751	2475	43667
枣庄市	120315	9883	34074	19059	420	9832
东营市	128545	9722	17258	34218	1348	28094
烟台市	232753	11611	34875	57626	6436	55418
潍坊市	170429	22288	14111	49624	2779	41077
济宁市	156384	9874	12335	44913	4750	39574
泰安市	204048	20193	42979	35809	3662	22989
威海市	102266	5704	14020	22903	2253	12705
日照市	62371	3037	8889	23789	-378	21534
莱芜市	22170	3177	7926	5577	67	4103
临沂市	116445	12942	35844	42090	901	19336
德州市	52018	5684	7268	14316	734	10136
聊城市	57460	4117	3692	11196	1124	6981
滨州市	55702	5366	12667	14097	761	11773
菏泽市	41984	3637	10832	12982	421	4729

2-B-1.19　各地区总承包和专业承包企业利润及税金情况

单位：万元

地　区	利润总额	#应交所得税	税金总额	主营业务税金及附加	管理费用中的税金
山东省	**4167033**	**824246**	**2787578**	**2619996**	**167582**
济南市	499552	98978	443804	428128	15676
青岛市	409131	93118	331427	314541	16886
淄博市	303983	66106	282267	274483	7784
枣庄市	152429	29868	107286	97403	9883
东营市	163328	40067	99864	90142	9722
烟台市	565138	106328	230622	219010	11611
潍坊市	387080	85866	244232	221944	22288
济宁市	250809	47112	176728	166854	9874
泰安市	505056	62036	234741	214548	20193
威海市	151344	30610	111315	105611	5704
日照市	89985	23041	69478	66442	3037
莱芜市	46359	8594	24303	21127	3177
临沂市	292752	62580	179964	167022	12942
德州市	124515	22168	71265	65581	5684
聊城市	47952	14135	60247	56130	4117
滨州市	94085	20995	51904	46538	5366
菏泽市	83535	12647	68132	64494	3637

2-B-1.20　各地区总承包和专业承包企业应收工程款及企业亏损情况

地　区	应收工程款(万元)	企业个数(个)	#亏损企业个数	亏损企业的比重(%)
山东省	**21054890**	**5912**	**501**	**8.5**
济南市	3855265	463	75	16.2
青岛市	2832994	580	61	10.5
淄博市	1632858	392	46	11.7
枣庄市	547660	225	7	3.1
东营市	1213378	222	23	10.4
烟台市	1907504	830	35	4.2
潍坊市	1679635	519	24	4.6
济宁市	1206124	379	27	7.1
泰安市	1596488	341	5	1.5
威海市	568640	440	22	5.0
日照市	609234	211	32	15.2
莱芜市	213761	134	8	6.0
临沂市	1585675	362	47	13.0
德州市	500070	201	12	6.0
聊城市	412327	212	39	18.4
滨州市	432921	218	28	12.8
菏泽市	260357	183	10	5.5

2-B-1.21 各地区总承包和专业承包企业主要经济效益指标

地　　区	产值利润率(%)	产值利税率(%)	人均利润(元/人)	人均利税(元/人)	资产负债率(%)
山东省	**4.9**	**3.3**	**13661**	**9138**	**69.0**
济南市	3.6	3.2	12440	11052	79.3
青岛市	3.6	2.9	11649	9436	74.4
淄博市	3.6	3.3	9368	8698	60.2
枣庄市	5.4	3.8	10093	7104	69.0
东营市	5.1	3.1	16173	9889	67.3
烟台市	9.1	3.7	23858	9736	65.8
潍坊市	5.5	3.5	15802	9971	66.1
济宁市	4.4	3.1	12847	9052	67.3
泰安市	7.3	3.4	18688	8686	48.6
威海市	6.5	4.8	16382	12049	62.0
日照市	4.0	3.1	14609	11280	67.9
莱芜市	6.7	3.5	10738	5629	51.1
临沂市	5.1	3.1	12003	7379	75.4
德州市	4.9	2.8	14972	8569	61.7
聊城市	2.6	3.3	6321	7942	65.8
滨州市	5.3	2.9	13933	7686	64.2
菏泽市	4.2	3.4	7868	6417	48.8

2-B-2.1 各地区国有及国有控股总承包和专业承包企业签订合同情况

单位：万元

地　　区	合同总额		
		上年结转合同额	本年新签合同额
山东省	**42303098**	**18085614**	**24217485**
济南市	24415165	11361406	13053760
青岛市	6402492	2779442	3623050
淄博市	976129	234077	742053
枣庄市	536191	117437	418753
东营市	1570047	612083	957964
烟台市	828727	291622	537105
潍坊市	268017	65697	202320
济宁市	2809658	1090773	1718885
泰安市	886402	217054	669348
威海市	105454	10361	95093
日照市	1067828	509439	558389
莱芜市	139294	61328	77966
临沂市	367105	62010	305095
德州市	477090	115935	361155
聊城市	292198	172284	119914
滨州市	694818	215796	479022
菏泽市	466482	168871	297612

2-B-2.2　各地区国有及国有控股总承包和专业承包企业承包工程完成情况

单位：万元

地　区	直接从建设单位承揽工程完成的产值	自行完成施工产值	分包出去工程的产值	从建设单位以外承揽工程完成的产值
山东省	**20080354**	**19530451**	**549903**	**313448**
济南市	9300765	9229509	71256	47399
青岛市	2621917	2543130	78786	91608
淄博市	764136	435725	328411	133834
枣庄市	410717	410537	180	100
东营市	1149661	1149661		
烟台市	595851	536092	59760	11531
潍坊市	205335	204085	1250	1826
济宁市	1575324	1565398	9926	11476
泰安市	680928	680928		560
威海市	78982	78982		
日照市	711561	711561		820
莱芜市	79972	79972		
临沂市	282513	282503	10	3230
德州市	555856	555533	323	
聊城市	186017	186017		1450
滨州市	539343	539343		3689
菏泽市	341476	341476		5925

2-B-2.3　各地区国有及国有控股总承包和专业承包企业建筑业总产值和竣工产值

单位：万元

地　区	建筑业总产值	#装饰装修产值	#在外省完成的产值	按构成分组			竣工产值
				建筑工程产值	安装工程产值	其他产值	
山东省	**19843899**	**389285**	**8347107**	**16828348**	**2358027**	**657524**	**7925561**
济南市	9276908	283221	4294367	8213721	665612	397575	3791163
青岛市	2634739	10177	1133345	2290867	338200	5671	677090
淄博市	569559	34806	296468	264224	275481	29854	307831
枣庄市	410637	11823	49904	366839	42656	1142	186265
东营市	1149661	18402	433644	662155	468439	19068	825604
烟台市	547623	80	115409	407804	99925	39894	236569
潍坊市	205911	721	7930	189816	5988	10108	79232
济宁市	1576874	8165	1065928	1368073	195754	13047	613277
泰安市	681488	15351	331082	553839	66864	60785	228145
威海市	78982	1796		49841	29098	42	78136
日照市	712381	23	215965	654803	37232	20346	53336
莱芜市	79972	1245	5256	68525	11447		20521
临沂市	285733	1140	11200	278128	7547	58	133373
德州市	555533		316500	533819	14661	7053	91880
聊城市	187467		24481	164412	6194	16860	132484
滨州市	543032		5664	436323	73034	33674	238280
菏泽市	347400	2335	39966	325160	19894	2347	232375

2-B-2.4　各地区按主要用途分的国有及国有控股

地　区	合计	住宅房屋	商业及服务用房屋	商厦房屋(批发和零售用房)	宾馆用房屋(住宿用房)	餐饮用房屋(餐饮用房)	商务会展用房屋	其他商业及服务用房屋(居民服务业用房)
山东省	**15555486**	**8581343**	**1344994**	**210222**	**167749**	**20045**	**20210**	**926768**
济南市	8977855	4363894	950296	210222	167749	17446	20210	534669
青岛市	1336624	441252	210000					210000
淄博市	419916	335342	2327			2327		
枣庄市	1088929	1071241						
东营市	247150	89801						
烟台市	219948	151695						
潍坊市	249500	193180						
济宁市	655274	497297						
泰安市	287435	158851	128584					128584
威海市	400108	298800						
日照市	3545	3273	272			272		
莱芜市	182837	124156						
临沂市	212974	191515	3829					3829
德州市	112908	96308						
聊城市	29110	5100						
滨州市	233026	114863						
菏泽市	898347	444775	49686					49686

2-B-2.5　各地区按主要用途分的国有及国有控股

地　区	合计	住宅房屋	商业及服务用房屋	商厦房屋(批发和零售用房)	宾馆用房屋(住宿用房)	餐饮用房屋(餐饮用房)	商务会展用房屋	其他商业及服务用房屋(居民服务业用房)
山东省	**2798424**	**1249057**	**225244**	**26704**	**38815**	**4015**	**5170**	**150540**
济南市	1941724	704520	175196	26704	38815	3629	5170	100879
青岛市	143673	55585	25524					25524
淄博市	67476	49718	336			336		
枣庄市	110502	107463						
东营市	58833	13548						
烟台市	35836	17703						
潍坊市	45634	34176						
济宁市	127464	90784						
泰安市	42559	25843	16716					16716
威海市	40005	31790						
日照市	358	308	50			50		
莱芜市	20521	14321						
临沂市	19253	17150	305					305
德州市	10951	10453						
聊城市	2309	867						
滨州市	26297	14545						
菏泽市	105033	60284	7118					7118

总承包和专业承包企业房屋建筑竣工面积

单位：平方米

办公用房屋	科研、教育和医疗用房屋	科学研究用房屋	教育用房屋	医疗用房屋(卫生医疗用房)	文化、体育和娱乐用房屋	厂房及建筑物	#厂房	仓库	其他未列明的房屋建筑物
2010401	**752097**	**129229**	**303447**	**319421**	**438861**	**1750712**	**1325036**	**148803**	**528275**
1384356	628887	119625	253641	255621	401519	728601	434906	136592	383710
163465						521907	521907		
2937	1100			1100		78210	47210		
9800					7888				
109026	4063		4063			44260	44260		
11287					6257	50709	28267		
	11000		11000			45320	45320		
113000					6439	38538	2138		
						101308	101308		
58681									
1222	8329		8329			3000			5079
1500						12100	230	3000	
4810	9950		9950			9250			
112320						4593			1250
37997	88768	9604	16464	62700	16758	112916	99490	9211	138236

总承包和专业承包企业房屋建筑竣工价值

单位：万元

办公用房屋	科研、教育和医疗用房屋	科学研究用房屋	教育用房屋	医疗用房屋(卫生医疗用房)	文化、体育和娱乐用房屋	厂房及建筑物	#厂房	仓库	其他未列明的房屋建筑物
422356	**178478**	**60945**	**59354**	**58178**	**219842**	**368308**	**277650**	**34701**	**100439**
309724	160246	59541	51432	49273	212716	254604	183783	33351	91367
26982						35582	35582		
357	346			346		16718	13618		
1041					1998				
33709	1046		1046			10530	10530		
974					1230	15930	10407		
	3300		3300			8158	8158		
26352					1288	9040	1382		
						8215	8215		
6200									
122	688		688			464			524
45						363	7	90	
389	527		527			526			
11154						353			245
5308	12325	1404	2363	8559	2610	7825	5969	1260	8303

2-B-2.6 各地区国有及国有控股总承包和专业承包企业房屋建筑面积

地 区	房屋建筑施工面积(万平方米)	#本年新开工	#实行投标承包面积	#本年新开工	房屋建筑竣工面积(万平方米)	房屋建筑面积竣工率(%)
山东省	**7609**	**2650**	**6067**	**2477**	**1556**	**20.4**
济南市	4463	1467	3804	1458	898	20.1
青岛市	1428	288	802	283	134	9.4
淄博市	116	38	116	38	42	36.2
枣庄市	391	165	375	148	109	27.8
东营市	158	24	158	24	25	15.6
烟台市	48	32	18	15	22	45.5
潍坊市	69	67	24	22	25	36.2
济宁市	322	175	252	166	66	20.4
泰安市	34	20	16	16	29	83.4
威海市	68	57	60	53	40	59.1
日照市	83	37	71	35	…	0.4
莱芜市	34	19	34	19	18	54.0
临沂市	72	44	50	24	21	29.5
德州市	26	15	26	15	11	44.1
聊城市	14	14	5	5	3	21.3
滨州市	62	39	39	6	23	37.7
菏泽市	220	149	217	149	90	40.9

2-B-2.7 各地区国有及国有控股总承包和专业承包企业施工机械设备情况

地 区	年末自有施工机械设备总台数（台）	年末自有施工机械设备总功率（千瓦）	年末自有施工机械设备净值（万元）	技术装备率（元/人）	动力装备率（千瓦/人）
山东省	**95377**	**3396229**	**827488**	**18733**	**8**
济南市	26117	1038702	262528	12215	5
青岛市	10288	454258	77520	12724	7
淄博市	10394	170036	51517	40991	14
枣庄市	6554	76352	25473	17915	5
东营市	5401	309478	86603	46825	17
烟台市	3361	226900	74846	67007	20
潍坊市	4149	83419	19959	28290	12
济宁市	4277	294676	72979	30348	12
泰安市	2698	99786	26838	19704	7
威海市	5360	119815	7504	20879	33
日照市	2193	108781	31093	37340	13
莱芜市	426	23510	10134	48908	11
临沂市	2016	67325	8088	9446	8
德州市	1856	76126	15685	22439	11
聊城市	2133	69076	14979	20371	9
滨州市	2910	114331	26479	18842	8
菏泽市	5244	63658	15266	11085	5

2-B-2.8 各地区国有及国有控股总承包和专业承包企业主要生产效益指标

地 区	建筑业企业个数（个）	直接从事生产经营活动的平均人数（人）	按总产值计算的劳动生产率（元/人）	人均竣工产值（元/人）	人均施工面积（平方米/人）	人均竣工面积（平方米/人）
山东省	**479**	**441738**	**449223**	**179418**	**172**	**35**
济南市	85	214918	431649	176400	208	42
青岛市	42	60924	432463	111137	234	22
淄博市	23	12568	453182	244932	92	33
枣庄市	27	14219	288794	130997	275	77
东营市	12	18495	621607	446393	86	13
烟台市	38	11170	490262	211789	43	20
潍坊市	26	7055	291866	112306	98	35
济宁市	31	24047	655747	255033	134	27
泰安市	17	13620	500359	167508	25	21
威海市	13	3594	219759	217407	188	111
日照市	17	8327	855508	64052	100	0
莱芜市	4	2072	385966	99038	163	88
临沂市	36	8562	333722	155773	84	25
德州市	24	6990	794755	131445	37	16
聊城市	27	7353	254953	180177	19	4
滨州市	30	14053	386417	169558	44	17
菏泽市	27	13771	252269	168742	159	65

2-B-2.9 各地区国有及国有控股总承包和专业承包企业营业额

单位：万元

地　　区	企业营业额	在境外完成的营业额	企业总产值	#建筑业总产值
山东省	**21701436**	**1796152**	**21970991**	**19843899**
济南市	9299540	299933	9628780	9276908
青岛市	4517432	1355256	4222934	2634739
淄博市	965148	53534	605268	569559
枣庄市	481238		491513	410637
东营市	1063091	80579	1149661	1149661
烟台市	699257		608694	547623
潍坊市	205204		207702	205911
济宁市	1606926	3792	1577244	1576874
泰安市	597522	3058	683589	681488
威海市	63720		81076	78982
日照市	627953		712424	712381
莱芜市	58051		80072	79972
临沂市	211928		285863	285733
德州市	397469		555533	555533
聊城市	200768		189174	187467
滨州市	402976		543544	543032
菏泽市	303215		347921	347400

2-B-2.10 各地区国有及国有控股总承包和专业承包企业资产情况

单位：万元

地　　区	资产合计	#流动资产小计	#存货	#非流动资产合计	#固定资产合计
山东省	**23914026**	**19657327**	**5619262**	**4256699**	**2641608**
济南市	10706448	8921000	2073415	1785449	967729
青岛市	4535718	3683436	1337279	852282	360564
淄博市	805664	578728	161455	226936	165786
枣庄市	908776	829788	422906	78988	76486
东营市	1286577	1120997	482303	165580	156911
烟台市	801820	622563	159267	179257	123629
潍坊市	346105	279277	36189	66829	53905
济宁市	1275487	1129540	418388	145947	114107
泰安市	426829	359729	95235	67100	51102
威海市	86087	58691	17578	27396	26095
日照市	725720	587936	130661	137784	113740
莱芜市	100237	85392	21836	14845	14212
临沂市	489501	299550	77067	189952	178287
德州市	473488	368430	65023	105058	68736
聊城市	230266	173759	48272	56508	44293
滨州市	381514	304442	23797	77072	61295
菏泽市	333788	254072	48591	79716	64731

2-B-2.11 各地区国有及国有控股总承包和专业承包企业固定资产情况

单位：万元

地 区	固定资产合计	固定资产原价	固定资产折旧		在建工程
				#本年折旧	
山东省	**2641608**	**3514652**	**1584857**	**270308**	**153121**
济南市	967729	1164590	620336	112229	28112
青岛市	360564	598174	290986	36153	26826
淄博市	165786	177812	70793	26337	21195
枣庄市	76486	81303	19658	4155	11010
东营市	156911	256518	105767	12772	5261
烟台市	123629	182222	72873	10535	13015
潍坊市	53905	89747	38659	3353	189
济宁市	114107	201722	100953	14384	5243
泰安市	51102	79206	41494	5569	2020
威海市	26095	20020	5629	1602	1961
日照市	113740	140219	59280	6838	15583
莱芜市	14212	22725	10046	1217	1169
临沂市	178287	185270	20195	2353	5048
德州市	68736	98470	38229	24114	7300
聊城市	44293	60837	21960	2307	4382
滨州市	61295	104424	48605	3462	3147
菏泽市	64731	51393	19395	2928	1660

2-B-2.12 各地区国有及国有控股总承包和专业承包企业负债及所有者权益

单位：万元

地 区	负债合计			所有者权益	
		#流动负债	#应付账款		#实收资本
山东省	**19348245**	**17929927**	**7148193**	**4565781**	**2857050**
济南市	8776410	8147354	3860851	1930039	1196240
青岛市	3887216	3574800	1008580	648503	460996
淄博市	634464	625610	356814	171201	110782
枣庄市	758618	754986	124682	150158	102366
东营市	1121700	1110812	458991	164877	81556
烟台市	557527	499676	216976	244292	120448
潍坊市	252436	248890	39635	93669	38630
济宁市	1066241	962387	452381	209246	135511
泰安市	242148	234251	98660	184681	88945
威海市	58273	53061	5053	27814	18980
日照市	569109	532668	146906	156611	140044
莱芜市	46763	45685	15547	53474	28176
临沂市	430033	283872	58263	59468	63529
德州市	338311	337775	116685	135177	73543
聊城市	145503	137755	29770	84764	60202
滨州市	266493	220206	93395	115021	74538
菏泽市	197001	160140	65004	136787	62564

2-B-2.13 各地区国有及国有控股总承包和专业承包企业实收资本

单位：万元

地 区	合计	国家资本	集体资本	法人资本	个人资本	港澳台资本	外商资本
山东省	**2857050**	**1826837**	**24162**	**962224**	**43486**	**160**	**182**
济南市	1196240	721025	50	461420	13745		
青岛市	460996	320600	540	138637	1219		
淄博市	110782	109782		500	500		
枣庄市	102366	39649	2612	58038	2068		
东营市	81556	45164	960	29106	6326		
烟台市	120448	105882	776	13545	245		
潍坊市	38630	29034	2000	6716	880		
济宁市	135511	59527	1000	73197	1605		182
泰安市	88945	60966	4493	23082	404		
威海市	18980	16209		2771			
日照市	140044	35814		103110	1120		
莱芜市	28176	26176		2000			
临沂市	63529	44948	90	9536	8955		
德州市	73543	64570	4470	2855	1648		
聊城市	60202	51774	834	6360	1234		
滨州市	74538	56881	6336	8921	2240	160	
菏泽市	62564	38837		22431	1297		

2-B-2.14 各地区国有及国有控股总承包和专业承包企业收入情况

单位：万元

地 区	主营业务收入	#主营业务成本	#主营业务税金及附加	其他业务收入	#其他业务成本	#其他业务利润
山东省	**21356050**	**19112791**	**589972**	**345386**	**356796**	**40026**
济南市	9146416	8270338	278224	153124	120622	8107
青岛市	4459816	4080915	81793	57616	44154	13891
淄博市	950098	878932	22710	15050	13648	1375
枣庄市	400836	347396	12148	80402	66470	7944
东营市	1046940	950275	21195	16150	20143	272
烟台市	695074	557063	23782	4184	13809	419
潍坊市	204536	179473	6601	668	91	124
济宁市	1606544	1361193	51206	382	64271	-18
泰安市	586600	495908	18155	10922	8882	3571
威海市	63151	48669	2827	569	306	
日照市	626340	565662	20919	1614	786	675
莱芜市	58051	47653	2528			
临沂市	211299	177888	7204	629	888	380
德州市	396612	359972	11525	857	260	757
聊城市	200695	171303	6945	73	1459	56
滨州市	400151	346383	12443	2824	296	2216
菏泽市	302892	273769	9767	323	710	259

2-B-2.15　各地区国有及国有控股总承包和专业承包企业费用情况

单位：万元

地　区	管理费用		销售费用	财务费用		
		#税金			#利息收入	#利息支出
山东省	**757453**	**28835**	**37847**	**108133**	**69790**	**192653**
济南市	315646	6810	12982	36962	48715	121089
青岛市	149978	2684	6955	8856	18839	20712
淄博市	28928	1336	1323	1933	1065	2556
枣庄市	29233	1572	2881	3442	57	2559
东营市	52111	5888	874	12580	255	11216
烟台市	27422	554	1634	5671	85	1950
潍坊市	9827	2507	118	2080	179	1501
济宁市	45158	1344	183	15935	457	14199
泰安市	24136	1069	5579	3415	285	3074
威海市	4377	156	983	445	0	369
日照市	13223	526	8	7525	-775	7876
莱芜市	2519	133		860	14	615
临沂市	14439	554	602	2430	69	388
德州市	12647	683	911	1257	62	1111
聊城市	7253	1573	501	672	34	111
滨州市	14648	936	1825	1888	172	1425
菏泽市	5908	511	486	2182	279	1904

2-B-2.16　各地区国有及国有控股总承包和专业承包企业利润及税金情况

单位：万元

地　区	利润总额		税金总额		
		#应交所得税		主营业务税金及附加	管理费用中的税金
山东省	**730615**	**149632**	**618808**	**589972**	**28835**
济南市	299132	59340	285035	278224	6810
青岛市	119098	28449	84478	81793	2684
淄博市	16639	5148	24045	22710	1336
枣庄市	14001	3868	13720	12148	1572
东营市	2081	5472	27082	21195	5888
烟台市	71889	13655	24337	23782	554
潍坊市	6920	1850	9107	6601	2507
济宁市	69081	6287	52549	51206	1344
泰安市	41197	2246	19223	18155	1069
威海市	4088	930	2983	2827	156
日照市	15149	4585	21445	20919	526
莱芜市	4492	1039	2662	2528	133
临沂市	5865	1814	7757	7204	554
德州市	10480	2139	12208	11525	683
聊城市	12732	3438	8519	6945	1573
滨州市	25588	6832	13380	12443	936
菏泽市	12184	2541	10279	9767	511

2-B-2.17　各地区国有及国有控股总承包和专业承包企业应收工程款及企业亏损情况

地　区	应收工程款(万元)	企业个数(个)		亏损企业的比重(%)
			#亏损企业个数	
山东省	**5671591**	**479**	**73**	**15.2**
济南市	2694222	85	14	16.5
青岛市	761359	42	1	2.4
淄博市	213366	23	6	26.1
枣庄市	101072	27	3	11.1
东营市	430706	12	3	25.0
烟台市	239708	38	3	7.9
潍坊市	46252	26	6	23.1
济宁市	322183	31	4	12.9
泰安市	149866	17		
威海市	10424	13	1	7.7
日照市	250147	17	3	17.6
莱芜市	26696	4	1	25.0
临沂市	67814	36	7	19.4
德州市	102802	24	2	8.3
聊城市	26248	27	9	33.3
滨州市	131051	30	6	20.0
菏泽市	97674	27	4	14.8

2-B-2.18　各地区国有及国有控股总承包和专业承包企业主要经济效益指标

地　区	产值利润率(%)	产值利税率(%)	人均利润(元/人)	人均利税(元/人)	资产负债率(%)
山东省	**3.7**	**3.1**	**16540**	**14008**	**80.9**
济南市	3.2	3.1	13918	13262	82.0
青岛市	4.5	3.2	19549	13866	85.7
淄博市	2.9	4.2	13239	19132	78.8
枣庄市	3.4	3.3	9846	9649	83.5
东营市	0.2	2.4	1125	14643	87.2
烟台市	13.1	4.4	64359	21787	69.5
潍坊市	3.4	4.4	9809	12909	72.9
济宁市	4.4	3.3	28728	21853	83.6
泰安市	6.0	2.8	30247	14114	56.7
威海市	5.2	3.8	11375	8301	67.7
日照市	2.1	3.0	18192	25753	78.4
莱芜市	5.6	3.3	21681	12845	46.7
临沂市	2.1	2.7	6850	9060	87.9
德州市	1.9	2.2	14992	17465	71.5
聊城市	6.8	4.5	17316	11585	63.2
滨州市	4.7	2.5	18208	9521	69.9
菏泽市	3.5	3.0	8848	7464	59.0

2-B-2.19　各地区非国有总承包和专业承包企业签订合同情况

单位：万元

地　区	合同总额	上年结转合同额	本年新签合同额
山东省	**91142830**	**27903460**	**63239370**
济南市	7793510	3215836	4577673
青岛市	13510362	5277259	8233102
淄博市	11441003	2943399	8497604
枣庄市	3861896	1200108	2661789
东营市	2532269	361784	2170484
烟台市	7494212	2028331	5465881
潍坊市	8902172	3085500	5816672
济宁市	6201165	1825313	4375852
泰安市	7180378	1239557	5940820
威海市	3013539	1060725	1952814
日照市	2043718	672919	1370799
莱芜市	805112	253419	551693
临沂市	7156020	2054988	5101032
德州市	2318297	460627	1857671
聊城市	3064574	1310652	1753923
滨州市	1670880	429817	1241063
菏泽市	2153724	483226	1670498

2-B-2.2　各地区非国有总承包和专业承包企业承包工程完成情况

单位：万元

地　区	直接从建设单位承揽工程完成的产值	自行完成施工产值	分包出去工程的产值	从建设单位以外承揽工程完成的产值
山东省	**64371282**	**63902483**	**468799**	**930365**
济南市	4537398	4524970	12428	46329
青岛市	8643752	8466490	177262	241111
淄博市	7818353	7713900	104453	149005
枣庄市	2343995	2342022	1973	59309
东营市	2074946	2068592	6354	14601
烟台市	5649540	5631140	18400	39068
潍坊市	6780623	6770873	9750	50207
济宁市	4099455	4040273	59181	32659
泰安市	6097757	6091159	6598	131042
威海市	2249103	2246277	2826	17089
日照市	1483239	1474575	8664	52048
莱芜市	612449	604171	8278	12177
临沂市	5488412	5475580	12832	20663
德州市	1965003	1948670	16334	17314
聊城市	1641724	1628298	13426	35023
滨州市	1226928	1219709	7219	8167
菏泽市	1658606	1655786	2820	4552

2-B-2.21 各地区非国有总承包和专业承包企业建筑业总产值和竣工产值

单位：万元

地区	建筑业总产值	#装饰装修产值	#在外省完成的产值	按构成分组			竣工产值
				建筑工程产值	安装工程产值	其他产值	
山东省	**64832848**	**4265720**	**5975513**	**54948508**	**8069034**	**1815307**	**38436491**
济南市	4571299	605062	369226	3950767	523090	97442	2666678
青岛市	8707600	872593	1024444	7820231	571915	315455	4072514
淄博市	7862905	393525	732827	6640495	1029006	193404	4555559
枣庄市	2401331	361874	404506	2104780	236620	59931	1569275
东营市	2083193	77546	23534	1711237	269850	102105	1580311
烟台市	5670209	398332	172159	4814833	644158	211217	3795979
潍坊市	6821080	476697	178720	5814163	844872	162045	3824812
济宁市	4072932	149714	314646	3649847	353117	69969	2722620
泰安市	6222201	281292	1426036	4125031	1877457	219713	4056518
威海市	2263366	76656	31669	2007285	200476	55606	1453311
日照市	1526623	79817	208779	1380513	107409	38700	884209
莱芜市	616348	62733	29007	438258	105724	72367	445454
临沂市	5496243	287791	903885	4862610	571031	62603	2883992
德州市	1965984	74344	33525	1513354	373860	78770	1093970
聊城市	1663321	21864	17543	1508089	136954	18278	1020587
滨州市	1227876	32206	9485	1092886	103627	31363	786544
菏泽市	1660338	13676	95523	1514129	119868	26341	1024161

2-B-2.22　各地区非国有总承包和专业承包企业房屋建筑面积

地　区	房屋建筑施工面积(万平方米)	#本年新开工	#实行投标承包面积	#本年新开工	房屋建筑竣工面积(万平方米)	房屋建筑面积竣工率(%)
山东省	**56981**	**29737**	**45835**	**24708**	**22182**	**38.9**
济南市	3233	1542	2547	1270	1114	34.5
青岛市	7907	2996	6683	2626	1981	25.0
淄博市	7242	4217	6656	3828	2758	38.1
枣庄市	2217	1271	1622	1035	1043	47.0
东营市	787	532	705	490	478	60.8
烟台市	4209	2227	3359	1846	1717	40.8
潍坊市	7103	3173	5371	2529	2441	34.4
济宁市	4031	2302	3243	2003	1785	44.3
泰安市	3684	2603	2750	2044	2101	57.0
威海市	2513	1204	1918	956	927	36.9
日照市	1197	593	740	401	583	48.7
莱芜市	474	347	327	254	274	57.8
临沂市	5663	2822	4781	2352	2217	39.1
德州市	1730	1003	1122	729	734	42.4
聊城市	2431	1195	1881	929	780	32.1
滨州市	1137	715	890	551	512	45.0
菏泽市	1426	995	1240	865	738	51.7

2-B-2.23 各地区按主要用途分的非国有

地　区	合计	住宅房屋	商业及服务用房屋					
				商厦房屋(批发和零售用房)	宾馆用房屋(住宿用房)	餐饮用房屋(餐饮用房)	商务会展用房屋	其他商业及服务用房屋(居民服务业用房)
山东省	**221817421**	**157646481**	**12101958**	**5328120**	**828208**	**518085**	**699197**	**4728348**
济南市	11142870	8448779	462976	132646	4001		7000	319329
青岛市	19807169	13330480	1556432	508990	176749	33848	36138	800707
淄博市	27579553	16988327	1826405	385323	40124	112460	347730	940768
枣庄市	10427208	7352429	621041	294847	42085	10852	4878	268379
东营市	4783815	2927118	196255	78505				117750
烟台市	17172818	13018883	453077	164466	101824	22493	35474	128820
潍坊市	24407701	16077855	1293400	669231	41000	27546	99823	455800
济宁市	17847330	13194400	995692	233603	101463	7518	4242	648866
泰安市	21008458	16135778	908667	552521	118171	76004	10023	151948
威海市	9273625	6479507	572256	206318	102043	106514	25450	131931
日照市	5829634	4554901	172866	99999	6600	8397		57870
莱芜市	2739198	1636760	70813	33036	9937	9790	8400	9650
临沂市	22165225	16903279	1730579	1385891	30100	34065	75577	204946
德州市	7337754	5497092	400636	155679	126	24128	5757	214946
聊城市	7797981	5599147	174714	40960	6955	2359	32049	92391
滨州市	5120724	3658317	188175	145263	5525	4634	1615	31138
菏泽市	7376358	5843429	477974	240842	41505	37477	5041	153109

2-B-2.24 各地区按主要用途分的非国有

地　区	合计	住宅房屋	商业及服务用房屋					
				商厦房屋(批发和零售用房)	宾馆用房屋(住宿用房)	餐饮用房屋(餐饮用房)	商务会展用房屋	其他商业及服务用房屋(居民服务业用房)
山东省	**27809002**	**19346444**	**1715591**	**733540**	**104484**	**74241**	**119012**	**684314**
济南市	1726255	1231465	77507	20884	1010		800	54813
青岛市	2702417	1718566	293405	78598	15186	6808	17324	175489
淄博市	3675025	2190866	255820	56970	5473	17945	56407	119025
枣庄市	1225630	805327	69161	35658	5997	2188	1220	24099
东营市	684417	414421	31309	14399				16911
烟台市	2365882	1698280	80581	27691	18368	2825	3890	27806
潍坊市	3137383	2070882	178942	83252	7400	4270	19661	64359
济宁市	2129031	1575537	126728	32705	8154	908	509	84453
泰安市	2579640	1979966	119264	79024	14668	7959	1038	16575
威海市	1093633	760751	83273	29042	16054	14540	2045	21593
日照市	695805	547224	28485	17830	98	985		9571
莱芜市	294040	168634	7167	2759	1158	1144	1000	1106
临沂市	2504203	1847033	218218	183241	3389	3711	9600	18277
德州市	822740	625378	51069	22325	1294	5598	665	21187
聊城市	848940	682784	19899	4364	666	263	4012	10596
滨州市	578691	421723	27838	21607	886	1011	355	3979
菏泽市	745267	607609	46927	23192	4684	4085	488	14477

总承包和专业承包企业房屋建筑竣工面积

单位：平方米

办公用房屋	科研、教育和医疗用房屋	科学研究用房屋	教育用房屋	医疗用房屋(卫生医疗用房)	文化、体育和娱乐用房屋	厂房及建筑物	#厂房	仓库	其他未列明的房屋建筑物
9321563	**8543746**	**534189**	**5706599**	**2302958**	**1549165**	**27610474**	**17238890**	**2057198**	**2986836**
299279	574078	35639	318273	220166	37590	690957	508073	185947	443264
638854	1058162	78245	776455	203462	193639	2426045	1784683	336502	267055
1812808	1635469	119909	1045549	470011	550626	4001682	3014280	562953	201283
231833	445816	3926	275514	166376	146968	1426321	782482	19056	183744
434628	192010	9478	177271	5261	70939	793075	601392	141428	28362
499063	390594	18344	243123	129127	136596	1986293	1343779	176575	511737
915492	855528	3700	672281	179547	46485	4786808	3511582	95681	336452
574215	699509	88075	441002	170432	25263	1970689	1122474	42741	344821
1057886	285320	60989	122655	101676	91447	2380185	518438	128578	20597
158884	98734	6528	75393	16813	900	1737266	1077125	109973	116105
307892	240358	46626	169772	23960	5525	510267	274710	11383	26442
264137	92786	14000	66786	12000	9598	500642	230090	10943	153519
1374639	830955	11755	490841	328359	171128	1027670	363969	59552	67423
227482	376034	430	182901	192703	5000	706841	455616	13193	111476
137784	293564	2000	261684	29880	4078	1530371	1278994	36589	21734
203531	160520	23281	110707	26532	32188	821901	169242	17825	38267
183156	314309	11264	276392	26653	21195	313461	201961	108279	114555

总承包和专业承包企业房屋建筑竣工价值

单位：万元

办公用房屋	科研、教育和医疗用房屋	科学研究用房屋	教育用房屋	医疗用房屋(卫生医疗用房)	文化、体育和娱乐用房屋	厂房及建筑物	#厂房	仓库	其他未列明的房屋建筑物
1331533	**1330872**	**81998**	**822057**	**426818**	**281995**	**3033173**	**1890356**	**234119**	**535274**
68780	108484	5923	64478	38083	6138	100285	73420	30195	103401
111726	186334	11534	106783	68017	26271	298642	226655	37103	30370
273175	255579	26504	149005	80070	95900	525384	397272	55877	22424
34812	66594	647	40908	25039	18531	201379	70918	1522	28305
62217	28518	1601	26126	791	11937	105877	85299	24467	5671
82154	81185	3556	45481	32148	50895	240748	171693	21659	110381
138653	142976	352	103428	39195	7437	504860	345972	11696	81937
85251	105148	14495	60409	30244	3051	162032	88303	4958	66327
135116	44530	5993	14176	24360	12572	272966	70113	12915	2312
16166	15534	820	13585	1129	200	183544	123520	11138	23027
30896	31545	5404	22653	3488	1499	51131	29172	1807	3220
36068	9752	1400	7152	1200	1162	50817	21471	1246	19196
165242	122782	975	74770	47038	36488	101728	48086	3465	9247
32589	43682	45	21994	21644	500	55328	39041	1226	12969
18852	37120	120	31547	5453	389	79507	67091	4505	5884
24985	20140	1657	15215	3267	6441	70951	15114	1665	4949
14851	30971	970	24348	5653	2585	27995	17217	8676	5654

2-B-2.25 各地区非国有总承包和专业承包企业施工机械设备情况

地　区	年末自有施工机械设备总台数（台）	年末自有施工机械设备总功率（千瓦）	年末自有施工机械设备净值（万元）	技术装备率（元/人）	动力装备率（千瓦/人）
山东省	**663383**	**13682864**	**25128355**	**96327**	**5**
济南市	22429	572650	1321318	70790	3
青岛市	37630	819274	1709542	58890	3
淄博市	86360	1552451	2574359	82528	5
枣庄市	33563	429005	1363395	99661	3
东营市	21097	954784	2357744	285811	12
烟台市	77275	2688454	3123082	138368	12
潍坊市	63166	1107440	2403112	101014	5
济宁市	42498	675835	1626143	94992	4
泰安市	91781	1192210	2107916	82135	5
威海市	51480	1129568	1250996	140891	13
日照市	13574	277388	506321	95050	5
莱芜市	10918	278610	449895	109461	7
临沂市	34414	661328	1736881	73805	3
德州市	11079	184115	446389	58600	2
聊城市	14983	352729	566427	82686	5
滨州市	24207	295448	901135	168518	6
菏泽市	26929	511575	683700	73994	6

2-B-2.26 各地区非国有总承包和专业承包企业主要生产效益指标

地　区	建筑业企业个数（个）	直接从事生产经营活动的平均人数（人）	按总产值计算的劳动生产率（元/人）	人均竣工产值（元/人）	人均施工面积（平方米/人）	人均竣工面积（平方米/人）
山东省	**5433**	**2608661**	**248529**	**147342**	**218**	**85**
济南市	378	186652	244910	142869	173	60
青岛市	538	290295	299957	140289	272	68
淄博市	369	311937	252067	146041	232	88
枣庄市	198	136803	175532	114711	162	76
东营市	210	82493	252530	191569	95	58
烟台市	792	225709	251218	168180	186	76
潍坊市	493	237898	286723	160775	299	103
济宁市	348	171187	237923	159044	235	104
泰安市	324	256639	242450	158063	144	82
威海市	427	88792	254907	163676	283	104
日照市	194	53269	286587	165989	225	109
莱芜市	130	41101	149959	108380	115	67
临沂市	326	235334	233551	122549	241	94
德州市	177	76175	258088	143613	227	96
聊城市	185	68503	242810	148984	355	114
滨州市	188	53474	229621	147089	213	96
菏泽市	156	92400	179690	110840	154	80

2-B-2.27　各地区非国有总承包和专业承包企业营业额

单位：万元

地　区	企业营业额		企业总产值	
		在境外完成的营业额		#建筑业总产值
山东省	**59534214**	**611597**	**69883395**	**64832848**
济南市	4564546	14547	4824467	4571299
青岛市	8097325	159646	10572184	8707600
淄博市	7567224	157198	8417387	7862905
枣庄市	2246237	17537	2425452	2401331
东营市	2150828		2158815	2083193
烟台市	5562606	137397	6089266	5670209
潍坊市	6175231	36018	6984314	6821080
济宁市	3444604	3697	4153788	4072932
泰安市	4895083	20555	7262527	6222201
威海市	2037896	11114	2357816	2263366
日照市	1385983	885	1540750	1526623
莱芜市	564288	806	657353	616348
临沂市	5037376	36011	5573258	5496243
德州市	1602788		2158856	1965984
聊城市	1544759	7373	1691205	1663321
滨州市	1137562	8812	1353390	1227876
菏泽市	1519881		1662568	1660338

2-B-2.28　各地区非国有总承包和专业承包企业资产情况

单位：万元

地　区	资产合计	#流动资产小计		#非流动资产合计	
			#存货		#固定资产合计
山东省	**57860663**	**45963116**	**10212951**	**11897548**	**7178960**
济南市	4775947	3878556	831545	897391	341682
青岛市	7819237	6388777	1039601	1430460	608055
淄博市	4245129	3423783	637404	821346	612222
枣庄市	1592159	1218149	158514	374011	342435
东营市	2572592	1907828	359520	664764	512767
烟台市	5837656	4666166	1100045	1171490	745492
潍坊市	5963449	4871546	1094962	1091903	681634
济宁市	3306605	2698090	664592	608515	435089
泰安市	3775483	2989937	736047	785545	499855
威海市	2902710	2055005	749088	847705	664895
日照市	1668317	1339190	398449	329127	188077
莱芜市	675393	488000	79423	187393	145842
临沂市	7261146	5899089	1596960	1362057	457732
德州市	1442139	1133005	189160	309135	211952
聊城市	1417206	1161951	215477	255255	170448
滨州市	1556722	1140906	226683	415816	276005
菏泽市	1048775	703141	135482	345634	284779

2-B-2.29 各地区非国有总承包和专业承包企业固定资产情况

单位：万元

地　区	固定资产合计	固定资产原价	固定资产折旧	#本年折旧	在建工程
山东省	**7178960**	**8826847**	**3143597**	**574321**	**644212**
济南市	341682	440874	180462	33618	29438
青岛市	608055	755583	311795	50280	55652
淄博市	612222	883942	365865	48451	39704
枣庄市	342435	408157	107173	17340	24660
东营市	512767	636524	191093	31392	30366
烟台市	745492	1129277	469503	76478	52004
潍坊市	681634	825664	303618	66618	80300
济宁市	435089	570338	200182	41876	36732
泰安市	499855	595812	202104	33572	46935
威海市	664895	593495	208728	51690	45262
日照市	188077	206361	75469	12516	43400
莱芜市	145842	140999	46353	11360	35939
临沂市	457732	589325	217133	36800	28895
德州市	211952	241998	65497	12919	22488
聊城市	170448	197699	58637	12927	19156
滨州市	276005	302935	75320	13895	31285
菏泽市	284779	307865	64667	22591	21999

2-B-2.30 各地区非国有总承包和专业承包企业负债及所有者权益

单位：万元

地　区	负债合计	#流动负债	#应付账款	所有者权益	#实收资本
山东省	**37059550**	**34511560**	**9183675**	**20801114**	**11731420**
济南市	3502156	3306748	943494	1273790	892483
青岛市	5310003	4757178	1177029	2509234	1566251
淄博市	2405229	2321145	765539	1839900	837987
枣庄市	967942	910100	249553	624217	286304
东营市	1477364	1410464	579112	1095228	500382
烟台市	3811528	3662908	1032271	2026128	1134337
潍坊市	3917969	3608609	820381	2045480	857687
济宁市	2017992	1845055	402325	1288612	664776
泰安市	1798086	1528084	476377	1977396	1411692
威海市	1794354	1698415	460127	1108355	620531
日照市	1056910	1003905	282374	611407	370064
莱芜市	349620	331553	104348	325774	179782
临沂市	5414195	5196813	1233705	1846951	970666
德州市	843076	793466	272937	599063	325364
聊城市	938431	901956	160511	478775	384656
滨州市	977054	922462	183481	579668	344041
菏泽市	477640	312698	40110	571135	384418

2-B-2.31　各地区非国有总承包和专业承包企业实收资本

单位：万元

地　区	合计	国家资本	集体资本	法人资本	个人资本	港澳台资本	外商资本
山东省	**11731420**	**112187**	**1308827**	**4375612**	**5902953**	**18899**	**12941**
济南市	892483	37282	93074	270123	480953	9800	1251
青岛市	1566251	7211	48862	666626	843427	125	
淄博市	837987	7199	54653	293876	477581	3517	1162
枣庄市	286304	567	47907	96196	141635		
东营市	500382	4623	69475	136953	289331		
烟台市	1134337	1484	84933	325508	716046	4858	1509
潍坊市	857687	11425	78494	310409	450897		6463
济宁市	664776	6895	157560	180884	319134		303
泰安市	1411692	7918	227854	928877	245215	600	1227
威海市	620531	6670	102160	288514	223187		
日照市	370064	25	32928	123294	213818		
莱芜市	179782	3046	26090	59949	90697		
临沂市	970666	4659	58596	204622	702788		
德州市	325364	9889	85397	65336	164742		
聊城市	384656	1063	29258	103668	249641		1026
滨州市	344041	2232	56450	120322	165036		
菏泽市	384418		55135	200456	128828		

2-B-2.32　各地区非国有总承包和专业承包企业收入情况

单位：万元

地　区	主营业务收　入	#主营业务成　本	#主营业务税金及附加	其他业务收　入	#其他业务成　本	#其他业务利　润
山东省	**58877990**	**50211316**	**2030024**	**656224**	**1030253**	**91478**
济南市	4488817	3749658	149903	75730	229019	18631
青岛市	7988523	7006242	232748	108802	135681	18322
淄博市	7528505	6686584	251773	38719	44853	3941
枣庄市	2217882	1856578	85255	28355	27183	1522
东营市	2109252	1763420	68947	41575	42724	1738
烟台市	5530397	4531395	195228	32208	46613	3924
潍坊市	6082371	5234758	215343	92860	126569	14741
济宁市	3428420	2964541	115649	16184	48999	6450
泰安市	4873874	3951705	196393	21209	31867	2730
威海市	2021179	1624160	102784	16718	20445	3143
日照市	1351999	1152197	45523	33984	37823	2907
莱芜市	559095	411711	18598	5193	58213	171
临沂市	4918298	4257819	159818	119078	135494	3556
德州市	1593672	1346128	54055	9116	30449	6212
聊城市	1540949	1392828	49184	3809	3860	1618
滨州市	1124907	944897	34095	12655	10435	1872
菏泽市	1519850	1336696	54727	31	28	

2-B-2.33 各地区非国有总承包和专业承包企业费用情况

单位：万元

地区	管理费用	#税金	销售费用	财务费用	#利息收入	#利息支出
山东省	**1902004**	**138747**	**296736**	**474253**	**40604**	**366318**
济南市	197839	8866	16633	26657	9463	28922
青岛市	222772	14201	15042	72960	5625	56302
淄博市	221405	6449	24879	46818	1410	41111
枣庄市	91082	8312	31193	15617	363	7274
东营市	76434	3834	16384	21638	1093	16878
烟台市	205331	11057	33241	51956	6352	53469
潍坊市	160603	19781	13993	47544	2600	39576
济宁市	111226	8530	12152	28978	4292	25375
泰安市	179912	19124	37400	32394	3378	19915
威海市	97889	5547	13037	22458	2253	12336
日照市	49148	2511	8881	16265	397	13657
莱芜市	19651	3044	7926	4717	53	3488
临沂市	102005	12389	35242	39661	832	18948
德州市	39370	5001	6356	13059	673	9025
聊城市	50207	2544	3191	10524	1090	6870
滨州市	41053	4430	10842	12209	589	10348
菏泽市	36077	3126	10345	10800	141	2825

2-B-2.34 各地区非国有总承包和专业承包企业利润及税金情况

单位：万元

地区	利润总额	#应交所得税	税金总额	主营业务税金及附加	管理费用中的税金
山东省	**3436418**	**674614**	**2168770**	**2030024**	**138747**
济南市	200420	39638	158769	149903	8866
青岛市	290033	64669	246949	232748	14201
淄博市	287345	60958	258222	251773	6449
枣庄市	138428	26000	93567	85255	8312
东营市	161247	34595	72782	68947	3834
烟台市	493249	92673	206285	195228	11057
潍坊市	380160	84016	235124	215343	19781
济宁市	181728	40825	124179	115649	8530
泰安市	463859	59790	215517	196393	19124
威海市	147256	29680	108331	102784	5547
日照市	74836	18455	48034	45523	2511
莱芜市	41867	7555	21642	18598	3044
临沂市	286887	60766	172207	159818	12389
德州市	114035	20029	59057	54055	5001
聊城市	35220	10697	51728	49184	2544
滨州市	68497	14163	38525	34095	4430
菏泽市	71351	10107	57853	54727	3126

2-B-2.35 各地区非国有总承包和专业承包企业应收工程款及企业亏损情况

地　区	应收工程款（万元）	企业个数（个）	#亏损企业个数	亏损企业的比重（%）
山东省	**15383298**	**5433**	**428**	**7.9**
济南市	1161043	378	61	16.1
青岛市	2071635	538	60	11.2
淄博市	1419492	369	40	10.8
枣庄市	446588	198	4	2.0
东营市	782673	210	20	9.5
烟台市	1667796	792	32	4.0
潍坊市	1633383	493	18	3.7
济宁市	883941	348	23	6.6
泰安市	1446622	324	5	1.5
威海市	558217	427	21	4.9
日照市	359087	194	29	14.9
莱芜市	187065	130	7	5.4
临沂市	1517861	326	40	12.3
德州市	397268	177	10	5.6
聊城市	386078	185	30	16.2
滨州市	301870	188	22	11.7
菏泽市	162682	156	6	3.8

2-B-2.36 各地区非国有总承包和专业承包企业主要经济效益指标

地　区	产值利润率（%）	产值利税率（%）	人均利润（元/人）	人均利税（元/人）	资产负债率（%）
山东省	**5.3**	**3.3**	**13173**	**8314**	**64.0**
济南市	4.4	3.5	10738	8506	73.3
青岛市	3.3	2.8	9991	8507	67.9
淄博市	3.7	3.3	9212	8278	56.7
枣庄市	5.8	3.9	10119	6840	60.8
东营市	7.7	3.5	19547	8823	57.4
烟台市	8.7	3.6	21853	9139	65.3
潍坊市	5.6	3.4	15980	9883	65.7
济宁市	4.5	3.0	10616	7254	61.0
泰安市	7.5	3.5	18074	8398	47.6
威海市	6.5	4.8	16584	12201	61.8
日照市	4.9	3.1	14049	9017	63.4
莱芜市	6.8	3.5	10186	5266	51.8
临沂市	5.2	3.1	12191	7318	74.6
德州市	5.8	3.0	14970	7753	58.5
聊城市	2.1	3.1	5141	7551	66.2
滨州市	5.6	3.1	12809	7204	62.8
菏泽市	4.3	3.5	7722	6261	45.5

2-B-3.1 各行业总承包和专业承包企业签订合同情况

单位：万元

行业	合同总额	上年结转合同额	本年新签合同额
总 计	**133445929**	**45989074**	**87456855**
房屋建筑业	85992373	29006565	56985809
土木工程建筑业	38230934	15326683	22904251
铁路、道路、隧道和桥梁工程建筑	23656230	10844215	12812015
水利和内河港口工程建筑	5328296	1783449	3544847
海洋工程建筑	7334		7334
工矿工程建筑	4028326	1137701	2890625
架线和管道工程建筑	4406190	1454967	2951223
其他土木工程建筑	804558	106351	698207
建筑安装业	4773815	913861	3859954
建筑装饰业和其他建筑业	4448806	741966	3706841

2-B-3.2 各行业总承包和专业承包企业承包工程完成情况

单位：万元

行业	直接从建设单位承揽工程完成的产值	自行完成施工产值	分包出去工程的产值	从建设单位以外承揽工程完成的产值
总 计	**84451636**	**83432934**	**1018701**	**1243813**
房屋建筑业	56015158	55721735	293423	643472
土木工程建筑业	20750073	20394544	355529	259678
铁路、道路、隧道和桥梁工程建筑	10805111	10724558	80554	69637
水利和内河港口工程建筑	3535219	3461971	73248	34422
海洋工程建筑	7334	7334		
工矿工程建筑	2755357	2564867	190490	109970
架线和管道工程建筑	2956427	2948558	7869	32854
其他土木工程建筑	690626	687257	3369	12795
建筑安装业	3909944	3561481	348463	229721
建筑装饰业和其他建筑业	3776461	3755174	21287	110942

2-B-3.3　各行业总承包和专业承包企业建筑业总产值和竣工产值

单位：万元

行　　业	建筑业总产值	#装饰装修产值	#在外省完成的产值	按构成分组			竣工产值
				建筑工程产值	安装工程产值	其他产值	
总　计	**84676747**	**4655004**	**14322619**	**71776856**	**10427061**	**2472830**	**46362052**
房屋建筑业	56365207	2187719	5245889	51433345	4095556	836307	32935326
土木工程建筑业	20654222	141079	7602340	16580669	3211168	862385	8872668
铁路、道路、隧道和桥梁工程建筑	10794195	49232	4340085	10144493	277461	372240	4514747
水利和内河港口工程建筑	3496393	1876	1247700	3138114	56271	302009	1016331
海洋工程建筑	7334			7334			7334
工矿工程建筑	2674837	13718	1165171	1172995	1401489	100352	1516418
架线和管道工程建筑	2981411	61508	843857	1591360	1359116	30935	1307000
其他土木工程建筑	700052	14745	5527	526372	116831	56848	510838
建筑安装业	3791202	91454	881260	978076	2649985	163140	2476382
建筑装饰业和其他建筑业	3866117	2234753	593130	2784766	470352	610999	2077677

2-B-3.4　各行业总承包和专业承包企业房屋建筑面积

行　　业	房屋建筑施工面积（万平方米）	#本年新开工	#实行投标承包面积	#本年新开工	房屋建筑竣工面积（万平方米）	房屋建筑面积竣工率（%）
总　计	**64590**	**32387**	**51901**	**27186**	**23737**	**36.8**
房屋建筑业	62488	31350	50388	26410	22927	36.7
土木工程建筑业	1337	605	1125	501	425	31.8
铁路、道路、隧道和桥梁工程建筑	516	184	441	151	121	23.5
水利和内河港口工程建筑	172	93	170	92	40	23.4
海洋工程建筑						
工矿工程建筑	303	112	241	98	120	39.5
架线和管道工程建筑	108	41	106	41	50	46.3
其他土木工程建筑	239	174	167	118	94	39.2
建筑安装业	684	394	358	260	348	50.9
建筑装饰业和其他建筑业	81	38	30	15	37	45.7

2-B-3.5　各行业总承包和专业承包企业机械设备情况

行　　业	年末自有施工机械设备总台数(台)	年末自有施工机械设备总功率（千瓦）	年末自有施工机械设备净值(万元)	技术装备率（元/人）	动力装备率（千瓦/人）
总　计	**758760**	**17079093**	**3340324**	**10950**	**6**
房屋建筑业	553263	10697207	1824194	7773	5
土木工程建筑业	115517	4714038	1178841	25620	10
铁路、道路、隧道和桥梁工程建筑	39098	2255288	690355	29051	9
水利和内河港口工程建筑	18359	768751	187405	26828	11
海洋工程建筑	76	5891	4832	100669	12
工矿工程建筑	29897	865537	161527	23638	13
架线和管道工程建筑	20781	604819	94152	17187	11
其他土木工程建筑	7306	213752	40571	13965	7
建筑安装业	53113	975120	169287	13492	8
建筑装饰业和其他建筑业	36867	692728	168001	14239	6

2-B-3.6 按主要用途分的各行业总承包和

行　　业	合计	住宅房屋	商业及服务用房屋				
				商厦房屋（批发和零售用房）	宾馆用房屋（住宿用房）	餐饮用房屋（餐饮用房）	商务会展用房屋
总　　计	**237372907**	**166227824**	**13446952**	**5538342**	**995957**	**538130**	**719407**
房屋建筑业	229269993	161942443	13130089	5368103	990868	534438	690703
土木工程建筑业	4249648	2301411	113223	11126	4605	2327	400
铁路、道路、隧道和桥梁工程建筑	1213019	519976	92765				
水利和内河港口工程建筑	401653	265533					
海洋工程建筑							
工矿工程建筑	1197825	726763	13453	11126		2327	
架线和管道工程建筑	500439	28881					
其他土木工程建筑	936712	760258	7005		4605		400
建筑安装业	3482070	1782055	165389	130994			23156
建筑装饰业和其他建筑业	371196	201915	38251	28119	484	1365	5148

2-B-3.7 按主要用途分的各行业总承包和

行　　业	合计	住宅房屋	商业及服务用房屋				
				商厦房屋（批发和零售用房）	宾馆用房屋（住宿用房）	餐饮用房屋（餐饮用房）	商务会展用房屋
总　　计	**30607426**	**20595501**	**1940835**	**760243**	**143299**	**78257**	**124182**
房屋建筑业	29608811	20082138	1907927	740842	142459	77769	121810
土木工程建筑业	629762	289591	10509	1476	769	336	16
铁路、道路、隧道和桥梁工程建筑	138402	53776	7570				
水利和内河港口工程建筑	49572	20844					
海洋工程建筑							
工矿工程建筑	174375	100100	1813	1476		336	
架线和管道工程建筑	134715	4690					
其他土木工程建筑	132698	110180	1126		769		16
建筑安装业	327660	196282	18255	15072			1737
建筑装饰业和其他建筑业	41193	27490	4144	2854	71	152	619

专业承包企业房屋建筑竣工面积

单位：平方米

其他商业及服务用房屋(居民服务业用房)	办公用房屋	科研、教育和医疗用房屋	科学研究用房屋	教育用房屋	医疗用房屋(卫生医疗用房)	文化、体育和娱乐用房屋	厂房及建筑物	#厂房	仓库	其他未列明的房屋建筑物
5655116	**11331964**	**9295843**	**663418**	**6010046**	**2622379**	**1988026**	**29361186**	**18563926**	**2206001**	**3515111**
5545977	11105298	9230105	659213	5960187	2610705	1894775	26701964	17233657	2055363	3209956
94765	148885	29019		18419	10600	48073	1329716	880696	19579	259742
92765	107618	4063		4063			259558	238895	650	228389
	11780						111951	230	3000	9389
	2959	4100		3000	1100	15073	433376	368369		2101
	11145	7000		7000			434350	205756	1500	17563
2000	15383	13856		4356	9500	33000	90481	67446	14429	2300
11239	49292	29987	2205	27782		42000	1239140	434393	129054	45153
3135	28489	6732	2000	3658	1074	3178	90366	15180	2005	260

专业承包企业房屋建筑竣工价值

单位：万元

其他商业及服务用房屋(居民服务业用房)	办公用房屋	科研、教育和医疗用房屋	科学研究用房屋	教育用房屋	医疗用房屋(卫生医疗用房)	文化、体育和娱乐用房屋	厂房及建筑物	#厂房	仓库	其他未列明的房屋建筑物
834855	**1753889**	**1509350**	**142943**	**881411**	**484996**	**501837**	**3401481**	**2168006**	**268820**	**635713**
825048	1710932	1499340	142669	872936	483735	487068	3066902	1973319	258432	596073
7911	37758	5021		3864	1156	9062	245587	158451	2154	30081
7570	33131	1046		1046			18389	16703	91	24399
	251						26600	7	90	1786
	491	926		580	346	3364	67537	58556		145
	1940	1500		1500			122626	75141	300	3659
341	1945	1548		738	810	5698	10436	8044	1673	92
1446	4070	4334	73	4261		5380	81779	35148	8029	9532
449	1129	655	200	350	105	327	7214	1088	205	28

2-B-3.8 按主要用途分的各行业总承包和专业承包企业主要生产效益指标

行　　业	建筑业企业个数（个）	直接从事生产经营活动的平均人数（人）	按总产值计算的劳动生产率（元/人）	人均竣工产值（元/人）	人均施工面积（平方米/人）	人均竣工面积（平方米/人）
总　　计	**5912**	**3050399**	**277592**	**151987**	**212**	**78**
房屋建筑业	3161	2346808	240178	140341	266	98
土木工程建筑业	1027	460134	448874	192828	29	9
铁路、道路、隧道和桥梁工程建筑	450	237633	454238	189988	22	5
水利和内河港口工程建筑	165	69854	500529	145494	25	6
海洋工程建筑	1	480	152792	152792		
工矿工程建筑	125	68333	391441	221916	44	18
架线和管道工程建筑	146	54781	544242	238586	20	9
其他土木工程建筑	140	29053	240957	175830	82	32
建筑安装业	668	125472	302155	197365	54	28
建筑装饰业和其他建筑业	1056	117985	327679	176097	7	3

2-B-3.9 按主要用途分的各行业总承包和专业承包企业营业额

单位：万元

行　　业	企业营业额	在境外完成的营业额	企业总产值	#建筑业总产值
总　　计	**81235650**	**2407749**	**91854387**	**84676747**
房屋建筑业	51410279	573048	60182794	56365207
土木工程建筑业	22211265	1752196	23638329	20654222
铁路、道路、隧道和桥梁工程建筑	10809608	272291	11247667	10794195
水利和内河港口工程建筑	3274303	8514	3581113	3496393
海洋工程建筑	7334		7334	7334
工矿工程建筑	4159955	1328304	5010817	2674837
架线和管道工程建筑	3220892	142488	3090061	2981411
其他土木工程建筑	739173	600	701337	700052
建筑安装业	3902339	67142	3964615	3791202
建筑装饰业和其他建筑业	3711767	15363	4068649	3866117

2-B-3.10 各行业总承包和专业承包企业资产情况

单位：万元

行 业	资产合计	#流动资产小计	#存货	#非流动资产合计	#固定资产合计
总 计	**81774689**	**65620443**	**15832213**	**16154246**	**9820568**
房屋建筑业	47078956	38156611	9365420	8922345	5165517
土木工程建筑业	27494731	21988942	5317516	5505789	3415482
铁路、道路、隧道和桥梁工程建筑	14121479	11006576	2263240	3114904	2065815
水利和内河港口工程建筑	4004619	3068872	704278	935747	565623
海洋工程建筑	11423	4527	257	6896	6896
工矿工程建筑	4938758	4146539	1292052	792219	372804
架线和管道工程建筑	3693582	3178575	957564	515007	302397
其他土木工程建筑	724870	583853	100126	141017	101946
建筑安装业	3724211	2806453	601885	917757	661543
建筑装饰业和其他建筑业	3476792	2668437	547392	808354	578027

2-B-3.11 各行业总承包和专业承包企业固定资产情况

单位：万元

行 业	固定资产合计	固定资产原价	固定资产折旧	#本年折旧	在建工程
总 计	**9820568**	**12341498**	**4728455**	**844629**	**797332**
房屋建筑业	5165517	6115531	2076370	375688	504671
土木工程建筑业	3415482	4753290	2128416	361100	193836
铁路、道路、隧道和桥梁工程建筑	2065815	2680584	1158011	185498	93827
水利和内河港口工程建筑	565623	780008	344639	68407	49211
海洋工程建筑	6896	34877	27981	299	
工矿工程建筑	372804	588607	267650	50977	35097
架线和管道工程建筑	302397	534966	277962	45952	11797
其他土木工程建筑	101946	134248	52175	9966	3904
建筑安装业	661543	751509	270464	55035	58854
建筑装饰业和其他建筑业	578027	721169	253204	52806	39971

2-B-3.12　各行业总承包和专业承包企业负债及所有者权益

单位：万元

地　　区	负债合计	#流动负债	#应付账款	所有者权益	#实收资本
总　　计	**56407795**	**52441487**	**16331868**	**25366895**	**14588470**
房屋建筑业	31585669	29216111	8462889	15493287	8705469
土木工程建筑业	20691428	19315482	6584644	6803304	4150555
铁路、道路、隧道和桥梁工程建筑	10093897	9203344	3472756	4027582	2408971
水利和内河港口工程建筑	3073534	2818025	793406	931085	626167
海洋工程建筑	6982	6982	6553	4441	3321
工矿工程建筑	4103434	4033557	1268966	835324	502619
架线和管道工程建筑	2926046	2777744	923446	767537	453778
其他土木工程建筑	487535	475830	119517	237335	155699
建筑安装业	2179519	2072501	764482	1544692	894365
建筑装饰业和其他建筑业	1951179	1837394	519853	1525613	838081

2-B-3.13　各行业总承包和专业承包企业实收资本

单位：万元

行　　业	合计	国家资本	集体资本	法人资本	个人资本	港澳台资本	外商资本
总　　计	**14588470**	**1939024**	**1332988**	**5337836**	**5946440**	**19059**	**13123**
房屋建筑业	8705469	375928	929119	3180446	4216019	2450	1506
土木工程建筑业	4150555	1458247	285275	1505624	882975	12817	5618
铁路、道路、隧道和桥梁工程建筑	2408971	868742	140177	859888	527347	12817	
水利和内河港口工程建筑	626167	362234	19329	164575	80029		
海洋工程建筑	3321			3321			
工矿工程建筑	502619	139542	36046	199638	127394		
架线和管道工程建筑	453778	78674	81055	219297	69134		5618
其他土木工程建筑	155699	9056	8668	58905	79071		
建筑安装业	894365	82127	84930	330252	395170	337	1550
建筑装饰业和其他建筑业	838081	22722	33665	321514	452275	3456	4449

2-B-3.14 各行业总承包和专业承包企业收入情况

单位：万元

行业	主营业务收入	#主营业务成本	#主营业务税金及附加	其他业务收入	#其他业务成本	#其他业务利润
总计	**80234040**	**69324107**	**2619996**	**1001610**	**1387049**	**131503**
房屋建筑业	50837846	44045329	1758308	572433	847038	48604
土木工程建筑业	21862609	19072312	636147	348656	417017	66178
铁路、道路、隧道和桥梁工程建筑	10749234	9409260	334336	60374	171472	21960
水利和内河港口工程建筑	3219073	2757656	114284	55229	41673	7852
海洋工程建筑	7334	6958	244			
工矿工程建筑	4000820	3617460	75241	159135	144549	13774
架线和管道工程建筑	3159234	2678675	89105	61658	48265	22236
其他土木工程建筑	726913	602304	22937	12260	11058	356
建筑安装业	3844857	3224635	109282	57483	83540	11701
建筑装饰业和其他建筑业	3688728	2981831	116260	23039	39454	5020

2-B-3.15 各行业总承包和专业承包企业费用情况

单位：万元

地区	管理费用	#税金	销售费用	财务费用	#利息收入	#利息支出
总计	**2659457**	**167582**	**334583**	**582385**	**110394**	**558971**
房屋建筑业	1316617	105056	183722	389954	31977	292171
土木工程建筑业	941434	42074	56684	146008	74179	231625
铁路、道路、隧道和桥梁工程建筑	397981	17021	27980	96043	70192	148443
水利和内河港口工程建筑	113925	5007	4782	37017	3620	34264
海洋工程建筑	113	15			2	
工矿工程建筑	177921	7209	8672	2769	18345	16964
架线和管道工程建筑	212959	7174	10146	3196		27111
其他土木工程建筑	38535	5649	5103	6985	943	4843
建筑安装业	205681	9804	42324	14233	2607	14138
建筑装饰业和其他建筑业	195724	10648	51853	32190	1632	21037

2-B-3.16　各行业总承包和专业承包企业利润及税金情况

单位：万元

行　　业	利润总额	#应交所得税	税金总额	主营业务税金及附加	管理费用中的税金
总　　计	**4167033**	**824246**	**2787578**	**2619996**	**167582**
房屋建筑业	2661987	521724	1863364	1758308	105056
土木工程建筑业	993725	197230	678221	636147	42074
铁路、道路、隧道和桥梁工程建筑	497695	90360	351356	334336	17021
水利和内河港口工程建筑	138863	28664	119291	114284	5007
海洋工程建筑	3	1	259	244	15
工矿工程建筑	135903	34904	82450	75241	7209
架线和管道工程建筑	168982	34518	96279	89105	7174
其他土木工程建筑	52279	8783	28586	22937	5649
建筑安装业	226515	48751	119086	109282	9804
建筑装饰业和其他建筑业	284806	56542	126908	116260	10648

2-B-3.17 各行业总承包和专业承包企业应收工程款及企业亏损情况

行　　业	应收工程款（万元）	企业个数（个）	#亏损企业个数	亏损企业的比重（%）
总　　计	**21054890**	**5912**	**501**	**8.5**
房屋建筑业	12815943	3161	230	7.3
土木工程建筑业	6497767	1027	112	10.9
铁路、道路、隧道和桥梁工程建筑	3654792	450	49	10.9
水利和内河港口工程建筑	956374	165	27	16.4
海洋工程建筑	2897	1		
工矿工程建筑	1118817	125	13	10.4
架线和管道工程建筑	601789	146	12	8.2
其他土木工程建筑	163099	140	11	7.9
建筑安装业	886094	668	57	8.5
建筑装饰业	855087	1056	102	9.7

2-B-3.18　各行业总承包和专业承包企业要经济效益指标

行　　业	产值利润率(%)	产值利税率(%)	人均利润(元/人)	人均利税(元/人)	资产负债率(%)
总　　计	**4.9**	**3.3**	**13661**	**9138**	**69.0**
房屋建筑业	4.7	3.3	11343	7940	67.1
土木工程建筑业	4.8	3.3	21596	14740	75.3
铁路、道路、隧道和桥梁工程建筑	4.6	3.3	20944	14786	71.5
水利和内河港口工程建筑	4.0	3.4	19879	17077	76.7
海洋工程建筑	…	3.5	71	5400	61.1
工矿工程建筑	5.1	3.1	19888	12066	83.1
架线和管道工程建筑	5.7	3.2	30847	17575	79.2
其他土木工程建筑	7.5	4.1	17994	9839	67.3
建筑安装业	6.0	3.1	18053	9491	58.5
建筑装饰业	7.4	3.3	24139	10756	56.1

C.总承包建筑业企业

2-C-1　各地区按资质等级划分的总承包企业单位数

单位：个

地　　区	合计	特级	一级	二级	三级及以下
山东省	**3907**	**15**	**330**	**1444**	**2118**
济南市	246	5	49	74	118
青岛市	383	4	54	167	158
淄博市	239	4	29	111	95
枣庄市	148		10	61	77
东营市	167		12	68	87
烟台市	441	1	31	158	251
潍坊市	347		29	123	195
济宁市	251		23	85	143
泰安市	271		23	87	161
威海市	274		5	48	221
日照市	171		13	69	89
莱芜市	104		5	38	61
临沂市	272	1	16	98	157
德州市	132		9	31	92
聊城市	164		6	76	82
滨州市	147		6	75	66
菏泽市	150		10	75	65

2−C−2 各地区按资质等级划分的总承包企业从业人员

单位：人

地 区	合计	特级	一级	二级	三级及以下
山东省	**2584497**	**191378**	**906894**	**890942**	**595283**
济南市	379803	56793	244106	41459	37445
青岛市	189156	16114	102285	52195	18562
淄博市	305512	93541	101998	88023	21950
枣庄市	125644		33471	62010	30163
东营市	89518		33503	35087	20928
烟台市	181740	3758	36910	88640	52432
潍坊市	224148		75998	85130	63020
济宁市	166733		46518	63487	56728
泰安市	256719		77028	90912	88779
威海市	75201		5886	25935	43380
日照市	71809		22410	29507	19892
莱芜市	41365		5216	21825	14324
临沂市	195260	21172	56525	77113	40450
德州市	69199		18881	19796	30522
聊城市	55645		9415	30900	15330
滨州市	52384		8421	30927	13036
菏泽市	104661		28323	47996	28342

2−C−3 各地区按资质等级划分的总承包企业建筑业总产值

单位：万元

地 区	合计	特级	一级	二级	三级及以下
山东省	**76648784**	**8769270**	**37999907**	**18697429**	**11182178**
济南市	12566298	2355949	8643853	830557	735939
青岛市	10181951	1616858	6469680	1686319	409093
淄博市	7837265	2155924	3574189	1780059	327092
枣庄市	2330191		871718	1053644	404830
东营市	2962447		1561797	934959	465691
烟台市	5214927	739789	1456822	1943395	1074921
潍坊市	6521813		3403930	1929833	1188050
济宁市	5202415		3165052	1195820	841544
泰安市	6277502		2954092	1572379	1751031
威海市	2044095		567178	524552	952366
日照市	2118275		1236269	576187	305819
莱芜市	646854		113005	330434	203416
临沂市	5522274	1900750	1709309	1277745	634471
德州市	2149401		916211	512693	720498
聊城市	1672728		638503	719616	314610
滨州市	1498376		220063	988852	289461
菏泽市	1901973		498236	840389	563348

2-C-4 各地区按资质等级划分的总承包企业签订合同额

单位：万元

地 区	合计	特级	一级	二级	三级及以下
山东省	**123684948**	**19664636**	**64534983**	**25791721**	**13693609**
济南市	30615206	9050053	19268930	1388655	907567
青岛市	18324867	2900015	12153147	2717358	554347
淄博市	11646367	3666223	5007532	2560229	412383
枣庄市	3773884		1642232	1515814	615838
东营市	3812223		2006324	1231875	574024
烟台市	7224267	1494481	2106752	2413751	1209283
潍坊市	8626604		4372859	2748163	1505581
济宁市	8424880		5614503	1705990	1104387
泰安市	7295560		3745854	1723167	1826539
威海市	2768849		819182	717399	1232267
日照市	2984761		1836861	794135	353766
莱芜市	896750		173293	427721	295736
临沂市	7179144	2553864	2219049	1528946	877284
德州市	2435025		1020063	631880	783082
聊城市	3126329		1410025	1280969	435335
滨州市	2076756		346434	1369963	360359
菏泽市	2473479		791942	1035706	645831

2-C-5 各地区按资质等级划分的总承包企业竣工产值

单位：万元

地 区	合计	特级	一级	二级	三级及以下
山东省	**41623817**	**3990255**	**18461424**	**11693003**	**7479136**
济南市	5797049	650989	4326119	382710	437231
青岛市	4106991	738076	2308777	853874	206265
淄博市	4557147	1288788	1863362	1181377	223620
枣庄市	1547747		571898	648519	327330
东营市	2200309		1090915	725743	383651
烟台市	3338648	567044	791557	1335825	644223
潍坊市	3567486		1585422	1206699	775365
济宁市	3013332		1615920	773767	623645
泰安市	3891449		1537905	1067262	1286282
威海市	1370216		407667	353293	609256
日照市	903182		355613	339070	208498
莱芜市	430074		52506	220642	156927
临沂市	2879953	745357	918534	807310	408752
德州市	980900		276610	216443	487848
聊城市	1037820		312612	505605	219602
滨州市	802178		126203	520865	155110
菏泽市	1199336		319805	553998	325534

2-C-6　各地区按资质等级划分的总承包企业房屋施工面积

单位：万平方米

地　　区	合计	特级	一级	二级	三级及以下
山东省	**63258**	**8216**	**28021**	**17043**	**9978**
济南市	7654	335	6258	506	556
青岛市	9230	1974	5354	1464	438
淄博市	7316	2359	2870	1791	296
枣庄市	2482		800	1063	620
东营市	945		392	395	157
烟台市	4156	901	1058	1482	715
潍坊市	7055		3392	2322	1341
济宁市	4260		2332	1119	809
泰安市	3620		1106	1253	1261
威海市	2482		814	579	1089
日照市	1279		538	482	259
莱芜市	495		87	261	147
临沂市	5692	2647	980	1345	720
德州市	1691		594	492	605
聊城市	2228		938	975	315
滨州市	1050		112	717	221
菏泽市	1622		395	798	429

2-C-7　各地区按资质等级划分的总承包企业房屋竣工面积

单位：万平方米

地　　区	合计	特级	一级	二级	三级及以下
山东省	**22956**	**2079**	**8313**	**7345**	**5219**
济南市	1985	90	1487	160	248
青岛市	2076	391	1143	417	125
淄博市	2760	821	947	833	159
枣庄市	1084		304	467	313
东营市	503		173	218	112
烟台市	1698	231	395	686	387
潍坊市	2378		961	833	583
济宁市	1778		738	531	508
泰安市	2078		419	759	900
威海市	936		255	240	441
日照市	582		184	258	140
莱芜市	281		40	149	92
临沂市	2207	547	653	623	385
德州市	716		193	157	366
聊城市	648		185	335	128
滨州市	437		50	268	119
菏泽市	812		187	410	215

2-C-8　各地区按资质等级划分的总承包企业自有施工机械设备台数

单位：台

地　区	合计	特级	一级	二级	三级及以下
山东省	**674855**	**35118**	**222008**	**231846**	**185883**
济南市	43009	11420	19610	5944	6035
青岛市	41149	932	23342	12469	4406
淄博市	86611	16731	31969	29909	8002
枣庄市	33967		12866	14258	6843
东营市	23385		9472	8103	5810
烟台市	63827	1185	13207	28061	21374
潍坊市	62472		24488	20063	17921
济宁市	41511		11089	12991	17431
泰安市	87307		42057	27837	17413
威海市	50020		3071	8298	38651
日照市	14985		5596	4473	4916
莱芜市	9619		1772	3903	3944
临沂市	34720	4850	8669	11989	9212
德州市	12277		3989	3256	5032
聊城市	15930		3288	9050	3592
滨州市	23961		1715	18302	3944
菏泽市	30105		5808	12940	11357

2-C-9　各地区按资质等级划分的总承包企业自有施工机械设备总功率

单位：万千瓦

地　区	合计	特级	一级	二级	三级及以下
山东省	**1540**	**107**	**642**	**445**	**345**
济南市	150	47	81	13	8
青岛市	110	2	69	31	8
淄博市	151	45	39	54	13
枣庄市	43		12	21	11
东营市	120		77	25	19
烟台市	265	5	156	66	37
潍坊市	110		38	46	26
济宁市	91		41	27	22
泰安市	115		49	37	29
威海市	111		7	11	93
日照市	37		22	8	7
莱芜市	21		5	8	8
临沂市	68	8	17	26	17
德州市	24		9	7	8
聊城市	40		9	14	17
滨州市	34		6	23	5
菏泽市	50		5	28	17

2-C-10 各地区按资质等级划分的总承包企业实收资本

单位：万元

地区	合计	特级	一级	二级	三级及以下
山东省	**12618740**	**708513**	**4670673**	**3999928**	**3239625**
济南市	1852407	400976	1070745	248518	132168
青岛市	1843188	145005	985659	549621	162903
淄博市	793230	99612	301682	308336	83601
枣庄市	330711		97600	146530	86581
东营市	496665		157609	206790	132266
烟台市	942297	31921	256757	388600	265019
潍坊市	754253		293775	278341	182136
济宁市	657623		226869	249964	180789
泰安市	1399653		197138	270517	931998
威海市	519721		49286	122033	348403
日照市	463736		181282	177385	105069
莱芜市	181012		34795	87639	58578
临沂市	961268	31000	445837	304528	179903
德州市	323164		106830	104038	112296
聊城市	386220		101834	176910	107476
滨州市	299516		43369	182601	73546
菏泽市	414077		119606	197578	96894

2-C-11 各地区按资质等级划分的总承包企业资产总计

单位：万元

地区	合计	特级	一级	二级	三级及以下
山东省	**73055959**	**10135299**	**34415497**	**18157263**	**10347901**
济南市	14390149	4705223	7820404	1366688	497833
青岛市	11079090	1297623	7301013	1905435	575019
淄博市	4363363	861428	1867674	1287732	346529
枣庄市	2220095		1035946	750069	434081
东营市	3523197		1666341	1269596	587260
烟台市	5460834	1156220	1711374	1690916	902325
潍坊市	5691670		2939272	1855309	897090
济宁市	4104057		2370027	1118040	615991
泰安市	3856731		1340138	931026	1585567
威海市	2546287		616193	675856	1254238
日照市	2249414		1155887	711472	382055
莱芜市	687680		123188	373223	191268
临沂市	7352758	2114805	2371130	1941902	924921
德州市	1612657		753736	463395	395525
聊城市	1407242		554265	560503	292474
滨州市	1254744		262048	768420	224276
菏泽市	1255992		526862	487681	241449

2-C-12　各地区按资质等级划分的总承包企业所有者权益

单位：万元

地　区	合计	特级	一级	二级	三级及以下
山东省	**21965292**	**1978317**	**8303968**	**6866188**	**4816819**
济南市	2802958	729132	1531401	348294	194131
青岛市	2860969	360694	1435266	847617	217392
淄博市	1686135	417569	547197	580651	140718
枣庄市	617943		174819	297275	145849
东营市	1099421		344923	498538	255960
烟台市	1801518	79046	544132	750221	428118
潍坊市	1879377		994401	572140	312837
济宁市	1286033		615466	383941	286626
泰安市	1991207		408986	440543	1141679
威海市	967980		107683	262136	598161
日照市	696941		290814	253621	152506
莱芜市	331207		68488	180592	82127
临沂市	1780351	391875	596635	479981	311859
德州市	577770		233238	167936	176596
聊城市	467276		128508	221287	117481
滨州市	480952		73798	290606	116549
菏泽市	637255		208213	290811	138232

2-C-13　各地区按资质等级划分的总承包企业负债

单位：万元

地　区	合计	特级	一级	二级	三级及以下
山东省	**51090668**	**8156982**	**26111528**	**11291075**	**5531083**
济南市	11587191	3976091	6289003	1018394	303702
青岛市	8218121	936929	5865747	1057819	357627
淄博市	2677228	443859	1320477	707081	205811
枣庄市	1602153		861126	452794	288232
东营市	2423776		1321417	771059	331300
烟台市	3659316	1077173	1167241	940695	474207
潍坊市	3812293		1944871	1283170	584253
济宁市	2818024		1754560	734099	329365
泰安市	1865524		931152	490484	443888
威海市	1578308		508511	413719	656078
日照市	1552473		865074	457851	229548
莱芜市	356473		54700	192631	109142
临沂市	5572407	1722930	1774495	1461921	613062
德州市	1034887		520498	295460	218929
聊城市	939966		425756	339216	174993
滨州市	773792		188251	477814	107727
菏泽市	618737		318649	196870	103218

2-C-14 各地区按资质等级划分的总承包企业营业收入

单位：万元

地 区	合计	特级	一级	二级	三级及以下
山东省	**73283367**	**8700238**	**36627814**	**17598424**	**10356891**
济南市	12457519	2365115	8530656	886622	675126
青岛市	11599103	1600769	7631102	1926016	441217
淄博市	7869901	2155934	3692691	1680262	341014
枣庄市	2280450		929787	968705	381958
东营市	2931891		1428833	1008499	494559
烟台市	5189263	722740	1504368	1869192	1092964
潍坊市	5863141		2976126	1810215	1076800
济宁市	4577045		2704338	1087560	785146
泰安市	4968689		2298095	1308717	1361877
威海市	1824217		440871	503091	880256
日照市	1924612		1178598	486782	259232
莱芜市	568354		96055	292404	179894
临沂市	5020883	1855681	1304058	1203749	657395
德州市	1715743		733296	344017	638430
聊城市	1573492		581593	691086	300812
滨州市	1193612		157048	764576	271989
菏泽市	1725453		440300	766930	518222

2-C-15 各地区按资质等级划分的总承包企业利税总额

单位：万元

地 区	合计	特级	一级	二级	三级及以下
山东省	**2525369**	**269262**	**1155167**	**677512**	**423428**
济南市	398558	77381	266370	29719	25088
青岛市	303225	37792	183028	65086	17319
淄博市	262660	72525	115075	63559	11500
枣庄市	89463		28650	43824	16989
东营市	90550		39642	35084	15824
烟台市	194382	23491	54955	71193	44744
潍坊市	227078		116335	71594	39148
济宁市	160808		93550	38287	28972
泰安市	214407		89419	61256	63733
威海市	101190		11603	37249	52338
日照市	66293		39188	16918	10187
莱芜市	22559		3911	11879	6769
临沂市	172177	58073	48191	42314	23599
德州市	58917		23577	10310	25030
聊城市	56582		20138	24458	11987
滨州市	41600		5317	26143	10140
菏泽市	64921		16218	28638	20065

2-C-16 各地区按资质等级划分的总承包企业利润总额

单位：万元

地 区	合计	特级	一级	二级	三级及以下
山东省	**3571969**	**308371**	**1338457**	**1099501**	**825640**
济南市	426581	102026	231674	49399	43482
青岛市	357231	28819	227124	81303	19985
淄博市	260601	100270	87097	60291	12943
枣庄市	121065		23363	65672	32030
东营市	138047		24720	75133	38194
烟台市	439656	15963	133939	178548	111206
潍坊市	343455		181954	93072	68429
济宁市	227880		129626	53597	44658
泰安市	446086		84824	164040	197222
威海市	133818		12671	48054	73094
日照市	85309		43582	24059	17668
莱芜市	38088		6047	20887	11153
临沂市	274949	61294	93516	70587	49553
德州市	92332		25388	17679	49265
聊城市	37258		10018	17053	10188
滨州市	71673		9336	42961	19376
菏泽市	77939		13578	37168	27193

2-C-17 各地区按资质等级划分的总承包企业主营业务收入

单位：万元

地 区	合计	特级	一级	二级	三级及以下
山东省	**72390335**	**8547642**	**36088917**	**17502878**	**10250898**
济南市	12246589	2340240	8365276	866244	674829
青岛市	11439328	1561374	7520752	1923171	434031
淄博市	7818012	2155934	3668617	1666526	326936
枣庄市	2173904		827365	966415	380124
东营市	2874308		1412743	1005856	455708
烟台市	5174644	720591	1502910	1863427	1087716
潍坊市	5779588		2910013	1795750	1073824
济宁市	4570358		2699578	1085928	784852
泰安市	4947842		2287640	1303827	1356375
威海市	1809737		439187	502004	868546
日照市	1895113		1165255	474351	255506
莱芜市	564794		96055	289463	179276
临沂市	4904056	1769503	1286788	1201313	646452
德州市	1706701		729639	340731	636331
聊城市	1570838		580421	689766	300651
滨州市	1189410		156508	761384	271518
菏泽市	1725114		440169	766722	518222

2-C-18 各地区按资质等级划分的总承包企业管理费用

单位：万元

地　区	合计	特级	一级	二级	三级及以下
山东省	**2211513**	**227903**	**990594**	**579673**	**413343**
济南市	426079	111355	226784	56802	31138
青岛市	319960	36110	196524	68368	18957
淄博市	214965	56420	90886	49986	17673
枣庄市	98071		46490	31414	20167
东营市	114997		58108	33938	22952
烟台市	175635	20823	44242	67027	43543
潍坊市	137858		68947	38253	30658
济宁市	121759		58542	34991	28226
泰安市	175632		71729	39695	64208
威海市	82930		13736	18717	50477
日照市	52522		22509	17153	12860
莱芜市	19303		3057	8532	7714
临沂市	101603	3196	33776	42830	21801
德州市	42305		19259	7274	15772
聊城市	46983		16304	21942	8737
滨州市	42016		7159	26504	8353
菏泽市	38895		12543	16247	10106

2-C-19 各地区按资质等级划分的总承包企业财务费用

单位：万元

地　区	合计	特级	一级	二级	三级及以下
山东省	**516859**	**51313**	**259842**	**133696**	**72008**
济南市	57000	4876	51183	-734	1675
青岛市	75960	15764	41570	16267	2358
淄博市	42631	17514	12097	9718	3302
枣庄市	16840		7530	6071	3238
东营市	31461		16163	11947	3351
烟台市	47692	9736	18349	12449	7158
潍坊市	44592		26002	12543	6048
济宁市	42954		29454	8101	5399
泰安市	30427		7989	12216	10222
威海市	19968		2481	8074	9413
日照市	21317		11353	7517	2447
莱芜市	4844		1156	2525	1163
临沂市	40438	3423	20495	10907	5614
德州市	11032		5866	2666	2500
聊城市	7698		1932	3263	2503
滨州市	9642		1308	6046	2289
菏泽市	12362		4915	4120	3328

2-C-20　各地区按资质等级划分的总承包企业应收工程款

单位：万元

地　　区	合计	特级	一级	二级	三级及以下
山东省	**19027310**	**2985443**	**9426642**	**4004575**	**2610650**
济南市	3553224	1209121	2053776	188673	101654
青岛市	2580933	554045	1442423	441077	143388
淄博市	1363200	224023	702704	357196	79277
枣庄市	481114		200989	186351	93774
东营市	1147143		553478	364833	228832
烟台市	1651230	495976	564915	403668	186672
潍坊市	1533510		917375	403234	212901
济宁市	1132059		834426	191343	106290
泰安市	1476813		465435	272693	738685
威海市	493683		110010	157252	226421
日照市	576273		336867	150211	89195
莱芜市	192004		36682	96819	58503
临沂市	1510623	502278	538274	349267	120804
德州市	434498		269536	96708	68254
聊城市	360130		183627	118770	57732
滨州市	297407		98089	139309	60009
菏泽市	243467		118036	87171	38260

D.专业承包建筑业企业

2-D-1　各地区按资质等级划分的专业承包企业单位数

单位：个

地　　区	合计	一级	二级	三级及以下
山东省	**2005**	**159**	**620**	**1226**
济南市	217	24	98	95
青岛市	197	27	74	96
淄博市	153	11	33	109
枣庄市	77	4	27	46
东营市	55	2	22	31
烟台市	389	26	105	258
潍坊市	172	10	54	108
济宁市	128	10	42	76
泰安市	70	6	20	44
威海市	166	8	32	126
日照市	40	6	16	18
莱芜市	30	3	9	18
临沂市	90	4	29	57
德州市	69	7	19	43
聊城市	48	3	12	33
滨州市	71	5	21	45
菏泽市	33	3	7	23

2-D-2　各地区按资质等级划分的专业承包企业从业人员

单位：人

地　区	合计	一级	二级	三级及以下
山东省	**25427**	**6067**	**8765**	**10595**
济南市	4049	1667	1753	629
青岛市	1507	623	522	363
淄博市	2205	812	473	920
枣庄市	1759	443	645	671
东营市	769	57	386	325
烟台市	3416	530	1196	1690
潍坊市	1939	260	482	1197
济宁市	1568	378	505	685
泰安市	2327	527	874	926
威海市	1039	99	325	615
日照市	448	71	256	121
莱芜市	421	54	101	266
临沂市	1025	199	393	433
德州市	1228	56	344	828
聊城市	427	89	102	237
滨州市	809	95	353	362
菏泽市	491	106	55	330

2-D-3　各地区按资质等级划分的专业承包建筑业总产值

单位：万元

地　区	合计	一级	二级	三级及以下
山东省	**8027963**	**2832811**	**2444820**	**2750332**
济南市	1281909	554527	559875	167506
青岛市	1160388	892932	152847	114610
淄博市	595199	255339	112448	227412
枣庄市	481777	217735	140003	124039
东营市	270407	11442	156732	102233
烟台市	1002904	146276	340702	515926
潍坊市	505179	61950	148933	294296
济宁市	447391	167812	120981	158598
泰安市	626187	156284	188635	281269
威海市	298252	45965	69993	182295
日照市	120729	32848	54212	33669
莱芜市	49466	9345	12178	27943
临沂市	259702	66550	109975	83178
德州市	372116	19418	140779	211919
聊城市	178060	52449	59149	66462
滨州市	272531	106154	70150	96227
菏泽市	105765	35786	7228	62752

2-D-4　各地区按资质等级划分的专业承包企业签订的合同额

单位：万元

地　区	合计	一级	二级	三级及以下
山东省	**9760980**	**3843548**	**2933628**	**2983805**
济南市	1593469	735042	641462	216965
青岛市	1587987	1227374	221622	138990
淄博市	770765	391123	122857	256785
枣庄市	624203	275478	199262	149464
东营市	290094	12981	167481	109632
烟台市	1098672	180931	372104	545637
潍坊市	543586	92599	169185	281803
济宁市	585943	204251	182800	198893
泰安市	771219	280312	219379	271528
威海市	350144	52546	80867	216731
日照市	126785	40588	62435	23761
莱芜市	47656	10001	7566	30089
临沂市	343982	116404	137724	89854
德州市	360363	24679	152745	182939
聊城市	230443	69798	102926	57720
滨州市	288942	62409	85005	141528
菏泽市	146728	67033	8209	71486

2-D-5　各地区按资质等级划分的专业承包企业竣工产值

单位：万元

地　区	合计	一级	二级	三级及以下
山东省	**4738235**	**1326245**	**1554287**	**1857704**
济南市	660792	276456	270362	113974
青岛市	642613	437169	123450	81994
淄博市	306242	34207	93780	178255
枣庄市	207794	52179	76533	79082
东营市	205605	10337	112970	82299
烟台市	693900	74572	263422	355906
潍坊市	336558	44711	101368	190479
济宁市	322566	139971	86647	95948
泰安市	393214	56151	120919	216144
威海市	161231	18812	48266	94153
日照市	34363		24365	9999
莱芜市	35900	6112	8330	21458
临沂市	137412	14371	60720	62321
德州市	204950	8579	71597	124774
聊城市	115251	39715	33170	42366
滨州市	222646	103601	55496	63550
菏泽市	57200	9304	2893	45003

2-D-6　各地区按资质等级划分的专业承包企业房屋施工面积

单位：万平方米

地　区	合计	一级	二级	三级及以下
山东省	**1332**	**371**	**534**	**426**
济南市	42	18	20	3
青岛市	106	33	72	1
淄博市	42		16	26
枣庄市	126	24	33	69
东营市				
烟台市	101	50	20	31
潍坊市	117	58	33	26
济宁市	92	28	42	22
泰安市	98	…	75	22
威海市	98		21	78
日照市	1		1	…
莱芜市	13			13
临沂市	43		12	31
德州市	64	4	32	29
聊城市	216	71	135	11
滨州市	149	67	22	60
菏泽市	24	18		5

2-D-7　各地区按资质等级划分的专业承包企业房屋竣工面积

单位：万平方米

地　区	合计	一级	二级	三级及以下
山东省	**782**	**242**	**302**	**238**
济南市	27	11	16	1
青岛市	39	13	25	1
淄博市	40		14	26
枣庄市	68	24	10	34
东营市				
烟台市	41	13	18	10
潍坊市	88	52	23	13
济宁市	73	26	28	19
泰安市	52	…	40	12
威海市	32		7	24
日照市	1		1	…
莱芜市	11			11
临沂市	31		7	24
德州市	30	2	22	5
聊城市	135	53	73	9
滨州市	99	40	17	42
菏泽市	15	10		5

2-D-8　各地区按资质等级划分的专业承包企业自有施工机械设备台数

单位：台

地　区	合计	一级	二级	三级及以下
山东省	**83905**	**26425**	**26905**	**30575**
济南市	5537	2184	2577	776
青岛市	6769	3460	2088	1221
淄博市	10143	4447	1546	4150
枣庄市	6150	779	2603	2768
东营市	3113	192	1951	970
烟台市	16809	5655	5662	5492
潍坊市	4843	733	1872	2238
济宁市	5264	1239	1686	2339
泰安市	7172	3969	2365	838
威海市	6820	681	1185	4954
日照市	782	128	375	279
莱芜市	1725	60	425	1240
临沂市	1710	313	491	906
德州市	658	146	272	240
聊城市	1186	182	433	571
滨州市	3156	788	1316	1052
菏泽市	2068	1469	58	541

2-D-9　各地区按资质等级划分的专业承包企业自有施工机械设备总功率

单位：万千瓦

地　区	合计	一级	二级	三级及以下
山东省	**168**	**50**	**47**	**71**
济南市	11	5	3	3
青岛市	17	10	3	4
淄博市	21	7	5	9
枣庄市	7	1	3	3
东营市	6	1	3	3
烟台市	27	6	8	12
潍坊市	9	1	3	5
济宁市	6	2	2	3
泰安市	15	8	5	2
威海市	13	1	1	11
日照市	2	1	1	…
莱芜市	10	…	4	6
临沂市	5	…	1	4
德州市	2	1	…	1
聊城市	2	…	1	1
滨州市	7	1	4	2
菏泽市	8	6	…	2

2-D-10 各地区按资质等级划分的专业承包企业实收资本

单位：万元

地　　区	合计	一级	二级	三级及以下
山东省	**1969731**	**380454**	**747695**	**841582**
济南市	236316	64147	99894	72275
青岛市	184058	61904	75542	46612
淄博市	155539	29533	41700	84306
枣庄市	57960	7087	23155	27718
东营市	85273	2209	56946	26118
烟台市	312488	62828	101632	148029
潍坊市	142065	25625	48137	68303
济宁市	142664	28734	64285	49645
泰安市	100984	15073	27687	58224
威海市	119789	9077	24703	86010
日照市	46372	12550	20260	13562
莱芜市	26946	6000	10446	10500
临沂市	72928	9026	28630	35272
德州市	75743	13090	33056	29597
聊城市	58638	11245	23161	24232
滨州市	119062	12626	63895	42542
菏泽市	32906	9700	4567	18639

2-D-11 各地区按资质等级划分的专业承包企业资产总计

单位：万元

地　　区	合计	一级	二级	三级及以下
山东省	**8718730**	**2928287**	**2908122**	**2882321**
济南市	1092247	431528	432906	227813
青岛市	1275865	876801	238694	160370
淄博市	687429	262190	130914	294325
枣庄市	280840	73524	97491	109824
东营市	335972	12552	204805	118615
烟台市	1178642	267867	411065	499710
潍坊市	617884	74305	225615	317963
济宁市	478035	104574	188800	184661
泰安市	345581	99929	118284	127368
威海市	442510	71195	87465	283849
日照市	144623	42332	65921	36371
莱芜市	87951	15721	32288	39942
临沂市	397889	89216	190975	117699
德州市	302971	40343	153544	109085
聊城市	240230	66446	87747	86038
滨州市	683492	325772	234929	122791
菏泽市	126570	73994	6680	45896

2-D-12 各地区按资质等级划分的专业承包企业所有者权益

单位：万元

地 区	合计	一级	二级	三级及以下
山东省	**3401603**	**782951**	**1325910**	**1292742**
济南市	400871	113710	198887	88274
青岛市	296768	128369	100903	67496
淄博市	324965	125024	66631	133310
枣庄市	156432	49122	52443	54868
东营市	160684	2545	112101	46038
烟台市	468903	79258	154022	235622
潍坊市	259772	43453	91627	124692
济宁市	211825	44317	89768	77740
泰安市	170871	17153	72358	81360
威海市	168190	21109	31804	115278
日照市	71077	18125	39076	13877
莱芜市	48041	10268	21712	16061
临沂市	126068	21386	49832	54850
德州市	156470	27238	70455	58777
聊城市	96263	27147	35033	34082
滨州市	213736	12862	134064	66811
菏泽市	70667	41866	5194	23606

2-D-13 各地区按资质等级划分的专业承包企业负债

单位：万元

地 区	合计	一级	二级	三级及以下
山东省	**5317127**	**2145336**	**1582212**	**1589580**
济南市	691376	317818	234019	139539
青岛市	979097	748432	137791	92875
淄博市	362465	137166	64283	161016
枣庄市	124407	24402	45049	54957
东营市	175288	10008	92704	72576
烟台市	709739	188609	257043	264088
潍坊市	358112	30853	133988	193271
济宁市	266210	60257	99032	106921
泰安市	174710	82776	45925	46009
威海市	274320	50087	55661	168571
日照市	73546	24207	26845	22494
莱芜市	39910	5453	10576	23881
临沂市	271821	67830	141143	62848
德州市	146501	13104	83088	50308
聊城市	143968	39299	52713	51956
滨州市	469756	312910	100866	55980
菏泽市	55903	32127	1486	22290

2-D-14　各地区按资质等级划分的专业承包企业营业收入

单位：万元

地　区	合计	一级	二级	三级及以下
山东省	**7952283**	**2777812**	**2467720**	**2706751**
济南市	1406567	646366	565233	194968
青岛市	1015654	724104	184103	107447
淄博市	662470	305506	109834	247130
枣庄市	447024	205936	133035	108054
东营市	282028	8399	168849	104779
烟台市	1072600	181460	369391	521749
潍坊市	517294	64384	147993	304917
济宁市	474485	147624	163961	162900
泰安市	523916	117442	158851	247623
威海市	277399	48982	54141	174277
日照市	89324	30522	39005	19798
莱芜市	53985	8530	12589	32866
临沂市	228421	58574	88915	80932
德州市	284514	32712	98983	152820
聊城市	172035	55348	42218	74469
滨州市	346925	107059	124447	115419
菏泽市	97643	34864	6174	56604

2-D-15　各地区按资质等级划分的专业承包企业利税总额

单位：万元

地　区	合计	一级	二级	三级及以下
山东省	**262209**	**83106**	**79573**	**99531**
济南市	45246	20722	18223	6301
青岛市	28202	18901	5545	3756
淄博市	19607	7918	3651	8039
枣庄市	17824	7613	5388	4823
东营市	9314	310	5230	3774
烟台市	36240	6770	11450	18020
潍坊市	17154	2161	4904	10089
济宁市	15920	6584	4041	5295
泰安市	20333	2915	5813	11606
威海市	10125	1179	2007	6939
日照市	3185	1185	1193	808
莱芜市	1745	443	377	925
临沂市	7787	2283	2651	2854
德州市	12348	1804	4272	6273
聊城市	3665	131	803	2731
滨州市	10304	1201	3790	5313
菏泽市	3210	986	238	1987

2-D-16 各地区按资质等级划分的专业承包企业利润总额

单位：万元

地区	合计	一级	二级	三级及以下
山东省	**595064**	**146938**	**198805**	**249321**
济南市	72971	26989	37726	8256
青岛市	51900	23508	19111	9280
淄博市	43383	21033	7238	15112
枣庄市	31364	14131	7713	9521
东营市	25281	79	18226	6976
烟台市	125482	21299	31480	72704
潍坊市	43625	4711	12807	26107
济宁市	22929	9156	4532	9241
泰安市	58970	2415	24149	32406
威海市	17526	2985	3105	11435
日照市	4676	2632	2416	-373
莱芜市	8272	1449	1220	5603
临沂市	17803	3361	7491	6950
德州市	32183	5223	11887	15073
聊城市	10694	4019	3616	3059
滨州市	22412	1973	5936	14503
菏泽市	5596	1976	153	3467

2-D-17 各地区按资质等级划分的专业承包企业主营业务收入

单位：万元

地区	合计	一级	二级	三级及以下
山东省	**7843705**	**2753076**	**2419310**	**2671319**
济南市	1388643	640872	556522	191249
青岛市	1009011	718203	183512	107296
淄博市	660590	304444	109830	246317
枣庄市	444814	205809	131400	107605
东营市	281885	8399	168807	104679
烟台市	1050827	181460	355676	513692
潍坊市	507320	61372	147808	298140
济宁市	464605	147591	160732	156283
泰安市	512632	110247	156849	245536
威海市	274592	48018	53135	173439
日照市	83226	30522	32965	19739
莱芜市	52352	8530	12589	31233
临沂市	225541	58574	88910	78057
德州市	283583	31908	98917	152758
聊城市	170807	55206	42218	73382
滨州市	335649	107057	113268	115324
菏泽市	97628	34864	6174	56590

2-D-18 各地区按资质等级划分的专业承包企业管理费用

单位：万元

地区	合计	一级	二级	三级及以下
山东省	**447944**	**117840**	**146838**	**183266**
济南市	87406	32606	35282	19518
青岛市	52790	28927	14290	9573
淄博市	35369	14571	6489	14309
枣庄市	22244	9592	5630	7023
东营市	13549	978	4488	8083
烟台市	57118	7177	23103	26837
潍坊市	32572	2748	8800	21024
济宁市	34624	3281	16933	14410
泰安市	28416	4881	7181	16355
威海市	19335	3290	4081	11964
日照市	9848	1440	3488	4921
莱芜市	2867	1051	637	1179
临沂市	14842	2177	4649	8016
德州市	9712	1307	3885	4520
聊城市	10476	789	1454	8234
滨州市	13686	2686	6095	4905
菏泽市	3089	340	353	2396

2-D-19 各地区按资质等级划分的专业承包企业财务费用

单位：万元

地区	合计	一级	二级	三级及以下
山东省	**65527**	**21457**	**19103**	**24966**
济南市	6618	768	4978	872
青岛市	5856	3531	851	1474
淄博市	6120	1743	642	3736
枣庄市	2219	289	708	1222
东营市	2757	127	2255	374
烟台市	9935	4182	1649	4104
潍坊市	5031	782	952	3298
济宁市	1959	727	341	891
泰安市	5383	1588	956	2839
威海市	2934	1335	266	1334
日照市	2472	823	1467	183
莱芜市	733	209	352	172
临沂市	1652	458	549	645
德州市	3284	467	1345	1473
聊城市	3498	2089	662	747
滨州市	4455	2251	1117	1087
菏泽市	620	88	15	517

2-D-20　各地区按资质等级划分的专业承包企业应收工程款

单位：万元

地　　区	合计	一级	二级	三级及以下
山东省	**2027580**	**650296**	**710687**	**666597**
济南市	302041	126926	135483	39632
青岛市	252061	144523	65092	42446
淄博市	269659	113251	46615	109793
枣庄市	66545	13779	26415	26351
东营市	66235	5471	30910	29854
烟台市	256273	20885	97841	137547
潍坊市	146125	19833	60897	65395
济宁市	74065	11424	33987	28654
泰安市	119675	28045	45766	45864
威海市	74957	20925	20252	33781
日照市	32961	9283	11109	12569
莱芜市	21757	2448	10870	8440
临沂市	75052	18964	29255	26833
德州市	65573	7750	41163	16660
聊城市	52197	8886	27544	15767
滨州市	135514	88578	26828	20109
菏泽市	16890	9326	661	6903

E.劳务分包建筑业企业

2-E-1　各地区劳务分包企业生产经营情况

单位：万元

地　　区	建筑业总产值	营业收入	主营业务税金及附加	利润总额	应付职工薪酬
山东省	**325537**	**322463**	**11496**	**17593**	**62955**
济南市	19424	19308	268	46	6340
青岛市	157830	165858	6004	8054	17783
淄博市	537	521	18	7	129
枣庄市	2729	2729	91	150	680
东营市	307	307	11	41	214
烟台市	37887	37761	1411	2394	9272
潍坊市	4159	3779	251	629	1266
济宁市	18112	17158	633	1290	7814
泰安市					
威海市	13894	12753	652	1262	2150
日照市	1143	1143	56	556	189
莱芜市					
临沂市	17094	16174	520	1137	8367
德州市	31634	29759	1050	935	7006
聊城市					
滨州市	20788	15215	531	1093	1744
菏泽市					

2-E-2 各地区劳务分包企业个数和人员情况

地　区	企业个数（个）	从事主营业务活动的从业人员平均人数（人）	从业人员期末人数（人）	#工程技术人员	#现场施工工人
山东省	**257**	**20819**	**29949**	**2967**	**20505**
济南市	23	2087	4643	472	1206
青岛市	72	5830	11299	756	8783
淄博市	1	56	57	21	19
枣庄市	3	233	239	21	203
东营市	2	42	43		
烟台市	76	3150	3613	386	2650
潍坊市	4	391	145	30	75
济宁市	13	2614	2793	141	2528
泰安市					
威海市	17	863	918	96	690
日照市	2	30	248	139	76
莱芜市					
临沂市	27	2947	3140	328	2757
德州市	12	2258	2470	529	1237
聊城市					
滨州市	5	318	341	48	281
菏泽市					

附　录

主要指标解释

规模以上工业企业科技主要指标解释

研究与试验发展（R&D）　指在科学技术领域，为增加知识总量、以及运用这些知识去创造新的应用而进行的系统的、创造性的活动，包括基础研究、应用研究、试验发展三类活动。

R&D 人员　指报告期企业内部从事 R&D 活动的人员。包括直接参加 R&D 项目活动的人员，R&D 项目管理人员，以及为 R&D 活动提供资料文献、材料供应、设备维护等直接服务的人员。

R&D 人员折合全时当量　指报告期企业 R&D 全时人员（全年从事 R&D 活动累积工作时间占全部工作时间的 90% 及以上人员）工作量与非全时人员按实际工作时间折算的工作量之和。例如：有 2 个 R&D 全时人员（工作时间分别为 0.9 年和 1 年）和 3 个 R&D 非全时人员（工作时间分别为 0.2 年、0.3 年和 0.7 年），则 R&D 人员全时当量＝1+1+0.2+0.3+0.7=3.2（人年）。

R&D 经费内部支出　指企业在报告年度用于内部开展 R&D 活动的实际支出。包括用于 R&D 项目（课题）活动的直接支出，以及间接用于 R&D 活动的管理费、服务费、与 R&D 有关的基本建设支出以及外协加工费等。不包括生产性活动支出、归还贷款支出以及与外单位合作或委托外单位进行 R&D 活动而转拨给对方的经费支出。

日常性支出　指企业在报告年度为开展 R&D 活动而发生的人员劳务费，及其各项管理费用和购买非资产性的材料、物资费用等他日常支出。

资产性支出　指企业在报告年度为开展 R&D 活动而进行建造、购置、安装、改建、扩建固定资产，以及进行设备技术改造和大修理等实际支出的费用。

政府资金　指企业 R&D 经费内部支出中来自各级政府部门的各类资金。

企业资金　指企业 R&D 经费内部支出中来自本企业的自有资金和接受其他企业委托而获得的经费。

R&D 经费外部支出　指报告期企业委托外单位或与外单位合作进行 R&D 活动而拨给对方的经费。

R&D 项目　指报告期企业在当年立项并开展研究工作、以前年份立项仍继续进行研究的研究开发项目或课题，包括当年完成和年内研究工作已告失败的研发项目或课题。

企业办研发机构数　指企业自办或与外单位合办，管理上同生产系统相对独立（或者单独核算）的专门科技活动机构。

研发机构人员　指报告期末企业办研发机构中从业人员合计。

机构经费支出　指报告期企业办研发机构用于内部开展研发活动实际支出的总费用。包括机构人员劳务费（含工资）支出、机构业务费支出、管理费支出、固定资产购建支出以及其他维持机构正常工作的日常费用等的支出总和。

新产品　指采用新技术原理、新设计构思研制、生产的全新产品，或在结构、材质、工艺等某一方面比原有产品有明显改进，从而显著提高了产品性能或扩大了使用功能的产品。

专利申请数　指企业在报告期内向国内外知识产权行政部门提出专利申请并被受理的件数。

发明专利申请数　指企业在报告期内向国内外知识产权行政部门提出发明专利申请并被受理的件数。

有效发明专利数　指报告期末企业作为专利权人在报告年度拥有的、经国内外知识产权行政部门授权且在有效期内的发明专利件数。

拥有注册商标　指企业在报告期末拥有的注册商标件数。包括在境内和境外注册的商标件数，一件商标在境内外同时注册时只统计一件。

形成国家或行业标准　指报告期企业在自主研发或自主知识产权基础上形成的经有关部门批准的国家或行业标准项数。

研究开发费用加计扣除减免税　指企业在报告期按有关政策和税法规定税前加计扣除的研究开发活动费用所得税。

高新技术企业减免税　指高新技术企业按照国家有关政策依法享受的企业所得税减免额。

引进技术经费支出　指企业在报告期用于购买境外技术的费用支出，包括产品设计、工艺流程、图纸、配方、专利等技术资料的费用支出，以及购买关键设备、仪器、样机和样件等的费用支出。

消化吸收经费支出　指对引进技术的掌握、应用、复制而开展的工作，以及在此基础上的创新。消化吸收经费支出包括：人员培训费、测绘费、参加消化吸收人员的工资、工装、工艺开发费、必备的配套设备费、翻版费等。

购买国内技术经费支出　指企业在报告期购买境内其他单位科技成果的经费支出。包括购买产品设计、工艺流程、图纸、配方、专利、技术诀窍及关键设备的费用支出。

技术改造经费支出　指企业在报告期进行技术改造而发生的费用支出。技术改造指企业在坚持科技进步的前提下，将科技成果应用于生产的各个领域（产品、设备、工艺等），用先进工艺、设备代替落后工艺、设备，实现以内涵为主的扩大再生产，从而提高产品质量、促进产品更新换代、节约能源、降低消耗，全面提高综合经济效益。

建筑业主要指标解释

根据《第三次全国经济普查方案》的规定，建筑业普查资料中的建筑业企业分为资质内企业和资质外企业，资质内企业是指领取了《企业法人营业执照》的建筑业法人，经各级建设行政主管部门审核批准，获得总承包、专业承包和劳务分包《建筑业企业资质证书》的企业；资质外企业是指领取了《企业法人营业执照》的建筑业法人，但没有取得建筑业资质的企业。

签订的合同额 指建筑业企业在报告期直接同建设单位签订合同的总价款和以前年度同建设单位签定合同的未完工程跨入本年度继续施工工程合同的总价款余额。

本年新签合同额 指建筑业企业在报告期内同建设单位直接新签订的各种国内工程合同的总价款，不包括与其他建筑业企业新签的分包合同额。

上年结转合同额 指以前年度同建设单位签订合同的未完工程跨入本年度继续施工工程合同的总价款余额。

建筑业总产值 指以货币表现的建筑业企业在一定时期内生产的建筑业产品和服务的总和。建筑业总产值包括建筑工程产值、安装工程产值和其他产值三部分内容。

直接从建设单位承揽工程完成的产值：指总承包企业或专业承包企业直接与建设单位（业主）签订的承包合同（包括报告期及以往年度签订的合同，不包括无效合同和中途解除的合同），在报告期内完成的工程总值。包括企业向其他专业承包企业或劳务分包企业分包出去的工程所完成产值，还包括分包企业缴纳的管理费。

自行完成施工产值：指总承包企业或专业承包企业直接与建设单位（业主）签订的总承包合同或专业承包合同中，自行完成的工程总值。包括总承包企业和专业承包企业自行完成的工作量和分包企业缴纳的管理费。

分包出去工程的产值：指专业承包企业或劳务分包企业与总承包企业或专业承包企业签订的专业承包或劳务分包合同中在报告期所完成的产值。分包企业如果是一个独立核算的经济实体，其完成的产量产值，不包括在总承包企业或专业承包企业自行完成产值中。

从建设单位以外承揽工程完成的产值：指总承包企业或专业承包企业从其他总承包企业或专业承包企业处承揽工程而完成的产值。不包括总承包企业或专业承包企业从建设单位承揽工程中自行完成的产值和分包企业缴纳的管理费。

装饰装修产值：包括装饰、装修两部分产值。装修装饰指对新旧房屋及建筑物进行的内外装修装饰；对新建房屋及建筑物经过施工后，尚未完全达到使用标准，而进行的二次装修装饰；以及对原有房屋经使用若干年后进行的二次内外装饰。包括抹灰、门窗、玻璃、吊顶、隔断、饰面板(砖)、涂料、裱糊、刷浆、花饰等。

企业总产值：指建筑业企业在报告期内全部经济活动的最终成果的货币表现。在企业总产值中除包括建筑业总产值外，还包括建筑业企业从事其他经济活动所创造的价值（如工业产值、交通运输产值、商业服务业产值、其他产值收入和劳务收入等）。

竣工产值 一般是以单位工程为对象，当该工程按照设计所规定的工程内容全部完成，达到了设计规定的交工条件，经有关部门检查验收鉴定合格的单位工程价值，即为竣工产值。竣工产值包括范围应是报告期内竣工单位工程从开工到竣工的全部自行完成的价值，竣工产值不包括附属辅助企业或内部核算的其他单位为外单位生产和服务的价值。

房屋施工面积 指报告期内施工的全部房屋建筑面积，它包括本期新开工的面积、上期跨入本期继续施工的房屋面积、上期停缓建在本期恢复施工的房屋面积、本期竣工的房屋面积以及本期施工后又停缓建的房屋面积。

房屋竣工面积 指在报告期内房屋建筑按照设计要求已全部完工，达到住人和使用条件，经验收鉴定合格或达到竣工验收标准，可正式移交使用的各栋房屋建筑面积总和。

房屋竣工价值 指在报告期内按规定已经上报竣工的房屋本身的建造价值。一般按房屋设计和预算规定的内容计算。一般按结算价格（或中标价）计算。

年末自有施工机械设备净值：指本企业（或单位）自有施工机械设备经过使用、磨损后实际存在的价值，即原值减去折旧后的净额。

年末自有施工机械设备总台数：指年末本企业（或单位）自有的直接用于工程施工的各种机械设备的台数。但不包括附属辅助生产机械设备、运输机械设备、生产试验机械设备的台数。

年末自有施工机械设备总功率：指年末本企业（或单位）自有的直接用于工程施工的各种机械设备年末总功率，按设定能力或查定能力计算。包括施工机械本身的动力和为该机械服务的单独动力设备，如电动机等。但不包括附属辅助生产机械设备、运输机械设备、生产试验机械设备的功率。计量单位用千瓦，动力换算可按 1 马力＝0.735 千瓦折合成千瓦数。电焊机、变压器、锅炉不计算动力。

固定资产合计 指企业为生产商品、提供劳务、出租或经营管理而持有的，使用寿命超过一个会计年度的有形资产。包括使用期限超过一年的房屋、建筑物、机器、机械、运输工具以及其他与生产、经营有关的设备、器具、工具等。

资产合计 指企业过去的交易或者事项形成的、由企业拥有或者控制的、预期会给企业带来经济利益的资源。资产一般按流动性分为流动资产和非流动资产。

负债合计 指企业过去的交易或者事项形成的，预期会导致经济利益流出企业的现时义务。负债一般按偿还期长短分为流动负债和非流动负债。

所有者权益合计 指企业资产扣除负债后由所有者享有的剩余权益。公司的所有者权益又称股东权益。包括实收资本、资本公积、盈余公积、未分配利润等。

主营业务收入　指企业确认的销售商品、提供劳务等主营业务的收入。

执行 2006 年《企业会计准则》的企业，如未设置该科目，以“营业收入”代替填报。

销售费用　指企业从事施工生产活动过程中发生的各项费用，包括应由企业负担的运输费、装卸费、包装费、保险费、维修费、展览费、差旅费、广告费和其他经费。

利润总额　指企业在一定会计期间的经营成果，是生产经营过程中各种收入扣除各种耗费后的盈余，反映企业在报告期内实现的盈亏总额。

执行 2006 年《企业会计准则》的企业，利润总额为营业利润加上营业外收入，减去营业外支出后的金额。

未执行 2006 年《企业会计准则》的企业，利润总额为营业利润加上投资收益、补贴收入、营业外收入，再减去营业外支出后的金额。

应付职工薪酬　指企业为获得职工提供的服务而给予各种形式的报酬以及其他相关支出。包括职工工资、奖金、津贴和补贴，职工福利费，医疗保险费、养老保险费、失业保险费、工伤保险费和生育保险费等社会保险费，住房公积金，工会经费和职工教育经费，非货币性福利，因解除与职工的劳动关系给予的补偿，其他与获得职工提供的服务相关的支出。